Die Chemie Nach Ihrem Gegenwärtigen Zustande: Mit Besonderer Berücksichtigung Ihres Technischen Und Analytischen Theiles, Volume 1...

Anton von Schrötter

Die
Chemie

nach

ihrem gegenwärtigen Zustande

mit besonderer

Berücksichtigung ihres technischen und analytischen Theiles.

Dargestellt

von

A. Schrötter,

Professor der Chemie am k. k. polytechnischen Institute, wirklichem Mitgliede der
k. k. Akademie der Wissenschaften in Wien etc.

Erster Band.

WIEN.

Im Verlage bei Carl Gerold.

1847.

Ex uno multa, ex multis unum.

Euer kaiserliche Hoheit!
Durchlauchtigster Erzherzog!

Als es mir vergönnt war, an dem nach Höchstdero erhabener Idee begründeten Institute, während einer Reihe von Jahren als Lehrer der Chemie und Physik zu wirken, wurde mir das hohe Glück zu Theil, durch Euer kaiserliche Hoheit oft in meinem Streben ermuntert und auf die rechte Bahn geleitet zu werden. Ich legte damahls den Grund zu dem Werke, an dessen Spitze Höchstdero Namen zu setzen, Euer kaiserliche Hoheit mir als ferneres Zeichen von Höchstihrer Gnade zu erlauben geruhten. Gelingt es mir, durch dasselbe etwas zur Förderung und Verbreitung der Wissenschaft, welcher ich mein Leben gewidmet habe, beizutragen, so wird es nur die grosse Summe des Guten vermehren, zu dem Euer kaiserliche Hoheit den Samen so reichlich ausgestreut haben.

Geruhen Euer kaiserliche Hoheit den Ausdruck meiner tiefsten Verehrung und unauslöschlichen Dankbarkeit zu genehmigen.

Euer kaiserlichen Hoheit

unterthänigster

A. Schrötter.

Einleitung.

1. **D**ie mannigfaltigen Objecte der uns umgebenden Sinnenwelt entstehen unter so unendlich verschiedenen Bedingungen, dass es auf den ersten Blick scheinen möchte, als liessen sich für dieselben durchaus keine allgemeinen Gesichtspunkte aufstellen. Sobald man aber von den speciellen Verhältnissen, welche hiebei Statt finden, abstrahirt, und nur die allgemeinsten Bedingungen dieser Entstehungsarten ins Auge fasst, so lässt sich der ganze Inbegriff alles Vorhandenen in zwei grosse Abtheilungen bringen. Die eine derselben enthält diejenigen Objecte, welche, gleichgiltig ob mit oder ohne unsere Beihilfe, stets mit denselben charakteristischen Eigenschaften entstehen, wir mögen uns eine Vorstellung dieser Eigenschaften bereits gebildet haben oder nicht. Die andere Abtheilung hingegen umfasst jene Objecte, welche nur durch unsere geistige Thätigkeit hervorgebracht werden können; indem sich ihre Eigenschaften ganz nach der Vorstellung richten, die, schon ehe sie entstehen, zu unserem klaren Bewusstsein gelangt sein müssen. Die ersteren, bei denen unsere Mitwirkung nur accidentell ist, und deren Eigenschaften ganz unabhängig von den Vorstellungen sind, die wir von denselben haben, heissen Naturproducte. Der Inbegriff derselben ist die Natur in materieller Bedeutung des Wortes. Die Producte unserer geistigen Thätigkeit hingegen heissen Kunstproducte, so dass, was nicht Naturproduct ist, Kunstproduct sein muss, und umgekehrt. Erstere können nur durch die Natur, letztere nur durch die Kunst hervorgebracht werden, wobei jedoch das Wort Natur in einer von der obigen verschiedenen, nämlich in formeller Bedeutung, als Hervorbringendes, und das Wort Kunst im allgemeinen Sinne, nicht bloss als bildende Kunst, genommen wird.

Von einem höheren Standpunkte aus betrachtet, sind freilich alle vorhandenen Dinge Naturproducte, denn auch der Mensch denkt nur nach bestimmten Gesetzen, und Alles ist nach den Vorstellungen eines

höchsten Verstandes entstanden. Allein zur Entwickelung der Begriffe
in der Naturkunde ist es nothwendig, das Wort Natur im engeren
Sinne, nämlich nur in Beziehung auf das Materielle, zu nehmen.

2. Die Naturproducte entstehen also immer nur durch die in
der materiellen Natur wirkenden Kräfte und nach den für sie geltenden Gesetzen. Wenn wir auch oft durch Zufall oder durch eine
vorhergegangene Erfahrung geleitet, die Bedingungen herbeiführen,
unter welchen sich dieses oder jenes Naturproduct bilden kann, so
hört dasselbe deswegen doch noch nicht auf ein solches zu sein, denn
die Eigenschaften desselben können uns entweder gar nicht, oder nur
durch eine zufällige, schon früher angestellte Beobachtung bekannt
geworden sein, sie bleiben aber stets unabhängig von unseren Vorstellungen. Unsere ganze Wirksamkeit beschränkt sich hiebei nur darauf, die
Umstände so zu leiten, dass die Natur ein gewisses Object an der
gewünschten Stelle und in der geforderten Menge hervorbringe. Die
Bedingungen herbeizuführen, unter denen dies geschehen kann, lehrt
uns nur die Erfahrung und zwar entweder unmittelbar oder mittelbar durch Schlüsse, welche auf Analogien gegründet sind.

Bringt man z. B. Kupfer und Schwefelsäure unter den günstigen
Umständen zusammen, so entsteht ein Körper, den wir Kupfervitriol
nennen und der ein Naturproduct ist, denn er entsteht stets auf gleiche
Weise, ob wir uns schon vorher eine Vorstellung von demselben gemacht
haben oder nicht, ob er sich in der Natur ohne unser Zuthun erzeugt
hat, oder ob er in einem chemischen Laboratorium bereitet worden ist,
und es hängt nicht von uns ab, irgend eine seiner wesentlichen Eigenschaften willkürlich zu verändern.

3. Die Art, wie die Kunstproducte entstehen, ist eine von der
vorigen ganz verschiedene, indem sie nur durch unsere geistige
Thätigkeit, nie von der Natur, hervorgebracht werden können. Der
Stoff ist für sie nur der Träger der Form, der Vermittler zwischen
unseren Vorstellungen und der sinnlichen Wahrnehmung. An einer
Statue ist nur die Form das Kunstproduct, der Stoff ist hier nur Ne-
bensache. Die Vorstellungen von den Naturproducten entstehen erst,
nachdem diese bereits vorhanden und von uns wahrgenommen worden sind; während die von den Kunstproducten früher vorhanden
sein müssen, als diese entstehen können. Der gewöhnliche Sprachgebrauch ist zwar mit der hier gegebenen Erklärung nicht im Einklange; denn man bezeichnet, im gemeinen Leben, einerseits alle in
Fabriken und Laboratorien erzeugten Artikel mit dem Worte Artefact
oder Kunstproduct, und anderseits gebraucht man auch für die Werke
der Bildhauer und Maler denselben Ausdruck, ja man nennt sogar die

Medicin eine Kunst und den Arzt einen Heilkünstler. Alle diese Benennungen sind nach und nach ohne logischen Zusammenhang entstanden, und selbst in die Wissenschaften übergegangen, obwohl sie
von einer Zeit herrühren, wo man noch keine bestimmten Begriffe
mit denselben verbinden konnte, sie passen daher nicht mehr zu
dem gegenwärtigen Zustande derselben. Es ist nicht zu läugnen, dass
dieser Übelstand oft nachtheilig ist, und insbesondere die Verbreitung
klarer Begriffe hindert; da man aber den Sprachgebrauch nicht auf
einmal ändern kann, so bleibt nichts anderes übrig, als wenigstens
bei Abfassung der Grundzüge einer Wissenschaft, denselben zu be-
richtigen, und, wenn man auch die alten Worte beibehält, doch
den damit zu verbindenden Begriff, so scharf als möglich, zu bestimmen.

4. An den Naturproducten, welche allein Gegenstand einer Naturwissenschaft sein können, lassen sich zweierlei Zustände unterscheiden, nämlich der ursprüngliche und der veränderte. Im
ersteren wurden sie von der ungestört wirkenden Natur hervorgebracht,
während letzterer durch äussere, oft nur zufällige Einwirkungen herbeigeführt wird. Sollen nun die Naturproducte Gegenstand einer wissenschaftlichen Forschung werden, so ergeben sich hieraus für dieselben mehrere Gesichtspunkte oder Principien, von denen allein die
Art der Wissenschaft, welche construirt werden soll, abhängt. Hier
sollen nur zwei dieser Gesichtspunkte in nähere Betrachtung gezogen
werden, nach welchen zwei in ihren Principien ganz verschiedene,
dennoch aber innig zusammenhängende Wissenschaften entstehen, da
die Objecte beider eben die Naturproducte sind. Nach dem Principe der
einen dieser beiden Wissenschaften betrachtet man die Naturproducte
in ihrem ursprünglichen und unveränderten Zustande, um sie nach
den Merkmalen, welche an denselben beobachtet werden können,
ohne sie aus diesem ursprünglichen Zustande zu bringen, den Gesetzen der Logik gemäss zu ordnen, nicht aber um im Geringsten das
Beobachtete zu erklären, oder den Grund der Erscheinungen zu erforschen. Die so entstandene Wissenschaft heisst Naturgeschichte,
ein Name, von dem ebenfalls gilt, was (3) gesagt wurde. Das
zweite Princip, nach welchem die Naturproducte zum Gegenstande
einer Wissenschaft werden können, ist, sie in ihrem durch äussere
Einwirkungen veränderten Zustande zu beobachten, die Gesetze der
Veränderungen, die sie erleiden, zu erforschen und die Ursachen
derselben aufzusuchen. Die so entstandene Wissenschaft heisst
Naturlehre, sie bildet den zweiten Haupttheil der gesammten

Naturkunde, und enthält alles, was nicht in die Naturgeschichte gehört.

5. Die Naturgeschichte vergleicht also, der obigen Erklärung gemäss, die Naturproducte in Bezug auf diejenigen Eigenschaften, die sie in ihrem ursprünglichen Zustande besitzen, in Hinsicht auf ihre grössere oder geringere Übereinstimmung unter einander, was nur durch Anwendung der Begriffe von Einerleiheit, Gleichartigkeit und Ähnlichkeit auf dieselben geschehen kann. Durch diese Vergleichung erzeugt sie Vorstellungen und Begriffe, um diesen gemäss die Naturproducte zu unterscheiden, zu benennen, zu ordnen, und sie auch, ohne ihre unmittelbare Gegenwart, anschaulich darzustellen. Das erste Resultat dieser Vergleichung der Naturproducte unter einander ist die Unterscheidung derselben in u n o r g a n i s c h e und o r g a n i s c h e. Erstere begreifen die M i n e r a l i e n, d. h. sämmtliche unorganische Körper, also auch das Wasser, die Luft und überhaupt alle in den Laboratorien erzeugten Körper, letztere die P f l a n z e n und T h i e r e in sich. Den Inbegriff der so unterschiedenen Naturproducte nennt man ein R e i c h; ein Begriff, welcher der allgemeinste und höchste ist, den die Naturgeschichte hervorbringen kann. Man gelangt durch denselben zur Eintheilung der sämmtlichen Naturproducte in drei Naturreiche, nämlich in ein M i n e r a l r e i c h, ein P f l a n z e n r e i c h und ein T h i e r r e i c h. Die scharfen, wenn auch in einzelnen Fällen oft schwierig zu verfolgenden Gränzlinien zwischen den drei Reichen können durch Übergänge nicht verwischt werden; denn so wenig es deren zwischen einzelnen richtig bestimmten Species gibt, indem sie aufhören verschiedene Species zu sein, wenn sie in einander übergehen, eben so würden alle drei Naturreiche in eines zusammenfliessen, wenn es Übergänge zwischen denselben geben könnte.

6. Die unorganischen Naturproducte befinden sich in einem Zustande der Beharrung, der nur durch die Einwirkung äusserer Kräfte, die mit dem Wesen dieser Körper oft in gar keinem Zusammenhange stehen, aufgehoben wird. Die Materie erfüllt den Raum, welchen diese Körper einnehmen, mehr oder weniger gleichförmig, und wenn man auch oft eine sehr grosse Regelmässigkeit an denselben beobachtet, so beschränkt sich diese doch immer nur auf eine vollkommen symmetrische Anordnung der homogenen Masse, um gewisse in denselben gedachte Linien, und auf eine mit der äusseren Form im genauesten Zusammenhange stehende Lagerung der Theile, aus welchen der Körper besteht. Diese Naturproducte repräsentiren den Zustand der Materie, welchen man in der Physik mit dem Worte T r ä g-

heit bezeichnet, weil sie, durch sich selbst, weder aus dem Zustande der Ruhe in den der Bewegung, noch umgekehrt aus dem der Bewegung in den der Ruhe übergehen können. Der Zustand des Beharrens, in welchem sich diese Naturproducte befinden, erstreckt sich aber noch weiter, nämlich auf alle übrigen Verhältnisse derselben, indem ihr Aggregationszustand, ihre Form, Grösse, Farbe und alle ihre anderen Eigenschaften, unter gleichen äusseren Umständen, stets dieselben bleiben, und immer nur eine Änderung erleiden, die der Veränderung dieser äusseren Umstände proportional ist.

In dem Begriffe eines unorganischen Naturproductes ist also weder der Ort, noch die Veranlassung der Entstehung enthalten; wo sie sich also auch immer finden mögen, ob Zufall oder Willkür eines organischen Wesens zu ihrer Bildung Veranlassung gegeben haben, sie entstehen immer nach den Gesetzen der unorganischen Natur.

7. Bei den organischen Naturproducten hingegen ist der Raum, den sie einnehmen, von heterogener Materie ausgefüllt, aus welcher mannigfaltige Organe, das ist Gefässe für verschiedenartige Flüssigkeiten und Werkzeuge, die zu ihrer eigenen Entwickelung, Erhaltung und Fortpflanzung dienen, gebildet sind. Sie befinden sich während einer gewissen Zeit in einer regelmässig sich folgenden, zum Theil periodisch wiederkehrenden Reihe von Veränderungen, die man Leben nennt, und welche durch eine besondere, den organischen Wesen inwohnende Kraft, die Lebenskraft, bedingt sind. In den unorganischen Wesen sind die Kräfte, als deren Träger wir uns die Materie denken, im Gleichgewichte; in den organischen hingegen findet ein immerwährendes Herstellen und Stören dieses Gleichgewichtes Statt. Eine Reihe der organischen Wesen besitzt das Vermögen einer freien willkürlichen Bewegung, welche einer anderen Reihe derselben gänzlich fehlt. Die ersten bilden die Thier-, die letzten die Pflanzen-Welt. Man wird nach diesem Merkmale immer mit Sicherheit entscheiden können, in welches der drei Reiche ein Naturproduct gehört, und nur durch Vorurtheile oder unrichtige Grundbegriffe können hierüber Zweifel entstehen. Ob sich phosphorsaurer Kalk in den Organen eines Thieres, oder in einem chemischen Laboratorium, oder irgendwo in einer Lagerstätte gebildet hat, ist in dieser Hinsicht ganz gleichgiltig, immer verdankt er seine Entstehung einem rein chemischen, von der Lebenskraft ganz unabhängigen Processe, obwohl diese in einem bestimmten Falle die denselben einleitende Ursache gewesen sein kann. Dasselbe gilt aber auch von anderen, in der organischen Welt vorkommenden Substanzen, wie z. B. vom Zucker, den

Harzen, der Weinsteinsäure, der Harnsäure u. s. w. Sie sind eben so gut
unorganische Körper, wie der kohlensaure Kalk, die Kohlensäure, das
phosphorsaure Ammoniak, wenn man auch viele derselben bisher weder in den Laboratorien erzeugen konnte, noch in der Natur anderswo
als im Thier- oder Pflanzenkörper gebildet gefunden hat. Man kann einwenden, dass obige Bestimmung auch auf die Gehäuse der Schalthiere,
Knochen, Haare, Klauen, Zähne u. d. gl. passe, indess geben diese
Körper schon durch ihre Structur ihren Ursprung zu erkennen. Über
den Begriff von organischen Verbindungen siehe (12).

> An den Krystallen und überhaupt an den Individuen der unorgani-
> schen Natur ist keine Structur (Gefüge) vorhanden, weil sie aus
> homogenen Theilen bestehen, die den Raum ohne merkbarer Unterbre-
> chung erfüllen; sie besitzen jedoch die merkwürdige Eigenschaft der
> Theilbarkeit. Mohs Anfangsgründe der Naturgeschichte des Mi-
> neralreiches etc. pag. 5 u. 116.

8. Die Naturgeschichte wird eingetheilt in die allgemeine und
in die besondere. Jene abstrahirt von der Abtheilung in Reiche, und
entwickelt nur die Methode, nach welcher die besondere Naturgeschichte
des Mineral-, Pflanzen- und Thierreiches verfahren muss. Für die allgemeine Naturgeschichte fällt der Unterschied zwischen organischen und
unorganischen Naturproducten weg, sie hat es bloss mit Individuen zu
thun, welche durch einen gewissen Grad von Ähnlichkeit mit einander
verbunden sind, und woraus sie die Begriffe von Species, Gattung,
Ordnung, Classe entwickelt, und auf diese Weise eine Methode bildet,
welche auf alle Gegenstände angewendet werden kann, auf die sich
die Begriffe von Einerleiheit, Gleichartigkeit und Ähnlichkeit anwenden lassen. Die besondere (specielle) Naturgeschichte theilt sich hingegen
in die Naturgeschichte des Mineralreiches (Mineralo-
gie), die des Pflanzenreiches (Botanik) und die des Thierreiches (Zoologie) ab. In allen drei Reichen muss daher dieselbe
Methode Anwendung finden, und sollte dies für eines oder das andere
nicht möglich sein, was jedoch gewiss nicht der Fall ist, so gäbe es
keine Naturgeschichte für dasselbe. Da ferner einer wissenschaftlichen
Behandlung der Naturgeschichte nur ein einziges, und zwar nur ein naturhistorisches Princip zum Grunde gelegt werden kann; so müssen alle
anderen Wissenschaften in so weit von derselben geschieden werden,
als sie nicht als blosse Mittel dienen, einzelne Eigenschaften zu bestimmen, wie man sich der Mathematik und Physik bedient, um die
Krystallform, die Dichte, die Verhältnisse gegen das Licht u. s. w. zu

ermitteln. Die Species kann daher ursprünglich nur auf naturhistorischem Wege bestimmt werden, und erst wenn dies geschehen ist, kann man in einzelnen speciellen Fällen jedes andere, entweder zufällige oder mit der Natur der Körper innig zusammenhängende Merkmal zum Bestimmen einer besonderen Varietät gebrauchen. Ist z. B. die Existenz der Species des rhomboedrischen Kalkhaloides auf naturhistorischem Wege ausser Zweifel gestellt worden, so kann jedes andere Mittel, z. B. ob dasselbe mit Säuren braust u. d. gl., dazu dienen, in einem besonderen Falle ein Mineral zu erkennen.

> Mehr hierüber sehe man in dem oben citirten classischen Werke von Mohs, in welchem der factische Beweis der Möglichkeit einer naturhistorischen Mineralogie niedergelegt ist.

9. Die Naturlehre gestattet eine eben so allgemeine Behandlung wie die Naturgeschichte; weswegen auch sie in eine allgemeine und in eine besondere abgetheilt werden kann.

Die allgemeine Naturlehre hat ebenfalls die Methode zu ermitteln, nach welcher in der besonderen verfahren werden muss. Sie hat zu lehren, wie man sich gewisser Voraussetzungen bedient, um dadurch zur Erkenntniss der Wahrheit zu gelangen, und wie man die einzelnen Erfahrungen in mathematische Ausdrücke zusammenfasst, um daraus die denselben zu Grunde liegenden allgemeinen Gesetze zu entwickeln. Sie hat die Gesetze der Bewegung, des Gleichgewichtes, die Begriffe der Masse, Trägheit etc. in der allgemeinsten Form zu entwickeln und die Wirkungen der Kräfte durch analytische Ausdrücke darzustellen. Hingegen fällt für sie der Unterschied zwischen organischen und unorganischen Naturproducten ganz weg, indem die von ihr als richtig anerkannten Gesetze ganz allgemein gelten. Bis jetzt wird die allgemeine Naturlehre noch nicht auf diese Weise für sich allein behandelt; sondern einzelne Theile derselben werden, wo sie gerade Anwendung finden, besonders vorgetragen. Der jetzige Zustand der Naturwissenschaft scheint eine so allgemeine Behandlung dieses Gegenstandes noch nicht zu gestatten.

Die besondere Naturlehre muss nothwendig in drei Theile zerfallen, deren jeder eines der Naturreiche zum Gegenstande hat. Man gelangt so zu drei besonderen Wissenschaften, in welchen zwar dasselbe Princip herrschet, die aber durch die eigenthümliche Beschaffenheit ihrer Objecte verschieden sind, nämlich zur Naturlehre der unorganischen Naturproducte oder Mineralien, zur Naturlehre der Pflanzen und zu jener der Thiere. Jede dieser Wissenschaften muss, wie sogleich gezeigt werden wird, noch weiter abgetheilt werden.

10. Die unorganischen Naturproducte können durch äussere Einwirkungen auf die verschiedenste Weise verändert werden. Sucht man aber das Allgemeine, allen diesen Veränderungen Gemeinschaftliche, zu erforschen, so findet man, dass, so äusserst mannigfaltig dieselben im Besonderen auch sind, sie doch nur unter zwei Gesichtspunkten zusammengefasst werden können. Diese sind folgende:

1) Die Veränderungen erstrecken sich entweder nur auf diejenigen Eigenschaften der Naturproducte, von welchen die Naturgeschichte zum Behufe der Unterscheidung keinen Gebrauch macht, wie z. B. auf die Grösse, den Aggregationszustand, die Elasticität, oder wenn sie auch die naturhistorischen Eigenschaften, nämlich die Dichte, die Krystallform u. s. w. afficiren, so geschieht dies nur in einem so geringen Grade, oder nur so vorübergehend, dass dadurch kein specifischer Unterschied zwischen den ursprünglichen und den veränderten Naturproducten bedingt wird. Veränderungen dieser Art nennt man p h y s i k a l i s c h e oder m e c h a n i s c h e, und der Theil der Naturlehre, welcher das Aufsuchen und die Erklärung der Gesetze dieser Veränderungen zum Gegenstande hat, heisst P h y s i k oder m e c h a n i s c h e   N a t u r l e h r e.

2) Die Veränderungen betreffen die naturhistorischen Eigenschaften und finden in einem solchen Grade Statt, dass dadurch ein Naturproduct Merkmale erhält, die von denen, welche ihm vorher zukamen, so wesentlich verschieden sind, dass es nun nicht mehr derselben naturhistorisch bestimmten Species, zu der es früher gehörte, einverleibt bleiben kann. Veränderungen dieser Art heissen c h e m i s c h e. Die chemischen Veränderungen beziehen sich oft auf die Bestandtheile eines Körpers, indem es geschieht, dass einer derselben aus der Verbindung tritt, und durch eine unbestimmte Menge eines von dem vorigen specifisch verschiedenen Körpers ersetzt wird, ohne dass dadurch die physikalischen Eigenschaften des Körpers eine wesentliche Verschiedenheit von den vorigen zeigen. Obwohl dies mit der obigen Erklärung im Widerspruche zu stehen scheint, da hiernach eine chemische Veränderung ohne eine entsprechende naturhistorische Statt fände, so ist zu bemerken, dass ein solcher Austausch der Bestandtheile nicht geschehen kann, ohne dass vorher mit den Körpern Veränderungen vorgenommen werden, durch welche die Eigenschaften derselben specifisch modificirt werden; so dass ein solcher Austausch nur als das Endresultat einer ganzen Reihe chemischer Ver-

änderungen betrachtet werden muss. Man kann also ganz allgemein sagen, dass bei chemischen Veränderungen entweder der Körper als Ganzes, oder einige seiner Bestandtheile specifische Modificationen erleiden, dass also chemische Änderungen stets specifische sind, die sich aber in besonderen Fällen nicht immer auf den Körper als Ganzes erstrecken. (65) Derjenige Theil der besonderen Naturlehre der unorganischen Naturproducte, dessen Zweck es ist, die Gesetze zu erforschen und zu erklären, nach welchen die chemischen Veränderungen dieser Körper vor sich gehen, heisst besondere Chemie der unorganischen Naturproducte oder schlechtweg Chemie; mit anderen Worten — die unorganische Chemie ist jener Theil der Naturlehre, welcher von den specifischen Veränderungen der Körper und ihren Ursachen handelt. Die beiden, im innigsten Zusammenhange stehenden Theile, in welche also die besondere Naturlehre der unorganischen Naturproducte zerfällt, sind demnach Physik und die chemische Naturlehre oder Chemie.

Wenn man den Diamant spaltet, schleift, erwärmt, presst u. s. w., so hat man nur physikalische Veränderungen mit ihm vorgenommen; wenn man ihn aber verbrennt, oder durch Glühen mit Eisen in Graphit umwandelt, so hat er eine chemische Veränderung erlitten, weil er in letzteren Fällen in Körper umgewandelt wurde, die durchaus nicht mehr in derselben Species, wie der Diamant, Platz finden können. (63) Wenn rhomboedrisch-krystallisirte kohlensaure Kalkerde durch Fällung bei der Siedhitze in prismatische umgewandelt wird (63), so hat sie eine chemische Veränderung erlitten, obwohl an der Zusammensetzung des Körpers nichts geändert wurde, weil eine rhomboedrisch und eine prismatisch krystallisirende Substanz nicht in derselben Species vereinigt werden können. Dasselbe wäre der Fall, wenn die Kohlensäure der kohlensauren Kalkerde durch Schwefelsäure ersetzt, also schwefelsaure Kalkerde daraus gemacht worden wäre, wobei sich ebenfalls alle Eigenschaften der Substanz so geändert haben würden, dass sie ihren Platz in verschiedenen Species finden müssten. Wird cyansaures Ammoniak durch Erwärmung in Harnstoff umgewandelt, so ist damit eine chemische Veränderung vor sich gegangen, weil sich die beiden genannten Körper so wesentlich von einander unterscheiden, dass sie nicht in derselben Species vereinigt bleiben können, obwohl bei dieser Veränderung nichts zu dem Körper hinzugekommen noch etwas davon weggegangen ist. Wenn man aus dem gewöhnlichen Alaun das Kali entfernt, und dafür Ammoniak substituirt, so erleidet dieser Körper, aus den oben angegebenen Grün-

den, dadurch eine chemische Veränderung, obwohl die naturhistorischen Eigenschaften des Kali-Alauns mit denen des Ammoniak-Alauns
so sehr übereinstimmen, dass beide Körper in derselben Species vereinigt werden müssen; wenigstens so lange man in der Naturgeschichte keine anderen naturhistorischen Eigenschaften als die bisher
gebrauchten in Betrachtung zieht. Die besondere Chemie der unorganischen Naturproducte, oder die unorganische Chemie hat, also der
vorigen Begriffsbestimmung zu Folge Alles in sich zu fassen, was
Körper betrifft, die wirklich unorganisch sind; gleichgiltig wo sie sich
gebildet haben, ob in den Gefässen einer Pflanze oder eines Thieres.
Homogenität der Theile, Krystallisirbarkeit, oder wenigstens die Fähigkeit krystallisirbare Verbindungen einzugehen, sind sichere Kennzeichen, dass die Verbindungen in der Chemie der unorganischen Naturproducte abzuhandeln sind.

11. Um das Verhältniss der Chemie zu den übrigen Naturwissenschaften, insbesondere zur Naturgeschichte, gehörig aufzufassen,
muss man sich vollkommen klar machen, dass eine naturhistorische
Gleichartigkeit weder eine absolute Identität ist, noch eine chemische
Gleichheit voraussetzt: ersteres nicht, weil eine naturhistorische Gleichartigkeit eine Verschiedenheit der Eigenschaften innerhalb gewisser
Gränzen, die durch den Begriff der naturhistorischen Species gegeben sind, zulässt; letzteres nicht, weil Körper von gleicher chemischer Beschaffenheit verschiedene physikalische Eigenschaften und umgekehrt, weil sie bei gleichen physikalischen Eigenschaften, eine ungleiche chemische Zusammensetzung haben können, was durch die
Erscheinungen der Polymorphie, (63) Isomerie (69) und Isomorphie
(64) hinreichend bestätiget wird. Es ist hieraus ganz einleuchtend,
dass eine naturhistorische Bestimmung nie eine chemische Untersuchung entbehrlich machen kann, dass aber auch umgekehrt die letztere auf keine Weise die naturhistorische Bestimmung überflüssig macht;
und es bleibt die Kenntniss eines Körpers gleich einseitig, wenn die
eine oder die andere vernachlässigt wurde.

Es liegt ferner in der Natur der Sache, dass die Naturgeschichte
ihr Geschäft beendigt haben muss, wenn die Naturlehre das ihrige beginnen soll, und wenn bisher die Wichtigkeit einer richtigen naturhistorischen Bestimmung grösstentheils unbeachtet blieb, so liegt dies
offenbar nur in einem Verkennen der Grundprincipien der Naturgeschichte, was aber immer einen nachtheiligen Einfluss auf die Fortschritte der Wissenschaft überhaupt ausgeübt hat.

Gegen die hier angeführte Definition von chemisch und mechanisch könnte man einwenden, dass diese Erklärung zu weit sei, in-

dem dadurch Erscheinungen in das Gebiet der Chemie gezogen werden, die man gewohnt ist, in das der Physik zu versetzen, wie dies z. B. bei den allotropischen Zuständen (70) der Grundstoffe der Fall ist. Da sich aber diese Einwendung nur auf den Sprachgebrauch, der so oft zufällig entstanden ist, bezieht, obige Folgerung aber aus richtig bestimmten Begriffen fliesst: so ist es wohl am zweckmässigsten, diese zur Richtschnur anzunehmen und den Sprachgebrauch nach denselben, statt umgekehrt, zu ändern. Es liegt ferner ein scheinbarer Widerspruch darin, einerseits zu behaupten, dass z. B. die Umwandlung des Diamants in Graphit eine chemische Veränderung sei, und anderseits doch wieder von einer absoluten chemischen Gleichheit beider Modificationen des Kohlenstoffes zu sprechen, indem es so den Anschein hat, als sage man, ein Körper habe eine chemische Veränderung erlitten und sei doch chemisch ungeändert geblieben. Dieser scheinbare Widerspruch fällt aber weg, wenn man bedenkt, dass nach der obigen Definition eine über bestimmte Gränzen hinausgehende Aenderung in der Krystallform, Dichte etc. eine chemische ist, und dass die angenommene chemische Gleichheit sich nur auf einige Haupteigenschaften bezieht, dass z. B. im obigen Falle die Menge der Kohlensäure, welche beide Modificationen beim Verbrennen geben, genau dieselbe ist, indem andere chemische Eigenschaften desselben Stoffes in den beiden allotropischen Zuständen (63) Veränderungen erleiden, die sich manchmal sogar noch in den Verbindungen mit anderen Körpern erkennen lassen.

12. Die besondere Naturlehre des Pflanzen- und Thierreiches zerfällt, nach dem Obigen, wieder in eine Physik und Chemie derselben. Das für sie geltende Princip der Abtheilung wird zwar dem für die unorganischen Naturproducte gebrauchten entsprechen, aber dennoch, wegen der Verschiedenheit der Objecte, von demselben abweichen. Die Physik der Pflanzen und Thiere hätte sich z. B. mit der Einwirkung der Elektricität auf Pflanzen und Thiere, mit der Theorie des Gehens, des Fluges der Vögel u. s. w. zu befassen, während die Chemie der organischen Naturproducte, oder die organische Chemie im eigentlichen Sinne, zu untersuchen hat, aus welchen Grundstoffen die Organe derselben gebildet sind, welche Stoffe als Nahrungsmittel dienen, welche Veränderungen sie als solche erleiden, wie die eingeathmeten Gase verändert werden u. s. w. Da alle im lebenden Körper der Thiere und Pflanzen vor sich gehenden Processe durch die Lebenskraft (17) bedingt werden, welche mit der chemischen Anziehung, die allein chemische Erscheinungen bewirken kann (15), in Wechselwirkung steht, und da alle die daselbst gebildeten Verbindungen von dem Verhältnisse dieser beiden Kräfte abhängen; so wird es die höchste Aufgabe der organischen Chemie sein, das Verhältniss der Lebenskraft zur chemischen Anziehung zu bestimmen.

Da es ferner sehr wohl der Fall sein kann, dass es Verbindungen gibt, die nur aus diesem gegenseitigen Verhältnisse hervorzugehen vermögen, bei welchen also die Lebenskraft durch keine andere ersetzt werden kann, und die sich daher immer nur in dem lebenden Körper der Pflanzen und Thiere zu bilden im Stande sind, so kann man solche Verbindungen füglich o r g a n i s c h e nennen, welcher Benennung also die A r t d e r E n t s t e h u n g derselben zu Grunde liegt. Hiebei wird man aber immer genau zwischen o r g a n i s c h e r V e r b i n d u n g und o r g a n i s c h e m K ö r p e r zu unterscheiden haben, denn die organischen Verbindungen können eben so gut organische als unorganische Körper sein. Der Zucker z. B. kann sehr wohl eine organische Verbindung sein, aber gewiss bleibt er immer ein unorganischer Körper und muss deswegen eben so gut einen Platz im Systeme der unorganischen Naturproducte finden, als der Kampher und der phosphorsaure Kalk. Man kann daher auch ganz allgemein die organische Chemie die Chemie der organischen Verbindungen, nämlich die Lehre von ihren Eigenschaften, ihrer Zusammensetzung und Bildung nennen. Mehr hierüber sehe man im Artikel: Kohlenstoff.

Der leichteren Übersicht wegen folgt hier ein Schema, welches den Zusammenhang der verschiedenen Theile der Naturkunde darstellt.

N a t u r k u n d e.

Naturgeschichte	Naturlehre
A. a l l g e m e i n e	A. a l l g e m e i n e
B. b e s o n d e r e	B. b e s o n d e r e
Mineralogie	der Mineralien $\begin{cases} \text{Physik} \\ \text{Chemie} \end{cases}$
Botanik	der Pflanzen $\begin{cases} \text{Pflanzen-Physik} \\ \text{Pflanzen-Chemie} \end{cases}$
Zoologie	der Thiere $\begin{cases} \text{Thier-Physik} \\ \text{Thier-Chemie.} \end{cases}$

Allgemeine Vorstellungen von den Kräften, der Materie und den Imponderabilien.

13. Der Zweck der Naturlehre besteht einerseits darin, die in ihr Gebiet gehörigen Erscheinungen systematisch zu ordnen, anderseits aber auch dieselben zu erklären, und hiebei bis zu ihren letzten Gründen zurück zu gehen. Indem wir so von Erscheinung zu Erscheinung schreiten, kann es nicht fehlen, dass wir bald an die Gränzen gelangen, welche uns nach der Stellung, die wir in der Reihe organischer Wesen einnehmen, gezogen sind, und welche zu überschreiten wir daher nie hoffen dürfen. So lange wir uns in dem Gebiete der Thatsachen bewegen, ist es die Beobachtung und das Experiment, wodurch wir unsere Kenntnisse erweitern; sind wir aber einmal bei der Gränze angelangt, wo uns diese nicht mehr zu Gebote stehen, dann müssen wir uns damit begnügen, gewisse Postulate festzustellen, die der Ausdruck unserer Denkgesetze sind, und diese durch passende Voraussetzungen, Hypothesen genannt, mit den Thatsachen zu verbinden, indem wir sie an die Stelle dieser letzten Gründe setzen. Diese Hypothesen werden aber nur dann ihrem Zwecke entsprechen, wenn sie keiner erwiesenen Thatsache widersprechen, möglichst einfach und einer mathematischen Behandlung fähig sind. Unter diesen Bedingungen ist die Einführung derselben in die Wissenschaft für deren Fortschritte unerlässlich, denn indem wir unausgesetzt bemüht sind, ihre Richtigkeit, nicht durch Speculation, sondern an dem Prüfsteine der Erfahrung zu untersuchen, werden wir zur Anstellung von Versuchen geleitet, die uns ohne diesen Führer nicht im entferntesten in den Sinn gekommen wären. Wir werden so zu Entdeckungen geführt, die nicht selten der Hypothese, aus welcher sie geflossen sind, widersprechen, was aber, weit entfernt ihrer Wichtigkeit Eintrag zu thun, uns nur dazu bestimmen muss, dieselbe aufzugeben und durch eine passendere zu ersetzen. Indess muss man sich hüten, durch Hypothesen Alles erklären zu wollen, denn es ist viel besser, die Mängel und Lücken unserer Kenntnisse einzugestehen, als dieselben durch haltlose Fictionen scheinbar auszufüllen. Insbesondere ist es für Anfänger von Wichtigkeit, dass sie genau unterscheiden, was ausgemachte Thatsache und begründete Folgerung daraus, oder was bloss hypothetisch oder durch Übereinkunft angenommen ist. Die Art, wie man in der Physik die Hypothesen zum grossen Nutzen für die Wissenschaft gebraucht, kann für die Chemie als Muster dienen, wie überhaupt ein gründliches Studium der Physik dem der Chemie vorausgehen muss, weswegen auch bei der Bearbeitung dieses Werkes die Grundlehren der Physik als bekannt vorausgesetzt werden, was um so eher geschehen kann, als die deutsche Literatur reich an vortrefflichen Werken über diese Wissenschaft ist, von denen hier nur folgende neueste erwähnt werden sollen.

August Handwörterbuch d. Chemie und Physik u. m. a. Bd. I. A—E. Berlin, Simion 1842.

Baumgartner Die Naturlehre nach ihrem gegenwärtigen Zustande. Wien, Gerold 1844.

Biot Lehrbuch der Experimentalphysik, bearbeitet v. Fechner. Leipzig, Voss 1828—1829 4. Bde.

Buff Grundzüge der Experimentalphysik. Lief. 1. Heidelberg, Winter 1843.

Dove, Repertorium der Physik. Berlin, Veit 1837—1844.

Eisenlohr Lehrbuch der Physik. 4. Auflage. Mannheim, Hoff 1844.

v. Ettingshausen Naturlehre. Wien, Gerold 1844.

Fechner Repertorium der Physik. Leipzig, Voss 1832. 3 Bde.

Fischer Lehrbuch d. mechanischen Naturlehre, bearbeitet v. August. 4. Auflage. Berlin, Nauck 1837—1839.

Gehlers physikalisches Wörterbuch. 18 Bände. Leipzig, Schwickert 1825—1842.

Hellmuth Volksnaturlehre. 11. Aufl., Braunschweig, Vieweg, 1844.

Lamé Lehrbuch der Physik für höhere polytechnische Lehranstalten. Deutsch bearbeitet von Schnuse. Darmstadt, Leske 1838.

Pouillet Lehrbuch der Physik und Meteorologie für deutsche Verhältnisse frei bearbeitet von D. J. Müller. Braunschweig, Vieweg 1842—1843.

14. Das erste Postulat, von welchem man bei jeder Naturforschung auszugehen hat, ist das Vorhandensein von Kräften. Da wir uns nämlich keine Veränderung ohne entsprechende Ursachen denken können, und endlich zu Erscheinungen gelangen, die wir nicht mehr aus anderen Erscheinungen abzuleiten vermögen, so bezeichnen wir die letzten Ursachen derselben mit dem Worte Kraft. Über die Art, wie diese Grundkräfte wirken, kann der menschliche Geist nie eine Auskunft erwarten, denn sie heissen eben Grundkräfte, weil sie von keinen anderen abgeleitet, d. h. gar nicht begriffen werden können. [1]) Ihre Existenz ist keine Hypothese, obwohl es in einzelnen Fällen hypothetisch bleibt, ob die Ursache einer Erscheinung auf keine andere Weise erklärt werden kann, als durch die Annahme einer Kraft.

Man muss sich übrigens hüten, mit der Annahme neuer Kräfte voreilig zu sein. Erst wenn wir auf keine Weise im Stande sind, aus den schon angenommenen Kräften eine Reihe von Erscheinungen zu erklären, dürfen wir zur Annahme einer neuen schreiten, die wir dann mit einem besonderen Namen bezeichnen. Durch die vorliegenden Thatsachen werden wir veranlasst, a n z i e h e n d und a b s t o s s e n d w i r k e n d e K r ä f t e in der Natur anzunehmen, und sind sogar genöthigt, verschiedene solche zu unterscheiden. Um die Wirkungen der Kräfte wahrnehmen zu können, statuiren wir noch eine M a t e r i e, die wir uns, zur Erleichterung unserer Forschungen, als etwas Träges, für sich in dem Zustande, in welchen sie durch Kräfte versetzt wurde, Beharrendes, denken. Hiemit soll aber nicht gesagt sein, dass es eine Materie ohne Kräfte, oder Kräfte ohne Materie gibt, ja es ist sogar für die Erklärung der Erscheinungen ganz ausreichend, die Materie selbst als das Resultat von Kräften zu betrachten. Durch Beobachtung lernen wir die verschiedenen Eigenschaften der Materie kennen, und betrachten dieselben als Äusserungen verschiedener Kräfte. Diese allgemeine Vorstellung der Materie genügt jedoch für die Naturforschung nicht, wir müssen vielmehr die Art, wie dieselbe den Raum erfüllt, noch näher zu bestimmen suchen, indem wir die Erfahrung weiter über ihr Verhältniss zu den auf sie wirkenden Kräften befragen. Diese lehrt uns, dass die Materie durch bloss mechanisch wirkende Kräfte bis zu einem ausserordentlichen Grade theilbar ist, oder, was dasselbe sagen will, dass wir uns die Körper aus sehr kleinen Theilchen zusammengesetzt denken müssen. Diese kleinen Theilchen, welche durch mechanisch wirkende Kräfte nicht mehr weiter getheilt oder verändert werden können, nennt man M o l e -c ü l e. Sie sind so klein, dass sie für sich nicht wahrgenommen werden können, und die einzelnen Körnchen der feinsten Pulver, die wir zu erzeugen im Stande sind, bestehen schon aus ganzen Gruppen von Molecülen.

15. Die Erscheinungen der Schwere beweisen, dass zwischen den Theilen der Materie eine anziehende Kraft thätig ist, welche nicht

[1]) Metaphysische Anfangsgründe der Naturwissenschaft von J. K a n t. 2. Auflage, Riga 1787, pag. 61.

von der specifischen Beschaffenheit derselben abhängt und in dem Verhältnisse abnimmt, in welchem die Quadrate der Entfernungen zunehmen, also auf die grössten Distanzen wirkt; während die Phänomene der Adhäsion, der Krystallisation, Haarröhrchenwirkung und Absorption mit Sicherheit schliessen lassen, dass es noch andere anziehende Kräfte geben müsse, welche zwischen den Molecülen thätig sind, und daher Molecularkräfte genannt werden. Sie haben das charakteristische Merkmal, dass ihre Stärke ausserordentlich schnell abnimmt, wenn die Entfernungen der Theile wachsen, so dass sie nur in unendlich kleinen Distanzen, also, wie man zu sagen pflegt, bei der Berührung zu wirken beginnen. Man darf jedoch nicht glauben, dass deswegen diese Kräfte nur eine geringe Intensität besitzen; im Gegentheile gehören sie zu den wirksamsten und stärksten in der Natur. Aus dem Verhalten der Körper gegen die Wärme und dem Stattfinden der verschiedenen Aggregationszustände geht ferner factisch hervor, dass zwischen den Theilchen der Körper auch eine abstossende Molecularkraft thätig ist, und es unterliegt kaum einem Zweifel, dass diese Kraft eine Aeusserung desselben Agens ist, welchem man die Ursache der Phänomene der Wärme zuschreibt. Es ist ferner nicht unwahrscheinlich, dass die Theilchen des Stoffes, aus dessen vibrirender Bewegung die Physiker diese Erscheinungen abzuleiten suchen, sich untereinander abstossen, während sie von den Molecülen der Körper angezogen werden. Wenn man endlich Alles zusammenfasst, was die Erfahrung über die chemischen Erscheinungen gelehrt hat, so ergibt sich als eine factische Wahrheit, dass dieselben durch eine anziehende Kraft hervorgebracht werden, welche ebenfalls, da sie nur bei der Berührung thätig ist, zu den Molecularkräften gehört. Die Cohäsionskraft ist kaum etwas anderes als eine Äusserung der chemischen Anziehung zwischen den homogenen Theilen der verschiedenen Elemente, so dass man sagen kann, die Molecularanziehung homogener Theile heisst Cohäsion, die zwischen heterogenen Theilen aber chemische Anziehung. Ebenso ist die Adhäsion wohl nur eine durch die Aggregations-Verhältnisse modificirte chemische Anziehung, weswegen es wohl kaum nothwendig ist, die chemische Anziehung als eine besondere Molecularkraft zu betrachten. Da man aber bis jetzt nicht im Stande ist, die Identität dieser Kräfte evident nachzuweisen, indem die Gesetze, nach welchen sie wirken, noch zu wenig bekannt sind, so ist es bei dem gegenwärtigen Zustande unserer Kenntnisse am zweckmässigsten, zur Erklärung der chemischen Erscheinungen eine besondere Molecularkraft anzunehmen, welche man chemische

Anziehung oder Affinität genannt hat, und welche allein fähig ist, chemische Erscheinungen hervorzubringen.

16. Aus dem Verhalten der Körper gegen einen äusseren Druck und beim Erwärmen, ferner aus den Erscheinungen der Elasticität und denen, welche sie im polarisirten Lichte beim Zusammendrücken darbieten, geht mit unbezweifelbarer Gewissheit hervor, dass diese Molecüle, selbst bei den festesten Körpern, sich nicht berühren, sondern in Entfernungen befinden, die gegen die Grösse derselben sehr bedeutend sind. Die Zwischenräume, welche diese Molecüle trennen, sind höchst wahrscheinlich nicht leer, wie es denn wohl überhaupt kaum einen absolut leeren Raum gibt; denn wie liesse es sich denken, dass Kräfte durch einen solchen zu wirken im Stande wären? Diese Zwischenräume sind vielmehr mit feinen Stoffen ausgefüllt, welche die Erscheinungen der Wärme, des Lichtes, der Elektricität und des Magnetismus bedingen. Von diesen Stoffen weiss man allerdings bis jetzt nur sehr wenig, ja man ist nicht einmal im Stande die Existenz derselben auf eine andere Weise als durch die Thatsachen, die man damit zu erklären sucht, zu beweisen. Aus diesen Thatsachen folgt aber, dass sie, wie die übrigen Körper, aus äusserst feinen, absolut frei beweglichen Theilchen bestehen, zwischen welchen Kräfte wirken, die den Molecularkräften analog sind, und welche auch die Molecüle afficiren. Diese Stoffe sind aber, so weit unsere Erfahrungen reichen, nicht schwer, wesswegen man sie gewöhnlich unter dem Namen Imponderabilien anführt. Die Erscheinungen des Lichtes und der Wärme lassen sich aus einer vibrirenden Bewegung eines einzigen Stoffes, dem man den Namen Äther gegeben hat, mit grosser Vollständigkeit ableiten, und hängen damit so zusammen, wie die Phänomene des Schalles mit der Luft oder einem anderen elastischen Medium. Denn so wie die Erzeugung und Fortpflanzung des Schalles eines Stoffes als Medium bedürfen, ohne dass desshalb der Schall selbst ein Stoff ist, eben so gilt dies vom Lichte und der Wärme, die, um als solche zu erscheinen, nach dem gegenwärtigen Zustande unserer Kenntnisse, eines Mediums bedürfen, ohne selbst Stoffe zu sein. Ein ähnliches Verhältniss dürfte auch bei der Elektricität und dem Magnetismus Statt finden, obwohl wir nicht im Stande sind, die Phänomene derselben mit gleicher Sicherheit, auf eine der vorigen analoge Weise, abzuleiten.

17. Für die Erklärung der in das Gebiet der Physik gehörigen Erscheinungen sind die Molecüle, zu welchen man durch die That-

sachen unmittelbar geleitet wird, vollkommen hinreichend; sie genügen aber nicht, dasselbe für die chemischen Erscheinungen zu leisten. Man ist zu diesem Behufe genöthigt anzunehmen, dass die Molecüle selbst aus noch weit kleineren Theilchen zusammengesetzt sind. Diese kleinsten und letzten Theilchen der Körper nennt man Atome, und nimmt an, dass die Molecüle Gruppen von regelmässig angeordneten Atomen sind. Man ist noch ferner genöthigt diesen Atomen alle die Eigenschaften beizulegen, die zur Erklärung der mannigfaltigen chemischen Veränderungen, welche wir an den Körpern beobachten, nothwendig sind; denn man kennt durchaus keinen anderen Weg, um über dieselben etwas zu erfahren, indem sie sich, ihrer ausserordentlichen Kleinheit wegen, jeder directen Beobachtung entziehen. Diese Atome haben demnach eine bestimmte Ausdehnung und Form, sind undurchdringlich und jedes erfüllt den Raum den es einnimmt, stätig, also ohne alle Zwischenräume. Die Atome sind daher weder zusammendrückbar noch ausdehnbar und überhaupt unveränderlich, können also auch durch alle uns zu Gebote stehenden Mittel nicht weiter getheilt werden, und stehen zu den Molecülen ganz in demselben Verhältnisse, wie die Molecüle zu dem ganzen Körper; die Molecularkräfte sind nur die Resultirenden der zwischen den Atomen selbst thätigen Kräfte. Nach dieser Ansicht, welche sich dem gegenwärtigen Zustande unserer Kenntnisse am besten anschliesst, und gewissermassen der Ausdruck derselben ist, würden sich also die chemischen Kräfte von den mechanischen nicht specifisch unterscheiden, indem diese letzteren nur die Componenten der ersteren sind. Als sichere Thatsache stellt sich heraus, dass die chemischen Erscheinungen durch das Verhältniss bedingt werden, welches zwischen der Grösse der chemischen Anziehung, die von der specifischen Natur der Körper abhängig ist, und der Grösse der übrigen Kräfte, welche auf die Körper wirken, besteht, und dass hier ganz dieselben Gesetze herrschen, welche für das Gleichgewicht und die Bewegung überhaupt gelten, und welche die reine Mechanik in ihrer ganzen Allgemeinheit entwickelt. Da indess diese Betrachtungen bereits in das Gebiet einer von den Chemikern sehr ausgebildeten Hypothese der atomistischen Theorie gehören, so können sie erst später ausführlicher besprochen werden.

Von den chemischen Erscheinungen im Allgemeinen.

18. Die erste Thatsache, welche die chemischen Forschungen liefern, ist, dass sich Körper, die aus einer durchaus homogenen, den Raum gleichförmig ausfüllenden Masse bestehen, an der sich weder durch die stärkste Vergrösserung, noch sonst auf irgend eine Weise, eine Verschiedenheit der einzelnen Theilchen beobachten lässt, dennoch durch die verschiedenen Operationen der Chemie in andere Körper zerlegen lassen, deren physikalische und chemische Eigenschaften weder unter sich, noch mit denen des Körpers, aus dem sie hervorgegangen sind, übereinstimmen, und die dann selbst wieder aus gleichartigen Theilen bestehen. Man nennt diese Operation, durch welche also Körper von homogener Masse in heterogene Bestandtheile zerlegt werden, die chemische Scheidung oder Analyse, und hat der ganzen Wissenschaft, von dieser Hauptoperation derselben, den Namen Scheidekunst (im Arabischen Chemie mit dem Artikel die, al) gegeben. Die durch die chemische Scheidung erhaltenen Körper nennt man die chemischen Bestandtheile der zerlegten Verbindung. Oft kann man die bei einer ersten Scheidung erhaltenen Bestandtheile eines Körpers durch eine zweite Scheidung, noch weiter in andere Bestandtheile zerlegen; erstere heissen dann die näheren, letztere die entfernteren Bestandtheile der Verbindung. Bei Fortsetzung dieses Verfahrens der Zerlegung kommt man zuletzt auf Körper, welche man, mit den jetzt zu Gebote stehenden Hilfsmitteln nicht mehr weiter zerlegen kann, und daher einfache Stoffe, Grundstoffe oder auch Elemente nennt. Man will also mit dem Worte Element nichts anderes ausdrücken, als dass es bisher nicht möglich war, diese Stoffe weiter zu zerlegen; kein Chemiker wird es jedoch für eine ausgemachte Sache halten, dass wir in dieser Hinsicht schon zur letzten Gränze unserer Forschungen gelangt sind. Wie wenig eine solche Ansicht gegründet wäre, geht deutlich aus dem bisherigen Gange der Wissenschaft hervor. Mit der Entdeckung der Voltaischen Säule wurden zwölf Stoffe, die man bis zum Jahre 1806 für einfach hielt, als Sauerstoffverbindungen erkannt, und anderseits gibt es wieder Kör-

per von bekannter Zusammensetzung, die sich in vielen Beziehungen
ganz wie einfache Stoffe verhalten; so dass man hiedurch zu dem
Schlusse berechtiget ist: es werden noch manche Veränderungen in
unseren jetzigen Ansichten über die Elemente vor sich gehen. Indess
wäre es, nach dem gegenwärtigen Zustande unserer Kenntnisse, im
höchsten Grade unwissenschaftlich und daher ganz verwerflich, wenn
man die bis jetzt unzerlegten Stoffe, ohne allen experimentellen Beweis, bloss gewisser eingebildeter Analogien oder hypothetischer
Voraussetzungen wegen, für Sauerstoffverbindungen, oder weil sie
die Träger der Wirkungen von Wärme, Licht, Magnetismus und
Elektricität sind, überhaupt für zusammengesetzt halten wollte. Wir
kennen diese Agentien und ihre Verhältnisse zu den Körpern noch
so wenig, dass es den Weg der Forschungen nur verwirren,
und die Fortschritte der Wissenschaft in Frage stellen würde, wollte
man die genannten Agentien unbedingt in die Kategorie der übrigen
einfachen Stoffe stellen und auf ihr Verhältniss zu diesen die Gesetze
der chemischen Verbindungen ohne weiters anwenden.

Unterwirft man krystallisirten Kupfervitriol, einen Körper, der aus
vollkommen homogenen Theilchen besteht, der Operation der chemischen Scheidung, so kann man denselben in Kupferoxyd, Schwefelsäure und Wasser zerlegen. Diese Körper sind also die näheren
Bestandtheile des Kupfervitriols. Sie lassen sich aber noch weiter in
Sauerstoff, den jeder derselben enthält, und beziehungsweise in Kupfer,
Schwefel, und Wasserstoff zerlegen. Diese Stoffe sind nun die entfernteren, und in diesem Falle zugleich die letzten Bestandtheile,
in welche der krystallisirte Kupfervitriol zerlegt werden kann, es sind
die Elemente, aus welchen derselbe besteht.

19. Man hat bis jetzt 58 Elemente kennen gelernt, und es
scheint nicht, dass die Anzahl derselben noch vollständig ist, indem
bei sorgfältiger Untersuchung der verschiedenen Mineralien noch immer neue gefunden werden. Die folgende Tabelle enthält diese Elemente, nach ihren lateinischen Benennungen, denen auch die deutschen beigefügt sind, alphabetisch geordnet.

Aluminium,	Aluminium . . . Al		*Borum,	Bor . . . . . . B
Argentum,	Silber . . . . . Ag		*Bromum,	Brom . . . Br
Arsenicum,	Arsenik . . . . As		Cadmium,	Cadmium . . . Cd
Aurum,	Gold . . . . . . Au		Calcium,	Calcium . . . . Ca
*Azotum oder Nitrogenium,	Stickstoff, A oder N		*Carbonium,	Koblenstoff . . C
			Cerium,	Cerium . . . . Ce
Barium,	Barium . . . Ba		Chlorum,	Chlor Cl
Beryllium,	Beryllium . . . Be		*Chromium,	Chrom . . . . Cr
Bismuthum,	Wismuth . . . Bi		Cobaltum,	Kobalt . . . . . Co

Cuprum,	Kupfer	Cu	Platina,	Platin	Pt
Didimium,	Didim	D	Plumbum,	Blei	Pb
Erbium,	Erbium	E	Rhodium,	Rhodium	R
Ferrum,	Eisen	Fe	Scheelium,	Scheel	Sl
*Fluorum,	Fluor	F	Selenium,	Selen	Se
Hydrargyrum,	Quecksilber	Hg	*Silicium,	Kiesel	Si
*Hydrogenium,	Wasserstoff	H	Stannum,	Zinn	Sn
*Jodum,	Jod	J	Stibium,	Antimon	Sb
Iridium,	Iridium	Ir	Strontium,	Strontium	Sr
Kalium,	Kalium	K	*Sulphur,	Schwefel	S
Lanthanum,	Lanthan	La	Tantalum,	Tantal	T
Lithium,	Lithium	L	Tellurium,	Tellur	Tl
Magnesium,	Magnesium	Mg	Terbium,	Terbium	Tr
Manganium,	Mangan	Mn	Thorium,	Thorium	Th
Molybdaenum,	Molybdän	Mo	Titanium,	Titan	Ti
Natrium,	Natrium	Na	Uranium,	Uran	U
Niccolum,	Nickel	Ni	Vanadium,	Vanadin	V
Osmium,	Osmium	Os	Yttrium,	Yttrium	Y
*Oxygenium,	Sauerstoff	O	Zincum,	Zink	Zn
Palladium,	Palladium	Pd	Zirconium,	Zirkonium	Zr
*Phosphorus,	Phosphor	P			

In der dritten Spalte dieser Tabelle sind die für die Elemente angenommenen Zeichen enthalten, welche aber nicht bloss den Namen des
Stoffes anzeigen, sondern eine viel ausgedehntere und tiefere Bedeutung haben, wie weiter unten (37) erklärt werden wird. Zur Bildung
dieser Zeichen hat man sehr zweckmässig die Anfangsbuchstaben der
lateinischen Benennungen der einfachen Stoffe benützt, und zwar auf
folgende Weise. Für die 12 mit einem Sternchen bezeichneten Körper, welche den Namen Metalloide, erhalten haben, bilden die Anfangsbuchstaben allein die Zeichen, selbst wenn einer der Körper
aus der Gruppe der Metalle mit demselben Buchstaben anfängt. Beim
Chlor, Brom und Kiesel war man aber genöthigt hievon eine Ausnahme zu machen, weil der Kohlenstoff (Carbonium), das Bor und
der Schwefel mit denselben Buchstaben anfangen. Desswegen hat
man bei den erstgenannten drei Körpern noch den ersten charakteristischen Buchstaben hinzugefügt, und so die Zeichen Cl, Br und
Si erhalten. Bei den Metallen ist man auf ähnliche Weise, jedoch keineswegs consequent verfahren. So hat z. B. die Gruppe der Metalle,
die den Anfangsbuchstaben T haben, die Zeichen T, Tl, Tr u. s. w.,
während in der Gruppe der mit M beginnenden Metalle gar keines
mit dem einfachen Buchstaben M beginnt. Zweckmässiger wäre es
gewesen, wenn man ganz einfach das Princip aufgestellt hätte: Jedes
Element wird ohne alle weitere Rücksicht mit dem Anfangsbuchstaben

des lateinischen Namens bezeichnet, wenn aber mehrere denselben Anfangsbuchstaben haben, so behält eines derselben, und zwar das am meisten gebrauchte, den einfachen Buchstaben, bei den übrigen wird diesem der erste charakteristische hinzugefügt. Bei Anwendung dieses Principes wären die folgenden Zeichen durch die darunter stehenden zu ersetzen.

Mg, Mn, Pd, Pt, Pb, Sn, Sb, Zn, Zr,
M,   Ma, Pa, Pl, Pu, Sa, St, Z, Zi.

Würde man sich definitiv für den besseren Namen Azotum und Azot, statt Nitrogenium und Stickstoff, entschliessen, so würde auch für Gold statt Au, A und für Natrium statt Na, N zu setzen sein. Der Name Scheelium, Scheel, mit dem Zeichen Sl, ist in jedem Falle dem Namen Wolframium, Wolfram, vorzuziehen.

Da indess einmal eingeführte Bezeichnungen und Namen von Einzelnen nicht geändert werden dürfen, selbst wenn genügende Gründe hiezu vorhanden sind, weil der Nachtheil einer solchen Änderung, die nicht allgemein angenommen wird, immer grösser ist, als der Vortheil, so möge es nur genügen, diesen Punkt hier angeregt zu haben; im Folgenden aber soll, um Verwirrungen zu vermeiden, die gebräuchliche Bezeichnung beibehalten werden.

20. Die zweite Hauptoperation der Chemie ist die der chemischen Scheidung entgegengesetzte Vereinigung mehrerer Stoffe zu einer chemischen Verbindung. So wie man nämlich im Stande ist, einen, aus vollkommen homogenen Theilchen bestehenden Körper in Bestandtheile zu zerlegen, die specifisch verschieden sind, ebenso ist es möglich, zwei oder mehrere specifisch verschiedene Substanzen zu einem Körper zu vereinigen, dessen Rauminhalt vollkommen gleichförmig mit homogener Masse ausgefüllt ist, so dass durch kein mechanisch wirkendes Mittel, weder eine Verschiedenheit beobachtet, noch eine Trennung in heterogene Theile bewirkt werden kann. Man nennt diese Operation die chemische Mischung oder auch nur Mischung, das Product derselben ist die chemische Verbindung. Mit dem Worte Auflösung bezeichnet man ebenfalls eine chemische Mischung, und gebraucht es insbesondere, wenn ein fester oder auch wohl ein gasförmiger Körper sich mit einem tropfbaren chemisch verbindet und der neu gebildete Körper wieder tropfbar ist. Die Verbindung zweier einfachen Stoffe nennt man eine binäre, auch eine Verbindung der ersten Ordnung; Verbindungen von drei Elementen heissen ternäre, von vier quaternäre. Zwei Verbindungen der ersten Ordnung, oder auch eine Vereinigung von drei Elementen geben eine Verbindung der z w e i t e n Ordnung; sie kann also 3 oder 4 Elemente enthalten. Durch Vereinigung von Verbindungen der zweiten Ordnung entstehen Verbindungen höherer Ordnungen, welche daher eine noch grössere, und zwar nicht immer dieselbe Anzahl von Elementen enthalten. Verbindungen von mehr als 8 Elementen hat man bisher nicht beobachtet. Auch ist es noch nicht gelungen mit Sicherheit die Art anzugeben, wie die Elemente in den höheren Verbindungen angeordnet sind, und die Vorstellungen, die man sich hierüber macht, sind immer nur hypothetisch. Wenn sich z. B. Schwefelsäure mit Kali, als Verbindungen der ersten Ordnung, zu einer Verbindung der zweiten Ordnung vereinigen, so weiss man eigentlich nicht mit Gewissheit, ob in dem neuen Körper die Schwefelsäure noch als solche und das Kali auch noch als solches enthalten sind, oder ob sich die Elemente dieser Körper, indem sie das schwefelsaure Kali bilden, nicht auf eine ganz andere Weise mit einander verbunden haben. Gewiss ist nur, dass die entfernteren Bestandtheile dieses Körpers Sauerstoff, Schwefel und Kalium sind, die sich in solcher Menge darin vorfinden, dass sie gerade zur Bildung von Schwefelsäure und Kali ausreichen.

21. Die Anzahl der Körper, welche aus den 58 Grundstoffen entstehen können, ist wirklich ungeheuer gross; denn wenn man die Verbindungen, welche mehr als 4 Elemente enthalten, gänzlich vernachlässigt, und annimmt, dass bei den binären nur zwei, bei den ternären und quaternären aber nur drei Verbindungsstufen Statt finden, was gewiss zu gering ist; so zeigt die Rechnung, dass hiedurch 1,368759 Körper entstehen. Lässt man aber auch nur den dritten Theil derselben als möglich gelten, so sieht man, dass es selbst dem ausgezeichnetsten Talente nicht gelingen würde sich eine umfassende Kenntniss derselben durch das Studium jeder einzelnen zu verschaffen. Das einzige Mittel, welches uns übrig bleibt, und das auch gewiss zum Ziele führen muss, ist, die Methode der Naturgeschichte, und zwar in der Weise, wie sie von M o h s auf die Mineralogie angewendet und so meisterhaft durchgeführt wurde, auch in die Chemie zu übertragen. Es dürfte zwar nach den vorliegenden Daten kaum noch möglich sein, jetzt schon einen solchen Versuch mit einigem Erfolge durchzuführen, aber gewiss ist die Zeit nicht mehr ferne, wo dies geschehen wird, da die naturhistorische Methode eine ganz allgemein giltige ist, welche überall Anwendung findet, wo die Begriffe von Einerleiheit, Gleichartigkeit und Ähnlichkeit anwendbar

sind, und welche daher, ohne Beziehung auf einen speciellen Fall, in der Logik gründlich abgehandelt werden sollte. (9) Bei der Übertragung der naturhistorischen Methode auf die Chemie, wäre es zuerst nothwendig, den Begriff der chemischen Species aufzustellen, welcher aber nur chemische Merkmale enthalten dürfte, die ganz gewiss ebenso durch Reihen unter einander verbunden sind, wie die naturhistorischen, und durch welche der chemische Charakter der Species bestimmt wäre. Aus diesem würden sich dann die höheren Begriffe der Geschlechter, Ordnungen und Classen ergeben. Die Begriffe der chemischen Einerleiheit, Gleichartigkeit und Ähnlichkeit würden dann eben so zur Bildung eines chemischen Systemes führen, wie die der naturhistorischen zu einem solchen, wenigstens in der Mineralogie, geführt haben.

Alle bisherigen Versuche, die einfachen Stoffe und ihre Verbindungen zu gruppiren, mussten scheitern, und zwar namentlich aus zwei Gründen. E r s t e n s, weil man naturhistorische und chemische Merkmale, z. B. Zusammensetzung, Krystallgestalt, Geschmack u. d. gl. vermischt hat, bei Vermischung zweier Principien aber nie eine systematische Darstellung möglich ist. Es konnte daher auch nicht fehlen, dass man Körper von sehr unähnlicher Zusammensetzung neben einander stellte und mit gleichen Gattungsnamen bezeichnete, oder umgekehrt, ähnlich zusammengesetzte trennte; denn ähnliche naturhistorische Eigenschaften entsprechen keineswegs immer ähnlichen chemischen Verhältnissen. Z w e i t e n s, weil man durch Anordnung nach einem Merkmale allein, und wenn dies auch ein chemisches wäre, ein System bilden zu können glaubte, während auf diesem Wege nur ein Register erhalten wird. Eben so wenig wäre es möglich, ein mineralogisches oder botanisches System zu bilden, wenn man die Mineralien nach einer einzigen ihrer Eigenschaften, z. B. nach der Krystallform, oder die Pflanzen nach den Zellen, statt nach ihrer naturhistorischen Ähnlichkeit, ordnen wollte.

22. Von der chemischen Mischung oder Verbindung ist die m e c h a n i s c h e   M e n g u n g oder das G e m e n g e mehrerer Körper wohl zu unterscheiden. Sind die gemengten Körper fest, so können in vielen Fällen, bloss vermittelst eines Mikroskopes, die heterogenen Bestandtheile erkannt werden, und man ist dann immer im Stande, dieselben durch mechanisch wirkende Kräfte zu trennen. Ist hingegen einer der beiden Körper tropfbar flüssig, der andere fest oder gasförmig, oder sind beide tropfbar oder gasförmig, so ist es meistens unmöglich, auf eine so einfache Art zu entscheiden, ob die

Vereinigung eine chemische oder eine mechanische ist, weil dann eine so vollkommene Homogenität der Masse Statt findet, dass man selbst durch die stärksten Vergrösserungen keine Heterogenität an verschiedenen Punkten derselben erkennen kann. In diesem Falle gibt es aber andere Mittel, welche stets zu einer sicheren Entscheidung führen, und diese beruhen alle darauf, dass Gemische, das ist chemische Verbindungen, nur durch chemisch wirkende Kräfte hervorgebracht werden können. Wenn in einzelnen Fällen durch blosses mechanisches Zusammenreiben, selbst fester Körper (23), chemische Verbindungen derselben entstehen, so steht dies mit dem obigen Satze nicht in Widerspruch, denn in diesen Fällen wirken die mechanischen Kräfte nur in so fern, als sie die Hindernisse, welche der chemischen Action entgegenstehen, beseitigen helfen, wie dies im obigen Falle durch Vermehrung der Berührungspunkte, Temperaturerhöhung u. d. gl. geschieht.

Die Criterien, aus welchen man sicher schliessen kann, ob ein Körper eine chemische Verbindung oder nur ein Gemenge ist, sind folgende:

1) Kann eine Verbindung n u r durch chemisch wirkende Mittel getrennt werden, so war sie eine chemische. Es gibt zwar Gemenge, die so innig sind, wie z. B. die Legirungen gewisser Metalle, dass man sich zur Trennung derselben einer Säure bedienen muss, die eines der Metalle löst, während sie das andere ungelöst zurücklässt; allein in diesen Fällen weiss man aus anderen Gründen, dass die Verbindung nur eine mechanische war, und das chemische Mittel hätte, zu einer rohen Trennung, wenigstens theilweise durch ein mechanisches ersetzt werden können. Lässt sich aber aus einer Verbindung ein Bestandtheil durch ein Mittel, welches nicht chemisch auf denselben wirkt, ausziehen, so ist derselbe gewiss nicht in chemischer Verbindung mit den übrigen Stoffen gewesen.

2) Wenn die Verbindung krystallisirt ist, so kann man, in allen Fällen, ausser in denen wo die Bestandtheile selbst eine mit der Verbindung gleiche Krystallform besitzen (siehe Isomorphie), schliessen, dass eine chemische Vereinigung derselben Statt gefunden hat. Bei den verschiedenen Alaun-Arten z. B. können die schönsten Krystalle Gemenge dieser Körper sein, weil diesen Salzen ganz gleiche Krystallgestalten zukommen. Dasselbe gilt vom schwefelsauren und chromsauren Kali und noch sehr vielen anderen Körpern. Wenn hingegen eine Verbindung nicht krystallisirt, so darf daraus noch nicht der Schluss gezogen werden, dass sie keine chemische sei, indem

selbst einfache Stoffe im unkrystallisirten oder amorphen Zustande (62) erscheinen können.

3) Wenn die Quantitäten der Stoffe, die in einer Verbindung enthalten sind, nicht unter die Gesetze passen, die für chemische Verbindungen als absolut geltend erkannt wurden (30—47), so ist die Verbindung gewiss keine chemische. Passen sie aber unter dieselben, so darf die Verbindung nur dann für eine mechanische erklärt werden, wenn dies aus einem anderen Grunde direct erwiesen werden kann.

4) Kann man aus den Erscheinungen, welche die Verbindung begleiten, einen sehr sicheren Anhaltspunkt für die richtige Beurtheilung derselben fassen, da es gewisse Phänomene gibt, die immer zugleich mit der chemischen Action auftreten, und die gar nicht Statt finden, wenn diese fehlt. Diese Phänomene sind: die Veränderungen im Aggregationszustande der Dichte und Krystallform u. s. w., die Entwicklung von Wärme und Licht etc., welche stets in den mannigfaltigsten Abstufungen den Act der chemischen Verbindung oder Trennung begleiten.

23. Da die chemische Anziehung eine Kraft ist, deren Wirksamkeit sich nur auf unendlich kleine Entfernungen erstreckt, so müssen die Körper, zwischen welchen sie thätig werden soll, mit einander in Berührung gebracht werden, und je inniger diese ist, desto leichter und rascher wird eine chemische Einwirkung erfolgen. Wirklich ist es eine seit undenklichen Zeiten bekannte Thatsache, dass bei vielen heterogenen Körpern oft gar nichts weiter dazu gehört, als sie mit einander in Berührung zu bringen, um eine gegenseitige chemische Einwirkung derselben herbeizuführen. Aber nicht bei allen Körpern reicht hiezu der blosse Contact hin, was die Erfahrungen des täglichen Lebens hinreichend beweisen. Es darf hieraus aber nicht geschlossen werden, dass zwischen solchen Körpern überhaupt keine Verbindung möglich sei; denn sehr oft genügt eine zweckmässige Abänderung der Umstände, um eine solche zu bewirken. So treten z. B. Chlor und Kohle, Wasserstoff und Schwefel u. s. w. mit einander nicht in Verbindung, wenn sie auch in innige Berührung gesetzt werden, und doch gibt es mehrere bestimmte Verbindungen dieser Substanzen. Da die Möglichkeit einer innigen Berührung der Körpertheilchen nicht bei jedem Aggregationszustande dieselbe ist, so wird sowohl dieser, als auch die Temperatur, in so fern sie denselben bedingt, auf die Leichtigkeit, mit welcher die Körper in Verbindung treten können, von grossem Einflusse sein. Eisen und Schwefel verbinden sich nicht, wenn sie in grossen Stücken in Berührung kommen; selbst wenn Eisenstücke in geschmolzenen Schwefel gebracht werden, erfolgt noch keine Verbindung; diese findet aber im letzten Falle augenblicklich mit grosser Heftigkeit Statt, wenn das Eisen in fein ver heiltem Zustande oder stark erhitzt angewendet wird.

Der für die chemische Action günstigste Aggregationszustand ist daher der tropfbar flüssige, theils weil bei demselben die Theilchen der Körper mit einander in die innigste Berührung kommen, theils weil die beiden Kräfte, welche diesen Aggregationszustand bedingen, mit einander nahe im Gleichgewichte stehen, die chemische Anziehung also ungehindert wirken kann. Ist einer der beiden Körper fest, so sind die Bedingungen schon weniger günstig, und man muss durch Verkleinern desselben die Berührungspunkte beider zu vermehren suchen. Bei gasförmigen Körpern wirkt das Bestreben ihrer Theile, sich von einander zu entfernen, der chemischen Anziehung entgegen, es erfolgt daher in vielen Fällen die Verbindung erst dann, wenn die beiden Gase abgekühlt werden. Aus demselben Grunde zerfallen viele gasförmige Körper durch blosses Erhitzen in ihre Bestandtheile. Sind die beiden Körper fest, so sind die Bedingungen für ihre chemische Verbindung am ungünstigsten, denn dann ist die Cohäsionskraft beider zu überwinden; daher sind auch die Fälle, in welchen feste Körper chemisch aufeinander wirken, selten, so dass die alten Chemiker den Satz aufstellten: *Corpora non agunt nisi fluida seu soluta.* Es gibt indess Fälle genug, wo feste, ganz trockene Körper, bei vollkommenem Ausschlusse aller Feuchtigkeit, einander zerlegen, wenn sie in Pulverform zusammengerieben werden. Dies geschieht z. B. bei Salmiak und Bleioxyd, frischgebranntem Kalk oder Quecksilberoxyd, indem sich Ammoniak entwickelt, was nur durch gegenseitige Zersetzung geschehen kann. Chlorbarium und Kupfervitriol geben Kupferchlorid und schwefelsauren Baryt. Phosphorsaures Eisenoxyd oder Eisenalaun mit Blutlaugensalz geben Berlinerblau, Bleichlorid mit Jodkalium gibt Jodblei, schwefelsaures Quecksilberoxyd mit Jodkalium bildet Jodquecksilber, und Bleichlorid mit doppelt chromsaurem Kali, chromsaures Bleioxyd, wie man aus der auffallenden Farbenänderung, welche beim Zusammenreiben eintritt, sehr leicht erkennen kann.

24. Wenn Körper direct, das heisst durch blosse Berührung auf einander chemisch einwirken, so treten hiebei folgende verschiedene Fälle ein:

1) Zwei oder mehrere Körper verbinden sich, in gehöriger Menge mit einander in Berührung gebracht, vollständig. Schwefel und Chlor vereinigen sich zu Chlorschwefel; Schwefelsäure und Kalkerde zu Gyps; Schwefelsäure, Kali, Thonerde und Wasser zu Alaun.

2) Zwei Körper wirken auf einander so ein, dass ein Bestandtheil aus der Verbindung geschieden wird. Kalium verbrennt, mit Wasser in Berührung gebracht, indem sich das Kalium mit dem Sauerstoff des Wassers verbindet, während der Wasserstoff in Gasgestalt frei wird.

3) Bei der Einwirkung zweier Körper auf einander findet ein Austausch ihrer Bestandtheile Statt. Wirkt Schwefelsäure auf Salpeter ein, so wird das Wasser der Schwefelsäure mit dem Kali des Salpeters vertauscht und Salpetersäurehydrat, zugleich aber auch schwefelsaures Kali gebildet. Es geschieht auch häufig, dass ein Körper ganz oder theilweise aus der Verbindung tritt, oder dass einer der durch Austausch entstandenen Körper mit einem dritten eine Verbindung eingeht. Merkwürdig ist es, dass nur in sehr wenig Fällen zwei Körper zugleich aus einer Verbindung treten, ohne sich sogleich wieder mit einander zu verbinden.

25. Wenn Körper unter den gewöhnlichen Umständen mit einander in Berührung gebracht, nicht in chemische Verbindung treten, so lässt sich dies oft bewirken, wenn diese auf eine passende Weise geändert werden. Gelingt es nämlich hierdurch die Hindernisse zu beseitigen, welche der chemischen Thätigkeit im Wege standen, oder mit anderen Worten, ist es möglich die Kräfte, die der chemischen Anziehung entgegen wirken, auf eine geeignete Weise aufzuheben, so wird immer eine chemische Verbindung der Stoffe erfolgen; denn es ist nicht der entfernteste Grund vorhanden, welcher die Annahme rechtfertigte, dass es Körper gibt, zwischen welchen keine chemische Anziehung Statt findet. In vielen Fällen reicht schon eine Erhöhung der Temperatur, wie später gezeigt werden wird, hin, dies zu bewirken, weil die Wärme einen directen Einfluss auf die Grösse der chemischen Anziehung ausübt. In anderen Fällen wird eine chemische Verbindung der Stoffe bewirkt, wenn man sie im *statu nascenti*, d. h. in dem Augenblicke in Berührung bringt, in welchem sie gerade chemische Verbindungen verlassen. Denn man hat die Beobachtung gemacht, dass die Körper nie geneigter sind, sich mit einander zu verbinden, als wenn sie eben aus einer anderen Verbindung treten. Oft ge-

nügt es schon, wenn nur einer der Körper im Momente der Zerlegung, diese mag nun durch Temperaturerhöhung oder durch irgend
ein anderes Mittel herbeigeführt werden, mit dem anderen in Berührung kommt. Leitet man z. B. Dämpfe von Schwefelkohlenstoff und
Chlorgas durch eine glühende Porzellanröhre, so bildet sich Chlor-
kohlenstoff (C Cl$_2$) und Chlorschwefel, obwohl sich Chlor und Kohlenstoff auf keine Weise direct mit einander verbinden. Die Ursache
dieser Thatsache, die der Chemiker als eines der wirksamsten Mittel
chemische Verbindungen hervorzubringen benützt, mag darin liegen,
dass die Atome eines Körpers, ehe sie noch Zeit hatten sich zu Molecülen zu gruppiren, mit den Atomen des anderen Körpers in eine
so nahe Berührung kommen, wie dies nicht mehr geschehen kann,
wenn sich die Körper bereits gebildet haben. Wahrscheinlich sind
hiebei auch noch elektrische Kräfte thätig, da die beiden Stoffe,
welche gleichzeitig aus zwei sich gegenseitig zerlegenden Verbindungen getreten sind, sich im entgegengesetzten elektrischen Zustande
befinden.

26. Besonders merkwürdig ist der Umstand, dass es Körper
gibt, welche, mit einem Gemenge anderer Körper in Berührung gebracht, diese zu einer Verbindung veranlassen, ohne dabei selbst im
mindesten verändert zu werden. Eine der überraschendsten Erscheinungen, durch welche man zuerst auf diese Eigenschaft gewisser
Körper aufmerksam wurde, ist das Verhalten des fein vertheilten
Platins, Platinschwamm genannt, gegen ein Gemenge von Wasser-
stoff- und Sauerstoff-Gas. Der Platinschwamm erhitzt sich nämlich
in demselben bis zum Erglühen, so dass dadurch ein Entzünden des
Gemenges bewirkt wird, ohne dass das Metall hiedurch die mindeste
Veränderung erleidet. Diese Wirkung ist aber weder auf das Platin
allein, noch auf den feinvertheilten Zustand desselben beschränkt,
nur finden in beiden Beziehungen graduelle Unterschiede Statt. Bringt
man nämlich Streifen von Platinblech in das obige Gasgemenge, so
bewirkt dasselbe ebenfalls eine Vereinigung desselben zu Wasser,
aber nur viel langsamer als vorher, so dass dabei kein Erglühen erfolgt. Diese Wirkung des Platinbleches erfolgt um so langsamer, je
dicker das Blech ist, und je weniger scharfe Ecken es hat, so dass
ein dicker, an allen Ecken abgerundeter Platindraht gar nicht mehr
auf das Gasgemenge wirkt. Aber auch andere Körper, die weder
in chemischer, noch in irgend einer anderen Beziehung, die geringste
Ähnlichkeit mit dem Platin haben, wie z. B. Kohle, Glas u. s. w.,
bringen in Pulverform dieselbe Wirkung hervor, nur nicht in dem

Grade und nicht bei derselben Temperatur wie das Platin, indem das Glaspulver zu diesem Behufe bis 300° C. erhitzt werden muss. Wird jedoch die Temperatur des Glases noch mehr gesteigert, so braucht es nicht mehr in Pulverform angewendet zu werden, denn auch ein rothglühender Glasstab bewirkt dasselbe, indem er, in das Gasgemenge gebracht, dieses augenblicklich entzündet. Aus diesen Thatsachen geht hervor, dass schon bei einer sehr mässigen Erhöhung der Temperatur jeder poröse Körper die Wirkung des Platinschwammes auf Knallluft ausübt, und dass bei noch stärkerer Erhitzung auch jeder massive Körper dasselbe leistet, dass also diese Erscheinung ganz unabhängig von der materiellen Beschaffenheit der Körper ist. Die Erfahrung lehrt aber auch, dass bei einer bedeutenden Erniedrigung der Temperatur selbst Platinschwamm [1] keine oder bei nicht vollständiger Abkühlung eine viel schwächere Wirkung auf Knallluft mehr äussert, dass also bei einer sehr niedrigen Temperatur auch der poröse Zustand, selbst des Platins, nicht genügt, diese Erscheinung hervorzubringen. Nimmt man noch die wohl erwiesene Thatsache hinzu, dass poröse Körper die Gase in ihren Zwischenräumen condensiren, was ohne Wärmeentwickelung nicht geschehen kann; so folgt hieraus mit unzweifelhafter Sicherheit, dass die eigentliche Ursache dieser Erscheinung nur in der Temperaturerhöhung ihren Grund hat, und dass es ganz gleichgiltig ist, ob diese durch Absorption eines Gases von einem porösen Körper, oder durch irgend ein anderes Mittel herbeigeführt wird. Je lockerer und feiner vertheilt ein Körper ist, bei einer desto niedrigeren äusseren Temperatur wird derselbe auf das Gasgemenge wirken, theils weil dann die Absorption und die dadurch bedingte Erwärmung stärker ist, theils aber auch, weil dadurch die Berührungspunkte der Körper ausserordentlich vermehrt und eine möglichst grosse Annäherung der Körpertheilchen bewirkt wird. Wendet man statt Platin andere Metalle, z. B. Eisen, Nickel, Kobalt, an, die man durch Reduction ihrer Oxyde mittelst Wasserstoffgas in fein vertheiltem Zustande erhält, [2] so finden dieselben Erscheinungen Statt, nur erfolgt hiebei zugleich eine Oxydation dieser Metalle, so dass der Versuch mit denselben nur einmal gelingt, während er mit dem Platin, das sich auf diesem Wege nicht oxydirt, unzählige Mal wiederholt werden kann. Auch in die-

---

[1] Nach Versuchen, die so eben durch Erkaltung, mittelst fester Kohlensäure, welche nach Hr. Natterer's Methode erhalten war, angestellt wurden.

[2] Magnus in Pogg. Ann. B. 3. p. 81.

sem Falle ist es nur die Wärme, welche durch die Oxydation des Wasserstoffes frei wird, die das Erglühen bewirkt, nicht die, welche bei der Oxydation des Metalles sich entwickelt, denn diese ist nur durch jene eingeleitet. Wenn nämlich das mit Wasserstoffgas imprägnirte höchst lockere Metall an die Luft gebracht wird, so tritt vermöge des Gesetzes der gleichförmigen Mischung, welches sowohl für freie als für absorbirte Gase gilt, die mit einander in Berührung stehen, Sauerstoff in die Zwischenräume desselben ein, und kommt so, bei einer sich steigernden Temperatur, in die innigste Berührung, sowohl mit dem Metalle, als mit den Wasserstofftheilchen. Unter diesen Umständen beginnt die chemische Anziehung thätig zu werden, und das erste Wasserstoff-Atom, welches sich mit einem Sauerstoff-Atom verbindet, bedingt durch die hiebei Statt findende Temperaturerhöhung die der beiden nächsten; so wird immer die Wirkung der Verbindung einiger Theilchen Ursache für die nächsten, bis beim Erglühen die chemische Anziehung von allen Punkten thätig ist, und den höchsten Grad von Intensität erreicht hat. Bringt man nämlich das poröse Metall, ehe es mit der atmosphärischen Luft in Berührung kommt, längere Zeit in eine Atmosphäre von Kohlensäure, wie dies Magnus gethan hat, oder erwärmt man es auch nur kurze Zeit in dieser Atmosphäre und lässt es wieder darin erkalten, so zeigt es nicht mehr die vorige Feuererscheinung, sondern bleibt, an die Luft gebracht, ganz ungeändert. Dies ist auch dann noch der Fall, wenn man Sauerstoffgas darüber leitet, und selbst wenn man es in diesem Gase erwärmt, tritt zwar Oxydation, aber keine Feuererscheinung mehr ein. Durch neues Behandeln in Wasserstoffgas wird das so oxydirte Metall wieder so pyrophorisch wie vorher. Dasselbe geschieht auch, wenn man das durch Kohlensäure unwirksam gemachte Metall nochmals in Wasserstoffgas erwärmt. Dieses Verhalten könnte nicht Statt finden, wenn der Sauerstoff sich direct mit dem porösen Metalle verbände, die Oxydation des Metalles ist also nur die Folge der Erwärmung, welche bei der Oxydation des Wasserstoffes eintritt. [1]) Dass auch feines Platinblech die Vereinigung der beiden Gase bewirkt, jedoch viel langsamer als Platinschwamm, hat seinen Grund darin, dass die Ecken und Kanten desselben wie lose Platinstücke auf die Gase wirken.

---

[1]) Der Versuch, den Magnus mit kleesaurem Eisenoxyd angestellt hat, ist noch nicht hinreichend erörtert, wie an einem anderen Orte gezeigt werden wird, um hier als Gegenbeweis zu dienen.

27. So wie es Körper gibt, die dem Anscheine nach durch ihren blossen Contact mit anderen eine Verbindung derselben herbeiführen, ohne selbst an dieser Theil zu nehmen, ebenso sind auch Fälle vorhanden, wo Zerlegungen auf gleiche Weise hervorgebracht werden. Mitscherlich nannte die Körper, welche solche Zerlegungen bewirken, Contactsubstanzen, und Berzelius nahm zur Erklärung dieser Erscheinungen eine besondere Kraft, die er katalytische Kraft (von καταλυω ich zerstöre) nannte, an. Überdies hat man auch die im vorigen Paragraph angeführten Phänomene von der Wirksamkeit dieser Kraft abgeleitet. Einige der merkwürdigsten Zerlegungen, welche man der katalytischen Kraft zuschreibt, sind die des Wasserstoffsuperoxydes in Wasser und Sauerstoffgas, wenn es in Berührung mit gewissen Metalloxyden gebracht wird. Diese Zerlegung erfolgt indess auch von selbst bei gewöhnlicher Temperatur, nur langsam, und nicht alle Oxyde bleiben dabei ungeändert, das Silberoxyd z. B. wird ebenfalls reducirt, indem es diese Zerlegung bewirkt. Dem Wasserstoffsuperoxyde ganz ähnlich verhält sich der Wasserstoffschwefel. Ferner wird hierher gezählt die schon bei gelinder Erwärmung erfolgende Zerlegung des chlorsauren Kali in Sauerstoff und Chlorkalium, wenn dasselbe mit Braunstein gemengt ist, wobei letzterer gar keinen Sauerstoff abgibt. Ist dasselbe mit Kupferoxyd oder Glaspulver gemengt, so erfolgt die Zerlegung zwar weniger leicht, als bei Anwendung des Braunsteins, aber doch viel leichter, als wenn es ohne allen Zusatz erwärmt wird. Ebenso führt man noch an die Wirkung der Hefe auf Zucker, durch welche derselbe in Alkohol und Kohlensäure zerfällt, die Umwandlung der Stärke in Traubenzucker mittelst Diastase, oder verdünnter Schwefelsäure; die Zerlegung des Weingeistes in Äther und Wasser durch dieselbe Säure u. dergl. m. Es wird zwar erst im Verlaufe dieses Werkes, bei Abhandlung der einzelnen Verbindungen, möglich sein, diese interessanten Thatsachen genauer zu besprechen; indess möge es genügen zu bemerken, dass hier offenbar nicht zusammengehörige Erscheinungen der Wirkung einer besonderen Kraft zugeschrieben werden, denn die vier zuerst genannten Zerlegungen finden auch durch Wirkung der Wärme allein Statt, und die Contactsubstanzen erhöhen diese Wirkung nur, indem sie die Abscheidung der Gase begünstigen, und zwar aus demselben Grunde, aus welchem Eisendraht in heissem Wasser, Platinblech in Schwefelsäure die Dunstbildung befördern, aus demselben Grunde ferner, aus welchem Sand oder Brotkrumen in einen Säuerling geworfen, die Abscheidung der

Kohlensäure bewirken. Die festen Körper veranlassen die Austreibung der Gase indem sie rings um sich die Flüssigkeit verdichten, was nebst vielen anderen, die Erscheinungen an Haarröhrchen hinreichend beweisen. Dass dies an scharfen Ecken und Kanten viel stärker geschieht als an ebenen und Kugelflächen, hat darin seinen Grund, dass an diesen die Anziehung stärker ist als an jenen, weil daselbst mehr Theile des Körpers auf die Flüssigkeit wirken als an den Ecken, die Gase sich daher an diesen ansammeln, zu Bläschen vereinigen, und endlich entweichen, ungefähr so wie von Ecken und Spitzen das elektrische Fluidum leichter entweicht als von Kugeln. In einigen Fällen gibt der pulverige Körper nur den ersten Impuls zu einer Zerlegung, bei welcher eine Erhöhung der Temperatur eintritt, welche dann ihrerseits wieder zur Ursache einer neuen Temperaturerhöhung wird, bis die Wirkung den höchsten Grad erreicht hat. Die übrigen oben (26) angeführten Zerlegungen unterscheiden sich von der vorigen wesentlich dadurch, dass sie:

1) durch Erwärmung allein nicht hervorgebracht werden können;

2) dass die Contactsubstanz in vielen Fällen auch eine Veränderung erleidet, und dass gar keine Zerlegungen erfolgen, wenn diese nicht eintritt, wie bei der Hefe;

3) dass, wo keine solche Änderung der Contactsubstanz beobachtet wurde, es dennoch der Fall sein kann, dass dieselbe durch eine Reihe aufeinander folgender Processe eine Verbindung eingeht und wieder aus derselben tritt. In einzelnen Fällen ist dies wirklich erwiesen, wie bei der Ätherbildung, und in anderen ist es sehr wahrscheinlich, nur sind uns die Erscheinungen noch zu unvollkommen bekannt, um diesen Vorgang überall gehörig nachweisen zu können. An der Oxydation der schwefligen Säure zu Schwefelsäure mittelst Stickstoffoxyd haben wir einen lehrreichen Fall einer Reihe von solchen aufeinander folgenden Umwandlungen und Wiederherstellungen eines Körpers, den man, wie Liebig sehr scharfsinnig bemerkt, gewiss für eine Contactsubstanz gehalten hätte, wenn nicht durch die Farbenänderung welche hiebei eintritt die wahre Rolle die derselbe hier spielt, glücklicherweise erkannt worden wäre. Muss man auch einräumen, dass eine genauere Kenntniss der Umstände unter welchen die hier angeführten Zerlegungen erfolgen sehr zu wünschen ist, so geht doch aus dem eben Angeführten hervor, dass wir zur Erklärung desselben kaum nöthig haben die Existenz einer neuen und besonderen Kraft anzunehmen; dies darf überhaupt nur mit grösster Vorsicht und erst dann geschehen, wenn es auf keine andere Weise mehr

möglich ist, eine Reihe von Erscheinungen auf bekannte Ursachen
zurückzuführen, was aber eine sehr gründliche Kenntniss der Thatsachen voraussetzt. Man muss mit der Annahme neuer Kräfte um
so vorsichtiger sein, als dadurch jeder Grund zur weiteren Forschung abgeschnitten, (14) und doch eigentlich nichts erklärt ist.
Will man aber mit dem Worte katalytisch nichts anderes als eine
Reihe eigenthümlicher Zerlegungsarten bezeichnen, und es nur in
diesem Sinne als Benennung einer gewissen Wirkung, Zerlegung
oder Erscheinung gebrauchen, so ist damit kein hypothetischer Sinn
verknüpft, und dann kann gegen die Anwendung desselben nichts
eingewendet werden.

28. Durch die im vorigen §. angeführten Erscheinungen wurde
man auf eine Ursache, durch welche chemische Veränderungen bedingt werden, aufmerksam, die in vieler Hinsicht merkwürdig ist und
eine grosse Rolle in der Natur spielt. Es geht nämlich aus unzählig vielen
Thatsachen hervor, dass Körper, die sich im Zustande einer chemischen Veränderung befinden, im Stande sind anderen Körpern denselben Zustand mitzutheilen, ganz so wie ein in Bewegung befindlicher Körper einem anderen Bewegung mitzutheilen vermag.
Liebig war der Erste, der diesen überaus wichtigen Satz in
seiner wahren Bedeutung für die Chemie erkannt hat. Die oben angeführte Thatsache, dass Silberoxyd welches die Zerlegung des
Wasserstoffsuperoxydes einleitet selbst an dieser Zerlegung Theil
nimmt; das Vermögen der Salpetersäure eine Legirung von Silber
und Platin zu lösen, während sie das Platin allein nicht angreift; die
Rolle welche die in Veränderung begriffene Hefe bei der Gährung
spielt: alle diese Thatsachen, nebst noch so vielen anderen, finden
auf diese Weise ihre natürliche und einfache Erklärung. In der That
ist das eben ausgesprochene Gesetz eine nothwendige Folge der in (17)
aufgestellten Ansicht von der letzten Ursache der chemischen Verbindungen überhaupt. Da nämlich mit jeder chemischen Action eine Bewegung der Atome·verknüpft ist, ohne welche keine Änderung ihrer
Gruppirung, Lage u. s. w. gedacht werden kann, jede Bewegung
eines Atomes sich aber, wenn keine Hindernisse vorhanden sind, im
ganzen Systeme fortpflanzen muss; so wird sich auch nothwendig eine
an wenigen Punkten eingeleitete chemische Action der ganzen
Masse mittheilen, und ein Körper, dessen Theile sich in einer durch
chemische Action bedingten Bewegung befinden, wird in anderen
noch in Ruhe befindlichen eine Bewegung hervorrufen, welche eine
chemische Veränderung zur Folge haben kann; die durch dieselbe

hervorgebrachten Producte aber können von denen sehr verschieden
sein, welche durch die ursprüngliche Action entstanden sind. Ja
es muss sogar eine Bewegung, die gerade nicht mit einer chemischen
Action zusammenhängt, eine andere Bewegung hervorzurufen im
Stande sein, welche eine solche bedingt. Einen Beweis hiefür haben
wir in den verschiedenen Zerlegungen welche bloss durch mechanische Mittel, z. B. Reibung, Stoss, und zwar unter Umständen wo
keine Erwärmung eintritt Statt finden; dann in den Veränderungen
welche viele Körper, insbesondere Metalle, durch fortgesetzte Erschütterungen erleiden, wo durch z. B. sehniges Schmiedeeisen
krystallinisch wird, was nur durch eine Änderung, d. h. Bewegung,
der Molecüle geschehen kann. Alle Erscheinungen welche die Physik uns über die Art wie das Licht und die Wärme wirken kennen
gelehrt hat, nöthigen uns bei einer consequenten Naturforschung zu
der Annahme, dass dieselben in einer vibrirenden Bewegung eines
feinen Fluidums ihren Grund haben. Wir wissen aber auch, dass
beide Agentien mit der chemischen Action in Wechselwirkung treten
und können uns daher kaum des Gedankens enthalten, dass die
Art wie dies geschieht, durch die eben aufgestellte Betrachtungsweise eine Erklärung findet, die besser als jede andere Vorstellung
dazu dienen wird, die so überaus mannigfaltigen hieher gehörigen
Phänomene unter Einen Gesichtspunkt zu bringen.

29. Der Act der chemischen Verbindung ist sehr häufig mit Erscheinungen verknüpft, welche nur so lange als dieser Act selbst
dauern, während die durch die chemischen Verbindungen hervorgebrachten Veränderungen der Körper selbst, bleibend sind. Zu den
ersteren gehören vorzüglich die Wärme- und Licht-Erscheinungen
welche denselben begleiten, zu den letzteren die Veränderungen in
dem Aggregationszustande, der Krystallform, Härte, Dichte, Farbe
u. s. w. Hier soll nur vom Aggregationszustande die Rede sein, da
die übrigen erwähnten Erscheinungen erst später erörtert werden können. Die Erfahrung lehrt nämlich, dass gasförmige Körper bei ihrer
Verbindung häufig den tropfbar flüssigen oder festen Aggregationszustand
annehmen, und letzteres geschieht auch oft bei tropfbar flüssigen Körpern. Auch werden feste oder tropfbare Körper nach ihrer chemischen
Verbindung tropfbar oder gasförmig. Diese Thatsachen sind nur die
Folgen eines höheren Gesetzes, welches sich auf die Veränderung der
Schmelz- und Siedepunkte bezieht, die durch chemische Action
herbeigeführt wird und tief mit dem Wesen derselben zusammenhängt. Die Abscheidung eines festen Körpers aus einer Flüssigkeit,

3 *

welche durch Zusatz eines anderen Körpers erfolgt, nennt man gewöhnlich Fällung oder Präcipitation und den abgeschiedenen
Körper das Präcipitat oder den Niederschlag. Besteht dieser Niederschlag aus kleinen Krystallen, so heisst er körnig; ist
derselbe aber sehr voluminös und nichts Krystallinisches daran zu
bemerken, d. h. amorph, und lassen sich einzelne kleine Partien
desselben leicht von einander trennen und in der Flüssigkeit vertheilen, so nennt man ihn flockig. Käsig oder gelatinös heisst
der Niederschlag, wenn von demselben die ganze Flüssigkeit gleichsam aufgesaugt ist, so dass die Masse wie geronnen erscheint. In
diesem Falle hält meistens ein an sich geringes Quantum desselben
so viel von der Flüssigkeit aus der er abgeschieden wurde in seinen Zwischenräumen fest, dass er im feuchten Zustande ein sehr
grosses Volumen einnimmt.

Wird Ammoniakgas mit Chlorwasserstoffgas oder Chlorgas in Berührung gebracht, so entsteht sogleich Salmiak, ein fester weisser
Körper. Leitet man Ammoniakgas in flüssiges Aldehyd, so bildet sich
ein fester Körper der sich in schönen Krystallen abscheidet. Chlorgas und ölbildendes Gas geben einen in Wasser untersinkenden ölartigen Körper. Die Bildung von Niederschlägen bietet dem Chemiker
eines der unentbehrlichsten Mittel dar, die Körper von einander zu
trennen und quantitativ zu bestimmen. Kali gibt mit einem Ueberschuss von Weinsäure einen körnigen krystallinischen Niederschlag
von Weinstein, Kali in einer Auflösung eines Kupferoxydsalzes gebracht gibt einen grünen käsigen Niederschlag der sich schwer zu
Boden setzt, mit einem Ueberschuss von Kali gekocht, wird derselbe schwarz, körnig und setzt sich nun leicht zu Boden. Blutlaugensalz bringt in einer Flüssigkeit, die nicht zu viel Kupfer gelöst
enthält, einen braunen, flockigen Niederschlag hervor. Die Kieselsäure, welche sich aus der Verbindung mit Kali durch eine Säure
abscheidet, ist gelatinös.

Gesetze, nach welchen sich die Körper dem Gewichte nach verbinden.

30. Es ist eine für die Geschichte der Entwickelung der Chemie sehr bezeichnende Thatsache; dass Jahrhunderte vergehen und unzählige Versuche angestellt werden mussten, ehe man auf die Gewichtsverhältnisse unter welchen die Stoffe chemische Verbindungen eingehen Rücksicht zu nehmen anfing. Lavoisier war der Erste, welcher den Gebrauch der Wage einführte und die Wichtigkeit der quantitativen Bestimmungen geltend machte. Seit dieser Zeit (1768) waren die Chemiker unausgesetzt bemüht ihre Forschungen auf der neu eröffneten Bahn zu verfolgen, und dies geschah mit so viel Glück, dass bereits im Anfange unseres Jahrhundertes dieser Theil der Wissenschaft durch die Arbeiten von Wenzel (1777), Bergmann (1782), Richter (1789 bis 1798), Proust (1801), Dalton (1808) und Gay-Lussac (1808) eine sichere Grundlage erhalten hatte. Später wurden die meisten numerischen Daten, deren wir uns grösstentheils noch jetzt bedienen, von Berzelius (seit 1808) mit einer bis dahin nicht gekannten Genauigkeit ausgemittelt. So begann eine neue Periode für die Chemie, welche sich durch den Charakter den die Forschungen jetzt annahmen vor allen früheren auszeichnete. Die hypothetischen Vorstellungen fingen an aus derselben zu verschwinden, und nur das wurde behalten, was sich an dem Prüfstein der Wage als begründet erwiesen hatte. In dem Folgenden sollen nun die Gesetze entwickelt werden, deren Inbegriff man gewöhnlich mit dem Namen Stöchiometrie, chemische Messkunst, bezeichnet.

31. Wenn man die Gewichtsmengen zweier oder mehrerer Stoffe, die sich zu einer chemischen Verbindung vereinigt haben, mit dem Gewichte dieser Verbindung vergleicht, so findet man, dass letzteres genau der Summe der ersteren gleich ist, d. h. dass bei der chemischen Verbindung oder Trennung das Gewicht der Körper keine Änderung erleidet. Dieses Gesetz, das man sehr passend das der Erhaltung der Quantität der Materie nennen kann (von

Ettingshausen's Anfangsgründe der Physik, Wien 1844, pag. 34) wird durch die unzählbare Menge analytischer Bestimmungen, welche seit den grossen Arbeiten von Berzelius durch die Chemiker ausgeführt wurden, auf das vollkommenste bestätigt; es hängt ferner mit dem Grundgesetze der Schwere, dass alle Körper von derselben gleich afficirt werden, so innig zusammen, dass es keines weiteren Beweises für dasselbe bedarf. Da jedoch unsere Wagen keine absoluten Gewichtsbestimmungen erlauben, so müsste man eigentlich um ganz streng zu sein zu obigem Satze noch hinzufügen, dass derselbe nur innerhalb der Gränzen der beim Wägen zu erreichenden Genauigkeit gilt. Wenn man aber bedenkt, dass diese Genauigkeit, bei einer Belastung von 1 Kilogramm, wenigstens bis zu einem millionsten Theil derselben reicht, und wenn man trotz der noch übrigen Fehlerquellen doch nur Abweichungen von dem Gesetze findet, welche erst in der 6ten Decimalstelle bemerkbar werden, so wird man zugeben, dass dieselben von gar keiner Bedeutung sind.

Noch weniger wird man im Stande sein, aus solchen Abweichungen auf das Gewicht des Wärmestoffes einen Schluss zu ziehen, der auch nur den Schein eines wissenschaftlichen Werthes hätte, hiebei ganz abgesehen von der wohlbegründeten Vorstellung, welche sich die neuere Physik von der letzten Ursache der Wärmeerscheinungen gebildet hat. Es wurde nämlich schon vor langer Zeit (*Elementa Physicae etc. a R. Döttler, Viennae* 1812 pag. 259 in der Anmerkung) der Versuch gemacht eine zugeschmolzene, nach Art des Kryophor gebogene, mit zwei Kugeln versehene Glasröhre, in deren einer sich Schwefelsäure, in der andern Wasser befand, vor und nachdem diese beiden Flüssigkeiten gemischt waren, zu wägen, um aus einem allenfalsigen Gewichtsverluste auf das Gewicht der Wärme zu schliessen die bei der Vermischung frei wurde. Die Gewichtsdifferenzen, welche sich bei diesen Versuchen herausstellten, waren aber immer so gering, dass sie ganz in die Gränzen der unvermeidlichen Fehler fielen. So will man bei einem Gemische von 5 Pfund Wasser mit eben so viel Schwefelsäure eine Gewichtsverminderung von $\frac{1}{10}$ Gran, das ist um den ein und ein halb millionsten Theil der Totalbelastung von 20 Pfunden gefunden haben. Es bedarf kaum der Erwähnung, dass, selbst die Richtigkeit des Versuches vorausgesetzt, hiedurch der bündigste Beweis hergestellt ist, dass auf diesem Wege nichts ausgemittelt werden könne.

32. Wenn einfache Stoffe sich mit einander verbinden, so geschieht dies immer in ganz bestimmten Mengen. So verbinden sich 12 Gewichtstheile Sauerstoff mit 11,1 Gtl. Kiesel zu 23,1 Gtl. Kieselerde, 3 Kohlenstoff mit 16 Schwefel zu 19 Schwefel-Kohlenstoff. In 17 Gyps sind 5 Gtl. Calcium, 4 Gtl. Schwefel und 8 Gtl. Sauerstoff enthalten u. s. w. Wird von einem der Körper mehr genommen, als die ihm entsprechende Zahl verlangt, so bleibt dieses Mehr ausser der Verbindung, kann sich aber in vielen Fällen, insbesondere wenn die Körper sich im flüssigen Zustande befinden, mit der Verbindung gleichförmig mengen, wodurch Körper von ganz homogener Beschaffenheit entstehen, bei denen es den Anschein hat, als wären ihre Bestandtheile in ganz unbestimmten Mengen in Verbindung getreten. 16 Gtl. Schwefel verbinden sich z. B. mit 27,2 Gtlen. Eisen zu einer ganz bestimmten Verbindung, diese wird aber von geschmolzenem Roheisen in jedem Verhältnisse aufgelöst und beim Erkalten nicht wieder abgeschieden, wodurch ganz gleichförmige Körper entstehen die auf 27,2 Gtl. Eisen jede Quantität Schwefel von 16 Gtl. abwärts enthalten können. Nach den (22) angegebenen Regeln ist man aber immer im Stande, solche innige Gemenge von wirklichen chemischen Verbindungen zu unterscheiden. Fälle wie der obige bilden somit keine Ausnahme von dem Gesetze das ganz allgemein gilt, und welches man das Gesetz der bestimmten Verhältnisse nennt.

33. Das so eben angegebene wichtige Naturgesetz darf nicht so verstanden werden als könnten sich die Körper nur in einem einzigen Verhältnisse mit einander verbinden; denn die Erfahrung lehrt im Gegentheile, dass dies grösstentheils in mehreren Gewichtsmengen geschehen könne, sie lehrt aber auch noch, dass in solchen Fällen die Gewichtsmengen unter welchen die Verbindung erfolgt einem sehr einfachen Gesetze unterliegen. Dies wird sich aus der Betrachtung einiger specieller Fälle deutlich ergeben. Es verbinden sich nämlich 14 Gewichtstheile Stickstoff auf keine Weise mit weniger als mit 8 Gtlen. Sauerstoff, und eben so unmöglich ist es, die 14 Gtle. Stickstoff mit 9, 10, 11 Gtlen. Sauerstoff in Verbindung zu bringen; bietet man demselben aber unter geeigneten Umständen 16 Gtle., also das Doppelte von der vorigen Sauerstoffmenge dar, so erfolgt abermals eine bestimmte Verbindung, die in ihren Eigenschaften von der vorigen specifisch verschieden ist. Vermehrt man die Sauerstoffmenge noch mehr, so erfolgt wieder eine Verbindung, aber nicht eher, als bis 24 Gtle. davon vorhanden sind, und dasselbe geschieht noch ferner bei 32 und endlich bei 40 Gtlen. dieses Körpers. Mehr Sauerstoff ist man nicht weiter im Stande mit dem Stickstoffe zu verbinden. In diesen 5 Verbindungen des Stickstoffes mit dem Sauerstoffe finden also folgende Verhältnisse zwischen diesen beiden Körpern Statt:

$$14:8, \quad 14:16, \quad 14:24, \quad 14:32, \quad 14:40.$$

Die Mengen des einen Körpers, hier des Sauerstoffes, welche sich mit der nämlichen Gewichtsmenge des anderen Körpers, das ist in diesem speciellen Falle mit 14 Gtlen. Stickstoff verbinden, sind also durch die Zahlen

$$8, 16, 24, 32, 40$$

ausgedrückt; diese verhalten sich aber wie

$$1 : 2 : 3 : 4 : 5.$$

Sie sind also Vielfache nach ganzen Zahlen (Multipla) von der kleinsten Menge in welcher sich der Sauerstoff mit dem Stickstoff in den höheren Verbindungsstufen vereiniget nach der Reihe der natürlichen Zahlen.

Ein ganz ähnliches Verhalten findet nun auch zwischen den übrigen Körpern Statt, nur muss man um alle höheren Verbindungsstufen zu erhalten, in vielen Fällen auch die Quantität des anderen Stoffes, also in obigem Beispiele die des Stickstoffes, nach ganzen Zahlen vervielfachen. Auch ist die Reihe der Verbindungen nicht immer vollständig nach der Reihe der natürlichen Zahlen vorhanden, indem oft mehrere Glieder derselben fehlen, so wenig als bei allen Körpern eine gleiche Anzahl von solchen Verbindungsstufen beobachtet wird. Es ist noch nicht ausgemittelt, ob diese Ungleichförmigkeit in der Natur der Körper selbst liegt, oder ob sie nur in der Mangelhaftigkeit unserer jetzigen Kenntnisse ihren Grund hat; daher ist es aber auch dem wissenschaftlichen Chemiker nicht erlaubt, nach blossen Analogien und Vermuthungen solche Lücken auszufüllen; denn die Erfahrung zeigt in dieser Hinsicht oft ein ganz abweichendes und unerwartetes Verhalten.

Das oben angeführte Gesetz heisst das der multiplen Proportionen oder auch das der Vielfachen. Ganz allgemein lautet dasselbe folgendermassen: Wenn zwei Körper sich in mehreren Gewichtsverhältnissen mit einander verbinden, so lassen sich diese immer in Zahlen ausdrücken, die man aus denen der niedrigsten Verbindungsstufe erhält, wenn man entweder die Menge eines oder auch beider Bestandtheile nach Zahlen vervielfacht, die in den ersten Gliedern der Reihe der natürlichen Zahlen liegen.

Sind z. B. a und b die kleinsten Mengen zweier Körper A und B, welche sich in der niedrigsten Verbindungsstufe mit einander verbinden können, so sind unter den Zahlen 2a, 3a, 4a, 5a, 6a, 7a, gewiss die Mengen des Körpers A enthalten, welche entweder mit der Quantität b oder mit den Quantitäten 2b, 3b, 4b ..... des Körpers B die höheren Verbindungsstufen beider Körper bilden. Ist also a:b das Verhältniss der Bestandtheile in der niedrigsten Verbindungsstufe der Körper A und B, so ist gewiss auch jede höhere Verbindungsstufe durch das Verhältniss ma:nb ausdrückbar, wo m und n ganze Zahlen aus den ersten Gliedern der Reihe der natürlichen Zahlen bedeuten.

Das Gesetz der Vielfachen besteht also nicht bloss darin, und das ist wohl zu merken, dass in den höheren Verbindungsstufen die Quantitäten der Stoffe die Vielfachen von den in der ersten Verbindungsstufe enthaltenen Mengen des Körpers sind, sondern noch insbesondere darin, dass diese Vielfachen stets durch Multiplication der kleinsten Mengen dieser Stoffe durch ganze Zahlen erhalten werden, die sich in den ersten Gliedern der Reihe der natürlichen Zahlen finden, so dass hier nie irrationale Verhältnisse erscheinen.

34. Das Gesetz der Vielfachen allein, so merkwürdig es auch an sich ist, würde doch noch keinen inneren Zusammenhang zwischen den Zahlen herstellen, welche die Quantitäten der verschiedenen einfachen Stoffe bezeichnen, die sich mit einer bestimmten Menge eines derselben verbinden. Ein solcher Zusammenhang findet aber wirklich Statt, und zwar ein viel tieferer als je durch blosse Speculation hätte ermittelt werden können, derselbe lässt sich noch überdiess durch ein überraschend einfaches Gesetz darstellen. Da es für das Studium der Chemie von höchster Wichtigkeit ist, dass der Lernende gleich anfangs den wahren Stand der Thatsachen, ohne irgend eine hypothetische Einmischung, erkennen lerne, so dürfte es am zweckmässigsten sein demselben die Zahlen selbst vorzulegen aus welchen man dies Gesetz ableitet, so dass er es gleichsam vor seinen Augen aus denselben hervorgehen sieht, wozu die folgende Tabelle dienen wird.

Diese Tabelle enthält nämlich in der ersten verticalen Spalte die Namen der bekanntesten einfachen Stoffe, deren niedrigste binäre Verbindungen in Bezug auf ihre quantitative Zusammensetzung hier näher untersucht werden sollen. Die zweite verticale Spalte enthält die Mengen der Grundstoffe, welche die niedrigsten Verbindungsstufen mit 8 Gewichtstheilen Sauerstoff bilden. [1]) Die folgenden Spalten hingegen enthalten die Quantitäten der Stoffe, welche mit den Mengen der zweiten Spalte die niedrigsten Verbindungen bilden. Es vereinigen sich nämlich nach der zweiten Spalten 8 Gtle. Sauerstoff mit 16 Schwefel, 35,4 Chlor, 15,6 Brom in den niedrigsten Verbindungsstufen. Die folgenden Spalten enthalten nun die Mengen der übrigen Stoffe, welche sich mit eben diesen Quantitäten von Schwe-

---

[1]) Die Suboxyde sind hier nicht in Betracht gezogen, da sie noch zu wenig untersucht und überhaupt für den Zweck dieser Tafel ohne Werth sind.

fel, Chlor, Brom u. s. w. in den niedrigsten Verbindungen vereinigen. Die horizontalen Spalten geben demnach die Mengen der Stoffe
vom Antimon angefangen an, die mit 8 Gtlen. Sauerstoff, 16 Schwefel,
35,4 Chlor u. s. w. die niedrigste Verbindung bilden. Wirft man
nun einen Blick auf diese Tabelle, so sieht man alsogleich, dass die
Zahlen dieser Spalten einander entweder gleich sind oder aus denen
der ersten durch Multiplication mit $\frac{1}{6}$, $\frac{1}{5}$, $\frac{1}{3}$, $\frac{1}{2}$, $\frac{3}{2}$, 2, 5, 8
erhalten werden können, das heisst, dass die Quantitäten der Stoffe,
die sich mit 16 Schwefel verbinden, in den meisten Fällen den Quantitäten derselben Stoffe ganz gleich sind, die mit 8 Sauerstoff die
niedrigste Verbindung bilden, oder dass sie $\frac{1}{2}$, $\frac{3}{2}$, $\frac{1}{3}$ u. s. w.
dieser Zahlen betragen. Die 16 Schwefel oder die 35,4 Chlor u. s. w.,
welche alle 8 Sauerstoff zu ihren niedrigsten Verbindungsstufen mit
diesem Körper bedürfen, nehmen genau dieselben Gewichtsmengen wie diese 8 Gtle. Sauerstoff von den übrigen einfachen Stoffen auf, um die niedrigsten Verbindungsstufen mit diesen Körpern zu
bilden. Hierdurch erhalten die Zahlen der ersten verticalen Spalte
eine viel ausgedehntere Bedeutung, und man sieht, dass sie durch
ein höchst merkwürdiges Gesetz in einem innigen Zusammenhange
stehen. Sie bezeichnen nicht nur die Gewichtsmengen der einfachen
Stoffe, die sich mit 8 Gtlen. Sauerstoff verbinden, sondern diese Zahlen
sind entweder die Gewichtsmengen selbst, in welchen sich überhaupt
die Elemente auch untereinander verbinden, oder man kann wenigstens diese Gewichtsmengen aus diesen Zahlen erhalten, wenn man
sie mit $\frac{1}{6}$, $\frac{1}{5}$, $\frac{1}{4}$, $\frac{1}{3}$, $\frac{1}{2}$, $\frac{2}{3}$, $\frac{3}{2}$, 2, 3, 4, 5 multiplicirt, oder endlich noch einfacher, man kann durch die Zahlen der
ersten Spalte alle möglichen binären Verbindungen der Körper darstellen, wenn man sie mit Gliedern aus der Reihe der natürlichen Zahlen von 1 bis 7 multiplicirt. Irrationelle Verhältnisse kommen hier
eben so wenig vor als bei dem Gesetze der Vielfachen. Wenn man
also gewisse Sauerstoffverbindungen in Schwefel-, Chlor-, Brom-Verbindungen u. s. w. verwandeln will, so lehrt uns die erste Spalte dieser
Tabelle, dass man statt je 8 Gtlen. Sauerstoff entweder 16 Gtle. Schwefel,
35,4 Chlor, 15,6 Brom oder Vielfache dieser Zahlen nach ganzen
Zahlen hiezu bedarf, das heisst, 16 Gtl. Schwefel, 35,4 Gtl. Chlor u. s. f.
sind nothwendig um 8 Gtl. Sauerstoff zu ersetzen, oder endlich,
die für Schwefel, Chlor, Brom u. s. w. so eben genannten Zahlen,
oder ihre Vielfachen nach ganzen Zahlen sind die äquivalenten
Mengen, oder die Äquivalente entweder für die 8 Gtl. Sauerstoff, oder für das 2-, 3-, 4-fache davon.

1 Namen der Grundstoffe	2	3 Schwefel	4 Chlor	5 Brom	6 Jod	7 Wasserstoff	8 Stickstoff	9 Kalium	10 Arsen	11 Blei	12 Eisen	13 Antimon	14 Quecksilber
Sauerstoff	8	16	35,4	15,6	25,2	1	14	39,2	25	104	27,2	43	203
Antimon	43	43	43	8,6	8,6	43	.						
Arsen	25	37,5	25	5	5	25		25					
Barium	68,6	68,6	68,6	13,7	13,7	.							
Blei	104	104	104	20,8	20,8	.							
Brom	15,6	.	.	.	.	78	78	78	78	78	78	78	78
Calcium	20,5	20,5	20,5	4,1	4,1	.							
Chlor	35,4	17,7	.	.	7,1	35,4	35,4	35,4	35,4	35,4	35,4	35,4	35,4
Chrom	18,7	18,7	18,7	3,6	3,6	.							
Eisen	27,2	27,2	27,2	5,4	5,4	.							
Gold	199	199	199	39,8	39,8	.							
Jod	25,2	.	126	.	.	126	126	126	126	126	126	126	126
Kalium	39,2	39,2	39,2	8	8	.	117,6	.					
Kiesel	7,4	7,4	7,4	1,5	1,5	.							
Kobalt	30	30	30	6	6	.							
Kohle	6	3	12	.	3	.	12						
Kupfer	63	63	68	12,6	16,6	.	189						
Natrium	23,2	23,2	23,2	4,6	4,6	.							
Phosphor	63	63	10,5	.	.	10,5	16						
Platin	98,7	98,7	98,7	19,5	19,5	.							
Quecksilber	203	203	203	40,6	40,6	.							
Schwefel	16	32	.	.	16	.	48						
Silber	108	108	108	21,6	21,6	.		16	16	16	16	16	16
Stickstoff	14	4,5	14	14	4,5	.	.	4,65	.	.	.	.	
Wasserstoff	1	1	1	0,2	0,2	.	3	.	1	.	.	1	
Wismuth	71	71	71	14	14	.							108
Zink	32,2	32,2	32,2	6,4	6,4	.							
Zinn	57	57	57	11,4	11,4	.							

35. Man gelangt auf diese Weise aus den unmittelbaren Resultaten der chemischen Analysen zu dem so höchst merkwürdigen und fruchtbaren Begriff eines c h e m i s c h e n Äquivalentes, an dem, als reinem Ausdrucke der Thatsachen, durchaus nichts Hypothetisches ist. Mit den Fortschritten der Wissenschaft wird man die Zahlen der ersten Spalte, welche als die Grundzahlen und Hauptpfeiler der ganzen Wissenschaft zu betrachten sind, noch genauer kennen lernen als dies bis jetzt der Fall ist, und es wird sich vielleicht dann ergeben, dass, den Sauerstoff = 8, d. h. den Wasserstoff = 1 gesetzt, sämmtliche Äquivalente der übrigen Stoffe sich durch ganze Zahlen ausdrücken lassen; so wie sich bei einem ausgedehnteren Studium der binären Verbindungen der Grundstoffe für die erste Spalte Zahlen finden dürften, die in allen Fällen die Äquivalente selbst darstellen, und man nicht wie bisher nöthig hätte, sie mit einer der obigen Zahlen zu multipliciren um die Äquivalente für die einzelnen Stoffe daraus zu bilden. Was sich aber auch bei der stäten Erweiterung unserer Kenntnisse in der Chemie ändern mag, so viel ist gewiss, dass d a s G e s e t z d e r Ä q u i v a l e n t e seine Gültigkeit nie verlieren kann. Dieses würde selbst dann noch der Fall sein, wenn das Gesetz der Vielfachen den höheren Verbindungsstufen zweier Stoffe nicht zu Grunde läge.

So sieht man z. B. aus der Tabelle, dass die Zahl 25 die für das Arsen die Menge bezeichnet, in welcher es in der niedrigsten mit Sicherheit bekannten Oxydationsstufe enthalten ist, nicht zugleich auch die Menge desselben für die niedrigste Schwefelungsstufe ausdrückt, sondern dass, um diese zu erhalten, die 25 Gtl. Arsen mit $^3/_2$ multiplicirt werden müssen. Dies hat lediglich seinen Grund darin, dass es eine Schwefelungsstufe des Arsen gibt, die auf 16 Gtle Schwefel 37,5 Arsen enthält, während bis jetzt keine Oxydationsstufe dieses Metalles bekannt ist, in welcher 8 Gtl. Sauerstoff mit der gleichen Menge dieses Metalles verbunden wären. Die in den verticalen zu Brom und Jod gehörigen Spalten enthaltenen Zahlen sind zwar einander gleich, betragen aber nur $^1/_5$ von den Zahlen der dem Sauerstoff oder Schwefel zukommenden Spalte. Der Grund hievon ist, dass in einer einzigen bekannten Oxydationsstufe des Brom, so wie in der niedrigsten des Jod, gerade nur der fünfte Theil von der Menge dieser Stoffe enthalten ist, die sich mit fast allen anderen Stoffen verbindet. Würde also eine Verbindung des Brom dargestellt, wo 8 Gtl. Sauerstoff 78 Gtl. Brom aufnähmen, so würde diese Zahl für alle Verbindungen des Brom gelten, also in allen Fällen das Äquivalent dieses Körpers sein.

36. Da alle chemische Verbindungen, was immer für Ursprunges sie auch sein mögen, unter dem Gesetze der Vielfachen und dem der Äquivalente stehen, sich also durch die Zahlen der ersten Spalte, der (§. 34) gegebenen Tabelle, oder durch die Vielfachen derselben nach ganzen Zahlen darstellen lassen; so ist hiedurch ein höchst bequemes Mittel gegeben, alle Verbindungen auf eine einfache und unzweideutige Weise zu bezeichnen, wie sich aus Folgendem ergeben wird.

Die Analyse zeigt nämlich, dass die am genauesten untersuchten Verbindungen des Schwefels mit dem Sauerstoff in 100 Theilen enthalten:

Sauerstoff 33,33; 45,45; 50; 55,58; 60;
Schwefel 66,67; 54,55; 50; 44,44; 40;

berechnet man hierauf, wie viel Sauerstoff auf 16 Gtl. Schwefel kommen, so findet man:

Sauerstoff 8; $8 \times \frac{5}{3}$; 8×2; $8 \times \frac{5}{2}$; 8×3;
Schwefel 16; 16 ; 16 ; 16 ; 16 ;

man sieht also, dass in den Sauerstoff-Verbindungen des Schwefels nach der Reihe enthalten sind:

1 Äquiv. Schwefel auf 1 Äquiv. Sauerstoff
3 ″ ″ ″ 5 ″ ″
1 ″ ″ ″ 2 ″ ″
2 ″ ″ ″ 5 ″ ″
1 ″ ″ ″ 3 ″ ″

Zweites Beispiel. Die Analysen der Oxydationsstufen des Mangans haben ferner gezeigt, dass 100 Gtl. einer jeden derselben enthält:

Sauerstoff 22,22; 27,59; 29,65; 36,36; 46,15; 50;
Mangan 77,78; 72,41; 70,35; 63,64; 53,85; 50;

berechnet man nun hieraus die Mengen von Sauerstoff, welche auf 28 Gtl. Mangan kommen, so findet man:

Sauerstoff 8; $8 \times \frac{4}{3}$; $8 \times \frac{3}{2}$; 8×2; 8×3; $8 \times \frac{7}{2}$;
Mangan 28; 28 ; 28 ; 28 ; 28 ; 28 ;

es verbinden sich also in den Oxydationsstufen des Mangan

1 Äquiv. Mangan mit 1 Äquiv. Sauerstoff
3 ″ ″ ″ 4 ″ ″
2 ″ ″ ″ 3 ″ ″
1 ″ ″ ″ 2 ″ ″
1 ″ ″ ″ 3 ″ ″
2 ″ ″ ″ 7 ″ ″

Drittes Beispiel. Den Analysen zu Folge bestehen zwischen Schwefel und Kalium folgende vier Verbindungen, welche in 100 Gtlen. enthalten:

Schwefel 28,99; 44,94; 55,04; 67,11;

Kalium 71,01; 55,06; 44,96; 32,89;

berechnet man wieder hieraus die Menge von Schwefel, die sich mit 39,2 Gtlen. Kalium verbinden, so findet man

Schwefel 16 ; 16×2; 16×3; 16×5;

Kalium 39,2; 39,2 ; 39,2 ; 39,2 ;

und hieraus folgt wieder, dass sich in den verschiedenen Verbindungsstufen des Schwefels mit dem Kalium

1 Äquiv. Kalium mit 1 Äquiv. Schwefel

1 " " " 2 " "

1 " " " 3 " "

1 " " " 5 " "

verbindet.

Aus diesen Beispielen, statt welchen die Verbindungsstufen von je zwei beliebigen anderen einfachen Stoffen hätten genommen werden können, geht deutlich hervor, dass man mit Hilfe bequemer Zeichen für die Äquivalente der Stoffe im Stande wäre die sämmtlichen binären Verbindungen derselben auf eine sehr einfache Weise auszudrücken. Würde man z. B. für diesen Zweck die (19) für die Elemente angegebenen Zeichen wählen, so hätte man für

8 Gtle., das ist für 1 Äquiv. Sauerstoff das Zeichen O

16 " " " " " " Schwefel " " S

39,2 " " " " " " Kalium " " K

28 " " " " " " Mangan " " Mn

und wäre dann im Stande, die Verbindungsstufen des Schwefels mit dem Sauerstoff folgendermassen zu schreiben:

$S+O$, $3S+5O$, $S+2O$, $2S+5O$, $S+3O$

oder mit Hinweglassung des $+$ Zeichen:

SO; 3S5O; S2O; 2S5O; S3O

und eben so die Verbindungsstufen der übrigen Beispiele:

MnO; 3Mn4O; 2Mn3O; Mn2O; Mn3O; 2Mn7O

und endlich

KO; K2O; K3O; K5O.

37. Auf diese Weise erhalten die (19) angegebenen Zeichen eine viel tiefere Bedeutung, indem sie nun nicht mehr bloss die Namen der einfachen Stoffe, sondern auch die denselben zukommenden Äquivalente ausdrücken. Jedes dieser Zeichen hat also einen durch die Erfahrung gegebenen, von keiner Hypothese abhängigen numerischen Werth, der die Gewichtsmenge oder deren Vielfaches nach obiger Zahlenreihe ausdrückt, mit der ein Stoff in Verbindungen eingeht. Diese Zeichen sind also nichts als Zahlen, die aber eine grosse Bequemlichkeit gewähren, da sie auch zugleich den Stoff auf welchen sie sich beziehen erkennen lassen.

Statt die Anzahl der Äquivalente durch einen Coefficienten auszudrücken, ist es bequemer dem Zeichen das allein stehend 1 Äquivalent bedeutet, zur Rechten nach unten einen Index anzuhängen, der so viele Einheiten enthält als Äquivalente ausgedrückt werden sollen. Statt 2O, 3S, 5Cl, u. s. w. schreibt man also:

$$O_2, S_3, Cl_5, \text{ u. s. f.}$$

Die obigen Verbindungen müssen also folgendermassen geschrieben werden:

$$SO, S_3O_5, SO_2, S_2O_5, SO_3.$$
$$MnO, Mn_3O_4, Mn_2O_3, MnO_2, MnO_3, Mn_2O_7.$$
$$KO, KO_2, KO_3, KO_5.$$

Viele Chemiker schreiben diesen Index rechts oben, wie man die Exponenten in der Mathematik schreibt, nämlich:

$$O^5, S^3, Cl^2 \text{ — statt } O_5, S_3, Cl_2.$$

Obwohl es an sich ganz gleichgiltig ist, ob diese oder jene Schreibart befolgt wird, da die chemischen Formeln mit den mathematischen gar nichts gemein haben und hieraus keine Irrung entstehen kann; so dürfte es doch angemessener sein eine Bezeichnung zu wählen die so wenig als möglich mit einer bereits in ganz anderem Sinne gebrauchten übereinstimmt.

Man pflegt auch häufig die Äquivalente des Sauerstoffes durch Punkte, die des Schwefels durch verticale Striche, die über das Zeichen gesetzt werden, anzudeuten. So schreibt man statt:

$$NO_5, KS_3, Mn_2O_7, ClO_5, SbS_3 \text{ auch}$$
$$\overset{..}{N}, \quad \overset{...}{K}, \quad \overset{...}{Mn_2}, \quad \overset{..}{Cl}, \quad \overset{...}{Sb},$$

allein diese Bezeichnung ist weit weniger bequem und gibt viel leichter zu Irrungen Anlass als die vorige. Auch hat man das Doppelte gewisser Äquivalente durch einen horizontalen Strich bezeichnet, der durch das untere Drittheil des Buchstabens gezogen wird, wie folgt;

$$N_2, Cl_2, H_2, P_2 \text{ statt}$$
$$N, Cl, H, P,$$

aber auch diese Abänderung kann vollkommen entbehrt werden.

Es bedarf kaum der Erwähnung dass eine aus mehreren einfachen Stoffen bestehende Verbindung auf dieselbe Weise durch Nebeneinandersetzen der Zeichen ausgedrückt werden kann. So bezeichnet $KAl_2S_4O_{16}$ einen Körper, dessen entferntere Bestandtheile 1 Äquiv. Kalium, 2 Äquiv. Aluminium, 4 Äquiv. Schwefel und 16 Äquiv. Sauerstoff sind.

Die alten Chemiker hatten auch eine besondere Zeichensprache, diese steht aber, selbst ihrem Principe nach, jetzt eben so weit hinter der gegenwärtig gebrauchten zurück, als die damaligen chemischen Kenntnisse hinter den jetzigen; so dass sie höchstens noch in der Geschichte der Wissenschaft Erwähnung finden kann. Die Einführung der jetzigen chemischen Formeln in die Wissenschaft seit 1813 verdankt man ebenfalls Berzelius.

38. Bei der Tabelle des (34) wurde von dem Sauerstoff ausgegangen, und für das Äquivalent desselben die Zahl 8 gesetzt. Aber eben so gut hätte demselben jeder andere beliebige Werth gegeben oder auch ein anderer Stoff als Vergleichungspunkt angenommen werden können, denn beides ist hiebei ganz willkürlich. Was die Wahl des Grundstoffes betrifft, der zur Vergleichung dienen soll, so eignet sich hiezu unter allen am besten der Sauerstoff, da derselbe sich mit allen andern Stoffen, das Fluor ausgenommen, verbindet und überhaupt in der Natur von so grosser Bedeutung ist. Bei der Wahl der zum Vergleichungspunkte dienenden Sauerstoffmenge, d. h. bei der Bestimmung der Grösse des Äquivalentes für diesen Körper, hat man vorzugsweise zu berücksichtigen, dass dadurch die den übrigen Körpern zukommenden Zahlen möglichst einfach werden, und doch dem Ausdruck der Analyse so nahe als möglich kommen. Dies ist der Fall, wenn man das Äquivalent des Sauerstoffes $O = 8$ setzt, wie man aus der unten folgenden Tabelle am deutlichsten sieht. Sehr viele Chemiker, an ihrer Spitze Berzelius, setzen das Äquivalent des Sauerstoffes gleich 100; hierdurch werden aber, ohne irgend einen Vortheil zu erreichen, die den Äquivalenten der übrigen Stoffe zukommenden Zahlen sehr gross, was den Gebrauch derselben beim Rechnen sehr zeitraubend macht.

In der folgenden Tabelle enthält die Spalte

1. die Namen der einfachen Stoffe in alphabetischer Ordnung,
2. die gebräuchlichen Zeichen für die Äquivalente der Grundstoffe,
3. die Werthe dieser Zeichen für $O = 8$, welche im folgenden gebraucht werden sollen, nach pag. 50 Band 1. des Handbuches der

Chemie von L. Gmelin vierte Auflage Heidelberg 1843. Bei der Behandlung der einzelnen Grundstoffe wird das Nöthige über die Art wie diese Zahlen bestimmt wurden angeführt werden,

4. die Werthe dieser Zeichen für $O = 100$,

5. die Zeichen der Äquivalente, wie sie Berzelius nach der Atomen-Theorie gebraucht,

6. und 7. die Werthe dieser Zeichen für $O = 8$ und $O = 100$ nach Berzelius.

1	2	3	4	5	6	7
Namen der Grundstoffe	Zeichen	Werth des Äquivalentes für		Zeichen nach Berzel.	Werth d. Äquivalentes n. d. atom. Theorie für	
		$O = 8$	$O = 100$		$O = 8$	$O = 100$
1. Sauerstoff .	O	8	100	O	8	100
2. Alumium .	Al	13,7	171,25	Al	13,7	171,17
3. Antimon . .	Sb	129	1612,5	Sb_2	129	1612,90
4. Arsen . .	As	75,2	940	As_2	75,2	940,08
5. Barium . .	Ba	68,6	857,5	Ba	68,6	856,88
6. Blei	Pb	103,8	1297,5	Pb	103,6	1294,50
7. Bor	B	10,8	135	B	10,87	135,98
8. Brom . . .	Br	78,4	980	Br_2	78,26	978,30
9. Cadmium .	Cd	55,8	697,5	Cd	55,26	696,77
10. Calcium . .	Ca	20	250	Ca	20,1	251,90
11. Cer	Ce	46	575	Ce	45,79	574,72
12. Chlor . . .	Cl	35,4	442,5	Cl_2	35,01	442,65
13. Chrom . . .	Cr	28,1	351,25	Cr	28,14	351,82
14. Didym . . .	D					
15. Eisen . . .	Fe	27,2	340	Fe	27,13	339,21
16. Erbium . .	E					
17. Fluor	F	18,7	233,75	F_2	18,70	233,80
18. Glycium . .	G	4,7	58,75	Be	6,97	87,12
19. Gold	Au	199	2487,5	Au_2	198,9	2486,03
20. Jod	J	126	1575	J_2	126,25	1578,29
21. Iridium . .	Ir	98,7	1233,75	Ir	98,66	1233,26
22. Kalium . .	K	39,2	490	K	39,2	489,92
23. Kiesel . . .	Si	15	187,5	Si	22,2	277,48
24. Kobalt . . .	Co	29,6	370	Co	29,51	368,99
25. Kohlenstoff	C	6	75	C		
26. Kupfer . . .	Cu	31,8	397,5	Cu	31,65	395,69
27. Lanthan . .	La	36,1	451,7	La	36,13	451,71
28. Lithium . .	L	6,4	80	L	6,97	81,32
29. Magnium .	Mg	12,7	158,75	Mg	12,66	158,35
30. Mangan . .	Mn	27,6	345	Mn	27,67	345,90
31. Molybdän .	Mo	48	600	Mo	47,88	598,52
32. Natrium . .	Na	23,2	290	Na	23,27	290,90
33. Nickel . . .	Ni	29,6	370	Ni	29,57	369,67

1	2	3	4	5	6	7
		Werth des Äquiva-		Zeichen	Werth des Äquivalentes	
		lentes für		nach	nach der atom. Theorie für	
Namen der Grundstoffe	Zeichen	$O = 8$	$O = 100$	Berzel.	$O = 8$	$O = 100$
34. Osmium . .	Os	99,6	1245	Os	99,53	1244,21
35. Palladium .	Pd	53,4	667,5	Pd	53,26	665,84
36. Phosphor .	P	31,4	392,5	P_2	31,38	392,81
37. Platin . . .	Pt	98,7	1233,75	Pt	98,66	1233,26
38. Quecksilber	Hg	100	1250	Hg	101,26	1265,82
39. Rhodium . .	R	52,1	651,25	R	52,11	651,40
40. Scheel . . .	Sl	95	1187,5	W	94,65	1183,20
41. Schwefel .	S	16	200	S	16,13	201,65
42. Selen . . .	Se	40	500	Se	39,56	494,58
43. Silber . . .	Ag	108	1350	Ag	108,12	1351,61
44. Stickstoff .	N	14	175	N_2	14,16	177,04
45. Strontium .	Sr	44	550	Sr	42,70	547,28
46. Tantal . . .	T	185	2312,5	Ta	92,29	1153,71
47. Tellur . . .	Te	64	800	Te	64,16	802,12
48. Terbium . .	Tr					
49. Thorium . .	Th	59,6	745	Th	59,59	744,90
50. Titan . . .	Ti	24	300	Ti	24,3	303,69
51. Uran	U	60	750	U	59,42	742,87
52. Vanadin . .	V	68,6	857,5	V	68,46	855,84
53. Wasserstoff	H	1	12,5	H_2	0,998	12,4796
54. Wismuth .	Bi	106,4	1330	Bi	70,95	886,92
55. Yttrium . .	Y	32,2	402,5	Y	32,14	402,51
56. Zink . . .	Zn	32,2	402,5	Zn	32,52	406,59
57. Zinn	Sn	59	737,5	Sn	58,81	735,29
58. Zirconium .	Zr	22,4	280	Zr	36,01	420,24

39. Es ist einleuchtend dass man die Zahlen der 2ten Spalte des (34) unmittelbar für die Äquivalente nehmen könnte; damit wäre aber der Übelstand verbunden, dass oft Körper, die in allen ihren Verhältnissen die grösste Ähnlichkeit besitzen, eine ganz ungleiche Bezeichnung erhielten, was nicht nur die Übersicht stören sondern auch die schönsten Beziehungen der Verbindungen verwischen würde, also ein directer Verstoss gegen eine wissenschaftliche Behandlung der Chemie wäre. Die Bromsäure z. B., welche auf 8 Gtle. Sauerstoff 15,6 Brom enthält, bekäme das Zeichen BrO, wenn Br = 15,6 gesetzt würde. Die Chlorsäure, welche mit der Bromsäure die grösste Ähnlichkeit hat, und auf 40 Sauerstoff 35,4 Chlor enthält, bekäme das Zeichen ClO₅, weil es eine Verbindung des Chlors mit dem Sauerstoff gibt, die auf 8 Gtle. dieses Körpers 35,4 Chlor enthält, also ClO ist. Eine solche Behandlung wäre um so fehlerhafter, als die so erhaltene Bezeichnung mit der Natur der Körper gar nicht mehr im Einklange stehen und nur von dem zufälligen Umstande abhängen würde, dass bei einem Stoffe eine niedrigere Verbindungsstufe mit Sauerstoff früher bekannt wurde als von einem andern. Bei diesem Verfahren wäre also die Bezeichnung durch die Entdeckung niedrigerer Verbindungsstufen steten Veränderungen unterworfen, und würde dadurch ganz allein von dem Verhalten der Stoffe gegen einen einzigen Körper abhängig gemacht, während sie doch der Ausdruck der chemischen Ähnlichkeit überhaupt sein muss. Man kann also, wenn nichts weiter als eine Verbindung eines Körpers mit Sauerstoff bekannt ist, hieraus noch nicht das Äquivalent desselben bestimmen; es müssen nebst dieser wenigstens noch so viele andere höhere Verbindungen dieses Stoffes gegeben sein, als nothwendig sind, um über den Charakter der Sauerstoffverbindungen entscheiden zu können. Erst nachdem dies geschehen ist, kann bestimmt werden ob die Menge des Stoffes welche in der niedrigsten Sauerstoff- oder Schwefel - Verbindung enthalten ist, unmittelbar das Äquivalent derselben darstellt oder ob diese Zahl mit einer aus der obigen Reihe multiplicirt werden muss um so daraus das Äquivalent desselben zu bilden. 8 Gtle. Sauerstoff verbinden sich z. B. nur mit 15,6 Brom, dieses Factum allein würde noch nicht hinreichen zu entscheiden, ob 15,6 oder ein Vielfaches davon das Äquivalent des Brom ist. Nun gibt es aber eine Verbindungsstufe des Chlor, welche in ihren Eigenschaften die grösste Ähnlichkeit mit der des Brom besitzt, wie aus der Verbindung dieser beiden Körper mit Basen u. s. w. hervorgeht; diese Verbindung des Chlor besteht aber aus

$$35,4 \text{ Chlor}$$
$$40,0 \text{ Sauerstoff},$$

sie wird daher durch die Formel ClO_5 dargestellt; aus diesem Grunde muss die Zusammensetzung der Bromsäure sein:

$$5.8 = 40 \text{ Sauerstoff und}$$
$$5.15,6 = 78,0 \text{ Brom.}$$

Diese 78 Gtle. Brom sind nun 1 Äquivalent und erhalten das Zeichen Br. Die Bromsäure ist dann BrO_5, wodurch der chemische Charakter derselben in so weit bezeichnet wird, als dies durch die Zusammensetzung allein möglich ist.

Man darf jedoch nicht glauben, dass irgend etwas bei der Bestimmung des Äquivalentes eines Stoffes willkürlich sei; es können zwar hiebei Zweifel eintreten, diese haben aber dann immer ihren

Grund in einer unvollkommenen Kenntniss der Verbindungen. Direct kann das Äquivalent nur aus rein chemischen Verhältnissen der Stoffe bestimmt werden, indirect aber kann die specifische Wärme, die Krystallgestalt der Verbindungen u. d. gl., zur Kenntniss desselben führen. Bei dem jetzigen Zustande der Wissenschaft aber bleiben diese Bestimmungen immer noch mangelhaft und dürfen nur als Behelfe und mit Vorsicht zu Rathe gezogen werden.

40. Nachdem die Gesetze entwickelt wurden welchen die binären Verbindungen der einfachen Stoffe folgen, entsteht die Frage ob dieselben auch dann noch gelten, wenn mehrere dieser Stoffe mit einander in Verbindung treten. Diese Frage kann ohne alle Rücksicht auf die näheren Bestandtheile der Körper ganz allgemein dahin beantwortet werden, dass sich unter allen Umständen das Äquivalent eines Grundstoffes, er mag mit einem oder mit zwei, drei, vier etc. andern Stoffen in Verbindung sein, stets gleich bleibt, das heisst, dass dieses Äquivalent unter allen Umständen eine constante, mit der Wesenheit des Stoffes auf das innigste zusammenhängende Grösse ist. Die unbedingte Giltigkeit dieses Gesetzes geht daraus hervor, dass in jeder, aus mehreren Äquivalenten zweier oder mehrerer Stoffe bestehenden Verbindung, einer oder einige dieser Stoffe durch andere, aber immer nur nach Äquivalenten, ersetzt werden können. Hiebei wird in einigen Fällen ein Stoff ganz, ein anderer theilweise und zwar entweder durch einen einzigen oder durch mehrere andere ersetzt; wie mannigfaltig aber auch diese Substitutionen sein mögen, die Stoffe erscheinen immer nur mit ihren Äquivalenten oder mit Vielfachen derselben.

In der Verbindung CrO_3 kann 1 Äquiv. Oxygen durch 1 Äquiv. Chlor ersetzt werden, wodurch der Körper CrO_2Cl entsteht. Eben so kann in KS_3 der Schwefel theilweise durch Oxygen vertreten werden, wodurch sich KSO_4 bildet, was wir uns als KO,SO_3 vorstellen. In dem Körper C_4H_6O, kann das Äquiv. O durch ein Äquiv. Chlor, Brom, Jod oder Schwefel ersetzt werden, wodurch die Körper C_4H_5Cl, C_4H_5Br, C_4H_5J und C_4H_6S entstehen. Auf gleiche Weise entstehen aus dem Körper $C_4H_6O_2$, die Verbindungen $C_4H_6S_2$ und $C_4HCl_3O_2$, wo im letzten Falle durch das Chlor ein Theil des Hydrogens entführt wurde, nämlich 5H, und noch überdies 3 Cl in die Verbindung getreten sind. Aus der Verbindung $Al_2KS_4O_{16}$ können die 4 Äquiv. Schwefel durch 4 Äquiv. Kiesel, das K durch Na oder das Al_2 durch Cr_2 oder Fe_2 u. s. w. ersetzt werden. Bei diesen Beispielen wurde auf die näheren Bestandtheile keine Rücksicht genommen, um die Giltigkeit des angeführten Gesetzes, welches die Unveränderlichkeit der w a h r e n W e r t h e der Äquivalente ausdrückt, ohne alle hypothetische Beimischung zu zeigen.

41. Eine nothwendige Folge des so eben angegebenen Gesetzes ist, dass das Äquivalent eines zusammengesetzten Körpers gleich ist der Summe der Äquivalente der Bestandtheile oder dem Producte dieser Summe mit einer der Zahlen aus den ersten Gliedern der Reihe der natürlichen Zahlen. Wenn daher ein zusammengesetzter Körper einen anderen ersetzt, so geschieht dies ebenfalls ganz nach denselben Gesetzen wie bei den einfachen Körpern nämlich nur nach ihren Äquivalenten. Zusammengesetzte Körper werden daher immer nur in Mengen mit einander in Verbindung treten, die der Summe der Äquivalente der Bestandtheile gleich, oder Vielfache davon sind. Die Chromsäure hat die Formel CrO_3, das Kali die Formel KO; da nun nach der Tafel des (38)

$$
\begin{array}{ll}
Cr = 28,1 & \qquad K = 39,2 \\
O_3 = \underline{24,0} & \qquad O = \underline{8,0} \ \text{ist.} \\
52,1 & \qquad 47,2
\end{array}
$$

So ist das Äquivalent der Chromsäure 52,1, das des Kali 47,2, und wenn sich diese beiden Körper mit einander verbinden, so geschieht dies in den so eben angegebenen Mengen, oder in Vielfachen derselben nach ganzen Zahlen. Die Schwefelsäure hat die Formel SO_3, ihre Zusammensetzung ist also folgende:

$$
\begin{array}{l}
\text{Schwefel} \quad 16 \\
\text{Sauerstoff} \ \underline{24} \\
\phantom{\text{Sauerstoff} \ }40
\end{array}
$$

Das Äquivalent dieser Säure ist daher 40, und es werden immer 52,1 Chromsäure durch 40 Gtle. Schwefelsäure ersetzt.

Wenn man daher nichts als die elementare Zusammensetzung eines Körpers kennt, so ist man hieraus noch nicht im Stande, das Äquivalent desselben mit Sicherheit zu bestimmen, da man im Voraus nicht wissen kann mit welcher Zahl diese Summe multiplicirt werden muss, um dasselbe zu erhalten, obwohl es meistens diese Summe selbst ist. Es tritt hier zuweilen der sonderbare Fall ein, dass Körpern von ganz gleicher Zusammensetzung, je nachdem sie auf verschiedene Weise entstanden oder besonderen Einwirkungen ausgesetzt worden sind, verschiedene Äquivalente zukommen, die dann entweder der einfachen Summe der Äquivalente ihrer Bestandtheile oder Vielfachen derselben nach ganzen Zahlen gleich sind. Siehe Isomerie (72).

42. Auch das Gesetz der Multipla findet auf binäre Verbindungen volle Anwendung, indem sich diese ebenfalls in mehreren Verhältnissen mit einander vereinigen können, für welche, ganz wie bei den einfachen Stoffen, die Anzahl der Äquivalente der einen Verbindung in der Reihe der natürlichen Zahlen wachsen, wie aus folgenden Beispielen ersichtlich ist:

$$HO,2SO_3; \quad HO,SO_3; \quad 2HO,SO_3; \quad 3HO,SO_3$$
$$KO,CrO_3; \quad KO,2CrO_3$$
$$NaO,PO_5; \quad 2NaO,PO_5; \quad 3NaO,PO_5$$

43. Die binären Verbindungen der Elemente vereinigen sich also unter einander ganz nach denselben Gesetzen welche für die einfachen Stoffe selbst gelten. Man könnte daher so wie für die Elemente auch eine Äquivalenten-Tabelle für die binären Verbindungen construiren. Eine Tabelle dieser Art würde indess einen sehr grossen Umfang haben und doch wenig Nutzen gewähren, da die chemische Formel ohnehin schon das Äquivalent einer Verbindung ausdrückt.

Beispielsweise mag eine solche Tabelle für einige der bekanntesten Sauerstoffverbindungen hier folgen.

	Formel	Äquivalent		Formel	Äquivalent
Schwefelsäure	SO_3	40	Kupferoxyd	CuO	39,6
Schweflige Säure	SO_2	32	Kohlensäure	CO_2	22
Unterschweflige Säure	SO	24	Chromoxyd	Cr_2O_3	80
Thonerde	Al_2O_3	51,4	Chromsäure	CrO_3	52
Arsenige Säure	AsO_3	99	Eisenoxydul	FeO	35,1
Arsensäure	AsO_5	115	Eisenoxyd	Fe_2O_3	78,2
Salpetersäure	NO_5	54	Natron	NaO	31,2
Barit	BaO	76,6	Phosphorsäure	PO_5	71,4
Bleioxyd	PbO	111,8	Wasser	HO	9
Bromsäure	BrO_5	118,4	Kali	KO	47,2

Correspondirende Verbindungen eines Stoffes nennt man diejenigen, in welchen ein oder mehrere Äquivalente desselben mit einer gleichen Anzahl von Äquivalenten anderer Körper verbunden sind. Folgendes sind Beispiele von correspondirenden Verbindungen: FeO und FeS; NH_3 und PH_2; C_4H_5O und C_4H_5S; ClO_5 und NO_5. Haben dieselben keine Bestandtheile gemeinschaftlich, wie die folgenden KO, FeS, HCl, NO u. d. gl., so heissen sie proportional.

44. Ist durch eine Analyse die quantitative Zusammensetzung einer Verbindung gefunden, und kennt man auch die Menge, in welcher sich dieselbe mit einem anderen Körper von bekanntem Äquivalente verbindet; so ist es nicht schwierig die empirische Formel welcher dieser Verbindung entspricht zu berechnen. Da nämlich eine chemische Formel nichts anderes ausdrückt als die Anzahl der Äquivalente eines jeden der Elemente aus welchen die Verbindung besteht, so hat man um die Aufgabe zu lösen nur diese Anzahl zu suchen. Jedes einzelne Element kann aber nur nach Vielfachen seines Äquivalentes in einer chemischen Verbindung enthalten sein, desshalb wird man zuerst das numerische Resultat der Analyse auf eine solche Summe zu reduciren haben, die der Bedingung entspricht, dass die Zahlen, welche die Quantitäten der Bestandtheile ausdrücken, Vielfache der Äquivalente nach ganzen Zahlen sind. Die so ausge- drückten Quantitäten braucht man dann nur durch die ihnen entspre- chenden Äquivalente der Grundstoffe zu dividiren, um die Anzahl eines jeden derselben zu finden. Eine Summe, die der obigen Bedin- gung entspricht, ist aber das Äquivalent der Verbindung; wenn also dieses bekannt ist, so hat man das Resultat der Analyse nur auf die Zahl zu reduciren welche dieses Äquivalent ausdrückt, und wie eben angegeben wurde weiter zu verfahren.

Erstes Beispiel. Die Analyse hat gegeben, dass 100 Theile Amei- sensäure aus

$$32,85 \quad \text{Kohlenstoff}$$
$$2,68 \quad \text{Wasserstoff}$$
$$64,47 \quad \text{Sauerstoff}$$

bestehen. Ferner hat man gefunden dass 47,2, das ist, 1 Äquiva- lent Kali, sich mit 37 Gtlen. dieser Säure verbinden, dass also diese Zahl das Äquivalent der Ameisensäure ist. Reducirt man nun die obige Summe auf 37, so hat man für die Zusammensetzung dieser Säure

$$12 \quad \text{Kohlenstoff}$$
$$1 \quad \text{Wasserstoff}$$
$$\underline{24} \quad \text{Sauerstoff}$$
$$37.$$

Dividirt man nun durch die respectiven Äquivalente der drei Bestand- theile, so erhält man:

Kohlenstoff . . . . . $12 : 6 = 2$
Wasserstoff . . . . . $1 : 1 = 1$
Sauerstoff . . . . . $24 : 8 = 3$

und die empirische Formel der Ameisensäure ist daher folgende:

$$C_2HO_3.$$

Wäre das Äquivalent dieser Säure unbekannt gewesen, so hätte man die Quantitäten der auf die Summe von 100 Gtlen. reducirten

Bestandtheile ebenfalls mit den respectiven Äquivalenten derselben dividirt, und dadurch erhalten:

Kohlenstoff . . . . . $32,85 : 6 = 5,49$
Wasserstoff . . . . . $2,68 : 1 = 2,68$
Sauerstoff . . . . . $64,47 : 8 = 8,06.$

Dividirt man diese Zahlen durch $2,68$, so erhält man zwar auch die obige Formel, allein es bleibt ganz unbestimmt ob dieselbe doppelt oder dreifach u. s. w. genommen werden muss, so lange das Äquivalent der Ameisensäure nicht durch die Erforschung der Zusammensetzung der ameisensauren Salze ermittelt wurde.

Zweites Beispiel. Als unmittelbares Resultat der Analyse hat man gefunden, dass 100 Theile einer gewissen Verbindung aus

Kali . . . . . $34,65$
Schwefelsäure . . $58,47$
Wasser . . . . $6,61$

bestehen. Da es aber ganz unbekannt sein kann, ob die untersuchte Substanz die Grundstoffe gerade auf die hier angegebene Weise zu ihren Bestandtheilen verbunden enthält (18), so ist die elementare Zusammensetzung der Verbindung folgende:

Kalium . . . . $28,79$
Schwefel . . . . . $23,59$
Wasserstoff . . . . . $0,74$
Sauerstoff . . . . . $46,98.$

Dividirt man nun jede dieser Quantitäten mit der Zahl, welche das Äquivalent der entsprechenden Substanz ausdrückt, so erhält man:

$$28,79 : 39,2 = 0,74$$
$$23,59 : 16 = 1,47$$
$$0,74 : 1 = 0,74$$
$$46,98 : 8 = 5,87.$$

Dividirt man nun alle diese Zahlen durch $0,74$, so erhält man die Quotienten

$$1, 2, 1, 8$$

und folglich als unmittelbaren Ausdruck der Erfahrung für den untersuchten Körper die Formel

$$KHS_2O_8,$$

welche nichts weiter, als die entfernten Bestandtheile angibt.

Ganz allgemein kann man das Verfahren, welches zur Auffindung der chemischen Formel einer Verbindung führt, folgendermassen darstellen:

Es sei Q das Äquivalent einer Verbindung und

$$A, B, C, \ldots \ldots$$

seien die Gewichtsmengen der Grundstoffe aus welchen sie besteht und zwar so berechnet, dass sie die Summe Q geben. Sind ferner:

$$a, b, c \ldots \ldots$$

die respectiven Äquivalente dieser Bestandtheile und sind

$$m, m', m'' \ldots \ldots$$

die Anzahl der Äquivalente eines jeden dieser Bestandtheile, so ist:

$$A = ma \quad \text{und folglich} \quad m = \frac{A}{a}$$

$$B = m'b \qquad\qquad m' = \frac{B}{b}$$

$$C = m''c \qquad\qquad m'' = \frac{C}{c}$$

$$\ldots \ldots \qquad\qquad \ldots \ldots$$

ferner ist:

$$Q = A + B + C \ldots \ldots \text{ etc.}$$

Ist Q, wie hier angenommen wurde, das Äquivalent der Verbindung, so sind m, m', m''.... ganze Zahlen; ist aber Q unbekannt, so fällt die zweite Bedingungsgleichung ganz weg, dann sind die Zähler der Brüche welche die Werthe von m, m', m''.... ausdrücken Zahlen, welche zu den wahren Werthen in einem unbekannten Verhältnisse stehen. Ist also nichts als die quantitative Zusammensetzung einer Verbindung bekannt, so ist die Aufgabe eine unbestimmte, und es können nur die relativen Werthe von m, m', m''.... nicht aber die absoluten bestimmt werden.

45. Durch das so eben angegebene Verfahren findet man einen Ausdruck für eine chemische Verbindung der mit möglichst angenäherter Genauigkeit die Zusammensetzung der Körper ausdrückt; sie wäre absolut, wenn die Analysen selbst fehlerfrei und die Werthe der Äquivalente ganz genau bekannt wären. Dies ist aber nicht der Fall, weil man die Stoffe weder ganz rein darstellen, noch vollkommen von einander trennen kann, und weil es beim Wägen, Trocknen, Ausglühen, Filtriren u. s. w. unmerkliche Fehlerquellen gibt, die alle Resultate der Erfahrung bis zu einem gewissen Grade unsicher machen. Der Chemiker muss diese Fehlerquellen und ihre Gränzen kennen, und sie daher durch zweckmässig eingeleitete Versuche bestimmen. Trotz allen Vorsichten aber bleibt doch die wahre Natur einer Verbindung manchmal zweifelhaft, und es kann sogar der Fall eintreten, dass man durch Analysen, sie mögen noch

so oft wiederholt werden, hierüber keine Aufklärung erhalten kann.
Dies geschieht nämlich dann, wenn die Körper ihrer Natur nach bei
der Untersuchung solche Schwierigkeiten darbieten, dass daraus
unvermeidliche Fehler entstehen, die in Combination mit den übrigen schon so gross sind, dass sie auf die Äquivalentenzahl einen
Einfluss nehmen. In dergleichen Fällen können die Zweifel nur dadurch gehoben werden, dass die Verhältnisse des untersuchten Stoffes
zu anderen Körpern in den verschiedensten Richtungen verfolgt und
studirt werden. Wie nahe die Zahlen stehen, welche verschiedenen
chemischen Formeln entsprechen, geht aus folgendem Beispiele hervor:
Den Verbindungen

$$C_4H_3 \quad \text{und} \quad C_5H_4$$

entspricht folgende Zusammensetzung in 100 Theilen:

$$C_4 \; 88,88 \qquad C_5 \; 88,23$$
$$H_3 \; 11,12 \qquad H_4 \; 11,77$$

Ein Fehler also von 0,65 in der Bestimmung des Kohlenstoffes
und ein eben so grosser im Wasserstoffe, welcher sich, da man höchstens einen Gramm der Substanz zur Analyse verwendet, auf 0,0065
für jeden der Stoffe reducirt, wird Zweifel über die Wahl der Formel entstehen lassen die oft nur schwierig zu lösen sind.
Eben so entspricht den Formeln

$$C_{20}H_{15}O_2 \quad \text{und} \quad C_{30}H_{20}O_3$$

folgende percentische Zusammensetzung:

$$C_{20} \; 79,47 \quad \text{und} \quad C_{30} \; 80,35$$
$$H_{15} \; 9,93 \qquad H_{20} \quad 8,93$$
$$O_2 \; 10,59 \qquad O_3 \quad 10,72$$

Hat man einen Gramm der Substanz analysirt, so müssten die
Fehler weit weniger betragen, als die folgenden respectiven Zahlen
0,0088, 0,01, 0,0013, um sich für eine oder die andere der
Formeln entscheiden zu können.

46. Chemische Formeln wie man sie durch das eben angegebene Verfahren erhält, sind nichts anderes als der Ausdruck des
Versuches, und werden daher empirische genannt. Knüpft man
aber an dieselben irgend eine Vorstellung über die näheren Bestandtheile dieser Verbindung, d. h. über die Art wie die Elemente
welche die Verbindung bilden gruppirt sind, so nennt man dieselben
theoretische Formeln. So hat sich z. B. aus der Analyse des
absoluten Alkohols ergeben, dass die Zusammensetzung desselben
durch die Formel $C_4H_6O_2$ ausgedrückt wird. Diese Formel ist die
empirische, eben weil sie nichts anderes als den Ausdruck der That-

sache enthält. Wenn man aber durch anderwärtige Beobachtungen der Zersetzungsproducte u. dgl. geleitet zu dem Schlusse gelangt, dass derselbe als eine Verbindung eines Oxydes C_4H_5O mit einem andern Oxyde HO besteht und also durch die Formel

$$C_4H_5O + HO$$

dargestellt werden muss; so ist diese Formel eine theoretische, weil sie aus einer Theorie gewisser zusammengehöriger Verbindungen, zu welchen auch der Alkohol gehört, abgeleitet werden muss. So ist KNO_6 die empirische, KO,NO_5 die theoretische Formel für den Salpeter, weil erstere uns nur sagt, dass derselbe aus 1 Äquiv. Kalium, 1 Äquiv. Stickstoff und 6 Äquiv. Sauerstoff besteht, letztere hingegen angibt, dass er nach der üblichen Theorie der Sauerstoffsalze 1 Äquiv. Kaliumoxyd und 1 Äquiv. Salpetersäure enthält. Da wir über das eigentliche Wesen der chemischen Verbindungen nur Vorstellungen haben, so sind alle theoretischen Formeln hypothetisch, sie ändern sich daher mit den Fortschritten der Wissenschaft. Geschickt gewählt gewähren sie aber wie jede gute Hypothese grosse Vortheile, weil durch dieselben isolirt stehende Thatsachen verbunden werden und ohne sie keine wissenschaftliche Behandlung der Chemie möglich ist.

47. Der Gebrauch der chemischen Formeln ist für die Chemie um so wichtiger als diese Wissenschaft eigentlich noch keine systematische Nomenclatur besitzt. Dass die bisher gebrauchte nicht systematisch ist, geht daraus hervor, dass ein Theil der Namen nach der Zusammensetzung, ein anderer nach gewissen Eigenschaften die bald physikalisch bald chemisch sind, ein dritter nach der Ähnlichkeit im chemischen Verhalten und ein vierter endlich nach ganz zufälligen Verhältnissen, wie z. B. dem Vorkommen, der Bereitungsart u. dgl. gebildet wurde. Als Beispiele welche dies hinreichend beweisen mag es genügen Namen anzuführen, wie schwefelsaures Kali, phosphorsaure Bittererde, Schwefel - Quinquaci - Chlorid, Salpetersäure, Ammoniak, Ammonium, Harnstoff (Urenoxyd - Ammoniak), Alkohol, Äther, Paraffin, Protein, Mellon, Kakodyl, Mercaptan, Dümasin u. s. w. Diese Namen zeigen aber auch, dass unsere bisherige Nomenclatur, weit entfernt eine systematische zu sein, nicht einmal eine gute trivielle genannt werden kann. Alle Chemiker fühlen dies und haben sich darüber ausgesprochen, wenigstens indirect durch die sich immer wiederholenden Versuche Änderungen an derselben vorzunehmen; aber es ist noch nicht gelungen, diesem, wegen der rasch zunehmenden Menge neuer Verbindungen, täglich steigenden Bedürfnisse abzuhelfen. Die Ursachen hievon sind mannigfaltig, eine der vorzüglichsten aber ist wohl die, dass die Chemie als Wissenschaft noch zu neu ist und dass ihr daher noch zu viel Zufälliges anklebt, wovon sich zu befreien ihr bisher nicht möglich war. Denn wenn man bedenkt dass kaum 40 Jahre verflossen sind seit wir die in diesem Abschnitte erklärten Gesetze kennen, und dass uns erst durch die bewundernswürdigen Arbeiten von Berzelius die Grundzahlen der Chemie genauer bekannt wurden; so wird man den Chemikern keinen Vorwurf daraus machen, diese schwierigste aller Aufgaben noch nicht gelöst zu haben. Schon die jetzigen Namen der Grundstoffe müssen jeden Versuch dieser Art scheitern machen, denn von ihnen gilt im vollen Masse, was oben angeführt wurde. Sie tragen ganz das Gepräge des Zufälligen an sich, entbehren aber auch grossentheils der Haupteigenschaft guter Trivialnamen, nämlich der Kürze. Die Namen Bor, Chlor, Brom, Jod u. s. w. sind in dieser Hinsicht vortrefflich, und es ist zu bedauern, dass bei der Wahl der Namen für neuentdeckte Stoffe diese nicht zum Muster genommen wurden, indem durch die Namen Vanadium, Palladium, Didimium die Anzahl der schleppenden Benennungen, wie Antimonium, Hydrargyrium oder Quecksilber noch vermehrt werden. Da die Zusammensetzung das einzige chemische Merkmal bildet welches für jetzt eines bleibenden numerischen Ausdruckes fähig ist, so wäre es vielleicht das sicherste Mittel sich einer chemischen, systematischen Nomenclatur um einen Schritt zu nähern, wenn man aus den empirischen chemischen Formeln auf eine systematische Weise Namen construirte, die zugleich diese Zusammensetzung auszudrücken im Stande wären. Es ist zu bedauern, dass einer unserer ausgezeichnetsten deutschen Gelehrten, dem die Idee zu diesem Vorschlage angehört, derselben noch keine weitere Folge gegeben hat.

Gesetze, nach welchen sich die gasförmigen Körper dem Volumen nach verbinden.

48. Das absolute Gewicht eines Körpers ist eine Grösse welche von der Anzahl der materiellen Theilchen die derselbe enthält, und von der Intensität jener grossen Naturkraft abhängt, die wir mit dem Worte Schwere bezeichnen. Sie ist nur eine specielle Äusserung der allgemeinen Anziehung, die nicht bloss alles Materielle unseres Sonnensystems nach denselben Gesetzen beherrscht, sondern auch noch über die Gränzen desselben hinaus ihr Recht behauptet, und die Bewegungen der grössten Massen wie der kleinsten Stäubchen regelt. Die Anzahl der materiellen Theile, die ein Körper enthält, wird durch den R a u m i n h a l t (Volumen) und die D i c h t e desselben bestimmt.

Da nämlich einerseits die sichersten Erfahrungen beweisen, dass die Schwere ganz unabhängig von der chemischen Beschaffenheit der Körper und für alle materiellen Theile, sie mögen sonst wie immer beschaffen sein, gleich gross ist*), so müssten die Körper bei einem doppelten, dreifachen u. s. w. Volumen auch ein doppeltes, dreifaches u. s. w. Gewicht haben. Dies ist aber nicht der Fall und hieraus folgt, dass in demselben Raume, den verschiedenartige Körper einnehmen, ungleich viel materielle Theile enthalten sind. Derjenige, der bei demselben Volumen ein grösseres Gewicht hat, muss mehr solche Theile enthalten, als derjenige, welchem ein kleineres Gewicht zukommt. Wir drücken diese Eigenschaft der Materie, vermöge welcher eine ungleiche Anzahl materieller Theile in Körpern von gleichem Volumen enthalten sein kann, durch das Wort D i c h t e aus und sagen, die ersteren sind d i c h t e r als die letzteren. Da wir aber die absolute Anzahl von Theilchen aus welchen die Materie besteht nicht kennen, so nehmen wir, um die Dichte in Zahlen auszudrücken, die irgend eines Körpers als Einheit an. Die Physik gibt

---

*) B e s s e l Versuche über die Kraft, mit welcher die Erde Körper von verschiedener Beschaffenheit anzieht. Berlin 1832. Aus den Abhandlungen der Akademie zu Berlin für 1830.

ferner die Mittel an die Hand das Verhältniss der Dichte eines beliebigen Körpers gegen die des Normalkörpers, der für feste und tropfbare das Wasser, für ausdehnsame die atmosphärische Luft ist, zu
bestimmen.

Das Volumen wird ebenfalls durch eine Zahl ausgedrückt, die
das Verhältniss desselben zu dem als Einheit angenommenen Volumen bestimmt, und für welches bei wissenschaftlichen Untersuchungen gewöhnlich der Cubikcentimeter genommen wird.

Ist also M die Masse eines Körpers, V sein Volumen und D
seine Dichte, so ist nothwendig

$$M = VD.$$

Die Intensität der Schwere endlich wird, wie die jeder anderen
Kraft, zuletzt immer durch den Weg gemessen, den ein Bewegliches
mittelst derselben in einer bestimmten Zeit zurücklegt. Hat man aber
einmal das Gewicht der als Einheit angenommenen Masse, das ist
das Gewicht eines Cubikfusses oder Cubikcentimeters Wasser bestimmt,
und nennt man es p, so kann man das absolute Gewicht P eines
Körpers, dessen Masse M ist, durch die Gleichungen

$$P = Mp \text{ oder } P = VDp$$

ausdrücken. Da nun die Dichte eines Körpers mit seiner specifischen
Beschaffenheit innig zusammenhängt, so nennt man das absolute
Gewicht eines Körpers bei dem Volumen 1 sein s p e c i f i s c h e s G e-
w i c h t, welches dem Producte Dp gleich sein muss. Bezeichnet man
dieses specifische Gewicht mit S, so ist

$$Dp = S \text{ und also } P = VS.$$

Versucht man nun statt den absoluten Gewichten der Körper in
die Chemie die Volumen derselben einzuführen, so müssen die specifischen Gewichte derselben bekannt sein, denn es ist

$$V = \frac{P}{S}.$$

Aus den hier zu entwickelnden Gesetzen für das Verhältniss
der Aequivalente zu den Volumen derselben in Gasform lässt sich
vermuthen, dass auch für die Aequivalentvolumen der Körper wenn
sie auf den festen und tropfbaren Aggregationszustand derselben bezogen werden ähnliche Gesetze gelten, und in der That wurde dies
durch die Arbeiten von H. K o p p und S c h r ö d e r ausser Zweifel gesetzt. Allein es hat sich aus denselben auch ergeben, dass in diesem
Falle die Beziehungen welche zwischen den Aequivalenten und den
Volumen derselben herrschen, nicht so einfach sind als in dem gasförmigen Zustande, so dass es noch nicht möglich war das allgemeine
Gesetz welches denselben zu Grunde liegt zu erkennen, woran

wohl vorzüglich der Mangel an einer hinreichenden Anzahl genauer Dichtigkeitsbestimmungen Schuld ist. Aus diesem Grunde sollen vor der Hand hier nur die Aequivalentvolumen der Körper in Gasform behandelt werden. Die Mittheilung des bisher Bekannten über das Aequivalentvolumen tropfbarer und fester Körper wird bei einer anderen Gelegenheit geschehen.

49. Da sich die Grundstoffe nur nach bestimmten Gewichts-Verhältnissen mit einander verbinden, so muss es von grossem Interesse sein zu untersuchen, in welchem Verhältnisse die Zahlen stehen durch welche die Äquivalente ihrem Volumen nach ausgedrückt werden. Um dies zu erfahren, hat man nur nöthig die Äquivalente der einfachen Stoffe durch die respectiven specifischen Gewichte derselben zu dividiren, wodurch man statt dem Äquivalentgewichte, das Äquivalentvolumen erhalten wird; ein Ausdruck der vollkommen bezeichnend und jedem anderen vorzuziehen ist, weil er, wie Schröder*) ganz richtig bemerkt, jede hypothetische Beziehung ausschliesst. In der folgenden Tabelle wurden die Zahlen der vierten Spalte durch Multiplication der Zahlen der dritten mit dem absoluten Gewichte von 1000 Cubikcentimetern, das ist eines Liters atmosphärischer Luft, dieses zu 1,299 Grammen genommen, erhalten. Die Zahlen der fünften Spalte sind die Quotienten der Zahlen der zweiten und vierten Columne, d. h. sie drücken die Volumen der Äquivalente der respectiven einfachen Stoffe aus.

Man sieht auf den ersten Blick, dass merkwürdiger Weise diese Zahlen sämmtlich entweder das Drei- oder Sechsfache von den kleinsten derselben sind, so dass sich also die Äquivalentvolumen der einfachen Stoffe die wir in Gasform kennen durch die drei folgenden Zahlen ausdrücken lassen. Nämlich

1,850 für Schwefelgas
5,581 für die Gase von Antimon, Arsen, Bor, Carbon, Chrom, Sauerstoff, Phosphor, Tellur, Titan und Zinn.
11,176 für die Gase von Stickstoff, Brom, Chlor, Fluor, Wasserstoff, Jod, Kiesel, Quecksilber, Selen.

Demnach sind die Verhältnisse, unter welchen sich die Gase mit einander verbinden können, folgende:

1 : 1, 1 : 2, 1 : 3, 1 : 6.

Nach obiger Tabelle ist also 1 Vol. Schwefelgas das Äquivalent für 3 Vol. Sauerstoffgas oder für 6 Vol. Chlorgas u. s. w. und man kann also

---

*) Die Molecular-Volumen der chemischen Verbindungen, im festen und flüssigen Zustande, von Schröder etc. Mannheim 1843, pg. 20.

1 Grundstoffe	2 Äquivalente	3 Dichte für atm. Luft = 1 bei 0°C und 0,76m Bar.	4 Gewicht eines Liter in Grammen	5 Äquivalentvolumen	6 Relativ. Äqui. volum	7 Dichte für Hydrogen = 1	8 Oxygen = 8	9 H = 1	10 O = 8
Antimon	129	17,880	23,108	5,627	3	258,009	129,847	2	1
Arsen	75,2	10,365	13,465	5,584	3	149,567	74,983	2	1
Bor	10,8	1,599	1,948	5,544	3	22,929	11,567	2	1
Brom	78,4	5,393	7,006	11,189	6	78,109	39,014	1	1/2
Chlor	35,4	2,440	3,170	11,166	6	35,209	17,651	2	1
Chrom	28,1	3,879	5,039	5,596	3	55,974	28,062	2	1
Fluor	18,7	1,289	1,674	11,167	6	18,600	9,325	2	1
Jod	126	8,701	11,303	11,235	6	125,556	62,945	1	1/2
Kiesel	14,8	3,059	3,825	11,171	6	44,141	22,129	1	1/2
Kohlenstoff	6	0,843	1,095	5,480	3	12,164	6,098	2	1
Phosphor	31,4	4,326	5,619	5,586	3	62,424	31,295	2	1
Quecksilber	101,4	6,978	9,066	11,185	6	100,693	50,480	1	1/2
Sauerstoff	8	1,1057	1,432	5,583	3	15,955	8,000	2	1
Schwefel	16	6,656	8,644	1,850	1	96,046	48,151	6	3
Selen	40	5,453	3,542	11,292	6	76,687	39,448	2	1
Stickstoff	14	0,9706	1,268	11,041	6	14,006	7,022	1	1/2
Tellur	64	8,844	11,493	5,569	3	127,619	63,980	2	1
Titan	24,5	3,348	4,350	5,632	3	48,312	24,220	2	1
Wasserstoff	1	0,0693	0,089	11,188	6	1,000	0,500	1	1/2
Zinn	59	8,107	10,532	5,601	3	116,894	58,648	2	1

sagen, die gasförmigen Körper verbinden sich unter einander nur in Volumen, die durch ganze Zahlen ausdrückbar sind. Auf diese Weise wird auch das obige Gesetz gewöhnlich ausgesprochen, und in dieser Form wurde es zuerst von Gay-Lussac beobachtet. Durch dasselbe wird also ausgedrückt, dass, wenn man z. B. gleiche Volumen von Bromgas, Chlorgas, Jodgas, Wasserstoffgas, oder 1 Vol. Sauerstoffgas und 2 Vol. Wasserstoffgas u. s. w. nimmt, man in denselben gerade so viel Theilchen enthalten hat, dass ihr Gewicht dem eines Äquivalentes dieser Stoffe gleich ist.

> Es versteht sich übrigens von selbst, dass hier und im Folgenden immer vorausgesetzt wird, die Gase befinden sich bei Vergleichung ihrer Volumen unter dem Normaldrucke von 0,76 Meter, und bei der Normaltemperatur von 0°C, oder wenigstens unter gleichem Drucke und bei gleicher Temperatur. Hiebei ist aber zu bemerken, dass nur die mit einem * bezeichneten Stoffe wirklich in Gasform gewogen wurden; bei den übrigen ist die Dichte ihres Gases durch Rechnung bestimmt, wie dies im (56) angegeben ist.

50. Das Gesetz der Vielfachen gestaltet sich nun, wenn man dasselbe statt auf die Gewichte auf die Volumen bezieht, durch die so überaus einfache Beziehung, welche zwischen den Äquivalentvolumen der gasförmigen Körper herrscht, ebenfalls auf eine sehr einfache Art. Da nämlich die absoluten Gewichte bei gleichen Dichten mit den entsprechenden Volumen in geraden Verhältnissen stehen, so muss, wenn sich die Gewichtsmengen eines Stoffes in den höheren Verbindungsstufen wie 1:2:3:4 verhalten, dies auch für ihre Volumen gelten, und da zwischen diesen selbst, wie so eben gezeigt wurde, nur die Verhältnisse

$$1:1, \quad 1:2, \quad 1:3, \quad 1:6$$

Statt finden, so gilt für die gasförmigen Körper das Gesetz, dass sie sich unter einander nur in Raumtheilen verbinden, welche durch Glieder aus der Reihe der natürlichen Zahlen ausdrückbar sind. Der obigen Tabelle zu Folge verbindet sich 1 Volumen Sauerstoff mit 2 Volumen Stickstoff, und weil sich die Gewichtsmengen des Sauerstoffs in den höhern Verbindungsstufen dieser beiden Körper wie

$$1:2:3:4:5$$

verhalten, so werden sich in denselben auch 2 Volumen Stickstoff mit 2, 3, 4 und 5 Volumen Sauerstoff verbinden.

51. Da sich die Äquivalente der Stoffe nicht ändern wenn sie chemische Verbindungen eingehen (40), so werden auch die Äquivalentvolumen dieselben bleiben, wenn sich die Stoffe bereits in einer

5

Verbindung befinden. In den Verbindungen PH_3 und PH_4J z. B. sind enthalten: auf 1 Volumen Phosphorgas 6 Volumen Wasserstoffgas und in der zweiten auf dasselbe Volumen Phosphorgas 8 Vol. Wasserstoffgas und 2 Vol. Jodgas. Da nun nach obiger Tabelle 1 Vol. Bromgas einem Volumen Jodgas äquivalent ist, so werden 2 Vol. von jenem erforderlich sein, um das Jod in der letztgenannten Verbindung zu ersetzen, und aus demselben Grunde wird man in beiden Verbindungen das Phosphorgas durch ein ihm gleiches Volumen Sauerstoffgas ersetzen können. Die Bestandtheile aller andern Verbindungen der Körper lassen sich also ebenfalls durch die Volumen der Tabelle des (49) und ihre Vielfachen nach ganzen Zahlen aus den ersten Gliedern der Reihe der natürlichen Zahlen darstellen.

52. Wenn man die Dichte der gasförmigen Körper durch Zahlen ausdrückt, welche sich auf die als Einheit angenommene Dichte der atmosphärischen Luft beziehen, so kann die Beziehung, in welcher sie zu den Äquivalenten derselben stehen, selbst wenn sie eine sehr einfache wäre, nicht leicht erkannt werden, indem die Dichte der atm. Luft, als eines Gemenges, in gar keinem inneren Zusammenhange mit der Dichte der chemischen Verbindungen oder der Grundstoffe selbst stehet. Nach dem so höchst einfachen Gesetze der Äquivalentvolumen lässt sich aber ein solcher Zusammenhang mit grosser Wahrscheinlichkeit erwarten. Wählt man daher als Körper, durch dessen Dichte die der übrigen Grundstoffe ausgedrückt werden soll, einen dieser gasförmigen Grundstoffe selbst, und bezeichnet seine Dichte mit derselben Zahl die sein Äquivalent ausdrückt, so muss sich der Zusammenhang, welcher zwischen Dichte in Gasform und Äquivalent herrscht, alsogleich herausstellen. Um diesen Zweck zu erreichen braucht man nur die Dichten, das ist die Zahlen der dritten Spalte in der Tabelle des (49) mit einem Factor zu multipliciren, der geeignet ist, mit der Dichte des zur Vergleichung gewählten Stoffes ein Product zu geben, das dem Äquivalent dieses Stoffes gleich ist. Am zweckmässigsten wird es sein zu diesem Behufe das Wasserstoffgas zu wählen, dem der Deutlichkeit wegen hier noch das Sauerstoffgas beigefügt werden soll. Aus folgenden Gleichungen erhält man für jeden dieser beiden Stoffe den gesuchten Factor m und m'

$$0,0693 . \ m = 1 \quad \text{also} \quad m = 14,4300$$
$$1,1057 . \ m' = 8 \qquad m' = \ 7,2342$$

Die beiden Spalten 7 und 9 der Tabelle des (49) enthalten nun die so entstandenen Producte, deren überraschend einfacher

Zusammenhang mit den Äquivalenten sich sogleich erkennen lässt. Nimmt man nämlich die Dichte des Wasserstoffgases zur Einheit, so sind die Zahlen welche die Dichten der übrigen einfachen Stoffe in Gasgestalt darstellen, entweder den Äquivalenten derselben gleich, oder sie sind doppelte davon; nur in zwei Fällen, nämlich beim Schwefel und Kiesel, ist die Dichte respective das Drei- und Sechsfache des Äquivalentes. Bezieht man aber die Dichte der Grundstoffe in Gasgestalt auf die des Sauerstoffes, und setzt diese gleich dem Äquivalent desselben, nämlich $= 8$, so sind die für dieselben erhaltenen Zahlen die Hälften von den Zahlen der 7. Spalte, was darin liegt, dass die Zahl, welche unter dieser Voraussetzung die Dichte des Wasserstoffgases ausdrückt, die Hälfte von der ist welche derselben in der Spalte 7 gegeben wurde. Die Columnen 9 und 10 enthalten der leichteren Übersicht wegen die Factoren, mit welchen die Dichten der Grundstoffe in beiden Fällen multiplicirt werden müssen, um die correspondirenden Äquivalente zu geben. Der allgemeinste Ausdruck also, welcher zugleich alle in den vorigen Paragraphen angegebenen Gesetze über den Zusammenhang zwischen Äquivalent und Dichte der Körper in Gasform in sich fasst, ist demnach:

$$Q = Dm,$$

wobei Q das Äquivalent und D die Dichte der Gase bezeichnen, beide auf das Wasserstoffgas, die respectiven Eigenschaften desselben zur Einheit genommen, bezogen; m ist eine ganze Zahl und kann, nach den vorliegenden Daten 1, 2, 8 und 6 bedeuten.

Es geht daraus hervor, wie viel zweckmässiger es wäre die Dichte des Wasserstoffgases statt wie bisher die der atmosphärischen Luft $= 1$ zu setzen, indem dadurch die merkwürdige Beziehung, welche zwischen Äquivalent und Dichte im Gaszustande herrscht, auf eine äusserst einfache Art ausgedrückt würde, wodurch die Dichten derselben eine viel tiefere Bedeutung gewinnen.

53. In dem Bisherigen wurden nur die Volumen der gasförmigen Körper berücksichtiget in welchen sie mit einander Verbindungen eingehen, das Volumen aber, welches dieser Verbindung in Gasgestalt zukommt, wurde noch nicht in Betrachtung gezogen. In der That sollte man glauben, dass das Volumen der Verbindung gleich sein werde den Volumen der beiden Bestandtheile, wie dies für die Gewichte wirklich Statt findet. Die Erfahrung lehrt jedoch, dass dies nur in der bei weitem geringeren Anzahl der untersuchten Verbindungen der Fall ist. Meistens ist das Volumen der Verbindung kleiner, ja sogar bei einigen Verbindungen grösser als die Summe

der Volumen der Bestandtheile, wie dies aus der unten folgenden Tabelle hervorgeht.

2 Vol. Stickgas verbinden sich mit 5 Vol. Sauerstoffgas nicht zu 7 sondern nur zu 2 Vol. Salpetersäuregas. 2 Vol. Wasserstoffgas und 1 Vol. Sauerstoffgas geben nicht 3, sondern nur 2 Vol. Wassergas.

Über die ersten drei Spalten der folgenden Tabelle ist nichts zu bemerken, die vierte enthält die Volumen der Bestandtheile, bevor sie in Verbindung getreten sind, und zwar so geordnet, dass die zuerst stehende Ziffer dem in der entsprechenden Formel zuerst gestellten Grundstoff entspricht. Die 5. Spalte enthält das Volumen der Verbindung. Man sieht also, dass 6 Volumen Wasserstoffgas sich mit 1 Volum Phosphorgas zu 4 Volumen Phosphorwasserstoffgas verbinden. Die 6. Spalte enthält nun die hiebei Statt findende Contraction c, welche durch einen Bruch dargestellt wird, dessen Zähler dem Volumen der Verbindung, dessen Nenner aber dem Volumen der Bestandtheile derselben gleich ist.

Die Contraction steht demnach mit der materiellen Beschaffenheit der Körper in einem Zusammenhange, der aber noch nicht ausgemittelt ist. Am häufigsten kommt die von $^2/_3$ vor, seltener sind die Fälle wo die Contraction $^3/_7$ und $^1/_2$ beträgt, und nur bei zwei Verbindungen hat man bisher eine Dilatation beobachtet, wo dann der Werth von c grösser als 1 ist. Sonderbarer Weise sind dies gerade zwei Schwefelverbindungen, nämlich CS_2 und HgS.

Die Tabelle enthält ferner in der 7. Spalte die Dichten der Verbindungen, die der atmosphärischen Luft gleich 1 gesetzt, wo sich eben so wenig als bei den Grundstoffen ein Zusammenhang derselben mit den Äquivalenten wahrnehmen lässt, und zwar aus dem nämlichen, dort angegebenen Grunde (52). Vergleicht man jedoch diese Dichten mit der des Wassergases und setzt diese gleich 9, nämlich gleich der Zahl, welche dem Äquivalent des Wassers zukommt, so erhält man die Zahlen der Spalte 8. Man hat zu diesem Behufe die Zahlen der Spalte 7 nur mit dem Factor 14,5162, welcher aus der Gleichung

$$x = \frac{9}{0,62} = 14,5162$$

hervorgeht, zu multipliciren. Es zeigt sich nun sogleich, dass die so ausgedrückten Dichten den Äquivalenten entweder gleich sind, oder dass sie genau das Doppelte, Dreifache oder die Hälfte derselben betragen. Dies ist in der That ganz der nämliche Zusammenhang, welcher sich bei den Grundstoffen in Gasform herausstellt, wenn ihre Dichten auf eine ähnliche Weise ausgedrückt werden. Hieraus geht nun ferner hervor, dass auch zwischen den Äquivalentvolumen der binären Verbindungen ganz dieselben Beziehungen wie zwischen denen der Grundstoffe bestehen müssen. Und in der That, bestimmt man zuerst die absoluten Gewichte eines Liters dieser Körper, welche die Spalte 9 der folgenden Tabelle enthält, und sucht dann daraus das Äquivalentvolumen auf die in (49) angegebene Art, so erhält man die Zahlen der Spalte 10, und diese sind, wie man auf den ersten Blick sieht, im Mittel folgende:

$$5,591$$
$$11,126 \qquad 5,591 \cdot 2 = 11,182$$
$$16,562 \qquad 5,591 \cdot 3 = 16,773$$
$$22,297 \qquad 5,591 \cdot 4 = 22,364$$
$$33,505 \qquad 5,591 \cdot 6 = 33,570$$
$$46,435 \qquad 5,591 \cdot 8 = 44,728$$

Es sind also alle Vielfache nach den Zahlen 2, 3, 4, 6, 8 von der kleinsten derselben, nämlich von 5,591. Diese Zahl selbst aber ist das Dreifache von der kleinsten, welche das Äquivalentvolumen der Grundstoffe ausdrückt, so dass für die binären Verbindungen derselben die Äquivalentvolumen durch die Zahlen der Spalte 11 ausgedrückt werden, wenn man das kleinste Äquivalentvolumen, nämlich das des Schwefels, als Einheit annimmt.

Sämmtliche Äquivalentvolumen der Grundstoffe und ihrer binären Verbindungen, so weit dieselben bis jetzt bekannt sind, lassen sich also in Gasform, das des Schwefelgases zur Einheit genommen, durch die Zahlen

$$1, \ 3, \ 6, \ 9, \ 12, \ 18$$

ausdrücken, ein durch seine Einfachheit gewiss überraschendes Naturgesetz.

Zu (58).

1 Name der Verbindung	2 Empirische Formel	3 Äquivalent	4 Volumen der Bestandtheile	5 Volumen der Verbind.	6 Contraction.	7 Dichte für atm. Luft $=1$	8 Dichte für Wassergas $=9$	9 Gewicht eines Liters in Grammen	10 Äquivalent-volumen der Verbind.	11 Relative Äquival.-Volumen
Chlorwasserstoff . .	HCl	36,4	1 , 1	2	1	1,248	18,203	1,629	22,845	12
Kohlenoxyd . . .	CO	14	1 , 1	2	1	0,973	14,124	1,264	11,076	6
Stickstoffoxyd . .	NO_2	30	1 , 1	2	1	1,030	15,082	1,350	22,222	12
Fluorwasserstoff . .	HF	19,7	1 , 1	2	1	0,679	9,857	0,882	22,385	12
Jodwasserstoff . .	HJ	127	1 , 1	2	1	4,385	63,653	5,700	22,280	12
Ammoniak	NH_3	17	1 , 3	2	1	0,591	8,479	0,768	21,875	12
Cyan	C_2N	26	1 , 1	1	1/2	1,818	26,390	2,362	11,008	6
Quecksilberjodid . .	HgJ	226	1 , 1	1	1/2	15,679	227,596	20,367	11,097	6
Quecksilberbromid .	$HgBr$	178,4	1 , 1	1	1/2	12,372	179,592	16,071	11,250	6
Quecksilberchlorid .	$HgCl$	135,4	1 , 1	1	1/2	9,419	136,726	12,235	11,066	6
Kohlenchlorid . .	CCl	41,4	1 , 2	1	1/3	5,723	83,075	7,434	5,569	3
Wasser	HO	9	2 , 1	2	2/3	0,620	9,000	0,805	11,180	6
Kohlensäure . . .	CO_2	22	1 , 2	2	2/3	1,524	22,122	1,980	11,111	6
Stickstoffoxydul . .	NO	22	2 , 1	2	2/3	1,527	22,167	1,984	11,089	6
Untersalpetersäure .	NO_4	46	1 , 2	2	2/3	1,590	23,080	2,065	22,276	12
Selenige Säure . .	SeO_2	56	1 , 2	2	2/5	3,829	55,582	4,974	11,259	6
Oelbildendes Gas .	CH	7	1 , 2	2	2/5	0,980	14,225	1,273	5,498	3
Selenwasserstoff . .	HSe	41	2 , 1	2	2/3	2,795	40,572	3,661	11,290	6
Quecksilberchlorür .	Hg_2Cl	235,4	2 , 1	2	2/3	8,199	119,017	10,650	22,103	12
Quecksilberbromür .	Hg_2Br	278,4	2 , 1	2	2/3	9,675	140,442	12,568	22,149	12
Arsenige Säure . .	AsO_3	99	1 , 3	1	1/4	13,673	198,477	17,761	5,574	3
Kohlensuperchlorür .	C_2Cl_3	118,2	1 , 3	1	1/4	8,164	118,509	10,605	11,145	6
Schwefelchlorür . .	S_2Cl	67,4	1 , 3	3	3/4	4,658	67,616	6,051	11,138	6

Zu (59).

Name der Verbindung	Empirische Formel	Äquivalent	Volumen der Bestandtheile	Volumen der Verbind.	Contraction	Dichte für atm. Luft =1,	Dichte für Wassergas =9	Gewicht eines Liters in Grammen	Äquivalent-volumen der Verbind.	Relative Äquival.-volumen
Sumpfgas	CH_2	8	1 , 4	2	$2/5$	0,559	8,114	0,726	11,019	6
Kohlensuperchlorid	CCl_2	76,8	1 , 4	2	$2/5$	5,302	76,964	6,887	11,151	6
Titanchlorür	$TiCl_2$	94,8	1 , 4	2	$2/5$	6,555	95,152	8,405	11,278	6
Zinnchlorid	$SnCl$	129,8	1 , 4	2	$2/5$	8,984	129,686	11,605	11,185	6
Schwefelsäure	SO_2	40	1 , 9	6	$3/5$	2,768	40,108	3,589	11,145	6
Schwefelkohlenstoff	CS_2	38	3 , 2	6	$6/5$	2,640	38,322	3,429	11,071	6
Kohlenwasserstoff	C_2H_2	14	2 , 4	1	$1/6$	1,961	28,466	2,547	5,535	3
Benzin	C_6H_3	39	3 , 3	1	$1/6$	2,735	39,701	3,554	10,973	6
Chlorkiesel	$SiCl_2$	85,8	1 , 6	3	$3/7$	5,900	85,544	6,664	11,203	6
Fluorkiesel	SiF_2	52,4	1 , 6	3	$3/7$	3,600	52,258	4,677	11,201	6
Phosphorwasserstoff	PH_6	34,4	1 , 6	4	$4/7$	1,185	17,201	1,539	22,352	12
Arsenwasserstoff	As_5H_3	78	1 , 6	4	$4/7$	2,694	39,106	3,500	22,286	12
Antimonwasserstoff	SbH_3	132	1 , 6	4	$4/7$	4,549	66,083	5,909	22,524	12
Phosphorchlorür	PCl_6	137,6	1 , 6	4	$4/7$	4,741	68,820	6,159	22,341	12
Borchlorid	BCl_3	117	1 , 6	4	$4/7$	4,035	58,572	5,241	22,823	12
Arsenchlorid	$AsCl_3$	181,2	1 , 6	4	$4/7$	6,252	89,754	8,121	22,524	12
Antimonchlorür	$SbCl_3$	235,2	1 , 6	4	$4/7$	8,106	117,667	10,530	22,336	12
Arsenjodür	As_5J_3	458	1 , 6	4	$4/7$	15,648	227,074	20,320	22,539	12
Schweflige Säure	SO_2	32	1 , 6	6	$6/7$	2,212	32,109	2,873	11,138	6
Schwefelwasserstoff	HS	17	1 , 6	6	$6/7$	1,178	17,073	1,538	11,111	6
Zinnober	HgS	116	6 , 1	9	$9/7$	5,392	78,270	7,004	16,562	9
Phosphorchlorid	PCl_5	208,4	1 , 10	6	$6/11$	4,788	69,503	6,220	33,505	18
Kautschin	C_5H_4	34	5 , 8	1	$1/12$	4,674	67,848	6,072	5,764	3

54. Enthält eine Verbindung mehr als zwei Grundstoffe, so kann man entweder die entfernteren oder die näheren Bestandtheile in Betrachtung ziehen. Da jedoch letzteres nicht ohne eine hypothetische Vorstellung über die Constitution des Körpers geschehen kann, hier aber nur die rein factischen Beziehungen dargestellt werden sollen, so wird für jetzt nur von ersteren die Rede sein. Die folgende Tabelle (auf S. 73), welche ganz die Einrichtung der des (53) hat, zeigt sogleich, dass für die ternären Verbindungen ganz dieselben Gesetze gelten wie für die binären. Die Äquivalente sind nämlich auch hier die Ein-, Zwei-, Drei-, Vierfachen der Dichten, wenn diese auf die des Wassergases $= 9$ bezogen werden. Nur in drei Fällen finden die Verhältnisse $1:18$, $2:7$, $5:7$ Statt. Die Äquivalentvolumen sind ebenfalls, zwei Verbindungen ausgenommen, Vielfache des kleinsten Äquivalentvolumens der Grundstoffe. Es ist nicht zu bezweifeln, dass bei einer ausgedehnteren Kenntniss der Dichten der Stoffe in Gasform die hier angegebenen Zahlen manche Berichtigungen erfahren werden, aber so viel ist gewiss, dass das im (53) angegebene Gesetz auch für alle höheren Verbindungen gilt. Es ist ferner zu bemerken, dass wenn man die höheren Verbindungen als binäre zweier zusammengesetzter Körper betrachtet, für diese ganz dieselben Beziehungen, wie für einfache Stoffe gelten, wie dies später in speciellen Fällen nachgewiesen werden wird.

55. Aus dem Vorhergehenden ist klar, dass wenn das specifische Gewicht einer Verbindung und ihrer Bestandtheile nebst der Menge derselben dem Gewichte nach gegeben sind, man die Zusammensetzung leicht durch die Volumen ausdrücken kann und umgekehrt.

Bezeichnet man nämlich mit
P das Gewicht der Verbindung und mit
p, p' die Gewichte der Bestandtheile, endlich mit
V, v, v' und
S, s, s' die entsprechenden Volumen und specifischen Gewichte, so bestehen nach (48) die Gleichungen

$$V = \frac{P}{S} \qquad v = \frac{p}{s} \qquad v = \frac{p'}{s'}$$

durch welche sowohl das Volumen der Verbindung, als das der einzelnen Bestandtheile gegeben ist.

Das Volumen der Verbindung ist durch die Gleichung

$$V = (v + v')\, c$$

Zu (54)

1 Name der Verbindung	2 Empirische Formel	3 Äquivalent	4 Volumen der Bestandtheile	5 Volum. nach d. Verb.	6 Contraction	7 Dichte für atm. Luft =1	7 Dichte für Wassergas =9	8 Gewicht eines Liters	9 Äquivalentvolumen absolutes	10 Äquivalentvolumen relatives
Aether	C_4H_5O	37	4, 16, 1	2	$2/15$	3,546	51,174	4,606	8,033	4⅓
Alkohol	$C_4H_6O_2$	46	2, 6, 1	2	$2/9$	1,600	23,226	2,078	22,136	11
Aethyljodür	C_4H_5J	155	2, 5, 1	8	1	5,965	86,588	7,749	20,002	11
Aethylbromür	C_4H_5Br	106,4	2, 5, 1	8	1	3,711	53,869	4,821	21,449	11
Aethylchlorür	C_4H_5Cl	64,1	2, 5, 1	8	1	2,235	32,443	2,903	22,184	11
Aethylsulfid	C_4H_5S	45	12, 15, 1	24	$6/7$	3,139	45,566	4,078	11,034	6
Aethylcyanid	C_6H_5N	55	3, 5, 1	9	—	1,924	27,929	2,500	22,000	11
Mercaptan	$C_4H_6S_2$	62	6, 18, 1	6	$6/23$	2,158	31,326	2,803	22,475	11
Essigsäurehydrat . . .	$C_4H_4O_4$	60	1, 2, 1	3	$3/4$	2,777	40,311	3,607	16,579	9
Salpetersäurehydrat . .	NHO_6	63	2, 4, 6	10	$5/6$	1,242	18,029	1,613	39,057	21
Chlorwasserstoffhydrat .	$H_{17}ClO_{16}$	180,4	17, 1, 8	26	1	0,691	10,031	0,898	20,089	11
Chlorchromsäure . . .	$CrClO_2$	79,5	1, 2, 2	2	$2/$	5,482	79,577	7,121	11,165	6
Chlorschwefelsäure . . .	$SClO_2$	67,4	1, 6, 6	6	$6/18$	4,652	67,528	6,043	11,153	6
Schwefelsaur. Schwefelchlorid	$S_6Cl_3O_{15}$	322,2	2, 6,15	10	$10/23$	4,449	64,582	5,779	55,788	30
Chlorammonium	NH_4Cl	53,4	1, 4, 1	6	1	0,923	13,398	1,199	44,537	24
Tellurammonium	NH_4Te	82,0	1, 4, 1	6	1	2,541	36,885	3,300	24,848	13,5
Schwefelammonium . . .	NH_4S	34	6,24, 1	31	1	0,787	11,424	1,022	33,268	18
Bromphosphorwasserstoff .	H_3PBr	113,8	8, 1, 2	11	1	1,958	28,422	2,543	44,750	24
Chlorphosphorwasserstoff .	H_3PCl	70,8	8, 1, 2	11	1	1,219	17,695	1,583	44,725	24
Jodphosphorwasserstoff .	H_3PJ	161,4	8, 1, 2	11	1	2,785	40,427	3,618	44,610	24

gegeben, wobei c die Contraction bedeutet; für den Fall dass keine solche Statt findet, ist

$$V = v + v',$$

denn es ist dann c = 1.

Sind umgekehrt die Volumen der Bestandtheile und der Verbindung gegeben, so hat man, wie für sich klar ist, aus den obigen Gleichungen nur die absoluten Gewichte statt der Volumen zu suchen.

Die Formel der wasserfreien Schwefelsäure z. B. ist SO_3, das heisst 40 Gtle. dieser Säure enthalten 16 Gtle. Schwefel und 24 Gtle. Sauerstoff. Da nun nach obiger Tabelle das Gewicht eines Liters dieser Säure in Gasform unter dem Normalzustande 3,589 Grammen und eben so für den Schwefel 8,644 und für den Sauerstoff 1,432 beträgt, so hat

$$V = \frac{40}{3,589} = 11,145 \text{ Cub. Cent.}$$

$$v = \frac{16}{8,644} = 1,852$$

$$v' = \frac{24}{1,432} = 16,76$$

Die letzten beiden Zahlen verhalten sich wie 1 : 9 und die Summe derselben 18,612 verhält sich zum Volumen der Verbindung nahe wie 10 : 6, es findet also eine Contraction von $\frac{6}{10}$ oder $\frac{8}{5}$ Statt. Sowohl in diesem als in allen anderen Fällen, wo es sich nicht um absolute Bestimmungen sondern nur um Verhältnisszahlen handelt, können daher die Dichten statt der specifischen Gewichte gebraucht werden. Im obigen Beispiele hätte man dann

$$V = \frac{40}{2,763} = 14,473$$

$$v = \frac{16}{6,656} = 2,403$$

$$v' = \frac{24}{106} = 21,70$$

zwischen welchen Zahlen ganz die vorigen Verhältnisse Statt finden.

Es ist ferner einleuchtend, dass wenn man für die Dichten die Zahlen wählt, welche sich auf die des Wasserstoffgases = 1

beziehen, genau dieselben erhalten werden müssen. Im obigen Beispiele ist nämlich für diesen Fall

$$V = \frac{40}{40,108} = 0,9973$$

$$v = \frac{16}{96,046} = 0,167$$

$$v = \frac{24}{15,955} = 1,505$$

Mit Zuhilfnahme der Tafel für die Äquivalentvolumen ist es indess
nicht nothwendig diese Rechnung auszuführen; denn man gelangt
ja zu den obigen Zahlen genau durch dieselben Operationen, durch
welche man zu den Äquivalentvolumen gelangte, und in der That sind die
eben gefundenen Zahlen für V, v und v' genau die der Tabellen von
(49) und (53). Wendet man unmittelbar die relativen Äquivalentvolumen aus obigen Tabellen an, so hat man sogleich die vorher gefundenen abgekürzten Zahlen. Da nämlich die Formel für die Schwefelsäure SO_3 ist, so findet man daraus

das relative Äquivalentvolumen S = 1

       "   "   "   für $O_3 = 9$

       "   "   "   " $SO_3 = 6$

Zahlen, welche sich genau wie die vorher gefundenen verhalten.

Aus allem diesen geht hervor, dass die Formeln, welche die
chemischen Verbindungen nach den Äquivalenten darstellen, ebenfalls benützt werden können sie durch die Äquivalentvolumen auszudrücken. Es ist zu diesem Behufe nicht einmal nothwendig andere
als die bisherigen Zeichen einzuführen, indem z. B.

       O,   S,   P   u. s. w. in einem Falle die Werthe

       8,   16,   31,   ...   im andern die Werthe

       8,   1,   3   haben, so zwar dass in allen Fällen, wo
keine Contraction Statt findet, die Formel eben so gut Äquivalent-
lumen als Äquivalentgewichte bedeuten. Findet aber eine solche Statt,
so ist es nothwendig dieselbe der Formel beizufügen, was am besten
geschehen kann, wenn man die Zahl, welche das Volumen nach
der Verbindung ausdrückt, oben zur Linken des Zeichens hinschreibt.
Man erhält so für

Wasser . . . . ^2HO

Phosphorchlorür . . . . . . $^4PCl_3$

Phosphorchlorid . . . . . . $^6PCl_3$

Cyan . . . . C_2N

Zinnober . . . . ^9HgS

Ammoniak . . . . $^2NH_3$

Schwefelsäure . . . . $^6SO_3$

Hiebei bezieht sich aber der Bequemlichkeit wegen die Zahl, welche das Volumen nach der Verbindung anzeigt, immer auf die durch
ihren grössten gemeinschaftlichen Theiler abgekürzten Äquivalentvolumen der Bestandtheile. Sonst müsste man für Wasser, welches
nach der Tabelle (49) aus 6 Vol. Wasserstoffgas und 3 Vol. Sauerstoffgas besteht, die sich nach Tabelle (53) auf 6 verdichten, ^6HO schreiben, während mit obiger Abkürzung durch 3, ^2HO geschrieben wird.

56. Mit Hilfe der bekannten Relationen zwischen Gewicht, Volumen und Dichte und den in obiger Tabelle enthaltenen Daten, ist
man im Stande mehrere für den Chemiker höchst wichtige Aufgaben
zu lösen, welche theils zur Controlle der durch die Versuche erhaltenen Daten dienen, theils aber indirect zur Kenntniss der numerischen Werthe gewisser Grössen führen, die unmittelbar durch
Versuche nicht bestimmt werden können.

Behalten nämlich die Buchstaben P, p, v, s.... die Bedeutung in welcher sie im vorigen §. gebraucht wurden, so hat man
nach (31) unter allen Umständen die Gleichung

$$P = p + p',$$
ferner $P = VS$, $p = vs$, $p' = v's'$,

und wenn man die Gewichte durch v und s ausdrückt

$$VS = vs + v's',$$

in welcher Gleichung jede einzelne Grösse als unbekannt angenommen und durch die übrigen ausgedrückt werden kann. Es bedarf
kaum der Erwähnung, dass man sich auch hier, wenn keine absoluten Bestimmungen gefordert werden, der Dichten statt der wirklichen specifischen Gewichte bedienen kann. Um die Anwendungen,
deren obige Gleichungen fähig sind zu zeigen, wird es genügen folgenden Fall näher zu betrachten.

Oft ist man nicht im Stande das specifische Gewicht eines
Körpers in Gasform zu bestimmen, meistens weil die Temperatur,
bei welcher er sich in Gas verwandelt, zu hoch ist; in diesem Falle gewähren die obigen Gleichungen die Möglichkeit, dasselbe wenigstens
mit grosser Wahrscheinlichkeit durch Rechnung zu finden. Aus der
Gleichung für P folgt nämlich:

$$sv = P - p' \text{ oder } s = \frac{P - p'}{v};$$

es ist also das gesuchte specifische Gewicht durch P, p' und v ausgedrückt. Diese letzte Grösse ist aber auch unbekannt und kann nach den bisher vorliegenden Erfahrungen nur mit Wahrscheinlichkeit bestimmt werden. Bedeutet nämlich c die in diesem Falle unbekannte Contraction, so besteht die Gleichung

$$(v + v') c = V \quad \text{und also} \quad v = \frac{V - v'c}{c},$$

und drückt man nun V und v' durch P, S und p' s' aus, so hat man

$$v = \frac{Ps' - p'Sc}{Ss'c}$$

und folglich

$$s = \frac{(P - p') Ss'c}{Ps' - p'Sc}$$

In dieser Gleichung ist nun ausser c alles bekannt, es hängt also zuletzt der Werth von s von der Grösse der Contraction ab. Wäre ein factisch erwiesener Zusammenhang zwischen dieser Grösse und irgend einer andern Eigenschaft der Verbindung bekannt, durch welchen sich dieselbe bestimmen liesse; so hätten wir Hoffnung zur Kenntniss der specifischen Gewichte sämmtlicher Grundstoffe in Gasform zu gelangen, denn dann hätte man nur gasförmige Verbindungen derselben zu suchen, und deren Dichte und Zusammensetzung, so wie dieselben Grössen für den zweiten Bestandtheil derselben zu bestimmen.

Der Kohlenstoff z. B. ist ein Körper der auf keine Weise in Gasform dargestellt werden kann. Die Zusammensetzung und die Dichte der Kohlensäure sind bekannt, eben so die des Sauerstoffgases; nimmt man also aus obigen Tafeln die diesen Grössen entsprechenden Zahlen, für die Kohlensäure CO_2 und den Sauerstoff, so hat man

$$P = 22 \qquad p' = 16$$
$$S = 1{,}980 \qquad s' = 1{,}432$$

und folglich nach der letzten Gleichung für s

$$s = \frac{17{,}01}{\frac{1}{c} \, 31{,}504 - 31{,}68}.$$

Der Werth von s wird also ganz von dem Werthe abhängen, welchen man der Contraction gibt. Da nun keine bestimmten Erfahrungen vorliegen, nach welchen diese aus andern Verhältnissen zu bestimmen ist, so kann nur die Analogie bei der Wahl derselben leiten, sie bleibt daher für jetzt noch hypothetisch. Bei dem vorliegenden Falle findet die Thatsache Statt, dass das Volumen des von dem

Kohlenstoff zur Bildung von Kohlensäure verbrauchteu Sauerstoffes genau dem Volumen der gebildeten Kohlensäure gleich ist. Überall aber, wo dies eintritt und wo man im Stande ist das Volumen der beiden Bestandtheile zu bestimmen, beobachtet man, wie die Tabelle des (53) zeigt, immer die Contraction $^2/_3$, es ist also nicht unwahrscheinlich, dass dieselbe auch hier gelten wird. Nimmt man ferner, was übrigens ganz willkürlich und ohne Einfluss ist, das Volumen des Sauerstoffes zu 2 an, so hat man die Gleichung

$$^2/_3(x+2) = 2, \text{ also } x = 1;$$

für die wahrscheinliche Contraction von $^2/_3$ verbinden sich also 1 Volumen Kohlenstoffgas mit 2 Volumen Sauerstoffgas zu 2 Volumen Kohlensäure. Setzt man nun für c den wahrscheinlichen Werth von $^2/_3$ in die obige Gleichung, so findet man für das Gewicht eines Liters Kohlenstoffgas in Grammen

$$s = 1,093.$$

Die Erfahrung zeigt ferner, dass ein Volumen Sauerstoffgas sich verdoppelt, wenn es so viel Kohlenstoff aufnimmt um Kohlenoxydgas CO zu bilden. Es ist also nach der Analogie mit den übrigen derartigen Fällen am wahrscheinlichsten, dass hier keine Contraction Statt findet. Dies gibt die Gleichung

$$1(x+1) = 2, \text{ also } x = 1.$$

In 2 Vol. Kohlenoxydgas sind also sehr wahrscheinlich 1 Vol. Kohlenstoffgas mit 1 Vol. Sauerstoffgas enthalten. Da nun ein Liter Kohlenoxydgas 1,264 Gram. und ein Liter Sauerstoffgas 1,432 Gram. wiegt, so muss 1 Liter Kohlenstoffgas 2,528 — 1,432 = 1,096 Gram. wiegen wie oben.

Auf ähnliche Weise wurden die specifischen Gewichte der übrigen Substanzen, welche in den obigen Tabellen enthalten sind, indirect bestimmt, und es ist sich hiebei stets zu erinnern, dass die angegebenen Werthe nur sehr wahrscheinlich sind. Aus den übrigen, hier entwickelten Gesetzen geht aber hervor, dass in jedem Falle die wahren Werthe, wenn sie den oben angegebenen wirklich nicht gleich sein sollten, doch gewiss Vielfache derselben nach der Reihe der Multiplen sein werden.

57. Da wir (54) gesehen haben, dass für die Verbindungen, welche aus mehr als zwei Grundstoffen bestehen, ganz dieselben Beziehungen zwischen Dichte, Äquivalent u. s. w. gelten, wie für die binären Verbindungen, so lassen sich die bisher gebrauchten Gleichungen auch auf dieselben anwenden. Hiedurch wird es möglich, die chemischen Formeln für die höheren Verbindungen, welche sich

auf die Äquivalentgewichte beziehen, auch auf die Äquivalentvolumen auszudehnen.

Ist nämlich die Zusammensetzung einer Verbindung und das specifische Gewicht ihrer Bestandtheile bekannt, so kann man auch das Verhältniss der Volumen derselben in dieser Verbindung bestimmen. Denn da
$$p = vs$$
$$p' = v's'$$
$$p'' = v''s''$$ ist, so hat man
$$\frac{v}{v'} = \frac{ps'}{p's} \quad \frac{v}{v''} = \frac{ps''}{p''s} \quad \frac{v'}{v''} = \frac{p's''}{p''s'}.$$

Aus diesen Gleichungen ergibt sich indess nur das Verhältniss der Volumen der Bestandtheile, ist aber das specifische Gewicht der Verbindung auch bekannt, so kann man, wie sich von selbst versteht, die absoluten Werthe der sich verbindenden Volumen finden.

Die Formel für die Chlorschwefelsäure z. B. ist $SClO_2$, es sind also 1 Vol. Schwefelgas mit 6 Vol. Chlorgas und 6 Vol. Sauerstoffgas darin enthalten, welche aber nicht 13 Vol., sondern wegen der Contraction nach der Tabelle (54) nur 6 Vol. von obiger Verbindung geben. Schreibt man also die Formel für die Chlorschwefelsäure wie folgt:

$$^6SClO_2$$

so kann sie sich eben so gut auf das Gewicht wie auf das Volumen beziehen, nur werden im ersten Falle für S, Cl, O die Werthe aus der Tabelle des (38), im letzteren die aus der Tabelle des (49) zu nehmen sein. Die Zahl 6 bezieht sich hier ebenfalls wie in (55) auf die abgekürzten Werthe der relativen Äquivalentvolumen.

Ganz auf dieselbe Weise würde man verfahren, wenn man statt den empirischen Formeln die theoretischen schreiben, also die näheren Bestandtheile ausdrücken wollte. Das Chlorwasserstoff-Hydrat z. B. hat die Formel $H_{17}ClO_{16}$, es ist aber im höchsten Grade wahrscheinlich, dass die theoretische Formel für dasselbe HCl, 16HO ist. Auf die Äquivalentvolumen bezogen, müsste die Formel so geschrieben werden

$$HCl, 16\,^oHO$$

weil sich nach Tabelle (54) 1 Vol. Chlorwasserstoffgas mit 8 Vol. Wassergas zu 9 Vol. also ohne Contraction verbindet.

Die empirische Formel des Hydrates der Salpetersäure ist NHO_6, auf Äquivalentvolumen bezogen müsste sie sein $^{10}NHO_6$. Nach unseren jetzigen Vorstellungen ist die Salpetersäure NO_5,HO, da sich nun bei Salpetersäure 2 Vol. Stickgas mit 5 Vol. Sauerstoffgas zu 4 Vol.

vereinigen, und da ferner 2 Vol. Salpetersäuregas mit 4 Vol. Wassergas 5 Vol. Salpetersäurehydrat in Gasform geben; so würde man
noch letzteres an der Formel auszudrücken haben, was sehr einfach
geschehen könnte, indem man die Ziffer, welche das Volumen der
näheren Bestandtheile nach der Verbindung ausdrückt, nur am Ende
der Formel zu schreiben brauchte, wo sich dieselbe auf alle vorhergehenden Verbindungen bis zum nächsten Pluszeichen zu beziehen
hätte. Die Formel für das Salpetersäurehydrat wäre demnach

$$^2HO, ^4NO_5 5,$$

eine Formel die alles enthält was man von der Zusammensetzung
dieses Körpers sowohl dem Gewichte als dem Volumen nach wissen kann.

Das hier über die Ausdehnung der gewöhnlichen chemischen
Formeln auf Äquivalentvolumen Gesagte soll weniger als Vorschlag
zur Einführung derselben in die Wissenschaft, als vielmehr dazu
dienen, zu zeigen, welcher Modificationen dieselben mit Leichtigkeit
und Consequenz fähig sind, und wie wichtig es daher für Jeden ist,
der die Chemie zu was immer für einem Zwecke gründlich erlernen
will, sich mit denselben so vertraut zu machen als möglich.

Über den Zusammenhang der chemischen und physikalischen Eigenschaften der Körper.

58. Es liegt schon in der Art und Weise wie die chemische Anziehung wirkt, dass jede Veränderung in ihrem Verhältnisse zu den übrigen Kräften deren Träger die Körper sind, sich durch irgend eine entsprechende Änderung in einer oder mehreren Eigenschaften dieser Körper kundgeben muss. Auch lehrt uns die Erfahrung, dass wirklich nicht nur der Aggregationszustand, sondern auch die Form, die Dichte, die Härte, die Wärmecapacität, das Verhalten gegen Licht und Elektricität, bei der Änderung in der Zusammensetzung, oder auch nur in der Anordnung der Bestandtheile Modificationen erleiden, die sich bald auf eine, bald auf mehrere oder gar auf alle diese Eigenschaften der Körper erstrecken. Ungeachtet der vielen hierüber bekannten Thatsachen sind wir aber jetzt noch ausser Stande, die Art und Grösse dieser Modificationen im Voraus zu bestimmen, weil jene bei weitem nicht hinreichen die allgemeinen Gesetze erkennen zu lassen, unter welchen diese Veränderungen stehen. Am meisten studirt ist der Zusammenhang welcher zwischen der Krystallform der Körper und der Zusammensetzung derselben herrscht, obwohl auch hierüber unsere Kenntnisse noch mangelhaft sind. Die erste hieher gehörige Thatsache ist, dass wenn ausdehnsame oder tropfbar flüssige Körper in den festen Aggregationszustand übergehen, zwei Fälle eintreten. Entweder nimmt die homogene Materie eine ganz regelmässige Form an, welche von ebenen, unter bestimmten Winkeln gegen einander geneigten Flächen begränzt ist, d. h. sie k r y s t a l l i s i r t, oder sie wird fest, ohne dabei irgend eine Spur von Krystallisation zu zeigen, welchen Zustand wir mit dem Worte a m o r p h (von α *privativum* und μορφή Gestalt, also gestaltlos) bezeichnen.

59. Die Lehre von den geometrischen Verhältnissen der Krystallgestalten und ihrer Beziehung zu einander heisst K r y s t a l l o g r a p h i e. Zur Ausmittelung dieser Verhältnisse bedient man sich zwar geometrischer Betrachtungen, dessungeachtet aber bleibt die

Krystallographie eine Erfahrungswissenschaft und darf nie als ein Zweig der Geometrie behandelt werden, was noch hie und da geschieht, eben so wenig als die Optik für einen Zweig der Mathematik gelten kann, obwohl zur Entwickelung derselben noch ein weit ausgedehnterer Gebrauch dieser Wissenschaft nothwendig ist. Die Krystallographie nimmt alle ihre Daten aus der Erfahrung, und da sie dies thun kann ohne die Naturproducte specifisch zu verändern, so liefert sie eines der wichtigsten naturhistorischen Merkmale in der Naturgeschichte der unorganischen Naturproducte, wesswegen ihre ausführliche und gründliche Entwickelung in der Terminologie dieser Wissenschaft geschehen muss. Die Methode der Ableitung einer Gestalt aus der andern kann nur durch sorgfältige Berücksichtigung der Thatsachen, welche man an den Krystallen selbst beobachtet, richtig gewählt werden; denn die mathematische Betrachtung allein würde viel mehr liefern als der Natur wirklich entspricht, indem sie von dem allgemeinsten Standpunkte ausgehen und daher alle möglichen Fälle in Betrachtung ziehen müsste. Für den Mathematiker z. B. gehört das Hexaeder in die Reihe der Rhomboeder, das Octaeder in die Reihe der Pyramiden, weil diese Gestalten nur specielle Fälle in diesen Reihen sind. Die Natur lehrt aber, dass Rhomboeder niemals mit dem Hexaeder, das Octaeder niemals mit Pyramiden in Combination erscheinen u. dgl., dass also zwischen diesen Gestalten, so innig auch ihre Formen in mathematischer Hinsicht zusammenhängen, dennoch ein specifischer Unterschied vorhanden ist. Da nach der Überzeugung des Verfassers die Entwickelung der Krystallgestalten nach der von Mohs eingeschlagenen Methode am meisten der Natur entspricht, und sowohl die Bezeichnung als die Sprache welche dieser Gelehrte in die Wissenschaft eingeführt hat, an Consequenz, Kürze und Bestimmtheit alle andern übertreffen, so wurde in diesem Werke das System von Mohs zu Grunde gelegt und alle in dem speciellen Theile vorkommenden Beschreibungen der Krystallformen der einzelnen Stoffe darnach eingerichtet. Dies durchzuführen war aber nur dadurch möglich, dass Hr. Dr. Botzenhart, einer der tüchtigsten Schüler von Mohs, sich der grossen Mühe unterzog, sämmtliche vorhandene krystallographische Bestimmungen in diese Sprache zu übersetzen und aufs neue zu berechnen. Für diejenigen, welche gewohnt sind die Krystalle nach der Methode von Weiss oder Naumann zu betrachten, sind hier die Benennungen der Systeme nach diesen drei Gelehrten zusammengestellt.

Krystallsysteme.

Nach Mohs,	Nach Weiss,	Nach Naumann.
1) tessulares, Grundgestalt, Hexaeder;	reguläres od. sphäroedrisches,	tesserales,
2) rhomboedrisches, Rhomboeder;	sechsgliedriges u. drei u. dreigliedriges,	hexagonales,
3) pyramidales, gleichkantige vierseitige Pyramide;	viergliedriges,	tetragonales,
4) orthotypes, gerade ungleichkantige vierseitige Pyramide;	zwei und zweigliedriges,	rhombisches,
5) hemiorthotypes, schiefe ungleichkantige vierseitige Pyramide. Abweichung der Axe in der Ebene einer Diagonale;	zwei und eingliedriges,	monoklinoedrisches,
6) hemianorthotypes, schiefe ungleichkantige vierseitige Pyramide. Abweichung der Axe in der Ebene beider Diagonal.;	ein und zweigliedriges,	triklinoedrisches,
7) anorthotypes, schiefe ungleichkantige vierseitige Pyramide. Axe u. beide Diagonalen stehen schief aufeinander.	ein und eingliedriges,	triklinoedrisches und diklinoedrisches.

Mitscherlich's System gehört nicht zum hemianorthotypen Systeme von Mohs, sondern zum anorthotypen, von welchem es ein specieller Fall ist.

60. So unendlich mannigfaltig die Krystallformen sind, so lassen sie sich doch auf die geringe Zahl von 7 Grundgestalten reduciren, und zwar durch Methoden welche nichts Willkürliches enthalten, sondern von der Natur selbst angegeben sind. Alle einfachen Gestalten, welche aus einer durch ihre Abmessungen bestimmten Grundgestalt, also z. B. aus einem bestimmten Rhomboeder abgeleitet werden können, bilden eine Krystallreihe; alle aus den verschiedenen Grundgestalten einer Art ableitbaren Krystallreihen zusammen bilden ein K r y s t a l l s y s t e m , so dass 7 solcher Systeme unterschieden werden können. Nur die Krystallgestalten e i n e r Krystallreihe können unter einander in Combination treten, d. h. können symmetrische Gestalten bilden, an welchen die Flächen mehrerer Gestalten zugleich erscheinen. Es können sich also nicht einmal zwei Rhomboeder oder zwei Pyramiden mit einander combiniren, wenn ihre Abmessungen von der Art sind, dass sie sich nicht aus einem gemeinschaftlichen Rhomboeder oder respective Pyramide ableiten lassen; um so viel weniger ist eine Combination von Gestalten möglich, die verschiedenen Systemen angehören. Selbst im Tessularsysteme können nur Gestalten von gewissen Abmessungen in Combination treten.

Die Regelmässigkeit der äusseren Form ist aber nur die Folge einer ganz vollkommen regelmässigen Anordnung der Molecüle, was sich durch die merkwürdige Eigenschaft der T h e i l b a r k e i t die den Krystallen meistens zukommt, zu erkennen gibt. Diese lassen sich nämlich nur nach gewissen Richtungen in ebenen Flächen theilen, und die so erhaltenen T h e i l u n g s g e s t a l t e n gehören nicht nur in dasselbe Krystallsystem wie der Krystall von welchem sie erhalten wurden, sondern sie sind noch inniger mit demselben verbunden. Fügt man zu dem hier Angeführten noch das Verhalten der Krystalle im polarisirten Lichte hinzu, so wird man nothwendig zur Vermuthung geleitet, dass eine Eigenschaft der Körper, welche so innig mit der Natur derselben zusammenhängt, auch gewiss mit ihrer chemischen Beschaffenheit in naher Beziehung stehen müsse. Dies ist auch wirklich der Fall, wir sind aber noch nicht im Stande das allgemeine Gesetz anzugeben, nach welchem die Krystallform und die chemische Beschaffenheit von einander abhängen.

61. Am deutlichsten geht der eben angeführte Zusammenhang aus den Erscheinungen hervor welche Statt finden, wenn man gemengte Lösungen verschiedener Salze, die sich gegenseitig nicht zerlegen und ganz klare, in allen Theilen homogene Flüssigkeiten bilden, wie z. B. Kochsalz und Salpeter, durch Verdunsten krystallisiren lässt. Bei den eben genannten Salzen bilden sich abgesonderte Krystalle von Kochsalz und Salpeter, und die Untersuchung derselben zeigt, dass kaum merkbare Spuren des einen Salzes in das andere übergegangen sind, dass also trotz der innigen Vermischung in welcher die Theile sich befanden, durch die bei der Krystallisation thätige Kraft eine vollständige Trennung beider Körper bewirkt wurde. Selbst Salze, die sich nur durch die quantitativen Verhältnisse ihrer Bestandtheile unterscheiden, wie einfach und zweifach chromsaures Kali, krystallisiren getrennt aus ihren Auflösungen. Bei anderen Salzen tritt der Fall ein, dass sie in allen Verhältnissen zusammen krystallisiren, und wenn die Gestalt beider nicht dieselbe ist, wie beim Zink- und Kupfer - Vitriol, so erhält man Krystalle, welche der Form entsprechen, die dem in grösserer Menge vorhandenen Salze zukommt. Aus diesen Thatsachen geht hervor, dass die Cohäsionskraft, deren Äusserung die Krystallbildung ist, sich offenbar in Wechselwirkung mit der chemischen Anziehung befindet und dass eine bestimmte Krystallform mit einer gewissen chemischen Zusammensetzung in einem bestimmten Zusammenhange steht. In der That zeigen alle bisherigen Erfahrungen, dass dieselbe Substanz unter denselben Umständen immer in Gestalten krystallisirt, die nicht nur in dasselbe System, sondern auch in dieselbe Krystallreihe gehören. Das Erscheinen verschiedener Combinationen hängt von ganz geringfügigen Umständen ab, wie z. B. von der Form der Gefässe, ob sie hoch und schmal oder flach sind, von grösserer oder geringerer Reinheit der Lauge, von der Menge der Flüssigkeit, von dem Vorhandensein starrer Körper in derselben, von schnellerer oder langsamerer Verdunstung, von der Flüssigkeit aus welcher die Krystalle anschiessen u. dgl. m.

62. Wenn man in eine concentrirte Salzlösung einen Krystall von dem gelösten Salze legt, so vergrössert er sich ziemlich schnell, und man sieht deutlich, dass derselbe als Mittelpunkt der Anziehung für die noch in der Flüssigkeit befindlichen Theilchen dient. Er vergrössert sich so lange bis die Flüssigkeit einen solchen Grad von Verdünnung erreicht hat, dass die lösende Kraft derselben dem Bestreben des Krystalles dies noch ferner zu thun das Gleichgewicht hält. Wenn die Flüssigkeit aber in demselben Masse verdunstet, als sich der Krystall vergrössert, oder wenn man dafür sorgt, dass die Lauge ihre Concentration beibehält, d. h. dass die sich abscheidenden Theilchen gleich wieder durch neue ersetzt werden, so wächst der Krystall ganz regelmässig fort und man kann mit einer geringen Menge von Lauge bedeutend grosse Krystalle erhalten. Man erreicht dies am besten wenn man die gesättigte Lösung in ein Cylinderglas bringt, auf den Boden desselben einen kleinen möglichst regelmässigen Krystall, der dem neuen als Kern dienen soll, legt, und die übrigen Krystalle in einen Beutel aus dünner Leinwand gebunden in die obere Schichte der Flüssigkeit hängt, dann aber den Cylinder mit einer gut schliessenden Glasplatte bedeckt. Auf diese Weise verdunstet von der Flüssigkeit nichts, aber die

in dem Beutel befindliche Substanz vermindert sich und erscheint dafür als vollkommen ausgebildeter Krystall am Boden des Glases. Die Fläche auf welcher der Krystall ruht und die ihr gegenüberstehende vergrössern sich am raschesten ; weil die eigentliche Zunahme des Krystalles nur an den Flächen Statt findet welche diese umgeben, so entstehen tafelförmige Gestalten, was vermieden werden kann wenn man den Krystall von Zeit zu Zeit umwendet und auf die kleinen Flächen legt. Die allgemeine Regel schöne Krystalle zu erhalten ist also, dafür Sorge zu tragen, dass sich, sei es durch Verdunstung oder durch Temperatur-Erniedrigung, nicht mehr feste Theilchen absetzen, als sich vermöge der Krystallisationskraft an die schon gebildeten Krystalle regelmässig anlegen können. In dieser Regel finden alle die mannigfaltigen Umstände ihre Erklärung, welche die Krystallbildung verschiedener Substanzen begleiten, und die vollkommene Erfüllung derselben ist der Grund, warum man nach der obigen Methode so schöne Krystalle erhält; nur ist dabei Sorge zu tragen, dass die Temperatur des Raumes, in welchem sich die Gefässe zur Krystallisation befinden, möglichst constant bleibe, was nicht immer leicht zu erreichen ist. Lässt man eine Flüssigkeit freiwillig verdunsten, so wird die Grösse der verdunstenden Oberfläche auf das Gelingen der Operation von Einfluss sein und man wird für jene Stoffe, die sich reichlich lösen, vortheilhafter hohe Gefässe mit geringer Oberfläche nehmen und diese noch zum Theil verschliessen, wenn das Lösungsmittel flüchtig ist, als flache mit grosser Oberfläche, weil in letzteren die Verdunstung zu rasch erfolgt. Daher auch die Regel, dass die Krystalle desto schöner ausfallen, je langsamer sie sich bilden.

Amorphie.

63. Der amorphe Zustand der Materie unterscheidet sich dadurch von dem krystallisirten, dass bei demselben weder eine Krystallform noch eine Spur von Theilbarkeit zu bemerken ist. Den amorphen Körpern fehlen alle Eigenschaften, die sich nur nach bestimmten Richtungen äussern ; ihr Bruch ist muschlig, sie besitzen nicht das Vermögen das Licht doppelt zu brechen, sie sind nach allen Richtungen gleich elastisch, und gleichen überhaupt tropfbaren Körpern die fest geworden sind, ohne dass die kleinsten Theilchen derselben irgend eine geordnete Lage angenommen haben. Daher nehmen auch die meisten Körper welche vor dem Erstarren zähe werden diesen Zustand beim Festwerden an, wie z. B. Glas, Gummi, die meisten Harze u. dgl. Alle diese Körper sind wenigstens vor dem Erstarren nicht dünn, sondern zähflüssig und fadenziehend. Ein in den meisten Fällen sicheres, wiewohl nicht untrügliches Kennzeichen für den amorphen Zustand einer Substanz ist, dass sie beim Festwerden durchsichtig bleibt. Krystallisirt nämlich ein Körper im Momente des Erstarrens verworren durch einander, so wird er dabei immer undurchsichtig und zwar aus demselben Grunde, aus welchem gestossenes Glas undurchsichtig erscheint. Es ist übrigens gleichgiltig ob das Erstarren durch Erkälten, wie beim Glase, oder durch Verdampfung des Auflösungsmittels, wie beim Gummi, Leim u. dgl. oder endlich durch Fällung, wie bei der Thonerde, dem Chromoxyde, dem einbasigen phosphorsauren Kalke u. a. m. erfolgt. Beim Übergang aus den amorphen in den krystallisirten Zustand erleiden die meisten, vielleicht alle Eigenschaften der Körper, ausser der chemischen Zusammensetzung, eine obwohl nur geringe Änderung. Die Dichte und Härte werden grösser, die Auflöslichkeit in Säuren, die specifische Wärme werden geringer und die Schmelzpunkte höher. Die ausgezeichnetsten Fälle von Amorphie hat man an folgenden Körpern beobachtet.

Der Kohlenstoff erscheint krystallisirt als Diamant und Graphit, amorph als glänzende schwarze undurchsichtige Masse in den Kohlen verschiedenen Ursprunges, oder endlich in Form eines feinen schwarzen Pulvers im Russ und in den meisten Fällen wo er sich bei chemischen Operationen abscheidet, z. B. wenn Schwefelkohlenstoff über glühende Metalle oder Phosphordämpfe über schwach glühendes kohlensaures Natron geleitet werden. Die weisse undurchsichtige Haut mit welcher sich der P h o s p h o r im Dunkeln unter Wasser aufbewahrt überzieht, scheint krystallisirter Phosphor zu sein, während der gewöhnliche amorph ist (?) (Hnr. R o s e in Pogg. Ann. B. 27 pag. 563). Wird S c h w e f e l bis ungefähr 200°C. erhitzt, wobei er dickflüssig und zähe wird, und dann in Wasser gegossen, so erstarrt er zu einer weichen hyacinthrothen Masse, die aber nach einigen Tagen wieder gelb, undurchsichtig und krystallinisch wird. Der Zustand in welchem uns B o r und K i e s e l bekannt sind, ist wahrscheinlich ebenfalls der amorphe, im krystallisirten dürften sie dem Diamant gleichen. Dies sind die einzigen Fälle von Amorphie, welche man an einfachen Körpern beobachtet hat, wenn nicht etwa noch der Zustand des Platins als Platinschwarz hieher gerechnet werden muss. Unter den zusammengesetzten Körpern sind die Fälle von Amorphie nicht selten. Die a r s e n i g e S ä u r e erhält man bei der Sublimation im Grossen sehr häufig amorph als ein durchsich-

tiges, gelbes Glas von muschligem Bruche, die oktaedrischen Krystalle dieser Säure, welche sich ebenfalls in Hütten und in der Natur
finden, sind weiss und undurchsichtig. Die amorphe Säure geht von
selbst, ohne die mindeste Gewichtsveränderung zu erleiden, in die
krystallisirte über, denn jene wird nach und nach von aussen
gegen innen weiss und nimmt alle andern Eigenschaften der Krystalle
dieser Säure an. Die Dichte der amorphen beträgt nämlich 3,738,
die der weiss gewordenen d. h. krystallisirten 3,699. Von der
ersteren lösen 100 Th. kochendes Wasser 9,68, während von der
krystallisirten 11,47 in der gleichen Menge Wasser gelöst werden.
Merkwürdig ist der von Hnr. R o s e zuerst beobachtete Umstand, dass,
wenn man amorphe arsenige Säure in verdünnter kochender Chlorwasserstoffsäure bis zur Sättigung derselben löst, und diese dann
abkühlen lässt, sich bei der Abscheidung eines jeden Krystalles ein
Leuchten zeigt, das aber nicht eintritt, wenn man bereits krystallisirte Säure auf dieselbe Art behandelt. Es zeigt dieser Versuch, dass
die Säure selbst in der Auflösung noch im amorphen Zustande vorhanden war. Sonderbar ist es, dass die amorphe Säure in destillirtem Wasser aufbewahrt sich nicht in die krystallisirte umwandelt.

Viele Oxyde werden aus ihrer Auflösung als Hydrate gefällt, sie
verlieren beim Erwärmen ihr Wasser und bleiben in einem porösen
Zustande zurück, den man allen Grund hat für amorph zu halten; erwärmt man sie nun noch stärker, so zeigen einige derselben plötzlich ein
lebhaftes Erglühen, bei welchem nach Hrn. R o s e (Pogg. An. B. 59 p. 479)
auch eine Temperaturerhöhung eintritt, ohne dabei einen weiteren Gewichtsverlust zu erleiden, und es ist kaum zu zweifeln, dass sie nun in
den krystallisirten Zustand übergegangen sind. Wenigstens ist es gewiss,
dass die bereits krystallisirten Oxyde dieser Art keine derlei Feuererscheinung beim Erhitzen zeigen, und dass die Körper, nachdem
dieses Statt gefunden hat, in allen übrigen Eigenschaften, wie Dichte,
Härte, Auflöslichkeit in Säuren, mit den gleichartigen krystallisirten
Stoffen übereinstimmen. Bisher hat man dieses Phänomen an den
Hydraten der Zirkonerde, Titansäure, Tantalsäure, des Molybdän-
oxydes, Chromoxydes, Eisenoxydes, Rhodiumoxydes wahrgenommen. Erwärmt man diese Oxyde nur so weit, bis sie ihr Wasser verloren haben, so sind sie nachher in Säuren noch fast ebenso auflöslich
als früher; hat man sie aber so weit erhitzt, dass das Erglühen Statt
fand, so sind sie viel härter und dichter geworden, und widerstehen
nun den Säuren fast gänzlich.

Auch an verschiedenen Schwefelmetallen hat man Amorphie beobachtet. Die Verbindungen von 1 Äquiv. Antimon mit 3 Äquiv. Schwefel erscheint nämlich in der Natur krystallisirt als grauer Spiessglanz (Prismatoidischer Antimonglanz M.) mit grauer Farbe, vollkommenen Metallglanze und einer Dichte von 4,752, während dasselbe, auf nassem Wege bereitet, als Mineralkermes amorph ist, eine braunrothe Farbe und nur eine Dichte von 4,18 besitzt. Schmilzt man aber diesen Kermes bei abgehaltener Luft, so erstarrt die Masse krystallinisch und hat überhaupt alle Eigenschaften des obigen Minerals. Wird hingegen der natürliche graue Spiessglanz lange genug geschmolzen erhalten und dann schnell abgekühlt, z. B. dadurch, dass man ihn in kaltes Wasser wirft, so gibt derselbe beim Reiben ein dem Kermes sehr ähnliches Pulver. Das so erhaltene amorph gewordene natürliche Schwefelantimon geht beim abermaligen Schmelzen und langsamen Abkühlen wieder in den krystallisirten Zustand über.

Das aus 1 Äquiv. Quecksilber und 1 Äquiv. Schwefel bestehende Schwefelquecksilber erscheint krystallisirt als Zinnober, auf nassem Wege mittelst Schwefelwasserstoff bereitet, amorph als schwarzes Pulver; letzteres wird durch Sublimation zu Zinnober und dieser durch Erhitzung und schnelles Abkühlen wieder amorph. Merkwürdig ist, dass auch auf nassem Wege Zinnober bereitet werden kann.

An den Harzen, Gummi und überhaupt an den Körpern organischen Ursprunges findet sich der amorphe Zustand häufiger als der krystallisirte; die Umstände unter welchen die Umwandlung beider Zustände, wo sie überhaupt möglich ist, geschieht, sind aber noch wenig untersucht. Der Zucker z. B. erstarrt in Wasser gelöst und dann bis zum Fadenziehen abgedampft, im glasigen d. h. amorphen Zustande, in welchem er die Bonbons gibt. Graham hat beobachtet, dass wenn man den Zucker bis zu 38°C. erkalten lässt und dann schnell zu Faden auszieht, seine Temperatur in etwa zwei Minuten bis auf 80° steigt, wobei er eine krystallinische Masse bildet. Der amorphe Zucker erleidet dieselbe Umwandlung auch nach dem Erstarren, jedoch erst in längerer Zeit.

Wie gross der Einfluss des krystallisirten und des amorphen Zustandes auf die Schmelzpunkte ist, hat Wöhler gezeigt (Ann. der Pharm. B. 41 p. 156.):

Zucker	schmilzt krystal. bei 160°C.			amorph zwisch.	90 u.	100°
Amygdalin	"	"	" 200°C.	"	"	125 " 130°
Sylvinsäure	"	"	" 140°C.	"	"	90 " 110°
Lithofellinsäure	"	"	" 205°C.	"	"	105 " 110°

Auch ist nach Wöhler der Schmelzpunkt der glasigen arsenigen Säure niedriger als der Verflüchtigungspunkt der krystallisirten, wesswegen sich die glasige Säure schmelzen lässt ohne sich zu verflüchtigen, was bei der krystallisirten nicht der Fall ist.

Einige krystallisirte Körper werden beim Schmelzen amorph, ohne beim Erstarren wieder zu krystallisiren, dies ist z. B. bei den verschiedenen Granaten der Fall. Sie schmelzen bei schwacher Rothglühhitze und geben ein grünes Glas, das sich dann leicht in Salzsäure löst, während sie vor dem Erhitzen in Säuren ganz unlöslich sind. Dabei findet sich auch eine sehr bedeutende Verminderung in der Härte und Dichte ein, indem letztere nach dem Schmelzen nur 2,95, vorher aber im Mittel 3,5 betrug (Magnus, Varrentrapp in Pogg. An. B. 22 p. 391 und 45 p. 343). Einige Substanzen, wie der Axinit, brauchen nicht einmal bis zum Schmelzen, sondern nur bis zum Zusammensintern erhitzt zu werden um dieselbe Veränderung zu erleiden (Rammelsberg Pogg. An. 45 p. 343).

64. Aus dem eben angegebenen Verhalten gewisser Substanzen sieht man, dass Körper, ohne den festen Aggregationszustand zu verlassen, unmittelbar aus den amorphen in den krystallisirten übergehen können, ja bei einigen geschieht dies sogar, wie bei der glasigen arsenigen Säure, bloss durch längeres Liegen, ohne dass eine Temperaturerhöhung hiezu nothwendig wäre. Bemerkenswerth ist es ferner, dass es auch Körper gibt, die krystallisirt sind, wie die kieselsaure Yttererde (Gadolinit) und dasselbe Phänomen des Erglühens zeigen, wobei sie ebenfalls in Säuren schwer- oder unlöslich werden, ohne eine Gewichtsveränderung zu erleiden. Dieses Mineral nimmt dabei an Dichte zu, nämlich von 4,35 auf 4,63. Der Orthit (tetartoprismatisches Melan-Erz M.) von Fille-Fjeld und der von Jotun-Fjeld, welcher auch Allanit genannt wird, zeigen dieselbe Erscheinung und nehmen dabei, ersterer von 3,65 auf 3,94, letzterer von 3,54 auf 3,76 an Dichte zu. Beide Mineralien sind mit dem Gadolinit chemisch identisch (Scherer in Pogg. Ann. 51 p. 493). Der rhomboedrische Quarz und der Opal sind ebenfalls nur dadurch verschieden, dass der erstere die krystallisirte, letzterer die amorphe Modification der Kieselerde ist. Die Chalcedone sind Gemenge krystallisirter und amorpher Kieselerde (Fuchs im B. VII. Heft 7 p. 418 der neuen Jahrbücher für Chemie und Physik, dann in der Schrift: Über den Amorphismus fester Körper etc., München 1844). Das Glas selbst ist amorphes kieselsaures Kali oder Natron-Kalkerde; bei längerem Glühen, bis nahe zum Erweichen, wird es undurchsich-

tig, weiss, krystallinisch im Bruche, viel härter, strengflüssiger und auch specifisch schwerer.

Dimorphie und Polymorphie.

65. Obwohl sich aus den bisher vorgetragenen Thatsachen ein Zusammenhang zwischen der chemischen Beschaffenheit der Körper und ihrer Krystallform nicht verkennen lässt, indem sich ein Festhalten einer bestimmten Materie an einer bestimmten Form deutlich ausspricht, so würde man doch sehr irren daraus zu schliessen, dass gewisse Formen nur an bestimmte chemische Verhältnisse der Bestandtheile oder nur an gewisse Stoffe gebunden sind. Im Tessularsysteme finden wir z. B. am Phosphor, Gold, Diamant, Flussspath (FCa), Eisenkies (FeS$_2$) Salmiak (Cl NH$_4$) und an den verschiedenen Alaunen und Granaten, das Hexaeder in Combination mit dem Octaeder und Tetragonaldodecaeder, obwohl es nicht leicht Körper von einer verschiedenartigeren chemischen Beschaffenheit als die genannten gibt. Indessen zeigt es sich auch hier, dass Gestalten von bestimmten Abmessungen, wie die Tetracontaoctaeder, Icositetraeder, hexaedrischen Pentagonaldodecaeder u. dgl. nur an bestimmten Verbindungen vorkommen. In den übrigen Systemen findet ganz dasselbe Verhältniss Statt, denn so verschieden auch die Verbindungen sind deren Gestalten demselben Systeme angehören, so sind hier dennoch, durch die Abmessungen der Grundgestalt verschiedener Krystallreihen, die Formen, welche gewissen Verbindungen zukommen, in engere Gränzen eingeschlossen.

Um so auffallender muss es erscheinen, dass es dennoch gewisse Umstände gibt unter welchen ein und dieselbe Substanz fähig wird in Gestalten, die zwei verschiedenen Systemen angehören, zu krystallisiren, und was noch merkwürdiger ist, dass dies selbst bei einfachen Stoffen geschieht.

Die Fähigkeit der Materie in zweierlei, von einander nicht ableitbaren Grundgestalten krystallisiren zu können, wird sehr gut mit dem Worte D i m o r p h i e bezeichnet. Für Substanzen die in Formen von drei verschiedenen Krystallsystemen krystallisiren können, hat man das Wort t r i m o r p h eingeführt, und nennt überhaupt die Substanzen welche mehrere Grundformen annehmen können, p o l y m o r p h. Das Vorhandensein der Polymorphie schliesst übrigens den Fall nicht aus, dass der Körper auch den amorphen Zustand annehmen kann, wie dies z. B. bei der Kohle, dem Schwefel und anderen geschieht. Mit der Veränderung der Gestalt sind immer gleichzeitig Änderungen in den übri-

gen Eigenschaften der Dichte, Härte u. dgl. verbunden, was auch
beim Übergang der Substanzen aus dem amorphen in den krystallisirten Zustand der Fall ist; allein diese Verschiedenheiten verschwinden grösstentheils wieder, wenn die Substanz anderweitige Verbindungen eingeht. Die Kohlensäure hat stets dieselben Eigenschaften,
sie mag aus Diamant, Graphit oder Russ erzeugt worden sein. Indessen geht doch aus den höchst interessanten Beobachtungen von Berzelius, welche derselbe an den Verbindungen des Phosphors mit
dem Schwefel angestellt hat [1], unzweifelhaft hervor, dass sich gewisse
Verschiedenheiten auch in den Verbindungen und den Erscheinungen,
welche sie bei ihrer Bildung begleiten, nachweisen lassen. (Siehe den
Artikel Phosphor.)

Meistens tritt Dimorphie ein, wenn dieselbe Substanz aus Lösungsmitteln oder aus ihrer eigenen geschmolzenen Masse krystallisirt,
oder wenn die Temperaturen bei denen sie sich abscheidet sehr
verschieden sind. Obwohl noch zu wenig hieher gehörige Facta bekannt sind, um über die Beziehungen der Polymorphie zu den übrigen Eigenschaften der Körper etwas allgemein Giltiges aussprechen
zu können, so erscheint es doch jetzt schon kaum wahrscheinlich,
dass diese Eigenschaft bloss auf die wenigen bisher bekannten
Fälle beschränkt ist; es dürfte sich vielmehr, wenn einmal die Aufmerksamkeit der Chemiker darauf gerichtet ist, bald zeigen, dass alle
Stoffe derselben fähig sind. Nur wird man sich hüten müssen, alles
Auffallende und bisher Unerklärte in dem Verhalten der Körper, dieser
eigentlich ebenfalls in ihrer letzten Ursache, ohne Zuhilfnahme einer
Hypothese nicht erklärbaren Thatsache, zuzuschreiben. Berzelius hat, um die Polymorphie der Grundstoffe, welche derselbe
aus anderen Ursachen ableitet als die der zusammengesetzten Körper,
(s. atom. Theorie) zu bezeichnen das Wort Allotropie (von αλλο-
τροπος ungleich beschaffen), eingeführt [2]. Dieses sehr glücklich gewählte Wort bezeichnet unstreitig das so eben beschriebene Verhalten
der Materie viel besser, als das Wort Polymorphie, indem letzteres
genau genommen sich nur auf die Gestalt, ersteres aber auf alle
Eigenschaften bezieht, was der Erfahrung ganz entspricht. Da indess
sowohl über die Ursache dieser, als über die in dem Kapitel von
der Isomerie abzuhandelnden Erscheinungen (73) verschiedene Ansichten herrschen können, und es sich vielleicht herausstellen dürfte,

---

[1] Pogg. Ann. Bd. 59 p. 76, 468, 593, dann Bd. 61 p. 1.
[2] Berzelius Jahresbericht, übersetzt von Wöhler, 20. Jahrg. 2. H. p. 13.

dass die letzte Ursache derselben die nämliche ist, es auch noch überdies an passenden Bezeichnungen für die verschiedenen Zustände der Materie fehlt, so wäre es wünschenswerth dem so bezeichnenden Worte A l l o t r o p i e, ohne alle hypothetische Vorstellung, eine erweiterte Bedeutung zu geben. Es dürfte daher am zweckmässigsten sein, damit überhaupt die Fähigkeit der Stoffe, und zwar sowohl der einfachen als der zusammengesetzten, zu bezeichnen, bei derselben Grundbeschaffenheit dennoch sowohl einer physikalisch als chemisch verschiedener Eigenschaften fähig zu sein.

66. Die merkwürdigsten und am bestimmtesten beobachteten Beispiele von Dimorphie sind folgende:

Der K o h l e n s t o f f erscheint amorph (63), dann tessularisch als Diamant und rhomboedrisch als Graphit.

Der S c h w e f e l krystallisirt aus seinen Lösungsmitteln z. B. aus Schwefelkohlenstoff in Pyramiden, deren Grundgestalt ein Orthotyp ist, und dieselbe Form hat auch der in der Natur vorkommende krystallisirte Schwefel; aus seiner eigenen geschmolzenen Masse aber krystallisirt derselbe nach M i t s c h e r l i c h's Beobachtungen in Pyramiden, deren Grundgestalt ein Hemiorthotyp ist. Er ist also im Stande in Formen des orthotypen und des hemiorthotypen Systemes zu krystallisiren.

Die Dimorphie des Kupfers, Iridiums und Palladiums ist noch zweifelhaft.

Das T i t a n o x y d TiO_2 kommt in der Natur in zweierlei Formen krystallisirt vor, nämlich als Rutil und als Anatas (peritomes und pyramidales Titan - Erz. M). In beiden Fällen ist es pyramidal, aber bei dem ersten Minerale ist die Grundgestalt eine vierseitige, gleichkantige Pyramide, deren Abmessungen $117^0,2'$ und $95^0,13'$, im zweiten hingegen eine solche Pyramide, deren Abmessungen $97^0,56'$ und $136,^022'$ sind. Die Härte des Rutils beträgt 6,0—6,5, die des Anatas 5,5—6,0; die Dichte des ersteren ist 4,249, die des letzteren 3,826.

Das S c h w e f e l e i s e n FeS_2 erscheint in der Natur als Schwefelkies tessularisch, als Strahlkies, Spärkies (prismatischer Eisenkies M), hingegen prismatisch, indem in diesem Falle ein Orthotyp seine Grundgestalt ist. Die Härte des ersteren beträgt 6,0—6,5, seine Dichte 4,981, die respectiven Eigenschaften des letzteren hingegen betragen 6,0—6,5 und 4,857 im Maximum.

Der k o h l e n s a u r e Kalk CaO,CO_2 bildet ebenfalls zwei Species, den Kalkspath und den Arragonit, von denen die eine rhomboedrisch, die andere hingegen prismatisch ist. Aus kalten Lösungen krystallisirt dasselbe stets rhomboedrisch, aus heissen hingegen gefällt immer prismatisch. Es kann also die eine Species in die andere umgewandelt werden, wodurch die Vermuthung, dass fremdartige Beimischungen die Ursache dieser Verschiedenheiten sein könnten, gänzlich ausgeschlossen wird. (Hnr. R o s e in Pogg. Ann. Bd. 47 p. 858.)

Endlich bieten auch die unter dem Geschlechtsnamen G r a n a t begriffenen Mineralien, welche sämmtlich die Zusammensetzung $3CaO, Al_2O_3, 3SiO_2$ haben, ein merkwürdiges Beispiel von Dimorphie dar, indem der Theil derselben, welcher die Varietäten Vesuvian, Egeran, Idocras in sich fasst, ein und dieselbe gleichkantige vierseitige Pyramide zur Grundgestalt hat und die Species pyramidaler Granat (M.) bildet, während der Theil, welcher die Varietäten Grossular, Melanit, Granat, Kaneelstein u. s. w. begreift, tessularisch ist und die beiden Species dodecaedrischer und hexaedrischer Granat (Pyrop) bildet.

Von Trimorphie hat man bisher nur einen Fall beobachtet, das schwefelsaure Nickeloxyd (s. d.) soll nämlich sowohl im pyramidalen als im orthotypen und hemiorthotypen Systeme zu krystallisiren fähig sein.

Isomorphie.

67. Wenn ein Krystall in eine Lösung seiner eigenen Substanz gelegt wird, so hängt, wie in (62) gezeigt wurde, die Vergrösserung desselben von der Anziehung der Theilchen des Krystalles gegen die in der Flüssigkeit vertheilten Theilchen desselben und von der Anziehung, welche zwischen diesen und den Flüssigkeitstheilchen herrscht, ab; und dies ist der einfachste Fall der hier Statt finden kann.

Ist der in die Flüssigkeit gelegte Krystall aber von einer andern Natur als der in der Lösung enthaltene Körper, so werden die Erscheinungen complicirter, indem nun die gegenseitige Anziehung der in der Lösung enthaltenen Theilchen eine andere ist, als die, welche zwischen diesen und jenen des Krystalles herrscht. In der That lehrt uns die Erfahrung, dass hier folgende Fälle eintreten können.

1. Krystallisiren die Salze, ohne auf einander den mindesten Einfluss zu nehmen, heraus, und zwar das löslichere später, das minder lösliche früher, oder selbst beide zugleich. Dies geschieht immer,

wenn die Art der Zusammensetzung beider Körper sehr verschieden ist, es mag hiebei übrigens die Krystallform bei beiden gleich sein oder nicht. Alaun $Al_2O_3\,3SO_3, KOSO_3, 24HO$ und Salmiak NH_4Cl krystallisiren in Octaedern und erscheinen doch getrennt. Beide Körper haben aber eben eine höchst verschiedenartige Zusammensetzung. Von Kochsalz $NaCl$ und Salpeter KO,NO_3, denen auch noch verschiedene Krystallformen entsprechen, gilt dasselbe. Bittersalz $MgO,SO_3,7HO$ und Salpeter krystallisiren zwar auch getrennt, obwohl ihre Zusammensetzung ähnlich ist; allein in ersterem sind 7 Äquiv. Wasser, in letzterem hingegen ist gar keines enthalten. Beide Salze sind aber auch in ihrer Krystallform verschieden, obwohl die Grundgestalt derselben Orthotype sind, die jedoch in ihren Abmessungen sehr abweichen. Man kennt leider nicht Fälle genug um bestimmt angeben zu können, wie weit die Unähnlichkeit in der Zusammensetzung gehen darf, ohne eine Trennung bei der Krystallisation zu bewirken.

2. Die beiden Salze krystallisiren in allen möglichen Verhältnissen zusammen, indem sie sich in ihrem Verhalten gegen die bei der Krystallbildung thätige Cohäsionskraft wie homogene Körper verhalten. Diese Erscheinung findet immer dann Statt, wenn die beiden Stoffe gleiche Krystallgestalten und eine übereinstimmende Art der Zusammensetzung haben. Bittersalz $MgO,SO_3,7HO$ und Zinkvitriol $ZnO,SO_3,7HO$ haben ein ganz gleiches Orthotyp zur Grundgestalt und eine ganz gleichartige Constitution, und krystallisiren in allen Verhältnissen zusammen. Dasselbe gilt von allen Alaunen, die ebenfalls in obigen Beziehungen ganz gleich sind.

3. Gibt es Fälle wo Form und Zusammensetzung verschieden sind und doch ein Zusammenkrystallisiren Statt findet, wie dies z. B. beim Zink- und Kupfervitriol $CuO,SO_3,5HO$ geschieht, deren Grundgestalt ein Anorthotyp ist. In solchen Fällen aber nimmt der gebildete Krystall immer die Form desjenigen an, dessen Masse in der grösseren Menge vorhanden ist. Bei so entstandenen Krystallen verhält sich die in geringerer Menge vorhandene Masse wie irgend ein indifferenter Stoff, z. B. Sand u. dgl. Der Kalkspath von Fontainebleau, den die älteren Mineralogen für krystallisirten Sandstein hielten, gibt ein sehr schönes Beispiel für einen solchen Fall, indem wirklich kleine Körner von Quarz durch die ganze Masse des Kalkspathes vertheilt sind, ohne dass sie denselben hinderten die Form des Rhomboeders R + 1 anzunehmen.

68. Die Thatsache, dass Körper von gleicher Krystallform und correspondirender Zusammensetzung in allen Verhältnissen zusammen

krystallisiren können, wurde zuerst von Gay-Lussac (*Ann. de Chimie II. T. p. 178*) an dem Alaune beobachtet. Legt man nämlich einen Alaunkrystall, der z. B. statt Thonerde Chromoxyd oder statt Kali Ammoniumoxyd enthält, in eine Auflösung des gewöhnlichen Alaunes, so vergrössert sich derselbe ganz so, als wäre ein Krystall von diesem in die Lauge gelegt worden; so dass man auf diese Weise Krystalle von gewöhnlichem Alaun mit einem violetten Kern von Chromalaun erhält. Diesem speciellen Falle, welcher eigentlich nichts anderes ist als eine Folge des, im vorigen §. unter 2. angegebenen Verhaltens einer mehrere Salze enthaltenden Lösung beim Krystallisiren, liegt aber ein allgemeines Gesetz zu Grunde, welches erst von Mitscherlich (1818) erkannt wurde, und die Basis der Lehre von der Isomorphie bildet, die von grosser Wichtigkeit für die Wissenschaft geworden ist und gewiss noch schönere Früchte zu bringen verspricht, wenn erst die Krystallgestalten der nicht in der Natur vorkommenden Verbindungen besser bekannt sein werden als jetzt.

Es geht nämlich aus den oben angegebenen Verhalten der Alaunlösungen, welches keineswegs auf dieselben beschränkt ist, hervor, dass es Substanzen geben müsse, die sich in correspondirenden Verbindungen nicht nur nach dem Gesetze der Äquivalente, sondern auch in jeder beliebigen Menge ersetzen können, ohne dass dadurch die Krystallform wesentlich geändert werde. Solche Substanzen nennt man isomorph (von ἴσος gleich und μορφή Gestalt).

Schwefelsaure Bittererde, schwefelsaures Zinkoxyd, schwefelsaures Nickeloxyd krystallisiren ganz gleich, indem die Grundgestalt, auch ihrer Abmessung nach, für alle dieselbe ist. Bittererde, Zinkoxyd und Nickeloxyd sind also in ihren correspondirenden Verbindungen isomorphe Körper, d. h. sie können sich, sowohl Äquivalent für Äquivalent als auch in jeder beliebigen Menge ersetzen, wobei weder das Krystallsystem noch auch die Krystallreihe geändert wird.

Es lässt sich freilich aus den vorliegenden Daten noch nicht mit Gewissheit entscheiden, ob bei allen bisher als isomorph angegebenen Stoffen auch die Krystallreihe noch dieselbe bleibt, oder ob sich bei einigen die vermeintliche Isomorphie nur auf das Krystallsystem erstreckt. Da indess hinreichend viele Fälle von Isomorphie bekannt sind wo die Abweichungen in den Winkeln so gering erscheinen, dass sie füglich aus den unvermeidlichen Beobachtungsfehlern beim Messen derselben und aus kleinen Unregelmässigkeiten der Krystalle erklärt werden können, so ist es wohl nur erlaubt solche Körper für isomorph zu halten, bei denen die Krystallformen in allen Abmessungen, mit Berücksichtigung der eben angegebenen Fehlergränzen, übereinstimmen. In der That hat Mitscherlich die Beobachtung gemacht, dass bei verschiedenen Exemplaren derselben Varietät an den correspondirenden Flächen Winkelverschiedenheiten vorkommen, die bis auf 59 Minuten steigen können und also allerdings, wenn man sie als nicht durch zufällige Ursachen hervorgebracht betrachten will, hinreichen würden, eine Verschiedenheit in den Krystallreihen zu bedingen.

Man befindet sich hier ganz in derselben Lage wie bei der Ableitung empirischer Formeln aus den numerischen Daten der Analyse. So wenig man nämlich im Stande ist aus diesen allein einen Ausdruck abzuleiten, welcher der Natur vollkommen entspricht, da es immer mehrere Formeln gibt, die das Resultat der Analyse mit gleicher Wahrscheinlichkeit ausdrücken; so kann man auch im obigen Falle nur entscheiden ob geringe Winkeldifferenzen zufällig oder wesentlich sind, wenn man mehrere Krystalle und vorzüglich verschiedene Combinationen misst. Bleiben sich dann die Unterschiede gleich, so müssen sie, selbst wenn sie obige Gränzen nicht überschreiten, als wesentlich betrachtet werden.

69. Folgende sind einige wohlbegründete Beispiele von Isomorphie:

Grundgestalt Rhomboeder

1. CaO,CO_2 Kalkspath . . . . R = 105°,5'
2. MnO,CO_2 Braunspath . . . . R = 106°,51'
3. MgO,CO_2 Brachytypes-Kalkhaloid (M) Magnesitspath R = 107°,22'
4. FeO,CO_2 Spatheisenstein . . . . R = 107°,0'
5. ZnO,CO_2 Rhomboedrisch. Zink-Baryt (Galmei zT.) R = 107°,40'
6. $CaO,CO_2 + MgO,CO_2$ Makrotypes Kalkhaloid Manganit R = 106°,15'
7. $MgO,CO_2 + FeO,CO_2$ Mesitinspath (Breithaupt) R = 107°,14'

Wären blos die Fälle 1—5 bekannt, so würde man daraus schliessen müssen, dass Kalkerde, Bittererde, Manganoxydul, Eisenoxydul, Zinkoxyd isomorph sind, die Fälle 6 und 7 wären aber ohne diesen Isomorphismus gar nicht möglich. Besonders merkwürdig ist in dieser Hinsicht das paratome Kalkhaloid von Mohs. Nach den eigenen Beobachtungen des Verfassers enthält dasselbe an verschiedenen Fundorten sehr veränderliche Mengen der vier zuerst genannten Oxyde, wodurch bei den verschiedenen Varietäten Differenzen in der Dichte entstehen, aber die Abmessungen der Grundgestalt, welche in diesem Falle die Theilungsgestalt ist, bleiben ungeändert,

7

denn bei Stücken von neun verschiedenen Fundorten betrugen sie stets $106^{\circ},0$ bis $107^{\circ},14$. Wäre nichts als dieses Factum bekannt, so hätte daraus geschlossen werden müssen, dass die genannten Oxyde isomorph sind, gerade so wie aus der Combination eines Hexaeders mit einem Octaeder, Dodecaeder u. dgl. geschlossen werden muss, dass die zugehörige Substanz in jeder dieser Gestalten für sich krystallisirt vorkommen kann. Die oben genannten kohlensauern Oxyde hätten nicht mit einander in der jedem einzelnen zukommenden Form krystallisiren können, wenn ihnen nicht allen dieselbe Grundgestalt zukäme.

Die Isomorphie der Bittererde und des Zinkoxydes geht auch aus den Verbindungen

$$MgO,SO_3 + 7HO$$
$$ZnO,SO_3 + 7HO$$

hervor, deren Grundgestalten Orthotype von ganz gleichen Abmessungen sind. Die Verbindungen

$$NaO,SO_3$$
$$NaO,SO_3,10HO$$

haben verschiedene Grundgestalten, nämlich die erste ein Orthotyp, die zweite ein Hemiorthotyp, woraus man sieht, dass der Wassergehalt hier von grossem Einflusse ist und dass sich die vorausgesetzte Ähnlichkeit in der Zusammensetzung auch auf diesen erstrecken muss. Ein anderes lehrreiches Beispiel ist folgendes:

CaO,CO_2	Arragonit	Orthotyp	$129^{\circ},37'$;	$93^{\circ},30'$; $107^{\circ},34'$
BaO,CO_2	Witherit	»	$130^{\circ},13'$;	$89^{\circ},57'$; $110^{\circ},49'$
SrO,CO_2	Strontianit	»	$130^{\circ}, 1'$;	$92^{\circ},11'$; $108^{\circ},35'$
PbO,CO_2	Weissbleierz	»	$130^{\circ}, 0'$;	$92^{\circ},19'$; $108^{\circ},28'$

Hieraus geht die Isomorphie der Kalkerde, Baryterde, Strontianerde und des Bleioxydes hervor, welche noch durch die schwefelsauren Salze dieser Oxyde bestätiget wird. Es ist nämlich

BaO,SO_3	Schwerspath	Orthotyp	$128^{\circ},34'$;	$112^{\circ}, 7'$; $91^{\circ},25'$
SrO,SO_3	Zölestin	»	$128^{\circ},35'$;	$112^{\circ},35'$; $89^{\circ},33'$
PbO,SO_3	Vitriolbleierz	»	$128^{\circ},58'$;	$111^{\circ},48'$; $89^{\circ},59'$

Nach den bisherigen Beobachtungen sind in folgenden Gruppen die isomorphen Sauerstoffverbindungen enthalten:

1.	3.	5.
Arsenige Säure.	Phosphorsäure.	
Antimonoxyd.	Arsensäure.	Übermangansäure.
2.	4.	Überchlorsäure.
Thonerde.	Schwefelsäure.	6.
Eisenoxyd.	Selensäure.	Salze von Kali.
Chromoxyd.	Chromsäure.	Salze von Ammoniak
Manganoxyd.	Mangansäure.	mit 1 Aequiv. Wasser.

7.	Kalk (im Arragonit).	Manganoxydul.
Silberoxyd.	Bleioxyd.	Zinkoxyd.
Natriumoxyd.	9.	Nickeloxyd.
8.	Kalk.	Kobaltoxyd.
Baryt.	Magnesia.	Kupferoxyd.
Strontian.	Eisenoxydul.	Bleiox.(i.Plumbocalcit).

70. Für die Chemie ist es von besonderer Wichtigkeit, dass, in so weit wir dies aus den vorliegenden Beobachtungen schliessen können, das Gesetz der Isomorphie auch umgekehrt gilt, indem dadurch ein sehr sicheres Mittel gegeben ist unser Urtheil über die näheren Bestandtheile einer Verbindung zu bestimmen. Die Erfahrung zeigt uns nämlich, dass Verbindungen, die mit andern isomorph sind, stets auch eine correspondirende Zusammensetzung haben. Hieraus können wir auch umgekehrt in solchen Fällen, wo uns andere Mittel fehlen, aus der Statt findenden Isomorphie einer Verbindung von bekannter Constitution mit einer andern deren Constitution unbekannt ist, auf diese einen Schluss ziehen. Chromoxyd und Eisenoxyd sind z. B. isomorph und wirklich musste man, ohne im mindesten auf dieses Verhältniss Rücksicht zu nehmen, aus den rein chemischen Beziehungen dieser Körper die Äquivalente des Chrom und des Eisens so wählen, dass sie die Bezeichnung Cr_2O_3 und Fe_2O_3 erhalten. Bei der Thonerde lässt sich aus ihrem chemischen Verhalten wohl auch eine grosse Ähnlichkeit mit den beiden genannten Oxyden erkennen, welche allein es sehr wahrscheinlich gemacht hätte, dass die Formel Al_2O_3 für dieselbe zu wählen sei. Wollte man auf diese Ähnlichkeit in dem chemischen Verhalten keine Rücksicht nehmen, so hätte man sich, da nur eine einzige Oxydationsstufe des Alumiums bekannt ist, für die Formel AlO entscheiden müssen, wodurch das Äquivalent dieses Metalles nicht 13,7 wie jetzt, sondern 9,13 geworden wäre. Nun sehen wir aber, dass die Thonerde als Saphir in Rhomboedern krystallisirt, bei welchen die Grösse der Axenkanten $86°,6'$ beträgt, dass ferner das Eisenoxyd im Eisenglanz und das Chromoxyd ebenfalls Rhomboeder von dem Winkel $85°,58'$ und $85°,55'$ bilden, dass also die Krystallgestalt dieser Körper ganz gleich ist; ferner machen wir die Beobachtung, dass die Thonerde die beiden genannten Oxyde in allen correspondirenden Verbindungen ersetzen kann, ohne dass dadurch die Krystallform derselben gestört wird, d. h. dass sie mit dem Eisenoxyde und Chromoxyde isomorph ist, wodurch wir in der obigen Ansicht nicht nur bestärkt, sondern auch bestimmt werden, in Fällen wo die vorliegenden Thatsachen nicht hinreichen das Äquivalent eines Körpers festzustellen, durch ähnliche Schlüsse zu denselben zu gelangen. Hieraus geht aber auch hervor, wie wichtig für den Chemiker die Bestimmung der Krystallform der Substanzen ist, und wie wenig jetzt mehr oberflächliche Beschreibungen der Krystalle, die sich nicht auf gute Messungen gründen, ausreichen.

71. Die Isomorphie scheint auf den ersten Blick mit dem Gesetze, dass sich die Körper nur in bestimmten Mengen mit einander verbinden können, im Widerspruche zu stehen. Denkt man sich nämlich, dass Jemand eine beliebige Menge von Kali- Ammoniak- Chrom- oder Eisen - Alaun zusammenmischt, so werden ganz regelmässig gebildete Octaeder anschiessen, welche gleichförmige Gemenge dieser verschiedenen Alaune sind und in allen ihren Eigenschaften eine solche Ähnlichkeit zeigen, dass sie nach naturhistorischen Principien als verschiedene Varietäten in einer Species vereiniget werden müssen. Wenn nun verschiedene Chemiker die so gebildeten Alaune untersuchen, so werden ihre Analysen weder übereinstimmen, noch zu einfachen Formeln über die Zusammensetzung dieser Körper führen. Fänden sich nun diese Alaune nur in der Natur und wären wir nicht im Stande sie darzustellen, so würde es lange dauern und grosse Mühe kosten bis wir zur wahren Kenntniss der Zusammensetzung dieser Körper gelangten. Ist aber die merkwürdige Thatsache der Isomorphie auch nur im Allgemeinen zugegeben, oder sind gar aus anderweitigen Thatsachen die Gruppen isomorpher Körper bekannt, so wird an diesem Faden der Weg aus dem Labyrinthe leicht zu finden sein, indem die sich scheinbar widersprechenden Analysen nun in vollkommene Übereinstimmung gebracht werden können.

Ein ähnlicher Fall hat sich wirklich bei den Granaten ereignet, der durch die Dimorphie, welche bei dieser Verbindung herrscht, noch verwickelter wurde. In einer Varietät fehlte das Eisenoxyd, während dafür Thonerde vorhanden war, in einer anderen war die Bittererde durch die Kalkerde ersetzt, in einer dritten endlich waren von allen diesen Substanzen wechselnde Mengen vorhanden. Diese Abweichungen konnten sich erst dann erklären, als man wusste, dass die Bittererde mit der Kalkerde, das Eisenoxyd mit der Thonerde isomorph sind, sich also ohne Formänderung in allen Verhältnissen ersetzen können. Es darf jedoch hier nicht unerwähnt bleiben, dass lange vorher ehe die chemische Natur dieser Species durch die Fortschritte der Analyse aufgeklärt war, M o h s durch die naturhistorische Methode allein dahin gelangte, dieselbe richtig zu bestimmen, so dass er gerade diejenigen Mineralien in eine Species vereinigte, welche sich später vom rein chemischen Standpunkte aus betrachtet als zusammen gehörig erwiesen.

72. Die Dimorphie steht mit der Isomorphie in einer merkwürdigen Beziehung. Es tritt nämlich der Fall ein, dass eine Substanz A dimorph ist, während eine andere B von ähnlicher Zusammensetzung nur in einer der Formen, welche der A zukommt, krystallisiren kann. Wären nun von der A bloss die Formen bekannt, welche von der Form der B verschieden sind, so würde man schliessen müssen, dass keine Isomorphie zwischen denselben besteht; durch die zweite Form aber, welche der Substanz A zukommt, ist dieselbe erwiesen. Die kohlensaure Kalkerde CaO,CO_2 z. B. krystallisirt in zwei Formen, als Kalkspath rhomboedrisch und als Arragonit prismatisch mit einem Orthotyp als Grundgestalt, dessen Abmessungen $P = 129^0,37'$; $107^0,34'$; $93^0,30'$ sind. Das kohlensaure Bleioxyd PbO,CO_2 als Weissbleierz hingegen kommt nur in der Form des Arragonits vor, nämlich mit einem Orthotyp als Grundgestalt, bei welchem $P = 130^0,0'$; $108^0,28'$; $92^0,19'$ ist. Wäre daher vom Kalkspath nur die rhomboedrische Form bekannt, so wäre die Isomorphie des Bleioxydes und der Kalkerde nicht zu ermitteln gewesen.

Isomerie.

73. Man hat schon vor längerer Zeit die Beobachtung gemacht, dass es Körper gibt, die bei ganz gleicher qualitativer und quantitativer Zusammensetzung doch sehr verschiedene, sowohl physikalische als chemische Eigenschaften besitzen. Diese Verschiedenheiten sind bei vielen so gross, dass man kaum glauben würde Verbindungen von ganz gleicher elementarer Zusammensetzung vor sich zu haben. Dieses Verhalten der Stoffe bezeichnet man mit dem Worte Isomerie, und nennt derartige Substanzen isomer, im weitesten Sinne des Wortes (von ισος gleich und μερος Theil, also aus gleichen Theilen zusammengesetzt). Die merkwürdigsten isomeren Modificationen sind die, bei welchen sich das Äquivalent oder wenigstens die absolute Anzahl der Äquivalente, der Grundstoffe aus welchen eine Verbindung besteht, ändert. Es gibt nämlich Fälle, wo sich 1 Äquiv. einer Verbindung in der einen Modification mit einem Äquivalent einer anderen verbindet, während sich in der andern Modification nur 2 Äquiv. mit 2, oder 3 mit 3 zu verbinden vermögen, so dass, obwohl die so entstandenen Körper alle eine ganz gleiche percentische Zusammensetzung haben, dennoch sowohl die absolute Anzahl der Äquivalente aus welchen sie bestehen, als auch ihre Eigenschaften sehr verschieden sind.

Einen der interessantesten hieher gehörigen Fälle bietet ein Körper dar dessen empirische Formel C_2NHO_2 ist. Dieser Körper hat als Cyansäure die Formel C_2NO,HO, wo das Äquivalent Wasser durch 1 Äquiv. anderer Basen ersetzt werden kann. Er erscheint dann als eine wasserhelle, sehr flüchtige Flüssigkeit von durchdringendem Geruch, ätzend auf die Haut wirkend, während er als Cyamelid ein weisser, fester, geruch- und geschmackloser sehr indifferenter Körper ist, der keine weiteren Verbindungen eingeht, von dessen näheren Bestandtheilen wir daher gar keine Vorstellung haben. Es findet aber die Umwandlung des einen Körpers in den andern in zugeschmolzenen Glasröhren Statt, wodurch jeder Zweifel über ihre gleiche Zusammensetzung ausgeschlossen ist. Derselbe Körper erscheint aber auch als Knallsäure in der Form $C_4N_2O_2,2HO$,

„ Cyanursäure „   „ $C_6N_3O_3,3HO$.

Obwohl nun alle diese Körper percentisch ganz gleich zusammengesetzt sind, so haben sie doch, wie später ausführlich gezeigt werden wird, ganz verschiedene Eigenschaften und dürfen nicht durch gleiche Formeln ausgedrückt werden, weil die 2 oder resp. 3 Äquiv. Wasser entweder ganz oder theilweise durch andere Basen ersetzt werden können. Von der Cyanursäure können nämlich nie weniger als $C_6N_3O_3$ und von der Knallsäure nie weniger als $C_4N_2O_2$ in einer Verbindung erscheinen und zwar höchst wahrscheinlich nur desswegen nicht, weil eine geringere Anzahl der Äquivalente der Grundstoffe als die in jeder dieser Formeln enthaltenen, nicht hinreicht ihre näheren Bestandtheile, welche gewiss für alle nicht dieselben sind, zu bilden. Man sieht hieraus, dass die Veränderung des Äquivalentes hier nur eine scheinbare ist.

Ein anderes lehrreiches Beispiel bieten zwei Verbindungen dar, welchen die empirische Formel $C_6H_6O_4$ zukommt, die aber ebenfalls verschiedene physikalische und chemische Eigenschaften haben. Man hat allen Grund anzunehmen, dass die Grundstoffe dieser beiden Körper so gruppirt sind, dass sie folgende theoretische Ausdrücke bekommen müssen:

$C_2H_3O,C_4H_3O_3$ und C_4H_5O,C_2HO_3.

Es gibt ferner Verbindungen des Kohlenstoffes mit dem Wasserstoffe, welche in 1 0 0 Theilen

85,3 . . . Kohlenstoff

1 4,7   Wasserstoff.

enthalten, welche daher alle aus einer gleichen relativen Anzahl von Äquivalenten dieser beiden Stoffe bestehen, denen also sämmtlich die empirische Formel CH zukommt, dessungeachtet müssen wir derselben die Formeln

$$C_2H_2; \quad C_4H_4; \quad C_8H_8; \quad C_{16}H_{16}$$

geben, weil es höchst wahrscheinlich ist, dass die Äquivalente dieser Körper die 2-, 4-, 8-, 16 fachen des einfachen Äquivalentes von CH sind. In der That haben alle diese Körper dasselbe Äquivalentvolumen nämlich 5,516, aber ungleiche Dichten und sehr verschiedene Eigenschaften.

Noch einen andern interessanten Fall von Isomerie hat man am Aldehyd beobachtet. Dieser Körper, dessen empirische Formel $C_4H_4O_2$ ist, verändert sich beim Aufbewahren in verschlossenen Gefässen wenn die Temperatur 0° ist in einem Körper von ganz andern Eigenschaften als das Aldehyd (s. d.), obwohl die Zusammensetzung hiebei dieselbe bleibt. Aus der Dichte der Gase beider Körper geht hervor, dass auch in diesem Falle eine bedeutende Verdichtung Statt gefunden hat, indem 1 Vol. des neuen Körpers genau 3 Vol. des vorigen enthält. Besonders interessant ist es noch, dass wenn Aldehyd bei der gewöhnlichen Temperatur aufbewahrt wird, es sich in einen Körper verwandelt, der von dem vorigen ebenfalls sehr verschieden ist, so dass wir zwei isomere Modificationen des Aldehyd kennen.

In dem Folgenden werden noch andere, hieher gehörige Fälle vorkommen, die hier angeführten genügen aber zu zeigen, dass die Ursache der Isomerie nur in einer verschiedenen Anordnung oder Verdichtung der Bestandtheile zu suchen ist, welche entweder von der Art sein kann, dass sie sich nur auf die näheren Bestandtheile als Ganze beziehet, so dass diese dabei ungeändert bleiben, oder dass sie sich bis auf die entfernten erstreckt, wo sich dann die Grundstoffe selbst auf eine andere Art gruppiren (Siehe atomistische Theorie). Es wäre sogar, nach der Ansicht von B e r - z e l i u s, möglich, dass wenn Verbindungen aus Grundstoffen gebildet werden, die sich in verschiedenen allotropischen Zuständen befinden, diese dann ebenfalls allotropisch werden, oder wenn man dieses Wort nicht in der oben angegebenen allgemeineren Bedeutung gebrauchen will, die dann in verschiedenen isomeren Modificationen erscheinen.

74. In dem Obigen wurde das Wort i s o m e r in seiner allgemeinsten Bedeutung genommen, wo es dasselbe für zusammengesetzte Körper ausdrückt, was das Wort a l l o t r o p i s c h für einfache Stoffe sagen will, und wo es überhaupt nur ein unläugbares factisches Verhalten der Körper bezeichnet. Man hat demselben aber auch eine engere Bedeutung beigelegt und die hieher gehörigen Erscheinungen nach der Vorstellung, die man sich über die nähere Constitution der Verbindungen macht, in drei verschiedene Abtheilungen gebracht.

a) Isomer, im engsten Sinne des Wortes, sind die Körper, von denen es wahrscheinlich ist, dass sie bei ungleichen Eigenschaften dennoch sowohl in ihren entfernteren als näheren Bestandtheilen einander gleich sind. Ein Beispiel hiezu wäre die Weinsäure und die Traubensäure, welche beide durch die Formel $C_4H_2O_5$ ausgedrückt werden müssen.

b) Polymerie kommt jenen Körpern zu, welche bei ungleichen Eigenschaften zwar dieselbe percentische Zusammensetzung besitzen, bei denen aber eine Vervielfachung des Äquivalentes Statt findet, ohne dass die Gruppirung der Grundstoffe sich ändert. Hieher gehören die oben angegebenen Modificationen der Cyansäure, des Kohlenwasserstoffes CH u. dgl.

c) Metamerie findet bei Körpern Statt, wenn die verschiedenen Eigenschaften, welche sie bei gleicher percentischer Zusammensetzung zeigen, auf eine Verschiedenheit in ihren näheren Bestandtheilen hindeuten. Hieher gehört das obige Beispiel des Körpers $C_6H_6O_4$.

Es ist begreiflich, dass je nach den verschiedenen Ansichten, welche man sich bildet, eine Verbindung in die eine oder die andere dieser Abtheilungen eingereiht werden kann. Daher werden auch häufig sogar Fälle von Amorphie zur Isomerie (a) gezählt. Aus diesem Grunde schien es zweckmässig, hier das Factische von dem Hypothetischen zu trennen.

Verhältniss der chemischen Anziehung zur Wärme.

75. Die chemischen Erscheinungen stehen in einem so innigen Zusammenhange mit den Verhältnissen der Körper gegen die Wärme, dass um dieselben richtig zu beurtheilen es nothwendig ist, die sämmtlichen Wirkungen dieses mächtigen Agens näher ins Auge zu fassen. Die Physik lehrt uns, dass die erste Veränderung welche die Körper beim Erwärmen erleiden, stets eine Vergrösserung ihres Volumens ist, welcher wenn dieselben fest oder tropfbar flüssig sind, eine Änderung des Aggregationszustandes folgt. Sie lehrt uns ferner, dass diese durch die Einwirkung der Wärme hervorgebrachten Veränderungen von noch andern sehr merkwürdigen Phänomenen begleitet sind, nämlich von Lichterscheinungen und von Äusserungen der Electricität und dass unter geeigneten Verhältnissen hiebei auch chemische Erscheinungen auftreten. Nimmt man noch hinzu, dass sämmtliche Äusserungen der Lebenskraft ebenfalls auf das genaueste an gewisse Wärmeverhältnisse gebunden sind; so gelangt man zu der Überzeugung, dass die letzte Ursache der Wärmeerscheinungen nothwendig mit den Kräften welche das Wesen der Materie bedingen, und somit auch gewiss mit der chemischen Anziehung, in unmittelbarer Wechselwirkung stehet. Hier sollen nur diejenigen dieser Wirkungen näher besprochen werden, aus welchen der directe Zusammenhang zwischen der letzten Ursache der Wärmeerscheinungen und der chemischen Anziehung hervorgeht.

Bei Abfassung des folgenden Abschnittes wurde aus den Lehren der Physik, welche beim Studium der Chemie als bekannt vorausgesetzt werden müssen, nur so viel angeführt, als einerseits zur Herstellung des Zusammenhanges unmittelbar nothwendig schien, andererseits aber mit den chemischen Verhältnissen der Körper in directer Beziehung steht. Es wird dieser Abschnitt sehr dazu dienen zu zeigen, wie unentbehrlich ein gründliches Studium der Physik überhaupt für ein richtiges Verständniss der chemischen Erscheinungen ist. Aus demselben Gesichtspunkte wurden auch die beiden anderen Abschnitte, welche von den Beziehungen des Lichtes und der Electricität zu den chemischen Erscheinungen handeln, bearbeitet.

76. Wenn ein Körper mit einer Wärmequelle in Verbindung gesetzt wird, welche im Stande ist seine Temperatur zu erhöhen, so wird das Volumen dieses Körpers vergrössert. Dieses Gesetz drückt zwar im Allgemeinen die erste Wirkung der Wärme auf die Körper aus, bedarf aber für die verschiedenen Aggregationszustände noch einer besonderen Erläuterung.

Feste Körper dehnen sich, wenn sie nicht krystallisirt sind oder wenn ihre Krystallform dem Tessularsystem angehört, nach allen Dimensionen um gleichviel aus, so dass sie immer eine der ursprünglichen ähnliche Form beibehalten. Die Körper aber, die in andern Systemen krystallisiren, dehnen sich wie Mitscherlich entdeckt hat[1]) nach den Hauptaxen anders aus, als nach den Nebenaxen, so dass nach letzteren sogar eine Zusammenziehung beim Erwärmen eintritt. Das Rhomboeder (R) des Kalkspathes z. B. nähert sich immer mehr einem Würfel, weil es sich nach der rhomboedrischen Axe ausdehnt, nach den übrigen aber zusammenzieht. Die verschiedenen Körper dehnen sich weder um gleichviel noch gleichförmig durch die Wärme aus. Unter den Metallen dehnt sich Platin am wenigsten, nämlich für eine Temperaturdifferenz von 0° bis 100°C. nur um 0,0009 und Zink am meisten, nämlich um 0,003 der ganzen Länge aus. Bei Glas beträgt diese Ausdehnung 0,0008—0,0009, bei Tannenholz nach der Richtung der Fasern 0,00038. Das Gesetz, welches der Ausdehnung der Körper mit der Zunahme der Temperatur zu Grunde liegt, kennen wir noch nicht; nur so viel ist gewiss, dass sie mit derselben wächst, aber auch nicht gleichförmig, sondern desto rascher, je mehr sie sich der Temperatur nähert bei welcher eine Änderung des Aggregationszustandes eintritt.

Flüssigkeiten dehnen sich zwar stärker, jedoch eben so wenig gleichförmig aus als feste Körper. Auch hier wächst die Ausdehnung mit der Temperaturerhöhung und zwar desto rascher, je näher sie der Siedhitze kommt. In der Nähe der Temperatur, bei welcher die Flüssigkeiten erstarren, finden besonders grosse Unregelmässigkeiten Statt, indem sich einige vor dem Gefrieren ausdehnen, wie das Wasser, andere aber stets obwohl immer weniger zusammenziehen, wie das Quecksilber. Die lineare Ausdehnung des Quecksilbers beträgt von 0° bis 100°C. 0,018, die des Wassers 0,014, die Ausdehnung des Weingeistes ist $2\frac{1}{2}$ Mal grösser als die des Wassers.

Die Kraft mit der sich feste und flüssige Körper durch die Wärme ausdehnen ist sehr beträchtlich, indem dadurch die stärksten

---

[1]) Pogg. Ann. B. 10 p. 136.

Hindernisse überwunden werden. Eisenstangen zersprengen Mauern wenn sie durch dieselben gehindert werden sich auszudehnen, oder zerreissen im entgegengesetzten Falle selbst. Bomben, welche ganz mit Wasser gefüllt und verschlossen sind, zerspringen beim Gefrieren desselben.

Gasförmige Körper dehnen sich für alle Temperaturen, welche von der wo sie ihren Aggregationszustand ändern weit genug entfernt sind, ganz gleichförmig durch die Wärme aus. Die Vergrösserung ihres Volumens beträgt übrigens weit mehr als bei den festen und flüssigen Körpern. Die Grösse dieser Ausdehnung ist für alle bisher untersuchten sehr nahe dieselbe, sie beträgt nämlich dem Volumen nach 0,00367 für jeden Grad Cels. und ist unabhängig von der Dichte welche das Gas ursprünglich hatte. Eine Luft, welche also bei 0°C. ein Volumen von 1000 Cubz., einnahm, hat bei 50°C. ein Volumen von 1182,5 Cubz., sie mag sich in verdichtetem oder verdünntem Zustande befunden haben. Die lineare Ausdehnung einer Luftsäule beträgt daher für 100°C. 0,122 von der ursprünglichen. Man war lange der Meinung, dass das eben angegebene Gesetz in seiner ganzen Strenge gelte; sehr genaue Versuche, welche Regnault und Magnus jeder für sich und mit verschiedenen Apparaten angestellt haben, zeigten aber dass dies nicht der Fall ist, wie man aus folgender Tabelle ersehen kann, welche die Ausdehnung der nebenstehenden Gase für 0° — 100°C. enthält:

	Regnault	Magnus
Atmosphärische Luft .	0,36706	0,366508
Chlorwasserstoffgas .	0,36812	
Cyangas	0,38767	
Kohlenoxydgas . . .	0,36688	
Kohlensäuregas . . .	0,37099	0,369087
Schwefligsaures Gas .	0,39028	0,38462
Stickstoffgas . . .	0,36682	
Stickstoffoxydulgas . .	0,37195	
Wasserstoffgas . . .	0,36613	0,365659

Regnault zeigt ferner, dass der Ausdehnungscoefficient der schwefligen Säure bei einem Druck von 760^{mm},0,9302, bei einem Druck von 980^{mm} und einer anfänglichen Temperatur von 18°C. aber schon 0,9380 beträgt, in der That wird dieses Gas bei ungefähr 4 Atmosphären tropfbar. Ebenso ändert sich der Ausdehnungscoefficient der Kohlensäure, welche bei einem Druck von 28 Atmosphären und einer Temperatur von 0° tropfbar ist, schon bei einem Druck von 3,3 Atmosphären, während der des Wasserstoffgases, welches bisher noch auf keine Weise zu einer Flüssigkeit condensirt werden konnte, sich nicht ändert. Das eben angegebene Gesetz für die Ausdehnung gasförmiger Körper durch die Wärme gilt also mit desto grösserer Strenge, je weiter die Dichte eines Gases von der entfernt ist wo es tropfbar wird; das heisst also, es gilt nur absolut für den vollkommenen Gaszustand, welchem die Gase desto näher stehen, je stärker man sie verdichten muss um sie tropfbarflüssig zu machen.

Ist ein Gas in ein Gefäss von unveränderlicher Grösse eingeschlossen, so dass die Dichte desselben sich nicht ändern kann, so wächst bei der Erwärmung die Expansivkraft und also auch der Druck auf die Wände des Gefässes in dem Masse als im vorigen Falle das Volumen zugenommen hätte.

Die hier angeführten Erscheinungen werden unzweifelhaft durch eine abstossende Kraft hervorgebracht, welche der Cohäsionskraft, die eine Äusserung der Anziehung der Molecüle ist, entgegenwirkt. Da nun bei den vollkommen gasförmigen Körpern die Cohäsionskraft nicht mehr thätig ist, so hängt auch bei diesen die Wirkung der Wärme nicht mehr von ihrer materiellen Beschaffenheit ab, bei den Krystallen hingegen ist die ausdehnende Wirkung der Wärme nicht nur an die Materie, sondern auch an die Form gebunden, weil bei der Bildung dieser Körper die Cohäsionskraft am regelmässigsten wirksam war.

77. Werden feste Körper einer immer steigenden Erwärmung ausgesetzt, so nehmen sie endlich bei stets zunehmender Ausdehnung den tropfbaren Aggregationszustand an, d. h. sie s c h m e l z e n. Nur wenn die Körper vorher eine chemische Veränderung erleiden, wie dies bei vielen Körpern organischen Ursprunges der Fall ist, oder wenn wir es nicht in unserer Macht haben die Temperatur hoch genug zu steigern, wie beim Kohlenstoff, tritt dies nicht ein. Die Temperatur bei welcher die festen Körper schmelzen, ist sehr verschieden. Kohlensäure schmilzt bei —65, Brom bei —20°, Wasser bei 0°, Jod bei 107°, Silber bei 1034°, Stabeisen bei 6300°. Einige Körper werden vor dem Schmelzen weich, zähe und dann erst dünnflüssig, andere hingegen nehmen diesen Zustand sogleich an, wenn sie die dazu nothwendige Temperatur erlangt haben. Bei einigen Körpern liegt die Temperatur, bei welcher sie chemische Veränderungen erleiden, so nahe bei ihrem Schmelzpunkt, dass es nicht möglich ist sie zu schmelzen, ohne sie bleibend zu verändern. Dies ist besonders bei vielen Harzen der Fall.

Bei einer gewissen Temperatur tritt ein Leuchten, G l ü h e n genannt, ein, das von einem dunklen Roth bis zum blendendsten Weiss gesteigert werden kann. Man unterscheidet gewöhnlich folgende Stufen des Glühens:

Anfangendes Glühen tritt ein bei . .	525°
Dunkelroth	700°
Anfangendes Kirschroth	800°
Stärkeres Kirschroth	900°
Völliges Kirschroth	1000°
Dunkel-Gelbroth	1100°
Helles Glühen	1200°
Weissglühen	1300°
Starkes Weissglühen	1400°
Blendendes Weissglühen . .	15 — 1600°.

Erkalten tropfbar flüssige Körper, so erstarren sie wieder und zwar entweder zu einer amorphen Masse oder zu Krystallen. Aber die Temperatur bei der sie erstarren ist nicht constant, sondern hängt von äusseren Umständen ab. So kann Wasser wenn es in einem reinen ganz glatten Gefässe, ohne alle Erschütterung einer niedrigen Temperatur ausgesetzt wird, bis auf —15° abgekühlt werden, ohne zu gefrieren. Phosphor, der bei 46° schmilzt, kann, wenn er rein und durchsichtig ist, bis +4° erkaltet werden ohne zu stocken. Bei einer Erschütterung oder bei Berührung mit irgend einem festen, besonders eckigen Körper erstarrt sowohl das Wasser als der Phosphor augenblicklich, die Temperatur steigt hiebei aber wieder bis zu der Höhe bei welcher das Schmelzen eintritt.

Werden tropfbar flüssige Körper immer mehr und mehr erhitzt, so tritt bei einer gewissen Temperatur eine Erscheinung ein, welche man das S i e d e n nennt und welches in nichts anderem besteht als in einer tumultuarischen Bewegung der Flüssigkeit, die davon herrührt, dass dieselbe nun nicht bloss an der Oberfläche, sondern auch vom Innern aus Gasgestalt anzunehmen beginnt. Aber auch schon lange vorher, ehe die Flüssigkeit siedet, findet, jedoch nur an der Oberfläche derselben, eine Verdunstung Statt; ja es gehen sogar viele feste Körper unmittelbar in den gasförmigen Zustand über, ohne früher tropfbar zu werden. Jod, Arsen u. a. werden auch gasförmig ohne zu schmelzen. Eis verdunstet noch bei —44° (im Vacuo), feste Kohlensäure und Stickstoffoxydul noch weit unter —100. Schwefelsäure hingegen verdunstet schon nicht mehr bei der gewöhnlichen Lufttemperatur, Quecksilber erst unter —5°C., man sagt daher sie sind bei diesen Temperaturen fix.

Gasförmige Körper nehmen beim Erkalten den tropfbaren oder auch gleich den festen Aggregationszustand an. Dabei geht aber nicht wie bei den tropfbaren Körpern, die gesammte Gasmenge auf einmal in den niedrigeren Aggregationszustand über; sondern es bleibt immer eine Gasmenge zurück, deren Expansivkraft der angewendeten Temperatur entspricht. Erst bei einer Temperatur, welche den aus dem Gase entstehenden Körper fix macht, wird alles Gas in den tropfbaren oder festen Aggregationszustand übergegangen sein.

Wasserdunst von einer Temperatur von 300° würde sich bei dieser Temperatur ganz wie ein anderes Gas verhalten, auf 100° abgekühlt würde ein Theil des Wassergases tropfbar werden, der übrige aber immer noch die Expansivkraft behalten, die ihm bei 100° zukommt. Würde nun aber der Raum in welchem sich dieses Gas befindet bis 0° abgekühlt, so blieben noch immer Wasserdämpfe in demselben zurück, aber diese wären dann in so geringer Menge vorhanden, dass ihre Expansivkraft nur 2,304 W. Linien betrüge, während sie bei 100°, 485,59''' beträgt. Erst bei der Temperatur, bei welcher diese Expansivkraft $= 0$ ist, hätte kein Theil des Körpers mehr Gasform.

78. Die Temperaturen, bei welchen die oben angegebenen Veränderungen des Aggregationszustandes Statt finden, hängen mit der chemischen Beschaffenheit und also auch mit den chemischen Veränderungen der Körper aufs innigste zusammen. Dies geht schon aus den verschiedenen Schmelzpunkten der Körper hervor, wird aber noch deutlicher, wenn man die Schmelzpunkte der Bestandtheile mit denen der Verbindung vergleicht. Schwefel schmilzt z. B. bei 112, der Schmelzpunkt der Kohle liegt so hoch, dass dieser Körper bisher noch gar nicht geschmolzen werden konnte; die Verbindung beider Körper aber wird bei 100° noch nicht fest. Sehr merkwürdig ist in dieser Hinsicht das Verhalten der Verbindungen des Schwefels mit dem Phosphor (s. d.). Bei den Metallen sind im Allgemeinen die Schmelzpunkte der Verbindungen niedriger als die jedes einzelnen Bestandtheiles. Eine Legirung von 4 Th. Wissmuth, 1 Th. Blei und 1 Th. Zinn schmilzt schon bei 94°, während das Wismuth, das leichtflüssigste dieser Metalle, erst bei 246° schmilzt.

Den Zusammenhang der Siedhitze mit der chemischen Beschaffenheit der Körper erkennt man schon aus den verschiedenen Temperaturen bei denen die Flüssigkeiten sieden; wobei jedoch wohl zu berücksichtigen ist, dass es Umstände gibt, welche den Siedpunkt einer und derselben Flüssigkeit verändern können. In neuester Zeit wurden darüber von K o p p und S c h r ö d e r [1]) ausgedehnte Untersuchungen angestellt, welche zwar noch zu keinem allgemeinen Gesetze führten, aus denen sich aber doch ergeben hat, dass in vielen Fällen die Differenzen in der Zusammensetzung, und in den Siedpunkten sich entsprechen, so dass, wenn z. B. mehrere Substanzen dergestalt zusammengesetzt sind, dass die einen um 2 Äquiv. Wasserstoff mehr und um 2 Äquiv. Sauerstoff weniger enthalten als die andern, bei ersteren der Siedepunkt um 40° niedriger liegt als bei letzteren.

Eine gründliche Erörterung der Umstände, welche auf die Temperatur des Siedpunktes einen Einfluss haben, gehört in das Gebiet der Physik; hier soll nur erwähnt werden, dass eine Flüssigkeit nur dann sieden kann, wenn die Expansivkraft der Dünste, welche sich aus derselben entwickeln, um etwas grösser ist als der auf ihr lastende Druck. Da aber bei jeder Flüssigkeit die Expansivkraft ihrer Dünste von der Temperatur derselben abhängt, so wird das Phänomen des Siedens um so später eintreten, je stärker der Druck ist welcher auf ihr lastet. Es wird daher auch nur die Temperatur der obersten Schichte, oder die ihr zunächst liegende Dunstschichte, die wahre Siedhitze anzeigen und der Barometerstand, welcher eben Statt findet, wenn mehrere Flüssigkeiten sieden, zeigt zugleich die Expansivkraft ihrer Dämpfe für die Temperatur ihres Siedpunktes an. Man muss daher bei der Angabe der Siedpunkte nie versäumen den Barometerstand und zwar den bereits auf 0°C. reducirten anzugeben, indem sonst keine Vergleichung derselben möglich ist.

Ausser dem Drucke hat auch die Gefässwand einen Einfluss auf das Phänomen des Siedens. In metallenen Gefässen siedet z. B. Wasser bei einer etwas niedrigeren Temperatur als in gläsernen. Eckige Körper wie Glaspulver, Platinblech, Eisendraht erleichtern die Dampfbildung und bewirken daher, dass die Flüssigkeiten früher sieden als in glatten, reinen Gefässen.

Auch die Lösung vieler Körper, wie z. B. der Salze im Wasser, welche nicht durch die chemische Anziehung erfolgt, wirkt schon verändernd auf den Siedpunkt, wie man aus folgender Tafel ersehen kann.

Die mit den folgenden Körpern gesättigten wässerigen Lösungen sieden nämlich bei den nebenstehenden Temperaturen.

---

[1]) S c h r ö d e r. Die Siedhitze der chemischen Verbindungen etc. Mannheim 1844. — K o p p Pogg. Ann. B. 63, S. 283. — L ö w i g s Chemie der organischen Verbindungen 2. Auflage 1844.

Mit Kochsalz		gesättigt	bei	.	109°,0C.
„ einf. weins. Kali	„		„	.	116,7
„ Kleesäure		„		„	.	112,2
„ Salmiak		„		„	.	114,4
„ Salpeter		„		„	.	115,6
„ Kohlens. Kali		„		„	.	140,0
„ Kali KO,HO		„		„	.	157,8
„ Salpeters. Ammon.	„		„	.	182,2
„ Natron NaO,HO		„		„	.	215,5	.

Auch die Menge der gelösten Substanzen ist auf die Temperatur bei welcher die Lösung siedet von Einfluss. Den Beleg hiezu gibt die folgende Tabelle, welche die Siedpunkte verschiedener Salzlösungen auf 100 Th. Wasser bezogen enthält. Sämmtliche Salze sind wasserfrei.

Siedp.	Chlorcalcium.	Kohlens. Kali.	Salpeter.
101°	10,0	13,0	12,2
105°	29,4	46,1	78,3
108°	38,5	65,9	140,6
112°	49,7	88,2	230,0
116°	61,6	107,5	115,9
124°	86,2	147,1	
136°	123,5	135,0	
160°	212,1		
179°	325,0		

79. Sehr bezeichnend für die Art wie die Wärme die Veränderungen des Aggregationszustandes bewirkt ist der Umstand, dass, wenigstens wenn es sich darum handelt Gase in tropfbare Körper zu verwandeln, die Abkühlung durch einen entsprechenden Druck ersetzt werden kann. Sehr viele Gase lassen sich nämlich eben so gut durch starke Abkühlung ohne Vermehrung des Druckes, als durch Druck allein ohne Anwendung von Kälte, tropfbar darstellen, und nur in der Unzulänglichkeit unserer Mittel liegt die Ursache, dass dies bisher noch nicht bei allen Gasen gelungen ist. Es besteht also zwischen Gasen und Dünsten, oder wie man auch zu sagen pflegt, zwischen permanenten und coerciblen Gasen kein anderer Unterschied als der, dass die einen durch die uns zu Gebote stehenden Mittel leicht, die andern aber schwer in den tropfbaren Zustand zurückgeführt werden können. Faraday hat ein sehr einfaches Verfahren angegeben die Gase mit Hülfe des Druckes zu Flüssigkeiten zu condensiren, was dadurch noch wirksamer gemacht werden kann, dass

es zugleich auch die Anwendung von Kälte gestattet. Man bringt nämlich in den etwa 8 — 10 Zoll langen Schenkel einer, wie die Figur

zeigt, gebogenen, gehörig starken Glasröhre die Substanz, aus welcher sich
durch Erwärmung oder sonst ein geeignetes Mittel das zu condensirende
Gas entwickelt und vertreibt durch das-
selbe anfangs die atmospärische Luft, schmilzt dann den kurzen etwa
3 Zoll langen Schenkel der Röhre zu und setzt nun die Gasentwickelung fort, während man diesen Schenkel abkühlt. Sowohl durch das
nachströmende Gas als auch durch die Erkältung wird das in dem
kürzeren Schenkel enthaltene Gas so stark verdichtet, dass es, wenn
dazu bei gewöhnlicher Temperatur kein grösserer Druck als etwa der
von 60 Atmosphären, also ein Druck von $60.12 = 720$ W. Pf. auf
einen W. Quadratzoll nothwendig ist, darin nicht nur als Flüssigkeit
dargestellt, sondern auch als solche aufbewahrt werden kann. Hat man
in den längeren Schenkel eine dünne, enge, in gleiche Raumtheile
getheilte Glasröhre eingeführt, die an einer Seite geschlossen ist und
an deren offenen Ende sich ein Quecksilberfaden als Index befindet,
so ist man im Stande die Expansivkraft der eingeschlossenen Luft
annäherungsweise zu bestimmen, wodurch zugleich der Druck gegeben ist, bei welchem die Condensation Statt fand. Dieses sinnreiche
Verfahren, bei welchem das Gas durch den Druck seiner eigenen
Atmosphäre condensirt wird, wesswegen man es auch C o n d e n s a -
t i o n   d u r c h   d i e   e i g e n e   A t m o s p h ä r e nennt, hat nur das
Unangenehme, dass man nicht im Stande ist, die dabei erhaltenen
Flüssigkeiten näher zu untersuchen, da sie nicht frei erhalten werden
können. Man war daher seit F a r a d a y's Entdeckung bemüht, die
Condensation der Gase auf eine andere Weise zu bewerkstelligen.
T h i l o r i e r führte zuerst F a r a d a y's Methode im Grossen aus, indem
er Kohlensäure in einem gusseisernen Cylinder (Generator) erzeugte
und sie in einen zweiten, dem vorigen ganz gleichen Cylinder (den
Condensator) überströmen liess, so dass bei diesem Apparate die
beiden Schenkel der vorigen Glasröhre durch gusseiserne Cylinder
von etwa 2 Fuss Höhe und 3 Zoll inneren Durchmesser ersetzt
wurden. Obwohl man später die Cylinder aus Schmiedeeisen construirte, so sah man sich doch der Gefahr und Umständlichkeit
wegen genöthigt, dieses Verfahren wieder aufzugeben, um so mehr
da es der Natur der Gefässe wegen nur auf die Kohlensäure beschränkt blieb. Es machte daher schon vor längerer Zeit B r u n e l

den Versuch die Gase mittelst einer Druckpumpe zu condensiren, aber erst durch das höchst einfache Verfahren, welches Hr. Natterer anwendet, wurden alle Übelstände glücklich beseitigt, und da es auch auf die meisten der übrigen Gase ausgedehnt werden kann, so wird der Apparat desselben sich wohl in kurzer Zeit in den Händen aller Chemiker befinden. Hr. Natterer comprimirt nämlich die Gase

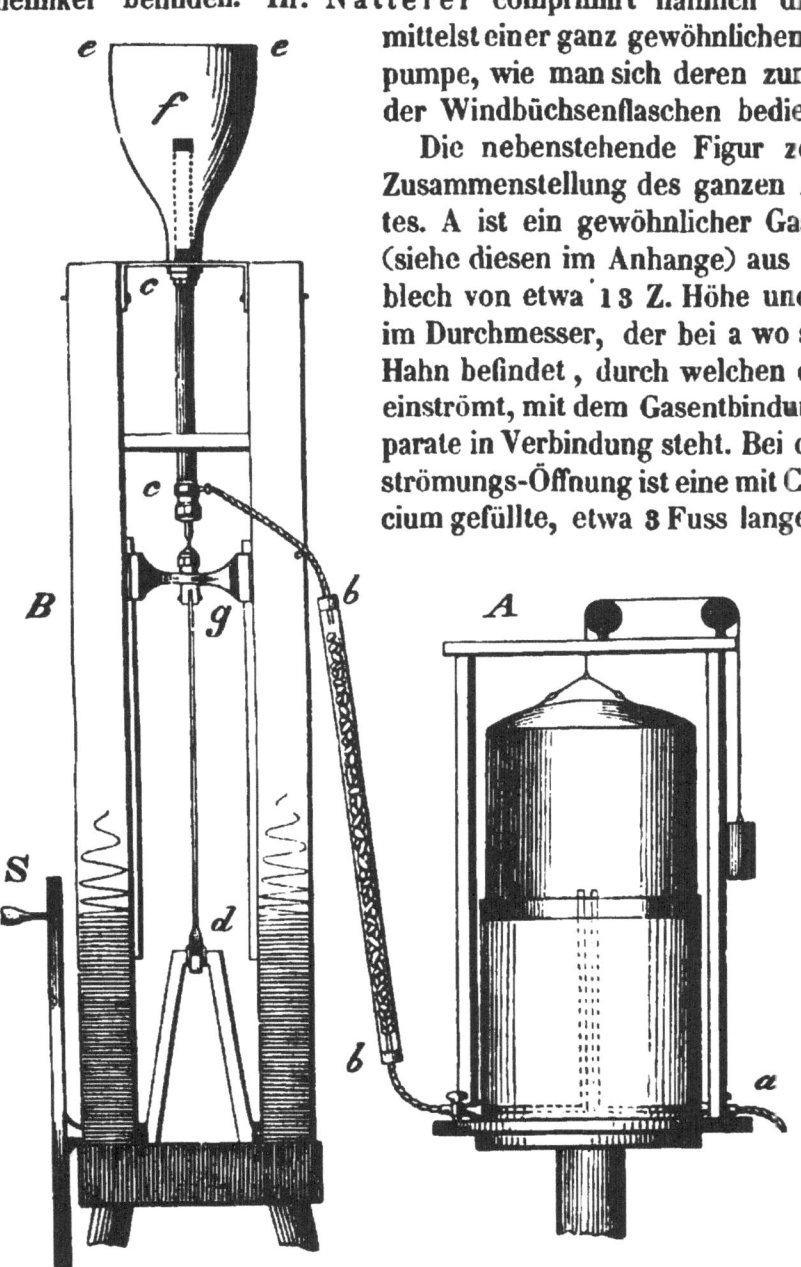

mittelst einer ganz gewöhnlichen Druckpumpe, wie man sich deren zum Laden der Windbüchsenflaschen bedient.

Die nebenstehende Figur zeigt die Zusammenstellung des ganzen Apparates. A ist ein gewöhnlicher Gasometer (siehe diesen im Anhange) aus Kupferblech von etwa 13 Z. Höhe und 15 Z. im Durchmesser, der bei a wo sich ein Hahn befindet, durch welchen das Gas einströmt, mit dem Gasentbindungs-Apparate in Verbindung steht. Bei der Ausströmungs-Öffnung ist eine mit Chlorcalcium gefüllte, etwa 3 Fuss lange Röhre bb angebracht, welche dazu bestimmt ist das Gas zu trocknen bevor es bei c in die Pumpe cc tritt, die sich an dem oberen Theile des Compressions-Apparates B befindet. Bei f wird die schmiedeeisene Flasche aufgeschraubt, das sie umgebende Gefäss ee dient dazu dieselbe während des Pumpens durch Eis abzukühlen. Die Kolbenstange ist an ihrem unteren Ende an den metallenen Schlitten g befestiget, der seine Führung durch zwei parallele Metallschienen erhält, die in dem massiven Holzgestelle des Apparates eingelassen sind. Der Schlitten selbst und also auch die Kolbenstangen werden durch die Stange gd auf und abwärts bewegt, die bei d an einer Kurbel drehbar befestigt ist, welche ihrerseits wieder mittelst des Schwungrades bei S gedreht wird. Man verdrängt zuerst die atmosphärische Luft ans dem Gasometer, pumpt dann das Gas in die Flasche A, während die Ausströmungsöffnung derselben bei b geöffnet ist, um so die atm. Luft auch daraus zu entfernen. Den Druck welchen die Flasche beim Pumpen erleidet, kann man mittelst eines an derselben angebrachten Manometers bestimmen und die absolute Menge des eingepumpten Gases ergibt sich aus der Gewichtszunahme, welche die Flasche nach und nach erleidet. Das Volumen der in der Flasche sich bildenden Flüssigkeit kann man erkennen, wenn man die Flasche so hält wie sie beim Pumpen steht, nämlich den Hahn derselben nach aufwärts, diesen etwas öffnet und dann die Flasche, mit stets

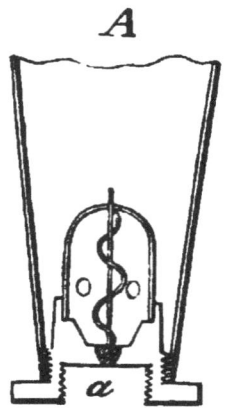

aufwärts gekehrter Mündung des Hahnes, langsam immer mehr neigt, bis man deutlich eine Änderung in dem Geräusche des ausströmenden Gases wahrnimmt, welche dann eintritt, wenn die Flüssigkeit bis an die Mündung derselben gelangt ist. Die Flaschen fassen 3 4 Loth Wasser, d. i. 1,1 Liter, und ihre Einrichtung ist aus nebenstehender Figur, welche ihren Durchschnitt darstellt, vollkommen deutlich.

Bei a befindet sich ein Kegelventil von gepresstem Leder, das durch eine Spiralfeder stets in die Öffnung gedrückt wird, und so die Flasche verschliesst. Beim Pumpen wird dieses Ventil durch den Druck der von aussen darauf wirkenden Luft geöffnet. Die Flüssigkeit, welche bei umgewendeter Flasche aus der sehr feinen Öffnung des Hahnes strömt, kühlt sich meistens so stark ab, dass ein grosser Theil davon fest wird, d. h.

8 *

gefriert. Man bedient sich zum Auffangen der gefrorenen Masse, nach der Angabe von Thilorier, zweier halbkugelförmiger Schalen von Blech, welche mittelst einer Verreibung zusammengehalten werden. An der Stelle wo der hohle, zur Vermeidung der Mittheilung von Wärme durch die Hand, mit doppelten Wänden versehene Handgriff angebracht ist, befinden sich kleine Löcher, durch welche der Theil des bei a einströmenden Gases, welcher nicht fest wird, entweichen kann; während sich das fest gewordene durch das Herumtreiben in der Schale ballt und herausgenommen werden kann.

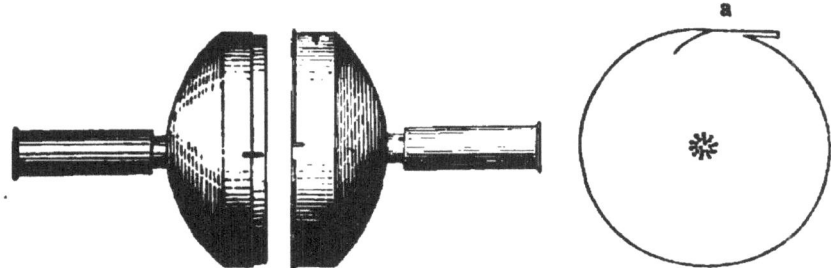

80. Die Wärme, welche nothwendig ist um feste Körper in tropfbar flüssige oder diese in gasförmige zu verwandeln, kann nicht zugleich auch noch andere Wirkungen hervorbringen, sie verschwindet daher gleichsam für unsere Empfindung und für das Thermometer, oder wird, wie man sich auszudrücken pflegt, gebunden oder latent. Es muss daher sowohl in den tropfbaren, als in den ausdehnsamen Körpern eine gewisse Wärmemenge als latent vorhanden sein, welche keine andere Function hat als diesen Aggregationszustand zu erhalten. Diese latente Wärme wird auch wieder frei, wenn die Körper aus dem gasförmigen in den tropfbaren oder aus diesem in den festen Aggregationszustand übergehen. Man kann sich leicht durch folgenden Versuch von der Richtigkeit des eben Gesagten überzeugen. Bringt man ein Thermometer in einen festen, erkalteten Körper, so steigt dasselbe, sobald sich dieser zu erwärmen anfängt; die Temperatur hört aber in dem Augenblick auf sich zu erhöhen als der Körper zu schmelzen beginnt und kann auf keine Weise gesteigert werden, so lange derselbe noch nicht vollständig geschmolzen ist. Alle Wärme, welche von aussen zu dem Körper dringt, wird in diesem Falle nur gebraucht um seinen Aggregationszustand zu ändern, kann also nicht auch seine Temperatur erhöhen, und es lässt sich durch eine Verstärkung der Hitze nur rascheres Schmelzen bewirken. Von dem Augenblicke an aber, als der Körper geschmolzen ist, lässt sich seine Temperatur wieder erhöhen und dies dauert so lange fort,

bis beim Sieden wieder eine Änderung des Aggregationszustandes
eintritt. So lange noch Wärme zur Dunstbildung verbraucht wird, ist
es daher nicht möglich die Temperatur der Flüssigkeit zu steigern,
und dies ist der Grund der constanten Temperatur der Siedhitze. Noch
ein anderer Versuch bei welchem das Binden der Wärme, wenn ein
fester Körper sich in einen flüssigen verwandelt, sehr in die Augen
fällt, ist folgender. Mischt man nämlich 1 Pf. Wasser von 75°
mit einem gleichen Gewichte Eis von 0°, so erhält man 2 Pf.
Wasser, welches genau die Temperatur 0° hat, woraus hervorgeht,
dass die ganze Wärme, welche im Stande war 1 Pf. Wasser von 0°
bis auf 75° zu erwärmen, nöthig ist, um 1 Pf. Eis flüssig zu machen und daher für das Thermometer verschwinden muss. Gehen im
Gegentheil Gase in tropfbare Flüssigkeiten über, so wird dabei eine
oft sehr bedeutende Wärmemenge frei, wie man sich leicht überzeugen kann wenn man z. B. Wasserdämpfe in eine kalte Flüssigkeit
leitet. Mit 1 Pf. Wasserdampf von der Temperatur 100° ist man auf
diese Weise im Stande nahe 5,5 Pf. Wasser von 0° C. bis zu 100° zu
erwärmen, während 1 Pf. Wasser von 100° mit 1 Pf. von 0° gemischt
nur 2 Pf. Wasser von 50° gibt. Auch wenn tropfbare Körper fest werden, tritt eine Erhöhung der Temperatur ein, wie dies beim Festwerden
des Wassers das unter 0° abgekühlt wurde (77), beim Festwerden des
Schwefels, Zuckers, Phosphors u. dgl. der Fall ist. Da es nun keinem
Zweifel unterliegt, dass bei festen Körpern die Anziehung der Theilchen jede andere Kraft überwiegt, bei tropfbaren hingegen diese
Anziehung durch eine ihr entgegenwirkende Abstossung entweder
ganz oder bis zu einem gewissen Grade aufgehoben wird, und dass
endlich bei ausdehnsamen Körpern diese abstossende Kraft die überwiegende ist; so folgt aus den oben angegebenen Versuchen, dass
entweder die Wärme dieses abstossende Princip selbst ist, oder dass
wenigstens diese Repulsion mit unter ihre Wirkungen gehört. Eben
so folgt daraus, dass die Wärme auch derjenigen anziehenden Kraft,
welche die chemischen Erscheinungen bedingt, entgegen zu wirken
vermag und wäre es auch nur indem sie eine Veränderung des Aggregationszustandes hervorzubringen sucht.

Auf den hier angegebenen Gesetzen beruht eine unzählige Menge
von Erscheinungen und technischen Anwendungen. Die wichtigsten
derselben sind folgende: Die Möglichkeit der fixen Punkte, nämlich
des Thau- und Siedepunktes am Thermometer; die Ursache warum
die Temperatur bei welcher die Flüssigkeiten gefrieren keine fixe ist,
wohl aber die bei welcher sie aufthauen; die Abkühlung welche durch
Verdunstung bewirkt wird und durch welche die niedrigsten Tempe-

raturen hervorgebracht werden können; warum der Dunst, welcher aus dem Ventile einer Hochdruckmaschine ausströmt, nicht nur nicht heiss ist, sondern sogar unter gewissen Umständen gefriert; die Möglichkeit zu destilliren, zu sublimiren, Flüssigkeiten durch Destillation zu trennen, die aufsteigende Destillation, die Theorie des Kühlens und das Austrocknen (siehe hierüber den Anhang.).

81. Obwohl man das Wesen der Wärme noch ganz und gar nicht kennt, so ist es doch möglich die Menge derselben oder die Grösse ihres Effectes auf eine von jeder hypothetischen Vorstellung ganz unabhängige Weise in Zahlen auszudrücken. Diese Möglichkeit beruht ebenfalls auf den im vorigen §. angegebenen Gesetzen, denn ist man z. B. im Stande die Gewichtsmenge Eis von der Temperatur 0° anzugeben, welche durch irgend eine bestimmte Wärmeentwickelung in Wasser von derselben Temperatur umgewandelt werden kann, so ist hiedurch ein sicherer Massstab für dieselbe gegeben; denn eine bestimmte Menge Eis von 0° braucht unter allen Umständen genau dieselbe Ursache, Kraft oder Wärmemenge, um in Wasser von 0° verwandelt zu werden. Man kann also auf diese Art die an sich ganz unbekannte Ursache der Wärmeerscheinungen durch Zahlen ausdrücken, welche sich auf eine bestimmte Einheit beziehen, und diese Einheit ist die Wärmemenge vermittelst welcher eine durch Übereinkunft angenommene Eismenge von 0°C. in Wasser von 0° verwandelt wird. Ist nun die zur Einheit angenommene Eismenge ein Pfund und sagt man: bei diesem oder jenem Versuche wurde die Wärmemenge 0,24 entwickelt, so heisst dies: die dabei entwickelte Wärmemenge war so gross, dass hiedurch 0,24 Pfund Eis von 0° in Wasser von 0° umgewandelt werden konnten. Hiebei wird jedoch vorausgesetzt, dass dieselbe Wärmemenge nöthig sei um denselben Effect hervorzubringen, die Wärmequelle mag wie immer beschaffen sein.

82. Die Erfahrung lehrt nun, dass gleiche Gewichtsmengen verschiedener Substanzen bei ganz gleicher Temperatur dennoch ungleiche Wärmemengen enthalten, wovon man sich auf mehrfache Weise überzeugen kann. Bringt man nämlich eine gewisse Quantität, z. B. 3,57 Pf. Eisen von 100° in einen passenden Apparat, bei welchem jede fremdartige Einwirkung der Wärme vermieden wird, mit Eis von 0° in Berührung, so findet man, dass dadurch 0,52 Pf. Wasser von 0° gebildet werden, bis das Eisen sich auf 0° abgekühlt hat. Eine ganz gleiche Menge Wasser von 100° würde aber unter denselben Umständen 4,76 Pf. Eis geschmolzen haben, woraus folgt, dass das Eisen nur 0,11 der Wärmemenge enthält, welche einer gleichen Wassermenge von derselben Temperatur zukommt. Beobachtet man

ferner, um wie viel sich verschiedene Körper von gleicher Temperatur in gleichen Zeiten abkühlen, wenn sie bei ganz gleicher Oberfläche nur durch Strahlung Wärme abgeben können; so findet man ebenfalls, dass sie sich in dieser Hinsicht sehr verschieden verhalten, was nur geschehen kann, wenn die Wärmemenge des Körpers der sich langsamer abkühlt grösser ist als die des andern. Man nennt nun die Fähigkeit der Körper bei gleicher Temperatur ungleiche Wärmemengen zu enthalten, ihre Wärmecapacität und sagt: Derjenige hat eine grössere Wärmecapacität, welcher mehr Wärme braucht (also mehr Eis schmelzen kann) als ein anderer, obwohl beide eine gleiche Temperatur haben. Es folgt hieraus, dass auch die Wärmemengen, welche nöthig sind um gleiche Gewichtsmengen verschiedener Körper bis auf eine gegebene Temperatur zu erwärmen, nicht gleich sein müssen. Um die Stoffe in dieser Hinsicht mit einander vergleichen zu können, ist man übereingekommen die Wärmemenge, welche erforderlich ist um die als Einheit angenommene Gewichtsmenge eines Körpers von 0° auf 1^oC. zu erwärmen, seine specifische Wärme zu nennen. Diese ist also für die verschiedenen Stoffe ebenfalls verschieden, und ein Körper hat dennoch eine 3, 4, 5 ... fache Wärmecapacität, wenn er eine 3, 4, 5 ... fache specifische Wärme hat. Nach obigem Versuche ist also die specifische Wärme des Eisens 0,11 von der des Wassers, diese zur Einheit genommen. Bedeutet daher p das Gewicht, t die Temperatur, s die specifische Wärme und q die Wärmemenge eines Körpers, so ist $q = pts$.

Die specifische Wärme desselben Körpers ist nicht constant. Sie wächst in der Regel mit der Temperatur, so dass z. B. Platin mehr Wärme bedarf um von 100° auf 101° erwärmt zu werden, als von 0° auf 1°. Dieser Unterschied beträgt jedoch so wenig, dass man in den meisten Fällen und für Temperaturdifferenzen die nicht zu gross sind, die specifische Wärme als constant annehmen kann. Bei Eisen, wo die Aenderung am grössten ist, beträgt die Zunahme von 100° bis auf 800° nur 0,012.

Die specifische Wärme ändert sich ferner auch mit dem Aggregationszustande, so dass sie z. B. für festen, flüssigen und gasförmigen Schwefel nicht dieselbe ist. Veränderungen in der Dichte haben ebenfalls einen Einfluss auf dieselbe, der darin besteht, dass durch Verdichtung, sie mag durch Erkaltung oder durch ein mechanisches Mittel bewirkt worden sein, die specifische Wärme geringer wird, was für alle Körper in jedem der drei Aggregationszustände gilt. Für feste und tropfbare Körper ist die hieraus hervorgehende Verschiedenheit nicht so merkbar, weil die Aenderungen in der Dichte, die sie erfahren können, auch nicht vom Belange sind. Bei Gasen aber treten in dieser Hinsicht ganz andere Verhältnisse ein, wie man daraus sieht, dass sie sich bedeutend erhitzen, wenn sie schnell zusammengedrückt werden und im entgegengesetzten Falle sich sehr bedeutend abkühlen. Es ist daher auch nicht gleichgiltig ob man die specifische Wärme der Gase bei einem beständigen Drucke und veränderlichen Volumen oder bei constantem Volumen untersucht, worüber jedoch das Mehrere in den physikalischen Werken nachzusehen ist.

Grundstoffe.	Spec. Wärme, die des Wassers = 1	Äquivalent.	Spec. Wärme der Äquivalente.
Antimon	0,0508	129	6,5532
Arsen	0,0814	75,2	6,1213
Blei	0,0314	103,8	3,2593
Brom	0,1350	78,4	10,5840
Diamant	0,1469	6	0,8814
Eisen	0,1138	28	3,1864
Gold	0,0324	199	6,4476
Graphit nat.	0,2019	6	1,2114
Jod	0,0541	126	6,8166
Iridium	0,0368	98,7	3,6322
Kadmium	0,0567	55,8	3,1639
Kobalt	0,1070	29,6	3,1672
Kupfer	0,0951	31,8	3,8242
Mangan	0,1441	27,6	3,9772
Molybdän	0,0722	48	3,4656
Nickel	0,1086	29,6	3,2146
Palladium	0,0593	53,4	3,1666
Phosphor	0,1887	31,4	5,9250
Platin	0,0324	98,7	3,1979
Quecksilber	0,0333	101,4	3,3766
Sauerstoffgas	0,2361	8	1,8888
Scheel	0,0364	95	3,4580
Schwefel	0,2026	16	3,2416
Selen	0,0837	40	3,3480
Silber	0,0570	108,1	6,1617
Stickgas	0,2754	14	3,8556
Tellur	0,0515	64	3,2960
Wasserstoffgas	3,2936	1	3,2936
Wismuth	0,0308	106,4	3,2771
Zink	0,0955	32,2	3,0751
Zinn	0,0562	95	3,3158

83. Da die specifische Wärme der Körper mit der materiellen Beschaffenheit derselben in Zusammenhang steht, so muss es von Interesse sein zu sehen, in welchem Verhältnisse ihre Zahlen zu jenen stehen, die sich auf die Äquivalente der Körper beziehen. Die obige Tabelle enthält nun in der vierten Spalte die specifische Wärme der

Äquivalente der Grundstoffe, bezogen auf die zur Einheit angenommene spec. Wärme des Wassers, während die in der zweiten Spalte enthaltenen Zahlen die spec. Wärme der Grundstoffe für Gewichtsmengen ausdrücken, die sowohl unter einander als mit der des Wassers gleich sind. Die beim Blei stehende Zahl 0,0314 bedeutet demnach, dass wenn die Menge der Wärme, welche nothwendig ist eine gleiche Gewichtsmenge Wasser von 0° auf 1° zu erwärmen, 1 ist, die für das Blei 0,0314 sei; die Zahl 3,2593 aber drückt die Wärmemenge aus, die nothwendig ist, um 103,8 Gtle., das ist ein Äquivalent Blei von 0° auf 1° zu erwärmen. Hieraus ist klar, dass diese Zahlen durch Multiplication der beiden vorhergehenden gefunden wurden. Aus der Betrachtung derselben ergibt sich das merkwürdige Gesetz: die specifischen Wärmen der Äquivalente der Grundstoffe sind entweder gleich, oder aber sie sind Vielfache nach ganzen Zahlen von der kleinsten spec. Wärme. Dieses Gesetz geht zwar aus den vorliegenden Daten nicht mit ganzer Schärfe hervor, aber es lässt sich doch nicht verkennen dass es denselben zu Grunde liegt. Die Statt findenden Abweichungen erklären sich hinreichend aus den grossen Schwierigkeiten, mit welchen die Bestimmung der spec. Wärme der Körper verbunden ist und aus der Mangelhaftigkeit unserer Kenntnisse über die Umstände, welche auf dieselbe von Einfluss sind.

Dulong und Petit, welche zuerst die merkwürdige Beziehung zwischen der spec. Wärme und der chemischen Natur der Körper beobachteten, brachten diese in Zusammenhang mit der atomistischen Theorie (s. d.) und waren der Ansicht, dass die spec. Wärmen der Atome einander gleich sein müssen, oder was dasselbe sagen will, dass das Product aus der spec. Wärme und dem Atomgewichte stets dasselbe sei. Setzt man aber die Äquivalente den Atomen gleich, so zeigt die obige Tabelle, dass dies nicht der Fall ist, und wollte man durch Verdoppelung oder Halbirung der Äquivalente eine solche Gleichheit hervorbringen, so würde man dadurch gegen die chemische Ähnlichkeit verstossen. Da nur das Äquivalent und die spec. Wärme der Ausdruck der Thatsachen sind, so können uns auch nur diese bei der Aufstellung von Gesetzen leiten, welche daher auch nichts anderes als der allgemeinste Ausdruck der Thatsachen sein werden. Da endlich das Äquivalent eines Stoffes nur aus dem gesammten chemischen Verhalten desselben abgeleitet werden kann (39), so darf die spec. Wärme nur als einer der Anhaltspunkte und nur mittelbar dazu benützt werden.

84. Die folgende Tabelle enthält in der Spalte 3 die spec. Wärme der Äquivalente verschiedener Verbindungen nach den besten vorliegenden Daten und so unvollständig diese auch noch sind, so lässt sich doch daraus erkennen, dass die spec. Wärme der Äquivalente der Verbindungen Vielfache von der kleinsten derselben nach den ersten Gliedern der Reihe der natürlichen Zahlen sind, dass also für dieselben das nämliche Gesetz wie für die spec. Wärme der Äquivalente der Grundstoffe gilt. Da sich aber auch zeigt, dass die kleinste spec. Wärme der Verbindungen der grössten bis jetzt beobachteten spec. Wärme der Grundstoffe gleich ist, so kann man allgemein sagen, dass nach den bis jetzt vorliegenden Daten die spec. Wärme der Äquivalente sämmtlicher Körper, sie mögen einfach oder zusammengesetzt sein, Vielfache nach den ersten Gliedern der Reihe der natürlichen Zahlen von der kleinsten spec. Wärme derselben sind.

Formeln.	Spec. Wärme, d. des Wassers = 1.	Äquivalente.	Producte der Äquiv. u. d. spec. Wärme.	Summe der spec. Wärme der Bestandtheile.
Cu_2O	0,117	71,6	7,683	9,537
HO, Eis	0,720	9	6,480	5,182
MgO	0,244	20,7	5,049	
MnO	0,157	35,6	5,589	5,866
ZnO	0,132	40,2	5,306	4,964
PbO	0,051	111,8	5,691	5,148
NiO	0,159	37,6	5,952	5,103
HgO	0,052	109,4	5,667	5,265
Mn_3O_4	0,165	114,8	18,953	19,487
Pb_3O_4	0,061	343,4	20,982	17,333
Fe_3O_4	0,164	113,6	19,062	16,841
Al_2O_3	0,217	51,4	11,169	
Cr_2O_3	0,180	80,2	14,404	
Bi_2O_3	0,060	236,8	14,326	12,221
Fe_2O_3	0,167	81	13,527	12,077
SiO_2	0,191	30,8	5,892	
SnO_2	0,093	75	6,991	7,093
MnO_2	0,191	43,6	8,328	7,755
BO_3	0,237	34,8	8,261	
SiO_3	0,080	119	9,496	9,124
MoO_3	0,132	72	9,533	9,132
AsO_3	0,128	115,2	14,734	11,788
SbO_3	0,090	153	13,785	12,220
SbO_4	0,095	161	15,343	14,108
Cu_2Cl	0,138	99	13,692	
Hg_2Cl	0,050	238,2	12,386	
KCl	0,173	74,6	12,898	

Formeln.	Spec. Wärme des Wassers = 1.	Äquivalente.	Producte d. Äquiv. u. der spec. Wärme.	Summe der spec. Wärme der Bestandtheile.
NaCl	0,214	58,6	12,540	
LCl	0,265	41,8	11,077	
AgCl	0,091	143,5	13,073	
BaCl	0,090	104	9,318	
SrCl	0,120	79,4	9,520	
CaCl	0,164	55,4	9,086	
MgCl	0,195	48,1	9,360	
MnCl	0,142	63	8,977	
ZnCl	0,136	67,6	9,207	
SnCl	0,102	94,4	9,591	
PbCl	0,066	139,2	9,243	
HgCl	0,069	136,8	9,425	
$TiCl_2$	0,191	94,8	18,145	
$SnCl_2$	0,148	129,8	19,158	
PCl_3	0,209	137,6	28.786	
$AsCl_3$	0,176	181,4	31,926	
KBr	0,113	117,6	13,312	
NaBr	0,138	101,6	14,061	
AgBr	0,074	186,5	13,782	
PbBr	0,053	182,2	9,657	
Cu_2J	0,069	189,6	13,625	
Hg_2J	0,039	328,8	12,987	
KJ	0,082	165,2	13,530	
NaJ	0,087	149,2	12,950	
AgJ	0,062	234,1	14,420	
PbJ	0,043	229,8	9,812	
HgJ	0,042	227,4	9,551	
Cu_2S	0,121	79,6	9,647	10,890
ZnS	0,123	48,2	5,929	6,317
SnS	0,084	75	6,300	6,557
PbS	0,051	119,8	6,100	6,501
FeS	0,136	44	5,984	6,428
CoS	0,125	45,6	5,704	6,409
NiS	0,128	45,6	5,841	6,456
HgS	0,048	117,4	6,017	6,618
AgS	0,075	124,1	9,258	9,403
Bi_2S_3	0,060	260,8	15,648	16,279
CS_2	0,329	38	12,502	
MoS_2	0,123	80	9,864	9,949
SnS_2	0,119	91	10,856	9,799
FeS_2	0,130	61	7,930	9,670
AsS_2	0,111	107,2	11,910	12,604
AsS_3	0,113	123,2	13,946	15,846
SbS_3	0,091	177	16,054	16,278
CoAs	0,092	92	9,642	9,288

Formeln.	Spec. Wärme, d. des Wassers = 1.	Äquivalente.	Producte d. Äquiv. u. der spec. Wärme.	Summe d. spec. Wärme der Bestandtheile.
SnBi	0,040	165,4	6,616	6,593
Sn$_2$Bi	0,045	224,4	10,098	9,909
Pb$_2$Sb	0,039	336,6	13,060	13,072
PbSn	0,041	162,8	6,626	6,575
PbSn$_2$	0,045	221,8	10,003	9,891
KO,CO$_2$	0,216	69,2	14,961	
NaO,CO$_2$	0,273	53,2	14,508	
BaO,CO$_2$	0,110	98,6	10,885	
SrO,CO$_2$	0,145	74	10,715	
CaO,CO$_2$	0,209	50	10,450	
MgO,CO$_2$	0,222	42,7	9,479	
PbO,CO$_2$	0,081	133,8	10,891	9,807
FeO,CO$_2$	0,193	57,2	11,062	9,643
2MgO,SiO$_2$	0,206	72,4	14,914	
2ZrO,SiO$_2$	0,146	91,6	13,337	
KO,BO$_3$	0,205	82	16,802	
NaO,BO$_3$	0,257	66	16,968	
PbO,BO$_3$	0,090	146,6	13,267	
Ko,2BO$_3$	0,220	116,8	25,661	
NaO,2BO$_3$	0,238	100,8	24,010	
PbO,2BO$_3$	0,114	181,4	20,698	
KO,CrO$_3$	0,185	99,3	18,370	
KO,2CrO$_3$	0,189	151,4	28,675	
Ho,SO$_3$	0,349	49	17,101	14,090
KO,SO$_3$	0,190	87,2	16,576	
NaO,SO$_3$	0,231	71,2	16,454	
BaO,SO$_3$	0,113	116,6	13,152	
SrO,SO$_3$	0,143	92	13,138	
CaO,SO$_3$	0,185	68	12,580	
MgO,SO$_3$	0,222	60,7	13,451	
PbO,SO$_3$	0,085	151,8	12,873	14,056
3PbO,PO$_5$	0,080	406,8	32,463	30,813
2KO,PO$_5$	0,191	165,8	31,668	
2NaO,PO$_5$	0,228	133,8	30,546	
2PbO,PO$_5$	0,082	295	24,219	25,665
CaO,PO$_5$	0,199	99,9	19,900	
3PbO,AsO$_5$	0,073	450,6	32,804	31,010
KO,AsO$_5$	0,156	162,4	25,383	
KO,ClO$_5$	0,210	122,6	25,697	
KO,NO$_5$	0,239	101,2	24,156	
NaO,NO$_5$	0,278	85,2	23,703	
AgO,NO$_5$	0,143	170,1	24,409	21,350
BaO,NO$_5$	0,152	130,6	19,890	
SrO,NO$_5$	0,168	106	17,840	
CaO,SO$_3$,2HO	0,273	86	23,478	

85. Das eben angegebene Gesetz bezieht sich nur auf das Verhältniss, welches zwischen der spec. Wärme der Körper untereinander herrscht; in welcher Beziehung aber die spec. Wärme einer Verbindung zu der spec. Wärme der Bestandtheile steht, zeigt die vierte Spalte der Tabelle. Diese enthält nämlich die Summe, welche sich ergibt, wenn man die spec. Wärme der Bestandtheile addirt. Für Schwefelantimon SbS_3 z. B. hat man

$$6,553 + 3 . 3,242 = 16,279.$$

Vergleicht man nun die Zahlen der vierten Spalte mit denen der dritten, so sieht man, dass sie in vielen Fällen einander sehr nahe gleich sind; es ist also sehr wahrscheinlich, die spec. Wärme einer Verbindung gleich der Summe, die man durch Addition der spec. Wärmen ihrer Bestandtheile erhält. Bei keiner der Zahlen der Tabelle ist die Abweichung von diesem Gesetze so gross, dass man schliessen müsste, die spec. Wärme der Verbindung könne das Doppelte, das Dreifache oder die Hälfte u. s. w. derjenigen sein, welche durch diese Summe ausgedrückt wird. Es ist aber auch nicht wahrscheinlich, dass die spec. Wärme eines der Bestandtheile mit $^1/_3$, $^1/_2$, 2, 3 multiplicirt werden müsse, um die spec. Wärme der Verbindung zu erhalten. Nur genaue Bestimmungen der spec. Wärme der Verbindungen können entscheiden, ob das oben angegebene Gesetz in ganzer Strenge gilt, für jetzt aber muss es als das wahrscheinlichste angenommen werden.

86. Es kann keine chemische Action an einem Körper ohne einer entsprechenden Veränderung seiner Wärmeverhältnisse wahrgenommen werden, und die dadurch bewirkten Temperaturverschiedenheiten stehen im geraden Verhältnisse zur Grösse der chemischen Anziehung, welche diese Veränderung bewirkte. Diese Temperaturveränderungen treten nicht bloss bei chemischen Verbindungen und Trennungen ein; sondern sie werden auch in jenen Fällen beobachtet, wo nur eine Veränderung in der Anordnung der schon verbundenen Bestandtheile Statt findet, wie dies bei dem Übergange der isomeren Modificationen der Körper in einander geschieht, z. B. bei der Umwandlung der Cyansäure in Cyamelid u. dgl.

Bei den chemischen Verbindungen der Körper findet ohne Ausnahme nur eine Erhöhung der Temperatur Statt, die oft von einem Erglühen der ganzen Masse begleitet ist. Nicht selten nimmt die Verbindung dabei Gasgestalt an, was meistens so plötzlich geschieht, dass dadurch die heftigsten Explosionen entstehen. Wirklich ist ausser der Sonne die einzige Quelle der Wärme, die wir sowohl zu technischen als zu den Zwecken des gemeinen Lebens benützen, der Verbrennungsprocess, und zwar nur ein ganz specieller Fall desselben, nämlich die Verbindung des Sauerstoffes mit dem Kohlenstoffe und dem Wasserstoffe. Über die Wärmemenge, welche bei chemischen Verbindungen frei wird, besitzen wir zwar schätzbare Arbeiten, aber es hat sich aus denselben noch kein allgemeines Gesetz ergeben, wesswegen es am zweckmässigsten sein wird die gefundenen Resultate bei den betreffenden Körpern einzuschalten. Auch der Moment der Trennung chemischer Verbindungen ist oft mit Erhitzung, die bis zur Feuererscheinung gehen kann, verbunden.

Die Ursache der Temperaturerhöhung, welche oft die chemische Verbindung begleitet, ist nicht bekannt. Aus einer Veränderung der Wärmecapacität der Bestandtheile kann dieselbe nicht abgeleitet werden, weil in vielen Fällen eine bedeutende Temperaturerhöhung eintritt, obschon die specifische Wärme der Verbindung gleich oder gar grösser ist, als die der Bestandthéile. Das Freiwerden der Wärme wegen Veränderung des Aggregationszustandes kann aber eben so wenig als Ursache der Wärmeentwickelung gelten; weil in vielen Fällen das Product der Verbindung fester Körper gasförmig ist, und dabei doch eine sehr bedeutende Temperaturerhöhung eintritt.

Eine Erniedrigung der Temperatur findet nur in jenen Fällen Statt, wo durch solche gegenseitige Einwirkung der Stoffe, die nicht von der chemischen Anziehung bedingt werden, Veränderungen des Aggregationszustandes und der Wärmecapacität eintreten, wie dies z. B. bei der Lösung der Salze im Wasser der Fall ist. Bemerkenswerth ist es hiebei, dass dieselben Substanzen in flüssigem Zustande zusammengebracht eine Erhöhung der Temperatur bewirken, während wenn wenigstens der eine derselben fest ist, eine oft sehr bedeutende Erkältung eintritt. Hiebei ist es auch nicht gleichgiltig, ob die Körper in wasserhältigem oder wasserfreiem Zustande angewendet werden. In letzterem Falle ist die Erwärmung, welche dadurch bewirkt wird, dass einige Äquivalente des Wassers mit dem Körper in chemische Verbindung treten, weit grösser als die Erkältung, welche durch die Lösung des bereits damit verbundenen erfolgt.

Auf den angeführten Thatsachen beruhen die **Kältemischungen.** Beim Auflösen von 1 Theil salpetersaurem Ammoniak in 1 Th. Wasser von 10⁰ wird die Temperatur bis auf —15⁰,5 erniedrigt. Dasselbe erfolgt wenn 5 Th. Salmiak, 5 Salpeter und 8 Glaubersalz in 1 Th. Wasser von 10⁰ gelöst werden. 1 Th. verdünnte Salzsäure von 10⁰ mit 1²/₃ Glaubersalz erkalten bis auf —17,8⁰, 6 Th. Schwefelsäure erzeugen mit 6 Th. Schnee Wärme, mit 8 Th. Schnee weder Wärme noch Kälte, mit mehr Schnee starke Kälte. Gleiche Theile Schwefelcyankalium und Wasser kühlen sich von +18°C. auf—21° ab.

 1 Th. Schnee oder zerstossenes Eis bringt folgende Kältegrade hervor:

mit ⅓ verdünnter Schwefels. (4 Schwefels. auf

		von		auf	
	1 Wasser)	von	0°	auf	—32°
»	1 verdünnter Schwefelsäure	»	— 7	»	—51
»	½ Kochsalz	»	18	»	—20
»	1 Kochsalz	»	0	»	—18
»	5/12 Kochsalz und 5/12 salpeters. Ammoniak	»	—28	»	—32
»	½ Chlorcalcium (krystallisirtes) . . .	»	— 9	»	—42
»	1⅓ » »	»	0	»	—49
»	1½ » »	»	0	»	—28
	und	»	— 7	»	—47
»	2 » »	»	—18	»	—54
»	3 » »	»	—40	»	—58
»	2 Th. Weingeist v. 0,948 mit ½ Th. Schnee kühlen sich ab			»	—12
»	2 » » » 0,904 » » » » » »			»	—16
»	2 » » » 0,860 » » » » » » » »			»	—20

Auch bei Substanzen die kein Wasser enthalten, tritt Temperaturerniedrigung ein wenn sie gemengt werden, was besonders bei den Quecksilberverbindungen merkwürdig ist. So erkalten sich 204 Bleiamalgam (aus 103 Blei und 101 Quecksilber bestehend) mit 172 Wismuthamalgam (aus 71 Wismuth auf 101 Quecksilber bestehend) von +20° auf — 1°; fügt man hiezu noch 202 Quecksilber, so sinkt die Temperatur auf — 8°. Löst man ein verkleinertes Gemenge von 59 Zinn, 103,5 Blei und 182 Wismuth in 808 Quecksilber, so sinkt die Temperatur von + 17,5° auf — 10°.

87. Es wurde schon (23) gezeigt, wie eine Veränderung der Temperatur auf eine indirecte Art chemische Verbindungen oder Trennungen mehrerer Stoffe bewirkt, indem sie nämlich in diesem Falle nur durch Modification der Cohäsionskraft, die chemische Anziehung entweder schwächt oder sie unterstützt, ohne auf die Grösse dieser Kraft selbst einen Einfluss auszuüben. Wenn man aber die so eben angeführten Wirkungen der Wärme und die mannigfaltigen Erscheinungen die bei den chemischen Verbindungen und Trennungen Statt finden in Betrachtung zieht, so wird man zu dem Schlusse geführt, dass der Wärme noch eine directe Wirkung auf die chemische Anziehung zukommt, indem auch in den Fällen, wo die Änderung des Aggregationszustandes keinen Einfluss mehr haben kann, durch Erwärmung chemische Veränderungen hervorgebracht werden, was nur bei einer directen Wechselwirkung dieser beiden Kräfte möglich ist.

Im Verlaufe dieses Werkes werden sehr viele Thatsachen vorkommen, welche dies beweisen, hier möge vorläufig nur einiger sehr
bekannter Versuche Erwähnung geschehen. Ein kaum rothglühender
Glasstab, in ein Gemenge von zwei Raumtheilen Wasserstoffgas und
einen Raumtheil Sauerstoffgas gebracht, bewirkt augenblicklich,
unter Licht- und Wärmeentwickelung, die Vereinigung dieser beiden Körper zu Wasser. Hier konnte die Wirkung der Wärme nur
darin bestehen, dass sie vermehrend auf die Anziehung welche
zwischen den Theilchen der beiden Körper Statt findet einwirkte, indem beide ohnehin schon gasförmig sind, die Wärme also keine
Cohäsion zu überwinden hatte.

Leitet man Ammoniakgas durch eine mit Porcellanstücken angefüllte Glasröhre, so bedarf es nur einer dunkeln Rothglühhitze um
dasselbe in Wasserstoffgas und Stickgas zu zerlegen. Da auch in diesem
Falle der zerlegte Körper sowohl als die Bestandtheile desselben gasförmig waren, so konnte die Cohäsionskraft hier gar keinen Einfluss
ausüben und die Trennung nur erfolgen, indem die chemische Anziehung durch die Erhöhung der Temperatur geändert und zwar in
diesem Falle geschwächt wurde.

Es gibt aber auch Fälle, wo durch successive Temperaturerhöhung zuerst eine Verbindung zweier Stoffe bewirkt, durch noch
stärkere Erwärmung die so entstandene Verbindung aber wieder getrennt wird. Dies geschieht z. B. beim Quecksilber und Sauerstoff,
welche bei einer seinem Siedpunkte nahe liegenden Temperatur sich
zu Quecksilberoxyd vereinigen, bis zum Rothglühen erwärmt sich
aber wieder trennen.

Ein ähnlicher Fall findet Statt beim successiven Erwärmen des
Kupferoxydes in Ammoniakgas, wo sogar bei einer gewissen Temperatur ein theilweiser Austausch der Bestandtheile erfolgt. Oft liegen
die Temperaturgränzen, innerhalb welcher Vereinigung und Trennung vor sich gehen, so nahe bei einander, dass es sehr schwierig
ist dieselben zu erkennen; oft hingegen sind sie sehr weit von einander entfernt.

Überaus beweisend für die directe Wechselwirkung zwischen
der Wärme und der chemischen Anziehung sind noch die Erscheinungen der Isomerie u. dgl., so wie die Metamorphosen, welche die
Körper bei der Gährung (dieses Wort im weiteren Sinne genommen)
erleiden, indem die Producte welche hiebei gebildet werden in vielen Fällen ganz allein von der Temperatur abhängen, bei welcher
sie eingeleitet wurde. (Siehe Gährung.)

88. Die bisher angeführten Thatsachen führen zu dem Schlusse, dass die Körper, je niedriger ihre Temperatur ist, desto weniger geeignet sind chemisch auf einander zu wirken. Die Erfahrung bestätiget dies vollkommen, denn sie lehrt, dass schon durch eine Erkältung bis zu — 80°, eine Temperatur welche mittelst eines Breies von fester Kohlensäure und Äther erreicht werden kann, die kräftigsten chemischen Actionen aufgehoben werden.[1]) So wirkt Chlor auf Phosphor, Antimon, Arsen, Ammoniak u. s. w. bei gewöhnlicher Temperatur mit grösster Heftigkeit unter Feuererscheinung ein, kühlt man aber das Chlor auf die oben angeführte Art ab, so wird es bei gewöhnlichem Drucke tropfbar, und ist dann gegen die genannten Substanzen, wenn diese ebenfalls hinreichend abgekühlt sind, ganz indifferent. Es erfolgt selbst dann noch keine Verbindung, wenn man die Kugelröhre in welcher sich die Substanzen befinden aus der Kältemischung nimmt und ohne sie zu verschliessen bei Seite legt. Es bewirkt nämlich dann die durch die Verdunstung des tropfbaren Chlores erzeugte Kälte, was früher die Kältemischung leistete. Verstopft man hingegen die Röhre, nachdem sie aus der Kältemischung genommen wurde, wodurch das Chlor zu verdunsten verhindert wird, so steigt nach wenigen Minuten die Temperatur bis zu derjenigen Höhe, bei welcher die Körper aufeinander wirken, was dann auch mit der gewöhnlichen Heftigkeit und Explosion geschieht. Durch dasselbe Mittel ist man auch im Stande die gegenseitige Einwirkung von Alkohol auf Chromsäure und auf Chlorchromsäure, welche bei gewöhnlicher Temperatur mit Explosion erfolgt, aufzuheben, und ein Gleiches gilt auch von Ammoniak und Phosphorchlorür, von Jod, Brom und Phosphor u. dgl. m. Obwohl es leicht der Fall sein kann, dass die Temperatur bei welcher die Indifferenz für die oben angeführten Körper eintritt für andere noch zu hoch ist, um sie in denselben Zustand zu versetzen, so ist es doch höchst wahrscheinlich, dass es auch für diese eine Temperatur gibt, die niedrig genug ist um jede gegenseitige chemische Einwirkung derselben aufzuheben, und es dürfte nach den vorliegenden Facten nicht zu gewagt sein zu vermuthen, dass diese Temperatur eine für uns erreichbare, vielleicht nicht unter — 200° liegende, sei. Ja es wäre sogar möglich, dass die Grösse des gegenseitigen Bestrebens der Körper sich mit einander zu verbinden, nur allein von die-

---

[1]) Die hier angeführten Versuche wurden bisher nicht im Detail beschrieben, Hr Du m a s, dem ich eine kurze Notiz über dieselben mittheilte, hat sie der Pariser Akademie in der Sitzung vom 20. Januar mitgetheilt. (Compte rendu N. 3. 1845 p. 193.)

9

sem Verhältniss gegen die Wärme abhängt, so dass man sagen könnte: alle Körper haben ein gleiches Bestreben sich mit einander zu verbinden, nur ist die Temperatur bei welcher dies Statt findet, nicht für alle Körper dieselbe. Über die Zulässigkeit dieser Ansicht lässt sich indess nur durch eine sehr ausgedehnte Reihe von Versuchen entscheiden, bei welchen eine genaue Berücksichtigung der Temperaturen Hauptbedingung wäre, die aber bei den gegenwärtigen Hilfsmitteln zur Bestimmung sehr niedriger Temperaturen mit grossen Schwierigkeiten verbunden ist.

Verhältniss der chemischen Anziehung zum Lichte.

89. Es gibt eine grosse Anzahl von Thatsachen, aus welchen mit Sicherheit hervorgeht, dass auch das Licht die chemische Anziehung modificiren und so chemische Veränderungen veranlassen könne. So viele Beobachtungen man aber auch hierüber angestellt hat, so ist es doch auch hier noch nicht gelungen die allgemeinen Gesetze, unter welchen dieser Einfluss steht, aufzufinden. Um einen bequemen Ausdruck für die hier anzuführenden Erscheinungen zu haben, stellt man sich vor, dass das Sonnenlicht nebst den erwärmenden und erleuchtenden auch noch chemisch wirkende Strahlen enthalte, d. h. solche die vorzugsweise geeignet sind, mit der chemischen Anziehung in Wechselwirkung zu treten. Wie diese Ansicht mit den physikalischen Verhältnissen der Licht- und Wärme-Strahlen übereinstimmt, wird später (93) gezeigt werden.

Die Erfahrung lehrt uns, dass durch die Einwirkung des Lichtes sowohl chemische Verbindungen als Scheidungen eingeleitet werden. Ob die Körper auch isomerische Modificationen durch dasselbe erleiden können, ist noch nicht erwiesen, obwohl dies nach den gegenwärtigen theoretischen Ansichten über die Natur des Lichtes und das Wesen der chemischen Veränderungen als sehr wahrscheinlich erscheint. Die chemischen Veränderungen gehen indess nicht an allen Theilen des prismatischen Farbenspectrums mit gleicher Stärke vor sich; an der Stelle der violetten Strahlen und noch etwas darüber hinaus findet die stärkste Einwirkung Statt, an der Stelle der gelben und rothen dagegen ist dieselbe nur sehr schwach oder ganz Null. Das Material des angewandten Prismas übt hierauf einen, jedoch wie es scheint, nicht sehr bedeutenden Einfluss aus. Bei den bisher angewandten Prismen zeigen sich also die chemischen Strahlen als die brechbarsten.

So wie das Licht des Spectrums verhält sich auch das Licht welches durch gefärbte Gläser geht, indem Körper welche im weissen oder violetten Lichte Veränderungen erleiden, unter gelben und rothen Gläsern gar nicht afficirt werden. Merkwürdig ist es aber, dass, obwohl die rothen Strahlen keine chemischen Veränderungen einzuleiten vermögen, sie doch die durch die violetten Strahlen begonnenen Veränderungen fortzusetzen im Stande sind. E. Becquerel, dem man diese Beobachtung verdankt, zieht daraus den Schluss, dass die chemischen Strahlen des Sonnenlichtes wenigstens von zweierlei Art sind, nämlich die gewöhnlichen welche er erregende nennt, und die fortsetzenden, welche nur die von den ersten angefangene Wirkung fortsetzen können. Die letzteren liegen in dem Theile des Spectrums wo sich die rothen bis zu den grünen Strahlen befinden, in den blauen fallen sie schon mit den erregenden zusammen. Bei Anwendung eines Prisma von Flintglas liegt das Maximum der erregenden Strahlen zwischen Indigo und Violett, das der fortsetzenden an der Gränze zwischen Gelb und Orange. Die beiden Maxima liegen etwa 0,2 der ganzen Länge des Spectrums von den entsprechenden Enden desselben. Jenseits des Roth findet keine Wirkung mehr Statt, jenseits des Violett aber erstreckt sie sich noch sehr weit, und zwar bei einem Versuche bis zu 0,7 der ganzen Länge des Spectrums. Das Materiale des Prisma ist auf alle diese Verhältnisse von Einfluss. Einige Körper lassen bloss die fortsetzenden, andere beide Arten von Strahlen durch.

Die chemische Wirksamkeit des Lichtes wird übrigens auch beim Durchgang durch gewisse Körper welche nicht gefärbt sind wesentlich geändert. Chlorsilberpapier wird z. B. von Licht, welches durch eine Platte von Thierleim gegangen ist, weit weniger afficirt, als wenn es durch weisses Glas oder Bergkrystall, und am wenigsten wenn es durch Gyps ging. Die folgende Tafel gibt die schwächende Kraft verschiedener Substanzen nach Versuchen von Malaguti an, wenn die der atmosphärischen Luft zur Einheit genommen wird:

Atmosphärische Luft	1,000
Wasser	0,764
Salzsäure von 1,1907 Dichte .	1,234
Salpetersäure 1,835 " .	1,487

Schwefelkohlenstoff 1,496
Copaivaöl 1,704
Terpenthinöl 1,764
Bittermandelöl 2,003
Citronenöl 2,826
Rosmarinöl 3,017
Lavendelöl 3,140
Kreosot 3,964

Von gleicher Wirkung mit der Luft sind Essigsäure, Holzgeist, absoluter Weingeist, essigsaures und benzoesaures Methylen, Äther, Klee- und Essig-Äther, Aceton, Öl des ölbildenden Gases und Chlorbenzoyl. Grünes Boutcillenglas, Chlorgas, Chloroxydgas, Bromgas und tropfbares Brom schwächen die chemischen Wirkungen des Lichtes am meisten. Überhaupt werden die chemischen Strahlen desto mehr geschwächt, je dicker die Schichte des Körpers ist, durch welchen sie gehen. Hat diese Schichte aber eine gewisse Dicke erreicht, welche für verschiedene Körper verschieden ist, so erleiden sie dann keine weitere Schwächung mehr, wie gross auch die Dicke der Schichte desselben Körpers, die sie noch zu durchdringen haben, sein mag. Dieses Verhalten haben die chemischen Strahlen mit den Wärmestrahlen gemein.

Im Allgemeinen sind die chemischen Wirkungen des Lichtes denen der Wärme analog, und in vielen Fällen, jedoch nicht in allen, können durch Erwärmung ganz dieselben Veränderungen eingeleitet werden welche durch Bestrahlung erfolgen. Ganz besonders wichtig ist der Einfluss des Lichtes auf die chemischen Veränderungen welche im lebenden Körper der Pflanzen oder Thiere Statt finden, und gerade hier lässt sich die Wirkung der Beleuchtung nicht durch Erwärmung ersetzen.

Alles hier Angeführte bezieht sich auf Sonnenlicht; wie sich das Licht aus anderen Quellen in dieser Hinsicht verhält, ist, wenige Fälle ausgenommen, noch unermittelt.

Die folgenden Thatsachen werden dazu dienen die hier angeführten allgemeinen Sätze zu bestätigen.

Chlorgas und Wasserstoffgas vereinigen sich bei gewöhnlicher Temperatur im Finstern gar nicht, im gewöhnlichen reflectirten Lichte nur langsam, im directen Sonnenlichte aber mit Explosion. Durch rothes Glas oder durch eine Lösung von zweifach chromsauren Kali fallendes Licht ist ohne Wirkung auf das Gasgemenge, violettes Licht wirkt wie weisses. Überhaupt zerlegt das Chlor unter Mitwirkung des Lichtes die meisten wasserstoffhaltigen Verbindungen, indem Chlorwasserstoff gebildet, und Sauerstoff frei wird, wenn derselbe vorhanden ist. Hierauf beruht die Chlorbleiche.

In Aether gelöstes Eisenchlorid wird durch violettes Licht zu Chlorür reducirt, dasselbe gilt von Quecksilberchlorid. In Aether gelöstes Goldchlorid wird, und zwar am schnellsten durch die blauen Strahlen, gänzlich reducirt und das Gold abgeschieden. Ebenso wirkt die Kohle und andere Substanzen organischen Ursprunges auf verschiedene Metalloxyde, jedoch nur unter Mitwirkung des Lichtes. Feuchtes kleesaures Eisenoxyd zerfällt unter denselben Umständen in kleesaures Eisenoxydul und Kohlensäure, eine Zerlegung, welche bei 100° noch nicht erfolgt.

Hieher gehört auch die entfärbende Wirkung, welche das Licht auf viele Farbstoffe organischen Ursprunges ausübt, indem bei Einwirkung desselben der Sauerstoff der Atmosphäre auf die Bestandtheile derselben wirkt und so ihre Natur verändert. Erwärmung bis 100° bewirkt oft dieselbe Veränderung.

In gewisser Hinsicht abnorm ist die Wirkung des Lichtes auf im Wasser vertheilte blaue Jodstärke, welche sowohl durch weisses Sonnenlicht als durch die gelben und grünen Strahlen unter Bildung von Jodwasserstoff entfärbt wird, während die rothen und blauen Strahlen nur wenig und die violetten gar nicht mehr darauf einwirken. Hier sind also die violetten Strahlen die unwirksamen, die gelben die wirksamen, während sonst gerade das Gegentheil Statt findet.

Concentrirte Salpetersäure wird insbesondere durch die Einwirkung des blauen Lichtes in Sauerstoffgas und in niedrigere Oxydationsstufen des Stickstoffes zerlegt. Quecksilberoxydul Hg_2O zerfällt in metallisches Quecksilber und in Quecksilberoxyd, nämlich in Hg und HgO. Ein ähnliches Verhalten zeigen noch viele andere Oxyde und Superoxyde, bei welchen manchmal ein Theil des Sauerstoffes frei wird, wie beim Goldoxyd.

Silberchlorid AgCl welches ursprünglich weiss ist, wird durch Sonnenlicht, durch das Licht weissglühender Kohle, durch Drumond's Kalklicht, anfangs violett, dann schwarz, indem ein Theil des Chlors abgeschieden wird (sieh Chlorsilber-Papier beim Silber).

Licht, welches durch gewisse gelbe Flüssigkeiten, wie einfach chromsaures Kali, fünffach Schwefelammonium oder Calcium, anderthalb-Chloreisen, dreifach-Chlorgold, oder zweifach-Chlorplatin geht, wirkt nicht auf Silberchlorid. Unter einer Lösung des zweifach-chromsauren Kalis wird es erst in 5 Tagen blass gelbgrün; unter der des rothen Cyan-Eisen-Kaliums färbt es sich ziegelroth, und unter der des Kupferoxyd-Ammoniaks grünbraun.

Je nach der Natur der Chlorverbindung mit deren Lösung das Papier getränkt wurde, das nachher in Silberauflösung getaucht wird, erhält das Chlorsilber unter verschieden gefärbten Gläsern verschiedene Färbungen:

	Unter blauem	grünem	gelbem	rothem Glas
Salmiak	olivenbraun	blassbraun	braun	dunkelorange
Chlorkalium	hellpurpurn	himmelblau	hellviolett	roth

	Unter blauem	grünem	gelbem	rothem Glas
Chlornatrium	purpurn	blau	violett	rothbraun
Chlorbarium	purpurn	lila	rothbraun	blassroth
Chlorcalcium	reichviolett	blassblau	blau	röthlich
Chlormangan	reichbraun	röthlich	blassrosa	gelb
Einfach-Chlor- eisen	roth	farblos	blassroth	bleifarbig
Anderthalb- Chloreisen	blau	gelblich	strohfarben	gelbgrün

Das durch Chlorgas fallende Licht färbt das mit Chlorbarium bereitete Papier gelb, und das durch den Dampf der Untersalpetersäure fallende roth. Das durch Bromdampf fallende Licht färbt das mit Salmiak bereitete Papier nicht.

Sind dergleichen Papiere durch das farblose Sonnenlicht geschwärzt so erhalten sie, demselben unter gefärbten Gläsern mehrere Tage dargeboten, folgende Farben :

	Durch farbloses Licht erzeugte Färbung	Unter blauem	grünem	gelbem	rothem Glas
Chlorbarium	dunkelbraun	dunkelbraun	schmutzig	grünbraun	roth
Salmiak	rothbraun	olivengrün	dunkelgrün	schmutzig- gelb	roth
Wässr. Chlor	reichbraun	blauschwarz	dunkler	dunkler	düsterroth
Wässr. Chlor und Kali	grünbraun	schwarzbraun	dunkler	bläulich	geröthet.

Bei längerem Aussetzen treten aber noch andere Farbenänderungen ein.

Bromsilber und Jodsilber verhalten sich am Lichte dem Chlorsilber ähnlich.

E. Becquerel hat in neuester Zeit den elektrischen Strom mit Vortheil benützt, um die chemischen Wirkungen des Lichtes zu erforschen, indem er zwei jodirte Platin- oder Silber-Platten, die mittels eines Drathes, in welchen ein Multiplicator eingeschaltet ist, in Verbindung stehen, in reines Wasser tauchte und nur eine der beiden Platten beleuchtete. Es unterliegt keinem Zweifel, dass bei Beseitigung aller störenden Einflüsse der auf diese Weise durch Einwirkung des Lichtes auf eine der Platten entstehende Strom ein sehr geeignetes Mittel werden kann über diesen noch so wenig bekannten Gegenstand Aufschlüsse zu erhalten. (Pogg. Ann. B. 54 und 55.)

90. Sehr viele chemische Veränderungen sind mit Lichtentwickelung verbunden, und es ist in der That ein chemischer Process, die Verbrennung, dessen wir uns zur Erzeugung von Licht bedienen. Die Lichtentwickelung hält mit der Wärmeentwickelung fast immer gleichen Schritt, so dass die Körper welche bei ihrer Verbindung mit anderen viel Wärme entwickeln, auch lebhafte Lichtphänomene zeigen, dies ist besonders bei Sauerstoff, Chlor, Brom, Jod, Schwefel u. m. a. Körpern der Fall wenn sie sich mit Phosphor, Kohle oder den Metallen verbinden. Aber nicht bloss bei der chemischen Verbindung, sondern auch bei der chemischen Trennung wird Licht entwickelt, und dies geschieht gerade bei jenen Körpern, nämlich bei den sogenannten Knallpräparaten in sehr hohem Masse, deren Bestandtheile sich nur schwierig und daher ohne Licht- und Wärme-Entwickelung vereinigen. Selbst bei dem Uebergange der Stoffe aus einer isomeren Modification in die andere wird Licht entwickelt, wie z. B. bei der Umwandlung der amorphen arsenigen Säure in die krystallisirte, des löslichen Chromoxydes in das unlösliche.

Die Farbe und Beschaffenheit des sich bei der chemischen Action entwickelnden Lichtes hängt sehr von der Natur der aufeinander wirkenden Stoffe ab. Kalium verbrennt mit röthlichem, Natrium mit gelbem, Magnium mit blendend weissem Lichte, Strontium mit rothem, Arsen mit bläulichem, Schwefel mit violettem, Kupfer mit grünem u. dgl. Dass das Licht, welches aus diesen verschiedenen Quellen fliesst, nicht von derselben Art ist, geht auch daraus hervor, dass die Anzahl und die Anordnung der von Fraunhofer im Farbenspectrum beobachteten schwarzen Linien in dem Lichte verschiedenen Ursprunges nicht dieselben sind, und dass es von durchsichtigen Medien nicht auf gleiche Art absorbirt wird.

91. Zwischen der materiellen Beschaffenheit der Körper und ihrem Vermögen das Licht, welches von denselben reflectirt wird oder durch sie geht, zu modificiren, herrscht ein inniger Zusammenhang, was aus den zahlreichen Beobachtungen der Physiker mit Gewissheit hervorgeht, aber auch hier fehlt uns die Kenntniss der Gesetze. Der Glanz, die Farbe, die Durchsichtigkeit, die Phosphorescenz, das Vermögen Licht zu absorbiren, einfach und doppelt zu brechen, in Farben zu zerstreuen und zu polarisiren, hängt nicht nur von den Bestandtheilen, sondern vielleicht noch mehr von der Anordnung derselben ab. Die zuletzt genannten Modificationen des Lichtes wenigstens stehen mit der Krystallform in nächster Beziehung, so dass das Verhalten gegen dasselbe einst ein sicherer Führer zur näheren Kenntniss der Anordnung und Gruppirung der Atome werden dürfte. So wie fast immer die Licht- und Wärme-Entwickelungen bei chemischen Veränderungen zugleich auftreten, ebenso werden die durch die Natur und die Art der Verbindung der Stoffe bedingten Verhältnisse gegen das Licht auf eine sehr merkwürdige Weise durch die Temperaturveränderungen modificirt, wie die von der Erwärmung abhängigen vorübergehenden Farbenveränderungen der Körper beweisen.

Schon längst vermuthete man eine Beziehung zwischen der chemischen Beschaffenheit der Körper und ihrem Vermögen das Licht zu brechen, denn schon Newton war der Meinung, dass die Körper welche das Licht stark brechen brennbar sind; und obwohl dieser Satz, wie wir jetzt wissen, nicht richtig ist, so führte er doch diesen grossen Forscher zu einer richtigen Folgerung, nämlich zu der Vermuthung, dass der Diamant brennbar sei. Aus den bis jetzt vorliegenden Untersuchungen geht hervor, dass das Brechungsverhältniss einer Substanz genau mit der Dichte derselben zunimmt und dass bei Substanzen die ein Maximum der Dichte haben wenn sie mit Wasser gemischt werden, wie die Essigsäure, der Alkohol, diesem Maximum auch ein Maximum des Brechungsverhältnisses entspricht. (Deville in Pogg. Ann. 57. 267. 51. 427. u. 433.)

Dass es eine Einwirkung der Körper auf das Licht gibt, welche nicht von der Krystallform derselben abhängig ist, und dennoch mit ihrer chemischen Zusammensetzung in genauester Beziehung steht, beweisen die Erscheinungen der circularen Polarisation, die man an Flüssigkeiten beobachtet, welche daher nur von der Anordnung der Grundstoffe in einer Verbindung abhängen können, wie am geeigneten Orte gezeigt werden wird.

Der vorübergehende Einfluss der Erwärmung auf die Farbe geht aus folgenden Beispielen deutlich hervor. Untersalpetersäure ist bei — 20° farblos, bei 0° blassgelb, bei 20° pomeranzengelb, und der Dampf wird bei noch stärkerem Erhitzen völlig schwarz und undurchsichtig. Viele weisse Oxyd- und Metallsäuren werden beim Erhitzen pomeranzengelb. Das blassgrüne, wasserfreie, schwefelsaure Chromoxyd wird beim jedesmaligen Erwärmen lebhaft pfirsichblüthroth. Sehr viele schwach gefärbte Eisensalze werden beim Erwärmen dunkler. Im Allgemeinen werden mit der Erwärmung die Farben dunkler und nehmen an Intensität zu.

92. Nebst der Lichtentwickelung welche so häufig den Act der chemischen Veränderung begleitet, gibt es noch eine andere, die entweder von keiner oder wenigstens von keiner bis jetzt nachweisbaren solchen Veränderung begleitet ist, und welche man im Allgemeinen mit dem Worte Phosphorescenz bezeichnet. Diese merkwürdige Erscheinung tritt ein, wenn gewisse Körper eine Zeit lang der Einwirkung des Lichtes ausgesetzt und dann in einen dunkeln Raum gebracht werden. Man hat wohl auch ein Leuchten bei der Fäulniss thierischer und vegetabilischer Körper beobachtet; ferner gehört bei einigen Thieren und Pflanzen das Leuchten unter ihre Lebensäusserungen und hängt bei gewissen Thieren, aus den niederen Klassen, sogar von ihrem Willen ab. Da jedoch das Leuchten in Fäulniss begriffener organischer Körper von der Anwesenheit des Sauerstoffes der Luft bedingt wird, und mit Entwickelung von Kohlensäure verbunden ist, das Leuchten lebender Wesen aber mit ihrem Lebensprocesse in so inniger Verbindung steht; so kann hier nur von der zuerst angeführten Art der Phosphorescenz, welche eintritt wenn gewisse Körper längere Zeit der Einwirkung des Lichtes ausgesetzt werden, die Rede sein. Man nennt derlei Körper P h o s - p h o r e d u r c h B e s t r a h l u n g oder I n s o l a t i o n, L e u c h t s t e i n e, L i c h t m a g n e t e, L i c h t s a u g e r. Die Einwirkung des Lichtes kann bei denselben nicht durch Erwärmung ersetzt werden, indem alle Lichtsauger wenn sie leuchten sollen zuerst bestrahlt werden müssen, woraus hervorgeht, dass das Phosphorescieren und das Leuchten beim Glühen ganz verschiedenartige Erscheinungen sind. Bei vielen dieser Körper ist die Einwirkung des directen Sonnenlichtes nothwendig, andere hingegen, wie der Canton'sche und Bologneser Leuchtstein, der Diamant, das Papier, bedürfen nur des Lampenlichtes u. dgl. um zu phosphoresciren. Die Lebhaftigkeit aber womit dies geschieht ist desto grösser, je stärker das auf sie wirkende Licht war. Besonders wirksam ist in dieser Hinsicht das elektrische Licht.

An den Rändern leuchten die Leuchtsteine in der Regel am stärksten.

Durchsichtige Körper schwächen meistens und zwar auf eine ganz verschiedene Weise die Kraft des durch sie gehenden Lichtes. Auch hier findet im violetten und dem noch etwas ausserhalb desselben befindlichen Theile des Spectrums die grösste Wirksamkeit Statt. Ja es scheint in dieser Beziehung ein gewisser Gegensatz zwischen den violetten und rothen Strahlen zu bestehen, denn viele Leuchtsteine, welche im weissen oder violetten Lichte sehr schön leuchten, ver- löschen fast augenblicklich, wenn sie von rothen Strahlen getroffen werden. Man kann überhaupt sagen, dass es die chemischen Strahlen sind, welche das Leuchten bewirken.

Auch das elektrische Licht verliert seine Fähigkeit Phosphor- escenz hervorzurufen, wenn es durch rothes oder gelbgrünes Glas geht. Eine durchsichtige Gypsplatte hindert die Wirkung des elektri- schen Lichtes nicht merklich, Bergkrystall etwas mehr, und noch schwächender wirkt Glas und zwar violettes ebenso wie weisses.

Die Temperatur bei der die Insolation Statt findet, ist nicht ohne Einfluss auf die Stärke des Phosphorescirens, denn bei — 31° insolirter Canton'scher und Bononischer Phosphor leuchtet bei + 10° weit stärker, als wenn er bei + 31° dem Sonnenlichte ausgesetzt waren. Die besten Lichtsauger leuchten nur sehr wenig wenn sie bei 100° bis 200° dem Lichte ausgesetzt, dann aber diesem entzogen abgekühlt werden. Bei — 12° leuchtet Canton's Leuchtstein eben so gut wie bei — 25°, hat er aber bei gewöhnlicher Temperatur zu leuchten aufgehört, so leuchtet er wieder wenn er bis 40° oder 100° erwärmt wird. Leuchtet er dann aber auch nicht mehr, so bedarf er aufs neue der Insolation um dieses Vermögen wieder zu erhalten. Einige Leuchtsteine, welche durch Glühen das Vermögen zu leuchten verloren haben, erhalten diese Fähigkeit durch einen elektrischen Schlag wieder. Diese Wirkung muss aber, wie Becquerel gezeigt hat, dem elektrischen Lichte, nicht etwa der Erschütterung zugeschrieben werden.

Die Dauer der Einwirkung des Lichtes ist nur von untergeordnetem Einflusse auf die Phosphorescenz, denn eine nur momentane Einwirkung desselben bringt schon ein Leuchten, obwohl ein kürzeres hervor; eine länger als 10 Sec. dauernde Insolation aber bewirkt kein stärkeres Leuchten mehr.

Ueber die Dauer der Phosphorescenz fehlt es an sicheren Bestimmungen, indem sehr geringfügige Umstände bei der Bereitung der Lichtsauger darauf Einfluss zu haben scheinen. Die längste beobachtete Dauer des Leuchtens betrug 10 Tage, und zwar beim Chlorophan (Pyrosmaragd), einer Varietät des octaedrischen Flusshaloïdes (Flussspathes) welcher auch die Eigenschaft besitzt auf glühende Kohlen gestreut sehr schön zu leuchten. Eine anhaltende Erkaltung (bei Austerschalen bis — 20°) vermindert die Dauer der Phosphorescenz.

Die Farbe des Lichtes der Leuchtsteine ist sehr verschieden, und scheint nach Wach's Versuchen von sehr kleinen Mengen gewisser Substanzen die denselben beigemischt werden abzuhängen. Die Farbe des Lichtes aber, womit sie bestrahlt werden, soll übrigens ganz ohne Einfluss auf die Farbe ihres Lichtes sein. Sie leuchten in allen durchsichtigen Mitteln die keinen chemischen Einfluss auf dieselben üben, ganz auf gleiche Weise. Manche Leuchtsteine, wie der Bologneser und Canton'sche, müssen daher in zugeschmolzenen Glasröhren aufbewahrt werden.

Durchscheinende Substanzen, wie weisser Marmor, leuchten an frischen Bruchstellen, in Pulver aber insolirt leuchten sie nur an der Oberfläche, so dass die Stellen die man umrührt dunkel erscheinen.

Die wirksamsten der bisher bekannten Lichtsauger sind folgende:

Bononischer Leuchtstein. 1) Ein aus eisenfreiem Schwerspathpulver und Traganthschleim in platten Kuchen geformter und getrockneter Teig wird in einem Windofen zwischen kleinen Kohlen geschichtet oder im Tiegel 1 Stunde lang geglüht und noch warm in gut verschlossenen Gläsern aufbewahrt; 3 bis 4 Procent Bittererde dem Schwerspathpulver zugefügt, verbessert, nach W a c h, den Leuchtstein bedeutend, was auch fast von allen übrigen gilt.

Strontian-Leuchtstein wird auf dieselbe Weise wie der vorige, nur mit Anwendung von Zölestin statt Schwerspath, bereitet.

C a n t o n setzt ein Gemenge von 3 Theilen gesiebter calcinirter Austerschalen und 1 Theil Schwefelblumen einem einstündigen heftigen Feuer aus. G r o t t h u s s schichtet gereinigte und $^1/_2$ Stunde lang für sich geglühte Austerschalen in einem Tiegel mit Schwefelpulver, so dass ihre innere Fläche immer nach unten zu liegen kommt, und glüht den Tiegel $^1/_2$ — 1 Stunde lang mässig im Windofen. Die Auster-schalen müssen, vor dem Schichten mit Schwefel, gut gebrannt sein, so dass sie keine dunkeln Stellen mehr zeigen, und ihre innere Fläche muss mit einer weichen Bürste die sie nicht verletzt von anhängender Asche gesäubert werden. Der Phosphor wird leuchtender, wenn man die gebrannten Austerschalen im ganzen Zustande mit Schwefel glüht, als wenn man sie vorher pulvert.

D e s s a i g n e s glüht Gyps mit etwas Mehl. O s a n n bereitet einen Antimon-Leuchtstein, indem er vorher geglühte und dann ge-reinigte Austerschalen abwechslungsweise mit feingepulvertem Schwe-felantimon geschichtet, im gut verschlossenen Tiegel 1 Stunde lang glüht. Nach dem Erkalten werden die weissen Stücke ausgesucht, die gelben und schwarzen beseitigt. Auf dieselbe Weise erhält man auch Realgar-Leuchtsteine. Zur Darstellung eines Arsen-Leuchtsteines wurde ein getrockneter Teig von halb arsensaurem Baryt und Tragantschleim $^1/_2$ Stunde lang zwischen Kohlen oder auf thönerner Unterlage geglüht.

Nach W a c h erhält man sehr gute Leuchtsteine mit verschie-denen Metallen auf folgende Arten:

a) Gebrannte Austerschalen werden mit einer Auflösung von drei-fach-Schwefelarsen dünne bestrichen, nach dem Trocknen mit Schwefel bestreut und im verschlossenen Tiegel geglüht. Gibt blaues Licht.

b) 3 Theile gebrannte Austerschalen werden mit 1 Theil eines Ge-menges von 10 Theilen Schwefelblumen und 1 Theil Antimon-oxyd (gibt weisses Licht), Zinkoxyd (lebhaft grünes), Kadmium-oxyd (hochgelbes) oder Zinnoxyd (weisses) geschichtet und im bedeckten Tiegel mässig geglüht.

c) Man tröpfelt auf gebrannte Austerschalen eine Lösung von arsensaurem Ammoniak, (die betropfte Stelle erscheint feuerroth mit grünem Saume) salzsaurem Antimonoxyd (gelbroth), schwefelsaurem Zinkoxyd (bläulich), schwefelsaurem Kadmiumoxyd oder einfach-Chlorzinn (gelb) und glüht sie dann mit Schwefel bestreut.

Auch durch Glühen von unterschwefligsaurem und von schwefligsaurem Baryt, Strontian oder Kalk erhält man gute Leuchtsteine, besonders von unterschweflig saurem Kalk mit einigen Procenten Bittererde gemengt.

Homberg's cher Phosphor wird erhalten durch Schmelzen von 1 Theil Salmiak mit 2 Theilen zerfallenem Kalk, ist also nichts als ein Gemenge von Chlorcalcium und Kalk.

Balduin'scher Phosphor ist salpetersaurer Kalk, der bis zur anfangenden Zersetzung der Salpetersäure geschmolzen wird.

Endlich gehören noch zu den guten Leuchtsteinen der Demant, die unter dem Namen Chlorophan bekannten Flussspathe, der Strontianit, Arragonit, Kalkspath, Marmor, Kalksinter, Kreide und schwach gebrannte Austerschalen.

Theoretische Ansichten über das Verhalten von Licht und Wärme zur chemischen Anziehung.

93. Die Abhängigkeit der chemischen Erscheinungen von bestimmten Wärme- und Lichtverhältnissen, so wie das so häufig vorkommende gleichzeitige Auftreten von chemischen Veränderungen mit Licht- und Wärme-Entwickelung waren es hauptsächlich, welche die Annahme eines eigenen Stoffes, des Wärmestoffes, zur Erklärung dieser Phänomene zu fordern schien, und daher waren es auch vorzugsweise die Chemiker von denen diese Hypothese ausgebildet wurde. In der That scheint dieselbe zu genügen, wenn man nur die chemischen Erscheinungen allein ins Auge fasst, indem es dann den Anschein hat, als könnte man durch Annahme eines eigenen Wärmestoffes, der sich bald in verschiedenen Verhältnissen mit den Körpern verbindet, bald frei wird, die mannigfaltigen chemischen Beziehungen derselben genügend erklären. Ganz ebenso verhielt es sich mit der Emanationstheorie des Lichtes, welche ebenfalls so lange genügte, als man dieselbe nur auf eine gewisse Reihe von Erscheinungen anwendete und andere unberücksichtiget liess. Fasst man indess die sämmtlichen Wärmephänomene zusammen, so ergibt sich mit Sicherheit, dass diese Hypothese gänzlich ungenügend ist. Seit man nämlich die vollkommene Analogie zwischen Licht und Wärme kennt, seit man weiss, dass sich einerseits die Wärme in diathermanen

Körpern, d. h. in solchen welche sie ohne sich selbst merklich zu erwärmen durchlassen, wie das Licht in durchsichtigen, strahlend fortpflanzt und dabei alle Modificationen wie dieses erleidet, und dass anderseits das Licht ebenfalls die chemische Anziehung zu modificiren vermag, ist man zu der Ueberzeugung gelangt, dass man nach dem gegenwärtigen Standpunkt der Wissenschaft, wie schon (16) angedeutet wurde, die Erscheinungen des Lichtes und der Wärme auf gleiche Weise erklären müsse, und dass hiezu die Annahme eines und desselben Mediums, des Äthers (16) ausreiche. Aus den Thatsachen folgt dann unmittelbar, dass die Ätherwellen, welche die Wärmeerscheinungen bedingen, nur länger sind, folglich auch eine andere Fortpflanzungs-Geschwindigkeit haben, als die welche die Lichtphänomene bewirken. Im Einklange mit unserer gegenwärtigen Ansicht über die letzte Ursache der chemischen Erscheinungen, nach welcher sie in nichts Anderem, als in einer Änderung der Art der Vereinigung, Gruppirung oder Trennung der Atome bestehen, also in jedem Falle eine Bewegung derselben voraussetzen, lässt sich der Einfluss der Wärme und des Lichtes auf diese Erscheinungen vorläufig wenigstens im Allgemeinen begreifen, wenn auch vielleicht noch lange nicht bis ins Einzelne erklären. Die Vibrationen des Äthers müssen sich nämlich den Molecülen und von diesen den Atomen mittheilen und hierdurch die Wirkung der chemischen Anziehung modificiren. Die Temperatur der Körper würde dann desto höher sein, je grösser die Schwingungsweite dieser Atome wäre, und der absolute Nullpunkt würde dann eintreten, wenn der Äther und somit auch die Atome vollkommen in Ruhe wären. Als eine nothwendige Folge hievon ergibt sich dann, dass die chemische Einwirkung der Körper auf einander desto geringer sein muss, je niedriger die Temperatur wird, und dass es in dieser Hinsicht eine Gränze geben müsse, bei welcher gar keine chemischen Erscheinungen mehr Statt finden. Diese Gränze wird dann erreicht werden, wenn die chemische Anziehung allein die Atome der Körper nicht mehr in eine solche Bewegung zu versetzen vermag, als nothwendig ist, damit sie eine neue Stellung annehmen können. Diese Ansicht war es auch, welche zur Anstellung der in (88) angeführten Versuche leitete, deren Resultate mit derselben im besten Einklange stehen. Die mit der Erwärmung der Körper steigende Ausdehnung derselben ist dann vielleicht nur eine Folge der vergrösserten Schwingungsweite der Atome. Sind die Vibrationen des Äthers von der Art, dass dadurch die Atome hinreichend stark aus ihrer Lage gebracht werden, um eine gehörig grosse Modification in der Wirkung der chemischen Anziehung zu bewirken; so muss dies eine chemische Veränderung der Körper zur Folge haben. Aus dieser Ansicht fliesst auch ganz ungezwungen die Erklärung der Wärmecapacität, das Freiwerden und Gebundensein der Wärme, die Veränderung der Aggregationszustände u. s. w. Zugleich aber sind die sämmtlichen Erscheinungen der strahlenden Wärme eine nothwendige Folge derselben. So gut aber die eben erwähnte Ansicht sich an die bisher bekannten Facta anschliesst und so sehr sie auch mit dem Geiste einer nüchternen Naturforschung im Einklange steht; so darf doch nicht vergessen werden, dass sie nur eine Hypothese ist, aber eine zulässige, indem sie den Anforderungen entspricht, die man an eine brauchbare, wirklich nützliche Voraussetzung stellen muss. Ihr Nutzen besteht ganz vorzüglich darin, dass sie, weit entfernt die Ausdehnung experimenteller Forschungen zu hemmen, vielmehr Versuche hervorruft, an die sonst wohl kaum Jemand gedacht hätte, deren Ergebnisse aber nothwendig den Kreis unserer Kenntnisse erweitern müssen.

Mehr hierüber sehe man in Baumgartner's Naturlehre, 8. Aufl. S. 749. Melloni in Pogg. Ann. 56, 575 und 57, 300.

Verhältniss der chemischen Anziehung zur Elektricität.

94. Die Physik lehrt, dass es zweierlei sich aufhebende elektrische Zustände der Körper gibt, welche wir mit den Worten p o s i t i v e und n e g a t i v e bezeichnen. Es ist ferner eine feststehende That-sache, dass alle Körper das Vermögen positiv und negativ elektrisch zu werden in sich tragen, so dass nichts von aussen hinzuzukommen braucht damit diese Erscheinungen hervortreten, sondern dass eine blosse ungleichförmige Vertheilung derselben (Induction) hiezu schon hinreicht. Wir schliessen hieraus, dass der n a t ü r l i c h e oder besser g e w ö h n l i c h e Zustand der Körper, in welchem sie keinerlei elektrische Erscheinungen zeigen, nur die Folge der in allen Punkten gleichzeitig und in gleicher Stärke vorhandenen entgegengesetzten elektrischen Zustände ist. Die letzte Ursache dieser beiden Zustände ist uns gänzlich unbekannt, wir nennen sie aber, um einen beque-men Ausdruck für dieselbe zu haben, E l e k t r i c i t ä t und sprechen von einer positiven (+E) und von einer negativen (—E) Elektricität, ohne dadurch im mindesten eine oder die andere hypothetische An-sicht über das Wesen derselben zu adoptiren.

Die Physiker unterscheiden ferner die elektrische S p a n n u n g und den S t r o m. Die erstere kann sowohl positiv als negativ sein, und findet Statt, wenn der eine oder der andere dieser beiden Zu-stände an einem Körper vorherrschend ist. Die Spannung äussert sich durch das Ueberspringen von Funken in hinreichend genäherte Leiter, durch die Anziehung und Abstossung leichter beweglicher Körper u. s. w. Sie ist desto grösser, je stärker sich diese Erschei-nungen äussern, und es ist am natürlichsten vorauszusetzen, dass die elektrische Spannung, die sich an einer Fläche von bestimmter Grösse äussert, im geraden Verhältniss mit der daselbst angehäuften E l e k t r i - c i t ä t s m e n g e steht. Je grösser also die Elektricitätsmenge und je kleiner die Fläche ist an der sie sich anhäuft, desto grösser ist die Spannung.

Der elektrische Strom kann nur bei gleichzeitigem Vorhanden-sein beider elektrischen Zustände nämlich des positiven und des negativen gedacht werden, denn er ist eben nichts anderes, als der

Act der Ausgleichung beider. Die Stärke des Stromes wird durch die Menge der Elektricität bestimmt, welche in einer gewissen Zeit durch den Querschnitt des Körpers geht, der die Ausgleichung bewirkt. Jener Strom ist der stärkere oder intensivere, bei welchem mehr Elektricität in derselben Zeit durch einen Querschnitt des Leiters strömt. Die Stromstärke kann ebenfalls nur durch geeignete Effecte des Stromes gemessen werden, und zwar am besten durch die thermischen, magnetischen und chemischen Wirkungen desselben.

Elektrische Ströme können auf verschiedene Arten erzeugt werden, und im Allgemeinen gelten für alle dieselben Gesetze. Hier soll jedoch nur von den galvanischen Strömen die Rede sein, nämlich von solchen, die durch Volta'sche Ketten (106) hervorgebracht werden.

Die Natur des Leiters, welcher die Ausgleichung bewirkt, übt, selbst wenn derselbe dabei keine weitere Veränderung erleidet, dennoch einen Einfluss auf den Strom aus, da jeder in einen Strom eingeschaltete neue Leiter denselben schwächt, was nur geschehen kann, indem er ihm einen Widerstand entgegensetzt. Für Metalle in Drathform lehrt die Erfahrung, dass der Leitungswiderstand W durch die Gleichung:

$$W = \frac{K \, L}{Q}$$

ausgedrückt werden kann, wobei L die Länge, Q die Fläche des Querschnittes und K eine von der chemischen Beschaffenheit und der Temperatur der Körper abhängige Grösse bedeutet, welche der specifische Leitungswiderstand heisst, indem sie den Leitungswiderstand für die Länge = 1 und den Querschnitt = 1 ausdrückt, während W der absolute Leitungswiderstand ist. Es geht ferner unmittelbar aus den Versuchen hervor, dass ein Strom von einer bestimmten Stromquelle, der nacheinander durch verchiedene Leiter geht, welche demselben einen ungleichen Widerstand entgegensetzen, auf eine solche Weise modificirt wird, dass die unter diesen Umständen Statt findenden Stromstärken sich verkehrt wie die Gesammtwiderstände, welche er zu überwinden hat, verhalten; das heisst, dass für eine bestimmte Elektricitätsquelle das Product der Stromstärke und des Gesammtwiderstandes stets dasselbe ist. Genau in demselben Verhältnisse also, in welchem die Stromstärke d. h. die circulirende Elektricitätsmenge zunehmen soll, müssen die Widerstände, die er zu überwinden hat, kleiner werden. Die Kraft, welche die zur Entstehung des elektrischen Stromes nöthige Elektricität liefert, nennt man elektromotorische Kraft und es ist einleuchtend, dass sie, wessen Ursprunges sie auch immer sein mag, um so grösser sein müsse, je stärker der zu überwindende Widerstand und je grösser die Stromstärke ist, die sie hervorbringen soll. Es ist demnach am einfachsten, die elektromotorische Kraft E dem Producte aus dem Gesammtwiderstande des ganzen Schliessungskreises W und der Stromstärke S gleich zu setzen, das heisst, angenehmer sei

$$E = WS \text{ oder } S = \frac{E}{W}$$

ein Ausdruck, welcher durch alle Versuche auf das vollkommenste bestätiget wird.

Befinden sich in dem Schliessungskreise auch Flüssigkeiten eingeschaltet, so ist es nicht genug ihren Widerstand allein in Betrachtung zu ziehen, sondern sie wirken auch auf die Stromstärke ein, indem sie die Summe der elektromotorischen Kraft selbst vermindern (107). Aus den hierüber angestellten Versuchen geht hervor, dass man, um in diesem Falle die wahre Stromstärke zu erhalten, zu dem Gesammtwiderstande der Stromquelle W noch die Summe aller Leitungswiderstände der in dem Schliessungsdrathe eingeschalteten Flüssigkeiten w hinzuaddiren, von der elektromotorischen Kraft E aber die durch die Einwirkung der Flüssigkeiten erregte entgegengesetzte elektromotorische Kraft e abziehen muss (107). Die Stromstärke wird also dann durch die Formel

$$S = \frac{E - e}{W + w}$$

ausgedrückt. Das hier angeführte Gesetz heisst nach seinem Entdecker das Ohm'sche. Pouillet hat dasselbe, obwohl viel später, direct aus Versuchen abgeleitet.

Der Einfluss der Temperatur auf die Leitungsfähigkeit ist für verschiedene Körper sehr ungleich; bei einigen, wie beim Quecksilber, ist derselbe ganz unbedeutend, bei andern, vorzüglich beim Eisen, sehr bedeutend. Im Allgemeinen wird durch Erwärmung der Leitungswiderstand der Metalle vergrössert. Bei anderen Körpern aber findet gerade das Gegentheil Statt. Viele Körper leiten den Strom in starrem Zustande gar nicht, wie Eis, die Oxyde ton Kalium, Blei, Wismuth; die Chloride von Kalium, Blei, Silber, ferner Cyan-Kalium, Schwefelcyan-Kalium, salpetersaures Kali, Phosphorsäure, Borax, Schwefelkalium. Alle diese Körper und noch viele andere leiten ihn zwar im geschmolzenen Zustande meistens sehr gut, erleiden dabei aber eine sehr merkwürdige Veränderung von der in (95) die Rede sein wird. Schwefel, Phosphor, Jodschwefel, Zinnjodid, Realgar, Eisessig, Margarinsäure, Borsäure, Zucker, Kampher, Schellack u. a. m. leiten auch geschmolzen nicht. Ebensowenig ist dies beim Zinnchlorid und Arsenchlorür, die schon bei gewöhnlicher Temperatur flüssig sind, der Fall.

95. Eine der merkwürdigsten Wirkungen des elektrischen Stromes ist die, gewisse zusammengesetzte Körper durch welche derselbe geht zu zersetzen, wobei sich die Bestandtheile in welche dieselben auf diese Weise zerlegt werden an den Stellen abscheiden, an welchen der Strom in den zu zersetzenden Körper tritt. Die Wissenschaft hat aus dieser Eigenschaft des elektrischen Stromes bereits den grössten Nutzen gezogen, und hat von dieser Seite noch grosse Erweiterungen zu erwarten. Die Körper welche einer Zersetzung durch den elektrischen Strom fähig sind, nennt man nach der von Faraday eingeführten und jetzt allgemein angenommenen Terminologie, Elektrolyte und die Zersetzung selbst Elektrolyse (von ηλεκτρον und λυω auflösen). Die Stellen wo der Strom zu dem Elektrolyten tritt, heissen Elektroden (von ὁδος der Weg) und es ist ganz gleichgültig ob es Dräthe oder Flächen von festen oder flüssigen Körpern sind, so dass das, was man sonst Polardrath nannte, nur ein specieller Fall einer Elektrode ist. Die positive Elektrode heisst Anode (von ἀνα aufwärts), die negative Kathode (von κατα abwärts). Da man immer nur von dem Theile des Stromes spricht, den man sich vom positiven zum negativen Pole gehend denkt, so ist die Anode die Eintritts-, die Kathode aber die Austrittsstelle des Stromes. Die Namen Zinkpol, Zinkoid, Zinkode, Oxode statt Anode, und Platinode, Hydrogode, Chloroid statt Kathode sind weniger passend, als die von Faraday eingeführten, da sich diese nur auf specielle Einrichtungen der Batterie beziehen, während jene ganz allgemein gelten. Jene Bestandtheile des Elektrolyten, in welche derselbe durch die Elektrolyse zerfällt, heissen Jonen (von ἰον gehen, Geher) und zwar heisst der an der Anode erscheinende Anion (ἀνιον, das Hinaufgehende), der andere hingegen Kation (κατιον, das Herabgehende). Die Grundstoffe sind einfache Jonen. Ein einfacher Elektrolyt ist ein solcher der nur aus einfachen Jonen besteht.

96. Wird ein einfacher Elektrolyt der Wirkung eines gehörig starken elektrischen Stromes ausgesetzt, so erscheint eines der Jonen in fester, tropfbarer oder auch Gas-Form, je nach seiner Beschaffenheit, an der Anode, das andere an der Kathode. Hiebei findet jedoch

im Inneren der Flüssigkeit keine Bewegung Statt, und selbst wenn die Elektroden weit entfernt sind, ist nicht etwa die Wanderung der Jonen von einem Pol zum andern bemerkbar. Nicht alle zusammengesetzte Körper aber sind Elektrolyte, einige leiten den Strom gar nicht oder leisten ihm doch einen so grossen Widerstand, dass die Ausgleichung nur in Form von Funken, welche aus den gehörig genäherten Elektroden überspringen, geschieht, wie z. B. beim Alkohol, Schwefelkohlenstoff u. dgl.; andere hingegen leiten zwar den Strom, ohne jedoch dabei zerlegt zu werden, wie die Legirungen der Metalle, Quecksilberjodid u. a. m. Flüssigkeiten welche leiten, wie Salzlösungen, Säuren und dergl., werden dabei immer auf die eine oder andere Weise zersetzt, und es ist höchst wahrscheinlich, dass sie nur leiten, wenn sie zersetzt werden; denn wie Poggendorff gezeigt hat (d. Ann. B. 64 S. 57) lassen selbst Elektrolyte keinen Strom in sich aufkommen, wenn die Anordnung so getroffen ist, dass sie nicht zerlegt werden können. Indess ist doch noch keineswegs mit Sicherheit ausgemittelt ob und wann die Zersetzung von der Leitung abhängt oder umgekehrt. Für jetzt muss man zwei Arten von Leitung für den elektrischen Strom unterscheiden, diejenige welche die Metalle in so hohem Grade zeigen und welche mit keinerlei Art von Zersetzung verbunden ist, und die welche gewissen flüssigen Körpern zukommt und immer von Zersetzung begleitet wird. Die erstere scheint allen Körpern, jedoch in verschiedenem Grade eigen zu sein, die letztere hingegen kommt nur den Elektrolyten zu. Welchen Einfluss der Aggregationszustand der Körper auf die Fähigkeit elektrolysirt zu werden hat, geht aus dem in (94) angeführten Verhalten hervor.

97. Für die Zerlegung eines Elektrolyten ist es nicht gleichgültig ob in derselben Zeit mehr oder weniger Elektricität durch denselben geht. Die Folge einer Verminderung der Stromstärke besteht nämlich nicht blos darin, dass eine geringere Menge des Körpers zerlegt wird, sondern es tritt eine Gränze ein, bei welcher der Strom entweder den Widerstand gar nicht mehr überwinden kann, oder wenn dies auch geschieht, so wird dadurch doch keine Zerlegung mehr bewirkt. Es ist also, damit diese erfolge, nothwendig, dass in einer bestimmten Zeit eine nicht zu geringe Elektricitätsmenge durch einen Elektrolyt gehe und diese ist für verschiedene Körper verschieden, daher sagt man: einige Körper werden leichter zerlegt als andere. Je grösser die Verschiedenheit der Körper in chemischer Hinsicht ist, je stärker also das Bestreben, mit welchem sie sich unter einander zu verbinden suchen, desto leichter werden sie elektrolysirt. Die Oxyde, darunter vorzüglich das Wasser, die Chloride, Jodide, beweisen dies; je geringer hingegen die chemische Anziehung ist, mit welcher die Bestandtheile der Körper verbunden sind, desto schwerer werden sie elektrolysirt. Es finden jedoch hierin verschiedene Ausnahmen Statt, wie bei der Borsäure welche auf keine Weise durch den Strom zerlegt werden kann, was vielleicht weniger in der Natur der Stoffe als in dem quantitativen Verhältnisse der Bestandtheile seinen Grund hat. F a r a d a y hat nämlich gezeigt, dass auf die Zersetzbarkeit einer Verbindung durch den elektrischen Strom nicht nur, wie man lange glaubte, die Natur der Bestandtheile, sondern auch eben dieses Verhältniss von grossem Einflusse ist. Zinnchlorür, z. B., leitet sehr gut und ist zersetzbar, während Zinnchlorid weder leitet noch zersetzt wird. In der Regel werden die höheren Verbindungen nicht zersetzt und leiten auch nicht. Es scheint als ob die einfachen Verbindungen, etwa die welche aus einem Äquivalent von jeder der beiden Bestandtheile bestehen, durch den Strom leichter zerlegt werden könnten, als die höheren, so dass die elementaren Jonen immer nur in gleicher Zahl von Äquivalenten an den Elektroden erscheinen. Dieser Satz gilt jedoch nur für einfache, nicht für zusammensetzte Jonen.

98. Aus dem isolirten Factum, dass ein Körper durch den elektrischen Strom zersetzt wird, darf man nur dann unbedingt schliessen dass er ein Elektrolyt sei, wenn derselbe nicht mehr als zwei Grundstoffe enthält. In jedem anderen Falle aber muss man die p r i m ä r e Wirkung von der s e c u n d ä r e n sehr wohl unterscheiden. Es geschieht dann nämlich sehr oft, dass die durch die Elektrolyse frei werdenden Jonen eines näheren Bestandtheiles, der ein Elektrolyt ist, die Zerlegung eines andern näheren Bestandtheiles bewirken, so dass dann an den Elektroden andere Stoffe erscheinen als unmittelbar durch die Elektrolyse abgeschieden wurden.

Ein sehr bestimmtes Beispiel von secundärer Action bei der Elektrolyse liefert die Salpetersäure. Ist sie nämlich concentrirt, aber nicht rauchend, sondern wasserhell, so erscheint an der Anode Sauerstoff, an der Kathode aber, wenn die Batterie nicht sehr stark ist, gar kein Gas, es färbt sich aber daselbst die Säure anfangs gelb, dann roth und endlich entweicht sogar Untersalpetersäure. Wird die Säure verdünnt oder die Batterie verstärkt, so erscheint auch an der Kathode ein Gas und zwar Wasserstoffgas, jedoch immer im Verhältniss zur Wasserbildung. Hieraus geht hervor, dass durch den Strom nur das

Wasser zerlegt wird, und dass die Desoxydation der Salpetersäure eine Wirkung des an der Kathode frei werdenden Wasserstoffes ist. Ein nicht minder belehrendes Beispiel liefert die Schwefelsäure. Wird nämlich sehr concentrirte Schwefelsäure, die ein viel schlechterer Leiter ist als verdünnte, elektrolysirt, so erscheint an der Anode Sauerstoff, an der Kathode aber scheidet sich Schwefel und reines Wasserstoffgas ab, und zwar in einer Menge die hinreichend für den Schwefel ist, woraus man schliessen muss, dass nur das Wasser elektrolysirt wurde, der Schwefel aber durch eine Einwirkung des Wasserstoffes auf den Sauerstoff der Schwefelsäure abgeschieden wird. Wasserfreie Schwefelsäure scheint weder zu leiten noch zerlegt zu werden. Es ist oft sehr schwierig zu entscheiden ob eine Zersetzung eine primäre oder eine secundäre ist, da wir bis jetzt keine allgemeinen Merkmale für dieselben besitzen. Nach Faraday's Ansicht (Pogg. Ann. 83 S. 434) kann man das Resultat einer Elektrolyse für ein primäres halten, wenn die Stoffe sich unverbunden und unverändert an den Elektroden abscheiden, selbst wenn sie zusammengesetzt wären. Man sieht aus dem Gesagten wie vorsichtig man in Beurtheilung von elektrolytischen Resultaten sein muss, um nicht Körper für Jonen zu halten, die eigentlich nur durch secundäre Wirkungen abgeschieden wurden. In sehr vielen Fällen ist es nur das Wasser, welches elektrolysirt wird, der an der Kathode erscheinende Körper aber ist ein secundärer, folglich kein Kation.

Der Strom kann also eine Substanz entweder unmittelbar zersetzen, oder er kann Körper frei machen, welche erst ihrerseits wieder auf einzelne Bestandtheile der Verbindung wirken und die Bildung secundärer Producte bedingen.

Es kann aber auch noch auf eine andere Weise ein secundäres Product gebildet werden, nämlich durch die Einwirkung des abgeschiedenen Stoffes auf die Substanz der Elektrode, welche Einwirkung noch durch den *status nascens* erleichtert wird. Wendet man z. B. bei der Zerlegung des Wassers Kohle als positive Elektrode an, so entwickelt sich an derselben nur Kohlensäure statt Sauerstoff. Aus einer Auflösung von salpetersaurem Bleioxyd scheidet sich an der Anode, wenn sie von Platin ist, Bleisuperoxyd PbO_2 ab, welches durch Einwirkung des Sauerstoffes auf das in der Lösung befindliche Bleioxyd PbO entstanden, also auch ein secundäres Product ist. An dem Gesetze der constanten elektrochemischen Action (100) hat man einen sehr sichern Anhaltspunkt um über die Natur der Zerlegungsproducte zu entscheiden. Sammeln sich an der einen Elektrode veränderliche Gemenge einiger Bestandtheile, während an der andern ein Bestandtheil in stets constanter Menge erscheint, so ist letzterer ein primäres Jon, erstere hingegen sind secundäre Producte, und die Natur der Bestandtheile wird einen Schluss erlauben welcher derselben durch primäre und welcher durch secundäre Action entstanden ist. Bei der Elektrolyse von wässerigem Ammoniak z. B. erscheint der Wasserstoff in constanter Menge immer an der Kathode, während der Stickstoff manchmal rein, meistens aber in einem veränderlichen Gemenge mit Sauerstoff an der Anode auftritt, also nur von der Einwirkung des Sauerstoffes des Wassers, das hier allein zerlegt wurde, auf das Ammoniak herrührt. Er ist also in diesem Falle durch secundäre Wirkung abgeschieden worden. So oft dieser Körper an der Anode erscheint, ist dies immer von Umständen begleitet aus welchen man schliessen muss, dass er secundär abgeschieden wurde. Die Metalle welche aus wässrigen Lösungen von Metallsalzen an der Kathode abgeschieden werden, sind ebenfalls immer nur secundäre Producte, indem der durch Zerlegung des Wassers an der Kathode abgeschiedene Wasserstoff die Reduction bewirkt. Man kann als allgemeine Regel annehmen, dass wenn bei wässrigen Lösungen an der Kathode kein Wasserstoff erscheint, daselbst eine secundäre Wirkung Statt gefunden hat. Ein für sich nicht zersetzbarer Körper wird auch in Verbindung nicht direct durch den Strom zersetzt, er kann aber als Ganzes an einer der Elektroden erscheinen. Die Borsäure z. B. ist kein Elektrolyt, aber der Borax gibt, bis zum Schmelzen erhitzt, Bor an der Kathode ab, was rein secundär durch das sich daselbst abscheidende Natrium geschieht. Aus den bisherigen Versuchen Faraday's hat sich ergeben, dass folgende Grundstoffe Jonen sind:

Sauerstoff	Fluor
Chlor	Schwefel
Jod	Selen
Brom.	

Diese Grundstoffe sind Anionen gegen die folgenden:

Wasserstoff	Mangan	Kobalt
Kalium	Zink	Nickel
Natrium	Zinn	Antimon
Lithium	Blei	Wismuth
Barium	Eisen	Quecksilber
Strontium	Kupfer	Silber
Calcium	Cadmium	Platin
Magnesium	Cerium	Gold.

Von Kohle, Phosphor, Stickstoff, Kiesel, Bor und Alumium ist es noch nicht ausgemittelt ob sie wirklich Jonen sind.

99. Wenn man die Erscheinungen der Elektrolyse im Allgemeinen betrachtet, so ist man versucht dieselbe aus einer Anziehung abzuleiten, welche von den Polardräthen ausgeht und auf die Theilchen der Körper wirkt, so dass sie ihre frühere Verbindung verlassen und sich gesondert an den Polen abscheiden. Bei einer gründlichen Prüfung aber ergibt sich, wie ebenfalls F a r a d a y auf eine höchst scharfsinnige Weise unwiderlegbar gezeigt hat, dass dies nicht der Fall ist, sondern dass die Polardräthe weiter nichts sind, als die Gränzen der elektrolysirten Substanz in der Richtung dieses Stromes und somit die Oberflächen durch welche der Strom in den zu zersetzenden Körper ein- und austritt, dass aber die Zerlegung durch eine in dem Körper selbst vor sich gehende innere Action der Theilchen, nicht durch eine von aussen auf sie wirkende Kraft hervorgebracht werde. Um diesen wichtigen Satz klar einzusehen, muss man zuerst seine Aufmerksamkeit auf die Elektroden richten. Es zeigt sich nämlich dass ein Körper desto besser als Elektrode taugt, je besser er leitet und je indifferenter er gegen die mit ihm in Berührung stehende Substanz ist. Deswegen eignen sich die Metalle und vorzüglich Platin so gut hiezu; dass aber auch Flüssigkeiten, z. B. Wasser, als Elektroden dienen können, geht aus folgendem Versuche hervor: Man befestiget in einem etwa 4 Zoll hohen und eben so weiten Glascylinder eine

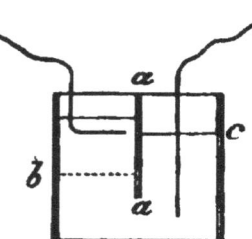 Scheidewand aa von Glas oder Glimmer, welche bis nahe in die Hälfte desselben hinabreicht und giesst dann so viel von einer concentrirten Auflösung von schwefelsaurer Bittererde hinein, dass der untere Rand der Scheidewand davon erreicht wird, mit der Vorsicht jedoch, die Wände nicht zu bespritzen. Nun giesst man behutsam in die eine Hälfte der Zelle bei b Wasser auf die Bittersalzlösung, und sorgt dafür dass beide sich so wenig als möglich mit einander mischen. Es ist auf diese Weise der untere Theil und die Zelle c des Apparates mit der Salzlösung, die Zelle bei b hingegen mit einer 1,5 Zoll hohen Wasserschichte ausgefüllt. Man taucht nun unter möglichster Vermeidung aller Erschütterung in die Zelle c eine als Anode dienende Platinplatte, in die andere hingegen ein Platinblech, das wie die Figur zeigt geformt ist und die Kathode bildet, so weit ein, dass das horizontale Ende gerade unter der Oberfläche des Wassers steht. Nachdem man die Verbindung mit einer gehörig starken Batterie her-

gestellt hat, tritt an beiden Polen Gasentwicklung ein, und schon nach einigen Minuten erscheint Bittererde an der negativen Seite, aber nicht an der Platinplatte, sondern an der Fläche wo sich beide Flüssigkeiten berühren. An dem Platinblech bei b findet man nur Wasser, während sich an der Platinplatte bei c Schwefelsäure ansammelt. Hier wurde also die Bittererde an einer Wasserfläche abgeschieden, welche als Elektrode diente und von der man nicht annehmen kann, dass sie anziehend auf die Magnesia gewirkt habe. Nimmt man aber an, dass durch den elektrischen Strom die chemische Anziehung der Atome nach einer gewissen Richtung geschwächt, nach der entgegengesetzten verstärkt wird, so ist die Elektrolyse nichts anderes als die Folge eines Austausches der Atome, wobei sich, wie die folgende Figur zeigt, das schattirte Atom des ersten Paares mit dem nicht schat-

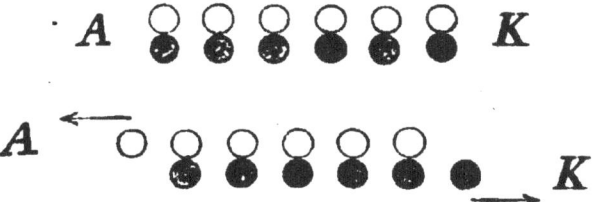

tirten des zweiten u. s. f. verbindet. Hiedurch muss sich natürlich bei A ein unschattirtes, bei K ein schattirtes abscheiden; aber nicht weil sie von den Polen bei A und K angezogen werden, sondern weil sie kein Theilchen mehr finden, mit denen sie sich verbinden können, wie bei der Bittererde in obigem Versuche so deutlich ersichtlich ist. Die Atome werden demnach nicht aus der Flüssigkeit gezogen, sondern vielmehr daraus ausgeschlossen. Es leuchtet ein, dass hiebei gar nicht vorausgesetzt zu werden braucht, dass die Theilchen in gerader Richtung zwischen den beiden Polen liegen, was mit den Thatsachen ganz im Einklange ist. Eine nothwendige Folge dieser Ansicht ist ferner, dass die Abscheidung eines Stoffes von der gegenseitigen Anziehung der heterogenen Atome, aus denen er besteht, abhängen müsse, was auch der obige Versuch beweiset, indem die Bittererde aufhört zu wandern, wenn sie keine Schwefelsäure mehr auf ihrem Wege findet. Ebenso folgt aus derselben ganz natürlich warum die sich abscheidenden Stoffe nicht an den Polen zurückgehalten werden, was doch geschehen müsste, wenn von diesen aus so starke anziehende Kräfte wirkten, als nothwendig sind um die bedeutende chemische Anziehungen der Jonen zu überwinden. In diesem Falle müssten auch höchst fein zertheilte Metalle, die in leitenden Flüssigkeiten vertheilt schweben, sich an einem Pole sammeln, was aber niemals geschieht. Aus dieser Ansicht folgt endlich nothwendig, dass eine Übertragung nur bei Gegenwart, oder in Folge einer chemischen Anziehung, nie aber bei einem Stoffe allein Statt finden kann, und dass die Elektrolyse desto leichter vor sich gehen werde je stärker diese Anziehung ist. Wäre sie $= 0$, so fände gar keine Abscheidung Statt. Die Uebertragung der Schwefelsäure wird daher viel leichter von Statten gehen, wenn sie an Natron als wenn sie an Wasser gebunden ist, was auch die Erfahrung bestätiget.

100. Was die Quantität der von den Elektroden sich abscheidenden Jonen betrifft, so ist dieselbe an ein merkwürdiges und höchst wichtiges Gesetz gebunden, welches ebenfalls von F a r a d a y entdeckt wurde. Leitet man nämlich einen hinreichend kräftigen Strom, der durch eine Batterie von constanter Wirkung (109) erzeugt wurde, durch einen Elektrolyten und zugleich durch eine Tangenten-Boussole, so zeigt sich, dass die Menge der in einer gewissen Zeit sich abscheidenden Jonen stets dieselbe ist, man mag die Umstände wie immer abändern, so lange nur die Stromstärke sich gleichbleibt. Tritt aber eine Veränderung derselben ein, was sich sogleich durch eine Veränderung in der Ablenkung der Magnetnadel zu erkennen gibt, so ändert sich auch unmittelbar die Menge der abgeschiedenen Jonen, und zwar so, dass dieselbe im geraden Verhältnisse mit der Stromstärke wächst. Hätte man also z. B. in einer bestimmten Zeit zwei-, dreimal so viel Wasser zerlegt als ursprünglich, so würde auch die Tangente des Ablenkungswinkels der Magnetnadel die zwei- oder dreifache von der gewesenen sein die ursprünglich Statt gefunden hat. Da nun die Stromstärke im geraden Verhältnisse mit der Menge der Elektricität steht, welche in einer bestimmten Zeit durch einen gewissen Querschnitt des Schliessungsleiters geht, so folgt daraus, dass die Quantität der abgeschiedenen Jonen ein Massstab für die Elektricitätsmenge ist, durch welche diese Ausscheidung bewirkt wurde. Es sind also Elektricitätsmenge, elektrolytische Wirkung und magnetische Kraft des elektrischen Stromes proportionale Grössen.

Das hier entwickelte Verhältniss zwischen der Stromstärke und dem chemischen Effecte heisst das Gesetz d e r f e s t e n o d e r c o n s t a n t e n e l e k t r o l y t i s c h e n A c t i o n.

Die Gültigkeit dieses Gesetzes, welches durch alle Versuche bestätiget wird, lässt sich auch ohne Hilfe eines Galvanometers erweisen. Die Erfahrung zeigt nämlich dass jeder Widerstand, den man in die Kette bringt, auf die Menge der abgeschiedenen Jonen einen Ein-

fluss äussert, und zwar einen Einfluss, der der Grösse dieses Widerstandes genau proportional ist. Schaltet man z. B. zwei Wasserzer-
setzungs-Apparate derselben Art in den Strom ein, so erhält man
während derselben Zeit zwar noch in jedem gleichviel Knallluft, aber
weit weniger als wenn nur einer angewendet würde. Dasselbe findet
Statt bei drei oder mehreren solchen Apparaten. Hieraus folgt, dass
jedes Hinderniss, welches macht dass in derselben Zeit nicht so viel
Elektricität als ohne dasselbe durch die Elektroden gehen kann, auch
die elektrolytische Action vermindert, und zwar bei Beseitigung aller
fremdartigen Störungen, auf eine proportionale Weise, dass also jeder
elektrische Strom nur eine bestimmte elektrolysirende Kraft besitzt.

Das hier angeführte Gesetz gilt übrigens für alle Ströme wie sie
auch immer entstanden sein mögen, nämlich für die Volta'schen eben
so gut wie für die magneto- und thermoelektrischen, und verdient um
so mehr Beachtung, als die letzteren von jeder chemischen Action
unabhängig sind.

Dieses Gesetz führt auch noch zu einem sehr bequemen
Mittel die durch einen Körper gehende Elektricitätsmenge direct zu
messen. Man hat nämlich zu diesem Behufe nichts weiter zu thun
nothwendig als die Menge eines Jones zu bestimmen, welches in einer
gewissen Zeit durch den Strom abgeschieden wird. Als zu zerlegenden
Elektrolyten wählt man gewöhnlich Wasser das mit etwas Schwefelsäure angesäuert ist. Den zum Auffangen der Gase dienenden Apparat

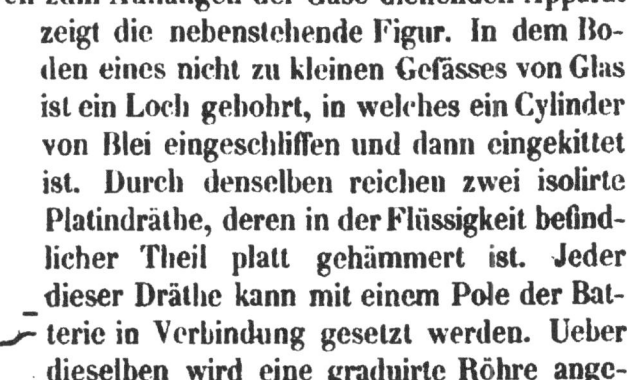

zeigt die nebenstehende Figur. In dem Boden eines nicht zu kleinen Gefässes von Glas
ist ein Loch gebohrt, in welches ein Cylinder
von Blei eingeschliffen und dann eingekittet
ist. Durch denselben reichen zwei isolirte
Platindräthe, deren in der Flüssigkeit befindlicher Theil platt gehämmert ist. Jeder
dieser Dräthe kann mit einem Pole der Batterie in Verbindung gesetzt werden. Ueber
dieselben wird eine graduirte Röhre ange-
bracht die vorher mit derselben Flüssigkeit gefüllt wurde. Will man
das Wasserstoffgas und Sauerstoffgas getrennt auffangen, so müssen
die Dräthe in solcher Distanz angebracht sein, dass man über jeden für
sich eine besondere graduirte Röhre stürzen kann. Der auf diese oder
eine ähnliche Weise eingerichtete Apparat führt den Namen V o l t a m e -
t e r. Über ein von P o g g e n d o r f f verbessertes Voltameter zum getrenn-
ten Auffangen beider Bestandtheile sehe man in dessen Ann. 5 5 S. 2 7 7.

101. Nach Feststellung des Gesetzes von der constanten elektrochemischen Action des Stromes ist es von Wichtigkeit zu untersuchen, wie gross denn die Wirkung einer bestimmten Elektricitätsmenge auf Elektrolyte von verschiedener Beschaffenheit ist. Um dies zu erforschen hat man nur nöthig denselben durch mehrere Zersetzungsapparate zu leiten, in welchen sich verschiedene Elektrolyte befinden. Hiebei zeigt sich nun, dass die Quantitäten der durch denselben abgeschiedenen Jonen genau im Verhältnisse der chemischen Äquivalente stehen. Die Elektricitätsmenge welche also 1 Äquivalent, das ist 9 Gtle. Wasser zu zerlegen vermag, ist auch im Stande 1 Äquiv. Chlorwasserstoff, d. h. 36,4 Gtle. oder 1 Äquiv., d. ist 48 Gtle. Kaliumoxyd u. s. w. zu zerlegen. Die Elektricitätsmengen, welche also gleiche Quantitäten verschiedener Jonen in gleichen aber unbestimmten Zeiten abscheiden sollen, müssen sich wie die Äquivalente dieser Stoffe verhalten, und umgekehrt die Mengen der Jonen, welche durch gleiche Elektricitätsmengen abgeschieden werden, sind sich äquivalent. Ein Strom hat also eine desto grössere Stärke, in je kürzerer Zeit eine bestimmte Menge Jonen abgeschieden wird, und eine bestimmte Elektricitätsmenge kann nur äquivalente Mengen verschiedener Stoffe in Freiheit setzen, indem sie nur einen so grossen Theil der chemischen Anziehung aufzuheben vermag, als nothwendig war, um äquivalente Mengen gewisser Stoffe mit einander zu verbinden. Hiebei darf jedoch nicht unberücksichtiget bleiben, dass bei mehreren Grundstoffen die Grösse des Äquivalentes noch zweifelhaft ist, da das wahre Äquivalent eben so gut ein Multiplum oder Submultiplum des jetzt angenommenen sein könnte, so dass man also streng genommen sagen müsste: Die durch gleiche Elektricitätsmengen abgeschiedenen Jonen sind entweder unseren gegenwärtigen Äquivalenten gleich, oder sie sind Multipla oder Submultipla derselben.

102. Durch das Voltameter ist zwar eine Vergleichung der Elektricitätsmengen möglich die bestimmte chemische Wirkungen hervorzubringen im Stande sind, allein es wird daraus noch nicht ersichtlich wie gross die anderweitigen Effecte sind, welche diejenige Elektricitätsmenge hervorzubringen vermag, die nothwendig ist um eine bestimmte Menge eines Elektrolyten, z. B. des Wassers, zu zerlegen. Um hierüber zu einer Vorstellung zu gelangen, müssen die verschiedenen thermischen, magnetischen und physiologischen Effecte, gleicher Elektricitätsmengen direct unter einander verglichen werden. Zu einer solchen Vergleichung eignen sich vor allem die magnetischen Wirkungen des galvanischen Stromes, da man dieselben am genauesten messen und auch auf ein absolutes Mass zurückführen kann. Es würde jedoch für den vorliegenden Zweck zu weitläufig sein die hierüber angestellten Untersuchungen im Detail aufzunehmen; es genüge daher anzuführen, dass nach allen bisherigen Versuchen die Wirkungen ungeheuer gross sind, die man durch Elektricitätsmengen erhält, welche nur ganz geringe chemische Effecte hervorzubringen vermögen. Nach Faraday's Versuchen (Pogg. Ann. 33. 506.) kann die Elektricitätsmenge, welche erforderlich ist um einen Gran gesäuertes Wasser zu zersetzen, einen Platindrath von $^1/_{100}$ Zoll Dicke und fast beliebiger Länge in der Luft durch 3,75 Minuten rothglühend erhalten. Es sind ferner 800,000 Entladungen einer Batterie nothwendig, die zu ihrer Ladung 30 Umdrehungen einer sehr kräftigen Elektrisirmaschine bedarf deren Scheibe 50 Zoll im Durchmesser hat, um eine Elektricitätsmenge zu liefern, die nur einen Gran Wasser zu zersetzen vermag. Wenn hiedurch auch keine genaue Bestimmung gegeben ist, so geht doch daraus hervor, dass diese Menge hinreichend wäre das kräftigste Thier zu tödten, wenn sie sich auf einmal in Form eines Funkens auf dasselbe entladen würde. Hieraus ist zu schliessen, dass die Kraft welche die chemischen Verbindungen bedingt ausserordentlich gross sein müsse, indem eine ihr äquivalente Kraft so bedeutende anderweitige Effecte hervorzubringen vermag. Die chemische Anziehung scheint hiernach wirklich unter allen Molecularkräften die bei weitem grösste zu sein.

103. Bisher wurde nur die Zerlegung einfacher Elektrolyte (95) durch den elektrischen Strom in Betrachtung gezogen. Wenn jedoch zusammengesetzte Elektrolyte der Einwirkung desselben ausgesetzt werden, so sind die Erscheinungen weit complicirter. Aus den bisher angestellten Versuchen ergibt sich, dass zusammengesetzte Elektrolyte entweder in einfache Elektrolyte zerlegt werden oder dass bloss einer derselben zersetzt wird, dessen Bestandtheile sich dann entweder als einfache Jonen an der Elektrode abscheiden, oder zu secundären Zerlegungsproducten Veranlassung geben. Ueberhaupt sind zusammengesetzte Jonen nicht immer Elektrolyte. Schwefelsäure, Borsäure, Phosphorsäure z. B. sind Jonen, aber keine Elektrolyte. Am meisten untersucht worden ist bisher das elektrolytische Verhalten wässriger Salzlösungen. Es hat sich ergeben, dass alle wässrigen Lösungen neutraler Metallsalze zerlegt werden. Gehört das Metall zu denen die Wasser bei gewöhnlicher Temperatur nicht zersetzen, so wird es im metallischen Zustande auf der Kathode abgeschieden, gehört es aber zu denen die Wasser zersetzen, so erscheint sein Oxyd nebst einer äquivalenten Menge Wasserstoff an derselben Elektrode. Zugleich wird an der Anode die Säure frei, begleitet von einer äquivalenten Menge Sauerstoff. Schaltet man zugleich in die Kette ein Voltameter ein, so ergibt sich dass diejenige Elektricitätsmenge welche ein einzelnes Äquivalent eines einfachen Elektrolyten in sein Anion und Kation zerlegt, die Zerlegung eines Äquivalentes des zusammengesetzten Elektrolyten in ein einfaches metallisches Kation und in ein zusammengesetztes Anion bewirkt. Bei Elektrolysirung wässriger Lösungen von Amoniaksalzen werden ähnliche Resultate erhalten, allein statt eines einfachen Metalles erscheint an der Kathode ein Äquivalent Ammoniak, begleitet jedesmal von einem Äquivalent Wasserstoff. Hiedurch wird es sehr wahrscheinlich, dass bei der Elektrolyse zusammengesetzter Elektrolyte verschiedene Elemente unter dem Einflusse des Volta'schen Stromes gemeinschaftlich wandern, und zwar vielleicht als zusammengesetzte Anionen und Kationen, d. h. als Gruppen, die in Bezug auf die elektrischen Kräfte zu einander und zu einfachen Jonen äquivalent sind. Es bedarf übrigens kaum der Erwähnung, dass der angegebene Vorgang bei der Zerlegung einfacher Elektrolyte auch für die zusammengesetzten gilt, man hat sich jedoch die hiebei Statt findenden Erscheinungen nicht auf eine richtige Art erklärt, wie man aus folgenden Versuchen sehen kann. Man stelle nämlich zwei Gläschen neben einander, giesse in das eine, welches mit A bezeichnet werden mag, Wasser, in das andere B schwefelsaures Kali oder Natron und verbinde den Inhalt beider durch befeuchtete Asbestfäden. Setzt man nun das Gefäss A mit der Anode, das andere Gefäss B mit der Kathode einer Batterie in Verbindung, so bemerkt man bald dass die Flüssigkeit in A sauer die in B alkalisch reagirt. Um dies recht deutlich zu sehen braucht man nur der Flüssigkeit in beiden Gefässen ein Pflanzenpigment zuzusetzen, das durch Säure roth, durch Alkalien grün gefärbt wird. Stellt man zwischen beide Gläschen A und B ein drittes C, füllt aber jetzt A und B mit Wasser und C mit der Salzlösung, und stellt dann wieder die Verbindung mit der Batterie auf die Weise wie früher her, so wird man bald die Säure in A, das Alkali in B finden. Ganz ähnliche Erscheinungen wärden auch eingetreten sein, wenn man die beiden Elektroden in ein einziges Gefäss mit schwefelsaurem Kali getaucht hätte. Um die Anode sammelt sich die Säure um die Kathode hingegen das Alkali. In der That macht es auch gar keinen wesentlichen Unterschied, ob die Gefässe getrennt und durch Asbestfäden verbunden sind, oder ob ein einziges vorhanden ist; denn es hat sich gezeigt, dass im ersteren Falle die Wir-

kung nicht früher anfängt, als bis durch die Capillarität etwas von
der Salzlösung in das andere Gefäss überführt wurde, so dass diese
bis zur Elektrode reichte. Es wird also hiebei nicht, wie man ge-
glaubt hat, die Säure aus einem Gefäss in das andere übergeführt
und nur das Alkali in diesem zurückgelassen, oder umgekehrt, sondern das Salz gelangt durch Capillarwirkung in das andere Gefäss und
wird dann auf die im (99) angeführte Art zerlegt, so dass sich in den
Asbestfäden oder in den communicirenden Röhren, die man statt derselben anwendet, immer nur Salz nie aber freie Säure oder Alkali findet.
Dieselben zeigen daher auch wenn die Flüssigkeit gefärbt ist, weder
eine saure noch eine alkalinische Reaction. Aus demselben Grunde
bleibt auch die Farbe des mittleren Gefässes ungeändert, wenn es
blaue Kohltinktur enthält und in A und B sich Glaubersalz befindet,
was so lange sehr wunderbar erscheinen musste, als man sich in
einem der Asbestfäden freie Säure, in dem andern freies Alkali dachte.
Man war dann genöthigt anzunehmen, dass weder die Säure noch das
Alkali während sie auf dem Wege zu den Polen begriffen sind, auf
einander wirken. Die obigen lehrreichen Versuche kann man auf das
Mannigfaltigste abändern und sich hiezu auch der Gefässe mit porösen
Scheidewänden bedienen. Die folgende Tafel enthält die bis jetzt bekannten zusammengesetzten Jonen nach Faraday's Untersuchungen.

Anionen.

Cyan	Phosphorsäure	Citronensäure
Schwefelsäure	Kohlensäure	Kleesäure
Selensäure	Borsäure	Schwefelcyan
Salpetersäure	Essigsäure	
Chlorsäure	Weinsäure.	

Kationen.

Ammoniak	Strontian	Chinin
Kali	Kalk	Cinchonin
Natron	Talkerde	Morphin
Lithion	Thonerde	Alle Pflanzenbasen.
Baryt	Alle Oxydule	

104. Der Zerlegung welche zwischen den Elektroden Statt
findet entspricht auch eine andere in dem Apparate selbst, die ebenfalls unter dem Gesetze der constanten chemischen Action steht.
Hievon kann man sich durch folgenden Versuch überzeugen. Bringt
man eine gewöhnliche Zinkplatte in verdünnte Schwefelsäure, so wird
sie unter Wasserstoffgas-Entwicklung heftig angegriffen, indem hiebei
das Wasser seinen Sauerstoff zur Bildung von Zinkoxyd abgibt, der

Wasserstoff aber als Gas entweicht. Amalgamirt man nun die Zink-platte an ihrer Oberfläche, was sehr leicht geschieht wenn man während sie noch von der Säure benetzt ist Quecksilber auf derselben vertheilt, so zeigt sich, dass nun die Platte gar nicht mehr von der Säure angegriffen wird, dass also die gewöhnliche chemische Action durch die Hülle von Zinkamalgam, welche jetzt die Platte bedeckt, gänzlich aufgehoben wurde. Taucht man in dasselbe Gefäss auch eine Kupferplatte, so wird sie gar nicht angegriffen und überhaupt dadurch an dem vorhandenen Zustande nichts geändert. Setzt man aber jetzt die beiden Platten Z u. K durch einen Metalldrath Z a K in Verbindung, so ist augenblicklich an der Kupferplatte eine Ent-

wicklung von Wasserstoffgas bemerkbar, wobei sie jedoch nicht angegriffen wird. Untersucht man nach-dem diese Einwirkung einige Zeit fortgedauert hat die Flüssigkeit, so findet man in derselben Zink, woraus folgt, dass dieses Metall bei hergestellter Verbindung mit dem Kupfer, wie früher, auf Kosten des Wassers oxydirt wurde, ohne dass sich jedoch der dadurch in Freiheit gesetzte Wasserstoff an dem-selben abgeschieden hatte. Es wird also in diesem Falle wie vorher Zink gelöst, nur mit dem Unter-schiede, dass sich jetzt der Wasserstoff an dem Kupfer statt an dem Zinke abscheidet. Es muss also in der Flüssigkeit nothwendig ein Austausch der Wasserstoff- und Sauerstoff-Atome, d. h. eine Bewegung nach Art der in (99) erläuterten Statt gefunden haben. Diese Bewegung, welche die Folge des Stromes ist der durch die elektromotorische Kraft der beiden Metalle eingeleitet wurde, äussert sich in dem Drathe Z a K der die Platten mit einander verbindet dadurch, dass sich derselbe nicht im gewöhnlichen, sondern in dem Zustande befindet, welchen wir eben mit dem Worte elektrischer Strom bezeichnen, indem derselbe jetzt alle die bekannten Erscheinungen des Polardrathes einer ge-schlossenen Batterie zeigt. Chemische Wirkungen, z. B. Zersetzung des Wassers, erfolgen jedoch unter diesen Umständen entweder gar nicht oder doch nur im geringen Grade, so dass nur die Elektrolyte, welche am leichtesten zerlegt werden, wie z. B. Jodkalium, zur Nachweisung dieser Wirkungen gewählt werden müssen.

Damit in dem die Platten verbindenden Drathe ein Strom entstehe, ist es nothwendig dass dieselben verschiedenartig sind; indessen reicht schon eine Heterogenität der Oberflächen oder wie es scheint sogar eine bedeutende Verschiedenheit in der Grösse derselben hin, einen wenigstens sehr schwachen Strom hervorzubringen. Nur bei vollkommener Gleichheit derselben würde gar kein Strom entstehen. Nebst der eben angeführten ist eine zweite Bedingung für das Entstehen des Stromes die, dass die Flüssigkeit in welche die Platten getaucht sind ein Leiter sei. Ein in die Spannungsreihe gehöriger Leiter würde ebenfalls keinen Strom geben, gleichgültig ob er flüssig oder fest wäre. Wendet man aber ganz gleiche Platten, z. B. von Platin, an und zweierlei leitende Flüssigkeiten, so entsteht in dem Drathe der diese Platten verbindet ebenfalls ein Strom. Man überzeugt sich hiervon am leichtesten, wenn man eine $\frac{1}{2}$ Zoll weite Glasröhre die an ihrem unteren Ende mit einem porösen Thonpfropf verschlossen ist, oder auch ein poröses Thongefäss mit Kalilauge füllt und in ein anderes Gefäss mit Salpetersäure stellt. Taucht man nun in beide Flüssigkeiten gleiche Platinplatten, so erhält man in dem sie verbindenden Drathe einen Strom, der stark genug ist Wasser zu zerlegen. Der Strom dieses Apparates, welcher unter dem Namen der Becquerel'schen Kette bekannt ist, entsteht nach den Versuchen von Fechner und Henrici durch den Contact des Platins mit den beiden Flüssigkeiten. Es entsteht zwar auch durch den Contact der beiden Flüssigkeiten ein Strom, dieser ist aber sehr schwach und kommt hiebei nicht in Betracht.

Verbindet man bei obigem Versuche die Kupfer- und die Zinkplatte K und Z nicht unmittelbar, sondern leitet die mit denselben verbundenen Dräthe, welche man an ihren anderen Enden mit ganz gleichen Platinplatten a und K versieht, in ein zweites Gefäss, das

einen Elektrolyten enthält, so findet die Erscheinung ganz so Statt wie sie oben beschrieben wurde, nur wird auch noch der Elektrolyt, am besten eine Lösung von Jodkalium, in dem zweiten Gefässe zersetzt, so dass sich gleichsam die Heterogenität der im ersten Gefässe befindlichen Metalle auf die in dem anderen überträgt. Man sieht dass eigentlich bei jedem Zersetzungs-Apparat, wie z. B. bei dem in (100) beschriebenen Voltameter, dasselbe geschieht.

105. Eine Zink- und eine Kupfer-Platte die sich in einer Zelle befinden, welche eine leitende Flüssigkeit z. B. verdünnte Schwefelsäure enthält, und die leitend mit einander verbunden werden können,

bilden ein Volta'sches Element. Verbindet man aber mehrere Volta'sche Elemente so mit einander, dass die Zinkplatte der ersten 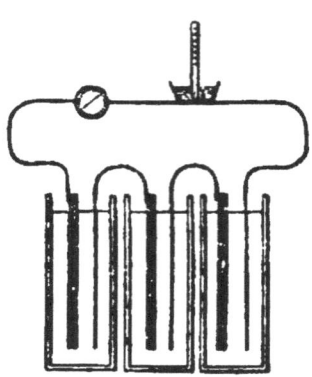 Zelle mit der Kupferplatte der nächsten in leitender Verbindung steht, die Platten einer Zelle sich aber untereinander nicht berühren, so hat man eine Volta'sche Batterie oder eine hydroelektrische Kette, ein Apparat, der für die Chemie so wichtig geworden ist, dass derselbe hier eine ausführlichere Betrachtung verdient.

Die Leistungen der hydroelektrischen Kette hängen, wenn man einstweilen von gewissen störenden Nebenumständen abstrahirt, ab:

a. von dem Materiale aus welchem die Platten bestehen,

b. von der Natur und Anordnung der Flüssigkeiten, welche sich in den Zellen befinden,

c. von der Grösse der Platten,

d. von der Anzahl derselben.

Der Einfluss des Materials der Platten ist sehr bedeutend. Die Erfahrung hat nämlich gelehrt, dass sich die Körper so in eine Reihe, Spannungsreihe genannt, ordnen lassen, dass jedes vorangehende Glied mit jedem der folgenden in Berührung gesetzt, positiv, jedes folgende aber mit jeden dem vorhergehenden negativ elektrisch wird. Nachstehendes ist die aus den Thatsachen hervorgehende Anordnung einiger Grundstoffe in der Spannungsreihe, vom negativen angefangen:

Kohle	Wismuth
Platin	Antimon
Gold	Zinn
Quecksilber	Blei
Silber	Zink
Kupfer	Wasserstoff
Eisen	Kalium.

Es ist ferner eine Thatsache, dass die elektrische Spannung, welche je zwei in die Spannungsreihe gehörige Leiter zeigen, wenn sie mit einander in Berührung gesetzt werden, nicht dieselbe ist, sondern dass sie desto grösser wird je weiter die Leiter in dieser Reihe von einander abstehen. In dieser Hinsicht ist es ganz gleichgültig ob zwei Leiter mit einander in unmittelbarer Berührung stehen, oder ob eine beliebige und wie immer geordnete Anzahl anderer Glieder dieser Reihe dazwischen sich befindet. Es ergibt sich hieraus, dass

11

die elektromotorische Kraft, der man die bei der Berührung obiger Leiter sich äussernde Elektricität zuschreibt, sich nach ihrer materiellen Beschaffenheit richtet. Da nun nach (94) die Stärke des Stromes von dieser Kraft abhängt, so wird es für die Construction der Batterie am vortheilhaftesten sein, Platten aus Stoffen zu wählen, die in der Spannungsreihe möglichst weit von einander entfernt sind.

Die Flüssigkeiten fügen sich dem Gesetze der Spannungsreihe nicht, man nennt sie, so wie alle andern Körper von ähnlichem Verhalten Leiter der zweiten Ordnung, während die in die Spannungsreihe gehörigen Stoffe Leiter der ersten Ordnung heissen. Da dem Ohm'schen Gesetze zu Folge die Stromstärke auch mit der Verminderung der Widerstände wächst, so muss es für die Construction der Batterie von Wichtigkeit sein solche Flüssigkeiten zu wählen, die möglichst gut leiten und die Platten auf eine Weise erregen, die im Sinne der Erregung durch den Contact geschieht. Auch wird es vortheilhaft sein die Schichten der Flüssigkeit, welche die Metalle trennen, so dünn zu machen als es die Umstände erlauben.

Der Einfluss den die Grösse und Anzahl der Platten auf die Wirkung einer Batterie nehmen, wird sich aus folgenden Betrachtungen ergeben, bei welchen vor der Hand von allen störenden Nebeneinflüssen abstrahirt werden soll; auch werden die Zinkplatten immer im amalgamirten Zustande vorausgesetzt, so dass die gewöhnliche Einwirkung der Säure auf dieselben aufgehoben ist. Betrachten wir nun zuerst die Wirkungen eines einzigen Elementes. Schaltet man in den Schliessungsleiter desselben eine Tangentenboussole ein, so dient die Tangente des Ablenkungswinkels der Magnetnadel als Mass für die Stärke des Stromes, welchen das Element gibt. Leitet man nun diesen Strom noch durch ein Voltameter, so wird nur eine sehr schwache oder auch gar keine Gasentwickelung Statt finden, aber auch die Magnetnadel bedeutend weniger abgelenkt und die Zinkconsumtion in demselben Verhältnisse vermindert werden. Die Ursache dieses Verhaltens ist, dass die elektromotorische Kraft dieses einen Elementes nicht hinreicht um einen Strom zu erzeugen, der stark genug ist um den ihm durch die Schichte der Flüssigkeit im Voltameter geleisteten Widerstand zu überwinden. Jeder neue in den Schliessungsleiter gebrachte Widerstand würde der Entstehung eines Stromes noch mehr hinderlich sein, aber auch eine Verminderung des in derselben Zeit sich bildenden Zinkoxydes in der Zelle zur Folge haben, so dass endlich bei gänzlicher Unterbrechung der Verbindung gar kein Strom, aber auch keine Bildung von Zinkoxyd mehr Statt findet. Ist hingegen der Widerstand des Schliessungsleiters geringer, was eintritt wenn derselbe aus einem Metalldrathe besteht, so zeigt er bedeutende magnetische Wirkungen; ist er auch dünn genug, so erhitzt er sich bedeutend und kann, selbst wenn er von Platin ist, sogar geschmolzen werden, zugleich aber wird dabei die grösst möglichste Menge von Zink gelöst. Es geht also in diesem Falle die grösste Menge von Elektricität durch den Schliessungsleiter dieses einzigen Elementes, dennoch aber vermag sie nur geringe Widerstände zu überwinden, also auch nur geringe chemische Effecte hervorzubringen, weil die elektromotorische Kraft, der sie ihre Entstehung verdankt, zu klein war. Ganz etwas Ähnliches findet bei den Thermosäulen Statt, in welchen der Strom nur stark erscheint weil er einen höchst unbedeutenden Widerstand findet und daher zwar die Magnetnadel stark ablenkt, dennoch aber nur höchst geringe chemische Wirkungen hervorbringt, indem auch hier die elektromotorische Kraft, durch welche er hervorgebracht wurde, nur sehr gering ist. Durch Vergrösserung des Elementes würde allerdings die Stromstärke vermehrt, denn der Widerstand sowohl als die Gesammtmenge der an der Oberfläche der Platten durch den Contact frei werdenden Elektricität ist jetzt grösser als vorher; aber die elektromotorische Kraft ist immer noch die vorige, weil dieselbe weder von der Grösse der Platten noch von der Anzahl der Berührungspunkte abhängt. Der durch dieses grosse Element erzeugte Strom wird also weit grössere thermische und magnetische Effecte hervorbringen und der Zinkverbrauch wird mit diesem in geradem Verhältnisse stehen. Er wird aber ebensowenig als der vorige grosse chemische Wirkungen erzeugen, weil dieses Element, wenn ein Voltameter sich im Schliessungsleiter befindet, nahe wie ein nicht geschlossenes zu betrachten ist, da der für geringe Widerstände so starke Strom jetzt gar nicht existirt. Gäbe es aber ein Mittel die elektromotorische Kraft auch mit Beibehaltung desselben Materiales zu erhöhen, so würde man einen Strom erzeugen können, der im Stande wäre ohne bedeutende Schwächung selbst grosse Widerstände zu überwinden. Da dieser Zweck, wie so eben gezeigt wurde, durch Vergrösserung der Platten nicht erreicht werden kann, so ist bei demselben Material nur noch zu untersuchen ob nicht eine Vermehrung der Platten dies zu bewerkstelligen vermag. Dies ist in der That der Fall, wenn man dieselben zu einer hydroelektrischen Kette verbindet, indem dann mit jedem Elemente eine Berührungsstelle zuwächst, an welcher eine der vorigen gleiche elektromotorische Kraft erzeugt wird; so dass mit der Vermehrung der Anzahl der Elemente

die gesammte elektromotorische Kraft der Batterie in demselben Verhältnisse zunimmt. Allein dies ist nur auf Kosten eines sehr bedeutend
gesteigerten Zinkverbrauches möglich. Schaltet man nämlich, nachdem
die Anzahl der Elemente vermehrt wurde, eine Tangentenboussole
in die Kette ein, so wird die Magnetnadel zwar nicht stärker als bei
e i n e m Elemente abgelenkt, diese Ablenkung wird aber jetzt, wenn
nur die Anzahl der Elemente gross genug ist, sehr wenig oder gar
nicht geändert, wenn man auch wieder ein Voltameter in den Strom
bringt, und es wird noch überdies darin eine lebhafte Gasentwickelung
Statt finden. Hieraus folgt, dass die Summe der elektromotorischen
Kräfte der Batterie jetzt gross genug ist einen Strom hervorzubringen,
der den Widerstand des Elektrolyten, der in demselben eingeschaltet
wurde, zu überwinden vermag, ohne dadurch merklich geschwächt
zu werden. Untersucht man jetzt die in den Zellen gebildete Menge
von Zinkoxyd, so findet sich dass sie in allen dieselbe ist und dass die
in dem Voltameter entwickelte Menge von Knallgas der in e i n e r
Zelle gebildeten Menge von Zinkoxyd genau entspricht. Es ist also
jetzt keine grössere Elektricitätsmenge in Circulation als vorher, diese
Menge ist aber durch eine weit grössere elektromotorische Kraft
hervorgebracht worden, verschwindet daher nicht wie im vorigen
Falle wenn sie einen Widerstand überwinden soll, sondern über-
windet ihn wirklich, wenn er nicht gar zu gross ist, und bringt somit
starke chemische Effecte hervor. In der That musste dieser Strom
schon in der Batterie einen bedeutenden Widerstand überwinden, da
jetzt die Anzahl der Flüssigkeitsschichten, die derselbe zu durchdringen hat, weit grösser ist. Wäre man im Stande bei einem einzigen Elemente die elektromotorische Kraft ohne den Widerstand
im Apparate zu vermehren, so könnte man ohne einen so bedeutend
grösseren Aufwand von Zink den Strom mit seiner ursprünglichen
Stärke durch Flüssigkeiten treiben, die demselben einen bedeutenden
Widerstand entgegensetzen. Mit jedem Elemente also, das man den
bereits vorhandenen hinzufügt, wird die elektromotorische Kraft, aber
auch der Widerstand und die Zinkconsumtion vermehrt, denn für
jedes Äquivalent Wasser das zerlegt werden soll, müssen mit Ausser-
achtlassung aller störenden Umstände, wenigstens so viele Äquivalente
Zinkoxyd gebildet werden als Zellen vorhanden sind. Endlich aber
gewinnt man für einen bestimmten Widerstand im Schliessungsleiter
durch die Vermehrung der Elemente nichts mehr, was dann der
Fall ist, wenn die in demselben eingeschaltete Magnetnadel die Ablenkung beibehält, welche sie beim einzigen Elemente zeigt, während

der Strom auch noch obigen Widerstand zu durchlaufen hat. Man sieht hieraus, dass man bei einer bestimmten elektromotorischen Kraft nur bestimmte elektrolytische Wirkungen mit Vortheil hervorzubringen vermag. Vermehrt man aber durch eine geeignete Wahl des Materiales der Elemente und der Flüssigkeiten die elektromotorische Kraft, so wird man bei einem geringen Zinkverbrauch dieselben Effecte hervorzubringen im Stande sein. Eine Volta'sche Batterie ist also keineswegs eine constante Quelle eines elektrischen Stromes, sondern jede Veränderung im Widerstand des Schliessungsleiters übt auf die Stromstärke und somit auch auf die Menge des verbrauchten Zinkes einen Einfluss aus.

106. Alle im vorigen Paragraph angegebenen Erscheinungen lassen sich sehr leicht aus dem Ohm'schen Gesetze ableiten. Bezeichnet man zu diesem Behufe mit E die absolute elektromotorische Kraft eines einfachen Elementes, mit W den Widerstand in der Kette selbst und mit w den Widerstand im Schliessungsleiter, so ist die Stromstärke

$$S = \frac{E}{W + w} \quad . \quad . \quad . \quad (1)$$

Nimmt man nun an, dass n solcher einfacher Elemente zu einer Batterie vereinigt sind, so wird nothwendig sowohl die elektromotorische Kraft des ganzen Apparates als der Widerstand in der Batterie das nfache der vorigen entsprechenden Grössen sein. Bleibt aber der Widerstand des Schliessungsleiters ungeändert, so ist der Ausdruck für die Stromstärke S′ der Batterie folgender:

$$S' = \frac{n\,E}{n\,W + w} \quad . \quad . \quad . \quad (2)$$

Denkt man sich aber jetzt alle Kupferplatten dieser Batterie zu einer, und ebenso alle Zinkplatten zu einer einzigen Platte vereinigt, so wird die elektromotorische Kraft des so gebildeten grossen Elementes wieder nur die einfache sein, weil die Grösse dieser Kraft nicht abhängig ist von der Grösse der Erzeugungsplatten (105). Der Widerstand des Elementes hingegen ist jetzt nur der n^{te} Theil desjenigen, der aus n Zellen bestehenden Batterie, weil jetzt der Querschnitt der einzigen grossen Zelle nmal grösser ist als der jeder einzelnen Zelle.

Die Stromstärke S″ ist demnach

$$S'' = \frac{E}{\dfrac{W}{n} + w} = \frac{n\,E}{W + nw} \quad . \quad . \quad . \quad (3)$$

Setzt man nun den Fall, der Widerstand in der Batterie wäre sehr gross gegen den im Schliessungsleiter, wie dies eintritt, wenn eine

Batterie durch einen hinreichend dicken Metalldrath geschlossen wird, so kann man, da unter dieser Voraussetzung W sehr gross gegen w ist, nicht nur w sondern selbst noch n w als verschwindende Grössen betrachten, und dann ist

$$S = \frac{E}{W}, \quad S' = \frac{nE}{nW}, \quad S'' = \frac{nE}{W}, \quad \text{also}$$

$$S = S' \qquad S'' = nS,$$

das heisst, unter obiger Voraussetzung ist die von einem Elemente erhaltene Stromstärke gleich der von n Elementen derselben Art und Grösse, aber die Stromstärke S'' eines einzigen Elementes von n facher Oberfläche ist n mal so gross als die eines Elementes von einfacher Oberfläche. Da aber die thermischen und magnetischen Effecte mit der Stromstärke in geradem Verhältnisse wachsen, und hiebei der Strom keine grossen Widerstände zu überwinden hat, so wird man, um solche Effecte in grossem Massstabe zu erreichen, nur die Grösse nicht aber die Anzahl der Platten vermehren müssen. Hierauf beruht die Einrichtung des sogenannten Deflagrators, der in nichts anderem besteht, als in einem einzigen grossen spiralförmig gewundenen Zink-Kupfer-Elemente, bei welchem die Platten durch Leder- oder Holz-Streifen in möglichst geringer Entfernung gehalten werden und das beim Gebrauch in ein Holzgefäss gesenkt wird, welches verdünnte Schwefelsäure enthält.

Ein ganz anderes Verhältniss würde aber eintreten, wenn im entgegengesetzten Falle der Widerstand im Schliessungsleiter gegen den in der Batterie sehr gross angenommen würde, d. h. wenn W verschwindend klein gegen w wäre. In diesem Falle würde aus den Gleichungen (1), (2) und (3) folgen, dass

$$S = \frac{E}{w}, \quad S' = \frac{nE}{w}, \quad S'' = \frac{E}{w} \quad \text{ist, oder}$$

$$S = S'' \quad \text{und} \quad S' = nS,$$

das heisst, die Stromstärke eines einfachen Elementes ist so gross, als die eines n mal grösseren einfachen Elementes, wenn in dem Schliessungsleiter ein starker Widerstand zu überwinden ist. Die Stromstärke aber, welche durch n Elemente erhalten wird, ist die n fache von der eines einzigen Elementes gleicher Art. Man wird also, wenn es sich darum handelt grosse chemische oder physiologische Effecte hervorzubringen, nicht die Grösse sondern nur die Anzahl der Platten vermehren. Eine Batterie, aus vielen und grossen Platten bestehend, würde sich also nur darin von einer aus ebensoviel aber kleinen Platten bestehenden unterscheiden, dass erstere eine grössere Menge eines Elektrolyten in derselben Zeit zerlegen würde als letztere, aber sie würde nicht vermögend sein eine Verbindung zu zerlegen, welche dem Strome der kleinplattigen Batterie widersteht. Da übrigens bei jeder Batterie die zwischen den Elektroden sich abscheidende Sauerstoffmenge genau der zur Oxydation des Zinkes in einer einzigen Zelle verbrauchten Menge dieses Körpers gleich ist, in allen Zellen aber immer gleich viel Zink verbraucht wird; so erkauft man die Vermehrung der elektromotorischen Kraft durch einen sehr bedeutenden Zinkaufwand. Auch ist es ganz einleuchtend, dass sich leicht die Gränze bestimmen lässt, über welche hinaus eine Vermehrung der Platten nichts mehr nützt. Denn gesetzt es bewirke ein einziges Element einer Batterie an einer Tangentenboussole eine Ablenkung von $60°$, so würde es, wenn auch ein Wasserzersetzungs-Apparat eingeschaltet wird, vielleicht nur eine Ablenkung der Nadel von wenigen Graden bewirken, weil der Strom den Widerstand des Zersetzungs-Apparates nicht überwinden kann und somit ganz oder theilweise unterdrückt wird. Durch Vermehrung der Platten aber, kann man ungeachtet des Wasserzersetzungs-Apparates bewirken, dass die Ablenkung der Nadel immer mehr zunimmt. Hätte man es so durch Vermehrung der Platten endlich dahin gebracht, dass während Wasser zersetzt wird, die Ablenkung der Nadel wieder auf $60°$ steigt, so wird für diesen Elektrolyten die Vermehrung der Platten nichts mehr nützen. Es gibt also für jeden Elektrolyten unter übrigens ganz gleichen Umständen eine gewisse Anzahl von Platten, welche für denselben die vortheilhafteste ist, und diese wird jene sein, bei welcher der Strom den sie gibt gerade die Fähigkeit hat den vorhandenen Widerstand zu überwinden. (S. hierüber von Ettingshausen Anfangsgründe der Physik. Wien 1844 11. Hauptstück.) Durch das bisher Angeführte wird man im Stande sein sich eine richtige Vorstellung von den verschiedenen Kraftäusserungen, des elektrischen Stromes zu machen. Man unterschied nämlich früher nach Faraday die Intensität und die Quantität desselben, und nannte den Strom sehr intensiv, der bedeutende Leitungswiderstände zu überwinden vermochte. Ströme von grosser Quantität nannte man jene, welche ohne grosse Widerstände überwinden zu können bedeutende Wärmeeffecte und magnetische Wirkungen hervorbringen. Man sieht dass erstere Ströme sind, welche durch eine grosse elektromotorische Kraft hervorgebracht werden, letztere hingegen solche, die ihre Entstehung einer kleinen verdanken.

Durch die Stromstärke im Sinne des (94) sind sie vollkommen bezeichnet, und es kann bei einem wie bei den andern viel oder wenig Elektricität in Circulation sein. Man kann nur noch von einer Intensität des Stromes sprechen wenn man den Querschnitt des Leiters berücksichtiget, durch den eine bestimmte Elektricitätsmenge geht. Ist nämlich bei derselben Elektricitätsmenge dieser Querschnitt klein, so ist die Stärke des Stromes in den einzelnen Punkten desselben gross und umgekehrt. In diesem Sinne ist die Intensität gleich der absoluten Stromstärke, getheilt durch den Querschnitt des Leiters, und man kann dann auch sagen der Strom sei dichter oder intensiver. Ist daher der Querschnitt des Leiters den der Strom auf seinem ganzen Wege durchläuft immer derselbe, oder sind wenigstens die in Vergleichung gestellten Platten oder Dräthe von gleicher Fläche, so ist es ganz überflüssig von einer Intensität des Stromes zu sprechen, indem dann die Worte Stromstärke oder Stromgrösse vollkommen bezeichnend sind.

107. Bei der so eben beschriebenen Einrichtung der Batterie müssen noch verschiedene Umstände in Betrachtung gezogen werden, die eine Schwächung des Stromes bewirken. Diese Umstände werden durch die Flüssigkeiten herbeigeführt, die sich in Berührung mit den Erregeplatten befinden. Die Schwächung beruht theils darauf, dass die Metalle durch die Berührung mit Flüssigkeiten einen wenn auch schwachen elektrischen Zustand annehmen, der dem entgegengesetzt ist welchen sie durch die Verbindung mit einander erhalten, wie der Versuch mit der Becquerel'schen Kette beweiset (104), theils aber auch darauf, dass selbst homogene Metallplatten sogleich elektromotorisch wirken, wenn sie in einer Flüssigkeit als Elektroden dienen. Man bezeichnet diesen Zustand mit dem nicht sehr glücklich gewählten Worte Polarisation der Platten. Der Strom welcher auf diese Art erregt wird ist immer dem ursprünglichen entgegengesetzt, wovon man sich leicht überzeugen kann, da er noch einige Zeit anhält, wenn der ursprüngliche bereits zu wirken aufgehört hat. Man darf daher nur einen Wasserzerlegungs-Apparat, der eine Zeit lang in Thätigkeit war, in einen Galvanometer einschalten, so wird man an der Ablenkung der Nadel desselben sogleich das Vorhandensein des Gegenstromes wahrnehmen. Die Ursache der Polarisation liegt darin, dass die durch den elektrischen Strom an den Metallflächen sich abscheidenden Jonen sie mögen fest, tropfbar oder gassförmig sein, durch den Contact mit denselben diese in einen entgegengesetzten elektrischen Zustand versetzen, wodurch sie sich gerade so wie heterogene

Metalle verhalten. So lange der ursprüngliche Strom dauert, wird durch die Polarisation nur eine Schwächung desselben verursacht, hört dieser aber auf, so wird die Ursache dieser Schwächung nämlich der Gegenstrom bemerkbar. Es geht hieraus hervor, dass jeder in den Strom eingeschaltete Wasserzersetzungs-Apparat nicht bloss durch seinen Leitungswiderstand, sondern auch durch die an seinen Elektroden Statt findende Polarisirung den Strom schwächet der durch denselben geht. Der durch die Polarisation erhaltene secundäre Strom kann durch eine zweckmässige Anordnung mehrerer Platinplatten so verstärkt werden, dass durch denselben alle die gewöhnlichen Wirkungen des elektrischen Stromes hervorgebracht werden können, wie dies auf eine sehr merkwürdige obwohl unvollkommene Weise in G r o v e's Gasbatterie geschieht. Diese besteht aus einer Reihe von

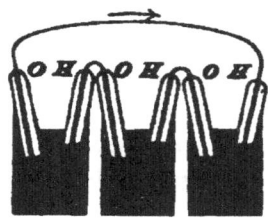

Gläsern in deren jedem sich zwei unten offene Glasröhren befinden, die einen etwa $^1/_4$ Zoll breiten Platinstreifen enthalten, der wie bei der Batterie von S m e e (1 0 8) platinirt d. h. mit Platinmohr überzogen und in der nebenstehenden Figur durch die starken Linien angezeigt ist. Die mit O bezeichneten Röhren enthalten Sauerstoffgas, die mit H bezeichneten Wasserstoffgas und die Verbindung derselben ist ebenfalls aus der Figur ersichtlich. Der Strom geht in den Schliessungsleitern dieser Kette von Sauerstoff zum Wasserstoff, in der Flüssigkeit von der mit Wasserstoff in Berührung stehenden Platte zu der mit Sauerstoff umgebenen, und es verschwinden während der Wirksamkeit derselben die beiden Gase im Verhältniss wie es zur Wasserbildung erforderlich ist. Da hier immer nur die Platten mit einander in Verbindung stehen, welche mit zwei verschiedenen Gasen in Berührung sind, so verhalten sie sich ganz wie zwei verschiedene Metalle und wirken somit elektromotorisch. Die mit dem Sauerstoff in Berührung befindliche Platinplatte wird positiv und vertritt die Stelle des Zinkes, während die andere Platte das negative Metall ersetzt. Das Verschwinden der Gase ist hier nur eine secundäre Wirkung, indem es nur durch die Einwirkung der Platinplatten auf die durch den Strom sich bildenden Gasgemenge bedingt wird (2 6). Die Platinplatten wirken selbst wenn sie nicht platinirt werden, und zwar um so stärker, je reiner sie sind, was besonders dann, wie F a r a d a y gezeigt hat, der Fall ist, wenn sie eine Zeit lang als Elektroden gedient haben. Diese in theoretischer Hinsicht so interessante Zusammenstellung, welche nichts anderes als eine Ladungssäule ist, kann indess nach Poggendorff weit zweckmässiger auf folgende Art eingerichtet werden. Man stelle eine Reihe Platinplatten, die wenn sie stark wirken sollen ebenfalls platinirt sein müssen, paarweise in Zellen, welche mit verdünnter Schwefelsäure gefüllt sind, und statt jede derselben mit einer besonderen Gasatmosphäre zu umgeben, verbinde man die eine Platte jeder Zelle mit der Anode, die andere mit der Kathode einer Batterie oder auch nur eines einzigen Platinzink-Elementes. Auf diese Art werden alle Platten polarisirt und zwar gleich stark, indem sie sich wie ein einziges Plattenpaar oder wie die Elektroden eines Wasserzersetzungsapparates verhalten, deren Oberfläche so gross ist, als die aller zusammen. Hebt man nun nach einiger Zeit die Verbindung mit der Batterie auf, und verknüpft nun die Platten nach dem Principe der Volta'schen Kette (105) so erhält man eine Säule welche weit stärkere Wirkungen gibt als das zum Laden dienende Element. Während dieses kaum merklich Wasser zersetzt, konnte man mit 4 Plattenpaaren von $2^{1}/_{2}$ Q.-Z. Oberfläche, 6 Kubikcentimeter Knallgas in der Minute erhalten. Da aber der Strom, welcher diese Ladungssäule gibt nur sehr kurz dauert, so ist es nothwendig um diesen Erfolg zu erhalten, die Ladung mit einer gewissen Geschwindigkeit zu wiederholen, wozu ein kleiner Apparat, die Wippe, dient, dessen Beschreibung hier zu weit führen würde. (Pogg. Ann. 61. 587.) Auf diese Weise wird die Polarisation ein Mittel die elektromotorische Kraft eines Stromes sehr beträchtlich zu erhöhen.

Nach Poggendorff's Untersuchungen hängt die Polarisation von folgenden Umständen ab:

a) Von der Intensität des Stromes (106), indem sie mit der Menge der Elektricität wächst, welche durch einen bestimmten Querschnitt eines Leiters austritt, so dass wenn ein Strom durch mehrere grosse und kleine Plattenpaare geleitet wird, die grösseren weniger polarisirt werden als die kleineren.

b) Von der Natur der Platten. Man kann im Allgemeinen den Satz als richtig annehmen, dass die Metallplatten desto weniger polarisationsfähig sind, je stärker sie von der Flüssigkeit angegriffen werden.

c) Von der Beschaffenheit der Oberfläche. Platten mit glatter Oberfläche werden an sich stärker polarisirt als Platten mit rauher Oberfläche. Dessungeachtet wirken sowohl bei Grove's als Poggendorff's Ladungssäulen Platten mit rauher, nämlich schwarz platinirter Oberfläche viel kräftiger als polirte; dies kommt aber nur daher, dass während die Ladungssäule in Thätigkeit ist, in ihr selbst durch die Zerlegung des Wassers eine Polarisation also ein Gegenstrom entsteht, der durch die rauhe Oberfläche, welche das Vermögen Sauerstoff und Wasserstoff zu Wasser zu verbinden im hohen Grade besitzt, möglichst unschädlich gemacht wird.

d) Die Natur der Flüssigkeit ist ebenfalls von Einfluss, dieser ist jedoch noch nicht genügend ermittelt. Platinplatten werden durch eine Lösung von 1 Theil Kali in 2 Theilen Wasser stärker polarisirt als durch Wasser dem 0,1 Schwefelsäure zugesetzt ist.

e) Eine Erhöhung der Temperatur vermindert die Polarisation, und ebenso wirkt eine Verminderung des Druckes.

Nebst den bisher angegebenen scheint es noch eine andere Ursache der Schwächung des Stromes einer Batterie zu geben. Fechner hat nämlich (siehe dessen Massbestimmungen über die galvanische Kette. Leipzig 1831) die Beobachtung gemacht, dass der Strom einen Widerstand an der Begränzungsfläche eines starren und eines flüssigen Leiters erfährt. Poggendorff (d. Ann. 52. 497) hat später gezeigt, dass dieser Widerstand schon vom ersten Anbeginn des Stromes vorhanden ist, und dass derselbe sowohl von der Natur der Flüssigkeit und des metallischen Leiters als auch im hohen Grade von der Natur der Oberfläche des letzteren abhängig ist. Lenz hingegen (Pogg. Ann. 59. 407) stellt die Existenz dieses Widerstandes gänzlich in Abrede, da nach seiner Ansicht die Polarisation der Platten zur Erklärung der Erscheinungen ausreicht. Für die Berechnung der Stromstärken bei elektrolytischen Wirkungen genügt es zu wissen, dass alle hier angeführten Ursachen der Schwächung des Stromes eigentlich wie eine Verminderung der elektromotorischen Kraft wirken, daher sie sämmtlich in der (94) aufgestellten Formel für die Stromstärke einer Batterie unter e begriffen sind.

108. Da nun die Umstände bekannt sind, welche störend auf die Wirksamkeit einer Batterie einwirken, so hat man sie auch nach und nach wenigstens grossentheils zu beseitigen gelernt, so dass man jetzt Volta'sche Batterien baut, die durch lange Zeit einen Strom geben der nicht nur von constanter, sondern auch von möglichst grosser Stärke ist.

Zuerst hat man dafür zu sorgen, dass die Zinkplatten gut amalgamirt sein, um die gewöhnliche Wirkung der Schwefelsäure aufzuheben. Gewalztes Zink ist daher dem gegossenen bei weitem vorzuziehen, indem letzteres zu porös ist und sich niemals so amalgamiren lässt dass es auch nur, auf kurze Zeit der Einwirkung der Säure widersteht. Bei Anwendung einer Lösung von Zinkvitriol statt Schwefelsäure würde man diesen Übelstand allerdings vermeiden, allein davon abgesehen, dass man auf diese Weise schon einen schwächeren Strom erhielte, würde man auch noch aus einem anderen Grunde nichts gewinnen, indem durch den frei werdenden Wasserstoff das Zink reducirt und an der Kupferplatte abgesetzt wird, wodurch die Wirksamkeit der Batterie gänzlich vernichtet werden muss, weil es dann so viel ist, als hätte man zwei Zinkplatten in die Flüssigkeit getaucht. Eine andere Ursache der Schwächung ist die Polarisation der Kupferplatte durch den sich daran legenden Wasserstoff. Könnte man daher den Wasserstoff hindern bis zum Kupfer zu gelangen, indem man ihm einen anderen Körper darböte mit dem er sich verbindet, so wären dadurch alle Bedingungen einer dauernden Wirksamkeit des Apparates erfüllt. Am einfachsten und natürlichsten ist es dem Wasserstoffe Kupferoxyd zur Reduction darzubieten, indem man eine Auflösung von Kupfervitriol in die Zelle bringt. Da aber das Zink schon für sich nicht nur das Kupfer, sondern auch die meisten anderen Metalle aus ihren Lösungen fällt, so muss die Lösung, deren Metall reducirt werden soll, nicht unmittelbar mit dem Zink in Berührung kommen, desswegen umgibt man die Kupferplatte mit einem Diaphragma, das ist mit einer porösen Scheidewand, welche nur einen langsamen Austausch der Flüssigkeiten gestattet. Man stellt sie zu diesem Behufe entweder in ein poröses Gefäss von Thon oder umgibt sie mit einer Blase oder einem Beutel von Segeltuch. Um die Lösung des Kupfervitriols so concentrirt als möglich zu erhalten bringt man in den oberen Theil desselben ein kupfernes Sieb oder einen Beutel aus Leinwand an, in welchen sich Krystalle dieses Salzes befinden. Biegt man die Kupferplatte zu einem Cylinder zusammen, so ist das poröse Gefäss ebenfalls cylindrisch, und die Zinkplatte ist von aussen herumgelegt. Alles zusammen steht dann in einem cylindrischen Glase. Wendet man ebene Platten an, was des leichteren Amalgamirens wegen weit bequemer ist, so muss die Zelle prismatisch sein, und die Zinkplatte ist entweder um dieselbe gebogen, oder die Kupferplatte

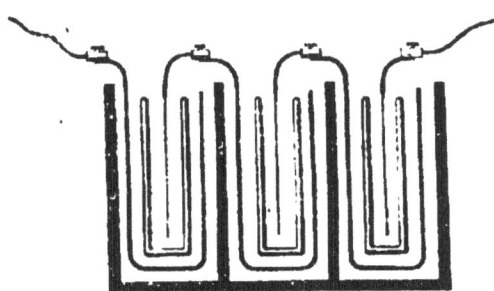

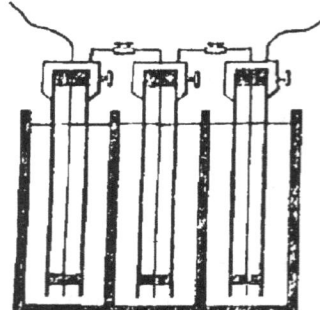

ist zwischen zwei Holzleisten geklemmt, an deren äusseren Seiten auch zwei gesonderte Zinkplatten durch dieselbe Klemme angedrückt werden. Die messingenen, gehörig starken Klemmen dienen zugleich dazu die Zinkplatten mit einander leitend zu verbinden und so gleichsam eine einzige daraus zu machen. Das System von zwei Zinkplatten, einer Kupferplatte und ein Diaphragma befindet sich in einer Zelle, die entweder mit einer concentrirten Lösung von Kochsalz oder verdünnter Schwefelsäure, etwa 1 Volumen Säure auf 8—10 Vol. Wasser, angefüllt sein kann. Es ist gut sowohl der Kochsalz- als der Vitriol-Lösung etwas Schwefelsäure zuzusetzen. Das durch den Wasserstoff reducirte Kupfer lagert sich an der Kupferplatte in ganz zusammenhängenden compacten Platten ab, welche sich von der ursprünglichen Kupferplatte ablösen lassen und den genauesten Abdruck der Oberfläche derselben liefern. Auf diesem an sich geringfügigen Umstande beruht die Galvanoplastik deren Entdeckung man dem Scharfblicke Jacobi's verdankt, obwohl von manchem Anderen diese Beobachtung schon früher gemacht worden sein mag. Die Einrichtung der Batterie mit constanter Wirkung muss Daniell zugeschrieben werden. Die von Grove angegebene Einrichtung unterscheidet sich von der vorigen nur dadurch, dass statt Kupfer Platin und statt Kupfervitriollösung Salpetersäure angewendet wird. In der äusseren Zelle befindet sich ebenfalls verdünnte Schwefelsäure, und der frei werdende Wasserstoff desoxydirt hier zum Theil die Salpetersäure. Mit dieser Batterie können die stärksten Effecte hervorgebracht werden, weil sich alle Umstände günstig für dieselbe stellen, indem sowohl die elektromotorische Kraft derselben sehr gross, als auch die Polarisation gänzlich vermieden ist, und weil endlich auch noch die Natur der Flüssigkeiten den elektrischen Gegensatz der Metalle vermehrt. In Bunsen's Batterien sind die Kupfercylinder durch Kohlencylinder ersetzt, welche man erhält indem man Koaks mit backender Steinkohle in einem solchen Verhältnisse mengt als nothwendig ist, damit nach dem Glühen des Gemenges eine cohärente, nicht zerklüftete Masse entsteht. Das Glühen geschieht in Blechformen, das Pulver wird aber nicht unmittelbar in dieselben, sondern erst in einen Cylinder von starkem Papier gebracht. Um den so erhaltenen Kohlencylindern mehr Festigkeit zu geben, werden sie in eine Zuckerlösung getaucht und abermals geglüht. Die zusammengebackene Masse wird dann abgedreht.

Die Flüssigkeit, in welcher sich die Kohlencylinder befinden, ist gewöhnlich ebenfalls Salpetersäure.

Bei dieser und den übrigen Batterien kann man auch das negative Element in eine Lösung von zweifach chromsauren Kali tauchen, dem so viel Schwefelsäure zugesetzt wird, als nothwendig ist um schwefelsaures Kali und schwefelsaures Chromoxyd zu bilden, das ist 4 Gtl. englische Schwefelsäure auf 3 Thle. zweifach chromsaures Kali. Der Wasserstoff reducirt hier die Chromsäure zu Chromoxyd.

Die Batterie von Smee ist so eingerichtet wie die von Grove, nur hat sie keine Diaphragmen und das negative Metall ist Silber welches schwarz platinirt ist, so dass die ganze Oberfläche desselben sammtschwarz und rauh erscheint. Man erhält diesen Überzug indem man die Silberplatte, welche nur sehr dünn zu sein braucht, zuerst durch Eintauchen in starke Salpetersäure rauh macht, dann mit einer Zinkplatte verbindet und in verdünnte Schwefelsäure taucht, der man etwas Platinchlorid zusetzt; oder besser indem man sie mit der Kathode einer anderen Batterie verbindet und in eine schwache Lösung von Platinchlorid taucht, während ein als Anode dienendes Platinblech, wo möglich von derselben Grösse, ebenfalls in die Flüssigkeit, der Silberplatte gegenüber, gestellt wird. Diaphragmen bedarf diese Batterie nicht, weil die Zellen nur Eine Flüssigkeit nämlich verdünnte Schwefelsäure enthalten, und die Polarisation wird durch die rauhe Oberfläche der Silberplatten, an welche sich die Gasblasen nicht anlegen können, wenigstens sehr vermindert. Diese Batterie gewährt grosse Bequemlichkeit, da sich beim Gebrauch derselben nur Wasserstoffgas entwickelt und da sie einen anhaltenden und constanten Strom gibt. Ihre elektromotorische Kraft ist gross, weil die Silberplatten der Platinirung wegen wie gewöhnliche Platinplatten wirken, aber noch den Vorzug vor solchen haben, dass fast keine Polarisation Statt findet, während diese bei derselben Einrichtung der Batterie mit glatten Platinplatten eintreten würde.

109. Man hat, wie schon in (108) bemerkt wurde, die Beobachtung gemacht, dass sich unter günstigen Umständen einige Metalle, wie Kupfer, Silber, Niekel u. a. in ganz cohärenten Platten an der Kathode ablagern, und dass sie ihrer grossen Homogenität wegen nicht nur den gewöhnlichen gewalzten oder geschmiedeten Platten zum Graviren vorzuziehen sind, sondern auch alle Erhöhungen und Vertiefungen, die sich auf der Platte befinden, welche als Kathode dient und auf welche der Niederschlag erfolgt, mit der vollkommensten Treue wiedergeben. Hierauf beruht die in neuerer Zeit bereits zu

einem so hohen Grad von Vollkommenheit ausgebildete Galvanoplastik, so wie auch alle Arten der Vergoldung und Versilberung auf
galvanischem Wege. Für die praktische Anwendung ist es besonders wichtig, sowohl die Formen in welchen sich die Metalle abscheiden, als auch die Umstände zu kennen welche hierauf von
Einfluss sind. Die Metalle scheiden sich nämlich entweder in der
oben angeführten Form oder bald als schwarze amorphe Pulver,
bald als einzelne Krystalle und krystallinische Massen ab. Diese Zustände erscheinen indessen nicht immer scharf von einander geschieden, sondern es liegen alle möglichen Abstufungen dazwischen. Die
Erfahrung hat gelehrt, dass die Metalle als schwarzes Pulver niedergeschlagen werden, wenn der Strom so stark ist, dass an der Kathode nebst dem Metalle auch noch Wasserstoffgass abgeschieden
wird. Die Feinheit dieses Pulvers hängt von der grösseren oder geringeren Menge ab in welcher die Abscheidung dieses Gases erfolgt.
Es ist übrigens merkwürdig, dass Metalle von allen Farben und Eigenschaften, wie Silber, Platin, Gold, Kupfer etc. als schwarzes Pulver niedergeschlagen werden. Ist hingegen der Strom gerade so stark,
dass zwar keine Entwickelung von Wasserstoffgas Statt findet, diese
aber eben auf dem Punkte ist einzutreten, so erfolgt der Nieder-
derschlag in Plattenform, welche den grössten Grad von Dehnbarkeit
und Gleichförmigkeit zeigen. Bei noch grösserer Schwächung des
Stromes ist der Niederschlag krystallinisch. Man sieht hieraus, dass
die Form dieses Niederschlages von der Leitungsfähigkeit der Flüssigkeit oder von der Leichtigkeit mit der sie zerlegt wird, abhängt,
dass also die Stärke des Stromes nach der Natur dieser Flüssigkeit
genau regulirt werden muss, wenn man ein bestimmtes Resultat erhalten will.

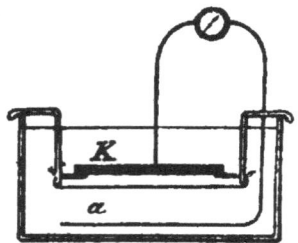

Zur Verfertigung grosser Kupferplatten
genügt der nebenstehende Apparat. In einem Trog von geeigneter Grösse, der am
besten aus Holz verfertiget und mit einer
Harzmasse ausgegossen wird, befindet sich
am Boden die entweder glatte oder gravirte
Platte a, auf welcher Kupfer niedergeschla-
gen werden soll. Ober derselben ist auf eine geeignete Weise ein
Holzrahmen angebracht, der an seiner unteren Seite entweder mit
einem sehr dichten Gewebe oder mit einer Blase, mit Pergament
oder mit einer eingekitteten porösen Thonplatte versehen ist. Unmittelbar ober dieser Scheidewand befindet sich auf Stützen, die aus

dem Rahmen hervorragen, die Zinkplatte, welche mittelst eines
Bleistreifens mit der Kupferplatte a in Verbindung steht. In den Trog
kommt eine filtrirte und möglichst concentrirte Lösung von Kupfervitriol, die man dadurch stets in diesem Zustande erhält, dass man
in ein Sieb der in der obern Schichte der Flüssigkeit des Troges angebracht ist Kupfervitriol-Krystalle gibt, die sich in dem Masse lösen,
als Kupfer auf der Platte niedergeschlagen wird. Man muss dafür sorgen, dass der Kupfervitriol möglichst rein, namentlich frei von Arsen
sei, und dass weder Staub noch andere mechanische Verunreinigungen
auf die Platte kommen. In den innern Theil des Rahmens giesst man
eine concentrirte Lösung von schwefelsaurem Zinkoxyd. Für jedes
Äquivalent Kupfer, das niedergeschlagen wird, löst sich 1 Äquivalent
Zink. Die Entfernung der beiden Platten ist nicht gleichgültig, je
grösser sie ist desto grösser wird auch der Widerstand, wodurch man
die Regulirung des Stromes in seiner Macht hat.

Um Medaillen und andere kleine Gegenstände galvanoplastisch
nachzubilden, bedient man sich einiger Elemente einer schwachen
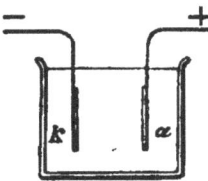
Batterie. An die Kathode befestigt man die Platte,
auf welche der Niederschlag zu erfolgen hat in verticaler Stellung, und ihr gegenüber stellt man, ebenfalls in verticaler Stellung und in Verbindung mit der
Anode, die Platte, welche das Material zu der neuen
Platte hergeben soll. Genau in dem Masse nämlich,
als an der Kathode sich Metall niederschlägt, löst sich dasselbe an der
Anode, so dass auf diese Weise die Flüssigkeit immer in derselben
Concentration erhalten wird. Die verticale Stellung ist desswegen vortheilhafter als die horizontale, weil dadurch der Verunreinigung der
unteren Platte durch fremdartige Substanzen vorgebeugt wird. Sind
die Substanzen, auf welche man das Kupfer niederschlagen will, an
sich nicht leitend, so müssen sie auf ihrer Oberfläche durch Einrei-
ben mit Graphit oder Eisenoxyduloxyd leitend gemacht werden. Auf
diese Weise kann man Kupfer auf Stearinsäure, auf Gyps u. dgl. niederschlagen. Das Ablösen der gefällten Kupferplatte von der, welche
copirt werden soll, ist oft mit Schwierigkeiten verbunden, diese werden aber beseitigt, wenn letztere mit einer höchst dünnen Schichte
von Fett oder Graphit überzogen wird.

Ganz auf dieselbe Weise hat man auch zu verfahren, wenn Gold
oder Silber auf andere Metalle gefällt werden sollen, worauf die Vergoldung und Versilberung auf galvanischem Wege beruht. Man bedient
sich dazu besonderer Lösungsmittel dieser Metalle, welche man

erhält, wenn man einer Lösung von Chlorgold oder salpetersaurem Silberoxyd in Wasser, die beide keine freie Säure enthalten dürfen, so lange Cyankalium zusetzt bis der anfangs entstehende Niederschlag sich wieder gelöst hat. Bei Anwendung einer Gold- oder Silberplatte an der Anode kann man dieselbe Flüssigkeit fast ohne Unterbrechung benützen.

Auch zusammengesetzte Körper, z. B. Metalloxyde, können auf galvanischem Wege in cohärenten Massen, die an andern Metallflächen festhaften, niedergeschlagen werden. Dies ist namentlich mit dem Bleioxyde der Fall, das sich aus seiner Auflösung in Ätzkali oder Natron als Superoxyd abscheidet, indem zugleich das Wasser zerlegt wird, und der ebenfalls an der Anode erscheinende Sauerstoff sich mit dem Oxyde vereinigt. Becquerel hat hierauf ein Verfahren gegründet, die Metalle auf eine dauerhafte Weise mit diesem Oxyde zu überziehen, welches bereits unter dem Namen Metallochromie praktische Anwendung gefunden hat, da dasselbe das Hervorbringen verschiedener Farben gestattet. Diese gehören in die Kategorie der in der Physik als Farben dünner Körper wohlbekannten Erscheinungen zu denen auch die Newton'schen Farbenringe gezählt werden, da die dünnen Schichten dieses Superoxydes wirklich durchsichtig sind. Man verfertigt sich zu diesem Behufe eine ganz gesättigte Auflösung von Bleioxyd in Ätzkali, die man so weit mit Wasser verdünnt, dass sie eine Dichte von 0,903 erhält. In diese Flüssigkeit bringt man nun die entweder polirte oder mattgemachte Platte, welche mit der Anode einer aus wenigen Plattenpaaren bestehenden constanten Batterie in Verbindung ist, während ihr gegenüber eine Platinplatte oder eine aus einer Glasröhre hervorragende kurze Platinspitze als Kathode dient. Die Farbe ändert sich mit der Dicke des sich ablagernden Superoxydes, und der Körper muss sogleich aus der Flüssigkeit genommen und gewaschen werden, wenn die gewünschte Wirkung erreicht ist. Da die Farbe von der Dicke der Schichte des Superoxydes abhängt, so ist es schwierig eine gleichförmige Färbung zu erhalten. Würde man die Spitze ruhig über eine Stelle halten, so entstünden um dieselbe die von Nobili schon vor längerer Zeit beobachteten Farbenringe, welche ebenfalls nichts anderes als eine durch Elektrolyse bewirkte Ablagerung gewisser Oxyde in Schichten von verschiedener Dicke sind. Will man diese daher vermeiden, so muss die Elektrode in steter Bewegung und in einer gewissen Entfernung von der Oberfläche des Körpers gehalten werden.

110. So wie der elektrische Strom die chemische Anziehung der Stoffe aufzuheben vermag, ebenso kann auch die gewöhnliche gegenseitige chemische Action der Körper durch eine Veränderung in ihren elektrischen Verhältnissen gänzlich modificirt werden. Am deutlichsten lässt sich dies an gewissen Metallen beobachten, die unter gewöhnlichen Umständen von einer Säure angegriffen werden, während sie, entweder durch Berührung mit Zink oder durch die Verbindung mit der Kathode einer Batterie negativ gemacht, sich ganz indifferent gegen dieselbe Säure verhalten, was auch wohl nicht anders sein kann, da nach (103) die Lösungen der Salze dieser Metalle mit derselben Säure durch den elektrischen Strom zerlegt werden. Hieher gehört wenigstens zum grössten Theil auch noch eine andere merkwürdige Erscheinung, welche man das Passivwerden der Metalle nennt, und welche darin besteht, dass einige derselben unter gewissen Umständen, besonders durch Eintauchen in starke Salpetersäure, entweder dauernd oder vorübergehend von dieser Säure nicht mehr angegriffen werden. Häufig findet nämlich bei der Einwirkung einer Flüssigkeit auf ein Metall schon nach den ersten Augenblicken eine Ablagerung einer Verbindung Statt, welche selbst durch ihre Berührung mit dem Metall Veranlassung zu einem veränderten Verhalten desselben gibt, wie später bei den einzelnen Metallen näher besprochen werden wird.

Eisen, Silber, Kupfer, Blei und mehrere andere Metalle werden von verdünnter Salpetersäure gelöst, bringt man sie aber mit Zink in Berührung, so werden sie nicht im geringsten angegriffen, dafür aber wird das Zink gelöst, während sich der Wasserstoff an den Metallen abscheidet (104).

Wismuth wird in Salpetersäure von 1,5 spec. Gewicht sogleich passiv, so dass sich ein kleines Stück erst in mehreren Wochen völlig löst. — In Säure von 1,4 spec. Gewicht löst es sich rasch mit Aufbrausen, aber bei der Berührung mit Platin wird es sogleich unlöslich, und nimmt einen eigenthümlichen Glanz an. Entfernt man hierauf das Platin, so zeigt es sich bald activ bald passiv. Im lezteren Falle überzieht es sich zuerst mit einer dunkeln Haut, welche sich dann auflöst, worauf es wieder glänzend wird, und sich nur äusserst langsam löst. So oft man dieses passive Wismuth unter der Säure mit Platin einen Augenblick berührt, zeigt sich wieder die schwarze Hülle und hierauf der frühere Glanz.

Eisen wird ebenfalls, sowohl durch rauchende Salpetersäure als durch Berührung mit Platin passiv. (Siehe hierüber den Art. Eisen.)

Eisen und Kupfer werden durch Seewasser bedeutend angegriffen, bringt man sie aber an einzelnen Stellen mit Zink in Verbindung, so wird letzteres gelöst, erstere bleiben unverändert. Auch wird Kupfer, welches mit Eisen in Berührung ist, vom Meerwasser entweder gar nicht oder doch nur wenig angegriffen, während nur das Eisen gelöst wird. Hierauf beruht die Methode den Kupferbeschlag der Schiffe vor der Zerstörung durch das Meerwasser zu schützen, indem man denselben an einigen Stellen mit Stücken von Gusseisen verbindet, die man Protectoren nennt.

111. Die elektrischen Erscheinungen hängen, wie aus dem bisher Angeführten und aus allem hervorgeht was die Physik über die verschiedenen Arten der Erregung der Elektricität lehrt, so innig mit der Natur der Körper zusammen, dass man vermuthen muss, alle chemischen Veränderungen derselben werden mit einer Störung des elektrischen Gleichgewichtes, d. h. mit Entwickelung von Elektricität verbunden sein. Dies ist auch nach allen bisher gemachten Erfahrungen wirklich der Fall, allein weil auch geringe mechanische Veränderungen der Körper von Elektricitätsentwickelung begleitet sind, so ist es meistens sehr schwierig, ja nach dem gegenwärtigen Standpunkte unserer Kenntnisse oft ganz unmöglich, mit Sicherheit zu entscheiden, welche Art von Veränderung eigentlich die Ursache des Auftretens der Elektricität in einzelnen Fällen ist. So hat man sich noch nicht darüber vereinigen können, ob der galvanische Strom durch die beim Contact heterogener Leiter wirksam werdende elektromotorische Kraft, oder durch die dabei Statt findenden chemischen Erscheinungen bedingt werde. Für die Theorie der Säule wäre es allerdings sehr wünschenswerth hierüber ins Reine zu kommen, für die Gesetze aber, nach welchen der Strom wirkt, ist es von untergeordneter Wichtigkeit, ob man der chemischen Theorie, an deren Spitze Faraday und die meisten englischen Chemiker stehen, oder ob man der Contact-Theorie, die von Volta ausging, und der jetzt namentlich die deutschen und französischen Physiker anhängen, den Vorzug gibt. Es ist einleuchtend, dass so lange der Begriff von dem, was man chemische Einwirkung nennt, nicht ganz festgestellt ist, man auch in Bezug auf diese beiden Theorien zu keiner klaren Ansicht gelangen kann. Nach den in diesem Werke aufgestellten Principien konnte keine andere als die Contact-Theorie, wie man sie jetzt versteht, zu Grunde gelegt werden, aus welcher sich auch die Erscheinungen am einfachsten und naturgemässesten erklären lassen.

Atomistische Theorie.

112. Es wurde bereits in (17) angeführt, dass man durch alle Thatsachen, welche die Chemie liefert, genöthigt wird anzunehmen, dass die Molecüle aus kleinsten Theilchen, den Atomen bestehen, und dass die chemischen Veränderungen sich bis auf die gegenseitigen Beziehungen der Atome erstrecken, während die mechanischen nur die Molecüle als Ganze afficiren. Diesen allgemeinen Voraussetzungen müssen aber noch speciellere Annahmen über die Natur der Atome hinzugefügt werden, wodurch eine Hypothese entsteht, die den Namen atomistische Theorie führt, und deren Richtigkeit oder Zulässigkeit nur dann gerechtfertigt werden kann, wenn sich aus ihr die chemischen Erscheinungen auf eine genügende Weise erklären lassen. Diese Theorie wird jetzt fast allgemein angenommen und es lässt sich nicht läugnen, dass sie unter allen den Thatsachen am meisten entspricht. Man darf jedoch nicht übersehen, dass viele Erklärungen, welche aus derselben zu fliessen scheinen, nur Folgerungen der in dieselbe hineingelegten Postulate sind. Da indess diese Theorie die letzten Gründe der Erscheinungen betrifft, deren Wesen über die Gränzen der uns möglichen Erkenntnisse hinausliegt (14), so bleibt uns in diesem Falle nichts anderes übrig, als gewisse Sätze als Axiome an die Spitze derselben zu stellen. Wir müssen aber vor Allem dafür sorgen, dass die Axiome den Thatsachen möglichst entsprechen, damit der Phantasie und Willkür kein Spielraum gestattet werde, und dass man ihre Anzahl nicht ohne Noth vermehre. Es ist übrigens glücklicherweise weder für die atomistische Theorie noch überhaupt für die praktische Entwickelung unserer Wissenschaft von Einfluss, ob man sich die Atome als eine träge, mit gewissen Eigenschaften ausgerüstete, oder als dynamisch gebildete Materie vorstellet (14). Wahrscheinlich werden wir unseren Forschungen nie eine andere Ansicht zu Grunde legen, so wie sie auch seit jeher denselben zu Grunde lag, aber gewiss wird sie mit der Entdeckung neuer Thatsachen immer eine bestimmtere Form erhalten, als man ihr jetzt geben kann.

113. Das erste, was wir über die Atome festsetzen müssen, ist, dass sie sich einzeln ihrer ungemeinen Kleinheit wegen, jeder directen Wahrnehmung entziehen, dass sie aber dennoch den Raum nach allen seinen Dimensionen ausfüllen, also nicht unendlich klein, im mathematischen Sinne des Wortes, sind. Über ihre Form können wir nichts Bestimmtes sagen, am wahrscheinlichsten ist es aber, dass sie sphäroidisch ist. Es ist ferner unvermeidlich sie für alle uns zu Gebote stehenden Mittel, als ganz unveränderlich zu betrachten, so dass sie nicht bloss als undurchdringlich, untheilbar, unzusammendrückbar etc., sondern auch in jeder andern Beziehung als an sich unveränderlich gedacht werden müssen. Der Begriff von Dichte findet daher auf dieselben gar keine Anwendung, woraus ferner folgt, dass in ihnen die Materie den Raum continuirlich ausfüllt. Eben so ist es nothwendig anzunehmen, dass sich die Atome eben so wenig als die Molecüle berühren, sondern dass sie sich in Distanzen befinden, die im Vergleich zu ihrer Grösse sehr bedeutend sind.

114. Die Atome der verschiedenen Grundstoffe sind specifisch verschieden, aber die jedes einzelnen sind unter sich gleich. Ob nun diese Verschiedenheit in der Materie selbst liege, oder ob dieselbe durch die Kräfte bedingt werde, welche die Atome äussern, kann nicht entschieden werden (14). Die Molecüle der Grundstoffe sind also aus gleichartigen Atomen zusammengesetzt.

115. Alle Atome sind gleich schwer, d. h. sie werden von der Schwerkraft gleich stark afficirt. Dies ist eine nothwendige Folge der Thatsache, dass alle Körper demselben Gesetze unterliegen, d. h. ebenfalls gleich schwer sind.

116. Da die Atome an sich unveränderlich sind (113), so können nach der atomistischen Theorie die chemischen Erscheinungen nur durch Änderungen, die sich auf ihre Anzahl und Gruppirung der Art und Lage nach beziehen, erklärt werden. Man nimmt daher an, dass bei der chemischen Verbindung der Grundstoffe zwei oder mehrere Atome derselben, durch ihre gegenseitige chemische Anziehung angeregt, so nahe an einander treten, als dies die auf dieselben gleichzeitig wirkende Repulsivkraft (15) gestattet.

Die Molecüle zusammengesetzter Körper bestehen also nicht aus einfachen homogenen Atomen, sondern aus Gruppen von heterogenen Atomen, die den verschiedenen Grundstoffen, aus denen sie zusammengesetzt sind, angehören. Diese Atom-Gruppen verhalten sich gegen die Molecüle zusammengesetzter Körper gerade wie die einzelnen Atome einfacher Körper gegen ihre Molecüle. Man hat, obwohl dem ursprünglichen Begriff eines Atomes zuwider, die Atom-gruppen der zusammengesetzten Körper, zusammengesetzte Atome genannt, so dass ein Atom eines zusammengesetzten Körpers aus Atomen verschiedener Grundstoffe besteht. Die chemische Verbindung ist also nur eine Nebeneinanderlegung heterogener Atome, wobei von einer wechselseitigen Durchdringung gar keine Rede sein kann.

In den folgenden Figuren bedeuten demnach die Kreise oder vielmehr ihre Mittelpunkte die Atome zweier Grundstoffe, während die einzelnen Aggregate derselben die zusammengesetzten Atome der Verbindungen darstellen.

117. Es ist ferner naturgemäss anzunehmen, dass in den Mole-cülen der krystallisirten Körper die Atome auf eine bestimmte Art gruppirt sind, und nichts ist dann wahrscheinlicher, als dass diese Gruppirung mit der Grundgestalt dieser Stoffe zusammenfällt. Stellen

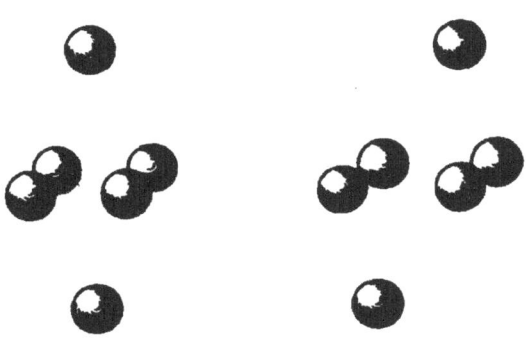

daher, z. B., die Kugeln oder vielmehr ihre Mittelpunkte die Atome des gewöhnlichen Schwefels dar, so werden die Molecüle desselben die Form von Orthotypen haben, in deren Ecken die Mittelpunkte dieser Atome liegen. Denkt man sich nun durch irgend eine Ursache die Lage dieser Atome so verändert, dass die Mittelpunkte der Kugeln nun in den Ecken eines Hemiorthotyps liegen, wie dies die zweite Figur zeigt, so würde nun auch die Grundgestalt des Schwefels in die letztgenannte über-gegangen sein, wodurch die Dimorphie der Grundstoffe ganz ebenso genügend erklärt wird, wie sehr viele andere Erscheinungen mit de-ren Erklärung man vor der Hand zufrieden sein muss. Auch der kry-stallisirte und der amorphe Zustand der Stoffe wird auf diese Weise begreiflich. Bei ersterem sind die Molecüle regelmässig angeordnet, bei letzterem befinden sie sich in jeder möglichen Lage. So dass sich die krystallisirten und amorphen Körper in dieser Hinsicht wie po-larisirtes und unpolarisirtes Licht unterscheiden. Es bedarf kaum einer weiteren Erwähnung, dass bei zusammengesetzten Körpern eine noch grössere Mannigfaltigkeit der Gruppirung und Anordnung der Atome möglich ist als bei einfachen, und dass sich daraus, bei Festhaltung des Grundsatzes, dass die chemischen Veränderungen der Körper durch entsprechende Änderungen in der Anordnung der Atome bedingt werden, alle Phänomene der Isomerie u. s. w. auf eine naturgemässe Weise ableiten lassen.

118. Nimmt man ferner an, dass die Atome der verschiedenen Grundstoffe ungleiche Gewichte haben; so folgt daraus, dass sie auch ungleich gross sein müssen, da nach (113) der Begriff von Dichte keine Anwendung auf sie findet. Dann ist es aber auch am natürlichsten und einfachsten noch weiter festzusetzen, dass die absoluten Gewichte der Atome (Atomgewichte) den Äquivalenten proportional sind, so dass dann Äquivalent und Atomgewicht durch dieselben Zahlen ausgedrückt werden. Da also 8, 16, 35, 14 u. s. w. die Äquivalente des Sauerstoffes, des Schwefels, Chlors u. s. w. sind, so werden der obigen Annahme zu Folge dieselben Zahlen auch ausdrücken, dass sich die absoluten Gewichte der einzelnen Atome dieser Grundstoffe wie 8 : 16 : 35 : 14 verhalten; oder anders ausgedrückt: 1 Atom Sauerstoff, dessen Gewicht durch 8 beliebige Gewichtseinheiten ausgedrückt wird, ist äquivalent mit 1 Atom Schwefel, dessen Gewicht 16 der obigen Gewichtstheile beträgt. Ist also nach den in (39) angedeuteten Grundsätzen der Werth des Äquivalentes eines Grundstoffes bestimmt, so ist dadurch auch der seines Atomes gegeben, so dass in diesem Sinne Äquivalent und Atomgewicht immer dasselbe bedeuten. Nimmt man aber nicht an, dass die absoluten Gewichte der Atome den Äquivalenten proportional sind, so müssen um dieselben zu bestimmen noch anderweitige hypothetische Suppositionen gemacht werden, die dann mehr oder weniger willkührlich sind. Indem nämlich die Äquivalente, wie sie aus dem chemischen Verhalten der Körper factisch hervorgehen, nichts sind als die Produkte aus der Anzahl der einzelnen Atome in das Gewicht derselben; so muss, wenn man die obige einfache Voraussetzung über die Gewichte der Atome nicht macht, über die Anzahl derselben in einem gewissen Volumen eines Körpers etwas festgesetzt werden, da sich sonst über die Gewichte derselben nichts bestimmen lässt. Eine dieser hypothetischen Voraussetzungen ist, dass, unter gleichem Druck und bei gleicher Temperatur, sich in gleichem Volumen der in Gasgestalt befindlichen Grundstoffe, eine gleiche Anzahl von Atomen befindet, d. h. dass in allen Gasen der Grundstoffe die Abstände der Atome sich gleich

sind. Hieraus würde dann folgen, dass die Anzahl der Atome, welche
eine Verbindung enthält, der Anzahl der Gasvolumen in derselben
proportional ist, und dass sich die Gewichte der Atome
wie die specifischen Gewichte der Grundstoffe in
Gasform verhalten. Glücklicher Weise geben diese Folgerungen ein sehr geeignetes Mittel die Zulässigkeit der obigen Voraussetzung zu prüfen. Da sich z. B. der Erfahrung gemäss, 2 Volumen
Wasserstoffgas mit 1 Volumen Sauerstoffgas zu Wasser verbinden,
so müssten auch 2 Atome Wasserstoff sich mit 1 Atom Sauerstoff
zu Wasser vereinigt haben: das Äquivalent des Wasserstoffes würde
also 2 Atome desselben enthalten und wenn H nicht, wie oben
festgestellt wurde, das Äquivalent sondern das Atom Wasserstoff bedeutet, so müsste der Werth desselben nicht $= 1$ sondern $^1/_2$ sein
und die Formel für das Wasser wäre nun nicht H O sondern H_2 O.
Aus ganz ähnlichen Gründen müsste man das Atom des Chlor, Brom,
Jod, Stickstoff und mehrerer anderer Grundstoffe nur halb so gross
als ihr Äquivalent annehmen, und daher die sogenannten Doppel-
atome einführen, was zwar gar keinen Vortheil mit sich brächte,
aber an sich ziemlich gleichgiltig wäre. Hiebei könnte man aber
nicht stehen bleiben, denn als Dumas und nach ihm Mitscherlich die specifischen Gewichte jener Körper in Gasform untersuchten, die nur bei einer höheren Temperatur in diesen Zustand übergehen, zeigte es sich, dass jene Voraussetzung ganz unzulässig ist.
Die Tabelle des (53) zeigt nämlich, dass in der Schwefelsäure sich
9 Volumen Sauerstoffgas mit 1 Volumen Schwefelgas zu 6 Volumen
Schwefelsäuregas verbinden, die Formel für die Schwefelsäure müsste
also bei consequenter Durchführung dieser Voraussetzung SO_9 sein,
wo dann das Atom des Schwefels dreimal grösser würde als gegenwärtig sein Äquivalent ist. Solche Veränderungen würden aber
nicht nur eine ganz unnütze Complication herbeiführen, sondern
auch geradezu den in (39) angeführten Grundsätzen widersprechen,
und die als richtig anerkannten Beziehungen der Stoffe in Frage stellen. Es bliebe somit nichts anderes übrig als jene Voraussetzung nur
theilweise für einige Körper aufrecht zu halten. Da aber alle Gesetze
für Gase auf gleiche Weise gelten, sie mögen bei höherer oder niederer Temperatur eine bedeutende Spannkraft erhalten, so ist kein
Grund vorhanden für die Körper, bei denen jenes der Fall ist, eine
Ausnahme zu machen.

119. Um das Gesetz der bestimmten Verhältnisse zu erklären,
hat man angenommen, dass sich die Atome der verschiedenen Stoffe

nur in bestimmter, und zwar geringer Menge mit einander gruppiren, dass also die aus den Atomen entstehenden Gruppen, die Molecüle nämlich, nur bestimmte Formen, die aus einer geringen Anzahl von Atomen gebildet werden, annehmen können. In der That liegt, wenn diese Voraussetzung nicht gemacht wird, in der atomistischen Ansicht durchaus kein Grund weder das Gesetz der bestimmten Verhältnisse noch das der Multipeln daraus zu folgern, denn es ist, ohne der obigen Voraussetzung gar nicht einzusehen, warum sich nicht eben so gut 47 mit 75 oder 1000 mit 1233 Atomen wie 1 mit 2 oder 3 Atomen gruppiren könnten. Man muss also streng genommen sagen: weil das Gesetz der Multipeln beobachtet wird, so ist man genöthigt und thut auch sehr recht daran, die obige Annahme zu machen. Freilich darf man es dann nicht als einen Beweis für die Richtigkeit der atomistischen Theorie ansehen, dass diese Erklärung aus derselben folgt, ihr Vortheil besteht vielmehr darin, dass sie es zulässt Voraussetzungen zu machen, die mit den beobachteten Thatsachen im Einklange stehen und zu naturgemässen Vorstellungen führen.

120. Der Hauptgrundsatz der atomistischen Theorie ist nach (116), dass die physikalischen und chemischen Eigenschaften der Körper sowohl von der Beschaffenheit als von der Anzahl und Gruppirung der Atome abhängig sind. Hieraus folgt nun

1. dass eine Änderung in den chemischen Eigenschaften erfolgt, wenn die Atome der einen Art durch andere ersetzt werden. Diese Substitution kann entweder Statt finden ohne dass dadurch die Gestalt der Molecüle geändert wird, wo dann weder die Krystallgestalt noch das Verhalten gegen das Licht eine Modification erleidet, oder es ist damit auch eine Änderung in der Gruppirung derselben verknüpft, in welchem Falle die physikalischen Eigenschaften der Körper ebenfalls modificirt werden, und zwar um so mehr, je grösser die Veränderung war, welche die Molecüle erlitten haben.

2. Kann aber auch eine Veränderung in den physikalischen und chemischen Eigenschaften der Körper erfolgen, wenn bloss die Gruppirung der Atome modificirt wird, ohne dass neue Atome hinzutreten oder vorhandene abgeschieden werden.

Es bedarf keiner weiteren Erläuterung, dass hiedurch die in (10) und (58) bis (73) angeführten Erscheinungen eine wenigstens im Allgemeinen ausreichende Erklärung finden, und wenn es gleich bisher nicht gelungen ist dieselbe in allen speciellen Fällen durchzuführen, so kann doch nicht geläugnet werden, dass die

Möglichkeit einer solchen Durchführung im Gebiete der atomistischen Theorie liegt.

121. Wegen des innigen Zusammenhanges zwischen den chemischen und elektrischen Verhältnissen der Körper fanden sich mehrere Naturforscher, namentlich D a v y, S c h w e i g g e r, B e r z e l i u s und Andere bewogen, die chemische Anziehung oder Affinität als Folge einer elektrischen Anziehung zu betrachten, welche zwischen den Atomen Statt findet, woraus die elektro-chemische Theorie entstand. Nach der Ansicht von D a v y sind elektrische und chemische Erscheinungen Wirkungen derselben Grundkraft, die Affinität ist nach ihm nur eine Folge elektrischer Spannung, welche durch Berührung heterogener Atome eintritt.

S c h w e i g g e r nahm zuerst (1812) an, dass den Atomen Polarität zukomme, dass aber an den beiden Polen derselben die Intensität dieser Elektricität nicht immer gleich stark sei, sondern bald die eine bald die andere vorwalten könne, und dass hierdurch der chemische Charakter eines Stoffes bedingt werde. B e r z e l i u s entwickelte die elektro-chemische Theorie am vollständigsten und die meisten Chemiker nehmen noch gegenwärtig dieselbe an. Nach ihm sind die Atome ebenfalls polarisch mit ungleicher elektrischer Intensität, je nach der Verschiedenheit der Stoffe, so dass dieselben hiernach elektronegativ oder elektropositiv in ihrem Verhalten sein werden, je nachdem die negative oder positive Elektricität in denselben vorwaltet. Die Grundstoffe müssen sich daher nach dieser Hypothese in eine Reihe bringen lassen, an deren einem Ende derjenige Körper steht, bei dessen Atomen die negative Elektricität am meisten vorwaltet, während am anderen Ende sich jener Stoff befindet, bei welchem dasselbe von der positiven Elektricität gilt. Diese beiden Stoffe sind der Sauerstoff und das Kalium, so dass jener der elektronegativste, dieser der elektropositivste Körper ist. Bei den dazwischen liegenden Stoffen ist immer derjenige elektronegativer, welcher dem Sauerstoff näher steht und umgekehrt. In dieser Reihe muss es einen Körper geben, bei welchem die positive Elektricität der Atome ihrer negativen gleich kommt, oder wenigstens zwei neben einander stehende Stoffe, wo in dem oberen gerade noch die negative, in dem unteren aber schon die positive Elektricität überwiegt. Diese Gränze ist in der folgenden von B e r z e l i u s als Annäherung an die Wahrheit aufgestellten Reihe, zwischen dem Wasserstoffe und dem Golde zu ziehen.

— E. Sauerstoff	Bor	Palladium	Cerium
Schwefel	Kohlenstoff	Quecksilber	Thorium
Selen	Antimon	Silber	Zirkonium
Stickstoff	Tellur	Kupfer	Aluminium
Fluor	Tantal	Wismuth	Beryllium
Chlor	Titan	Zinn	Magnesium
Brom	Kiesel	Blei	Calcium
Jod	Wasserstoff.	Cadmium	Strontium
Phosphor	————	Kobalt	Barium
Arsenik	Gold	Nickel	Lithium
Chrom	Osmium	Eisen	Natrium
Vanadin	Iridium	Zink	+ E. Kalium.
Molybdän	Platin	Mangan	
Wolfram	Rhodium	Uran	

Bei der Verbindung zweier Stoffe aus dieser Reihe vereinigt sich nach der Ansicht von Berzelius (s. L. Gmelin's Handbuch der Chemie. I. 151) die in dem einen vorherrschende negative Elektricität mit der in dem anderen vorherrschenden positiven. Bevor es jedoch zu der Verbindung kommt, zeigt der erstere Stoff etwas negative, der letztere etwas positive Elektricität im freien Zustande, deren Spannung in dem Masse steigt, als sich die Stoffe der Temperatur, bei welcher ihre Verbindung erfolgt, immer mehr nähern. Im Moment der Verbindung wenden sich die negativen Atompole des ersteren Stoffes gegen die positiven des letzteren, was am leichtesten beim flüssigen Aggregationszustand der Körper geschieht. Es verbinden sich nun die beiden Elektricitäten dieser Pole und erzeugen Licht und Wärme, womit sie verschwinden. Bei jeder chemischen Verbindung findet daher eine Neutralisation der entgegengesetzten Elektricitäten Statt, und dieselbe ist also ein elektrisches Phänomen, das auf der elektrischen Polarität der Atome beruht. Da die elektrische Reihe nicht mit der Affinitätsordnung zusammenfällt, indem z. B. der höchst elektronegative Sauerstoff der Erfahrung zu Folge ein geringeres Bestreben hat, sich mit dem elektropositiven Golde zu verbinden, als mit dem ihm in der elektrischen Reihe nahestehenden Schwefel; so nimmt Berzelius an, dass, wiewohl im Goldatom die positive Elektricität des einen Poles mehr beträgt als die negative des andern, doch die absolute Menge der in dem einen Pole des Goldatoms vorhandenen positiven Elektricität weniger beträgt, als in dem einen Pole des Schwefelatomes; nur dass dieses im anderen Pole eine viel grössere Menge negativer Elektricität enthält als das Goldatom. Bei

demselben Stoffe ist die absolute Menge der beiden Elektricitäten an
den Polen der Atome je nach der Temperatur verschieden, und in der
Regel bei höherer Temperatur erhöht. Elektronegative Stoffe liefern
mit dem Sauerstoff in der Regel elektronegative Verbindungen, elektropositive liefern elektropositive Verbindungen. Die Zersetzung der
durch elektrochemische Neutralisation erzeugten Verbindungen kann
nur eintreten, wenn den Bestandtheilen ihre frühere elektrische Polarität wieder ertheilt wird. Dass die vereinigten Stoffe nach Vernichtung
ihres entgegengesetzten elektrischen Zustandes mit einer Kraft zu-
sammenhalten, die jeder mechanischen Trennung widersteht, rührt
nicht von einer besonderen inwohnenden Kraft der Affinität her, sonst
würde die Fortdauer der Verbindung nicht dem Einflusse der Elektricität unterworfen sein. Aber selbst die innigste chemische Verbindung
lässt sich durch Wiederherstellung der elektrischen Polarität ihrer
Bestandtheile aufheben. Bei dieser Zersetzung der Verbindungen
durch den elektrischen Strom verschwinden die einwirkenden Elektricitäten, und die Bestandtheile nehmen ihre früheren chemischen
und elektrischen Eigenschaften wieder an. So bewunderungswürdig
auch der Scharfsinn ist, mit welchem diese Theorie von Berzelius
durchgeführt wurde, und so gross auch der Nutzen war, welchen
dieselbe der Wissenschaft gebracht hat; so darf man doch nicht
verkennen, dass sie mit dem gegenwärtigen Standpunkte unserer
erfahrungsmässig begründeten Kenntnisse von der Elektricität nicht
mehr im Einklange steht, insbesondere wenn man die physikalischen Verhältnisse derselben zu den Körpern, z. B. ihre Anordnung an denselben u. s. w. mit in Betrachtung zieht, was doch
nach (13) der Fall sein müsste (s. L. Gmelin's Handbuch I. 158,
und ferner v. Ettingshausen's Anfangsgründe der Physik 2. Auflage 337). So gross aber auch die Fortschritte der Physik und Chemie in den letzten 25 Jahren waren, so haben sie doch zu keiner
genügenden Vorstellung über das Verhältniss der elektrischen und
chemischen Erscheinungen geführt; man hat im Gegentheil einse-
hen gelernt, dass es jetzt, wo wir über das Wesen der Elektricität
noch so sehr im Dunkeln sind, kaum an der Zeit ist, mit Erfolg
eine Ansicht über diesen schwierigen Gegenstand zu fassen, wenn
man sich nicht der Gefahr aussetzen will, durch allzu willkürliche
Annahmen auf Irrwege geleitet zu werden. Was gegenwärtig der
Erfahrung am meisten entsprechen dürfte ist, anzunehmen, dass
zwischen den Atomen eine anziehende Kraft, die chemische Anziehung, Affinität, herrscht, welche unter geeigneten Umständen die

chemischen Erscheinungen hervorbringt, und von der materiellen Beschaffenheit der Atome abhängt. Ob, wie schon Berthollet meinte, dieselbe Kraft es ist, welche, wenn sie zwischen den Molecülen wirkt, die Erscheinungen der Cohäsion, Adhäsion, Schwere etc. bedingt, kann, so wahrscheinlich es auch sein mag, für jetzt noch dahingestellt bleiben (15); aber es muss mit Bestimmtheit ausgesprochen werden, dass nur die chemische Anziehung die chemischen Veränderungen hervorzubringen vermag (15). Nach der sich gegenwärtig immer mehr Bahn machenden Vorstellungsweise von den Imponderabilien sucht man dieselben auf die Annahme eines Äthers (16) zurückzuführen, indem man ihre Wirkungen als Bewegungserscheinungen betrachtet. Mit dieser Ansicht am besten im Einklange steht es aber die elektrischen Erscheinungen, welche bei den chemischen Veränderungen eintreten, als Folgen dieser Veränderungen zu betrachten, nicht aber, wie nach der jetzt herrschenden Theorie, das Umgekehrte anzunehmen. Die elektrischen Erscheinungen begleiten nämlich ebenso die chemischen Erscheinungen, wie dies von den Wärme- und Licht-Phänomenen so häufig geschieht. Sie können als Folgen einer chemischen Veränderung auftreten, obwohl sie eben so wenig immer nothwendig damit verbunden zu sein brauchen, als umgekehrt, die Äusserungen der Elektricität stets Folgen einer chemischen Action sein müssen. Die Bewegung der Atome, welche jeder chemischen Veränderung vorangehen muss, kann eben so gut die elektrischen wie die Licht- und Wärme-Erscheinungen bedingen, und umgekehrt können auch durch Einwirkung der Elektricität so gut wie durch die des Lichtes und der Wärme die Hindernisse beseitiget werden, welche der chemischen Anziehung entgegen stehen, oder es kann durch dieselben der chemischen Anziehung so entgegengewirkt werden, dass diese wirklich aufgehoben wird und eine Trennung der Atome erfolgt.

122. Was man auch immer für Ansichten über die letzte Ursache der chemischen Erscheinungen und ihren Zusammenhang mit der Elektricität hegen mag, so bleibt es doch immer von Interesse die Bedeutung der obigen von Berzelius aufgestellten Reihe näher zu prüfen. Vergleicht man dieselbe mit der im (105) gegebenen Spannungsreihe, so findet man, dass sie mit derselben nicht zusammenstimmt, was doch nach der elektrochemischen Theorie der Fall sein sollte. Überdies ist wenig Hoffnung vorhanden, dass es je gelingen werde auf experimentellem Wege eine solche Reihe zu construiren, da sowohl die Grundstoffe, welche die Elektricität schlecht

leiten, als auch die, welche nur in Gasform bekannt sind, den Versuchen wohl unüberwindliche Schwierigkeiten entgegensetzen. Für jene Grundstoffe, welche bei gewöhnlicher Temperatur schon chemisch auf einander wirken, wenn sie nur in Berührung gebracht werden, müsste die Untersuchung bei so niedriger Temperatur angestellt werden, dass dabei die chemische Action nicht mehr thätig wäre (88). Eine andere Folge der jetzigen elektrochemischen Theorie ist, dass wenn eine binäre Verbindung der Grundstoffe elektrisirt wird, der elektropositive Bestandtheil (Kation) am negativen, der elektronegative (Anion) hingegen am positiven Pol abgeschieden werden muss. Abgesehen davon, dass schon der von Faraday experimentell nachgewiesene Vorgang bei der Elektrolyse der obigen Theorie nicht günstig ist, so liegt die Möglichkeit der Prüfung derselben durch das Experiment noch in sehr weiter Ferne, da nur die bei weitem kleinste Anzahl der Grundstoffe Jonen sind.

Auch geht aus den vorliegenden Versuchen noch gar nicht mit Gewissheit hervor, ob ein Grundstoff aus einer Verbindung als Anion, aus einer anderen als Kation abgeschieden werden könne, was nach der Theorie ebenfalls geschehen müsste. Die obige Reihe kann daher, der Erfahrung gemäss, auch das elektrolytische Verhalten der Körper nicht ausdrücken.

123. Da die directe Elektrolyse nicht zum Ziele führt, so hat man noch auf andere Arten elektrochemische Reihen zu construiren gesucht. Zu diesem Behufe wurden einfache Volta'sche Ketten aus den Substanzen gebildet, deren Verhältniss man untersuchen wollte, und dabei Flüssigkeiten von verschiedener Natur in Anwendung gebracht. Die folgende Tafel enthält die wichtigsten dieser Reihen.

1. Reihe von Fechner, bei welcher die leitende Flüssigkeit Wasser war.

2. Reihe von Davy, bei Anwendung von verdünnter Schwefelsäure.

3. Reihe von Faraday mit einem Gemisch von 1 Volumen Schwefelsäure und 1 Volumen Wasser.

4. Reihe von Pfaff, wie vorher.

5. Reihe von Marianini mit sehr verdünnter Schwefelsäure.

6. Reihe Faraday's mit Salzsäure.

7. Reihe Delarive's mit verdünnter Salpetersäure.

8. Reihe Faraday's mit 1 Volumen concentrirter Salpetersäure und 7 Volumen Wasser.

9. Reihe Faraday's mit Salpetersäure von 1,48.

10. Reihe von D e l a r i v e mit concentrirter Salpetersäure.
11. Reihe von D a v y mit Natron- oder Kali-Lösung.
12. Reihe von F a r a d a y mit starker oder schwacher Kalilauge.
13. Reihe von P f a f f mit Kali.
14. Reihe von P f a f f mit Amoniak.
15. Reihe von D a v y mit Schwefelkalium.
16. Reihe von F a r a d a y mit 1 Volumen Schwefelkalium-Lösung (gelb) und 7 Volumen Wasser.
17. Reihe von F a r a d a y mit 1 Volumen Schwefelkalium-Lösung (farblos) und 7 Volumen Wasser.

1.	2.	3.	4.	5.	6.	7.	8.	9.	10.	11.	12.	13.	14.	15.	16.	17.
	R		Pd													
	Ir															
	Pt		Pt							Pt						
			Te													
Au	Au		Au	Au						Au				Au		
				Pt												
	Te			Te												
	Pd									Pd				Pd		
				Hg				Ni						Pt		
Ag	Ag	Ag	Ag	Ag		Ag	Ag	Ag	Ag	Ag	Ag	Ag		Ag		
				As					Hg			Ni				
									Pb			Bi				
												Pt				
												Au				
Cu	Cu	Cu	Cu			Cu	Cu		Cu		Cu	Cu	Cu			
Bi	Pb															
Sb	Sb	Sb	Sb	Sb	Sb		Sb	Sb								
					Ag			Cu								
				Ni	Ni											
	Bi	Bi	Bi	Bi	Bi		Bi	Bi						Bi		
	Ni			Cu	Cu		Ni									
Fe	Fe	Fe	Fe	Fe	Fe	Fe	Fe	Fe	Fe	Fe	Fe		Fe	Fe	Fe	Fe
			Sl	Mn						Cu			Ag	Cu	Ni	Ni
											Bi			Sb	Bi	Bi
Sn	Sn			Sn			Sn	Sn								
Pb		Pb	Pb	Pb	Pb	Pb	Pb	Pb		Pb	Pb	Pb	Pb	Pb	Pb	Pb
														Ag	Ag	Ag
											Sb	Sb				Sb
		Sn	Sn		Sn					Sn			Sn	Sn	Sn	Sn
	Cd	Cd	Cd		Cd		Cd		Sn		Cd			Cd	Cd	
											Sn			Cu	Cu	Cu
Zn	Zn	Zn	Zn	Zn	Zn	Zn	Zn	Zn	Zn	Zn	Zn	Zn	Zn	Zn	Zn	Zn
								Cd	Sn			Sn				Cd

Der Einfluss des flüssigen Leiters auf die Anordnung der Grundstoffe in diesen Reihen ist unverkennbar, auch wurde derselbe durch
viele andere Versuche ausser Zweifel gesetzt. Berücksichtiget man nur
die Reihen, welche bei Anwendung des Wassers oder saurer Flüssigkeiten erhalten wurden, so ergibt sich folgende als die wahrscheinlichste vom negativsten Körper angefangen:

Rhodium	Kupfer
Iridium	Antimon
Platin	Wismuth
Gold	Nickel
Tellur	Eisen
Palladium	Blei
Silber	Zinn
Quecksilber	Kadmium
Arsen	Zink.

Aber auch diese Reihe stimmt nicht mit der elektrochemischen
überein, obwohl sie sehr nahe mit der Spannungsreihe (105) zusammenfällt.

124. Ordnet man die Metalle auf eine solche Weise an, dass
die zuerst stehenden durch die meisten der später folgenden, diese
aber durch keines der über ihnen stehenden aus ihren Auflösungen
metallisch gefällt werden, so erhält man folgende Reihe:

Gold	Antimon
Platin	Kupfer
Iridium	Wismuth
Osmium	Blei
Silber	Nickel
Rhodium	Zinn
Palladium	Eisen
Tellur	Kobalt
Quecksilber	Cadmium
Arsen	Zink.

Obwohl nun diese Reihe ebenfalls nur eine Annäherung an die
Wahrheit ist, indem das Lösungsmittel einen nicht unbedeutenden
Einfluss auf die Reduction durch ein anderes Metall übt, so lässt
sich doch auch hier eine Ähnlichkeit mit der obigen Reihe nicht
verkennen.

125. Aus allen hier angeführten Gründen geht hervor, dass
wir noch kaum im Stande sind die Grundstoffe auf eine durch Thatsachen begründete Weise nach ihrem elektrischen Verhalten anzu-

ordnen, und es daher auch noch nicht möglich ist, aus den vorliegenden Thatsachen zu schliessen, ob die elektrischen Beziehungen der Körper allein hinreichen, dieselben auch in ihrer chemischen Ähnlichkeit zu charakterisiren. Im Gegentheil ist es viel wahrscheinlicher, dass das elektrische Verhalten der Körper nur ein Merkmahl derselben ist, das allein eben so wenig als ein anderes hinreicht den chemischen Charakter eines Stoffes festzustellen. In der That ist auch die obige elektrische Reihe (1 2 1) mehr nach der chemischen Ähnlichkeit der Grundstoffe, als nach dem elektrischen Verhalten derselben gebildet worden.

Unabhängig von jeder Theorie kann man sich aber, dem bisherigen Sprachgebrauche gemäss, der Ausdrücke elektropositiver und elektronegativer Bestandtheile bedienen, indem man unter ersteren die Kationen, unter letzteren die Anionen versteht. Es wird sogar oft möglich sein, umgekehrt aus dem chemischen Verhalten der Körper nach der Anologie zu schliessen, welche Rolle ein Körper in einer Verbindung spielt, d. h. mit Wahrscheinlichkeit anzugeben, ob er ein Anion oder Kation ist.

Anhang.

Gebräuchlichste Masse und Gewichte nach den neuesten Bestimmungen.

Längenmasse.

1) **W**iener Längenmass:
   die Einheit heisst Klafter.

   1 Klafter = 6 Fuss = 72 Zoll = 864 Linien = 10368 Puncte

   1 Fuss = 12 „ = 144 „ = 1728 „

2) Alt-französisches:
   die Einheit ist die Toise du Pérou, welche wie die Wiener Klafter in Fusse, Zolle und Linien abgetheilt wird.

3) Neu-französisches oder metrisches:
   die Einheit heisst Meter und ist der 10000000ste Theil des nördlichen Meridianquadranten der Erde.

   1 Meter = 10 Decimeter = 100 Centimeter = 1000 Millimeter.

   1000 Meter = 100 Decameter = 10 Hektometer = 1 Kilometer.

4) Englisches:
   die Einheit heisst Yard, dessen absolute Länge der Länge des Secundenpendels gleich ist, also bei mittlerer Zeit, im leeren Raume und im Niveau des Meeres unter der Breite Londons (51° 31′ 8″,4 nörd.) = 39,1393 englische Zolle beträgt.

   1 Yard = 3 Fuss = 36 Zoll = 360 Linien.

5) Preussisches:
   1 Fuss = 12 Zoll = 144 Linien = 1728 Skrupel.

   12 Fuss machen eine Ruthe.

   Dem preussischen Fusse gleich ist der dänische.

6) In Sachsen, Baiern, Würtemberg, Hannover wird der Fuss in 12 Zoll, der Zoll in 12 Linien abgetheilt.

7) In Baden und in der Schweiz wird der Fuss in 10 Zoll; der Zoll in 10 Linien abgetheilt.

8) In Schweden wird der Fuss in 12 Zoll, der Zoll in 12 Linien, oder auch der Fuss in 10 Zoll, der Zoll in 10 Linien abgetheilt.

   Die Länge des Secundenpendels ist für die Breite von Stockholm das ist für 59° 20′ 34″ nörd. Br. = 33,50557 schwedische Decimalzolle.

9) Russisches Längenmass:

die Einheit heisst Saschen oder Faden.

Sie wird auf zweifache Art abgetheilt:

a) 1 Saschen = 3 Arschinen; die Arschine = 16 Werschok
b) 1 Saschen = 7 Fuss, 1 Fuss = 12 Zoll; 1 Zoll = 10 Linien.
Der russische Fuss ist dem englischen gleich.

Tabelle zur Vergleichung der verschiedenen Längenmasse.

	Meter	Vergleichungs-logarithmen	Wiener Fusse
1 Wiener Fuss . .	0,3161095 *)	0,4998395 —1	
1 Pariser Fuss . . .	0,32483943	0,5116688 —1	1,027612
1 englischer Fuss . .	0,30479449	0,4840070 —1	0,964201
1 preuss. u. dänisch. F.	0,3138535 **)	0,4967264 —1	0,992858
1 sächsischer Fuss .	0,2831901	0,4520780 —1	0,895857
1 baierischer » .	0,2918592	0,4651734 —1	0,923281
1 würtembergisch. F.	0,2864903	0,4571099 —1	0,906297
1 hannoveranischer »	0,2920947	0,4655237 —1	0,924026
1 badisch. u. schweiz.	0,3000000	0,4771212 —1	0,949034
1 schwedischer Fuss	0,2969039	0,4726159 —1	0,939240
1 russischer »	0,3047928 ***)	0,4840047 —1	0,964196
1 Meter			3,1611095

Anmerkung. Mittelst der Vergleichungslogarithmen lassen sich die in der Tabelle angeführten Fusse schnell in einander verwandeln. Will man z. B. den preussischen Fuss in pariser Fuss verwandeln, so muss vom Logarithmus des preussischen Fusses der des pariser abgezogen werden; sucht man nun zur erhaltenen Differenz in den Logarithmentafeln die dazu gehörige Zahl, so drückt sie den preussischen Fuss im pariser Masse aus; also: 1,4967264 —2

0,5116688 —1
——————————
0,9850576 —1 wozu die

Zahl 0,966179 gehört; also ist 1 preussischer Fuss = 0,966179 pariser Fuss.

---

*) Stampfer, Jahrbücher des Wiener polyt. Inst. Bd. 20.
**) Bessel, Schumacher's Jahrbuch für 1840.
***) Travaux pour fixer les mésures de l'empire de Russie redigés par Kupffer. St. Petersbourg 1841.

Meilenmasse.

Die deutsche oder geographische Meile	= 3912,466	Wr. Klaft.
die österreichische Postmeile	= 4000	" "
die französische Lieue	= 2346	" "
die englische Meile (neue Mile)	= 849	" "
eine russische Werst = 500 Saschen	= 562,6	" "

Flächenmasse.

Metrisches. — Die Einheit heisst Are und ist ein Quadrat, dessen Seite 1 Decameter = 10 Meter ist.

Die Are wird wie der Meter abgetheilt.

1 Quadratmeter = 10,0075 Wiener Quadratfuss.

1 Wiener Quadratfuss = 0,09993 Quadratmeter.

1 Wiener Joch = 1600 Quadratklafter = 57,557 Ares.

1 Acre (englisches Flächenmass) = 160 Quadrat-Ruthen = 40,467 Ares;

(eine englische Ruthe = 5,5 Yards.)

1 preussischer Morgen = 180 Quadrat-Ruthen = 25,532 Ares.

Körpermasse.

Metrisches. — Die Einheit heisst Liter und ist ein Würfel, dessen Seite ein Decimeter ist.

1 Liter = 50,4124 Pariser Kub. Zoll = 54,7046 Wr. Kubikzoll.

1 Wiener Kubikzoll = 18,279 Kubikcentimeter.

Hohlmasse für Flüssigkeiten.

Wien:

Eimer	Mass	Seidel
1 =	40 =	160
	1 =	4

Paris:

Liter	Deciliter	Centilitre	Milliliter
1 =	10 =	100 =	1000

Kiloliter	Hectoliter	Decaliter	Liter
1 =	10 =	100 =	1000

London:

Gallon	Quart	Pinte
1 =	4 =	8
	1 =	2

Berlin:

Oxhoft	Ohm	Eimer	Anker	Quart	Kubikzoll
1 =	$1\frac{1}{2}$ =	3 =	6 =	180 =	11520
	1 =	2 =	4 =	120 =	7680
		1 =	2 =	60 =	3840
			1 =	30 =	1920
				1 =	64

1 Liter = 2,827 Wiener Seidel
1 Londoner Pinte = 1,5658 " " = 0,4755 Liter
1 Berliner Quart = 3,157 " " = 1,145 "
1 Dresdner Kanne = 2,6489 " " = 0,937 "
1 baierische Masskanne = 3,022 " " = 1,069 "
1 Wiener Mass = 0,0448 Wr. Kubikfuss = 1,4147 "

Gewichte.

1) Österreichische:

a) Handelsgewicht.

Zentner	Pfund	Loth	Quentchen	Sechzehntel
1 =	100 =	3200 =	12800 =	51200
	1 =	32 =	128 =	512
		1 =	4 =	16
			1 =	4

b) Medicinalgewicht.

Pfund	Unzen	Drachmen	Grane
1 =	12 =	96 =	5760
	1 =	8 =	480
		1 =	60

Das Wiener Medicinalpfund hat 24 Loth Wiener Handelsgewicht und ist daher = $\frac{3}{4}$ Pfund Wiener Handelsgewicht.

2) Alt-französisches Gewicht:
die Einheit heisst Poids de marc.

Poids	Onces	Gros	Grains
1 =	16 =	128 =	9216
	1 =	8 =	576
		1 =	72

3) Neu-französisches oder metrisches Gewicht:
die Einheit heisst Gramme und ist das Gewicht eines Kubikcentimeters reinen Wassers bei 4° C, das ist bei seiner grössten Dichte im leeren Raume gewogen.

Gramme	Decigramme	Centigramme	Milligramme
1	= 10	= 100	= 1000

Kilogramme	Hectogramme	Decagramme	Gramme
1	= 10	= 100	= 1000

4) Englische Gewichte:

a) Handelsgewicht. — Avoir-du-poids.

Pound (Avoir-du-poids)	Ounces	Drams	Grains Troy
1	= 16	= 256	= 7000
	1	= 16	= $437\frac{1}{2}$
		1	= $27\frac{11}{32}$

Tun (Tonne)	Weight	Quarter	Pound
1	= 20	= 80	= 2240
	1	= 4	= 112
		1	= 28

b) Münz- oder Troy-Gewicht.

Troy Pound	Ounces	Gross (Penny weight)	Grains
1	= 12	= 240	= 5760
	1	= 20	= 480
		1	= 24

5) Preussisches Gewicht:

Pfund	Mark	Loth	Quentchen	Grän
1	= 2	= 32	= 128	= 576
	1	= 16	= 64	= 288
		1	= 4	= 18
			1	= $4\frac{1}{2}$

Ein Zentner = 110 Pfunde.

6) Russisches Gewicht:

Pfund	Loth	Solotnik	Doli
1	= 32	= 96	= 9216
	1	= 3	= 288
		1	= 96

1 Pud = 40 Pfunde.

7) Nürnberger Handelsgewicht:

1 Pfund = 2 Mark = 16 Unzen = 32 Loth = 128 Quentchen = 512 Pfennige.

8) Neues Gewicht der Niederlande:

1 Pond = 10 Ons = 100 Lood = 1000 Wigtje = 10000 Korell.

1 Pond ist einem Kilogramme gleich.

Tabelle zur Verwandlung der verschiedenen Gewichte in Wiener Pfunde und in Kilogramme.

	Wiener Pfunde	Kilogramme
1 Wiener Pfund Handelsgewicht		= 0,560016 *)
1 Poids de marc	= 0,874092	= 0,489506
1 Pound Avoir-du-poids	= 0,809976	= 0,453600
1 Troy Pound	= 0,666494	= 0,373248
1 Berliner Pfund	= 0,835174	= 0,467711
1 Petersburger Pfund	= 0,731259	= 0,409517 **)
1 Kilogramme	= 1,785663	

Die umfassendste Arbeit zur Vergleichung der verschiedenen Gewichte wurde in dem oben citirten Werke von Kupffer geliefert, es dürfte daher am zweckmässigsten sein die Bestimmungen der Gewichte daraus zu entnehmen.

	Russisches Pf.	Solotnik	Doli	Vergleichungslogarithmen
1 Pfund englisches Handelsgewicht (Avoir-du-poids) . . . . . =	1	10	32	1,0089407
1 Pfund Troy-Gewicht . . . . =	—	87	47,68	0,9242628
1 „ baierisches Handelsgew. =	1	35	26,08	1,1004422
1 Kilogramme . . . . =	2	42	40,54	1,3522701
1 Libra metrica Italiens . . . =	2	42	44,11	1,3523889
1 Pf. Nürnberger Handelsgewicht . =	1	23	58,57	1,0600391
1 Pond der Niederlande . . =	2	42	46,00	1,3523755
1 Pfund preussisch. Handelsgewicht =	1	13	61,57	1,0222456
1 Mark preuss. Münzgew.(1 Köln.M.) =	—	54	78,79	0,7212161
1 sächsisches Pfund . . . . . =	1	13	48,95	1,0217248
1 Pf. schwed. Handlsgew.(Skalpund) =	1	3	62,42	0,9807494
1 Pfund Wiener Handelsgewicht . =	1	35	27,13	1,1004783
1 Pf. Würtembergisch. Handelsgew. =	1	13	62,37	1,0222786

Da ein russisches Pfund in 96 Solotnik und ein Solotnik in 96 Doli abgetheilt wird, so können aus obiger Tabelle die verschiedenen Gewichte entweder unmittelbar oder auch durch die Vergleichungslogarithmen, wie oben bei den Längenmassen gezeigt wurde, leicht in einander verwandelt werden.

Das Medicinalgewicht der verschiedenen Länder wird so wie das Wiener abgetheilt und benannt, zur leichteren Übersicht mögen folgende Angaben dienen ***).

---

*) Stampfer. Jahrb. des Wr. polyt. Inst. B. 16. S. 63.
**) Kupffer in Travaux pour fixer etc. Vol. I. S. 416.
***) Aus Buffs Grundzügen der Experimentalphysik. Heidelberg 1843.

			Grammen
1 Pfund Nürnberger Medicinalgewicht		=	357,854
1 „ französisches „		=	375,000
1 englisches Troy - Pound		=	373,244
1 österreichisches Medicinalpfund		=	420,009
1 preussisches „ = ¾ Handelspf.		=	350,783
1 baierisches „		=	360,000
1 würtembergisches „		=	357,647
1 schwedisches „		=	356,437

Einige der wichtigeren Münzgewichte:

Wiener Mark Silbergewicht.

Mark		Loth		Grane
1	=	16	=	288
		1	=	18

Wiener Mark Goldgewicht.

Mark		Karate		Grane
1	=	24	=	288
		1	=	12

Das kölnische Münzgewicht wird eben so benannt und abgetheilt wie das Wiener. — Bei beiden erhält die Mark auch noch folgende Unterabtheilungen:

Mark		Loth		Quintel		Pfennige		Richtpfennige
1	=	16	=	64	=	256	=	65536
		1	=	4	=	16	=	4096
				1	=	4	=	1024
						1	=	256

Das holländische Münz - Troy - Gewicht

Mark		Unzen		holländische Asse
1	=	8	=	5120
		1	=	640

	Wiener Pfunde		Wiener Grane		Holländische Asse
1 Wiener Mark	= 0,50114	=	3848,755	=	5840,83
1 Kölnische Mark	= 0,41764	=	3207,475	=	4867,66
1 holländische Mark	= 0,43945	=	3374,976	=	5120,00

5 Wiener Mark = 6 kölnische Mark (sehr nahe)

Auf eine Wiener Mark gehen 80,4 kaiserliche Ducaten:

Daher ist das Gewicht eines kaiserlichen Ducaten:

= 47,87 Wiener Grane = 815,124 Wiener Richtpfennige

= 72,647 holländische Asse.

Von den chemischen Erscheinungen im Besonderen.

126. Nachdem im Vorhergehenden die chemischen Erscheinungen im Allgemeinen und in ihren Beziehungen zu den in der Natur wirkenden Kräften betrachtet wurden, müssen nun die Grundstoffe sowohl als ihre Verbindungen speciell erörtert werden. Die grosse Menge von Thatsachen, welche durch die raschen Fortschritte der Wissenschaft bereits gewonnen wurden, macht es für den Anfänger nothwendig, dass hiebei eine Methode befolgt werde, durch welche derselbe gleich anfangs mit den wichtigsten Verbindungen bekannt gemacht, und bei welcher möglichst wenig von dem erst später Abzuhandelnden, zum Verständniss des Vorhergehenden vorausgesetzt wird. Es ist daher die Reihenfolge, in welcher die Grundstoffe abgehandelt werden, keine gleichgültige. Vom rein wissenschaftlichen Standpunkte aus, müsste man die Körper nach ihrer chemischen Ähnlichkeit gruppiren und auch in dieser Ordnung abhandeln. Zur Erlangung einer leichteren Übersicht aber, dürfte es zweckmässiger sein einige der wichtigsten Stoffe aus jeder Gruppe zuerst zu betrachten, und dann die übrigen folgen zu lassen. Was die Verbindungen betrifft, so wäre es ebenfalls am wissenschaftlichsten sie nach ihrem chemischen Charakter zu ordnen und zu behandeln; bei der grossen Verschiedenheit und dem Schwankenden in den hierüber herrschenden Ansichten, dürfte es aber am zweckmässigsten sein, sie den entsprechenden Grundstoffen anzureihen, ohne auf ihren Charakter Rücksicht zu nehmen, wie diess auch L. Gmelin in seinem klassischen Handbuche gethan hat. Jeder Grundstoff bildet dann eine Monographie, in der alle Verbindungen behandelt werden, welche derselbe mit den vorher bereits besprochenen Grundstoffen eingeht. Beim Kohlenstoffe ist dieser Gang jedoch nicht durchzuführen, da seine Verbindungen theils wegen ihrer grossen Anzahl, theils wegen ihrer eigenthümlichen Beziehung zur organischen Welt, eine andere Anordnung nothwendig machen, über welche am geeigneten Orte das Nöthige angegeben werden wird.

I. Sauerstoff. $O = 8$.

Oxygenium (von ὀξύς sauer und γεννάω ich erzeuge) Oxygène. Entdeckt von
   Scheele und Priestley im Jahre 1774, von Lavoisier gleich nachher als
   Grundstoff erkannt und näher untersucht.

127. Der Sauerstoff ist bisher nur in Gasform, also als Sauerstoffgas bekannt, wo er weder Geruch noch Geschmack besitzt und
wenigstens in Schichten von nicht zu grosser Dicke farblos erscheint.
Die Dichte desselben beträgt nach den neuesten Bestimmungen von
Dumas und Boussingault 1,1057. Derselbe ist im Stande sich
mit den meisten Körpern direct zu verbinden, wenn die Temperatur
hiezu geeignet ist, wobei nicht selten Feuererscheinung eintritt. Glühende Körper entzünden sich daher darin und brennen mit grosser
Lebhaftigkeit fort. Er ist zur Erhaltung des Lebens im Allgemeinen
unentbehrlich und spielt beim Athmungsprocesse eine wichtige Rolle.
   Der Sauerstoff ist in der Natur ungemein verbreitet, indem er
sowohl einen Hauptbestandtheil des festen Theiles der Erde, so weit
wir sie kennen, als auch des Wassers und der Atmosphäre bildet. Er
lässt sich aus derselben auf sehr verschiedene Arten abscheiden.
Wird z. B. Quecksilber in einem offenen Kolben mit flachem Boden
im Sandbade mehrere Tage lang in einer Temperatur erhalten, die
dem Siedepunkte desselben nahe liegt, so nimmt es an Gewicht zu
und verwandelt sich nach und nach vollständig in ein rothes Pulver,
das nichts anderes ist als Quecksilberoxyd, d. i. eine Verbindung
dieses Metalles mit dem Sauerstoff der Atmosphäre. Denn richtet
man den Versuch so ein, dass sich nur eine abgesperrte Menge der
atmosphärischen Luft mit dem Quecksilber in Berührung befindet, so
bemerkt man, dass sich das Volumen derselben bis zu einem gewissen
Grade vermindert, dann aber das zurückbleibende Gas nicht mehr
geeignet ist das Quecksilber zu verändern, und überhaupt ganz andere Eigenschaften besitzt als die ursprünglich angewendete atmosphärische Luft. Erhitzt man aber das so gebildete rothe Pulver stärker, was in einer
etwa 4‴ weiten
und 8″ langen
Glasröhre a b,
oder in einer
kleinen Retorte
sehr gut gesche-

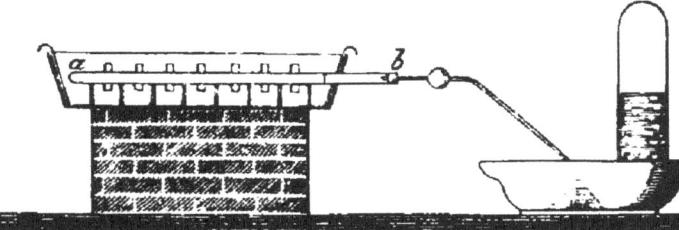

hen kann, so erhält man aus demselben den aufgenommenen Sauerstoff wieder, und zwar gerade so viel davon, als vorher die Verminderung der atmosphärischen Luft betrug. Um denselben als Gas aufzufangen, befestigt man an der Röhre a b, mittelst eines Korkes eine etwa eine Linie weite, wie die Figur zeigt gestaltete Röhre luftdicht, und leitet sie unter den Recipienten, der mit Wasser gefüllt, auf einer pneumatischen Wanne steht. Nebst dem sich entwickelnden Sauerstoffgase destillirt auch das reducirte Quecksilber in die Kugel der Gasentbindungsröhre und in die Wanne über, so zwar, dass bei gehörig lange fortgesetzter Erwärmung gar nichts mehr von dem Oxyde in der Röhre zurückbleibt. Das erhaltene Quecksilber wiegt so viel als das angewandte, und das aufgefangene Gas ist reines Sauerstoffgas. (87).

Man kann dieses Verhalten des Quecksilberoxydes zur Bereitung des Sauerstoffgases benützen, jedoch nicht mit Vortheil. Zur Gewinnung desselben in grösserer Menge dient, wenn es nicht auf die höchste Reinheit ankommt, das im Handel unter den Namen Braunstein (prismatisches Manganerz, Pyrolusit) vorkommende Mineral, welches man in einer eisernen Retorte oder in einer schmiedeisernen Flasche A, wie man sie zum Transportiren des Queck-

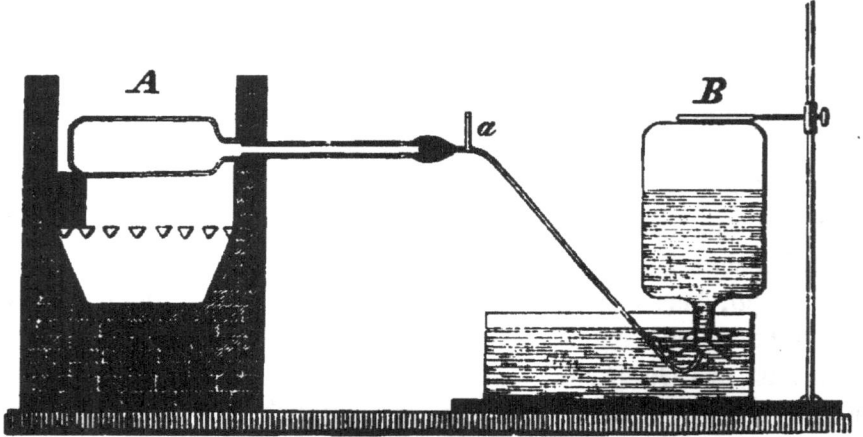

silbers verwendet, bis zum schwachen Rothglühen erhitzt. An den Hals der letzteren schraubt man ein etwa 15 Zoll langes Stück eines Flintenlaufes luftdicht an, und verbindet damit eine gehörig gekrümmte Glasröhre, welche bei a mit einem kurzen Seitenrohre versehen sein kann. Während der Operation ist dieses verschlossen, nach Beendigung derselben aber wird es geöffnet, damit das Wasser beim Abkühlen der Flasche nicht in dieselbe trete. Hat die Flasche

schon zum Aufbewahren des Quecksilbers gedient, so muss sie
vor dem Gebrauche erhitzt und mittelst eines Blasebalges Luft hinein-
geblasen werden, um dasselbe gänzlich zu entfernen. Man kann
übrigens die Flasche auch schief in einen gewöhnlichen Windofen
stellen, was bequemer ist; nur muss dann die Glasröhre anders
gebogen sein. Zum Auffangen des Gases bedient man sich entweder
einer Flasche B, die auf der Brücke der pneumatischen Wanne
steht oder eines Gasometers (s. d. im Anhange). Im Kleinen reicht
zur Entwickelung des Gases eine Glasröhre vollkommen aus, welche
ganz wie vorher bei Anwendung des Quecksilberoxydes angegeben
wurde, vorgerichtet wird. Der Braunstein ist nach der Formel MnO_2
zusammengesetzt, wird aber durch das Erhitzen nicht seines ganzen
Sauerstoffgehaltes beraubt, sondern es bleibt Manganoxyduloxyd
zurück, indem $3MnO_2$ hiebei Mn_3O_4 bilden und $2O$ oder 12 pCt.
Sauerstoff abgeben. Man kann jedoch aus dem Braunstein eine
grössere Menge Sauerstoff gewinnen, wenn man denselben mit

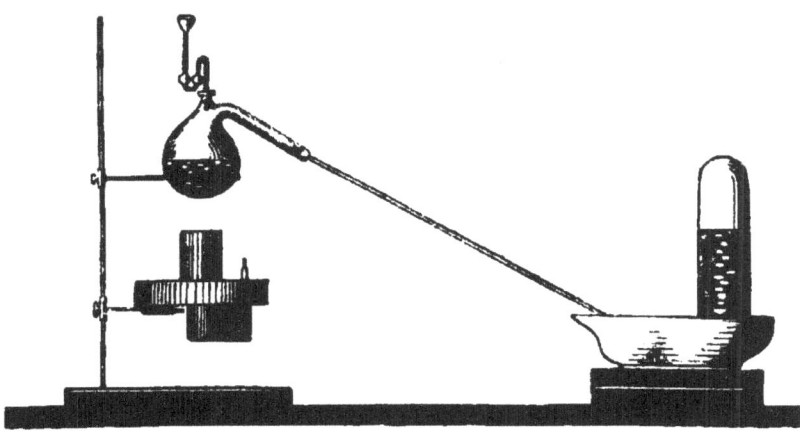

Schwefelsäure erwärmt, was in einer Retorte, die mit einem Sicherheitstrichter versehen ist, oder in einem Kolben geschehen kann.
Der Kork ist im letzteren Falle doppelt durchlöchert, um sowohl
den Sicherheitstrichter als das Gasentbindungsrohr aufnehmen zu
können. Hat der Kolben einen flachen Boden, so wird er auf eine
Platte von Eisenblech, unter welcher sich die Lampe befindet, gestellt.
Der Process, welcher bei der Zerlegung des Braunsteins durch
Schwefelsäure Statt findet, ist folgender. Bringt man auf 1 Äq. MnO_2
1 Äq. Schwefelsäure HO, SO_3 so erhält man 1 Äq. schwefelsaures
Manganoxydul MnO, SO_3 und 1 Äq. Sauerstoff wird frei, was nahe
18 pCt. des angewandten Braunsteins beträgt. Das Wasser der

Schwefelsäure wird also hiebei durch das gebildete Maganoxydul ersetzt. Am reinsten und bequemsten erhält man das Sauerstoffgas,

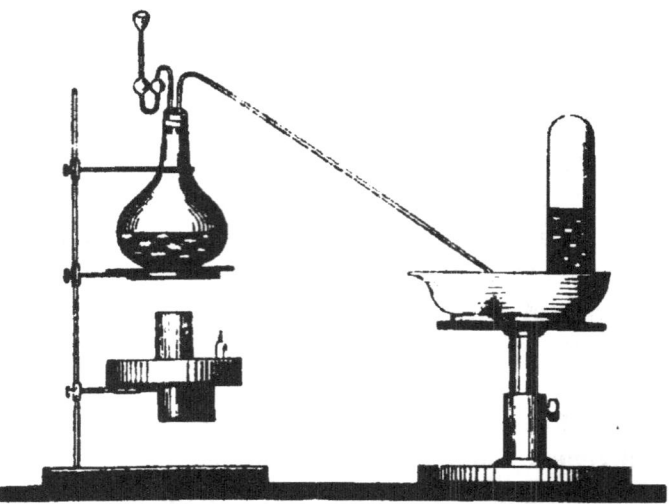

wenn man chlorsaures Kali in einer gläsernen Retorte, die damit nur bis zur Hälfte angefüllt sein darf, erhitzt. Anfangs schmilzt das Salz ohne sich zu zersetzen, erhöht man aber vorsichtig die Temperatur, so beginnt die Gasentwicklung unter Aufschäumen der geschmolzenen Masse. Erwärmt man, wenn diese zäher wird, nach und nach noch stärker, so dauert die Gasentwickelung so lange fort, bis alles in Kaliumchlorid verwandelt ist. Bei dem hiebei Statt findenden Process geben, wenn man nur das Endresultat berücksichtigt, KO, ClO_5 KCl und $6O$ oder 39 pCt, Sauerstoff. Die nähern Umstände dieser Zerlegung können erst beim chlorsauren Kali (218) ihre Erörterung finden.

Vermischt man dieses Salz mit einem gleichen Volumen Glaspulver, so ist die Gasentwickelung sehr gleichförmig und man hat kein Aufschäumen zu besorgen. Mengt man es mit Braunstein, so geht zwar die Gasentwickelung noch leichter von Statten, es ist aber dennoch nicht vortheilhaft sich desselben zu bedienen, theils weil manchmahl die Gasentwickelung zu heftig ist, theils, weil das Gas hiebei leicht verunreinigt werden kann. Durch Erhitzen von Salpeter, von zweifach chromsaurem Kali mit Schwefelsäure, kann man auch Sauerstoffgas erhalten, jedoch nicht mit Vortheil.

128. Der Sauerstoff geht mit allen Körpern, das Fluor ausgenommen, Verbindungen ein, welche sowohl ihrer grossen Verbreitung, als auch der Erscheinungen wegen, unter denen sie sich bilden, von jeher die Aufmerksamkeit der Chemiker im hohen Grade auf sich gezogen haben. Im Allgemeinen nennt man den Pro-

cess der Verbindung eines Körpers mit Sauerstoff O x y d a t i o n, während die Abscheidung von Sauerstoff D e s o x y d a t i o n heisst. Einige Körper oxydiren sich schon, wenn sie bei gewöhnlicher Temperatur mit Sauerstoff in Berührung kommen, bei andern bedarf es hiezu einer Erhöhung der Temperatur, die sowohl von der Natur der Körper als von anderen Umständen abhängt, bei noch andern lässt sich die Oxydation nur auf indirectem Wege bewirken. Um die Erscheinungen kennen zu lernen, welche die direkte Verbindung des Sauerstoffes mit andern Körpern begleiten, lässt man das Gas aus einem Gasometer in eine etwa 18 Zoll lange und 6 Linien weite Glasröhre c d treten, in der sich bei d die zu prüfende Substanz befindet. Die Einrichtung muss hiebei so getroffen sein, dass das auerstoffgas zuerst durch eine U-förmig gebogene Röhre a und dann durch eine mit Chlorcalcium gefüllte Röhre b geht, welche die

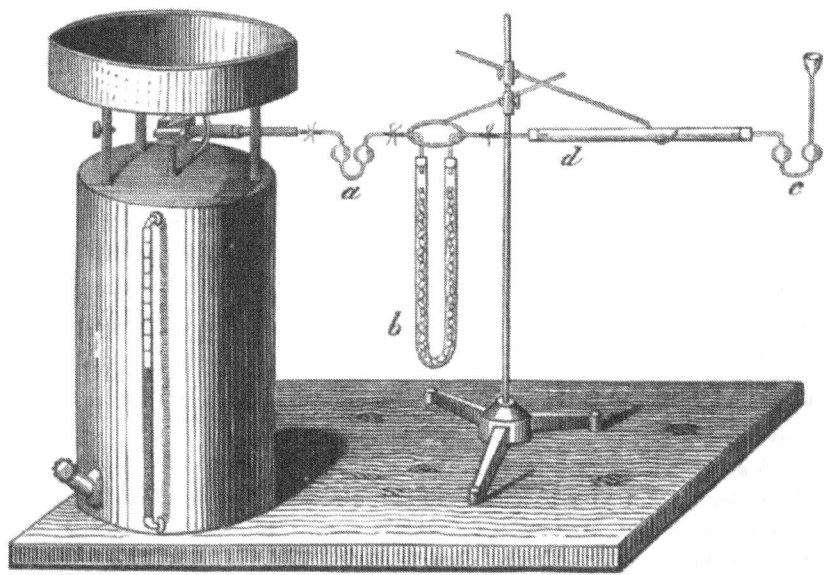

Bestimmung hat dasselbe zu trocknen. Die U-förmige Röhre a, in der sich etwas Wasser befindet, dient bloss dazu beurtheilen zu können, ob viel oder wenig Gas aus dem Gasometer strömt. Legt man nun z. B. ein Stückchen Arsen an die Stelle d, schliesst die Röhre dann mit einem Kork, in welchem die Röhre c angebracht ist, und erwärmt bei d, so entzündet sich dasselbe sobald die atmosphärische Luft verdrängt ist. Die Verbrennung erfolgt mit desto intensiverer Lichtentwickelung, je mehr Sauerstoff zuströmt, d. h. je mehr Metall in derselben Zeit verbrennt. In dem Augenblicke der Ent zündung wird bei c kein Sauerstoff mehr austreten, obwohl, wie die Bewegung der Wassersäule in a zeigt, immer noch Sauerstoff in Menge zuströmt. Hieraus geht auf das unzweideutigste hervor, dass im Momente der Verbrennung Sauerstoff verbraucht wird, der zur Bildung eines neuen Körpers dient. Wirklich sehen wir denselben sogleich entstehen, indem der leere Theil der Röhre bald von einem weissen Rauche erfüllt wird, der sich in Gestalt schöner feiner Krystalle an die Wände derselben ansetzt, und nichts anderes als arsenichte Säure ist. Das Gewicht der so gebildeten arsenichten Säure ist genau gleich dem Gewichte des genommenen Arsens, mehr dem Gewichte des verbrauchten Sauerstoffes.

Bringt man in die Röhre c d Kupferspäne statt Arsen, und lässt Sauerstoffgas darüber streichen während man sie erhitzt, so verändert sich ihre Natur gänzlich, sie verlieren ihr metallisches Äussere, werden schwarz, spröde und nehmen am Gewichte zu, während bei c kein Sauerstoffgas entweicht, obwohl immerwährend neues zuströmt. Man kann dieses Verfahren mit Vortheil benützen, um den Sauerstoffgehalt gewisser Gasgemenge, z. B. der atmosphärischen Luft zu bestimmen.

Viele Körper, die an der atmosphärischen Luft nur mit wenig leuchtender Flamme oder nur schwer brennen, thun diess im Sauerstoffgase mit dem lebhaftesten Lichtglanze und unter sehr bedeutender Erhöhung der Temperatur. Ein glimmender Holzspan entzündet sich in einer Eprouvette, die mit Sauerstoff gefüllt ist, und verbrennt mit weit lebhafterem Lichte als in atmosphärischer Luft. Eben so verhält sich eine glühende Kohle, die man in einen Ballon bringt, der Sauerstoff enthält, wobei Kohlensäure entsteht. Um dies auf eine leichte Art zu bewirken legt man den zu verbrennenden Körper

in eine kleine Schale aus Eisenblech, welche an einem Eisendraht befestiget ist, der in einen Korkstoppel passt, und taucht ihn in den Ballon, der mit Sauerstoff gefüllt ist. Etwas unter dem Kork ist eine Scheibe von Blech angebracht, wodurch sowohl das Springen des Kolbens als das Anbrennen des Korkes verhindert wird. Befestiget man in dem Korke eine spiralförmig gewundene Stahlfeder, oder Drehspäne von Eisen, die an dem unteren Ende mit einem Stückchen glimmenden Schwamm versehen sind, so verbrennt das Eisen unter dem lebhaftesten Funkensprühen, und Eisenoxyd ist das Produkt dieser Verbrennung. Man kann dieselbe Erscheinung auch mit einer Eisenstange hervorbringen, wenn man dieselbe weissglühend macht und dann in den Luftstrom einer Esse hält, oder indem man sie an eine Schnur bindet und schnell in der Luft herumdreht. Wenn die Schmiede ihr Eisen zu stark erhitzen und es dann nicht vor der unmittelbaren Einwirkung des Windes, d. h. des Sauerstoffes der Luft, schützen, so verbrennt es ebenfalls, was man an dem eigenthümlichen Funkensprühen, das sich hiebei zeigt erkennt.

Phosphor, der schon in der Luft mit leuchtender Flamme brennt, thut diess in Sauerstoff mit einem Glanze, der dem Auge kaum erträglich ist. Das Produkt der Verbrennung ist Phosphorsäure.

129. Aus den angeführten Thatsachen geht hervor, dass die Licht- und Wärme-Entwickelung, welche wir mit dem Namen Ve r - b r e n n u n g, Combustion, zu bezeichnen pflegen, ein Phänomen ist, welches unter gewissen Umständen den Act der chemischen Verbindung des Sauerstoffes mit einem oder auch mehreren anderen Körpern begleitet. Der Sauerstoff heisst der Z ü n d s t o f f oder z ü n - d e n d e Körper, während der andere Körper, der mit dem Sauerstoff unter Feuererscheinung, das ist Verbrennung, in Verbindung tritt, B r e n n s t o f f oder der brennbare Körper genannt wird. Die Ursache der Licht- und Wärme-Entwickelung beim Verbrennen ist bis jetzt noch nicht genügend ausgemittelt (86), nur so viel ist in Betreff der Wärmeerzeugung gewiss, dass es ganz gleichgültig ist, ob eine bestimmte Menge eines Körpers in kurzer oder langer Zeit verbrennt. Im ersten Falle wird die Wärme-Entwickelung intensiver, aber dafür von kürzerer Dauer sein als im letzteren. Obwohl sich viele Körper unter geeigneten Umständen mit Verbrennungs-Erscheinungen verbinden, so ist doch die Wärmemenge, welche hiebei entwickelt wird niemahls so gross wie beim Sauerstoff. Die folgende Tabelle gibt eine Uebersicht der Wärmemengen, welche bei der Verbindung verschiedener Brennstoffe mit Sauerstoff entwickelt werden. Die 1. und 2. Spalte bedürfen keiner weiteren Erklärung, die in der Spalte A enthaltenen Zahlen drücken die Anzahl Gewichtstheile von Wasser aus, welche durch die Verbrennung von 1 Gthle. Brennstoff um 1 Grad erwärmt werden. Die in der Spalte B hingegen geben die Gthle. Wasser an, welche um 1° erwärmt werden, wenn 1 Gthl. Sauerstoff mit der nöthigen Menge des nebenstehenden Brennstoffes in Verbindung tritt.

Verbrannte Körper.		Verbrennungs-product.	A.	B.
Wasserstoff	H	HO	34792	3449
Kohle	C	CO_2	7912	2967
Kohlenoxyd	CO	CO_2	1875	3031
Phosphor	P	PO_5	4500	3532
Schwefel	S	SO_2	2571	2571
Antimon	Sb	SbO_4	961	3875
Zink	Zn	ZnO	1314	5290
Zinn	Sn	SnO_2	1233	4545
Zinnoxydul	Sn O	SnO_2	534	4473
Eisen	Fe	Fe_3O_4	2088	5325
Kobalt	Co	Co O	1080	3995
Nickel	Ni	Ni O	1006	3723
Kupfer	·Cu	Cu O	632	2512
Kupferoxydul	Cu_2 O	2Cu O	244	2185
Cyan	CN_2	$2CO_2$, N	5195	4241
Sumpfgas	CH_2	CO_2, 2HO	13185	3296
Oelbildendes Gas	CH	CO_2, HO	6600	1925
Weingeist	$C_4 H_6 O_2$	$4CO_2$, 6HO	12030	3508
Aether	$C_4 H_5 O$	$4CO_2$, 5HO	9431	3634
Steinöl	CH	CO_2, HO	7335	2139
Terpentinöl	$C_5 H_4$	$5CO_2$, 4HO	4500	1339
Campher	$C_{10} H_8 O$	$10CO_2$, 8HO	5250	1847
Baumöl			9862	
Rüböl			9300	
Talg			8370	
Wachs			9975	
Federharz			2105	
Eichenholz			2970	
Lindenholz			3480	
Steinkohle			4575 bis 5625	
Torf			1200 bis 1725	

Die Zahlen dieser Tafel kommen jedoch der Wahrheit keineswegs so nahe als nothwendig wäre, um daraus ein Gesetz über die bei der Verbrennung sich entwickelnden Wärmemengen ableiten zu können; aber sie zeigen doch, dass die Wärmemenge, welche beim Verbrauche von gleichen Quantitäten der verschiedenen Brennstoffe frei wird, sehr verschieden ist, und dass es auch kaum gestattet sein dürfte anzunehmen, dass die Wärmemengen, welche beim Verbrauch von gleichen Quantitäten von Sauerstoff entwickelt werden, gleich sind. Auch lässt sich noch kaum mit Sicherheit bestimmen, ob die Wärmemenge, welche entwickelt wird wenn das erste

14

Äquivalent von Sauerstoff mit einem Körper in Verbindung tritt, grösser ist als die, welche beim Hinzutreten der folgenden frei wird.

130. Es wurde oben (128) gezeigt, dass die grössere oder geringere Leichtigkeit, mit welcher die Körper sich mit Sauerstoff verbinden, von der materiellen Beschaffenheit derselben abhängt, es hat aber auf dieses Verhalten ausser ihrer Natur auch die Form in der sie sich befinden einen sehr grossen Einfluss. So bedarf z. B. Kohlenstoff in der Form von Graphit oder Diamant eine bis zur starken Rothglühhitze gehende Temperaturerhöhung um zu verbrennen, während sehr fein vertheilte Kohle pyrophorisch ist, d. h. sich durch die bei der Absorption des Sauerstoffes aus der Luft entwickelnde Wärme entzündet. Es ist daher kaum möglich genau anzugeben, welcher Körper sich schwieriger und welcher sich leichter mit Sauerstoff zu verbinden vermag. Eben so wenig kann man aus der schwierigeren oder leichteren Zerlegbarkeit der Sauerstoffverbindungen mit Bestimmtheit auf die Grösse der chemischen Anziehung zwischen dem Sauerstoff und den übrigen Körpern schliessen, indem auch auf dieses Verhalten mehrere Nebenumstände von Einfluss sind. Nimmt man alles zusammen was die Erfahrung hierüber gelehrt hat, so kann man die Grundstoffe nach ihrem Bestreben sich mit dem Sauerstoff zu verbinden auf folgende Art anordnen:

Fluor	Platin
Chlor	Gold
Brom	Silber
Jod	

verbinden sich nicht direct mit dem Sauerstoff.

Stickstoff	Quecksilber
Palladium	Iridium
Rhodium	

verbinden sich zwar unter günstigen Umständen (die letzteren 4 bei einer bestimmten Temperatur) mit Sauerstoff, die Verbindung derselben wird aber bei Erhöhung der Temperatur wieder zerlegt.

Schwefel	Wismuth	Scheel
Osmium	Kobalt	Molybdän
Arsen	Nickel	Zinn
Tellur	Kupfer	Cadmium.
Antimon	Eisen	
Selen	Blei	

Alle diese Körper verbinden sich bei erhöhter Temperatur mit dem Sauerstoff zum Theil unter Feuererscheinung, und die Verbindungen können durch Wasserstoffgas reducirt werden.

Chrom	Zink	Calcium
Vanadin	Lanthan	Barium
Uran	Cer	Strontium
Titan	Magnium	Lithium
Tantal	Kiesel	Natrium
Alumium	Bor	Kalium
Ittrium	Phosphor	Wasserstoff.
Glycium	Kohlenstoff	
Thorium	Mangan	

Diese Körper endlich gehen mit dem Sauerstoff unter lebhafter Feuererscheinung Verbindungen ein und ihre Oxyde können durch Wasserstoffgas nicht reducirt werden. Sie zeigen unter allen das grösste Bestreben sich mit dem Sauerstoff zu verbinden und zwar ein desto grösseres, je näher sie dem Ende der obigen Reihe stehen. Dass die hier versuchte Anordnung der Grundstoffe nur als eine sehr rohe Annäherung an die Wahrheit und also nur in ihren allgemeinen Umrissen und unter gleichen Umständen als richtig betrachtet werden kann, geht schon daraus hervor, dass in mehreren Fällen ein Stoff die Sauerstoffverbindung eines andern reducirt, während dieser auch wieder unter andern Verhältnissen die Sauerstoffverbindung des ersteren zu zerlegen vermag. So wird z. B. Kali (KO) durch Kohle reducirt, während wieder anderseits das Kalium aus dem Kohlenoxydgase (CO) den Kohlenstoff abzuscheiden vermag. Hieraus folgt aber auch, dass bloss allein durch das grössere oder geringere Bestreben der Körper sich mit Sauerstoff zu verbinden der chemische Charakter derselben noch nicht bestimmt ist, wie dieser überhaupt niemals durch ein einziges Merkmal sich feststellen lässt. In der That sieht man, dass viele chemisch sehr ähnliche Körper bei obiger Anordnung viel weiter von einander abstehen als dies der Fall sein dürfte, wenn diese Reihe zugleich die chemische Ähnlichkeit derselben ausdrücken sollte.

131. Berücksichtiget man nicht bloss den Grad der chemischen Anziehung der Grundstoffe zum Sauerstoff, sondern ihr Gesammtverhalten zu diesem Körper, so kann man sie auf folgende Weise gruppiren, die viel mehr geeignet ist die eigentlichen Beziehungen derselben unter einander erkennen zu lassen : Sauerstoff.

Fluor	Chrom	Palladium	Quecksilber
Chlor	Vanadin	Blei	Zirconium
Brom	Wismuth	Kobalt	Tantal
Jod	Scheel	Nickel	Glycium
Schwefel	Gold	Uran	Alumium
Stickstoff	Tantal	Rhodium	Magnium
Phosphor	Mangan	Iridium	Calcium
Arsen	Eisen	Platin	Barium
Antimon	Titan	Cer	Strontium
Osmium	Kiesel	Zink	Lithium
Tellur	Bor	Cadmium	Natrium
Selen	Kohlenstoff	Kupfer	Kalium
Molybdän	Zinn	Silber	Wasserstoff.

Bei dieser Anordnung der Grundstoffe zeigt es sich, dass die einander nahe stehenden in ihren chemischen Eigenschaften sich sehr ähnlich sind. Sie können sich in Verbindungen nach ihren Äquivalenten gegenseitig ersetzen, ohne dass dadurch der Charakter dieser Verbindungen wesentlich verändert wird, sie zeigen ein geringes Bestreben mit einander in Verbindung zu treten oder wenigstens zu bleiben, und bilden überhaupt mit anderen Stoffen analog zusammengesetzte Körper. Die entfernter stehenden Stoffe hingegen können sich zwar auch in Verbindungen ersetzen, dann wird aber dadurch der Charakter derselben wesentlich verändert. Unter diesen Körpern befinden sich diejenigen deren Vereinigung von Feuererscheinung begleitet ist. Die so entstandenen Verbindungen sind dann sehr innig und können nur sehr schwierig wieder in ihre Bestandtheile zerlegt werden. Die Erfahrung lehrt ferner, dass die ersteren Glieder der obigen Reihe bei der Elektrolyse, insofern diese überhaupt bewerkstelliget werden kann, am positiven Pole, die letzteren hingegen am negativen erscheinen, dass also die ersteren Anionen, die letzteren hingegen Kationen sind (98). Nach der elektrochemischen Theorie nennt man daher die ersteren die elektronegativen, die letzteren hingegen die elektropositiven Bestandtheile, welche Bezeichnung auch im Folgenden, mit Berücksichtigung dessen was in (125) hierüber gesagt wurde, gebraucht werden wird. So geht das Fluor weder mit dem Sauerstoffe noch mit dem Chlor, Jod und Brom Verbindungen ein, und die zwischen Sauerstoff und Chlor sind sämmtlich sehr lose. Eben so wenig hat man bis jetzt von den Stoffen, die vom Wasserstoff bis zum Zirconium angereiht sind, bestimmte Verbindungen unter einander darstellen können; dafür sind aber auch die zuletzt genannten Körper in allen ihren chemischen Eigenschaften, in einem noch höheren Grade unter einander ähnlich, als es die ersten Glieder der Reihe sind. Der Sauerstoff, das Chlor, Brom, Jod etc. geben aber unter lebhafter Feuererscheinung mit dem Kalium, Natrium u. s. w. sehr feste Verbindungen, und wirklich findet auch zwischen diesen beiden Gruppen von Körpern keine Ähnlichkeit, wohl aber ein sich überall aussprechender Gegensatz Statt.

132. Zieht man nun die Eigenschaften der Sauerstoffverbindungen, welche die Körper dieser Reihe bilden, in Betrachtung, so zeigt es sich, dass zwischen denselben ganz ähnliche Beziehungen obwalten wie zwischen den Grundstoffen selbst. Die correspondirenden Verbindungen des Sauerstoffes mit Chlor, Brom, Jod, Schwefel u. s. w. bis zum Selen und selbst noch weiter, sind in ihren Eigenschaften sehr ähnlich, besitzen also auch nur ein sehr geringes Bestreben unter einander Verbindungen einzugehen, so dass zwischen vielen derselben gar keine solchen bestehen. Weiter in der Reihe abwärts treffen wir auf Körper, bei welchen nur die höheren Oxydationsstufen den Sauerstoffverbindungen der vor ihnen stehenden ähnlich sind, während die niedrigeren Oxydationsstufen derselben, welche nur 1 oder $1\frac{1}{2}$ Äq. Sauerstoff enthalten, Körper bilden, die ein grosses Bestreben äussern sich mit den Sauerstoffverbindungen der Körper vom oberen Ende der Reihe zu vereinigen, die aber auch in ihren Eigenschaften wenig Ähnlichkeit mit diesen besitzen. Am unteren Ende der Reihe finden wir diesen Charakter noch weit stärker ausgesprochen, so dass sich die Oxydationsstufen beider Enden mit grosser Heftigkeit und bei günstigen Umständen auch unter Licht- und Wärmeentwickelung mit einander verbinden. Ja es geht den Körpern vom unteren Ende der Reihe das Vermögen gänzlich ab, sich mit eben so vielen Äq. Sauerstoff zu verbinden, als die vom oberen Ende aufnehmen können. Man ist daher im Stande alle diese binären Verbindungen in eine Reihe zu bringen, bei welcher zwischen den äussersten Gliedern die grösste chemische Unähnlichkeit und das grösste Bestreben sich mit einander zu verbinden und die festesten Verbindungen zu bilden vorhanden ist. Eine Folge des Gegensatzes der zwischen diesen Gliedern herrscht, ist, dass die neuen Verbindungen, welche von denselben gebildet werden, Eigenschaften besitzen, die von denen der Körper durch die sie entstanden sind, gänzlich abweichen; so dass man sagen kann, die charakteristischen Eigenschaften der Bestandtheile gehen durch die Verbindung derselben zu Einem Körper um so mehr unter, je vollkommener dieser Gegensatz ist, wesswegen schon die alten Chemiker derlei Verbindungen mit dem Worte neutral bezeichnet haben. Unter den Eigenschaften, welche das chemische Verhalten eines Stoffes bedingen, spielt die Grösse des Äquivalentes eine wichtige Rolle. Wenn nämlich ein Körper bei einem kleinen Äquivalente dennoch im Stande ist, den Charakter eines anderen Stoffes in einem sehr hohen Grade zu verändern, und dafür der Verbindung den Typus der Gruppe aufzudrücken, in welche er gehört, so muss demselben ein grosser Theil der Kraft, welche wir chemische Anziehung nennen, zukommen. Hiezu liefert das Verhalten des Wasserstoffes einen sehr sprechenden Beleg, welcher seines kleinen Äquivalentes wegen hinter das Kalium gesetzt wurde, obwohl seine Verbindung mit dem Sauerstoff den Charakter der Sauerstoffverbindungen vom unteren Ende der Reihe nicht so entschieden äussert, als die, der ihn zunächst stehenden Körper.

133. Da der Charakter einer Sauerstoffverbindung, wie so eben gezeigt wurde, nicht allein von der Natur des Körpers abhängt der sich mit dem Sauerstoff verbindet, sondern auch von der Anzahl der Sauerstoffäquivalente, welche sich mit demselben verbunden haben, so hat man zur näheren Bezeichnung derselben verschiedene Benennungen eingeführt, die im Folgenden angegeben werden sollen.

Die Verbindung des Sauerstoffes mit den ersten vier Gliedern der Reihe des (131) bis zum Stickstoff, also die Sauerstoffverbindungen des Chlor, Brom, Jod und Schwefel heissen Sauerstoffsäuren (Oxacides) oder auch nur Säuren. Darunter sind Körper, welche 1, 2, 3, bis 7 Äq. Sauerstoff enthalten. Sie sind alle im Wasser löslich und haben einen sauren Geschmack, die meisten davon färben gewisse blaue Pflanzenpigmente, wie z. B. das der Veilchen, des Lackmus, des Blaukohls, roth. Sie besitzen das Vermögen sich mit den Sauerstoffverbindungen vom anderen Ende der Reihe zu neutralen Körpern zu verbinden im höchsten Grade, und erscheinen, in so weit wir ihr elektrolytisches Verhalten kennen, vorzugsweise als Anionen. Die Sauerstoffverbindungen der folgenden Körper können sich auch noch mit einer bis zu 5 gehenden Anzahl von Sauerstoffäquivalenten verbinden, zeigen aber nur dann den Charakter einer Säure, wenn sie mehr als 2 Äq. davon enthalten. Diese Verbindungen sind zwar oft in Wasser nur sehr schwer oder nur unter gewissen Umständen oder auch gar nicht löslich, in welchem Falle sie weder sauer schmecken noch auf Pigmente wirken; sie besitzen aber dennoch, wenigstens bei erhöhter Temperatur, das Vermögen sich mit Basen zu verbinden, und sind daher ebenfalls wahre Säuren. Die weniger Sauerstoff enthaltenden Verbindungen dieser Körper besitzen keine Ähnlichkeit mehr mit den Säuren, sondern verbinden sich begierig damit und gleichen überhaupt desto mehr den Sauerstoffverbindungen der Körper vom anderen Ende der Reihe, je näher die Stoffe durch welche sie entstanden sind, diesem Ende stehen. Man nennt sie in Bezug auf die Säuren Basen, und ihr Charakter ist am deutlichsten in den Verbindungen der letzten Glieder der obigen Reihe ausgesprochen. Daher nennt man sie auch Alkalien, weil der Körper, an welchem die Eigenschaften dieser Gruppe am schärfsten ausgeprägt sind, früher schon Kali (oder Alkali, aus dem Arabischen von Asche, Kali, mit dem Artikel Al) hiess. Die letzten Glieder dieser Reihe, bis zum Zirconium, sind nur im Stande sich mit Einem Äquivalent Sauerstoff zu Basen zu verbinden, welche, wenn sie im Wasser löslich sind, einen nicht saueren sondern ganz eigenthümlichen Geschmack haben, der alkalisch, laugenhaft heisst, und welche im Stande sind die durch Säure hervorgebrachte Änderung in der Farbe gewisser Pflanzensäfte z. B. des Lackmus wieder herzustellen, andere aber wie die der Veilchen etc. grün zu färben. Die Verbindungen dieser Gruppe erscheinen vorzugsweise am negativen Pole und sind daher Kationen gegen die vorigen. Es ist begreiflich, dass der Charakter einer Säure und einer Basis ein relativer ist, indem es sich sehr oft ereignet, dass ein Körper eine Säure für den einen und eine Basis für den anderen ist, wesswegen derselbe auch nicht als Eintheilungsgrund gebraucht werden sollte.

Um die Säuren eines Stoffes von einander zu unterscheiden, wird bei derjenigen welche nicht mehr als 5 Äq. Sauerstoff enthält, das Wort Säure dem Namen des Stoffes unmittelbar angehängt z. B. bei der Chlorsäure ClO_5; enthält die Säure mehr Sauerstoff, so wird noch das Wort über vorgesetzt, z. B. bei der Überchlorsäure ClO_7. Die weniger Sauerstoff enthaltenden Säuren werden durch die Endsylbe ig oder durch Vorsetzung des Wortes Unter, oder endlich wenn es noch mehr Säuren eines Stoffes gibt durch eine Combination beider Unterschiede bezeichnet, wozu noch andere in den speciellen Fällen anzugebende Auskunftsmittel, oft nothdürftig genug, gefügt werden müssen, wenn die Anzahl der Säuren eines Stoffes sehr bedeutend ist.

134. Die Verbindungen des Sauerstoffes mit jenen Körpern, welche der Mitte der obigen Reihe näher stehen und nicht genug

davon enthalten um Säuren zu sein, werden theils nach ihrer Sauerstoffmenge, theils nach ihrem Verhalten benannt.

O x y d u l heisst die Verbindung dann, wenn sie 1 Äquivalent
Sauerstoff auf 1 oder 2 Äq. des Grundstoffes enthält, also nach
der Formel RO oder R_2O zusammengesetzt ist, wobei R einen der
eben bezeichneten Grundstoffe bedeutet, der sich gegen die Säure
als Basis verhält.

O x y d e nennt man die Verbindungen dann, wenn sie nach einer
der Formeln RO, R_2O_3 oder auch RO_2 und, obwohl mit Unrecht, in
einzelnen Fällen selbst dann wenn sie nach der Formel RO_3 zusammengesetzt sind, welche letztere sich aber immer schon überwiegend wie Säuren verhalten. Es hängt also von der Anzahl der
Oxydationsstufen ab, welche überhaupt ein Körper zu bilden fähig ist,
ob die niedrigste derselben Oxydul oder Oxyd genannt wird. Die
Oxyde sind ebenfalls Basen, können aber gegen Körper von noch
stärkerer basischer Natur als Säuren auftreten.

Um die Verbindungen, welche nach den Formeln R_3O_4, R_4O_5
zusammengesetzt sind, und nicht die Charaktere der Säuren besitzen, zu bezeichnen, sucht man sich mit dem Namen O x y d u l -
o x y d , S e s q u i o x y d zu helfen. Diese Sauerstoffverbindungen pflegt
man als Verbindungen zweier anderer Oxydationsstufen desselben Radicales zu betrachten, wozu sowohl die arithmetische Beschaffenheit
ihrer Formeln als der Umstand zu berechtigen scheinen, dass sie
sich gegen die Säuren in der Regel nicht als Basen verhalten. Indessen wäre es auch sehr wohl möglich, dass diese Körper, deren
Zusammensetzung vollkommen unter dem allgemeinen Gesetze der
Vielfachen (33) begriffen ist, nur der complicirten Verhältnisse der
Äquivalente des Radicales und des Sauerstoffes wegen, nicht so leicht
geneigt sind Basen zu bilden als die einfacher zusammengesetzten
Oxyde.

Ausser den eben genannten gibt es noch andere Verbindungen
der Körper mit Sauerstoff, welche entweder zu wenig oder zu viel
davon enthalten um sich mit Säuren verbinden zu können. Die ersteren heissen S u b o x y d e und sind nach der Formel R_2O oder auch
RO zusammengesetzt. Ihre Natur ist noch wenig untersucht, und
einige jetzt dafür geltende dürften wohl nur Gemenge des Radicales
mit einem Oxyd desselben sein. Die letzteren heissen S u p e r o x y d e,
sie enthalten meistens 2 Äq. Sauerstoff und können sich nicht
mit stärkeren Säuren verbinden, ohne vorher Sauerstoff abzugeben,
was auch durch blosses Erwärmen geschieht. Die Superoxyde ent-

halten also zu viel Sauerstoff um Basen und zu wenig um Säuren
sein zu können. Sind bei einem Elemente mehrere Superoxyde vorhanden, so heisst das mit weniger Sauerstoff Superoxydul, das
mit mehr Sauerstoff Superoxyd.

In Frankreich und England heissen die Oxyde nach der Reihe
vom Oxydul angefangen Protoxyd, Deutoxyd, Tritoxyd.

135. Verbindet sich eine Säure mit einer Basis, so kann dies
nur nach den allgemeinen Gesetzen geschehen, welche (41) und (42)
angegeben wurden, und welche auch von der Erfahrung auf das vollkommenste bestätiget werden. Die so entstehenden Verbindungen
nennt man Sauerstoffsalze oder auch nur Salze, wobei nicht
übersehen werden darf, dass hier nur von den Säuren und Basen
die Rede ist, welche durch den Sauerstoff gebildet werden.

Es müssen demnach Körper, welche durch die Verbindung

$$\text{von KO} \quad \text{mit SO}_2$$
$$\text{,, KO} \quad \text{,, HO}$$
$$\text{,, HO} \quad \text{,, SO}_3$$
$$\text{,, Al}_2\text{O}_3 \quad \text{,, 3SO}_3 \text{ entstehen,}$$

unter die Sauerstoffsalze gezählt werden. Daraus aber, dass ein Körper durch die Wechselwirkung der genannten Stoffe entsteht, darf
nicht geschlossen werden, dass diese als solche in der Verbindung
enthalten sind. Bei der gänzlichen Unkenntniss in der wir uns über
die näheren Bestandtheile der Salze befinden, ist nur die empirische
Formel (46) als Ausdruck der Thatsachen frei von jeder Hypothese,
während man über die theoretischen Formeln verschiedene Ansichten
aufstellen kann, und in der That verdienen gegenwärtig zwei derselben
besondere Berücksichtigung. Nach der älteren, noch jetzt allgemein
angenommenen Ansicht, denkt man sich die Sauerstoffsalze aus einer
Sauerstoffsäure und einer Sauerstoffbasis bestehend, während man
sich nach der andern Ansicht, der sogenannten Binartheorie,
das basenbildende Radical für sich, das Säurebildende hingegen mit
dem ganzen Sauerstoff verbunden denkt; so dass die oben beispielsweise angeführten Salze auf folgende Art betrachtet werden können:

Emp. Formel:	nach der herrschenden Ansicht:	nach der Binartheorie:
KSO_4	KO, SO_3	K, SO_4
KHO_2	KO, HO	K, HO_2
HSO_4	HO, SO_3	H, SO_4
$Na\,NO_6$	NaO, NO_5	Na, NO_6
$Al_2 S_3 O_{12}$	$Al_2O_3, 3SO_3$	$Al_2, 3SO_4$

Obwohl nicht geläugnet werden kann, dass sich nach der Binartheorie mehrere Prozesse auf eine sehr einfache Art erklären, und manche sonst getrennt abgehandelte Verbindungen unter Einem Gesichtspunkte betrachten lassen, so darf man doch auch nicht übersehen, dass für eine wenigstens eben so grosse Menge von Verbindungen gerade das Gegentheil der Fall ist, und dass eine consequente Durchführung dieser Ansicht eine sehr grosse Anzahl von nicht darstellbaren Radicalen als Hilfshypothesen nothwendig machte, wodurch ohne einen wesentlichen Vortheil zu erreichen, nur Verwirrung in die Wissenschaft gebracht würde.

136. Welche Ansicht über die Natur der Salze man aber auch immer zu Grunde legen mag, so bleibt doch das in (33) aufgestellte Gesetz der Multipeln für Säuren und Basen giltig. Der einfachste Fall, welcher in dieser Hinsicht Statt finden kann, ist der, dass sich 1 Äq. Säure mit 1 Äq. einer Basis verbindet und dass diese nach der Formel RO zusammengesetzt ist, also nur 1 Äq. Sauerstoff enthält. Man nennt Salze von dieser Zusammensetzung n e u t r a l e, weil dieselben in vielen Fällen weder eine saure noch eine alkalische Reaction zeigen, sich also wirklich als neutrale Körper verhalten. Später hat man diesen Begriff auch auf jene Salze ausgedehnt, die bei obiger Zusammensetzung dennoch sauer oder alkalisch reagiren, und auch auf solche, die im Wasser gar nicht löslich sind. Es ist einleuchtend, dass das Verhältniss der Sauerstoffmenge einer Säure zur Sauerstoffmenge der Basis, wenn diese nur 1 Äq. dieses Stoffes enthält, stets dasselbe sein muss. In allen neutralen salpetersauren Salzen ist dieses Verhältniss 5 : 1, weil sie alle nach der Formel RO, NO_5 zusammengesetzt sind. In allen neutralen schwefelsauren Salzen ist es 3 : 1 weil sie der Formel RO, SO_3 entsprechen.

Um den Begriff der Neutralität auch auf Salze anwenden zu können die durch Basen gebildet werden, welche mehr als 1 Äq. Sauerstoff enthalten, z. B. auf solche die nach der Formel $R_2 O_3$ zusammengesetzt sind, hat man bloss das obige Verhältniss zwischen dem Sauerstoffgehalt der Säure und der Basis zu berücksichtigen, so dass jene Salze als neutral gelten, bei welchen dieses Verhältniss dasselbe ist, wie bei den neutralen Salzen deren Basis 1 Äq. Sauerstoff enthält. So ist z. B. das Salz $Fe_2 O_3, 3SO_3$ neutrales schwefelsaures Eisenoxyd, weil sich bei demselben die Sauerstoffmenge der Säure zur Sauerstoffmenge der Basis wie 9 : 3 oder wie 3 : 1 verhält. Wenn man einer Säure eine solche Quantität Basis zugesetzt hat, dass dadurch ein neutrales Salz entsteht, so pflegt man zu sagen, man habe die Säure mit dieser Basis gesättigt, ohne jedoch dadurch ausdrücken zu wollen, dass die Säure nicht noch mehr von der Basis aufzunehmen und nach anderen Verhältnissen zusammengesetzte Salze zu bilden im Stande sei.

137. Eine aus dem Obigen sich von selbst ergebende Folgerung, die jedoch häufig als ein eigenes Gesetz aufgestellt wird, ist, dass mit einer bestimmten Menge einer Säure sich nur solche Mengen der verschiedensten Basen zu neutralen Salzen verbinden können, welche alle gleichviel Sauerstoff enthalten, und zwar so viel als dem für jede Säure bestehenden Verhältniss der Sauerstoffmenge in ihr und in der Basis entspricht. Im neutralen schwefelsauren Kali, KO, SO_3, wie in allen anderen schwefelsauren Salzen verhält sich die Sauerstoffmenge der Basis zur Sauerstoffmenge der Säure wie $1:3$; mit einer bestimmten Quantität Schwefelsäure werden sich also nur solche Mengen aller anderen Basen zu neutralen Salzen verbinden können, deren Sauerstoffgehalt gerade $\frac{1}{3}$ von dem der Säure ist. Es müssen daher die Mengen der verschiedenen Basen, welche sich z. B. mit 100 Theilen Schwefelsäure zu neutralen Salzen verbinden können, so viel betragen, dass darin 20 Gtl. Sauerstoff enthalten sind, indem 100 Gtl. Schwefelsäure 60 Gtl. davon entsprechen. Die Zahl 20 hat man die Sättigungscapacität der Schwefelsäure genannt, und diesen Begriff auch auf alle anderen Säuren ausgedehnt. Man versteht also unter Sättigungscapacität einer Säure den Quotienten den man erhält, wenn man die Sauerstoffmenge, welche in 100 Theilen derselben enthalten ist, durch den Index des Sauerstoffes in der Formel dividirt.

138. Salze in welchen die Sauerstoffmenge der Säure zur Sauerstoffmenge der Basis in einem kleineren Verhältnisse steht als in den Neutralsalzen, nennt man basische, wenn das Entgegengesetzte der Fall ist, heissen sie saure Salze. Letzteres gilt jedoch nur in ganzer Strenge, wenn die Säure mit einer einzigen Basis verbunden ist; sind mehrere Basen zugleich vorhanden, so müssen ihre Sauerstoffgehalte addirt und wie zu einer einzigen Basis gehörig gerechnet werden. Das Salz $KO, 2SO_3$ ist ein saures Salz, weil das Verhältniss des Sauerstoffes in Basis und Säure $1:6$ ist. Das Salz $KO, HO, 2SO_3$ kann aber consequent kein saures genannt werden, weil das Verhältniss der Sauerstoffmenge in Basis und Säure $2:6$ oder $1:3$ ist, wie in den neutralen schwefelsauren Salzen. Es tritt auch der Fall ein, dass mehrere Äquivalente einer Säure sich mit mehreren Äquivalenten verschiedener Basen verbinden, so dass es den Anschein hat, als ob zwei Salze miteinander in Verbindung getreten wären. Eine hiehergehörige Verbindung ist der Alaun, welcher im wasserfreien Zustande folgende Zusammensetzung hat:

$$Al_2O_3, \; 3SO_3 + KO, SO_3$$

Man sieht, dass man diesen Körper als eine Verbindung zweier Salze der schwefelsauren Thonerde und des schwefelsauren Kali betrachten kann, wesshalb man diesen und ähnlich zusammengesetzte Körper D o p p e l s a l z e nennt, obwohl es keineswegs erwiesen ist, dass die Grundstoffe in denselben wirklich auf die oben angegebene Weise angeordnet sind.

Einige Säuren haben das Eigenthümliche, sich nicht nur mit 1, 2 oder 3 Äquivalenten einer Basis verbinden zu können, sondern auch, wenn sie einmal mit 1 oder 2 oder 3 Äquivalenten einer Basis verbunden sind, sich mit anderen Basen nur wieder in einer Anzahl von Äquivalenten verbinden zu lassen, die der mit welcher sie verbunden waren, gleich ist. Dies ist z. B. bei der Phosphorsäure der Fall, welche 3 Reihen von Salzen bildet, die folgende Zusammensetzung haben:

$$RO, PO_5, \quad 2RO, PO_5, \quad 3RO, PO_5$$

wobei R theilweise oder auch ganz durch andere einfache Radicale ersetzt werden kann, ohne dass das einmal eingeleitete Verhältniss der Äq. der Basis und Säuren gestört wird. Es gibt indess Umstände, unter welchen eine Säure die mit 1 Äq. Basis verbunden war wieder in eine solche übergeht, die 2 oder 3 Äq. derselben aufnimmt, d. h. dass eine Säure aus dem ein- in den zwei- oder drei-basigen Zustand übergehen kann. Säuren, welche dieses Verhalten zeigen, nennt man m e h r b a s i g e. Die Phosphorsäure ist also ein-, zwei- oder dreibasig. In den Salzen dieser Säure kann die Basis Äquivalent für Äquivalent durch andere Basen ersetzt werden, so dass daraus Salze entstehen die auf 1 Äquivalent Säure mehrere Äquivalente Basen von verschiedener Natur enthalten. So ist z. B. das dreibasige phosphorsaure Natron wie folgt zusammengesetzt:

$$3NaO, PO_5$$

Nun kann aber Wasser in die Verbindung treten, so dass daraus Salze von folgender Zusammensetzung werden:

$$HO, \; NaO, \; NaO, \; PO_5$$
$$HO, \; HO, \; NaO, \; PO_5$$
$$HO, \; HO, \; HO, \; PO_5$$

II. Wasserstoff. H = 1.

Hydrogen von ὕδωϱ Wasser, Hydrogenium, Hydrogène, wurde zuerst von Caven-
dish im Jahre 1766 beschrieben.

139. Den Wasserstoff kennt man bisher, so wie den Sauerstoff, auch nur in Gasform, also als Wasserstoffgas, welches farb-,
geruch- und geschmacklos ist und nach Dumas und Boussingault's genauesten Bestimmungen (An. de Chim. XXIII. p. 344)
eine Dichte von 0,0691—0,0695 besitzt. Es ist daher 16 mal leichter
als Sauerstoffgas, 14½ mal leichter als die atmosphärische Luft
und somit der leichteste unter allen Körpern. Thiere sterben sehr
bald, wenn sie in demselben zu athmen genöthigt werden. Die Ursache hievon ist dieselbe, aus welcher brennende Körper darin erlö-
schen, es ist nämlich weder im Stande sich direct mit diesen Körpern
zu verbinden (143) noch dem Blute in den Lungen jene Veränderung
zu ertheilen, welche zur Erhaltung des Lebens unerlässlich ist und
welche der Sauerstoff allein herbeizuführen vermag.

In seinen chemischen Eigenschaften ist der Wasserstoff von
dem Sauerstoff sehr verschieden, er verbindet sich nur mit sehr
wenigen Körpern, welche in folgender Reihe angeordnet sind, und
zwar von demjenigen angefangen, mit welchem die Verbindung am
leichtesten erfolgt bis zu dem wo dies am schwierigsten geschieht:

Fluor, Chlor, Sauerstoff, Brom, Jod, Schwefel, Selen, Phosphor, Kohlenstoff, Stickstoff, Arsen, Antimon, Tellur.

Die zuerst genannten 7 Grundstoffe, den Sauerstoff ausgenommen, geben mit dem Wasserstoff Verbindungen die den Sauerstoffsäuren sehr ähnlich sind, während die der letzten 4 in vielen Beziehungen den Sauerstoffbasen gleichen. Die Verbindung mit dem Sauerstoff, das Wasser nämlich, ist fähig bald als Basis bald als Säure aufzu-
treten und die Verbindungen mit dem Kohlenstoff sind indifferente Körper. Die Mehrzahl der Chemiker nimmt an, dass in den Säuren, welche
aus Wasserstoff und einem der oben genannten einfachen Radicale
bestehen, der Wasserstoff das säuernde Princip sei, so dass sie die
Säuren in Sauerstoff- und Wasserstoff-Säuren eintheilen, während
bereits Davy die Ansicht ausgesprochen hat, dass das säuernde
Princip nicht der Wasserstoff, sondern das Fluor, Chlor, Jod,
Brom etc. sei. In der That ist es die letztere Ansicht, welche, je mehr
man die verschiedenen Verhältnisse dieser Stoffe erforscht, desto
besser den Thatsachen entspricht. Der Wasserstoff gibt nämlich nur
mit jenen Stoffen saure Verbindungen, die auch das Vermögen haben

sich mit mehreren Äquivalenten Sauerstoff zu verbinden und damit Säuren zu bilden, nämlich mit dem Chlor, Brom, Jod, Schwefel. Alle diese Stoffe besitzen eben sowohl unter einander als mit dem Sauerstoff die grösste Ähnlichkeit (131), und äussern daher auch kein grosses Bestreben sich weder mit diesem noch unter einander zu verbinden. Der Wasserstoff aber verbindet sich mit allen diesen Körpern direct, obwohl nicht mit gleicher Leichtigkeit, und hat daher keine Ähnlichkeit mit denselben. Mit dem Kalium, Natrium, Barium etc. hingegen geht derselbe keine Verbindungen ein, und kann diese Körper, ohne dass dadurch die Charaktere der Verbindung wesentlich geändert werden, ersetzen, besitzt also die grösste Ähnlichkeit mit denselben. Der Säure bildende Charakter des Sauerstoff, Chlor, Brom, Jod, ist so überwiegend, dass er durch den basenbildenden des Wasserstoffes nicht aufgehoben werden kann. Das kleine Äquivalent des Wasserstoffes zeigt übrigens, in welch einem hohen Grade derselbe fähig ist die Eigenschaften eines anderen Stoffes umzuändern. So reicht 1 Gtl. desselben hin, mit 8 Gtln. Sauerstoff einen Körper, das Wasser, zu bilden, der bald als Basis bald als Säure auftreten kann, während 16 Gtl., d. i. ein Äq., Schwefel damit eine schwache Säure gibt. Mit den übrigen Stoffen der obigen Reihe, nämlich mit dem Stickstoff, Antimon etc., welche fähig sind selbst noch mit mehreren Äquivalenten Sauerstoff Basen zu bilden, kann der Wasserstoff sich in grösserer Menge verbinden, dann haben aber die so entstandenen Körper einen entschieden basischen Charakter, wie dies beim Ammoniak, dem Arsenwasserstoff u. dgl. der Fall ist. Dem Wasserstoff dürfte also, wenn man den kleinen Werth seines Äquivalentes in Betrachtung zieht, eine wenigstens eben so grosse basenbildende Kraft eigen sein, als der Sauerstoff eine säurebildende besitzt. Die hier angegebenen Gründe, welche sehr für die Ansicht Davy's sprechen, sind rein chemischer Natur; in den elektrischen Verhältnissen des Wasserstoffes liegt aber auch noch vieles, welches dieselben zwar indirect, aber nicht minder kräftig unterstützt. Alle Stoffe, welche in die Sauerstoffordnung gehören, nämlich Chlor, Brom, Jod ect., sind Anionen, d. h. sie gehen zum positiven Pol, sind also, wie man sich vorstellt, elektronegativ, während der Wasserstoff in allen Fällen, wo er als Jon auftritt, immer zum negativen Pole geht und wohl als der elektropositivste unter allen Grundstoffen angesehen werden muss.

Die hier angegebenen Gründe mögen dazu dienen vorläufig zu rechtfertigen, dass es gegen die jetzt herrschende Ansicht versucht wurde, in diesem Werke die ältere Ansicht D a v y's durchzuführen. Mehrere für dieselbe sprechende, so wie auch einige mit ihr, jedoch nur scheinbar, im Widerspruch stehende Thatsachen werden im Verlaufe desselben besprochen werden,

In der Natur kommt der Wasserstoff im freien Zustande nicht vor, die Atmosphäre enthält keine nachweisbare Menge desselben. Er bildet indess einen Bestandtheil des Wassers und findet sich in allen Gebilden der organischen Welt. Seines geringen specifischen Gewichtes wegen dient das Wasserstoffgas zum Füllen des Luftballons, und seines grossen Bestrebens wegen sich mit dem Sauerstoff zu verbinden, als Reductionsmittel (141). Ueber seine Verwendung zum Knallgebläse s. (143).

Wasserstoff und Sauerstoff.

140. Beide Körper verbinden sich bei geeigneten Umständen unter Verbrennungserscheinungen direct mit einander, wobei immer nur eine Verbindungsstufe derselben, nämlich das Wasser, entsteht. Auf indirectem Wege kann jedoch noch eine andere Verbindung dieser beiden Stoffe, nämlich das Wasserstoffsuperoxyd gebildet werden.

a. Wasser HO $= 9$.

Es wurde zuerst von C a v e n d i s h und fast gleichzeitig von P r i e s t l e y im Jahre 1781 durch Verbrennung des Wasserstoffes dargestellt. L a v o i s i e r zerlegte dasselbe in seine Bestandtheile, nachdem er schon im Jahre 1773 bewiesen hatte, dass es sich nicht, wie man damals allgemein glaubte, durch wiederholte Destillation in eine Erde verwandle.

Das Wasser ist in allen drei Aggregationszuständen auf der Erdoberfläche vorhanden. Im festen Zustande, als Eis, ist es farblos und rhomboedrisch, wobei $R = 117^0 \ 28^1$, $a = \sqrt{1,2656}$ ist. Die davon beobachteten Gestalten sind R, P $+$ 1, R $-$ ∞, P $+$ ∞. An den Zwillingsgestalten, welche dabei sehr häufig sind, ist die Zusammensetzungsfläche P $+$ 2 auf die Umdrehungsachse senkrecht. Sein Vermögen die Wärme zu leiten ist gering, für die Elektricität ist es noch weit geringer. Durch Reiben wird es elektrisch. Die Dichte des Eises beträgt nach C. B r u n n e r bei $- 1^0$ C 0,91812 bei $- 20^0$ 0,92025, wenn die des Wassers bei 0^0 gleich 1 gesetzt wird. Es zieht sich also wie alle anderen festen Körper beim Erkalten zusammen und zwar um 0,0000375 für 1^0 C. Wird Eis in Wasser gebracht, dessen Temperatur über $0°$ ist, so schmilzt es, dabei sinkt die Temperatur des Wassers bis auf $0°$, so dass nach einiger Zeit Eis und Wasser genau dieselbe Temperatur haben, welche so lange ungeändert bleibt als Eis vorhanden ist. Es gibt also sowohl Eis als Wasser, welche genau die Temperatur $0°$ haben. Wenn aber Eis von $0°$ in Wasser von $0°$ übergeht, so wird dabei so viel Wärme gebunden, dass nach den Versuchen von Laplace und Lavoisier damit eine gleiche Menge Wasser von $0°$ bis auf $75°$ erwärmt werden kann. Nach den neueren Bestimmungen von de la Provostaye und Desain ist indess diese Temperatur $79,1°$ (Pogg. Ann. 59. 163) Wird Wasser abgekühlt, so zieht es sich immerfort zusammen, bis es nahe bei $4°$C. seine grösste Dichte erreicht, indem es sich noch weiter abgekühlt, wieder ausdehnt. Schliesst man Wasser in eine Glasröhre ein, aus welcher man durch Kochen vorher die Luft vertrieben hat, so kann man es bei vollkommener Ruhe bis $-12°$ abkühlen ohne dass es fest wird. Hiebei dehnt es sich immer mehr aus, durch die leiseste Erschütterung wird es plötzlich fest und dabei steigt die Temperatur bis $0°$. Bei $100°$C. und einem Barometerstande von 28 Pariser Zoll siedet das Wasser und nimmt als Gas ein 1700mal grösseres Volumen ein. Für jede Linie um welche der Barometerstand grösser wird, steigt der Siedepunkt um $0,08$ eines Grades. Um Wasser von $100°$ in Wasserdunst von $100°$ zu verwandeln ist so viel Wärme nothwendig, dass damit nach Despretz 531, nach Brix hingegen (Pogg. Ann. 55. 341) 540mal so viel Wasser von $0°$ auf $1°$ erwärmt werden könnte. Es verdunstet noch bei $0°$ und als Eis im leeren Raume selbst noch bei $-40°$. Durch den Druck von 1 Atm. lässt es sich um $0,000044$ seines Volumens zusammendrücken, und wenn dies rasch erfolgt, zeigt sich hiebei ein vorübergehendes Leuchten.

Die Temperatur des Maximums der Dichte des Wassers wird von den Physikern verschieden angegeben.

Hällström hat aus seinen Versuchen und denen von Munke und Stampfer folgende Werthe dafür berechnet:[*)]

nach Hällström $t = 4°,031 \pm 0°,135$

″ Munke $t = 3°,879 \pm 0°,058$ } nach 2 versch. Be-

″ Munke $t = 3°,972 \pm 0°,159$ } obachtungsreihen.

″ Stampfer $t = 3°,790 \pm 0°,140$

[*)] Pogg. Ann. 34, 245.

Nach Hällström wäre somit die wahre Temperatur des Maximums $t = 3^{\circ},90 C$ mit der Fehlergränze $\pm\ 0^{\circ},04$

Stampfer[*) gibt $t = 3^{\circ},75 C$ an.

Rudberg[**) findet $t = 4^{\circ},02$ und

Despretz[***) als Mittel aus seinen genauen Versuchen, die er nach zwei verschiedenen Methoden anstellte $t = 3^{\circ},997$. Da die Dichte der Körper durch Abwägen derselben im Wasser bestimmt wird, so muss die unmittelbar durch den Versuch gefundene Zahl von der Dichte desselben, also auch von der Temperatur abhängen, welche das Wasser bei der Wägung hatte. Es ist daher nothwendig, alle Dichtenbestimmungen auf dieselbe Temperatur zu reduciren. Am besten würde sich hiezu die Temperatur von $0^{\circ} C$ eignen, allein leider herrscht auch hierin keine Übereinstimmung unter den verschiedenen Beobachtern, indem einige die Dichte des Wassers bei ihrem Maximum als Einheit zu Grunde legen. Um die in dieser Beziehung nothwendigen Reductionen machen zu können dient Folgendes.

Die Dichte D eines Körpers wird nämlich erhalten (48) wenn man das absolute Gewicht desselben, welches P heissen mag, durch das absolute Gewicht eines gleichen Volumens Wasser p, von der Temperatur bei welcher der Versuch gemacht wurde, dividirt. Es ist also $D = \dfrac{P}{p}$, und die so gefundene Zahl muss erst auf die Einheit der Dichte, auf welche sie bezogen werden soll, reducirt werden. Dies geschieht, wenn man in obiger Formel statt p den Werth p_1, nämlich das Gewicht eines gleichen Volumens Wasser von der Temperatur, für welche man die Dichte des Wassers als Einheit annimmt, setzt; es ist aber $p_1 = p\dfrac{d_0}{d_t}$, wo d_t die Dichte des Wassers bei t°, d_0 bei 0° bedeutet. Die wahre Dichte D^1 des Körpers ist daher

$$D^1 = \frac{P}{p} \cdot \frac{d_t}{d_0} = D \cdot \frac{d_t}{d_0}$$

Wenn man die Hällström'sche Tabelle zu Grunde legt, so ist $D_1 = D.d_t$, wo t in Celsius'schen Graden angegeben sein muss und der Werth von d_t aus der Tafel zu entnehmen ist. Will man D_1 nach der Stampfer'schen Tabelle berechnen, so ist $D_1 = D.\dfrac{d_t}{d_0}$ da in der-

---

[*) Jahrb. des polyt. Institutes in Wien. **16.** S. 70.
[**) Berzelius Jahresbericht. **14.** 102.
[***) Ann. de Chim. et de Phys. **70.** p. 5.

selben die Dichte bei 3^0R. $= 1$ gesetzt wurde, also d_0 nicht $= 1$ ist; t muss hier in Réaumur'schen Graden gegeben sein und die Werthe für d_t und d_0 sind aus der Tafel zu nehmen. Zur Erleichterung der Rechnung folgen für die Temperaturen von $10 — 20^0$ R. die Werthe von $\frac{d_t}{d_0}$ und ihre Logarithmen.

Werthe von $\frac{d_t}{d_0}$.	Logarithmen.
Für t $= 10^0$ 0,999555	0,9998066 — 1
$= 11$ 0,999391	0,9997353 — 1
$= 12$ 0,999208	0,9996558 — 1
$= 13$ 0,999006	0,9995680 — 1
$= 14$ 0,998786	0,9994723 — 1
$= 15$ 0,998547	0,9993688 — 1
$= 16$ 0,998293	0,9992579 — 1
$= 17$ 0,998022	0,9991400 — 1
$= 18$ 0,997735	0,9990150 — 1
$= 19$ 0,997433	0,9988835 — 1
$= 20$ 0,997118	0,9987464 — 1

Zur Erläuterung diene folgendes Beispiel. Die Dichte eines Körpers sei durch Abwägung in Wasser von 15^0R. $= 2,5$ gefunden worden, so wäre

$$D_1 = 2,5 . \frac{0,998435}{0,999887} = 2,5 . 0,998547 = 2,496367$$

oder mittelst der Logarithmen ist

$$\log. D_1 = \log. 2,5 + \log. \frac{d_{15}}{d_0}$$
$$\log. 2,5 = 0,3979400$$
$$\log. \frac{d_{15}}{d_0} = 0,9993688 — 1$$
$$\overline{ 1,3973088 — 1}$$

daher $D_1 = 2,496368$

Wollte man die Bestimmungen von Despretz zu Grunde legen, so dürfte man nur $D_1 = D \frac{1}{v_t}$ setzen, wo v_t die aus der Tafel von Despretz zu entnehmende Zahl für das Volumen des Wassers bei der Temperatur von t_0 bedeutet; dann wäre aber die Dichte des

Wassers bei $4^{\circ}C = 1$ gesetzt. Um dieses Resultat auf die Dichte des Wassers bei $0^{\circ} = 1$ zu reduciren, wäre die ganze Formel

$$D_t = D\frac{d_4}{v_t} \text{ für die Hällström'sche Tafel und}$$

$$D_t = D\frac{d_3}{v_t d_0} \text{ für die Stampfer'sche Tafel.}$$

Dichte des Wassers nach Hällström, die Dichte desselben bei $0^{\circ} = 1$ gesetzt.

Cels.	Dichte	Cels.	Dichte	Cels.	Dichte
0°	1,000000	15	0.999280	35	0,994272
1	1,000050	16	0,999128	40	0,992560
2	1,000080	17	0,998966	45	0,990654
3	1,000106	18	0,998791	50	0,988563
3,9	1,000118	19	0,998605	55	0,986297
4	1,000112	20	0,998408	60	0.983867
5	1,000103	21	0,998201	65	0.981280
6	1.000081	22	0,997982	70	0,978550
7	1,000044	23	0,997754	75	0,975685
8	0,999994	24	0,997515	80	0,972695
9	0,999931	25	0,997267	85	0,969590
10	0,999855	26	0,997008	90	0,966379
11	0,999765	27	0,996740	95	0,963070
12	0,999662	28	0,996463	100	0,959678
13	0,999547	29	0,996178		
14	0,999419	30	0,995802		

Dichte des Wassers nach Stampfer, die Dichte desselben bei $3^{\circ}R$ oder $3,75^{\circ}C = 1$ gesetzt.

Réaum.	Dichte	Réaum.	Dichte	Réaum.	Dichte
— 3	0,999537	9	0,999587	21	0,996673
— 2	0,999681	10	0,999442	22	0,996329
— 1	0,999797	11	0,999278	23	0,995971
0	0,999887	12	0,999095	24	0,995601
+ 1	0,999950	13	0,998893	25	0,995219
2	0,999988	14	0,998673	26	0,994825
3	1,000000	15	0,998435	27	0,994420
4	0,999988	16	0,998180	28	0,994004
5	0,999952	17	0,997909	29	0,993579
6	0,999894	18	0,997622	30	0,993145
7	0,999813	19	0,997320	31	0,992701
8	0,999711	20	0,997003	32	0,992247

15 *

Wahre Volumen des Wassers nach Despretz.

Temp.	Volumen	Temp.	Volumen	Temp.	Volumen
4°C	1,0000000	37°C	1,00661	70°C	1,02255
5	1,0000082	38	1,00699	71	1,02315
6	1,0000309	39	1,00734	72	1,02375
7	1.0000708	40	1,00773	73	1,02440
8	1,0001216	41	1,00812	74	1,02509
9	1,0001879	42	1,00853	75	1,02562
10	1.0002684	43	1,00894	76	1,02631
11	1,0003598	44	1,00938	77	1,02694
12	1,0004723	45	1,00985	78	1,02761
13	1,0005862	46	1,01020	79	1,02823
14	1,0007146	47	1,01067	80	1,02885
15	1,0008751	48	1,01109	81	1,02954
16	1,0010215	49	1,01157	82	1,03022
17	1,0012067	50	1,01205	83	1,03090
18	1,00139	51	1,01248	84	1,03156
19	1,00158	52	1,01297	85	1,03225
20	1,00179	53	1,01345	86	1,03293
21	1,00200	54	1,01395	87	1,03361
22	1,00222	55	1,01445	88	1,03430
23	1,00244	56	1,01495	89	1,03500
24	1,00271	57	1,01547	90	1,03566
25	1,00293	58	1,01597	91	1,03639
26	1,00321	59	1,01647	92	1,03710
27	1,00345	60	1,01698	93	1,03782
28	1,00374	61	1,01752	94	1,03852
29	1,00403	62	1,01809	95	1,03925
30	1,00433	63	1,01862	96	1,03999
31	1,00463	64	1,01913	97	1,04077
32	1,00494	65	1,01967	98	1,04153
33	1,00525	66	1,02025	99	1,04228
34	1,00555	67	1,02085	100	1,04315
35	1,00593	68	1,02144		
36	1,00624	69	1,02200		

141. Sauerstoff und Wasserstoff vereinigen sich unter sehr mannigfaltigen Umständen zu Wasser. Namentlich geschieht dies, und zwar ohne Feuererscheinung, wenn beide Körper im Momente ihres Freiwerdens sich treffen. Kommen dieselben hingegen in Gasform mit einem brennenden Körper in Berührung, oder lässt man einen elektrischen Funken durch das Gemenge beider Gase schlagen, so findet sogleich Verbrennung Statt, die zwar nur mit geringer Lichtentwickelung, aber mit der grössten Temperaturerhöhung verknüpft ist, welche überhaupt durch chemische Wirkungen hervorgebracht werden kann.

Wenn 8 Gtl. Sauerstoffgas und 1 Gtl. Wasserstoffgas, deren Volumen sich genau wie 1 zu 2 verhalten, mit einander gemengt werden, so erhält man ein Gemenge, welches Knall-Luft heisst, weil es auf irgend eine Weise entzündet, mit heftiger Explosion und unter Zertrümmerung des Gefässes verbrennt. Ist das Gefäss stark genug um dem Stosse zu widerstehen, und ganz geschlossen, so erfolgt kein Knall; öffnet man aber dann den Hahn desselben unter Quecksilber, so tritt dieses rasch in das Gefäss ein und füllt dasselbe, wenn das Volumen der beiden Gase genau nach obigem Verhältnisse genommen wurde, bis auf den Raum den das gebildete Wasser einnimmt, ganz aus. Dieser Versuch kann sehr bequem mit folgender Vorrichtung angestellt werden. Eine etwa 15″ lange und 4″ weite Glasröhre A B, deren

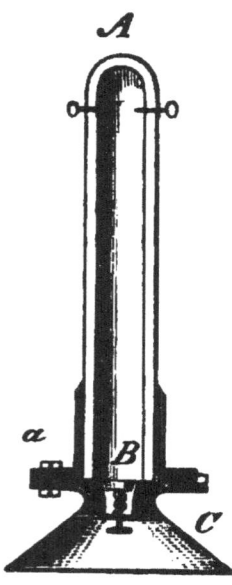

Wanddicke 2 — 3 L. betragen muss, ist bei B mit einer Fassung aus Packfong, welches von Quecksilber nicht angegriffen wird, versehen. Diese besteht aus einem an die Röhre festgekitteten und einem um einen Zapfen bei a drehbaren Theil C, in welchem ein von Innen nach Aussen sich schliessendes Kegelventil b angebracht ist, das durch eine kleine Spiralfeder etwas offen erhalten wird, ohne jedoch über die obere Ebene der Platte, in der es sich befindet, hinausgehoben zu werden. Mittelst des Trichters kann man nun leicht Gas in die Röhre steigen lassen, da das Ventil dem Eintreten desselben kein Hinderniss entgegensetzt. An dem oberen geschlossenen Ende der Röhre bei A sind zwei Dräthe angebracht, die inwendig um etwas von einander abstehen, und von welchen der eine mit einem Häkchen, der andere mit einer kleinen Kugel versehen ist. Bringt man nun den ersten mit der äusseren Belegung einer geladenen Leidnerflsache in Verbindung, während man den zweiten der inneren nähert, so wird durch den überspringenden Funken das Gasgemenge ohne Knall entzündet, da sich durch den Druck der bei der Entzündung erfolgenden Ausdehnung das Ventil schliesst und dem Quecksilber den Ausgang versperrt. In dem Momente aber, als der Druck von Innen aufhört, wird das Quecksilber von Aussen in den fast leeren Raum dringen. Diese Vorrichtung kann auch benützt werden um die Menge des Sauerstoffes oder Wasserstoffes zu bestimmen, welche einem anderen, gegen dieselben indifferenten Gase beigemengt ist, wozu jedoch die Röhre in gleiche Raumtheile getheilt sein muss. Man braucht zu diesem Behufe nur die Verminderung des Volumens zu bestimmen, welche Statt findet, wenn man dem zu untersuchenden Gasgemenge etwas mehr von einem oder dem andern Gase zusetzt als zur Wasserbildung nothwendig ist und es dann entzündet. Wäre z. B. die Menge des Sauerstoffgases zu bestimmen, die in einem Gasgemenge enthalten ist, das 100 V. in der Röhre einnimmt und hätte man nur beiläufig ausgemittelt dass 45 V. Wasserstoffgas mehr als hinreichend sind um allen Sauerstoff zu verbrauchen, so beträgt, wenn sich dasselbe nach der Verbrennung um 60 V. vermindert hat, das in den 100 V. des untersuchten Gases enthaltene Sauerstoffgas 60 . $^{1}/_{3}$ = 20 V.

Auf eine noch einfachere Art kann dieser Versuch angestellt werden, wenn man eine Glasröhre von etwa 15 Z. Länge und 4—5 L. Weite, deren Wände wenigstens 3 L. dick sind, an ihrem geschlossenen Ende auf ähnliche Weise wie die vorige mit Dräthen versieht, um den elektrischen Funken durch das darin befindliche Gas schlagen zu lassen. An ihrem offenen Ende ist dieselbe mit einem eingeriebenen Stöpsel versehen, der statt der Bohrung nur an einer Seite eingeschnitten ist. Entzündet man das Gas während der Stöpsel verschlossen ist, so erfolgt die Verbrennung ohne Detonation, und öffnet man den Hahn unter Quecksilber, so tritt ebenfalls so viel davon ein, als Knallgas vorhanden war.

Die Entzündung der Knall-Luft kann übrigens auch schon durch einen nur hinreichend heissen Körper bewirkt werden, wie z. B. durch einen Glasstab, der nicht einmahl bis zum Glühen erhitzt zu sein braucht. Von der Wirkung poröser Körper, namentlich des Platinschwammes, ist bereits in (26) die Rede gewesen, es ist hier nur noch hinzu zu fügen, dass die Wirkung auf das Knallgas bei einer um so niedrigeren Temperatur und desto lebhafter eintritt, je reiner und je weniger glatt die Oberfläche des Platins oder der andern Metalle ist. Daher muss ein ganz glatter 0,5 L. dicker Platindraht bis auf 300° erhitzt werden um zu wirken, wird derselbe aber durch Eintauchen in Salpetersäure und nachheriges Erwärmen gereinigt, oder wird er durch eine kurze Einwirkung von Königswasser etwas angegriffen, dann gewaschen und getrocknet, so wirkt er schon bei gewöhnlicher Temperatur. Dasselbe ist der Fall, wenn eine Platin-platte, welche ohne alle Vorbereitung bei gewöhnlicher Temperatur nur sehr schwach auf Knallgas wirkt, längere Zeit als Elektrode, und zwar vorzüglich als Kathode einer Batterie gedient hat um Wasser zu zerlegen, welchem Schwefelsäure zugesetzt war. Dieselbe erhitzt sich in Knallgas bis zum Erglühen und bewirkt die Verbindung beider Stoffe unter Explosion.

Sehr merkwürdig ist es ferner, dass auch mehrere organische Körper, die sich in Fäulniss befinden, nach und nach die chemische Vereinigung der Bestandtheile des Knallgases bewirken. Dies soll z. B. der Fall sein, wenn faules Holz oder Erbsen u. dgl., welche bei Ausschluss der Luft so lange unter Wasser lagen, bis sie Gas zu entwickeln beginnen, unter eine mit Knallgas gefüllte Glasglocke gebracht werden und zwar so, dass sie vom Wasser bedeckt sind. Nach einiger Zeit vermindert sich das Gasgemenge immer mehr, eine Erscheinung welche durch das in (28) aufgestellte Gesetz ihre Erklärung findet.

Auch ein schnelles und gehörig starkes Zusammendrücken des Knallgases bewirkt die Verbindung beider Bestandtheile desselben, wobei selbst eiserne Röhren, in welchen der Versuch angestellt wird, zertrümmert werden. Da langsames Zusammendrücken des Knall-gases, selbst bis auf den 150sten Theil des ursprünglichen Volu-mens, die Wasserbildung nicht bewirkt, so kann wohl nur die bei der raschen Zusammendrückung Statt findende Erhitzung die Ver-einigung der beiden Gase bewirken.

In vielen Fällen erfolgt selbst dann noch Wasserbildung, wenn einer der beiden Stoffe sich bereits in einer Verbindung befindet und diese der Einwirkung des andern ausgesetzt wird, wozu meistens eine Erhöhung der Temperatur nothwendig ist. Hierauf gründet sich die Möglichkeit, Oxyde und andere sauerstoffhältige Verbindungen mittelst darüber geleiteten Wasserstoff zu reduciren. Die Reihe der Metalle, deren Sauerstoffverbindungen durch Wasserstoffgas reducirt werden, ist folgende, und zwar von demjenigen angefangen, bei welchen dies am leichtesten geschieht.

Osmium	Kobalt	Tellur
Iridium (beide schon bei ge-wöhnlicher Temperatur)	Kupfer	Wismuth
	Eisen	Scheel
Silber bei 100°	Blei	Molybdän
Chrom	Arsen	Zinn
Nickel	Antimon	Zink.

Der Zustand der grösseren oder geringeren Lockerheit ist auf die Temperatur, bei welcher die Reduction vor sich geht, von einigem Einflusse. So wird z. B. Kupferoxyd, welches durch Fällen mittelst Ätzkali bereitet wurde, bei 121°, dasselbe stark geglüht aber erst bei 208° reducirt.

Um eine solche Reduction auszuführen, bedient man sich eines einfachen Apparates, der in der nebenstehenden Figur dargestellt ist. In der zweihälsigen Flasche wird Wasserstoffgas erzeugt, 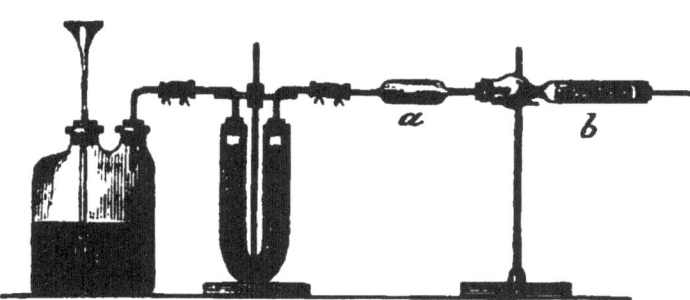 das, bevor es zu der Substanz kommt, die sich in der Röhre bei a befindet, durch eine Uförmig gebogene Röhre geht, in welcher Stückchen von ausgeglühtem Bimsstein enthalten sind, die mit Schwefelsäure benetzt wurden. Die mit Chlorcalcium gefüllte Röhre b ist zur Aufnahme des Wassers bestimmt. Nachdem die Röhre a gewogen wurde, wird die zu desoxydirende Substanz eingefüllt, wenn es nothwendig ist sorgfältig getrocknet und die Röhre abermals gewogen. Der Unterschied der beiden gefundenen Gewichte gibt die Menge der Substanz. Nachdem aus dem Apparate die atm. Luft verdrängt ist, was man daran erkennt, dass das bei c entweichende und in einer Eprouvette aufgefangene Gas ruhig, ohne Knall verbrennt, erwärmt man die Substanz so weit es nothwendig ist, um die Wasserbildung einzuleiten. Der Versuch ist beendet, wenn diese nicht mehr Statt findet, wo dann die Röhren a und b wieder gewogen werden. Aus dem so erhaltenen Daten kann man entweder die Zusammensetzung des Wassers finden, wenn man die des reducirten Oxydes kennt, oder umgekehrt die des Oxydes, wenn jene des Wassers gegeben ist.

142. So wie die Bildung des Wassers kann auch die Zersetzung desselben auf verschiedene Arten eingeleitet werden. Von der durch den elektrischen Strom bewirkten ist bereits in (97) (98) die Rede gewesen, es mag hier nur noch erwähnt werden, dass der nebenstehende Apparat sehr geeignet ist, das auf diesem Wege erhaltene Knallgas aufzufangen, um es zu weiteren Versuchen zu verwenden. Die Flasche wird mit Wasser, dem etwas Schwefelsäure zugesetzt ist, ganz gefüllt und mit einem genau schliessenden Stöpsel von

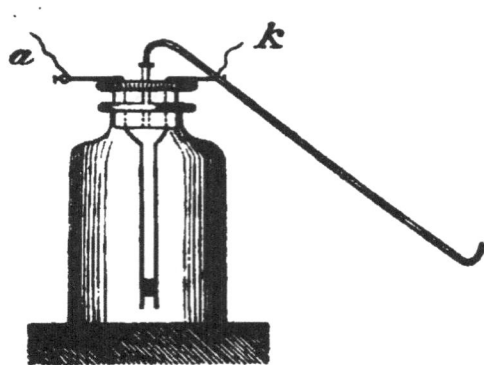

Blei versehen, welcher an drei Stellen durchbohrt ist. In die mittlere konische Öffnung kann entweder eine Gasentbindungsröhre oder eine Vorrichtung zum Drumond'schen Kalklichte (148) eingesetzt werden, während durch die beiden Seitenöffnungen isolirte Platindräthe gehen, welche an ihrem unteren Ende die als Elektroden dienenden, etwa 1 Zoll breiten und 4 Zoll langen Platinplatten tragen. Diese stehen sich sehr nahe, und sind daher an ihren Enden durch einige Stückchen Siegellack gehindert mit einander in Berührung zu kommen. Das durch Elektrolyse erhaltene Knallgas besteht nicht genau aus 2 V. Wasserstoff und 1 V. Sauerstoff, sondern enthält weniger von letzterem, indem das Wasser von diesem Gase mehr absorbirt als von ersterem (145).

Durch chemische Mittel erfolgt die Zersetzung des Wassers vorzüglich auf zweierlei Arten, entweder durch unmittelbare Einwirkung eines Stoffes, meistens eines Metalles, auf dasselbe, die gewöhnlich erst bei erhöhter Temperatur eintritt, oder bei der Wechselwirkung von Metallen und Wasser unter Gegenwart einer Säure oder auch eines Alkali. Bei gewöhnlicher Temperatur zerlegen folgende Substanzen das Wasser: Kalium, Natrium, Lithium, Barium, Strontium, Mangan, Cer, Lanthan, Alumium, Magnium. Bei erhöhter Temperatur, und zwar vom Antimon angefangen nur bei starker Glühhitze, thun dies auch die folgenden: Titan, Zink, Molybdän, Chrom, Antimon, Kohlenstoff, Eisen, Cadmium, Zinn, Kobalt, Nickel, Wismuth, Blei und Kupfer. Zink, Cadmium, Zinn, Eisen, Kobalt, Nickel zerlegen das Wasser auch schon bei gewöhnlicher Temperatur, aber nur bei Gegenwart einer Säure oder in einzelnen Fällen auch eines Alkali. Kein Metall aber, welches nicht schon für sich im Stande ist, das Wasser zu zerlegen, vermag dies in Berührung mit Säuren zu thun.

Um die Zersetzung des Wassers durch ein Metall, z. B. Kalium, bei gewöhnlicher Temperatur zu bewirken, lässt man dasselbe in einer mit Quecksilber gefüllten umgestürzten Glocke, die sich auf der pneumatischen Quecksilberwanne befindet, emporsteigen und nachher etwas Wasser hinzutreten. Im Moment, in welchem beide Körper zusammentreffen, wird das Wasser mit Heftigkeit und unter starker Erhitzung des gebildeten Kali, welche bis zum Glühen desselben gehen kann, zerlegt.

Will man das Wasser durch ein anderes Metall, welches nur bei Erhitzung auf dasselbe wirkt, zersetzen, so verfährt man auf folgende Art: Ein Flintenlanf a b, von nicht zu grossem Kaliber, welcher mit spiralförmig gewundenem Eisendrath oder noch besser mit Eisendrehspänen gefüllt ist, wird in einem Ofen, wie er zu organischen Analysen dient, gelegt und an einer Seite mit einer Retorte, die Wasser enthält, an der andern Seite mit einer Gasentbindungsröhre verbunden und dann bis zum Rothglühen erhitzt.

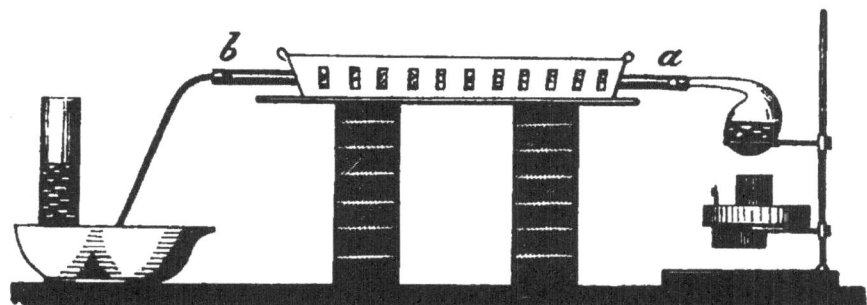

Bringt man nun das Wasser in der Retorte zum Kochen, so dass Wasserdämpfe in den Flintenlauf gelangen, so beginnen sogleich Gasblasen aus der Röhre bei b zu entweichen, welche in einem Recipienten aufgefangen werden. Hat man die Operation durch einige Zeit fortgesetzt, so findet man nach dem Erkalten den Eisendrath sehr verändert. Er hat am Gewichte zugenommen, und sich mit einer schwarzen, glänzenden, krystallinischen Haut überzogen, die beim Biegen des Drahtes leicht abspringt und aus einer Verbindung des Eisens mit Sauerstoff besteht, während das aufgefangene

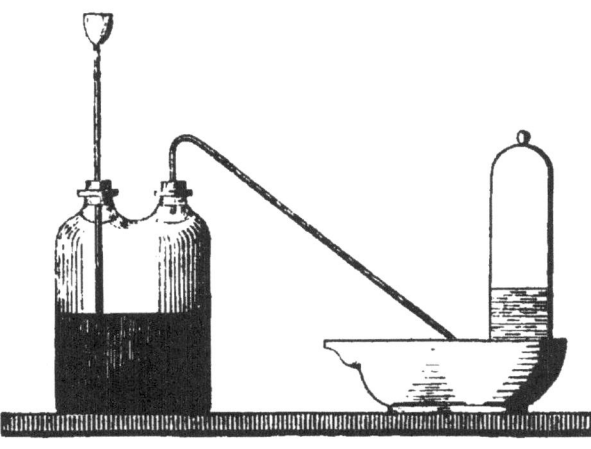

Gas Wasserstoffgas ist. Um das Wasser auf die dritte Art mittelst eines Metalles unter Mitwirkung einer Säure bei gewöhnlicher Temperatur zu zerlegen, bedient man sich einer zweihälsigen Flasche. Man bringt in dieselbe Zink oder Eisenblech, und füllt sie bis zur

Hälfte mit Wasser. In den einen Hals der Flasche kommt eine Trichterröhre die bis in die Flüssigkeit reicht, in den anderen die Röhre aus welcher das Gas in einen Gasometer oder Recipienten geleitet werden soll. Giesst man nun concentrirte Schwefelsäure durch die Trichterröhre, so bemerkt man bald eine heftige Entwickelung von Wasserstoffgas, welche von den Metallstücken ausgeht. Bei diesem Prozesse tritt der Sauerstoff des Wassers an das Eisen und bildet damit Eisenoxydul Fe O, während der Wasserstoff, welcher früher mit diesem Sauerstoff zu Wasser verbunden war, frei wird. Das gebildete Eisenoxydul löst sich in der Schwefelsäure und gibt damit ein Salz, nämlich schwefelsaures Eisenoxydul. Es ist aber nicht das zur Verdünnung der Schwefelsäure dienende Wasser, welches zersetzt wird, sondern das an die Schwefelsäure gebundene, welches die Basis gebildet hat, die jetzt durch Fe O ersetzt wurde. Das folgende Schema stellt diesen Prozess dar:

1 Äq. Schwefelsäurehydrat $= HO, SO_3$ und 1 Äq. Eisen $= Fe$ geben

1 Äq. Wasserstoff $= H$ und 1 Äq. schwefelsaures Eisenoxydul $= Fe O, SO_3$

Für jedes Äq. schwefelsaures Eisenoxydul wird also 1 Äq. Wasserstoff frei, oder es müssen sich 76 Gtl. schwefelsaures Eisenoxydul erzeugen um 9 Gtl. Wasser zu zerlegen.

Die Gegenwart gewisser Metallsalze, die man den Säuren, wenn auch nur in sehr geringer Menge zusetzt, übt einen grossen Einfluss auf die Schnelligkeit aus, mit welcher das Wasser auf diese Weise zerlegt wird. So löst verdünnte Schwefelsäure (1 Th. auf 12 Th. Wasser) in derselben Zeit 149 mal mehr Zink, wenn nur 4 Tropfen Platinchlorid auf 1 Decil. zugesetzt werden, als wenn sie rein angewendet wird. Fast eben so stark, jedoch erst allmählig wirken 15 Tropfen arsenige Säure, noch schwächer die Lösungen von Kobalt, Nickel, Zinn etc. Bei Hydrochlor, Essigsäure und Kleesäure wirkt das Platinchlorid auch fördernd auf die Löslichkeit des Zinkes. Auch löst sich Zink in Wasser, Ammoniak, Natriumchlorid, schwefelsaurem Natron bei Zusatz von etwas Platinchlorid. Quecksilberchlorid hebt hingegen die Wirkung der Säure auf das Zink gänzlich auf, weil sich das Metall mit einem Amalgam bedeckt. Bei anderen Metallen finden ähnliche Wirkungen Statt. (Millon in Pogg An. 66. 449.) Es unterliegt keinem Zweifel, dass die hier angeführten

Erscheinungen die Wirkung hydroelektrischer Ketten sind, welche gebildet werden, indem sich das Platin etc. auf dem Zink niederschlägt, in welchem Falle die elektrolytische Wirkung mit der direkten chemischen in Einem Sinne erfolgt, so dass sich beide unterstützen. Erwärmet man Zink mit concentrirter Kalilauge, so wird das Wasser ebenfalls zersetzt und Wasserstoffgas entwickelt, die Zersetzung geht jedoch nur langsam vor sich. Berührt man aber das Zink mit einem Eisendraht, so beginnt, jedoch in diesem Falle durch Elektrolyse, eine lebhafte Entwickelung des Wasserstoffgases am Eisen, während der Sauerstoff das Zink oxydirt. Durch Eisen allein wird nur dann mit Ätzkali Wasserstoff entwickelt, wenn dasselbe nur ein wenig mehr Wasser als das Hydrat enthält, also erst bei einer höheren Temperatur flüssig wird. Das durch Einwirkung von verdünnten Säuren auf Zink oder Eisen erhaltene Wasserstoffgas ist jedoch niemahls rein, es kann schweflige Säure, Stickoxyd- und Stickoxydul-Gas, Hydrothion, Antimon- und Arsen-Wasserstoff und überdies noch einen ölartigen übelriechenden Körper enthalten, der eine Verbindung des im Eisen oder Zink vorhandenen Kohlenstoffes mit dem Wasserstoffe ist. Man kann dasselbe reinigen, wenn man es zuerst durch zwei Uförmig gebogene Röhren leitet, wovon die eine geglühte Bimssteinstücke die mit Schwefelsäure benetzt sind, die andere trockenes Ätzkali enthält.

143. Die Eigenschaften des Wasserstoffgases und das Verhältniss desselben zum Sauerstoffgase lassen sich durch folgende Versuche

deutlich machen. Bringt man in einen mit der Öffnung nach abwärts gehaltenen Glascylinder, der mit Wasserstoffgas gefüllt wurde, eine brennende Kerze, so entzündet sich das Gas sogleich, wenn die Flamme der Öffnung genähert wird, führt man dieselbe jedoch weiter in den Cylinder ein, so erlöscht sie, entzündet sich aber beim langsamen Herausziehen an der eine Zeitlang fortbrennenden Wasserstoffgas-Flamme wieder. Durch diesen Versuch wird nicht blos bewiesen, dass das Wasserstoffgas eine geringere Dichte als die atm. Luft besitzt, sondern es tritt daraus auch das Verhältniss desselben zum Sauerstoff und den brennenden Körpern, die sich alle wie die Kerze verhalten, hervor.

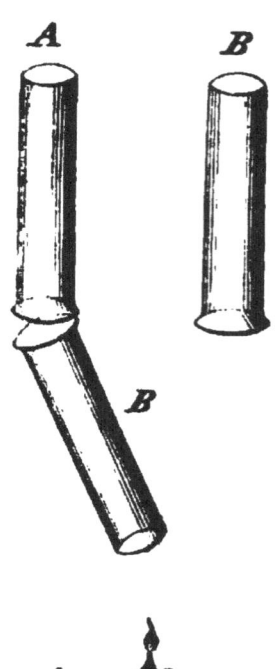

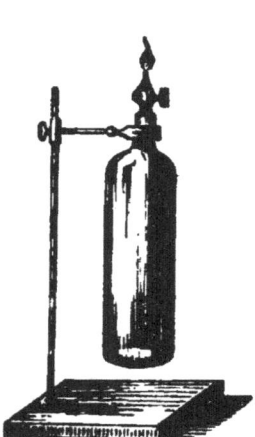

Hält man zwei gleich grosse Glascylinder, von denen der eine A mit Luft, der andere B mit Wasserstoff gefüllt ist, neben einander, und wendet dann den letzteren langsam unter dem ersteren um, so steigt das Wasserstoffgas in die Höhe, und verdrängt aus A die atm. Luft, ohne sich bedeutend mit derselben zu mischen, so dass man den vorigen Versuch jetzt mit diesem Cylinder wiederholen kann.

Wird eine etwa 4 Zoll weite und 12 Zoll hohe Glasglocke, die unten offen, an ihrem oberen Ende aber mit einem Hahne versehen ist, mit Wasserstoffgas gefüllt, dann ohne sie aus der vertikalen Stellung zu bringen, an einem Träger befestigt und der Hahn geöffnet, so dringt das Gas durch die Öffnung heraus und kann entzündet werden. Es brennt anfangs ruhig fort, bald aber entsteht ein schöner vibrirender Ton, der immer höher wird bis das Experiment mit einem dumpfen Knalle endigt. Die Ursache des Tones ist dieselbe, wie bei der chemischen Harmonika, welche man erhält, indem man eine nicht zu enge Röhre von beliebigem Materiale über eine Wasserstoffflamme hält, die aus einer engen Öffnung herausbrennt (s. h. den ämtl. Bericht der 21. Vers. der Naturforscher etc. in Grätz 1844, S. 227). Der Knall entsteht dann, wenn jene Luftschichte zum Verbrennen kommt, welche sich beim successiven Emporsteigen des Wasserstoffgases bereits etwas mit dem Sauerstoff der Luft gemengt hat.

Hängt man an den Arm eines Wagebalkens eine mit ihrer Öffnung nach abwärts gewendete Glasglocke und äquilibrirt dieselbe, so wird sogleich das Gleichgewicht gestört und die Glocke erscheint leichter, wenn man Wasserstoffgas in dieselbe eintreten lässt und es dauert ziemlich lange bis das Gleichgewicht wieder hergestellt ist.

Füllt man Seifenblasen mit Wasserstoffgas, so steigen sie rasch in die Höhe, füllt man sie mit Knallgas, so steigen sie langsamer und explodiren bei Annäherung eines brennenden Körpers mit Heftigkeit.

Um sich eine grössere Menge Wasser durch Verbrennung von Wasserstoffgas in der atmos. Luft zu verschaffen, leite man, wie die nebenstehende Figur zeigt, das Gas zuerst durch eine Röhre aa, welche mit Bimssteinstückchen, die mit Schwefelsäure befeuchtet sind, angefüllt ist und lasse dasselbe dann durch die enge Mündung

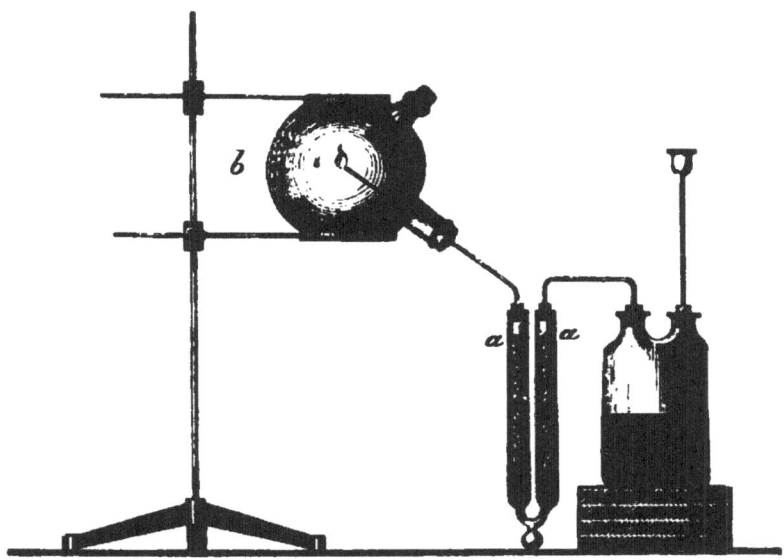

einer schief gebogenen Röhre ausströmen. Wenn alle atmosphärische Luft aus dem Apparate entfernt ist, entzündet man das Gas und führt die Röhre in einen hinreichend grossen Ballon ein, dessen zweiter Hals mit einem Stöpsel so weit geschlossen werden kann, dass der Luftstrom gerade stark genug ist, um der Flamme immer neuen Sauerstoff zuzuführen. Kühlt man den Ballon von aussen mit nassem Fliesspapier, so sammelt sich in nicht langer Zeit eine Menge Wasser in demselben an. Will man die Wasserbildung mittelst Knall-Luft zeigen, braucht man nur den sogleich zu beschreibenden Doppelhahn, wenn an der Spitze desselben die Knallgasflamme brennt, in einen Ballon zu tauchen, der natürlich dann ganz geschlossen sein kann. Die hohe Temperatur, welche bei der Verbrennung des Knallgases erzeugt wird, gab Veranlassung zur Einrichtung des Knallgasgebläses, von welchem man in neuerer Zeit eine so mannigfaltige Anwendung macht, da bei der gegenwärtigen Beschaffenheit desselben keine Gefahr mehr damit verbunden ist. Die beiden in abgesonderten Behältern befindlichen Gase treten nämlich in einen Doppelhahn und mengen sich erst unmittelbar vor der Ausströmungsöffnung, wie dies die nebenstehende Figur, welche den Doppelhahn in der Hälfte der

Naturgrösse darstellt, zeigt. Es sind nämlich zwei Hähne H und O in einem Messingstück angebracht, an welches bei a und b die beiden Röhren angeschraubt werden können, durch deren eine das Sauerstoffgas, durch die andere das Wasserstoffgas zuströmt. Das

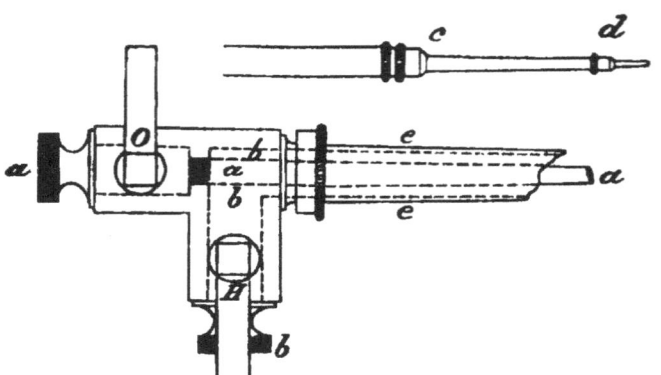

erstere geht durch den Hahn O und durch die Röhre aaa bis in die Spitze cd, ohne mit dem Wasserstoffgase in Berührung zu kommen, indem dieses bei h durch den Hahn H in den punktirten Canal bbb tritt, und so in die Röhre ee, welche die Röhre aa umgibt, gelangt. Bei c, wo sich die beiden concentrischen Röhren endigen, ist ein messingener Kegel cd angeschraubt der bei d mit einer Spitze aus Platin versehen ist. Man lässt zuerst durch Öffnen des Hahnes H das Wasserstoffgas, statt dessen man auch Leuchtgas nehmen kann, ausströmen, das entzündet eine grosse Flamme bildet. Lässt man nun durch langsames Öffnen des Hahnes O so viel Sauerstoffgas hinzutreten, bis die Flamme bedeutend kleiner, blau und spitzig wird, so gibt sie die grösste Hitze. Die beiden Gase können sich in Gasometern, oder noch besser in Säcken aus luftdichten Stoffen die mit den nöthigen Gewichten belastet werden, befinden. Mittelst biegsamer Röhren werden sie mit den Hähnen in Verbindung gesetzt. Man kann auf diese Weise die höchsten bekannten Temperaturen hervorbringen. Leitet man die Flamme auf einen Cylinder von Kalk, so kommt er sogleich in das heftigste Glühen und verbreitet dabei einen dem Auge kaum erträglichen Lichtglanz. Dieses Licht, welches unter dem Namen Drumond's Kalklicht bekannt ist, hat bereits Anwendung gefunden. Wenn man Sauerstoffgas durch eine Weingeistlampe leitet, kann man eine fast eben so hohe Temperatur als durch das Knallgas hervorbringen, auch wenn man im Knallgebläse atm. Luft statt Sauerstoffgas anwendet, ist die Hitze sehr gross.

144. Das Wasser kann sowohl durch die chemische Anziehung als durch mechanisch wirkende Kräfte an andere Körper gebunden sein. Die Wasserdünste werden nämlich, wie andere Gase, von porösen Körpern absorbirt und zwar von einigen in sehr beträcht-

licher Menge. Alle pulverigen Körper sind hygroscopisch, sie nehmen, einige Zeit mit der Luft in Berührung, durch Condensation
des Wasserdunstes am Gewichte zu, ein Umstand der die Arbeiten
der Chemiker nicht selten sehr erschwert und oft eine Quelle von
fast unvermeidlichen Beobachtungsfehlern wird. Viele organische
Körper werden durch das von ihnen aufgenommene Wasser biegsam, weich und durchscheinend, während sie vollkommen trocken,
alle diese Eigenschaften und auch oft das Vermögen verlieren,
wieder die vorige Menge Wasser aufzunehmen. Das Wasser besitzt
ferner die Fähigkeit die meisten Körper, wie z. B. die Metalle,
Glas, Porzellan u. dgl., wenn ihre Oberfläche vollkommen rein ist,
zu benetzen, wo es dann hartnäckig an denselben haftet. Diese Fähigkeit ist der Grund wesshalb sich viele Körper so fein im Wasser
vertheilen lassen, dass sie damit eine an allen Punkten ganz homogene Flüssigkeit bilden, welche eine grosse Ähnlichkeit mit einer
chemischen Verbindung besitzt. Man nennt diese Art des Nebenein-
anderseins der Körper eine Lösung, zum Unterschiede von der
chemischen Verbindung, welche Auflösung heisst (22). So werden Salpeter, Kupfervitriol, Zucker u. dgl. vom Wasser, die Harze
vom Weingeist gelöst, während die Oxyde des Silbers, Kupfers etc.
von der Salpetersäure aufgelöst werden. Dass diese Wirkung des
Lösungsmittels nicht durch die chemische Anziehung bedingt wird,
lässt sich schon daraus erkennen, dass Lösungen gerade nur zwischen jenen Körpern Statt finden, welche in ihren chemischen Eigenschaften einige Ähnlichkeit haben, während Auflösungen nur dort
erfolgen, wo eine grosse Verschiedenheit in dieser Hinsicht herrscht.
Die gelösten Substanzen sind daher auch nur mit geringer Kraft an
das Lösungsmittel gebunden und erscheinen desshalb mit allen
ihren Eigenschaften nach der Verdunstung desselben wieder, während bei den aufgelösten Substanzen in allen diesen Punkten gerade
das Gegentheil erfolgt. Wasser löst daher die meisten Sauerstoffsalze,
Metalle lösen sich in flüssigen Metallen, Metalloxyde dagegen werden
von Säuren aufgelöst und scheiden sich nachher, an diese gebunden, als Körper von ganz andern Eigenschaften ab. Die Erfahrung
lehrt ferner, dass die Mengen der gelösten Substanzen sich nicht
nach den stöchiometrischen Gesetzen richten, sondern dass sie von
der Temperatur des Lösungsmittels abhängen. Es gibt nämlich für jede
Temperatur nur eine gewisse Menge der Substanz, die in Wasser
gelöst sein kann und die in den meisten Fällen mit der Temperatur
zunimmt. Nur bei wenigen Körpern findet das Gegentheil hievon Statt,

und bei einigen ist die gelöste Menge von der Temperatur unabhängig. In manchen Fällen gibt es bei einer bestimmten Temperatur ein Maximum der Menge des Stoffes die gelöst werden kann, so dass bei noch höherer Temperatur diese wieder abnimmt. Um sich eine Übersicht der verschiedenen Verhältnisse der Löslichkeit zu verschaffen, ist eine graphische Darstellung derselben ein sehr geeignetes Mittel. Auf der horizontalen Axe der Coordinaten werden die Temperaturen von 10° zu 10° und auf der vertikalen die Gewichtsmengen, bezogen auf 100 Th. Wasser, aufgetragen. Die einzelnen Punkte der Curve, welche die Lös-

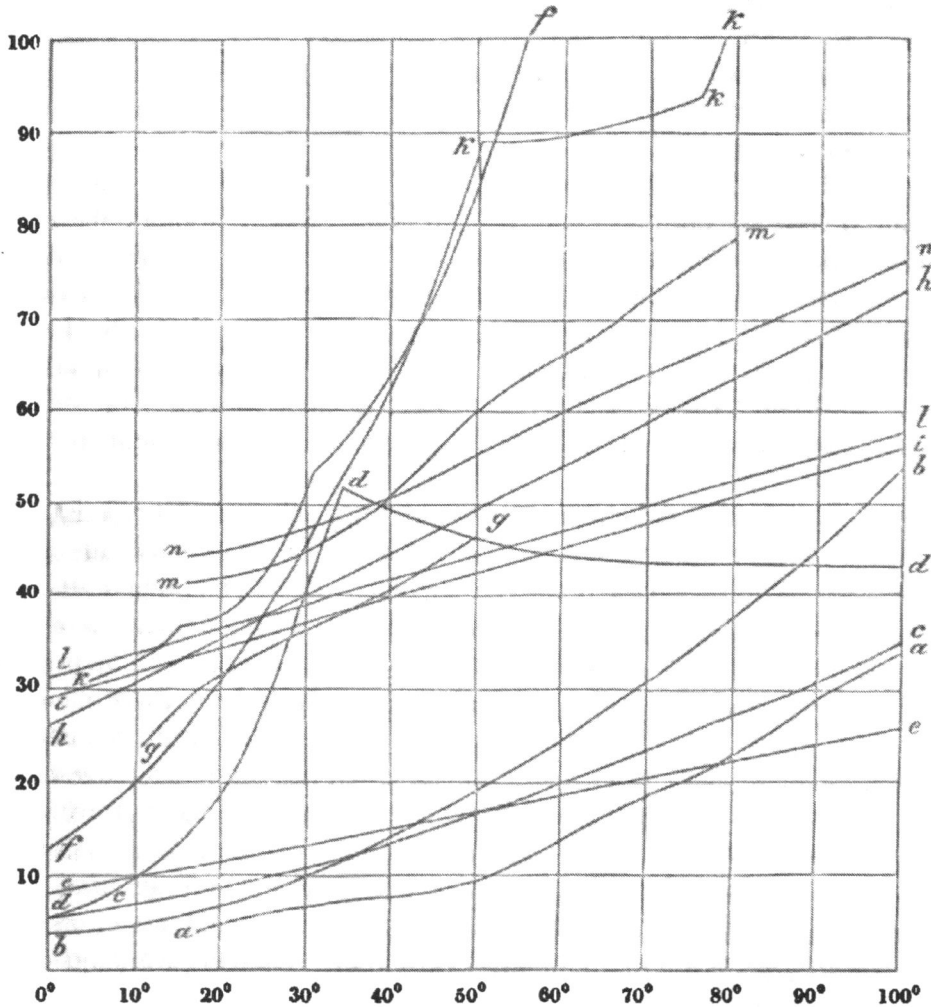

lichkeit darstellt, werden erhalten, indem man nach den durch den Versuch gefundenen Zahlen die Temperatur als Abscisse, die Mengen als Ordinate nimmt. Die in der Tabelle aufgeführten Stoffe sind folgende:

16

a. Borsäure, krystall.

b. Chlorsaures Kali.

c. Salpetersaurer Baryt.

d. Schwefelsaures Natron, wasserfreies.

e. Schwefelsaures Kali.

f. Salpetersaures Kali.

g. Anderthalb kohlens. Ammoniak mit 2 Äq. Wasser.

h. Schwefels. Bittererde, wasserfreie.

i. Kaliumchlorid.

k. Schwefels. Kupferoxyd, krystall.

l. Bariumchlorid, wasserfreies.

m. Natron, wasserfreies.

n. Bariumchlorid, krystall.

o. Kohlensaures Kali.

Diese Tabelle zeigt sogleich, dass in der Löslichkeit des schwefelsauren Natrons ein Maximum bei 33° Statt findet, ferner, dass die Löslichkeit des salpetersauren Kali viel rascher mit der Temperatur wächst, als die des schwefelsauren u. s. w. Obwohl ein Blick auf diese Tabelle zeigt, dass es ein allgemeines Gesetz für die Löslichkeitsverhältnisse der Körper geben müsse, so ist es doch aus den bisher vorliegenden Thatsachen noch nicht möglich diese Eigenschaft derselben mit ihrem übrigen Verhalten in Zusammenhang zu bringen.

Gegen Flüssigkeiten verhält sich das Wasser sehr verschieden. Mit einer grossen Anzahl derselben lässt es sich in allen Verhältnissen mengen, wodurch ebenfalls oft nur Lösungen entstehen. Mit anderen lassen sich zwar solche Lösungen nicht bewerkstelligen, wie dies z. B. bei den Ölen, dem Äther, dem Schwefelkohlenstoff etc. der Fall ist; allein es wird doch immer sowohl eine kleine Menge dieser Körper von dem Wasser, als auch anderseits eine kleine Menge Wasser von der andern Flüssigkeit aufgenommen. Dieses Verhalten des Wassers muss sorgfältig berücksichtigt werden, weil man sonst leicht den Sauerstoff- und Wasserstoff-Gehalt der Körper falsch bestimmen kann. Es tritt übrigens oft der Fall ein, dass wenn Wasser mit anderen Flüssigkeiten gemischt wird, es mit denselben eine wahre chemische Verbindung eingeht, wo dann häufig auffallende Veränderungen in der Dichte, dem Lichtbrechungsvermögen der Flüssigkeit, z. B. Maxima derselben für ein gewisses Verhältniss der Bestandtheile, Wärmeentwickelung während der Vermischung u. dgl. eintreten.

145. Das Wasser absorbirt ferner alle Gase und zwar einige in sehr beträchtlicher Menge, was dann immer unter bedeutender Wärmeentwickelung geschieht. Bei jenen Gasen die nur in geringer Menge vom Wasser absorbirt werden, ist die Wärmeentwickelung auch nicht bedeutend. Dass in vielen Fällen dem Vermögen des Wassers Gase zu absorbiren die chemische Anziehung nicht fremd ist, geht aus mehreren Thatsachen hervor. Eben so unterliegt es aber keinem Zweifel, dass auch die Adhäsion hiebei mitwirkt und bei einigen Gasen sogar die Hauptrolle spielt, so dass die Absorption ein complicirtes Phänomen ist, dessen vollständige Erklärung bei dem gegenwärtigen sehr mangelhaften Zustande unserer Kenntnisse des factischen Theiles desselben, noch nicht möglich ist. Die folgende Tabelle zeigt wie viel Volumen Gas 1 Vol. Wasser nach den verschiedenen Beobachtern zu absorbiren im Stande ist. (Nach L. Gmelin's Hb 1. 519.)

1 Volumen Wasser absorbirt Volumen Gas

nach	Dalton	W. Henry	Saussure. (18°C)	H. Davy.
Ammoniakgas	. . .	. . .	. . .	670
Hydrochlorgas	. . .	. . .	. . .	480
Schwefelsaures Gas . . .	20	—	43,78	30
Chlorgas	2 ungef.			
Hydrothiongas	1	1,08	2,53	
Kohlensaures Gas	1	1,08	1,06	
Stickoxydul-Gas	1	0,86	0,76	0,54
Ölerzeugendes Gas . . .	0,125	—	0,155	
Phosphorwasserstoffgas . .	0,125	0,0214	—	0,025
Sumpfgas	0,037	1,014		
Sauerstoffgas	0,037	0,037	0,065	
Stickoxydgas	0.037	0,050	—	0,10
Stickgas . . . . . : .	0,025	0,0153	0,012	
Kohlenoxydgas	0,0156	0,0201	0,062	0,02
Wasserstoffgas	0,020	0,0161	0,046	

So gering auch die Übereinstimmung in den verschiedenen Angaben ist, so sieht man doch aus dieser Tabelle, dass die absorbirte Gasmenge nicht allein von der physikalischen Beschaffenheit der Gase, sondern auch von ihrer chemischen Beziehung zum Wasser abhängt.

146. Die chemischen Eigenschaften des Wassers sind sehr merkwürdig, da es auf verschiedene Arten mit den meisten Körpern in Verbindung zu treten vermag. In den festen chemischen Verbindungen ist dasselbe bald als Basis bald als Säure vorhanden. Das erstere ist bei allen Sauerstoffsäuren, letzteres bei den sehr basischen Oxyden der Fall, und dessen Verbindung mit diesen Körpern ist oft so fest, dass sie selbst durch die Glühhitze nicht getrennt werden kann. Das Wasser gehört in der That seinen chemischen Eigenschaften nach in die Mitte der Reihe der Sauerstoffverbindungen, und geht daher auch mit den Oxyden, die demselben nahe stehen, nur lose Verbindungen ein, aus welchen es oft durch geringe Temperaturerhöhungen geschieden werden kann. Hieher gehören die Hydrate der Thonerde, des Eisenoxydes u. dgl. Viele Verbindungen, besonders Salze und Säuren mit zusammengesetzten Radicalen, enthalten mehrere Äquivalente Wasser, von denen einige weit fester gebunden sind als die übrigen, indem bei successiver Erwärmung der Körper zuerst die loser gebundenen und dann erst, bei weit stärkerer Erhitzung, die übrigen weggetrieben werden können. Das schwefelsaure Zinkoxyd z. B. enthält im krystallisirten Zustande 7 Äq. Wasser, wird es bis 100° erhitzt, so verliert es 6 Äq. davon, während das letzte Äquivalent Wasser erst bei 238° entfernt werden kann. Die 6 Äq. lose gebundenes Wasser nennt man Krystallwasser, weil mit Entfernung desselben stets ein Verlust der Krystallform verbunden ist, ohne dass jedoch das Salz hiebei in den amorphen Zustand übergeht, da die auf diese Weise eines Theiles oder ihres ganzen Wassergehaltes beraubten Salze nun eine andere Krystallform annehmen, als sie früher hatten. Viele Körper verlieren ihr Krystallwasser schon bei gewöhnlicher Temperatur an freier Luft, wobei sie in Pulver zerfallen; man sagt sie verwittern oder fatesciren. Es ist keinem Zweifel unterworfen, dass das letzte Äquivalent Wasser auf eine andere Art in der Verbindung enthalten ist, als die übrigen 6, was auch daraus hervorgeht, dass es durch andere Substanzen, im obigen Falle z. B. durch schwefelsaures Kali ersetzt werden kann. Graham, der dieses Verhalten der Salze zuerst näher untersuchte, nennt dasselbe daher salinisches Wasser zum Unterschied von basischen, welches nur durch Basen ersetzt werden kann. Nach dieser Ansicht müssen die Formeln für das krystallisirte schwefelsaure Zinkoxyd und das Doppelsalz welches entsteht, wenn in demselben das 1 Äq. salinisches Wasser durch schwefelsaures Kali ersetzt wird, um die näheren Bestandtheile der beiden Salze nach obiger Ansicht auszudrücken, wie folgt geschrieben werden.

$ZnO,SO_3, HO, 6 HO$

$ZnO,SO_3, KOSO_3, 6 HO.$

Welche Ansicht man auch über die Rolle haben mag, die das Wasser in den verschiedenen Verbindungen übernimmt, so sind doch alle Thatsachen, welche diesen Gegenstand betreffen, von grosser Wichtigkeit. (S. h. Hess in Pogg. Ann. 57. 569.)

147. Das in der Natur vorkommende Wasser ist niemahls rein, sondern enthält immer mehr oder weniger von den meisten der Substanzen gelöst, mit welchen es in Berührung gekommen ist. Das Regenwasser, welches durch Condensation des in der Atmosphäre vorhandenen Wasserdunstes entsteht, enthält nebst den aus derselben absorbirten Gasen noch kohlensaures und nach Gewitterregen auch salpetersaures Ammoniak, nebst noch anderen mechanisch beigemengten Substanzen. Es ist nur rein nach längerem Regen und wenn es in freiem Felde aufgefangen wird. Unter besonderen Umständen kann es noch gewisse Stoffe in grösserer Menge enthalten, z. B. Salzsäure in der Nähe feuerspeiender Berge, wie am Vesuv beobachtet wurde. Auch das Kochsalz und andere nicht flüchtige Salze die im Meerwasser vorkommen, werden vom Winde in der Luft zerstreut, wenn bei Stürmen das Meerwasser in feinen Schaum aufgelöst sich in der Luft in kleinen Tropfen wie Staub vertheilt. Eben so werden oft organische Substanzen, wie Samen u. dgl., die zu gewissen Zeiten in der Luft schweben, vom Regenwasser aufgenommen.

Das Quellwasser, welches aus dem Inneren der Erde hervordringt, wo es mit mannigfaltigen Substanzen in Berührung kommt die darin löslich sind, ist sowohl mit Gasen als mit festen Körpern verbunden. Die ersteren sind besonders Kohlensäure und Schwefelwasserstoff, die letzteren Kieselerde, kohlensaure und schwefelsaure Salze, Kalk, Bittererde, Natron und Kali, so wie die Chlorverbindungen der Metalle der genannten Erden. Das Wasser der Flüsse und Seen, welches grösstentheils von Quellen herrührt, ist durch organische Substanzen, die sich in demselben in Fäulniss befinden, in seinen Bestandtheilen verändert. Das Meerwasser endlich enthält vorzüglich Chlornatrium, Chlorcalcium, Chlormagnesium, schwefelsaures Natron und kohlensaure Kalkerde, nebst Jod- und Brom-Verbindungen, die im wasserfreien Zustande bis 4 Pct. desselben betragen.

Das Wasser ist für alle chemischen Operationen unentbehrlich, indem es entweder unmittelbar oder mittelbar in Anwendung kommt. Es muss daher dem Chemiker in vollkommen reinem Zustande zu Gebote stehen. In diesem wird es durch Destillation (s. diesen Art. im Anhange) erhalten. Man erkennt die Reinheit desselben daran, dass es beim Verdunsten keine Spur zurücklässt, und weder mit salpetersaurem Silberoxyd, noch mit essigsaurem Bleioxyde eine Trübung zeigt.

148. *b.* Wasserstoffsuperoxyd. $HO_2 = 17$. Diese merkwürdige Verbindung, auch oxygenirtes Wasser genannt, wurde zuerst von Thenard auf einem sehr umständlichen Wege dargestellt. Bequemer kann dasselbe erhalten werden, wenn man Bariumsuperoxyd durch wässrige Flusssäure bei möglichst niedriger Temperatur zerlegt. Das hiebei sich abscheidende unlösliche Fluorbarium wird schnell durch Filtration von der übrigen Flüssigkeit getrennt und diese unter der Luftpumpe über Schwefelsäure concentrirt. Hiebei geben BaO_2, HO mit HF, $Ba F$, HO und HO_2.

Das Wasserstoffsuperoxyd ist eine farb- und geruchlose Flüssigkeit von herben, bitteren, dem des Brechweinsteines nicht unähnlichen Geschmacke, welche bei — 30° noch nicht gefriert und eine Dichte von 1,452 besitzt. Es wirkt im hohen Grade bleichend, und macht auf der Haut, schon nach wenigen Augenblicken, einen weissen Fleck und heftigen Schmerz, die beide nach kurzer Zeit vergehen. Das Vol. des vom Wasser aufgenommenen Sauerstoffgases beträgt bei 14° und 0,76 M. Bar., das 475fache der Flüssigkeit. Das zweite Äq. Sauerstoff ist aber so lose gebunden, dass es schon bei 0°, jedoch sehr langsam, bei 20° unter Blasenwerfen, und bei schnellem Erhitzen bis 100°, mit einer Art Explosion zersetzt wird. Ein Zusatz von Wasser, mit dem es sich in jedem Verhältnisse mischt, macht die Verbindung beständiger. Das Wasserstoffsuperoxyd hat ferner die merkwürdige Eigenschaft schon dadurch, und zwar oft mit Heftigkeit zerlegt zu werden, dass es mit gewissen Stoffen in Berührung kommt. Viele dieser Stoffe wie Kohle, Silber, Gold, Platin, Palladium, Iridium, Osmium werden dabei nicht im mindesten verändert, und alle wirken desto stärker, in je feiner vertheiltem Zustande sie sich befinden. Platindrath wirkt fast gar nicht, Platinschwamm sehr heftig. Kupfer, Nickel, Kobalt und Cadmium wirken nur sehr schwach, sehr heftig aber wirken von zusammengesetzten Körpern das Oxyd und das Superoxyd des Mangans und die Oxyde von Kobalt und Blei. Einige Oxyde bewirken nicht bloss die Zerlegung des HO_2, sondern werden dabei merkwürdiger Weise selbst reducirt, eine auffallende Erscheinung die eine ungezwungene Erklärung in dem in (28) aufgestellten Gesetze findet. Zu Metall reducirt werden Platinoxydhydrat, Gold-, Silber- und Quecksilber-Oxyd. Die Mennige und das braune Bleisuperoxyd werden nur zu Oxyd reducirt. Viele andere Substanzen werden oxydirt indem sie die Zerlegung des HO_2 bewirken, und nehmen dabei entweder den ganzen Sauerstoff auf oder setzen noch einen anderen Theil in Freiheit. Ersteres ist bei schwefliger Säure, Schwefel- und Jod-Wasserstoff, Zinnoxydulhydrat etc. der Fall. Gelöster Baryt, Strontian und Kalk scheiden sich als Superoxyde ab. Entwickelung von Sauerstoff nebst Oxydation findet Statt bei Selen, Arsen, Chrom, Schwefelarsen und Schwefelmolybdän etc. Ganz ohne Wirkung auf das Superoxyd sind Antimon, Tellur, Zinn, Eisen, Thonerde, Kieselerde und noch viele andere Körper. In einigen Fällen geht die Zersetzung mit Explosion oder doch mit solcher Heftigkeit vor sich, dass sie von Wärme- und Licht-Entwickelung begleitet ist. Das Wasserstoffsuperoxyd scheint mit vielen Säuren feste Verbindungen einzugehen, wenigstens ist es in Verbindung mit denselben viel weniger leicht zersetzbar. So bewirkt ein Tropfen Schwefelsäure der zu HO_2 gesetzt wird, das durch Einwirkung von Platinschwamm unter Aufbrausen in rascher Zersetzung begriffen ist, sogleich eine gänzliche Unterbrechung derselben, während ein Zusatz von Alkalien die Zersetzbarkeit noch steigert.

III. Kalium. K = 39, 1.

Potassium. Im Jahr 1807 machte D a v y die wichtige und für die Entwickelung der Chemie so folgenreiche Entdeckung, dass Kali, Natron, Baryt, Strontian und Kalk keine einfachen Stoffe wie man damahls glaubte, sondern dass die beiden ersteren, in dem Zustande in welchem sie gewöhnlich vorkommen, Hydrate von Oxyden, die übrigen aber Oxyde eigenthümlicher Metalle sind. D a v y bewirkte die Zerlegung dieser Körper durch den elektrischen Strom, später jedoch lernte man noch andere Mittel kennen diese Metalle darzustellen.

149. Das Kalium ist ein silberweisses, stark glänzendes Metall, dessen Dichte 0,865 beträgt. Es krystallisirt in Würfeln und ist bei $0°$ spröde, bei $19°$ weich und bei $58°$ flüssig. Nahe bei der Rothglühhitze erscheint es als grünes Gas, kann also bei dieser Temperatur überdestillirt werden. Es leitet Elektricität und Wärme sehr gut. In seinem chemischen Verhalten zeigt das Kalium unter allen Körpern vielleicht den grössten Gegensatz mit dem Sauerstoff und den übrigen Stoffen dieser Gruppe. Das grosse Äquivalent desselben und der Aggregationszustand in dem es sich bei gewöhnlicher Temperatur befindet, sind Ursache, dass es den Charakter der Körper vom unteren Ende der Reihe des (131), das ist den sogenannten elektropositiven Charakter am schärfsten ausdrückt. Es zeigt daher ein grosses Bestreben sich mit den meisten andern Körpern zu verbinden, was in vielen Fällen unter Feuerscheinung geschieht. Die Verbindungen des Kaliums mit den Körpern der Sauerstoffgruppe sind in ihren Eigenschaften von den Verbindungen der Körper dieser Gruppe unter einander so sehr verschieden, dass sie sich gegenseitig leicht zu Salzen vereinigen, in denen die charakteristischen Eigenschaften ihrer näheren Bestandtheile oft gänzlich aufgehoben sind.

Man erhält Kalium durch Elektrolyse, wenn man ein Stück befeuchtetes Kalihydrat auf einen mit dem negativen Pole einer gehörig starken Batterie verbundenen Streifen Platinblech legt und es mit dem positiven Drathe berührt. Das Kalihydrat erhitzt sich bis zum Schmelzen, und es setzen sich am Platinblech kleine Kaliumkügelchen ab, die sogleich wieder zu Kali verbrennen, wenn sie nicht durch Steinöl vor der Einwirkung der Luft geschützt werden. Die Möglichkeit Kalium in grösseren Massen zu gewinnen beruht auf der Eigenschaft der Kohle, bei sehr hoher Temperatur das Kaliumoxyd, es möge als Hydrat oder als kohlensaures Salz vorhanden sein, zu reduciren. Zu diesem Behufe bereitet man sich ein inniges Gemenge von kohlensaurem Kali und Kohle, indem man entweder Weinstein verkohlt und auf 6 Theile Weinsteinkohle noch 1 Theil grob gestossene Kohle zusetzt, oder indem man 3 Theile gereinigte Pottasche in möglichst wenig Wasser löst, dann mit 1 Theil fein gepulverter Kohle unter fleissigem Umrühren in einem eisernen Kessel zur Trockenheit abdampft und 1 Theil grob gestossene Kohle zusetzt. Mit dem so erhaltenen Gemenge wird eine schmiedeiserne Flasche A, wie man sich deren zum Transport des Quecksilbers bedient, bis zur Hälfte angefüllt. An die Öffnung derselben ist ein höchstens 5 Zoll langes, 1 Zoll weites eisernes Rohr luftdicht angeschraubt. Diese Flasche wird horizontal in einen gut ziehenden Ofen gelegt, so dass der Hals durch eine etwa 2 Zoll dicke Platte aus feuerfestem Materiale, welche am vorderen Theile des Ofens bei B angebracht ist, durchgeht. Man erhitzt nun so lange bis die aus der Flasche dringenden Gase sich von selbst entzünden und das Innere derselben mit grüner Farbe leuchtet; dann wird eine geeignete Vorlage von Kupferblech, welche mit einer an den Hals der Flasche genau passenden Fassung versehen ist und in der sich Steinöl befindet, angesteckt. Diese Vorlage, welche während der ganzen Operation möglichst gut gekühlt werden muss, besteht nach Pleischl's Angabe aus einem cylindrischen Theil, welcher mittelst einer messinge-

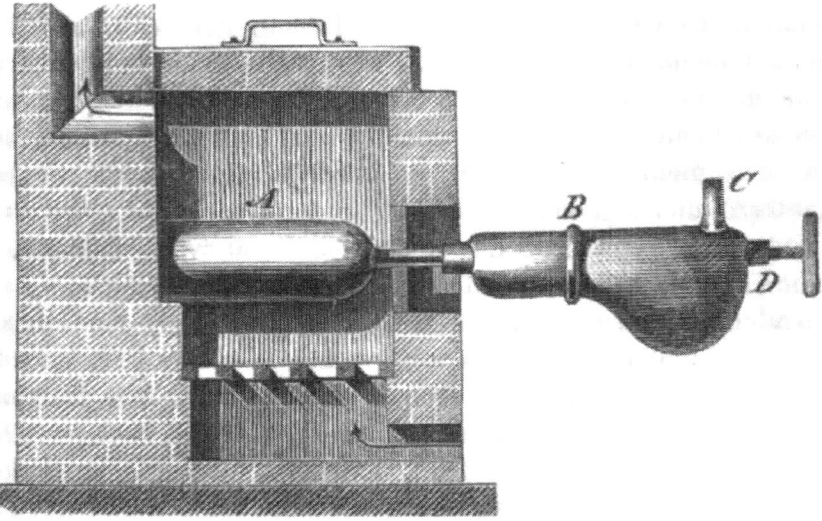

nen Fassung B an dem nach unten sich erweiternden Theil festgeschraubt werden kann. Letzterer ist an dem Ende D, welches der Mündung der Flasche gegenüber steht, mit einer Öffnung versehen, die während der Operation mit einem Pfropf geschlossen bleibt, durch welche aber, wenn es nothwendig ist, ein eiserner Bohrer bis in den Hals der Flasche eingeführt werden kann. Dieser hat die Bestimmung die in demselben sich zuweilen festsetzende schwarze Masse zu entfernen. Die zweite Öffnung der Vorlage ist mit einem Rohre C versehen, um den sich während der Operation entwickelnden Gasen den Ausgang zu gestatten. Nach Beendigung derselben wird die Vorlage entfernt, zugestopft und so weit abgekühlt, bis sie ohne Unbequemlichkeit mit den Händen gefasst werden kann. Dann öffnet man sie sogleich und bringt den Inhalt derselben, der aus einer schwarzen Masse und aus Kalium besteht, in eine Schale, welche Steinöl enthält. Die ganze Operation, namentlich das Auseinandernehmen der Vorlage, muss mit grosser Vorsicht ausgeführt werden, da die schwarze Masse, besonders wenn sie mit Luft in Berührung war, selbst unter Steinöl, beim Drücken mit einem harten Körper, heftig explodirt. Das rohe, noch unreine Kalium muss durch Destillation gereinigt werden, wozu am besten ein Tiegel aus Schmiedeeisen dient, auf welchen ein Deckel mit einem eisernen Rohr, das den Hals der Retorte bildet, luftdicht angeschraubt werden kann. Dieses Rohr muss so kurz als möglich sein, und taucht während der Destillation etwas unter Steinöl.

Bei gehörig starker Hitze und gut geleiteter Operation kann man die Hälfte des in der angewendeten Masse enthaltenen Kaliums

bekommen. Es ist von Wichtigkeit die Bildung der schwarzen Masse
so viel als möglich zu verhindern, was nach den bisherigen Erfahrungen am besten durch einen Überschuss von grob gestossener
Kohle geschieht. Dieselbe ist nämlich ein Gemenge von Kalium,
Kohle und mehreren anderen Verbindungen (s. das Nähere beim
Kohlenstoff) und legt sich fest im Halse der Flasche an, so dass sie
von Zeit zu Zeit mit Hilfe des Bohrers entfernt werden muss, wo
dann beim Herausziehen desselben immer ein Herausschleudern von
brennendem Kalium erfolgt, was nicht nur mit Verlust, sondern auch
mit Gefahr für den Arbeiter verbunden ist. War die Flasche schon
mit Quecksilber gefüllt, so ist es nothwendig sie vor dem Gebrauch,
wie oben (127) angegeben wurde, zu reinigen. Es ist ferner vortheilhaft ein nicht zu schwaches Eisenblech um die Flasche zu wickeln,
dieses dann durch mehrere Drathringe fest anzuziehen und mit einer
feuerfesten Thonmasse gut zu beschlagen. Die Operation kann auch,
wie dies in Liebig's Laboratorium geschieht, mit Vortheil in einem
Flammofen vorgenommen werden, indem hiebei die Flasche nicht
mit den Kohlen in Berührung kommt, und beim Zulegen des Brenn-
materials nicht abgekühlt wird. Die nebenstehende Figur zeigt einen

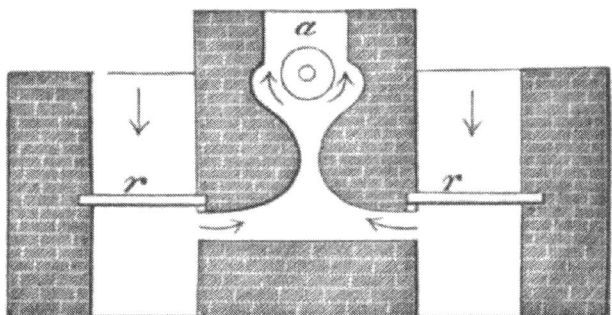

solchen Ofen in einem
auf die Axe der Flasche
a senkrechten Durch-
schnitt, wo r und r
die Roste sind, auf
welche sehr trockenes
weiches Holz in nicht
zu dicken Spalten so
gelegt wird, dass da-
durch der ganze Raum ober r und r ausgefüllt ist. Die Heizung wird
so eingerichtet wie bei den Porzellanöfen, die Flamme brennt nach abwärts und umspielt, wie die Pfeile zeigen, die Flasche nach allen Seiten.

   In der Natur kommt das Kalium immer nur an Sauerstoff oder
Chlor, Brom und Jod gebunden vor, und gehört unter die auf der
Erdoberfläche sehr verbreiteten Substanzen. Es bildet einen Bestandtheil fast aller Spathe, einiger Glimmer und mehrerer Gemmen, ferner fast aller durch Verwitterung entstandener Erden, namentlich
der Thonarten. Auch ist es einer der fixen Bestandtheile des Pflanzenkörpers, und findet sich daher in der Asche desselben wieder.

   Nach Pelouze ist das Äquivalent des Kaliums = 39,14, nach
Marignac = 39,13.

Kalium und Sauerstoff.

150. In trockener Luft oder in trockenem Sauerstoffgas bleibt Kalium bei gewöhnlicher Temperatur unverändert, wird es aber darin auf 60^0 — 80^0 erhitzt, so erfolgt die Verbindung unter lebhafter Feuererscheinung, wobei sich eine pomeranzengelbe, spröde Masse bildet, welche ein Superoxyd des Kaliums, nämlich KO_3 ist. Dasselbe gibt 2 Äq. Sauerstoff erst bei der Weissglühhitze ab, und verwandelt sich dadurch in Kaliumoxyd KO. In Berührung mit Wasser erleidet es schon bei gewöhnlicher Temperatur, unter Aufbrausen und Erhitzung, dieselbe Veränderung. Eben so wird es fast von allen brennbaren Körpern bei Erhitzung mit denselben zersetzt. Befindet sich hingegen Kalium in feuchter Luft oder in feuchtem Sauerstoffgas, so wird es schon bei gewöhnlicher Temperatur langsam oxydirt, es bildet sich aber hiebei nur Kaliumoxyd, welches man auch erhält, wenn man 1 Äq. Kalium mit 1 Äq. Wasser zusammenbringt, wobei 1 Äq. Wasserstoff frei wird. Bei einem Überschuss von Wasser wird zugleich Kaliumoxydhydrat, KO,HO gebildet. Die Einwirkung des Kaliums auf das Wasser ist so heftig, dass wenn man ein Stückchen davon auf Wasser wirft, sogleich Verbrennung des Kaliums mit violetter, des freiwerdenden Wasserstoffes aber mit gelber Flamme eintritt, während bei abgehaltener Luft über Quecksilber nur ein Erglühen des Kaliumoxydes, ohne weitere Feuererscheinung Statt findet. Das Kaliumoxyd ist ein grauer, spröder Körper dessen Dichte 2,656 beträgt, der bei Rothglühhitze schmilzt und bei einer noch weit höheren Temperatur verdampft.

Wenn Kalium mit wenig feuchter Luft in Berührung bleibt, so entsteht ein bläulich grauer, leicht schmelzbarer Körper, der sich an der Luft bei $20 - 25^0$ entzündet und zu Superoxyd verbrennt. Mehrere Chemiker halten denselben für ein Suboxyd des Kaliums. Das Kalium darf zu Folge seiner so eben angegebenen Eigenschaften beim Aufbewahren nicht mit Luft in Berührung stehen, man hält es daher in gut schliessenden Flaschen, die ganz mit Steinöl angefüllt sind.

Weder das KO_3 noch das reine KO haben bisher Anwendung gefunden. Statt des letzteren bedient man sich immer seines Hydrates.

151. Kalihydrat. KHO_2 oder KO,HO = 56,1. (Ätzkali, Ätzstein, Lapis causticus, pierre a cautère, potasse caustique.) Das reine Kalihydrat ist ein weisser, spröder Körper von 2,1 Dichte, der noch vor dem Rothglühen zu einer wasserhellen ölartigen Flüssigkeit schmilzt, beim Glühen verdampft, und dann die Flamme des Löthrohres violett färbt. Es hat ein so grosses Bestreben Wasser aufzunehmen, dass es an der Luft zerfliesst. Der Geschmack desselben ist ätzend und so eigenthümlich, dass das Wort alkalisch als Bezeichnung aller ähnlichen Geschmackseindrücke angenommen wurde. Zur Lösung in Wasser, welche mit Leichtigkeit und unter bedeutender Wärmeentwickelung erfolgt, bedarf es davon nur die Hälfte seines Gewichtes. Mit 4 Äq. Wasser gibt es eine krystallisirbare (rhomboëdrische) Verbindung KO, 5 HO, welche aus concentrirter Ätzlauge beim Erkalten derselben anschiesst. Die Krystalle verwittern im Vacuo, zerfliessen an der Luft und lösen sich unter starker Erkaltung im Wasser. Kalilösung die 5 Procent Kalihydrat enthält, gefriert noch nicht bei — 54°.

Gehalt des wässerigen Kali's an trockenem Kali bei 15° nach Tünnermann.

Dichte	Kaliproc.	Dichte	Kaliproc.	Dichte	Kaliproc.
1,0153	1,697	1,1308	13,013	1,2648	23,764
1,0260	2,829	1,1437	14,145	1,2805	24,895
1,0369	3,961	1,1568	15,277	1,2966	26,027
1,0478	5,002	1,1702	16,408	1,3131	27,158
1,0589	6,224	1,1839	17,540	1,3300	28,290
1,0703	7,355	1,1979	18,671	1,36	29,4
1,0819	8,487	1,2122	19,803	1,39	32,4
1,0938	9,619	1,2268	20,935	1,42	34,4
1,1059	10,750	1,2342	21,500	2,20	36,8
1,1182	11,882	1,2493	22,632	2,40	39,9

Die Ätzlauge wirkt zerstörend auf alle organischen Körper, besonders auf die stickstoffhältigen, sie ätzt daher die Haut und das Muskelfleisch, weswegen man sich hüten muss, davon benetzt zu werden. Seiner Zusammensetzung nach ist das Kalihydrat ein Glied aus der Reihe der Kalisalze, in welchem das Kaliumoxyd die Basis, das Wasser die Stelle der Säure vertritt. Da aber die sauren Eigenschaften des Wassers nur sehr schwach sind, so wird dadurch der basische Charakter des Kaliumoxydes nicht merklich verändert, er tritt daher im Ätzkali sehr stark hervor, wesswegen dasselbe gewöhnlich als Repräsentant der Basen dient. Alle andern Säuren verdrängen daher auch das

Wasser des Ätzkali und bilden mit demselben die Kalisalze. Da das Kali vorzugsweise die Eigenschaften der Säuren aufzuheben vermag, so waltet bei schwachen Säuren stets die alkalische Reaction selbst in jenen Salzen vor, die 1 Äq. Säure auf 1 Äq. Kali enthalten, also der Zusammensetzung nach neutral sind. Die Kalisalze sind farblos und feuerbeständig, wenn es die sie bildenden Säuren sind. Alle neutralen Kalisalze sind im Wasser löslich, selbst wenn die Säuren es nicht sind, in letzterem Falle sind die sauern Salze wenigstens sehr schwer löslich. Die Gegenwart des Kali in einer Lösung erkennt man durch Zusatz eines Überschusses von Weinsäure, welche ein schwer lösliches, krystallinisches Salz (Weinstein) fällt. Der Niederschlag erfolgt nicht, wenn die Flüssigkeit zu sehr verdünnt ist oder zu viel andere Säuren enthält. Kieselflusssäure gibt einen weissen flockigen Niederschlag, der Fluorkieselkalium ist. Platinchlorid einen gelben von Kaliumplatinchlorid. Auch für diese Reagentien darf die Flüssigkeit nicht zu sehr verdünnt sein. Zur vollständigen Abscheidung des Platinsalzes ist ein Zusatz von Weingeist nothwendig. Die Löthröhrflamme wird von den Kalisalzen violett gefärbt, eben so die des Weingeistes. Die von Nickeloxyd grün gefärbte Boraxperle wird durch Kali blau.

Zur Bereitung des Ätzkali bedient man sich, wenn es nicht ganz rein zu sein braucht, einer Lösung von gereinigter Pottasche, die auf 1 Th. kohlensaures Kali wenigstens 10 Th. Wasser enthält, also höchstens eine Dichte von 1,098 haben darf. Diese Lösung wird in einem blanken eisernen Kessel mit flachem Boden zum Sieden erhitzt, und derselben so lange Kalkbrei, d. h. mit Wasser zu einem dünnen Brei gelöschter Kalk zugesetzt, bis eine filtrirte Probe in Salzsäure getropft nicht mehr braust, oder Kalkwasser nicht mehr trübt. Der Ätzkalk entzieht nämlich, bei der eben angegebenen Verdünnung der Lauge, dem kohlensauren Kali die Kohlensäure, und gibt damit einen in der Flüssigkeit unlöslichen, sich leicht zu Boden setzenden Niederschlag von kohlensaurem Kalk, der durch Absetzen und Decantiren von derselben getrennt wird. Es geben nämlich:

$$KO,CO_2 \text{ und } CaO,HO \text{ nach dieser Operation } KO,HO \text{ und } CaO,CO_2$$

Kohlensäure und Wasser haben also ihren Platz vertauscht. Nachdem die Lauge in dem wohlbedeckten Kessel etwas erkaltet ist, giesst man dieselbe in vorgewärmte und wohl zu verschliessende Flaschen, wobei man Sorge trägt, den grössten Theil des Niederschlages im Kessel zurück zu lassen. Die durch Absetzen klar gewordene Lauge wird nun in einer eisernen Pfanne rasch abgedampft, und wenn ein Tropfen derselben auf einer kalten Eisenplatte zu einer festen Masse erstarrt, entweder auf ein reines, trockenes und erwärmtes Eisenblech, oder besser in eine sogenannte Lapisform (s. d. Art. Form) gegossen, um das Hydrat in Stangenform zu bringen. Die oben angegebene starke Verdünnung der Lauge ist nothwendig, weil eine Lösung von kohlensaurem Kali die Säure desto schwieriger an Ätzkalk abgibt, je concentrirter sie ist, indem sogar eine sehr concentrirte Ätzlauge dem kohlensauern Kalk die Säure zu entziehen im Stande ist. Ist die Pottaschenlösung noch verdünnter, so ist es, um sie ätzend zu machen, nicht einmal nothwendig sie mit Kalk zu kochen, denn es genügt dann beide Körper in wohl verschlossenen Flaschen längere Zeit mit einander in Berührung zu lassen und öfter umzuschütteln. Vortheilhaft ist es ferner den Kalk vor dem Gebrauche nochmals durchzuglühen, indem dann viel weniger davon nöthig ist und die Wirkung schneller eintritt. Trockenes Kalkhydrat anzuwenden ist nachtheilig, weil es eine schwammige Masse bildet, die viel Lauge zurückhält und dadurch viele Theile des Kalkes nicht mit derselben in Berührung kommen.

Das so bereitete Ätzkali ist nicht rein, sondern enthält chemisch gebundene Kieselerde, dann schwefelsaure Salze, Kaliumchlorid, Kaliumsuperoxyd, kohlensaures Kali und Eisenoxyd beigemengt, welches letztere bei der Lösung desselben in Wasser als brauner Bodensatz zurück bleibt. Man kann dasselbe reinigen, wenn man eine ganz concentrirte Lösung davon mit $^1/_3$ Weingeist schüttelt, und so lange ruhig in einer verschlossenen Flasche stehen lässt, bis sich zwei Schichten gebildet haben, von welchen die obere eine Lösung des Ätzkali in Weingeist ist, die meistens noch etwas Kaliumchlorid enthält. Um den Weingeist zu entfernen wird dieselbe in einem silbernen Kessel bei steigender Hitze abgedampft und von Zeit zu Zeit abgeschäumt. Zuletzt steigert man die Temperatur bis nahe zum Glühen, und verfährt dann weiter, wie oben angegeben wurde. Die Anwendung silberner Abdampf- und Schmelz-Geschirre ist unerlässlich, weil alle andern vom Ätzkali angegriffen werden. Auch kann man reines Ätzkali erhalten, wenn man reines kohlensaures Kali (s. d.) mit reinem Ätzkalk auf die eben angegebenen Weisen zerlegt. Kleine Mengen von kohlensaurem Kali, die wegen dem grossen Bestreben, mit welchem das Ätzkali Kohlensäure aus der Luft aufnimmt, immer darin vorkommen, sind ohne schädlichen Einfluss.

IV. *Natrium.* *Na = 23.*

Sodium. Entdeckt von D a v y 1807, erhalten durch Elektrolysirung des Natron-
hydrates.

152. Das Natrium hat sowohl für sich als in seinem Verhalten
gegen andere Körper so viele Ähnlichkeit mit dem Kalium, dass es genügen wird hier und im Folgenden vorzüglich die Unterschiede beider
Substanzen und ihrer Verbindungen, welche sich grossentheils auf die
durch Zahlen ausdrückbaren Verhältnisse derselben beziehen, heraus-
zuheben. Es ist ebenfalls silberweiss, stark glänzend und tessularisch,
seine Dichte beträgt bei 15° 0,972, bei — 20 ist es hart, bei 0°
dehnbar, bei 50° weich, bei 90° flüssig, bildet nahe bei derselben
Temperatur wie das Kalium ein farbloses Gas und leitet Elektricität
und Wärme sehr gut. Zur Bereitung des Natriums werden 11 Th.
krystallisirtes kohlensaures Natron, welches keine schwefelsauren
Salze enthalten darf, mit 1 Th. feinen Kohlenpulver in einem eisernen Kessel erwärmt, es geräth bald in Wasserfluss, und wird unter
stetem Umrühren bis zur Trockenheit abgedampft, dann werden noch
2 Th. grobes Kohlenpulver zugesetzt, und wie bei der Bereitung des
Kaliums weiter verfahren. Die Reduction des Natrons erfolgt leichter als die des Kaliums.

Das Natrium kommt in der Natur sehr häufig, obwohl immer nur
in Verbindung vor, es bildet einen Bestandtheil des Kochsalzes, findet sich fast in allen Mineralwässern und Quellen, so wie auch in
vielen Spathen, und in der Asche der See- und Strand-Pflanzen.
Es ist für die Erhaltung der organischen Körper nothwendig.

Das obige Äq. des Natriums ist das von P e l o u z e gefundene, aus
dessen Versuchen eigentlich die Zahl 22,9736 oder für O = 100,
287,17 hervorgeht.

Natrium und Sauerstoff.

153. Das Natrium verhält sich zum Sauerstoff ganz wie das
Kalium, nur zeigt es ein geringeres Bestreben sich mit demselben
zu verbinden, indem es viel stärker erhitzt werden muss als das
Kalium, um in trockener Luft oder Sauerstoffgas zu verbrennen,
was mit weissem lebhaftem Lichte geschieht, und wobei Natrium-
oxyd (Natron, Natrum, Soda, Soude) Na O eine graue harte
Masse von muscheligem Bruche gebildet wird, die erst bei starker
Rothglühhitze schmilzt und weniger flüchtig ist als die analoge
Kaliumverbindung. Es ist eine fast eben so starke Basis als das Kali,

und bildet daher Salze, von welchen das dort Angeführte gilt. Das Wasser wird von dem Natrium mit geringerer Heftigkeit zerlegt als von dem Kalium, indem eine Natriumkugel auf Wasser geworfen sich nach und nach ohne Feuererscheinung oxydirt. Ist hingegen das Wasser heiss oder legt man ein Stückchen Natrium auf ein nasses Fliesspapier, wo es sich weniger rasch abkühlen kann, da es genöthigt wird auf einem Platze zu bleiben, so erfolgt die Entzündung und das Erglühen des Natrons mit gelbem Lichte. Das hiebei gebildete Natron tritt sogleich mit 1 Äq. Wasser in Verbindung, wodurch der folgende Körper entsteht.

154. Natriumoxydhydrat. $NaHO_2 = NaO, HO = 40$ (Ätznatron, Natron-Ätzstein, Soude caustique, Mineralalkali) gleicht in hohem Grade dem Ätzkali, nur ist es in allen seinen Eigenschaften weniger stark wirkend. Seine Dichte beträgt 2,00, es ist etwas feuerbeständiger als das Kalihydrat. Mit dem Wasser gibt es eine krystallisirte Verbindung die nicht näher untersucht ist.

100 Th. Wasser lösen bei

18°	60,53	NaO,HO	welchen	41,48	NaO	entsprechen.
32	72,91	″ ″	″	45,72	″	″
55	100,00	″ ″	″	63,53	″	″
70	116,75	″ ″	″	71,98	″	″
80	127,02	″ ″	″	78,30	″	″

Eine Lauge, welche 36,8 Procent NaO enthält, siedet bei 130° und hat eine Dichte von 1,500.

Gehalt der Natronlauge an Natron bei 15° nach **Tünnermann**.

Dichte	Procente	Dichte	Procente	Dichte	Procente	Dichte	Procente
1,4285	30,220	1,3198	22,363	1,2392	15,110	1,1042	7,253
1,4193	29,616	1,3143	21,894	1,2280	14,506	1,0948	6,648
1,4101	29,011	1,3125	21,758	1,2178	13,901	1,0855	6,044
1,4011	28,407	1,3053	21,154	1,2058	13,297	1,0764	5,440
1,3923	27,802	1,2982	20,550	1,1948	12,692	1,0675	4,835
1,3836	27,200	1,2912	19,945	1,1841	12,088	1,0587	4,231
1,3751	26,594	1,2843	19,341	1,1734	11,484	1,0500	3,626
1,3668	25,989	1.2775	18,730	1,1630	10,879	1,0414	3,022
1,3586	25,385	1,2708	18,132	1,1528	10,275	1,0330	2,418
1,3505	24,780	1,2642	17,528	1,1428	9,670	1,0246	1,813
1,3426	24,176	1,2578	16,923	1,1330	9,066	1,0163	1,209
1,3349	23,572	1,2515	16,319	1,1233	8,462	1,0081	0,604
1,3273	22,967	1,2453	15,714	1,1187	7,857	1,0040	0,302

Die Natronsalze geben mit den beim Kali angeführten Reagentien keinen Niederschlag, ausser mit Kieselflusssäure, und haben eine weit grössere Neigung mit Wasser zu krystallisiren, als die entsprechenden Kalisalze. Sie färben die Flamme des Weingeistes und die des Löthrohrs intensiv gelb, und geben auf diese Weise ein sehr homogenes Licht. Durch Zusatz von Kali wird diese Reaction nicht aufgehoben, nur geschwächt, so dass eine kleine Menge Natron die violette Färbung durch Kali gar nicht mehr erkennen lässt. Das Natron bildet ebenfalls Doppelsalze jedoch nicht so leicht, als das Kali.

V. Schwefel. $S = 16$.

Sulfur, Soufre. Diesen Körper kannten schon die Alten, und auch die Schwefelsäure scheint schon den Arabern bekannt gewesen zu sein. Seit 1771 wurden die Verbindungen desselben näher untersucht.

155. Der Schwefel gehört unter die wenigen Grundstoffe, welche in der Natur auch im reinen krystallisirten Zustande vorkommen. Die Krystalle sind durchsichtig oder wenigstens durchscheinend, von eigenthümlicher gelber Farbe, die desshalb schwefelgelb heisst. Die Grundgestalt des prismatischen Schwefels, wie er sich in der Natur findet, ist ein Orthotyp von den Abmessungen $P = 106^\circ,38'$; $84^\circ,58''$; $143^\circ,17'$ $a : b : c = 1 : \sqrt{0,2776} : \sqrt{0,1824}$. Die gewöhnlich vorkommenden Gestalten sind: P; $P - \infty . P$; $P . P + \infty$; $\breve{P}r . P$. $P + \infty$; $P - \infty . {}^4/_3 P - 2 . \breve{P}r . P . P + \infty$. Die Theilbarkeit ist unvollkommen nach der Richtung P und $P + \infty$. Die Dichte dieser Krystalle beträgt $2,045 - 2,066$. Der Schwefel besitzt einen sehr schwachen Geschmack und Geruch, welcher letzterer nur beim Reiben desselben merkbar ist, wobei er auch elektrisch wird. Er leitet übrigens die Elektricität nicht. Aus Auflösungen, wie z. B. aus Schwefelkohlenstoff, Terpentinöl u. dgl. krystallisirt derselbe ebenfalls mit allen den Merkmalen, welche den in der Natur sich findenden Krystallen zukommen. Indess besitzt der Schwefel die Eigenschaft der Dimorphie (65). Lässt man nämlich geschmolzenen Schwefel in einem Gefässe, z. B. in einem Schmelztiegel, so weit erkalten, bis sich an der Oberfläche eine Kruste gebildet hat, stösst diese dann durch und giesst den noch flüssigen Schwefel aus, so findet man beim Zerschlagen des Tiegels die Wände der Höhlung mit dünnen durchsichtigen Krystallen besetzt, welche zwar ebenfalls einer Pyramide angehören, aber einer von der vorigen ganz verschiedenen, indem diese ein Hemiorthotyp ist (prismatoidischer Schwefel). Die Abweichung der Axe liegt bei demselben in der Ebene der

17

kurzen Diagonale und beträgt 5",46'. a:b:c:d = 9,902:9,954: 9,912:1: Die gewöhnlichen Gestalten sind P — ∞ . $\breve{P}$r . P + ∞ ; P — ∞ . $\frac{P}{2}$. $\breve{i}$ r . P + ∞ . $\breve{P}$r + ∞. Bei den häufig vorkommenden Zwillings-krystallen ist die Zusammensetzungsfläche parallel einer Fläche von $\breve{P}$r + ∞ ; die Umdrehungsaxe ist darauf senkrecht. Theilbarkeit nach P — ∞ und P + ∞ deutlich. Die Krystalle des hemiprismatischen Schwefels besitzen nur eine Dichte von 1,982 (Marchand und Scheerer im Jour. für prakt. Chemie. 24. 131), und sind zwar anfangs ebenfalls durchsichtig wie die des prismatischen; allein sie verlieren, besonders wenn sie nicht ganz ruhig bleiben, diese Ei-genschaft sehr bald, und nehmen das Aussehen des gewöhnlichen Stangenschwefels wie er im Handel vorkömmt an. Bei diesem Über-gang der einen Form in die andere wird eine nicht unbedeutende Menge Wärme frei, und die damit verknüpfte Änderung in der Durch-sichtigkeit rührt von den unzählig vielen Trennungsflächen, welche zwischen den Theilchen desselben hiebei entstehen müssen, her, da dieser Übergang ohne Trennung der einzelnen Theilchen unmöglich ist. In der That musste aller geschmolzene und dann erstarrte Schwe-fel früher prismatoidisch gewesen sein ehe er prismatisch wurde. Wird letzterer längere Zeit, etwa 14 Stunden, bei einer Temperatur von 109° — 110° erhalten, so nimmt er für einige Tage die geringere Dichte des prismatoidischen an, was seinen Grund wohl darin hat, dass der Übergang der einen Modification in die andere auch beim festen Schwefel Statt finden kann, wenn die Temperatur nur die hiezu geeignete ist.

Besonders merkwürdig ist das Verhalten des Schwefels gegen die Wärme. Derselbe schmilzt nämlich bei 112° zu einer ölartigen gelben Flüssigkeit, welche Glas nicht benetzt und fast nur homoge-nes gelbes Licht durchlässt. Der Erstarrungspunkt liegt bei 111,5°. Wird diese Flüssigkeit nun noch stärker erhitzt, so fängt sie bei 160° an dick und rubinroth zu werden, wo dann kein gelbes Licht mehr durchgeht. Bei 220° — 250° ist sie so zähe, dass sie nicht mehr aus dem umgewendeten Gefässe fliesst, sie erscheint dann dunkel-roth, fast schwarz und undurchsichtig. Bei noch stärkerer Erhitzung bleibt sie braun, wird aber wieder ganz dünnflüssig. Wird der durch einige Zeit bis etwa 400° erhitzte Schwefel sehr rasch abgekühlt, indem man ihn z. B. in kaltes Wasser giesst, so behält er seine braune Farbe bei, und bleibt längere Zeit zähe, so dass er zu Ab-drücken von Medaillen gebraucht werden kann, wird aber dann nach und nach zuerst fest und zuletzt auch wieder ganz gelb. Im braunen, weichen Zustande beträgt seine Dichte 1,957 im festen aber noch braunen 1,98 und endlich im festen und gelben 2,04. Dieses Verhalten des Schwefels, bei welchem er weder einen Körper aufnimmt noch etwas abgibt, zeigt, dass derselbe auch fähig ist, den amorphen Zustand anzunehmen und aus diesem wieder in den prismatischen überzugehen. Bei 440°C siedet der Schwefel und verwandelt sich dabei in ein braunrothes Gas, dessen Dichte 6,656 beträgt. Das Gas erstarrt an kalten Körpern in Form von kleinen Kügelchen zu gelbem Schwefel, lässt man es aber in einen hinreichend grossen Raum treten, in welchem es schnell abgekühlt wird, so erstarren die kleinen Tropfen in der Luft und bilden so die Schwefelblumen.

In chemischer Hinsicht gleicht der Schwefel sehr dem Sauerstoffe. Er zeigt nämlich so wie dieser ein grosses Bestreben sich mit fast allen andern Körpern zu verbinden, und dies geschieht in sehr vielen Fällen unter heftiger Licht- und Wärme-Entwickelung. Wird z. B. ein inniges Gemenge von Schwefel und feiner Eisenfeile, von jedem 1 Äq., in einer Glasröhre nur etwas über den Schmelzpunkt des Schwefels erwärmt, so erglüht das Ganze unter Entwickelung von intensiv rothem Lichte. Auch wenn man feines Kupferblech in einen Kolben taucht, in welchem Schwefel bis zum Sieden erhitzt ist, verbrennt dasselbe mit Lebhaftigkeit in dem Schwefelgase. Die Schwefelverbindungen sind in der Regel den Sauerstoffverbindungen analog zusammengesetzt, und verhalten sich auch unter einander wie entsprechende Sauerstoffverbindungen. Die Verbindungen des Schwefels mit den Körpern die in der Reihe des (131) unter ihm stehen heissen daher Sulfosäuren, die mit den Stoffen vom anderen Ende derselben Sulfobasen. Aus der Verbindung beider entstehen die Sulfosalze (Schwefelsalze).

So wie der Sauerstoff ist auch der Schwefel in der Natur sehr verbreitet und zwar in allen drei Reichen. In der unorganischen Welt findet sich derselbe sowohl im gediegenen Zustande als in den mannigfaltigsten Verbindungen. Gediegen kommt er vorzüglich in vulkanischen Gegenden vor, namentlich in Sicilien, bei Neapel, bei Cadiz in Spanien, in Swoszowice in Galizien, in Radoboy in Croatien in kugelförmigen Massen von der Grösse einer Erbse, bis zu centnerschweren Stücken, begleitet von merkwürdigen Pflanzen- und Thier-Abdrücken. In Verbindung erscheint er grösstentheils mit Eisen, Kupfer, Blei, Antimon u. s. w., dann im Gyps als schwefelsaure Kalkerde. Im Pflanzenreich findet sich derselbe vorzüglich in den ölreichen Samen der Hülsenfrüchte, überhaupt in den Proteinkörpern, wo er einen Theil des Sauerstoffes derselben ersetzt. Dasselbe gilt vom Thierreiche, wo er nebstdem in den Haaren, dem Horn, der Galle und mehreren andern Theilen enthalten ist.

Alle Methoden den Schwefel zu gewinnen beruhen auf einer Trennung desselben von fremdartigen Substanzen durch Destillation. Handelt es sich darum den gediegenen Schwefel bloss von erdigen Beimengungen zu befreien, so bringt man denselben in irdene Töpfe AA, welche in einem Galeerenofen stehen. An dem Schnabel

der Töpfe wird ein 14 Zoll langes und 2 Zoll weites Rohr aa angesteckt, welches mit einem dem vorigen ähnlichen Topfe B in Verbindung steht, der am Boden ein Loch o hat, durch welches der überdestillirte noch flüssige Schwefel in ein mit kaltem Wasser gefülltes Gefäss fliesst. Die Töpfe stehen auf Untersätzen b,b aus Ziegeln. Durch die Thonplatten cc, welche mit Thon verstrichen werden, sind die Töpfe verschlossen. Diese in Sicilien eingeführte Methode liefert einen Rohschwefel, der noch 5 — 8 Pct. fremdartige Beimengungen enthält. Durch Wiederholung des Verfahrens kann der Schwefel vollständig gereinigt werden, zu vielen technischen Zwecken, wie z. B. zur Bereitung der Schwefelsäure ist dies aber nicht nöthig. Auch lässt sich die Destillation aus Cylindern bewerkstelligen, die mit einer geringen Neigung nach einer Seite in einem Ofen eingemauert sind. Über die Gewinnung des Schwefels aus den Schwefelkiesen s. d.

In Radoboy in Croatien werden die Schwefelblumen auf folgende Art gewonnen. In einem eisernen Kessel A, der ungefähr 120 Pfd. Schwefel fasst, wird derselbe bis zur Sublimation erhitzt. Auf diesem Kessel ruht ein gusseiserner Ring a, der an der Seite mit einer Thüre zum Einlegen des Schwefels versehen ist. Die Fortsetzung desselben bildet ein Rohr von Eisenblech, durch welches die Schwefeldämpfe in den aus Bretern oder besser ebenfalls aus Eisenblech verfertigten Kasten B gehen, dessen Höhe und Breite 6 Fuss, seine Länge 12 Fuss beträgt, und der in seinem Innern mit den Wänden Cc versehen ist, von denen die eine c nahe bis zum Boden,

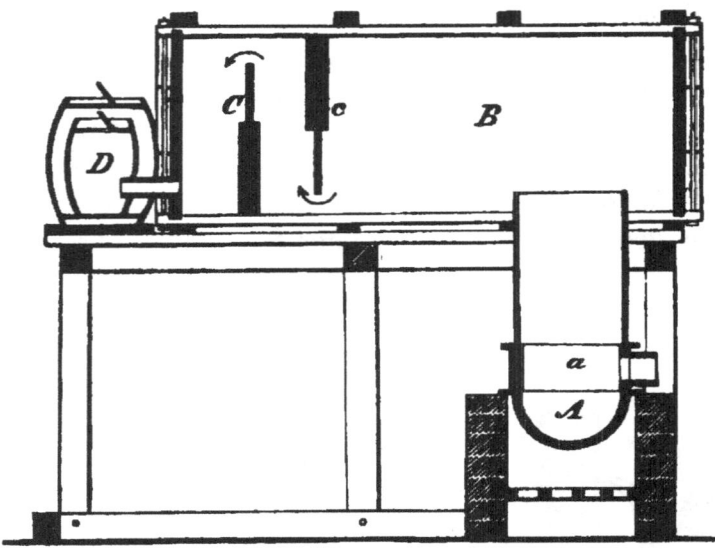

die andere C nahe bis zur Decke des Kastens reicht. Bei D ist die
jedoch möglichst geringe Communication mit der äussern Luft hergestellt. Die Entfernung des Kesselrandes von der Kammer beträgt
ungefähr 3 Fuss. Die so erzeugten Schwefelblumen sind sehr fein
und vollkommen frei von Säure, und nur die in der Kammer C
und in der Vorlage D sich sammelnden, enthalten schweflige und
Schwefelsäure. In dem so eben beschriebenen Apparate werden
in 12 Stunden 110 Pf. Schwefelblumen mit einem Aufwande von
$^1/_{10}$ Klafter Holz erzeugt. Der eiserne Kessel dauert 3 Jahre.

Den Apparat von Michel, in welchem man ununterbrochen
Schwefelblumen und Stangenschwefel erzeugen kann und welcher jetzt
in Frankreich im Gebrauche ist, findet man im Lehrbuch der chem.
Technologie von Knapp. Braunschweig 1844. 1. B. 195 beschrieben.

Schwefel und Sauerstoff.

156. Beide Körper verbinden sich direct und zwar bei 260^0 wo
der Schwefel sich entzündet und in atmosph. Luft mit blauem, im
Sauerstoffgas mit lebhaften violettem Lichte verbrennt. Obwohl es
nicht weniger als acht Oxydationsstufen des Schwefels gibt, so bildet
sich auf directem Wege immer nur eine, nämlich die schwefelige
Säure, die übrigen können nur indirect erzeugt werden. Alle besitzen sauere Eigenschaften, indem sie sich sämmtlich mit Sauerstoffbasen zu Salzen verbinden. Nur zwei derselben, nämlich SO_3
und SO_2 sind im isolirten Zustande dargestellt worden, die übrigen
kennt man nur in Verbindung mit Basen. Da es in der Chemie bisher

an einer systematischen Nomenclatur fehlt, so ist die Benennung derselben mit Schwierigkeiten verbunden, daher sie auch verschiedene Namen erhalten haben. Die jetzt bekannten Oxydationsstufen des Schwefels sind folgende:

SO_3 also auf 16 Th. Schwefel 24 Th.Sauerst. Schwefelsäure.
S_2O_5 " " 16 " " 20 " " Unterschwefelsäure.
SO_2 " " 16 " " 16 " " schweflige Säure.
S_3O_5 " " 16 " " $13\frac{1}{3}$ " " einfach geschwefelte Unterschwefelsäure.
S_4O_5 " " 16 " " 10 " " doppelt geschwefelte Unterschwefelsäure.
S_3O_5 " " 16 " " 10 " " $\Big\}$ die Säuren von
S_5O_6 " " 16 " " $9\frac{3}{5}$ " " $\Big\}$ Plessy.
S_2O_2 " " 16 " " 8 " " unterschweflige Säure.

157. a. Schwefelsäure $SO_3 = 40$ (Acide sulfurique anhydre). Die wasserfreie Schwefelsäure erscheint bei gewöhnlicher Temperatur als eine asbestartige, weisse, undurchsichtige, zähe zwischen trocknen Fingern knetbare Masse, deren Dichte bei 13^0 1,955 beträgt. Sie schmilzt zu einer wasserhellen Flüssigkeit, welche bei 52 bis 56^0 siedet, wobei sie sich in ein farbloses Gas, dessen Dichte 2,77 beträgt, verwandelt. Sie wirkt ätzend und zerstört die organischen Körper. An der Luft verbreitet sie starke, sehr zum Husten reizende, auf der Haut stechende Schmerzen erregende, weisse Nebel, welche von dem grossen Bestreben derselben sich mit Wasser zu verbinden, herrühren. Wird das Gas der wasserfreien Schwefelsäure durch eine glühende Glasröhre, in welcher sich Porcellanstücke befinden, geleitet, so zerfällt es in schweflige Säure und Sauerstoffgas, eine Zerlegung welche bei der Schwefelsäure auch unter andern Umständen oft eintritt.

Die Schwefelsäure verbindet sich mit den Basen zu schwefelsauren Salzen (Sulfates) und ist im Stande bei Vermittelung des Wassers alle andern Säuren zu verdrängen, nur wenn diese feuerbeständig sind, so tritt bei erhöhter Temperatur der umgekehrte Fall ein. Zur Bildung der schwefelsauren Salze ist meistens die Gegenwart des Wassers nothwendig, indem sich die Säure im wasserfreien Zustande gegen viele Körper indifferent verhält, mit welchen sie sich bei Gegenwart von Wasser leicht verbindet, und zwar oft unter heftiger Erhitzung, die bis zur Feuererscheinung gehen kann. In den neutralen schwefelsauren Salzen verhält sich der Sauerstoff der Basis zum Sauerstoff der Säure wie 1 : 3. Nur die starken Basen, wie Kali, Natron etc. vermögen die saure Reaction der Schwefelsäure aufzuheben, bei den schwachen ist dies nicht der Fall. Die basische schwefelsaure Thonerde z. B. welche so viel von dieser Basis enthält als die Säure aufzunehmen vermag, wirkt noch immer wie eine Säure. Die schwefelsauern Salze, welche mit den stärksten Basen, also durch die grösste chemische Anziehung gebildet wurden, sind feuerbeständig, wenn die Basen selbst es sind. Die mit schwächerer Basis, die meistens auch noch Wasser enthalten, geben einen Theil desselben beim Erhitzen zuerst ab, bei noch höherer Temperatur wird ein Theil der Säure mit abgeschieden, bis zuletzt wasserfreie Säure übergeht, die aber, in den Fällen, wo die zur Zerlegung nothwendige Temperatur zu hoch ist, auch in SO_2 und O zerlegt wird. Die neutralen schwefelsauern Salze sind grösstentheils im Wasser löslich. Das Strontian-, Baryt- und Blei-Salz sind es jedoch nicht, sie dienen daher zur Erkennung und Bestimmung der Schwefelsäure in den löslichen Verbindungen, indem durch Zusatz eines derselben, z. B. eines löslichen Barytsalzes, zu einer Flüssigkeit welche Schwefelsäure enthält, ein weisser Niederschlag von schwefelsaurer Baryterde entsteht, aus dessen Gewicht die Schwefelsäure berechnet werden kann (s. Baryt). Einen Begriff von der grossen Empfindlichkeit dieser Reagentien, von welchen nur die beiden letzteren angewendet werden, erhält man, wenn man sieht, dass die Wirkung derselben erst dann verschwindet, wenn die Verdünnung so gross ist dass für Baryt auf 1 Th. Schwefelsäure 400000 Theile Wasser, für das Bleioxydsalz 100000 Th. davon auf 1 Th. Säure kommen.

Die wasserfreie Schwefelsäure geht übrigens mit mehreren Körpern, wie z. B. mit trockenem Ammoniak, Verbindungen ein, welche nicht unter die Sauerstoffsalze gehören und in welchen ihre Gegenwart durch die gewöhnlichen Reagentien nicht erkannt werden kann, worüber das Nähere bei den betreffenden Verbindungen nachzusehen ist.

Die basischen, schwefelsauren Salze sind fast alle im Wasser unlöslich, die sauern hingegen lösen sich sämmtlich darin. Im Weingeist sind die schwefelsauern Salze fast alle unlöslich.

Auf Kohle mit kohlensaurem Natron vor dem Löthrohre geschmolzen, liefern sie eine Schwefelnatrium haltende Masse, welche mit Wasser auf Silberblech gebracht, dieses sogleich schwärzt, und mit Säure Hydrothiongas entwickelt. So verhalten sich auch die Salze der übrigen Säuren des Schwefels.

Die wasserfreie Schwefelsäure löst Schwefel und bildet damit gefärbte Verbindungen, die sich ihrer grossen Unbeständigkeit wegen bisher nicht untersuchen liessen. Die mit der geringsten Schwefelmenge ist eine blaue Flüssigkeit, die mit etwas mehr Schwefel ist fest und grün, die mit noch mehr Schwefel braun. Sie entstehen alle auf directem Wege. Über die Bereitung der wasserfreien Schwefelsäure s. (158)

158. Die wasserfreie Schwefelsäure hat ein sehr grosses Bestreben sich mit Wasser zu verbinden. Bringt man 4. Th. derselben schnell mit 1 Th. Wasser zusammen, so erfolgt die Verbindung unter Lichtentwickelung und Explosion. Hieraus lässt sich schliessen, dass es bestimmte Verbindungen dieser beiden Körper, nämlich Hydrate, gebe, welche in die Reihe der schwefelsauren Salze gehören, und in welchen das Wasser die Basis ist. In der That hat man folgende Hydrate derselben beobachtet.

1. $HO,2SO_3$ krystallisirt bei 0° aus der rauchenden Schwefelsäure.
2. HO,SO_3 Schwefelsäure von 1,848 Dichte, siedet bei 326°, erstarrt bei — 34.
3. $3HO,2SO_3$ Schwefelsäure von 1,830 Dichte.
4. $2HO,SO_3$ Schwefelsäure von 1,780 Dichte, siedet bei 224°, und erstarrt bei 0°.
5. $3HO,SO_3$ Schwefelsäure von 1,632 Dichte, siedet bei 170° und gibt dabei Wasser ab.

Die im Handel unter dem Namen, r a u c h e n d e S c h w e f e l s ä u r e, vorkommende Flüssigkeit ist am besten geeignet, um als Ausgangspunkt für die folgenden Betrachtungen zu dienen.

1. R a u c h e n d e S c h w e f e l s ä u r e (Vitriolöl, deutsche Schwefelsäure, Nordhäuseröl, Acide sulfurique de Nordhausen, Huile de vitriol). Diese Flüssigkeit ist ölartig von lichtgelblichbrauner, oft ganz dunkelbrauner Farbe, schwachem stechendem Geruche (oft nach schwefliger Säure). Die Dichte derselben sowohl als der Siedepunkt sind verschieden, hangen aber mit einander zusammen, so zwar dass die Säure, welche die grösste Dichte hat, auch am frühesten siedet. Hiebei erleidet sie eine sehr bemerkenswerthe Veränderung. Erwärmt man die Säure nämlich in einer Retorte nach und nach und legt einen trockenen mit Eis umgebenen Ballon vor, so findet man bald, dass sich die Wände desselben mit einer weissen schneeartigen Masse überziehen, welche in der That nichts anderes

als wasserfreie Schwefelsäure ist, so dass man durch dieses Verfahren dieselbe am zweckmässigsten bereitet. Setzt man den Versuch fort, so steigt der Siedepunkt der Flüssigkeit in der Retorte immer mehr, und man findet bei öfterem Wechseln des Ballons, dass sich derselbe endlich nicht mehr mit dem asbestartigen, sondern mit eisartigen durchsichtigen Krystallen bedeckt, welche ebenfalls an der Luft stark rauchen bei 0° noch fest sind, darüber aber schmelzen, mit Wasser in Verbindung gebracht sich sehr erhitzen, kurz der wasserfreien Schwefelsäure ähnlich sind, aber dennoch bereits Wasser enthalten. Dieser Körper kann als das erste Hydrat der Schwefelsäure betrachtet werden, dessen wahrscheinliche Zusammensetzung $HO,2SO_3$ ist. Setzt man nun die Destillation bei gesteigerter Wärme noch weiter fort, so hört endlich die Bildung der eisartigen Krystalle ebenfalls auf, die Siedhitze ist bis auf 326° gestiegen, und als Destillat erscheint eine wasserhelle ölartige Flüssigkeit, welche genau so zusammengesetzt ist, wie der Inhalt der Retorte, nämlich auf 1 Äq. Wasser 1 Äq. wasserfreie Schwefelsäure enthält, und unter dem Namen **englische Schwefelsäure** bekannt ist. Man sieht hieraus, dass die rauchende Schwefelsäure ein veränderliches Gemenge von wasserfreier Säure, dem Hydrate $HO,2SO_3$ und dem Hydrate HO,SO_3 ist. Dies geht auch daraus hervor, dass man durch Zusammenbringen von englischer und wasserfreier Schwefelsäure rauchende Schwefelsäure von jedem Siedepunkt darstellen kann.

Das Vitriolöl wird aus Eisenvitriol gewonnen, daher der Name, und zwar durch ein Verfahren, das bei diesem Artikel besprochen werden wird. Hier mag es genügen zu erwähnen, dass dasselbe, wie es im Handel vorkommt, oft durch schweflige Säure, Selen, Arsen und Eisen verunreinigt ist. Bei der Bereitung der wasserfreien Säure aus der rauchenden darf der Ballon nur an den Hals der Retorte, welcher allenfalls mit einer dünnen Bleifolie umwickelt sein kann angesteckt werden, da sowohl der Kork als alle übrigen organischen Substanzen durch die Säuren zerstört werden.

2. **Englische Schwefelsäure** (concentrirte Schwefelsäure, weisses Vitriolöl, Acide sulfurique concentré). Diese Säure ist im reinen Zustande eine wasserhelle, fast geruchlose, höchst sauer schmeckende ölartige Flüssigkeit, deren Dichte 1,848 beträgt. Der Siedepunkt derselben liegt bei 326°, wo sie unverändert überdestillirt. Sie verdunstet bei gewöhnlicher Temperatur in der Luft nicht, zieht aber begierig aus derselben Feuchtigkeit an, und dient daher zum Austrocknen vieler Gase, indem sie in feuchter Luft das 15fache

ihres Gewichtes Wasser anzieht. (s. d. Art. Trocknen.) Werden die
Dämpfe derselben durch eine fast weissglühende Porzellanröhre geleitet, so zerfallen sie in schweflige Säure, Sauerstoff und Wasser.

3. $3HO,2SO_3$. Die Existenz eines bestimmten Hydrates von
der angegebenen Zusammensetzung izt sehr zweifelhaft. Man kann
annehmen, dass die im Handel vorkommende Schwefelsäure, welche
eine Dichte von 1,83 hat und 25 Pct. Wasser enthält, dieses Hydrat
sei. Sie hat keinen constanten Siedepunkt, denn beim Erhitzen derselben geht zuerst eine verdünnte Säure unter Entwickelung weisser
Dämpfe über, bis die Temperatur auf 326° gestiegen ist, wo dann
das Hydrat HO,SO_3 übergeht.

4. $2HO,SO_3$ enthält 27 Th. Wasser und wird durch Vermischung von 49 Th. des 2. Hydrates und 18 Th. Wasser erhalten,
wobei die grösste Verdichtung Statt findet, indem, wenn diese beiden Bestandtheile vor der Vermischung 100 Vol. betragen, dieselben
ben sich nach der Mischung auf 92,14 zusammenziehen, und dabei
eine Dichte von 1,632 annehmen. Das Hydrat siedet zwischen 163°
und 170°, und verliert zwischen 193° und 199° 1 Äq. Wasser.

Noch mehrere bestimmte Hydrate der Schwefelsäure anzunehmen, ist kein Grund vorhanden. Dichte und Siedepunkte derselben
nähern sich bei noch stärkerer Verdünnung immer mehr den respectiven Eigenschaften des Wassers, und wie man aus den folgenden Tabellen sieht, hat eine Veränderung im Wassergehalte
einen weit grösseren Einfluss auf den Siedepunkt als auf die Dichte;
so dass ersterer, wenn seine Bestimmung in den hohen Temperaturen mit weniger Schwierigkeit verbunden wäre, einen weit siche-
rern Anhaltspunkt zur Beurtheilung ihres Gehaltes geben würde als
letztere. (Eine andere Methode den Gehalt derselben zu bestimmen,
s. b. Art. Pottasche.)

Tabelle

über die Dichten, die entsprechenden Procente an wasserfreier Schwefelsäure und die Siedepunkte der verdünnten Säure nach Ure bei 25,5°C.

Flüssige Säure	Dichte	Wasser-freie Säure	Siede-punkt.	Flüssige Säure	Dichte	Wasser-freie Säure	Siede-punkt.
100	1,8485	81,54		95	1,8376	77,46	
99	1,8475	80,79		94	1,8336	76,65	268,9
98	1,8460	79,90	296,7	93	1,8290	75,83	
97	1,8439	79,09		92	1,8233	75,02	256,6
96	1,8410	78,28	283,3	91	1,8179	74,20	

Flüssige Säure	Dichte	Wasser-freie Säure	Siede-punkt.	Flüssige Säure	Dichte	Wasser-freie Säure	Siede-punkt.
90	1,8115	73,39	246,3	45	1,3440	36,69	
89	1,8043	72,57		44	1,3345	35,88	118,5
88	1,7962	71,75	233,9	43	1,3255	35,06	
87	1,7870	70,94		42	1,3165	34,25	116,6
86	1,7774	70,12	221,2	41	1,3080	33,43	
85	1,7673	69,31		40	1,2999	32,61	114,0
84	1,7570	68,49	210,0	39	1,2913	31,80	
83	1,7465	67,68		38	1,2826	30,98	113,3
82	1,7360	66,86	201,2	37	1,2740	30,17	
81	1,7245	66 05		36	1,2654	29,35	111,8
80	1,7120	65,23	194,1	35	1,2572	28,54	
79	1,6993	64,42		34	1,2490	27,72	110,4
78	1,6870	63,60	186,8	33	1,2409	26,91	
77	1,6750	62,78		32	1,2334	26,09	109,2
76	1,6630	61,97	180,5	31	1,2260	25,28	
75	1,6520	61,15		30	1,2184	24,46	108,2
74	1,6415	60,34	174,9	29	1,2108	23,65	
73	1,6321	59,52		28	1,2032	22,83	107,2
72	1,6204	58,71	169,5	27	1,1956	22,01	
71	1,6090	57,89		26	1,1876	21,20	106.3
70	1,5975	57,08	163,6	25	1,1792	20,38	
69	1,5868	56,26		24	1,1706	19,57	105,4
68	1,5760	55,45	158,0	23	1,1626	18,75	
67	1,5648	54,63		22	1,1549	17,94	104,7
66	1,5503	53,82	151,2	21	1,1480	17,12	
65	1,5390	53,00		20	1,1410	16,31	104,1
64	1,5280	52,18	145,2	19	1,1330	15,49	
63	1,5170	51,37		18	1,1246	14,68	103,6
62	1,5066	50,55	140,9	17	1,1165	13,86	
61	1,4960	49,74		16	1,1090	13,05	103,2
60	1,4860	48,92	137,8	15	1,1019	12,23	
59	1,4760	48,11		14	1,0953	11,41	
58	1,4660	47,29	134,8	13	1,0887	10,60	
57	1,4560	46,48		12	1,0809	9,78	
56	1,4460	45,66	132,0	11	1,0743	8,97	
55	1,4360	44,85		10	1,0682	8,15	
54	1,4265	44,03	129,4	9	1,0614	7,34	
53	1,4170	43,22		8	1,0544	6,52	
52	1,4073	42,40	126,9	7	1,0477	5,71	
51	1,3977	41,58		6	1.0405	4,89	
50	1,3884	40,77	124,6	5	1,0336	4,08	
49	1,3788	39,95		4	1,0268	3,26	
48	1,3697	39,14	122,3	3	1,0206	2,446	
47	1,3612	38,32		2	1,0140	1,63	
46	1,3530	37,51	120,5	1	1,0074	0,8154	

Die Wirkung der Schwefelsäure auf die Körper wird durch die Gegenwart des Wassers bedeutend modificirt. So greift weder wasserfreie, noch rauchende, noch englische Schwefelsäure Zink oder Eisen an, während eine mit der hinreichenden Menge von Wasser verdünnte Säure diese und noch viele andere Metalle, unter Entwickelung von Wasserstoffgas auflöst (142). Gewisse Metalle, wie z. B. Kupfer, werden von verdünnter Schwefelsäure, bei abgehaltenem Luftzutritt, gar nicht, eben so wenig von concentrirter angegriffen; werden sie jedoch mit letzterer erhitzt, so erfolgt die Oxydation, aber nicht auf Kosten des Wassers, sondern der Schwefelsäure selbst, welche dadurch in schweflige Säure SO_2 verwandelt wird.

Beim Vermischen aller Hydrate der Schwefelsäure mit Wasser wird Wärme frei, worüber Hess lehrreiche Versuche angestellt hat. (Pogg. Ann. 50. 385.) Setzt man die sich entwickelnde Wärmemenge, wenn das 4. Hydrat $2HO,SO_3$ mit 1 Äq. Wasser gemischt wird, gleich 1, so geht aus diesen Versuchen hervor, dass sowohl bei der Bildung des folgenden Hydrates, als überhaupt beim Zusatz von jeder beliebigen Wassermenge nicht mehr als die so eben angegebene Wärmemenge $= 1$ frei wird. Jene hingegen, welche beim Vermischen von HO,SO_3 mit HO frei wird ist $= 2$, und die beim Vermischen von SO_3 mit HO sich entwickelnde wurde $= 8$ gefunden. Überhaupt gewinnt das von Hess aufgestellte Gesetz, dass die Wärmemengen, die sich entwickeln wenn zwei Substanzen in mehreren Verhältnissen Verbindungen eingehen, durch Vielfache der kleinsten derselben nach ganzen Zahlen ausgedrückt werden können, immer mehr an Wahrscheinlichkeit.

Die im Handel vorkommende Schwefelsäure, welche immer fremdartige Stoffe enthält, (s. deren Bereitung) wird durch Destillation gereinigt. Diese kann aber nicht auf die gewöhnliche Art vorgenommen werden, weil wegen der grossen Dichte und der hohen Temperatur bei welcher die Flüssigkeit siedet, dieses nicht gleichförmig, sondern stossweise erfolgt, wodurch leicht ein Springen der Retorte herbeigeführt wird. Um dies zu vermeiden, ist es nothwendig die Flüssigkeit nicht vom Boden aus, sondern ringsum von der Seite zu erwärmen. Dies lässt sich sehr bequem auf folgende von Dr. Köller angegebene Art ausführen. Man stellt die etwa 6 Pfd. Schwefelsäure fassende Retorte, wie es die nebenstehende Figur zeigt, in die obere Öffnung eines abgestumpften Kegels von Eisenblech, auf welchem ein Ring von demselben Metalle ruht, der mit einigen Einschnitten und Löchern versehen ist. In den

etwa 3 Zoll breiten Raum zwischen der Retorte und dem Ringe kommen die Kohlen und über die Retorte wird noch ein Helm von Blech gestürzt der auf dem Ringe ruht, um das Zurückfliessen der verdunsteten Schwefelsäure in dieselbe zu verhindern. Da der untere Theil der Retorte der directen Einwirkung des Feuers nicht ausgesetzt ist, so kocht die Schwefelsäure ohne zu stossen ruhig fort und destillirt sehr rasch über. Legt man in die Retorte auch noch Stückchen Platinblech, so geht aus begreiflichen Gründen die Operation noch besser von Statten.

159. b. **Unterschwefelsäure** $S_2O_5 = 72$. (Acide hyposulfurique, Dithionsäure nach **Berzelius**.) Diese im J. 1819 von **Gay-Lussac** entdeckte Säure ist bisher nur in Verbindung mit Basen bekannt, und ihre Bildung ist in einem einzigen Falle mit Bestimmtheit beobachtet worden, nämlich indem man unter immerwährender Abkühlung schweflige Säure durch Wasser leitet, in welchem Braunstein möglichst fein vertheilt ist. Es bildet sich hiebei unterschwefelsaures und zugleich etwas schwefelsaures Manganoxydul, indem MnO_2 und $2SO_2$, MnO,S_2O_5 geben, zugleich entsteht aber auch durch die gegenseitige Einwirkung von MnO_2 und SO_2, MnO,SO_3 und zwar in desto grösserer Menge, je mehr sich die Flüssigkeit erwärmt. Das unterschwefelsaure Manganoxydul, welches ein leicht zerfliessendes Salz ist, wird durch Abdampfen im Vacuum vom schwefelsauren Manganoxydul getrennt und ersteres dann durch Barytwasser oder Schwefelbarium zerlegt, wobei nur unterschwefelsaurer Baryt gelöst bleibt, der einen Überschuss der Barytverbindung enthalten kann. Dieser wird durch Kohlensäure oder auch durch Berührung mit der Luft entfernt, und der unterschwefelsaure Baryt durch die genau hinreichende Menge von Schwefelsäure zerlegt, wodurch man $HO,S_2O_5 = 81$ erhält. Das Hydrat der Unterschwefelsäure, nach dessen Form alle neutralen Salze dieser Säuren zusammengesetzt sind, erscheint als eine wasserhelle, geruchlose, saure Flüssigkeit, welche sich schon beim Concentriren im Vacuo, wenn ihre Dichte über 1,347 steigt und noch rascher beim Erwärmen bis 100, in SO_2 und SO_3 zersetzt. Aus der Luft nimmt sie nach und nach Sauerstoff auf und verwandelt sich

in Schwefelsäure, was bei den Lösungen der unterschwefelsauren
Salze (Hyposulfates) im Wasser n i c h t geschieht. Salpetersäure, Chlor
und Bleisuperoxyd bewirken ihre Oxydation nur in der Siedhitze.
Beim Erwärmen zerfallen sie, unter Entwickelung von schwefliger
Säure, in schwefelsaure Salze. Alle Salze dieser Säuren sind im
Wasser löslich.

160. c. S c h w e f e l i g e S ä u r e $SO_2 = 32$ (Acide sulfureux,
Monothionige Säure nach Berz.). Diese Säure erscheint bei gewöhnlicher Temperatur und unter gewöhnlichem Drucke als ein farbloses
Gas von stechendem, erstickendem Geruche, das im hohen Grade
die Lungen reizt und daher ganz unathembar ist. Die Dichte desselben beträgt 2,218. Es röthet Lackmus und wirkt entfärbend auf viele
andere Pflanzenpigmente, jedoch nur bei Gegenwart von Wasser,
wird daher als Bleichmittel namentlich thierischer Stoffe gebraucht.

Setzt man die gasförmige schwefelige Säure bei gewöhnlicher
Temperatur einem Drucke von 4 — 5 Atmosphären aus, so verwandelt sie sich in eine wasserhelle, sehr bewegliche Flüssigkeit, welche
unter einem Barometerstand 0,744 M. bei — 10°,5 siedet. Dieselbe
Veränderung des Aggregationszustandes tritt ein, wenn man das Gas
in ein enges Gefäss leitet, das durch eine Frostmischung unter — 10°
abgekühlt wurde. Wird die Kugel eines Thermometers mit Leinwand
umwickelt und diese mit schwefeliger Säure betropft, so sinkt die
Temperatur etwas unter — 36°. Tropft man Wasser in eine Schale,
deren Boden mit schwefeliger Säure bedeckt ist, so gefriert die
Masse sehr bald. Bringt man in eine glühende Platinschale etwas
von der Säure, so nimmt dieselbe Kugelform an und erhält sich
einige Zeit in rotirender Bewegung, tropft man nun etwas Wasser
hinzu, so gefriert Alles und man kann eine nicht unbedeutende
Menge Eis aus der noch glühenden Platinschale in die Hand fallen
lassen. Die flüssige Säure erstarrt bei — 79° zu einer weissen,
schneeartigen Masse.

Die schweflige Säure erleidet mit Schwefel in einer zugeschmolzenen Glasröhre bis 106° erhitzt keine Veränderung. Leitet
man aber feuchte schweflige Säure mit feuchtem Sauerstoffgas
oder auch nur mit atmosphärischer Luft gemengt durch eine Glasröhre, in welcher sich Platinschwamm, Chromoxyd, Eisenoxyd
oder Bimsstein befindet, so wird, wenn diese Substanzen gelinde
erwärmt werden, sogleich Schwefelsäure gebildet, ein Verhalten,
das in theoretischer Hinsicht merkwürdig ist (27) und alle Aufmerksamkeit in technischer Beziehung verdient.

Wasser nimmt die schweflige Säure in beträchtlicher Menge auf und zwar bei 18° das 44fache seines Volumens. Ist es damit gesättigt, so hat es eine Dichte von 1,04, schmeckt sauer und riecht stark nach der Säure. Beim Gefrieren entweicht das Gas nicht, wohl aber beim Kochen. An der Luft nimmt die Flüssigkeit Sauerstoff auf, wodurch ein Theil der schwefligen Säure in Schwefelsäure verwandelt wird, während der andere entweicht.

Die schweflige Säure verbindet sich direct mit den Basen zu schwefligsauren Salzen (Sulfites), von denen die neutralen nach der Formel RO,SO_2 zusammengesetzt sind. Sie werden sämmtlich erhalten, indem man die schweflige Säure in Gasform mit den Basen in Berührung bringt, welche entweder im reinen oder im kohlensauern Zustande angewendet werden können, und im Wasser gelöst oder wenigstens darin vertheilt sein müssen. Durch stärkere Säuren, wie z. B. Schwefelsäure wird die schweflige Säure aus den Salzen unter Aufbrausen, jedoch ohne alle Zersetzung, abgeschieden. Durch Erhitzung werden sämmtliche schwefligsaure Salze zerlegt, und zwar entweder indem die schweflige Säure entweicht und das Metalloxyd unverändert zurückbleibt, oder indem auf Kosten des Sauerstoffes von $\frac{1}{4}$ des schwefligsauren Salzes die übrigen $\frac{3}{4}$ in ein schwefelsaures Salz verwandelt werden, während jenes Viertel ein Schwefelmetall bildet. Ersteres geschieht bei den schwefligsauren Salzen der Erden, letzteres bei denen der Alkalien und mancher anderer Metalloxyde. So werden z. B. $4KO,SO_2$ verwandelt in KS und $3KOSO_3$. Die schwefligsauern Salze besitzen ein Bestreben Sauerstoff aufzunehmen und in schwefelsaure Salze überzugehen. Dies geschieht wenn sie sich in gelöstem oder feuchtem Zustande in Berührung mit der Luft befinden. Aber selbst aus vielen chemischen Verbindungen sind sie im Stande Sauerstoff aufzunehmen, namentlich wird dadurch das schwefelsaure Eisenoxyd zu Oxydul reducirt, ferner werden Selen, Tellur, Gold, Silber etc. aus ihren Lösungen als solche gefällt. Schweflige Säure für sich wirkt eben so.

Die schweflige Säure wird auf mannigfaltige Arten bereitet. Zum Behufe des Bleichens und zur Fabrikation der englischen Schwefelsäure wird sie durch Verbrennung des Schwefels gewonnen. In chemischen Laboratorien bereitet man sich dieselbe, indem man Quecksilber oder besser Kupfer mit concentrirter Schwefelsäure in einem Kolben erhitzt. Es wird hiebei 1 Äq. Kupfer auf Kosten von 1 Äq. Schwefelsäure in Kupferoxyd umgewandelt, und dadurch SO_2 gebildet. Das so gebildete CuO bedarf 1 Äq. Schwefelsäure

um Kupfervitriol zu geben. Es kommen also auf 1 Äq. Kupfer wenigstens 2 Äq. Schwefelsäure, das ist auf 1 Gewichtstheil Kupfer
3 Gthle Säure, die Operation erfolgt aber leichter, wenn man die
letztere in Überschuss nimmt. Das Gas wird durch eine zweihälsige Flasche, in der sich Wasser befindet, geleitet, um von anhängender Schwefelsäure u. s. w. gereinigt zu werden. Beabsichtigt
man die Säure im tropfbaren Zustande zu erhalten, so lässt man
dieselbe noch durch eine mit Chlorcalcium gefüllte Röhre gehen,
um sie zu trocknen, und leitet das Gas dann mittelst einer rechtwinkelig gebogenen engen Röhre in einen kleinen Kolben, oder
in eine Eprouvette, welche durch eine Kältemischung unter — 10°
abgekühlt ist.

Mit Kohlensäure gemengt erhält man die schweflige Säure, wenn
man einen dicken Brei von Kohle oder Sägespänen mit concentrirter
Schwefelsäure erhitzt. Sie bildet sich ferner auch beim Erhitzen eines
Gemenges von Kupferoxyd oder Mangansuperoxyd mit Schwefel,
endlich auch beim Kochen von concentrirter Schwefelsäure mit
Schwefel.

Die schwefligsauren Salze sind in neuester Zeit von Muspratt
(Ann. der Ch. und Ph. von Liebig und Wöhler 50, 262) und von
Rammelsberg (Pogg. Ann. 67. 246) untersucht worden.

161. d. Einfach geschwefelte Unterschwefelsäure
$S_2O_5 = 88$. (Trithionsäure nach Berzelius, Niederschwefelsäure
nach Gmelin. Acide hyposulfirique sulfuré). Auch diese Säure,
welche im Jahre 1843 von Langlois entdeckt wurde, ist nicht im
isolirten Zustande, sondern nur an Basen gebunden bekannt. Das
Kalisalz erhält man, wenn man eine Lösung von concentrirtem
doppelt schwefligsaurem Kali mit so viel Schwefelblumen bei einer
nicht bis zum Kochen der Masse gesteigerten Temperatur digerirt, bis die anfangs sich gelbfärbende Flüssigkeit
wieder klar geworden ist, wo sich dann KO,S_3O_5 nebst etwas
schwefelsaurem und unterschwefligsaurem Kali gebildet hat. Beim
Erhitzen bis zum Kochen würde das anfangs entstandene KO,S_3O_5
wieder zerstört und in unterschwefligsaures Kali und Schwefelsäure,
nämlich in KO,S_2O_2 und SO_3, ersteres aber noch weiter in
Schwefel, der sich abscheidet und in schweflige Säure, die entweicht, zerlegt werden. Das beim Erkalten der durch die eben
angegebene Behandlung erhaltene Flüssigkeit herauskrystallisirende
Salz, welches wasserfrei ist, wird durch Umkrystallisiren gereinigt.

Um das Hydrat der Säure nämlich HO,S_3O_5 zu erhalten, zersetzt man das Kalisalz durch Weinsteinsäure oder besser durch Über-

chlorsäure, filtrirt den gebildeten Niederschlag vom weinsauren oder überchlorsauren Kali ab, und concentrirt die Säure unter der Luftpumpe. Sie ist wasserhell, geruchlos, von nicht sehr scharfen, saurem, etwas bitterem Geschmacke und zerfällt schon in der Kälte langsam, rascher beim Erwärmen, überhaupt um so schneller, je concentrirter sie ist, in Schwefel, schweflige- und Schwefel-Säure. Überchlorsäure, Salzsäure und Schwefelsäure zersetzen das Hydrat nicht, wohl aber geschieht dies durch letztere, wenn sich die Flüssigkeit beim Zusetzen derselben erhitzt. Die meisten andern Säuren zersetzen dasselbe aber sogleich.

Mit salpetersaurem Quecksilberoxydul gibt die Säure einen schwarzen Niederschlag, dessen Erscheinen ein sehr charakteristisches Kennzeichen für dieselbe ist.

Von den geschwefelt-unterschwefligsauren Salzen, (Sulfhyposulfates), ist nur das Kalisalz näher untersucht.

162. e. **Doppelt geschwefelte Unterschwefelsäure.** $S_4 O_5 = 104$. (Acide hyposulfurique bisulfuré. Tetrathionsäure von **Berzelius**; von **Fordos** und **Gélis** entdeckt 1844.) Diese Säure ist ebenfalls nur in Verbindung mit Basen bekannt. Sie bildet sich wenn man zu unterschwefligsaurem Baryt, der in wenig Wasser vertheilt ist, so lange Jod in kleinen Mengen zusetzt, bis das Ganze sich zu färben beginnt. Es wird hiebei 1 Äq. Jodbarium auf folgende Art gebildet. J und $2(BaO,S_2O_2)$ geben nämlich Ba J und BaO,S_4O_5. Das Jodbarium bleibt gelöst und wird nebst dem im Überschusse zugesetzten Jode von der krystallinischen weissen Masse durch starken Weingeist getrennt. Der so erhaltene doppelt geschwefelte unterschwefelsaure Baryt wird durch nochmahliges Lösen in möglichst wenig Wasser und Fällen mit starkem Alkohol gereinigt, er hat die Zusammensetzung $BaO,S_4O_5,2HO$. Mittelst desselben kann man die Säure an viele andere Basen übertragen. Um das Hydrat derselben zu erhalten, zerlegt man das Barytsalz durch so viel verdünnte Schwefelsäure, als gerade nothwendig ist BaO,SO_3 zu bilden, trennt den schwefelsauren Baryt von der Flüssigkeit durch Filtration und concentrirt diese unter der Luftpumpe. Das Hydrat ist wasserhell, geruchlos, sehr sauer und zerfällt im concentrirten Zustande beim Erwärmen in $2S$, SO_2 und SO_3. Mit Quecksilberchlorid gibt es einen weissen Niederschlag. Alle Salze dieser Säure sind im Wasser leicht löslich, und ihre Lösungen zersetzen sich schon bei gewöhnlicher Temperatur, viel rascher beim Erwärmen. Schwefelsäure wirkt nicht auf sie, Salpetersäure hingegen oxydirt sie mit Heftigkeit.

163. f. Säure von Plessy. $S_8O_{10} = 208$. Diese und die folgende Säure wurden erst in der neuesten Zeit von Plessy entdeckt, als er die Einwirkung der schwefligen Säure auf Schwefelchlorür und Schwefelchlorid bei Gegenwart von Wasser untersuchte, wobei sie sich bilden (Cpt. rds 21. 473). Um jene der beiden Säuren, welche, wie man sieht, eine gleiche procentische Zusammensetzung mit der doppelt geschwefelten Unterschwefelsäure von Fordos und Gélis hat, zu erhalten, sättigt man 1500 Grammen Wasser mit schwefliger Säure und setzt dann 150 Gr. Schwefelchlorür zu, welches sich langsam löst. Man fährt dann fort schweflige Säure durch die Flüssigkeit zu leiten, bis das Chlorür teigig geworden ist, worauf man die übrige Flüssigkeit trennt und einige Minuten kocht, um die Säure S_3O_5 zu zerstören, welche sich ebenfalls gebildet hat. Dann sättigt man mit kohlensaurem Bleioxyd, wobei sich Chlorblei bildet, das man entfernt, zerlegt dann das Bleisalz mit der genau hinreichenden Menge von verdünnter Schwefelsäure, dampft die so erhaltene Säure ohne sie bis zum Kochen zu erhitzen bis auf 2 Deciliter ab, neutralisirt sie mit kohlensaurem Baryt und fällt diesen mit einem Gemenge von absolutem Alkohol und Äther. Das durch öfteres Umkrystallisiren gereinigte Barytsalz darf, wenn es rein ist, beim Glühen nicht mehr als 61 Pct. Rückstand geben. Man kann sich vorstellen, dass hiebei S_2Cl und $2SO_2$ mit HO als Hauptproducte S_4O_5 und HCl geben. Über die Natur dieser Säure lässt sich bis jetzt noch sehr wenig sagen. Ihr Barytsalz, das einzige welches untersucht wurde, hat die Formel S_4O_5,BaO,HO.

Ob man das Äq. der Säure S_4O_5 oder S_8O_{10} schreiben soll, muss noch dahingestellt bleiben. Dass sie aber weder mit der von Fordos und Gélis noch mit einer anderen Oxydationsstufe des Schwefels verwechselt werden darf, zeigen sowohl ihre Reactionen, die mit denen der folgenden zum Theil übereinstimmen, als das Verhalten der concentrirten Lösung des Kalisalzes derselben. Wenn man nämlich eine solche Lösung eine Zeit lang in einer Temperatur von $40^0 - 50^0$ erhält, so setzt sich ohne Entwickelung von schwefeliger Säure, Schwefel ab, und es finden sich in der Flüssigkeit die Salze der Säure S_2O_5 und S_4O_5, während die an Wasser gebundene Säure so beständig ist, dass sie ohne bedeutende Zersetzung bis zum Sieden erhitzt werden kann.

164. g. Säure von Plessy. $S_5O_6 = 128$. Man erhält diese Säure, wenn man im Allgemeinen wie vorher verfährt, nur Schwefelchlorid statt Chlorür anwendet. Dieses wird nicht auf einmahl der vorigen Menge des schweflig sauren Wassers zugesetzt, sondern man nimmt jedesmahl nur 15 Gr. davon. Das Schwefelchlorid ist bald gelöst, man lässt nun aufs neue schweflige Säure durch die Flüssigkeit gehen, setzt dann wieder Chlorid zu, und wiederholt dieses Verfahren drei bis viermahl. Man kann sich vorstellen, dass hiebei folgendes geschieht: $4SCl$, SO_2 und $4HO$ geben nämlich S_5O_6 und $4HCl$, nebst dem werden aber auch immer noch die Säuren S_3O_5 und S_4O_5 gebildet. Ob der Process so modificirt werden kann, dass letztere beiden Säuren nicht zugleich mit auftreten, oder ob dies nothwendig immer der Fall sein muss, ist bisher noch nicht ausgemittelt. Um die neue Säure von den übrigen zugleich entstandenen zu trennen, wird die vorher erhaltene Flüssigkeit bis zur Hälfte abgedampft und dabei bis zum Kochen erhitzt. Nach dem Erkalten wird die Flüssigkeit mit fein gepulvertem kohlensaurem Bleioxyde behandelt, das Bleisalz durch verdünnte Schwefelsäure zerlegt, die klare Flüssigkeit bis auf 2 Deciliter abgedampft, wobei es gut ist sie nicht wieder bis zum Sieden zu erhitzen, und die Säure dann an Baryt gebunden. Man fällt das Barytsalz mit absolutem Alkohol und Äther und wiederholt diese Operation so oft bis man ein Salz erhält, welches beim Glühen nicht mehr als 52,3 Pct. schwefelsauern Baryt im Rückstande lässt. Die von dem Barytsalze, dessen Zusammensetzung $BaO,2HO,S_5O_6$ ist, durch Schwefelsäure abgeschiedene Säure, ist durch ihre grosse Beständigkeit bemerkenswerth, indem sie selbst beim Sieden nur wenig und bei gewöhnlicher Temperatur auch durch concentrirte Schwefelsäure nicht verändert wird. Salpetersäure scheidet daraus Schwefel ab. Mit salpetersaurem Quecksilberoxydul erhält man einen sehr beständigen gelben Niederschlag, mit salpetersaurem Silberoxyde ebenfalls einen gelben Niederschlag, der sehr schell chocoladebraun wird. Quecksilberchlorid wirkt anfangs gar nicht auf die Säure, nach einiger Zeit scheidet sich Schwefel ab.

165. h. Unterschweflige Säure $S_2O_2 = 48$. (Geschwefelte schweflige Säure, Dithionige Säure von Berz. Acide hyposulfureux, von **Herschel** richtig erkannt.) Diese Säure bildet mannigfaltige und in vieler Hinsicht merkwürdige Salze, und ist ebenfalls nur in Verbindung mit Basen bekannt. Sie entsteht auf verschiedene Arten, von welchen die wichtigsten folgende sind:

1. Wenn schwefligsaure Salze bei Ausschluss der Luft mit Schwefel gekocht werden. So gibt z. B. NaO,SO_2 mit S, NaO,S_2O_2.

2. Wenn in Wasser lösliche Schwefelmetalle, welche mehr als 1 Äq. Schwefel enthalten, bis fast zur gänzlichen Entfärbung

der Luft ausgesetzt werden. KS_2 gibt z. B. in Wasser gelöst auf diese Weise KO,S_2O_2.

3. Wenn schweflige Säure in die Lösung eines mehrere Äq. Schwefel enthaltenden Schwefelmetalles geleitet wird. Z. B. KS_2 und SO_2 nebst Wasser geben KO,S_2O_2, HS, wobei noch überdies Schwefel abgeschieden werden kann, wenn das Schwefelkalium mehr als 2 Äq. Schwefel enthält. Endlich

4. wenn man gewisse Metalle, namentlich Zink oder Eisen, die aus ihren sauern Auflösungen durch Schwefelwasserstoff nicht gefällt werden, in wässeriger schwefliger Säure löst. Der hiebei Statt findende Process ist folgender: $2Zn$ und $3SO_2$ geben ZnO,S_2O_2 und ZnO,SO_2

Man sieht also, dass die 6 Äq. Sauerstoff, welche in den 3 Äq. schwefliger Säure enthalten sind, sich so vertheilen, dass dadurch das Zink oxydirt wird, wodurch gerade 1 Äq. schweflige Säure übrig bleibt und 1 Äq. unterschweflige Säure entsteht. Ist aber das Metall durch Schwefelwasserstoff als Schwefelmetall fällbar, wie z. B. Zinn, so entsteht Schwefelzinn und zugleich schwefelsaures Zinnoxyd.

Es ist bisher nicht gelungen die unterschweflige Säure an Wasser gebunden darzustellen, indem dieselbe bei jedem Versuche sie durch eine stärkere Säure abzuscheiden in S und SO_2 zerfällt. Durch Erwärmung zerfallen die Salze dieser Säuren (Hyposulfites) in Wasser, Schwefel, Schwefelwasserstoff, Schwefelmetalle und schwefelsaure Salze, und zwar in veränderlichen Mengen, je nach der Temperatur und der Natur des Metalles. Das Äquivalent der unterschwefligen Säure muss $S_2O_2 = 48$ gesetzt werden, weil in allen bisher untersuchten Salzen derselben 1 Äq. Basis mit dieser Menge der Säure verbunden ist.

Schwefel und Wasserstoff.

166. Diese Körper gehen zwei Verbindungen mit einander ein, wovon die eine mit dem Wasser, die andere aber mit dem Wasserstoffsuperoxyde nicht analog zusammengesetzt ist. Nur die erstere bildet sich auf directem Wege, jedoch auch schwierig und unvollständig, nämlich wenn Schwefel, bis zum Verdampfen erhitzt, längere Zeit mit Wasserstoffgas in Berührung bleibt. Die Verbindungen des Schwefels mit dem Wasserstoff sind Sulfosäuren, welche mit den Sulfobasen Schwefelsalze bilden. Dass aber der Schwefel mit dem in der Reihe am äussersten Ende stehenden Körper, dem Wasserstoff,

eine Säure, mit den unmittelbar darüber stehenden Körpern aber
Basen bildet, steht mit dem in (131) Angeführten nicht im Widerspruche, indem alle Beobachtungen zeigen, dass der Charakter einer
Verbindung nicht bloss von der Stellung der Körper in der Reihe,
sondern auch von der Grösse ihres Äquivalentes (193) abhängt. Das
Kalium ist also sowohl wegen seiner Stellung in der Reihe als wegen
seines grossen Äquivalentes im Stande das Säure bildende Vermögen
des Schwefels aufzuheben und damit Sulfobasen zu bilden. Es dürfte
kaum einem Zweifel unterliegen, dass wenn es je gelingen sollte,
Verbindungen von Schwefel mit mehr Wasserstoff als bisher darzustellen, diese einen basischen Charakter haben würden. Die bisherigen Namen müssten daher auch consequenter Weise gerade umge-
tauscht werden, so dass HS die hydrothionige, HS₃ aber die
Hydrothionsäure wäre. Da aber durch derlei partielle Änderungen
nur Verwirrung entsteht, so mögen die alten Namen hier einstweilen
beibehalten werden. Für jene Chemiker, welche den Wasserstoff
als das säuernde Princip halten, ist die Verbindung HS eine Wasserstoffsäure.

167. 1. Hydrothion HS $=$ 17 (Schwefelwasserstoff, Hydrothionsäure, Wasserstoffsulfid, Acide hydrosulfurique.) Diese Verbindung erscheint unter gewöhnlichen Umständen als ein farbloses
Gas, dessen Dichte 1,1786 beträgt und das schon in geringer Menge
eingeathmet giftig wirkt. Es lässt sich zu einer farblosen sehr beweglichen Flüssigkeit condensiren, welche spezifisch leichter als Wasser
ist und beim Ausströmen aus einer engen Öffnung zu einer schneeartigen Masse gefriert. Bei gewöhnlichem Druck wird es, bis zu — 70°
abgekühlt, ebenfalls flüssig.

Hydrothion bildet sich bei der Fäulniss schwefelhaltiger organischer Substanzen und vorzüglich beim Auflösen gewisser Verbindungen des Schwefels mit Metallen in den geeigneten Säuren. Auf das
zuletzt angegebene Verhalten gründen sich auch die gewöhnlichen
Methoden dasselbe zu bereiten. Man bringt zu diesem Behufe einfach Schwefeleisen FeS in eine zweihälsige Flasche und füllt dieselbe
bis zur Hälfte mit Wasser, dann setzt man nach und nach Schwefelsäure oder Salzsäure hinzu, bis die Gasentwicklung eintritt. Bequemer ist es, sich einer Flasche mit etwas weiter Öffnung zu bedienen, in welche ein Kork nur ganz leicht passt. In diesem Kork
steckt eine etwa ³/₄ Zoll weite Röhre a, die sich leicht in demselben verschieben lässt, und unten in eine Spitze ausgezogen ist,
deren Öffnung nur etwa ¹/₂ Linie beträgt. An ihrem Ende bei a ist

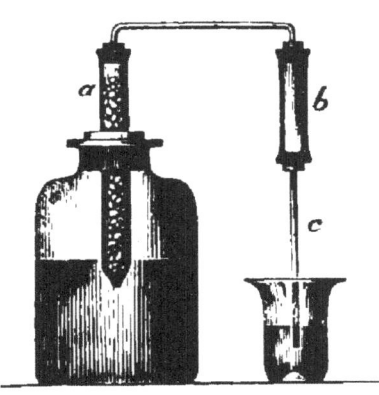

ein Kork mit einer rechtwinkelig gebogenen Röhre luftdicht eingesetzt, die bei b eine 6 Linien weite mit Baumwolle gefüllte Röhre trägt, an deren unteren Ende mittelst eines Korkes die Röhre c leicht angesteckt werden kann. Diese taucht in die Flüssigkeit durch welche man das Hydrothiongas strömen lassen will. In die Flasche kommt verdünnte Schwefelsäure oder Salzsäure, in die Röhre a Schwefeleisen in Stücken, die so gross sind, dass sie bei der unteren Öffnung nicht herausfallen. Je weiter man die Röhre a durch den Kork der sie trägt in die Flasche hineinrückt, desto mehr Schwefeleisen kommt mit Säure in Berührung, desto rascher ist daher die Gasentwickelung. In dem Masse als das Schwefeleisen gelöst wird, fällt von Oben neues nach. Will man die Gasentwickelung unterbrechen, so zieht man die Röhre a ganz aus der Flüssigkeit. Dieser Apparat, zu welchem die Idee von Schlesinger gegeben wurde, ist besonders bei analytischen Arbeiten bequem.

Der Vorgang, auf welchen sich die Bereitung des Hydrothiongases gründet, ist folgender: Kommt nämlich Schwefeleisen, d. i. FeS mit einer wasserhältigen Säure, z. B. mit verdünnter Schwefelsäure zusammen, so wird der Schwefel des Schwefeleisens durch den Sauerstoff des Wassers ersetzt, indem aus der Schwefelverbindung eine analoge Sauerstoffverbindung entsteht. Der Schwefel kommt im Momente seines Freiwerdens mit dem Wasserstoff, welcher eben den Sauerstoff verlassen hat in Berührung, und dadurch wird die Verbindung beider Körper eingeleitet. Das zur Bereitung des Hydrothiongases dienende Schwefeleisen darf weder freies Eisen, noch zu viel überschüssigen Schwefel enthalten. Im ersteren Falle ist dem Gase Wasserstoffgas beigemengt, im zweiten aber wird das Schwefeleisen schwer oder auch gar nicht von der Säure angegriffen. Man bereitet das zu diesem Behufe dienende Schwefeleisen am besten, wenn man Eisenblechschnitzel, alte Nägel u. dgl. in einem Tiegel bis nahe zum Weissglühen erhitzt und dann so viel Schwefel darauf wirft, dass alles in dünnen Fluss geräth. Die geschmolzene Masse wird, um das Herumspritzen derselben zu vermeiden, auf einen mit Sand bestreuten Steinboden ausgegossen.

Wird Hydrothion mit so viel Sauerstoff gemengt, dass dieser hinreicht um schweflige Säure und Wasser zu bilden, wozu 3 Äq. nöthig sind, denn HS mit 3O geben SO_2 und HO, so erhält man eine Knall-Luft, welche sich fast eben so leicht als die gewöhnliche, aus 2 Vol. Wasserstoffgas und 1 Vol. Sauerstoffgas bestehende, entzündet. In Berührung mit atmosphärischer Luft brennt das Gas mit blauer Flamme wie Schwefel. Wird dasselbe durch eine glühende Glasröhre geleitet, so zerfällt es in Schwefel und Wasserstoffgas. Die meisten Körper, welche leicht Sauerstoff abgeben können, wie die Salpetersäure, die Chromsäure u. s. w. oxydiren den Wasserstoff des Hydrothion zu Wasser, und scheiden den Schwefel entweder als solchen ab, oder verwandeln denselben wenigstens theilweise unter Entflammung in schweflige Säure. Kommt Hydrothion mit den Lösungen gewisser Metalloxyde zusammen, so geben auch diese ihren Sauerstoff an den Wasserstoff desselben ab, während der Schwefel an das Metall tritt. Der Schwefel ersetzt oft den Sauerstoff, so dass auf diesem Wege Schwefelmetalle gebildet werden, worauf die höchst wichtige Anwendung des Hydrothiongases in der Chemie beruht.

Mit dem Wasser bildet das Hydrothion, wie Wöhler gezeigt hat, eine bestimmte Verbindung, die jedoch über einer Temperatur von — 18° nicht bestehen kann (168). Bei 11° nimmt das Wasser 3 Vol., bei 18°2,5 Vol. des Gases auf und bildet damit eine wasserhelle, nach Hydrothion riechende, süsslich schmeckende, Lackmus röthende Flüssigkeit, das Hydrothionwasser (wässerige Hydrothionsäure) welches häufig statt des Gases angewendet wird. Beim Erhitzen gibt es das Gas vollständig ab. Mit atmosphärischer Luft in Berührung wird der Schwefel langsam abgeschieden, indem sich der Sauerstoff derselben mit dem Wasserstoff zu Wasser vereinigt. Die in der Natur vorkommenden Schwefelwasser enthalten nebst freiem Hydrothion auch noch Schwefelmetalle gelöst. Die folgenden Metalle werden aus sauern Auflösungen durch Hydrothion gefällt: Antimon, Arsen, Blei, Gold, Iridium, Kadmium, Kupfer, Molybdän, Osmium, Palladium, Platin, Quecksilber, Rhodium, Silber, Tellur, Wismuth, Zinn.

168. **Wasserstoffsupersulfür** $HS_5 = 81$ (Wasserstoffschwefel, Hydrure de soufre, entdeckt von Thenard). Dieser Körper bildet sich wenn man fünffach Schwefelkalium oder fünffach Schwefelcalcium, erhalten durch Kochen von 1 Theil Kalkhydrat mit 5 Theilen Schwefel und 16 Theilen Wasser, in verdünnte etwas erwärmte Salzsäure giesst, wobei er sich als ein gelbes durchsichtiges Öl abscheidet, dessen Dichte 1,769 beträgt. Das Wasserstoffsupersulfür riecht widrig, etwas nach Schwefel, reizt Augen und Nase, schmeckt jedoch nicht sauer. Es ist brennbar und erglüht in Berührung mit Silberoxyd unter Bildung von Wasser und Schwefelsilber. Goldoxyd wird hiebei ebenfalls unter Erglühen bloss reducirt. Diese Schwefelverbindung besitzt mit dem Wasserstoffsuperoxyd darin Ähnlichkeit, dass sie sich sowohl von selbst, sogar wenn sie in einer Glasröhre eingeschmolzen ist, als auch in Berührung mit anderen Körpern, und zwar in diesem Falle weit schneller, in Schwefelwasserstoff und Schwefel zerlegt. Vorzugsweise bewirken dies Kohle, Kieselerde, Braunstein, Platin, Zink etc.

Wenn feuchtes Wasserstoffsupersulfür in eine Glasröhre eingeschmolzen sich selbst überlassen bleibt, so zersetzt es sich in Schwefel, der sich in schönen Krystallen abscheidet, und in tropfbares Hydrothion, nach längerer Zeit setzen sich auch kleine wasserhelle Krystalle des oben (167) erwähnten Hydrates ab.

Schwefel und Kalium.

169. Diese beiden Körper vereinigen sich bei gelinder Erwärmung direct und zwar unter Feuererscheinung, wobei fünf verschiedene Verbindungen entstehen können, je nachdem man auf 1 Äq. Kalium 1 oder mehrere Äq. Schwefel nimmt. Alle diese Verbindungen können jedoch auch auf indirectem Wege erhalten werden. In früherer Zeit wurden die verschiedenen Verbindungen des Schwefels mit dem Kalium nicht unterschieden, sondern insgesammt mit dem Namen Schwefelleber (Hepar sulfuris) bezeichnet. Sie sind alle im Wasser und Weingeist löslich und geben, die des einfach Schwefelkaliums ausgenommen, alle mehr oder weniger dunkelgelb gefärbte Lösungen. Sie sind ferner sämmtlich schmelzbar und verbrennen an der Luft zu schwefelsaurem Kali und schwefliger Säure, wenn sie mehr als 1 Äq. Schwefel enthalten. Durch blosses Erhitzen gibt keine derselben einen Theil ihres Schwefels ab. Sind die Lösungen der Luft ausgesetzt, so nehmen sie sämmtlich Sauerstoff auf und oxydiren sich zu unterschwefligsaurem Kali, und zwar bei den höheren Verbindungsstufen unter Abscheidung von überschüssigem Schwefel. Sämmtliche Schwefelverbindungen des Kaliums endlich sind kräftige Sulfobasen und werden bei Gegenwart des Wassers durch Säuren in ein entsprechendes Kalisalz, in entweichendes

Hydrothion und Schwefel zerlegt, wenn solcher im Überflusse vorhanden ist und die Umstände nicht von der Art sind, dass Wasserstoffsupersulfür gebildet werden kann.

170. a. Einfach-Schwefelkalium. KS = 55,1 (Sulfure de potassium). Ein gelblichrother krystallinischer Körper, der beim Erhitzen dunkler wird, noch vor dem Glühen zu einer schwarzen Masse schmilzt und in der Glühhitze verdampft. An der Luft erhitzt verbrennt er zu KO,SO_3. Er zieht aus der Luft begierig Wasser an, und löst sich sehr leicht im Wasser unter Erwärmung, zu einer farblosen, bitterschmeckenden, alkalisch reagirenden und ätzenden Flüssigkeit. Auch in Weingeist löst er sich leicht. So wie das Wasser dem Hydrothion, eben so ist das Schwefelkalium dem Kaliumoxyde sowohl der Zusammensetzung als den Verhältnissen nach analog. Das Einfach-Schwefelkalium wird am reinsten erhalten, wenn man schwefelsaures Kali durch Wasserstoffgas reducirt, was bei der Glühhitze geschieht; denn KO,SO_3 und $4H$ geben hiebei KS und $4HO$. Leichter, aber weniger rein, erhält man diese Verbindung, wenn man 3 Theile schwefelsaures Kali mit 1 Theil Kohle so stark glüht, das Kohlenoxydgas entweicht. Es ist dabei nothwendig die oben angegebene grosse Quantität von Kohle, welche mehr als 4 Äq. auf 1 Äq. schwefelsaures Kali beträgt, zu nehmen, weil sonst ein Theil des Salzes unzerlegt bleibt, und ein höheres Schwefelkalium gebildet wird. Nimmt man bei dieser Operation einen noch grösseren Überschuss von Kohle, nämlich 2 Theile schwefelsaures Kali auf 1 Theil Kohle (Kienruss), welche man sehr innig mit einander mengt, so sondert sich das geschmolzene Schwefelkalium nicht ab, sondern bleibt mit der Kohle sehr fein vertheilt, und bildet, wenn man alles in einem verschlossenen Gefässe erkalten lässt, einen sogenannten Pyrophor, d. h. eine Masse, die obschon ganz kalt an die Luft gebracht, sich entzündet und unter Funkensprühen verbrennt. Die meisten der von den ältern Chemikern angegebenen Pyrophore sind im Wesentlichen nichts als die so eben beschriebene Masse. Die Erklärung ihrer Wirksamkeit ist in (26) gegeben. Man macht den Versuch am bequemsten mit einer horizontal in einem Ofen liegenden Glasröhre, wie sie in (127) beschrieben wurde, welche das Gemenge enthält, und die man so lange erhitzt, als sich noch Kohlenoxydgas entwickelt. Dann wird sie aus dem Feuer genommen und verschlossen.

Leitet man über schwach glühendes kohlensaures Kali so lange Schwefelwasserstoff bis weder Kohlensäure noch Wasser entweichen,

so erhält man eine braune, krystallinische, im geschmolzenen Zustande schwarze Masse, die an der Luft zerfliesst, mit Wasser eine
farblose Lösung gibt und deren Zusammensetzung KHS_2 ist, die
also entweder als 2 Äq. Einfach-Schwefelkalium betrachtet werden
kann, bei welchem 1 Äq. Kalium durch Wasserstoff ersetzt ist, oder
als ein Schwefelsalz, bestehend aus Schwefelwasserstoff mit Schwefelkalium HS,KS. Man erhält diese Verbindung auch krystallisirt, wenn
man Ätzkalilauge mit Schwefelwasserstoff sättigt, den Überschuss
derselben durch Wasserstoffgas, welches man durchleitet, weg-
treibt und die Flüssigkeit concentrirt, dabei aber den Zutritt der
Luft verhindert. Die stark alkalisch reagirende, ätzende Lösung
zieht begierig Sauerstoff aus der Luft an, färbt sich dabei gelb und
verwandelt sich in KS_3 und KO, dann aber verschwindet die Farbe
wieder, indem sich unterschwefligsaures Kali bildet.

171. b. Zweifach-Schwefelkalium $KS_2 = 71,1$ (Bisulfure de potassium). Eine gelbrothe krystallinische an der Luft zerfliessende Masse, die mit Wasser eine gelbe Lösung gibt, und sich
bei Zutritt der Luft nach und nach in unterschwefligsaures Kali verwandelt ohne hiebei Schwefel abzusetzen. Es wird am besten erhalten, wenn man 1 Äq. zweifach-schwefelsaures Kali mit wenigstens
7 Äq. Kohle glüht.

172. c. Dreifach-Schwefelkalium $KS_3 = 87,1$ (Tri-
sulfure de p.) Diese Verbindung ist eine gelbbraune, beim Schmelzen
schwarz werdende Masse, welche sich in Wasser mit gelbbrauner
Farbe löst. An der Luft entfärbt sie sich unter Abscheidung von
Schwefel und Bildung von unterschwefligsaurem Kali. Dieselbe wird
bereitet, wenn man so lange Dämpfe von Schwefelkohlenstoff über
glühendes kohlensaures Kali leitet als Kohlenoxydgas entweicht.

Diese Schweflungsstufe des Kaliums kann auch erhalten werden,
wenn man kohlensaures Kali (9 Th.) und Schwefel (5 Th.) zusammenschmilzt. Hiebei wird der Sauerstoff des Kali zwar von dem
Schwefel verdrängt, jedoch so dass Schwefelsäure gebildet wird,
welche aber nicht entweicht, sondern mit einem Theile des Kali
schwefelsaures Kali bildet. Es geben nämlich $4KO,CO_2$ mit $10S$, $3KS_3$
und KO,SO_3 während die Kohlensäure, welche sich hiebei ganz indifferent verhält, unter Aufschäumen entweicht. Das so bereitete kohlensaure Kali ist also nicht rein, sondern enthält immer 25 Pct.
schwefelsaures Kali.

173. d. Dreieinhalbfach-Schwefelkalium K_2S_7
$= 190,2$, erscheint in Form eines rothen durchsichtigen Körpers,

wenn man über glühendes schwefelsaures Kali so lange Schwefel-
wasserstoffgas leitet, als die Wasserbildung dauert, wobei immer
auch Schwefel abgeschieden wird.

$$2(KO,SO_3) \text{ und } 8HS \text{ geben } K_2S_7, 8HO \text{ und } S_3$$

174. e. Vierfach-Schwefelkalium $KS_4 = 103,1$. Dieser
Körper gleicht in allen Beziehungen dem vorigen. Er wird rein erhalten, wenn man schwefelsaures Kali im Dampf von Schwefelkohlenstoff erhitzt. $2(KO.SO_3)$ und $3CS_2$ geben nämlich $2KS_4$ und $3CO_2$
nebst O_2, welche eine Oxydation des überschüssigen Schwefelkohlen-
stoffes bewirken.

175. f. Viereinhalbfach-Schwefelkalium $K_2S_9 =$
$222,2$ entsteht, wenn man ein Gemenge von KS_4 und einen Überschuss von Schwefel so lange in einem Strom von Schwefelwas-
serstoffgas erhitzt als noch Schwefel abdestillirt.

176. g. Fünffach-Schwefelkalium $KS_5 = 119,1$. Es
ist leberbraun, reagirt alkalisch und schmeckt bitter. An der Luft
verbrennt es, wenn es erhitzt wird, mit Lebhaftigkeit; im Wasser
löst es sich unter Erkältung. Es wird erhalten, wenn man irgend ein
niedriges Schwefelkalium mit Schwefel in einer Retorte erhitzt, wobei der in Überschuss zugesetzte Schwefel abdestillirt. Mit schwefelsaurem Kali verunreinigt erhält man es durch Zusammenschmelzen
von 4 Äq. kohlensaurem Kali mit 16 Äq. Schwefel, also nahe gleiche
Theile beider Substanzen, die man bis zum schwachen Glühen erhitzt.
Da starkes Aufschäumen Statt findet, so muss man die Temperatur
sehr langsam erhöhen. Zugleich wird auch noch schwefelsaures Kali
gebildet, denn $4(KO,CO_2)$ und $16S$ geben nämlich $3KS_5$ und KO,SO_3
während $4CO_2$ entweichen. Erhitzt man nur sehr schwach, nämlich
nur bis 250°, so bildet sich kein schwefelsaures, aber dafür unterschwefligsaures Kali, dann geben $3(KO,CO_2)$ mit $12S$, KO,S_2O_2 und
$2KS_5$. Bei Anwendung von mehr Schwefel wird keine höhere
Schweflungsstufe gebildet, sondern der Überschuss desselben unverändert abdestillirt. Man kann also keine niedrigere Schweflungsstufe
des Kaliums als KS_3 und keine höhere als KS_5 durch Zusammenschmelzen von Schwefel mit Kali erhalten. Das auf diese Weise erhaltene Präparat, welches also ein Gemenge von schwefelsaurem
Kali und KS_5 ist, heisst gewöhnlich Schwefelleber, (Hepar sulfuris alcalinum). Man bedient sich desselben zur Bereitung der
Schwefelmilch (Lac sulfuris). Wird nämlich einer Lösung der
Schwefelleber im Wasser eine verdünnte Säure nach und nach zuge-

setzt, so entweicht Schwefelwasserstoff, und der überschüssige Schwefel scheidet sich in Form eines höchst zarten weissen Pulvers ab, das lange in der Flüssigkeit suspendirt bleibt. KS_3, HO und eine Säure geben nämlich KO das sich mit der Säure verbindet, HS, und S_4. Dieses Pulver ist höchst wahrscheinlich feinvertheilter Schwefel, dem etwas HS_3 hartnäckig anhängt. Auf nassem Wege erhält man das Fünffach-Schwefelkalium mit unterschwefligsaurem Kali gemengt, wenn man eine Ätzkali-Lösung mit einem Überschuss von Schwefel kocht. Selbst die kleinste Menge von Schwefel, welchen man in Ätzkali löst, färbt dasselbe schon gelb, woraus hervorgeht, dass auf ersterem Wege die erste Schweflungsstufe des Kaliums nicht gebildet werden könne. Die alkoholische Lösung des KS_3 ist im Stande noch mehr Schwefel aufzunehmen, dieser scheidet sich aber beim Erkalten wieder ab.

Schwefel, Kalium und Sauerstoff.

177. Schwefelsaures Kali (einfach) $KO,SO_3 = 87,1$ (Duplicatsalz, Arcanum duplicatum, sulfate de potasse). Es kann auch betrachtet werden als $K.SO_4$ oder als Fünffach-Schwefelkalium, in welchem 4 Äq. Schwefel durch 4 Äq. Sauerstoff ersetzt sind. Dieses Salz erscheint in wasserhellen Krystallen von schwach salzig-bitterem Geschmacke, deren Grundgestalt ein Orthotyp ist, wobei $P = 131^0 15; 112^0 32'; 87^0 34'; a:b:c = 1: \sqrt{3,06}: \sqrt{1,69}$. Theilb. $P.\breve{P}r.\overline{P}r+\infty.\overline{P}r+\infty.(\breve{P}+\infty)^2$ oder auch $P.(\breve{P})^2.\breve{P}r.$ $P+\infty.(\breve{P}+\infty)^2.\overline{P}r+\infty.\overline{P}r-\infty$. Die Theilbarkeit ist sehr unvollkommen nach $\breve{P}r; \breve{P}r+\infty; \overline{P}r+\infty$. Die Zwillingskrystalle sind häufig in einer oder in beiden Flächen in $\breve{P}r$. Es scheint übrigens auch im rhomboedrischen System krystallisiren zu können, also dimorph zu sein. Die Dichte desselben beträgt 2,66. Es schmilzt in der Glühhitze, ohne sich zu verflüchtigen. 100 Theile Wasser von 0^u lösen 8,36 Theile des Salzes und für jeden Grad über 0^u 0,1741 Theile mehr. In Kalilauge von 1,35 ist es nicht löslich, eben so wenig in Weingeist. Es wird bei der directen Einwirkung der Schwefelsäure sowohl auf Kali, als auch auf viele Kalisalze gebildet, und kommt daher häufig als Nebenproduct vor.

178. Anderthalbfach schwefelsaures Kali. $2KO, HO.3SO_3$ oder $2KSO_4, HSO_4$. Dieses Salz schiesst zuweilen, jedoch schwierig, in asbestartigen Krystallen aus verdünnter Schwefelsäure an, in der schwefelsaures Kali gelöst ist.

179. Zweifach schwefelsaures Kali $KO,2SO_3$ (Bisulfate de potasse). Es erscheint in sehr spitzigen Pyramiden, deren Dichte 2,277 beträgt, und welche bei 210° schmelzen. Man erhält es durch Zusammenschmelzen von 1 Äq. (87,1) des einfachen Salzes mit 1 Äq. (49) des zweiten Schwefelsäurehydrates. Beim Auflösen desselben im Wasser und Krystallisiren nimmt ein Theil davon 1 Äq. Wasser auf und krystallisirt als $KO,HO,2SO_3$. Je mehr Schwefelsäure man zur Lösung desselben setzt, desto schneller wird das wasserfreie Salz in gewässertes umgewandelt. Das letztere ist wie es scheint dimorph, die näheren Verhältnisse der Krystallgestalten sind jedoch noch nicht ausgemittelt. Die Krystalle desselben schmelzen bei 315,5° ohne ihr Wasser abzugeben. Erst bei der Glühhitze wird es zersetzt, wobei zuerst etwas Schwefelsäure, dann schweflige Säure und Sauerstoff entweichen, während das einfache Salz zurückbleibt. 1 Theil davon bedarf zu seiner Auflösung nur $1/2$ Theil Wasser von 100°, wird es in mehr Wasser gelöst, so krystallisirt zuerst einfaches Salz, dann zweifaches und zuletzt bleibt freie Säure übrig. Bei viel Wasser ist selbst ein Zusatz von Schwefelsäure nicht im Stande die Bildung des neutralen Salzes zu verhindern. Kaltes Wasser nimmt aus demselben grösstentheils nur Schwefelsäure auf und hinterlässt das einfache Salz.

Das zweifach schwefelsaure Kali bleibt bei der Bereitung der Salpetersäure mit 2 Äq. Schwefelsäure als Nebenproduct zurück. Es kann in vielen Fällen statt Schwefelsäure, z. B. zur Zerlegung des Kochsalzes u. s. w. verwendet werden, auch dient es mit Vortheil zum Aufschliessen vieler Mineralien.

180. Unterschwefelsaures Kali $KO,S_2O_5 = 119,1$ (Hyposulfate de potasse). Dieses Salz bildet wasserhelle, bitter schmeckende Krystalle, deren Grundgestalt ein Orthotyp ist. $P = 145°10'; 117°40'; 73°24'; a:b:c = 1 : \sqrt{7,17528} : \sqrt{2,40014}$. Die Krystalle sind luftbeständig und lösen sich in 16,5 Theile Wasser von 16°, in 1,58 von 100°. In Weingeist sind sie unlöslich. Sie zerfallen beim Erhitzen unter heftigen Dekrepitiren in SO_2 und KO,SO_3. Man erhält es durch Zerlegung des unterschwefelsauren Manganoxyduls durch Ätzkali.

181. Schwefligsaures Kali $KO,SO_2 2HO = 97,1$ (Sulfite de potasse). Wasserhelle Krystalle von stechendem durchdringenden Geschmacke, deren Form mit der des neutralen schwefelsauren Kali übereinstimmen soll (?) Es zerfliesst etwas an der Luft und löst sich in 1 Theil kaltem Wasser unter Erkaltung zu einer stark alkalisch reagirenden Flüssigkeit. In Weingeist ist es sehr wenig löslich. Beim Erhitzen zerfällt es in schweflige Säure, schwefelsaures Kali, vielleicht etwas freies Kali und Schwefelkalium. Es zieht begierig 1 Äq. Sauerstoff aus der Luft an, besonders wenn es gelöst ist, und fällt auch gewisse Metalle, wie Quecksilber, Silber, Gold und Tellur als solche aus ihren Lösungen. Anderen entzieht es nur einen Theil ihres Sauerstoffes. Durch stärkere Säuren wird es zerlegt, wobei die schweflige Säure unter Aufbrausen entweicht. Das schwefligsaure Kali kann noch 1 Äq. Säure aufnehmen, was geschieht, wenn man lange genug schweflige Säure in eine ziemlich concentrirte Lösung desselben leitet, aus der es dann krystallisirt. Durch Zusatz von Alkohol, in welchem es unlöslich ist, wird es grösstentheils aus der Lösung gefällt. Es hat die Zusammensetzung $KO,HO,2SO_2$. Das zweite Äq. Schwefelsäure ist jedoch so lose gebunden, dass es beim Liegen des Salzes an der Luft und beim Umkrystallisiren entweicht. Leitet man schweflige Säure in eine warme concentrirte Lösung von kohlensaurem Kali, bis kein Aufbrausen mehr Statt findet, so scheidet sich ein Salz ab, welches nach der Formel $KO,2SO_2$ zusammengesetzt ist, also kein Wasser enthält. Es ist in Wasser langsam, in Äther gar nicht und in Alkohol nur wenig löslich, schmeckt nicht unangenehm salzig, und gibt an der Luft keine schweflige Säure ab. Beim Erwärmen zerfällt es in $SO_2, 2(KO,SO_3)$, S und $2(KO,2SO_2)$.

182. Geschwefeltes unterschwefelsaures Kali KO,S_3O_5 135,1 (Sel de Langlois, sulfhyposulfate de potasse). Es hat einen bitterlichen, salzigen Geschmack und bildet luftbeständige Krystalle, deren Grundgestalt ein Orthotyp ist. $P = 128^0 36'; 105,^0 32';$ $96^0 13'; a:b:c: = 1 : \sqrt{2,3714} : \sqrt{1,2177}$. Gew. Comb. $(\check{P})^2$. $\check{P}r.P + \infty . (\check{P} + \infty)^2$. Wird es bei abgehaltener Luft bis zum schwachen Glühen erhitzt, so zerfällt es in Schwefel, schweflige Säure und schwefelsaures Kali. Über die Bereitung desselben sieh (171).

183. Doppelt geschwefeltes unterschwefelsaures Kali KO,S_4O_5 151,1. Es wird durch die Zerlegung des gleichnamigen Barytsalzes mit schwefelsaurem Kali erhalten.

184. Unterschwefligsaures Kali $3(KO,S_2O_2)$, HO $3 . 95,1 + 9 = 294,3$ (Hyposulfite de potasse). Dieses Salz erscheint in wasserhellen, kühlend und bitterlich schmeckenden Krystallen, welche an der Luft rasch zerfliessen und bei überschüssigem Kali nach und nach in schwefligsaures Kali übergehen. Das Äquivalent

Wasser, welches 3,1 Pct. des im Vacuum vollkommen getrockneten Salzes ausmacht, kann erst bei 200° ohne Zersetzung desselben weggetrieben werden. Bei starker Erhitzung geben 4(KO,S_2O_2), KS_5 und 3($KOSO_3$) indem sie sich in eine zinnoberrothe Masse verwandeln.

Die Bildung des Salzes wurde bereits (175) erwähnt. Am bequemsten wird es bereitet, wenn man schwefligsaures Gas so lange durch gewöhnliche Schwefelleberlösung leitet, bis die Flüssigkeit entfärbt ist, dann filtrirt und bei abgehaltener Luft krystallisirt. Nach Döpping gibt es noch ein unterschwefligsaures Kali, welches auf 1 Äq. Salz 1 Äq. Wasser, und ein anderes welches auf 2 Äq. Salz 3 Äq. Wasser enthält.

Schwefel und Natrium.

185. Der Schwefel steht zu dem Natrium nahe in demselben Verhältnisse wie zu dem Kalium, und im Allgemeinen gilt für diese beiden Grundstoffe alles, was vorher für Schwefel und Kalium angeführt wurde. Indessen sind die Verbindungen beider Körper noch nicht hinreichend untersucht. Das Einfach-Schwefelnatrium NaS, welches sowohl auf directem Wege, als durch Reduction des schwefelsauren Natrons mit Kohle erhalten wird, unterscheidet sich durch seine Flüchtigkeit in der Glühhitze und durch seine geringe Löslichkeit in Weingeist vom Schwefelkalium. Dasselbe krystallisirt aus seiner Auflösung in Wasser in farblosen Krystallen, welche 9 Äq. davon enthalten, und also der Formel NaS,9HO entsprechen. Dieselben erhält man auch, wenn man wie bei Einfach-Schwefelkalium, auf nassem Wege verfährt und bei abgehaltenem Luftzutritt krystallisirt.

Erhitzt man 1 Äq. kohlensaures Natron mit etwas mehr als 8 Äq. Schwefel, also nahe gleichviel von beiden Substanzen, so erhält man unter denselben Umständen eine Natronschwefelleber die der Kalischwefelleber analog ist.

Schwefel, Natrium und Sauerstoff.

186. Schwefelsaures Natron $NaO,SO_3,10HO$ (Glaubersalz, sal mirabile Glauberi, sulfate de soude). Dieses Salz, welches gewöhnlich im Handel vorkommt, erscheint in wasserhellen Krystallen deren Grundgestalt ein Hemiorthotyp ist. Die Abweichung liegt in der Ebene der grösseren Diagonale und beträgt

$14^{\circ}41'$; $a:b:c:d = 3,816 : 7,005 : 3,188 : 1$. Theilbarkeit nach $\breve{P}r + \infty$ sehr vollkommen. Gew. Comb. $\dfrac{P}{2} . - \dfrac{\breve{P}r}{2} . - \dfrac{P}{2} . (\breve{P} + \infty)^2$ $\breve{P}r + \infty . \breve{P}r + \infty$. Es schmeckt bitterlich salzig und hat eine Dichte von 1,35. In trockener Luft verwittern die Krystalle und verlieren ihr Wasser, welches 55,8 Pct. beträgt, vollständig, in sehr feuchter Luft zieht das verwitterte Salz aber wieder alles Wasser an, und zerfliesst sogar nach längerer Zeit.

1 Th. des Salzes löst sich in						8,22	Th. Wasser von			0°
"	"	"	"	"	"	" 2,08	"	"	"	18
"	"	"	"	"	"	" 1,00	"	"	"	25
"	"	"	"	"	"	" 0,37	"	"	"	32
"	"	(Das Minimum)				0,31	"	"	"	33
"	"	"	"	"	"	" 0,38	"	"	"	50,4

Die bei 33° gesättigte Lösung setzt bei 100° Krystalle ab, welche wasserfreies Salz sind. Durch Weingeist, in welchem sich das Salz nicht löst, wird denselben bei 37,5° 23 Pct. Wasser entzogen. Die Krystalle schmelzen bei gelinder Erwärmung, wobei sich ein Salz abscheidet, welches bei 82,2° $NaO,SO_3,18HO$ sein soll.

Lässt man eine Lösung von 3 Th. Glaubersalz in 1 Th. Wasser in einem bedeckten Gefässe ruhig bei 7° stehen, oder erkaltet man geschmolzenes Glaubersalz bis 12°, so schiesst ein Salz an, welches nur 50 Pct. Wasser enthält und also der Formel $NaO,SO_3,$ 8HO entspricht. Die Krystalle desselben sind durchsichtig, härter als die des Glaubersalzes und haben ein Bestreben die ihnen fehlenden 2 Äq. Wasser aufzunehmen; denn wenn man die über denselben befindliche Flüssigkeit mit warmem Wasser mischt, sie dann abgiesst und die Krystalle mit einem harten Körper berührt, so wird die ganze Masse von der berührten Stelle aus undurchsichtig, ganz trocken, und erwärmt sich. Dasselbe geschieht auch, wenn in der Flüssigkeit Glaubersalz zu krystallisiren beginnt, indem dann die Krystalle des 8 Äq. Wasser haltenden Salzes weiss und undurchsichtig werden. Das wasserfreie Salz $NaO,SO_3 = 71$ bildet durchscheinende Krystalle deren Grundgestalt ein Orthotyp ist. $P = 135^{\circ}41'$; $74^{\circ}18'$; $128^{\circ}43'$; $a:b:c: = 1; \sqrt{1,56379} : \sqrt{0,35016}$. Die Theilbarkeit nach $\breve{P}r + \infty$ ist ausgezeichnet, die nach P deutlich. Gew. Comb. $^4/_3 (P - 2) . P . P + \infty . \breve{P}r + \infty$ Die Dichte desselben beträgt 2,63 bis 2,73. Es schmilzt bei starker Rothglühhitze ohne eine weitere Veränderung zu erleiden.

Das schwefelsaure Natron wird als Nebenproduct bei vielen chemischen Operationen erhalten. In der Natur kommt es in Spanien wasserfrei als Thenardit, und in vielen Mineralwässern oft in bedeutender Menge vor.

187. Zweifach schwefelsaures Natron (bisulfate de soude). Mit 1 Äq. Wasser, nämlich $NaO,HO,2SO_3$, bildet dasselbe durchsichtige, sauer schmeckende Krystalle, deren Grundgestalt ein Orthotyp ist, bei welchem $P = 135^{\circ}2'$; $117^{\circ}46'$; 80° $a:b:c = 1: \sqrt{4,013}: \sqrt{2,197}$ ist. Gew. Comb. $P.\breve{P}r.\bar{P}r.P+\infty$. Ihre Dichte beträgt 1,8, sie sind luftbeständig und lösen sich in 2 Th. kalten Wasser. Durch Wasser wird dieses Salz noch leichter in das einfach saure und in Schwefelsäure zerlegt, als das entsprechende Kalisalz, und man muss selbst bei grossem Überschusse von Säure die Lösung in der Wärme zum Krystallisiren bringen, um nicht grösstentheils nur einfaches Salz zu erhalten. Weingeist entzieht den Krystallen das zweite Äq. Säure vollständig. Die Krystalle des Salzes bleiben bei 149° noch durchsichtig und schmelzen etwas über 315°, wobei das 1 Äq. Wasser nicht entweicht; erst bei noch stärkerer, langsam gesteigerter Hitze destillirt HO,SO_3 über, während NaO,SO_3 zurückbleibt. Dieses Salz bleibt sowohl bei der Bereitung der Salzsäure, als auch bei Gewinnung der Salpetersäure aus Chilisalpeter, in beiden Fällen mit dem doppelten Äquivalent Schwefelsäure, als Nebenproduct in der Retorte zurück. Wasserfrei erhält man dasselbe durch Erhitzen von 1 Äq. einfach schwefelsaurem Natron mit 1 Äq. Schwefelsäure bis alles bei schwacher Rothglühhitze ruhig fliesst.

188. Unterschwefelsaures Natron NaO,S_2O_5, $2HO$. Es bildet wasserhelle, luftbeständige Krystalle von bitterem Geschmacke, die sich in 2,1 Th. Wasser von 16° und in 1,1 Wasser von 100° auflösen. Die Lösung des Salzes wird beim Kochen nicht verändert. Im Weingeiste ist es nicht löslich. Die Grundgestalt desselben ist ein Orthotyp, wobei $P = 125^{\circ}58'$; $125^{\circ}18'$; $80^{\circ}28'$ und $a:b:c = 1:\sqrt{2,8245}:\sqrt{2,7612}$ ist. Die Theilbarkeit ist nach $P+\infty$ sehr ausgezeichnet. Gew. Comb. sind $P.(\breve{P})^2.\breve{P}r.P+\infty$ und $P.(\breve{P})^2.\breve{P}r.P+\infty.\bar{P}r+\infty$. Es wird durch Zerlegung des gleichnamigen Barytsalzes mittelst kohlensaurem Natron bei der Siedhitze erhalten.

189. Schwefligsaures Natron $NaO,SO_2 = 63$. In wasserfreiem Zustande wird dieses Salz durch Erwärmen des wässerigen bis 150° erhalten. In noch höherer Temperatur zerfällt es in Schwefelnatrium und schwefelsaures Natron. Es scheint sowohl mit 7 als mit 10 Äq. Wasser krystallisiren zu können. Die Angabe, dass es in

4 Theilen kaltem Wasser unter Erkältung löslich ist, und dass bei 33° ein Maximum in der Löslichkeit Statt findet, dürfte sich auf das 7 Äq. Wasser haltende Salz beziehen. Auch das Natron ist im Stande 2 Äq. SO_2 aufzunehmen und mit verschiedenen Mengen von Wasser die Salze $NaO,2SO_2,HO$; $2(NaO,2SO_2),HO$ und $NaO,2SO_2,9HO$ zu bilden.

190. Unterschwefligsaures Natron $NaO,S_2O_2,5HO$. Dieses Salz, welches in neuerer Zeit eine nicht unbedeutende Anwendung zum Waschen der Daguerrotype nach der Einwirkung der Quecksilberdämpfe, gefunden hat, erscheint in wasserhellen, kühlend bitterlich schmeckenden, luftbeständigen Krystallen, deren Grundgestalt ein Hemiorthotyp ist, bei welchem die Abweichung der Axe in der Ebene der kürzeren Diagonale liegt und 13°18′ beträgt. $a:b:c:d =$

$$4,0207:5,2948:15,0941:1;\ Gew.\ Com.\ P-\infty.\frac{P}{2}.\left(\frac{P}{2}\right)^3$$

$Pr.\ P+\infty.(\overset{\backprime}{P}+\infty)^2.\ Pr+\infty.$ Es löst sich leicht in Wasser, aber nicht in Weingeist. Die Lösung in Wasser zersetzt sich, selbst in verschlossenen Gefässen, in Schwefel und in schwefligsaures Natron. Beim Zutritt der Luft oxydirt es sich unter Absatz von Schwefel, zu schwefelsaurem Natron. Durch Zusatz von Säuren wird es in Schwefel, der sich mit seiner eigenthümlichen gelben Farbe, nicht weiss wie bei der Schwefelmilch abscheidet, und in schweflige Säure zerlegt. Beim Erwärmen schmilzt es und verliert, wenn man dabei sehr vorsichtig verfährt 35,97 Pct., das ist sein ganzes Wasser. Bei stärkerem Erhitzen zerfällt es in ein Gemenge von Schwefelnatrium und schwefelsauren Natron. Béi rascher Erhitzung an der Luft verbrennt das trockene Salz mit der Flamme des Schwefels. Die Bildung desselben wurde bereits erwähnt (175). Man bereitet es am besten, wenn man schwefligsaures Natron, das bei der Siedhitze möglichst concentrirt sein muss, so lange mit Schwefel versetzt als dieser gelöst wird, und es dann krystallisiren lässt. Das schwefligsaure Natron nimmt den Schwefel desto leichter auf, je concentrirter es ist, so dass sich bei gehörig geleiteter Operation die Filtration vermeiden lässt. Auch kann es mittelst kohlensauren Natron durch Zerlegung des unterschwefligsauren Kalkes gewonnen werden, welcher sich bildet, wenn der Kalk, der in den Gasfabriken zur Reinigung des Gases gedient hat, einige Zeit an der Luft liegen bleibt. Die vorige Methode ist jedoch vortheilhafter.

Das unterschwefligsaure Natron ist nach Böttger's Beobachtung sehr geeignet, das Freiwerden der Wärme beim Übergang eines

Körpers aus dem tropfbaren in den festen Aggregationszustand, zu zeigen. Füllt man nämlich ein etwa 5 Unzen fassendes Kölbchen ganz mit den Krystallen dieses Salzes an und erwärmt es vorsichtig, so schmilzt es zuerst bei 56° in seinem Krystallwasser. Bei stärkerer Erhitzung kommt es in's Sieden, wo man dann den Kolben gut verschliesst und in vollkommener Ruhe erkalten lässt. Unter diesen Umständen tritt selbst bei sehr niedriger Temperatur kein Abscheiden von Krystallen ein, dieses erfolgt aber sogleich, wenn der Kolben geöffnet und etwas erschüttert wird, oder auch beim Hineinbringen eines festen Körpers, z. B. der Kugel eines Thermometers. Hiebei steigt die Temperatur oft um 18 — 20°, was bis jetzt bei keinem anderen Körper in dem Masse beobachtet wurde.

VI. Chlor. Cl = 35,4.

Halogen, Chlore. Es wurde von S c h e e l e im Jahre 1774 entdeckt, aber erst später (1809) von G a y - L u s s a c und T h e n a r d gründlich studirt und endlich von H. D a v y im Jahr 1810 als Grundstoff erkannt.

191. Das Chlor erscheint unter gewöhnlichen Umständen als ein grünlich gelbes (χλωρός) Gas von unangenehmen, stechendem Geruche, das schon in geringer Menge eingeathmet Husten und einen eigenthümlichen Schnupfen, in grösserer Menge aber gefährliche Erstickungszufälle bewirkt; fortgesetztes Einathmen selbst in geringer Menge zieht Schwindsucht nach sich. Die Dichte des Gases beträgt 2,47. Bei einem Drucke von nahe 5 Atmosphären, oder durch Abkühlung im Kohlensäure-Brei verwandelt es sich in eine grünlich gelbe Flüssigkeit, welche die Elektricität nicht leitet, und im festen Zustande noch nicht erhalten wurde. Es zerstört, jedoch nur wenn es feucht ist, die meisten Pigmente und riechenden Stoffe organischen Ursprunges, und findet daher sowohl in der Bleicherei, als zur Reinigung der Luft von Ansteckungsstoffen eine ausgedehnte Anwendung. Das Chlor geht mit allen Körpern, das Fluor ausgenommen, mit grosser Leichtigkeit Verbindungen ein, welche man C h l o r i d e nennt. HCl, NaCl, CaCl, KCl u. dgl. sind demnach Chloride. Wenn ein Grundstoff fähig ist mit dem Chlor mehrere Verbindungen zu bilden, so heisst die niedrigste C h l o r ü r, die höheren C h l o r i d und S u p e r c h l o r i d. Die Verbindungen welche aus Chlor, Sauerstoff und einem Radical bestehen heissen, wenn sie nicht entschieden den Charakter einer Säure haben, O x y c h l o r i d e. Das Chlor lässt sich mit den meisten Körpern auf directem Wege und zwar grösstentheils schon bei gewöhnlicher Temperatur verbinden, was dann häufig unter lebhafter Feuererscheinung geschieht. Um das Verhalten der Körper gegen

das Chlor kennen zu lernen ist es am zweckmässigsten sie in eine
Röhre zu bringen, welche mit einem Kolben in Verbindung steht,
in dem Chlor entwickelt wird und dieses zuerst durch eine Flasche
mit Wasser und dann durch eine gehörig lange Chlorcalciumröhre zu
leiten, damit es gereinigt und getrocknet wird. Das Product der
Verbindung beider Stoffe kann dann auf eine nach seiner Beschaffenheit sich ändernde Weise aufgefangen werden. Um die Verbrennungs-Erscheinungen im Chlor auf eine recht auffallende Art zu zeigen, füllt man trockene Flaschen mit Chlorgas, indem man in dieselben auf die vorher angegebene Art getrocknetes Gas durch eine
Röbre leitet, welche bis an ihren Boden reicht. Das Gas sammelt
sich seiner grossen Dichte wegen zuerst daselbst an und füllt nach
und nach die Flasche gänzlich aus, was man an der grünlichgelben,
dem Chlor eigenthümlichen Färbung leicht erkennt. Hält man nun
in diese Flasche Stäbchen oder Dräthe von $^1/_4$— $^1/_2$ L. Dicke von
verschiedenen Metallen, indem man sie an den Kork befestiget, der
zugleich zum Verschliessen der Flaschen dient, so beginnt in vielen Fällen sogleich die Verbrennung, in andern ist es nothwendig
die Metalle vorher zu erhitzen, oder noch besser an ihrem unteren
Ende mit unächtem Blattgold (einer Legierung von Zink und Kupfer)
zu umwickeln. Dieses entzündet sich sogleich und bewirkt dadurch auch
die Entzündung des Metalles. Auch wenn man die geeigneten Metalle
in Pulverform oder als Feilspäne in Cylindergläser fallen lässt welche
Chlor enthalten, verbrennen sie darin. Die schönsten Feuererscheinun-
gen geben Antimon, Wismuth, Zinn, Drehspäne von Eisen, Messing
und Packfong. Ohne Feuererscheinung verbinden sich auf dieselbe
Weise Zink, Silber, Nickel, Gold, Platin mit dem Chlor. Das Chlor
wirkt in vieler Hinsicht kräftiger als der Sauerstoff und der Schwefel,
indem diese zur Äusserung einer chemischen Action meistens einer
erhöhten Temperatur bedürfen. Durch eine hinreichende Erniedrigung
der Temperatur ist man jedoch auch im Stande jede directe Einwirkung
des Chlors auf andere Körper gänzlich aufzuheben (88). Die Feuererscheinung, welche die Bildung vieler Chloride begleitet, ist also eine
wahre Verbrennung bei welcher sich das Chlor wie der Sauerstoff, der
Schwefel und noch viele andere Körper verhält. Man kann daher eben
so gut sagen ein Körper verbrennt in Chlor oder Schwefel etc., als in
Sauerstoff. Hierin liegt aber wieder eine Bestätigung des für die Entwickelung der Naturwissenschaften so wichtigen Satzes, dass keinem
Körper gewisse Eigenschaften ausschliesslich zukommen, dass er
gleichsam dafür privilegirt ist, sondern dass die Eigenschaften der-

selben innerhalb bestimmter Gränzen durch Reihen mit einander
verbunden sind. Die Stoffe, welche einzelne Eigenschaften im höchsten Grade besitzen, zeigen auch die dadurch bedingten Erscheinungen am stärksten, und diese Körper sind es, welche gewöhnlich zur Entdeckung wichtiger Verhältnisse führen, wofür die Wissenschaft viele
Belege darbiethet. Man erinnere sich nur an den Doppelspath, das
Eisen, den Diamant etc. Annehmen zu wollen das Chlor enthalte
Sauerstoff, weil es sich mit vielen Körpern unter Feuererscheinung
verbindet, heisst ungefähr eben so viel, als Nickel, Kobalt und alle
übrigen Körper enthalten Eisen, weil sie fähig sind den Magnetismus
anzunehmen. Wie gross das dem Chlor zukommende c h e m i s c h e
M o m e n t ist, geht daraus hervor, dass es unter gewissen Umständen selbst den Sauerstoff zu verdrängen vermag. Bei einigen, wie bei den Oxyden des Wasserstoffes, des Silbers etc., geschieht dies schon bei gewöhnlicher Temperatur, bei andern erst bei
erhöhter. Leitet man z. B. Chlorgas über Kalkerde, das ist CaO,
welche bis zum schwachen Glühen erhitzt ist, so bildet sich Chlorcalcium CaCl während Sauerstoffgas entweicht. Man kann sich hiezu
des in der nebenstehenden Figur abgebildeten Apparates bedienen.

Das Chlorgas wird in dem mit dem Sicherheitstrichter versehenen
Kolben entwickelt, und dann in eine Flasche geleitet, in welcher
sich Schwefelsäure befindet. Hiedurch ist man sowohl in den Stand
gesetzt das Gas für den gegebenen Zweck hinreichend zu trocknen,
als auch den Gang der Operation zu beurtheilen. Die Glasröhre a b
enthält die Kalkerde und wird in dem Ofen bis zum schwachen
Glühen erhitzt, bei b ist sie durch einen Kork mit einer engen

Röhre verbunden, mittelst welcher die entweichende Gasart in den Recipienten der pneumatischen Wanne geleitet wird. Umgekehrt wird beim stärkeren Erhitzen von Chlorcalcium an der Luft, Chlor frei und CaO gebildet. Wollte man es versuchen die Grundstoffe nach ihrem Verhalten zum Chlor auf eine solche Weise zu ordnen wie dies in (131) nach ihrem Verhalten zum Sauerstoff geschehen ist, so würde man beinahe zu derselben Reihe kommen, was auch nicht anders sein kann, wenn die Ähnlichkeit beider Grundstoffe eine wirkliche von der Natur gegebene, nicht etwa eine künstliche ist. Das Chlor muss dann auch die Fähigkeit haben mit den Körpern vom oberen Ende der Reihe Verbindungen zu bilden, die sich gegen die Mehrzahl der Chloride vom unteren Ende derselben wie Säuren zu Basen verhalten, was auch die Erfahrung zum Theil bestätiget, obwohl das Verhalten der Körper nach dieser Richtung noch wenig untersucht ist. Man kann füglich die ersteren Chlorosäuren die zweiten Chlorobasen nennen, aus deren Vereinigung die Chlorosalze hervorgehen. Beispiele hiezu sind die Körper $SnS_2Cl_6 = SnCl_2,2SCl_2$; $KAuCl_2 = KCl,AuCl$; $KAuCl_4 = KCl,AuCl_3$ u. dgl. mehr.

Obwohl nicht geläugnet werden kann, dass noch viele Verbindungen welche zur gründlichen Beurtheilung der Reihe der Chlorosalze gehören, fehlen; so kann doch hierin kein Grund liegen eine Ansicht zu verwerfen, welche auf einer consequenten Anwendung des Principes der chemischen Ähnlichkeit beruht, es wird vielmehr dadurch nur nothwendiger die noch mangelnden Glieder der Reihe aufzusuchen und die Verhältnisse der Körper in dieser Beziehung näher zu studiren als dies bisher der Fall gewesen ist.

Das Chlor wird entweder durch Zerlegung der Salzsäure (203) oder unmittelbar durch Zerlegung des Kochsalzes bereitet. Wird nämlich Salzsäure, welche aus 1 Äq. Wasserstoff und aus 1 Äq. Chlor besteht, mit Braunstein MnO_2 in Berührung gebracht, so erfolgt schon bei gewöhnlicher Temperatur eine Reaction, indem sich Chlor zu entwickeln beginnt, was durch Erwärmung noch beschleunigt wird. Die beiden Äq. Sauerstoff des Mangansuperoxydes werden hiebei durch 2 Äq. Chlor ersetzt, aber nur eines davon bleibt an das Mangan gebunden, das andere wird frei. MnO_2 und $2HCl$, geben nämlich $MnCl$, $2HO_2$ und Cl. Man erhält also hiebei nur die Hälfte des in der Salzsäure enthaltenen Chlors, die andere Hälfte bleibt an das Mangan gebunden und gibt ein Chlorür, das als Nebenproduct keinen grossen Werth hat. Man bedarf also auf 44 Theile

Braunstein 72,8 Theile trockenes Chlorwasserstoffgas, das jedoch als solches nicht verwendet werden kann, dem aber nach der in (203) mitgetheilten Tabelle 168 Theile einer Salzsäure entsprechen, deren Dichte 1,200 beträgt. Diese Menge Salzsäure enthält 70,8 Theile Chlor, von welchem jedoch nur 35,4 Theile gewonnen werden. Die Menge des nebstbei sich bildenden Manganchlorürs beträgt 63,4 Theile. Da die käufliche Salzsäure immer eine geringere Dichte hat, als vorher angenommen wurde, so nimmt man gewöhnlich auf 1 Theil Braunstein 4 Theile käufliche Salzsäure. Vortheilhaft ist es insbesondere für chemische Fabriken, welche in den meisten Staaten das Kochsalz zu einem niedrigeren Preise beziehen, als es zum gewöhnlichen Gebrauche verabfolgt wird, das Chlor direct aus dem Kochsalz zu gewinnen. Bringt man nämlich 1 Äq. Braunstein MnO_2, 1 Äq. Kochsalz $NaCl$ und 2 Äq. Schwefelsäure, die mit etwa der Hälfte ihres Gewichtes Wasser verdünnt sein kann, zusammen, so entwickelt sich 1 Äq. Chlor und es bleibt nichts als schwefelsaures Manganoxydul und schwefelsaures Natron zurück. Hiebei hat, wie folgendes Schema zeigt, 1 Äq. des Sauerstoffes vom Braunstein dazu gedient, das Chlor des Kochsalzes zu ersetzen. MnO_2, $NaCl$ und $2(HO,SO_3)$ geben nämlich MnO,SO_3, NaO,SO_3 und Cl welches entweicht. 44 Theile Braunstein bedürfen also 58,6 Theile Kochsalz und 98 Theile ganz concentrirte Schwefelsäure, und geben dann 25,4 Chlor. In Praxi ist es vortheilhaft etwas mehr Schwefelsäure zu nehmen, weil dann die Gasentwickelung leichter und bis ans Ende der Operation gleichförmig von Statten geht. Das beste Verhältniss ist 1 Theil Braunstein, 1 Theil Kochsalz und $2^{1}/_{2}$ Theile Schwefelsäure, die mit der Hälfte ihres Gewichtes Wasser verdünnt ist.

Da für viele Fabriken, die des Chlors bedürfen, keine Ermässigung im Preise des Kochsalzes besteht, sie sich also der Salzsäure zur Erzeugung desselben bedienen müssen, so ist es für sie von grösster Wichtigkeit das Chlor vollständig zu gewinnen. Dies geschieht, wenn man bei der vorigen Operation statt Kochsalz das Manganchlorür nimmt, welches bei der ersten Operation gewonnen wurde, indem MnO_2, $MnCl$ und $2(HO,SO_3)$ ebenfalls $2(MnO,SO_3)$ und Cl geben. Diese Zerlegung lässt sich aber sogleich in einer Operation bewerkstelligen, wenn man das zweite Äq. Braunstein, welches zur Zerlegung des Manganchlorürs nothwendig ist, gleich anfangs hinzusetzt oder, was dasselbe ist, 1 Äq. von jeder der genannten Substanzen zusammenbringt wobei MnO_2, HCl und HO,SO_3 sich so zersetzen, dass daraus MnO,SO_3, HO und Cl werden. Das Äquivalent

Wasser ist also aus dem einen Äq. Sauerstoff des Braunsteines und aus dem Wasserstoff der früher mit dem Chlor in Verbindung war, entstanden. Man braucht demnach um diese in jeder Hinsicht sehr vortheilhafte Operation auszuführen 44 Theile Braunstein, 84 Theile Salzsäure von 1,200 Dichte und 49 Theile Schwefelsäure von 1,84 welche man ebenfalls mit dem gleichen Volumen Wasser verdünnt hat, und erhält 35,4 Theile Chlor nebst 76 Theilen schwefelsaurem Manganoxydul. Es werden also hiebei gerade 84 Theile Salzsäure durch 49 Theile Schwefelsäure ersetzt und die Differenz des Preises ist der reine Gewinn. Vollkommen genügend ist es 1 Theil Braunstein, 2 Theile Salzsäure und 1 Theil Schwefelsäure zu nehmen. Nachdem die Schwefelsäure mit dem gleichen Volumen Wasser verdünnt wurde, und alles wieder erkaltet ist, setzt man derselben die Salzsäure zu und giesst dieses Gemenge nach und nach in den Kolben, welcher den Braunstein enthält. Eine sehr geringe Erwärmung reicht hin die Gasentwickelung zu bewirken.

192. Die oben aufgestellte Ansicht über die Art die Chlorverbindungen analog mit den Sauerstoff- und Schwefelverbindungen zu betrachten, wurde bereits von B o n s d o r f f ungefähr auf dieselbe Weise ausgesprochen, sie ist indess nicht die jetzt herrschende. B e r z e l i u s hat vielmehr eine andere Betrachtungsweise eingeführt, welche fast allgemein angenommen wurde. B e r z e l i u s rechnet nämlich gewisse Chloride, welche in einigen ihrer Eigenschaften den Sauerstoffsalzen ähnlich sind, wie z. B. die Chloride des Natrium, Kalium etc. zu den Salzen, und nennt, da diese Körper ihrer Zusammensetzung nach nicht unter die Definition der Salze passen, das Chlor einen S a l z b i l d e r oder ein H a l o i d, die obigen Verbindungen desselben aber H a l o i d s a l z e, zum Unterschied von den A m p h i d s a l z e n. Erstere werden gebildet, wenn sich ein Haloid mit einem Radical verbindet, während die letzteren, die Amphidsalze nämlich, aus einer Säure und einer Basis bestehen, die durch einen gemeinschaftlichen Amphigenstoff, z. B. den Sauerstoff wenn es Sauerstoffsalze, dem Schwefel wenn es Schwefelsalze sind, gebildet werden. Die Amphigenstoffe zu welchen also der Sauerstoff, Schwefel etc. gehören, unterscheiden sich demnach von den Haloiden dadurch, dass die ersteren Körper zu bilden fähig sind, welche sich zu einander wie Säuren zu Basen verhalten, während letzteren diese Eigenschaft abgeht.

Es ist einleuchtend, dass, wenn die in (135) gegebene Definition eines Sauerstoffsalzes ausgedehnt wird, wie dies für die analogen Schwefelverbindungen von Berzelius selbst geschehen ist, so dass man unter Salz dann überhaupt eine Verbindung von wenigstens 3 Grundstoffen versteht, die sich als aus einer Säure und einer Basis bestehend betrachten lässt, man unmöglich Körper wie das Kochsalz etc. unter diese Definition subsumiren und Salze nennen kann. Dass der hieraus hervorgehenden Schwierigkeit durch die Creirung von Salzbildern, das heisst von Körpern, deren binäre Verbindungen man übereinkommt Salze zu nennen, obwohl sie ihrer Zusammensetzung nach keine sind, nicht abgeholfen wird, bedarf kaum einer weiteren Erläuterung, es frägt sich vielmehr ob sich dieses sonderbare Verhältniss nicht auf eine natürliche Weise aufklären lasse. Geht man nämlich auf die Art zurück wie sich nach und nach die Begriffe von Salz, Salzbilder u. s. w. gebildet haben, so sieht man, dass eine Vermischung zweier heterogener, nicht in einer Wissenschaft Platz findender Principien, nämlich eines naturhistorischen und eines chemischen, an der jetzt vorhandenen Schwierigkeit Schuld ist.

Das Wort Salz ist nämlich zu einer Zeit entstanden, wo man von der chemischen Zusammensetzung der Körper noch gar keine Vorstellung hatte, und konnte sich daher auch gar nicht auf die chemische Beschaffenheit der damit bezeichneten Substanzen beziehen, es bezog sich allein auf die naturhistorischen oder physikalischen Eigenschaften derselben, und wurde für alle in dieser Beziehung ähnlichen Körper als Gattungsname gebraucht. Es gehört also ganz und nur allein der Naturgeschichte an, und die Chemie hätte sich desselben niemahls zur Bezeichnung des Charakters einer ganzen Klasse von Verbindungen bedienen sollen. Als man später die chemische Zusammensetzung mehrerer mit dem Namen Salz bezeichneten Körper näher untersuchte, waren es gerade die Sauerstoffsalze, welche man in dieser Hinsicht genauer kennen lernte, und da man damahls von der Natur des Chlors noch keine Ahnung hatte und eben so wenig wissen konnte, dass eine Ähnlichkeit der äusseren Charaktere keineswegs eine Ähnlichkeit in der chemischen Zusammensetzung zur Folge haben müsse; so war es begreiflich und für den damaligen Standpunkt der Wissenschaft auch ganz consequent, dass man die chemische Zusammensetzung der Sauerstoffsalze als allgemein gültig für alle Salze aufstellte, indem der Salpeter, wie noch jetzt, als salpetersaures Kali, das Kochsalz aber diesem ganz analog als salzsaures Natron betrachtet wurde. Jetzt aber, wo diese Verhältnisse gehörig aufgeklärt sind, wo man weiss, dass das Kochsalz weder Wasserstoff noch Sauerstoff enthält, ist es an der Zeit, dasjenige aus der Wissenschaft zu entfernen, was nur zufällig in dieselbe gekommen ist, und durchaus nicht hinein gehört. Da nämlich in jeder Wissenschaft Begriffsbestimmungen und Eintheilungen nur aus einem Principe fliessen müssen, das in der Naturgeschichte nur ein naturhistorisches, in der Chemie hingegen nur ein chemisches sein kann: so bleibt nichts anderes übrig, als das Wort Salz entweder im naturhistorischen oder im chemischen Sinne zu nehmen. In ersterem Falle werden damit alle jene Körper bezeichnet werden, die eines gewissen Complexes naturhistorischer Eigenschaften wegen in jene Ordnung gehören, welche in dem naturhistorischen Mineralsysteme die Ordnung der Salze heisst, wo dann wohl das Kochsalz, aber weder der Kalkspath noch der Leucit, noch das Rothgültigerz u. s. w., welche die Chemiker jetzt unter die Salze zählen, darunter gehören. Im zweiten Falle muss man, vom rein chemischen Standpunkte ausgehend, consequenter Weise eine Klasse von Körpern, die wenigstens aus drei Grundstoffen bestehen und auf welche sich eine gewisse Vorstellungsweise über die Art der Anordnung ihrer Bestandtheile anwenden lässt, mit dem Ordnungsnamen Salz bezeichnen. Dann darf man aber nicht erwarten, dass die Salze im chemischen Sinne auch Salze im naturhistorischen sein werden; denn die naturhistorische Ordnung der Salze umfasst viele Körper, die chemisch genommen keine Salze sind und schliesst wieder andere aus die der Chemiker dazu zählen muss. So lange man aber das Wort Salz in beiden Wissenschaften gebraucht, wird es immer nothwendig sein zu unterscheiden, in welchem Sinne es genommen wurde. Da indess unsere Vorstellungen über die näheren Bestandtheile der Körper noch ganz hypothetisch sind, so kann es für die Fortschritte der Wissenschaft nie förderlich sein die Behandlung derselben von diesen Vorstellungen abhängig zu machen, wesswegen in diesem Werke eine Methode befolgt wurde, welche so wenig als möglich auf hypothetische Ansichten gegründet ist. (126)

193. Es wird nicht am unrechten Orte sein hier zu erklären, was man sich eigentlich unter dem Worte chemisches Moment, welches im (192) gebraucht wurde, zu denken habe. Die im Vorhergehenden angegebenen Thatsachen beweisen nämlich auf das unzweideutigste, dass die verschiedenen Grundstoffe ungleiche chemische Effecte hervorzubringen vermögen, wenn sie in Mengen, die ihren Äquivalenten gleich oder proportional sind, auf einander wirken, so dass der eine, bei einem kleineren Äquivalente, schon

einen grösseren Effect hervorzubringen vermag, als der andere bei einem grösseren. Dieses Verhalten der Körper wurde in (132) so ausgedrückt, dass das Vermögen eines Grundstoffes, einer Verbindung einen gewissen Charakter aufzudrücken, nicht nur von seiner Stellung in der Reihe, in welcher dieselben nach ihrer chemischen Ähnlichkeit geordnet sind, sondern auch von der Grösse seines Äquivalentes abhängt. Es sind also offenbar wenigstens zwei Grössen vorhanden, durch welche der chemische Gesammteffect eines Stoffes bedingt ist. Bei dem noch so schwankenden Zustande unseres Wissens über die letzte Ursache der chemischen Veränderungen, dürfte es wohl kaum noch möglich sein, etwas Bestimmtes über dieses eigenthümliche und so wichtige Verhältniss der Stoffe auszusprechen. Um aber den Ideen hierüber eine bestimmtere Grundlage zu geben, scheint es am geeignetsten sich vorzustellen, dass der chemische Effect eines Körpers das Product aus der Grösse seines Äquivalentes in die Grösse der chemischen Anziehungskraft (Affinität) ist, welche den Körpern zukommt (139). Dieses Product kann man füglich das c h e m i s c h e M o m e n t eines Körpers nennen. Bezeichnet man nun mit Q das Äquivalent eines Grundstoffes, mit A die Grösse der seinen Atomen zukommenden chemischen Anziehung, zu welcher bis jetzt leider noch die Einheit fehlt, und nennt man M das chemische Moment, so ist

$$M = AQ$$

Gelingt es einmal den chemischen Effect eines Stoffes, d. h. sein chemisches Moment auf eine Einheit und somit auf bestimmte Zahlen zurückzuführen, so ist durch die obige Gleichung auch die Möglichkeit gegeben die chemische Anziehung selbst zu messen. Es ist übrigens nicht zu übersehen, dass das chemische Moment, von welchem hier die Rede ist, von der c h e m i s c h e n Masse oder Moment*), wie B e r t h o l l e t diesen Begriff verstanden, wohl zu unterscheiden ist. B e r t h o l l e t stellte nämlich den Satz auf, dass der chemische Effect eines Stoffes mit seiner Quantität im geraden Verhältnisse steht, einen Satz der sich in dieser allgemeinen Form mit den gegenwärtig feststehenden stöchiometrischen Gesetzen nicht verträgt, der aber ganz wahr ist, wenn man, wie oben geschehen, statt Quantität überhaupt, nur jene Menge desselben darunter versteht, welche

---

*) Nach B a r t o l d y's Vorschlag nämlich s. B e r t h o l l e t's Versuch einer chemischen Statik übersetzt von B a r t o l d y, mit Erklärungen begleitet von E. G. F i s c h e r. Berlin 1811.

dem Äquivalent, desselben gleich ist. Denn wenn man in der obigen Gleichung bei gleichbleibendem Werthe von Q, statt A den Werth 2 A, 8 A u. s. w. setzt, so wird nothwendig auch M in 2 M, 3 M etc. übergehen, womit auch die Erfahrung in Übereinstimmung ist.

Chlor und Sauerstoff.

194. Diese beiden Grundstoffe besitzen ein so geringes Bestreben sich mit einander zu verbinden, dass dies auf keine Weise durch directe Einwirkung derselben auf einander bewirkt werden kann. Auf indirectem Wege hat man bisher nicht weniger als sieben Oxydationsstufen des Chlors dargestellt. Diese sind folgende:

a.	ClO	Unterchlorige Säure	enthält auf 35,4 Th. Chlor	8 Th. Sauerst.					
b.	ClO_3	Chlorige Säure	»	»	»	»	»	24 »	»
c.	ClO_4	Unterchlorsäure	»	»	»	»	»	32 »	»
d.	Cl_3O_{13}	Chlorochlorsäure	»	»	»	»	»	34,7 »	»
e.	ClO_5	Chlorsäure	»	»	»	»	»	40 »	»
f.	Cl_3O_{17}	Chlorüberchlorsäure	»	»	»	»	»	45,6 »	»
g.	ClO_7	Überchlorsäure	»	»	»	»	»	56 »	»

Alle diese Verbindungen sind nur wenig beständig, einige werden sowohl durch den Einfluss des Lichtes als durch eine geringe Temperaturerhöhung, in letzterem Falle mit Explosion, zerlegt, andere hingegen können nicht für sich sondern nur in Verbindungen bestehen. Sämmtliche Oxydationsstufen des Chlors sind in ihren Eigenschaften sehr übereinstimmend und haben den Charakter der Säuren. Alles dieses beweiset welch ein hoher Grad von Ähnlichkeit zwischen dem Sauerstoff und dem Chlor besteht, und wie nothwendig es ist die Verbindungen dieser beiden Grundstoffe mit anderen Körpern nach e i n e m Principe zu betrachten. Die erste und fünfte dieser Verbindungen entstehen bei der Einwirkung des Chlors auf die L ö s u n g e n der Alkalien oder ihrer kohlensauren Salze und einiger alkalischen Erden. Dabei bilden sich gleichzeitig die Chloride der ihnen entsprechenden Metalle, indem der Sauerstoff des einen Theiles derselben sich mit dem Chlor verbindet, während der andere Theil der so entstandenen Sauerstoffverbindung zur Basis dient, wie dies folgendes Schema zeigt, wobei weder die Kohlensäure noch das Wasser berücksichtiget sind, da erstere nach und nach entweicht und die Menge des letzteren hier nicht in Betrachtung kommt. $2KO$ und $2Cl$ geben KO,ClO und KCl; wirkt das Chlor länger ein und wird auch die Temperatur erhöht, so geben $6KO$ mit $6Cl$ chlorsaures Kali KO,ClO_5 und $5KCl$.

Das Chlor verdrängt also auch unter diesen Umständen den Sauerstoff, aber nur theilweise, und verbindet sich damit, während dieser bei einer höheren Temperatur vollständig abgeschieden wird.

195. *a.* Unterchlorige Säure ClO = 43,4 (Acide hypochloreux. Von Balard im Jahre 1834 entdeckt). Diese Verbindung des Chlors mit dem Sauerstoff ist ein röthlichgelbes Gas von starkem, dem Chlor ähnlichem Geruche, dessen Dichte 2,977 beträgt, wornach ein Liter desselben bei 0° und 760 Mm. 3,364 Gr. wiegt. Bei — 20 verdichtet es sich zu einer blutrothen Flüssigkeit. Das Gas zerfällt, obwohl langsam schon im Dunkeln, schneller bei Tageslichte und in wenigen Minuten im Sonnenlichte, in 1 Vol. Sauerstoffgas und 2 Vol. Chlorgas, welche in denselben zu 1 Vol. verbunden waren. Wird es erwärmt, oder wird ein elektrischer Funke durch dasselbe geleitet, so erfolgt die Zersetzung unter heftiger Explosion, ja es hat sich schon ereignet, dass diese bei gewöhnlicher Temperatur und ohne erkennbare Veranlassung erfolgte. In Berührung mit vielen Körpern, wie mit Schwefel, Kohle, Phosphor, Phosphorwasserstoff, Ammoniakgas, Arsen, Schwefelwasserstoff, Selen etc. verpufft es, während andere Körper wie Jod, Brom, Hydrochlor etc. es ruhig zerlegen. Auch zersetzen es die meisten organischen Körper, und zwar mehrere derselben wie z. B. geleimtes Papier ebenfalls unter Verpuffung. Ist das unterchlorigsaure Gas mit Wasserstoffgas gemengt, so lässt es sich durch einen brennenden Körper entzünden, wobei unter heftiger Explosion Hydrochlor und Wasser gebildet werden. Die flüssige unterchlorige Säure wird eben so leicht zerlegt als die gasförmige, dies geschieht noch bei — 20° durch geringe Erschütterung, z. B. durch einen an der Glasröhre, welche es enthält, gemachten Feilstrich. Das Gas wird begierig vom Wasser aufgenommen, und bildet damit eine intensiv gelbe Flüssigkeit, in welcher bei 0° das 200fache Volumen des Gases enthalten ist. 100 Th. Wasser nehmen also 77,364 Th. Säure auf, was nahe der Formel ClO,6HO entspricht. Die so erhaltene wässrige Säure riecht wie das Gas und wirkt so heftig auf die Haut, dass es sie in kurzer Zeit tief ätzt, wobei sie braun gefärbt wird. Sie lässt sich bei mässiger Concentration fast unverändert destilliren, ist sie aber entweder sehr concentrirt oder sehr verdünnt, so wird sie zum Theil zersetzt. Eine nicht zu sehr verdünnte Säure kann daher durch Destillation concentrirt werden, wobei das Zuerstübergehende den grössten Theil der ganzen Säure enthält. Durch andere Körper wird dieselbe eben so leicht wie die trockene zerlegt, wobei sich oft die

Substanzen, welche die Zerlegung bewirken, unter Feuererscheinung mit den Bestandtheilen derselben verbinden, wie dies z. B. beim Arsen geschieht. Schwefelblei wird dadurch sehr schnell in schwefelsaures Bleioxyd umgewandelt. Die wässerige, unterchlorige Säure ist so wie die meisten ihrer Salze, durch das Vermögen im hohen Grade bleichend zu wirken, ausgezeichnet. In der That besitzt 1 V. der gesättigten Lösung dieser Säure genau dieselbe bleichende Kraft als 400 V. Chlorgas, was aus der Wirkung des darin enthaltenen Sauerstoffes, dem dasselbe bleichende Vermögen wie dem Chlore zukömmt, erklärlich ist.

Die beste Bereitung der unterchlorigen Säure ist folgende von Pelouze angegebene (An. de Ch. et de Ph. 7. 176, 1843). Man leitet trockenes Chlorgas in eine Röhre, in welcher sich Quecksilberoxyd befindet, und welche man, um eine Erhitzung zu vermeiden, durch darauf fliessendes Wasser kühlt. Aus diesem Grunde darf sich auch das Chlorgas nicht zu rasch entwickeln. Man muss sich hiezu eines Quecksilberoxydes bedienen, das entweder aufs feinste gepulvert, oder noch besser durch Fällen einer Lösung desselben mit Ätzkali bereitet ist und nachher bei einer bis zur anfangenden Zersetzung gehenden Temperatur getrocknet wurde. Hiebei wird das Quecksilberoxyd HgO in Chlorid verwandelt und also der Sauerstoff desselben durch Chlor ersetzt. Da das Gas sowohl vom Wasser als auch vom Quecksilber absorbirt wird, wobei sich HgO und HgCl bildet, so bedient man sich um es aufzufangen einer trockenen Flasche, in welche man es durch eine bis an den Boden derselben reichende Röhre leitet. Schlägt man Wasser vor, so erhält man wässerige, unterchlorige Säure. Bringt man nach und nach Quecksilberoxyd in Chlorwasser, so bildet sich nicht blos Quecksilberchlorid und unterchlorige Säure, sondern es entsteht auch noch ein brauner Körper, welcher eine Verbindung von Quecksilberoxyd mit Quecksilberchlorid ist. Man erhält auch wässerige unterchlorige Säure, wenn man einer concentrirten Auflösung von Chlorkalk nach und nach so viel sehr verdünnte Salpetersäure zusetzt, als nothwendig ist um die Hälfte des in der Lösung enthaltenen Kalkes in salpetersauren zu verwandeln, und dann die Flüssigkeit destillirt.

Die unterchlorige Säure bildet vorzüglich mit den starken Basen Kali, Natron, Kalk, Bittererde, Kupferoxyd und Zinkoxyd Salze, von welchen die drei zuerst genannten durch ihre starke Bleichkraft ausgezeichnet sind und daher auch in der Industrie häufige Anwendung finden. Sie schmecken ätzend, verdicken den Speichel und verbreiten in Berührung mit organischen Substanzen einen eigenthümlichen, unangenehmen Geruch. Sie sind sämmtlich in Wasser und Weingeist löslich, und werden sowohl durch das Licht als auch durch die Wärme, und zwar durch die letztere noch schneller, unter Entwickelung von Sauerstoffgas, in ein Chlormetall und in ein chlorsaures Salz zerlegt. Bei dieser Umwandlung geht natürlich die Bleichkraft verloren, weil die neu entstandenen Verbindungen dieselbe nicht besitzen. Übrigens verhalten sich die unterchlorigsauren Salze fast eben so gegen leichter oxydirbare Substanzen wie die wässerige unterchlorige Säure. Sämmtliche Salze dieser Säure werden durch fast alle andern Säuren zersetzt, sogar theilweise durch die Kohlensäure. Hiebei wird, wenn dem Salze ein Chlormetall beigemengt ist, bloss Chlor frei, weil der Sauerstoff zur Oxydation dieses Metalles verbraucht wird. Nur wenn die Säure sehr verdünnt ist, und dem Salze sehr langsam und in einer Menge zugesetzt wird, welche kaum hinreicht, das an die unterchlorige Säure gebundene Oxyd zu neutralisiren kann diese Säure selbst abgeschieden werden. Die unterchlorigsauren Salze kann man ferner auch auf directem Wege, oder durch Zerlegung der unterschlorigsauren Kalkerde erhalten.

196. *b.* Chlorige Säure $ClO_3 = 59,4$ (Acide chloreux). Diese Säure, welche erst in neuester Zeit von Millon richtig erkannt und isolirt dargestellt wurde (An. de Ch. et de Ph. 7. 298. 1843) erscheint als ein Gas von ziemlich tiefer grünlichgelber Farbe und eigenthümlichen, der unterchlorigen Säure ähnlichem Geruche. Die Respirationsorgane werden davon noch stärker als vom Chlor afficirt. Seine Dichte beträgt nur 2,646, und es sind darin 2 Vol. Chlorgas mit 3 Vol. Sauerstoffgas zu 3 Vol. verbunden. Wird dasselbe bis 57° erwärmt, so zerfällt es mit schwacher Explosion in seine Bestandtheile. Bei —15° wird es noch nicht tropfbar. 1 Vol. Wasser nimmt davon 5 — 6 Vol. auf und erhält dadurch eine dunkel goldgelbe, bei stärkerer Verdünnung grünliche Farbe, es schmeckt ätzend, und macht in einem Augenblicke gelbe Flecken auf der Haut. Schon wenige Blasen des Gases reichen hin einen Liter Wasser zu färben. Die wässerige Lösung dieser Säure wird durch Berührung mit Luft nicht geändert, durch die Einwirkung des directen Sonnenlichtes aber, zerfällt sie in wenigen Stunden in Chlorsäure, etwas weniges Chlor und Sauerstoff, zerstreutes Licht bewirkt dieselbe Veränderung, jedoch langsamer. Befindet sich aber die trockene Säure in Gasform in einer wohlverschlossenen Flasche der Einwirkung des Sonnenlichtes ausgesetzt, so erfolgt die Zerlegung auf eine andere

Weise. Sie zerfällt dann nämlich in Überchlorsäure, welche sich an den Wänden der Flasche in kleinen Krystallen ansetzt, und in Chlor und Sauerstoff. Bei gehörig modificirter Einwirkung des Lichtes kann dieselbe in Chlorüberchlorsäure umgewandelt werden (210). Die gasförmige, trockene Säure detonirt, wenn sie mit Schwefel, Selen, Tellur, Phosphor und Arsen in Berührung kommt. Jod absorbirt dieselbe, unter Bildung von Chlorgas und Jodsäure. Brom wirkt gar nicht auf sie, dasselbe gilt auch von den meisten Metallen, selbst wenn sie in feinen Feilspänen mit der Säure zusammengebracht werden, Quecksilber jedoch absorbirt dieselbe vollständig; Baryt und Ätzkalk absorbiren die Säure nur sehr langsam. Silberoxyd zerlegt sie sogleich.

Wird die wässerige Säure mit den Metallen in Berührung gebracht, so entstehen sehr mannigfaltige Producte, welche sowohl von der Natur der Metalle, als auch von der Dauer der Einwirkung der Säure und davon bestimmt werden, ob die Säure im Überschuss angewendet wird oder nicht. Es können auf diese Weise Oxychlorüre, Chlorüre, chlorigsaure und chlorsaure Salze gebildet werden. Viele Metalle, wie Antimon, Gold, Platin etc. werden davon gar nicht angegriffen. Zinnchlorür wird in Zinnchlorid, Eisenoxydulsalze werden in Eisenoxydsalze übergeführt. Kali, Natron, Baryt etc. verbinden sich mit der Säure, jedoch langsam. Auch organische Substanzen werden innerhalb der Temperatur, bei welcher diese Säure sich nicht zerlegt, von derselben nicht verändert. Dieses Verhalten zeigt deutlich, dass die chlorige Säure, innerhalb der genannten Temperaturgränzen selbst bei Gegenwart kräftiger Desoxydations-Mittel, sehr beständig ist.

Die Bereitung der chlorigen Säure gründet sich auf das Verhalten der Chlorsäure und ihrer Salze gegen Salpetersäure und vorzüglich gegen salpetrige Säure. Chlorsaures Kali wird nämlich von der ersteren, wenn sie rein ist und eine Dichte von 1,405 hat, ohne Färbung und Zersetzung gelöst. Erst bei 57° erfolgt diese, und zwar in Überchlorsäure und chlorige Säure, welche letztere wieder in Chlor und Sauerstoff zerfällt. Ist hingegen der Salpetersäure nur eine geringe Menge von salpetriger Säure beigemischt, so tritt beim Zusatz von chlorsaurem Kali sogleich die gelbgrüne Färbung ein, welche die Bildung von chloriger Säure anzeigt. Leitet man daher Stickoxydgas, NO_2, welches für sich nicht auf die chlorige Säure wirkt, in Salpetersäure, so wird diese dadurch zum Theil desoxydirt, ist nun aber chlorsaures Kali in derselben gelöst, so wird die

Chlorsäure sogleich desoxydirt und in chlorige Säure verwandelt, die Salpetersäure dadurch aber wieder hergestellt. Statt des Stickoxydgases kann man sich bequemer anderer Substanzen bedienen, welche auf Kosten der Chlorsäure oxydirt werden. Bringt man z. B. 3 Theile arsenige Säure (AsO_3) und 4 Theile chlorsaures Kali, welche fein gerieben und innig gemengt werden, in einen Ballon, setzt dann so viel Wasser zu, dass ein gleichförmiger dünner Brei entsteht, und giesst nachher ein Gemenge von 4 Theilen Wasser und 12 Theilen reiner Salpetersäure von der Dichte 1,327 darauf, so entwickelt sich schon bei einer Temperatur von 25° reines chlorigsaures Gas. Der Ballon muss hiebei bis zum Halse angefüllt sein und in einem Wasserbade stehen. Manchmal finden zwar Erschütterungen des Apparates Statt, aber niemals erfolgen gefährliche Explosionen, wenn die obige Vorschrift genau befolgt wird. Es ist in jedem Falle gut den Apparat mit mehrfach zusammengelegten Tüchern zu umgeben, vorzüglich schon um die Einwirkung des Lichtes abzuhalten. Bei diesem Processe oxydirt sich die arsenige Säure (AsO_3) auf Kosten der Salpetersäure, und diese wird wieder auf Kosten der Chlorsäure restituirt. Wenn man statt arseniger Säure Weinsteinsäure ($C_4H_2O_5,HO$) anwendet, so geht die Operation besonders leicht vor sich; dann ist aber die chlorige Säure mit Kohlensäure gemengt, indem jetzt die Weinsteinsäure auf Kosten der Salpetersäure oxydirt wird. In vielen Fällen ist jedoch diese Beimengung ganz ohne Einfluss, und dann ist das Verfahren sehr vortheilhaft. Die zu nehmenden Quantitäten sind: 1 Theil Weinsteinsäure, 4 Theile chlorsaures Kali, welche beide nur grob gepulvert und gemengt werden, dann 6 Theile Salpetersäure von 1,327 Dichte und 8 Theile Wasser. Bei 25° erfolgt die Réaction, und die Temperatur wird nachher noch bis 45 höchstens 50° gesteigert. Das Gas kann durch Chlorcalcium getrocknet werden.

Die chlorige Säure zeigt ein interessantes Verhalten, wenn sie in ihrer wässerigen Lösung mit feuchter Luft in Berührung kommt. Bringt man nämlich ein wenig Wasser in einen grossen Ballon, den man so lange schüttelt, bis die Luft darin mit Wasserdunst gesättigt ist, und giesst dann einige Grammen einer verdünnten wässerigen Lösung der chlorigen Säure hinein, so erhebt sich sogleich vom Boden des Ballons ein sehr dichter weisser Nebel, welcher denselben nach und nach ganz erfüllt und endlich heraustritt. Millon, der diese Erscheinung beschreibt, sucht dieselbe aus einer vorübergehenden Bildung von Chlorüberchlorsäure zu erklären. Unterchlorsäure und Chlorochlorsäure zeigen sie ebenfalls.

197. c. Unterchlorsäure. $ClO_4 = 67,4$ (Acide hypochlorique). Diese Säure wurde vom Grafen Stadion und Davy zu gleicher Zeit (1815) entdeckt, aber erst Millon (l. c.) hat sie rein dargestellt und ihre Beziehungen richtig entwickelt. Als Gas ist dieselbe dunkel stahlgrün gefärbt und von erstickendem Geruche. Die gasförmige Säure condensirt sich leicht zu einer dunkel gelblichrothen Flüssigkeit, welche bei 20° siedet. Sie ist unter allen Oxydationsstufen des Chlors die am leichtesten zersetzbare, indem schon die Einwirkung des Lichtes hinreicht, sie allmählig in Sauerstoffgas und Chlorgas zu zerlegen. Bei 60° erfolgt die Zerlegung mit äusserster Heftigkeit und fast alle oxydirbaren Substanzen bewirken dieselbe sogleich und unter Feuererscheinung. Das Gas wird vom Wasser unverändert aufgenommen, und zwar bei 4° das 20fache vom Volumen des letzteren, wodurch eine grünlich gelbe Flüssigkeit entsteht, welche bei starker Abkühlung zu einer gelben krystallinischen Masse erstarrt, die wahrscheinlich ein Hydrat der Säure ist, aber ihrer Veränderlichkeit wegen nicht untersucht werden kann. Durch Erwärmen oder durch einen Strom von Kohlensäure kann die Säure wieder vom Wasser ausgetrieben werden. Die Unterchlorsäure vermag, wie es scheint, nach den bis jetzt damit angestellten Versuchen, sich als solche nicht mit Basen zu verbinden. Bringt man sie mit denselben zusammen, so erhält man Gemenge einer gleichen Anzahl Äquivalente von chlorigsauren und chlorsauren Salzen. Es geben nämlich $2KO$ und $2ClO_4$, zusammengemischt, KO,ClO_5 und KO,ClO_3. Aus diesem Grunde sieht Berzelius die Unterchlorsäure als eine Verbindung zweier anderer Oxydationsstufen des Chlores an. Für jetzt dürfte es jedoch gerathener sein (134) diese Verbindung nur nach ihrer Elementarzusammensetzung zu betrachten, und zwar um so mehr als Millon wirklich beim Sättigen einer Kalilösung mit Unterchlorsäure, neben den übrigen Zerlegungsprodukten derselben, die Bildung eines eigenthümlichen, noch nicht näher untersuchten Salzes beobachtete.

Die Bereitung der Unterchlorsäure gründet sich auf das Verhalten derselben und des chlorsauren Kalis gegen Schwefelsäure. Wird nämlich Unterchlorsäure in Schwefelsäure geleitet, welche bis zu -18° erkaltet ist, so löst diese das 20fache ihres Volumens von dem Gase auf. So lange die Temperatur nicht steigt, ist die Flüssigkeit gelb gefärbt, wie dies aber geschieht, färbt sie sich sogleich roth und entwickelt schon bei 10° Chlor und Sauerstoff, und zwar gerade wie $2:3$, also wie sie in der chlorigen Säure ClO_3 vorhanden sind. Es entweicht übrigens auch noch ein Theil dieser Säure unzersetzt, nebst ClO_4. In der Schwefelsäure findet sich noch überdies Überchlorsäure ClO_7. $4ClO_4$ geben somit in Berührung mit Schwefelsäure $3ClO_3$, wovon ein Theil zerlegt wird, und ClO_7. Lässt man nun Schwefelsäure auf chlorsaures Kali wirken, so hängt das Resultat ganz von der Concentration, der Menge der Säure und der Temperatur ab. Wendet man einen Überschuss von verdünnter Säure an und erhitzt gleich bis 100^0, so erhält man nichts als Chlor und Sauerstoff. In dem Masse aber als man weniger Schwefelsäure anwendet und sie bei niedrigerer Temperatur auf das Salz wirken lässt, desto weniger von beiden Gasen entwickelt sich, und desto mehr andere Producte treten auf. Diese sind Überchlorsäure und Unterchlorsäure. Man kann sich vorstellen, dass unter den günstigsten Umständen $5KO,ClO_5$ mit der gehörigen Menge Schwefelsäure behandelt $4ClO_4$ geben würden, welche entweicht und zum Theil auf die oben angegebene Art zersetzt wird, dann KO,ClO_7, welche erst bei höherer Temperatur zersetzt werden, und freies Cl und $2O$ nebst schwefelsauerm Kali. Hieraus ergibt sich das vortheilhafteste Verfahren Unterchlorsäure zu bereiten. Man bringt in einen Platintiegel, der damit nur bis zum dritten Theil angefüllt sein darf, und sich in einer Frostmischung aus Kochsalz und Eis befindet, ungefähr 100 Grammen reine Schwefelsäure, und trägt, wenn alles gehörig abgekühlt ist, 15 — 20 Gm. fein gepulvertes, ebenfalls reines und abgekühltes chlorsaures Kali vorsichtig und in kleinen Mengen in dieselbe ein, indem man jedesmahl sorgfältig mit einem Glasstab umrührt. Wenn die dunkel braunroth gefärbte Masse eine etwas dicke ölige Consistenz angenommen hat, giesst man sie in einen vollkommen reinen Ballon, der damit nur bis zum dritten Theile angefüllt sein darf, mit der Vorsicht den Rand desselben nicht mit der Flüssigkeit zu benetzen, indem dadurch beim nachherigen Einpassen des Korkes eine Explosion entstehen könnte. Wollte man auf die oben angegebene Menge Schwefelsäure mehr chlorsaures Kali nehmen, so würde das Gemenge nach einiger Zeit mit grösster Heftigkeit explodiren. Den Ballon bringt man in ein metallenes Gefäss mit Wasser, das man sehr vorsichtig und langsam bis 20^0 erwärmt. Erst nach einiger Zeit kann die Temperatur bis 30 und sogar bis 40^0 gesteigert werden, ohne dass die Zersetzungsproducte sich ändern. Man kann das Gas in kleinen Flaschen auffangen, wie das Chlor, oder man kann es vom Wasser absorbiren lassen, in beiden Fällen ist es vom sich ebenfalls entwickelnden Chlor verunreinigt.

Da Quecksilber davon ziemlich rasch angegriffen wird, so ist kein anderes Mittel dasselbe rein zu erhalten, als es in einer kleinen Eprouvette, die sich in einer Kältemischung befindet, zu condensiren. Man muss den Apparat immer mit leinenen Tüchern umhüllen, und darf ja nicht zu viel von der Flüssigkeit in einer Röhre ansammeln, wegen der Heftigkeit mit welcher dieselbe explodirt, wenn sich hiezu eine Veranlassung findet.

Die Wirkung der Schwefelsäure und der dadurch gebildeten Chlorverbindungen auf einige leicht oxydirbare Körper, wie z. B. Phosphor, lässt sich auf eine gefahrlose Art zeigen, wenn man in ein Cylinderglas, welches kaltes Wasser enthält, etwas chlorsaures Kali gibt das ohne sich merklich zu lösen sogleich zu Boden sinkt. Bringt man nun einige Stückchen Phosphor hinein und giesst dann durch eine Trichterröhre, welche bis an den Boden des Gefässes reicht und in eine enge Öffnung ausgezogen ist, Schwefelsäure; so färbt sich die Flüssigkeit sogleich gelb und es entstehen kleine Detonationen begleitet von Feuererscheinung in derselben. Über ähnliche Wirkungen der Unterchlorsäure auf andere Körper s. man den (210).

198. d. **Chlorochlorsäure.** $Cl_3O_{13} = 210,2$ (Acide chlorochlorique. **Davy's** Euchlorine). Diese Verbindung, deren Natur ebenfalls durch **Millon** (l. c.) näher aufgeklärt wurde, besitzt sowohl in ihrem physikalischen als chemischen Verhalten so viele Ähnlichkeit mit der Unterchlorsäure, dass sie sehr leicht damit verwechselt werden kann. Die durch eine Erkältung des Gases bis zu — 18° zur Flüssigkeit condensirte Säure siedet aber bei 32° und detonnirt erst bei 70°. Mit Alkalien gibt sie ebenfalls keine eigenen, sondern auch nur chlorsaure und chlorigsaure Salze, aber in anderen Verhältnissen als die Unterchlorsäure. Es zerfällt nämlich Cl_3O_{13} in $2ClO_5$ und ClO_3. **Millon** hat diese Säure rein erhalten, indem er chlorsaures Kali mit Salzsäure in einen Ballon behandelte, an welchem mehrere Uförmig gebogene Röhren angebracht waren. Die erste wurde bis auf 0° abgekühlt, die übrigen bis auf — 18°. Es sammelte sich in der ersten wässrige Salzsäure, in den übrigen die Chlorochlorsäure als rothe Flüssigkeit, während Chlor entwich. Hiebei scheinen 2 Äq. Wasserstoff der Salzsäure sich mit 2 Äq. Sauerstoff von 3 Äq. Chlorsäure zu verbinden, nämlich nach folgendem Schema: $3(KO,ClO_5)$ geben $3KCl$, Cl_3O_{13}, $5HO$ und $2Cl$.

199. e. C h l o r s ä u r e $ClO_5 = 75,4$. Die Chlorsäure (Acide chlorique) wurde zuerst von B e r t h o l l e t in ihren Verbindungen mit Basen beobachtet und auch jetzt noch ist man nicht im Stande sie zu isoliren. An Wasser gebunden stellte sie zuerst G a y - L u s s a c dar. Sie erscheint dann als eine im concentrirten Zustande gelbliche, sehr sauer schmeckende, stechend, der Salpetersäure ähnlich riechende Flüssigkeit. Durch das Licht wird sie nicht zersetzt, wohl aber schon bei $40°$. Beim Destilliren der wässerigen Säure geht zuerst Wasser, dann Chlor und Sauerstoff und zuletzt Überchlorsäure über, die Chlorsäure wird also hiebei gänzlich zerlegt, $2ClO_5$ geben nämlich ClO_7 und $3O$ nebst Cl. Dieselbe Umwandlung erleidet die Chlorsäure auch bei gewöhnlicher Temperatur, jedoch weit langsamer. Stellt man eine damit gefüllte Schale unter eine Glasglocke über Schwefelsäure, so bedecken sich die Wände derselben mit feinen Krystallen von Unterchlorsäure. Durch diese Säure werden Silber-, Quecksilber- und Blei-Salze nicht gefällt. Schweflige Säure, Schwefelwasserstoff, Weingeist, Äther und die meisten oxydirbaren Substanzen aber zersetzen sie, und zwar oft mit grosser Heftigkeit, was selbst dann noch geschieht, wenn sie an starke Basen gebunden ist. Ein Streifen Papier in dieselbe getaucht und an die Luft gebracht, entzündet sich. Die wässerige Säure erhält man, wenn eine Lösung von chlorsaurem Baryt in Wasser durch eine genau entsprechende Menge Schwefelsäure zerlegt wird. Nicht so rein, aber zu vielen Zwecken, insbesondere zur Darstellung anderer chlorsaurer Salze brauchbar, erhält man dieselbe, wenn man nach B ö t t g e r chlorsaures Natron durch Kleesäure zerlegt, wobei sich oxalsaures Natron bildet. Man setzt zu einer kalten gesättigten Lösung von 1 Äq. oder 12 Th. chlorsaurem Natron 1 Äq. oder 7 Th. krystallisirte Kleesäure, die in möglichst wenig Wasser von höchstens $45°$ gelöst wurde. Durch Abkühlen des Gemenges in einer Frostmischung kann man eine ziemlich vollständige Abscheidung des oxalsauren Natrons bewirken.

200. f. C h l o r ü b e r c h l o r s ä u r e. $Cl_3O_{17} = 242,2$. (Acide chloroperchlorique). Wenn man eine Flasche, welche trockene, gasförmige chlorige Säure enthält, mit nach oben gerichteter Mündung in ein gläsernes Gefäss mit Wasser stellt, so dass sie damit bedeckt ist, und nun das Ganze der Einwirkung des direkten Sonnenlichtes aussetzt, dabei aber dafür sorgt, dass die Temperatur des Wassers nie über $20°$ steigt; so bildet sich bald eine röthlich braune Flüssigkeit, welche an den Wänden der Flasche herabrinnt und sich am

Boden derselben sammelt. Diese Flüssigkeit ist die ebenfalls von Millon entdeckte Chlorüberchlorsäure. Man kann den Stöpsel der Flasche, um ihn besser schliessen zu machen, mit etwas Talg bestreichen, dann muss man sich aber hüten, dass nichts von der Säure mit dem Fett in Berührung kommt, indem sich sonst ein schwarzer Körper bildet, der beim Öffnen der Flasche explodirt und sie zertrümmert. Hat er sich gebildet, so muss man die Flasche umgestürzt in siedendes Wasser tauchen und sich entfernen, es wird dann meistens der Stöpsel herausgeschleudert, ohne dass hiebei die Flasche zerbricht. Wenn man die Glocke nicht gehörig abkühlt, oder die Einwirkung des Lichtes zu lange dauern lässt; so erhält man nichts als Überchlorsäure, Chlor und Sauerstoff. Dieselbe Umänderung erleidet aber die neue Säure jedenfalls nach einigen Tagen, und zwar selbst im Finstern. Durch Erwärmung wird sie ebenfalls zersetzt, aber ohne Explosion. Ihr Siedepunkt scheint höher zu liegen als der der Chlorochlorsäure. In Berührung mit den Alkalien bildet die Chlorüberchlorsäure keine eigenen Salze, sondern zerfällt in chlorige Säure und Überchlorsäure, indem Cl_3O_{17} gleich ist ClO_3 und $2ClO_7$.

201. Überchlorsäure $ClO_7 = 91{,}4$ (Acide perchlorique). Diese Säure wurde vom Grafen Stadion bereits im Jahre 1815 entdeckt und genau untersucht. Sie kann in wasserfreiem Zustande bestehen, indem sie sich nach Millon's Beobachtung bildet, wenn wohlgetrocknete chlorige Säure, Unterchlorsäure oder Chlorochlorsäure in ganz trockenen Flaschen der Einwirkung des Lichtes ausgesetzt werden, wobei sie sich an den Wänden in kleinen Krystallen absetzt, während Sauerstoff und Chlor abgeschieden werden. Mit der kleinsten Menge Wasser die sie enthalten kann, krystallisirt sie zu einer weissen Masse, welche bei 45° schmilzt, an der Luft weisse Nebel erzeugt und durch Anziehung von Wasser schnell zerfliesst. Im concentrirtesten Zustande hat sie eine Dichte von $1{,}65$ und erscheint als farblose ölige Flüssigkeit die bei 200° kocht, wobei sie zum Theil zersetzt wird, während sie bei 138° ohne Zersetzung verdampft. Sie verbindet sich mit dem Wasser unter Zischen und Erwärmung, damit eine stark und angenehm sauer schmeckende und nicht bleichend wirkende Flüssigkeit bildend. Ein selbst mit der concentrirten Säure getränkter Streifen Papier entzündet sich an der Luft nicht von selbst; verbrennt aber, mit einer glühenden Kohle berührt, mit lebhaftem Funkensprühen. Wird aber ein Papierstreifen in den Dampf der erhitzten

Säure gehalten, so entzündet er sich. Die Überchlorsäure zersetzt sich durch die Einwirkung des Lichtes nicht, und ist überhaupt unter allen Oxydationsstufen des Chlors die beständigste.

Die Überchlorsäure bildet sich bei der Einwirkuug der Schwefelsäure auf chlorsaures Kali (197), beim Erhitzen desselben Salzes (210), bei der Destillation der Chlorsäure und bei der Einwirkung des Lichtes auf trockene chlorige Säure, Unterchlorsäure und Chlorochlorsäure. Man bereitet dieselbe am besten durch Zerlegung des überchlorsauren Kalis mit Schwefelsäure, indem man in einer Retorte, welche ohne allen Kitt mit der gut gekühlten Vorlage verbunden sein muss, 5 Th. dieses Salzes mit 40 Th. reiner, namentlich keine Salpetersäure enthaltender Schwefelsäure, der 1 Th. Wasser zugesetzt wurde, übergiesst und behutsam erwärmt, jedoch nicht so weit, dass die Flüssigkeit zum Sieden kommt. Bei Anwendung einer grösseren Menge von Säure würde ein Theil der Überchlorsäure in Chlor und Sauerstoff zerlegt werden, was vollständig geschieht, wenn man 40 Th. Säure auf 1 Th. des Salzes nimmt. Man wechselt die Vorlage, wenn der Inhalt der Retorte farblos geworden ist, und die Säure nur mehr langsam übergeht. Die so erhaltene Säure, welche ungefähr den dritten Theil des angewendeten Salzes beträgt, hat eine Dichte von 1,45 und ist ziemlich rein. Was bei stärkerem Erhitzen übergeht enthält sehr viele Schwefelsäure. Setzt man der Schwefelsäure kein Wasser zu, so krystallisirt die Säure schon im Halse der Retorte. Um dieselbe zu reinigen wird mittelst schwefelsaurem Silberoxyde das Chlor entfernt, dann die Schwefelsäure mit überchlorsaurem Baryt weggeschafft und bei möglichst niederer Temperatur destillirt.

Die überchlorsauren Salze sind sämmtlich nicht nur im Wasser löslich, die meisten derselben zerfliessen sogar an feuchter Luft. Sie verhalten sich beim Erwärmen wie die chlorsauren, nur bedürfen sie zur Zerlegung einer etwas höheren Temperatur. Unter 100° werden sie durch keine Säure zerlegt.

Chlor und Wasserstoff.

202. Diese beiden Körper verbinden sich direct, und zwar bei Erhöhung der Temperatur bis zu 150°, durch den elektrischen Funken, und nach einigen Chemikern auch durch Platinschwamm. Sogar durch die blosse Einwirkung des Lichtes, insbesondere des violetten, erfolgt die Verbindung, im directen Sonnenlichte meistens mit Explosion. Das Chlor tritt also leichter mit dem Wasserstoff als dieser mit dem Sauerstoff in Verbindung; hieraus darf man jedoch nicht schliessen, dass die chemische Anziehung zwischen dem Chlor und dem Wasserstoff an sich grösser sei, als die zwischen diesem und dem Sauerstoff, denn das Äquivalent des Chlors ist fast $4\frac{1}{2}$mahl grösser als das des ersteren. Dieses Verhalten zeigt aber, dass beide Körper keine Ähnlichkeit unter einander besitzen, und dass der Wasserstoff in der Reihe des (131) weit von dem Chlor entfernt sein müsse. Bis jetzt sind zwei Verbindungen beider Körper bekannt, von welchen die eine dem Wasser die andere dem Wasserstoffsuperoxyde analog zusammengesetzt ist.

203. Hydrochlor HCl = 36,4 (Wasserstoffchlorid, Chlorwasserstoffsäure, salzsaures Gas, Gas acidum muriaticum, Gas acide muriatique, Acide hydrochlorique). Das Chlorid des Wasserstoffes erscheint unter gewöhnlichen Umständen als ein farbloses, an der Luft weisse Nebel bildendes, eigenthümlich sauer riechendes, heftig und erstickend wirkendes Gas, dessen Dichte 1,254 beträgt. Setzt man es bei einer Temperatur von 10° einem Druck von 18 Atmosphären aus, so wird es tropfbar und bildet dann eine wasserhelle, sehr bewegliche Flüssigkeit, was jedoch durch Abkühlung in Kohlensäurebrei nicht geschieht. Das Gas kann ohne Zerlegung durch stark glühende Röhren geleitet werden. Die Metalle der Alkalien entziehen dem Gase schon bei gewöhnlicher Temperatur das Chlor und lassen den Wasserstoff übrig, bei den andern z. B. beim Zink, Zinn, Eisen u. s. w. bedarf es hiezu einer Erhöhung der Temperatur. Das Hydrochlorgas wird vom Wasser sehr begierig und unter Wärmeentwickelung aufgenommen, und die Nebel welche dasselbe bildet wenn es mit feuchter Luft in Berührung kommt, sind ebenfalls eine Folge dieses Bestrebens sich des in der Luft befindlichen Wassers zu bemächtigen. Ein Volumen Wasser ist bei gewöhnlicher Temperatur im Stande 480 Vol. also nahe sein gleiches Gewicht Hydrochlorgas zu absorbiren, wobei sein Volumen um die Hälfte zunimmt. Die so erhaltene Flüssigkeit hat eine Dichte von 1,2109 und ist daher gleich 6HO,HCl. Sie bildet in weniger concentrirtem Zustande einen sehr wichtigen Handelsartikel, der unter dem Namen Salzsäure bekannt ist und als eine farblose, an der Luft rauchende Flüssigkeit die sehr sauer schmeckt und reagirt, erscheint. Wenn die bei 0° gesättigte Säure erwärmt wird, geht Hydrochlor fort, so dass bei einer Dichte von 1,181, wo sie 31,01 Pct. desselben enthält, der Siedepunkt bei 65° liegt. In dem Masse als sie Gas abgibt,

steigt der Siedepunkt und zwar bis auf 110°, wo er constant ist.
Die Dichte dieser Säure, die 20,17 Pct. Hydrochlor enthält, also
16HO,HCl ist, beträgt bei 13° 1,101 und die Dichte ihrer Dämpfe
ist gleich 0,691 (55). Destillirt man eine ganz verdünnte Säure,
z. B. eine solche deren Dichte 1,009 beträgt, so steigt der Siedepunkt der anfangs bei 101° liegt, nach und nach bis 110°, bei welchem wieder die constante Verbindung überdestillirt. Der Siedepunkt
von 101° kommt also einer concentrirten Säure von 1,14 Dichte und
einer Säure von 1,009 Dichte zu. Eine Säure also, die über 20 Pct.
Hydrochlor enthält, wird durch Kochen verdünnter, und eine weniger als 20 Pct. haltende Säure wird durch Kochen concentrirter.
Bringt man die 16 Äq. Wasser enthaltende Salzsäure unter eine
Glasglocke neben Schwefelsäure, so verliert sie nach einiger Zeit
4 Äq. Wasser. Dasselbe geschieht, wenn man durch eine concen-
trirtere Säure einen Strom von trockener Luft leitet. Es ist also bei
gewöhnlicher Temperatur eine Säure mit 12 Äq. Wasser in ihrer
Zusammensetzung constant, während dies bei 110° nur von der mit
16 Äq. gilt. Die Säure 12HO,HCl hat bei 14° eine Dichte von 1,128°
und kocht bei 106° wobei Hydrochlor entweicht. (Bineau Ann.
de Ch. et de Ph. 7. 257.) Die Salzsäure ist eine sehr mächtige
Chlorsäure. Dass die ihr analoge Sauerstoffverbindung, das Wasser,
keine überwiegende saure Reaction zeigt, hievon ist der Grund in
dem fast $4\frac{1}{2}$mahl so grossen Äquivalent des Chlors zu suchen. Bei
der Einwirkung derselben auf viele Oxyde werden entweder Chlormetalle und Wasser gebildet, oder dieselbe verbindet sich direct mit
den Oxyden.

Die Salzsäure wird durch Zerlegung des Kochsalzes mit Schwefelsäure gewonnen, wobei der Wasserstoff des in der Schwefelsäure
enthaltenen Wassers sich mit dem Chlor verbindet, während der Sauerstoff desselben diesen ersetzt. 1 Äq. (49 Theile) Schwefelsäure reicht
gerade hin die Zerlegung von 1 Äq. (58,6) Kochsalz zu bewirken;
denn NaCl und HO,SO₃ geben NaO,SO₃ und HCl. Die Erfahrung
zeigt jedoch, dass in diesem Falle die Operation anfangs zwar bei gelinder Erwärmung von Statten geht, dass aber, wenn etwas mehr als
die Hälfte des Hydrochlors entwickelt ist, eine sehr bedeutende
Temperaturerhöhung nothwendig wird um die Zerlegung zu vollen-
den. Unterbricht man die Operation bevor man die stärkere Erhitzung
eintreten lässt, und untersucht dann den Inhalt der Retorte, so zeigt
sich, dass ein grosser Theil des Kochsalzes unzerlegt geblieben ist,
während der andere Theil in zweifach schwefelsaures Natron verwan-

delt wurde. Andererseits lehrt die Erfahrung, dass man durch Wechselwirkung von Kochsalz und zweifach schwefelsaurem Natron, nur bei stärkerer Erwärmung Hydrochlor erhalten kann. Hieraus muss man schliessen, dass wenn eine hinreichende Menge von Schwefelsäure vorhanden ist, um das ganze Natrium des Kochsalzes in schwefelsaures Natron umzuwandeln, die Operation bis ans Ende unter der anfangs nothwendigen niedrigen Temperatur von Statten gehen wird. Dies ist auch wirklich der Fall, denn nimmt man auf 1 Äq. Kochsalz 2 Äq. Schwefelsäure, also 98 Theile, so erhält man, ohne gegen das Ende der Operation stärker erhitzen zu müssen, die ganze Menge des Hydrochlors; denn NaCl und $2(HO,SO_3)$ geben $NaO,HO,2SO_3$ und HCl.

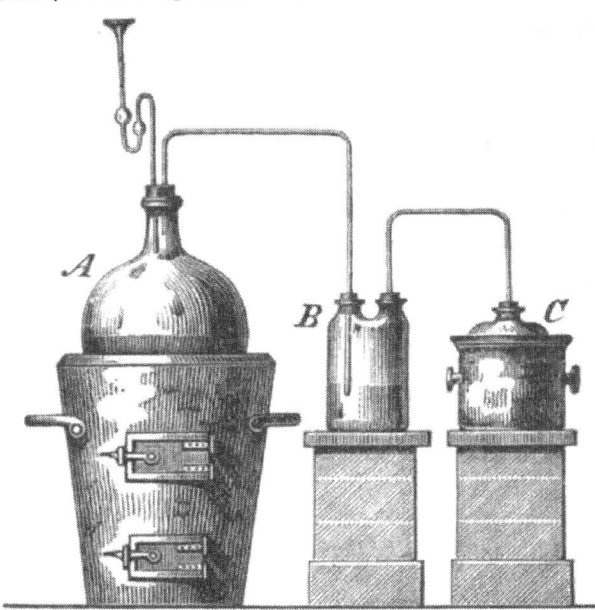

Der nebenstehende Apparat dient zur Ausführung dieser Operation im Kleinen. A ist ein Glaskolben, der seiner Grösse wegen nicht auf offenem Feuer, sondern im Sandbade steht. In dem Kork, durch welchen derselbe luftdicht verschlossen wird, ist ein Sicherheitstrichter u. eine rechtwinkelig gebogene nicht zu enge Röhre eingesetzt, durch welche derselbe mit der Flasche B, die blos etwas Wasser enthält um das Gas abzuwaschen, in Verbindung steht. Die zweite Flasche C enthält das reine Wasser, welches mit Hydrochlor gesättigt werden soll. Sie ist damit etwas über die Hälfte angefüllt und befindet sich in einem Kühlgefässe. Die Röhre durch welche das Gas in dieselbe tritt, braucht wegen der grossen Leichtigkeit mit welcher es vom Wasser absorbirt wird, die Oberfläche desselben nur zu berühren, und der Kork darf nicht luftdicht schliessen. Die Flasche C ist dieselbe in welcher die Säure aufbewahrt werden soll, und man wechselt sie gegen eine andere aus, wenn das darin enthaltene Wasser hinreichend viel Gas aufgenommen hat. Das Kochsalz wird in dem Kolben zuerst mit so viel Wasser übergossen, dass es davon ganz durchdrungen und noch überdies etwa 1 L. hoch davon bedeckt ist, dann wird die concentrirte Schwefelsäure beim Sicherheitstrichter nachgegossen. Die dadurch eintretende Erwärmung reicht hin einen grossen Theil des Hydrochlors zu entwickeln. Erst wenn alle Schwefelsäure eingetragen ist, fängt man an zu erwärmen. Auf diese Weise wird alles Aufschäumen der Flüssigkeit vermieden, und das Hydrochlorgas bleibt frei von allen andern Chloriden, was ohne Anwendung von Wasser nicht der Fall wäre. Der Kolben darf indess von dem Kochsalz und der Schwefelsäure nur bis höchstens zur Hälfte angefüllt werden.

Im Grossen erzeugt man die Salzsäure ungefähr auf dieselbe Weise, nur wendet man Retorten an, die sich in einem Galeerenofen befinden und mit passenden Vorlagen versehen sind; oder man bedient sich gusseiserner Cylinder von ungefähr 5 Fuss Länge und 2½ Fuss im Durchmesser, deren mehrere horizontal in einem Ofen liegen und in welche mittelst einer Bleiröhre die concentrirte Schwefelsäure fliesst, während das Gas in Vorlagen von Steingut mit dem Wasser in Berührung kommt. Da man im Grossen immer nur mit 1 Äq. Schwefelsäure arbeitet, so ist die erhaltene Säure niemahls rein. Sie enthält fast immer schweflige und Schwefel-Säure, Eisenchlorid, häufig auch schwefelsaures Natron, Arsenchlorid und Chlor, und ist durch eine organische Substanz mehr oder weniger gelb gefärbt. Reine Salzsäure darf beim Verdampfen keinen Rückstand zurücklassen, selbst dann nicht, wenn sie vorher mit Ammoniak gesättigt und der entstandene Salmiak durch stärkere Erhitzung entfernt wurde. Sie darf auch mit Bariumchlorid, und zwar weder unmittelbar noch nachdem Chlorwasser zugesetzt wurde, keinen Niederschlag geben. Ersteres würde die Gegenwart von Schwefelsäure, letzteres die von schwefliger Säure anzeigen.

Tafel

über die Dichte und den Procentgehalt der wässrigen Salzsäure an Hydrochlor und an Chlor, nach Ure bei 15°.

Säure von 1,20 in 100 Theilen.	Dichte.	Chlorgehalt.	Hydrochlor.	Säure von 1,20 in 100 Theilen.	Dichte.	Chlorgehalt.	Hydrochlor.
100	1,2000	39,675	40,777	94	1,1893	37,296	38,330
99	1,1982	39,278	40,369	93	1,1875	36,900	37,923
98	1,1964	38,882	39,961	92	1,1857	36,503	37,516
97	1,1946	38,485	39,554	91	1,1846	36,107	37,108
96	1,1928	38,089	39,146	90	1,1822	35,707	36,700
95	1,1910	37,692	38,738	89	1,1802	35,310	36,292

Säure von 1,20 in 100 Theilen.	Dichte.	Chlor-gehalt.	Hydro-chlor.	Säure von 1,20 in 100 Theilen.	Dichte.	Chlor-gehalt.	Hydro-chlor.
88	1,1782	34,913	35,884	44	1,0879	17,457	17,941
87	1,1762	34,517	35,476	43	1,0859	17,060	17,534
86	1,1741	34,121	35,068	42	1,0838	16,664	17,126
85	1,1721	33,724	34,660	41	1,0818	16,267	16,718
84	1,1701	33,328	34,252	40	1,0798	15,870	16,310
83	1,1681	32,931	33,845	39	1,0778	15,474	15,902
82	1,1661	32,535	33,437	38	1,0758	15,077	15,494
81	1,1641	32,136	33,029	37	1,0738	14,680	15,087
80	1,1620	31,746	32,621	36	1,0718	14,284	14,679
79	1,1599	31,343	32,213	35	1,0697	13,887	14,271
78	1,1578	30,946	31,805	34	1,0677	13,490	13,863
77	1,1557	30,550	31,398	33	1,0657	13,094	13,456
76	1,1537	30,153	30,990	32	1,0637	12,697	13,049
75	1,1515	29,757	30,582	31	1,0617	12,300	12,641
74	1,1494	29,361	30,174	30	1,0597	11,903	12,233
73	1,1473	28,964	29,767	29	1,0577	11,506	11,825
72	1,1452	28,567	29,359	28	1,0557	11,109	11,418
71	1,1431	28,171	28,951	27	1,0537	10,712	11,010
70	1,1410	27,772	28,544	26	1,0517	10,316	10,602
69	1,1389	27,376	28,136	25	1,0497	9,919	10,194
68	1,1369	26,979	27,728	24	1,0477	9,522	9,786
67	1,1349	26,583	27,321	23	1,0457	9,126	9,379
66	1,1328	26,186	26,913	22	1,0437	8,729	8,971
65	1,1308	25,789	26,505	21	1,0417	8,332	8,563
64	1,1287	25,392	26,098	20	1,0397	7,935	8,155
63	1,1267	24,996	25,690	19	1,0377	7,538	7,747
62	1,1247	24,599	25,282	18	1,0357	7,141	7,340
61	1,1226	24,202	24,874	17	1,0337	6,745	6,932
60	1,1206	23,805	24,466	16	1,0318	6,348	6,524
59	1,1185	23,408	24,058	15	1,0298	5,951	6,116
58	1,1164	23,012	23,650	14	1,0279	5,554	5,709
57	1,1143	22,615	23,242	13	1,0259	5,158	5,301
56	1,1123	22,218	22,834	12	1,0239	4,762	4,893
55	1,1102	21,822	22,426	11	1,0220	4,365	4,486
54	1,1082	21,425	22,019	10	1,0200	3,968	4,078
53	1,1061	21,028	21,611	9	1,0180	3,571	3,670
52	1,1041	20,632	21,203	8	1,0160	3,174	3,262
51	1,1020	20,235	20,796	7	1,0140	2,778	2,854
50	1,1000	19,837	20,388	6	1,0120	2,381	2,447
49	1,0980	19,440	19,980	5	1,0100	1,984	2,039
48	1,0960	19,044	19,572	4	1,0080	1,588	1,631
47	1,0939	18,647	19,165	3	1,0060	1,191	1,124
46	1,0919	18,250	18,757	2	1,0040	0,795	0,816
45	1,0899	17,854	18,349	1	1,0020	0,397	0,408

204. Wasserstoffsuperchlorid $HCl_2 = 71,8$. Diese Verbindung, deren wahre Beschaffenheit noch nicht hinlänglich aufgeklärt ist, wurde von Millon erhalten (J. de Pharm. et de Ch. 1. 299, 1842) indem derselbe in eine sehr concentrirte und durch eine Frostmischung gut gekühlte Salzsäure nach und nach in kleinen Mengen braunes Bleisuperoxyd (PbO_2) eintrug. Die Säure nimmt hiebei bald eine tiefgelbe Färbung an und es entsteht ein reichlicher Niederschlag von Bleichlorid ohne alle Entwickelung von Chlor. Aus der Frostmischung genommen, zerlegt sich jedoch die Flüssigkeit von selbst, indem einige Tage hindurch aus derselben Chlor entweicht.

Bei der obigen Reaction zerlegen sich vielleicht $3\,HCl$ und PbO_2 so, dass nämlich $PbCl$, $2\,HO$ und HCl_2 entstehen. Indess ist auch etwas Blei in der Flüssigkeit enthalten, welches sich beim Verdünnen derselben mit viel Wasser als Superoxyd abscheidet. Es ist bisher nicht gelungen, weder diese Bleiverbindung noch das Wasserstoffsuperchlorid isolirt darzustellen. Lässt man Bleisuperoxyd und Salzsäure bei gewöhnlicher Temperatur auf einander wirken, so erhält man nichts als Bleichlorid, Wasser und Chlor, indem $2\,HCl$ und PbO_2 nur $PbCl$, $2\,HO$ und Cl geben.

Chlor, Wasserstoff und Sauerstoff.

205. Das Verhalten des Chlors zum Wasser ist des grossen Einflusses wegen merkwürdig, den die Temperatur auf die Menge des Gases ausübt, die von demselben aufgenommen wird. Leitet man nämlich Chlorgas in Wasser von mittlerer Temperatur, allenfalls von 14^0, so werden davon ungefähr 2,5 V. aufgenommen. Die Flüssigkeit, Chlorwasser genannt, zeigt die Farbe des Chlors und verhält sich in vieler Beziehung wie das Chlor, statt dessen sie daher auch häufig gebraucht wird. Je wärmer das Wasser ist, desto weniger von dem Gase nimmt es auf, bei 100^0 nur mehr 0,15 V.; beim Abkühlen desselben hingegen wächst die Menge des absorbirten Gases immer mehr, bis dieselbe zwischen 9^0 und 10^0 2,7 V. beträgt, welches das Maximum des Gases ist das vom Wasser durch Absorption aufgenommen werden kann. Ist die Temperatur des Wassers noch niedriger, so beginnen beide Körper auf einander chemisch zu wirken, die Flüssigkeit entfärbt sich und zugleich bilden sich feine Krystalle bis sie bei 0^0 ganz farblos geworden ist. Diese Krystalle sind das von Faraday zuerst beobachtete Chlorhydrat, dessen Zusammensetzung durch die emp. Formel $H_{10}O_{10}Cl$ ausgedrückt wird und welches übrigens ganz wie das Chlor selbst auf andere Körper wirkt. Diese Verbindung ist indess nur eine lose, denn sie zerfällt schon bei gewöhnlicher Temperatur in Chlorgas und Chlorwasser, in einer zugeschmolzenen Glasröhre jedoch bleibt sie noch bei 20^0 unverändert. Durch die Einwirkung des Lichtes aber wird sowohl das Chlorhydrat als das Chlorwasser in Wasserstoffchlorid und Sauerstoffgas zerlegt. Obwohl sich über die näheren Bestandtheile dieses Körpers kaum etwas Bestimmtes angeben lässt, so dürfte es doch für jetzt am wahrscheinlichsten sein, denselben als HClO,9HO d. h. als das Hydrat des Wasserstoffsuperoxydes, in welchem 1 Äq. Sauerstoff durch 1 Äq. Chlor ersetzt ist, anzunehmen.

Aus dem obigen Verhalten des Chlors zum Wasser geht hervor, dass man, um sich ein möglichst gesättigtes Chlorwasser zu bereiten, die Temperatur desselben zwischen 9^0 und 10^0 halten müsse. Auch ist hiebei sehr zu beachten, dass eine geringe Menge von atm. Luft sehr viel Chlor auszutreiben vermag, so dass Chlorwasser, welches mit Luft geschüttelt wird, sogleich fast seinen ganzen Chlorgehalt fahren lässt. Man muss daher das Chlorwasser nie in grossen Flaschen aufbewahren und darf es weder bei der Bereitung noch beim Gebrauche schütteln.

Nach den Versuchen von Pelouze nimmt 1 V. Wasser bei

0^0	= 1,75 bis 1,80 V. Chlor auf.			
9	= 2,70 — 2,75	30	= 2,00 bis 2,10
10	= 2,70 — 2,75	40	= 1,55 — 1,60
12	= 2,50 — 2,60	50	= 1,15 — 1,20
14	= 2,45 — 2,50	70	= 0,60 — 0,65

Chlor und Kalium.

206. Kaliumchlorid, KCl = 74,6 (Chlor-Kalium, Digestivsalz, Chlorure de potassium). Chlor und Kalium verbinden sich schon bei gewöhnlicher Temperatur unter Feuererscheinung mit rothem Lichte zu Kaliumchlorid, der einzigen bisher bekannten Verbindung beider Körper. Dasselbe ist weiss, schmeckt wie Kochsalz, ist tessullarisch, luftbeständig und hat eine Dichte von 1,945. Im Wasser löst es sich unter Erkältung. 100 Th. Wasser von 0^0 lösen 29,23 Th. desselben, für jeden Grad darüber um 0,2738 mehr. In Weingeist ist es sehr wenig löslich. Es schmilzt bei dunkler Rothglühhitze und verflüchtigt sich besonders bei Luftzutritt unverändert. Das Kaliumchlorid ist eine Chlorbasis, es reagirt aber weder alkalisch noch sauer. Durch viele wasserhältige Säuren, vorzüglich durch die Schwefelsäure, Weinsäure etc. wird es zerlegt (207). Es bildet sich durch Einwirkung der Salzsäure auf viele Kalisalze, namentlich auf koblensaures Kali, ferner wenn man Hydrochlorgas oder Chlorgas über dieses Salz leitet, während man es erhitzt, was mittelst des in (191) angegebenen Apparates geschehen kann. Bei Anwendung von Chlor ist das in dem Recipienten sich ansammelnde Gas ein Gemenge aus Sauerstoffgas, Kohlensäure und etwas Chlorgas. Leitet man Hydrochlorgas über schwach erwärmtes Kalium, so erfolgt die Bildung von Kaliumchlorid und die Abscheidung von Wasserstoffgas unter Erscheinen von rothem Lichte. Das Kaliumchlorid wird übrigens bei vielen Processen als Nebenproduct gewonnen.

Chlor und Natrium.

207 Natriumchlorid NaCl = 58,4 (Chlornatrium, Steinsalz, Kochsalz, Seesalz, Chlorure de sodium). Chlor und Natrium verhalten sich ganz wie die vorher genannten Stoffe gegen einander, und geben auch einen Körper, das Natriumchlorid, welcher die grösste Ähnlichkeit mit dem vorhergehenden hat. Dasselbe erscheint im reinen Zustande in ganz durchsichtigen Hexaëdern mit ausgezeichneter Theilbarkeit, welche den Flächen des Hexaëders parallel ist. Seine Dichte beträgt 2,15. Es gehört unter die wenigen Körper, deren Löslichkeit im Wasser zwischen 0° und 100° von der Temperatur unabhängig ist, indem sich 1 Th. desselben bei jeder, innerhalb der obigen Gränzen liegenden Temperatur, in 2,7 Th. Wasser löst, eine Quantität die 18 Äq. beträgt. Hiebei findet eine Erkältung, jedoch eine weit schwächere als beim Kaliumchlorid Statt, indem 5 Gm. des letzteren in 200 Gm. Wasser gelöst, die Temperatur um 11,4° erniedrigen, während eben so viel Natriumchlorid nur eine Abkühlung von 1,9° bewirkt. Eine bei 18,75° gesättigte Lösung hat eine Dichte von 1,2046. Kühlt man eine gesättigte Kochsalzlösung bis zu — 10° ab, so entstehen grosse wasserhelle Krystalle, welche 4 Äq. Wasser enthalten, also NaCl,4HO sind und nach Mitscherlich genau die Form der analogen Jodverbindung NaJ,4HO, haben sollen. Diese Krystalle sind jedoch nicht beständig, sondern verwittern an der Luft schon etwas über — 10° und zerfliessen zum Theil schon über 0°. Beim Berühren werden sie undurchsichtig, behalten zwar ihre Form noch bis über 0°, haben aber dann bereits eine innere Veränderung erlitten. Das Natriumchlorid schmilzt und verflüchtigt sich etwas leichter als das Kaliumchlorid. Wird es mit Kalium erhitzt so tritt das Chlor an das Kalium, während das

Natrium frei wird. Mehrere Säuren, namentlich die Schwefelsäure, zersetzen es und zwar bei Gegenwart von Wasser unter Bildung von schwefelsaurem Natron und Chlorwasserstoff, sehr leicht. In absolutem Alcohol ist es unlöslich, im wässerigen löst es sich etwas.

Das Kochsalz ist für die gesammte chemische Industrie von so umfassender Wichtigkeit, dass eine höhere Entwickelung derselben bei einem zu hohen Preise dieses Artikels nicht möglich ist. Aus diesem Grunde findet auch fast in allen Staaten die Einrichtung Statt, dass die chemischen Fabriken dasselbe um einen bedeutend ermässigten Preis vom Ärar erhalten. Um Missbrauch zu vermeiden wird das an dieselben verabfolgte Salz mit Theer oder anderen ähnlichen Stoffen in so weit vermengt, als nothwendig ist um es zum Genusse unbrauchbar zu machen. Wenn man bedenkt, dass alles Chlor in der Bleicherei, zur Bereitung der Salzsäure und zu so vielen andern Zwecken, und fast alles Natron, welches in der Glas- und Seifen-Fabrication, in der Gerberei u. s. w. verwendet wird, vom Kochsalz stammen, so wird man zugeben, dass jede Erhöhung des Salzpreises für Chemiker eine Prämie für die Industrie der übrigen Staaten ist.

In der Natur kommt das Kochsalz in sehr grosser Menge und unter sehr verschiedenen Verhältnissen vor. Gelöst ist es im Meerwasser und in den Salzquellen (Salzsoolen), in geringerer Quantität in vielen Mineralwassern vorhanden. In fester Form erscheint es in Lagern von muldenförmiger, auch stockförmiger Gestalt und sehr bedeutender Erstreckung in Flözgebirgen, welche zwischen Muschelkalk und der Steinkohlen-Formation eingelagert sind. Die Art dasselbe zu gewinnen ist nach der des Vorkommens verschieden.

Aus dem Meerwasser, welches 3—4 Pct. fixe Bestandtheile enthält, von denen das Kochsalz 2,5—2,7 Pct. beträgt, während das Übrige aus den Chloriden des Magnium und Kalium und aus den schwefelsauren Salzen des Natrons, der Bittererde und Kalkerde, dann aus kleinen Mengen von Natrium- und Kalium-Jodid, nebst etwas kohlensaurer Kalk- und Bitter-Erde besteht, wird es entweder mittelst des Frostes wie in Sibirien, oder durch freiwilliges Verdunsten an der Luft, in den Salzgärten gewonnen. Das Wesentliche dieser Operation besteht darin, dass man das Meerwasser zuerst durch Benutzung der Fluth in einen Teich leitet, wo es sich klärt und aus welchem es dann in ein System untereinander durch unbedeckte Kanäle communicirender, sehr seichter Teiche tritt, in welchen es bei geringer Masse, der Luft eine verdunstende Oberfläche von mehreren hundert Jochen darbiethet. Unter günstigen Umständen geht die Verdunstung in diesen Teichen so rasch von Statten, dass sich in den letzteren Behältern stets Salz abscheidet, während der Inhalt der ersteren durch frisches Seewasser ersetzt wird. Das rohe Salz wird entweder durch Liegen in Haufen, die mit Stroh bedeckt sind, vom Magniumchlorid, welches durch die Feuchtigkeit der Luft zerfliesst getrennt, oder vortheilhafter durch die Verdrängungsmethode mit einer Salzlösung, auch noch von der schwefelsauren Bittererde befreit, von welcher es bis nahe an 8 Pct. enthalten kann und welche bei dieser Gelegenheit gewonnen wird.

Da jedoch aus einer concentrirten Lösung von schwefelsaurer Bittererde, welche mit überschüssiger Kochsalzlösung versetzt ist, nach B a l a r d (Jour. de pharm. 6. 406) schon bei einer Temperatur von 10° 0,8 des schwefelsauren Natrons, welches sie überhaupt geben kann, herauskrystallisiren, so hat man nur nöthig das Meerwasser während des Sommers zu concentriren, es dann bis zum Winter vor dem Regen zu schützen und endlich in einer Schichte von 1 Decim. Höhe in den ungeheuern Salzgärten der Kälte auszusetzen. Von dem in grosser Menge während einer Nacht sich abscheidenden Glaubersalz muss die Lauge, welche jetzt reich an Magniumchlorid ist, schnell entfernt werden, weil sonst bei steigender Temperatur ein grosser Theil desselben wieder gelöst würde. Sinkt die Temperatur einige Grade unter 0°, so braucht das Meerwasser nur auf 16—18 Grade der Salzwage concentrirt zu sein um beträchtlich viel Glaubersalz abzuscheiden. Diese Fabrikationsmethode kann für Länder, welche nicht genug Schwefel besitzen, von grosser Wichtigkeit sein.

Aus den Salzsoolen, deren Gehalt und Reinheit ebenfalls sehr verschieden sind, wird das Kochsalz durch zwei aufeinander folgende Operationen, das G r a d i r e n und das V e r s i e d e n, gewonnen. Die erstere besteht darin, dass man, um das Verweilen der Tropfen in der Luft möglichst zu verlängern, die durch Pumpwerke in die Höhe gehobene Soole in einen Regen über eine aus Dornen gebildete Wand herabfallen lässt, wodurch man dahin gelangt im Mittel 3,7 K. F. Wasser auf den Quadratfuss der wirkenden Dornenfläche täglich zu verdampfen. Ausser der Concentrirung, welche höchstens bis auf 23 Pct. Salzgehalt getrieben wird, erleidet die Soole beim Gradiren auch noch eine chemische Veränderung, welche darin besteht, dass sich kohlensaure Kalk- und Bitter-Erde, Mangan- und Eisen-Oxydul, die als zweifach kohlensaure Salze in derselben vorhanden waren, nun in der Form des sogenannten D o r n e n s t e i n e s absetzen, wesswegen auch die Dornenwand nach 6—8 Jahren erneuert werden muss. Auch der Gyps, der in einer Soole von 1,033 Dichte am löslichsten ist, setzt sich ab. Sinkt die Temperatur zu tief, so beginnt auch die schwefelsaure Bittererde, wie oben angegeben wurde, auf das Kochsalz zu wirken und Magniumchlorid und schwefelsaures Natron werden gebildet, ohne dass sich bei höherer Temperatur die ursprünglichen Verbindungen wieder herstellten, was in diesem Falle von doppeltem Nachtheil für die Fabrikation wäre.

Das V e r s i e d e n wird in flachen viereckigen P f a n n e n aus zusammengenietetem Eisenblech von mehreren Klaftern Länge und Breite vorgenommen, bei welchem vorzüglich für einen r a s c h e n Luftwechsel ober der siedenden Flüssigkeit gesorgt werden muss. Nachdem bei starkem Kochen so viel Soole versotten wurde, bis sich auf der Oberfläche der Flüssigkeit an einzelnen Stellen eine Salzhaut bildet, eine Operation welche man in einigen Gegenden das S t ö r e n nennt, beginnt das S o g g e n, d. h. das Abscheiden des Kochsalzes bei einer

niedrigen Temperatur von 90⁰—75⁰. Das Salz wird mit Krücken aus
der Pfanne gezogen, auf schiefen Flächen von der anhängenden Mutterlauge getrennt, noch nass in Formen geschlagen und dann in die
Trockenstube gebracht. Während des Störens setzt sich der Pfann-
stein ab, der nach einiger Zeit den Boden der Pfanne mit einer festen
zolldicken Kruste überzieht, und dann mittelst des Meissels entfernt
werden muss. Er enthält 10—40 Pct. Gyps, 7—52 Pct. schwefelsaures Natron. 6—64 Pct. Kochsalz nebst etwas Bittersalz und Magniumchlorid. Von der höheren oder niederern Temperatur bei welcher das Soggen geschieht hängt es ab, ob sich ein fein- oder grobkör-
niges Salz absetzt. Indessen ist die Temperatur bei welcher das Soggen vor sich geht nicht ganz willkürlich, besonders dann nicht, wenn
eine Soole Magniumchlorid und kein Glaubersalz enthält. In diesem Falle
überzieht sich nämlich die ganze Oberfläche der Flüssigkeit in der
Pfanne mit einer Haut, welche die Verdunstung hindert und das
Soggen nur bei niederer Temperatur möglich macht, während, wenn
Glaubersalz zugegen ist, schwefelsaure Bittererde und Natriumchlorid
gebildet werden, wo dann die obenerwähnte, der Verdunstung hinder-
liche Erscheinung nicht eintritt. Man muss also suchen die Soolen
beim Versieden stets auf eine solche Weise zu combiniren, dass die
Magniumchlorid haltigen mit solchen zusammenkommen, die hinreichend viel schwefelsaures Natron enthalten. Die Berücksichtigung
dieses Umstandes ist um so nothwendiger, als die Gegenwart von Magniumchlorid im Kochsalz dasselbe in feuchter Luft zerfliessend macht.
Setzt man der Lauge in der Pfanne Ätzkalk zu, der vorher zu einem
Brei gelöscht wurde, so bildet sich Calciumchlorid und Bittererde die als
unlöslich zu Boden fällt. Beim weiteren Versieden zerlegen sich aber
auch das Calciumchlorid und das schwefelsaure Natron in Gyps und
Kochsalz. Die Gegenwart des Glaubersalzes ist also auch nothwendig,
wenn auf diesem Wege die Reinigung des Kochsalzes bewirkt werden
soll. Nachdem mehrmahls gesoggt und aufs Neue Soole in die Pfanne
gelassen wurde, bildet sich eine unreine Lauge, die Mutterlauge,
welche 2—20 Pct. Kochsalz, 5—6 Pct. Bittersalz, 1—2,3 Pct.
Kaliumchlorid, 5—18 Pct. Magniumchlorid, 10—22 Pct. Calciumchlorid und überdies noch kleine Quantitäten von Gyps, Jodnatrium und
Bromnatrium enthält, und die daher zu vielen technischen Zwecken
mit Vortheil verwendet werden kann. Der Salzgehalt oder die Löthig-
keit der Soole überhaupt wird, obwohl der fremdartigen Beimengungen wegen nur annäherungsweise, durch die Dichte derselben
bestimmt, welche man mittelst Tabellen, die eigentlich für jede Soole
direct verfertigt werden müssen, auf den Procentgehalt reducirt. Man
nennt z. B. eine Soole 12löthig, wenn in 100 Pfd. derselben 12 Pfd.
Kochsalz enthalten sind. Die folgende, aus den Beobachtungen von
Bischof (Gilb. Ann. 35, 311 und Karsten's Archiv für Bergbau
11. 211) gezogene Tafel gibt die Dichte, den Procentgehalt, den Ge-
frier- und Siede-Punkt einer Kochsalzlösung bei 15⁰ R oder 18⁰,75 C.

Dichte der Soole	Procent-gehalt	Gefrier-punkt	Siede-punkt.	Dichte der Soole	Procent-gehalt	Gefrier-punkt	Siede-punkt.
1,000	0,	0 R:	+ 80 R:	1,110	14,988	— 8,99	— 83,70
1,010	1,416	— 0,81	80,33	1,120	16,292	9,81	84,04
1,020	2,820	1,63	80,67	1,130	17,588	10,63	84,37
1,030	4,214	2,45	81,01	1,140	18,875	11,45	84,71
1,040	5,596	3,27	81,34	1,150	20,154	12,27	85,05
1,050	6.968	4,09	81,68	1,160	21,426	13,08	85,39
1,060	8,329	4,90	82,02	1,170	22,689	13,90	85,72
1,070	9,680	5,72	82,35	1,180	23,945	14,72	86,06
1,080	11,021	6,54	82,69	1,190	25,194	15,54	86,40
1,090	12,352	7,36	82,03	1,200	26,436	16,36	86,73
1,100	13,674	8,18	83,36	1,208	27,401	17,00	87,00

Wenn das Salz in fester Form vorkommt, so hängt die Art seiner Gewinnung von der grösseren oder geringeren Reinheit desselben ab. Kommt es rein in festen Felsmassen vor, so wird es bergmännisch gewonnen und in 12—15 K. F. grossen Stücken vorzugsweise als Steinsalz in den Handel gebracht. Ist es aber in dem Salzstocke zu sehr mit fremdartigen, erdigen Bestandtheilen verunreinigt, so wird zuerst mittelst eines Schachtes ein 20—30 K. Klafter grosser Raum, die Kammer, in demselben angelegt, und in diese dann auf eine nach den Localverhältnissen verschiedene Weise Wasser geleitet. Dieses nimmt die löslichen Salze auf, während sich die unlöslichen Bestandtheile am Boden ablagern. So wird nach und nach bei stäten Zufluss von Wasser, die Kammer zu einem Raume, Wöhre genannt, erweitert, der an 100000 Eimer Soole fassen kann. Da die gesättigte Soole als die dichteste immer an den Boden sinkt, so wird die Decke am meisten angegriffen, aus demselben Grunde wird auch von den Seitenwänden oben mehr gelöst als unten; so dass sie nie vertical, sondern stets gekrümmt und nach oben erweitert sind. Die in den Wöhre bereitete, gesättigte Soole wird auf verschiedene Arten, meistens durch einen tiefer liegenden Stollen abgeleitet und unmittelbar auf die Pfanne gebracht. Das Steinsalz enthält Erdharz, Braunkohlen und andere Körper organischen Ursprunges eingeschlossen. Die unter dem Namen Knistersalz in Wieliczka vorkommende Varietät, die sich auch in Hallstatt findet, enthält einen comprimirten Kohlenwasserstoff in Gasform in kleinen Blasenräumen eingeschlossen, welcher beim Auflösen im Wasser unter Knistern entweicht. Die rothe Färbung desselben rührt von Infusorien her, die sich auch jetzt noch in den Salzseen finden.

Chlor, Sauerstoff, Kalium und Natrium.

208. Unterchlorigsaures Kali $KO.ClO = 90,5$ (Hypochlorite de potasse, in der wässerigen Lösung Javell'sche Lauge, Eau de Javelle, von dem Orte gleiches Namens bei Paris). In diesem Salze ist die Säure so lose an das Kali gebunden, dass es schon beim Verdunsten im Vacuum langsam zerlegt wird; nur wenn das Kali stark vorwaltet, erfolgt auf diese Weise keine Zersetzung. Es ist dieses Salz daher auch nicht im krystallisirten Zustande bekannt. Wird die Lösung desselben bis $100°$ erhitzt, so entweicht Sauerstoff und es bildet sich chlorsaures Kali und Chlorkalium. Auch bewirkt ein Überschuss von Chlor die Umwandlung des unterchlorigsauren Kalis in Chlorkalium und chlorsaures Kali, daher das Salz im reinen Zustande nur auf directem Wege erhalten werden kann. Die Bildung von Chlorkalium durch Hineinleiten von Chlor in eine Kalilösung wurde bereits (194) erklärt. Die so erhaltene Flüssigkeit (Eau de Javelle, Bleichflüssigkeit) ist ihres Bleichvermögens wegen in Anwendung. Aus den oben angeführten Gründen ist bei Bereitung derselben Überschuss von Chlor und Temperaturerhöhung zu vermeiden. Wendet man eine concentrirte Lösung von kohlensaurem Kali an, so krystallisirt zuerst zweifach kohlensaures Kali aus der Flüssigkeit, welches aber nach und nach auch zerstört wird. Leitet man zu 24 Th. kohlensaurem Kali, welches mit 1 Th. Wasser befeuchtet wurde, Chlorgas und zwar aus 18 Th. von der in (191) angegebenen Chlormasse, so wird es ebenfalls absorbirt und man erhält ein trockenes Gemenge von zweifach-kohlensaurem Kali und unterchlorigsaurem Kali, das ebenfalls sehr gut als Bleichmittel angewendet werden kann. Auch durch Fällen des unterchlorigsauren Kalkes, der als Chlorkalk im Handel vorkommt, mit kohlensaurem Kali, erhält man das Salz. (Das Nähere über die Bleichsalze s. b. Chlorkalk.)

209. Chlorigsaures Kali $KO.ClO_2 = 106,5$ (Chlorite de potasse). Dieses wird erhalten wenn man chlorige Säure im Überschusse so lange mit Ätzkali in Berührung lässt, bis dasselbe etwas gefärbt bleibt. Obgleich die Flüssigkeit, die anfangs ziemlich intensiv roth ist, sich schnell entfärbt, so ist doch das Salz selbst nach einer Stunde noch nicht gebildet. Beim Abdampfen der Lösung, namentlich wenn dies sehr langsam im Vacuum geschieht, zerfällt das Salz vollständig in chlorsaures Kali und Kaliumchlorid, wobei $3(KO,ClO_2)$ in KCl und $2(KO,ClO_5)$ übergehen. Wird es aber auf freiem Feuer rasch bis zur Trockenheit abgedampft, so wird nur ein sehr kleiner Theil davon zerlegt. Man erhält eine weisse, an der Luft zerfliessende Salzmasse, welche bei $160°$ grün wird und sich gänzlich auf die oben angegebene Art zersetzt.

210. Chlorsaures Kali. $KO,ClO_5 = 122,5$ (Chlorate de potasse). Dieses für die Theorie der Sauerstoffverbindungen des Chlors so wichtige Salz, welches von Berthollet im J. 1786 entdeckt wurde, erscheint in wasserhellen, stark glänzenden Krystallen, deren Grundgestalt ein Hemiorthotyp ist. Sie besitzen einen kühlenden, salpeterähnlichen Geschmack, sind luftbeständig und wasserfrei. Im Wasser ist das Salz unter Erkältung löslich; 1 Th. desselben bedarf bei $0°$ 30, bei $15°$ 16,7, bei $35°$ 8,33, bei $49°$ 5,26 und bei $104°$ 1,67 Theile Wasser. In Weingeist ist es sehr schwer löslich, indem 1 Th. Salz bei $16°$ davon 120 Th. von 83 Pct. bedarf. Es schmilzt bei $350°$ ohne zersetzt zu werden; erhöht man aber die Temperatur nur bis $356°$, so beginnt es unter Schäumen Sauerstoffgas abzugeben, dem eine Spur Chlor beigemengt ist. Nach einiger Zeit wird, wenn man die Temperatur nicht steigert, die Masse teigig und die Entwickelung des Sauerstoffgases hört endlich auf. Unterbricht man jetzt die Operation, so findet man, dass die geschmolzene Masse ein Gemenge von Chlorkalium und überchlorsaurem Kali ist. Treibt man von 100 Gr. chlorsaurem Kali nahe 0,5 Liter Sauerstoffgas weg, so beträgt die Menge des gebildeten überchlorsauren Kalis das Maximum, nämlich 56 Pct., und die Operation wird durch das Schema $2(KO,ClO_5) = KO,ClO_7 + KCl$ und $4O$ die entweichen, dargestellt. Bei stärkerem Erhitzen bleibt nichts als Kaliumchlorid, dem eine Spur Kali beigemengt ist, zurück. Man erhält also aus 1 Äq. des Salzes 6 Äq. oder 48 Th., d. i. 39,16 Pct. Sauerstoff. Wie leicht das chlorsaure Kali durch Säuren zerlegt wird und wie mannigfaltig die Producte sind, welche dadurch entstehen, wurde bereits in (196, 197, 198, 201) auseinander gesetzt; nicht minder leicht geschieht die Zerlegung durch feste, leicht oxydirbare Körper, wenn sie damit zusammengerieben werden, so dass hiebei Explosionen Statt finden, welche bei grossen Massen sehr gefährlich werden können. Dies gilt namentlich von Kohle, Phosphor, Schwefel, Arsen, einigen Schwefelmetallen, wie Schwefelantimon etc. Eine Lösung des Salzes oxydirt mehrere Metalle, wie Eisen, Zink etc. ebenso Jod, Schwefel, Brom etc. und zwar besonders kräftig, wenn eine Säure z. B. Salpetersäure in sehr geringer Menge zugesetzt wird (241).

Die Bildung des chlorsauren Kali neben Kaliumchlorid durch vollständiges Sättigen einer concentrirten Lösung von Ätzkali oder kohlensaurem Kali, unter Erwärmung bis ungefähr 80°, wurde bereits (194) erwähnt. Man hat sich früher dieser Methode zur Bereitung dieses Salzes bedient. Mischt man 1 Äq. kohlensaures Kali mit 1 Äq. pulverigem Kalkhydrat, also beide Körper im Verhältnisse wie 3:1, und leitet Chlor darüber, so wird es unter Erwärmung rasch absorbirt und dabei kohlensaurer Kalk, chlorsaures Kali und Kaliumchlorid gebildet. Am vortheilhaftesten ist es indess nach Liebig's Angabe, ein Gemenge von 1 Äq. Kaliumchlorid (3 Th.) und 6 Äq. Ätzkalk (7 Th.), welches mit Wasser zu einem dünnen Brei angemacht ist, mit Chlor zu sättigen, indem man hiebei nur chlorsaures Kali und Calciumchlorid erhält. Die 6 Äq. Sauerstoff, welche in den angewendeten Substanzen enthalten sind vertheilen sich nämlich an das Kali und an das Chlor, so dass $KCl + 6CaO + 6Cl$ nichts als $KO,ClO_5 + 6CaCl$ geben.

Diese Methode ist deswegen so zweckmässig, weil das Kaliumchlorid als Nebenproduct bei der Bereitung der Weinsäure gewonnen wird, und das Calciumchlorid bei derselben Operation wieder Verwendung findet. Auch lässt sich das chlorsaure Kali durch Zerlegung des chlorsauren Kalkes mit kohlensaurem oder schwefelsaurem Kali bereiten.

Das chlorsaure Kali wird zur Bereitung der Zündhölzchen, die sich durch Eintauchen in Schwefelsäure entzünden (Tunkhölzchen), verwendet und ist in denselben der wirkende Bestandtheil. Die Masse besteht aus 30 Th. chlorsaurem Kali, 10 Th. Schwefel, 8 Th. Zucker, 5 Th. Gummi und etwas Zinnober, oder auch nur 4 Th. chlorsaurem Kali und 1 Th. Gummi. Eine sehr gute Mischung geben 5 Th. chlorsaures Kali, 5½ Th. Schwefel, 1¾ Th. Gummi, ⅙ Th. Gummitraganth, 1¼ Th. Lycopodium und 1 Th. Zinnober, welcher auch durch Kienruss oder andere Farbstoffe ersetzt werden kann. Das chlorsaure Kali wird für sich fein gerieben, eben so die übrigen Bestandtheile. Die Mischung kann nur vorgenommen werden, wenn die Substanzen mit Wasser zu einem Brei angerührt sind. 20 Th. Schiesspulver, aus welchem man früher den Salpeter durch Auswaschen entfernt hat, und 11 Th. chlorsaures Kali geben ein Gemenge, welches sich schon durch den Schlag entzündet, das sogenannte Percussionspulver. Ein sehr gutes Pulver dieser Art erhält man auch mit folgenden Ingredienzien: 6 Th. Kohle, die locker und leicht entzündlich sein muss, wie sie durch Verkohlen von Hanfstängeln, Weinreben, Haselnussstauden, Faulbaum etc. erhalten wird, 24 Th. Schwefel, 1 Th. Gummi und 90 Th. chlorsaures Kali, dessen vierter Theil auch durch Salpeter ersetzt werden kann. Oder 1 Th. Kohle, 2 Th. Schwefel, 4 Th. Schwefelantimon (Antimonium crudum) und 15 Th. chlorsaures Kali.

211. Überchlorsaures Kali $KO.ClO_7 = 138,6$ (Perchlorate de potasse). Dieses Salz erscheint in wasserhellen Krystallen, deren Grundgestalt ein Orthotyp ist, und welche wasserfrei sind. Es hat einen schwachen salzigen Geschmack und bedarf zu seiner Lösung wenigstens 65 Th. Wasser von 15^0. In Weingeist ist es ganz unlöslich. Erst bei einer über 400^0 liegenden Temperatur wird das überchlorsaure Kali in Sauerstoff und Kaliumchlorid zerlegt, bevor dies aber vollständig geschieht, geht es zum Theil wieder in chlorsaures Kali über. Man kann sich hievon leicht überzeugen, wenn man reines überchlorsaures Kali bis zur theilweisen Zersetzung schmilzt, dann erkalten lässt und die Salzmasse in heissem Wasser löst, wobei chlorsaures Kali in den für dieses Salz so charakteristischen farbenspielenden Flitterchen heraus krystallisirt. Das Verhalten des überchlorsauren Kalis zur Schwefelsäure wurde in (201), die Bildung desselben in (210) erklärt.

212. Unterchlorigsaures Natron $NaO.ClO = 74,4$ (Labarraque'sche Flüssigkeit). Dem entsprechenden Kalisalze durchaus ähnlich. Um die bleichende Verbindung zu erhalten, wird auf 19 Th. trockenes kohlensaures Natron, das mit 1 Th. Wasser befeuchtet wurde, so viel Chlor geleitet als 18 Th. Chlormasse (191) geben.

213. Chlorigsaures Natron $NaO.ClO_3 = 90,4$. Von diesem Salze gilt was von dem entsprechenden Kalisalze angegeben wurde. Nur wird es erst bei 250^0 vollständig zerlegt.

214. Chlorsaures Natron $NaO.ClO_5 = 106,4$. Dieses Salz ist tessularisch, von kühlend salzigem Geschmack. Die Krystalle sind wasserfrei und ziehen an der Luft etwas Feuchtigkeit an. Es bedarf 3 Th. kaltes und fast eben so viel heisses Wasser zu seiner Lösung. Von 83procentigem Weingeist bedarf es bei 16^0 34 Th. Das übrige Verhalten ist dem des entsprechenden Kalisalzes gleich, nur ist dem daraus entwickelten Sauerstoffgase mehr Chlor beigemengt. Es ist seiner leichten Löslichkeit wegen, auf die Art wie das Kalisalz bereitet, nicht rein zu erhalten, daher ist es vortheilhafter, 1 Äq. zweifach weinsteinsaures Natron (7 Th.) durch 1 Äq. chlorsaures Kali (4 Th.) zu zerlegen. Man reibt beide Salze trocken zusammen und kocht sie dann mit so viel Wasser als zur Lösung des chlorsauren Kalis nothwendig ist. Der gebildete Weinstein bleibt fast vollständig zurück.

215. Überchlorsaures Natron $NaO.ClO_7 = 122,4$. Ist ein zerfliessliches, rhomboëdrisch krystallisirendes Salz, welches durch Erhitzen leicht zerlegt wird. Es ist auch in starkem Weingeist löslich.

Chlor und Schwefel.

216. Schwefelchlorür $S_2Cl = 67{,}4$ (Protochlorure de Soufre). Bringt man Schwefel mit Chlor in Berührung, so fängt derselbe sogleich an zu zerfliessen, wobei die Verbindung beider Körper ohne beträchtliche Erwärmung erfolgt. Es bildet sich hiebei grösstentheils Schwefelchlorür, welches eine bräunlichgelbe, ölige, an der Luft stark rauchende Flüssigkeit von höchst unangenehmem Geruche und Geschmacke ist, deren Dampf Augen und Lungen sehr angreift. Die Dichte derselben beträgt 1,687. Sie siedet bei 138° und lässt sich unverändert überdestilliren. Die Dichte des Dampfes beträgt 4,77. Mit Wasser in Berührung wird das Schwefelchlorür langsam zerlegt und zwar nach folgendem Schema: $2S_2Cl$ und $2HO$ geben $2HCl$, S_2O_2 und $2S$. Allmälig zerfällt jedoch die unterschweflige Säure in SO_2 und S. Das Schwefelchlorür verbindet sich mit mehreren Schwefelmetallen und nimmt mechanisch bei gewöhnlicher Temperatur ungefähr die Hälfte seines Gewichtes Schwefel auf, der beim Erkalten wieder herauskrystallisirt und bei der Destillation zurückbleibt.

Das Chlorür des Schwefels wird am besten bereitet, wenn man wohlgetrocknetes Chlor in eine fast horizontale, mehrere Fuss lange und 1 bis $1\frac{1}{2}$ Z. weite Glasröhre leitet, die ganz mit Stücken von Schwefel angefüllt ist. Dieselbe mündet in einen Ballon, in welchem sich das rasch herabfliessende Chlorür, welches einen Überschuss von Schwefel enthält, sammelt. Durch wiederholte Destillation erhält man es rein.

217. Schwefelchlorid $SCl = 51{,}4$ (Deutochlorure de Soufre). Die vorige Verbindung nimmt nur schwierig das zweite Äq. Chlor auf, so dass die Existenz des Schwefelchlorids bis auf die entscheidenden Versuche von Dumas bezweifelt wurde. Um das Chlorid zu erhalten, ist es nothwendig durch das Chlorür längere Zeit und am besten an einem dunkeln Orte einen langsamen Strom von Chlor bei 60—70° zu leiten und dann bei möglichst niederer Temperatur in der Chloratmosphäre zu destilliren. Das Chlorid gleicht sehr der vorigen Verbindung, die Dichte desselben beträgt 1,62, die seines Dampfes 3,7. Bei 64° destillirt dasselbe unverändert über, und bei — 70° ist es noch nicht fest. Durch Einwirkung des Sonnenlichtes wird es zerlegt, indem Chlor entweicht, wodurch die Flasche in der man es aufbewahrt zersprengt werden kann. Mit Wasser wird das Chlorid auf ähnliche Art wie das Chlorür zerlegt, auch verbindet es sich mit vielen Chlormetallen.

218. Schwefelsesquichlorür $S_2Cl_3 = 138,2$. Diese Verbindung wurde von H. Rose dargestellt, indem derselbe das Chlorid bis zu 55^0 erwärmte und so lange trockene atmos. Luft durchleitete, bis selbst bei 70^0 kein Chlor mehr wegging, was anfangs der Fall ist. Der Siedepunkt desselben liegt bis 78^0. In den übrigen Verhältnissen gleicht das Sesquichlorür den beiden anderen Verbindungen.

Chlor, Schwefel und Sauerstoff.

219. Man kennt bis jetzt 3 Verbindungen, welche aus den oben genannten Grundstoffen bestehen und deren empirische Formeln folgende sind:

$$SClO_2, \quad S_2ClO_5, \quad S_2Cl_2O_3.$$

Den vorausgeschickten Grundsätzen zu Folge und in Übereinstimmung mit der Ansicht Dumas müssen diese Verbindungen als Oxydationsstufen des Schwefels betrachtet werden, in welchen ein Theil des Sauerstoffes durch das ihm so ähnliche Chlor ersetzt wurde. In der That gibt es 3 Sauerstoffverbindungen des Schwefels, welche ganz dem obigen Körpern entsprechen, wie man deutlich sieht, wenn sie wie folgt geschrieben werden:

$$SO_3 = SOO_2, \quad 2SO_3 = S_2OO_5, \quad S_2O_3 = S_2O_2O_3$$

Werden nun in diesen Formeln die nach dem S folgenden O durch Cl ersetzt, so entstehen daraus die obigen Oxychlorverbindungen des Schwefels. Hieraus ergibt sich auch eine einfache Art diese Verbindungen zu benennen, nämlich beziehungsweise: Chlorschwefelsäure, Halbchlorschwefelsäure, Chlorunterschwefelsäure. H. Rose hingegen hat eine andere Ansicht über die Constitution dieser und ähnlicher Verbindungen aufgestellt, welche auch Berzelius und andere Chemiker theilen. Nach dieser Ansicht werden die Körper als eine Verbindung der wasserfreien Schwefelsäure mit einem Superchloride des Schwefels SCl_3, welches zu diesem Behufe besonders angenommen werden muss, betrachtet. Die vorher Chlorschwefelsäure genannte Verbindung ist dann $SCl_3, 2SO_3$ und heisst Schwefel-Biaci-Chlorid, die Halbchlorschwefelsäure ist $SCl_3, 5SO_3$ und heisst Schwefel-Quinquaci-Chlorid, die Chlorunterschwefelsäure endlich würde SCl_2, SO_3 sein. Man sieht, dass die Annahme eines Schwefelsuperchlorids nur dann gestattet wäre, wenn die letztere Ansicht über die Oxychloride des Schwefels sich durch Thatsachen erweisen liesse, was jedoch nicht der Fall ist.

220. Chlorschwefelsäure $SClO_2 = 67,4$ (Acide chloro-
sulfurique). Diese Verbindung, welche von Regnault entdeckt
wurde, ist eine farblose Flüssigkeit von erstickendem Geruche, deren
Dichte bei 20^0 1,639 beträgt. Ihr Siedepunkt liegt bei 77^0, die
Dichte des Gases beträgt 4,665. Bringt man diesen Körper in Berührung mit Wasser, so wird er sogleich zersetzt, indem Schwefelsäure und Wasserstoffchlorid sich bilden, also die Schwefelsäure
wieder constituirt wird. $SClO_2$ und HO geben SO_3 und HCl. Die
Chlorschwefelsäure wirkt auf wasserfreie Metalloxyde, wie z. B. Kalkerde, Baryterde etc., so wenig als die wasserfreie Schwefelsäure
selbst, werden diese aber erhitzt mit dem Dampfe der Chlorschwefelsäure in Berührung gebracht, so erfolgt dieselbe Zerlegung wie
durch Wasser, nur dass die gebildete Schwefelsäure sich mit einem
zweiten Äq. des Oxyds zu einem wasserfreien schwefelsauren Salze
verbindet. $SClO_2$ und $2CaO$ geben also CaCl und $SO_3.CaO$. Regnault erhielt die Chlorschwefelsäure, indem er gleiche Volumen
trockenes Chlorgas und schwefligsaures Gas in einer Flasche durch
längere Zeit der directen Einwirkung der Sonnenstrahlen aussetzte. Die
Einwirkung findet erst in einigen Wochen Statt, geht aber rascher,
wenn Chlor im Überschusse vorhanden ist. Von einer anderen Ent-
stehungsart dieses Körpers wird beim Kohlenwasserstoff CH die
Rede sein.

221. Halbchlorschwefelsäure $S_2ClO_5 = 107,4$. Diese
Verbindung, welche von H. Rose entdeckt wurde, ist eine wasser-
helle ölartige Flüssigkeit von unangenehmem Geruche, welche an der
Luft fast eben so stark wie wasserfreie Schwefelsäure raucht. Die
Dichte derselben beträgt bei 16^0 1,818, ihr Siedepunkt ist 145^0, die
Dichte des Gases 4,481. Gegen Wasser verhält sie sich ganz wie die
vorige Verbindung, indem S_2ClO_5 mit HO sich in $S_2O_6 = 2SO_3$ und
HCl verwandeln. Die Verbindung wird erhalten, wenn man zu
Schwefelchlorid unter Abkühlung des Gemenges eine möglichst
viel wasserfreie Säure enthaltende, rauchende Schwefelsäure hinzusetzt. Beim Erwärmen geht zuerst schweflige Säure weg, dann
kommt die Halbchlorschwefelsäure, denn $3SO_3$ und SCl geben
S_2ClO_5 und $2SO_2$.

222. Chlorunterschwefelsäure $S_2Cl_2O_3 = 110,8$.
Diese Verbindung wurde bereits vor längerer Zeit von Millon
beobachtet, derselbe war aber damals der Ansicht, dass sie bloss
aus Schwefel und Chlor bestehe. Die neuesten Untersuchungen desselben Chemikers haben aber gezeigt (Compt. rendu 19. 745. 1845)

dass sie auch Sauerstoff enthält und die oben angegebene Zusammensetzung hat. Um sie zu bereiten füllt man eine 4—5 L. haltende Flasche mit feuchtem Chlorgas, gibt dann 2 0 — 3 0 Grm. Schwefelchlorid und endlich 2—3 Grm. Wasser hinein, schüttelt sie, und lässt sie während 4 — 5 Stunden in einer Frostmischung. Es findet hiebei Entwickelung von HCl Statt. Man füllt die Flasche aufs Neue mit feuchtem Chlor, kühlt sie ab und wiederholt dies so lange, bis aller Chlorschwefel in eine krystallinische Masse verwandelt ist. Indem man durch den Ballon trockenes Chlorgas leitet und die Krystalle dabei erwärmt, kann man sie vom anhangenden Schwefelchlorid befreien. Die Krystalle werden unmittelbar nach ihrer Bildung vom Wasser mit äusserster Heftigkeit zerstört, zeigen aber beim Aufbewahren ein merkwürdiges Verhalten. Werden nämlich die gehörig gereinigten Krystalle in eine Glasröhre eingeschmolzen, so fangen sie nach 2 — 3 Monaten an weich und feucht zu werden, und nach 7—8 Monaten haben sie sich ganz in eine wasserhelle Flüssigkeit verwandelt, die selbst bei — 1 8 noch nicht erstarrt. Im Wasser sinkt sie ruhig und ohne merkliche Erwärmung zu Boden und verwandelt sich nach und nach in Hydrochlor, schweflige und Schwefel-Säure, wie es die Zusammensetzung fordert. Dies ist eines derjenigen Beispiele einer isomerischen Modification, welche um so schätzenswerther sind, als sie das Factum der Isomerie unumstösslich beweisen, und zwar ohne dass hiezu eine Analyse nothwendig ist.

VII. Brom Br = 80.

Balard entdeckte im J. 1826 in der Mutterlauge der Salzwerke von Montpellier einen eigenthümlichen Grundstoff, den er anfangs Muride, nachher Brome nannte. Die wichtigsten Verhältnisse desselben ermittelten Ballard, Serullas und Löwig.

223. Das Brom ist bei gewöhnlicher Temperatur eine in grösseren Massen undurchsichtige, dunkel braunrothe, fast schwarze Flüssigkeit, die nur in dünnen Schichten hyacinthroth erscheint. Die Dichte des flüssigen Broms beträgt 2,98 — 2,99, es siedet bei 4 5° und bildet ein gelbrothes Gas von der Dichte 5,3 9 3. Seines niedrigen Siedepunktes wegen verflüchtigt es sich schon bei gewöhnlicher Temperatur sehr stark, und verbreitet dabei einen dem Chlor nicht unähnlichen, unangenehmen, starken, andern Körpern sehr hartnäckig anhängenden Geruch, welche Eigenschaft auch zur Bildung des sehr passenden Namens (von βρῶμος der Gestank) Veranlassung gegeben hat. Eingeathmet wirkt das Gas ähnlich wie das Chlor, nur schwächer. Das flüssige Brom schmeckt widrig, sehr scharf, zusammenziehend. Wird es bis auf — 19° abgekühlt, so erstarrt es zu einer gelbbraunen, an einzelnen Stellen graphitartig aussehenden, spröden, krystallinischen Masse, welche bis auf — 11° erwärmt werden kann ohne zu schmelzen. Das Brom bringt gelbe, dauernde Flecken auf der Haut hervor, und zerstört dieselbe bei längerer Einwirkung. Überhaupt werden organische Körper davon stark angegriffen, es wirkt daher auch bleichend und vernichtet organische Gerüche ganz auf dieselbe Weise wie das Chlor. Es verbindet sich mit den meisten Körpern direct und zwar mit vielen derselben schon bei gewöhnlicher Temperatur und unter Feuererscheinung. Bei — 70° ist das Brom gegen die Körper, mit denen es sonst das grösste Bestreben zeigt sich zu verbinden, ganz indifferent. Mit dem Fluor verbindet es sich gar nicht, mit dem Sauerstoff nur auf indirectem Wege, mit Schwefel, Chlor, Jod in sehr wenig ausgesprochenen bestimmten Verhältnissen, also nur durch eine schwache chemische Anziehung; während es mit Kalium, Natrium und noch vielen andern Metallen unter Feuererscheinung Körper bildet, die man B r o m ü r e oder B r o m i d e nennt, je nachdem sie weniger oder mehr davon enthalten. Es geht hieraus hervor, dass das Brom mit dem Fluor, Sauerstoff, Schwefel, Chlor, Jod etc. in Eine Gruppe gehört und sein ganzes Verhalten zeigt, dass es zwischen das Chlor und das Jod gestellt werden muss. Verbindungen des Broms mit den in der Reihe des (131) unter ihm stehenden Körpern sind daher als B r o m s ä u r e n zu betrachten, welche mit den B r o m b a s e n die B r o m s a l z e geben, von welchen indess bis jetzt nur eine geringe Anzahl untersucht ist.

Das Brom wird aus der Mutterlauge der Salinen gewonnen, in welcher es häufig an Magnium, Calcium und Natrium gebunden vorkommt. Zu diesem Behufe dampft man dieselbe zuerst so weit ein, dass die schwerer löslichen Salze herauskrystallisiren, dann erwärmt man die zurückbleibende Lauge in offenen Gefässen und gibt Schwefelsäure hinzu, jedoch nur in solcher Menge und Stärke, dass dadurch bloss Hydrochlor ausgetrieben, nicht aber auch die Bromverbindungen zerlegt werden. Die gebildeten schwefelsauren Salze entfernt man nun wieder durch Krystallisation, und destillirt die übrige Flüssigkeit mit Schwefelsäure und Braunstein, wodurch alle Bromide in schwefelsaure Oxyde verwandelt werden, während das Brom überdestillirt. Enthält die Mutterlauge auch Jod, so muss dieses zuerst entfernt werden (233) wie denn überhaupt das einzuschlagende Verfahren

nach der Verschiedenheit der Zusammensetzung der Mutterlauge Ab-
änderungen erleidet.

Nach der ursprünglich von Balard angegebenen Methode,
welche jetzt noch mit Vortheil angewendet wird um die Gegenwart
des Broms nachzuweisen, leitet man durch die von den leichter
krystallisirbaren Salzen befreite Mutterlauge so lange Chlorgas, als
die dadurch bewirkte gelbe Färbung derselben noch zunimmt. Diese
Färbung rührt von dem durch das Chlor ausgeschiedenen Brom her,
welches bei einem Überchuss von Chlor unter Entfärbung der Lauge
in Chlorbrom verwandelt würde. Dann schüttelt man die Flüssigkeit
mit Äther, welcher das Brom aufnimmt und als hyazinthrothe Schichte
auf der entfärbten Flüssigkeit schwimmt. Das Brom entzieht man dem
Äther durch eine concentrirte Ätzkalilauge, wobei Bromkalium und
bromsaures Kali entstehen, während sich der Äther grösstentheils rein
abscheidet. Die alkalische Flüssigkeit wird zur Trockenheit abgedampft, schwach geglüht und mit ⅓ ihres Gewichtes Braunstein und
1 Th. Schwefelsäure, welche vorher mit der Hälfte Wasser verdünnt
wurde, destillirt. Statt Chlor durch die Lauge zu leiten, kann man
gleich die in derselben enthaltenen Chlormetalle, wenn ihre Menge
gross genug ist, zu dessen Entwickelung benützen und die Lauge unmittelbar mit Braunstein und Schwefelsäure destilliren.

Brom und Sauerstoff.

224. So gross auch die Ähnlichkeit des Broms mit dem Chlor
ist, so gelang es doch bisher auf keine Weise, eben so viele Verbindungen des Sauerstoffes mit dem Brom als mit dem Chlor darzustellen. In der That kann nur die Existenz von zwei Oxydationsstufen
des Broms kaum mehr bezweifelt werden, von denen die eine der
unterchlorigen, die andere der Chlor-Säure analog zusammengesetzt
ist. Keine dieser Verbindungen lässt sich indess für sich darstellen,
und beide werden ganz auf dieselbe Weise erhalten, wie die entsprechenden Chlorverbindungen. Bringt man nämlich nur wenig Brom
in concentrirte Kalilauge, die man gehörig abkühlt und gut umrührt,
so erhält man eine gelbe, bleichende Flüssigkeit, die stark nach
Brom riecht, während sich Bromkalium abscheidet; sättigt man aber
das Kali ganz mit Brom und erwärmt die Flüssigkeit, so verliert sie
ihre bleichende Kraft, und es bildet sich nichts als Bromkalium und
bromsaures Kali. Dieses Verhalten ist dem des Chlors gegen Kalilösung so vollkommen analog (194), dass man an der Existenz eines
unterbromigsauren Kalis in der gelben Lösung wohl nicht zweifeln
kann, obwohl es bisher noch nicht gelungen ist, die unterbromige
Säure auf andere Basen zu übertragen. Genauer bekannt ist die

Bromsäure $BrO_5 = 120$ (Acide bromique). Mit Wasser verbunden bildet sie eine farblose, im concentrirten Zustande ölartige, geruchlose, sehr saure Flüssigkeit, welche schon bei 100^0 in Brom und Sauerstoffgas zerfällt. Überhaupt gibt sie ihren Sauerstoff sehr leicht an oxydirbare Körper, wie schweflige Säure, Hydrothion, Hydrobrom, Hydrochlor, Weingeist und viele organische Substanzen ab, wobei das Brom entweder abgeschieden wird, oder anderweitige Verbindungen eingeht. Von Schwefelsäure und Salpetersäure wird sie zersetzt.

Man erhält das Hydrat der Bromsäure am besten, wenn man bromsauren Baryt durch Schwefelsäure zerlegt. Zu diesem Zwecke bereitet man sich eine bei 80—90^0 gesättigte Lösung des Barytsalzes und setzt mit Vermeidung einer noch stärkeren Temperatur-Erhöhung so viel vorher mit dem gleichen Volumen Wasser verdünnte Schwefelsäure zu, als nothwendig ist dasselbe zu zerlegen. Das von dem schwefelsauren Baryt durch Abgiessen, nicht durch Filtration, getrennte Hydrat kann durch vorsichtiges Abdampfen concentrirt werden.

Die Bromsäure verbindet sich mit den meisten Basen zu bromsauren Salzen (Bromates), welche man am besten auf directem Wege, oder bei den Alkalien auf die oben angegebene Art erhält, wobei immer zugleich Brommetalle gebildet werden. Die bromsauren Salze sind grösstentheils in Wasser löslich; am wenigsten gilt dies von dem Quecksilberoxydul-, dem Silber- und dem Blei-Salze. Übrigens verhalten sie sich wie die chlorsauren, sie werden sämmtlich durch Erhitzung zerlegt, wobei entweder ein Brommetall oder ein Metalloxyd zurückbleibt, während im ersten Falle der Sauerstoff, im zweiten 1 Äq. Brom nebt 5 Äq. Sauerstoff d. h. die Bestandtheile der Bromsäure entweichen. Hiebei ist jedoch bis jetzt die Bildung von Überbromsäure nicht beobachtet worden. Die Bromate verpuffen mit Kohle, Schwefel, Schwefelantimon etc. durch einen Stoss, und entzünden sich, mit mehreren brennbaren Körpern gemischt, beim Betropfen mit Schwefelsäure. Die meisten, selbst die verdünnten Säuren, zerlegen dieselben unter Abscheidung von Brom und Sauerstoff.

Brom und Wasserstoff.

225. Hydrobrom $HBr = 81$ (Bromwasserstoff, Hydrobromsäure, Acide hydrobromique). Das Brom verbindet sich nicht so leicht mit dem Wasserstoff wie das Chlor, denn selbst bei Einwirkung des directen Sonnenlichtes auf das Gasgemenge erfolgt die

Verbindung nicht, und auch glühende Körper bewirken dieselbe nur theilweise. Leitet man aber das Gasgemenge über schwach erhitzten Platinschwamm oder durch eine mit Porzellanstücken gefüllte Glasröhre, die jedoch stärker als bei Anwendung des Platins erhitzt sein muss, so erfolgt die Verbindung beider Körper vollständig. Auf directem sowohl als auf indirectem Wege erhält man immer nur die obige Verbindung, welche sowohl ihrer Zusammensetzung als ihren übrigen Verhältnissen nach, dem Hydrochlor ganz analog ist. Das Hydrobromgas ist farblos, hat einen sehr stechenden Geruch, einen sauern Geschmack und röthet Lackmus sehr stark. Die Dichte desselben beträgt 2,731. Es wird begierig und unter Erwärmung vom Wasser aufgenommen und bildet das wässerige Hydrobrom (wässerige Hydrobromsäure), welches sich wie die gewöhnliche Salzsäure verhält. Es raucht an der Luft und hat im concentrirtesten Zustande eine Dichte von 1,29. Wird die concentrirte Säure bis 100° erhitzt, so siedet sie und gibt so lange Gas ab, bis ihre Dichte bei 20° auf 1,486 und ihr Siedepunkt bei 0,75^m auf 126° gestiegen ist, wo er constant bleibt und sie 53,17 Pct. Wasser enthält, also der Formel BrH,10HO entspricht. Die Dichte ihres Gases beträgt dann 0,975. Beim Verdunsten im Vacuum neben Ätzkali behält sie 50,54 Pct. oder 9 Äq. Wasser zurück. Leitet man das Hydrobromgas entweder für sich oder auch mit Sauerstoff gemengt durch eine glühende Glasröhre, so erleidet es keine Zersetzung; wenn man aber Bromgas mit Wasserdunst gemengt durch eine weissglühende Porzellanröhre leitet, so erhält man Hydrobrom und Sauerstoffgas, und bei einem Überschusse von Wasserdampf, noch nebstdem ein nicht näher untersuchtes nach Knoblauch riechendes Gas. Dieselbe Zerlegung des Wassers erfolgt auch, wenn Brom in Wasser gelöst der Einwirkung des Sonnenlichtes ausgesetzt wird; ist aber zugleich ein leicht oxydirbarer Körper z. B. Phosphor, schweflige Säure, Hydrothion, Phosphorwasserstoff u. s. w. vorhanden, so bildet sich das Hydrobrom noch leichter. Das Brom entzieht auch den meisten organischen Körpern den Wasserstoff. Schwefelsäure mit wässerigem Hydrobrom zerlegen sich wenigstens theilweise und um so leichter, je concentrirter die Schwefelsäure ist, in schweflige Säure, Wasser und Brom. Chlor bildet in Berührung damit, Hydrochlor und Brom oder auch Bromchlorid, wenn es im Überschusse vorhanden ist. Gegen die Metalle verhält sich das Hydrobrom wie das Hydrochlor.

Um Hydrobromgas zu erhalten, bringt man 5 Äq. Brom (125 Th.), mit 1 Äq. Phosphor (1 Th.) und wenigstens 1,5 Th.

Wasser in einen Kolben, den man durch einen Kork verschliesst, welcher mit einer Gasentbindungsröhre versehen ist. Hiebei geben 5 Br mit P und 5 HO nichts als PO_5 und 5 BrH. Vortheilhafter ist es jedoch, in einen kleinen Ballon zuerst 15 Grm. Bromkalium, dann 25 Gr. Brom, etwa 6 Th. Wasser und zuletzt 2 Gr. in kleine Stückchen geschnittenen Phosphor zu geben und denselben dann schnell mit der Gasentbindungsröhre zu versehen. Wenige Augenblicke nachher beginnt die Entwickelung von Hydrobrom, und zwar oft mit einer solchen Heftigkeit, dass es nothwendig wird den Ballon in kaltes Wasser zu halten. Der hiebei Statt findende Process ist folgender: 2 BrK, 5 Br und P, welchen wenigstens 8 HO zugesetzt werden müssen, geben nämlich 2 KO, HO, PO_5 und 7 BrH. Ein Theil des gebildeten Bromwasserstoffes rührt also von der Einwirkung der Phosphorsäure auf das Bromkalium her, und in der That erhält man durch directes Zusammenbringen dieser beiden Körper reines Hydrobrom. Schwefelsäure auf Bromkalium wirken zu lassen, ist deswegen nicht vortheilhaft, weil zugleich Brom und schweflige Säure abgeschieden werden. Man erhält auch Hydrobrom, wenn man Hydrothion auf Brom wirken lässt das mit Wasser bedeckt ist, da aber hiebei auch eine nicht unbedeutende Menge Schwefelsäure gebildet wird, so ist dieses Verfahren weniger vortheilhaft.

Brom, Wasserstoff und Sauerstoff.

226. Bromhydrat Br, 10 HO oder HBrO, 9 HO. Dieser Körper ist eine hyazinthrothe, krystallinische Masse, welche erhalten wird, wenn man Bromgas durch eine feuchte Röhre leitet, die bis auf 4° abgekühlt ist, oder noch besser, wenn man ein Gemenge von viel Brom mit wenig Wasser bis auf 0° abkühlt, in welchem Falle sich das Hydrat in Octaëdern abscheidet und bei 15° wieder zerfällt. 1 Th. Brom bedarf bei 15° 33 Th. Wasser zu seiner Lösung, welche Bromwasser heisst, gelblich ist, wie Brom riecht und schmeckt und nicht sauer reagirt. Bei längerer Einwirkung des Sonnenlichtes wird es sauer (205).

Brom und Kalium.

227. Kaliumbromid BrK = 119,1 (Bromkalium, Bromure de potassium). Das Kalium verbindet sich mit dem Brom unter heftiger Feuererscheinung und Verpuffung, es zersetzt das Hydrobrom und viele andere Bromverbindungen, wobei immer nur das Kaliumbromid BrK entsteht. Es wird am einfachsten erhalten, wenn man eine Ätzkalilösung mit Brom sättigt, was man an der eintretenden lichtgelben Färbung erkannt wird, und dann entweder durch die Flüssigkeit Hydrothion leitet, um das zugleich mitgebildete bromsaure Kali zu zerstören, oder die Lösung zur Trockenheit abdampft und die Masse glüht, um denselben Zweck zu erreichen. In diesem Falle ist es aber nothwendig nachher etwas Hydrobrom zuzusetzen, weil dann Kali im Überschusse vorhanden ist. Will man aber das bei obigem Processe sich bildende bromsaure Kali ebenfalls gewinnen, so muss man wie in (228) angegeben wird, verfahren. Die Krystalle des Kaliumbromides sind stets glänzend, tessularisch und schmecken stechend; ihre Dichte beträgt 2,42, sie lösen sich in Wasser unter Erkältung und können ohne Zersetzung geschmolzen werden. In Weingeist ist das Kaliumbromid sehr wenig löslich. Durch Chlor wird sowohl aus der Lösung desselben in Wasser, als auch aus der trockenen Verbindung, jedoch dann nur bei schwacher Glühhitze, das Brom abgeschieden und Kaliumchlorid gebildet.

Brom, Kalium und Sauerstoff.

228. Bromsaures Kali KO, BrO_5 = 167,1 (Bromate de potasse). Dieses Salz bildet farblose, wie es scheint ins Tessularsystem gehörige Krystalle, welche an der Luft beständig sind und sich bei 15° in 15,2 Th. Wasser lösen. Weingeist löst davon sehr wenig. Wird das Salz allmählig erhitzt, so schmilzt es zuerst, wobei zugleich Sauerstoffgas entweicht, sehr bald aber zeigt sich an einer Stelle ein Erglühen, welches sich durch die ganze Masse fortsetzt und wobei aller Sauerstoff abgeschieden wird, so dass nur halbgeschmolzenes Bromkalium zurückbleibt. Es lässt sich also auf diese Weise kein überbromsaures Kali erhalten. Das bromsaure Kali wird bereitet, wenn man eine erwärmte, mässig concentrirte Ätzkalilösung mit Brom sättigt, wobei ein Theil des Salzes nach dem Erkalten herauskrystallisirt. Durch Umkrystallisiren wird es von anhängendem Kaliumbromid getrennt.

Um die nicht unbedeutende Menge von bromsaurem Kali, welche durch Umkrystallisiren von dem Bromide nicht getrennt werden kann zu gewinnen, setzt man demselben so lange essigsauren Baryt zu, als ein Niederschlag von bromsaurem Baryt entsteht. Dieser wird durch Filtration von der Flüssigkeit, welche aus essigsaurem Kali und Kaliumbromid besteht, getrennt, und letztere durch Abdampfen bis zur Trockenheit und schwaches Glühen, zur Zerstörung der essigsauren

Salze, Filtration und Zusetzen von etwas Hydrobrom etc. vollkommen gereinigt.

Nach einer Beobachtung von Fritsche (J. für prakt. Chemie 24. 285.) zeigt bromsaures Kali, dem man, damit es kein freies Alkali enthalte, etwas Essigsäure zusetzt, und welches man durch freiwilliges Verdunsten der Salzlösung erhält, ein merkwürdiges Verhalten. Erwärmt man nämlich das unter obigen Umständen entstandene Salz allmälig um alles anhängende Wasser zu vertreiben und steigert man nach und nach die Temperatur, so tritt, wenn ein in demselben befindliches Thermometer 280° zeigt, ein äusserst heftiges Decrepitiren des Salzes ein, welches von keinerlei Gasentwickelung oder Gewichtsänderung begleitet ist. Bringt man das verknisterte Salz in Wasser, so löst es sich unter lebhafter Entwickelung von Sauerstoffgas, dessen Menge jedoch, selbst wenn heisses Wasser zur Lösung genommen wurde, nur 3 — 4 Cb. Zoll auf ein Loth Salz beträgt. Wahrscheinlich ist die Ursache dieses Verhaltens eine Molecularwirkung, welche eintritt wenn das Salz bis zu einem gewissen Grade erhitzt wird, und welche darin besteht, dass sich die Sauerstoffatome unter den gegebenen Umständen anders vertheilen und zwar so, dass unterbromig- oder bromigsaures und überbromigsaures Kali entsteht, von welchen das letztere vielleicht in Wasser nicht bestehen kann, daher seinen Sauerstoff hiebei abgibt, der dann zum Theile entweicht, zum Theile das andere Salz wieder restituirt.

Brom und Natrium.

229. Natriumbromid NaBr = 103 (Bromnatrium, Bromure de sodium). Von diesem Körper gilt alles was von dem vorigen angegeben wurde, nur ist zu bemerken, dass derselbe aus seiner Lösung in Wasser bei gewöhnlicher Temperatur in Krystallen anschiesst, die 4 Äq. Wasser enthalten und dem hemiorthotypen Systeme angehören, während es bei einer über 30° liegenden Temperatur in wasserfreien Krystallen anschiesst, die tessularisch sind. Dieselben schmecken alkalisch und sind in Wasser und Weingeist leicht löslich.

Brom, Natrium und Sauerstoff.

230. Bromsaures Natron (NaO,BrO$_5$ = 151 (Bromate de Soude). Von demselben gilt was bei dem entsprechenden Kalisalze angeführt wurde. Es ist tessularisch mit semitessularischem Charakter der Combination. In Verbindung mit Wasser krystallisirt es bei 4°, die Krystalle verwittern an der Luft.

Brom und Schwefel.

231. Bringt man Schwefel in Brom, so löst sich derselbe ohne merkliche Erwärmung, und zwar von der kleinsten Menge des Schwefels bis zu 2 Äq. desselben auf 1 Äq. Brom. Beim Erwärmen wird mehr Schwefel aufgenommen, dieser krystallisirt aber beim Erkalten wieder heraus. Die Verbindung ist so wenig charakterisirt, dass man schliessen muss, sie sei nur durch einen sehr geringen Grad von chemischer Anziehung bedingt. Unterwirft man dieselbe der Destillation bei möglichst niedriger Temperatur, so kann man sowohl Destillate als Rückstände erhalten, welche von 8 9,5 Pct. Schwefel und 1 0,5 Pct. Brom bis 9,4 Pct. Schwefel und 9 0,6 Pct. Brom enthalten, zwischen welchen Gränzen gar nicht mit den Äquivalenten der beiden Stoffe zusammenhängende Gemenge liegen. Die Verbindung S_2Br gleicht sehr der analogen Chlorverbindung. Vom kalten Wasser wird sie langsamer zersetzt als diese, vom heissen mit Heftigkeit, wobei HBr, HS und SO_2 gebildet werden.

Brom und Chlor.

232. Wie zu erwarten, zeigen auch diese beiden Körper nur ein sehr geringes Bestreben sich zu vereinigen. Leitet man nämlich Chlor durch Brom, so erhält man, ohne irgend eine auffallende Erscheinung, ein dunkelgelbes, sehr stark riechendes, die Augen zu Thränen reizendes Gas, welches sich durch eine Kältemischung zu einer rothgelben, sehr dünnen Flüssigkeit verdichtet, in welcher viele Metalle zu Chlor- und Brom-Metallen verbrennen.

Leitet man Chlor durch Brom, welches mit Wasser bedeckt ist, so wird zuerst das Brom gelöst, dann verdickt sich das Ganze zu einer krystallinischen Masse, die gewöhnlich als ein Hydrat des Bromchlorides betrachtet wird, worüber jedoch bisher nichts Näheres bekannt ist.

VIII. Jod. $J = 126,8$.

Diesen Grundstoff entdeckte Courtois in Paris im J. 1811 in der Mutterlauge der Soda, welche man aus der Asche von Strandpflanzen erhalten hatte. Gay-Lussac untersuchte die Verhältnisse desselben zuerst gründlich.

233. Das Jod (Jode, Jodine) erscheint bei gew. Temperatur als ein krystallinischer, leicht zerreiblicher, schwarzgrauer, metallisch glänzender, graphitartiger Körper, der nur in sehr dünnen Schichten rothes Licht durchlässt. Aus Lösungen in Äther, noch besser aus Hydrojod, krystallisirt das Jod im orthotypen Systeme. Die gew. Comb. sind: P. $\breve{P}r + \infty$. $Pr + \infty$; $P - \infty . P$; $P - \infty$.

$(\overline{P}-1)^4$. Es riecht dem Chlor ähnlich, schmeckt herb und scharf und äussert giftige Wirkungen. Die Dichte desselben beträgt bei 17° 4,948. Es schmilzt bei 107° und leitet dann die Electricität, verdunstet aber schon bei gew. Tpr. und siedet unter Schwefelsäure bei 175° — 180°, wobei es ein prächtig violettes Gas bildet, von welcher Eigenschaft es seinen Namen erhielt, da ἰωειδής veilchenfarbig heisst. Das Jodgas besitzt eine Dichte von 8,716 und ist für sich, nicht mit Luft gemischt, völlig schwarz und undurchsichtig. Das Jod färbt die Haut vorübergehend braun und bleicht die Pflanzenfarben, jedoch weit schwächer als Brom. Stärkmehl wird davon blau gefärbt, eine Reaction die für das Jod charakteristisch, und wofür es so empfindlich ist, dass wenn eine wässerige Lösung eines Jodmetalles nur $^1/_{500000}$ Jod enthält, Stärkmehlkleister nach Zusatz von etwas Salpetersäure davon violett gefärbt wird. 1 Th. Jod löst sich bei 20° in 500 Th. Wasser, durch Einwirkung des Lichtes wird die Lösung zersetzt, wobei sich Hydrojod bildet, jedoch nur wenn atm. Luft in der Flasche enthalten ist. Im Weingeist und Äther ist es mit brauner, in Steinöl und Schwefelkohlenstoff mit violetter Farbe löslich.

Das Jod verbindet sich mit vielen Körpern gleich dem Chlor, Brom etc. unter Feuererscheinung, und bildet mit den Metallen auf directem Wege die Jodmetalle (Jodures), deren viele schön gefärbt sind. Übrigens gilt von denselben alles was von den Chlor- und Brom-Metallen gesagt wurde, nur sieht man deutlich, dass das chemische Moment des Jods kleiner ist als das des Chlors und Broms.

In der Natur kommt das Jod an Quecksilber und Silber gebunden nur selten vor. Häufiger, jedoch nur in geringer Menge, findet es sich in Verbindung mit Kalium, Natrium, Calcium, Magnium etc. in mehreren Salzsoolen und vielen Mineralwässern. Im Meerwasser selbst ist es nur in äusserst geringer Menge enthalten, so dass es darin unmittelbar oft gar nicht nachgewiesen werden kann. Indess enthält die Asche vieler Seepflanzen davon weit mehr, und diese ist es auch aus welcher es gewöhnlich gewonnen wird. Die Quantität desselben kann von 0,001 Pct. des Gewichtes der trockenen Pflanzen bis auf 0,23 Pct. steigen. Die Seepflanzen, vorzüglich Fucus- und Ulva-Arten, werden in Gruben eingeäschert und die zum Theil geschmolzene Asche, welche in der Bretagne Varec, in Schottland Kelp heisst, wird in Stücke zerschlagen und mit Wasser ausgelaugt. Die so erhaltene Lauge dampft man ab, wobei sich zuerst Kochsalz, kohlensaures und schwefelsaures Natron und dann beim Erkalten auch

Kaliumchlorid abscheiden. Man wiederholt das Abdampfen und Erkalten so oft, bis eine Mutterlauge bleibt aus welcher nichts mehr von den oben genannten Salzen herauskrystallisirt. Ist dies eingetreten, so versetzt man diese Lauge mit so viel Schwefelsäure, dass sie stark sauer wird, wobei Kohlensäure, Hydrothion und schweflige Säure entweichen, und sich meistens auch Schwefel absetzt, indem die Lauge auch unterschwefligsaure Salze enthält, welche durch die Schwefelsäure zersetzt werden. Nach einigen Tagen bringt man sie in einen Cylinder von Blei, der in einem Sandbade liegend, schwach erwärmt werden kann und mit einem Helm aus Blei versehen ist. In diesem Cylinder setzt man der sauren Flüssigkeit Braunstein zu, und erwärmt gelinde und langsam. Das sublimirende Jod sammelt sich in den drei Vorlagen, von denen eine in die andere mündet. Der hiebei Statt findende Process ist folgender: NaJ würde nämlich mit viel Wasser und HO,SO_3 nichts als NaO,SO_3 und HJ geben, bei stärkerer Concentration entsteht aber auch SO_2 und J, welche erstere aber wieder bei Gegenwart von Wasser SO_3 und HJ bildet. Setzt man aber 1 Äq. Braunstein hinzu, so wird kein Hydrojod, sondern nur Jod abgeschieden, denn nun geben NaJ, MnO_2 und 2 (HO,SO_3) nichts als NaO,SO_3, $MnOSO_3$, HO und J. Ist zugleich auch Brom in der Lauge vorhanden, so mengt man die Mutterlauge mit Braunstein, dampft sie in einem eisernen Kessel zur Trockenheit ab und erhitzt so lange, bis alle Schwefelmetalle und unterschwefelsauren Salze in schwefelsaure Salze umgewandelt sind, was man daran erkennt, dass sich beim Zusatz von Schwefelsäure weder Hydrothion noch Schwefel abscheiden. Dann löst man die Masse in Wasser und leitet durch die vom Bodensatz getrennte Flüssigkeit so lange Chlor, als Jod gefällt wird; aber nicht länger, indem sonst das Jod wieder gelöst und Chlorjod gebildet würde. Aus der übrigen Lauge wird das Brom, wenn dieses auch in derselben enthalten ist, auf die in (2 2 3) angegebene Art abgeschieden. Das aus der Mutterlauge erhaltene rohe Jod wird mit Wasser gewaschen, durch Pressen getrocknet und sublimirt.

Das Jod ist, wie es im Handel vorkommt, selten ganz rein, sondern enthält nebst etwas Sand auch Eisen. Um es zu reinigen genügt es nicht, namentlich wenn es eisenhältig ist, dasselbe im Weingeist zu lösen und daraus durch Wasser zu präcipitiren; sondern man leitet so lange Chlor durch eine Lösung von Kaliumjodid, bis das sich anfangs fällende Jod wieder ganz aufgelöst ist. Dann giesst man diese Flüssigkeit in eine andere Lösung von Kaliumjodid, welche wenigstens dreimal mehr Jod als die erste enthält, wobei Jod gefällt wird, welches man auswäscht und trocknet.

Jod und Sauerstoff.

234. Obwohl sich das Jod auf keine Weise direct mit dem Sauerstoff verbindet, so bildet es doch auf indirectem Wege weit festere Verbindungen mit demselben als das Chlor und das Brom, indem dieselben von dem Lichte fast gar nicht, durch die Wärme aber nur bei erhöhter Temperatur und niemals mit Heftigkeit zersetzt werden, auch sämmtlich in isolirtem Zustande dargestellt werden können. Bis jetzt sind folgende vier Oxydationsstufen des Jodes bekannt, welche alle Säuren sind.

JO_7 Überjodsäure . . enthält auf 126,8 Jod 56 Th. Sauerst.
JO_5 Jodsäure . . .   "   "   "   " 40 " "
JO_4 Unterjodsäure . .   "   "   "   " 32 " "
J_5O_{19} Niederjodsäure .   "   "   "   " 30,4 " "

Nur die Jodsäure wird analog der Chlorsäure durch Einwirkung des Jodes auf die Lösungen der Alkalien gebildet, die übrigen Verbindungen werden auf andere Weise erhalten.

235. Überjodsäure $JO_7 = 182,8$ (Acide oxiodique, Acide periodique). Die Überjodsäure ist eine leicht im Wasser lösliche, in feuchter Luft zerfliessende weisse Masse, die aus ihrer Lösung in luftbeständigen wasserhältigen Krystallen anschiesst, welche bei 130° schmelzen, bei dieser Temperatur ihr Wasser aber noch nicht verlieren. Die Lösung kann ohne Zersetzung gekocht werden. Die wasserfreie Säure zerfällt bei 190° in Sauerstoff und Jodsäure, und gibt ihren Sauerstoff entweder ganz oder theilweise an leicht oxydirbare Körper, wie Phosphor, Zink, Eisen, Kleesäure, Weinsäure etc. ab, wobei sich Jod ausscheidet. Äther und Weingeist werden jedoch durch dieselbe nicht zersetzt. Mit Basen verbindet sie sich in mehreren Verhältnissen zu überjodsauren Salzen (Oxiodats). Sie sind meistens in Wasser gar nicht oder doch schwer löslich, in verdünnter Salpetersäure lösen sie sich alle leicht und werden sämmtlich durch Erhitzung in Sauerstoffgas und in Jodmetalle, oder in Gemenge von diesen mit Metalloxyden oder Metallen zerlegt.

Die Überjodsäure bereitet man entweder durch Zerlegung des überjodsauren Bleioxydes mit Schwefelsäure, wobei man einen kleinen Überschuss des Bleisalzes anwendet, oder auch durch Behandlung des überjodsauren Silberoxydes mit kaltem Wasser (s. d.)

236. Jodsäure $JO_5 = 166,8$ (Acide iodique von Davy entdeckt). Die wasserfreie Jodsäure erscheint in weissen Krystallen von sehr starkem herbsaurem Geschmacke, die sich sehr leicht in

Wasser und auch ziemlich gut in Alkohol von 0,845 lösen, in absolutem Alkohol hingegen unlöslich sind. Die Jodsäure zerfällt beim Erhitzen über 370° in Sauerstoff und Jod. Nach Millon (An. d. Ch. et de Ph. 9. 400. 1843) gibt es zwei Hydrate der Jodsäure, welche bei 170" ihr Wasser abgeben und in wasserfreie Säure übergehen.

Das erste Hydrat HO,3JO₅ wird erhalten, wenn man die wasserfreie Säure oder das Hydrat HO.JO₅ in Weingeist löst, nach und nach Schwefelsäure zusetzt und endlich die Flüssigkeit kocht, wobei es sich dann bald in Form von glänzenden Flitterchen reichlich abscheidet. Auch wenn man das zweite Hydrat mit absolutem Alkohol, in welchem es selbst beim Kochen unlöslich ist, behandelt, geht es in das erste Hydrat über. Endlich erhält man es auch noch, wenn man Salpetersäure die 2—3 Äq. Wasser enthält mit Jod kocht.

Das zweite Hydrat HO,JO₅ bildet sich wenn man eine Lösung der Jodsäure bis zur Syrupconsistenz abdampft und bei 10"—35° erkalten lässt, wo es sich, wenn die Säure ganz rein war, als ein schweres weisses Pulver absetzt, während sich schöne Krystalle bilden, wenn die Säure auch nur eine Spur Schwefelsäure enthält. Es bildet sich auch, wenn die wasserfreie Säure mit Alkohol von 0,845 in Berührung kommt. Bei 130°, oder auch, jedoch erst nach längerer Zeit und in einer ganz trockenen Atmosphäre, bei 30° — 40" gibt es ²/₃ Äq. Wasser ab und geht in das erste Hydrat über. In absolutem Alkohol ist es unlöslich, Weingeist von 0,845 löst die Hälfte seines Gewichtes.

Die Jodsäure wird am besten durch Zerlegung des jodsauren Barytes mit der nöthigen Menge von Schwefelsäure bereitet. Man kocht 1 Th. des Barytsalzes eine halbe Stunde lang mit 40 Th. Schwefelsäure, welcher 150 Th. Wasser zugesetzt wurden. Die durch Filtration vom schwefelsauren Baryt getrennte Flüssigkeit wird concentrirt und abgekühlt, wobei die Säure herauskrystallisirt. Die so gewonnene Säure enthält noch immer etwas Schwefelsäure, von welcher sie durch Kochen mit jodsaurem Baryt befreit wird, etwas Salpetersäure und Salzsäure welche meistens dem jodsauren Baryt anhängen, werden durch Erhitzen der Jodsäure mit der Vorsicht sie nicht zu zersetzen, entfernt.

237. Unterjodsäure JO₄ = 158,8 (Acide hypoiodique). Diese Säure erscheint im reinen Zustande als ein lebhaft schwefelgelbes, amorphes, nicht hygroskopisches, in trockener und feuchter Luft unveränderliches Pulver, auf welches das stärkste Licht nur äusserst wenig einwirkt. Bei einer Temperatur von 170° bis 180° zerfällt die Unterjodsäure unmittelbar in Jod und Jodsäure. In kaltem Wasser ist sie unlöslich, durch siedendes Wasser erleidet sie schnell dieselbe Zerlegung wie durch Erhitzung, und so wie das Wasser wirkt auch die Salpetersäure. Von Alkohol wird sie gar nicht verändert. Kalte Schwefelsäure wirkt ebenfalls gar nicht auf sie, erwärmte nimmt davon beträchtlich viel auf und scheidet beim Erkalten die Verbindung $JO_4, 2 (HO, SO_3)$ ab (249). Durch concentrirte Salzsäure zerfällt sie sehr schnell in Jodchlorür und Chlor. Bringt man die Unterjodsäure mit den wässerigen Lösungen der Alkalien in Berührung, so bilden sich jodsaure Salze und nebstbei jene Verbindungen in unbestimmter Menge, welche durch Einwirkung des Jods auf Alkalien entstehen. Sind aber die Alkalien in Alkohol von 85° gelöst, so nimmt die Flüssigkeit sogleich eine dunkel ziegelrothe Farbe an, und es entstehen unterjodsaure Alkalien, welche sich indess sehr schnell, selbst in Berührung mit Alkohol zersetzen und welche bisher, dieser grossen Veränderlichkeit wegen, nicht näher untersucht werden konnten. Kommt die so schnell wie möglich von Alkohol entfernte ziegelrothe Verbindung mit Wasser in Berührung, so entsteht ein gelbes Pulver, welches Niederjodsäure und zwar im reinsten Zustande, nämlich frei von aller ihr sonst so hartnäckig anhängenden Schwefelsäure ist.

Die Unterjodsäure wird durch Erwärmen der Niederjodsäure bis höchstens 150° erhalten (238) Sie wird ferner gebildet bei der Zersetzung des Körpers $JO_4, 2 (HO, SO_3)$ und endlich auch wenn man Salpetersäure die weniger als 2 Äq. Wasser enthält und nicht stark raucht, in der Kälte mit Jod zusammenreibt (Millon An. de Ch. et de Ph. 12. 330. 1844). In letzterem Falle entsteht zuerst ein gelbes Pulver, welches eine Verbindung der Salpetersäure mit Jod und Sauerstoff ist, das aber in Berührung mit Wasser so leicht in Jod, Salpetersäure und Jodsäure zerfällt, dass es nicht analysirt werden konnte. Bringt man dasselbe aber auf einen porösen Ziegel und bedeckt diesen wenn es nicht mehr raucht mit einer Glocke, unter welcher sich auch Kalkhydrat befindet, so erhält man nach einigen Tagen ein gelbes Pulver, welches durch abwechselndes Waschen mit Alkohol und Wasser gereinigt, nichts als Unterjodsäure ist. Man erhält auf diese Weise jedoch nur den fünfzehnten Theil des angewendeten Jods an Unterjodsäure.

238. Niederjodsäure $J_5O_{19} = 786$ (Acide sous-hypoiodique). Diese Säure besitzt sowohl in ihren physikalischen Eigenschaften als in ihrem chemischen Verhalten eine grosse Ähnlichkeit mit der Unterjodsäure. Sie ist jedoch etwas mehr ockergelb und verändert sich merklich, obwohl nur sehr langsam, durch Wasser. Die Alkalien färben die alkoholische Lösung ebenfalls violett, jedoch ganz anders als dies bei der Unterjodsäure unter gleichen Umständen geschieht. Im Verhalten gegen das Licht aber und in trockener und heisser Luft, so wie gegen Alkohol und Säuren, gleicht diese Säure ganz der vorigen. In einer Temperatur von $130^\circ — 150^\circ$ zerfällt dieselbe in Jod und Unterjodsäure und zwar nach der Gleichung $4J_5O_{19} = J_9O_{76} + J = 19 JO_4 + J$, ein Verhalten auf welches sich die vortheilhafteste Bereitung der Unterjodsäure gründet. Die Niederjodsäure entsteht wenn Schwefelsäure auf Jod bei starker Erhitzung (249) einwirkt und wird in reichlicher Menge erhalten, wenn man die hiebei sich bildende Verbindung J_5O_{19}, $10 (HO,SO_3)$ gleich nach ihrer Bereitung einige Zeit unter einer kleinen Glocke über Schwefelsäure stehen lässt, dann aber durch einige Tage der Einwirkung der feuchten Luft aussetzt. Hiebei wird sie zersetzt, indem die Schwefelsäure Feuchtigkeit aus der Luft anzieht und von dem Ziegelstein eingesaugt wird, während eine gelbe Masse zurückbleibt die man pulvert, mit Wasser und Alkohol behandelt und trocknet. Es hängt der so erhaltenen Säure jedoch immer noch 1 Pct. Schwefelsäure an, welche nur dadurch entfernt werden kann, dass man dieselbe mit einer Lösung von Natron in Alkohol von 0,845 behandelt und dann durch Wasser zersetzt. Die Niederjodsäure wird auch bei der Zersetzung der überjodsauren Alkalien in Wasser gebildet.

Jod und Wasserstoff.

239. Hydrojod HJ = 127,8 (Jodwasserstoffsäure, Acide hydriodique). Jod verbindet sich mit dem Wasserstoff zwar direct, aber nur bei erhöhter Temperatur oder unter Mitwirkung von Platinschwamm. Leitet man Joddämpfe zugleich mit Wasser durch eine glühende Röhre, so werden höchstens Spuren von Hydrojod gebildet, eben so wenig vermag es dem Hydrochlor oder Hydrobrom den Wasserstoff zu entziehen. Das Hydrojod erscheint unter gewöhnlichen Umständen als ein farbloses Gas, das dem Hydrochlor ähnlich riecht, erstickend wirkt, sehr sauer schmeckt und reagirt. Die Dichte desselben beträgt 4,4024. Durch starken Druck lässt es sich zu einer gelblichen Flüssigkeit condensiren. Vom Wasser wird es begierig und in bedeutender Menge aufgenommen und bildet, damit gesättigt, eine der Salzsäure ganz ähnliche Flüssigkeit, welche bei 128° siedet und bei 15° eine Dichte von 1,70 besitzt. Diese Säure gibt beim Kochen kein Gas ab, sondern verdunstet unverändert, die Dichte ihres Dampfes beträgt 1,20, es vereinigen sich also 2 V. Hydrojodgas und 11 V. Wassergas ohne Condensation. Diese Zusammensetzung entspricht der Formel HJ, 11HO. Beim Verdunsten der wässerigen Hydrojodsäure bei gewöhnlicher Temperatur bildet sich kein anderes Hydrat derselben. Der Luft ausgesetzt färbt es sich braun und nimmt Sauerstoff auf, der sich mit dem Wasserstoff desselben verbindet, wobei Jod in schönen Krystallen ausgeschieden wird. Dieselbe Zersetzung erfolgt viel rascher, wenn man ein Gemenge von Sauerstoffgas und Hydrojodgas durch eine glühende Röhre leitet. Überhaupt gibt das Hydrojod seinen Wasserstoff leicht an andere Körper, namentlich Sauerstoff, Chlor, Brom etc. ab. Anderseits entziehen demselben viele Metalle, wie Zink, Eisen, Kalium, Quecksilber etc. das Jod und bilden Jodmetalle, während der Wasserstoff in Freiheit gesetzt wird. Mit den basischen Metalloxyden bildet es, gleich dem Hydrochlor und Hydrobrom, Jodmetalle.

Hydrojod bildet sich ausser in den oben angegebenen Fällen meistens dann, wenn Jod mit Wasser in Berührung kommt und zugleich ein Körper vorhanden ist, der sich mit dem Sauerstoff zu vereinigen strebt. Bringt man daher z. B. Jod mit Phosphor und Wasser in Berührung, so entwickelt sich Hydrojod, das man über Quecksilber auffangen kann während phosphorige Säure gebildet wird. Man benützt dieses Verhalten um sich Hydrojod zu verschaffen, indem man 1 Th. Phosphor 9 Th. Jod und etwas Wasser zusammen erwärmt. Vortheilhafter ist es jedoch 1 Th. Phosphor mit 14 Th. Jodkalium, 20 Th. Jod und etwas Wasser zusammen zu bringen. Es geben nämlich 2KJ, 5J, P und 7HO, nachdem anfangs etwas erwärmt wurde, 2KO,PO$_5$ und 7HJ. Die Gasentwickelung wird oft so heftig, dass man den Ballon kühlen muss. Das Jod ist auch im Stande gewissen Verbindungen, wie z. B. dem Hydrothion, den Wasserstoff zu entziehen. Hierauf gründet sich eine gute Methode wässeriges Hydrojod darzustellen. Man bringt nämlich etwas Jod in Wasser und vertheilt es darin durch Umrühren, während man Hydrothiongas durchleitet. Wenn das Jod verschwunden ist, setzt man wieder und zwar etwas mehr als vorher zu, weil sich jetzt in dem bereits gebildeten Hydrojod mehr Jod löst als vorher im Wasser. Wenn man dieses Verfahren mehrmals wiederholt, erhält man eine Flüssigkeit, die nachdem sie vom Schwefel getrennt ist durch Abdampfen noch weiter concentrirt werden kann. Brächte man gleich anfangs das ganze Jod ins Wasser, so würde ein Theil davon unbenützt bleiben, da sich der Schwefel in Form einer zähen Masse abscheidet und so einen Theil des Jods der Einwirkung des Hydrothion entzieht.

Jod und Kalium.

240. Kaliumjodid KJ = 165,9 (Jodkalium, Jodure de potassium). Jod und Kalium vereinigen sich schon bei gewöhnlicher Temperatur durch Zusammenreiben, beim Erwärmen erfolgt die Verbindung zu Kaliumjodid unter heftiger Explosion, mit violettem Lichte. Das Kaliumjodid bildet weisse halbdurchsichtige Krystalle von scharfem Geschmacke, welche dem Tessularsysteme angehören, es soll aber auch in pyramidaler Form erscheinen können. Die Dichte desselben beträgt 2,90 — 3,09. Es schmilzt vor dem Glühen und verdampft dabei unzersetzt, jedoch nur in geringer Menge, beträchtlicher geschieht dies bei Luftzutritt. Es zerfliesst nur in sehr feuchter Luft und löst sich unter bedeutender Erkältung, welche 24° betragen kann, in Wasser. 1 Th. Jodkalium bedarf 0,735 Th. Wasser von 12,5°, 0,709 Th. von 16°, 0,7 Th. von 18°, 0,45 Th. bei 120°, d. i. beim Siedepunkt der gesättigten Lauge. Von Weingeist sind bei 12,5° 5,5 Th. nöthig, wenn dessen Dichte 0,85 ist. Von absoluten Alkohol sind bei 13,5° 39—40 Th. erforderlich.

Das Kaliumjodid gibt mit verdünnter Schwefelsäure erhitzt Hydrojod, bei stärkerer Concentration auch freies Jod und schweflige Säure, bei Zusatz von Braunstein aber nur Jod. KJ, MnO_2 und $2(HO,SO_3)$ geben nämlich 1 Äq. Jod nebst $KOSO_3$ und $MnOSO_3$. Leitet man Chlor über Jodkalium, welches in einer Glasröhre schwach erhitzt ist, so wird das Jod abgeschieden und Chlorkalium gebildet. Auch wenn man Chlor in eine Lösung von Jodkalium leitet wird Jod ausgeschieden. Leitet man Wasserdampf über glühendes Jodkalium, so wird ebenfalls Hydrojod gebildet.

Das Jodkalium wird eben so wie das Chlor- und Brom-Kalium gebildet, nämlich: Durch Sättigen des Hydrojod mit Kali und Abdampfen zur Trockenheit, wobei also der Wasserstoff durch Kalium ersetzt wird. Durch Zerlegen vieler Jodmetalle, wie z. B. des Jodzinkes, Jodeisens mit kohlensaurem Kali und endlich durch Einwirkung von Jod auf eine Kalilösung, wo nebst Jodkalium auch noch jodsaures Kali gebildet wird, indem 6 (KO,HO) und 6J hiebei 5KJ und KO,JO_5 geben. Hierauf gründet sich eine vortheilhafte Bereitungsart dieses Körpers. Man bringt in eine mässig concentrirte Kalilauge so lange Jod als dieses noch verschwindet ohne die Flüssigkeit braun zu färben, dampft dann alles zur Trockenheit ab und erhitzt die trockene Masse in einem hessischen wohlbedeckten Tiegel so lange, als noch Sauerstoffgas weggeht. Nach dem Erkalten löst man die Masse auf, setzt Hydrojod zu bis die Flüssigkeit schwach sauer reagirt, filtrirt und lässt krystallisiren. Mischt man die bis zur Trockenheit abgedampfte Masse vor dem Glühen mit Kohlenpulver, so geht die Zerlegung bei einer niedrigern Temperatur vor sich und es entweicht nur Kohlensäure ganz ohne Jod.

Man bereitet auch das Kaliumjodid durch Fällung des Zink- oder Eisen - Jodids mit kohlensaurem Kali ; vortheilhafter ist es jedoch nach Liebig, eine Lösung von Schwefelbarium durch Zusatz von Jod in Jodbarium zu verwandeln, und dieses durch ein Kalisalz, z. B. durch schwefelsaures Kali, zu zerlegen.

Jod, Kalium und Sauerstoff.

241. Jodsaures Kali $KO,JO_5 = 213,9$ (Jodate de potasse neutre). Es erscheint in weissen luftbeständigen Krystallen, welche zur Lösung 13 Th. Wasser von 14° bedürfen und in Weingeist unlöslich sind. Beim Erhitzen schmilzt es und verwandelt sich unter Abgeben von 22,44 Pct. Sauerstoff in Kaliumjodid, ohne dass vorher überjodsaures Kali gebildet wurde. Hiebei wird auch etwas Jod abgeschieden. So wie die Erwärmung wirken auch viele oxydirbare Substanzen, wie Hydrothion, schweflige Säure etc. auf das jodsaure Kali, indem sie es in Kaliumjodid umwandeln. Das jodsaure Kali bildet sich neben Kaliumjodid, wenn Jod mit Kali zusammengebracht wird, indem 6J und 6KO bei Gegenwart von Wasser 5KJ und KO,JO_5 geben. Man dampft alles zur Trockenheit ab und trennt das Kaliumjodid durch Weingeist von 0,81 vom jodsauren Kali. Auch wenn man Kaliumjodid bis zum anfangenden Schmelzen erhitzt und dann $1\frac{1}{2}$ Th. chlorsaures Kali zusetzt, erhält man das Salz, und nebstbei wird ein Kaliumchlorid gebildet. Die beiden Körper werden zuerst durch Krystallisation, dann vollständig durch Weingeist getrennt. Es bildet sich auch wenn man JCl_3 in Kalilauge löst, wobei $8JCl_3$ und $12KO$ sich in $2(KO,JO_5)$, $9KCl$ und KJ zerlegen. Die vortheilhafteste Methode aber jodsaures Kali zu bereiten gründet sich auf das Verhalten des Jod zum chlorsauren Kali bei Gegenwart von Wasser und etwas Salpetersäure. Übergiesst man nämlich 1 Th. chlorsaures Kali mit dem 3—4fachen Gewichte Wasser, erhitzt es dann bis zum Kochen und setzt endlich 1,2 Th. Jod zu, so wird dieses rasch aufgenommen, die Flüssigkeit bleibt aber farblos, wenn man nicht einen Überschuss von Jod anwendet, und es bildet sich jodsaures Kali und Jodchlorid. Nimmt man nach Millon (Compt. reud XII. 258) 5 (KO,ClO₅) auf 6 Jod, so wird man 5 (KO,JO₅) und ein Jodsuperchlorid JCl₅ erhalten, wofür der Umstand zu sprechen scheint, dass beim Erwärmen Cl entweicht und JCl₃ zurückbleibt. Man kann indessen die Bildung dieses Jodchlorids ganz vermeiden, wenn man zu dem mit Wasser übergossenen chlorsauren Kali einige Tropfen einer Säure, am besten Salpetersäure beimischt und während man alles im Kochen erhält, nach und nach das Jod zusetzt. Hiebei verdrängt das Jod vermöge seiner grösseren Anziehung zum Sauerstoff, das Chlor. Die Säure wirkt nur insofern als sie etwas Chlorsäure frei macht und dadurch die Wirkung des Jod auf dieselbe einleitet, welche sich dann fortsetzt.

242. Zweifach jodsaures Kali KO,HO,2JO₅ (Biiodate de p.). Es erscheint in wasserhellen sauer schmeckenden Krystallen, welche ihr Wasser bei 150° vollständig verlieren und in KO,2JO₅ übergehen. Das wasserhältige Salz bedarf zu seiner Lösung 75 Th. Wasser von 15°. In Weingeist ist es löslich. Beim Erhitzen gibt es 22,5 Pct. Sauerstoff und Jod ab und geht in Kaliumjodid über. Es wird am besten erhalten, wenn man einer Lösung des einfachen Salzes noch so viel Jodsäure zusetzt als sie schon enthielt.

243. Dreifach jodsaures Kali KO,HO,3JO₅ (Triiodate de p.). Es erscheint in grossen wasserhellen Krystallen, welche sich in 25 Th. Wasser von 15° lösen und beim Erhitzen 22,51 Sauerstoff nebst Jod abgeben. Das Salz wird ebenfalls auf directem Wege erhalten, indem man dem vorigen Salze noch 1 Äq. Jodsäure zusetzt. Bei 170° verliert das Salz ⁵/₆ Äq. Wasser und erst wenn es bis 240° erhitzt wird, beginnt es das letzte ¹/₆ Äq. Wasser zu verlieren.

Jod und Natrium.

244. Natriumjodid NaJ = 149,8 (Jodnatrium, Jodure de sodium). Im wasserfreien Zustande krystallisirt diese Verbindung aus der Lösung im Wasser, wenn die Temperatur nicht unter 50° sinkt. Die Krystalle sind tessularisch, sie schmelzen und verflüchtigen sich etwas schwieriger als Kaliumjodid. Bei gewöhnlicher Temperatur krystallisirt das Natriumjodid aus der wässerigen Lösung mit 4 Äq. Wasser in Krystallen, welche dem hemiorthotypen Systeme angehören. Die Abw. der Achse liegt in der Ebene der kleineren Diagonale und beträgt 23° 12′ 30″. a: b: c: d = 2,332: 2,591: 4,005: 1. Gew. Comb. P — ∞. +P/₂. P̌r. P + ∞. P̌r + ∞. Bei Zw. ist die Zf. P — ∞ Diese Krystalle verwittern an der Luft, lösen sich in 0,6 Th. Wasser, und auch in wasserhaltendem Weingeist. Beim Erwärmen schmelzen sie und hinterlassen wasserfreies Natriumjodid. In Betreff der Bereitung gilt das in (240) Angeführte.

Jod, Natrium und Sauerstoff.

245. Jodsaures Natron $NaO,JO_5 = 197,8$ (Jodate de Soude). Im wasserfreien Zustande krystallisirt dieses Salz aus einer Lösung welche entweder kocht oder wenigstens 70° hat. Beim Erhitzen schmilzt es ohne verändert zu werden, zersetzt sich aber noch vor dem Glühen in Sauerstoff, der von etwas Jod begleitet ist und in Jodnatrium das etwas alkalisch reagirt. Unter abgeänderten Umständen krystallisirt es mit verschiedenem Wassergehalt, der aber bei 150° vollständig entfernt werden kann. Im Weingeist ist es, wie die folgenden Verbindungen, unlöslich.

$NaO,JO_5 2HO$ dem 8,34 Pct. Wasser entsprechen bildet sich, wenn irgend eines der folgenden Hydrate, bei gew. Tpr. über Schwefelsäure stehen bleibt. Aus einer bei 10° gesättigten Lauge krystallisirt bei 0° ein Salz, welches 42,13 Pct. oder 16 Äq. Wasser enthält und welches selbst bei 0° mit einer Glocke bedeckt so lange Wasser verliert, bis es nur 35,31 Pct. oder 12 Äq. enthält. Steigt die Temperatur bis auf 15°, so sinkt der Wassergehalt auf 31,29 Pct., was 10 Äq. entspricht. Krystallisirt das Salz aus einer Lösung deren Temperatur 20° beträgt, so hängt der Wassergehalt desselben von dem Concentrationsgrade und der Schnelligkeit ab, mit welcher sich die Krystalle abscheiden. Die ersten Krystalle enthalten 6 Äq. oder 21,44, die späteren 4 Äq. oder 15,22 Pct. und die zuletzt sich abscheidenden enthalten nur wieder 2 Äq.

Um jodsaures Natron zu bereiten, vertheilt man Jod in viel Wasser und sättigt die Flüssigkeit zuerst mit Chlor, dann mit kohlensaurem Natron, wobei sich Jod abscheidet. Man wiederholt nun die Behandlung mit Chlor und Natron so oft bis durch Chlor kein Jod mehr abgeschieden wird und trennt das sich gleichzeitig bildende Natriumchlorid vom jodsauren Natron durch Krystallisation, oder auch durch Weingeist. Man muss hiebei einen Überschuss von Natron vermeiden, weil sonst auch $2NaO,JO_7$ entsteht, welches sich seiner Schwerlöslichkeit wegen, als krystallinisches Pulver abscheidet. Bei diesem Processe verdrängt das Chlor den Sauerstoff von einem Theile des Natrons, dieser wird aber nicht frei, sondern verbindet sich mit dem Jod, und zwar nach folgendem Schema: JCl_5 und $6NaO$ geben NaO,JO_5 und $5NaCl$.

246. Halbüberjodsaures Natron $2NaO,JO_7$, $3HO$ wird erhalten, wenn man jodsaures Natron mit Hilfe der Wärme in Ätznatron löst und durch die noch warme Flüssigkeit Chlorgas leitet, wobei es sich bald abzuscheiden beginnt, was beim Erkalten der Lauge vollständig geschieht. Es ist im kalten Wasser gar nicht, im heissen nur wenig löslich. Dasselbe wirkt oxydirend auf andere Körper und geht dabei in jodsaures Natron über.

247. Überjodsaures Natron NaO,JO_7. Wenn man das vorige Salz in der hinreichenden Menge von Überjodsäure löst, so erhält man wasserfreie, luftbeständige Krystalle des neutralen überjodsauren Natrons, welche im Wasser leicht löslich sind. Dieses und das vorige Salz werden durch Erhitzen auf gleiche Weise unter Abscheiden von Sauerstoff zersetzt.

Jod und Schwefel.

248. Jod und Schwefel lassen sich in jedem Verhältnisse zusammenschmelzen, wenn sie bis etwa auf 100° erwärmt werden, wobei die Temperatur etwas steigt. Nimmt man 2 Äq. Schwefel auf 1 Äq. Jod, so erhält man eine stahlgraue, ausgezeichnet krystallinische Masse, welche beim vorsichtigen Erwärmen sublimirt und dann jodähnliche Krystalle gibt, die unter gleichen Umständen eine verschiedene Zusammensetzung haben, beim raschen Erwärmen aber in Schwefel und Jod zerfallen. Man sieht hieraus dass zwischen beiden Körpern nur eine geringe chemische Anziehung herrscht.

Jodsäure und Schwefelsäure.

249. Beide Säuren wirken bei gew. Tpr. nicht auf einander, werden sie aber zusammen erhitzt so wird anfangs die Jodsäure ohne alle Gasentwickelung gelöst, später tritt Entwickelung von Sauerstoffgas ein, welches zuletzt von Jodgas begleitet ist, so dass die Wirkung beider Körper mit der Lösung der Jodsäure beginnt und mit der gänzlichen Zerstörung derselben endigt. Unterbricht man jedoch diese Operation in ihren verschiedenen Stadien, so findet man, wie Millon gezeigt hat (An. d. Ch. et de Ph. 12. 336. 1844), dass sich hiebei eine Reihe sehr merkwürdiger Körper bildet, in welcher die Schwefelsäure mit Wasser und mit verschiedenen Oxydationsstufen des Jod verbunden ist. Alle diese Körper ziehen sehr begierig Feuchtigkeit aus der Luft an und werden dann zersetzt;

sie können daher nur in einer vollkommen trockenen Atmosphäre
aufbewahrt werden. Zu ihrer Bereitung werden am besten 5 Th.
(allenfalls 150 Grm.) Schwefelsäure in einem Platintiegel nahe bis
zu ihrem Siedepunkt erhitzt, und dann nach und nach 1 Th. fein
gepulverte Jodsäure unter öfterem Umrühren in dieselbe eingetragen,
indem mehr davon nicht aufgenommen werden kann. Man unterbricht die Einwirkung der Wärme früher oder später, je nachdem
man die bei höherer oder die bei niedrigerer Temperatur sich bildenden Körper erhalten will, und bringt dann den Tiegel, sobald es
seine Temperatur erlaubt, unter eine mit Schwefelsäure abgesperrte
Glocke, wo sich die neu entstandenen Körper abscheiden, und zwar
um desto später, je stärker und länger die Einwirkung der Schwefelsäure gedauert hat. Ist dies geschehen, so wird die saure Flüssigkeit
von dem Niederschlage abgegossen und dieser dann so schnell als
möglich auf einen porösen Ziegelstein unter eine Glocke über Schwefelsäure gebracht. Die hiebei entstehenden Körper sind folgende:

a) HO,JO_5, $3(HO,SO_3)$, eine weisse, perlmutterartige Substanz,
welche sich nach 5 bis 6 Stunden aus der Schwefelsäure abscheidet,
wenn dieselbe bei einer ihrer Siedhitze nahe liegenden Temperatur
mit Jodsäure gesättigt wurde. Wendet man das Hydrat $3HO,SO_3$
statt HO,SO_3 an, so geht die Schwefelsäure mit ihrem ganzen Wassergehalt in die Verbindung ein und man erhält einen Körper dessen Zusammensetzung

$$HO,JO_5,\ 3(3HO,SO_3)\ \text{ist.}$$

Enthält die Schwefelsäure 5 Äq. Wasser, so löst sich die Jodsäure nur in geringer Menge, und schlägt sich beim Erkalten als
$HO,3JO_5$ vollständig nieder.

b) Erhitzt man so weit bis einige Sauerstoffblasen sich entwickelt haben, so bildet sich schon in der heissen Flüssigkeit ein
aus gelben Blättchen bestehender Niederschlag, dessen Zusammensetzung durch die Formel

$$4\,JO_5.JO_4,\ HO,SO_3$$

ausgedrückt wird. Lässt man hingegen die Gasentwickelung 7—8 Minuten dauern, so setzen sich in der noch kochenden Flüssigkeit
Krystalle von einer dunkleren gelben Farbe an als die vorigen
sind, und welche eine Zusammensetzung von $2JO_5.JO_4,\ HO,SO_3$ haben. Beide Körper sind in der kalten Schwefelsäure gänzlich unlöslich.

c) Setzt man die Erhitzung bis zum Entweichen von Jodgas,
welchem eine reichliche Sauerstoffgas-Entwickelung vorangeht, fort,

so erhält man nach 5 — 6 Tagen eine citrongelbe warzenförmige Verbindung, deren Zusammensetzung $JO_4, 2(HO,SO_3)$ ist.

d) Nach reichlicher Sauerstoff- und Jod-Entwickelung erzeugen sich in einigen Tagen krystallinische Krusten deren Zusammensetzung $J_5O_{19}, 10(HO,SO_3)$ ist. Diese letzte Verbindung ist die wichtigste, indem sie zur Darstellung der J_5O_{19} und diese ihrerseits wieder zur Erzeugung von JO_4 führt. (237) Es ist schon oben bemerkt worden, dass sich alle diese Verbindungen sehr schnell in feuchter Luft, Wasser und Alkohol zersetzen; je langsamer die Zersetzung erfolgt, desto mehr von den zuletzt genannten Säuren wird gebildet.

250. KO,SO_3, HO,JO_5. Dieses Salz wird erhalten wenn man einer Lösung von jods. Kali Schwefelsäure in Überschuss zusetzt, wo beim Verdunsten, bei $25°$, zuerst 3fach jods. Kali, dann das genannte Salz, herauskrystallisirt. Beim Erhitzen bleibt nichts als KO,SO_3 zurück. Die ersten $^2/_3$ des Wassers können ohne Zersetzung, das letzte aber nur wenn diese beginnt, entfernt werden.

Jod und Chlor.

251. Leitet man Chlorgas über Jod, so wird es rasch absorbirt, wobei die Temperatur bis zu $100°$ steigen kann. Hiebei werden je nachdem man die Einwirkung des Chlors kürzere oder längere Zeit dauern lässt, zwei bestimmte Verbindungen gebildet, nämlich ein Chlorür welches flüssig und ein Chlorid welches fest ist.

Das **Jodchlorür** $JCl = 162,2$ erscheint als eine rothbraune, ölartige Flüssigkeit von stechendem Geruche und scharfem Geschmacke. Sie färbt die Haut braun wie Jod, erregt Brennen auf derselben und wirkt bleichend. Beim Erwärmen zerfällt das Jodchlorur in Jodchlorid und Jod. Mit den Lösungen der Alkalien gibt es jodsaure Salze, Jodmetalle und Jod, indem $5JCl$ und $6KO$ sich in KO,JO_5, $5KCl$ und $4J$ zerlegen. Das Jodchlorür löst sich leicht in Wasser und gibt damit eine braune Lösung, welche man auch erhält, wenn man Chlor in Wasser leitet, in welchem Jod vertheilt ist. Es ist auch in Weingeist löslich.

252. Das **Jodchlorid** $JCl_3 = 233$ ist eine pomeranzengelbe, krystallinische, in den übrigen Eigenschaften dem Chlorüre sehr ähnliche Masse. Es wirkt eben so wenig als die vorige Verbindung auf Stärkmehl, was für die Entdeckung des Jod von Wichtigkeit ist. Die Stoffe sind darin nur sehr lose verbunden, da es schon bei $20 — 25°$, wo es schmilzt, Chlor abgibt. Das Chlorid

23

löst sich im Wasser nicht so leicht als das Chlorür und erleidet wie
es scheint dabei eine Zersetzung, was wenigstens der Fall ist, wenn
es mit sehr wenig Wasser in Berührung kommt. Man erhält die wässerige Lösung auch, wenn man durch Wasser in welchem 1 Th. Jod
vertheilt ist, Chlor bis zur Sättigung leitet. Setzt man dieser Lösung
ein Alkali, z. B. Natron, jedoch nicht im Überschusse zu, so wird
nichts als Natriumchlorid und chlorsaures Natron gebildet, nebstbei
aber J abgeschieden, so dass $5\,JCl_3$ mit $18\,NaO$ nur $3\,(NaO,JO_5)$ und
$15\,NaCl$ geben, während $2J$ abgeschieden werden. Setzt man jedoch
das Alkali im Überschusse hinzu, so wird auch Jodmetall gebildet, da
das freie Jod auf das Alkali wirkt (241).

Jod, Brom, Kalium und Sauerstoff.

253. Beide Körper lassen sich in allen Verhältnissen mit einander mischen, ohne dass hiebei irgend eine auffallende Erscheinung,
welche auf eine bedeutende chemische Anziehung zwischen denselben schliessen liesse, eintritt. Wie es scheint gibt es jedoch zwei
bestimmte Verbindungen derselben, nämlich ein Bromür, welches
entsteht wenn man viel Jod mit wenig Brom gemischt gelinde erwärmt, wobei die in Wasser lösliche Verbindung in rothbraunen Krystallen sublimirt, und ein Bromid, welches erhalten wird, wenn man
1 Äq. Jod mit 5 Äq. Brom zusammenmischt und die dunkelbraune
Flüssigkeit in Wasser bringt, in welchem sie sich ohne Abscheidung
von Brom oder Jod löst. Aus dieser Lösung scheiden sich bei 0°
braungelbe Krystalle ab, die über 4° in das Bromid und Wasser zerfallen. Mit Alkalien gibt die wässerige Lösung Brommetalle und jodsaure Salze.

254. Kaliumjodchlorid $KJCl_4 = KCl,JCl_3$ (Chlorjodite de
potassium). Leitet man durch eine sehr concentrirte Lösung von
Kaliumjodid, in welcher auf 2 Th. Wasser 1 Th. des Jodides enthalten sind, so lange Chlorgas bis sie damit gesättigt ist, so scheiden
sich beim Erkalten desselben die Krystalle des obigen Salzes in
grosser Menge ab. Sie sind goldgelb, riechen sehr stark nach
Jodchlorid, und müssen sehr schnell von der Mutterlauge getrennt
werden, da sie sonst eine noch nicht näher untersuchte Zersetzung
erleiden, welche auch eintritt wenn sie mit Wasser oder feuchter
Luft in Berührung kommen. Im obigen Falle bildet sich das Chlorsalz ganz einfach, indem 4 Äq. Chlor zu 1 Äq. Kaliumjodid treten.
Es bildet sich aber auch noch in vielen anderen Fällen, insbesondere

wenn Jod und chlorsaures Kali in Hydrochlor gelöst werden, oder bei Einwirkung von concentrirter Salzsäure auf jodsaures Kali.

255. $KO,KCl,HO,2JO_5$. Dieses Salz, welches dem anderthalbfach schwefelsauren Kali analog zusammengesetzt ist, da es 3 Äq. Basis auf 2 Äq. Säure enthält, bildet sich bei freiwilligem Verdunsten des wässerigen nicht vollkommen mit Kali gesättigten Jodchlorides, dem etwas Salzsäure zugesetzt wurde, oder auch durch Auflösen von jodsaurem Kali in erwärmter Salzsäure. Es erscheint in wasserhellen Krystallen, welche an der Luft verwittern und sich in 19 Th. Wasser von 15° lösen. Bei 260° verliert das Salz sein Wasser, wobei es aber zugleich zersetzt wird.

256. $2NaCl,NaO,JO_5,12HO$. Dieses Salz entsteht wenn man durch eine Lösung von jodsaurem Natron, welcher Ätznatron zugesetzt wurde, so lange Chlorgas leitet, als noch halbüberjodsaures Natron niederfällt, und die davon getrennte Lauge weiter abdampft. Die zuerst sich bildenden wasserhellen Krystalle sind das obige Salz, nach diesem bilden sich Krystalle von Kochsalz, welchem zuletzt auch chlorsaures Natron beigemengt ist. Die Krystalle sind luftbeständig und werden von kaltem Wasser zerlegt, indem durch dasselbe das Kochsalz ausgezogen wird und jodsaures Natron zurückbleibt. Beim Erhitzen wird es in ein Gemenge von Chlornatrium und Jodnatrium zerlegt.

IX. *Fluor.* $F = 18{,}7$.

Es war eine längst bekannte Thatsache, dass wenn Flussspath, ein ziemlich verbreitetes und als Flussmittel bei Hüttenprocessen schon lange vorher gebrauchtes Mineral, mit Säuren übergossen wird, Dämpfe entweichen, welche das Glas angreifen und matt machen. Im Jahre 1670 benützte Schwanhardt (Geschichte der Chemie von H. Kopp, 3. 368) in Nürnberg diese Eigenschaft um auf Glas zu ätzen. Erst 100 Jahre später (1771) schloss Scheele aus seinen Versuchen, die er anfangs in Glasretorten und erst später (1781), auf Mayer's Mittheilungen, mit Retorten von Blei anstellte, dass der Flussspath aus Kalk und einer eigenthümlichen Säure, der Flussspathsäure, bestehe. Gay-Lussac mit Thenard und auch H Davy (1808—1811) untersuchten diese Säure näher, aber erst Ampère erkannte ihre wahre Natur und wies nach, dass sie aus Wasserstoff und einem eigenthümlichen Grundstoff bestehe, für welchen er den Namen Phtor vorschlug, der indess nie in Gebrauch kam, da man den Namen Fluor wohlklingender fand. Berzelius verdankt die Wissenschaft die Kenntniss vieler Fluorverbindungen, auch lehrte er die Anwendung der Fluss-säure bei der Analyse der Silicate.

257. Obwohl nach den bisherigen Erfahrungen die Existenz des Fluor, als eines eigenthümlichen Grundstoffes, der eine grosse Ähnlichkeit mit dem Chlor besitzt, nicht bezweifelt werden kann, so ist es doch noch nicht gelungen denselben zu isoliren. Das Fluor besitzt nämlich vielleicht unter allen Körpern das grösste chemische Moment, so dass, wenn es auch gelingt dasselbe abzuscheiden, es sich doch sogleich wieder mit den Stoffen verbindet aus welchen das Gefäss besteht, in dem man die Abscheidung bewerkstelliget. G. J. Knox versuchte es daher wasserfreies Hydrofluor in Gefässen von Flussspath durch den elektrischen Strom zu zerlegen. Es entwickelte sich wirklich an dem Platindrath der als Kathode diente viel Wasserstoff, während an der Anode, die aus wohlgereinigter Kohle bestand, sich ein farbloses Gas abschied, welches Lackmuspapier bleichte, Gold langsam angriff und dunkelbraun färbte. Baudrimont erhielt durch Behandlung eines Gemenges von Flussspath und Braunstein mit Schwefelsäure ein gelbbraunes nach Chlor und gebrannten Zucker riechendes Gas, welches Glas nicht angriff und ein Gemenge verschiedener, noch nicht näher untersuchter Gase war. Das Fluor geht mit den Körpern, welche vorzugsweise Säuren zu bilden fähig sind, entweder gar keine oder doch nur sehr lose Verbindungen ein. Man kennt in der That bis jetzt keine Verbindungen desselben mit Sauerstoff, Chlor, Brom, Jod und Stickstoff, selbst die Verbindung mit dem Schwefel, welche durch Destillation des Fluor-Blei oder Fluor-Quecksilber mit Schwefel erhalten wird, scheint sehr lose zu sein. Mit den vorzugsweise basenbildenden Körpern hingegen gibt dasselbe sehr feste Verbindungen und verdrängt sogar unter günstigen Umständen die übrigen Körper. Die Metalle bilden mit demselben die Fluormetalle, Fluoride (Fluates), welche die grösste Ähnlichkeit mit den Chlormetallen haben.

In der Natur kommen die Fluorverbindungen nicht in sehr grosser Menge vor. Die verbreitetste ist der Flussspath, nebstdem findet es sich auch im Kryolith, Topas, Cerit, Wagnerit und in einigen Feldspath- und Glimmer-Arten. Merkwürdiger Weise enthalten die Knochen und Zähne des Menschen Fluorcalcium.

Fluor und Wasserstoff.

258. Hydrofluor HF $= 19{,}7$ (Fluorwasserstoff, Flusssäure, Acide hydrofluorique). Wird reiner gepulverter Flussspath in einer bleiernen oder platinenen Retorte mit 2 Th. Schwefelsäure übergossen und gelinde erwärmt, so entwickelt sich ein stechend riechendes, beim Einathmen höchst schädlich wirkendes Gas, welches an der Luft starke Nebel bildet und sich in einer gut mit Eis gekühlten Vorlage zu einer wasserhellen Flüssigkeit verdichtet. In der Retorte bleibt schwefelsaure Kalkerde zurück. Leitet man das Gas, welches auf diese Weise aus einer bestimmten Menge Flussspath erzeugt wurde, in eine Röhre von Platin in welcher sich so viel Calciumoxyd befindet als dem zu erhaltenden Gypse entspricht, und erhitzt man diese bis zum schwachen Glühen, so bildet sich Wasser, und zwar genau so viel als dem in dem Calciumoxyde enthaltenen Sauerstoff entspricht, während dieses in Flussspath verwandelt wird, dessen Menge genau der des genommenen Flussspathes gleich ist. Hieraus muss man schliessen, dass das bei obigen Versuchen sich entwickelnde Gas Wasserstoff enthält, und dass der damit verbundene Körper derselbe ist, welcher mit dem Calcium den Flussspath bildet. Da keine einzige Erfahrung vorliegt, welche uns bestimmen könnte das Fluor für zusammengesetzt zu halten, vielmehr die grösste Analogie zwischen ihm und den übrigen vorzugsweise Säuren bildenden Grundstoffen herrscht, so ist es vollkommen dem Gange der Wissenschaft gemäss diesen noch nicht isolirt dargestellten Körper den übrigen Grundstoffen beizuzählen. Der Flussspath ist demnach Fluorcalcium und die Formel desselben CaF, wobei F das Äquivalent des Fluors d. h. die Menge desselben bezeichnet, welche darin mit 1 Äq. Calcium verbunden ist und welche 1 Äq. Sauerstoff, Chlor etc. zu ersetzen vermag. Der obige Process ist folgender: CaF und HO,SO₃ geben CaO,SO₃ und HF ganz so wie dies bei der Zerlegung des Kochsalzes durch Schwefelsäure geschieht.

Das Hydrofluor ist im tropfbaren Zustande eine wasserhelle Flüssigkeit, welche an der Luft stark raucht und deren Dichte 1,06 beträgt. Bei — 20° erstarrt es noch nicht, und der Siedepunkt desselben liegt unter 15°. Das Hydrofluor muss mit grosser Vorsicht behandelt werden, da schon die Dämpfe desselben die Haut stark angreifen, vorzüglich unter den Nägeln heftige Schmerzen und Entzündung erregen. Kleine Tropfen davon bewirken auf die Haut gebracht Eiterblasen, oft von Wundfieber begleitet.

Das Hydrofluor bildet mit Kalium unter Feuererscheinung Wasserstoff und Fluorkalium; auf dieselbe Weise, jedoch schwächer, wirken Natrium, Kiesel, Zink, Eisen, Mangan, Tantal etc. Die meisten Oxyde geben damit, und zwar einige schon bei gewöhnlicher Temperatur unter Erhitzung, andere bei geringer Temperaturerhöhung Wasser und Fluormetalle. Vom Wasser wird das Gas mit grosser Begierde und unter Erhitzung aufgenommen, wodurch das wässerige Hydrofluor, die gewöhnliche Flusssäure, deren Dichte bis auf 1,25 steigen kann, entsteht. Da die Flusssäure das Glas und

alle kieselerdehaltigen Geschirre stark angreift, so muss man sich
zur Bereitung derselben metallener Gefässe bedienen, unter welchen
nur die Wahl zwischen Gold, Platin und Blei bleibt, denn auch die
meisten übrigen Metalle werden unter Wasserstoff-Entwickelung von
der Säure gelöst. Man bringt zu diesem Behufe fein gepulverten
Flussspath in einen bleiernen Kolben, der mit zwei Hälsen versehen
ist, und giesst durch den mit einem gut passenden Stöpsel aus Blei,
der mit etwas Fett bestrichen ist, die Schwefelsäure, während in
dem anderen Hals ein rechtwinkelig gebogenes Bleirohr eingepasst
ist, das in ein Gefäss aus Blei oder Platin taucht, welches etwas
Wasser enthält. Es ist gut wenn der abwärts gehende Schenkel
dieses Rohres von Platin ist, wo man dann den Apparat so gestaltet wie die nebenstehende Figur zeigt.
a ist der weite Hals zum Eintragen des
Flussspathes und der Schwefelsäure und b
das Platinrohr, welches mit seinem kegel-
förmigen Ende in den horizontalen Schenkel der Röhre eingerieben wird. Handelt
es sich bloss darum ein Silicat aufzuschliessen, so kann man dasselbe sogleich mit Wasser bedeckt in den Platintiegel c bringen, oder man kann
sich hiezu auch eines bleiernen Gefässes bedienen, in welchem die
Platinschale, die das mit Wasser
bedeckte Mineral enthält, auf die
durchlöcherte Bleiplatte stellt, während sich unter derselben der mit
Schwefelsäure übergossene Fluss-
spath befindet. Man bedeckt die Schale mit dem Deckel und erwärmt sie gelinde, nach einiger Zeit ist alles gelöst.

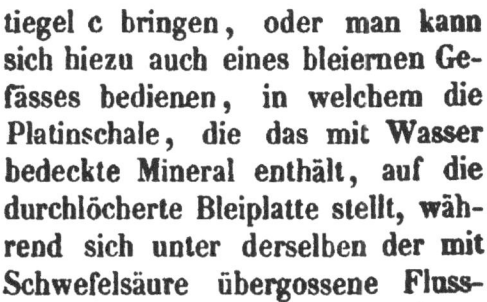

Fluor und Kalium.

259. Fluorkalium oder besser Kaliumfluorid KF = 57,8
(Fluorure de potassium). Man erhält diese Verbindung durch Übersättigen von Kali mit Flusssäure. Hat man die Flüssigkeit zur Trockenheit abgedampft, etwas erhitzt und wieder gelöst, so erhält man
hexaëdrische, scharf salzig schmeckende Krystalle, die an der Luft
schnell zerfliessen und sich unter Erwärmung im Wasser lösen. Die

Lösung greift Glas an und macht es matt. Das Fluorkalium schmilzt noch vor dem Glühen, ohne dabei eine Zersetzung zu erleiden. Schwefelsäure zerlegt dasselbe schon in der Kälte, unter Abscheidung von Flusssäure. Aus einer concentrirten Lösung fällt Alkohol eine krystallinische Masse, in der 39,44 Pct. Wasser enthalten sind, deren Zusammensetzung also der Formel KF,4HO entspricht. Setzt man zu einer Lösung die 1 Äq. Fluorkalium enthält noch 1 Äq. Flusssäure und überlässt die Flüssigkeit der freiwilligen Verdunstung, so erhält man tessularische Krystalle, welche nach der Formel $KHF_2 = KF,HF$ zusammengesetzt sind. Sie lösen sich leicht im Wasser und werden durch schwaches Glühen zerlegt, indem sie Flusssäure abgeben und Fluorkalium zurücklassen.

Fluor und Natrium.

260. Fluornatrium $NaF = 41,7$ (Natriumfluorid, Fluorure de sodium). Diese Verbindung erscheint in perlmutterglänzenden hexaëdrischen Krystallen von ziemlich scharfem, salzigem Geschmacke, welche zu ihrer Lösung, die langsam und unter geringer Erkältung erfolgt, 23 Th. Wasser von 16° erfordern. Aus der Lösung, welche ebenfalls Glas angreift, krystallisirt die Verbindung immer nur im wasserfreien Zustande und oft unter Lichtentwickelung. Im Weingeist ist das Fluornatrium sehr wenig löslich. Es schmilzt bei der Rothglühhitze, ohne dabei eine Zersetzung zu erleiden. Man bereitet diesen Körper am zweckmässigsten wie das Fluorkalium auf directem Wege.

Setzt man dem Fluornatrium 1 Äq. Flusssäure zu, so bilden sich beim freiwilligen Verdunsten wasserfreie rhomboëdrische Krystalle von scharf saurem Geschmacke, die im Wasser schwer löslich sind und deren Zusammensetzung analog der auf gleiche Weise erhaltenen Kaliumverbindung ist, nämlich $NaHF_2 = NaF,HF$.

X. *Stickstoff.* $N = 14.$

Azot (von ζωη Leben) Stickgas, Nitrogène, Azote. Im Jahre 1777 ermittelte Scheele und fast gleichzeitig Lavoisier, dass die atmosphärische Luft ein Gemenge von Sauerstoffgas und Stickgas sei.

261. Das Stickgas ist farb-, geruch- und geschmacklos, seine Dichte beträgt nach den älteren Bestimmungen von Dulong und Berzelius 0,976, nach den neueren von Dumas und Boussingault 0,972 (Ann. de Ch. 3. 257.) und nach den neuesten

von Regnault 0,9714 (Pogg. Ann. 65. 414.) Es ist bisher noch
nicht gelungen den Aggregationszustand desselben zu verändern. Das
chemische Moment des Stickstoffes ist so gering, dass es sich mit
keinem Körper auf directem Wege verbinden kann, und daher weder brennbar noch geeignet ist, das Verbrennen anderer Körper zu
unterhalten, noch endlich auf Pflanzenpigmente zu wirken. Aus demselben Grunde sind auch die meisten Verbindungen des Stickstoffes
sehr lose, so dass sie sich durch eine geringe Temperaturerhöhung,
durch einen Stoss etc. mit grosser Heftigkeit trennen. Dies gilt insbesondere von seinen Verbindungen mit den vorzugsweise Säuren
bildenden Körpern. Mit den mehr basenbildenden Stoffen hingegen
gibt der Stickstoff sehr innige Verbindungen, deren mehrere starke
Basen sind. Der Stickstoff ist ein constanter Gemengtheil der atmosphärischen Luft, welche im trockenen Zustande und von Kohlensäure
befreit, 77 Pct. davon enthält; er wird daher immer eingeathmet,
dient aber doch allein nicht zur Erhaltung der Respiration, und wird
wieder unverändert ausgeathmet (s. b. den Art. Atmosphäre beim
Kohlenstoff). Übrigens bildet der Stickstoff auch noch einen wesentlichen Bestandtheil des Thier- und Pflanzenkörpers. Man erhält das
Stickgas rein, wenn man der atmos. Luft den Sauerstoff durch leicht
oxydirbare Körper entzieht. Hiezu eignet sich vorzüglich Kupfer, das
in Form von feinen Drehspänen in einer Röhre, am besten ebenfalls
von Kupfer, bis zum Glühen erhitzt wird. Das eine Ende der Röhre
steht mit der Atmosphäre, das andere mit einem Gasometer in Verbindung, der hier als Aspirator wirkt, indem man bei der unteren
Öffnung das Wasser ausfliessen lässt, und durch den Hahn die
Schnelligkeit des Einströmens der atm. Luft nach Belieben regelt. Um
das in dem Gasometer sich ansammelnde Stickgas rein zu erhalten,
ist es nothwendig die atm. Luft ehe sie in die Röhre tritt, welche die
Kupferspäne enthält, durch ein System von U-förmig gebogenen
Röhren gehen zu lassen, von denen die erste Glasstücke die mit
Kalilauge, die zweite ausgeglühte Bimssteinstücke die mit Schwefel-
säure befeuchtet sind, enthält.

Statt des Kupfers kann man sich auch des Eisenoxydulhydrates,
des Eisens, der Schwefelalkalimetalle, des brennenden Phosphors und
noch vieler anderer Körper bedienen, um der Luft den Sauerstoff zu
entziehen, worüber ein Näheres bei dem Art. Atmosphäre nachzusehen
ist. Auf eine andere Weise erhält man Stickgas, wenn man Stickoxydgas über stark glühendes Kupfer leitet. Auch durch verschiedenartige Zerlegungen des Ammoniaks und einiger Ammoniaksalze erhält
man Stickgas (268).

Stickstoff und Sauerstoff.

262. Man kennt bis jetzt die folgenden 5 Oxydationsstufen des Stickstoffes., von welchen die beiden niedrigsten indifferente Körper, die übrigen hingegen Säuren sind:

NO	Stickoxydul	enthält auf 14 Stickstoff				8	Sauerstoff.	
NO_2	Stickoxyd	„	„	„	„	16	„	
NO_3	Salpetrige Säure	„	„	„	„	24	„	
NO_4	Untersalpetersäure	„	„	„	„	32	„	
NO_5	Salpetersäure	„	„	„	„	40	„	

Die vier ersten dieser Verbindungen können für sich bestehen, die höchste aber kennt man nur in Verbindung mit Basen. Keine derselben kann auf directem Wege erzeugt werden, nur die Salpetersäure bildet sich, wenn elektrische Funken durch ein Gemenge von Sauerstoffgas und Stickgas schlagen, welches mit Wasser in Berührung ist. Das Licht begünstigt die Verbindung zwischen Stickstoff und Sauerstoff nicht, sondern bewirkt im Gegentheile die Zersetzung der Salpetersäure in Untersalpetersäure, welche es eben so wenig als die niedrigeren Verbindungen weiter zu zersetzen vermag. Durch Erhitzen werden alle Verbindungen des Stickstoffes zerlegt.

263. Stickoxydul NO = 22 (Lustgas, oxydirtes Stickgas, Protoxyde d'azote, Oxyde nitreux, 1776 von Priestley entdeckt). Unter gewöhnlichen Umständen ist es gasförmig und farblos und hat einen schwachen, angenehmen süsslichen Geruch und Geschmack. Durch 2 — 3 Minuten eingeathmet, erzeugt es bei einigen Personen einen mit grosser Heiterkeit und Aufregung verbundenen Rausch, während es bei anderen nur unangenehme und selbst schmerzhafte Wirkungen, wie Erstickungszufälle, Ohnmachten etc. hervorbringt. Die Dichte desselben beträgt 1,526. Wasser absorbirt davon bei 18° 0,71 seines Volumens, es muss daher über einer Kochsalzlösung aufgefangen werden. Alkohol nimmt 1,5 seines Volumens davon auf. Die Lösungen der Eisenoxydulsalze wirken nicht darauf. Bei einem Drucke von etwas über 50 Atmosphären geht es nach H. Natterer's Versuchen (Pogg. An. 62. 133. Faraday 64. 470) in den tropfbaren Zustand über und bildet eine sehr bewegliche, wasserhelle Flüssigkeit, welche sich beim Verdunsten so stark abkühlt, dass sie zu einer weissen, krystallinischen festen Masse erstarrt. Die meisten brennbaren Körper entziehen dem Gase den Sauerstoff, und viele davon, wie z. B. ein glimmender Holzspan, Kohle, stark erhitzter Schwefel, Kalium, bereits entzündeter Phosphor etc. brennen darin mit derselben Lebhaftigkeit wie im Sauerstoffgas. Ein Gemenge von gleichen Äquivalenten Wasserstoffgas und Stickoxydulgas verpufft durch den elektrischen Funken, oder durch einen glühenden Körper, indem Wasser gebildet und Stickgas in Freiheit gesetzt wird. Bei zu wenig Wasserstoff entsteht auch etwas Salpetersäure. Platinschwamm bewirkt unter Erglühen ebenfalls die Zerlegung, und zwar bei zu viel Wasserstoff unter Bildung von Ammoniak. Wird Stickoxydulgas durch eine glühende Porzellanröhre geleitet, so zerfällt es ebenfalls in seine Bestandtheile. Das Stickoxydul geht weder mit den Basen noch mit den Säuren Verbindungen ein, und gehört daher zu den indifferenten Körpern. Es bildet sich, wenn Stickoxydgas (NO_2) mit Körpern in Berührung kommt, welche ihm 1 Äq. Sauerstoff entziehen, was durch schwefligsaure Salze, Hydrothion, Schwefelleber, Zinnchlorür, feuchte Zink- oder Eisen-Feile geschieht. Auch bei der Einwirkung gehörig verdünnter Salpetersäure auf Zink oder Eisen, entwickelt sich anfangs nur Stickoxydulgas, später ist demselben Stickoxydgas beigemengt. Mit Kupfer gibt eine Säure von 1,217 bei — 10", wo die Einwirkung beginnt, fast reines Stickoxydul. Bereitet wird das Stickoxydulgas am besten durch Erhitzen des reinen salpetersauren Ammoniaks $H_3N,NO_5,2HO$, welches schon bei 238° in Wasser und Stickoxydul zerlegt wird, indem 2NO und 5HO gebildet werden. 10 Grm. Salz geben also 2,41 Grm. oder 1261 Cub. Stickoxydulgas.

264. Stickoxyd $NO_2 = 30$ (Salpetergas, Oxyde nitrique, Deutoxyd d'azote, Gaz nitreux). Das Stickoxyd ist ein farbloses Gas, dessen Dichte 1,0388 beträgt, und welches rein eingeathmet tödtlich wirkt. Es reagirt nicht sauer und wird vom Wasser nur in geringer Menge aufgenommen, nämlich bei gew. Temperatur $^1/_{10}$ von dessen Volumen. Kohle und stark brennender Phosphor brennen in dem Gase mit Lebhaftigkeit fort. Erhitztes Kalium oxydirt sich darin unter Feuererscheinung, und auch glühendes Eisen, Kupfer, Zink etc. zerlegen es, wobei Stickgas zurückbleibt. Wasserstoffgas brennt in dem Gase nicht fort, leitet man aber ein Gemenge von 2 V. Stickoxydgas und 5 Vol. Wasserstoffgas auf erhitzten Platinschwamm, so wird er glühend und es bildet sich Wasser und Ammoniak (268). NO_2 und 5H geben nämlich H_3N und 2HO. Leitet man Stickoxydgas in Wasser, welches mit schwefliger Säure gesättigt ist, so wird die schweflige Säure zu Schwefelsäure oxydirt und Stickoxydul bleibt zurück, indem SO_2 und NO_2 hiebei SO_3 und NO geben. Auch schwefligsaure Alkalien, Hydrothion, Schwefelmetalle und mehrere

Oxydulsalze werden durch dasselbe oxydirt. Die Eisenoxydulsalze zeigen in dieser Hinsicht ein interessantes Verhalten. Leitet man nämlich Stickoxyd in eine Lösung von schwefelsauren Eisenoxydul, so wird es während die Flüssigkeit eine dunkelschwarze Farbe annimmt vollständig absorbirt, wobei auf 4 Äq. Eisenoxydul 1 Äq. Stickoxyd kommt. Auf gleiche Weise verhalten sich die Lösungen des Eisenchlorürs, Bromürs und Jodürs. Die Eisenoxydsalze etc. hingegen wirken nicht auf das Gas. Hierauf beruht auch die Farbenänderung, welche eintritt wenn man zu Eisenoxydullösungen Salpetersäure setzt (s. h. das Nähere beim Eisen und) (305). Obwohl das Stickoxydgas, wie das eben angegebene Verhalten desselben zeigt, leicht die Hälfte seines Sauerstoffes an gewisse oxydirbare Körper abgibt, so hat es doch auch ein grosses Bestreben sich höher zu oxydiren. Dies zeigt sich schon, wenn man dasselbe in Salpetersäure leitet, von welcher es unter Zersetzung derselben reichlich aufgenommen wird (267). Am auffallendsten zeigt sich dies aber wenn das Gas mit Sauerstoff oder atm. Luft in Berührung kommt, indem sich dann sogleich die nächste oder die beiden nächst höheren Verbindungsstufen des Stickstoffes bilden, welche durch ihre rothbraune Farbe sogleich erkannt werden. Befindet sich daher Stickoxydgas in einem Recipienten über Wasser und lässt man Sauerstoff hinzutreten, so färbt sich das Innere des Recipienten sogleich rothbraun, dabei findet aber auch eine Verminderung des Raumes der Gase Statt. Man hat dieses Verhalten des Stickoxydgases in früherer Zeit zur Analyse sauerstoffhältiger Gasgemenge benützt; es ist indess dazu nicht tauglich, da die eintretende Verminderung des Volumens keine constante ist, sondern von der relativen Menge der sich bildenden höheren Oxydationsstufen des Stickstoffes abhängt. Das Stickoxydgas zeigt ebenfalls kein grosses Bestreben sich mit anderen Körpern zu verbinden; es besitzt daher auch keine scharf ausgesprochenen chemischen Charaktere. Es scheint sich indess vorzugsweise mit den Säuren verbinden zu können, insbesondere mit der Schwefelsäure, von der es in grosser Menge aufgenommen wird (281). Das Stickoxydgas bildet sich sowohl durch Oxydation des Ammoniaks (268) als durch Desoxydation der Salpetersäure, worauf sich auch die Bereitung desselben gründet. Bringt man nämlich ein geeignetes Metall, am besten Kupfer, mit Salpetersäure zusammen, deren Dichte 1,27 nicht überschreitet, so erhält man bei gew. Temp. reines Stickoxydgas; ist aber die Säure concentrirter oder die Temperatur höher, so ist demselben Stickgas beigemengt.

265. Salpetrige Säure $NO_3 = 38$ (Acide pernitreux, Acide hipponitreux). Diese Säure ist in ihrem isolirten Zustande noch nicht hinreichend untersucht, da es sehr schwierig ist sie vollkommen rein darzustellen. Wahrscheinlich ist sie dann eine tief indigoblaue Flüssigkeit, welche schon bei $-10°$ und vielleicht noch früher siedet und sich dabei in ein gelbrothes Gas verwandelt. In diesem Zustande erhält man dieselbe nach Fritsche, wenn man zu 92 Th. (2 Äq.) Untersalpetersäure, die sich in einer Retorte befindet, sehr langsam 45 Th. oder 5 Äq. Wasser zusetzt, wobei jedoch die Säure bis $-20°$ abgekühlt sein muss. Es findet bei gehöriger Vorsicht hiebei fast keine Gasentwickelung Statt, und man erhält zwei Flüssigkeiten die sich nicht mit einander mischen lassen, von denen die obere lichter, die untere dunkler gefärbt ist. Diese besteht auch aus der flüchtigeren Flüssigkeit, denn sie siedet schon bei $0°$; in der ebenfalls gut gekühlten Vorlage sammelt sich, während der Siedepunkt bis auf $28°$ steigt, die indigoblaue Untersalpetersäure. Lässt man nach Dulong 1 Äq. = 4 V. Stickstoffoxydgas mit 1 Äq. = 1 V. Sauerstoffgas wohlgemengt in eine bis auf $-20°$ erkaltete Röhre treten, so condensirt sich in derselben eine dunkelgrüne Flüssigkeit, welche wahrscheinlich ein Gemenge von salpetriger Säure mit Untersalpetersäure ist. Eine ähnliche Flüssigkeit scheidet sich ab, wenn man die wohlgetrockneten rothen Dämpfe, welche sich bei der Einwirkung der Salpetersäure von 1,25 auf Stärke entwickeln, ebenfalls in einer bis auf $-20°$ gekühlten Röhre auffängt. Sie kann durch wiederholte theilweise Destillation von der Untersalpetersäure zwar so weit getrennt werden, dass ihr Siedepunkt bei $-2°$ liegt und ihr Gehalt an Stickstoff 33 Pct. beträgt, aber ganz rein lässt sie sich auf diese Weise nicht darstellen.

Die salpetrige Säure ist so leicht zersetzbar, dass sie sich schon bei ihrer Destillation in Stickoxydgas und Untersalpetersäure zerlegt, wobei $2NO_3$ in NO_2 und NO_4 zerfallen. Setzt man dieselbe zu Wasser von $0°$, so löst sie sich darin ohne Zersetzung mit blauer Farbe, einige Grade über 0 beginnt aber schon die Zersetzung, indem sich Stickoxydgas entwickelt und wässerige Salpetersäure zurückbleibt. $3NO_3$ zerfallen hiebei mit Wasser in $2NO_2$ und wässerige NO_5. Die salpetrige Säure bildet sich übrigens ausser den oben angegebenen noch unter mannigfaltigen anderen Umständen, besonders wenn concentrirte Kalilösung mehrere Monate mit Stickoxydgas in Berührung bleibt, wobei $2NO_2$ in NO und NO_3 zerfallen, ferner wenn Stickoxydgas durch concentrirte Salpetersäure, Untersalpeter

säure oder auch salpetersaures Quecksilberoxydul geleitet wird, endlich beim Zerlegen der Untersalpetersäure durch Wasser oder Basen,
und beim Kochen des salpetersauren Bleioxydes mit metallischem Blei.

Die salpetrige Säure bildet mit den meisten Basen wohlcharak-
terisirte Salze (Azotites), welche entweder auf directem Wege erhalten werden, indem man ein Gemenge von 1 V. Sauerstoffgas und
4 V. Stickoxydgas in die wässerigen Lösungen der Alkalien leitet,
oder durch Erhitzen gewisser salpetersaurer Salze, z. B. des salpetersauren Kali oder Natron, bis 2 Äq. Sauerstoff entfernt sind, oder
endlich durch Zerlegung des salpetrigsauren Silberoxydes mit Chlormetallen bei Gegenwart von Wasser. Auch die Untersalpetersäure
zerlegt sich in Berührung mit vielen in Wasser gelösten oder vertheilten Basen, so dass salpetersaure und salpetrigsaure Salze entstehen. $2KO$ und $2NO_4$ z. B. geben KO,NO_5 und KO,NO_3.

Die salpetrigsauren Salze sind meistens gut krystallisirbar und
sämmtlich, das salpetrigsaure Silberoxyd ausgenommen, im Wasser
leicht löslich, einige zerfliessen sogar in feuchter Luft. Werden ihre
wässerigen Lösungen bei Zutritt der Luft längere Zeit gekocht, so
nehmen sie Sauerstoff auf und gehen in salpetersaure Salze über.
Bei abgehaltener Luft hingegen längere Zeit gekocht, zerfallen sie in
Stickoxydgas und salpetersaures Salz, wobei ein Theil der Basis ausser
Verbindung bleibt, indem 3 (KO,NO_3) in KO,NO_5, $2KO$ und $2NO_2$
zerfallen. Die salpetrigsauren Salze fällen einige Metalle, wie Gold,
Quecksilber (aus dem Oxydulsalze) metallisch, während sie das Manganoxydul, Eisenoxydul unter Abscheidung von Stickoxydgas theilweise als Oxyd fällen. Hierauf beruht die rothe Färbung, welche eintritt wenn Schwefelsäure, die salpetrige Säure enthält, mit schwefelsaurem Eisenoxydul zusammengebracht wird, was ein sehr empfindliches Mittel ist die Verunreinigung dieser Säure zu entdecken (305).
Die meisten salpetrigsauren Salze schmelzen, ohne eine Zersetzung
zu erleiden, bei sehr hoher Temperatur aber entweicht die Säure,
wobei sie jedoch in ihre Bestandtheile zerfällt.

266. Untersalpetersäure $NO_4 = 46$ (Salpetersaures
Stickoxyd von Berzelius. Früher Acide hyponitreux, Acide nitreux, jetzt Acide hypoazotique). Die Untersalpetersäure bildet nach
den Versuchen von Peligot in vollkommen wasserfreiem Zustande
bei — 20° farblose Krystalle, welche bei — 9° zu einer Flüssigkeit
von der Dichte 1,451 (nach Dulong) schmelzen. Diese Flüssigkeit
färbt sich bei zunehmender Temperatur anfangs gelb, dann immer
dunkler pomeranzengelb, bei 20° siedet sie und bildet ein dunkel-

gelbrothes Gas. Sie riecht scharf, schmeckt und reagirt sauer, reizt die Respirationsorgane heftig und färbt die Haut, Seide, Holz etc. dauernd gelb. Mit Wasser lässt sich die Säure nicht verbinden, sondern zerfällt damit in Salpetersäure, salpetrige Säure und Stickoxydgas, $5 NO_4$ geben hiebei $3 NO_5$, NO_3 und NO_2. Die Art der Zersetzung erfolgt jedoch nicht immer streng nach diesem Schema, denn die Menge der gebildeten Producte hängt sowohl von der Temperatur als von der Wassermenge ab, welche mit der Säure gemischt wird. Je niedriger die Temperatur und je geringer die Wassermenge ist, desto mehr Salpetersäure und desto weniger Stickoxyd wird gebildet. Hat sich bereits bei wenig Wasser genug Salpetersäure erzeugt, so bleibt ein grosser Theil der Untersalpetersäure unzersetzt. Gibt man daher zu einer grösseren Menge von Untersalpetersäure nach und nach Wasser in kleinen Portionen, so wird die Flüssigkeit zuerst ohne alle Gasentwickelung dunkelgrün, welche Färbung wohl von der zugleich entstehenden blauen salpetrigen Säure herrühren mag; dann zerfällt sie bei Vermehrung des Wassers in Salpetersäure, salpetrige Säure und Stickoxyd, welches unter Aufbrausen entweicht.

Durch die Wärme allein wird die Untersalpetersäure nicht leicht zerlegt, denn man kann sie unverändert durch eine mässig glühende Röhre leiten; kommt sie aber mit leicht oxydirbaren Körpern in Berührung, so reicht die gew. Temperatur schon hin sie zu zersetzen. Dies ist z. B. beim Kalium der Fall, welches darin mit rother Flamme verbrennt, während Natrium, Kupfer, Zinn und Quecksilber sie zwar auch bei gew. Temp., jedoch nur langsam zersetzen. Bei erhöhter Temp. wird sie von Kupfer, Eisen und anderen Metallen leicht zerlegt; auch glühende Kohle verbrennt darin. Mit Schwefelwasserstoff zersetzt sich dieselbe ebenfalls, so auch mit Ammoniak.

Die Untersalpetersäure bildet sich immer, wenn Stickoxydgas und Sauerstoff in beliebigen Verhältnissen zusammentreten, bei einem Überschuss von Stickoxydgas entsteht zugleich salpetrige Säure, im umgekehrten Falle hingegen nur Untersalpetersäure, aus welcher daher die Hauptmasse der rothen Dämpfe besteht, die entstehen wenn Stickoxydgas mit atm. Luft in Berührung kommt. Um dieselbe im möglichst reinen krystallisirten Zustande zu erhalten, lässt man vollkommen trockenes Stickoxydgas und Sauerstoffgas im Volumenverhältniss von 2 : 1 in einer bis auf — 20° gekühlten Röhre zusammentreten. Zu diesem Behufe reicht es nicht hin die Gase über Chlorcalcium zu leiten, sondern man muss hiezu Schwefelsäure oder wasserfreie Phosphorsäure und vorher geglühtes Kalihydrat anwenden.

Bei Anwesenheit der kleinsten Spur von Wasser erhält man statt der farblosen Krystalle eine grüne Flüssigkeit, welche viel salpetrige Säure enthält. Auf eine einfachere Art kann man sich die Säure wasserfrei verschaffen, wenn man salpetersaures Bleioxyd zur Vertreibung alles Wassers bis zur anfangenden Zersetzung erhitzt und dann in einer Porzellanretorte vollständig, zersetzt. Das entweichende Gemenge von Untersalpetersäure und Sauerstoffgas wird in eine bis zu — 20° erkaltete auf einer Seite offene Vorlage geleitet, wo sich die Untersalpetersäure condensirt, der Sauerstoff aber entweicht. Die Vorlage wird anfangs gewechselt, da zuerst eine wasserhaltende Säure übergeht. Kommt die Untersalpetersäure mit Basen zusammen, so geht sie damit keine Verbindungen ein, sondern wird auf dieselbe Weise wie durch Wasser zerlegt. Das einzige bisher bekannte Salz desselben ist das untersalpetersaure Bleioxyd.

267. Salpetersäure $NO_5 = 54$ (Acide nitrique ou azotique, l'azotate hydrique). Eine Verbindung von 1 Äq. Stickstoff und 5 Äq. Sauerstoff, also die wasserfreie Salpetersäure ist bisher für sich nicht dargestellt worden; denn die Flüssigkeit, welche den Namen Salpetersäure führt, enthält in ihrem reinsten Zustande noch die Bestandtheile von 1 Äq. Wasser. Man nimmt dieses auch als solches in ihr enthalten an, da man im Stande ist dasselbe durch eine grosse Reihe anderer Basen zu ersetzen, wodurch die salpetersauren Salze gebildet werden, welche durch gemeinschaftliche Charaktere scharf bezeichnet sind. Nach Millon (An. de Ch. et de Ph. 6. 87) bildet die Salpetersäure 4 Hydrate.

Das erste Hydrat derselben HO,NO_5 enthält 14,29 Pct. Wasser und ist eine wasserhelle Flüssigkeit, welche an der Luft raucht, bei 15° eine Dichte von 1,552 hat und bei — 54° gefriert. Diese Säure lässt sich nicht unverändert überdestilliren, indem sich dabei immer Untersalpetersäure bildet, sie hat daher auch keinen constanten Siedepunkt, derselbe liegt jedoch anfangs ungefähr bei 73° und steigt unter fortdauernder Zersetzung der Säure immer höher, bis er zuletzt bei 130° liegt. Um dieses Hydrat rein zu erhalten, destillirt man von der im Handel vorkommenden Säure, welche gewöhnlich eine Dichte von 1,32 hat, $1/3$ über Platindrath oder Platinschwamm ab, und setzt dann der zurückbleibenden Säure ein gleiches Volumen ganz concentrirter Schwefelsäure (HO,SO_3) zu. Man destillirt nun abermals einen Theil der Salpetersäure ab und rectificirt durch theilweise Destillation, wobei nur der Theil genommen werden muss, der höchstens bei 90° übergegangen ist. Die

Säure ist jetzt auf das Minimum ihres Wassergehaltes, nämlich auf 1 Äq. reducirt, enthält aber noch Untersalpetersäure, wie die gelbe Farbe derselben zeigt, deren Menge durch wiederholte Destillation nur vermehrt werden würde. Um sie von dieser zu befreien, muss man sie bis zum Siedepunkt erwärmen, und dann vollkommen trockene Kohlensäure bis zum Erkalten derselben durchleiten. Liegt die Dichte unter 1,48, so lässt sie sich durch Destillation über chromsaures Kali vollständig von der Untersalpetersäure befreien. Um sich zu überzeugen, ob die Säure frei von Untersalpetersäure ist, verdünnt man sie zuerst mit dem 2—3fachen V. Wasser und setzt dann Hydrothionwasser zu, aus welchem sich kein Schwefel ausscheidet, wenn das Hydrat rein ist. Dieses Hydrat färbt sich durch Einwirkung des Lichtes wegen Bildung von Untersalpetersäure, jedoch nur bei 30—40°.

Das zweite Hydrat $2HO,NO_5$ destillirt bei 123° über, ist farblos und hat bei 18° eine Dichte von 1,484. Man muss um dieses Hydrat zu erhalten viel und sehr concentrirte Säure destilliren, weil man von 1 Kilog. höchstens 60 Gr. enthält. Dieses Hydrat enthält 25 Pct. Wasser.

Das dritte Hydrat $4HO,NO_5$ enthält 40 Pct. Wasser und geht zwischen 125—128° über, die Dichte desselben beträgt bei 18° 1,418. Man erhält 600 Gr. von 1 Kilog. Säure. Dieses Hydrat ist auch das beständigste, welches man immer am leichtesten erhält. Nach Bineau besitzt dasselbe im Gaszustande eine Dichte von 1,243 und besteht aus 2 V. Stickgas, 5 V. Sauerstoffgas und 8 V. Wassergas, welche 15 V. auf 10 condensirt sind.

Das vierte Hydrat der Salpetersäure hat die Zusammensetzung $9HO,2NO_5$, es geht sowohl bei der Destillation einer concentrirten als einer verdünnten Säure über, und enthält 42,77 Pct. Wasser. Die Dichte desselben beträgt bei 20° 1,405, und das Überdestilliren findet bei 128—130° und zwar am besten Statt wenn man etwas Platindrath oder dünnes Platinblech in die Retorte bringt. Man sieht aus diesem Verhalten, dass eine concentrirte Säure bei der Destillation schwächer, eine sehr verdünnte stärker wird, und dass man in beiden Fällen zu einer Säure von 42,77 Pct. gelangt.

Die im Handel vorkommende sogenannte rauchende Salpetersäure (Spiritus nitri fumans) ist meistens gelbroth und stösst rothbraune Dämpfe aus, sie besitzt eine Dichte von 1,536 bis 1,552, gefriert bei — 49° zu einer rothbraunen Masse. Wird diese Säure vorsichtig destillirt, und ist die Vorlage bis — 20° erkaltet, so erhält man nach Mitscherlich zwei beim Schütteln sich nicht mischende Schichten, wovon die obere grösstentheils aus Untersalpetersäure besteht, während die untere ein Gemenge von etwas Untersalpetersäure mit dem ersten Hydrat der Salpetersäure ist. Setzt man unmittelbar zu concentrirter Salpetersäure Untersalpetersäure hinzu, oder leitet man Stickoxydgas durch concentrirte Salpetersäure, so wird ebenfalls rauchende Salpetersäure gebildet. Aus diesem Verhalten geht hervor, dass die im Handel vorkommende rauchende Salpetersäure nichts anderes ist, als ein veränderliches Gemenge von dem ersten Hydrate der Salpetersäure mit Untersalpetersäure und salpetriger Säure.

Die Salpetersäure gibt unter geeigneten Umständen ihren Sauerstoff an andere Körper ab und ist daher eines der kräftigsten Oxydationsmittel. Auf dieses Verhalten haben die Temperatur, der Wassergehalt, die Gegenwart der Untersalpetersäure und der salpetrigen Säure, so wie die Löslichkeit des sich bildenden Salzes den grössten Einfluss. Wasserstoffgas entzieht der Salpetersäure, mit den Dämpfen derselben durch ein glühendes Rohr geleitet, allen Sauerstoff mit Explosion. Schwefel mit Salpetersäure gekocht wird zu Schwefelsäure oxydirt. Hydrothion, durch Salpetersäure geleitet, wird zerlegt, jedoch nur wenn diese Untersalpetersäure enthält. Giesst man in eine mit Hydrothiongas gefüllte Flasche etwas rauchende Salpetersäure und schliesst sie schnell mit einem Korke, so erfolgt unter Abscheidung von einem Theil des Schwefels eine Feuererscheinung mit Explosion, bei welcher der Stöpsel herausgeschleudert wird. Chlor und Salpetersäure wirken nicht auf einander, wird aber Hydrochlor zu Salpetersäure gesetzt, so entsteht Chlorsalpetersäure. (s. h. Königswasser, 293). Leitet man Stickoxydgas in Salpetersäure, so wird es um so reichlicher aufgenommen, je concentrirter und kälter die Säure ist; die hiebei sich bildenden Zersetzungsproducte der Salpetersäure sind salpetrige Säure und Untersalpetersäure. Die meisten Metalle werden von der Salpetersäure oxydirt, wobei dieselbe je nach ihrer Concentration und der Temperatur, bei welcher die Einwirkung Statt findet, entweder zu Untersalpetersäure, Stickoxydgas (264) oder Stickoxydul und Stickgas (263) desoxydirt wird. Zersetzt sich hiebei auch das Wasser, wie dies beim Eisen, Zink, Zinn und Kadmium der Fall ist, so wird auch Ammoniak gebildet (268). Reine und concentrirte Salpetersäure wirkt auf viele Metalle gar nicht, durch Verdünnen mit Wasser wird die Wirkung sogleich eingeleitet, aber auch ganz concentrirte rauchende Säure von 1,552 Dichte wirkt auf manche Metalle wie auf Kupfer nicht. Dieses eigenthümliche Verhalten der Salpetersäure findet zum Theil durch die in (110), zum Theil in den oben angegebenen Gründen seine Erklärung. Im Allgemeinen kann man sagen, dass die Gegenwart von Stickoxydulgas, welches zur Bildung von salpetriger Säure Veranlassung gibt, die Einwirkung der Salpetersäure auf die Metalle sehr begünstiget. Die salpetrige Säure greift nämlich, da sie in der Flüssigkeit frei, nicht an Wasser gebunden ist, das Metall zuerst an und bildet damit ein salpetrigsaures Salz, welches durch die Salpetersäure sogleich in ein salpetersaures umgewandelt wird. Indem aber die salpetrige Säure auf das Metall wirkt, wird sie zum Theil selbst in Stickoxyd zersetzt, welches seinerseits wieder auf die Salpetersäure wirkt u. s. f. Indess kann doch kaum angenommen werden, dass die Salpetersäure für sich gar nicht oxydirend auf Metalle wirke.

Die salpetersauren Salze (Nitrates, Azotates) besitzen meistens einen kühlenden Geschmack und sind, die basischen ausgenommen, sämmtlich im Wasser löslich. Beim Erhitzen werden sie zerstört; die der Alkalimetalle geben anfangs bloss Sauerstoff ab und verwandeln sich in salpetrigsaure Salze, die der weniger stark basischen Oxyde geben Sauerstoff und Untersalpetersäure ab; bei einigen entweicht sogar die Salpetersäure zugleich mit ihrem Wasser, zum Theil unzerlegt, einige bleiben als Superoxyde zurück. Mit leicht oxydirbaren Körpern, wie mit Kohle, Phosphor, Schwefel etc. zersetzen sie sich beim Erwärmen oft mit lebhafter Feuererscheinung unter Verpuffung, durch Schwefelsäure und viele andere Säuren werden sie ebenfalls zerlegt.

Die Salpetersäure wird durch Zerlegung des salpetersauren Kalis (Salpeter) oder des salpetersauren Natrons mittelst Schwefelsäure gewonnen. Lässt man nämlich 1 Äq. Schwefelsäure (49 Th.) auf 1 Äq. Salpeter (101,1 Th.) bei erhöhter Temperatur wirken, so bleibt in der Retorte nichts als 1 Äq. schwefelsaures Kali (87,1 Th.) zurück, während sich in der Vorlage nach beendigter Operation eine sehr rauchende Salpetersäure findet. Hiebei vertauschen die Schwefelsäure und die Salpetersäure ihre Basen, indem KO,NO_5 und HO,SO_3 sich in KO,SO_3 und HO,NO_5 zerlegen. Richtet man die Operation so ein, dass man die sich entwickelnden Gase auffangen kann, so findet man, dass nebst Untersalpetersäure noch Sauerstoffgas entweicht, woraus geschlossen werden muss, dass ein Theil der Salpetersäure zerlegt wird, was auch schon das Auftreten der Untersalpetersäure beweiset. Bei genauer Beobachtung des ganzen Verlaufes dieser Operation, wobei es nothwendig ist die Temperatur nur sehr langsam zu steigern, kann man aber leicht sehen (Lehrbuch der Chemie von Mitscherlich, 2. 10), dass wenn ungefähr die Hälfte der Salpetersäure übergegangen ist, andere Erscheinungen eintreten. In der ersten Periode zeigen sich nämlich fast gar keine rothen Dämpfe, die übergehende Säure ist ganz concentrirt, enthält nur wenig Untersalpetersäure und die Temperatur braucht nur bis $125-132°$ zu steigen. In der zweiten Periode hingegen ist es nothwendig die Temperatur bis auf $220°$ und gegen das Ende der Operation noch weit höher zu steigern, die Entwickelung der Untersalpetersäure ist dann sehr reichlich und die übergehende Säure weniger concentrirt, ganz rothbraun und sehr rauchend. Unterbricht man die Operation, wenn die zweite Periode des Processes eintritt, und untersucht man dann den Inhalt der Retorte, so zeigt es sich, dass die eine Hälfte des Salpeters noch unzerlegt ist, während die zweite Hälfte desselben in doppelt schwefelsaures Kali umgewandelt wurde. Es geht hieraus hervor, dass die zweite Hälfte der Salpetersäure nur erhalten werden kann, wenn das von der einen Hälfte des Salpeters gebildete, zweifach schwefelsaure Kali auf den noch unzerlegten Salpeter wirkt. Diese Einwirkung findet aber nur bei erhöhter Temperatur Statt, bei welcher bereits ein Theil der Salpetersäure zerlegt wird. Man kann sich hievon direct dadurch überzeugen, dass man 1 Äq. doppelt schwefelsaures Kali auf 1 Äq. Salpeter wirken lässt, wo die Erscheinungen gerade so vor sich gehen wie in der zweiten Hälfte der Operation. Lässt man 2 Äq. Salpeter und 2 Äq. Schwefelsäure auf einander wirken, so ist nach der ersten Periode in der Retorte ein Gemenge von

KO,NO_5 und $KO,HO,2SO_3$ vorhanden und HO,NO_5 übergegangen.

Nach vollendeter Operation aber findet man in der Retorte $2(KO,SO_3)$ und übergegangen sind die Bestandtheile von HO,NO_5 und zwar in Form von nicht ganz concentrirter Salpetersäure, Untersalpetersäure und Sauerstoffgas. Würde man daher auf 1 Äq. Salpeter (101,1 Th.) 2 Äq. Schwefelsäure (98 Th.) nehmen, so dass alles Kali des Salpeters in doppelt schwefelsaures Kali umgewandelt werden könnte, so würde der Process bis zum Ende bei niederer Temperatur und ohne beträchtliche Bildung von Untersalpetersäure verlaufen. Dies bestätiget die Erfahrung auch vollkommen, nur erhält man etwas mehr als 63 Th. Salpetersäure, nämlich etwa 66, weil das doppelt schwefelsaure Kali ein wenig Wasser abgibt.

24*

Bei Anwendung der gewöhnlichen Materialien beträgt der Überschuss noch mehr, da der Salpeter immer etwas Wasser enthält und auch die Schwefelsäure selten ganz concentrirt ist. Vortheilhafter ist es statt Salpeter, welcher 53,4 Pct. wasserfreie Säure enthält, salpetersaures Natron (Chilisalpeter) dem 63,4 Pct. davon entsprechen, anzuwenden, weil man dann aus 85 Th. des Salzes ebenfalls 1 Äq. Salpetersäure erhält und dieses Salz überdies noch wohlfeiler ist als das erstere. Ein anderweitiger Vortheil ist noch der, dass mit Chilisalpeter die Operation bei einer niedrigeren Temperatur vor sich geht, so dass selbst bei Anwendung von 1 Äq. Schwefelsäure auf 1 Äq. Chilisalpeter bei weitem nicht so viel Salpetersäure zerlegt wird als unter gleichen Umständen beim Salpeter. Arbeitet man mit 2 Äq. Schwefelsäure, was indess im Grossen nicht vortheilhaft geschehen kann, so kommen auf 85 Th. des Salzes 98 Th. Säure; da aber das doppelt schwefelsaure Natron statt 1 Äq. ungefähr 3 Äq. Wasser zurückzuhalten sucht und die Masse auch stärker schäumt, so ist es gut etwas mehr Schwefelsäure, etwa 100 Th., zu nehmen und diese vorher mit 20 Th. Wasser zu verdünnen.

Um die im Handel vorkommende Säure, welche gewöhnlich Chlor und Schwefelsäure enthält, zu reinigen, destillirt man sie über etwas Salpeter, und beseitigt die zuerst übergehende Säure so lange, bis sie mit salpetersaurem Silberoxyd keinen Niederschlag gibt. Fast mit derselben Mühe kann man sich jedoch unmittelbar reine Säure bereiten, wenn man in eine Retorte, welche eine gewogene Menge Salpeter enthält, das gleiche Gewicht Schwefelsäure bringt, jedoch

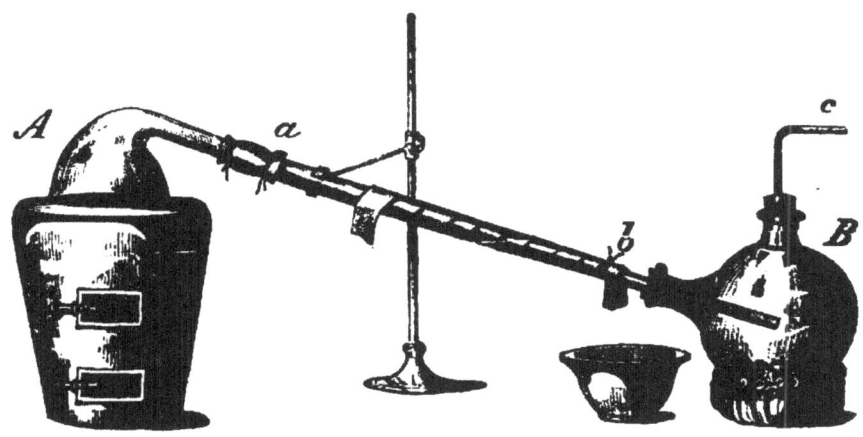

mit der Vorsicht, den Hals derselben damit nicht zu benetzen. Man legt zuerst einen Kolben mit langem Halse vor ohne ihn anzukitten und erwärmt die Retorte. Zuerst geht, wenn nicht chlorfreie Materialien angewendet wurden, eine salzsäurehältige Salpetersäure über, wenn dies nicht mehr der Fall ist, wird die Vorlage mit einer anderen vertauscht, welche aus einem etwa 3 Fuss langen Rohr a b und einem tubulirten Ballon B besteht, die beide durch darauf fliessendes Wasser gut gekühlt werden. Die rechtwinkelig gebogene Röhre c dient dazu, die geringe Menge der sich nicht condensirenden Gase abzuleiten.

Im Grossen bedient man sich zur Bereitung der Salpetersäure entweder ebenfalls gläserner Retorten oder gusseiserner Cylinder. Die ersteren a befinden sich in Sandkapellen b b b aus Gusseisen, welche in doppelter Reihe in einem durch eine dünne Wand in zwei gewölbte Heizräume getheilten Galeerenofen eingesetzt sind. Beide Heizräume münden in einen gemeinschaftlichen Schornstein. l ist der Aschenfall, o der Rost, g g sind die beiden Schieber zur Regulirung des Zuges. Manche Fabrikanten ziehen es vor, jeder

Retorte einen besonderen Heizraum zu geben, der mit einem durch den Ofen laufenden Kanal communicirt, in diesem Falle kann man aber nur eine Reihe von Retorten anbringen, indem die Heizöffnungen nicht dort sein können, wo sich die Vorlagen befinden. Als Vorlagen dienen gewöhnlich sehr geräumige Ballone, die man ihrer grossen Oberfläche wegen nicht zu kühlen braucht, im Übrigen verfährt man wie oben angegeben wurde. Um sehr grosse Quantitäten zu erzeugen, bedient man sich gusseiserner Cylinder, die ganz so wie bei der Salzsäure-Bereitung eingerichtet sind und deren sich immer zwei und zwei in einem gemeinschaftlichen Heiz-

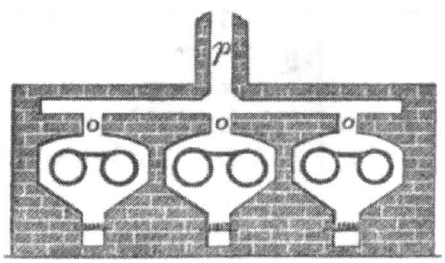

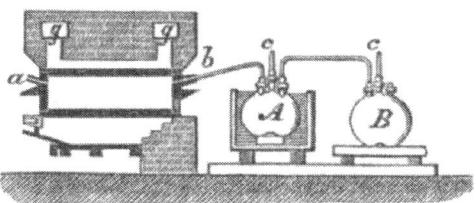

raum befinden. Durch die Füchse o o o stehen diese Heizräume mit zwei horizontalen Kanälen q q q in Verbindung, die ihrerseits in den Schornstein münden. Die Cylinder, deren jeder ungefähr 170 Pf. fasst, werden an ihren beiden Enden mit gut schliessenden Deckeln versehen, von denen der eine mit einer Öffnung a zum Eingiessen der Schwefelsäure, der andere mit einer Öffnung b versehen ist, in die ein Rohr von Steingut eingesetzt wird, durch welches die Salpetersäure in die Vorlagen übergeht. Die Vorlagen sind dreihalsig und bestehen aus Steingut, die erste befindet sich im Wasser, die andern, deren Anzahl nach Umständen bis auf 8 vermehrt wird, stehen mit der ersten und unter einander durch Röhren von Steingut in Verbindung; c c sind Sicherheitsröhren. Die Vorlagen enthalten immer Wasser, dessen Menge sich nach der Dichte der Säure die man erzeugen will richtet; gewöhnlich schlägt man 40 Pct. vom Gewichte des Salpeters an Wasser vor, was eine Säure von der Dichte 1,4 gibt. Man nennt eine solche Säure auch doppeltes Scheidewasser, bei einem noch grösseren Wassergehalte wird sie blos Scheidewasser genannt (Mitscherlich, Lehrbuch der Chemie, 4. Aufl. 1843. 1. Bd. 2. Abth. S. 12).

Die folgende Tabelle enthält die Dichte und den entsprechenden Procentgehalt der Salpetersäure an Salpetersäurehydrat und an wasserfreier Säure nach Ure's Versuchen bei 15,55° C.

Dichte der Säure.	Flüssige Säure. Proc.	Wasserfreie Säure. Proc.	Dichte der Säure.	Flüssige Säure. Proc.	Wasserfreie Säure. Proc.	Dichte der Säure.	Flüssige Säure. Proc.	Wasserfreie Säure. Proc.
1,5000	100	79,700	1,4820	93	74,121	1,4600	86	68,542
1,4980	99	78,903	1,4790	92	73,324	1,4570	85	67,745
1,4960	98	78,106	1,4760	91	72,527	1,4530	84	66,948
1,4940	97	77,309	1,4730	90	71,730	1,4500	83	66,155
1,4910	96	76,512	1,4700	89	70,933	1,4460	82	65,354
1,4880	95	75,715	1,4670	88	70,136	1,4424	81	64,557
1,4850	94	74,918	1,4640	87	69,339	1,4385	80	63,760

Dichte der Säure.	Flüssige Säure. Proc.	Wasserfreie Säure. Proc.	Dichte der Säure.	Flüssige Säure. Proc.	Wasserfreie Säure. Proc.	Dichte der Säure.	Flüssige Säure. Proc.	Wasserfreie Säure. Proc.
1,4346	79	62,963	1,3056	52	41,444	1,1403	25	19,925
1,4306	78	62,166	1,3001	51	40,647	1,1345	24	19,128
1,4269	77	61,369	1,2947	50	39,850	1,1286	23	18,331
1,4228	76	60,572	1,2887	49	39,053	1,1227	22	17,534
1,4189	75	59,775	1,2826	48	38,256	1,1168	21	16,737
1,4147	74	58,978	1,2765	47	37,459	1,1109	20	15,940
1,4107	73	58,181	1,2705	46	36,662	1,1051	19	15,143
1,4065	72	57,384	1,2644	45	35,865	1,0993	18	14,346
1,4023	71	56,587	1,2583	44	35,068	1,0935	17	13,549
1,3978	70	55,790	1,2523	43	34,271	1,0878	16	12,752
1,3945	69	54,993	1,2462	42	33,474	1,0821	15	11,955
1,3882	68	54,196	1,2402	41	32,677	1,0764	14	11,158
1,3833	67	53,399	1,2341	40	31,880	1,0708	13	10,361
1,3783	66	52,602	1,2277	39	31,083	1,0651	12	9,564
1,3732	65	51,805	1,2212	38	30,286	1,0595	11	8,767
1,3681	64	51,068	1,2148	37	29,489	1,0540	10	7,970
1,3630	63	50,211	1,2084	36	28,692	1,0485	9	7,173
1,3579	62	49,414	1,2019	35	27,895	1,0430	8	6,376
1,3529	61	48,617	1,1958	34	27,098	1,0375	7	5,579
1,3477	60	47,820	1,1895	33	26,301	1,0320	6	4,782
1,3427	59	47,023	1,1833	32	25,504	1,0267	5	3,985
1,3376	58	46,226	1,1770	31	24,707	1,0212	4	3,188
1,3323	57	45,429	1,1709	30	23,900	1,0159	3	2,391
1,3270	56	44,632	1,1648	29	23,113	1,0106	2	1,594
1,3216	55	43,835	1,1587	28	22,316	1,0053	1	0,797
1,3163	54	43,038	1,1526	27	21,519			
1,3110	53	42,241	1,1465	26	20,722			

Stickstoff, Wasserstoff und Sauerstoff.

268. Ammoniak $H_3N = 17$ (Ammoniaque, Gaz ammoniac). Das Ammoniak, dessen Name von Salmiak (Sal ammoniacum) (294) abgeleitet wurde, erscheint gewöhnlich in Gasform, wo es farblos ist, einen höchst stechenden Geruch hat, zu Thränen reizt, aber keine nachtheiligen Folgen zurücklässt. Thiere sterben darin augenblicklich. Die Dichte desselben beträgt 0,5912. Bei — 40°, oder auch bei 10° unter einem Drucke von 6,5 Atm., wird es zu einer farblosen Flüssigkeit condensirt, welche bei —65° zu einer festen weissen Masse erstarrt. Es brennt in Berührung mit Luft nur schwierig und unterhält das Verbrennen anderer Körper gar nicht. In seinen chemischen Eigenschaften zeigt das Ammoniak viele Ähnlichkeit mit den basischen Körpern, da es sich begierig sowohl mit wasserfreien als mit wässerigen Säuren verbindet, in welchem letzteren Falle, wie es scheint, die Bestandtheile von 1 Äq. Wasser hinzutreten, so dass es darin als $H_3N,HO = H_4NO$ vorhanden sein kann (269). Vom Wasser wird das Ammoniak äusserst begierig und unter Erwärmung aufgenommen; selbst Eis schmilzt darin sogleich und absorbirt das Gas. Die so erhaltene wasserhelle, stark nach Ammoniak riechende Flüssigkeit kommt im Handel unter dem Namen Salmiakgeist (Ammoniakflüssigkeit, Ätzammoniak, auch bloss Ammoniak) vor. 1 V. Wasser vergrössert durch Aufnahme von 505 V. Ammoniak, sein Volumen um die Hälfte, geht also in 1,5 V. über und erhält eine Dichte von 0,900. Je kälter das Wasser ist, desto mehr Ammoniak nimmt es auf. Sättigt man Wasser von 0 — 15° mit Ammoniak und sorgt man dafür, dass sich dasselbe in einer Atmosphäre von Ammoniakgas befindet, so nimmt es auf 100 Th. Wasser 47,7 Ammoniak auf, was nahe der Formel $H_3N,4HO$ entspricht. Die Dichte dieses Hydrates, welches nur in einer Atmosphäre von Ammoniakgas bestehen kann, beträgt 0,872. Bei — 40° gefriert es zu einer fast ganz geruchlosen Masse. Leitet man so lange Ammoniakgas in gut abgekühltes Wasser, bis nichts mehr davon aufgenommen wird, so enthält die Flüssigkeit 23,226 Pct. Ammoniak und entspricht der Formel $H_3N,6HO$. Ihre Dichte beträgt dann 0,912. Beim Erhitzen lässt sie wieder alles Ammoniak fahren. Der Salmiakgeist reagirt stark alkalisch und zeigt überhaupt alle Eigenschaften des Ammoniaks, kann daher auch in allen Fällen, wo die Gegenwart des Wassers nicht vermieden werden muss, statt des Gases gebraucht werden.

Das Ammoniakgas zerfällt in Stickgas und Wasserstoffgas, wenn es durch eine glühende Glasröhre, die mit Porzellanstücken angefüllt ist, geleitet wird. Enthält die Röhre Metalle, z. B. Dräthe von Kupfer, Platin, Silber oder Eisen, so erfolgt die Zersetzung des Ammoniaks noch leichter, ohne dass die Metalle dabei irgend einen Körper aufnehmen, obwohl einige derselben spröde und krystallinisch werden, wie Kupfer und Eisen (Thenard in Ann. de Chim. etc. 22. 61. Schrötter in Ann. der Chem. und Phar. 37. 129). Mit Sauerstoffgas verpufft das Ammoniak durch den elektrischen Funken unter Bildung von Wasser, Stickgas und salpetersaurem Ammoniak, wenn ersteres im Überschusse vorhanden ist. Ähnlich wirken Stickoxydul und Stickoxydgas. Platinschwamm wirkt eben so auf diese Gasgemenge, nur langsamer und erst beim Erwärmen. Reines trockenes Ammoniak wird auf diese Weise in Stickgas und Wasserstoffgas zerlegt. Vollkommen trockene Untersalpetersäure und Ammoniakgas zerlegen sich unter starker Erwärmung in salpetrigsaures Ammoniak, Wasser und Stickstoff, indem $4H_3N$ und $3NO_4$ hiebei $3 (H_3N,NO_3)$, $3HO$ und N geben. Mehrere Metalloxyde werden von Ammoniak gelöst, einige in beträchtlicher Menge, mit andern geht es Verbindungen ein, deren mehrere durch geringen Druck oder Reibung mit Heftigkeit explodiren. Viele Sauerstoffsalze nehmen ebenfalls selbst im wasserfreien Zustande das darüber geleitete Ammoniakgas auf, wobei sie bestimmte Verbindungen damit eingehen, in denen das Ammoniak die Stelle des Wassers, welches sie sonst aufzunehmen vermögen, vertritt (H. Rose in Pogg. Ann. 20. 147, 16. 57.). Mit den Sauerstoffsäuren verbindet sich das Ammoniak zu Ammoniaksalzen, von welchen zweierlei Arten unterschieden werden müssen, in denen zwar die Bestandtheile des Ammoniaks, jedoch auf eine ganz verschiedene Art gruppirt, vorhanden sind. Die einen, nämlich die gewöhnlichen, entstehen wenn Ammoniak mit wasserhältigen Sauerstoffsäuren in Verbindung tritt. Diese Salze enthalten 1 Äq. Wasser so fest gebunden, dass es durch Erwärmung ohne Zersetzung des Salzes nicht davon getrennt werden kann, wesswegen man annimmt, dass die Bestandtheile des Ammoniaks und dieses Wassers darin zu A m m o n i u m o x y d $H_3N,HO = H_4NO$ verbunden sind. Das schwefelsaure Ammoniak HO,H_3N,SO_3 ist demnach als H_4NO,SO_3 d. h. als schwefelsaures Ammoniumoxyd zu betrachten. Die andere Reihe der Ammoniaksalze wird gebildet, wenn eine wasserfreie Säure, im obigen Falle die wasserfreie Schwefelsäure, mit trockenem Ammoniak zusammentritt. Die Verbindung erfolgt meistens unter starker Erhitzung und die Lösung derselben im Wasser zeigt ein so abweichendes Verhalten gegen die gewöhnlichen Reagentien (285) auf Ammoniak und Schwefelsäure, dass man daraus schliessen muss, die Atome der Grundstoffe seien in der Verbindung auf eine andere Art als in den gewöhnlichen Salzen gruppirt. Die gewöhnlichen Sauerstoffsalze des Ammoniaks sind alle in Wasser löslich, die meisten reichlich, mehrere Doppelsalze hingegen nur sehr wenig. Durch Erhitzung werden alle diese Salze zerstört, indem entweder das Ammoniak entweicht und die Säure wenn sie feuerbeständig ist zurückbleibt, oder auch das Ammoniak zersetzt wird, und der Wasserstoff anderweitige Verbindungen, meistens mit Sauerstoff zu Wasser, eingeht. Das Ammoniak wird von den meisten Chlor-Brom-Jod-Metallen, wenn sie demselben in fester Form dargeboten werden, in grosser Menge und unter bedeutender Erwärmung verschluckt. Dies ist z. B. beim Calciumchlorid der Fall, wesswegen dasselbe nicht zum Trocknen des Ammoniakgases angewendet werden kann, sondern statt dessen Ätzkali, das nichts davon aufnimmt, genommen werden muss.

Das Ammoniak wird gewöhnlich durch Zerlegung des Salmiaks (294) oder des schwefelsauren Ammoniaks mittelst Ätzkalk bereitet. H_4NCl und CaO geben nämlich $CaCl,HO$ und H_3N, man bedarf also auf 53,4 Salmiak 37 Th. Kalkhydrat und erhält 17 Th. Ammoniakgas. Man bedient sich hiezu im Kleinen eines Apparates, der ganz wie der pag. 314 beschriebene beschaffen ist, nur ist es vortheilhaft, vor der Waschflasche B noch einen leeren Ballon anzubringen, der dann mit dem Kolben A durch eine schief gebogene Röhre verbunden ist. Die Röhre durch welche das Gas in das Wasser tritt, muss bis auf den Boden der Flasche hinabreichen, weil, der geringeren Dichte des Ätzammoniaks wegen, die oberen Schichten sich mit den unteren sonst nicht mischen. Der Kalk wird durch Besprengen mit Wasser in ein zartes Pulver, Kalkhydrat, verwandelt und mit einem gleichen Gewichte Salmiak gemengt, dann in den Kolben gebracht und noch so viel Wasser zugesetzt, dass die Masse sich zu ballen beginnt. Gut ist es, auf den Boden des Kolbens etwas unvermischtes Kalkhydrat zu bringen. Man erwärmt anfangs sehr gelinde und steigert die Hitze nur sehr langsam. Wenn man nicht zu besonderen Zwecken einen höchst concentrirten Salmiakgeist bereiten will, so schlägt man so viel Wasser vor als man Salmiak genommen hat, wobei man einen Salmiakgeist erhält, dessen Dichte 0,92 beträgt. Setzt man denselben ungefähr 3 Pf. Wasser zu, so hat er eine Dichte von 0,96, und ist dann zum gewöhnlichen Gebrauche geeignet. Die Flasche, in welcher das Wasser vorgeschlagen wird, darf nur zur Hälfte damit angefüllt sein und muss gekühlt werden.

Im Grossen bedient man sich entweder eiserner Retorten oder Cylinder, welche ganz so eingerichtet sind, wie die zur Bereitung der Salpetersäure dienenden. Das Gemenge aus Salmiak und Kalk wird in Tröge von Thon gebracht und diese werden in die Cylinder geschoben. Auch in den Laboratorien bedient man sich mit grossem Vortheile aus Eisenblech verfertigter Kolben oder Retorten zur Bereitung des Ammoniaks. Bei Anwendung des schwefelsauren Ammoniaks statt Salmiaks verfährt man ganz eben so, denn NH_4O,SO_3,HO und CaO,HO geben NH_3 und CaO,SO_3 nebst Wasser. Man muss aber dann auf 3 Th. krystallisirtes schwefelsaures Ammoniak 2 Th. Kalk nehmen, den man durch Besprengen mit Wasser in Hydrat verwandelt.

Die folgende Tafel gibt den Ammoniakgehalt des Salmiakgeistes bei 16°C. nach Otto.

Dichte.	Prcte. an Ammoniak.	Dichte.	Prcte. an Ammoniak.	Dichte.	Prcte. an Ammoniak.
0,9517	12,000	0,9607	9,625	0,9702	7,125
0,9521	11,875	0,9612	9,500	0,9707	7,000
0,9526	11,750	0,9616	9,375	0,9711	6,875
0,9531	11,625	0,9621	9,250	0,9716	6,750
0,9536	11,500	0,9626	9,125	0,9721	6,625
0,9549	11,375	0,9631	9,000	0,9726	6,500
0,9545	11,250	0,9636	8,875	0,9730	6,375
0,9550	11,125	0,9641	8,750	0,9735	6,250
0,9555	11,000	0,9645	8,625	0,9740	6,125
0,9556	10,954	0,9650	8,500	0,9745	6,000
0,9559	10,875	0,9654	8,375	0,9749	5,875
0,9564	10,750	0,9659	8,250	0,9754	5,750
0,9569	10,625	0,9664	8,125	0,9759	5,625
0,9574	10,500	0,9669	8,000	0,9764	5,500
0,9578	10,375	0,9673	7,875	0,9768	5,375
0,9583	10,250	0,9678	7,750	0,9773	5,250
0,9588	10,125	0,9683	7,625	0,9778	5,125
0,9593	10,000	0,9688	7,500	0,9783	5,000
0,9597	9,875	0,9692	7,375		
0,9602	9,750	0,9697	7,250		

Das Ammoniak gehört unter die verbreitetsten Körper in der Natur, indem man es sowohl in der Atmosphäre (als kohlensaures Ammoniak), dem Meere, den Flüssen, Seen und vielen Quellen, als auch in der festen Erdrinde, namentlich in der Dammerde, dem Thon, den Eisenoxyd und Eisenoxydul haltigen Mineralien findet. Diese grosse Verbreitung des Ammoniaks ist eine für die Ökonomie der Natur höchst wichtige Thatsache und wird begreiflich, wenn man die Bedingungen unter welchen sich dasselbe bildet näher kennen lernt. Schon auf directem Wege, beim Verbrennen eines Gemenges von Wasserstoff mit Stickgas und Sauerstoffgas, entsteht salpetersaures Ammoniak, und man kann überhaupt sagen, dass immer, wenn Wasserstoff und Stickstoff, oder beide zugleich im Momente des Freiwerdens zusammen kommen, Ammoniak gebildet wird, wie die folgenden Thatsachen zeigen. Leitet man ein Gemenge von 2 Vol. Stickoxydgas und 5 Vol. Wasserstoffgas auf erwärmten Platinschwamm, so erhält man Ammoniak. Dasselbe ist der Fall, wenn man statt Platinschwamm gepulverten Bimsstein oder noch besser Eisenoxyd nimmt, welches letztere sogar glühend wird, nachdem man den Process durch Erwärmen desselben eingeleitet hat. Viele andere Oxyde wirken ebenso, jedoch schwächer, und erst bei höherer Temperatur. Auch Stickoxydulgas, Untersalpetersäure oder Salpetersäure in Gasform mit viel Wasserstoffgas gemengt, geben mit Platinschwamm beim Erwärmen Ammoniak, wobei sogar ge-

fährliche Explosionen eintreten können. Ein Gemenge von Wasserstoffgas und Stickgas allein, wird jedoch durch Platin auch beim Erwärmen nicht geändert. Wenn feuchte Eisen- oder Zinkfeile längere
Zeit mit Stickgas oder Stickoxydgas und atm. Luft in Berührung ist,
oder endlich wenn Eisenfeile mit concentr. Kalilösung bis 180° erhitzt
wird, so entwickelt sich Ammoniak, in letzterem Falle auch Wasserstoffgas (142). Sind diese Substanzen mit Wasserstoffgas anstatt mit
atm. Luft in Berührung, so wird nur dann Ammoniak gebildet, wenn
das Wasserstoffgas Stickgas oder andere Stickstoffverbindungen enthielt. Wenn Zink in einer salpeterhaltigen Kalilösung gekocht wird
und mit Eisen in Berührung ist, so entsteht ebenfalls Ammoniak, während bei Abwesenheit des Salpeters nur Wasserstoffgas entweicht.
Auch bildet sich viel Ammoniak nebst Wasserstoff und Stickgas, wenn
man ein Gemenge von 1 Th. Salpeter mit 3 Th. Ätzkali und 20 Th.
Eisenfeile erhitzt. Ebenso wird Ammoniak gebildet bei der Einwirkung
von verdünnter Salpetersäure auf Eisen, Zinn oder Zink, dann bei
der Fällung des salpetersauren Silberoxydes durch Eisen in der Siedhitze. Wenn Zink in ein Gemisch von verdünnter Schwefelsäure und
Salpetersäure gebracht wird, so löst es sich unter Bildung von schwefelsaurem Ammoniak ohne alle Gasentwickelung. Auch beim Betropfen
von Schwefelleber, welche mit einem gleichen Gewichte Eisenfeile
zusammengeschmolzen wird, entweicht Ammoniak. Dasselbe geschieht
wenn die Hydrate von Kali, Natron, Baryt und Kalk mit Kalium, Arsen, Zink, Zinn, Blei oder Eisen in der Luft erhitzt werden; mit
Gold, Platin und den übrigen schweroxydirbaren Metallen erhält
man auf diese Weise kein Ammoniak. Die Verbindungen des Stickstoffes mit dem Kohlenstoffe, wie das Cyan, geben mit Wasser oder
anderen wasserstoffhaltigen Körpern in Berührung, sehr häufig Gelegenheit zur Ammoniakbildung. Bei der Zerstörung stickstoffhältiger
organischer Substanzen, sowohl durch Destillation als durch Fäulniss,
wird kohlensaures Ammoniak gebildet, und letztere ist sogar eine un-
erschöpfliche Quelle dieses Körpers, welche für das Verhältniss und
für das Gleichgewicht zwischen der Pflanzen- zur Thierwelt von der
grössten Wichtigkeit ist.

269. Ammonium $H_4N = Am = 18$ (Ammonium). Berzelius
wurde zur Annahme des Ammoniums veranlasst, als er bereits im
J. 1808 die Wirkung des elektrischen Stromes auf Ätzammoniak
untersuchte, welches mit Quecksilber in Berührung stand. Giesst man
nämlich in eine kleine Glasschale etwas Quecksilber und darauf Ammoniak und verbindet man ersteres durch einen Platindrath mit dem
negativen Pole einer Volta'schen Batterie, während der positive Pol auf
gleiche Weise mit dem Ammoniak in Verbindung gesetzt wird, so entweicht am positiven Drathe Sauerstoffgas, am negativen hingegen findet keine Gasentwickelung Statt, sondern das Quecksilber wird breiartig wie ein Amalgam und nimmt so sehr an Vol. zu, dass es sich nach
längerer Dauer der Wirkung in der Flüssigkeit erhebt. Seebeck und

Tromsdorff haben gleichzeitig dieselben Versuche mit gleichem Erfolge angestellt. Noch leichter erhält man denselben Quecksilberbrei, wenn man Kalium- oder Natrium-Amalgam mit einer concentrirten Salmiaklösung übergiesst, wobei es in kurzer Zeit so stark anschwillt, dass es sich in der Flüssigkeit erhebt und darauf schwimmt. Das auf eine oder die andere Art erhaltene Amalgam gibt, aus der Flüssigkeit genommen, Ammoniak und Wasserstoffgas ab, und wird wieder zu gewöhnlichem Quecksilber. Gay-Lussac hat die Menge der beiden Gase zu bestimmen gesucht und sie beiläufig so gefunden, dass auf 1 Äq. Ammoniak 1 Äq. Wasserstoff kommt; es lässt sich aber nicht beweisen, ob beide Körper in dem Amalgame wirklich zu H_4N, d. h. zu Ammonium chemisch verbunden sind, oder nur durch mechanisch wirkende Kräfte darin festgehalten werden. Ersteres ist jedoch wahrscheinlicher, weil das Amalgam bei — 56° krystallisirt erscheint, ohne etwas von den Gasen abzugeben, sondern vielmehr dann ganz geruchlos ist; ferner weil sich beide Körper unmittelbar auf andere Stoffe, wie z. B. auf Jod, übertragen lassen, indem eine Auflösung von Jod in Weingeist, damit in Berührung gebracht, sogleich Jodammonium, d. h. einen Körper bildet, in welchem Jod mit den Bestandtheilen des Ammoniums enthalten ist, und endlich weil sich eine grosse Reihe von Erscheinungen durch die Annahme des Ammoniums auf eine einfache und mit den meisten bekannten Thatsachen im Einklange stehende Art erklären lässt (268). Selbst die Art wie das Ammonium entsteht lässt sich ganz einfach auf eine Substitution des Kaliums durch das Ammonium zurückführen, wenn man dem Salmiak, der die Bestandtheile von 1 Äq. Ammoniak und 1 Äq. Hydrochlor enthält, als Ammoniumchlorid H_4N,Cl betrachtet. Das Ammonium muss also als ein zusammengesetztes Radical betrachtet werden, das in seinen chemischen Eigenschaften dem Kalium, Natrium, Wasserstoff etc. ähnlich ist, welche es auch vertreten, sich aber mit denselben nicht verbinden kann. Seine Stellung in der Reihe der Körper macht es dann aber auch wahrscheinlich, dass das Ammonium mit dem Schwefel, Chlor, Brom etc. Verbindungen einzugehen fähig ist, und wirklich gibt es viele Körper, welche diese Stoffe in den hiezu nöthigen Mengen enthalten, wie H_4N,Cl, H_4N,S, H_4N,J etc. und als Ammoniumverbindungen des Chlors, Schwefels, Jods etc. betrachtet werden können. Es erscheint demnach ebenfalls sehr zulässig auch eine Verbindung des Ammoniums mit dem Sauerstoff, ein Ammoniumoxyd H_4N,O anzunehmen, obwohl es noch nicht gelungen ist,

dieses isolirt darzustellen, man müsste denn mit Berzelius das
wässerige Ammoniak, welches der Formel $H_3N,4HO$ entspricht (268) als
das Hydrat des Ammoniumoxydes, nämlich als $H_4N,O,3HO$ betrachten.

270. Amid $H_2N = Ad = 16$. Als Dumas die Destillationsproducte des oxalsauren Ammoniaks H_3N,C_2O_3,HO untersuchte (Ann.
de Ch. etc. 44. 129) erhielt er einen Körper, dessen Zusammensetzung der Formel H_2C_2,NO_2 entspricht, und welchen er, um
seine Entstehung aus Oxalsäure und Ammoniak anzudeuten, Oxamid
nannte. Später suchte Dumas es wahrscheinlich zu machen, dass
die näheren Bestandtheile des Oxamids C_2O_2 und H_2N sind, und
dass das hypothetische Radical H_2N, welches er Amidogène
nannte, woraus später Amid wurde, noch in vielen anderen
Verbindungen existirend angenommen werden müsse, obwohl man
es für sich nicht darstellen kann. Viele spätere Beobachtungen sprechen in der That für die Annahme dieses Radicals, insbesondere der
Umstand, dass es eine Verbindung des Kaliums gibt, welche nach
der Formel K,H_2N zusammengesetzt ist, und dass mehrere Chlorverbindungen sich ebenfalls auf eine einfache Art betrachten lassen, wenn
man das Amid annimmt. So kann man z. B. nach Kane's Vorschlag
(Jour. f. prakt. Chemie 15) das Ammoniak als Amidwasserstoff $= HAd$
und den Salmiak als HAd,HCl, das wasserfreie schwefelsaure Ammoniak als HAd,SO_3, Ammonium als H_2Ad, das Ammoniumoxyd von
Berzelius als HAd,HO betrachten, worauf sich auch die Binartheorie anwenden lässt u. s. w. Alle diese Betrachtungen sind indessen
nur Voraussetzungen von mehr oder weniger untergeordnetem
Werthe, welche eine Reihe von Erscheinungen erklären, in eine andere
aber wieder weit weniger gut passen. Berücksichtigt man die zwischen
Wasserstoff, Kalium, Natrium etc. Statt findende Ähnlichkeit, so ist
nichts einfacher als den Körper KH_2N als Ammoniak zu betrachten,
in welchem 1 Äq. Wasserstoff durch 1 Äq. Kalium ersetzt ist. Der
Salmiak endlich kann eben so gut als aus einer Stickstoffbasis, dem
Ammoniak und aus einer Chlorsäure dem Hydrochlor bestehend betrachtet werden.

> Laurent hat neuestens noch ein Radical, das Imid $= HN = Jd$
> in Vorschlag gebracht, der Fälle aber, wo dasselbe einige Wahrschein-
> lichkeit für sich hat, sind noch zu wenige, als dass dieser Hilfshypo-
> these bis jetzt ein anderer als ein sehr problematischer Werth bei-
> zulegen wäre.

271. Salpetersaures Ammoniak $H_3N,NO_5,2HO = 89$
(Flammender Salpeter, Nitrate d'ammoniaque). Ein farbloses Salz von

stechendem unangenehmen Geschmack, dessen Dichte gleich 1,707 ist. Es bedarf zu seiner Lösung 0,502 Wasser von 18°, und 2,29 Th. Weingeist von 0,865 Dichte bei 26°. Beim Liegen an der Luft verliert es etwas Ammoniak und reagirt dann sauer. Bei 108° schmilzt und bei 180° siedet das Salz ohne Zersetzung, ungefähr bei 200° wird es auf die in (263) angegebene Art zerlegt. Merkwürdig ist die Einwirkung der Schwefelsäure auf das salpetersaure Ammoniak. Wird zu dem im Wasser gelösten Salze Schwefelsäure zugesetzt und dann destillirt, so erhält man alle darin enthaltene Salpetersäure und das ganze Ammoniak bleibt als schwefelsaures Ammoniak zurück. Erwärmt man hingegen gut getrocknetes salpetersaures Ammoniak mit einem sehr bedeutenden Überschuss von concentrirter Schwefelsäure, etwa 50 Th. Säure auf 1 Th. Salz, so wird es bei 150° vollständig zerlegt, und zwar gerade so wie durch die Wärme allein, nämlich in Stickoxydulgas und Wasser. Erhält man jedoch die Temperatur zwischen 90° und 120°, so geht auch bei dem vorigen Verhältnisse an Säure und Salz nur Salpetersäure über. Letzteres ist auch der Fall, wenn man die Menge der Säure so weit vermindert, dass auf 1 Äq. Salz nur zwei Äq. davon kommen, wo dann die Temperatur wieder gesteigert werden kann, ohne dass Stickoxydul entweicht (Pelouze Ann. de Chim. etc. 2. 47. Ann. d. Ch. u. Phm. 39. 315). Das salpetersaure Ammoniak bildet sich bei der Verwesung organischer, stickstoffhältiger Substanzen (306), wird aber gewöhnlich auf directem Wege erzeugt.

272. Salpetrigsaures Ammoniak H_3N,HO,NO_3. Dieses Salz wird erhalten, wenn man das analoge Silbersalz durch Salmiak oder das Bleisalz durch schwefelsaures Ammoniak zerlegt. Es ist durch seine Zersetzung merkwürdig, welche schon eintritt, wenn man die Lösung desselben bis 50° erhitzt. Es wird nämlich hiebei nichts als Stickgas entwickelt, da H_3N,NO_3 nur 3HO und 2N geben. Beabsichtigt man es bloss zur Bereitung des Stickgases zu verwenden, so genügt es rohes salpetrigsaures Kali, wie es durch gehörig starkes Erhitzen von Salpeter erhalten wird (275), mit Salmiak zu versetzen und dann die Flüssigkeit zu erwärmen. Statt des Salpeters kann man sich dazu auch des salpetersauren Natrons bedienen.

Stickstoff, Kalium, Natrium, Wasserstoff, Sauerstoff.

273. Stickstoff-Kalium (besser Kalium-Stickstoff) $K_3N = 131,3$. Wenn Kalium in trockenem Ammoniakgas schwach erhitzt wird, so schmilzt es, bläht sich auf und wird anfangs blau, dann grün und zuletzt olivengrün, wobei 1 Äq. Wasserstoffgas auf 1 Äq. Kalium entweicht. Unterbricht man die Operation in diesem Momente, so hat sich Kaliumamid KH_2N gebildet, erhitzt man aber noch weiter bis zum Glühen, so wird dieses zersetzt und es entsteht Stickstoffkalium. Dieses ist ein schwarzer, undurchsichtiger, spröder, nicht krystallinischer Körper, der bei der Rothglühhitze noch nicht schmilzt, bei noch stärkerem Erhitzen aber in Kalium und Stickstoff zerfällt. An der Luft entzündet sich das Stickstoffkalium von selbst, und verbrennt unter Abscheidung von Stickstoff zu Kali. Wasser damit in Berührung gebracht wird unter starker Erhitzung zerlegt, wobei Kali und Ammoniak entstehen.

274. Kalium-Amid K,H_2N oder KAd (Olivenfarbige Substanz des Kaliums), welches, wie oben angegeben wurde, durch gelindes Erhitzen des Kaliums in Ammoniak erhalten wird. Es ist grünlich braun, etwas krystallinisch, an den dünnsten Stellen durchscheinend und bei etwas über 100° schmelzbar; bei stärkerem Erhitzen zerfällt es in Stickstoffkalium und in Ammoniak, welches zum Theile zersetzt entweicht. $3(KH_2N)$ geben hiebei $2H_3N$ und K_3N. In der Luft und noch besser in Sauerstoffgas verbrennt es zu Kalihydrat, während der Stickstoff abgeschieden wird. Mit Wasser wird es in Ammoniak und Kalihydrat zersetzt. Dieselbe Veränderung erleidet es an der Luft, nur langsamer, es muss daher unter Steinöl aufbewahrt werden.

Das Natrium verhält sich auf eine ähnliche Art gegen Ammoniak, wie das Kalium, und gibt auf gleiche Weise NaN und NaH_2N.

275. Salpetersaures Kali $KO,NO_5 = 101,1$ (Salpeter, Kalisalpeter, Nitrum, Salpetre). Der Salpeter erscheint in luftbeständigen, scharf und kühlend schmeckenden Krystallen, deren Dichte 2,10 beträgt, und welche gewöhnlich in das orthotype System gehören, wobei dann $P = 131^{o}27'; 91^{o}28'; 108^{o}13'$ und $a:b:c = 1 : \sqrt{2,0335} : \sqrt{0,7054}$ ist. Die gew. Comb. sind $Pr + 1. P + \infty$. $\breve{P}r + \infty$; $P.\breve{P}r + 1.P + \infty$. $\breve{P}r + \infty$; und $P.Pr.\breve{P}r + 1.P + \infty$. $\breve{P}r + \infty$. In seltenen Fällen und unter bisher unbekannten Umständen krystallisirt der Salpeter indess auch im rhomboëdrischen Systeme, und zwar mit den Abmessungen des salpetersauren Natrons. In beiden Fällen sind die Krystalle wasserfrei. 1 Th. Salpeter bedarf zu seiner Lösung, welche unter Erkältung geschieht, 13,32 Th. Wasser von 0°, 3,45 Theile von 18°, 1,34 Th. von 45° und 0,424 von 94°. Vom

Weingeist bedarf er 100 Th. zur Lösung. Der Salpeter schmilzt bei 356° ohne eine Veränderung zu erleiden, und erstarret nachher unter bedeutender Zusammenziehung zu einer undurchsichtigen Masse. Bei der Rothglühhitze jedoch wird derselbe zersetzt, indem zuerst fast reines Sauerstoffgas entweicht und salpetrigsaures Kali gebildet wird. Bei noch stärkerem Erhitzen wird auch dieses unter Entwickelung von Sauerstoffgas und Stickgas zerlegt, bis zuletzt bei starker Rothglühhitze Kaliumoxyd gemengt mit Kaliumsuperoxyd zurückbleibt.

Der Salpeter ist ein kräftiges Oxydationsmittel, und verpufft daher beim Erwärmen mit mehreren brennbaren Körpern. Mischt man 3 Th. Salpeter, 2 Th. kohlensaures Kali und 1 Th. Schwefel in möglichst trockenem Zustande gut zusammen, so erhält man ein Knallpulver, das bei 164° sehr heftig explodirt, wobei alle Kohlensäure und alles Stickgas plötzlich entweichen. Da $3(KO, NO_5)$, $2(KO, CO_2)$ und $5S$ gerade $5(KO, SO_3)$, $3N$ und $2CO_2$ geben, so ist es vortheilhafter 15 Th. Salpeter, 5 Th. kohlensaures Kali und 4 Th. Schwefel zu nehmen. Baumé's Schnellfluss besteht aus 3 Th. Salpeter, 1 Th. Schwefel und 1 Th. Sägespäne. Derselbe verbrennt, wenn man ihn entzündet, mit solcher Heftigkeit, dass eine damit umgebene Silber- oder Kupfer-Münze davon geschmolzen wird. Der Salpeter findet sich im Safte vieler Pflanzen, vorzüglich in denen des Tabaks, der Sonnenblumen u. s. w., ferner im Brunnenwasser der Städte, auch ist an vielen Orten die Erde davon durchdrungen. In Lagern, wie den Natronsalpeter, hat man denselben jedoch bisher nicht gefunden. Über die Bildung und Gewinnung des Salpeters s. (306).

276. Salpetrigsaures Kali $KO, NO_3 = 85,1$. Es ist ein nicht krystallisirbares an der Luft zerfliessendes Salz, welches sich bildet wenn Salpeter so lange erhitzt wird, bis er bei schwacher Rothglühhitze ruhig fliesst. Eine herausgenommene Probe gibt dann mit salpetersaurem Silberoxyd einen gelben Niederschlag von salpetrigsaurem Silberoxyd. Die Lösung desselben zieht beim längern Sieden Sauerstoff aus der Luft an und verwandelt sich wieder in salpetersaures Kali. Rein kann man das Salz durch Zerlegen des salpetrigsauren Silberoxydes mit Kaliumchlorid erhalten.

277. Salpetersaures Natron $NaO, NO_5 = 85$. (Sehr unpassend auch kubischer Salpeter genannt, Chilisalpeter, Nitrate de soude). Dieses Salz erscheint in rhomboëdrischen Krystallen, bei welchen $R = 106° 33'$ und $a = \sqrt{2,05}$ ist. Es kommt bloss das Rhomboëder R vor, nach dessen Flächen auch die Theilbarkeit sehr vollkommen ist. Sie besitzen einen kühlend salzigen Geschmack und eine Dichte von 2,226. An sehr feuchter Luft ziehen die Krystalle

25

Wasser an und zerfliessen sogar gänzlich, wenn die Luft bei gewöhnlicher Temperatur mit Wasserdunst gesättigt ist. Es löst sich in Wasser unter bedeutender Erkältung, und 1 Th. Salz bedarf zu seiner Lösung 1,58 Th. Wasser von — 6°; 1,25 von 0°; 2,89 von 2°; 1,14 von 18,5"; 1,136 von 18,75°; 1,12 von 28°; 0,77 von 47° und 0,46 Th. von 119°. 1 Th. des Salzes bedarf zu seiner Lösung bei 26° 4,76 Theile Weingeist von 0,868 Dichte. Es verhält sich im Allgemeinen in der Wärme wie das entsprechende Kalisalz, schmilzt aber schon bei 308°.

Das salpetersaure Natron kann in allen Fällen, wo es sich nur um seinen Gehalt an Salpetersäure handelt, mit Vortheil statt des Salpeters angewendet werden (267), und bildet daher einen wichtigen Handelsartikel, seit man dasselbe an der Gränze von Chili und Peru, wenige Stunden vom Meere in einem Lager gefunden hat, dessen Erstreckung mehr als 30 Meilen mit einer Mächtigkeit von 2—3 F. beträgt. Es scheint nach Austrocknung eines Sees zurückgeblieben zu sein. Das Salz ist schon im natürlichen Zustande sehr rein, denn es enthält höchstens 6 Pct. fremder Körper, darunter 0,37—2 Pct. Kochsalz, und sehr kleine Mengen von Jodnatrium und jodsaurem Natron.

278. Salpetrigsaures Natron NaO,NO_3. Dieses Salz bildet luftbeständige rhomboëdrische Krystalle, welche leicht im Wasser, im Alkohol aber nicht löslich sind. Es wird wie das entsprechende Kalisalz durch nicht zu starkes Erhitzen des salpetersauren Natrons und Krystallisiren der Lösung erhalten.

Stickstoff, Schwefel, Sauerstoff, Wasserstoff.

279. Stickstoff-Schwefel $NS_3 = 62$. Diese Verbindung, welche von Soubeiran entdeckt wurde (Ann. der Pharm. 28. 70) wird erhalten, wenn man den Chlorschwefel-Doppel-Ammoniak, $2H_3N,SCl$ (297) erst mit kaltem Wasser, dann mit Alkohol gut auswäscht und im Vacuum trocknet. $3 (2H_3N,SCl)$ geben hiebei NS_3 und $2H_3N$ nebst $3(H_3N,HCl)$. Der Stickstoffschwefel ist ein gelber amorpher Körper. Er ist nicht flüchtig, sondern wird mit Glaspulver gemengt bei 140° ruhig in Stickgas und Schwefel zerlegt. Bei raschem Erhitzen oder bei einem starken Schlage erfolgt Verpuffung. Durch kaltes Wasser wird der Schwefelstickstoff nur langsam, durch heisses sehr schnell in unterschweflige Säure und Ammoniak zerlegt, indem wie es scheint $2NS_3$ und $6HO$ hiebei $2NH_3$ und $3S_2O_2$ geben. Im Alkohol ist der Stickstoffschwefel nur sehr wenig, im Äther etwas mehr löslich, beim Verdunsten des letzteren krystallisirt derselbe heraus. Mit den wässerigen Lösungen der Alkalien und den verdünn-

ten Säuren zerfällt derselbe in Ammoniak und unterschweflige Säure.

Ausser dem gelben Stickstoffschwefel gibt es noch einen grünen, der eine isomerische Modification des ersteren zu sein scheint. Der grüne wird sowohl durch Erwärmen bis 100°, als durch die Einwirkung von trockenem Ammoniakgas oder von den Dämpfen des Chlorschwefels gelb, ohne sich dadurch am Gewichte zu verändern; umgekehrt kann man aber die gelbe Modification nicht in die grüne überführen. Die grüne Modification wird erhalten, wenn man Chlorschwefel-Doppel-Ammoniak dadurch bereitet, dass man auf Chlorschwefel von Anfang an einen Überschuss von Ammoniak wirken lässt, während die gelbe Modification sogleich entsteht, wenn man, um die Ammoniakverbindung zu erhalten, das Ammoniaksalz nach und nach auf Chlorschwefel wirken lässt, wo also letzterer im Überschuss vorhanden ist.

280. Nitroschwefelsäure $NSO_4 = 62$ (Acide Nitrosulfurique). Diese Verbindung, welche man entweder als Salpetersäure in der 1 Äq. Sauerstoff durch 1 Äq. Schwefel ersetzt ist, oder als NO,SO_3 und endlich auch als NO_2,SO_2 betrachten kann, ist für sich nicht darstellbar, sondern nur in Verbindung mit einigen Basen, nämlich mit Kali, Natron und Ammoniak bekannt. Diese sollen daher gleich hier besprochen werden. H. Davy hat nämlich gezeigt, dass die schwefligsauren Salze der genannten Basen mit etwas überschüssiger Basis versetzt das Stickoxydgas vollständig absorbiren. Da die so erhaltenen Verbindungen sowohl beim Erwärmen als durch Zusatz von Säuren, selbst von Kohlensäure, und durch viele andere Körper, wie durch die meisten Metallsalze, durch Braunstein, Silberoxyd, Kupferoxyd, Zinkoxyd, Kohlenpulver, Platinschwamm etc. in Stickoxydul und schwefelsaure Salze zerlegt werden; so hielt sie Davy für Gemenge von schwefelsauren Salzen und Stickoxydul-Alkalien. Pelouze zeigte aber (Ann. de Ch. etc. 60. 151), dass es wohlkrystallisirbare Verbindungen sind, die am naturgemässesten als Salze der Säure NSO_4 betrachtet werden.

Das Kalisalz KO,NSO_4 wird erst über 115° zersetzt, es ist in Wasser leicht, in Weingeist aber nicht löslich.

Das Natronsalz ist diesem sehr ähnlich, nur noch viel leichter in Wasser löslich.

Das Ammoniaksalz (Nitrosulfate d'ammoniaque, schwefligsaures Stickoxyd-Ammoniak) hat die Zusammensetzung H_3N,HO,NSO_4. Um dasselbe zu bereiten, muss man die Lösung des schwefligsauren Ammoniaks entweder bis fast zum Gefrieren abkühlen, oder man muss zur concentrirten Lösung des Salzes etwa 5 V. Ätzammoniak

25*

setzen, indem sonst Stickoxydul und schwefelsaures Ammoniak gebildet werden, wovon ersteres entweicht. In trockenem Zustande und bei abgehaltener Luft kann es bei 100^0 noch bestehen, an der Luft zerfällt es jedoch ziemlich schnell auf die angegebene Art. Die Lösung zersetzt sich schon bei 0^0, bei 40^0 unter heftigem Aufbrausen. Weingeist fällt aus derselben das Salz, da es darin nicht löslich ist.

281. Schwefelsaures Stickoxyd $NO_2,2SO_3$. Leitet man nach H. Rose (Pogg. An. 47. 605) trockenes Stickoxydgas in einen Kolben, dessen Wände mit wasserfreier Schwefelsäure überzogen sind, so erhält man einen weissen, harten, nicht rauchenden Körper, der sich bei abgehaltener Luft erst bei einer ziemlich hohen Temperatur unverändert sublimiren lässt. An der Luft zieht die Substanz Feuchtigkeit an und zerfliesst zu einer nicht rauchenden Flüssigkeit. Diese so wie die Krystalle entwickeln beim Vermischen mit Wasser Stickoxyd. In Schwefelsäure ist die Verbindung schon in der Kälte löslich und die Lösung verhält sich gegen Wasser wie die Krystalle.

De la Provostaye hat auf einem anderen Wege eine Verbindung erhalten (An. de Ch. etc. 73. 362), welche von vielen Chemikern für identisch mit der obigen gehalten wird, was indess noch keineswegs erwiesen ist. Derselbe sammelte nämlich tropfbare schweflige Säure und tropfbare Untersalpetersäure, abgesondert und zu gleichen Raumtheilen in den beiden Schenkeln einer Wförmig gebogenen gut gekühlten Röhre, schmolz sie zu und schüttelte sie dann gut durcheinander. Die Verbindung erfolgte unter Erwärmung, aber weder wenn beide Körper im Gaszustande zusammen kommen, noch wenn die Flüssigkeiten bei gewöhnlichem Drucke gemischt werden wirken sie auf einander. Nach 2 — 3 Tagen findet sich in der Röhre ein weisser Körper und eine grünliche Flüssigkeit, welche zwar nicht näher untersucht wurde, aber wahrscheinlich ein Gemenge von Untersalpetersäure und salpetriger Säure ist. Öffnet man die Röhre vorsichtig während sie gut gekühlt wird, so verdunstet diese Flüssigkeit, rothe Dämpfe bildend. Verschliesst man die Röhre wieder, erhitzt sie im Ölbade bis 120^0 und öffnet sie dann, so entweichen nochmahls rothe Dämpfe. Wenn die weisse Masse rein ist, fängt sie bei 217^0 zu schmelzen an und ist bei 230^0 ganz flüssig, wobei sie gelb erscheint. Beim Siedepunkt, welcher nahe bei dem des Quecksilbers liegt und wo sie unverändert überdestillirt, hat sie die Farbe der Untersalpetersäure.

Provostaye fand in derselben 27,18 Pct. Schwefel 11,79 Stickstoff und nahm die fehlenden 61,03 für Sauerstoff Diese Zusammensetzung entspricht am besten der Formel NS_2O_9, welche Provostaye als $NO_3 2SO_3$ betrachtet, die aber auch $NO_5 2SO_2$ sein kann, da die schweflige Säure schon auf gewöhnliche concentrirte Salpetersäure nicht mehr zersetzend einwirkt. Dieselbe Substanz erhält man auch, wenn man wasserfreie Schwefelsäure, tropfbare schweflige Säure und Untersalpetersäure zusammenbringt, ohne dass sich hiebei irgend ein anderer Körper bildet oder abscheidet. Denn es ist $NO_4 + SO_2 + SO_3 = NS_2O_9$, eine Thatsache, die wenn sie richtig ist, gegen die Identität dieser Verbindung mit der vorigen spricht. Auch scheint das Verhalten der Verbindung gegen Ammoniak auf eine Verschiedenheit hinzudeuten. Die Krystalle lösen sich übrigens auch in Schwefelsäure und die warme, grüngelbe, gesättigte Lösung gesteht beim Erkalten zu einer weissen krystallinischen Masse. In viel Wasser gebracht zerlegt sich die Substanz in Stickoxydgas und in Schwefelsäure, welche jedoch noch eine Verbindung des Stickstoffes mit dem Sauerstoff zurückhält, in welchem Zustande, wurde aber nicht bestimmt. Wird die Analyse als richtig vorausgesetzt, so kann es füglich nur Untersalpetersäure sein. Bei den Krystallen von A. Rose findet aber etwas Ähnliches Statt, und in der Flüssigkeit ist nur Stickoxyd enthalten, das durch Kochen daraus vertrieben werden kann.

282. Schwefelsaures Stickoxyd und Schwefelsäurehydrat $NO_2, 2SO_3, HO, SO_3$. Davy machte die Beobachtung, dass wenn man schweflige Säure, Stickoxydgas und Sauerstoffgas im feuchten Zustande in eine Flasche leitet, sich die Wände derselben bald mit Krystallen überziehen, die den Eiskrystallen an den Fenstern sehr ähnlich sind, wobei man jedoch immer dafür sorgen muss, dass ein Überschuss von Stickoxydgas vorhanden sei. Die oben genannten Gase wirken aber nicht aufeinander, wenn sie ganz trocken sind. Man kann zu diesem Versuche die Anordnung des Apparates so treffen, wie die nebenstehende Figur zeigt. In A wird das Stickgas entwickelt und die Salpetersäure beim Sicherheitstrichter nach und nach zugesetzt. B dient zur Erzeugung schwefliger Säure, und bei C

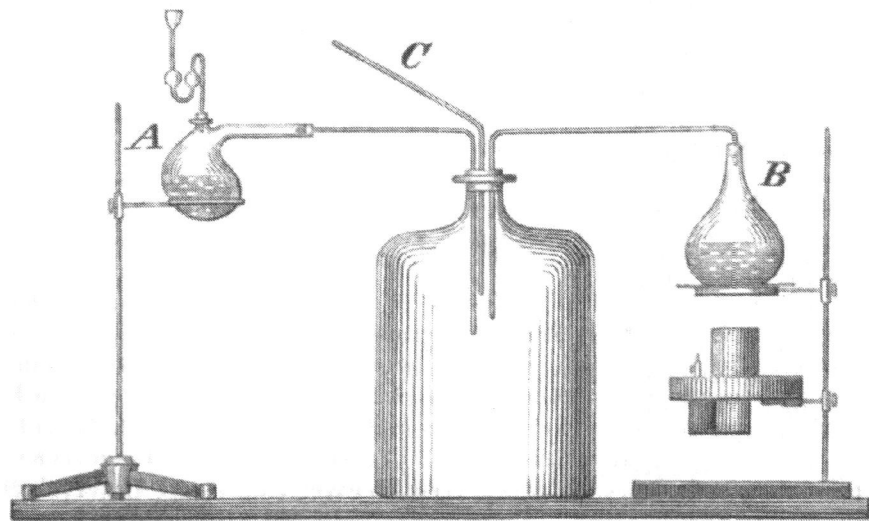

lässt man Sauerstoffgas oder auch atm. Luft zutreten, in welchem
Falle man noch eine Röhre anbringen muss, die offen bleibt, um
das Stickgas entweichen zu lassen. Die so erhaltenen Krystalle sind
dieselben, welche sich auch manchmahl in den Bleikammern der Schwe-
felsäurefabriken bilden, und welche man lange als wesentlich nothwendig für diesen Process hielt. Sie bilden sich noch schneller, wenn
man die Wände der Flasche mit Schwefelsäure statt mit Wasser befeuchtet. Die Chemiker waren daher mehrfach bemüht, die Zusammensetzung derselben zu erforschen, dies ist aber bisher noch nicht
gelungen, indem es kaum möglich ist, dieselbe frei von anhängender Schwefelsäure und überhaupt von constanter Zusammensetzung
zu erhalten, so dass die obige Formel nur als eine wahrscheinliche
gelten kann, mit welcher die von Gaultier de Claubry und
Thomson gefundenen Zahlen am nächsten übereinstimmen.

Die Krystalle, welche man für die Verbindung des schwefelsauren
Stickoxydes von A. Rose mit dem zweiten Hydrat der Schwefelsäure
HO,SO_3 und für identisch mit den Krystallen der Bleikammern hält,
bilden sich auf folgende Art:

a. Wenn man nach A. Rose (Pogg. Ann. 50, 165) trockenes
Stickoxydgas in englische Schwefelsäure leitet. Die Absorption findet
ziemlich rasch und ohne Temperaturerhöhung Statt. Die Flüssigkeit
wird anfangs lila, dann dunkelblau und wie ein dicker Syrup, zuletzt verwandelt sie sich in eine feste weisse krystallinische Masse,
die bei gelinder Hitze ohne Zersetzung schmilzt. Sie scheint
sich leichter zu bilden, wenn das Stickoxydgas feucht angewendet
wird. Die Krystalle lösen sich in concentrirter Schwefelsäure, und die
Lösung kann fast ohne Zersetzung überdestilliren. Mit Wasser wird
sowohl diese Lösung als die Krystalle schnell unter Abscheidung von
Stickoxydgas zerlegt, und im letzten Falle zuerst eine grüne, dann eine
blaue und zuletzt bei der grössten Wassermenge eine farblose Flüssigkeit erhalten. Durch die Reaction mit Eisenvitriol konnte weder Salpetersäure noch salpetrige Säure in den Krystallen nachgewiesen
werden. Die von A. Rose durch Einwirkung des Stickoxydes auf
wasserfreie Schwefelsäure erhaltenen Krystalle verhalten sich nach
A. Rose ganz ebenso wie die beschriebenen, es ist demnach sehr
wahrscheinlich, dass letztere eine Verbindung von $NO_2,2SO_3$ mit
Schwefelsäure und Wasser und zwar in Verhältnissen ist, die noch
nicht ausgemittelt sind.

b. Leitet man nach A. Rose (l c)) Untersalpetersäure, erhalten
durch Kochen von 1 Th. Stärke mit 10 Th. Salpetersäure in concentrirte Schwefelsäure, so wird sie ebenfalls reichlich aufgenommen
und aus der gelblich grünen Flüssigkeit setzen sich auch weisse Krystalle ab, während die Flüssigkeit viel Salpetersäure enthält. Man nimmt
diese Verbindung für identisch mit der vorigen. Nach Gaultier de
Claubry mischen sich wasserfreie Schwefelsäure mit Untersalpeter-

säure ohne alle Reaction. Beim Hinzufügen von etwas Wasser entstehen sogleich Krystalle nebst einer nicht näher untersuchten Flüssigkeit. Kalk, Baryt, Quecksilber zersetzen die hier beschriebenen Krystalle, die ersteren unter bis zum Erglühen der Masse gehender Erhitzung.

c. Endlich werden wie es scheint dieselben Krystalle auch gebildet, wenn man schweflige Säure in concentrirte Salpetersäure von 1,51 leitet. (P é l i g o t. Ann. de Ch. et de Ph. 12, 263.)

283. H y d r o t h i o n - A m m o n i a k $H_3N,HS = H_4NS = AmS = 34$. (Schwefelammonium, Sulfure ammonique). Wenn Ammoniakgas und Hydrothiongas, sie mögen trocken oder feucht sein, mit einander in Berührung kommen, so entstehen je nach der Temperatur bei welcher dies geschieht, verschieden zusammengesetzte Verbindungen. Ist diese nicht höher als $— 18^0$, so bildet sich der oben genannte Körper H_3N,HS, indem sich dann immer nur 2 V. Ammoniakgas mit 1 V. Hydrothiongas zu farblosen Krystallen verbinden, welche bei gew. Temp. sogleich die Hälfte ihres Ammoniaks abgeben und in

d o p p e l t H y d r o t h i o n - A m m o n i a k $H_3N,2HS = H_4NS,HS = 51$ (Ammonium - Sulfhydrat, Hydrothion - Schwefel - Ammonium, sulfure hydro - ammonique) übergehen. Diese Verbindung, welche ebenfalls in farblosen Krystallen erscheint, ist so flüchtig, dass sie schon bei gewöhnlicher Temperatur sublimirt. Sie wird direct erhalten, wenn man 1 V. Hydrothiongas mit 1 V. Ammoniakgas in einem mit Eis gekühlten Gefässe, dessen Temperatur aber höher als $— 18^0$ sein muss, zusammentreten lässt. Man erhält denselben Körper in Wasser gelöst als eine farblose Flüssigkeit, wenn man Ammoniak mit Hydrothion sättigt. Setzt man zu dieser Flüssigkeit noch so viel Ammoniak hinzu als sie schon enthält, so gibt dies die vorige Verbindung H_4NS im gelösten Zustande. Beide Körper dürfen weder fest noch flüssig mit der atmosphärischen Luft in Berührung bleiben, weil sie sonst zersetzt werden, und zwar ganz auf dieselbe Weise, wie die übrigen im Wasser löslichen Schwefelmetalle. Dies gilt auch von dem Verhalten dieser Schwefelsalze gegen Säuren und Lösungen der anderen Metallsalze, wie den überhaupt die Ähnlichkeit derselben mit den genannten Schwefelmetallen auch in ihrer Constitution, das Verhalten in der Wärme ausgenommen, vollständig ist. Leitet man Ammoniakgas und Schwefeldämpfe durch eine glühende Porzellanröhre, so entsteht

d o p p e l t S c h w e f e l a m m o n i u m H_4NS_2 (Bisulfure ammonique) welches sich in der erkalteten Vorlage in gelben, zerfliessenden Krystallen sammelt.

Zu analytischen Zwecken ist das Schwefelammonium ein unentbehrlicher Körper, indem dadurch die meisten Metalle als Schwefelmetalle gefällt werden. Um es in der zu diesem Behufe geeigneten Beschaffenheit zu erhalten, leitet man so lange Hydrothion durch Ammoniak, welches sich zur Abhaltung der Luft in einer zweihälsigen mit einem Sicherheitstrichter abgesperrten Flasche befindet, bis eine Bittersalzlösung davon nicht mehr getrübt wird, d. h. bis es kein freies Ammoniak mehr enthält.

284. Fünffach Schwefelammonium $H_4NS_5 = 98$ (Polysulfure ammonique). So wie die übrigen Schwefelmetalle nimmt auch das Schwefelammonium noch mehrere Äquivalente Schwefel auf. Leitet man nämlich in Schwefelammonium, in dem sich Schwefel fein vertheilt befindet, abwechselnd so lange Ammoniakgas und Hydrothion als sie davon aufgenommen werden, und fügt auch so viel Schwefel dazu als aufgelöst werden kann, so erstarrt endlich die ganze Masse. Zwischen 40 und 50⁰ schmilzt dieselbe und scheidet beim langsamen Erkalten pomeranzengelbe Krystalle ab, welche die oben angegebene Zusammensetzung haben. Die Masse löst sich unter Abscheidung von Schwefel in Wasser, und wird beim freiwilligen Verdunsten in einem weiten Gefässe in einfach und siebenfach Schwefelammonium zersetzt, indem $3H_4NS_5 = 2H_4NS_7 + H_4NS$ ist. Das siebenfach Schwefelammonium bildet rubinrothe Krystalle, welche beim Erwärmen zersetzt werden.

Wenn man ein Gemenge von 1 Th. Schwefel, 2 Th. Salmiak und 2—3 Th. Kalk der Destillation unterwirft, so geht eine dunkelgelbe, rauchende Flüssigkeit über, welche unter dem Namen flüchtige Schwefelleber, **Beguini'scher Geist** (Liquor fumans Beguini) längst bekannt ist. Man kann annehmen, dass hiebei $4CaO$ mit $3H_3NCl$ und $16S$ sich zu $3CaCl$, CaO,SO_3 und $3H_4NS_5$ zerlegen. Der ungleichen Einwirkung der Temperatur beim Anfang und Ende des Processes wegen, ist jedoch das Destillat nicht durchaus von gleicher Zusammensetzung. Das zuerst übergehende ist reicher an Ammoniak als das spätere Destillat. Im Stickgas und Wasserstoffgas raucht der Beguini'sche Geist nicht.

285. Wasserfreies schwefelsaures Ammoniak $H_3N,SO_3 = 57$ (Sulfat-Ammon). Wenn man trockenes Ammoniakgas in einem geräumigen Kolben, dessen Wände mit wasserfreier Schwefelsäure überkleidet sind, leitet, während man denselben gut abkühlt, so wird das Gas begierig und unter starker Erwärmung aufgenommen. Hiebei bildet sich wasserfreies schwefelsaures Ammoniak als ein weisses amorphes Pulver, das leicht von der harten glasigen Masse getrennt werden kann, welche unmittelbar am Glase anliegt und 1 Äq. Schwefelsäure mehr enthält. Durch die neutrale Verbindung wird nämlich die Wirkung auf die übrige Masse fast vollständig gehemmt, so dass sich selbst bei einem Überschusse und langer Einwirkung von Ammoniak die saure Verbindung ungeändert erhält. Die neutrale Verbindung ist an der Luft unveränderlich und gibt mit beiläufig 9 Th. kaltem Wasser eine klare Lösung, welche beim Aufbewahren selbst nach langer Zeit keine Veränderung erleidet. Platinchlorid fällt daraus nur 14,7—17,26 Pct. Ammoniak, während das Salz 29,83 enthält; Baryumchlorid scheidet sogleich nur 22 Pct. Schwefelsäure ab, auch nach längerem Kochen und nach Zusatz von Hydrochlor und Salpetersäure beträgt die abgeschiedene Schwefelsäure nur höchstens 40 Pct., obwohl davon 70,17 in dem Salze enthalten sind. Eine Auflösung von Strontiumchlorid gibt in der Lösung des Salzes gar keinen Niederschlag, selbst nicht wenn sie gekocht wurde, vor dem Zusatz der Strontiumverbindung aber wieder erkaltet ist. Das Strontiumchlorid kann also sehr gut dazu dienen, das gewöhnliche von dem wasserfreien schwefelsauren Ammoniak zu unterscheiden. Wird die Lösung des Salzes mit Baryum- und Strontium-Chlorid gekocht, so entsteht zwar sogleich ein Niederschlag; aber nur wenn die Flüssigkeit mit einem dieser Chloride bis zur Trockenheit abgedampft wird, scheidet sich alle Schwefelsäure an die entsprechende Basis gebunden ab. Eine Lösung von essigsaurem Bleioxyd bleibt mit Sulfatammon anfangs ganz klar, trübt sich aber nach und nach. Auch scheidet sich nur aus dem befeuchteten, nicht aber aus dem trockenen Salze, durch Erhitzen mit kohlensaurem Kalk, Ammoniak aus. Im Weingeist ist das Sulfat-Ammon unlöslich und wird davon auch nicht verändert. In erwärmter Schwefelsäure löst es sich, beim Erkalten derselben scheidet es sich jedoch wieder ab. Beim Erhitzen wird es wie das wasserhältige schwefelsaure Ammoniak zersetzt, nur dass sich bei diesem auch noch Wasser unter den Destillationsproducten findet, was hier fehlt. Bringt man die Lösung des Sulfat-Ammon unter die Glocke der Luftpumpe über Schwefelsäure, so bilden sich Krystalle (von Parasulfat-Ammon), welche merkwürdiger Weise wasserfrei sind und genau die Zusammensetzung des amorphen Sulfat-Ammons haben, nebst diesem bleibt eine zerfliessliche und nur undeutlich krystallisirbare Masse, welche nach der Formel $2(H_3N, SO_3)$ HO zusammengesetzt ist. Die Krystalle der ersteren sind pyramidal und es ist $P = 98°56'$; $133°35'$, $a = \sqrt{5,4398}$. Der Char. der Comb. ist hemipyramidal von geneigten Flächen. Die gew. Comb. ist $P-\infty$. $(P-1)\frac{1}{2}$. $P/2$. und wie es scheint ist es das einzige bisher bekannte Beispiel von parallelflächiger Hemiedrie. Die Krystalle sind im reinen Zustande luftbeständig und zeigen überhaupt alle Eigenschaften des amorphen Sulfat-Ammon, nur mit solchen geringen Abweichungen, wie sie bei Körpern, welche in beiden Zuständen der Materie vorkommen, ganz gewöhnlich sind. Damit steht im Einklange, dass die Lösung der Krystalle auch von Baryumchlorid nicht afficirt wird. Die zerfliessliche Verbindung, welche sich im Ganzen genommen wie die Lösung der vorigen Verbindungen verhält, wird von Baryumchlorid zwar etwas leichter aber auch nur sehr unvollständig zerlegt. Eine concentrirte Lösung von Strontiumchlorid wird jedoch davon sogleich gefällt.

286. **Schwefelsaures Ammoniak** $H_3N,HO,SO_3 = 66$ oder H_4NO,SO_3, das ist schwefelsaures Ammoniumoxyd (Glaubers geheimer Salmiak, sulfate ammonique, sulfate d'ammoniaque). Dieses Salz bildet farblose, scharf und bitter schmeckende Krystalle, welche nach Mitscherlich isomorph mit dem schwefelsauren Kali sind. Es ist in 2 Th. kaltem und in 1 Th. Wasser von 100^0 löslich. In Weingeist, dessen Dichte bei 18^0 0,865 beträgt, löst es sich nur höchst unbedeutend. Es schmilzt ohne Zersetzung bei 140^0, und zerfällt erst bei 280^0 in Wasser, Ammoniak, Stickgas, schwefligsaures und etwas schwefelsaures Ammoniak. Durch eine glühende Röhre geleitet, zerlegt es sich in Wasser, Stickstoff und Schwefel, mit chlorsaurem Kali erhitzt erfolgt die Zerlegung unter Feuererscheinung.

Das schwefelsaure Ammoniak findet sich in der Natur als Mascagnin an einigen Vulkanen, wie am Vesuv, Ätna und in der Solfatara bei Neapel. Zum Gebrauche bereitet man sich dasselbe gewöhnlich auf directem Wege. Durch Zerlegung des Salmiaks mit Schwefelsäure erhält man ebenfalls schwefelsaures Ammoniak, allein bei Anwendung von 1 Äq. Schwefelsäure bleibt ein nicht unbedeutender Theil des Salmiaks selbst bei starkem Erhitzen unzerlegt. Die vollständige Zerlegung wird nur durch einen Überschuss von Säure bewirkt. Im Grossen wird es gewonnen, wenn man bei der Destillation von Knochen etc. oder bei der Bereitung des Leuchtgases die ammoniakhaltigen Dämpfe über Schwefelsäure, oder über Lösungen von schwefelsauren Salzen, welche durch Ammoniak zerlegt werden, wie z. B. über schwefelsaures Manganoxydul, das als werthloses Nebenproduct bei der Chlorbereitung gewonnen wird, streichen lässt.

Es gibt auch ein zweifach schwefelsaures Ammoniak, das aber nicht näher untersucht ist.

Das schwefelsaure Ammoniak bildet sowohl mit dem schwefelsauren Kali als mit dem schwefelsauren Natron Doppelsalze. Das erstere ist nicht näher bekannt. Das letztere hat die Formel $NaO,H_3N.2SO_3,5HO$. Die Krystalle desselben sind luftbeständig und bilden sich nur in Lösungen, welche einen Überschuss an schwefelsaurem Ammoniak enthalten, ihre Grundgestalt ist ein Orthotyp, bei welchem $P = 150^0\ 17'$; $116^0\ 19'$; $71^0\ 50'$, und $a:b:c = 1: \sqrt{9,9778}: \sqrt{2,3561}$ ist.

287. Unterschwefelsaures Ammoniak $H_3N,S_2O_5,2HO$. Bildet undeutliche feine Nadeln, welche sich in 0,79 Wasser von 16^0 in absolutem Alkohol aber gar nicht lösen. Die Lösung im Wasser kann ohne Zersetzung gekocht werden. Beim Erhitzen zerfällt es in schweflige Säure, Wasser und schwefelsaures Ammoniak. Man erhält es durch Zersetzen des unterschwefelsauren Barytes mit schwefelsaurem Ammoniak.

288. Wasserfreies, zweifach schwefligsaures Ammoniak $H_3N,2SO_2 = 81$ (Sulfit-Ammon). Wenn trockenes schwefligsaures Gas mit trockenem Ammoniakgas in was immer für einem Verhältnisse zusammenkommt, so bildet sich nach H. Rose immer nur das Sulfit-Ammon, welches von beiden Gasen gleiche Raumtheile enthält, also obige Zusammensetzung hat (Pogg. Ann. 33. 275. 42. 417). Die Verbindung ist gelbbraun und anfangs schmierig, bildet aber nach und nach gelbe Nadeln. An der Luft wird es weiss und zerfliesst schnell. Die Lösung verhält sich zum Theil wie gewöhnliches schwefligsaures Ammoniak, in manchen Beziehungen aber auch wie die unterschwefligsauren Salze, insbesondere wenn sie längere Zeit aufbewahrt wurden. Über die Art wie die Atome in denselben gruppirt sind, lässt sich bis jetzt wenig sagen, es scheint jedoch Manches darauf hinzudeuten, dass die $2SO_2$ als SO und SO_3 in der Verbindung enthalten sind.

289. Schwefligsaures Ammoniak (Sulfite Ammonique). Die schweflige Säure gibt mit dem Ammoniak auf directem Wege ein neutrales und ein saures Salz. Das neutrale H_3N,HO,SO_2 löst sich unter starker Erkältung in 1 Th. Wasser von 12^0, und die Lösung gibt, bis zum Kochen erhitzt, Ammoniak ab. An der Luft verwandelt es sich in schwefelsaures Ammoniak, das trockene Salz wird beim Erhitzen weich und sublimirt unter Abscheidung von Wasser und Ammoniak als saures Salz $H_3N,HO,2SO_2$ das sowohl in Alkohol als in Wasser leicht löslich ist, und an der Luft das zweite Äq. Säure verliert.

290. Unterschwefligsaures Ammoniak $3(H_3N,S_2O_2)$, HO. Es ist ein an der Luft schnell zerfliessendes Salz, welches wie das vorige durch Zerlegung des gleichnamigen Barytsalzes erhalten wird.

291. Schwefligsaures Amid H_2N,SO_2 (Sulfamid). Wenn man nach Regnault (Ann. de Ch. etc. 69. 170) Chlorschwefelsäure mit trockenem Ammoniakgas unter beständiger Abkühlung vollständig sättigt, so erhält man ein weisses, an der Luft sehr leicht zerfliessendes, auch im Weingeist leicht lösliches Pulver, welches ein Gemenge von Salmiak und Sulfamid ist. $SClO_2$ und $2H_3N$ geben hiebei H_2N,SO_2 und H_4N,Cl. Setzt man nämlich zur Lösung desselben Platinchlorid, so fällt bloss die Hälfte des ganzen Stickstoffes als Platinsalmiak heraus, und durch Baryumchlorid wird selbst beim Kochen keine Schwefelsäure abgeschieden, auch mit einem Zusatz von Salzsäure gekocht erhält man nur die Hälfte derselben.

Stickstoff, Chlor, Sauerstoff, Wasserstoff.

292. Stickstoffchlorid (Chlorure d'azote). Wenn man Chlorgas in eine Salmiaklösung, deren Dichte 1,28 beträgt leitet, so scheiden sich bald Tropfen einer gelben, ölartigen, dünnen Flüssigkeit von durchdringendem Geruche ab, deren Dichte 1,653 beträgt, welche bei — 40 noch nicht fest wird und sich noch unter 71^0 überdestilliren lässt. Die chemische Zusammensetzung derselben ist noch nicht näher untersucht, da die geringfügigsten Umstände ihre Zersetzung unter heftiger Explosion bewirken. In Betreff der Bildung dieses Körpers kann man entweder annehmen:

H_4N,Cl mit $6Cl$ geben $4HCl$ und NCl_3 oder
H_4N,Cl „ $4Cl$ „ $4HCl$ „   NCl oder endlich
H_4N,Cl „ $2Cl$ „ $2HCl$ „ H_2NCl.

Welche von diesen Voraussetzungen die richtige ist, lässt sich für jetzt nicht entscheiden.

Die Bildung des Stickstoffchlorides ist keineswegs an die Gegenwart des Salmiaks gebunden, indem man sich bei obigem Versuche auch der Lösungen anderer Ammoniaksalze bedienen kann, wenn diese nur durch starke Säuren gebildet wurden. Auf die Salze mit schwachen Säuren wirkt das Chlor wie auf freien Ammoniak (294).

Der Chlorstickstoff verpufft durch rasche Temperaturerhöhung, z. B. durch Annäherung eines heissen Körpers, ferner durch Berührung mit Phosphor, Selen, Arsen, Phosphorcalcium, concentrirten

Ammoniak, Kali, Cyankalium, sowohl in festem als gelöstem Zustande, mit den meisten fetten und ätherischen Ölen, Seifen, Harzen, Kautschuck, Steinöl etc. Schwefel, Schwefelkohlenstoff, Kohle, Zinn, Zink, Schwefelantimon, Zinnober, Schellack, Weihrauch, Wachs, Butter, Schweinefett, Weingeist, Äther, Zucker, Gummi, Stärke, Indigo, ferner viele Säuren bewirken damit keine Explosion.

293. Chlorsalpetersäure $NCl_2O_3 = 108,8$ (Königswasser, eau régale, acide chlor-azotique). Es war längst bekannt, dass ein Gemisch von Salzsäure mit Salpetersäure gewisse Metalle, wie Gold, Platin etc. auflöst, während jede der beiden Säuren für sich auf die genannten Metalle ohne Wirkung ist. Man schrieb dies allgemein dem Chlor zu, welches wie man glaubte, in Freiheit gesetzt wird, indem 1 Äq. Sauerstoff der Salpetersäure mit 1 Äq. Wasserstoff des Hydrochlor, Wasser bilde, wobei Untersalpetersäure entstehen müsste. Baudrimont hat indess gezeigt (J. de Pharm. et de Ch. 5. 49), dass das Gas welches bei $86°$ entweicht, wenn man ein Gemenge von 2 Th. Salpetersäure mit 3 Th. Salzsäure erwärmt, eine nach der obigen Formel zusammengesetzte bestimmte Verbindung ist, welche als Salpetersäure betrachtet werden kann, in der 2 Äq. Sauerstoff durch 2 Äq. Chlor ersetzt sind. 1 Äq. desselben entspricht 6 V. Gas. Das Gas ist röthlich-grün und dessen Dichte 2,49. Bei ungefähr $— 20°$ verwandelt es sich in eine dunkelrothe Flüssigkeit, welche bei $— 7,2°$ kocht und bei $8°$ eine Dichte von 1,37 hat. Wasser nimmt von dem Gase bei $0°$ 0,393 seines Gewichtes oder des 121fache seines Volumens auf, und bildet eine hellrothe Flüssigkeit, deren Dichte 1,16 beträgt. Diese Flüssigkeit wird durch die Einwirkung des Lichtes nicht zersetzt und greift alle Metalle an. Die Chlorsalpetersäure ist nicht fähig Salze zu bilden, indem sie mit Metalloxyden Gemenge von salpetersauren Salzen und Chloriden gibt. Die Metalle werden in Chlormetalle umgewandelt.

Nach eigenen Beobachtungen erhält man die Säure am einfachsten, wenn man 2 Äq. Kochsalz (116,8) mit 1 Äq. Salpeter (101,1) zusammenschmilzt, und das so bereitete innige Gemenge beider Körper mit 2 Äq. also nahe 100 Th. Schwefelsäure übergiesst. Die Salpetersäure gibt hiebei 2 Äq. Sauerstoff an das Natrium des Kochsalzes ab und diese werden dnrch die 2 Äq. Chlor desselben ersetzt. Wenn man Salmiak in Salpetersäure oder Salpeter in Salzsäure bringt, so wirkt die Lösung ebenfalls wie Königswasser.

294. Chlorammonium $H_4NCl = H_3N,HCl = 54,4$ (Hydrochlorammoniak, Salmiak (von Sal ammoniacum), Hydrochlorate d'ammoniaque, Chlorure ammonique). Dieser Körper kommt im Handel gewöhnlich in mehr als zolldicken, weissen, durchscheinenden, strahligen Stücken vor, welche durch Sublimation des rohen Productes in halbkugelförmigen Schalen erhalten werden. Aus der wässerigen Lösung krystallisirt derselbe, jedoch schwierig, in Octaëdern. Der Salmiak besitzt einen sehr scharfen, salzigen Geschmack, und die Dichte desselben beträgt 1,528, er lässt sich schwierig pulvern, weil er dabei zähe wird. An der Luft ist derselbe unveränderlich, löst man eine gewogene Quantität davon in Wasser und dampft diese im Wasserbade ab, bis kein Gewichtsverlust mehr Statt findet, so erhält man genau wieder das ursprüngliche Gewicht. Beim Erwärmen bis 221° beginnt der Salmiak unverändert und ohne zu schmelzen zu sublimiren. Im Wasser löst sich derselbe unter starker Erkältung, und zwar bedarf 1 Th. davon 2,7 Th. Wasser von 18,75°, bei 100° ungefähr 1 Th. Durch Zusatz von concentrirter Salzsäure zur Lösung wird ein Theil des Salmiaks gefällt. In Weingeist ist derselbe sehr wenig löslich. Die Einwirkung der Alkalien auf den Salmiak wurde in (268), die der wässerigen Schwefelsäure in (286) angeführt. Die wasserfreie Schwefelsäure wird von trockenem Salmiak reichlich verschluckt und eine wie es scheint eigenthümliche Verbindung gebildet (H. Rose in Pogg. An. 38. 118).

Der Salmiak, den man entweder als Chlorammonium H_4N,Cl oder als Hydrochlor-Ammoniak H_3N,HCl betrachten kann, entsteht unter bedeutender Erwärmung und zwar sogleich in fester Form, wenn Ammoniakgas und Hydrochlorgas in trockenem Zustande zusammentreten, wobei sich 1 V. Ammoniakgas mit 1 V. Salzsäuregas zu 2 V. Salmiakdampf vereinigen. Beim Neutralisiren von Salzsäure mit Ammoniak findet dasselbe Statt, nur ist der Salmiak dann im Wasser gelöst. Lässt man aber Chlor zu Ammoniakgas treten, so erfolgt ebenfalls die Bildung von Salmiak, und zwar unter lebhafter Feuererscheinung und unter Abscheidung von Stickgas. $4H_3N$ und $3Cl$ geben nämlich $3H_4N,Cl$ und N. Die Feuererscheinung lässt sich am besten zeigen, wenn man in einen mit Chlorgas gefüllten Ballon oder Cylinder den Hals einer Retorte hält, aus welcher sich ein rascher Strom Ammoniakgas entwickelt. Das Gas entzündet sich sogleich und brennt mit gelber Flamme fort, während der sich an den Wänden des Gefässes absetzende Salmiak dasselbe bald undurchsichtig macht. Um die Statt findende Abscheidung des Stickgases zu zeigen, nimmt man eine etwa 3 Fuss lange und 1 Zoll weite Glasröhre, welche an ihrem offenen Ende so weit zusammengezogen ist, dass man sie leicht mit dem Daumen verschliessen kann, bringt in dieselbe bis auf etwa 3 Z. Chlorwasser und füllt sie dann gänzlich mit Ammoniak an. Verschliesst man nun die Öffnung der Röhre mit dem Daumen, wendet sie dann um und bringt die Mündung derselben in eine Schale mit Wasser, so entwickeln sich in derselben eine Menge Gasblasen, die reines Stickgas sind.

Der Salmiak wurde ursprünglich ausschliesslich aus Ägypten, wo er wie es scheint den Arabern seit dem achten Jahrhunderte bekannt war, nach Europa eingeführt. Man bereitete ihn daselbst aus dem Russe, der sich beim Verbrennen des Kameelmistes bildet, durch Sublimation. Er kam früher unter dem Namen Sal armeniacum (Armenisches Salz), später Sal ammoniacum (von Ammonia in Libien) vor (A. Kopp, Ges. d. Ch. 3, 237). In Europa fing man erst im siebzehnten Jahrhunderte an denselben fabriksmässig zu bereiten, indem die Gebrüder Gravenhorst die erste Fabrik dieser Art im Jahre 1759 in Braunschweig anlegten, wo man Harn und Kochsalz dazu verwendete. Auf gleiche Weise wurde er bis in die neuere Zeit in Nussdorf bei Wien bereitet. Der Harn wurde zuerst aus grossen eisernen mit einem bleiernen, dachförmigen Helm versehenen Pfannen in bleierne Vorlagen überdestillirt, das dadurch erhaltene, unreine kohlensaure Ammoniak durch Gyps in schwefelsaures und dieses durch Kochsalz in Salmiak verwandelt. Diese unvortheilhafte Fabrikation wurde jedoch gänzlich aufgegeben. Der unreine Salmiak wird noch jetzt um ihn zu reinigen, aus thönernen 22 Z. weiten und 11 Z. tiefen Kesseln, die in eisernen Kapellen stehen, sublimirt. Die Sublimationskessel sind nämlich mit 23 Z. weiten und 8 Z. hohen halbkugelförmigen Schalen aus Eisen bedeckt, welche in der Mitte eine Öffnung haben, damit die Dämpfe frei abziehen können. Zu Hall in Tyrol, wo man sich der Mutterlauge der Salinen, die grösstentheils aus Calcium- und Magnium-Chlorid besteht, bedient, und sie mit empyreumatischem kohlensaurem Ammoniak zerlegt, werden die Sublimations-Kessel und Deckel von Granit verfertiget.

Der meiste jetzt im Handel vorkommende Salmiak wird bei der Fabrikation des Leuchtgases aus Steinkohlen als Nebenproduct gewonnen, indem man das entweichende kohlensaure Ammoniak direct mit Salzsäure sättigt, oder das schwefelsaure Manganoxydul, welches bei der Chlorbereitung in so grosser Menge erhalten wird, mit den entweichenden Gasen in Berührung bringt, wodurch schwefelsaures Ammoniak entsteht, das entweder als solches Verwendung findet (268) oder mittelst Kochsalz in Chlorammonium verwandelt werden kann.

In der Natur findet sich der Salmiak in den Spalten der meisten Vulkane, auch findet man denselben in der Nähe brennender Steinkohlenlager.

295. Chlorsaures und überchlorsaures Ammoniak. Die Verbindungen der Oxydationsstufen des Chlors mit dem Ammoniak sind so lose, dass sie sich meistens von selbst unter Abscheidung von Stickgas zerlegen. Das chlorsaure Ammoniak, welches entweder auf directem Wege oder durch Zerlegung des chlorsauren Barytes mit kohlensaurem Ammoniak erhalten werden kann, bildet scharfschmeckende, im Wasser und Weingeist sehr lösliche Krystalle, welche zuweilen beim Aufbewahren von selbst explodiren. Das über-chlorsaure Ammoniak, welches unter allen diesen Salzen das beständigste ist, bildet wasserhelle in 2 Th. kaltem Wasser lösliche Krystalle, die nach Mitscherlich mit dem analogen Kalisalze isomorph sind. Die Lösung gibt beim Verdunsten Ammoniak ab und wird sauer. Es ist auch in Weingeist leicht löslich.

Stickstoff, Chlor, Schwefel, Wasserstoff.

296. Chlorschwefel-Ammoniak H_3N,SCl (Chlorure de Soufre ammoniacal). Leitet man Ammoniak zu Chlorschwefel, so verwandelt sich dieser nach und nach unter Erwärmung, welche möglichst vermieden werden muss, in ein rothbraunes Pulver, das die Bestandtheile von 1 Äq. Chlorschwefel und 1 Äq. Ammoniak enthält. Es ist bei Überschuss von Chlorschwefel pyrophorisch. In Alkohol und Äther ist es löslich, vom Wasser wird es in Schwefel, unter-schwefligsauren Ammoniak und Hydrochlor zerlegt, welche letzteren nach und nach weiter in Schwefel und schweflige Säure zerfallen. Das Chlorschwefelammoniak ist nicht flüchtig, sondern zerlegt sich nahe bei 100^0 in Salmiak und eine Verbindung von Schwefelchlorid und Stickstoffschwefel, $4(H_3N,SCl) = 3H_4NCl + NS_3,SCl$.

Dieser Chlorschwefelstickstoff $NS_3,SCl = NS_4Cl$ löst sich in Wasser vollständig, nach einigen Augenblicken trübt sich aber die Flüssigkeit und es setzt sich eine braune Materie ab, die wie es scheint, der Formel $H_3N_3S_7$ entspricht. Giesst man überschüssigen Schwefel enthaltenden Chlorschwefel in wässeriges Ammoniak, so bildet sich eine rothe Materie, welche nach und nach ohne Gas-entwickelung in eine gelbe Masse von der Zusammensetzung $NS_3,ClS,2H_3N$ übergeht. (Soubeiran Ann. der Phar. 28. 59.)

297. Chlorschwefel-Doppel-Ammoniak $2H_3N,SCl$ (Chlorure de Soufre bi-ammoniacal). Setzt man die vorige Verbindung durch längere Zeit der Einwirkung von überschüssigem Ammoniak aus, so nimmt sie nach und nach 1 Äq. davon auf und bildet Chlorschwefel-Doppel-Ammoniak. Man erhält denselben Körper auch, wenn man Chlorschwefel gleich anfangs unter Vermeidung aller Erwärmung mit einem Überschuss von Ammoniak zusammenbringt, in welchem

Falle sich die grüne Modification des Stickstoffschwefels bildet (279). Das Chlorschwefel-Doppel-Ammoniak ist ein hell citronengelbes, geruchloses Pulver, das schon nahe bei 100^0 in Ammoniak, Stickgas, Schwefel und Salmiak zerlegt wird, wobei immer etwas Stickstoffschwefel mit sublimirt. Die Einwirkung des Wassers auf diesen Körper wurde in (279) angeführt. In Alkohol oder Äther ist es etwas löslich, Säuren zersetzen es rasch.

298. Halbchlorschwefelsaures Ammoniak $3H_3N,S_2ClO_5$ (Schwefelsaures Chlorschwefel-Ammoniak). Die Verbindung wird erhalten, wenn man unter Vermeidung aller Erhitzung Halbchlorschwefelsäure (221) mit Ammoniak sättigt. Es bildet sich eine weisse, an der Luft nicht zerfliessende, im Wasser leicht lösliche Masse. Die Lösung gibt im Vacuum über Schwefelsäure undeutliche Krystalle von gleicher Zusammensetzung mit der ursprünglich genommen Masse. Die Schwefelsäure wird durch Chlorbaryum aus der Lösung nur sehr unvollständig, durch Chlorstrontium gar nicht gefällt. Bei der Sublimation erfolgt theilweise Zerlegung.

Stickstoff, Brom, Jod, Chlor, Fluor.

299. Stickstoffbromid. Diese Verbindung gleicht in vieler Beziehung dem Stickstoffchlorid aus dem sie erhalten wird, wenn man demselben tropfenweise wässeriges Bromkalium zusetzt. Es ist eine schwarzrothe, widrig riechende, sehr leicht explodirende Flüssigkeit, von deren Zusammensetzung das in (292) und (300) Angeführte gilt. Das **Bromammonium** H_4N,Br und das **bromsaure Ammoniak** sind den entsprechenden Jodverbindungen analog.

300. Stickstoffjodid. Wenn man zerriebenes Jod mit einem Überschuss von Ammoniak übergiesst und beide Körper durch einige Zeit unter vorsichtigem Umrühren mit einander in Berührung lässt, so bildet sich Jodammonium und ein schwarzes Pulver, welches durch Filtration und Auswaschen mit Wasser von ersterem getrennt werden kann. Dieses schwarze Pulver ist die unter dem Namen Jodstickstoff bekannte Verbindung, deren Zusammensetzung jedoch eben so wenig mit Sicherheit ausgemittelt ist, als die der in (292) besprochenen Chlorverbindung, mit welcher sie in ihrem Verhalten eine sehr grosse Ähnlichkeit hat, indem sie im trockenen Zustande eben so heftig und bei der geringsten Veranlassung verpufft. Ist der Jodstickstoff hingegen feucht, so lässt er sich ohne alle Gefahr behandeln, und eignet sich daher sehr gut, die Eigenschaften der leicht explodirbaren Verbindungen zu beobachten.

Lässt man den Jodstickstoff in einer Atmosphäre von Ammoniak trocknen, so explodirt er ebenfalls weniger leicht, ist er aber auch nur kurze Zeit der Luft ausgesetzt, so verhält er sich wieder wie früher. Man bereitet sich denselben nach Mitscherlich am leichtesten, wenn man Jod in Chlorsalpetersäure löst und dann Ammoniak zusetzt, wobei sogleich ein schwarzer Niederschlag von Jodstickstoff entsteht. Bei längerem Aufbewahren unter Wasser wird der Körper in Stickgas, jodsaures Ammoniak und Jodammonium zersetzt. Man kann annehmen, dass die Bildung des Jodstickstoffes auf folgende Art erfolgt: $4H_3N$ und $6J$ geben NJ_3, $3 (H_3N,HJ)$ und NJ; oder $2H_3N$ und $2J$ geben H_3N,HJ und H_2N,J. In letzterem Falle wäre der explodirende Körper Jodamid, eine Ansicht welche durch Millon's Versuche an Wahrscheinlichkeit gewonnen hat.

Jod absorbirt auch im trockenen Zustande Ammoniakgas und gibt damit eine schwarzbraune, zähe, metallisch-glänzende Masse, deren Zusammensetzung nach Millon H_3N,J, nach Bineau $3H_3N,J_2$ ist.

301. Jodammonium. H_4N,J, oder Hydrojod-Ammoniak H_3N,HJ, wird entweder auf directem Wege erhalten, wenn man Hydrojod mit Ammoniak sättigt, oder indem man eine Lösung von Eisenjodid in Wasser durch kohlensaures Ammoniak fällt, oder endlich indem man Jod in Schwefelammonium auflöst, wobei Schwefel abgeschieden wird. Dieser Körper, welcher in der Krystallform und vielen anderen Eigenschaften dem Salmiak gleicht, zerfliesst an der Luft und löst sich leicht in Weingeist. An der Luft wird die Lösung gelb, indem Jod abgeschieden wird.

302. Jodsaures Ammoniak H_3N,HO,JO_5. Dieses Salz wird am besten auf indirectem Wege bereitet, es ist schwer im Wasser löslich und erscheint in stark glänzenden Hexaëdern, welche sich bei 150° mit einiger Heftigkeit zersetzen.

303. Chlorammonium-Chlorjod H_4NCl,JCl_3 (Chloriodite d'ammoniaque). Es erscheint in goldgelben Krystallen, welche rasch erwärmt unzersetzt verdampfen, bei gelindem Erwärmen jedoch in Jodchlorid und Salmiak zerfallen. Die Verbindung bildet sich wenn man entweder concentrirte Salzsäure mit jodsaurem Ammoniak bis 50° erwärmt, und die Lösung erkalten lässt, oder besser wenn man durch eine concentrirte Lösung von Jod-Ammonium bis zur Sättigung Chlorgas leitet.

304. Fluor-Ammonium H_4N,F (Flusssaures Ammoniak, Hydrofluate d'ammoniaque). Wenn man Ammoniakgas und Hydrofluor, beide in ganz trockenem Zustande zusammentreten lässt, so

vereinigen sie sich, und zwar ohne Erwärmung, zu einem luftbeständigen, weissen Körper von sehr stechendem Geschmacke, der
sich, ohne zersetzt zu werden, bei niedrigerer Temperatur als der
Salmiak sublimiren lässt, und nach der empirischen Formel H_4NF
zusammengesetzt ist, daher als Fluorammonium betrachtet werden
kann. Man erhält diesen Körper auch, wenn man 1 Th. Salmiak mit
$1\frac{1}{4}$ Th. Fluornatrium innig mengt, und in einem Platintiegel, der
mit seinem umgekehrt gelegten Deckel bedeckt ist, bei gelinder
Wärme sublimirt, wobei man den Deckel durch Aufgiessen von Wasser kühlt. Das Fluorammonium ist in Weingeist ein wenig, in Wasser hingegen leicht löslich, wird aber durch die Einwirkung desselben
langsam, und wenn die Temperatur bis gegen 40° steigt, rasch zersetzt, wobei die Hälfte seines Ammoniaks entweicht, indem es sich in
$H_3N, 2HF$ verwandelt, das man zweifach Hydrofluor-Ammoniak nennen kann. Es wird nach L. Gmelin auch erhalten, wenn man
Kieselflusssäure durch Ammoniak zerlegt. Beim Abdampfen bilden
sich Krystalle, die sich unverändert sublimiren lassen, an feuchter
Luft aber zerfliessen. Die Lösung greift das Glas stark an, und kann
daher zum Ätzen desselben benützt werden.

Fabrication der englischen Schwefelsäure.

Die englische Schwefelsäure, deren Eigenschaften bereits in (158) auseinanderge-
setzt sind, wurde zuerst in England, wahrscheinlich im J. 1746 von Dr. Roe-
buck zu Birmingham im Grossen, und zwar schon in Bleikammern durch Verbrennung des Schwefels unter Mitwirkung von Salpeter erzeugt. In Frankreich
wurde die erste Bleikammer im J. 1774 und in Österreich von Seite des Ärars in
Nussdorf bei Wien im J. 1802 errichtet. Die Theorie des Processes aber ist bis
auf die neueste Zeit im Dunkeln geblieben, obwohl sich sehr viele Chemiker mit
der Erforschung derselben beschäftiget haben. Clément und Désormes such-
ten zuerst im J. 1806 zu zeigen, welche Rolle der Salpeter hiebei spielt. H. Davy
glaubte dann (im J. 1812) den Schlüssel zur Erklärung des Processes in der
Bildung der (281 u. 282) beschriebenen Krystalle gefunden zu haben, welche
Ansicht auch von vielen Chemikern bis auf die neueste Zeit angenommen blieb.
Erst Peligot zeigte, dass die Bildung dieses Körpers nur eine zufällige, mit
der Fabrication in keinem nothwendigen Zusammenhange stehende sei.

305. Die allgemeinen, durch die Erfahrung gegebenen Bedingungen zur Erzeugung der englischen Schwefelsäure liegen in der
Wechselwirkung folgender Stoffe:

a. Schweflige Säure.

b. Eine oder auch zugleich mehrere Verbindungen des Stickstoffes mit dem Sauerstoffe, ausgenommen das Stickoxydul, welches
dazu nicht tauglich ist.

c. Sauerstoff in Form von atmosphärischer Luft.

d. Eine hinreichende Menge Wasser.

Diese Körper müssen in geeigneten Räumen mit einander gemischt und es muss dafür gesorgt werden, dass sie immer im gehörigen Verhältnisse vorhanden sind.

So lange man noch der Meinung war, dass Stickoxydul mit atm. Luft in Berührung salpetrige Säure bilde, stellte man sich nach der Ansicht von Berzelius (s. dessen Lehrbuch 5. Aufl. 1843. 1. 470) vor, dass diese aus der Luft Wasser aufnehme, dann das schwefligsaure Gas condensire, und dass dieses dann der salpetrigen Säure den Sauerstoff, den es zur Umwandlung in Schwefelsäure bedarf, sammt dem nöthigen Wasser entziehe. Die salpetrige Säure, welche so zu Stickoxyd reducirt wird, oxydirt sich wieder auf Kosten der atmosphärischen Luft, und wirkt nun auf einen anderen Theil der schwefligen Säure auf gleiche Weise u. s. w. Nach der Ansicht jener Chemiker, welche die Bildung der sogenannten Bleikammer-Krystalle (cristaux des chambres de plomb)(281 u. 282) für wesentlich halten, ist der Process folgender: Das Stickoxydulgas wird durch die Luft sogleich in Untersalpetersäure umgewandelt, diese tritt, da sie mit schwefliger Säure und Wasserdunst in Berührung kommt, sogleich einen Theil ihres Sauerstoffes an die schweflige Säure ab, welche dadurch in Schwefelsäure verwandelt wird, indem NO_4 und $2SO_2$ bei Gegenwart des Wassers NO_2 und $2SO_3$ geben. Die zuletzt genannten Körper vereinigen sich sogleich und geben die krystallisirte Verbindung $NO_2 2SO_3$, welche von dem überschüssigen Wasser in Schwefelsäure und Stickoxydgas zerlegt wird. Durch letzteres wird der Process aufs Neue eingeleitet u. s. w. Provostaye (l. c.) ist der Ansicht, dass sich die Krystalle (er meint die von ihm dargestellten (281) die er für die Krystalle der Bleikammern hält) nur bei Gegenwart und in Verbindung mit Schwefelsäure bilden können, indem sie sonst sogleich vom Wasser zerstört werden. Er ist daher der Meinung, dass wenigstens anfänglich die Gegenwart von Salpetersäure in den Bleikammern unerlässlich sei, damit diese zuerst durch die Einwirkung der schwefligen Säure zersetzt und so ein Antheil Schwefelsäure gebildet werde, durch dessen Vermittlung erst die Bildung der Krystalle möglich wird. In der That erfolgt die Reaction zwischen schwefliger Säure und Untersalpetersäure weit schneller bei Gegenwart von Wasser als allein. Das Wasser hat also nach Provostaye eine doppelte Function, nämlich die schweflige Säure und die Untersalpetersäure in innige Berührung zu bringen, und so ihre Wechselwirkung zu beschleunigen, und was noch wichtiger ist, mit der zuerst gebildeten Schwefelsäure in Verbindung die

Bildung der Krystalle zu befördern. Peligot endlich hat in der neuesten Zeit (Ann. de Ch. etc. 12. 263) eine weit einfachere und mit den von Schwefelsäure-Fabrikanten beobachteten Thatsachen ganz im Einklange stehende Theorie aufgestellt, durch welche alle Schwierigkeiten gehoben sein dürften. Derselbe geht nämlich von der Wirkung der schwefligen Säure auf die Salpetersäure aus, die auch bereits Provostaye beobachtet hatte. Es wurde nämlich schon oben (282) angegeben, dass schweflige Säure in concentrirte Salpetersäure geleitet in eine krystallinische Masse umgewandelt wird, die aus den Bleikammer-Krystallen besteht. Wendet man aber eine 27—34 Pct. wasserfreie Säure haltende Salpetersäure wie sie im Handel vorkommt an, so wird dieselbe von der schwefligen Säure sehr energisch zersetzt und dabei Untersalpetersäure in Menge abgeschieden. Die Einwirkung auf die Salpetersäure dauert unter Erwärmung und successiver Farbenänderung von dunkelgrün durch blassgrün und orange fort, bis die Flüssigkeit wieder wasserhell wird, wo aber dann keine Spur von Salpetersäure mehr in derselben vorhanden ist, sondern diese lediglich aus Schwefelsäure besteht. Die Salpetersäure wurde also auf diese Weise gänzlich zerstört und auf ihre Kosten Schwefelsäure gebildet. Anfangs entsteht bei diesem Processe nur Untersalpetersäure, später aber, wenn die schweflige Säure auf die grüne oder rothe Flüssigkeit zu wirken beginnt, entweicht als letztes Zerlegungsproduct nur Stickoxydgas, vorausgesetzt, dass die atm. Luft nicht mit der Flüssigkeit in Berührung steht. Selbst wenn man eine Salpetersäure anwendet, die so verdünnt ist, dass sie nur 2 Pct. Säure enthält, findet die Umwandlung in Schwefelsäure noch Statt, dann muss dieselbe aber bis auf 80° erwärmt werden.

Wendet man dieses Verhalten der schwefligen Säure gegen die Salpetersäure auf die jetzt, wenigstens in Frankreich, allgemein eingeführte Fabricationsart an, welche darin besteht, dass man die schweflige Säure zuerst in eine Kammer leitet, in der sich weite Gefässe mit Salpetersäure, wie sie im Handel vorkommt, befinden; so kann man kaum zweifeln, dass folgende in einander greifende Processe Statt finden.

1) Die schweflige Säure zersetzt die Salpetersäure in Untersalpetersäure, und umwandelt sich dadurch in Schwefelsäure.

HO,NO_5 und SO_2 geben HO,SO_3 und NO_4.

2) Durch die Einwirkung des Wassers auf die Untersalpetersäure wird diese in Salpetersäure und salpetrige Säure zerlegt.

$2NO_4$ und HO geben nämlich HO,NO_5 und NO_3.

3) Die salpetrige Säure wird durch die weitere Einwirkung von noch mehr Wasser in Salpetersäure und Stickoxydgas zerlegt.

$3NO_3$ und HO geben dabei HO,NO_5 und $2NO_2$.

4) Das Stickoxydgas wird durch die vorhandene atm. Luft wieder zu Untersalpetersäure oxidirt.

NO_2 und $2O$ geben nämlich NO_4.

Die während des Processes entstandene Salpetersäure sowohl, als die zuletzt auf Kosten der Luft gebildete Untersalpetersäure treten sogleich wieder mit der immerfort in die Bleikammern strömenden schwefligen Säure, dem Wasser und der atm. Luft in Reaction: so dass in dem Apparate immer alle Processe vorhanden sind und die Bildung eines Zwischenkörpers, wie die Kammerkrystalle, nur dann eintreten kann, wenn der Process nicht gehörig geleitet wird, insbesondere wenn zu viel Stickstoffverbindungen und zu wenig Wasser vorhanden sind. In der That bestätiget dies die Praxis vollkommen, so dass in gut geleiteten Fabriken die Krystalle nie vorkommen.

Der Apparat, welcher zur Fabrication der Schwefelsäure dient, besteht aus folgenden Theilen:

a) Dem Ofen, in welchem die schweflige Säure erzeugt wird.

b) Dem Systeme von Bleikammern, in welchen die Oxydation der schwefligen Säure geschieht.

c) Den Bleipfannen, in welchen die Säure bis zu einer Dichte von 1,7 concentrirt wird.

d) Dem Platinapparat, welcher zur weiteren Concentration der Säure dient.

e) Der Kühlvorrichtung, um die heisse Säure schnell in die Flaschen zum Verkauf füllen zu können.

Alle diese Theile sollen nun für sich näher betrachtet werden, und zwar unter Voraussetzung eines Apparates, in welchem in 24 Stunden 150—200 Ct. Säure erzeugt werden können (Knapp's Lehrbuch der chem. Technologie bei Vieweg 1844).

Soll die schweflige Säure aus Rohschwefel, der meistens aus den unerschöpflichen Fundgruben Siciliens bezogen wird, erzeugt werden, so verbrennt man denselben in einem besonderen Ofen, den Brenner, dessen Durchschnitt in der nebenstehenden Figur mit A bezeichnet ist, und deren für die obige Erzeugung zwei nothwendig sind. Sie werden aus Platten von Gusseisen verfertigt und sind mit doppelten Wänden versehen, zwischen welchen Luft durchströmt, damit sie sich nicht zu sehr erwärmen, weil sonst zu viel Schwefel unverbrannt sublimirt. Die Höhe eines Ofens beträgt 12′ und die Sohlenfläche,

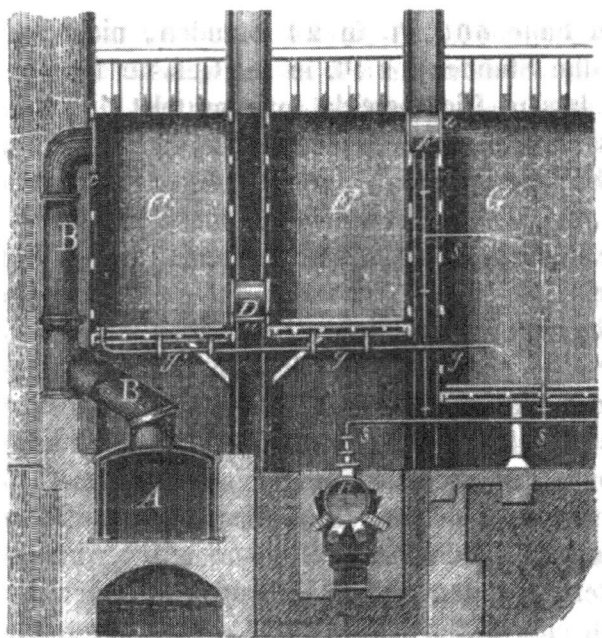

auf welcher der Schwefel verbrennt, 144 Q. F. Der Vordertheil des Ofens ist von oben herab bis auf eine horizontale, schmale Spalte geschlossen, durch deren Vergrösserung oder Verkleinerung der Zug regulirt werden kann, indem man den unteren Theil der Deckplatte, welche in Charnieren beweglich ist, mehr hebt oder senkt. Eiserne Brenner sind nur anwendbar, wenn man mit Salpetersäure arbeitet, weil sie bei Anwendung von Salpeter, wie weiter unten erklärt werden wird, zu stark angegriffen werden. Die schweflige Säure tritt, gemengt mit atmosphärischer Luft und Stickgas, durch das 4' weite eiserne Rohr B in die erste Kammer C, und zwar wenigstens in einer Höhe von 30' über dem Arbeitsraum des Ofens. Mit dieser Kammer C, welche 13' breit, 20,8' hoch, 24' lang ist und daher 6490 K. F. fasst, beginnt das System von Bleikammern, deren in dem vorausgesetzten Falle 5 sind. Diese und die zweite Kammer E, deren Boden um 0,8' höher steht als der der ersten, da sie nur eine Höhe von 20', sonst aber dieselben Dimensionen hat, liegen eigentlich in Praxi nicht eine hinter der andern, sondern der Raumersparniss wegen neben einander, so dass die zweite Kammer E bei dieser Anordnung nicht gesehen werden kann. Die Kammer C steht durch die Röhre D mit E in Verbindung und enthält staffelförmig aufgestellte flache Schalen aus Glas oder Steingut, in welche von aussen die Salpetersäure fliesst. Es ist am zweckmässigsten, die nöthige

Salpetersäure, im obigen Falle 600 Pf. in 24 Stunden, nicht auf einmahl, sondern alle halbe Stunden 12 Pf. in die Gefässe fliessen zu lassen. Dies bewirkt man mittelst des Ge-

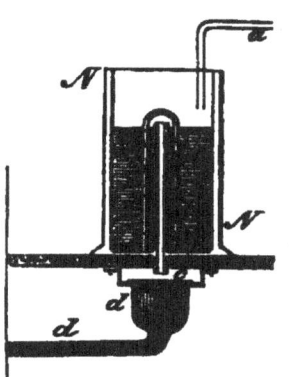

fässes NN, durch dessen Boden eine Röhre c geht. Die Röhre a, durch welche die Säure in das Gefäss NN gelangt, muss gerade so weit sein, dass in einer Stunde die Säure darin bis an das Ende der durch den Boden gehenden Röhre steigt. Stellt man nun über dieselbe eine Glocke, welche nicht ganz bis an den Boden reicht, so bildet sich im Momente als die Säure bis zum Niveau der inneren Röhre gestiegen ist, ein Heber und das Ge-

fäss NN ist in wenig Augenblicken geleert. Durch das Rohr dd fliesst dieselbe in die in der Kammer C befindlichen Schalen und verdrängt daraus die bereits wenigstens grösstentheils in Schwefelsäure verwandelte Salpetersäure. Durch eine unter dem um 8 Z. höher liegenden Boden der Kammer E fortlaufende Röhre u fliesst die sich daselbst sammelnde Säure wieder nach C zurück, um da nochmahls mit der schwefligen Säure in Berührung zu kommen. Der Boden der Kammern ist mit verdünnter Schwefelsäure bedeckt, wodurch die Bleiplatten vor der Einwirkung der Salpetersäure geschützt werden. Durch die Röhre gg gelangt die Säure in die grosse Kammer, welche desswegen tiefer steht als alle übrigen, sie ist 100' lang, 26' hoch und 52' breit, hat also einen Inhalt von 135200 K. F. In dieser Kammer findet hauptsächlich die Oxydation des als letztes Zerlegungsproduct der Salpetersäure abgeschiedenen Stickoxydgases Statt. Es muss daher dafür gesorgt werden, dass in derselben genug Sauerstoff und Wasser vorhanden sei, und dass auch die Gase hinreichende Gelegenheit finden, sich aufs innigste mit einander zu mischen. Das erstere wird durch den gehörig geregelten Luftzug, die beiden anderen Bedingungen aber werden dadurch erreicht, dass man aus einem Dampfkessel R durch die Röhren sss ... Dämpfe in die Kammer G treten lässt. Da die mittlere Kammer G am tiefsten steht, so läuft in ihr die Säure aus allen andern Kammern zusammen. Die beiden letzten, welche ebenfalls neben einander stehen wie die ersten, von welchen aber nur ein Theil M der einen, in der Zeichnung sichtbar ist, stehen mit der grossen Kammer mittelst einer 2,5' weiten kurzen Röhre in Verbindung, durch welche die Gase in dieselbe einströmen. Die vierte ist 22' breit, 25,2' hoch und

28' lang, fasst also 15523 K. F. Die fünfte Kammer M endlich ist bei gleicher Länge und Breite mit der vorigen, 24' hoch und fasst 14784 K. F. Der Kubik-Inhalt aller Kammern zusammen beträgt daher über 178000 K. F. Die letzte Kammer M communicirt mittelst einer weiten Röhre mit einem zum Theil mit Wasser gefüllten Gefässe, dem Refrigerator, in welchem die Dämpfe, bevor sie durch das Rohr PO entweichen, noch den letzten Antheil von Säure an das Wasser abgeben. Die bei dem Rohre entweichenden Gase bestehen aus dem Stickstoff der atm. Luft, deren Sauerstoff verbraucht wurde, aus Stickoxydgas, schwefliger Säure und etwas Schwefelsäure, für deren Gewinnung man nicht gar zu ängstlich sorgen muss, da die Erfahrung gezeigt hat, dass eine kleine Menge Schwefelsäure nothwendig ist, um die letzte Kammer und den Abzugskanal vor der Zerstörung zu schützen. Da die Entfernung des Stickgases unumgänglich nothwendig ist, damit neue atm. Luft eintreten könne, so ist auch der Verlust von Stickoxydgas unvermeidlich, es muss also die Salpetersäure stets erneuert werden, was der Theorie nach nicht der Fall zu sein brauchte. Man war daher auch seit langer Zeit bemüht, das entweichende Stickoxydgas wieder zu gewinnen. Gay-Lussac hat den Vorschlag gemacht, concentrirte Schwefelsäure, welche dieses Gas in bedeutender Menge aufzunehmen vermag, hiezu zu benützen. Man sorgt dafür, dass die Gase, wenn sie aus der Kammer treten, mit der concentrirten Schwefelsäure in vielfache Berührung kommen, ein Verfahren, das in Frankreich bereits in Anwendung gebracht wird. Die erhaltene Säure kann wieder in der ersten Kammer benützt werden.

Die Bleikammern sind aus Platten von gewalztem Blei zusammengefügt, welche an ein gitterartiges Gerüste von Balken befestigt werden, wodurch sie die bei den bedeutenden Dimensionen der Kammern so nöthige Unterstützung erhalten. Die Platten sind 1 L. dick, und werden entweder gut in einander gefügt, und die Fugen noch mit einem dicken Bleiweisskitt, oder noch besser mit einem Kitt aus gebranntem Gyps und Thon überstrichen, oder sie werden mittelst einer Knallgas-Flamme gelöthet. Noch vortheilhafter ist es indess nach einer in der k. k. Schwefelsäure-Fabrik in Nussdorf bei Wien längst eingeführten Methode die Ränder der Platten zu verzinnen oder einen dünnen Streifen Loth, bestehend aus 2 Th. Blei und 1 Th. Zinn dazwischen zu legen, und nun mit einem heissen Biegeleisen darüber zu fahren. Die zusammen zu löthenden Ränder der Platten müssen rein geschabt sein, und man kann statt dem

Lothe auch Staniol dazwischen legen. In jedem Falle muss, wie gewöhnlich, die Löthstelle mit Kolophonium bestreut werden. Die Kammern haben übrigens keinen Boden, sondern stehen in flachen, aus starken Bretern verfertigten und mit Blei ausgefütterten Gefässen von geringer Tiefe. Der untere Rand der Kammern reicht aber nicht auf den Boden dieser Gefässe, und in denselben muss, um die Kammer abzusperren, immer genug Säure vorhanden sein, welche wie die Erfahrung gelehrt hat, anfangs am zweckmässigsten eine Dichte von 1,37 haben soll.

Die aus der mittleren Kammer ablaufende Säure muss eine gewisse Concentration haben, wenn man am vortheilhaftesten arbeiten will, was der Fall ist wenn man ihr eine Dichte von 1,49 gibt, sie bis auf 1,54 sich verstärken lässt, und sie sodann auf 1,49 zurückstellt u. s. f., weil sie dann am wenigsten von den in der Kammer befindlichen Gasen aufnimmt. Diese Säure wird nun weiter concentrirt, und zwar zuerst in Pfannen von Blei bis auf eine Dichte von 1,7 und dann erst in Retorten von Glas oder besser in einem Apparate aus Platin. Die Bleipfannen haben nur eine geringe Tiefe und ruhen auf Eisenplatten, werden daher nicht unmittelbar vom Feuer getroffen. Ihre Aufstellung ist staffelförmig, so dass die erste, unter deren Vordertheil der Rost liegt, am niedrigsten steht, und die beiden übrigen durch die heisse Luft, welche unter denselben fort strömt, erwärmt werden. Die Flüssigkeit erreicht daher in der ersten Pfanne die höchste, in der letzten die niedrigste Temperatur. Durch zweckmässig angebrachte Einschnitte fliesst die Säure aus der höher liegenden Pfanne in die unterste, wo sie den höchsten Concentrationspunkt, den sie in dieser Pfanne erreichen kann, erhält. Für viele Zwecke ist die so erhaltene concentrirte Säure geeignet und es würde nutzlose Kosten verursachen, sie weiter zu concentriren; für andere Zwecke hingegen und für den weiteren Transport muss sie bis auf das Maximum ihrer Dichte 1,848 gebracht werden, was mit Vortheil nur in Kesseln von Platin geschehen kann, welche 5—20 Ct. Säure fassen und bis jetzt fast ausschliesslich in Paris verfertigt werden.

Der Kessel B befindet sich unmittelbar neben der Concentrations-Pfanne und die Feuerung communicirt mit dem Feuerraum A desselben. Er wird von der Pfanne, in welcher das Niveau fast unveränderlich bei n ist, durch den aus einem Bleirohre verfertigten Heber gespeist, dessen längerer Schenkel in ein Gefäss taucht, das mittelst einer fixen Rolle bis in das Niveau n gehoben

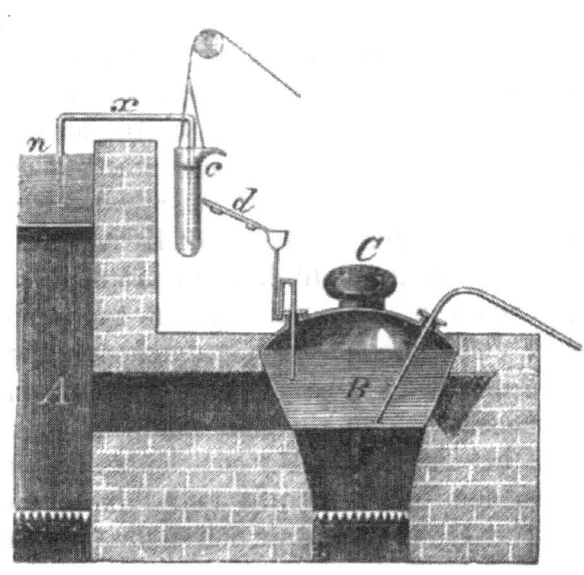

und auch wieder bis zur Rinne d gesenkt werden kann. Geschieht Ersteres, so steht in der Pfanne und dem Gefässe die Flüssigkeit in demselben Niveau und der Heber ist geschlossen; ist aber das Letztere der Fall, so fängt der Heber an zu wirken und aus dem Schenkel des Gefässes fliesst die Säure mittelst des gekrümmten Trichters in den Kessel. Den Stand der Säure darin erkennt man vermittelst eines Schwimmers aus Platin. Der Kessel ist mit einem Helm C versehen, der in ein gekühltes Schlangenrohr mündet, durch welches die überdestillirende verdünnte Säure condensirt wird. Hat die Säure im Kessel die höchste Concentration erreicht, was man daran erkennt, dass die beim Helm übergehende Säure eine Dichte von 1,28 — 1,30 zeigt, so handelt es sich darum, sie aus demselben zu entfernen. Müsste man damit warten, bis dieselbe sich von ihrer hohen Temperatur, nämlich 326°, so weit abgekühlt hätte, um abgelassen und in Flaschen gefüllt zu werden, so würde zu viel Zeit vergehen und man den Kessel nicht in einem seinem hohen Preise entsprechenden Verhältnisse benützen können. Diese Übelstände werden durch Anwendung eines Hebers von Platin beseitigt. Der ausser dem Kessel befindliche Schenkel desselben ist

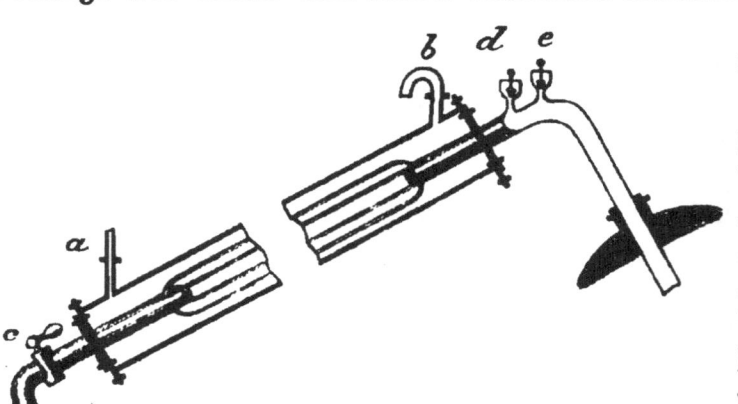

15 F. lang und mit einer etwa 5 Z. weiten kupfernen Röhre von 12 Fuss Länge umgeben, welche bei a mit kaltem Wasser versehen wird, während das er-

wärmte bei b abfliesst. Um die Oberfläche des Hebers zu vermehren, theilt sich das Hauptrohr desselben in vier enge Röhren, der Dauerhaftigkeit wegen zieht man es indess vor, statt dieser, nur ein einziges 4 L. weites und 18 F. langes Rohr von Platin zu nehmen. Die bei den oben angegebenen Dimensionen des Hebers abfliessende Säure hat auch bei raschem Zuströmen des Kühlwassers noch 100°. Der Heber wird gefüllt indem man den an seinem unteren Ende befindlichen Hahn schliesst und dann zuerst bei dem Kugelventil d, dann bei dem daneben liegenden diesem gleichen Ventile e, bei welchem zuerst die Luft entweicht, Schwefelsäure eingiesst, bis dieselbe durch den kurzen Schenkel in den Kessel abzufliessen beginnt. Man giesst dann auf die Kugelventile etwas Schwefelsäure, um sie ganz luftdicht abzusperren und öffnet den Hahn, wo dann der Heber sogleich zu wirken beginnt, obwohl der zwischen dem letzten Ventile und dem Niveau der Säure im Kessel befindliche Theil nicht ganz mit Schwefelsäure gefüllt ist.

Bei gehörig geleitetem Processe kann man auf die hier beschriebene Weise aus 100 Pf. Schwefel mit einem Aufwande von 10 — 12 Pf. Salpetersäure im günstigsten Falle 320, im Mittel 310 Pf. Schwefelsäure von der Dichte 1,815 — 1,83 erhalten, welche 288 Pf. vom zweiten Hydrate, dessen Dichte 1,848 ist, entsprechen. Die theoretische Zahl wäre 306,25 Pf., also nur um 18,25 Pf. Säure weniger als man erhalten sollte, was einen Verlust von nur 6 Pct. gibt. Verbrennt man 1 Ct. Schwefel in der Stunde, so bedarf derselbe 2 Ct. (4600 K. F.) Sauerstoff, um 4400 K. F. schweflige Säure zu bilden. Es mussten also 8,5 Ct. atm. Luft (21000 K. F.) zu diesem Behufe in den Brenner einströmen, in welcher 6,5 Ct. (16400 K. F.) Stickgas enthalten sind. Dies wäre aber nicht hinreichend, da noch 1 Ct. Sauerstoff (2300 K. F.) nothwendig ist, um die schweflige Säure in Schwefelsäure zu oxydiren. Es müssen also noch 10500 K. F. Luft einströmen, so dass in der Stunde wenigstens 31500 K. F. Gas in die Kammern streichen, und diese ihren Inhalt alle 24 Stunden 4 — 5mahl erneuern, wobei 120 — 144 Pf. Stickoxydgas verloren gehen. Auf gleiche Art berechnet man auch die Menge des anzuwendenden Wassers. Da nämlich 288 Pf. Säure von 1,84 Dichte, 450 Pf. Säure von 1,51 entsprechen, so müssen für je 100 Pf. verbrannten Schwefel beiläufig 250 Pf. Wasser theils als Dampf, theils als solches in den Apparat gebracht werden.

Statt der hier beschriebenen Bleikammern hat man auch, und wie es scheint mit gutem Erfolge, eine einzige nur 10′ hohe und 14′

breite aber 72′ lange Kammer angewendet, welche wie die Figur
zeigt, so durch Wände von Bleiplatten d, e, f abgetheilt ist, dass zwei
davon, nämlich d und f von der Decke herab bis 6″ vom Boden, die
dritte e vom Boden bis 6″ von der Decke hinaufreicht. Das Rohr g
mündet in einen Schornstein, durch welchen die nicht condensirten

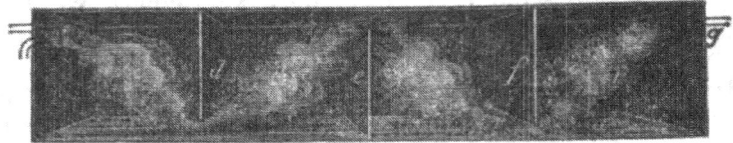

Gase entweichen. Bei a strömt der Wasserdampf, bei b die schweflige
Säure und zugleich die nöthige Salpetersäure etc. ein, indem man in
dem Brenner ein eisernes Gefäss, welches Schwefelsäure und Salpeter
enthält, auf einen Dreifuss stellt. Durch den verbrennenden Schwefel
wird dasselbe hinreichend erhitzt um die Salpetersäure auszutreiben.
Man kann jedoch auch bei dieser Art Kammern unmittelbar Salpetersäure anwenden, wenn man noch eine kleine Kammer für diese Säure
anbringt, welche wie vorher angegeben wurde eingerichtet ist.

In früherer Zeit hat man sich die nöthigen Stickstoffverbindungen
dadurch verschafft, dass man ein Gemenge von 8 Th. Schwefel und
1 Th. Salpeter verbrannte, wobei schwefelsaures Kali zurückblieb,
indem $KONO_5$ und S beim Erhitzen $KOSO_3$ und NO_2 geben. Dieses
Verfahren ist jedoch nicht vortheilhaft. Eben so wenig hat es sich als
lohnend herausgestellt durch Einwirkung der Salpetersäure auf Zucker u. d. g. Untersalpetersäure zu erzeugen und diese in die Kammern treten zu lassen, wobei man Kleesäure als Nebenproduct gewinnt.

Vor der Einführung der oben beschriebenen Kammern (im J.
1774) in denen continuirlich gearbeitet werden kann (chambres de
plomb à courant d'air) waren andere im Gebrauch welche geschlossen waren (à vaisseau clos) und in welche man durch eigene Thüren
den Schwefel mit etwa 20 Pct. Salpeter gemengt auf einer Art Wagen einführte. Es konnte natürlich hier nur so viel Schwefelsäure
gebildet werden, als dem Sauerstoff der Luft in der Kammer ent-
sprach. Um sie mit neuer Luft zu mischen, musste sie gelüftet werden, wobei nebst dem Stickoxydgase auch alle schweflige Säure, die
noch in der Kammer war, verloren ging.

Die vortrefflich eingerichtete Fabrik des Herrn S e y b e l in Lie-
sing bei Wien, welche näher kennen zu lernen dem Verfasser durch
die Gefälligkeit des Eigenthümers gestattet war, besitzt zwei Systeme
von Bleikammern, deren jedes aus drei Kammern und einer kleinen
Vorkammer besteht, welche letztere mittelst eines 1½ Fuss weiten
eisernen Rohres mit ihrem Brenner in Verbindung steht. Auf jeden
derselben werden in 24 St. 450 Pf. Schwefel verbrannt, und zwar
auf einer an den Seiten mit einem 2 Z. hohen Rande versehenen Eisenplatte, welche 3′ tief und nach vorne 2′ 8″ breit ist. Der Ofen ist
aus Mauerwerk sehr solid gebaut und die Ausströmungsöffnung befindet sich 4′ über der Eisenplatte, unter welcher übrigens Luftkanäle

angebracht sind, damit sie sich nicht zu stark erhitze. Um das Verbrennen des Schwefels reguliren zu können, d. h. bei steigender
Wärme des Ofens nicht zu viel schweflige Säure und zu wenig Luft
in die Kammern zu bringen, liegt auf der Eintragsseite der Platte eine
2″ dicke bewegliche eiserne Schiene, durch welche die Oberfläche des
verbrennenden Schwefels vergrössert oder verkleinert werden kann.
Zu gleichem Zwecke gehen durch die Mauer zwei Luftkanäle, um
unabhängig vom verbrennenden Schwefel Luft in den Apparat zu bringen. Die Fabrik arbeitet gegenwärtig noch mit Salpeter und Schwefelsäure und bedarf 5 Pct. von der Schwefelmenge an Chilisalpeter. Die
erste Kammer ist 45′ lang, 24′ breit und 12′ hoch. Die entsprechenden Dimensionen der zweiten sind 24′, 24′ und 10′. Die letzte endlich, welche mehr die Form eines weiten Kanales hat, ist 36′ lang
und 4 F. im Gevierte. Die Kammern haben eine von der oben angegebenen abweichende Einrichtung, welche zuerst von Herrn Wagen-
mann angewendet wurde. Der Boden ist nämlich nicht getrennt von
dem oberen Theil, sondern damit unmittelbar verbunden; so dass sie
in dieser Beziehung ganz geschlossen erscheinen, und nicht horizontal,
sondern nach einer Seite etwas geneigt, damit die auf demselben sich
sammelnde Säure gegen die tiefe Stelle hin abfliesst, wo ein offener
mit Bleiplatten ausgefütterter kubischer Kasten angebracht ist, welcher durch einen Schlitz am Boden mit der Kammer communicirt. Für
die beiden Kammersysteme reichen zwei Pfannen aus, welche jede
eine Bodenfläche von 80 Quadratfuss haben.

Der Platinkessel fasst 100 Liter, das ist nahe 2 Eimer, wiegt
sammt aller Zugehör 23 Kilog., also nahe 41 Pfund, und kostet
10000 Fl. C. M. Es können damit täglich 22 Ct. concentrirte Säure
gewonnen werden.   Mit dem Helm steht ein bleiernes Kühlrohr in
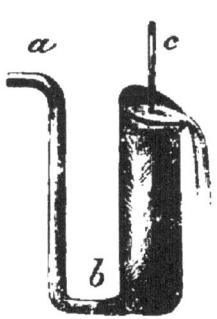
Verbindung, aus welchem die Säure in den un-
teren Theil a eines cylindrischen Gefässes fliesst, in
welchem sich ein Aräometer befindet, wodurch man
die Concentration der übergehenden Säure in jedem
Augenblicke erfährt, und auf diese Weise für die
Zeit des Ablassens des Kessels einen sichern Anhaltspunkt gewinnt. Bei b rinnt die Säure wieder
ab. Der Zufluss zum Kessel wird nicht, wie oben
angegeben wurde, durch das hängende Gefäss regulirt, indem man es bequemer gefunden hat aus
einem besonderen Rohre, in welches die Säure aus
den Bleipfannen zusammengeleitet wird, dieselbe mittelst eines Hahnes von Blei zu gewisser Zeit, ebenfalls alle Stunden, durch den gekrümmten Heber bei d in den Kessel fliessen zu lassen.

Will man sich statt des Schwefels der Schwefelkiese bedienen,
so muss der Brenner so eingerichtet sein, dass in denselben eine Rö-
stung der Kiese Statt finden kann, oder es wird Wasserdampf über
die erhitzten Kiese geleitet, wobei Hydrothion gebildet wird, das wieder zu Wasser und schwefliger Säure verbrennt. Indess ist es bei den
gegenwärtigen Verhältnissen nicht lohnend die Kiese auf diese Weise

zu benützen, und es bleibt immer vortheilhafter sie zur Bereitung der rauchenden Schwefelsäure zu verwenden (s. d. beim Eisen).

Die nebenstehende Figur stellt indess einen solchen zweckmässig eingerichteten Ofen in welchem die Erze geröstet werden dar, wie er in England in Anwendung gebracht wurde. Derselbe ist aus feuerfesten Ziegeln construirt und bildet ein vierseitiges, bis zum Gewölbe über 12 Fuss hohes Prisma, das inwendig hohl, und wie die punktirten Linien zeigen, oben weiter als unten, durch ein Gewölbe aber ganz gedeckt ist. Es wird durch eiserne Reifen zusammengehalten. Eine Seite des Ofens hat ungefähr eine Länge von 6 Fuss. In diesem Gewölbe befinden sich zwei Öffnungen, von welchen die eine mit einem Schornstein versehen ist, und die andere mit den auf die gewöhnliche Art eingerichteten Bleikammern communicirt. Die vordere und die ihr gegenüberstehende Seite sind gleich eingerichtet und mit verschiedenen Öffnungen versehen, die beiden andern sind ganz geschlossen.

Von den beiden Öffnungen d und e, welche so wie die übrigen c c c zum Verschliessen eingerichtet sind, dient die obere dazu die in ungefähr nussgrosse Stücke zerschlagenen Kiese einzutragen, die untere hingegen um die verbrannten Kiese wieder zu entfernen. Wenn der Ofen in Betrieb gesetzt werden soll, wird zuerst seine Communication mit den Kammern aufgehoben, und nur der Schornstein bleibt offen. Nun füllt man denselben nach und nach mit beliebigem Brennmateriale und heizt ihn so lange bis seine Wände so weit erhitzt sind, dass die Kiese welche man nachher hineinbringt darin zu verbrennen beginnen. Ist diess eingetreten so verschliesst man den Schornstein und stellt die Verbindung mit den Bleikammern her. Die Seitenöffnungen c c c dienen theils dazu, mittelst eiserner Stangen die Kiese untereinander stieren zu können, um ein gleichförmiges Niedergehen derselben zu bewirken, wofür vorzüglich gesorgt werden muss, theils um ein Zusammenbacken derselben zu verhindern. Arbeitet man mit Salpeter, so werden die Tröge, welche denselben sammt dem Schwefel enthalten, durch Öffnungen bei f f eingeschoben. Bei Anwendung von Salpetersäure fallen natürlich diese Öffnungen weg. Vortheilhafter wäre es ohne Zweifel den Ofen cylindrisch zu bauen. Es darf kaum bemerkt werden, dass sich derselbe auch zum Verbrennen anderer Schwefelmetalle zu gleichem Zwecke eignet.

Die englische Schwefelsäure hat, wie sie im Handel vorkommt, selten die dem Hydrate HO, SO_3 zukommende Dichte 1,848. Meistens hat sie nur eine Dichte von 1,79, wo sie nur 71,75 Pct. wasserfreie Säure enthält, während sie eigentlich 81,6 enthalten sollte. Auch ist sie niemahls rein, sie enthält schwefelsaures Bleioxyd, welches wohl in der concentrirten Säure etwas löslich ist, nicht aber in der verdünten, und daher bei Zusatz von Wasser eine Trübung veranlasst. Ferner enthält sie meistens etwas Untersalpetersäure oder salpetrige Säure, deren Gegenwart durch Zusatz von Eisenoxydul erkannt wird, wodurch eine rothe oder braune Färbung, selbst bei sehr kleinen Mengen derselben eintritt. War der Schwefel, aus dem die Säure bereitet wurde, selen- oder arsenhältig, so ist es auch die Schwefelsäure. Das Selen fällt beim Verdünnen der Säure als ein rothes Pulver heraus, die Gegenwart des Arsens erkennt man am besten durch das Verfahren von Marsh. Destillirt man die Säure nach der auf Seite 269 angegebenen Methode von Berzelius, so muss man das zuerst Übergehende entfernen oder etwas schwefelsaures Ammoniak zusetzen (286), die später übergehende Säure ist dann rein.

Bildung salpetersaurer Verbindungen in der Natur.

306. Man versteht unter Salpeterbildung im weiteren Sinne des Wortes jenen auf der Erdoberfläche stets langsam, aber in grosser Ausdehnung vor sich gehenden Process, durch welchen salpetersaure Salze überhaupt gebildet werden. Nur ein geringer Theil dieser Salze besteht aus salpetersaurem Kali, der bei weitem grössere ist salpetersaures Ammoniak und salpetersaure Kalkerde, welche zum Behufe der Salpeterbereitung einem von dem vorigen ganz verschiedenen Processe unterworfen werden. Es frägt sich also vor allem, woher zunächst die beiden Grundstoffe, aus welchen die Salpetersäure besteht, stammen. Die Quelle des Sauerstoffes kann nicht zweifelhaft sein, in Bezug auf den Stickstoff jedoch können zwei Fälle Statt finden: entweder sind es nämlich unmittelbar die Bestandtheile der Atmosphäre, welche unter gewissen Umständen zur Salpetersäure zusammentreten, oder es muss der Stickstoff sich in einer andern Verbindung befinden, um zur Salpeterbildung geeignet zu sein. Durch alle bis jetzt angestellten sehr zahlreichen Versuche und Beobachtungen ist man zu dem Schlusse gelangt, dass wenigstens in der gemässigten Zone alle Salpetersäure von Ammoniak herrührt, indem dieses durch eine Oxydation seiner Bestandtheile, die eine wahre Verwesung ist, sowohl die Salpetersäure als auch das zu ihrer Existenz nöthige Wasser liefert (S. h. Die Chemie in ihrer Anwendung auf Agricultur und Physiologie von J. Liebig 5. Aufl. 1843). Dieses Ammoniak entsteht entweder mittelbar oder unmittelbar durch die Zersetzung stickstoffhaltiger organischer Substanzen, ohne dasselbe wird aber selbst bei Gegenwart von Kali oder Kalkerde niemals Salpeter gebildet. Dass der Stickstoff und der Sauerstoff der Atmosphäre sich, ausser durch den elektrischen Funken, nicht unmittelbar zu Salpetersäure verbinden können, ist schon aus der chemischen Natur des Stickstoffes wahrscheinlich, wird aber auch durch directe Versuche bewiesen, indem es auf keine Weise gelungen ist, diese Vereinigung weder durch Platinschwamm noch durch Basen zu bewirken. So fand Fontanelle, dass in wohl gewaschenem Kalk- oder Granit-Sand selbst nach dreijähriger Einwirkung der Luft noch keine Spur von salpetersauren Salzen gebildet war, während 6 Pct. davon ausgezogen werden konnten, wenn Ackererde oder Kreide mit thierischem Dünger gemengt war. Dass aber die Salpetersäure, welche bei Gewittern entsteht, für die Salpetersäure-Bildung gar nicht in Betrachtung kommt, geht unter andern auch daraus hervor, dass man in den Flüssen, welche ihr Wasser durch den in den Gebirgen fallenden Regen und Schnee erhalten, keine salpetersauren Salze findet, und eben so wenig in grossen Seen, welche durch solche Flüsse gespeist werden, wie diess beim Elton-See der Fall ist, in welchem, obwohl daraus eine ungeheure Wassermasse jährlich verdunstet, dennoch keine salpetersauren Salze gefunden wurden (Liebig l. c. 300). Von der andern Seite beweisen sehr viele Thatsachen, dass die Oxydation des Ammoniaks zu Salpetersäure sehr leicht erfolgt. Dies geschieht nämlich sowohl wenn man ein Gemenge von Ammoniakgas und atm. Luft über Platinschwamm leitet, der bis 300° erwärmt wurde, wobei man Untersalpetersäure und Wasser erhält, indem H_3N und $7O$ hiebei NO_4 und $3HO$ geben, als wenn man Kalkmilch mit diesem Gasgemenge im Sommer einige Zeit in Berührung lässt, wobei alles Ammoniak in Salpetersäure umgewandelt wird. Die Commission der Pariser Akademie, welche über diesen Gegenstand im J. 1775 viele Versuche anstellte, hing einen Korb mit sorgfältig durch Auswaschen von allem Löslichen befreiter Kreide über faulendem Blute auf, und erhielt daraus schon nach einigen Wochen 2,5 Pct. salpetersauren Kalk. Bei niederer Temperatur muss das Ammoniak im status nascens auftreten, d. h. es müssen faulende Stoffe vorhanden sein, wenn die Bildung der Salpetersäure vor sich gehen soll; während in tropischer Zone das Ammoniak unmittelbar in Salpetersäure übergehen kann, daher auch dort die Bildung der Salpetersäure viel häufiger ist als in der gemässigten. So gibt es auf Ceylon Höhlen in einem, Feldspath, kohlensauren Kalk und Bittererde haltigen Gesteine, in welchen sich immerwährend Salpeter bildet. Das Gestein ist nur zum Theil in Säuren löslich, befindet sich aber in einer immerwährenden Verwitterung, die unserem Mauerfrasse nicht unähnlich ist, und enthält nach Davy 2,5 Pct. Salpeter und 0,7 salpetersaure Bittererde. Es wird abgekratzt, ausgelaugt, mit Asche versetzt und abgedampft. In einigen dieser Höhlen, wie in der von Boulatwellegode, halten sich zahllose Fledermäuse auf und ihre Excremente liefern hier hinreichend viel]Ammoniak für die Salpeterbildung. In der von Memoora hingegen sind keine solchen Thiere, der Boden ist nackter Felsen, sie ist 80 F. hoch und die Decke des Hügels, in welchem sie sich befindet, ist ganz bewaldet. Sie liefert jährlich 120—160 Ct. Salpeter. In diesem Falle dürfte die vielleicht nur geringe Menge von Ammoniak aus den stickstoffhältigen Substanzen entstehen, die durch die Decke in die Höhle eindringen, und durch das tropische Klima begünstigt, Veranlassung geben, dass auch bereits vorhandenes Ammoniak, das sich also nicht im status nascens befindet, in Salpetersäure übergeht. In keinem Falle aber kann eine solche nur ausnahmsweise und unter noch nicht hinreichend genau untersuchten Umständen Statt findende Salpeterbildung als Grund gegen die obige Ansicht gelten. Ein Theil des Ammoniaks dient übrigens dazu, sich in Ermangelung von anderen Basen mit der Salpetersäure zu verbinden, wesshalb man auch in allen Salpeter-Rohlaugen salpetersaures Ammoniak findet. Mit dieser Ansicht über die Salpeterbildung stimmen auch alle Thatsachen aufs genaueste überein, welche man bei der Salpeterbildung im Grossen beobachtet hat. Immer findet man, dass in der gemässigten Zone in Fäulniss begriffene, stickstoffhaltige organische Substanzen gemengt mit Kali, Kalk, Bittererde u. s. w. Feuchtigkeit, Zutritt der Luft und eine nicht unter 15° gehende Temperatur nothwendig sind, damit salpetersaure Salze entstehen. Daher ist die Erde, welche unter Ställen in der Nähe der Wohnhäuser und Miststätten sich befindet und Gayerde genannt wird, zur Gewinnung des Salpeters geeignet und wird auch häufig dazu benützt.

Das Verfahren der Salpetergewinnung in den Salpeterplantagen besteht im Wesentlichen in Folgendem: Auf einem etwas geneigten, festgeschlagenen Lehmboden, der keine Feuchtigkeit eindringen lässt, werden aus Erde, die mit organischen Substanzen imprägnirt ist und welche man Muttererde nennt, Haufen gebildet, welche die Form einer abgestutzten Pyramide haben, die etwa 6—7 F. hoch ist und deren Seite an der Basis 1 Klafter beträgt. Man kann auch in besonderen Haufen (Faulhaufen) die Fäulniss stickstoffhältiger organischer Substanzen einleiten, und die so erhaltene Erde mit der übrigen mischen. Die Abstumpfungsfläche der Pyramide wird convex gemacht, jedoch so, dass ringsum eine Rinne bleibt, damit die stickstoffhältige Jauche, mit welcher diese Haufen von Zeit zu Zeit begossen werden, möglichst an der Oberfläche derselben herabfliesst. Nach ungefähr

dreijährigem Liegen, während welcher Zeit die Haufen nie ganz austrocknen dürfen, sind dieselben mit einer Efflorescenz von salpetersauren Salzen bedeckt. Wenn 10000 C. Z. Erde bei einer Probe im
Kleinen ungefähr 4,5 Loth Salpeter geben, so ist sie reif, d. h. zum
Auslaugen geeignet. Es müssen also ungefähr für jeden Centner Salpeter, der jährlich gewonnen werden soll, wenigstens 18 Cub. Klafter
Erde in Bereitschaft sein, wovon jährlich ⅓ reif wird. Wenn die
Reife der Erde herannaht, hört man auf die Haufen mit Jauche zu
begiessen, sie trocknen dann aus, und es bildet sich an der Oberfläche
eine 2 — 3 Zoll dicke Kruste, welche mehr salpetersaure Salze enthält als die übrige Masse, da sich durch Haarröhrchenwirkung die
Lauge aus dem Inneren daselbst anhäuft, wo dann ihr Wasser verdunstet. Diese Kruste wird so oft abgekratzt bis der Kern des Haufens der
Luft zu wenig Oberfläche darbietet, wo er dann entweder mit bereits
ausgelaugter Erde umkränzt oder ganz abgetragen und neu aufge-
baut wird.

In einigen Gegenden Norddeutschlands gibt man den Haufen auf
der Windseite verticale Wände, während auf der entgegengesetzten
Seite stufenartige Absätze angebracht werden, die oben mit Rinnen
versehen sind, in welche man die Jauche giesst. Diese Methode hat
den Vortheil, dass sich die Salze an der Windseite, wo die Verdunstung am stärksten ist, ansammeln. Es wird daher auch nur an dieser
Seite abgekratzt und auf der andern wieder eben so viel als weggenommen wurde zugelegt. Hierdurch rücken die Haufen, ohne ihre
relative Stellung zu ändern zurück, und man stört die Salpeterbildung
nicht durch oftmaliges Abtragen derselben, was desswegen einen
Vortheil gewährt, weil die Salpeterbildung anfangs immer weit langsamer vorschreitet, als wenn sie bereits eingeleitet ist. Die reife
Erde wird unter luftigen Schoppen aufbewahrt, von Zeit zu Zeit befeuchtet und umgeschaufelt, wobei sie noch an Gehalt etwas zunimmt.
Die nächste Operation ist das Auslaugen derselben, was so zu geschehen
hat, dass die Erde bis auf 1 oder ½ Pct. erschöpft ist. Das hiebei zu
befolgende Verfahren muss nach den in Art. „Auswaschen" angegebenen Principien (s. d. Anhang) geschehen. Für eine jährliche Erzeugung
von 200—300 Ct. gehören 36 Bottiche, deren Boden mit Stroh bedeckt
und mit einer Pippe versehen ist. Statt der Bottiche oder Fässer kann
man sich auch mit Vortheil der Auslaugkästen bedienen, welche aus
Eichenholz verfertigt werden. Sie sind oben 16 F. lang, 8 F. breit,
4 F. tief, und haben einen Inhalt von ungefähr 218 Cub. F. Der Boden
ist jedoch kleiner, so dass die Wände gegen denselben schief zulaufen.
Unten an einer der Längenseiten, gegen welche der Boden etwas
geneigt ist, sind Löcher angebracht, durch welche die Lauge in eine
Rinne abfliesst. Zur Abhaltung der Erde ist im Innern des Kastens ein
siebartig durchlöchertes Brett vorgelegt, das etwa 2 F. breit gegen
den Boden und die Wand geneigt ist, und dann mit Stroh bedeckt wird.

Die so erhaltene Rohlauge enthält neben den salpetersauren Salzen auch noch die Chloride von Kalium, Natrium, Calcium und Magnesium, und überdies noch kohlensaures Ammoniak. Sie ist ferner

27*

durch einen braunen humusartigen Körper dunkel gefärbt. Um die in derselben vorhandenen salpetersauren Salze in Salpeter zu verwandeln, wird die Rohlauge gebrochen, indem derselben Pottasche in gelöstem Zustande so lange zugesetzt wird, als noch ein Niederschlag erfolgt, der aus kohlensauren Erden besteht. Enthält die Lauge schwefelsaure Bittererde, so setzt man derselben etwas Kalkmilch zu, wodurch Bittererde und Gyps niederfallen. Die Lauge enthält jetzt Salpeter, ferner die Chloride von Natrium und Kalium, kleine Quantitäten von schwefelsauren Salzen und färbende Stoffe, jedoch weniger als vorher, und wird nun in kupfernen Kesseln versotten, in welche man vorgewärmte Lauge nachfliessen lässt. Da die Löslichkeit des Salpeters beim Erhitzen des Wassers in einem viel grösseren Verhältnisse zunimmt (275) als die der Chlormetalle, so fangen bei einem gewissen Puncte das Kochsalz und das Kaliumchlorid an sich abzuscheiden. Schon früher aber fallen die kohlensauren Erden, welche durch einen Überschuss von Kohlensäure in Lösung erhalten wurden, und auch die, welche überhaupt aus der kalten Lösung sich nicht vollständig abscheiden, heraus. Damit sich dieselben nicht an den Boden sammeln und dort fest anbrennen, was zu Explosionen Veranlassung geben kann, welche für die Arbeiter gefährlich sind, hängt man mittelst einer Kette ein flaches Gefäss bis nahe an den Boden des Siedekessels. Da in demselben die Flüssigkeit viel ruhiger als ausserhalb ist, so lagern sich alle Sedimente darin ab und können so von Zeit zu Zeit entfernt werden. Wenn die Erden sich abgesetzt haben und die Abscheidung von Kochsalz und Kaliumchlorid in kleinen Krystallen an der Oberfläche beginnt, kann man auch das flache Gefäss ganz entfernen und diese Salze mit einer Schaufel aus dem Kessel nehmen, weil sie sich viel schwerer an die Pfanne anlegen; nur muss man, wenn dieser Punkt eintritt, das Feuer mässigen, damit grössere Krystalle entstehen, welche sich leichter abscheiden und weniger Lauge zwischen sich zurückhalten. Wenn die Lauge 50° am Salpeter-Aräometer zeigt, so hört man auf Feuer zu geben und lässt dieselbe so lange ruhig stehen, bis sich alle Salze abgeschieden haben, dann kommt sie in die kupfernen Krystallisationsgefässe, in welchen bei 45—50° der Rohsalpeter, welcher noch gelb gefärbt ist, und viel von den oben genannten Chlormetallen enthält, herauskrystallisirt.

Die Mutterlauge wird so lange dem nächsten Sude zugesetzt, bis zu viel davon vorhanden ist. Dann wird sie für sich auf die darin vorhandenen Salze behandelt und das Letzte, so wie die gefällten Erden wieder auf die Haufen gegeben. Den herauskrystallisirten Chlormetallen hängt noch viel Salpeter an, um diesen zu gewinnen, wird in einer gewissen Quantität Wasser so viel von denselben gelöst, als sie bei der Siedhitze aufzulösen vermag, dann hängt man einen Weidenkorb in die siedende Flüssigkeit, welcher mit diesen Salzen gefüllt ist. Die siedende Lauge, welche zwar mit den Chlormetallen, aber lange noch nicht mit Salpeter gesättigt ist, nimmt nun blos letzteren auf, und man erhält so eine Lauge, welche weit mehr Salpeter als Kochsalz enthält, und zur gewöhnlichen Lauge hinzugefügt werden kann.

Um den Rohsalpeter von den ihm hartnäckig anhängenden Chlormetallen, welche gegen 25 Pct. betragen, und den färbenden Stoffen zu befreien, wird er weiter raffinirt. Zu diesem Behufe bringt man in einen geräumigen kupfernen Kessel eine gewisse Menge Wasser zum Sieden, und gibt dann so viel Rohsalpeter hinzu, als diese Menge Wasser reinen Salpeter in der Siedhitze zu lösen vermag, das ist ungefähr auf 12 Ct. Wasser 60 Ct. Rohsalpeter. Diese Wassermenge, welche mehr als hinreicht, den ganzen Salpeter zu lösen, wird auch noch das ganze Kaliumchlorid aufnehmen, aber von dem weit schwerer löslichen Kochsalze wird ein grosser Theil ungelöst zurückbleiben, den man mit Schaufeln aus dem Kessel herausnimmt. Der beim Kochen sich bildende Schaum wird stets entfernt. Nun lässt man noch 8 Ct. Wasser in den Kessel fliessen, und fügt, wenn Alles wieder kocht, etwa 2 Pf. Leim, der vorher in Wasser gelöst wurde, hinzu. Dieser tritt mit dem braunen Pigmente in eine unlösliche Verbindung, und erscheint in Flocken an der Oberfläche, welche dann ebenfalls entfernt werden. Wenn sich keine Flocken mehr abscheiden, mässigt man das Feuer so weit, dass die Lauge constant 88° C. zeigt, und lässt sie so lange bei dieser Temperatur ruhig stehen, bis sie ganz klar geworden ist, wozu 12—18 Stunden nothwendig sind. Ist dies eingetreten, so wird sie in das kupferne Krystallisirbecken, welches auf Eichenholz ruht, und dessen Rand ringsum an dasselbe befestigt ist, gebracht. Der Boden dieses Beckens ist nicht eben, sondern rinnenförmig, in der Mitte vertieft, und so gegen eine der schmalen Seiten des Beckens geneigt, dass daselbst die Lauge zusammenfliesst. In diesem Becken kühlt sich die Lauge ab und es würde darin der Salpeter in grossen Krystallen anschiessen, wenn man dies nicht absichtlich durch immerwährendes fleissiges Umrühren verhinderte, wodurch das Salpetermehl entsteht. Die Bildung grosser Krystalle zu hindern ist nothwendig, indem diese immer eine Menge Mutterlauge, welche noch einen Theil der Chloride und etwas schwefelsaure Salze enthält, mechanisch mit einschliessen, wodurch eine vollständige Reinigung des Salpeters unmöglich wird. Bei der tumultuarischen Krystallisation aber, welche auch sonst mit gutem Erfolge in der Chemie beim Reinigen vieler Salze angewendet wird, können sich nur kleine Krystalle bilden, denen nur von aussen Lauge anhängt, von der sie durch die folgende Operation vollständig befreit werden.

Die Arbeiter ziehen nämlich das gebildete Mehl mit Krücken an die höheren Stellen des Beckens, wo es so lange liegen bleibt, bis sich der grösste Theil der Lauge an den tieferen Stellen gesammelt hat. Das blendend weisse Salpetermehl wird jetzt mit Kellen abgenommen, und der Operation des Waschens unterworfen. Dies geschieht in Trögen, welche 10 F. lang und 4 F. breit sind, und sonst die Gestalt der Auslaugkästen haben, jedoch mit einem doppelten Boden versehen sind, von denen der innere durchlöchert ist. Seitwärts sind mit Zapfen zu verschliessende Löcher zwischen den beiden Böden angebracht. Man bringt das Salpetermehl in diese Kästen und übergiesst es mit 60 Pf. Wasser, welche damit 2—3 Stunden stehen bleiben, dann öffnet man die Zapfen und lässt die Lauge 1 Stunde lang abfliessen. Dieses Verfahren wiederholt man noch einmal mit gleich viel, und zuletzt mit 24 Pf. Wasser, so dass im Ganzen 144 Pf. davon verbraucht werden. Das letzte Wasser wird zur ersten Abwaschung einer neuen Parthie Salpeter genommen. Nachdem man das ausgewaschene Mehl einige Zeit auf dem Waschkasten gelassen hat, wird es in einer Trockenpfanne bei gelinder Hitze getrocknet, gesiebt und verpackt.

In der österreichischen Artillerie wird ein Theil des doppelt geläuterten Salpeters zur Versendung und Aufbewahrung geschmolzen und in Prismen von 14 Z. Länge, 6 Z. Breite und 5 Z. Dicke gegossen, deren jedes ungefähr 25 Pf. wiegt. Es ist dies in vieler Hinsicht sehr vortheilhaft, indem 10000 Ct. Salpeter in Prismen den Raum von 30000 Ct. in Fässern einnehmen. Auch die Kosten der Verpackung werden dadurch geringer, und es ist jede Verfälschung mit einer geringeren Sorte unmöglich. Die Schmelzung geschieht in eisernen Kesseln unter öfterem Abschäumen der Oberfläche. Er darf weder zu heiss noch zu kalt in die Form gegossen werden, indem er im ersten Falle nicht aus der Form geht, im zweiten aber schuppig und unganz wird. Zu starkes Erhitzen würde ihn theilweise zersetzen.

Das Salpeter-Aräometer, dessen man sich gewöhnlich bedient, ist so eingerichtet, dass die Anzahl Grade die es zeigt, der Anzahl Pfunde von Salpeter gleich ist, die in 1 Ct. Lauge enthalten sind. Die folgende Tafel dient zur Vergleichung der Grade dieses Salpeter-Aräometers mit der Dichte der Salpeterlauge.

Tafel zur Vergleichung der Salpeter-Aräometergrade (nach Procenten des Gewichtes) mit der Dichte der Salpeterlauge.

Salpeter-Aräo- metergrade.	Dichte.	Salpeter-Aräo- metergrade.	Dichte.	Salpeter-Aräo- metergrade.	Dichte.	Salpeter-Aräo- metergrade.	Dichte.	Salpeter-Aräo- metergrade.	Dichte.
1	1,006	13	1,087	25	1,182	37	1,296	49	1,434
2	1,014	14	1,094	26	1,190	38	1,306	50	1,446
3	1,018	15	1,102	27	1,198	39	1,316	51	1,459
4	1,025	16	1,109	28	1,207	40	1,327	52	1,472
5	1,032	17	1,117	29	1,216	41	1,338	53	1,486
6	1,038	18	1,124	30	1,226	42	1,350	54	1,500
7	1,045	19	1,132	31	1,236	43	1,362	55	1,514
8	1,052	20	1,140	32	1,246	44	1,374	56	1,528
9	1,058	21	1,148	33	1,256	45	1,386	57	1,543
10	1,065	22	1,156	34	1,266	46	1,398	58	1,558
11	1,072	23	1,164	35	1,276	47	1,410	59	1,574
12	1,080	24	1,175	36	1,286	48	1,422	60	1,590

Es ist für den Fabrikanten von grosser Wichtigkeit, ein einfaches Verfahren zu kennen, durch welches er den Salpetergehalt einer Lauge schnell und mit einer für die Praxis hinreichenden Genauigkeit erkennen kann. Solche Verfahren wurden von Riffault, Gay-Lussac und dem österreichischen Artillerie-Obersten Huss angegeben. Es soll hier nur von der sinnreichen Methode des letzteren die Rede sein, welche sich auch als die brauchbarste bewährt hat. Diese Methode beruht auf dem Satze, dass eine bestimmte Menge Wasser nur eine bestimmte Menge Salpeter bei einer gewissen Temperatur gelöst enthalten kann. Man braucht daher nur durch Versuche zu bestimmen, bis zu welcher Temperatur Salpeterlösungen von verschiedener Concentration abgekühlt werden müssen, damit Salpeter sich auszuscheiden beginne, so wird man mittelst einer Tafel, in welcher die Resultate dieser Versuche zusammengestellt sind, im Stande sein, die Salpetermenge, die in der zu untersuchenden Lauge enthalten ist, zu bestimmen. Die folgende, von Huss auf dem Erfahrungswege construirte Tabelle zeigt die Salpetermengen, welche bei den nebenstehenden Temperaturen in 100 Gewichtstheilen Wasser enthalten sein können, und in der dritten Spalte den Procentgehalt des untersuchten Salpeters an reinem Salpeter.

Tabelle zur Untersuchung des Salpeters auf seinen Gehalt an reinem salpetersaurem Kali, nach Huss.

Temperatur bei welcher die Krystallbildung beginnt.		Salpetermenge in 100 Gewichttheilen Wasser.	Procentgehalt des untersuchten Salpeters an reinem Salpeter.	Temperatur bei welcher die Krystallbildung beginnt.		Salpetermenge in 100 Gewichttheilen Wasser.	Procentgehalt des untersuchten Salpeters an reinem Salpeter.
R.	C.			R.	C.		
8	10,00	22,27	55,7	12,³/₄	15,93	27,94	69,8
8,¹/₄	10,31	22,53	56,3	13	16,25	28,27	70,7
8,¹/₂	10,62	22,80	57,0	13,¹/₄	16,56	28,61	71,5
8,³/₄	10,98	23,00	57,7	13,¹/₂	16,87	28,95	72,4
9	11,25	23,36	58,4	13,³/₄	17,18	29,30	73,2
9,¹/₄	11,56	23,64	59,1	14	17,50	29,65	74,1
9,¹/₂	11,87	23,92	59,8	14,¹/₄	17,81	30,00	75,0
9,³/₄	12,18	24,21	60,5	14,¹/₂	18,12	30,36	75,9
10	12,50	24,51	61,3	14,³/₄	18,43	30,72	76,8
10,¹/₄	12,81	24,81	62,0	15	18,75	31,09	77,7
10,¹/₂	13,12	25,12	62,8	15,¹/₄	19,06	31,46	78,6
10,³/₄	13,43	25,41	63,5	15,¹/₂	19,37	31,83	79,6
11	13,75	25,71	64,3	15,³/₄	19,68	32,21	80,5
11,¹/₄	13,81	26,02	65,0	16	20,00	32,50	81,5
11,¹/₂	14,37	26,32	65,8	16,¹/₄	20,31	32,97	82,4
11,³/₄	14,68	26,64	66,6	16,¹/₂	20,62	33,36	83,4
12	15,00	26,96	67,4	16,³/₄	20,93	33,75	84,4
12,¹/₄	15,31	27,28	68,2	17	21,25	34,15	85,4
12,¹/₂	15,62	27,61	69,0	17,¹/₄	21,56	34,55	86,4

Temperatur bei welcher die Krystallbildung beginnt.		Salpeter-menge in 100 Ge-wicht-theilen Wasser.	Procent-gehalt des unter-suchten Salpeters an reinem Salpeter.	Temperatur bei welcher die Krystallbildung beginnt.		Salpeter-menge in 100 Ge-wicht-theilen Wasser.	Procent-gehalt des unter-suchten Salpeters an reinem Salpeter.
R.	C.			R.	C.		
17,½	21,87	34,96	87,4	19	23,75	37,61	94,0
17,¾	22,18	35,38	88,4	19,¼	24,06	38,08	95,2
18	22,50	35,81	89.5	19,½	24,37	38,55	96,2
18,¼	22,81	36,25	90,6	19,¾	24,68	39,03	97,6
18,½	23,12	36,70	91,7	20	25,00	39,51	99,8
18,¾	23,46	37,15	92,9	20,¼	25,31	40,00	100,0

Das Verfahren, welches man hiebei befolgt, ist folgendes: Man löst 40 Th. des zu untersuchenden Salpeters in 100 Th. Wasser (am besten 10 Lth. in 25 Lth.), das früher bis auf ungefähr 45° erwärmt wurde, senkt dann ein empfindliches Thermometer, das in Viertelgrade getheilt ist, ein und beobachtet unter beständigem Umrühren der Flüssigkeit die Temperatur, welche sie in dem Momente hat, in welchem sich der Salpeter in kleinen Krystallen auszuscheiden beginnt. Wäre z. B. der Salpeter ganz rein, so würde die Krystallbildung bei 20 ¼° R. beginnen; träte hingegen die Krystallbildung erst bei 18° R. ein, so sind in den 100 Th. Wasser nur 35,81 Th. Salpeter enthalten, was einem Gehalte von 89 ½ Pct. an reinem Salpeter in dem zu untersuchenden Salze entspricht.

Es ist einleuchtend, dass bei dieser Methode stillschweigend vorausgesetzt wird, der Kochsalzgehalt des zu untersuchenden Salpeters habe auf die absolute Löslichkeit des reinen Salpeters im Wasser keinen Einfluss. Die Erfahrung lehrt aber, dass eine bestimmte Quantität Wasser mehr Salpeter aufnimmt wenn es Kochsalz enthält, als wenn es rein ist. Nach den Versuchen von Longchamp nehmen nämlich 100 Th. einer bei 18° C. (14,4° R.) gesättigten Lösung von Salpeter in reinem Wasser, wenn nacheinander 5, 10, 20, 25 Th. Kochsalz hinzugefügt werden, um 0,75, 1,27, 1,83, 2,58 mehr Salpeter auf. Diese Mengen werden aber bei obiger Methode nicht erkannt. Für die Praxis ist jedoch der hieraus hervorgehende Fehler von keiner Bedeutung, und zwar um so weniger, als man in jedem Falle durch die Probe erfährt, wie viel Salpeter man beim Umkrystallisiren aus der untersuchten Lauge Salpeter erhalten kann, indem aus demselben Grunde, aus welchem die Methode mit einem Fehler behaftet ist, auch durch das Verfahren der Läuterung gerade um eben so viel weniger Salpeter erhalten wird, als die Probe zu wenig davon angibt.

Seit das salpetersaure Natron in so grosser Menge im Handel vorkommt, hat man auch versucht, dasselbe zur Bereitung des Salpeters zu verwenden. Man zerlegt es zu diesem Behufe mittelst Pottasche, und reinigt den so erhaltenen rohen Salpeter durch öfteres Umkrystallisiren. Es geben nämlich NaO,NO_5 und KO,CO_2 nach der gegenseitigen Zerlegung $NaOCO_2$ und KO,NO_5. Dieses Verfahren kann indess nur an jenen Orten mit Vortheil angewendet werden, wo die Pottasche und das Brennmaterial in hinreichend niedrigen Preisen stehen.

Reiner Salpeter darf mit kohlensaurem Kali, Chlorbaryum, salpetersaurem Silberoxyd und antimonsaurem Kali keinen Niederschlag geben. Wäre eines oder das andere der Fall, so würde diess nach der Ordnung die Gegenwart von Erden, schwefelsauren Salzen, Chloriden oder die des Natron, anzeigen. Zöge er Feuchtigkeit aus der Luft an, so wäre diess ein Zeichen, dass er beim letzten Schmelzen, wenn ein solches Statt gefunden hat, zu sehr erhitzt und also theilweise zerstört wurde. Das antimonsaure Kali zeigt nur dann die Gegenwart des Natrons unzweideutig an, wenn der Salpeter keine Salze von alkalischen Erden enthält.

Beim geschmolzenen Salpeter kann man aus seinem Bruche einigermassen auf seine Reinheit schliessen. Der reine Salpeter ist nämlich auf der Bruchfläche grobstrahlig. Ein Gehalt von $1/80$ Kochsalz macht ihn schon an einzelnen Stellen körnig, $1/40$ erzeugt schon einen nicht strahligen, mehr weissen und weniger durchsichtigen Kern und bei $1/30$ Kochsalz ist er nur noch an den Kanten strahlig.

Ausführliche Belehrung über die Gewinnung des Salpeters findet man in J. Scherzer's Lehrbuch der Militär-Chemie etc. Wien 1845.

XI. *Phosphor.* P = 32.

Die Entdeckung des Phosphors fällt in jene Zeit, wo noch grösstentheils der Zufall die Versuche der Chemiker leitete, und wo man sich eben so viele Mühe gab, den eingeschlagenen Weg zu verheimlichen, als man jetzt trachtet, denselben allenthalben bekannt zu machen. Aus diesem Grunde herrscht auch über den wahren Entdecker des Phosphors einiger Zweifel, indess ist es doch am wahrscheinlichsten, dass es Brandt in Hamburg war, der im J. 1669 durch Destillation des bis zur Trockenheit abgedampften Harns mit Sand, bei sehr hoher Temperatur Phosphor erhielt. Erst viel später, als die Gegenwart desselben in den Knochen durch Gahn nachgewiesen war, wurden bessere Methoden zur Bereitung desselben ausgemittelt.

307. Der Phosphor ist im reinen Zustande ein farbloser, fester Körper, der sowohl aus Lösungen als aus der geschmolzenen Masse in Octaëdern oder Tetragonaldodecaëdern krystallisirt. Er hat an sich nur einen schwachen Geschmack, die Lösungen desselben schmecken jedoch widerlich und wirken giftig. An der Luft raucht derselbe und verbreitet dabei einen eigenthümlichen, knoblauchartigen Geruch. Im Dunkeln leuchtet er (308) woher er auch seinen Namen (Lichtträger) erhalten hat. Die Dichte desselben beträgt bei $17^\circ, 2,089$. In der Kälte ist er spröde und leicht zerbrechbar, bei gew. Tpr. aber biegsam wie Wachs. Bei $34,33^\circ$ wird er wieder so spröde, dass er gepulvert werden kann, und bei $44,3^\circ$ schmilzt er zu einer farblo-

sen ölartigen Flüssigkeit, welche selbst bis 4° abgekühlt werden kann, ohne zu erstarren. Dies geschieht aber plötzlich durch Berührung mit einem festen Körper, wobei die Temperatur sich sogleich wieder bis nahe zum Schmelzpunkt erhebt. Je reiner und wasserheller der geschmolzene Phosphor ist, desto besser zeigt er diese Erscheinung. Der geschmolzene Phosphor siedet zwischen 256 und 290°, und bildet dann ein farbloses Gas, dessen Dichte 4,355 beträgt. An der Luft entzündet sich der Phosphor durch geringe Temperaturerhöhung oder Reibung (308), derselbe muss daher mit grosser Vorsicht behandelt, und immer unter Wasser gehalten werden, in welchem er nicht löslich ist. Es gibt drei allotropische Zustände des Phosphors. Der eine ist der eben beschriebene, ein anderer bildet sich, wenn unter reinem Wasser befindlicher Phosphor längere Zeit der Einwirkung des Lichtes ausgesetzt wird, in Form von einer erst gelbrothen, dann weissen undurchsichtigen Haut. Diese Modification entsteht schneller, wenn man den Phosphor nach Böttger durch einige Zeit in geschmolzenem Zustande unter Wasser bei einer 40° nicht übersteigenden Temperatur erhält. Berührt man die gebildete weisse Haut mit einem Eisendrath, so löst sie sich sogleich ab, und der Phosphor ist dadurch der Einwirkung des Lichtes aufs neue ausgesetzt. Auf diese Weise kann man sich schnell eine grosse Menge des so modificirten Phosphors verschaffen. Die erhaltene Masse lässt sich wie Wachs zusammenkneten, und schmilzt bei 43°, ohne hiebei einen Gewichtverlust zu erleiden, wenn sie vorher im Vacuum über Schwefelsäure gehörig getrocknet war. Hiebei verwandelt sie sich wieder in gewöhnlichen Phosphor.

Die dritte Modification entsteht, wenn Phosphor in trockenem Zustande entweder in luftleerem Raume oder in Wasserstoffgas, Stickgas, atm. Luft, Kohlensäure etc. der Einwirkung des Lichtes, besonders des violetten, ausgesetzt wird. In dieser Modification erscheint er als eine rothe amorphe Masse, welche mit dem Phosphoroxyde grosse Ähnlichkeit hat, sich aber an der Luft leicht entzündet. Endlich kann, wie Thénard angibt, der Phosphor auch schwarz erscheinen, und zwar, wenn derselbe längere Zeit geschmolzen, und dann plötzlich abgekühlt wird.

Seinen chemischen Eigenschaften nach besitzt der Phosphor einige Ähnlichkeit mit dem Arsen und Stickstoff, obwohl sich derselbe mit vielen Körpern direct und unter Feuererscheinung verbinden kann, eine Eigenschaft, welche dem Stickstoff gänzlich fehlt. Mit dem Sauerstoff bildet derselbe vorzugsweise saure Körper, mit Wasserstoff geht er mehrere Verbindungen ein, von welchen die eine dem Ammoniak nicht unähnlich ist, und mit den Metallen bildet er die Phosphormetalle, welche sich im Allgemeinen wie die Schwefelmetalle verhalten. Im Wasser ist der Phosphor zwar unlöslich, dasselbe wird jedoch, obwohl langsam, von ihm zersetzt, wobei es schwach sauer wird und sich Phosphorwasserstoff entwickelt. Diese Einwirkung geht selbst in vollkommener Finsterniss und bei abgehaltener Luft vor sich, denn man hat die Beobachtung gemacht, dass die verlötheten Blechbüchsen, in welchen der Phosphor unter Wasser aufbewahrt wird, beim Auflöthen mit einem explodirenden Gase angefüllt waren. Aus den Lösungen vieler leicht reducirbarer Metallsalze fällt der Phosphor die Metalle im regulinischen Zustande, wobei er sich zu Phosphorsäure und phosphoriger Säure oxydirt. Die Lösungen der alkalischen Erden, dann die des Mangan-, Zink-, Eisen-, Zinn-, Cadmium-, Kobalt- und Nickel-Oxydes und der neutralen Bleisalze, werden nicht gefällt. In einigen Fällen werden Oxydsalze oder Chloride in Oxydulsalze oder Chlorüre umgewandelt, wie dies beim Quecksilber der Fall ist; das abgeschiedene, nicht lösliche Salz kann aber vollständig reducirt werden, wenn es auf irgend eine Weise, z. B. durch Ammoniak löslich wird. Der Phosphor ist in Äther, in fetten und ätherischen Ölen, in Chlorschwefel und besonders in Schwefelkohlenstoff löslich.

In der Natur ist der Phosphor sehr verbreitet. Viele Mineralien, wie der Apatit und Phosphorit, das Grünbleierz, der Grüneisenstein, Wawellit, der Vivianit, viele andere Eisenerze u. s. w. enthalten Phosphorsäure. Er ist ferner ein nie fehlender Bestandtheil der Ackererde, aus welcher er in die Vegetabilien und durch diese in den Thierkörper übergeht, zu dessen Erhaltung er unentbehrlich ist. Vorzüglich dient derselbe zur Bildung der Knochen, welche viel davon enthalten. Sie sind es auch, welche man jetzt ausschliesslich zur Bereitung desselben verwendet. Zu diesem Behufe werden sie entweder eingeäschert, oder früher noch zur Erzeugung von Leim benützt. 3 Th. Knochenasche, welche (von Ochsenknochen) nach Berzelius in 100 Th. 86 Th. Phosphorsäure, 6 Th. kohlensaure Kalkerde, 3 Th. phosphorsaure Bittererde, und 5 Th. Fluorcalcium enthält, werden mit 2 Th. Schwefelsäure und 16 Th. Wasser längere Zeit in mit Blei ausgeschlagenen Bottichen oder Kasten öfter durcheinandergerührt, dann der gebildete Gyps von der sauren Flüssigkeit, welche aus Phosphorsäure, phosphorsaurer Kalkerde und etwas gelöstem Gyps besteht, durch Decanthiren und Auspressen des Gypses getrennt. Diese Flüssigkeit wird nun zur Syrupconsistenz abgedampft, und mit $^3/_4$ Th. Kohlenpulver versetzt, dann unter fleissigem Umrühren in einem flachen eisernen Kessel bei steigender Hitze, welche zuletzt bis zum schwachen Glühen des Kesselbodens gehen kann, zur Trockenheit abgedampft, und endlich noch heiss und möglichst rasch in die Retorten gebracht, in welchen die Reduction der Phosphorsäure vor sich gehen soll. Diese müssen aus gutem feuerfesten Thon verfertigt sein, und befinden sich in einem Galeerenofen, wo sie einer sehr starken Rothglühhitze ausgesetzt werden. An den Hals der Retorte werden thönerne Vorlagen, welche Wasser enthalten, angesteckt, und in diesen der rohe, von anhängender Kohle schwarz aussehende Phosphor gesammelt.

Um den Phosphor zu reinigen, hat man denselben früher unter Wasser durch Sämisch-Leder gepresst; vortheilhafter ist es jedoch, dies durch Destillation zu bewirken, welche in einer Retorte aus Gusseisen, deren Hals etwas unter Wasser taucht, vorgenommen werden kann. Zum Verkaufe bringt man den Phosphor gewöhnlich in Stangenform, um ihn bequemer handhaben zu können. Zu diesem Behufe wird derselbe unter Wasser geschmolzen, und dann in Glasröhren aufgesaugt, welche an einem Ende etwas weiter sein müssen als am andern. Sie werden verstopft in kaltes Wasser gebracht, und wenn der Phosphor erstarrt ist, wird er vom engeren Ende gegen das weitere herausgestossen. Diese ziemlich zeitraubende, den Phosphor daher vertheuernde Operation lässt sich viel zweckmässiger mittelst des folgenden von Seubert (Ann. der Chem. u. Phm. 49, 345) angegebenen Apparates bewerkstelligen. Dieser besteht aus einem eingemauerten kupfernen Kessel, an dessen flachen Boden ein oben offener Kanal von Kupfer gelöthet ist, der sich in einen Wasserbehälter C mündet. In dem Kessel befindet sich ein kupferner Trichter A mit horizontaler Röhre B, welcher zur Aufnahme des Phosphors bestimmt ist und etwa 15—20 Pf. desselben fasst. Der horizontale Theil desselben endigt mit dem Hahn B und neben diesen mit einer Erweiterung, an welche eine kupferne Platte, in der zwei Glasröhren a a befestigt sind, angeschraubt wird. Der offene Kanal ist durch eine wasserdicht schliessende Scheidewand aus Holz c c abgetheilt, welche die Communication des Wassers in beiden Theilen des Kanals hindert, und zugleich den Röhren a b zur Stütze dient. Der Trichter A wird nun mit Phosphor gefüllt, darauf gesehen, dass er mit Wasser bedeckt ist und dann der äussere Kessel so weit erwärmt, dass der Phosphor schmilzt. Da sich bis zur Scheidewand c c

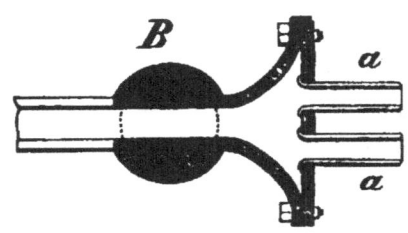

erwärmtes Wasser befindet, so wird, wenn man den Hahn B öffnet und wieder schliesst, anfangs etwas Phosphor durch die Röhren a b ausfliessen, aber bald in dem Theile derselben, der sich im kalten Wasser befindet, erstarren und so dieselben verschliessen. Öffnet man nun den Hahn wieder, so kann man an den erstarrten Theil des Phosphors, der an der Röhre hervorragt, die hinter demselben sich bildende Phosphorstange abwechselnd aus einer oder der andern Röhre herausziehen, sie abschneiden und in C vor der Einwirkung des Lichtes geschützt, sammeln. Ein Arbeiter ist auf diese Weise im Stande, in einer Stunde 60 — 80 Pf. Phosphor in Stangen zu verwandeln. Man kann den Hals der eisernen Retorte, aus welcher der Phosphor destillirt wird, unmittelbar in den Trichter A leiten, und den ganzen Formapparat so in dem Mauerwerk des Ofens, in dem sich die Retorte befindet, anbringen, dass kein besonderer Feuerraum für den kupfernen Kessel nothwendig ist.

Sollen die Knochen vorher zur Leimbereitung benützt werden, so digerirt man sie mit verdünnter Salzsäure, welche nebst vielen andern auch alle phosphorsauren Salze auszieht. Die saure Flüssigkeit wird mit rohem, durch Destillation thierischer Substanzen gewonnenen kohlensauren Ammoniak neutralisirt, wobei Salmiak gelöst bleibt, während kohlensaure und phosphorsaure Kalkerde gefällt werden, die man wie oben angegeben wurde, weiter behandelt und hiebei noch den Salmiak als Nebenproduct gewinnt. Nach Wöhler kann man unmittelbar aus Thierkohle, welche mit Kieselerde und etwas Holzkohle gemengt und stark erhitzt wird, Phosphor erhalten, indem die Kieselsäure sich mit der Kalkerde verbindet und so die Phosphorsäure abscheidet, welche dann weiter durch die Kohle reducirt wird. Leider ist aber hiezu eine sehr hohe Temperatur nothwendig.

Der Phosphor kommt nicht immer rein im Handel vor. Insbesondere enthält er oft Arsen, welches bis 0,76 Pct. betragen kann und von der Schwefelsäure herrührt die zur Bereitung desselben angewendet wurde. Diese Verunreinigung ist kaum durch äussere Eigenschaften zu erkennen, da der arsenhaltige Phosphor sich nicht sehr merklich von dem reinen unterscheidet, wenigstens dann nicht, wenn das Licht denselben bereits verändert hat. Wird der Phosphor aber gleich nach der Bereitung, oder auch erst nach längerer Zeit unter Wasser bei abgehaltenem Lichte gelb oder grünlichgelb, so ist er immer arsenhältig. Reiner Phosphor ändert sich im Dunkeln und bei abgehaltener Luft, in destillirtem Wasser aufbewahrt gar nicht. (Dupasquier Com. r. 19. 362.) Durch Destillation kann der Phosphor von dem Arsen nicht befreit werden, da dieses mit überdestillirt; erwärmt man denselben aber längere Zeit mit 2 Th. Salpetersäure von 1,1 Dichte, so wird der grösste Theil des Arsens aufgenommen. Vollständig rein bleibt er aber erst dann zurück, wenn man die Behandlung mit Salpetersäure so lange fortsetzt bis nur mehr $\frac{1}{6}$ der ursprünglichen Phosphormenge ungelöst ist. Beim Abdampfen der Lösung des arsenhältigen Phosphors in Salpetersäure scheidet sich, bei einer gewissen Concentration alles Arsen in Form eines schwarzen Pulvers ab, was durch die phosphorige Säure bewirkt wird.

Da der Phosphor sich durch Reibung sehr leicht entzündet, so hat er in neuerer Zeit eine sehr ausgedehnte Verwendung zu den Reibzündhölzchen erhalten, welche schon jetzt die früher so sehr verbreiteten Tunkzündhölzchen grösstentheils verdrängt haben. Um die Reibzündhölzchen zu verfertigen wird Phosphor in einen tiefen eisernen Mörser unter Wasser geschmolzen und dann so viel Gummi zugesetzt, dass daraus ein dicker Schleim entsteht. Dieser wird mit dem Pistile so lange abgestossen bis der Phosphor erkaltet und sich auf diese Weise ganz fein und gleichförmig in der Masse vertheilt. Nach einigen Stunden ist dies der Fall, und nun wird auf einem Reibsteine Bleisuperoxyd aufs innigste damit zusammengerieben und so viel Wasser zugesetzt, dass die Masse so dünnflüssig wird um an den Hölzchen, von welchen die bessere Sorte vorher nicht mit Schwefel überzogen wird, in einer gehörig dicken Schichte zu haften. Das bei der Bereitung des Bleisuperoxydes zugleich mit gebildete salpetersaure Bleioxyd wird nicht durch Auswaschen entfernt, weil die Gegenwart desselben vortheilhaft wirkt. Ist der Phosphor hinreichend fein und gleichförmig vertheilt, so sind diese Art von Zündhölzchen weder beim Gebrauche noch bei der Aufbewahrung und Versendung gefährlich, noch ziehen sie Feuchtigkeit aus der Luft an, sie verbrennen auch ohne alles Geräusch. Statt des Gummi soll man sich nach Böttger auch des weit wohlfeileren Leimes bedienen können.

Seiner giftigen Eigenschaften wegen wird der Phosphor zur Vertilgung der Ratten, Mäuse etc. angewendet. Man bereitet zu diesem Behufe den Phosphorteig indem man 1 Th. Phosphor in eine erwärmte Reibschale bringt, welche 64 Th. ebenfalls erwärmtes Wasser enthält, wenn der Phosphor geschmolzen ist, setzt man 64 Th. Mehl zu, und mengt nun alles möglichst innig.

Um den Phosphor zu pulverisiren schmelzt man ihn unter Urin oder einer Auflösung von Harnstoff und schüttelt dann die Flasche so lange bis er ganz erkaltet ist.

Phosphor und Sauerstoff.

308. Der Phosphor zeigt ein grosses Bestreben, sich mit dem Sauerstoff zu verbinden, und es lassen sich fast alle Oxydationsstufen desselben auf directem Wege darstellen. Man kennt deren bis jetzt folgende:

PO_5 Phosphorsäure   enthält auf 32 Th. Phosphor 40 Sauerst.
PO_3 phosphorige Säure   "   "   "   "   "   24   "
PO unterphosphorige Säure   "   "   "   "   "   8   "
P_2O Phosphoroxyd   "   "   "   "   "   4   "

Ausser diesen Verbindungen gibt es noch zwei andere, deren Zusammensetzung noch nicht genau genug bekannt ist. Die eine ist das von Le Verrier entdeckte sogenannte phosphorsaure Phosphoroxyd, welches, wie es scheint, der Formel $P_{11}O_{19}$ entspricht, und die andere ist die phosphatische Säure P_2O_9, welche man als ein Gemenge der phosphorigen Säure mit Phosphorsäure betrachtet.

Lässt man, wie schon oben angegeben wurde, eine Stange Phosphor an der Luft liegen, so verbreitet sie einen weissen Rauch und bedeckt sich bald mit Tropfen einer sauren Flüssigkeit, der phosphatischen Säure. Dabei steigt die Temperatur oft, insbesondere wenn mehrere Phosphorstangen über einander liegen oder der Phosphor sich in fein vertheiltem Zustande befindet, bis zum Schmelzen, worauf bald eine wirkliche Entzündung desselben folgt, die von lebhafter Licht- und Wärme-Entwickelung und einem dicken weissen Rauche, der nichts als Phosphorsäure ist, begleitet wird. Es gibt also eine bei niederer Temp. vor sich gehende Verbrennung des Phosphors, bei welcher die phosphatische Säure gebildet wird, und eine mit starker Erhöhung der Temp. verbundene, bei welcher Phosphorsäure entsteht. Zwischen diesen beiden Arten der Verbrennung liegt noch eine dritte, welche ebenfalls von beträchtlicher Erhöhung der Temp. begleitet ist und rasch vor sich geht, aber nur dann eintritt, wenn die Luft nicht hinreichenden Zutritt zum Phosphor hat. Das Product dieser Verbrennung ist die phosphorige Säure. Obwohl also die Oxydation des Phosphors, wenn sie auf directem Wege erfolgt, immer mit Lichterscheinung verknüpft ist, so folgt daraus nicht umgekehrt, dass das Leuchten des Phosphors unter allen Umständen auf einer Oxydation desselben beruhe. Berzelius hält dasselbe vielmehr bloss für eine Wirkung der Verdunstung, was wohl auch der Fall ist, da die Erfahrung zeigt, dass derselbe im luftleeren Raum, im reinen Stickgas und Wasserstoffgas sehr gut leuchtet. Das Leuchten dauert ferner nur eine gewisse Zeit und fängt wieder an, wenn man die Temperatur erhöht, was sehr gut mit der obigen Ansicht im Einklange steht, indem die Verdunstung nur so lange dauert, bis der Raum für eine bestimmte Temperatur mit Dünsten gesättigt ist.

Indess gibt es in Betreff des Leuchtens des Phosphors noch manche nicht leicht erklärbare Erscheinungen. So leuchtet und oxydirt sich der Phosphor im reinen Sauerstoffgas gar nicht, obwohl er darin verdunstet; bei 24° hingegen fängt er an sehr stark zu leuchten und sich so schnell zu oxydiren, dass er schmilzt und sich bald entzündet. Räthselhaft ist auch der Einfluss den die Verdünnung des Sauerstoffes auf das Verhalten des Phosphors gegen denselben ausübt. In verdünntem Sauerstoffgase nämlich leuchtet der Phosphor weit besser und bei niedrigerer Temperatur, entzündet sich auch viel leichter, als wenn dasselbe verdichtet ist. Der Erfolg bleibt übrigens derselbe, ob das Sauerstoffgas durch Auspumpen oder durch Vermischen mit einer anderen Gasart verdünnt wird. In atm. Luft beginnt der Phosphor bei 0° zu leuchten und sich zu oxydiren. Bestreut man den in einem kleinen Kolben befindlichen Phosphor mit etwas Harz, Schwefel, Kohle oder anderen pulverigen Körpern und setzt dann den Kolben mit einem ausgepumpten Gefässe in Verbindung, so erfolgt die Entzündung des Phosphors, wenn man den Hahn öffnet durch welchen die Communication zwischen beiden Gefässen hergestellt wird. Selbst ohne Anwendung pulveriger Körper erfolgt oft die Entzündung des Phosphors bei Verdünnung der Luft, nur schwieriger. Nicht weniger auffallend ist der Einfluss welchen, wie Graham gezeigt hat, gewisse Stoffe, wenn sie der Luft in sehr geringer Menge mitgetheilt werden, auf das Leucht-Vermögen des Phosphors ausüben. So wird bei 19° das Leuchten des Phosphors ganz aufgehoben, wenn nur 1 V. Äthergas, 1 V. ölbildendes Gas, Steinöldampf oder Terpentinöldampf in resp. 150, 450, 1820 und 4444 V. atmosphärischer Luft enthalten ist. Bei einer höheren Temperatur ist zwar mehr von den Gasen nothwendig um das Leuchten aufzuheben, aber selbst bei 39° kann dies noch bewirkt werden. Lässt man ein Gasgemenge, in welchem der Phosphor nicht leuchtet, durch Verminderung des Druckes sich ausdehnen, so fängt derselbe an zu leuchten, und es ist nun eine grössere Menge des Körpers als vorher nothwendig, um dasselbe zu unterdrücken.

Auf die Entzündbarkeit des Phosphors haben noch mehrere andere Umstände einen bedeutenden Einfluss, insbesondere die feine Vertheilung desselben. Aus diesem Grunde entzündet sich Papier, welches mit einer Lösung von Phosphor in Schwefelkohlenstoff benetzt wurde, nach dem Verdunsten des letzteren. Ebenso auch Phosphor den man mit Bittererde, Phosphoroxyd oder anderen pulverigen Körpern mengt, worauf die ehemahls in Gebrauch gewesenen Phosphorfeuerzeuge beruhen.

309. Phosphorsäure $PO_5 = 72$ (Acide phosphorique). Die Phosphorsäure kann in wasserfreiem Zustande bestehen, in welchem sie entweder als eine stark sauer schmeckende, schneeartige weisse Masse, oder wenn diese bis zum Schmelzen erhitzt wird, was in der Rothglühhitze eintritt, als ein farbloses Glas erscheint, das bei noch stärkerer Erhitzung sich unverändert verflüchtigt. Sie wird in wasserfreiem Zustande nur durch Verbrennung des Phosphors in trockener atm. Luft oder in Sauerstoffgas erhalten. Nicht ganz wasserfrei, jedoch zu vielen Zwecken brauchbar, kann man sich dieselbe verschaffen, wenn man einen ziemlich grossen Glassturz auf eine Porzellanplatte

stellt, auf der sich eine Schale aus Thon befindet, in welcher man nach und nach wohlgetrockneten Phosphor verbrennt. Unter den Glassturz legt man einen Glasstab, so dass hinreichender Luftzutritt Statt findet. Um die Säure ganz trocken zu erhalten, nimmt man eine Glocke mit einem Tubulus, die wie vorher auf einer Porzellanplatte über der Schale steht, und bringt in den Kork, der denselben verschliesst, eine weite gerade und eine enge mit einer Chlorcalciumröhre in Verbindung stehende Röhre an. Durch die weite Röhre lässt man nach und nach Phosphorstücke in die untenstehende Schale fallen, während bei der engen Röhre Sauerstoffgas oder atm. Luft, die vorher getrocknet wurden, zuströmen. Statt der tubulirten Glocke kann man sich auch eines grossen Ballons bedienen, dann ist es aber gut, die Schale, in welcher der Phosphor verbrennt, mittelst Platindräthen an die weite Röhre zu hängen.

Die wasserfreie Säure zerfliesst rasch an der Luft und löst sich im Wasser unter starker Erwärmung. Wenn man aber die in Wasser gelöste Säure abdampft, so erhält man eben so wenig wie bei der

Schwefelsäure wieder wasserfreie Säure, sondern sie verdampft noch
vor der Rothglühhitze zugleich mit dem Wasser. Beim Erkalten bleibt
dann ein aus der Luft Feuchtigkeit anziehendes Glas, die glasige
Phosphorsäure zurück, deren Wassergehalt weniger als 1 Äq.,
nämlich bis 7,3 Pct. betragen kann. Die wässerige Säure bietet einige
sehr interessante Erscheinungen dar, welche für die Geschichte der
Wissenschaft wichtig geworden sind. Wenn man nämlich die wasserfreie Phosphorsäure mit möglichster Vermeidung aller Erwärmung in
Wasser löst und sogleich ihr Verhalten gegen Reagentien untersucht,
so findet man, dass es anders ist, als wenn man die Lösung der Säure
entweder längere Zeit stehen lässt oder kocht, wo dieses veränderte
Verhalten rasch eintritt. Die Säure, welche man auf die später anzugebende Weise unmittelbar in wässerigem Zustande erhält, zeigt dieselben Eigenschaften wie die gekochte oder längere Zeit gestandene.
Eben so zeigt die frisch und ohne Zuhilfnahme von Wärme bereitete
Lösung der lange geschmolzenen glasigen Phosphorsäure ganz dasselbe Verhalten, wie die frische Auflösung der wasserfreien Säure,
während die an der Luft zerfliessende Säure oder die gekochte Lösung
derselben sich wie die direct bereitete wässerige Säure verhalten. Man
sieht hieraus offenbar, dass die Erhitzung der Säure und die Gegenwart des Wassers auf ihr Verhalten einen bestimmten Einfluss ausüben. Sehr merkwürdig ist ferner der Umstand, dass auch die phosphorsauren Salze nach dem Erhitzen Reactionen zeigen, die denen
ganz entsprechen, welche die Phosphorsäure selbst unter gleichen
Umständen zeigt, und welche genau mit den drei verschiedenen Hydraten der Säure zusammenhängen, die jetzt näher betrachtet werden
sollen, und zwar der leichteren Übersicht wegen vom dritten angefangen.

1. Das dritte Hydrat der Phosphorsäure $3HO,PO_5 = 99$
oder die gewöhnliche Phosphorsäure, welche die gewöhnlichen phosphorsauren Salze bildet, wird aus den beiden folgenden
erhalten, wenn man dieselben entweder längere Zeit mit Wasser in
Berührung stehen lässt oder damit kocht. Dasselbe gilt auch von ihren
Salzen. Dampft man nämlich die Lösung der auf irgend eine Art
bereiteten Phosphorsäure so weit ab, bis die Flüssigkeit eine Temperatur von 150° angenommen hat, und lässt dann die syrupartige
Masse ruhig abkühlen, so erhält man nach einiger Zeit harte wasserhelle Krystalle, welche nach der Formel $3HO,PO_5$ zusammengesetzt
sind. Das Wasser dieses Hydrats lässt sich entweder ganz oder
theilweise durch andere Basen ersetzen, so dass hieraus die ge-

wöhnlichen phosphorsauren Salze entstehen, welche daher sämmtlich nach der allgemeinen Formel

$$RO, R'O, R''O, PO_5$$

zusammengesetzt sind. wo R, R' und R'' verschiedene Radicale bedeuten. Das gewöhnlich im Handel vorkommende phosphorsaure Natron z. B. hat die Zusammensetzung $2NaO,PO_5$, $24HO$, es zeigt sich aber, dass 23 Äq. des darin enthaltenen Wassers in trockener Luft schon bei gew. Temp. entweichen, während man, um das letzte Äquivalent desselben zu vertreiben, das Salz bis zum schwachen Glühen erhitzen muss. Dieses eine Äquivalent ist also als basisches Wasser zu betrachten und die Formel des Salzes wie folgt zu schreiben:

$$2NaO,HO,PO_5, 23HO$$

Diese Ansicht wird durch das Verhalten des Salzes sowohl als des Hydrats gegen andere Salze, die davon zerlegt werden, sehr unterstützt. Setzt man nämlich zu 1 Äq. gewöhnlichem phosphorsauren Natron so lange salpetersaures Silberoxyd, als noch ein gelber Niederschlag entsteht, so findet man in der Flüssigkeit nebst 2 Äq. salpetersaurem Natron 1 Äq. freie Salpetersäure. Dies ist aber nur dann möglich, wenn der erhaltene Niederschlag die Zusammensetzung $3AgO,PO_5$ hat, was auch wirklich die Erfahrung bestätiget. Das 1 Äq. Wasser dient also für die frei werdende Salpetersäure als Basis, während es seinerseits durch 1 Äq. Silberoxyd ersetzt wurde. Man hat daher diese Salze dreibasige genannt. Das dreibasige Hydrat selbst wirkt ganz eben so wie das Natronsalz, nur muss man die freie Säure durch Ammoniak sättigen, jedoch einen Überschuss desselben vermeiden, weil sonst das Silbersalz gelöst bleibt. Die charakteristischen Eigenschaften der dreibasigen phosphorsauren Salze mit Einschluss des Hydrats $3HO,PO_5$, welches auch unter diese Salze gehört, sind: mit andern durch dieselben zerlegbaren Salzen wieder dreibasige Salze zu bilden, also mit dem Silbersalz einen gelben mit salpetersaurem Bleioxyd einen weissen Niederschlag von dreibasigen, phosphorsauren Silber- oder Blei-Oxyde zu geben, ferner in Kalk-, Baryt- und Strontian-Wasser einen weissen Niederschlag hervorzubringen, aber die Lösungen von Calcium-, Baryum- und Strontium-Chlorid nicht zu fällen, und auch das Eiweiss nicht gerinnen zu machen.

2. Das zweite Hydrat der Phosphorsäure $2HO,PO_5 = 90$ oder die Pyrophosphorsäure wird erhalten, wenn man die Lösung der dreibasigen Phosphorsäure so weit abdampft, bis sie bei

213° nichts mehr verliert. Die nach dem Erkalten glasartig gewordene Masse enthält nun 2 Äq. Wasser und gibt eine Lösung, in welcher salpetersaures Silberoxyd unter den vorher angegebenen Umständen keinen gelben, sondern einen weissen Niederschlag hervorbringt, der jetzt nach der Formel $2AgO,PO_5$ zusammengesetzt ist. Glüht man das gewöhnliche phosphorsaure Natron, so geht alles Wasser fort und es bleibt nur $2NaO,PO_5$. Dieses zerlegt sich mit salpetersaurem Silberoxyd gerade so, dass $2AgO,PO_5$ und $2 (NaO,NO_5)$ entstehen. Wendet man zur Fällung salpetersaures Bleioxyd an, so erhält man $2PbO,PO_5$, welches weiss und im Wasser unlöslich ist. Wird dieses Salz durch Hydrothion zerlegt, so treten 2 Äq. Wasser an die Phosphorsäure und es wird reines zweibasiges Hydrat $2HO,PO_5$ gebildet. Die charakteristischen Eigenschaften dieses Hydrats sind folgende: Es gibt mit salpetersaurem Silberoxyde einen weissen, in Calcium-, Baryum-Chlorid und in Eiweisslösung keinen Niederschlag. Die wässerige Säure behält ihre Eigenschaften sehr lange unverändert bei, verliert sie aber beim Kochen sogleich. Die diesem Hydrate entsprechenden löslichen Salze reagiren schwach sauer und fällen die Lösungen von Chlorbaryum, salpetersauren Silberoxyd und salpetersauren Bleioxyd weiss, als zweibasige Salze.

3. Das erste Hydrat der Phosphorsäure $HO,PO_5 = 81$ oder die Metaphosphorsäure entsteht, wenn man die Lösung der gewöhnlichen Phosphorsäure so weit abdampft, dass die Temperatur nahe an der Rothglühhitze liegt, indem dann nur ungefähr 1 Äq. Wasser bei derselben zurückbleibt. Die frisch bereitete nicht erwärmte Lösung derselben gibt nun mit salpetersaurem Silber- oder Blei-Oxyd einen weissen Niederschlag, der einbasiges phosphorsaures Silber- oder Bleioxyd, nämlich AgO,PO_5 oder PbO,PO_5 ist. Wird das letztere ausgewaschen und durch Hydrothion zerlegt, so erhält man das einbasige Hydrat der Phosphorsäure HO,PO_5 rein. Nach längerem Stehen, schneller beim Erwärmen, geht es sogleich in das dreibasige Hydrat über. Es bringt in Chlorbaryum- sowie Chlorcalcium-Lösung sogleich einen Niederschlag hervor und macht auch das Eiweiss gerinnen. Das Salz, in welchem das Wasser durch Natron ersetzt wird, kann man durch Erhitzen des phosphorsauren Natron-Ammoniaks erhalten, dessen Zusammensetzung der Formel $H_3N,NaO, PO_5, 10HO$ entspricht. Das Wasser sowohl als das Ammoniak entweichen bei schwacher Glühhitze und es bleibt nichts als NaO,PO_5 zurück, welches mit Silber-, Blei-Salzen u. s. w. ganz die oben angegegebene Reaction gibt. Kocht man die Lösung des einbasigen phos-

phorsauren Natrons, so nimmt sie 2 Äq. Wasser auf und verwandelt sich in dreibasiges phosphorsaures Natron, welches aber die Zusammensetzung $NaO,2HO,PO_5$ hat. Die löslichen einbasigen phosphorsauren Salze reagiren schwach sauer und bringen in der Lösung von Chlorbaryum einen Niederschlag von gallertartigen Flocken hervor und fällen aus vielen anderen Salzen die Oxyde in einem zähen halbflüssigen Zustande.

Man sieht aus dem hier angegebenen Verhalten der Phosphorsäure zu den Basen, dass dieselbe das Vermögen besitzt, Salze mit 1, 2 und 3 Äq. Basis zu bilden; eine Eigenschaft, die an sich nicht besonders beachtenswerth wäre, indem sie auch vielen andern Säuren zukommt und ganz innerhalb des Gesetzes der Vielfachen liegt. Merkwürdig aber und für die Phosphorsäure sehr bezeichnend ist der Umstand, dass dieselbe, einmal mit einer gewissen Anzahl von Äquivalenten einer Basis verbunden, ein gewisses Bestreben zeigt, Salze von derselben Äquivalentenzahl zu bilden.

Die hier auseinandergesetzte Ansicht wurde zuerst von Graham (Pogg. An. 32, 33; Ann. der Pharm. 29, 19) aufgestellt, und mit vielen Thatsachen unterstützt. Berzelius hingegen hält es für wahrscheinlicher, dass es zwei isomerische Modificationen der Phosphorsäure gibt, und lässt es dahingestellt sein, ob die Verschiedenheiten in den Eigenschaften derselben von der Allotropie des Radicals herrühren oder ob sie die Folge einer ungleichen Gruppirung der Atome der Grundstoffe oder endlich beider Umstände zusammen sind (S. h. Berzelius Lehrbuch etc., 1, 542 der 5. Aufl.).

Die Phosphorsäure ist eine sehr kräftige Säure, und bildet sowohl im gelösten Zustande, als auch im trockenen, wenn sie mit Basen geschmolzen wird, die phosphorsauren Salze (Phosphates). Im letzteren Falle löst sie eine Menge Oxyde, welche sonst der Einwirkung der kräftigsten Säuren widerstehen. Alle phosphorsauren Salze sind feuerbeständig, wenn es die Basis ist. Viele davon, insbesondere die bei höherer Temperatur gebildeten, krystallisiren nicht, sondern erscheinen als amorphe Gläser, deren Farbe durch die Natur der Basis bestimmt wird. In Wasser sind nur die Kali-, Natron-, Ammoniak- und Lithion-Salze löslich, die Säure mag in was immer für einem Verhältnisse vorhanden sein. Die übrigen Salze sind sämmtlich in Wasser unlöslich, ausser wenn die Säure im Überschusse vorhanden ist. Alle phosphorsauren Salze lösen sich ferner in Salpetersäure und den meisten andern Säuren, auch Essigsäure löst sie, das Eisenoxyd- und das Blei-Salz ausgenommen. Durch

Kochen mit Kalilauge wird fast allen phosphorsauren Salzen die Säure entzogen. Ammoniak schlägt die phosphorsauren Salze sowohl aus ihren Lösungen in Säuren, als auch in anderen Ammoniaksalzen nieder. In wie fern die dreibasigen phosphorsauren Salze in zwei- und einbasige verwandelt werden, wurde bereits oben auseinander gesetzt.

Man bereitet die Phosphorsäure am zweckmässigsten durch Behandlung des Phosphors mit Salpetersäure, indem man denselben zu diesem Behufe in einer tubulirten, mit einer Vorlage versehenen geräumigen Retorte mit verdünnter Salpetersäure von 1,1 erhitzt, und dann mittelst einer Trichterröhre so lange eine stärkere Säure hinzu fügt, bis aller Phosphor gelöst ist, was unter Entwickelung von Stickoxydgas erfolgt. Enthält der Phosphor kein Arsen, so setzt man noch so lange Salpetersäure zu, als eine Reaction Statt findet und alle phosphorige Säure in Phosphorsäure umgewandelt ist; enthält hingegen der Phosphor Arsen, so setzt man die letzte Portion von Salpetersäure nicht eher hinzu, als bis sich das Arsen metallisch ab- geschieden hat (307). (Liebig, Ann. der Pharm. 11. 260.) Man bedarf auf 1 Th. Phosphor ungefähr 13 Th. Säure von 1,2 Dichte. Um die Phosphorsäure von der in Überschuss zugesetzten Salpeter- säure zu befreien, muss sie stärker concentrirt werden, wozu man Gefässe von Porzellan nimmt, da das Glas davon stark angegriffen wird. Will man die Concentration so weit treiben, dass die Säure nach dem Erkalten glasig wird, so muss man sich dazu einer Schale von Platin bedienen, die bedeckt wird, da sonst viel Phosphorsäure mit verdunstet. Hiebei ist darauf zu sehen, dass keine Kohle oder überhaupt organische Substanzen mit der schmelzenden Säure in Berührung kommen; denn es würde hiedurch die Phosphorsäure reducirt und Phosphorplatin gebildet, was ein Durchlöchern des Tie- gels veranlasst, da es sehr leicht schmelzbar ist.

Man kann auch unmittelbar aus Knochenasche Phosphorsäure bereiten. Zu diesem Behufe wird dieselbe mit einem gleichen Ge- wichte Schwefelsäure digerirt. Man trennt sodann die saure Flüssig- keit vom Gyps, dampft dieselbe wieder ab, lässt sie erkalten und setzt abermals so lange Schwefelsäure zu, als noch Gyps fällt. Durch Wiederholung dieses von Liebig angegebenen Verfahrens kann man in der That fast alle Kalkerde aus der Flüssigkeit entfernen und eine Säure darstellen, welche für viele technische Zwecke hinreichend rein ist, wenn man sie durch Erhitzen bis zum Glühen von der über- schüssigen Schwefelsäure befreit. Um sie auch von der noch darin enthaltenen Bittererde zu befreien und überhaupt ganz rein zu erhalten, wird sie in Weingeist gelöst, welcher nur die Phosphorsäure aufnimmt. Durch Abdestilliren des Weingeistes und abermaliges Abdampfen unter Zusatz von etwas Salpetersäure kann man auch auf diese Weise ganz reine glasige Phosphorsäure erhalten. Die rohe Phosphorsäure lässt sich ebenfalls durch Sättigen mit Ammoniak und nachheriges Abdampfen reinigen, dies ist aber weniger zweckmässig als das so eben angegebene Verfahren.

Vor dem Löthrohre erkennt man die Phosphorverbindungen auf verschiedene Art. Schmelzt man nämlich ein phosphorsaures Salz mit Borsäure auf der Kohle zu einer Perle, und bringt, wenn dieselbe ruhig fliesst, einen blanken Eisendrath z. B. eine feine Klaviersaite in dieselbe während man die innere Flamme stark auf die Perle wirken lässt, so bildet sich sogleich eine Kugel von Phosphoreisen das spröde und magnetisch ist. In manchen Fällen ist es nothwendig das Salz nicht unmittelbar anzuwenden, sondern es erst in Salzsäure zu lösen, dann zur kalten Flüssigkeit so viel Eisenoxydhydrat zuzusetzen als sie zu lösen vermag, zu filtriren und das Filtrat zu erhitzen, wo basisches phosphorsaures Eisenoxyd sich abscheidet, welches wie oben angegeben wurde behandelt wird. Taucht man einen mit Schwefelsäure benetzten Platindrath in ein feingepulvertes phosphorsaures Salz und hält denselben dann in die Löthrohrflamme, so wird dieselbe dadurch grün gefärbt.

310. Phosphorige Säure $PO_3 = 56$ (Acide phosphoreux). Diese Oxydationsstufe des Phosphors bildet sich immer, wenn derselbe bei einer nicht hinreichenden Menge von Sauerstoff oxydirt wird, es mag dies beim Verbrennen oder durch Salpetersäure geschehen. Bringt man daher ein Stückchen Phosphor in den kürzeren, etwa 2 Z. langen horizontal gehaltenen Schenkel einer unter einem Winkel von 135^0 gebogenen Glasröhre von 10 Z. Länge und $1/2$ Z. Weite, welche am kürzeren Ende bis auf eine Öffnung von etwa $1/4$ Linie ausgezogen ist, und erwärmt man den Phosphor über der Spirituslampe, so entzündet er sich und verbrennt mit blassgrüner Flamme, während sich eine weisse, voluminöse, leicht sublimirbare Masse in dem längeren, nach aufwärts gerichteten Schenkel ansetzt, die grösstentheils aus wasserfreier phosphoriger Säure besteht. Dieselbe zieht mit solcher Begierde Wasser aus der Luft an, dass sie sich dabei bis zur Entzündung erhitzen kann. Mit Wasser in Verbindung bildet sich die Säure nebst Phosphorsäure, wenn verdünnte Salpetersäure mit einem Überschusse von Phosphor erwärmt wird; ferner wenn Phosphorchlorür PCl_3 mit Wasser in Berührung kommt, indem PCl_3 mit $3HO$ sich in PO_3 und $3HCl$

zerlegen. Man kann um die Bereitung des Phosphorchlorürs zu ersparen zu diesem Behufe gleich unmittelbar Chlorgas in geschmolzenen Phosphor leiten, der mit einer Schichte Wasser bedeckt ist. Die zugleich gebildete Salzsäure lässt sich durch vorsichtiges Abdampfen der Flüssigkeit bis zur Syrupconsistenz in einer Retorte, bei abgehaltenem Luftzutritte, wegtreiben, wo die Säure dann 27,54 Pct. Wasser enthält. Dampft man nicht so weit ab und lässt erkalten, so kann man auch Krystalle dieses Hydrats erhalten. Bei stärkerem Erwärmen der concentrirten Säure zerfällt sie in Phosphorwasserstoff und Phosphorsäure, wobei sich $4PO_2$ mit $9HO$ in PH_3 und $6HO$ und $3PO_5$ zerlegen. Hat beim Erhitzen die Luft Zutritt, so entzündet sich das Phosphorwasserstoffgas und verbrennt mit lebhaftem Lichte. Bei gew. Temp. der Luft ausgesetzt, verwandelt sich die phosphorige Säure nach und nach in Phosphorsäure. Dasselbe erfolgt auch, wenn man die phosphorige Säure den Lösungen gewisser leicht reducirbarer Metalloxyde zusetzt, wo dann die entsprechenden Metalle abgeschieden werden. Dies ist der Fall bei Gold- und Quecksilber-Chloriden und beim salpetersauren Silberoxyde. Gewisse Metalle, wie Zink und Eisen, lösen sich in der phosphorigen Säure, und zwar unter Entwickelung von Phosphorwasserstoff und Bildung eines phosphorsauren Salzes $5PO_3 + 9HO + 6Fe = 3(HO,2FeO,PO_5) + 2PH_3$.

Mit schwefliger Säure zerfällt die phosphorige Säure in Phosphorsäure und Hydrothion, indem $3PO_3 + 2SO_2 + 2HO$ sich in $3PO_5$ und $2HS$ zerlegen.

Die phosphorigsauren Salze, deren Anzahl nur gering ist, können nicht wasserfrei dargestellt werden, sie enthalten auf 1 Äq. Säure 2 oder 1 Äq. Basis nebst mehreren Äq. Wasser, von welchen bisher nicht bekannt ist wie viele davon als Basis darin vorhanden sind. Beim Erhitzen gehen sie sämmtlich auf Kosten des darin enthaltenen Wassers in phosphorsaure Salze über, während in den meisten Fällen nur reines Wasserstoffgas entweicht. $2BaO,PO_3$, $2HO$ geben z. B. $2BaO,PO_5$ und $2H$. Bei gew. Temp. jedoch nehmen ihre Lösungen keinen Sauerstoff aus der Luft auf. Gegen die Lösungen der leicht reducirbaren Metalle verhalten sich die phosphorigsauren Salze wie die Säure selbst, indem durch sie diese Metalle in regulinischem Zustande abgeschieden werden. Da die meisten phosphorigsauren Salze im Wasser unlöslich sind, so werden durch die darin löslichen viele andere Metalloxyde aus ihren Auflösungen gefällt.

Die Entstehung der phosphatischen Säure wurde im J. 1796 von Pelletier beobachtet. Man erhält sie, wenn man Phosphorstangen in Glasröhren legt, die an ihrem unteren Ende etwas verengt sind, und diese dann in einen Trichter steckt, der sich auf einer Flasche befindet. Man bedeckt den Trichter leicht und stellt alles an einen feuchten Ort. Nach kurzer Zeit tropft eine wasserhelle sehr saure Flüssigkeit aus den Röhren, während die Phosphorstangen an Volumen abnehmen. Die Säure nimmt nach D u l o n g nicht weiter Sauerstoff aus der Luft auf und enthält dann ganz constant auf 47,85 Phosphor 52,15 Sauerstoff, was der obigen Formel entspricht. Dieser Umstand spricht, wenn er richtig ist, sehr dafür, dass die Säure als eine besondere Oxydationsstufe des Phosphors zu betrachten sei, obwohl sie mit Basen keine eigenen Salze bildet, sondern in phosphorigsaure und phosphorsaure Salze zerfällt.

311. Unterphosphorige Säure $PO = 40$ (Acide hypophosphoreux). Diese Säure ist nur in Verbindung mit Basen bekannt, sie entsteht bei der Zersetzung des Phosphor-Baryum, -Strontium, -Calcium etc. durch Wasser, unter Bildung von Phosphorwasserstoff und dem entsprechenden phosphorsauren Salze. Da letzteres im Wasser unlöslich ist, so kann man das unterphosphorigsaure Salz davon durch Wasser trennen, und wenn man Phosphorbaryum angewendet hat, den Baryt durch Schwefelsäure abscheiden. Zweckmässiger ist es jedoch den unterphosphorsauren Baryt durch Kochen von Schwefelbaryum mit Phosphor zu bereiten. Man wendet zur Zerlegung des unterphosphorigsauren Baryts etwas mehr Schwefelsäure an, und neutralisirt das so erhaltene unreine Hydrat der Säure mit kohlensaurem Bleioxyd, wodurch unterphosphorigsaures Bleioxyd gebildet wird, welches mit Hydrothion zerlegt werden kann. Das so erhaltene Hydrat der Säure ist eine sehr saure, syrupartige, nicht krystallisirbare Flüssigkeit, welche beim Erhitzen in Phosphorwasserstoff und Phosphorsäure zerfällt, indem $2PO$ mit $3HO$ hiebei in H_3P und PO_5 geben. Gold, Silber und Quecksilber werden aus ihren Lösungen durch dasselbe metallisch gefällt, und mit vielen Oxyden bildet es die unterphosphorigsauren Salze (Hypophosphorites). Diese enthalten immer Wasser, und zwar wie es scheint 2 Äq., welches nicht ohne Zersetzung des Salzes davon entfernt werden kann. Sie lösen sich sämmtlich in Wasser, einige zerfliessen an der Luft, viele sind auch im Weingeist löslich. Im festen Zustande ändern sich die unterphosphorigsauren Salze an der Luft nicht, die Lösungen derselben nehmen aber Sauerstoff aus derselben auf und gehen so in phosphorsaure Salze über. Beim Kochen mit überschüssigem Alkali zersetzen sie sich in Wasserstoffgas und in ein phosphorsaures Salz.

312. Phosphoroxyd $P_2O = 72$ (Oxyde de Phosphore). Es ist ein gelbes, nach dem Erhitzen rothes, amorphes, geruch- und geschmackloses Pulver, das weder in Wasser, noch in Weingeist oder Äther löslich ist. Wird es bei abgehaltener Luft bis nahe 400° erhitzt, so zerfällt es in Phosphor und Phosphorsäure, und selbst bei Luftzutritt verträgt es eine Temperatur von nahe 300°, ohne eine Veränderung zu erleiden, stärker erhitzt entzündet es sich und verbrennt zu Phosphorsäure. An feuchter Luft jedoch oxydirt es sich schon bei gew. Temp., wobei sich auch Phosphorwasserstoff bildet, was man aus dem Geruche erkennt. Vom Schwefel wird es erst beim Schmelzen mit demselben, vom Chlor hingegen schon bei gew. Temp. zersetzt. Wässerige Alkalien wirken nur darauf, wenn das Oxyd nicht früher durch Erhitzen roth geworden ist, und geben damit Phosphorwasserstoff und phosphorsaure Salze, eine Zersetzung, welche meistens sehr bald eintritt.

Das Phosphoroxyd bildet sich fast immer beim raschen Verbrennen des Phosphors an jenen Stellen, wo nicht hinreichender Zutritt von Sauerstoff Statt findet, und daher auch wenn man Sauerstoffgas in Phosphor leitet, der unter Wasser geschmolzen ist. Es bildet sich auch beim Kochen des Phosphors mit wässeriger Überjododer Jod-Säure und den Alkalisalzen dieser Säuren, wenn etwas Salzsäure oder Schwefelsäure hinzugefügt wird. Auch durch die Einwirkung des salpetersauren Ammoniaks auf Phosphor beim Erwärmen entsteht Phosphoroxyd unter Feuererscheinung.

In mancher Hinsicht merkwürdig ist die von Le Verrier angegebene Bereitungsart des Phosphoroxydes (Ann. de Chm. 65, 257). Man bringt in einen Glaskolben von 1 Liter Inhalt, dessen Hals 1 Decim. lang und 25 Mm. weit ist, etwas Phosphorchlorür PCl_3, dann so viel getrocknete Phosphorstücke, dass sie eine 2 Cm. hohe Schichte bilden, endlich noch so viel Phosphorchlorid, dass alles davon bedeckt ist und lässt nun den Kolben einige Zeit leicht mit Papier bedeckt an einem lichten Orte stehen. Es bildet sich hiebei nebst etwas Phosphor- und phosphoriger Säure der oben erwähnte, unter dem Namen phosphorsaures Phosphoroxyd bekannte Körper in Form einer pomeranzengelben Masse. Beabsichtigt man diesen Körper darzustellen, so giesst man das Phosphorchlorid, welches wieder zu demselben Zwecke gebraucht werden kann, ab und trennt die pomeranzengelbe Masse mit Äther, welcher sie nicht löst, vom Glase und von unveränderter Phosphorsäure. Nun setzt man absoluten Alkohol zu, der das phosphorsaure Phosphoroxyd vollständig löst, aus welcher Lösung es wieder durch absoluten Äther gefällt wird. Nach möglichst sorgfältiger Entfernung der Flüssigkeit wird das pomeranzengelbe Pulver zwischen Papier gepresst und im Vacuum getrocknet. Es hat einen sehr schwachen Geschmack und zerfällt nach einiger Zeit von selbst in Phosphorsäure und Phosphoroxyd. Frisch bereitet löst es sich vollständig in Wasser, aus welcher Lösung sich jedoch bei 80° sogleich, bei gew. Tpr. erst nach mehreren Stunden, ein gelbes Pulver absetzt, welches ein Hydrat des Phosphoroxydes ist, dessen Zusammensetzung wahrscheinlich der Formel $2HO,P_2O$ entspricht. Dieses Hydrat, das schwach saure Eigenschaften zeigt, erscheint als eine gelbe voluminöse Masse, welche schon bei gew. Tpr. getrocknet etwas von ihrem Wasser verliert. Bringt man dasselbe über Schwefelsäure unter die Glocke einer Luftpumpe, so gibt es sein Wasser ganz ab und man erhält nur Phosphoroxyd. Es ändert sich beim Kochen in Wasser nur sehr wenig, wird es aber unter Wasser der Einwirkung der Sonnenstrahlen dargeboten, so zersetzt es sich ziemlich schnell in Phosphorsäure und Phosphorwasserstoffgas. Beabsichtigt man bloss die Darstellung des Oxydes, so bringt man unmittelbar die gelbe Masse ins Wasser, spült die Phosphorstücke einzeln darin ab und erwärmt die Lösung des phosphorsauren Phosphoroxydes, wenn aller Phosphor von derselben getrennt ist.

Phosphor und Wasserstoff.

313. Der Phosphor kann sich auf directem Wege nicht mit dem Wasserstoff verbinden, auf indirecte Weise aber hat man bisher die folgenden drei Verbindungen dargestellt.

H_3P Das Phosphorwasserstoffgas enthält auf 32 Phosp. 3 Wasserstoff.

H_2P Der flüssige, selbst entzündliche Phosphorwasserstoff enthält auf 32 Th. Phosphor 2 Wasserstoff.

HP_2 der feste gelbe Phosphorwasserstoff enthält auf 32 Phosphor $^1/_2$ Th. Wasserstoff.

Das Phosphorwasserstoffgas $H_3P = 35$ (Phosphor d'hydrogène gazeux) ist ein farbloses, sehr widerlich, nämlich nach faulenden Fischen riechendes Gas, welches eingeathmet schädlich wirkt. Die Dichte desselben beträgt 1,185. Es wirkt nicht auf Pflanzenfarben, zeigt aber in anderer Beziehung alkalische Eigenschaften, jedoch in geringem Grade. Brennende Körper können darin nicht fortbrennen, es ist aber selbst brennbar, und entzündet sich unter gewöhnlichem Luftdrucke schon bei 149°. Bei vermindertem Luftdrucke tritt die Verbrennung viel früher ein, insbesondere wenn Phosphorwasserstoff im Überschusse vorhanden ist. Bringt man z. B. in eine in der Quecksilberwanne befindliche Röhre, während sie sich in möglichst schiefer Lage befindet, 2 V. Phosphorwasserstoffgas und 1 V. Sauerstoffgas, und stellt man die Röhre rasch auf, so erfolgt Verpuffung, wobei die Röhre oft zertrümmert wird, daher sie von einem Drathgitter umgeben sein muss. Wasser nimmt nur $^1/_8$ seines Volumens Phosphorwasserstoffgas auf, und erhält dadurch

den Geruch des Gases und einen widrigen Geschmack. Beim Kochen entweicht das Gas vollständig, und bei der Einwirkung des
Lichtes und der Luft entweicht Wasserstoffgas, während sich Phosphoroxyd abscheidet. Chlor zerlegt dasselbe unter lebhafter Licht-
erscheinung in Hydrochlor und Phosphorchlorid. Ähnlich, jedoch
schwächer wirken Jod, Brom und Schwefel. Viele Metalle, wie
Kalium, Zink, Eisen, Antimon etc. zersetzen es, darin erhitzt, indem sich Phosphormetalle bilden, während der Wasserstoff entweicht. Es wird von den meisten Säuren und Salzen zerlegt, indem
sich der Phosphor mit dem Radicale derselben ganz oder theilweise
verbindet und Wasser gebildet wird. Die Lösungen vieler Metallsalze,
insbesondere die des schwefelsauren Kupferoxydes absorbiren das
Gas vollständig unter Fällung von schwarzem Phosphorkupfer. In einer
Lösung von salpetersaurem Quecksilberoxydul bringt es einen weissen
Niederschlag hervor, der eine Verbindung des Phosphormetalles mit
dem Quecksilbersalze ist. Aus Gold- und Silber-Oxyd-Lösungen werden die Metalle regulinisch gefällt. Auch wird es gleich dem Ammoniak von vielen Chlormetallen aufgenommen und geht damit bestimmte
Verbindungen ein. Bei erhöhter Temperatur hingegen zersetzt es die
Chlormetalle, wobei sich Hydrate und Phosphormetalle bilden.

Man erhält das Phosphorwasserstoffgas in reinem Zustande
durch Erhitzen der krystallisirten phosphorigen, oder der wässerigen
unterphosphorigen und der phosphatischen Säure. Hiebei ist nur das
zuerst bei gelinder Hitze sich entwickelnde Gas rein, später enthält
es Wasserstoffgas beigemengt, insbesondere wenn die Retorte nicht
aus sehr hartem Glase bestand, indem sich phosphorigsaures Kali
oder Natron bildet, das beim Erhitzen Wasserstoffgas abgibt. Am
zweckmässigsten ist es jedoch, das sogenannte Phosphorcalcium
(814) zu diesem Behufe durch concentrirte Salzlösung zu zersetzen

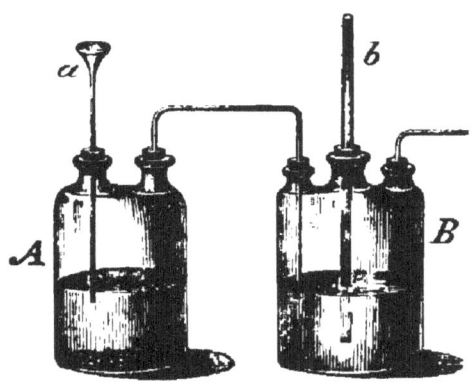

und das sich hiebei in reichlicher
Menge entwickelnde Gas mit Salzsäure und Kalilösung zu waschen.
Man muss hiebei Sorge tragen,
den Apparat vor der Entwickelung
des Gases von aller atm. Luft zu
befreien, weil sonst leicht gefährliche Explosionen entstehen, indem sich die folgende Verbindung
ebenfalls bildet. Dieser Zweck
wird vollkommen erreicht, wenn

man zuerst aus einer zweihälsigen Flasche A, welche Marmor und Wasser enthält, durch Nachgiessen von Salzsäure oder Schwefelsäure bei der Trichterröhre a, Kohlensäure erzeugt, bis sowohl die Flasche B als alle folgenden Waschflaschen frei von atm. Luft sind. Die Flasche B ist dreihalsig und bis zur Hälfte mit concentrirter Salzsäure gefüllt. Der mittlere Hals ist mit einer weiten Röhre b versehen, durch welche das Phosphorcalcium eingetragen wird, und die dritte Röhre steht entweder mit den Waschflaschen oder der pneumatischen Wanne etc. in Verbindung.

Das Phosphorwasserstoffgas zeigt eine sehr auffallende Erscheinung. Es ist nämlich, auf gewisse Arten bereitet, selbst entzündlich d. h. es entzündet sich ohne weitere Veranlassung schon bei sehr niedriger Tpr. in dem Augenblicke als es mit der Luft in Berührung kommt; während es auf andere Art erzeugt hiezu einer besonderen Veranlassung bedarf. Die wahre Ursache dieses merkwürdigen Verhaltens war lange den Chemikern entgangen, obwohl sich dieselben seit der Entdeckung des Gases von Gengembre im Jahre 1783 vielfältig damit beschäftigt haben. Aus den Versuchen von H. Rose schien zu folgen, dass das Phosphorwasserstoffgas immer eine gleiche Zusammensetzung und Dichte habe, es mag selbstentzündlich sein oder nicht, was insofern richtig ist, als die Differenzen in der Zusammensetzung innerhalb der Gränzen der schwer vermeidlichen Beobachtungsfehler liegen. Derselbe folgerte hieraus weiter, dass beide Gase isomerische Modificationen sind, eine Ansicht welche auch Berzelius theilte. Dumas fand hingegen durch sehr genaue Analysen, dass das selbstentzündliche Gas stets etwas mehr Phosphor enthält als das nicht selbstentzündliche, was der Wahrheit zwar entspricht, denselben aber doch zu dem unrichtigen Schlusse leitete, dass das selbstentzündliche Gas 3 Äq., das nicht selbstentzündliche hingegen nur 2 Äq. Wasserstoff enthalte, während doch ersteres nur ein Gemenge ist, dem allerdings auch die von Dumas gefundene Zusammensetzung entsprechen kann. Graham stimmte zwar den Ansichten von H. Rose bei, dass beide Gase eine gleiche Zusammensetzung haben, suchte aber durch interessante Versuche zu zeigen, dass die Eigenschaft, bald selbstentzündlich zu sein bald nicht, von fremdartigen zufälligen Beimengungen abhänge. Le Verrier machte ferner die Beobachtung, dass selbstentzündliches Gas, der Wirkung des Lichtes ausgesetzt, einen gelben Körper absetzt und dann nicht mehr selbstentzündlich ist, während es im Dunkeln nichts absetzt und selbstentzündlich bleibt. Le Verrier schloss hieraus und aus vielen anderen Versuchen, dass das selbstentzündliche Gas ein Gemenge aus festem Phosphorwasserstoff HP und H_3P ist. Indess gelang es erst Paul Thénard dem Sohne (Ann. de Chim. 14, 1) die wahre Ursache dieses wechselnden Verhaltens des Phosphorwasserstoffgases gründlich auszumitteln, indem er zeigte, dass die Eigenschaft des Gases selbstentzündlich zu sein allein davon abhängt, dass demselben eine, wenn auch nur sehr geringe Menge des Phosphorwasserstoffes H_2P, die nicht mehr als $^1/_{500}$ am Gewichte des Gases zu betragen braucht, beigemengt ist. Aus dieser geringen Menge und daraus, dass der Phosphorwasserstoff H_2P an der Luft sich selbst entzündet und durch das Licht zersetzt wird, erklären sich alle früheren zum Theil mit einander im Widerspruche stehenden Angaben auf das Genügendste.

314. Flüssiger selbstentzündlicher Phosphorwasserstoff $H_2P = 34$ (Phosphure d'hydrogène liquide). Diese Verbindung ist eine wasserhelle, das Licht stark brechende Flüssigkeit, welche bei — 20° noch nicht fest wird und sich, wie es scheint, bei 30° bis 40° verflüchtigt, wobei zugleich eine Zerlegung derselben Statt findet. In Wasser ist dieselbe ganz unlöslich, Weingeist und Terpenthinöl scheinen sie zu lösen, es erfolgt jedoch bald eine Zerlegung. Kommt die Flüssigkeit in Berührung mit der Luft, so entzündet sie sich sogleich und verbrennt mit intensivem weissen Lichte unter Bildung eines starken Rauches. Merkwürdiger Weise reicht schon der $^1/_{500}$ Gtl. desselben hin, das nicht selbstentzündliche Phosphorwasserstoffgas sowohl als auch alle übrigen Gase in selbstentzündliche zu verwandeln. Durch die Einwirkung des Lichtes wird es in Phosphorwasserstoffgas und festen Phosphorwasserstoff HP_2 zerlegt. Die Flüssigkeit wird anfangs nur gelb, bleibt aber durchsichtig, indem sich die feste Verbindung in der flüssigen löst; ist diese aber damit gesättigt, so fällt die feste Verbindung heraus und nun ist bald die Zersetzung vollständig. Dieselbe Zerlegung erleidet es auch durch Hydrochlor, es mag entweder in Gasform oder als Salzsäure damit in Berührung kommen. Hiebei wird von der Salzsäure weder etwas aufgenommen noch abgegeben, sondern $5H_2P$ zerfallen in $3H_3P$ und HP_2. Diese grosse Zerlegbarkeit ist nach P. Thénard auch die Ursache, dass sich der Körper mit Luft in Berührung so leicht entzündet, indem die wenn auch geringe Erhöhung der Temperatur, welche hiebei eintreten mag, die Entzündung bedingt. Viele Metalloxyde und Chloride zerlegen den flüssigen Phosphorwasserstoff und verhalten sich überhaupt gegen denselben wie gegen das selbstentzündliche Phosphorwasserstoffgas, nur ist die Einwirkung viel stärker. Die Bereitung des flüssigen Phosphorwasserstoffes beruht auf dem Verhalten des sogenannten Phosphorcalciums gegen Wasser. Dieses ist eine Verbindung, deren Elementarzusammensetzung durch die Formel Ca_2O_2P ausgedrückt wird, welche man aber als eine Verbindung von Phosphorcalcium mit phosphorsaurem Kalke betrachten muss, nämlich als $2 (2CaO,PO_5) + 5PCa$. In diesem Körper, dessen Bereitung weiter unten angegeben werden wird, ist das Wirksame nur das Phosphorcalcium PCa_2, welches in Berührung mit Wasser sein Calcium mit Wasserstoff vertauscht, während Calciumoxyd gebildet wird, d. h. es ist

$$PCa_2 + 2HO = H_2P + 2CaO$$

dies gibt auf obige Zusammensetzung angewendet

$$2 (2CaO,PO_5), 5PCa_2 + 10HO = 2 (2CaO,PO_5) + 10CaO + 5H_2P$$

Diese $5H_2P$ bleiben aber nicht unverändert, sondern zerfallen sogleich theilweise in Phosphorwasserstoffgas, mit welchem ein Theil des unzersetzt gebliebenen, selbstentzündlichen Phosphorwasserstoffes entweicht, und in festen Phosphorwasserstoff. Kühlt man daher das bei diesem Processe entweichende Gas hinreichend ab, so setzt sich der flüssige Phosphorwasserstoff ab und kann aufgefangen werden. Um diese Operation bequemer auszuführen, bedient man sich einer dreihalsigen Flasche, welche ungefähr 1,5 L. fasst und bis auf ³/₄ mit Wasser gefüllt ist. Sie befindet sich in einem Wasserbade, das bis auf 60 — 70° erwärmt wird. Im mittleren Halse ist ein weites Rohr zum Eintragen des Phosphorcalciums und in einem der beiden andern eine rechtwinkelig gebogene Röhre, die in ein Gefäss mit Wasser taucht und als Sicherheitsflasche dient, im dritten endlich befindet sich eine so gekrümmte Röhre, dass sie mit einer Frostmischung umgeben werden kann. Beim Beginn der Operation verstopft man diese Röhre und wirft kleine Stückchen Phosphorcalcium durch die weite Röhre in die Flasche. Die sich bildenden Gasblasen verbrennen und vertreiben so durch die rechtwinkelig gebogene Sicherheitsröhre die Luft aus der Flasche. Man öffnet nun die gekühlte Röhre und bringt 30 — 40 Gm. Phosphorcalcium in die Flasche. Nach 15 — 20 Minuten hat sich, wenn die Operation gehörig vor sich geht, der selbstentzündliche Phosphorwasserstoff in der gekühlten Röhre gesammelt, er muss sogleich in derselben eingeschmolzen werden, da er sich in Berührung mit der Luft fast augenblicklich entzündet.

Das Phosphorcalcium bereitet man zu obigem Behufe sehr leicht, wenn man in einer Glasröhre, die etwa 1 Zoll weit, 3,5 Fuss lang und an einem Ende zugeschmolzen ist, zuerst den nöthigen Phosphor bringt, ihn unter Wasser zusammenschmilzt, erkalten lässt, das Wasser entfernt und dann den übrigen Theil der Röhre ganz mit Kalk füllt. Man legt nun die Röhre in einen gehörig langen Ofen, wie er zu organ. Analysen dient, und fängt von dem offenen Ende zu erhitzen an, bis man zum Phosphor gelangt, dessen Gas dann mit dem schwach glühenden Kalk in Berührung kommt. Die Bildung des Phosphorcalciums erfolgt unter lebhaftem Erglühen des Kalkes und man kann dadurch deutlich sehen wie die Umwandlung vorschreitet. Die Operation ist beendigt wenn der in Überschuss angewandte Phosphor an der Öffnung zu brennen anfängt und man erhitzt dann noch so lange fort als diess dauert, um allen überschüssigen Phosphor zu vertreiben. Der Kalk wird zu diesem Versuche zuerst mit Wasser so stark benetzt, dass sich daraus Kügelchen von der Grösse einer Erbse formen lassen, die getrocknet in einen Tiegel gebracht und wieder geglüht werden. Es sind auf 7 Th. Kalk 4 Th. Phosphor nöthig. Statt der Glasröhre kann man auch einen hohen, nicht sehr weiten Tiegel nehmen, in welchen ein durchlöcherter Rost in $\frac{1}{4}$ seiner Höhe gelegt werden kann. In den unteren Raum kommt der Phosphor, in den oberen der Kalk. Man stellt ihn in einen Ofen, dessen Rost mit einer Öffnung versehen ist, so dass der untere Theil in welchem sich der Phosphor befindet unter denselben zu stehen kommt und erst stärker erwärmt wird, wenn der obere Theil des Tiegels bereits glüht.

Bringt man in eine kleine Retorte wohlbefeuchtetes Kalkhydrat und einige Stückchen Phosphor, so erhält man beim Erwärmen der Retorte ein sehr entzündliches Gas welches man nur über Wasser dem Einflusse des Lichtes auszusetzen braucht, um es sehr bald in unentzündliches umgewandelt zu sehen, womit aber immer eine Ablagerung des festen Phosphorwasserstoffes an die Wände der Glocke verbunden ist. Diese Umwandlung erfolgt auch bei vollkommen trockenem Gase, jedoch minder rasch, als wenn es feucht ist.

315. Fester Phosphorwasserstoff $HP_2 = 65$ (Phosphure d'hydrogène solide). Dieser Körper ist ein lichtgelbes, amorphes, geruch- und geschmackloses Pulver, welches durch Einwirkung des Lichtes etwas mennigroth wird. In trockener Luft ist der feste Phosphorwasserstoff ganz unveränderlich und auch feuchte ändert ihn nur nach langer Zeit. Bei $200°$ und auch bei einem starken Schlag mit dem Hammer entzündet er sich. In einer Atmosphäre von Wasserstoffgas erhitzt, wird er zerlegt, indem zuerst Phosphorwasserstoffgas dann Phosphor überdestillirt, ohne dass etwas hiebei zurückbleibt. Man hat bisher kein anderes Lösungsmittel desselben gefunden als den flüssigen Phosphorwasserstoff. Chlor, Phosphorchlorid, Schwefelsäure, Salpetersäure zerlegen ihn sogleich, während Phosphorchlorür, Zinnchlorid und Titanchlorid nicht darauf wirken. Durch ein in Wasser gelöstes Alkali wird der feste Phosphorwasserstoff in Phosphorwasserstoffgas und Phosphoroxyd umgewandelt. Mit chlorsaurem Kali, Kupferoxyd, Silberoxyd und mit Quecksilberoxyd das auf nassem Wege bereitet wurde, bringt dieser Körper die heftigsten Explosionen hervor, und zwar sowohl durch Erwärmung als durch Stoss.

Am einfachsten erhält man den festen Phosphorwasserstoff, indem man Phosphorcalcium mit warmer concentrirter Salzsäure behandelt, oder indem man selbstentzündliches Phosphorwasserstoffgas durch concentrirte Salzsäure leitet. Es entweicht nicht-selbstentzündliches Phosphorwasserstoffgas, während sich die feste Verbindung abscheidet, wodurch die Röhre leicht verstopft wird, wenn sie zu eng ist. Der hiebei Statt findende Process ist folgender:

$$2 \, (2CaO,PO_5), \; 5Ca_2P + 10HCl = 2 \, (2CaO,PO_5) + 10CaCl + HP_2 + 3H_3P$$

hiedurch findet auch die in (313) angegebene Bereitungsart des nicht-selbstentzündlichen Phosphorwasserstoffgases ihre Erklärung.

Ausser dem hier beschriebenen festen Phosphorwasserstoff existirt noch ein anderer grüner, der mit ersterem isomerisch zu sein scheint und aus den Rückstand von der Bereitung des selbstentzündlichen Phosphorwasserstoffgases erhalten werden kann, wenn man denselben durch 24 Stunden mit Salzsäure behandelt.

Phosphor, Kalium, Natrium, Sauerstoff, Wasserstoff.

316. Phosphorkalium (Phosphure de potassium). Beide Körper verbinden sich unter Feuererscheinung sowohl bei gelinder Erwärmung als durch Druck. Auch beim Erwärmen unter Steinöl erfolgt die Verbindung, und zwar ohne Feuererscheinung nur von einem Aufkochen der Flüssigkeit begleitet. Schmilzt man die Körper in einer Atmosphäre von Wasserstoffgas zusammen und erhitzt sie so lange, bis aller überschüssiger Phosphor weggetrieben ist, so geben sie nach H. Rose eine kupferrothe, krystallinische und metallglänzende Verbindung. Wird das Phosphorkalium gelinde an der Luft erhitzt, so verbrennt es zu phosphorsaurem Kali. Mit Wasser zerlegt es sich in gasförmigen und diesem beigemengten flüssigen Phosphorwasserstoff und in unterphosphorigsaures Kali.

Das Natrium verhält sich auf ganz gleiche Weise zum Phosphor und gibt damit eine bleigraue Verbindung.

29

Wenn man über erhitztes dreieinhalbfach Schwefelkalium (173) K_2S_7 trockenes Phosphorwasserstoffgas leitet, so bildet sich unter Entwickelung von Hydrothion, eine weisse, an der Luft zerfliessende Masse, die der Formel K_4PS_{11} entspricht. Mit heissem Wasser übergossen entweicht Hydrothion, und phosphorsaures Kali nebst Schwefelkalium KS_3 werden gebildet.

317. Phosphorsaures Kali. a. Dreibasiges $KO,2HO,PO_5$. Dieses Salz wird erhalten, wenn man zu kohlensaurem Kali so lange gewöhnliche, d. h. dreibasige Phosphorsäure hinzusetzt, bis Lackmuspapier geröthet wird. Beim freiwilligen Verdunsten der Lösung erhält man Krystalle, welche nach Mitscherlich pyramidal sind und ausser den 2 Äq. basischen Wassers kein anderes enthalten. $P = 122^0 6'$; $86^0 24$, $a = \sqrt{0,8818}$. G. Com. P. P + ∞. Brooke fand Abmessungen, die den angegebenen sehr nahe kommen. Es schmeckt stark sauer, röthet zwar Lackmuspapier, dieses wird aber beim Trocknen wieder blau. Im Wasser ist es leicht, im Weingeist hingegen gar nicht löslich. Die Krystalle bleiben noch bei 204^0 glänzend, und verlieren erst beim stärkeren Erhitzen, indem sie zu einem klaren Glase schmelzen, ihr Wasser, wodurch sie in das

einbasige phosphorsaure Kali KO,PO_5 übergehen. In diesem Zustande ist das Salz im Wasser ganz unlöslich, während das direct durch Zusammenmischen des ersten Hydrates der Phosphorsäure HO,PO_5 gebildete eine lösliche, nicht krystallisirte Masse gibt. Das Unlöslichwerden des bis zum starken Glühen erhitzten Salzes im Wasser ist übrigens eine sehr häufig vorkommende Erscheinung, die bei Körpern von der verschiedenartigsten Zusammensetzung beobachtet wird.

b. **Dreibasiges $2KO,HO,PO_5$.** Dieses dreibasige Salz wird erhalten, wenn man zu gewöhnlicher Phosphorsäure die zur Lösung desselben gerade nöthige Menge Kali, nämlich 2 Äq. hinzusetzt. Es kann nach Graham nicht krystallisirt erhalten werden und verwandelt sich beim Erhitzen bis zum Glühen in das

zweibasige Salz $2KO,PO_5$, das beim Auflösen im Wasser schnell wieder das eine Äq. Wasser aufnimmt und dadurch in das vorige dreibasige Salz übergeht.

c. **Dreibasiges $3KO,PO_5$.** Das dritte dreibasige phosphorsaure Kali wird erhalten, wenn man Phosphorsäure mit überschüssigem kohlensauren Kali glüht, wobei nur 3 Äq. Kohlensäure ausgetrieben werden, oder indem man das Salz a mit Kali erhitzt. Es erscheint als eine weisse undurchsichtige Masse, die in der Glühhitze zu einem klaren Glase schmilzt, im kalten Wasser fast gar nicht, im heissen hingegen so wie in Salpetersäure, Salzsäure etc. löslich ist.

Es fällt, wenn Alkalien zu dieser etwas concentrirten Lösung hinzugefügt werden, wieder körnig heraus.

Die Kalisalze der übrigen Säuren des Phosphors besitzen keine ausgezeichneten Eigenschaften. Das phosphorigsaure Kali, welches direct erhalten wird, krystallisirt gar nicht, das unterphosphorsaure nur sehr unvollkommen. Letzteres bildet sich, wenn Phosphor in Kalilösung gekocht wird, wobei Phosphorwasserstoff entweicht. Lässt man die Lösung an der Luft verdunsten, so wird das überschüssige Kali in kohlensaures verwandelt, und man kann es mit Weingeist ausziehen, da das unterphosphorigsaure Salz darin nicht löslich ist. Es verbrennt an der Luft erhitzt und verpufft mit Salpetersäure heftig. Bei Ausschluss der Luft hingegen gibt es selbstentzündlichen Phosphorwasserstoff ab. Auch das Phosphoroxyd gibt eine rothe Lösung mit wässerigem Kali, welche jedoch nicht sehr beständig ist.

Die Phosphorsäure kann auch Salze bilden, in welchen zugleich eine andere Säure enthalten ist. So existirt ein Kalisalz $3HO,KO$, $2SO_3PO_5$, und ein anderes, in welchem die Phosphorsäure durch Salpetersäure ersetzt ist, nämlich $3HO,KO_3,2SO,NO_5$ (Jacquelain Ann. de Ch. etc. 70. 320).

318. Phosphorsaures Natron. a. Dreibasiges, $2NaO,HO,PO_5$, 23HO (nach Malagutti 26HO). Dieses Salz ist das gewöhnliche im Handel unter dem Namen phosphorsaures Natron (Perlsalz, Sal mirabile perlatum, phosphate de soude) vorkommende. Es wird meistens im Grossen bereitet, indem man die aus der Knochenasche erhaltene unreine Lösung der Phosphorsäure erhitzt und so lange kohlensaures Natron zusetzt als noch Aufbrausen erfolgt. Man dampft dann alles bis zur Trockenheit ab, löst das trockene Salz, filtrirt und lässt die hinreichend concentrirte Lauge in der Kälte krystallisiren. Es bilden sich wasserhelle Krystalle, deren Grundgestalt nach Mitscherlich ein Hemiorthotyp ist, bei welchem die Abweichung der Axe in der Ebene der längeren Diagonale liegt und 31^0 30' beträgt. $a:b:c:d = 1,6318:2,3309:1,3363:1$. G. Com. $P-\infty. - P/_2. P+\infty; P-\infty. - P/_2. - \breve{P}r/_2. \breve{P}r+\infty.$ $\breve{P}r+\infty.$ Die Krystalle verwittern schnell, verlieren aber dabei nicht ihr ganzes Wasser, sie sind in 4 Th. kaltem und in 2 Th. heissem Wasser löslich. Die Lösung absorbirt viel Kohlensäure und braust dann mit starken Säuren. Lässt man die wässerige Lösung bei 33° bis zum Krystallisiren verdunsten, so erhält man Krystalle, welche nach Clark mit dem arsensauren Natron, das 15 Äq. Wasser enthält, isomorph sind. Das Salz ist nach der Formel $2NaO,HO,PO_5$, 14HO zusammengesetzt. Das gewöhnliche phosphorsaure Natron schmilzt schon bei gelinder Erwärmung und verliert bei 300° den

grössten Theil seines Krystallwassers, beim schwachen Glühen gibt
es die letzten Antheile seines Wassers ab, und bildet ein ruhig
fliessendes klares Glas, welches beim Erkalten zu einer undurchsichtigen Masse erstarrt. Das so erhaltene Salz ist dann ein

z w e i b a s i g e s p h o s p h o r s a u r e s N a t r o n, welches der Formel $2NaO,PO_5$ entspricht. Es löst sich nicht so leicht im Wasser als
das vorige Salz und nimmt erst durch langes Kochen das eine Äq.
Wasser wieder auf. Wird es hingegen mit Säuren gekocht, so verwandelt es sich schnell in das dreibasige Salz und reagirt dann wieder
gelb mit salpetersaurem Silberoxyd. Lässt man die heisse concentrirte
Lösung desselben erkalten, so schiessen daraus Krystalle mit 10 Äq.
Wasser an, die aber dennoch nur zweibasig sind. Dieses ganze Wasser ist Krystallwasser, welches auch wirklich schon bei gew. Temp.
im Vacuum über Schwefelsäure vollständig entweicht, die Formel des
Salzes ist also $2NaO,PO_5, 10HO$. Seine Gestalt ist nach H a i d i n g e r
ein Hemiorthotyp, bei welchem die Abweichung der Axe in der
Ebene der längeren Diagonale liegt und $21^{\circ}48'$ beträgt. $a:b:c:d=$
$2,5:2,35:1,1:1$. G. Com. $P-\infty. P/_2. Pr. - Pr/2. - P/_2. \bar{P}r + \infty$.

b. D r e i b a s i g e s p h o s p h o r s a u r e s N a t r o n $NaO, 2HO, PO_5$,
$2HO$. Dieses dreibasige phosphorsaure Natron wird erhalten, wenn
man die Lösung des gewöhnlichen phosphorsauren Natrons (a) mit so
viel Phosphorsäure versetzt, bis eine Lösung von Chlorbaryum davon
nicht mehr gefällt wird. Man concentrirt dann die Lauge und überlässt sie zur Krystallisation sich selbst. Das Salz ist nach M i t s c h e r-
l i c h dimorph, wobei das merkwürdige Verhältniss Statt findet, dass
beide Gestalten demselben Systeme, nämlich dem orthotypen angehören. Die Grundgestalt des gewöhnlich vorkommenden Salzes
ist nämlich ein Orthotyp bei welchem $P = 112^{\circ} 28'; 106^{\circ} 59';$
$109^{\circ} 1'$ und $a:b:c = 1:\sqrt{1,0913}:\sqrt{0,9523}$ ist. Die g. Com.
sind: $P-\infty. P-\infty, P+\infty. \bar{P}r. P+\infty. \bar{P}r+\infty$. Die Gdst. der
zweiten Modification, welche ganz mit dem gleich zusammenge-
setzten arsensauren Natron übereinstimmt, ist ein Orthotyp, bei
welchem $P = 133^{\circ} 49'; 122^{\circ} 37'; 76^{\circ} 37'$ und $a:b:c = 1:$
$\sqrt{2,67175}:\sqrt{4,00235}$ ist. G. Com. $P. \bar{P}r. \bar{P}r + 1. P + \infty$. Es
ist im Wasser leicht, im Weingeist aber nicht löslich. Die 2 Äq.
Krystallwasser gibt das Salz bei 100 ab. Zwischen 190 und 204°
verwandelt es sich in das zweibasige NaO, HO, PO_5 und bei $204-244^{\circ}$
verliert es auch das letzte Äq. Wasser und geht in das

e i n b a s i g e S a l z NaO, PO_5 über, welches eine wasserhelle,
süsslich schmeckende glasartige Masse bildet, die sich leicht in Wasser

und Weingeist löst und schwach sauer reagirt. Die Lösung bei $38°$ sich selbst überlassen bildet keine Krystalle, sondern eine gummiartige Masse, welche etwas mehr als 1 Äq. Wasser enthält. Lässt man dieselbe einige Tage bei $204°$ stehen, so verliert sie so viel Wasser, dass weniger als 1 Äq. davon zurückbleibt, und verwandelt sich in ein zweibasiges Salz. Die Lösung desselben ändert sich aber beim Aufbewahren nicht, selbst wenn man Natron zusetzt. Wird sie aber damit eingekocht und stärker erwärmt, so geht sie wieder in gewöhnliches dreibasiges phosphorsaures Natron über.

c. **Dreibasiges phosphorsaures Natron** $3NaO,PO_5$, $24HO$. Um dieses Salz zu erhalten, setzt man zu gewöhnlichem phosphorsaurem Natron wenigstens halb so viel gelöstes Natron zu, als es schon enthält, dampft die Flüssigkeit dann bis zu einer Krystallhaut ab und stellt sie in die Kälte, wo fast alles Salz aus derselben herauskrystallisirt. Durch abermaliges Auflösen in möglichst wenig heissem Wasser und Umkrystallisiren wird es gereinigt. Hiebei muss es möglichst vor der Kohlensäure der Atmosphäre geschützt werden, da diese wie alle Säuren es zerlegen, weil das dritte Äq. Basis nur äusserst lose gebunden ist, wesswegen es auch das Ammoniak aus vielen Ammoniaksalzen vertreibt. 1 Th. des Salzes löst sich bei $15,5°$ in $5,1$ Th. Wasser.

319. **Phosphorsaures Natron-Kali** KO,NaO,HO,PO_5, $16HO$. Neutralisirt man das phosphorsaure Natron mit kohlensaurem Kali statt mit Natron, so erhält man Krystalle dieses Salzes, deren Gdst. ein Hemiorthotyp ist, bei welchem die Abweichung der Axe in der Ebene der grösseren Diagonale liegt und $6°\ 21'$ beträgt. $a:b:c: d:\ = 8,7814:8,1917:6,6716:1$. G. Com. $P-\infty$. $P/_2$. $-P/_2$. $P+\infty$. $(\breve{P}+\infty)^2$. $\breve{P}r+\infty$. $\bar{P}r+\infty$.

Phosphor und Schwefel.

320. Das Verhalten des Schwefels zum Phosphor ist, so vielfältig auch diese beiden Grundstoffe zum Gegenstande der Untersuchung gemacht wurden, doch erst in der neuesten Zeit durch **Berzelius** aufgeklärt worden, welcher in einer merkwürdigen Arbeit hierüber (übersetzt von **Poggendorff** in dessen Ann. 59, p. 77, 463 u. 593, und in den Ann. der Chem. u. Ph. 54, p. 129 u. 251 von **Wiggers**) eine grosse Anzahl sehr interessanter Thatsachen mitgetheilt hat. Es geht aus denselben hervor, dass sich nicht weniger als sechs bestimmte Verbindungen beider Grundstoffe darstellen lassen, nämlich:

P$_2$S Phosphorsubsulfür (Phosphorsulfür P.) Phosphorsulfuret W) *).

P$_3$S$_2$ Phosphorsesquisulfür (wird von Berzelius als P$_2$S,PS betrachtet).

PS   Phosphorsubsulfid (Unterschwefelphosphor P) (Unterphosphori-
      ges Sulfid W).

PS$_3$ Phosphorsulfür (Schwefelphosphor P) (Phosphoriges Sulfid W).

PS$_5$ Phosphorsulfid (Phosphorschwefel P) (Phosphorsulfid W).

PS$_{12}$ Phosphorsupersulfid (Phosphorsupersulfür P) (Phosphorsuper-
      sulfuret W).

Die ersten drei Verbindungen können auf directem Wege durch
Zusammenschmelzen der entsprechenden Mengen von Schwefel und
Phosphor dargestellt werden, wobei die Temperatur 100° nicht zu
übersteigen braucht; wendet man aber auch einen noch so grossen
Überschuss von Schwefel an, so wird weder das Sulfid noch das Sulfür gebildet, sondern die bei 100° flüssige Masse theilt sich in
das Supersulfid und in flüssiges Subsulfid. Über 100° erfolgt die
Bildung des Sulfides unter heftiger Explosion. Alle diese Verbindungen können unverändert überdestillirt werden, und was sehr merkwürdig ist, mehrere derselben können in zwei isomerischen Modificationen erscheinen, welche dem allotropischen Zustande des Phosphors, nämlich dem gewöhnlichen und dem rothen entsprechen.
Diese Körper sind ferner Sulfosäuren und verbinden sich mit vielen
Sulfobasen zu Schwefelsalzen, in welchen wie es scheint immer die
dem rothen Phosphor entsprechende Modification enthalten ist. Diese
Sulfosalze werden sämmtlich beim Erhitzen so zerlegt, dass das
Schwefelmetall zurückbleibt, während das Sulfid abdestillirt.

321. Phosphorsubsulfür P$_2$S = 80. Dieses wird erhalten, wenn man beide Körper nach dem durch die Formel
ausgedrückten Verhältnisse entweder unter Wasser oder in einer
wohlverschlossenen Proberöhre bis 60° erwärmt. Die Verbindung
erfolgt ganz ruhig und es entsteht eine farblose, das Licht stark
brechende Flüssigkeit, welche das Glas nicht benetzt. Auf indirectem Wege erhält man nach Böttger denselben Körper durch Digestion von Phosphor mit einer weingeistigen Kalilösung, die mit
Schwefel gesättigt wurde. Die Verbindung erstarrt einige Grade
unter 0° zu kleinen, undeutlichen, weissen Krystallen und lässt sich
in der Atmosphäre eines indifferenten Gases, z. B. des Wasserstoff-

---

*) Die mit P bezeichneten Namen sind die von Poggendorff in der oben citirten
   Übersetzung gebrauchten, die mit W bezeichneten hingegen die von Wiggers.
   Ob es zweckmässig war noch andere einzuführen, muss der Verfasser dem Urtheil
   der Chemiker überlassen.

gases, unverändert überdestilliren. An der Luft raucht dieselbe, wobei
der Phosphor sich oxydirt und die Temperatur leicht so hoch steigt,
dass sich der Körper entzündet. Von luftfreiem Wasser wird sie
nur sehr unbedeutend verändert, damit gekocht hingegen etwas
rascher. Ätzkali wirkt in der Kälte wenig darauf, beim Kochen erfolgt
eine Zerlegung, deren Producte von der Menge des Kali abhängen;
denn bei wenig Kali bleibt Phosphor übrig, während phosphorsaures
Kali und Schwefelkalium sich bilden, bei viel Kali entsteht unterphosphorigsaures Kali und selbstentzündlicher Phosphorwasserstoff.

Nach Berzelius gibt es eine isomerische Modification des
Phosphorsubsulfürs P_2S, welche als ein schön zinnoberrothes Pulver
erscheint, das weder Geruch noch Geschmack besitzt und unter
Wasser im Dunkeln selbst nach einigen Wochen noch keine Veränderung erleidet. An der Luft gelinde erwärmt entzündet es sich und
brennt wie Phosphor. Bei Ausschluss des Sauerstoffes der Luft destillirt, verflüchtigt es sich ohne zu schmelzen und das Destillat ist das
flüssige Phosphorsubsulfür. Berzelius erhielt diese Verbindung
dadurch, dass er geglühtes und hierauf zu Pulver geriebenes kohlensaures Natron mit Phosphorsubsulfid (PS) gleichförmig benetzte und
das Gemenge bei abgehaltenem Luftzutritte, allenfalls in einem Kolben
der mit einer Gasentbindungsröhre versehen ist, gerade nur so weit
erwärmte als nothwendig ist, um die Reaction einzuleiten, wozu es
einer nicht bis $100°$ gehenden Temperatur bedarf. Die Masse wird
zuerst gelb, dann pomeranzengelb und zuletzt zinnoberroth. Wenn
sich dieselbe nicht mehr ändert wird sie mit Wasser übergossen, wo
das Subsulfür als ein schön zinnoberrothes Pulver zurückbleibt, während eine gelbe Flüssigkeit durch das Filter geht, die kohlensaures
und phosphorsaures Natron nebst Schwefelnatriumphosphorsubsulfür
(NaS,P_2S) enthält. Nach dem Auswaschen kann die Masse an der
Luft getrocknet werden, bewerkstelligt man dies unter einer Glocke
über Schwefelsäure, so entzündet sie sich an die Luft gebracht durch
Condensation der Feuchtigkeit der Atmosphäre.

322. **Phosphorsesquisulfür** $P_3S_2 = 128$ oder nach
Berzelius P_2S,PS. Wenn man Schwefelzink ganz auf dieselbe Art
behandelt wie in (323) vom Schwefelmangan angegeben wird, so
erhält man einen mennigrothen Körper, der eine Verbindung von
2 Äq. Schwefelzink mit einer Schwellungsstufe des Phosphors ist, die
der Formel P_3S_2 entspricht und welche Berzelius als $P_2S + PS$
betrachtet. Sie bleibt bei Behandlung der Zinkverbindung mit Salzsäure als ein ebenfalls schön mennigrother Körper zurück, der sich über

Schwefelsäure vollkommen trocknen lässt. Bis ungefähr 5 0 ° erhitzt entzündet sich derselbe, bei abgehaltenem Sauerstoff aber wird er anfangs schwarz, dann verflüchtigt er sich ohne Zurücklassung eines
Rückstandes und gibt ein blassgelbes Liquidum als Destillat, welches
wie die feste Verbindung zusammengesetzt ist.

323. Phosphorsubsulfid PS $= 48$. Man erhält diese
Schweflungsstufe des Phosphors am besten auf directem Wege. Sie
ist ebenfalls bei gew. Temp. flüssig, blassgelb, bricht das Licht sehr
stark, riecht höchst ekelhaft und klebt hartnäckig an allen Körpern.
In einer Frostmischung gefriert dieselbe zu weissen feinen Krystallen.
Das Phosphorsubsulfid lässt sich bei abgehaltenem Sauerstoffe unverändert überdestilliren und zwar bei einer etwas höheren Temperatur
als der Phosphor. Mit porösen Körpern in Berührung gebracht entzündet es sich sehr leicht; dies geschieht aber nicht, wenn es auf
einem Uhrglase der Einwirkung der Luft ausgesetzt ist. Übrigens ist
das Verhalten desselben in feuchter und in trockener Luft sehr verschieden. In ersterer oxydirt es sich, vorzüglich während es verdampft, zu Schwefelsäure und Phosphorsäure, hingegen verwandelt
es sich in trockener Luft in ein Gemenge von schwefelsaurem und
phosphorsaurem Phosphoroxyd, das durch Behandeln mit Wasser
weiter in Phosphoroxyd, Schwefelsäure und Phosphorsäure zerfällt.
Unter ausgekochtem Wasser kann es besonders im Dunkeln unverändert aufbewahrt werden. Alkalien wirken darauf wie auf die vorige
Verbindung, Metallsalze werden nur unvollkommen davon zerlegt.

Es gibt nach Berzelius auch von diesem Körper eine isomerische Modification, welche als ein pomeranzenfarbiges Pulver
erscheint, das bis zu 8 0 ° erwärmt werden kann, ohne sich zu
entzünden. Bei abgehaltenem Sauerstoff erhitzt, wird es zunächst
dunkelroth, darauf schwarz und verwandelt sich endlich in flüssiges
PS, welches ohne einen Rückstand zu hinterlassen überdestillirt. Es
ist unlöslich im Wasser und Alkohol, verändert sich nicht durch
Kochen mit Salzsäure und wird von kalter Ätzkalilauge nur wenig
gelöst. Diese Modification des flüssigen PS ist nach Berzelius
höchst wahrscheinlich diejenige, welche sich mit den Sulfobasen verbindet und sich gegen sie als Sulfosäuren verhält. In der That kann
man sie auch durch Zerlegung ihrer Verbindung mit Schwefelmangan
darstellen. Man bereitet sich zuerst Schwefelmangan auf nassem
Wege unter den bekannten Vorsichten, trocknet es und erhitzt es
endlich so lange in Hydrothion, als es noch Wasser und Schwefel abgibt. Das so bereitete grüne Schwefelmangan bringt man in

die mittlere Kugel einer Röhre, welche mit s Kugeln versehen ist und leitet nun trockenes Wasserstoffgas darüber, bis die atm. Luft verdrängt ist, worauf man es mit flüssigem Phosphorsubsulfid (PS) übergiesst. Bei sehr gelinder Erwärmung beginnt eine heftige Reaction, wobei die Masse sich stark erhitzt und ein grosser Theil von PS in die beiden Kugeln überdestillirt, während ein anderer sich mit dem Schwefelmangan verbindet. Wenn nichts mehr von dem Schwefelmangan aufgenommen wird, und alles im Wasserstoffgas erkaltet ist, findet man in der mittleren Kugel eine gelbgrüne Masse, welche eine Verbindung von Schwefelmangan mit PS ist, was leicht bewiesen werden kann, da dieselbe noch vor der Glühhitze PS abgibt und reines Schwefelmangan zurückbleibt. Wird diese Verbindung mit Salzsäure übergossen, so bleibt das feste Phosphorsubsulfid (PS) zurück, während das Schwefelmangan unter Entwickelung von Hydrothion sich löst.

324. Phosphorsulfür PS$_3$ = 80. Dieses Sulfür erscheint als eine nicht krystallinische, undurchsichtige, gelblichweisse, geruch- und geschmacklose Masse, welche an der Luft nicht raucht. Es schmilzt leicht, entzündet sich dann und brennt mit Phosphorflamme. Bei abgehaltener Luft erhitzt schmilzt es und lässt sich unverändert überdestilliren, wo es gelblichweisse durchsichtige Tropfen bildet, die einige Zeit zähe bleiben, aber dann erstarren. Es zieht an der Luft, jedoch sehr langsam, Feuchtigkeit an und reagirt dann sauer. In ätzenden und kohlensauren Alkalien so wie in Ammoniak löst es sich leicht, und wird daraus in zarten Flocken abgeschieden, die sich langsam zu Boden setzen und nach dem Auswaschen und Trocknen citronengelb erscheinen. Serullas, welcher diese Verbindung zuerst dargestellt hat, erhielt sie durch Zerlegung des analogen Phosphorchlorürs mit trockenem Hydrothion, indem PCl$_3$ + 3HS = PS$_3$ + 3HCl ist. Berzelius bereitet dasselbe dadurch, dass er entweder das Phosphorsubsulfid PS in der rothen Modification oder eine Verbindung desselben mit einem Schwefelmetalle mit der nöthigen Menge von Schwefel bei abgehaltenem Luftzutritt erhitzt, was am besten in einem Strom von trockenem Wasserstoffgas geschieht. Bei gehörig starkem Erhitzen destillirt das Phosphorsulfür über, während das Schwefelmetall zurückbleibt. Wird die rothe Modification des Phosphorsubsulfides PS mit Schwefel erhitzt, so ist die Bildung des Sulfürs mit einer nicht unbedeutenden Erhitzung verbunden, welche zur Entstehung desselben nothwendig ist.

Das Phosphorsulfür verbindet sich mit den Sulfiden von Kupfer, Eisen, Silber und gibt damit Verbindungen, welche nach der Formel 2RS.PS$_3$ zusammengesetzt sind und in Wasserstoffgas erhitzt einen Rückstand lassen, der der Formel 2RS.PS entspricht.

325. Phosphorsulfid PS$_5$ = 112. Es ist ein blassgelber, nur in feinen Krystallen durchsichtiger Körper, der schwieriger schmilzt und bei einer viel höheren Temperatur siedet als der Schwefel. Im geschmolzenen Zustande gleicht es dem Schwefel bei 260°, so wie auch sein Gas die Farbe des Schwefelgases hat. An der Luft gelinde erhitzt, verbrennt es, einen dicken Rauch bildend, mit leuchtender Flamme. Es zieht aus der Luft Feuchtigkeit an, während der Phosphor sich zu Phosphorsäure oxydirt. Von Ätzkali und Ammoniak wird es leicht gelöst, von kohlensauren etwas langsamer; beim Kochen damit wird es unter Entwickelung von Hydrothion zersetzt. Dasselbe erfolgt auch beim Zusatz von Säuren. Mit mehreren Schwefelmetallen geht das Phosphorsulfid Verbindungen ein, die nach der Formel 2RS.PS$_5$ zusammengesetzt sind. Berzelius erhielt das Phosphorsulfid als er die rothe Modification von Phosphorsubsulfür P$_2$S mit 9 Äq. Schwefel innig gemengt in einer Retorte erhitzte. Vom Anfang findet eine starke Erhitzung Statt, durch welche ein Theil der Masse sublimirt wird, erhitzt man noch eine Weile ziemlich stark, so findet man nach dem Erkalten eine schwärzliche Masse am Boden, welche ausser geringen Verunreinigungen ganz aus Phosphorsulfid besteht und durch Destillation bei abgehaltenem Sauerstoff gereinigt werden kann. Dasselbe wird auch erhalten, wenn man zur Verbindung eines Schwefelmetalles mit PS, 4 Äq. Schwefel mengt und dann das Gemenge in Wasserstoffgas erwärmt, wobei sich die Hälfte des Phosphorsulfides sublimirt, die andere Hälfte aber mit dem Schwefelmetalle verbunden bleibt. Berzelius hat es auch versucht diese Verbindung auf directem Wege darzustellen; allein es zeigte sich, dass bei einer unter 100° liegenden Temperatur nicht diese, sondern nur PS$_{12}$ entsteht. Steigert man aber die Temperatur über 100°, so bildet sich allerdings diese Verbindung, aber unter Feuererscheinung und mit einer für den Experimentator gefährlichen Explosion. Es wird also die Verbindung des Phosphors mit dem Schwefel, welche der Phosphorsäure und dem Phosphorchloride analog ist, unter einer ähnlichen Erscheinung gebildet, wie die des Phosphors mit dem Sauerstoff und Chlor. Auch wenn man flüssiges Phosphorsubsulfid PS auf Schwefel, der mit kohlensaurem Natron gemengt ist, wirken lässt, findet beim Erwärmen eine heftige Explosion Statt. Bei der Einwirkung von Hydrothion auf Phosphorchlorid wird nicht PS$_5$, sondern Phosphorschwefelchlorid (329) gebildet.

326. Phosphorsupersulfid $PS_{12} = 224$. Man kann sich diesen Körper am besten verschaffen, wenn man Schwefel in PS bei 60° auflöst und dann bis 10° erkalten lässt, wo sehr schöne Krystalle anschiessen, welche bereits von Dupré dargestellt, aber für PS_6 gehalten wurden. Um sie von der Mutterlauge, welche ihnen hartnäckig anhängt zu befreien, werden sie auf Löschpapier unter eine Glocke neben Wasser gestellt, aber so dass die Luft in derselben wechseln kann, dann abgewaschen und über Schwefelsäure im Vacuum getrocknet. Die Krystalle rauchen dann nicht, haben eine Dichte von $2,02$, sind geruchlos und an der Luft ganz unveränderlich. Sie schmelzen bei 100° und verbrennen dann mit einer grünlichgelben Flamme wie Phosphor bei Mangel an Sauerstoff. Die Verbindung scheint unverändert überdestillirt werden zu können; aber sowohl das Destillat als der Rückstand in der Retorte bleibt noch lange nach dem Erkalten zähe. Ätzkali nimmt schon in der Kälte 11 Äq. des Schwefels aus dem Supersulfide auf und hinterlässt Phosphorsubsulfid.

Phosphor, Chlor und Schwefel.

327. Phosphorchlorür $PCl_3 = 138,2$ (Protochlorure de phosphore). Wird Phosphor mit Chlor bei gew. Tpr. in Berührung gebracht, so entzündet er sich sogleich und brennt darin bei wenig Chlor mit einer blassen, grünlichgelben, leckenden Flamme, ist hingegen Chlor im Überschusse vorhanden, so sprüht er leuchtende Funken und verbrennt in diesem Falle zu Chlorid, während im vorigen sich nur das Chlorür des Phosphors bildet. Kühlt man den Phosphor in einer Kugelröhre mit Kohlensäurebrei gut ab und leitet dann Chlorgas in dieselbe, so wird dieses in der Kugel tropfbar, wirkt aber dann nicht im mindesten auf den Phosphor. Nimmt man die Röhre aus der Frostmischung und legt sie an beiden Enden offen bei Seite, so verdunstet das Chlor ohne auf den Phosphor zu wirken, da die durch seine Verdunstung entstandene Erkältung hinreicht die chemische Action beider Körper aufzuheben; verstopft man aber die Röhre, so erfolgt nun, wie vorauszusehen, sehr bald eine heftige Explosion.

Das Chlorür des Phosphors ist eine wasserhelle, das Licht stark brechende Flüssigkeit von stechendem Geruche, deren Dichte $1,45$ beträgt und welche unter einem Drucke von $0,763$ Mm. bei 78° siedet. Die Dichte ihres Gases beträgt $4,769$ und 1 V. Phosphorgas ist darin mit 6 V. Chlorgas zu 4 V. verdichtet. Viele Metalle verbren-

nen in dem Gase des Phosphorchlorürs mit lebhafter Feuererscheinung, indem sich Phosphor- und Chlor-Metalle bilden. Mit Phosphorwasserstoffgas zerlegt es sich nach der Formel $PCl_3 + PH_3 =$
$3HCl + 2P$. Über das Verhalten zu Wasser und Hydrothion s. (310)
und (324).

Zur Bereitung dieses Chlorürs kann man sich des in (216)
angegebenen Apparates bedienen. Man schiebt nämlich in eine nicht
zu weite Glasröhre trockenen Phosphor und leitet gut getrocknetes
Chlorgas in dieselbe. Das Chlorür fliesst sogleich in den vorgelegten,
und gut gekühlten Ballon, gegen welchen die Röhre etwas geneigt
ist. Man kann auch den Phosphor in eine Retorte B bringen und den
Apparat wie aus nebenstehender Zeichnung ersichtlich ist zusammen-
stellen. Das Chlor tritt bei a in den mit Calciumchlorid gefüllten

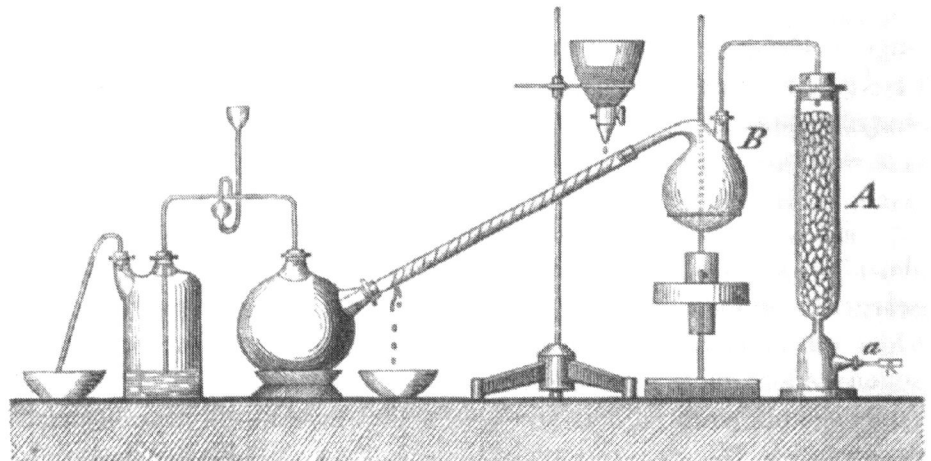

Cylinder A, aus diesem in die Retorte. Das Chlorür wird in der
Kühlröhre sehr vollständig condensirt und sammelt sich in der Vorlage. Man reinigt es durch abermahlige Destillation. Entwickelt sich das
Chlor zu rasch, so bildet sich auch Phosphorchlorid wodurch leicht
der Hals der Retorte verstopft werden kann.

Das Phosphorchlorür ist im Stande ziemlich viel Phosphor aufzulösen, wodurch, wie einige Chemiker annehmen, eine niedrigere Chlorverbindung des Phosphors als das Chlorür gebildet wird, eine Ansicht für welche jedoch bis jetzt noch kein Grund vorliegt.

328. Phosphorchlorid $PCl_5 = 209$ (Perchlorure de phosphore). Das Chlorid des Phosphors, welches eine der Phosphorsäure
analoge Zusammensetzung hat, ist ein fester Körper, obwohl es viel
mehr Chlor enthält als das Chlorür. Es bildet sich in der Form
eines weissen an der Luft stark rauchenden Körpers, der ohne zu

schmelzen weit unter 100° verdampft, in verschlossenen Gefässen aber, also unter einem Druck, zu einer klaren Flüssigkeit schmilzt, aus der sich beim Erkalten durchsichtige Krystalle abscheiden. Der Siedepunkt desselben liegt bei 148°. Man erhält es wenn man hinreichend viel Chlor in das Chlorür leitet. 1 V. Phosphorgas ist darin mit 10 V. Chlorgas zu 6 V. Phosphorchloridgas verbunden, dessen Dichte 4,816 beträgt. Mit trockenem Sauerstoff zerlegt wird Phosphorsäure gebildet und Chlor frei. Mit Wasser erhitzt es sich unter Erhitzung nach der Formel $PCl_5 + 5HO = PO_5 + 5HCl$. Bringt man Phosphorchlorid mit Phosphorwasserstoff zusammen, so zerlegen sie sich, und zwar entweder in Phosphorchlorür und Hydrochlor oder in Phosphor und Hydrochlor, je nachdem weniger oder mehr Phosphorwasserstoff vorhanden ist.

329. Phosphorschwefelchlorid PS_2Cl_3. Wenn man trockenes Hydrothion auf Phosphorchlorid wirken lässt, so entsteht, indem hiebei PCl_5 und $2HS$ sich in $2HCl$ und PS_2Cl_3 zerlegen, die obige Verbindung, welche als eine wasserhelle opalisirende Flüssigkeit erscheint, die durch Überdestilliren gereinigt wird. Sie raucht etwas an der Luft, riecht eigenthümlich stechend und kocht bei 125°. Mit Wasser zersetzt sie sich nach einigen Tagen, beim Erwärmen sogleich nach folgendem Schema: $PS_2Cl_3 + 5HO = PO_5 + 2HS + 3HCl$. Es vermag sowohl Schwefel als Phosphor zu lösen.

> Man kann diese Verbindung entweder als Phosphorchlorid in welchem 2 Äq. Chlor durch 2 Äq. Schwefel oder als Phosphorsäure in welcher der ganze Sauerstoff durch Chlor und Schwefel, oder endlich als Phosphorsulfid in welchem 3 Äq. Schwefel durch 3 Äq. Chlor ersetzt wurden betrachten.

330. Phosphorchlorsupersulfid $PS_{10}Cl_2$. Diese Verbindung, welche als Phosphorsupersulfid betrachtet werden kann, worin 2 Äq. Schwefel durch 2 Äq. Chlor ersetzt wurden, entsteht wenn man Phosphorwasserstoff auf Schwefelchlorür wirken lässt, indem $5S_2Cl$ und PH_3 hiebei $PS_{10}Cl_2$ und $3HCl$ geben. Sie erscheint als eine syrupartige gelbe Flüssigkeit, welche vom Wasser nur langsam und unter Abscheidung von Schwefel zerlegt wird.

Phosphor, Brom, Jod, Wasserstoff.

331. Der Phosphor verhält sich zum Brom ganz eben so wie zum Chlor und beide Körper geben analog zusammengesetzte Verbindungen, nämlich ein Bromür PBr_3 und ein Bromid PBr_5, welche wie die entsprechenden Chlorüre bereitet werden und diesen auch in ihren physikalischen und chemischen Eigenschaften ganz ähnlich sind. Obwohl die Reaction zwischen Phosphor und Brom noch heftiger ist als die gegen Chlor, da gefährliche Explosionen Statt finden wenn kleine Phosphorstücke in Brom geworfen werden, so findet doch auch bei sehr niedriger Temperatur keine Einwirkung derselben auf einander Statt.

Lässt man Phosphorwasserstoff und Hydrobrom zusammentreten, so bedecken sich die Wände des Gefässes mit kleinen Krystallen, welche nach der Formel H_3P,HBr zusammengesetzt sind und in Berührung mit Wasser schnell wieder in Phosphorwasserstoff und Hydrobrom zerfallen. Sie sieden bei 80° und die Dichte ihres Dampfes beträgt 1,906 (Bineau, Ann. de Ch. et de Ph. 68, 430).

332. Die Verbindungen zwischen Jod und Phosphor sind noch sehr wenig bekannt, obwohl nicht bezweifelt werden kann, dass es solche gibt, weil beide Stoffe sich ebenfalls unter Feuererscheinung mit einander verbinden und diese gegenseitige Action derselben nur durch eine sehr starke Abkühlung gehindert wird. 1 Th. Phosphor und 8 Th. Jod geben eine pomeranzengelbe Masse, die erst bei 100° schmilzt und durch Wasser in Hydrojod und phosphorige Säure zerlegt wird.

333. Hydrojodphosphorwasserstoff H_3P,HJ. Hydrojodgas und Phosphorwasserstoffgas in trockenem Zustande zusammengeleitet vereinigen sich zu grossen, wasserhellen, starkglänzenden, wie es scheint pyramidalen Krystallen von der oben angegebenen Zusammensetzung. Gleiche Volumen beider Gase sind in denselben ohne Condensation enthalten. Bei 80° schmelzen und sieden sie, lassen sich aber auch durch gelindes Erwärmen ohne zu schmelzen von einem Orte zum andern sublimiren. Durch Wasser werden dieselben in Hydrojod und Phosphorwasserstoff zerlegt, feuchte Luft wirkt übrigens nur langsam, Ammoniak und die Lösungen der wässerigen Alkalien eben so. Die meisten Säuren, viele Oxyde, Weingeist u. dgl. zersetzen es ebenfalls.

Es gibt zwar noch eine Verbindung von Hydrochlor mit Phosphorwasserstoff, welche der obigen analog ist, diese kennt man aber nicht für sich. Beide Gase wirken nämlich im Sonnenlichte nicht auf einander, verbinden sich jedoch mit Titanchlorid. Alle diese Verbindungen von Hydro-Chlor, -Jod und -Brom mit Phosphorwasserstoff sind den gleichnamigen Ammoniakverbindungen analog, und man könnte sie daher auch als H_4PCl, H_4PJ und H_4PBr betrachten, wenn ausser dieser Analogie noch andere Gründe vorhanden wären einen Körper H_4P anzunehmen. Mit dem Fluor gibt der Phosphor eine wasserhelle, rauchende Flüssigkeit, welche nach Dumas durch Destillation desselben mit Fluorblei erhalten wird.

Phosphor, Stickstoff, Wasserstoff.

334. Phosphorstickstoff $N_2P = 60$. Der Phosphorstickstoff, welcher von H. Rose (Pogg. Ann. 28, 529) entdeckt wurde, erscheint als ein weisses, lockeres, amorphes Pulver. Er ist weder durch andere Körper leicht veränderlich, noch geht er mit denselben Verbindungen ein. Bei abgehaltener Luft verträgt derselbe Rothglühhitze, ohne auch nur zu schmelzen. Schwefel, Chlor, Hydrochlor, Kohlensäure, Ammoniak etc. wirken nicht auf glühenden Phosphorstickstoff. Eben so wenig wirken verdünnte Schwefelsäure, Salpeteroder Salzsäure und selbst die kochenden Lösungen der Alkalien auf ihn. Wird der Phosphorstickstoff an der Luft erhitzt, so entzündet er sich nicht, sondern oxydirt sich unter Bildung weisser Nebel und Abscheidung des Stickstoffes zu Phosphorsäure. In einer Atmosphäre von Wasserstoffgas hingegen erhitzt, bildet sich Ammoniak und Phosphor destillirt über. Concentrirte Salpetersäure oxydirt ihn ebenfalls langsam, ebenso concentrirte Schwefelsäure und zwar unter Entwickelung von schwefliger Säure. Mit salzsauren und chlorsauren Salzen hingegen erhitzt, verpufft er heftig. Mit kohlensauren Alkalien erwärmt bilden sich ebenfalls, unter tumultuarischer Abscheidung der Kohlensäure, phosphorsaure Salze. Bei ätzenden Alkalien findet Feuererscheinung und Bildung von Ammoniak und Phosphorwasserstoff Statt. Beim Erhitzen mit Quecksilberoxyd und Kupferoxyd werden ebenfalls unter Feuererscheinung die entsprechenden Metalloxyde gebildet. Der Phosphorstickstoff wird erhalten, wenn man die Verbindung von Phosphorchlorür mit Ammoniak $5H_3N,PCl_3$ (335) in einer Atmosphäre von Kohlensäure so lange erhitzt, als noch Salmiak gebildet wird, wobei nach Wöhler und Liebig (Ann. der Pharm. 11. 139) die Zerlegung folgende ist:

$$2 (5H_3N,PCl_3) = N_2P + P + 2H_3N + 6 (H_3N,HCl)$$

Man kann den Phosphorstickstoff auch erhalten, wenn man die Dämpfe von Phosphorchlorür über Salmiak leitet, der so weit erhitzt ist, dass er zu sublimiren beginnt. Hiebei ist

$$2PCl_3 + 2 (H_3N,HCl) = N_2P + 8HCl + P$$

Lässt man von dem Phosphorchlorüre so lange Ammoniak absorbiren bis es damit gesättigt ist und behandelt man dann die Masse, um sie von hartnäckig anhängendem Salmiak zu reinigen,

nacheinander mit heissem Wasser, verdünnter Kalilösung, Schwefelsäure und wieder mit Wasser, so erhält man einen weissen pulverigen
Körper, welcher nach Wöhler und Liebig Phosphorstickstoffhydrat
ist, nämlich $2HO,N_2P$.

335. Phosphorchlorür-Ammoniak $5H_3N,PCl_3$. Es
wird auf directem Wege unter möglichster Vermeidung aller Erhitzung erhalten. Die Verbindung ist weiss und vollständig im Wasser
löslich, was nicht der Fall ist, wenn bei der Bereitung Erhitzung
Statt gefunden hat, wo dann Salmiak, Phosphor und Phosphorstickstoff abgeschieden werden. Durch Platinchlorid kann nur ein Theil
des Ammoniaks aus der Lösung des Phosphorchlorür-Ammoniaks
gefällt werden. Wässeriges Ammoniak verändert es nicht, durch Säuren und Alkalien aber wird es zersetzt. Ob es eine bestimmte Verbindung von Phosphorchlorid und Ammoniak gibt, ist noch nicht ausgemacht, wie es scheint wird immer Salmiak gebildet, selbst wenn
die Einwirkung des Ammoniaks auf das Chlorid unter möglichst guter
Abkühlung geschieht.

336. Chlorphosphor-Stickstoff $N_2P_3Cl_5$. Leitet man
nach Wöhler und Liebig Ammoniakgas, welches nicht getrocknet
zu sein braucht, über Phosphorchlorid, bis dieses damit gesättigt ist
und destillirt man die erhaltene weisse Masse mit Wasser, so setzen
sich in der Vorlage Krystalle an, welche man durch Trocknen und
durch Auflösen in Äther reinigen kann und welche die oben angegebene Zusammensetzung haben. Man erhält sie auch wenn man die
Dämpfe von Phosphorchlorid über Salmiak leitet, der stark erhitzt
ist. Die Krystalle sind wie es scheint rhomboëdrisch, schmelzen noch
unter 100^0 und lassen sich unverändert sublimiren. Im Wasser sind
sie nicht löslich, in Weingeist und Äther aber lösen sie sich leicht. Sie
werden durch Schwefel, Salpetersäure und Kalilauge eben so wenig
zersetzt als gelöst, selbst dann nicht, wenn sie damit bis zum Sublimiren erhitzt werden.

337. Schwefelphosphor-Ammoniak. Bineau hat
beobachtet (Ann. de Ch. etc. 70, 265), dass ein Gemenge von 1 Äq.
Phosphor mit 3 Äq. Schwefel sehr langsam Ammoniakgas absorbirt
und sich dann in eine gelbe, feste Masse verwandelt, die beim Erwärmen ohne zu schmelzen Hydrothion, Ammoniak und Schwefelwasserstoff abgibt, während Phosphorstickstoff zurückbleibt. Diese
Verbindung soll die Zusammensetzung H_3N,PS_3 haben, es ist jedoch
nach der Arbeit von Berzelius über Schwefel und Phosphor nothwendig diese Versuche zu wiederholen.

338. Phosphorsaures Ammoniak. *a*. Dreibasiges $2H_3N,3HO,PO_5$ oder $2H_4NO,HO,PO_5$. Dieses Salz erscheint in grossen, wasserhellen Krystallen, deren Gdst. ein Hemiorthotyp ist, bei welchem die Abweichung der Axe in der Ebene der grösseren Diagonale liegt und $23^{\circ}15'$ beträgt. $a:b:c:d = 2,3275:1,8349:1,5314:1$. G. Com. $P - \infty. - P/_2. - \breve{P}r/_2. - (\breve{P}r+1)/_2.\bar{P}r. P + \infty$. Es hat einen kühlen salzigen Geschmack, reagirt alkalisch, verwittert an der Luft und verliert schon dabei einen Theil seines Ammoniaks. Es löst sich in 4 Th. kaltem Wasser, aber nicht in Weingeist. Auch die wässerige Lösung verliert beim Kochen einen Theil ihres Ammoniaks. Es schmilzt bei gelindem Erhitzen in seinem Krystallwasser, erstarrt nachher und verwandelt sich beim stärkeren Erhitzen bis zum Glühen, wo es wieder schmilzt, in HO,PO_5, welches etwas Ammoniak hartnäckig zurückhält.

b. Dreibasiges phosphorsaures Ammoniak. $H_3N,3HO,PO_5$ oder $H_4NO,2HO,PO_5$ wird erhalten, wenn man zu wässeriger Phosphorsäure nur so lange Ammoniak hinzusetzt, bis die Flüssigkeit in Chlorbaryumlösung keinen Niederschlag mehr hervorbringt. Die Krystalle reagiren sauer, sind im Wasser schwerer löslich als die vorigen, und gehören dem pyramidalen Systeme an. $P = 119^{\circ}45,5', 90^{\circ}25', a = \sqrt{1,0146}$. G. Com. $P. P + \infty$.

Zwei- und ein-basiges phosphorsaures Ammoniak sind nur in der wässerigen Lösung bekannt, weil sie beim Abdampfen dreibasig werden. Phosphorsaures Ammoniak findet sich im Harn der fleischfressenden Thiere.

Das phosphorig- und unterphosphorig-saure Ammoniak sind an der Luft zerfliessliche Salze. Wie es scheint kann sich auch das Phosphoroxyd mit Ammoniak verbinden, wenigstens nimmt es davon auf und wird dabei schwarz. Auch Phosphor nimmt, wenigstens wenn er feucht ist, Ammoniak auf und wird braunschwarz.

339. Phosphorsaures Natron-Ammoniak $NaO,H_3N,2HO,PO_5, 8HO$ oder $NaO,H_4NO,HO,PO_5, 8HO$ (Phosphorsalz, Sal microcosmicum). Wenn man 5 Th. gewöhnliches, phosphorsaures Natron und 2 Th. phosphorsaures Ammoniak (*a*) in heissem Wasser löst und die Flüssigkeit erkalten lässt, so erhält man grosse wasserhelle, im Wasser leicht lösliche Krystalle von der oben angegebenen Zusammensetzung. Sie sind hemiorthotyp, und die Abweichung der Axe liegt in der Ebene der grösseren Diagonale, sie beträgt $9^{\circ}17'30''$; $a:b:c:d = 6,1122:9,5901:3,3267:1$. G. Com. $P - \infty. + \breve{P}r/_2. + (\breve{P}r+1)/_2. - \breve{P}r/_2. P + \infty. \breve{P}r + \infty$. Die Krystalle verwittern unter Verlust von etwas Ammoniak an der

Luft. Erhitzt man sie vorsichtig, so entweicht das Ammoniak nebst 8 Äq. Wasser. Erst bei stärkerem Erhitzen verlieren sie auch die 2 Äq. basisches Wasser und hinterlassen einbasiges phosphorsaures Natron. Durch Auflösen von 6 — 7 Th. phosphorsaurem Natron mit 1 Th. Salmiak erhält man auch das Salz, jedoch mit Kochsalz verunreinigt. Dasselbe löst bei der Glühhitze sehr viele Metalloxyde und gibt damit gefärbte Gläser, wesswegen es bei Löthrohrversuchen sehr häufig angewendet wird.

XII. Kohlenstoff. C = 6.

Carbonium, Carbone. Die genaue Kenntniss des Kohlenstoffes datirt sich eigentlich von der Entdeckung der Zusammensetzung der Kohlensäure durch Lavoisier im J. 1775 und von seinen Untersuchungen über die Entstehung derselben. Hiedurch wurde er veranlasst den Kohlenstoff als einen eigenen Grundstoff zu betrachten, woran sich dann die weiteren Versuche der Chemiker über die Natur des Graphites, des Demantes, der vegetabilischen Kohle u. s. w. anschliessen. Lavoisier wusste die numerischen Bestimmungen bei seinen Versuchen über die Zusammensetzung der Kohlensäure schon zu jener Zeit so genau auszuführen, dass seine Zahlen von den jetzt geltenden nur wenig abweichen. Nach seinen Versuchen wäre nämlich das Äq des Kohlenstoffes 6,22 und bis in die neueste Zeit bediente man sich noch der Zahl 6,15.

340. Der Kohlenstoff gehört, der vielen Eigenthümlichkeiten wegen, welche sowohl seine physikalischen als chemischen Eigenschaften zeigen, und insbesondere durch seine Stellung zur organischen Welt, deren wesentlichsten, nie fehlenden Bestandtheil er bildet, unter die merkwürdigsten Körper, durch dessen fortgesetztes Studium die Wissenschaft grosse Bereicherungen erhalten hat. Man kennt den Kohlenstoff nur in fester Form, indem die höchsten Temperaturen, welche wir hervorzubringen im Stande sind, nicht hinreichen, denselben zu schmelzen oder zu verflüchtigen. Er erscheint in drei verschiedenen allotropischen Zuständen, nämlich:

a. Als Demant ist er tessularisch mit ausgezeichneter Theilbarkeit nach den Flächen des Octaëders und von eigenthümlich starkem Glanze, der desswegen auch Demantglanz heisst. Er ist unter allen Körpern der härteste, auch bricht und zerstreut er das Licht am meisten, seine Dichte beträgt 3,52, er ist ein guter Lichtsauger und leitet die Elektricität nicht. Die farblosen Demanten hinterlassen beim Verbrennen keine oder nur Spuren, die nicht ganz klaren und gefärbten hingegen 0,05 — 0,2 Pct. einer röthlichen Asche. Wird der Demant bis zu der Temperatur erhitzt bei welcher er zu verbrennen beginnt, so wird er schwarz und undurchsichtig, wie man an einem Demante sehen kann, welcher sich im kaiserlichen Mineralien-Kabinet zu Wien befindet. Es ist derselbe, mit dem Kaiser Franz I. seine Versuche im Brennpunkte eines grossen Hohlspiegels im J. 1751 anstellte. Er nahm dabei an Dichte und wahrscheinlich auch an Härte bedeutend ab, denn nach einer Mittheilung des H. Custos Partsch befindet sich im alten Katalog der Sammlung die Dichte dieses veränderten Demantes zu 2,074 (?) angegeben. Höchst wahrscheinlich rührt diese Veränderung davon her, dass der Kohlenstoff unter den angegebenen Umständen aus dem tessularen in den amorphen Zustand übergeht. Man ist also im Stande, den Demant in Graphit und in amorphe Kohle umzuändern, aber es ist bisher nicht gelungen den Kohlenstoff aus einer seiner andern Modificationen in die tessulare zu bringen, d. h. aus amorpher Kohle oder Graphit, Demant zu machen.

Über das Vorkommen der Demanten war man lange im Dunkeln, da man sie nur auf Lagerstätten secundärer Entstehung in Ostindien, Brasilien und am Ural fand, bis im J. 1827 ein Neger einen Demant in den feinkörnigen Quarzfelsen (Itacolomit) der Serra do Gräo-Mogór im Districte Minas Novas in Brasilien fand, worüber H. v. Helmreichen Nachricht gegeben hat [*]).

b. Als Graphit ist derselbe rhomboëdrisch, besitzt eine sehr vollkommene Theilbarkeit nach $R - \infty$, ist undurchsichtig, dunkel stahlgrau mit Metallglanz, färbt stark ab und lässt sich auf der Haut fettartig zerreiben. Er ist in dünnen Blättchen biegsam und von geringer Härte, die nur 1 — 2 beträgt, die Dichte desselben ist 2,273 — 2,328. Der Graphit findet sich in der Natur von verschiedenen Graden der Reinheit und zwar im Gneuse, wo er die Stelle des Glimmers vertritt, und am häufigsten in Lagern. Um den natürlichen Graphit von anhangenden fremdartigen Bestandtheilen zu reinigen, wird derselbe zuerst fein gerieben, geschlemmt, durch einige Tage mit Salzsäure, der man von Zeit zu Zeit etwas Salpetersäure zusetzt, gekocht und nachher sehr sorgfältig durch Decanthiren, nicht auf dem Filter, ausgewaschen. Dann wird eine Lösung von reinem kohlensauren Kali zugesetzt, alles zur Trockenheit abgedampft und durch einige Stunden schwach geglüht. Man wäscht die Masse nun sorgfältig mit heissem Wasser aus, kocht sie mit Salzsäure und wäscht sie wieder. Ein Graphit, der über 30 Pct. fremdartiger Körper enthielt, hinterliess beim Verbrennen nach dieser Behandlung nur 0,8 Pct. Asche, deren Menge sich bei Wiederholung

---

[*]) In seiner interessanten Schrift: „Über das Vorkommen der Diamanten etc." Wien, 1846.

dieser Operation noch bedeutend vermindern lässt. Man kann den Kohlenstoff aus seinen beiden andern Formen in die des Graphits bringen, wenn man Eisen mit Demant oder irgend einer Art Kohle im Überschuss erhitzt und dann erkalten lässt. Der Kohlenstoff scheidet sich in diesem Falle immer als Graphit aus, und ein Theil desselben bleibt als solcher zurück, wenn man das Kohleneisen mit Salzsäure behandelt. Im Roheisen findet man nicht selten deutlich auskrystallisirte Blättchen von Graphit.

c. Als amorphe Kohle, welche zurückbleibt wenn organische Substanzen bei Ausschluss der Luft erhitzt d. h. verkohlt werden, oder wenn sie bei nicht hinreichendem Zutritt von Sauerstoff verbrannt werden, wie dies bei der Russbildung der Fall ist. Die so erhaltene Kohle erscheint entweder als amorphes schwarzes Pulver, wie der Russ, oder als eine schwammartige Masse von geschmolzenem Ansehen, wie z. B. die Zuckerkohle ist, oder als eine glänzende, klingende, harte Masse, wie man sie erhält wenn man flüchtige, Kohlenstoff hältige Körper, wie Alkohol, Äther, Öle etc. durch glühende Röhren leitet, oder endlich trägt sie die Form der verkohlten organischen Substanz deutlich an sich, wie dies bei der Holzkohle und zum Theil bei der Thierkohle der Fall ist. Die so erhaltene Kohle hält immer, wenn sie vegetabilischen Ursprungs ist, etwas Wasserstoff sehr hartnäckig zurück, von welchem sie sich jedoch durch Glühen in Chlorgas vollkommen befreien lässt, während ihr, wenn sie von thierischen Substanzen abstammt, Stickstoff hartnäckig anhängt. Ausserdem enthält sie meistens noch die unverbrennlichen sogenannten fixen Bestandtheile des Pflanzen- oder Thier-Körpers, die beim Verbrennen desselben als Asche zurückbleiben.

In seinem chemischen Verhalten gegen andere Körper biethet der Kohlenstoff nicht minder auffallende Eigenthümlichkeiten dar. Bei gew. Temp. verbindet er sich mit gar keinem Körper direct und auch bei erhöhter geschieht dies nur mit wenigen; diese sind der Sauerstoff, der Schwefel und mehrere Metalle. Auf indirectem Wege gibt derselbe aber auch mit Wasserstoff, Stickstoff, Chlor, Jod, Brom sehr feste Verbindungen, während er bisher mit dem Phosphor, Bor, Kiesel, Selen, Arsen, Tellur und mehreren anderen Metallen gar nicht verbunden werden konnte. Es scheint, dass das chemische Moment des Kohlenstoffes nicht gross sei, dass es aber durch Temperaturveränderungen mehr als das anderer Körper verändert werde.

Der Kohlenstoff findet nach seinen verschiedenen Formen eine sehr mannigfaltige Anwendung. Als Demant dient er zum Schmuck, wozu er sich seiner grossen lichtbrechenden und farbenzerstreuenden Kraft, so wie seiner Härte wegen vor allen andern eignet. Wegen letzterer wird er aber auch zum Schneiden des Glases, zum Bohren und Schleifen anderer harter Steine und seiner selbst (als Demantbord) so wie zum Abdrehen der Axen für genaue Instrumente u. dgl. verwendet. Als Graphit dient er zu Bleistiften, zu Schmelztiegeln und als Schmiermittel, insbesondere für Holz und Metall. Als Kohle findet er eine höchst ausgedehnte und wichtige Verwendung, theils als Brennmaterial und Reductionsmittel für viele Metalloxyde, theils als Farbe, als Entfärbungs- und Entfuselungs-Mittel für Flüssigkeiten u. s. w., wovon an den geeigneten Orten die Rede sein wird.

Kohlenstoff und Sauerstoff.

341. Der Kohlenstoff kann sich nur bei erhöhter Temperatur direct mit Sauerstoff verbinden, was dann mit intensiver Wärme- und Licht-Erscheinung geschieht, und wobei immer nur Kohlensäure oder Kohlenoxydgas gebildet wird, je nachdem Sauerstoff in hinreichender Menge vorhanden ist oder nicht. Auf indirectem Wege hingegen, namentlich wenn beide Körper sich im Status nascens befinden, also der Kohlenstoff in zusammengesetzten Verbindungen enthalten ist, erfolgt die Oxydation auch bei gewöhnlicher oder nur wenig erhöhter Temperatur, und es werden dann noch andere Verbindungen gebildet, die als Oxydationsstufen des Kohlenstoffes betrachtet werden müssen, obwohl sie bisher nicht in isolirtem Zustande, sondern nur an Basen gebunden bekannt sind, und vielleicht auch nicht auf eine andere Weise bestehen können. Im Ganzen nimmt man jetzt folgende Sauerstoffverbindungen des Kohlenstoffes an:

CO_2	Kohlensäure, enthält auf 6 Th. Kohlenstoff	16	Th. Sauerst.		
C_2O_3	Oxalsäure,	" " " "	"	12	" "
C_3O_4	Mesoxalsäure,	" " " "	"	$10^2/_3$	" "
CO	Kohlenoxydgas,	" " " "	"	8	" "
C_5O_4	Krokonsäure,	" " " "	· "	$6^2/_5$	" "
C_4O_3	Mellithsäure,	" " " "	"	6	" "

Eine auffallende Erscheinung hiebei ist es, dass sich bereits im Kohlenoxydgase die Eigenschaften seiner beiden Bestandtheile so das Gleichgewicht halten, dass ein indifferenter Körper wie das Kohlenoxydgas ist gebildet wird und dass bei noch stärkerer Verminderung des Sauerstoffes wieder Körper entstehen, welche den Charakter der Säuren in hohem Grade besitzen.

342. Kohlensäure $CO_2 = 22$ (Acide carbonique, fixe oder mephitische Luft). Die Kohlensäure erscheint unter gewöhnlichen

Umständen als ein farbloses Gas von sehr schwachem Geruche, das in grösserer Menge eingeathmet tödtlich wirkt. Seine Dichte beträgt nach Regnault 1,5291 und sein Ausdehnungscoëfficient 0,00372. Brennende Körper verlöschen darin sogleich. Seiner grossen Dichte wegen lässt es sich mehrmahl aus einem Glase in das andere giessen. Füllt man einen tubulirten Recipienten bis auf $^2/_3$ mit Sauerstoffgas, das letzte $^1/_3$ mit Kohlensäure, welche man in kleinen Blasen, am besten mittelst einer kleinen Brause zuströmen lässt, so bleiben beide Gase lange gesondert. Man kann sich hievon überzeugen, wenn man den Tubulus des Recipienten öffnet, und dann ein brennendes Wachskerzchen hineintaucht; es verlöscht oder entzündet sich, je nachdem man es durch abwechselndes Senken oder Heben in die im

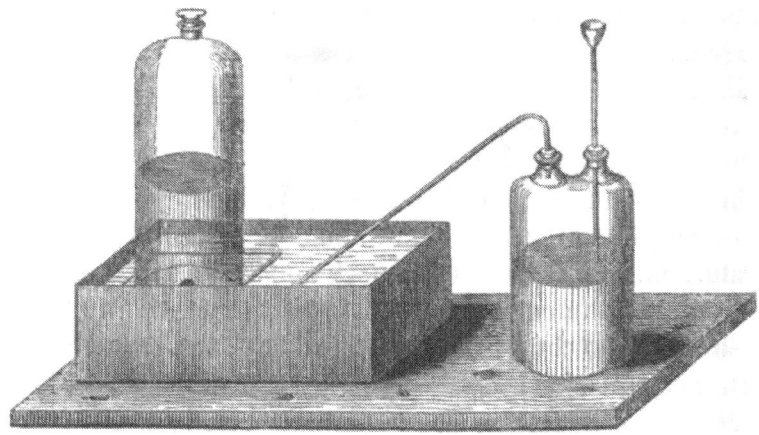

unteren Theile des Recipienten befindliche Kohlensäureatmosphäre oder in die oberhalb befindliche Sauerstoffatmosphäre bringt, wenn man nur dafür sorgt, dass der Docht noch glimmend in das Sauerstoffgas kommt.

Wird die Kohlensäure bei 0° einem Drucke von nahe 40 Atm. ausgesetzt, so verwandelt sie sich in eine wasserhelle Flüssigkeit, deren Dichte nach Mitscherlich bei 0° 0,93 bei 20° 0,74 beträgt, der Ausdehnungscoëfficient wäre demnach 0,01305, also grösser als bei irgend einer Flüssigkeit oder selbst einem Gase. Strömt die flüssige Säure bei einer feinen Öffnung aus, so kühlt sie sich durch die rasche Verdunstung so bedeutend ab, dass ein grosser Theil derselben gefriert und eine weisse schneeartige Masse bildet, welche sich kneten lässt und zur Hervorbringung bedeutender Kältegrade dient. Beim freiwilligen Verdunsten erzeugt diese Masse eine Temp. von — 52°, was die Ursache ist dass sie sich ziemlich lange erhält.

Betropft man dieselbe mit Äther, so erhält man einen Brei, welcher eine Temperatur von — 68°, mit Alkohol oder mit Schwefelkohlenstoff — 60°, mit tropfbarer schwefliger Säure — 79° erzeugt.

Vom Wasser wird die Kohlensäure unter gewöhnlichen Umständen nahe dem gleichen Volumen nach aufgenommen; durch Vermehrung des Druckes und Erniedrigung der Temp. kann aber die absorbirte Menge dem Gewichte nach zwei- bis dreimal mehr betragen. Das Wasser röthet dann Lackmuspapier, dieses wird aber an der Luft wieder blau. Die Kohlensäure verbindet sich mit den Basen zu kohlensauren Salzen (Carbonates), welche sämmtlich durch Zusatz der meisten andern Säuren zerstört werden; dasselbe geschieht auch durch Erhitzung, ausser beim Natron-, Kali- und Lithion-Salze, welche auch in Wasser löslich sind, während alle anderen davon entweder gar nicht oder nur höchst wenig gelöst werden. Die sauren kohlensauren Salze sind sämmtlich in Wasser löslich. Obwohl die Kohlensäure ein grosses Bestreben zeigt sich mit den starken Basen zu verbinden, was oft unter Erwärmung geschieht, so ist sie doch nicht im Stande die alkalische Reaction der Basen aufzuheben, so dass die der Zusammensetzung nach neutralen, d. h. die nach der Formel RO, CO_2 zusammengesetzten Salze immer noch sehr stark alkalisch reagiren, und zwar um so mehr, je stärker die Basis ist.

Die Kohlensäure bildet sich immer wenn Kohlenstoff in was immer für einer Form in hinreichend viel Sauerstoffgas verbrennt. Legt man in die Verbrennungsröhre des auf S. 206 abgebildeten Apparates etwas Kohle und lässt aus dem Gasometer Sauerstoffgas zuströmen, nachdem man statt der Röhre C ein anderes Rohr angebracht hat, welches so gebogen ist, dass man das Gas, welches während der Verbrennung der Kohle entweicht, auffangen kann, so zeigt sich, dass nur kohlensaures Gas gebildet wird, wenn die Kohle lebhaft verbrennt. Man kann auf diese Weise sowohl Demant als Graphit verbrennen, und wenn man diese nicht unmittelbar in die Röhre, sondern in ein Schiffchen von Platinblech legt, sie wägen und die Aschenmenge bestimmen, welche sie zurücklassen. Trifft man dann noch die Einrichtung so, dass die gebildete Kohlensäure entweder gewogen oder gemessen wird, so ist man hiedurch in den Stand gesetzt den Kohlenstoffgehalt einer Verbindung genau zu bestimmen, wie dies ausführlich im Art. organische Analyse gezeigt werden wird. Man kann sich auf diese Weise auch überzeugen, dass beim Verbrennen des Kohlenstoffes das Volumen des hiezu verbrauchten Sauerstoffgases ungeändert bleibt. Es wird auch Kohlensäure gebildet wenn der Kohlenstoff oder die kohlenstoffhaltigen Substanzen mit Sauerstoffverbindungen, insbesondere mit leicht reducirbaren Oxyden, z. B. mit Kupferoxyd, gemengt erhitzt werden. Um sich die Kohlensäure zu bereiten, zerlegt man kohlensaure Kalkerde, z. B. Kreide oder Marmor, durch Schwefelsäure oder Salzsäure. Letztere ist vortheilhafter, weil das sich bildende Chlorcalcium leicht löslich und zu anderen Zwecken verwendbar ist. Man bringt den Marmor in eine zweihälsige Flasche (s. die vorige Fig.) und füllt sie bis zur Hälfte mit Wasser. Durch eine Trichterröhre, welche etwas unter die Oberfläche desselben reicht, giesst man die Säure in kleinen Portionen nach, so dass man ganz nach Belieben einen stärkeren oder schwächeren Gasstrom erhält. Will man die Kohlensäure condensiren, so leitet man sie zuerst durch Wasser, dann durch eine Röhre mit frisch geglühter Holzkohle und zuletzt durch eine Röhre mit Chlorcalcium, um sie vollständig zu trocknen; weiter wird dann wie in (79) angegeben wurde, verfahren.

Die Kohlensäure kann auf verschiedene Arten zerlegt werden, entweder so dass sie ihren Sauerstoff gänzlich abgibt, wobei der Kohlenstoff sich abscheidet und zwar immer amorph, oder so dass ihr nur die Hälfte desselben entzogen wird, wobei Kohlenoxydgas übrig bleibt. Ersteres geschieht, wenn man Kalium oder Natrium in trockener Kohlensäure erhitzt, oder wenn man Phosphordampf über glühendes kohlensaures Natron leitet. Um dies zu bewirken, bringt

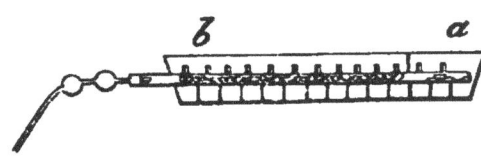

man in den hinteren Theil a der Röhre a b Phosphor und darauf kohlensaures Natron, erhitzt dieses zuerst bis zum Glühen und lässt dann die Dämpfe des Phosphors darüber streichen, wobei sogleich Kohle abgeschieden und phosphorsaures Natron nebst Phosphornatrium gebildet werden. Das zweite, nämlich die Zerlegung der Kohlensäure in Sauerstoffgas und Kohlenoxydgas, geschieht wenn die Kohlensäure in der Glühhitze mit Eisen in Berührung kommt. Nimmt man statt Eisen Kohle, so wird bloss Kohlenoxyd gebildet, da sich das eine Äq. Sauerstoff ebenfalls mit Kohlenstoff verbindet.

Die Kohlensäure ist in der Natur ungemein verbreitet. Sie bildet einen nie fehlenden, obwohl veränderlichen Bestandtheil der Atmosphäre, sie wird ununterbrochen von den Thieren ausgeathmet und von der Pflanzenwelt wieder aufgenommen und unter Mitwirkung des Lichtes zersetzt, indem der Pflanzenkörper den Kohlenstoff zurückbehält und den Sauerstoff wieder frei macht (L i e b i g: die Chemie in ihrer Anwendung auf Agricultur etc., 1843). Auf diese Weise dient die Kohlensäure zur Erhaltung des chemischen Gleichgewichtes zwischen Thier- und Pflanzenwelt. (S. den Art. Atmosphäre.) Sie strömt an vielen Orten in ungeheurer Menge aus der Erde hervor und zwar insbesondere unter geognostischen Verhältnissen, welche auf einen vulkanischen Ursprung hindeuten. Im Brohlthale am Rhein entweichen jährlich 2190, am Laachersee über zwei eine halbe Million Centner dieses Gases aus einzelnen Öffnungen. Meistens sind diese Gasausströmungen, deren mehrere schon seit dem Alterthume mit unveränderter Kraft fortbestehen, von reichen Wassererergiessungen begleitet, welche unter dem Namen der Säuerlinge oder Sauerwasser bekannt sind. Es kommen darin nebst freier Kohlensäure und kohlensauren Salzen noch Chlor-, Brom-, Jod-Verbindungen, schwefelsaure Salze, Kieselerde u. s. w. in sehr verschiedenen Mengen vor. Endlich bilden auch kohlensaure Salze, wie kohlensaure Kalk- oder Bitter-Erde, Eisenoxydul u. s. w. einen grossen Theil der festen Erdrinde.

343. Oxalsäure $C_2O_3 = \overline{O} = 36$ (Acide oxalique, Kleesäure von Scheele 1776 entdeckt). Die Oxalsäure ist bisher noch nicht isolirt dargestellt worden, man kennt eigentlich nur ihre Salze, welche sie entweder mit dem Wasser als Basis oder mit einem anderen Oxyde bildet. Die aus der wässerigen Lösung krystallisirende Säure enthält 3 Äq. Wasser, von welchen sie zwei in trockener Luft schon bei $40-50^\circ$, in freier aber bei 100° verliert, indem sie dabei in ein weisses Pulver zerfällt; in feuchter Luft nimmt sie dieses Wasser schnell wieder auf. Die Oxalsäure muss daher als $HO,C_2O_3, 2HO$ betrachtet werden, und von dieser Zusammensetzung ist auch die im Handel gewöhnlich vorkommende Säure. Die Krystalle derselben sind wasserhell und gehören zum hemiorthotypen Systeme. Die Abweichung der Axe liegt in der Ebene der längeren Diagonale und beträgt $16^\circ 25'$. $a:b:c:d = 3,3949:1,7628:1,0379:1$. G. Com. $P-\infty. +\breve{P}r/_2. -\breve{P}r/_2. P+\infty. $ Thl. nach $P+\infty$ deutlich. Sie hat einen scharf sauren Geschmack, äussert giftige Wirkungen und besitzt eine Dichte von 1,51. Sie bedarf 8 Th. Wasser von 15°, gleiche Theile von kochendem Wasser und 4 Th. Weingeist von 0,969 zu ihrer Lösung. Erwärmt man die wasserhältige Säure rasch bis 98°, so schmilzt sie zu einer klaren Flüssigkeit, welche bei $160-170^\circ$ sich zersetzt, indem Wasser, Kohlensäure und Ameisensäure entweichen. Lässt man sie aber so lange an trockener Luft oder unter der Luftpumpe über Schwefelsäure liegen bis sie nichts mehr an Gewicht verliert, also in das Hydrat $HO,C_2O_3 = 45$ verwandelt ist, so kann sie bei $135^\circ C.$ unverändert sublimirt werden, wobei sie sich an den kälteren Theilen des Apparates in feinen Nadeln anlegt. Wird

die Oxalsäure mit einem Überschuss concentrirter Schwefelsäure erhitzt, so zerlegt sie sich vollständig, ohne die Säure zu schwärzen,
in gleiche Volumen Kohlenoxyd und Kohlensäure; denn es ist
$C_2O_3 = CO + CO_2$, ein Verhalten, welches für die Oxalsäure charakteristisch ist. Da die oxalsauren Salze ganz dieselbe Zerlegung erleiden, so ist es wahrscheinlich, dass die Wirkung der Schwefelsäure
eigentlich nur darin besteht, dass sie der Oxalsäure ihre Basis entzieht,
ohne welche sie nicht bestehen kann. Mit concentrirter Salpetersäure erwärmt, verwandelt sich die Oxalsäure in Kohlensäure, bei
gew. Temp. aber löst sie sich ohne Veränderung darin. Jodsäure mit
Oxalsäure im gelösten Zustande, in was immer für einem Verhältnisse gemischt, zerlegen sich stets nach der Formel $5 (HO,C_2O_3) +
JO_5 = J + 10CO_2 + 5HO$. Bei $18 — 22°$ geht die Reaction lang-
samer vor sich, bei $60°$ aber geschieht sie mit grosser Heftigkeit.
Der Einfluss des Lichtes auf diese Zerlegung ist sehr bedeutend; sie
erfolgt unter directer Einwirkung des Sonnenlichtes bei $10°$ mit derselben Stärke wie im zerstreuten Lichte kaum bei $25°$. Es kann auf
diese Weise das Gemenge beider Säuren als ein photometrisches
Mittel benützt werden, bei welchem aus der Menge der sich in einer
gewissen Zeit entwickelnden Kohlensäure auf die relative Lichtinten-
sität geschlossen wird. (Millon, Com. rs. 19. 726). Ähnlich wie
die Salpetersäure wirken auch andere sauerstoffreiche Substanzen,
z. B. die Superoxyde, man benützt daher dieses Verhalten zur Untersuchung dieser Körper auf ihren Gehalt an Superoxyd (s. Braunstein).
Die Lösungen mehrerer Metallsalze, wie die des Goldes, Silbers und
Quecksilbers werden durch die Oxalsäure reducirt und die Metalle
dabei regulinisch abgeschieden. Platin wird nicht gefällt, worauf eine
Methode es vom Golde zu trennen beruht. Das Eisen löst sich in der
wässerigen Oxalsäure unter Wasserstoffgas-Entwickelung; viele andere Metalle oxydiren sich jedoch nur in derselben, wenn sie zugleich
mit Luft in Berührung stehen.

Die Oxalsäure verbindet sich mit den Basen in mehreren Verhältnissen und gibt damit sowohl die einfachen oxalsauren Salze (Oxa-
lates), von welchen die neutralen nach der Formel RO,C_2O_3 oder
$R_2O_3 3C_2O_3$ zusammengesetzt sind, als auch viele Doppelsalze,
welche grösstentheils der Formel $R_2O_3,3C_2O_3,3(R'O,C_2O_3), 6HO$
entsprechen. Die der Alkalien sind im Wasser löslich, alle übrigen sind
darin aber nur sehr wenig oder gar nicht löslich. Durch Schwefelsäure
werden sie sämmtlich auf die oben angegebene Art zerlegt. Beim
Erhitzen hinterlassen sie entweder das Metall regulinisch oder als Oxyd,

und zwar entweder im reinen oder kohlensauren Zustande, oder auch in einer niedrigeren Oxydationsstufe, als es in dem Salze enthalten ist.

Die Oxalsäure ist vorzüglich in der Pflanzenwelt verbreitet, wo sie sich entweder an Kali, wie in den Oxalis- und Rumex-Arten, in der Rhabarber-Wurzel etc. oder an Kalk, wie in den Flechten, gebunden findet. Im Thierkörper scheint sie sich nur bei abnormen Functionen desselben zu bilden, indem gewisse Harnsteine aus oxalsaurer Kalkerde bestehen. Im Mineralreiche kommt sie im Humboldtin, welcher 2 (FeO,C_2O_3), 3HO ist, in den Braunkohlenlagern zu Kalosoruk in Böhmen und zu Gross-Almerode in Hessen vor. Sie bildet sich, wenn man Salpetersäure beim Kochen in nicht zu grosser Menge auf Zucker (Bergmann), Stärke und andere stickstofffreie Substanzen organischen Ursprungs wirken lässt, ferner bei der Einwirkung der ätzenden Alkalien auf diese Stoffe bei einer nicht unter 200° liegenden Temp., wo das Wasser den Sauerstoff liefert, während der Wasserstoff frei wird (350). Überhaupt tritt die Oxalsäure bei vielen Gelegenheiten als Zerlegungsproduct auch stickstoffhaltiger Stoffe, wie z. B. der Harnsäure, des Cyans nebst Ammoniak und Wasser, des Schwefelcyans u. dgl. auf.

Man bereitet die Oxalsäure, indem man Zucker oder Kartoffelstärke mit 5 Th. Salpetersäure von 1,42 so lange erwärmt als Gasentwickelung Statt findet und dann die Flüssigkeit zur Krystallisation abdampft. Die Mutterlauge gibt bei Zusatz von Salpetersäure abermals Krystalle. Diese werden getrocknet und vorsichtig erwärmt, um sie von anhängender Salpetersäure zu befreien und dann umkrystallisirt. Man erhält auf diese Weise 43 Pct. der angewandten Stärke an krystallisirter Oxalsäure. Man kann die Oxalsäure auch durch Zerlegung des oxalsauren Bleioxydes mit Schwefelsäure erhalten, indem man oxalsaures Kali durch essigsaures Bleioxyd fällt, den Niederschlag von oxalsaurem Bleioxyd möglichst gut auswäscht und dann durch Schwefelsäure, welche mit 8—10 Th. Wasser verdünnt wurde, zerlegt. Man braucht auf 7 Th. Kleesalz 5 Th. Schwefelsäure. Diese Methode ist jedoch nicht vortheilhaft, weil man dadurch immer eine kalihältige Säure erhält, indem es bei gewissen Mengen kaum möglich ist, das oxalsaure Bleioxyd vollkommen auszuwaschen. Um eine solche Säure zu reinigen bleibt nichts übrig als sie zu sublimiren.

344. Mesoxalsäure $C_3O_4 = 50$. Diese Säure wurde erst in der neueren Zeit von Wöhler und Liebig bei einer höchst wichtigen Arbeit über die Harnsäure (Ann. der Ch. u. Pharm. 26, 298), mit der dieselbe in einer gewissen Beziehung steht, entdeckt.

Wird nämlich eine Lösung von Alloxan in eine siedende Lösung von essigsaurem Bleioxyd gegossen, so entsteht ein schwerer körniger Niederschlag, der $2PbO,C_3O_4$ ist, während in der Flüssigkeit nichts als Harnstoff gelöst bleibt. 1 Äq. Alloxan $C_9N_2H_4O_{10}$ zerfällt hiebei in 1 Äq. Harnstoff $C_2N_2H_4O_2$ und 2 Äq. Mesoxalsäure C_6O_9, welche sich sogleich mit dem Bleioxyde verbindet, da sie für sich nicht bestehen kann. Um dieselbe an Wasser zu übertragen, hat man das Bleisalz nur durch Schwefelsäure oder Schwefelwasserstoff zu zerlegen. Das Hydrat der Säure, welches wahrscheinlich nach der Formel $2HO,C_3O_4$ zusammengesetzt ist, schmeckt sehr sauer, ist krystallisirbar, lässt sich kochen und abdampfen ohne eine Veränderung zu erleiden, und gibt bei Zusatz von Ammoniak mit Baryt und Kalksalzen Niederschläge. Setzt man salpetersaures Silberoxyd zu der Säure und neutralisirt dann mit Ammoniak, so entsteht ein gelblicher Niederschlag, der bei gelindem Erwärmen unter heftigem Aufbrausen zu Metall reducirt wird, ein Verhalten, welches für die Mesoxalsäure charakteristisch ist.

345. Kohlenoxyd $CO = 14$ (Oxyde de carbone). Dieser Körper erscheint als ein farb- und geschmackloses Gas von sehr schwachem Geruche. Seine Dichte beträgt 0,973. Bei einem Drucke von 150 Atmosphären wird es noch nicht tropfbarflüssig, man kennt es daher nur in Gasform. Eingeathmet wirkt es giftig, und wenn der Luft nur $\frac{1}{4}$ ihres Volumens davon beigemengt ist, so kann man darin nicht mehr ohne Nachtheil athmen. Es entzündet sich mit Luft in Berührung durch einen brennenden oder auch nur rothglühenden Körper. 2 V. Kohlenoxydgas mit 1 V. Sauerstoffgas gemischt und dann entzündet, geben unter schwacher Detonation 2 V. kohlensaures Gas. Platinschwamm bewirkt die Verbindung beider Gase nur langsam. Das Kohlenoxydgas gehört zu den indifferenten Körpern, von Wasser wird es nur in geringer Menge absorbirt und dasselbe reagirt dann weder sauer noch alkalisch. Es geht daher auch nur wenige bestimmte Verbindungen mit anderen Körpern ein. Von nicht zu stark erwärmtem Kalium wird es zwar aufgenommen, aber man kennt die Beziehungen in welche es zu demselben tritt noch nicht. Mit dem Chlor verbindet es sich insbesondere unter Mitwirkung des Sonnenlichtes. Es wird von vielen Chemikern als ein zusammengesetztes Radical betrachtet, weil sich einige Reihen von Verbindungen durch diese Annahme auf eine einfache Art betrachten lassen.

Es bildet sich ausser bei den in (341) und (342) angegebenen Gelegenheiten auch noch, wenn man Metalloxyde die zu den etwas schwieriger reducirbaren gehören, wie z. B. Zinkoxyd, Manganoxydul, Eisenoxydul etc. mit Kohle glüht. Auf diese Weise wurde es auch von Priestley entdeckt. Es entsteht ferner wenn kohlensaure Metalloxyde, wie kohlensaure Kalkerde mit Kohle erhitzt werden, was beweiset, dass nicht nur die freie sondern auch die gebundene Kohlensäure ihren Sauerstoff leicht an andere Körper, insbesondere an Kohle selbst abgibt, ferner wird es gebildet durch Einwirkung der Schwefelsäure auf Blutlaugensalz, Zucker und noch mehrere andere Körper organischen Ursprungs und endlich beim Erhitzen der oxalsauren Salze, welche sich hiebei in kohlensaure verwandeln. Bereitet wird es am besten, wenn man entweder Kohlensäure durch einen glühenden Flintenlauf leitet, der mit Kohlenstücken angefüllt ist, oder wenn man ein Gemenge von kohlensaurer Kalkerde mit Kohle bis zum Glühen erhitzt.

346. Krokonsäure $C_5O_4 = 62$. Es wurde in (149) angegeben, dass bei starker Weissglühhitze die Kohle das Kali zu reduciren vermag, worauf die Bereitung des Kaliums beruht. Wendet man, wie dies gewöhnlich der Fall ist, bei dieser Operation kohlensaures Kali an, so wirkt der Kohlenstoff nicht bloss auf das Kali, sondern er reducirt auch die Kohlensäure zu Kohlenoxydgas, so dass es den Anschein hat, der Process müsse ganz einfach vor sich gehen, indem nichts weiter als Kohlenoxydgas und Kalium dabei gebildet werden sollten. Die Erfahrung zeigt aber, dass noch verschiedene andere weit complicirtere Reactionen hiebei Statt finden, welche bisher noch nicht aufgeklärt sind. Es ist zwar bekannt (345), dass Kalium, etwas über den Schmelzpunkt erhitzt, eine Menge Kohlenoxydgas absorbirt und sich zuletzt in eine schwarze Masse verwandelt, welche sich noch warm an der Luft entzündet und mit Wasser in Berührung ein brennbares Gas liefert; es kann daher keinem Zweifel unterliegen, dass auch in jenen Theilen des Apparates wo das Kalium sich condensirt eine Wechselwirkung zwischen beiden eintreten und daselbst jene schwarze Masse gebildet werden muss, welche zu den Explosionen, die bei der Kaliumbereitung so leicht eintreten, Veranlassung gibt; allein die Zusammensetzung der auf die eine oder andere Art gebildeten schwarzen Masse ist ebensowenig bekannt, als die Beschaffenheit des Gases, welches während des Processes entweicht und welches eine Menge der Masse in Form eines braunen Rauches mitführt, die es durch lange Röhren geleitet absetzt. Die Producte, welche sich bei der Einwirkung des Wassers auf diese Körper bilden, scheinen bedeutend durch die

Gegenwart von mitgerissenem Kalium modificirt zu werden und sind noch keineswegs in ihrer Zusammensetzung erforscht. Nach C. Da v y ist das Gas, welches sich entwickelt, eine eigenthümliche Verbindung, und L. G m e l i n hat gezeigt, dass sich in der Lösung besondere Kalisalze bilden, von welchen das eine nach dem Erhitzen und Abdampfen der Lösung in gelben Krystallen anschiesst, welche eine eigene Säure, die K r o k o n s ä u r e, enthält, während H e l - l e r später nachgewiesen hat, dass in der Lösung vor dem Abdampfen eine andere leicht zersetzbare Säure, die R h o d i z i n - s ä u r e, an Kali gebunden vorhanden ist. L. G m e l i n hat die Krokonsäure genau untersucht und gezeigt, dass ihr die oben angegebene Zusammensetzung entspricht. Er erhielt nämlich bei der Zerlegung des krystallisirten krokonsauren Kupferoxydes 31 Pct. Kupferoxyd, 84,8 Pct. Kohlensäure 19,8 Pct. Wasser, dasselbe entspricht also der Formel: CuO,C_5O_4, $3HO$ (Ann. der Ch. und Phm. 37, 58). Sie wird aus dem Kalisalze KO,C_5O_4, $2HO$ durch Zerlegung desselben mit Kieselflusssäure dargestellt und erscheint beim Abdampfen in Krystallen, die sich leicht in Wasser und Weingeist lösen und deren Salze sämmtlich ebenfalls gelb sind, woher der Name (χρόχος Safran) genommen wurde. Diese sind auch, das Ammoniaksalz ausgenommen, sämmtlich in Weingeist löslich. Die Natur der Rhodizinsäure ist noch nicht näher erforscht, denn es ist zweifelhaft ob sie bloss Kohlenstoff und Sauerstoff oder auch Wasserstoff enthält. Das rhodizinsaure Kali ist leicht zersetzbar, indem sich eine Lösung desselben merkwürdiger Weise ohne alle Gasentwickelung beim Erwärmen in krokonsaures Kali umsetzt. Das krokonsaure Kali KO,C_5O_4, $2HO$ ist in Wasser, besonders in warmen leicht, in Alkohol gar nicht löslich. Es verliert beim Erwärmen zuerst sein Wasser, bei steigender Erwärmung, jedoch noch vor der Glühhitze, findet auch bei abgehaltener Luft ein Erglühen Statt, wobei die Krokonsäure in Kohle und Kohlensäure zerfällt.

347. M e l l i t h s ä u r e $C_4O_3 = 48$ (Honigsteinsäure, acide mellique). Diese in vieler Hinsicht interessante Säure wurde von K l a p - r o t h im Honigstein (Mellith), einem seltenen Mineral, das in der Braunkohle von Artern in Thüringen und zuweilen in der bei Bilin in Böhmen vorkommt, entdeckt. Die Säure ist in denselben an Thonerde gebunden, sie ist nämlich $Al_2O_3,3C_4O_3$, $18HO$, und man hat sie bisher weder in einer anderen Form gefunden, noch ist es gelungen sie aus andern Verbindungen zu erzeugen; auch kennt man sie nicht für sich, sondern nur in Verbindung mit Wasser oder anderen Basen. Das Hydrat derselben ist nach W ö h l e r (Ann. der Ch. und Phar. 37, 266), dem man eine genaue Kenntniss dieser Säure verdankt, nach der Formel $HO,C_4O_3 = 57$ zusammengesetzt. Er erhielt nämlich von 0,360 Säure: 0,552 Kohlensäure und 0,059 Wasser. Dieses Hydrat ist im Wasser sehr leicht löslich und scheidet sich als eine seidenglänzende krystallinische Masse, welche luftbeständig ist und sehr stark sauer schmeckt, aus der concentrirten Lösung ab. Beim Erhitzen an der Luft schmilzt es zuerst und verbrennt dann mit russender Flamme unter Verbreitung eines aromatischen Geruches und Zurücklassung von viel Kohle, die zuletzt auch gänzlich verbrennt. Bei Ausschluss des Luftzutrittes erhitzt, verflüchtigt sich immer ein kleiner Theil unzersetzt, der bei weitem grössere aber wird zerstört. Bei 200° verliert das Hydrat noch kein Wasser. Es ist in Weingeist löslich und scheint damit eigenthümliche Verbindungen einzugehen. Mit den übrigen Basen verbindet sich die Mellithsäure zu Salzen, die bei einer über 100° liegenden Temperatur nach der Formel RO,C_4O_3 zusammengesetzt sind; einige halten jedoch, wie dies mit dem Silbersalze der Fall ist, bei 100° noch 1 Äq. Wasser zurück, und geben dies erst bei 180° ab. Beim mellithsauren Bleioxyd findet etwas Ähnliches Statt, beide Salze sind übrigens im Wasser unlöslich. Um die Säure zu erhalten, wird der Honigstein gepulvert und mit kohlensaurem Ammoniak digerirt. Hiebei bildet sich mellithsaures Ammoniak. Der Rückstand enthält noch etwas mellithsaure Thonerde, welche durch Ammoniak nicht zerlegt werden kann. Man löst ihn in Salpetersäure und lässt die concentrirte Lösung einige Tage stehen, wo sich schöne Krystalle von Honigstein abscheiden. Das mellithsaure Ammoniak gibt beim Erwärmen Ammoniak ab und wird dann sauer, hat man daher die Honigsteine längere Zeit mit kohlensaurem Ammoniak erhitzt, so ist in der Lösung Thonerde enthalten, welche durch Zusatz von Ammoniak und öfterem Umkrystallisiren entfernt werden muss. Setzt man zu dem reinen mellithsauren Ammoniak essigsaures Bleioxyd oder salpetersaures Silberoxyd, so fällt sich das Blei- oder das Silbersalz heraus, welche dann weiter zur Darstellung des Hydrates der Säure im ersten Falle mit Hydrothion, im zweiten mit Salzsäure zerlegt werden. Die Mellithsäure bildet mit dem Kali ein neutrales und ein saures Salz; ersteres hat die Zusammensetzung KO,C_4O_3, letzteres $KO,HO,2C_4O_3, 4HO$. Setzt man zu einer Lösung des neutralen Salzes Salpetersäure, so entsteht ein Niederschlag, der sich beim Erhitzen der Flüssigkeit wieder löst und nach dem Erkalten in deutlichen Krystallen anschiesst, welche die nicht gewöhnliche Zusammensetzung KO,NO_5, $4 (KO,HO,2C_4O_3)$, $6HO$ haben. Dieses Doppelsalz ist schwer in Wasser löslich, und die 6 Äq. Wasser können durch Erwärmung entfernt werden, bei stärkerem Erhitzen wird es plötzlich mit Abscheidung von Kohle zerlegt.

Kohlenstoff, Kalium, Natrium, Sauerstoff.

348. Da keine bestimmten Verbindungen des Kaliums oder Natriums mit dem Kohlenstoffe bekannt sind, so müssen hier sogleich die Kali- und Natron-Salze näher besprochen werden, welche durch die Säuren des Kohlenstoffes entstehen, und deren mehrere auch in technischer Beziehung von der grössten Wichtigkeit sind.

Kohlensaures Kali. *a.* **Neutrales** $KO,CO_2 = 69,1$ (Weinsteinsalz, fixes Laugensalz, Sal tartari, Alkali vegetabile fixum Carbonate de potasse). Das wasserfreie kohlensaure Kali erscheint als eine weisse nicht krystallinische Masse, welche stark alkalisch schmeckt und reagirt, und deren Dichte 2,26 beträgt. Bei der Rothglühhitze schmilzt das Salz und verdampft bei noch stärkerem Erhitzen unverändert, kommt es aber beim Glühen mit Wasserdämpfen in Berührung, so verdrängt das Wasser die Kohlensäure und es entsteht Kalihydrat, während Kohlensäure entweicht. An der Luft zieht das kohlensaure Kali Feuchtigkeit an und zerfliesst endlich, indem es ungefähr das Dreifache seines Gewichtes an Wasser aufnimmt. Es bedarf zu seiner Lösung bei $8°$ 1,05, bei $26°$ 0,747 und bei $70°$ nur 0,49 Th. Wasser. Die concentrirteste Lösung des Salzes, welche ungefähr 49 Pct. desselben enthält, hat eine Dichte von 1,54 und siedet bei $113°$. Aus derselben schiessen beim längeren Stehen Krystalle an, welche der Formel $KO,CO_2, 2HO$ entsprechen.

Das kohlensaure Kali wird ausschliesslich durch Vermittlung der Pflanzenwelt gewonnen. Die Pflanzen nehmen dasselbe nämlich aus dem durch Verwitterung vorbereiteten Boden auf und führen es in ihren Körper über, wo es mit Säuren in Verbindung tritt, welche damit Salze bilden, die sich sämmtlich beim Verbrennen der Pflanzen in kohlensaures Kali umwandeln, das sich in der Asche findet, aus welcher es durch Auslaugen als Pottasche gewonnen wird. In vielen Fällen, wie bei den Kleearten, den Weintrauben, den Äpfeln u. s. w. werden die Kalisalze selbst durch Auspressen der zerquetschten Pflanzen oder Früchte gewonnen.

Um sich reines kohlensaures Kali zu verschaffen, ist es am vortheilhaftesten, zuerst reinen Weinstein durch Umkrystallisiren des im Handel vorkommenden gereinigten Weinsteins zu bereiten.

Dieser wird dann im Silbertiegel erhitzt, dadurch in ein Gemenge von kohlensaurem Kali und Kohle verwandelt und ersteres durch Wasser ausgezogen. Da der Weinstein ein sehr schwer lösliches Salz ist, so lässt er sich nur umkrystallisiren, wenn man eine bei der Siedhitze gesättigte Lösung desselben durch ein Filter gehen lässt, das sich in einem von siedendem Wasser oder von Wasserdampf umgebenen Trichter befindet.

Statt des Weinsteins kann man sich auch des essigsauren oder zweifach oxalsauren Kalis bedienen, jedoch weniger vortheilhaft, da der erstere sich am leichtesten reinigen lässt. Das aus Weinstein bereitete kohlensaure Kali ist frei von Kieselerde; am hartnäckigsten hängt demselben etwas kohlensaure Kalkerde an, welche sich aber bei gehörigem Verdünnen und längerem Stehenlassen der Lösung vollständig abscheidet. Weniger rein, aber zu vielen Zwecken brauchbar, erhält man das Salz durch Reinigen der Pottasche. Zu diesem Behufe löst man dieselbe in Wasser und dampft die filtrirte Flüssigkeit in einer blanken, eisernen Pfanne ziemlich weit ein. Beim ruhigen Stehen in der Kälte scheiden sich die schwefelsauren Salze grösstentheils ab. Dies geschieht vollständig schon während des Eindampfens, wenn es lange genug fortgesetzt wird. Dampft man die von dem schwefelsauren Kali getrennte Flüssigkeit ein bis sich eine Salzhaut bildet, wo sie eine Dichte von wenigstens 1,43 hat, und lässt sie dann unter immerwährendem Umrühren erkalten, so krystallisirt kohlensaures Kali heraus, während eine weniger reine Lauge bleibt. Das aus der Pottasche erhaltene kohlensaure Kali enthält immer Chlorkalium, und Kieselerde, von welcher letzteren es jedoch nach der Angabe von Artus durch Digeriren mit ¼ Kohlenpulver befreit werden kann.

Die folgende Tafel enthält die Procente an trockenem kohlensaurem Kali für die wässerigen Lösungen desselben von verschiedener Dichte bei 15°, nach Tünnermann:

Dichte	Procente.	Dichte	Procente.	Dichte	Procente.	Dichte	Procente.
1,4812	40,504	1,3585	30,349	1,2282	19,580	1,0940	8,811
1,4750	40,139	1,3480	29,360	1,2150	18,601	1,0829	7,832
1,4626	39,160	1,3378	28,391	1,2020	17,622	1,0719	6,853
1,4504	38,181	1,3277	27,412	1,1892	16,643	1,0611	5,874
1,4384	37,202	1,3177	26,432	1,1766	15,664	1,0505	4,895
1,4265	36,223	1,3078	25,454	1,1642	14,685	1,0401	3,916
1,4147	35,244	1,2980	24,475	1,1520	13,706	1,0299	2,934
1,4030	34,265	1,2836	23,496	1,1400	12,727	1,0108	1,958
1,3915	33,286	1,2694	22,517	1,1282	11,748	1,0098	0,979
1,3803	32,307	1,2554	21,538	1,1166	10,769	1,0048	0,489
1,3692	31,328	1,2417	20,539	1,1052	9,790		

b. Zweifach kohlensaures Kali KO,HO,2CO$_2$ = 100,1 (Bicarbonate de potasse). Dieses Salz reagirt und schmeckt weit schwächer alkalisch als das vorige, und bildet luftbeständige Krystalle, die hemiorthotyp sind. Die Abweichung der Axe liegt in der Ebene der längeren Diagonale und beträgt 13° 25'. a:b:c:d = 4,1921 : 8,7967 : 3,2846 : 1. G. Com. P — ∞. + P̆r./$_2$. — (P̆r + 1½). (P + ∞). (P̆r + ∞); Theilbarkeit noch P — ∞. P̆r + ∞. P̄r + ∞ + P̆r/$_2$. Das Salz kann ohne Wasser nicht bestehen, und verliert schon bei gew. Temp. im Vacuum über Schwefelsäure einen Theil des zweiten Äq. seiner Kohlensäure; ist zugleich auch Ätzkalk unter der Glocke, so entweicht es vollständig, was noch weit schneller beim Kochen der Lösung geschieht. Es bildet sich, wenn man Kohlensäure in eine Lösung von kohlensaurem Kali leitet und krystallisirt, wenn diese genug concentrirt ist, sogleich heraus. Wenn man die durch Verkohlen des Weinsteins erhaltene schwarze Masse mit etwas Wasser befeuchtet, sie in eine weite Röhre bringt und dann Kohlensäure darüber leitet, so erfolgt die Absorption derselben so rasch, dass sich die Masse bedeutend erhitzt und daher abgekühlt werden muss. Auch wenn man zur Lösung des kohlensauren Kalis vorsichtig eine Säure setzt oder Chlor hinein leitet, bildet sich zuerst zweifach kohlensaures Kali, welches bei Zusatz von mehr Säure unter heftigem Aufbrausen zerlegt wird.

Ein anderthalbfach kohlensaures Kali, welches auf 2 Äq. Kali 3 Äq. Kohlensäure enthält, soll sich bilden, wenn man zu einer bis auf 60° erwärmten Lösung von 100 Th. kohlensaurem Kali 131 Th. fein geriebenes zweifach kohlensaures Kali setzt und die Flüssigkeit dann erkalten lässt.

349. Kohlensaures Natron. *a.* Neutrales NaO,CO$_2$ = 53 (Soda, Mineralkali, Carbonate de soude). Das wasserfreie kohlensaure Natron gleicht in seinen Eigenschaften dem Kalisalze, nur schmeckt und reagirt es weniger stark alkalisch und ist etwas leichter schmelzbar als dieses, die Dichte desselben beträgt 2,46. Es löst sich in Wasser unter Erwärmung, und lässt man eine nicht aufs äusserste concentrirte heisse Lösung desselben erkalten, so schiessen Krystalle an, welche hemiorthotyp sind und bei welchen die Abweichung der Axe in der Ebene der grösseren Diagonale liegt, sie beträgt 3°. a:b:c:d = 19,10 : 34,72 : 13,66 : 1. G. Com. P/$_2$. (P̄ + ∞)^2. P̆r + ∞. P̄r + ∞. Die Theilbarkeit ist nach P̆r/$_2$ deutlich. Die Dichte derselben beträgt 1,423, es enthält 63,2 Pct. Wasser, entspricht der Formel $NaO,CO_2, 10HO$, und ist das gewöhnliche im Handel vorkommende Salz. Es bedarf zu seiner Lösung 2 Th. kaltes und viel weniger als 1 Th. heisses Wasser. Die Krystalle verwittern an der Luft und zerfallen zu einem weissen Pulver, bei $12,5^{\circ}$ geben sie die Hälfte ihres Wassers ab. Bei $34,3^{\circ}$ schmelzen sie, wobei sie in NaO,CO_2, HO und in eine mehr als 10 Äq. Wasser enthaltende Flüssigkeit zerfallen, aus welcher bei $33,5^{\circ}$ Krystalle anschiessen, die $45,9$ Pct. Wasser enthalten, also NaO,CO_2, 5HO sind. Das Salz mit 5 Äq. Wasser ist, wie es scheint, hemiorthotyp und verwittert an der Luft nur sehr unbedeutend.

Schmilzt man das gewöhnliche, 10 Äq. Wasser enthaltende Salz und lässt die Flüssigkeit erkalten, so krystallisirt ein Salz mit $67,7$ Pct. Wasser, dessen Formel also NaO,CO_2, 8HO ist, seine Dichte beträgt 1,51.

Das Salz mit 1 Äq. oder $14,5$ Pct. Wasser krystallisirt nach Haidinger auch aus einer gesättigten Lösung des gewöhnlichen Salzes bei $25—37^{\circ}$. Es ist orthotyp und $P = 141^{\circ} 48'; 52^{\circ} 9'; 145^{\circ} 52',$ $a:b:c = 1 : \sqrt{0,806} : \sqrt{0,107}$. G. Com. $P - \infty$. $(\breve{P} + \infty)^2$. $\breve{P}r + \infty$; $\breve{P}r.P. (\breve{P} + \infty)^2. Pr + \infty$. Zwischen 87 und 100° verliert es sein Wasser, wobei es nicht schmilzt, sondern zu Pulver zerfällt. Aus der Luft, wenn sie nicht zu feucht ist, nimmt es so viel Wasser auf, dass es 46 Pct. enthält, aus feuchter Luft kann es nahe 8 Äq. aufnehmen. Aus warmer Luft zieht es Kohlensäure an und verwandelt sich dabei in $2NaO,3CO_2$, 3HO. Wenn eine Lösung von einfach Schwefelnatrium oder kohlensaurem Kali und Kochsalz längere Zeit an der Luft steht, so krystallisirt ein Salz heraus, das $50,2$ Pct. oder 6 Äq. Wasser enthält. Es gibt also nicht weniger als fünf verschiedene Verhältnisse, in welchen das kohlensaure Natron mit Wasser krystallisirt.

Das kohlensaure Natron bedeckt als Auswitterung in mehreren Gegenden Aegyptens und Ungarns die Erde, wo es gesammelt und in den Handel gebracht wird. Die bei weitem grösste Menge desselben wird aber aus dem Kochsalze gewonnen. Auch ist es in der Asche von Strand- und See-Pflanzen enthalten, aus welcher man es ebenfalls durch Auslaugen gewinnt. Um sich dasselbe rein zu verschaffen, ist es am vortheilhaftesten, zweifach kohlensaures Natron, das in Wasser sehr wenig löslich ist, in einem Verdrängungsapparate so lange mit Wasser auszuwaschen, bis die Flüssigkeit, wenn sie vorher mit reiner Salpetersäure schwach sauer gemacht wurde, weder mit salpetersaurem Silberoxyde, noch mit Chlorbaryum einen Niederschlag gibt. Die zurückbleibende Salzmasse wird dann bis zur Vertreibung des zweiten Äq. Kohlensäure erhitzt.

Die folgende Tafel enthält die Procente an trockenem kohlensaurem Natron für die wässerigen Lösungen desselben von verschiedener Dichte bei 15°, nach **Tünnermann:**

Dichte	Procente.	Dichte	Procente.	Dichte	Procente.	Dichte	Procente.
1,1816	14,880	1,1308	11,160	1,0847	7,440	1,0410	3,720
1,1748	14,508	1,1261	10,788	1,0802	6,768	1,0368	3,348
1,1698	14,136	1,1214	10,416	1,0757	6,396	1,0327	2,976
1,1648	13,764	1,1167	10,044	1,0713	6,324	1,0286	2,504
1,1598	13,392	1,1120	9,672	1,0669	5,972	1,0245	2,232
1,1549	13,020	1,1074	9,300	1,0625	5,580	1,0204	1,850
1,1500	12,648	1,1028	8,928	1,0578	5,208	1,0163	1,488
1,1452	12,276	1,0982	8,556	1,0537	4,836	1,0121	1,116
1,1404	11,904	1,0937	8,184	1,0494	4,464	1,0081	0,744
1,1356	11,532	1,0892	7,812	1,0452	4,092	1,0040	0,372

b) **Anderthalb kohlensaures Natron** $2NaO,3CO_2,3HO$. Dieses Salz erscheint in luftbeständigen, alkalisch reagirenden Krystallen, deren Dichte 2,112 beträgt und welche hemiorthotyp sind. G. Com. $P/_2 \cdot \bar{P}r/_2 \cdot \bar{P}r + \infty$. Die Theilbarkeit ist nach $\bar{P}r + \infty$ vollkommen. Es löst sich etwas schwieriger in Wasser als das einfach kohlensaure Natron und gibt sowohl im trockenen Zustande erhitzt als beim Kochen der Lösung $^1/_3$ seiner Kohlensäure ab. Es kommt in der Natur als Urao am See Merida in Columbien und als Trona an den Natronseen in Ägypten, vorzüglich in Fezzan vor. Die Lösung des zweifach kohlensauren Natrons rasch eingekocht, so dass nur ein Theil vom zweiten Äq. der Kohlensäure entweicht, gibt beim Erkalten anderthalb kohlensaures Natron. Schmilzt man 1 Äq. gewöhnliches krystallisirtes und 1 Äq. zweifach kohlensaures Natron vorsichtig zusammen und legt die erhaltene Masse durch einige Wochen in einen Keller, so wird sie ganz krystallinisch und verwandelt sich grossentheils in das obige Salz. Durch Kochen einer Lösung von einfach und zweifach kohlensauren Natron bildet sich dasselbe nicht.

c) **Zweifach kohlensaures Natron** $NaO,HO,2CO_2$ erscheint in Krystallen von schwach alkalischem Geschmacke, es verändert aber weder Kurkuma- noch blaues Lackmus-Papier, geröthetes Lackmus-Papier wird aber davon blau. Es bedarf zu seiner Lösung 8 Th. kaltes Wasser. Bei 130° verlieren die Krystalle ihr Wasser und 1 Äq. Kohlensäure vollständig; aber auch schon in feuchter Luft, besonders wenn das Salz fein gepulvert und noch viel schneller, wenn es mit etwas Wasser befeuchtet ist, geht es leicht in das Salz *b* über. Hat man es daher ausgewaschen, so muss man es sehr schnell, am besten in einer Atmosphäre von Kohlensäure trocknen. Die Lösung desselben bleibt hingegen bei gew. Temp. unverändert, erhitzt man sie aber bis zum Kochen, oder lässt sie im Vacuum über Schwefelsäure oder auch nur unter einer Luft haltenden Glocke neben Schwefelsäure und Ätzkali stehen, so verwandelt sie sich, jedoch langsamer als das Kalisalz, in einfach kohlensaures Natron.

Das zweifach kohlensaure Natron wird am besten bereitet, wenn man ein Gemenge von gleichen Theilen krystallisirtem und verwittertem kohlensaurem Natron der Einwirkung von Kohlensäure aussetzt, wobei die Absorption unter Erwärmung erfolgt.

Wenn kohlensaures Ammoniak mit gewöhnlichem kohlensaurem Natron gemengt wird, so erhält man einen Brei der schon bei gew. Tpr. Ammoniak und Wasser abgibt; mischt man trockenes kohlensaures Natron bei, so erfolgt dies erst bei Erhöhung der Tpr. Die hierauf gegründeten Bereitungsarten des Bicarbonates sind aber nicht vortheilhaft. Vollkommen mit Kohlensäure gesättigtes Salz darf eine sehr verdünnte Sublimatlösung gar nicht trüben, in einer concentrirteren aber muss es einen Niederschlag geben, der anfangs weiss, dann gelb, dann roth wird. Enthält es *a* und *b*, so ist der Niederschlag rothbraun.

350. Oxalsaures Kali (*a*) Neutrales KO,C_2O_3,HO (Oxalate de potasse neutre). Dieses Salz erscheint in wasserhellen, luftbeständigen Krystallen, welche bei 100 nur $2/3$ ihres Wassers und erst bei 160° den ganzen Wassergehalt, das ist 9,8 Pct. verlieren. Es bedarf zu seiner Lösung 3 Th. kaltes Wasser, in Weingeist ist es unlöslich. Man bereitet es entweder durch Sättigen einer der folgenden Verbindungen mit Kali oder durch Schmelzen von Papier mit Ätzkali, welche letztere Methode jetzt im Grossen mit Vortheil ausgeführt wird. Man bringt zu diesem Behufe Papierabfälle oder Sägespäne in eine eiserne Pfanne und übergiesst sie mit so viel Kalilösung, dass darin auf 1 Th. der organischen Substanz wenigstens 3 Th. Kali enthalten sind. Bei fortgesetztem Abdampfen beginnt, wenn die Temp. bis nahe 200° gestiegen ist, eine lebhafte Entwicklung von Wasserstoffgas, wobei die Masse gleichförmig schmilzt und zuletzt bei immerwährendem Umrühren und nicht zu sehr gesteigerter Temp. eine ganz weisse Salzmasse gibt, die noch überschüssiges Kali enthält. Durch Zusatz von Schwefelsäure und Umkrystallisiren erhält man daraus vierfach oxalsaures Kali (c).

(b) Das zweifach oxalsaure Kali $KO,HO,2C_2O_3,2HO$ (Bioxalate de potasse) bildet luftbeständige, scharf sauer schmeckende Krystalle, welche zu ihrer Lösung 40 Th. kaltes und 6 Th. siedendes Wasser bedürfen. Es verliert 2 Äq. Wasser beim Erhitzen, das dritte aber kann ohne Zersetzung des Salzes nicht entfernt werden. Das Salz findet sich fertig gebildet vorzüglich im Sauerklee, aus dessen Safte es auch durch Krystallisation gewonnen wird. 100 Pf. Sauerklee geben 50 Pf. Saft und diese nur 8 Loth reines Salz. Man erzeugt es auch direct, indem man 1 Th. kohlensaures Kali mit 1,8 Th. krystallisirter Oxalsäure zusammenbringt.

(c) Vierfach oxalsaures Kali $KO,3HO,4C_2O_3,4HO$ (Quadroxalate de potasse). Dieses Salz, welches jetzt öfter im Handel vorkommt, wird gebildet wenn man das vorige in verdünnter Salzsäure löst und die Lösung dann durch Verdunsten krystallisiren lässt. Es kann sich daher sowohl durch das Verfahren der Reinigung des rohen Kleesalzes, als durch Behandeln des einfach oxalsauren Kalis, welches durch Ätzkali bereitet wurde, mit einer Säure erzeugen. Man bedarf zu seiner Lösung 18,8 Wasser von 20,6° und 1,76 kochendes, und es verliert bei 128° 4 Äq. Wasser, die übrigen 3 Äq. können ohne Zersetzung des Salzes nicht entfernt werden. Es ist ebenfalls in den Oxalis- und Rumex-Arten enthalten.

351. Oxalsaures Natron. a. Das neutrale Salz NaO,C_2O_3 bedarf zu seiner Lösung 14,2 siedendes und 27,6 Th. Wasser von 21,8° und ist überhaupt unter allen Natronsalzen das am schwersten lösliche. Es ist wasserfrei und wird bei einer Temperatur, welche höher als 360° liegt, in 1 V. Kohlenoxydgas, 2 V. Kohlensäure und Kohle zerlegt, welche den achten Theil des ganzen Kohlengehaltes beträgt und mit dem kohlensauren Natron gemengt zurückbleibt.

b. Das zweifach oxalsaure Natron $NaO,HO,2C_2O_3,2HO$ verliert die 2 Äq. Wasser bei 160°, das dritte kann ohne Zersetzung nicht entfernt werden. Beide Salze werden auf directem Wege bereitet. Ein vierfach oxalsaures Salz ist nicht bekannt.

Ammoniaksalze der Säuren des Kohlenstoffes.

352. Kohlensaures Ammoniak. a. Wasserfreies H_3N,CO_2; $3[CO_2(H_3N)^2]$ 0,9013 *). Lässt man trockene Kohlen-

---

*) Da es in der Folge oft nothwendig sein wird, die Zusammensetzung der Körper dem Volumen nach anzugeben, es hiezu aber vieler Worte bedarf, weil nebst dem Volumen der Bestandtheile auch das Volumen der Verbindung, nämlich die Contraction und auch die Dichte derselben angegeben werden muss (53), so schien

säure und trockenes Ammoniakgas in was immer für einem Verhältnisse zusammentreten, so verbinden sie sich nur nach der obigen
Formel zu wasserfreiem kohlensaurem Ammoniak, welches sich als
eine weisse, nach Ammoniak riechende, bei 60° verflüchtigende
Masse an die Wände der erkalteten Röhren, durch die man das Gasgemenge gehen lässt, ansetzt. Man erhält es auch durch Sublimation
eines Gemenges von Sulfatammon mit wasserfreiem kohlensaurem
Natron. Es verhält sich im Allgemeinen wie die übrigen Verbindungen der Kohlensäure mit Ammoniak.

Das gewöhnlich im Handel vorkommende kohlensaure Ammoniak ist $2H_3N, 3CO_2, 2HO$ (b). Es macht den Hauptbestandtheil der
bei der Destillation der Knochen und anderer Substanzen thierischen Ursprungs sich bildenden ammoniakalischen Flüssigkeit und
wird meistens bereitet, indem man 2 Th. kohlensaure Kalkerde
mit 1 Th. Salmiak oder schwefelsaurem Ammoniak mengt, und
in einer gläsernen, thönernen oder gusseisernen Retorte, die mit
einer geeigneten Vorlage versehen ist, erhitzt. $3 (CaO, CO_2) +$
$3H_4NCl$ geben hiebei $2H_3N, 3CO_2, 2HO + H_3N + HO$, während
$3CaCl$ in der Retorte zurückbleibt. Ammoniak und Wasser entweichen im Anfange der Operation, man wechselt dann die Vorlage und fängt das kohlensaure Ammoniak auf, welches theils her-
überfliesst und in der Vorlage erstarrt, theils sich an die Wände
derselben sublimirt. Das gewöhnliche kohlensaure Ammoniak ist eine
weisse, an der Oberfläche leicht zerreibliche, im Innern oft glasartige Masse, welche wie Ammoniak riecht und in 4 Th. Wasser von
13°, in 3,3 Th. von 16,7°, in 2,7 von 32,2°, in 2,4 von 40,6°
und in 2 Th. Wasser von 49° löslich ist.

Lässt man die in der Wärme gesättigte Lösung des gewöhnlichen kohlensauren Ammoniaks, welche erhalten wird wenn man
dasselbe mit der zur Lösung nöthigen Menge siedenden Wassers

---

es zweckmässig, die sich auf das Volumen beziehenden Verhältnisse durch eine
besondere Formel auszudrücken. Diese wird durch eckige Klammern von der
gewöhnlichen Formel unterschieden, und die Anzahl der Volumen eines jeden
Bestandtheiles durch einen Index angezeigt, welcher zum Unterschiede von dem
der die Anzahl der Äquivalente ausdrückt rechts oben zu jedem Zeichen geschrieben wird. Die vor der ersten Klammer stehende Zahl bedeutet die Contraction, die hinter der zweiten befindliche die Dichte der Verbindung. Bezieht
sich die Formel auf die näheren Bestandtheile, so werden diese ebenfalls einge-
klammert und der zu jedem Bestandtheile gehörige Index wird rechts oben
geschrieben. Die obige Formel für das kohlensaure Ammoniak sagt also auf den
ersten Blick, dass sich in demselben 1 Vol. Kohlensäure mit 2 Vol. Ammoniak
zu 3 Vol., d. h. also ohne Contraction zu einem Gase verbunden haben, dessen
Dichte 0,9013 ist.

übergiesst und das Gefäss sogleich verschliesst, um das Entweichen der Kohlensäure zu vermeiden, erkalten; so schiesst aus derselben ein Salz (c) an, dessen Zusammensetzung $2H_3N,4CO_2,5HO$ ist. Die Krystalle desselben sind orthotyp und $P = 136^\circ 25'; 118^\circ 33'; 71^\circ 14' \, a:b:c = 1 : \sqrt{6,256} : \sqrt{2,830}$. G. Com. $P - \infty . \breve{P}r . \bar{P}r . P + \infty . \breve{P}r + \infty . \bar{P}r + \infty$. Theilbarkeit nach $P + \infty$.

Setzt man Weingeist zu der Lösung des Salzes (b), so wird ein Salz (d) gefällt, das der Formel $H_3N,2CO_2,2HO$ entspricht. Man erhält es auch beim Aufbewahren des gewöhnlichen kohlensauren Ammoniaks in schlecht verschlossenen Flaschen und es bildet sich zuweilen auch bei der Bereitung desselben im Grossen. Gibt man zu dem Salze (b) weniger Wasser als zu seiner Lösung nöthig ist, so wird es zerlegt, indem das Salz (d) zurückbleibt während die Lösung ein Salz enthält, in welchem auf 1 Äq. Ammoniak 1 Äq. Kohlensäure kommt. Dasselbe Salz bleibt auch in Verbindung mit $\frac{1}{2}$ Äq. Wasser, also als $2H_3N,2CO_2,HO$ (e) zurück, wenn gewöhnliches Salz in Weingeist oder Äther gekocht wird.

Lässt man die Lösung des gewöhnlichen Salzes unter der Luftpumpe verdunsten, so krystallisirt anfangs ein Salz (f) $4H_3N,9CO_2,10HO$. An der Luft verwittert das Salz (b) zu einer weissen zerreiblichen Masse, welche aus dem Salze (d) besteht, während das Salz (a) entweicht. Wird das Salz (b) bis 49° erwärmt, so entweicht zuerst kohlensaures Gas, dann sublimirt das Salz (e), welchem immer mehr gewöhnliches Salz mit einem Überschusse von Wasser beigemengt ist. Unterbricht man wenn dies eingetreten ist die Destillation, so bleibt in der Retorte eine Flüssigkeit zurück, aus der beim Erkalten ein Salz (g) $2H_3N,3CO_2,5HO$ herauskrystallisirt und in der Lösung bleibt (c).

Ein anderes Salz (h) $4H_3N,5CO_2,4HO$ sublimirt auch, wenn das gewöhnliche Salz sehr langsam erwärmt wird. Erwärmt man das Salz (g), so sublimirt ein Salz (i), welches die Formel $4H_3N,5CO_2,5HO$ hat. Erhitzt man (h) in einer Retorte, bis es geschmolzen ist, so sublimirt (i) und es bleibt ein Salz (k) $4H_3N,5CO_2,12HO$ zurück. Erhitzt man das Salz (i), so sublimirt ein Salz (l) $H_3N,2CO_2,3HO$. Unterwirft man das Salz (l) der Destillation, so bildet sich das Salz (m) $4H_3N,7CO_2,12HO$. Man kann also nicht weniger als zwölf verschiedene Salze aus dem gewöhnlichen im Handel vorkommenden kohlensauren Ammoniak darstellen, welche nach der Kohlensäuremenge geordnet folgende sind:

a.	CO_2, H_3N	c.	$4CO_2,2H_3N$, $5HO$
e.	$2CO_2,2H_3N$, HO	h.	$5CO_2,4H_3N$, $4HO$
d.	$2CO_2$, H_3N, $2HO$	i.	$5CO_2,4H_3N$, $5HO$
l.	$2CO_2$, H_3N, $3HO$	k.	$5CO_2,4H_3N,12HO$
b.	$3CO_2,2H_3N$, $2HO$	m.	$7CO_2,4H_3N,12HO$
g.	$3CO_2,2H_3N$, $5HO$	f.	$9CO_2,4H_3N,10HO$

353. O x a l s a u r e s A m m o n i a k. *a.* N e u t r a l e s H_3N,HO,C_2O_3,HO (Oxalate d'ammoniaque). Dieses Salz erscheint in farblosen Krystallen deren Grundgestalt ein Orthotyp ist, für welches $P = 123^\circ 33'$; $105^\circ 20'$; $100^\circ 32'$. $a:b:c = 1 : \sqrt{1,8263} : \sqrt{1,1108}$. G. Com. $P - \infty . \breve{P}r . P + \infty . \breve{P}r + \infty . \bar{P}r + \infty$. Es ist in Wasser leicht, in Alkohol jedoch ganz unlöslich, verwittert an der Luft, insbesondere in warmer, und gibt dabei 1 Äq. Wasser ab, so dass H_3N,HO,C_2O_3 bleibt. Beim Erhitzen wird es zersetzt und zwar so, dass 2 Äq. Wasser aus der Verbindung treten $H_3N,HO,C_2O_3 = H_2N,C_2O_2 + 2HO$. Der auf diese Art gebildete Körper H_2N,C_2O_2 kann als eine Amid - Verbindung betrachtet werden und heisst O x a m i d. Das neutrale, oxalsaure Ammoniak wird entweder auf directem Wege oder durch Zerlegung des oxalsauren Bleioxydes mit Schwefelammonium erhalten.

b. S a u r e s $H_3N,2HO,2C_2O_3,HO$ ist schwieriger in Wasser löslich als das vorige Salz und verliert 1 Äq. Wasser beim Erwärmen. Ausser diesem gibt es auch noch ein vierfach oxalsaures Ammoniak.

354. M e l l i t h s a u r e s A m m o n i a k. Das neutrale Salz H_3N,HO,C_4O_3 reagirt schwach sauer und ist, wie es scheint, dimorph. Beide Modificationen gehören aber dem orthotypen Systeme an. In der einen Form ist $P = 120^\circ 6'$; $146^\circ 17'$; $70^\circ 32'$. $a:b:c = 1 : \sqrt{7,923} : \sqrt{2,675}$. G. Com. $P - \infty . P.P + \infty . \breve{P}r + \infty$. Thlb. nach $P - \infty$. Dieses Salz hält sich einige Zeit an der Luft, wird dann milchweiss und undurchsichtig; in der andern Form ist $P = 125^\circ 7'$; $145^\circ 21'$; $66^\circ 34'$ und $a:b:c = 1 : \sqrt{7,881} : \sqrt{3,290}$. G. Com. $P - \infty . \breve{P}r . \breve{P}r . P + \infty . \bar{P}r + \infty$. Das Salz von dieser Form erleidet die vorige Veränderung sogleich und zwar oft nur theilweise, so dass die eine Hälfte eines Krystalles undurchsichtig wird, während die andere für immer durchsichtig bleibt. Es ist indess noch nicht bekannt ob der Wassergehalt in beiden Salzen derselbe ist, und daher die Dimorphie noch zweifelhaft. Die Lösung des neutralen Salzes verliert schon beim Kochen einen Theil seines Ammoniaks und verwandelt sich in ein saures Salz, welches leichter krystallisirt. Durch die Einwirkung der Wärme erleidet dasselbe eine sehr merkwürdige Zerlegung. Es verliert nämlich bei 150° einen Theil seines Ammoniaks und Wasser und verwandelt sich nach **Wöhler** in zwei stickstoffhältige Körper, das **Paramid** HC_8NO_4 und die **Euchronsäure** $C_{12}NO_5 2HO, 2HO$, von welchen später ausführlicher die Rede sein wird.

Kohlenstoff und Wasserstoff.

355. Obwohl sich der Kohlenstoff auf keine Weise direct mit dem Wasserstoff verbinden lässt, so besitzt er doch die merkwürdige Eigenthümlichkeit auf indirectem Wege eine grössere Anzahl von Verbindungen mit demselben einzugehen als bisher von je zwei anderen Körpern beobachtet wurde. Alle diese Hydrocarburete stehen mit der organischen Welt in einer näheren oder entfernteren Beziehung. Entweder sind sie die unmittelbaren Producte des Lebensprocesses der Pflanzenwelt, wie dies bei so vielen ätherischen Ölen der Fall ist, oder sie erscheinen als Zerlegungsproducte organischer Substanzen, die durch die blosse Einwirkung der Wärme oder anderer kräftiger Agentien auf dieselben hervorgebracht werden, oder sie finden sich endlich, in mehr oder weniger reinem Zustande, fertig gebildet in der Natur, wo sie ebenfalls durch eine langsame und lang fortdauernde Metamorphose organischer Körper entstanden sind. Viele dieser Verbindungen sind sehr beständig und widerstehen der Einwirkung der kräftigsten Agentien, und mehrere derselben haben die Eigenschaft unmittelbar in anderweitige Verbindungen als zusammengesetzte Radicale einzugehen, wodurch sie Veranlassung zur Entstehung ganzer wohlcharakterisirter Reihen von Körpern geben, die wieder durch Nebenreihen mit anderen Stoffen organischen Ursprunges zusammenhängen. Eine andere sehr merkwürdige Eigenschaft dieser Verbindungen ist, dass sie bei einer ganz gleichen percentigen Zusammensetzung sehr häufig doch ganz verschiedene Äquivalente haben, und dass die Anzahl der Äquivalente der beiden Grundstoffe, aus welchen sie bestehen, in vielen Fällen sehr gross ist. Hiedurch sind diese Grundstoffe fähig sich auf mannigfaltige Arten zu gruppiren und isomerische Modificationen zu bilden, die in keiner Gruppe häufiger sind als in dieser, und welche insbesondere ihres optischen Verhaltens wegen alle Aufmerksamkeit verdienen.

Obwohl es die strenge Consequenz erforderte, die Reihen dieser Verbindungen, sammt allen daraus ableitbaren, gleich hier zu behandeln, so würde dadurch doch einerseits das Princip welches der Abfassung dieses Werkes zu Grunde liegt, nämlich das Materiale so anzuordnen, dass der Lernende sich möglichst leicht eine Übersicht desselben verschaffe, sehr verletzt und anderseits das seiner Natur nach Zusammengehörige zu weit getrennt werden. Hiebei ist gewiss auch zu berücksichtigen, dass es im Unterrichte eine unangenehme Störung verursacht, auf die durch ihre mannigfaltigen Beziehungen zur organischen Welt so höchst merkwürdigen Kohlenwasserstoffe, wieder die in ihren Verhältnissen weit einfacheren Metalle abzuhandeln und erst nach dieser Unterbrechung den Faden dort wieder anzuknüpfen, wo der Lernende am gespanntesten war denselben zu verfolgen. Viele Chemiker haben daher, durch ähnliche Gründe bewogen, bloss zwei Hydrocarburete nach den Oxydationsstufen des Kohlenstoffes, die bei weitem grössere Anzahl derselben aber erst unter den organischen Verbindungen behandelt. Da indess hiedurch eine zusammengehörige Gruppe zerrissen wird und die Kenntniss des Formens und Elayls zum Verständniss des Folgenden nicht nothwendig ist, so schien es zweckmässiger auch diese hier wegzulassen und die ganze Gruppe der Kohlenwasserstoffe in die organische Chemie zu verlegen.

Kohlenstoff und Schwefel.

356. Kohlensulfid $CS_2 = 38$; $1[CS^2]$ $2,634$ (Schwefelkohlenstoff, Schwefelalkohol, Carbure de Soufre). Wenn Kohle mit Schwefel noch so innig gemengt erwärmt wird, so destillirt der Schwefel ab, ohne dass hiebei eine gegenseitige Einwirkung beider Stoffe Statt findet. Bringt man aber in das hintere Ende einer Verbrennungsröhre Schwefel, vor dieselbe eine 10 — 12 Z. lange Schichte Holzkohlen in kleinen Stückchen und leitet man, während diese glühen, die Dämpfe des Schwefels darüber, indem man auch den hinteren Theil der Röhre, der den Schwefel enthält, nach und nach erhitzt, so erfolgt sogleich die Verbindung beider Körper zu Kohlensulfid, welches in gelblichen Tropfen in dem Wasser, durch welches die Röhre abgesperrt ist, zu Boden sinkt. Es bildet sich auch, wenn Schwefelkies (FeS_2) mit Kohle gemengt stark erhitzt wird, ferner bei der Destillation von Sulfocyan-Verbindungen u. s. w. Das Kohlensulfid ist eine wasserhelle, das Licht sehr stark zerstreuende und daher lebhafte Farben spielende Flüssigkeit von unangenehmem Geruche und gewürzhaftem schwachem Geschmacke, deren Dichte bei $0°$ $1,294$ beträgt. Der Siedepunkt derselben ist bei 744^{mm} $45,8°$; bei $— 95°$ wird er noch nicht fest. Mit Wasser verbindet sich das Kohlensulfid nicht, wenn aber beide Körper längere Zeit mit einander in Berührung bleiben, so nimmt einer von dem andern mechanisch etwas

Weniges auf. Mit Weingeist, Äther und den meisten andern diesen ähnlichen Körpern ist es in allen Verhältnissen mischbar, so wie es auch die Harze, Öle, fetten Säuren u. dgl. oft in sehr grosser Menge löst. Dasselbe gilt auch von Schwefel, Phosphor, Jod etc. An der Luft entzündet sich dasselbe sehr leicht und brennt mit röthlich blauer Flamme unter Bildung von schwefliger Säure und Kohlensäure. Das Gemenge seines Dampfes mit Sauerstoffgas oder atm. Luft, etwa 1 Tropfen auf 6 Cub. Z. Luft, gibt entzündet eine heftig explodirende Knall-Luft. Kommen die Dämpfe desselben mit glühenden Metall-oxyden in Berührung, so erfolgt die Zerlegung entweder nach dem Schema $3SnO_2 + 2CS_2 = 3SnS + 2CO_2 + SO_2$, wie bei den Oxyden von Zinn, Eisen, Mangan; oder nach $3BaO + CS_2 = 2BaS + BaO,CO_2$ wie bei Baryt, Kalk, Strontian. Mit kohlensaurem Kali erfolgt die Zerlegung nach $2(KO,CO_2) + 3CS_2 = 3CO_2 + 2KS_3 + 2C$ (172). Das Kohlensulfid ist eine Sulfosäure, ihrer Zusammensetzung nach analog der Kohlensäure, und gibt mit den Schwefelmetallen Sulfosalze. Zur Bereitung des Kohlensulfides dient der Apparat A, der aus gewöhnlichem Thon verfertigt und mit zollgrossen Stücken Kohle, am besten von Buchenholz, gefüllt wird. Der ganze Apparat wird gehörig mit Thon beschlagen und unmittelbar auf den Rost des Ofens, dessen Einrichtung man aus der Zeichnung ersieht, gestellt, was wesentlich nothwendig ist, damit sich der Boden nicht

zu sehr erhitzt. Der Durchmesser des Apparates A beträgt 10 Z., die Höhe desselben 24 Z. und der den Apparat umgebende Heizraum für die Kohlen 4—5 Z. Die untere Öffnung a ist mit einem Thonpfropf, wozu ein runder Schmelztiegel sehr gut dient, verschlossen. An dem anderen Ende bei b ist eine etwa 3—4" weite und 4—5' lange Röhre aus Eisenblech angefügt, die gut gekühlt wird, und mit ihrem anderen Ende c in die Vorlage B reicht. Diese ist aus Blech verfertigt und besteht aus 3 Theilen, welche durch Muffen, die mit Wasser abgesperrt sind, leicht in Verbindung gesetzt und wieder aus einander genommen werden können. Bei d mündet sich dieselbe in eine trichterförmige Röhre von etwa 2" Länge, die in eine ganz mit Wasser gefüllte Flasche C reicht, welche in einem flachen Gefässe mit Ablaufröhre steht und durch Wegziehen der Unterlage leicht gewechselt werden kann. Die Vorlage B ist mit Eisstücken gefüllt und oben bei f ganz offen, auf diese Weise werden die Gase, die zwischen den Eisstücken frei durchgehen können, vollkommen gut gekühlt, ohne dass irgend ein Druck auf den Apparat Statt findet. Dieser Umstand ist für das gute Gelingen der Operation wesentlich, denn versucht man den Apparat bei f durch eine Verbindungsröhre, die in Wasser taucht, auch nur etwas abzusperren, so erhält man gleich viel weniger Kohlensulfid, weil dann der Apparat nicht mehr dicht genug schliesst und der grösste Theil der gasförmigen Verbindung in den Ofen entweicht. Nachdem bei mehrstündigem Anwärmen der ganze Apparat in gehörige Gluth gekommen ist, nimmt man den Pfropf bei a heraus und trägt 1 bis 2 Pf. Schwefel ein. Sollte nach einer Viertelstunde noch kein Kohlensulfid in kugelförmigen Tropfen bei d erscheinen, so wiederholt man das Eintragen und schliesst jedesmahl die Öffnung sogleich wieder, eben so trägt man von neuem ein, wenn die Bildung von Kohlensulfid nachlässt (Schrötter in den Ann. der Ch. u. Ph., 39, 287). Man reinigt das Kohlensulfid durch Destillation von dem darin gelösten Schwefel und entzieht ihm, wenn es nothwendig ist, durch Stehenlassen über Chlorcalcium das wenige darin gelöste Wasser.

Das Kohlensulfid erleidet durch Einwirkung des Lichtes eine besondere bisher nicht näher untersuchte Veränderung. Es scheidet sich nämlich an der Oberfläche des Glases ein schwarzer Körper ab, der dasselbe nach einigen Wochen ganz undurchsichtig macht, aber nicht Kohlenstoff ist.

Kohlensulfid und Schwefelmetalle.

357. Hydrothion-Kohlensulfid HS,CS_2 (Hydrothio-Carbonsäure, Rothsäure, Kohlenschwefelwasserstoffsäure). Wenn man Kohlensulfid bei abgehaltener Luft zu einer wässerigen Lösung von Schwefelkalium oder Natrium fügt, so verbindet sich dasselbe mit dem Schwefelmetalle, indem es das Wasser ersetzt. $KS,HO + CS_2 = KS,CS_2 + HO$. In dem so erhaltenen Schwefelkalium-Kohlensulfid lässt sich unter günstigen Umständen das Kalium durch Wasserstoff ersetzen, wodurch Hydrothion-Kohlensulfid gebildet wird, das die Zusammensetzung HS,CS_2 hat. Man erhält diesen Körper am besten, wenn man trockenes Schwefelammonium Kohlensulfid H_4NS,CS_2 mit fast concentrirter Salzsäure zerlegt und dann Wasser hinzusetzt. Dasselbe fällt hiebei in Gestalt eines rothbraunen nach Hydrothion riechenden Öles nieder. Bringt man es mit Ätzkali oder auch mit kohlensaurem Kali zusammen, so entsteht wieder Kohlensulfid-Schwefelkalium, dasselbe gilt von Natron ($KO + HS,CS_2 = KS,CS_2 + HO$). Viele andere Kohlensulfid-Sulfometalle (Sulfocarbonate) lassen sich darstellen, wenn man Schwefelammonium Kohlensulfid zu den Lösungen ihrer Salze in Wasser hinzusetzt.

358. Schwefelkalium-Kohlensulfid KS,CS_2. Dieses wird erhalten, wenn man zu einer concentrirten Lösung von Schwefelkalium in Weingeist so lange Kohlensulfid setzt als sich davon noch löst und dann die beim ruhigen Stehen sich bildende dunkelbraune Flüssigkeit bei $30°$ abdampft. Auch wenn man eine wässerige Lösung von einfach Schwefelkalium bei abgehaltener Luft mit Kohlensulfid digerirt, bildet sich dasselbe, ja selbst bei der Einwirkung von Kalilösung auf Kohlensulfid entsteht es, jedoch sehr langsam. $3KO + 3CS_2 = 2(KS,CS_2) + KOCO_2$. Es schiesst in zerfliesslichen Krystallen aus der Lösung an, welche bei $60-80°$ ihr Wasser verlieren und dabei rothbraun werden. Bei stärkerem Erhitzen schmilzt es und zerfällt dann in ein Gemenge von KS_3 und Kohle. $KSCS_2 = KS_3 + C$. In Wassser löst es sich sehr leicht, in Weingeist hingegen nur wenig. Vom Verhalten des Natrons gegen Kohlensulfid gilt dasselbe.

359. Schwefelammonium-Kohlensulfid H_4NS,CS_2 (Rothwerdendes Salz von Zeise, Ammonium sulfocarburet) wird erhalten, wenn man 10 V. mit Ammoniakgas gesättigten fast absoluten Alkohol mit 1 V. Kohlensulfid mischt und wenn die Flüssigkeit braungelb geworden ist, bis auf $0°$ erkaltet. Nach ungefähr einer

Stunde giesst man die Flüssigkeit von den gebildeten Krystallen ab und wäscht diese zuerst mit Weingeist, dann mit Äther aus, presst sie zwischen Papier und entzieht sie so schnell als möglich dem Einflusse der Luft. Das Salz ist blassgelb, flüchtig und lässt sich, wenn es trocken ist, unverändert sublimiren. Es ist sehr leicht in Wasser löslich und zieht auch Feuchtigkeit aus der Luft an. Die Lösung ist bei 8 Th. Wasser roth, bei mehr Wasser braun, endlich gelb und hält sich in verschlossenen Gefässen lange unverändert. In Weingeist und Äther ist es nur sehr wenig löslich. Mit ersterem befeuchtet, wird es in wenig Augenblicken roth, in verschlossenen Gefässen damit längere Zeit in Berührung erleidet es eine Zersetzung. Die wässerige Lösung des Salzes wird an der Luft unter Abscheidung eines kohlenhältigen grauen Niederschlages zersetzt. Ähnlich wirkt auch ein Zusatz von Säuren. Wenn Kohlensulfid längere Zeit mit Ammoniakgas in Berührung bleibt, so wird dieses absorbirt und es bildet sich ein gelber krystallinischer Körper, dessen Verhältnisse noch nicht näher untersucht sind.

Kohlenstoff und Chlor.

360. Man war bisher auf keine Weise im Stande, das Chlor direct mit dem Kohlenstoffe zu verbinden und hierin liegt eine auffallende Verschiedenheit in dem Verhalten dieses Körpers von dem des Sauerstoffes zum Kohlenstoffe. Während die Grösse der chemischen Anziehung zwischen Kohle und Sauerstoff mit der Steigerung der Temperatur immerfort wächst, nimmt die zwischen der Kohle und dem Chlor beim Erwärmen rasch ab, so dass alle Verbindungen dieser beiden Grundstoffe durch Erhitzung aufgehoben werden können. Die beiden indirecten Wege auf welchen es bisher gelungen ist Verbindungen dieser Grundstoffe hervorzubringen sind folgende: Entweder die Kohlenwasserstoffe der Einwirkung des Chlors auszusetzen, oder Kohlensulfid mit Chlor zu behandeln, wo das Chlor den Schwefel ersetzt, während es im ersten Falle meistens zuerst in die Verbindung eingeht und dann erst bei fortgesetzter, durch Wärme oder Licht unterstützter Einwirkung desselben sich mit dem Wasserstoff nach und nach verbindet und damit als Hydrochlor entweicht, bis zuletzt nichts als ein Kohlenchlorid zurückbleibt. Auf diese Weise ist es gelungen die folgenden Verbindungen beider Körper zu Stande zu bringen.

CCl_2 Kohlensuperchlorid enthält 70,8 Chlor auf 6 Kohlenstoff.
C_2Cl_3 Kohlensuperchlorür   "   53,1   "   "   "   "
CCl Kohlenchlorid   "   35,4   ".   "   "   "
C_2Cl Kohlenchlorür   "   17,7   "   "   "   "

Die Mengen des Chlors nehmen also zu wie die Reihe der natürlichen Zahlen von 1—4, wenn man sie auf gleiche Mengen des Kohlenstoffes bezieht. Ausser diesen vier Chlorverbindungen sind noch mehrere bekannt, von denen erst später bei den Körpern aus denen sie entstehen die Rede sein kann. Sie haben sämmtlich einen aromatischen Geruch, sind farblos und lassen sich unverändert überdestilliren. In Wasser sind sie unlöslich und werden davon auch nicht zersetzt; in Alkohol und Äther, so wie in den fetten und ätherischen Ölen hingegen sind sie, aber auch ohne Zersetzung, löslich. Sie brennen, in die Flamme der Weingeistlampe gehalten, mit russender Flamme, unter Bildung von Hydrochlor. Mit Sauerstoffgas gemengt und entzündet, verbrennen sie mit Explosion unter Bildung von Kohlenoxyd, Kohlensäure und Abscheidung von Chlor. Werden hingegen die Dämpfe dieser Körper mit Wasserstoffgas gemengt durch glühende Röhren geleitet, so entsteht Hydrochlor und Kohle wird abgeschieden; für sich allein durch stark glühende Röhren geleitet, zerfallen sie in Chlor und Kohle. Mit erhitzter Kalk- oder Baryt-Erde u. s. w. in Berührung, entstehen Chlormetalle und Kohlenoxydgas wird frei, Kalium gibt damit unter gleichen Umständen Chlorkalium und Kohle. Kalilauge wirkt nicht auf dieselben.

361. K o h l e n s u p e r c h l o r i d $CCl_2 = 41,4$; $2[CCl^4]$ 5,29 (R e g n a u l t's éther hydrochlorique). Dieser Körper ist, wie die Formel zeigt, als Kohlensäure oder als Kohlensulfid zu betrachten, in welchem das Chlor den Sauerstoff oder den Schwefel ersetzt. Es ist eine wasserhelle Flüssigkeit von angenehmem ätherartigem Geruche, deren Dichte 1,599 beträgt und welche bei 77° siedet. Leitet man die Dämpfe des Kohlensuperchlorides durch ein stark glühendes Rohr, so zerfällt es in Chlorgas und in ein flüssiges Gemenge von Kohlensuperchlorür und Kohlenchlorid ($3CCl_2 = C_2Cl_3 + CCl + Cl_2$), welche letztere sich jedoch fast augenblicklich unter Einwirkung des Sonnenlichtes vereinigen. Das Kohlensuperchlorid ist unlöslich in Wasser und erleidet durch Kalilauge keine Veränderung, eine weingeistige Kalilösung zersetzt sich damit nach längerer Zeit in Chlorkalium und kohlensaures Kali.

Das Kohlensuperchlorid bildet sich nach K o l b e (Ann. d. Ch. und Ph. 45, 41) langsam, wenn Kohlensulfid bei gew. Tpr. mit

Chlor in Berührung steht, rasch und in grosser Menge aber entsteht es, wenn Chlorgas und Kohlensulfidgas durch eine glühende, mit Porzellanstücken gefüllte Glasröhre geleitet werden. $CS_2 + Cl_4 = CCl_2 + 2SCl$. Man verfährt hiebei am besten, wenn man vollkommen trockenes Chlorgas durch eine Flasche leitet, in welcher sich wasserfreies Kohlensulfid befindet, das nicht besonders erwärmt zu werden braucht, indem sonst zu viel davon mit dem Chlor in die Röhre dringt. Vom Schwefelchloride wird es durch Kalilösung getrennt und durch Destillation mit demselben vollständig gereinigt. Das Kohlensuperchlorid bildet sich auch nach R e g n a u l t (éther hydrochlorique de l'esprit de bois perchloruré) durch Einwirkung des Chlors auf Formylchlorür HC_2Cl_3 (Ann. de Ch. et Ph. 71, 374). D u m a s erhielt dasselbe durch Zusammenbringen von Chlor mit Grubengas.

362. **Kohlensuperchlorür** $C_2Cl_3 = 118,2$; $[CCl^3]8,15$. Dieser, seiner Zusammensetzung nach der Oxalsäure analoge Körper wurde von F a r a d a y entdeckt, und ist das letzte Zerlegungsproduct der Einwirkung des Chlors auf Elayl (HC) bei Gegenwart von Wasser, indem nach einander die Körper $H_4C_4Cl_2, H_3C_4Cl_3, H_2C_4Cl_4$ und C_4Cl_6 entstehen. Man sondert die zuerst sich bildende ölartige Flüssigkeit, $H_4C_4Cl_2$, das Elaylchlorür, ab und leitet unter Mitwirkung des Sonnenlichtes so lange Chlor durch, als noch Hydrochlor gebildet wird. Vortheilhafter ist es jedoch nach L i e b i g, das Elaylchlorür bis zum Kochen zu erhitzen und dann Chlor durchzuleiten, indem die Wirkung des Lichtes durch die der Wärme vollständig ersetzt werden kann. Durch Abspülen mit Wasser, Lösen in Alkohol und Fällen mit Wasser, dem etwas Kali zugesetzt ist, und abermaliges Ausspülen und Auspressen erhält man den Körper rein. Derselbe ist weiss, krystallinisch, fast geschmacklos und von kampherartigem Geruche. Seine Dichte ist nahe 2, er schmilzt bei 160^0 und kocht bei 180^0. Die Lösung in Alkohol wird durch salpetersaures Silberoxyd nicht gefällt. Salpetersäure, Ätzkali und Schwefelkalium wirken nicht darauf, letzteres in Weingeist gelöst, bildet damit Kohlenchlorid. Phosphor, Schwefel oder Jod damit erhitzt, wirken eben so. Eine isomerische Modification dieses Kohlensuperchlorüres wird nach R e g n a u l t (Ann. de Ch. et Ph. 70, 101) erhalten, wenn man die Dämpfe des Superchlorides durch eine mit Porzellanstücken angefüllte schwach glühende Glasröhre leitet. Es entweicht Chlor und in der Vorlage scheidet sich ein Körper ab, der in seinem Äusseren und in seiner Zusammensetzung dem vorigen Chloride gleicht, aber $2[CCl^3]4,082$

ist. Von der Entstehung des Kohlenchlorüres durch die Einwirkung von Chlor auf Äthylchlorür H_5C_4Cl wird später die Rede sein.

363. Kohlenchlorid $CCl = 41,4$; $[CCl^2]5,712$. Diese Verbindung wird nach **Regnault** erhalten, wenn man das Superchlorür in Alkohol löst, und so lange eine alkoholische Lösung von Hydrothion - Kaliumsulfid HS,KS (170) hinzusetzt, als noch Hydrothion entweicht. $C_2Cl_3 + KS,HS = C_2Cl_2 + KCl + S + HS$. Die von dem Niederschlage getrennte klare Flüssigkeit wird destillirt und zu dem Destillat Wasser gesetzt, wodurch sich das Chlorid am Boden absetzt. Auf diese Art bereitet ist das Kohlenchlorid eine wasserhelle Flüssigkeit, deren Dichte $1,619$ beträgt. Bei -18° erstarrt sie noch nicht und siedet bei 122°.

Faraday hatte schon früher einen Körper von gleicher Zusammensetzung dadurch erhalten, dass er die Dämpfe des Kohlensuperchlorüres durch ein glühendes, mit Porzellanstücken gefülltes Rohr leitete. Die Dichte desselben ist aber nur $1,553$ und derselbe siedet bei 72°: es ist daher noch zweifelhaft, ob dieser Körper eine isomerische Modification des nach der vorher angegebenen Art bereiteten Kohlenchlorides oder ein Gemenge mehrerer Kohlenchloride ist.

364. Kohlenchlorür $C_2Cl = 47,4$; $[CCl]3,271$. Nach **Regnault** bildet es sich, wenn man die Dämpfe des Kohlenchlorides durch eine stark glühende, mit Porzellanstücken gefüllte Porzellanröhre hin und herleitet. Es legt sich in dem kälteren Theile der Röhre in feinen Krystallen an, die durch Auflösen in Äther etc. gereinigt werden. Bei 120° fängt es an sich zu sublimiren, aber ohne vorher zu schmelzen.

Dieselbe Verbindung wurde schon früher zufällig von **Julin** erhalten, als er Salpetersäure mittelst Salpeter und Eisenvitriol, welchen er aus Falun bezogen hatte, bereitete. Es glückte jedoch später nicht mehr, dieselbe auf diesem Wege hervorzubringen.

365. Schwefligsaures Kohlensuperchlorid $CSCl_2O_2 = CCl_2,SO_2$; $[CCl_2,SO_2]7,51$. (Kohlensaures Schwefelchlorür). Diese von **Berzelius** und **Marat** entdeckte Verbindung ist weiss, krystallinisch, von ganz eigenthümlichem höchst durchdringendem Geruche, die Augen heftig zu Thränen reizend und im Schlunde ein unerträgliches Kratzen hervorbringend. Sie schmilzt bei 135°, siedet bei 170°, wo sie unverändert überdestillirt, sublimirt aber auch schon bei niederer Temperatur, besonders in einer luftleeren Glasröhre, durch die Wärme der Hand von einer Stelle zur andern. Mit Wasser, in welchem das schwefligsaure Kohlensuperchlorid unlöslich ist, befeuchtet, röthet es Lackmus, indem es eine partielle Zersetzung erleidet. In Alkohol ist es löslich, und die frisch bereitete Lösung wird durch salpetersaures Silberoxyd nicht getrübt; dies geschieht erst nach einiger Zeit, wenn Zersetzung eingetreten ist. Durch Zusatz von Wasser wird es verändert und gefällt. In Äther und Kohlensulfid ist es ebenfalls löslich. Erst in der dunkeln Rothglühhitze wird es auf folgende Art zerlegt. $CCl_2SO_2 = CCl + Cl + SO_2$. Das Kohlenchlorid CCl destillirt hiebei in die Vorlage über, während Chlor und schweflige Säure entweichen. Mit einem bedeutenden Überschusse von concentrirter Schwefelsäure erhitzt, wird es ebenfalls zerlegt und zwar wie folgt: $CCl_2,SO_2 + HO,SO_3 = CClO + SO_2 + HCl + SO_3$.

Bereitet wird es nach K o l b e (Ann. d. Ch. und Ph. 54, 152) auf folgende Weise. Eine etwa 6 Liter fassende Flasche wird bis zur Hälfte mit einer Chlormischung aus Braunstein und Salzsäure angefüllt, dann etwa 50 Gr. Kohlensulfid hineingegeben, sogleich verschlossen und unter öfterem Öffnen des Pfropfes längere Zeit an einem kühlen Orte stehen gelassen, dann aber unter öfterem Umschütteln durch mehrere Tage einer Temp. von 30°, im Sommer dem directen Sonnenlichte ausgesetzt. Ein Zusatz von etwa 100 bis 200 Gr. käuflicher Salpetersäure befördert die Operation. Ist die Umwandlung des Kohlensulfides beendigt, so giesst man den Inhalt in einen Kolben und destillirt im Ölbade. Die Bildung dieses Körpers geschieht auf folgende Art: $CS_2 + 2HO + 4Cl = CCl_2,SO_2 + 2HCl + S$, und die Gegenwart des Wassers ist also zu derselben unerlässlich. Wahrscheinlich entsteht hiebei zuerst CCl_2 und SCl, letzteres wird jedoch sogleich durch das Wasser zerlegt und schweflige Säure gebildet, die durch den Status nascens begünstigt, sich mit dem Kohlensuperchloride verbindet. Dieselbe Verbindung bildet sich übrigens auch, wenn man Kohlensulfid längere Zeit der Einwirkung von feuchtem Chlorgas aussetzt.

366. S c h w e f l i g s a u r e s K o h l e n c h l o r i d CCl,SO_2. Leitet man nach K o l b e (l. c.) schweflige Säure durch eine weingeistige Lösung des schwefligsauren Kohlensuperchlorides, so tritt ein Moment ein, wo durch Zusatz von Wasser aus der geistigen Flüssigkeit kein Superchlorid mehr gefällt wird, indem die Flüssigkeit nun nichts mehr als freie schweflige Säure, Hydrochlor, Schwefelsäure und den neuen Körper, nämlich das schwefligsaure Kohlenchlorid enthält. Obwohl dieses so leicht veränderlich ist, dass man es nicht von den übrigen Körpern, ausser von der schwefligen Säure, welche sich durch Erwärmen entfernen lässt, trennen kann, so ist doch aus den Zerlegungsproducten desselben zu schliessen, dass der bei seiner Bildung Statt findende Process folgender ist.

$$CCl_2,SO_2 + SO_2 + HO = CCl,SO_2 + SO_3 + HCl.$$

Derselbe Körper bildet sich auch, wenn man Hydrothion auf schwefligsaures Kohlensuperchlorid wirken lässt $CCl_2,SO_2 + HS = CCl,SO_2 + HCl + S$. Eben so wirkt Zinnchlorür und selbst Wasserstoff, wenn er im Status nascens damit in Berührung kommt, z. B. wenn man Zink in eine angesäuerte, sehr verdünnte weingeistige Lösung desselben bringt, oder es durch den elektrischen Strom zerlegt, wobei man eine Anode von einem leicht oxydirbaren Metalle, am besten amalgamirtes Zink, anwenden muss. Die weingeistige Lösung des neuen Körpers ist farb- und geruchlos, verbreitet aber an der Luft erstickende Dämpfe, indem sie aus derselben leicht Sauerstoff aufnimmt, und dadurch in ein Gemenge von Chlorkohlensäure (372) und schwefliger Säure zerfällt, letztere oxydirt sich nach und nach zur Schwefelsäure, Chlor fällt aus der wässerigen Lösung desselben wieder schwefligsaures Kohlensuperchlorid. Durch Kochen mit Kalihydrat entsteht ein neuer Körper, indem $\frac{1}{2}$ Äq. davon in die Verbindung aufgenommen wird.

367. Chlorkohlenunterschwefelsäure HO,C_2Cl_3,S_2O_5. Diese Säure bildet sich, wenn man schwefligsaures Kohlensuperchlorid in Überschuss mit Ätzkalilösung bei gelinder Wärme digerirt und das überschüssige Superchlorid dann abdestillirt. $2(CCl_2,SO_2) + 2(KO,HO) = KO,C_2Cl_3 S_2O_5 + 2HO + KCl$. Ganz auf gleiche Weise bildet sich bei Anwendung von Barytwasser, $BaO,C_2Cl_3S_2O_5,HO$, welches in Alkohol löslich ist und daher aus der zur Trockenheit abgedampften Masse durch denselben ausgezogen werden kann. Beim Abdestilliren des Alkohols scheidet es sich in farblosen Krystallen ab. Hiebei entsteht auch manchmal schwefelsaurer Baryt, welcher von der Schwefelsäure herstammt, die sich in dem feuchten Superchloride schon früher durch Oxydation an der Luft gebildet hatte. Dieses Salz ist am geeignetsten zur Darstellung des Hydrates der Säure. Man zerlegt es zu diesem Behufe mit Schwefelsäure, entfernt den im Überschusse zugesetzten Theil derselben durch kohlensaures Bleioxyd und beseitigt den hievon gelöst bleibenden Theil durch Hydrothion. Die Säure krystallisirt beim Abdampfen und gibt unter der Luftpumpe über Schwefelsäure eine weisse, äusserst zerfliessliche Masse, die bei 100^0 getrocknet die Zusammensetzung HO,C_2Cl_3,S_2O_5, $2HO$ hat. Sie schmilzt bei 130^0 und siedet bei 160^0, wobei sie sich theilweise verflüchtigt, aber grösstentheils in Hydrochlor, schweflige Säure und Chlorkohlenoxyd zerlegt. Sie kann mit rauchender Salpetersäure, Chlorsalpetersäure und Chromsäure, ohne eine Zersetzung zu erleiden, gekocht werden und treibt die meisten anderen Säuren, selbst die Salzsäure aus ihren Verbindungen aus. Da es nicht unwahrscheinlich ist, dass diese Säure eine Verbindung der Unterschwefelsäure mit einer der Oxalsäure analog zusammengesetzten Säure ist, in welcher der Sauerstoff durch Chlor vertreten wird, so ist die grosse Beständigkeit derselben auffallend, da sich erstere allein schon unter 100° zersetzt. Die Salze dieser Säure haben einen herben Metallgeschmack und sind sämmtlich in Wasser und Alkohol löslich, beim Erhitzen bis zum Glühen geben sie schweflige und Chlorkohlensäure zu gleichen Volumen ab und reines Chlormetall bleibt zurück.

Das **chlorkohlenunterschwefelsaure Kali** $KO,C_2Cl_3,S_2O_5,2HO$ kann bis 300°, ohne eine Zersetzung zu erleiden, erhitzt werden. Bei noch höherer Temperatur zerfällt es auf die oben angegebene Art: $KO,C_2Cl_3,S_2O_5 = 2CClO + 2SO_2 + KCl$. Das **Natronsalz** wird wie das vorige bereitet, es ist in Wasser noch leichter löslich als jenes, und verwittert an der Luft. Das **Ammoniaksalz** wird, wie alle folgenden, auf directem Wege erhalten und bildet grosse luftbeständige Krystalle. Das **Silbersalz** schwärzt sich beim Kochen und enthält wie das Bleisalz 2 Äq. Wasser die beide Salze bei 100° abgeben, über 100° wird letzteres zersetzt. Das **Kupfersalz** enthält 5 Äq. Wasser und bildet blaue Krystalle, die bei 180° 2 Äq. davon verlieren, die andern 3 Äq. können nur bei einer Temperatur weggetrieben werden, bei welcher das Salz bereits zerlegt wird.

368. **Chlorformylunterschwefelsäure** HO,HC_2Cl_2,S_2O_5. Diese Säure kann als eine Verbindung der Unterschwefelsäure mit dem Formylsuperchlorür HC_2Cl_2 betrachtet werden, einem mit der Ameisensäure HC_2O_3 im Zusammenhange stehenden Körper, wesswegen sie auch von Kolbe, ihrem Entdecker, den obigen passenden Namen erhalten hat. Sie entsteht aus der Chlorkohlenunterschwefelsäure, wenn dieselbe mit Zink in Berührung kommt, das sich darin **ohne** Gasentwickelung löst.

$HO,C_2Cl_3,S_2O_5 + 2Zn = ZnO,HC_2Cl_2,S_2O_5 + ZnCl$.

Das **Kalisalz** dieser Säure bildet sich direct, wenn man schwefligsaures Kohlenchlorid mit Ätzkali kocht. $2\,(CCl,SO_2) + HO,KO = KO + HC_2Cl_2,S_2O_5$. Aus der weingeistigen Lösung des Kalisalzes wird durch Zusatz von Schwefelsäure schwefelsaures Kali gefällt, während das Hydrat der Chlorformylunterschwefelsäure gelöst bleibt. Man fällt durch Zusatz von Barytwasser die Schwefelsäure, filtrirt und dampft die neue Säure so weit ab, als dies ohne sie zu zersetzen möglich ist, was bei einer 140° übersteigenden Temperatur geschehen würde. Die so erhaltene Masse behandelt man mit kochendem Äther, wobei alle etwa beigemengten Salze zurückbleiben. Um die Säure vollends zu entfärben löst man Bleioxyd darin auf, fällt dieses durch Hydrothion und concentrirt sie wieder. Im Vacuum bildet sie farblose, an der Luft zerfliessende Krystalle, welche beim Erwärmen schmelzen und an der Luft erhitzt unter Zurücklassung von Kohle dicke weisse Dämpfe ausstossen. In ihren übrigen Eigenschaften steht sie der Chlorkohlenunterschwefelsäure sehr nahe.

Das Kalisalz derselben wird entweder direct auf die oben angegebene Weise gebildet, oder indem man die Lösung ihres Zinksalzes bis zum Kochen erhitzt, mit kohlensaurem Kali fällt und aus der zur Trockenheit abgedampften Masse das chlorformylunterschwefelsaure Kali mit kochendem Weingeiste von 96° auszieht. Beim Erkalten der Lösung krystallisirt es in perlmutterglänzenden Schuppen heraus. Es ist in kaltem absolutem Alkohol fast unlöslich, neutral, luftbeständig und verträgt eine Temp. von 250°. Stärker erhitzt wird es zerstört.

$$KO,HC_2Cl_2,S_2O_5 = KCl + 2SO_2 + HCl + CO_2 + C$$

Das Silbersalz, welches direct bereitet wird, ist gegen das Licht höchst empfindlich. Im Wasserbade getrocknet ist es wasserfrei und bei 150° wird es noch nicht zersetzt. Das Ammoniaksalz erscheint in grossen, luftbeständigen, durchsichtigen Krystallen.

369. Chlorelaylunterschwefelsäure HO,H_2C_2Cl,S_2O_5. Bringt man metallisches Zink in Chlorformylunterschwefelsäure, so löst es sich und es entsteht nebst Zinkchlorid das Zinksalz einer neuen Säure, in welchem man ebenfalls Unterschwefelsäure annehmen muss, die mit Chlorelayl verbunden ist. $HO,HC_2Cl_2,S_2O_5 + 2Zn = ZnO,H_2C_2Cl,S_2O_5 + ZnCl$. Ein Äq. des Zinkes ersetzt also den Wasserstoff in dem basischen Wasser der Säure und dieser verbindet sich mit derselben, und ein anderes Äq. Zink entzieht ihr ein Äq. Chlor, damit Zinkchlorid bildend. Indess geht diese Umwandlung niemals vollständig vor sich und es bleibt immer ein Theil der Chlorformylunterschwefelsäure unzersetzt. Selbst wenn man Wasserstoff, der sich im status nascens befindet, auf die Verbindung wirken lässt, um dadurch die Entfernung des Chlors zu erleichtern, geschieht dieselbe nur unvollständig. Auch erfolgt die

Verbindung des aus dem basischen Wasser tretenden Wasserstoffes mit der Säure nur theilweise, so dass bei der Einwirkung derselben auf das Zink immer ein Theil Wasserstoffgas entweicht. Sucht man daher die Einwirkung des Wasserstoffes längere Zeit fortzusetzen, indem man der Säure Schwefelsäure zusetzt, so erfolgt die Umwandlung derselben zwar viel vollständiger, aber doch keineswegs gänzlich. Diese gelingt nur durch Einwirkung des elektrischen Stromes auf die angesäuerte Lösung eines Chlorformyls oder auch eines chlorkohlenunterschwefelsauren Salzes. K o l b e löst daher etwa 50 Gr. chlorkohlenunterschwefelsaures Kali in Wasser, setzt Schwefelsäure und Zink hinzu und digerirt so lange als die Flüssigkeit noch Zink aufnimmt, was unter Entwicklung eines übelriechenden Wasserstoffgases geschieht. Beim Erkalten der Lösung krystallisirt der grösste Theil des Zinkes als schwefelsaures Zinkoxyd-Kali heraus. Die übrige Flüssigkeit wird kochend mit kohlensaurem Kali gefällt, filtrirt, zur Trockenheit abgedampft und die gepulverte Masse mit kochendem Alkohol von 80° ausgezogen. Die nach dem Verdunsten des Alkohols zurückbleibende Masse enthält nebst chlorelaylunterschwefelsaurem immer noch unverändertes chlorformylunterschwefelsaures Kali. Durch eine abermalige gleiche Behandlung wird die Menge des letzteren noch vermindert. Um es gänzlich zu entfernen, leitet man den Strom von zwei B u n s e n'schen Elementen durch zwei Elektroden von amalgamirtem Zinkblech in die mit Schwefelsäure schwach sauer gemachte Flüssigkeit, und zwar so lange bis die Gasentwickelung aufhört und Zink an der Kathode niedergeschlagen wird. Nachdem das Zinksalz durch Kohlensäure entfernt ist, wiederholt man die Operation und zwar so oft, bis man unter den Destillationsproducten des Salzes kein Hydrochlor mehr findet. Bei diesem Processe ist es unerlässlich, dass die Flüssigkeit immer sauer reagirt, weil sonst andere Producte (370) gebildet werden.

Das H y d r a t der Chlorelaylunterschwefelsäure wird erhalten, wenn man die weingeistige Lösung ihres Kalisalzes mit Schwefelsäure fällt und die Flüssigkeit so weit abdampft, bis ihr Siedepunkt auf 180° steigt, wo dann alle Salzsäure weggetrieben ist. Die Flüssigkeit wird verdünnt, mit kohlensaurem Bleioxyd neutralisirt und das lösliche Bleisalz der Säure mit Hydrothion zerlegt. Das Hydrat der Säure erscheint nun als ein dickflüssiges saures Liquidum, welches bis 140° erhitzt werden kann ohne eine Zersetzung zu erleiden. Hinsichtlich ihrer übrigen Eigenschaften ist die Chlorelaylunterschwefelsäure der Chlorformylunterschwefelsäure sehr ähnlich. Die

Salze derselben sind im Wasser löslich und grösstentheils krystallisirbar.

Das **Kalisalz** der Säure ist in kochendem Weingeiste von 0,865 löslich, aus der heissen Lösung in Weingeist von 0,814 D. scheidet sich dasselbe in kleinen Krystallen ab. Es wird an der Luft feucht ohne zu zerfliessen, ist in kaltem absolutem Alkohol unlöslich und enthält bei 100° getrocknet kein Wasser. Bei stärkerem Erhitzen wird es zerlegt.

$$KO,H_2C_2Cl,S_2O_5 = 2SO_2 + 2HO + KCl + 2C.$$

Das **Natronsalz** zerfliesst an der Luft, ebenso das Ammoniaksalz. Das Bleisalz erscheint in seidenglänzenden Krystallen, die 1 Äq. Wasser enthalten, welches sie erst bei 100° verlieren.

Das **Silbersalz** ist nur schwierig in kleinen an der Luft zerfliesslichen Krystallen zu erhalten, die gegen Licht und Wärme sehr empfindlich sind.

370. Methylunterschwefelsäure HO,H_3C_2,S_2O_5. Lässt man unter den bei der vorigen Verbindung angegebenen Umständen die Einwirkung des Wasserstoffgases auf eine **neutrale** Lösung des chlorkohlenunterschwefelsauren Kalis fortdauern, so wird endlich alles Chlor durch den Wasserstoff weggenommen und es entsteht Zinkchlorid und das Zinksalz einer neuen Säure, die neben der Unterschwefelsäure ein hypothetisches Radical, das Methyl H_3C_2 enthält. $KO,C_2Cl_3,S_2O_5 + 6Zn + 6HO = KO,H_3C_2,S_2O_5 + 6ZnO + 3HCl$. Der Process geht anfangs ohne Gasentwickelung und unter Erhöhung der Tpr. vor sich, erst wenn ein grosser Theil der Chlorkohlenunterschwefelsäure zersetzt ist erfolgt eine Entwicklung von Wasserstoffgas. Die Methylunterschwefelsäure bildet sich auch wenn man Kaliumamalgam, das 1 Th. Kalium auf 100 Th. Quecksilber enthält, mit einer Auflösung von chlorkohlenunterschwefelsaurem Kali übergiesst, wobei die Wasserstoffgasentwicklung erst dann auftritt, wenn die Chlorkohlenunterschwefelsäure vollständig in Methylunterschwefelsäure verwandelt ist. $KO,C_2Cl_3,S_2O_5 + 6K + 3HO = KO,H_3C_2,S_2O_5 + 3KCl + 3KO$. Zur Umwandlung des chlorkohlenunterschwefelsauren Kalis ist also ein ihm gleiches Gewicht Kalium erforderlich. Von der Isolirung der Säure gilt was in (368) angegeben wurde. Sie erscheint im concentrirten Zustande als ein dickflüssiges nicht krystallisirbares Liquidum, welches erst über 130° anfängt zersetzt zu werden, ihre Salze krystallisiren meistens und sind sämmtlich in Wasser löslich. Das **Kalisalz** scheidet sich aus einer Lösung in heissem Alkohol von 0,814 in zarten seidenglänzenden Krystallen ab, welche an der Luft feucht werden, in kaltem absoluten Alkohol unlöslich und bei $100°$ getrocknet wasserfrei sind. Beim Glühen wird es zersetzt. $KO,H_3C_2,S_2O_5 = KS_2 + 3HO + 3CO$. Aus kalihältiger Methylunterschwefelsäure krystallisirt beim Concentriren leicht ein saures Kalisalz, nämlich KO,HO,H_3C_2,S_2O_5 heraus. Das Ammoniaksalz ist zerfliesslich, das Barytsalz erscheint in luftbeständigen schönen Krystallen. Das Silbersalz krystallisirt leicht und ändert sich weder beim mässigen Erwärmen noch bei längerer Einwirkung des directen Sonnenlichtes. Die lufttrockenen Krystalle enthalten kein Wasser. Das Bleisalz ist ebenfalls luftbeständig und enthält 1 Äq. Wasser das bei $100°$ entweicht.

371. Chloroxalsäure (Chloressigsäure Chloracetylsäure) $HO,C_4Cl_3O_3 = HO,C_2Cl_3.C_2O_3; 2[HO,C_2Cl_3,C_2O_3]5,63$. Diese Säure wurde von Dumas entdeckt (Ann. der Ch. und Ph. 32. 101) der sie durch Einwirkung des Chlors auf Essigsäure unter Mitwirkung des directen Sonnenlichtes erhielt, wobei Hydrochlor entwickelt wurde. Man kann annehmen, dass hiebei die Essigsäure, deren Formel $HO,H_3C_4O_3$ ist, in HO,H_3C_2,C_2O_3 zerlegt wird, und dass dann der Wasserstoff mit Chlor $3HCl$ gibt welche entweichen, der Kohlenstoff aber im status nascens geeignet ist mit dem Überschuss von Chlor in Verbindung zu treten und so das der Oxalsäure analoge Kohlensuperchlorid zu bilden, welches mit der eben abgeschiedenen Oxalsäure sogleich eine Verbindung eingeht. Man setzt um diesen Körper zu erhalten mehrere 5—6 L. fassende Flaschen, in welchen sich auf 1 L. Chlor ungefähr 0,9 Gr. ganz concentrirte Essigsäure befindet, dem directen Sonnenlichte aus. Schon nach 24 Stunden sind die Wände derselben mit Krystallen bedeckt; man entfernt das Hydrochlor durch trockene Luft, wäscht die Flaschen mit wenigst möglich Wasser aus und stellt die Flüssigkeit unter die Luftpumpe neben Schwefelsäure und Ätzkali, wo zuerst Oxalsäure, zuletzt Chloroxalsäure herauskrystallisirt. Die Mutterlauge kann man mit wasserfreier Phosphorsäure destilliren, wo zuletzt ebenfalls Chloroxalsäure übergeht. Nach Kolbe (Ann. d. Ch. und Ph. 54, 182) entsteht auch Chloroxalsäure wenn Kohlenchlorid, Chlor und Wasser der Einwirkung des Sonnenlichtes ausgesetzt werden. $4CCl + 2Cl + 4HO = 2C_2Cl_3 + 4HO = HO,C_2Cl_3C_2O_3 + 3HCl$. Durch Oxydation des Chlorals erhält man es in noch grösserer Menge. Die Chloroxalsäure erscheint in farblosen an der Luft zerfliessenden Krystallen von schwachem Geruche und ätzendem Geschmacke, sie bleicht die Haut und zieht darauf Blasen, röthet Lackmus, bleicht es aber nicht.

Die Krystalle schmelzen bei 45—46° zu einer Flüssigkeit, deren Dichte 1,617 beträgt, und werden erst unter 42° wieder fest. Der Siedepunkt der Säure liegt bei 195—200°. Mit überschüssig zugesetzten Alkalien erwärmt wird dieselbe auf eine sehr merkwürdige Art zersetzt. Entweder ist $HO,C_2Cl_3,C_2O_3 + 2KO = HC_2Cl_3 + 2(KO,CO_2)$ oder $HO,C_2Cl_3,C_2O_3 + 4(KOHO) = KO,HC_2O_3 + 2CO_2 + 4HO + 3KCl$, wovon bei den Formylverbindungen die Rede sein wird. Übergiesst man nach Melsens (Ann. der Ch. und Ph. 42.111) Kaliumamalgam, welches aus 1 Th. Kalium und 150 Th. Quecksilber besteht, mit einer Lösung der Säure oder ihres Kalisalzes in Wasser, so entsteht ohne Entwickelung von Wasserstoffgas, essigsaures Kali $KO,H_3C_4O_3$ indem $KO,C_2Cl_3C_2O_3 + 6K = KO,H_3C_2,C_2O_3 + 3KCl + 3KO$ ist; in der That erfolgt die Umwandlung nur bei der nach dieser Formel geforderten Menge von Kalium, und die Flüssigkeit enthält neben essigsaurem Kali noch Chlorkalium und freies Kali. Letzteres macht man kohlensauer und zieht aus dem trockenen Salze, das erstere durch absoluten Alkohol aus. Diese höchst merkwürdige Umwandlung wird später noch eine nähere Erörterung finden. Bei der Einwirkung von Chlor auf Essigsäure unter Mitwirkung des Lichtes erhält man noch andere Producte, von denen erst bei der Essigsäure die Rede sein kann.

Die chloroxalsauren Salze sind nach der Form ihres Hydrates zusammengesetzt. Das Kalisalz ist KO,C_2Cl_3,C_2O_3,HO und erscheint in feinen seidenglänzenden Krystallen, welche an der Luft zerfliessen. Das Ammoniaksalz ist $H_3N,HO,C_2Cl_3,C_2O_3,4HO$. Das Silbersalz ist AgO,C_2Cl_3,C_2O_3, es erscheint in glänzenden Blättchen die durch das Licht verändert werden und beim Erwärmen verpuffen. Diese Salze werden mit Alkalien erwärmt, ähnlich wie die Säure zerlegt.

372. Chlorkohlensäure $CClO$; [(CO)Cl]3,425 (Chlorkohlenoxyd, Phosgengas, Acide chloro carbonique). Davy machte die Beobachtung, dass Chlorgas mit einem gleichen Volumen Kohlenoxydgas in einem Ballon der Einwirkung des directen Sonnenlichtes ausgesetzt, sich nach wenigen Minuten zu einem farblosen Gas vereinigt, das man entweder als Kohlensäure in welcher 1 Äq. O durch 1 Äq. Cl ersetzt ist, oder als eine Verbindung von 1 Äq. Cl mit 1 Äq. Kohlenoxydgas betrachten kann. Im zerstreuten Lichte erfolgt die Vereinigung erst nach 24 Stunden. Denselben Körper erhält man nach Göbel auch, wenn man Kohlenoxydgas über erhitztes Blei- oder Silber-Chlorid leitet. Die Chlorkohlensäure ist ein farbloses ungefähr wie Chlor riechendes Gas, das zu Thränen reizt und feuchtes Lackmuspapier röthet. Absoluter Alkohol nimmt es ohne Zersetzung auf. Vom Wasser wird es zersetzt $HO + CClO = HCl + CO_2$. Auf ähnliche Art wirken andere Oxyde auf die Chlorkohlensäure. Mit $^1/_2$ V. Wasserstoff und 1 V. Sauerstoffgas gemengt verpufft es durch den elektrischen Funken. Phosphor und Schwefel lassen sich in dem Gase sublimiren ohne darauf zu wirken. Arsen, Antimon, Zink und Zinn geben darin erhitzt Chlormetalle, während Kohlenoxydgas frei wird. Bei Anwendung von Kalium wird auch noch Kaliumoxyd gebildet und Kohle abgeschieden. Ammoniakgas verdichtet sich mit Chlorkohlensäure unter starker Erwärmung zu einem weissen, geruchlosen, sublimirbaren, salzig schmeckenden, sonst indifferenten Körper dessen Formel $2NH_3,CClO$ ist. Derselbe zerfliesst an der Luft und zerlegt sich dabei durch das Wasser in Ammoniak, kohlensaures Ammoniak und Salmiak. Durch die meisten Säuren wird dieser Körper auf dieselbe Art zersetzt, indem Hydrochlor und kohlensaures Gas entwickelt werden. In Weingeist ist er löslich, nicht aber in Äther.

Kohlenstoff, Brom, Jod.

373. Brom verbindet sich ebensowenig direct mit dem Kohlenstoffe als das Chlor, wie es scheint lassen sich aber auf ähnliche Weise wie beim Chlor mehrere Verbindungen darstellen, welche diesen analog zusammengesetzt sind. Eine derselben erhält man durch die Einwirkung von Brom auf Elayljodür HCJ wobei Bromkohlenstoff und Jodbromür entstehen, welche durch Kali getrennt werden. Die hiebei zurückbleibende ätherisch riechende Flüssigkeit, welche bei 5° zu einer kampherartigen Masse erstarrt, ist indess noch nicht genau untersucht. Nach Löwig erhält man eine nach der Formel CBr zusammengesetzte Verbindung durch Einwirkung des Brom auf Alkohol von 0,833 (Pogg. Ann. 16. 377). Man setzt so viel Brom zum Alkohol als dieser aufnehmen kann, wo zuletzt Hydrobrom entweicht. Dann setzt man so lange alkoholische Kalilösung zu bis die Bromfarbe verschwunden ist, dunstet den Alkohol ab und verdünnt ihn mit Wasser, wo beim Erkalten das K o h l e n b r o m i d anschiesst. Dasselbe erscheint in weissen ätherartig riechenden Krystallschuppen, welche bei 50° schmelzen und unverändert überdestilliren. In Alkohol und Äther ist dasselbe löslich, in Wasser hingegen nicht. Säuren und Alkalien wirken selbst im concentrirten Zustande nicht darauf.

Von dem Verhalten des Jod zum Koblenstoff gilt das vom Brom hierüber Angeführte. Durch Destillation eines Gemenges von 17 Th. Elayljodür HCJ mit 1 Th. Phosphorchlorid oder mit 4 Th. Quecksilberchlorid erhält man einen klaren, schwach gelblichen, öl-artigen Körper, CJ wie es scheint, der durch Waschen mit Wasser, Kalilösung und zuletzt mit Schwefelsäure gereinigt wird. Derselbe hat einen ätherartigen Geschmack und wird von Chlor rasch zersetzt. Kalium wirkt nicht darauf, auch lässt sich derselbe nicht entzünden.

Kohlenstoff und Stickstoff.

374. Zwischen den genannten beiden Grundstoffen herrscht ein sehr merkwürdiges Verhältniss. Obwohl sie nämlich auf keine Weise direct auf einander wirken, so gibt es doch zwei Verbindungen dersel-ben, welche durch ihre Beständigkeit ausgezeichnet sind. Diese sind das Cyan C_2N, welches auf 6 Th. Kohle 7 Th. Stickstoff und das Mellon C_6N_4, „ „ „ „ „ 9,33 „ „ enthält.

Die Entdeckung des Cyans durch Gay-Lussac im Jahre 1814 ist eine der folgenreichsten für die Entwicklung der Chemie gewe-sen, durch welche dieselbe in eine neue Epoche trat. Die auf die Fortschritte dieser Wissenschaft so einflussreichen Arbeiten Liebig's beginnen mit einer Untersuchung über eine merkwürdige Cyanver-bindung, der Knallsäure, und dessen wichtige Entdeckung des Mellons war eine weitere Folge der damit in Zusammenhang ste-henden umfassenden Arbeiten desselben. Sowohl das Cyan als das Mellon vertreten in vielen Verbindungen die Stelle von Grund-stoffen, verhalten sich meistens wie diese und besitzen das Ver-mögen, sich vorzugsweise mit jenen derselben, welche Basen bil-dend sind, direct zu verbinden. Besonders ausgezeichnet ist hierin das Cyan, welches daher am besten geeignet ist einen richtigen Begriff von einem zusammengesetzten Radical zu geben, und in der That war es das Verhalten dieses Körpers, welches Gay-Lussac zuerst auf die Vorstellung von den zusammengesetzten Radicalen brachte, die später zu einer vollständigen Theorie ausgebildet wurde. Wie nützlich diese Vorstellung bei chemischen Forschungen ist, wird aus dem Folgenden deutlich werden, obwohl dieselbe durch Miss-brauch der Entwicklung der Wissenschaft auch hinderlich wer-den kann.

375. Cyan $Cy = C_2N = 26$; $[C^1N]1,8064$. Das Cyan er-scheint unter gewöhnlichen Umständen als ein farbloses, durchdrin-gend riechendes Gas, welches nach Faraday (Ann. der Ch. und

Ph. 56, 158) bei — 12,2° einen Druck von 1,53, bei 0° einen von 2,37 und bei 39,44° einen von 7,5 Atmosphären bedarf, um sich in eine wasserhelle Flüssigkeit zu verwandeln, deren Dichte 0,866 beträgt. Bei — 34,4° erstarrt es zu einer weissen krystallinischen Masse von derselben Dichte. Wasser nimmt von dem Gase sein 3,5faches, Alkohol sein 23faches, und Äther sein 3faches V. auf, auch in Terpentinöl ist es löslich. Die anfangs farblosen Flüssigkeiten werden nach und nach braun, indem sie sich zersetzen (s. Paracyan). Es widersteht einer sehr hohen Temperatur, indem es ohne Zersetzung durch stark glühende Röhren aus Glas oder Porzellan geleitet werden kann. Mit Luft in Berührung lässt es sich entzünden und brennt dann mit intensiv blauer Flamme. Ein Gemenge von Cyangas und Sauerstoffgas explodirt durch den elektrischen Funken mit Heftigkeit. Platinschwamm bringt in diesem Gemenge keine Änderung hervor, wird aber derselbe erwärmt, so geräth er bald ins Glühen, welches so lange fortdauert als noch Cyan vorhanden ist, dessen Kohlenstoff hiebei zur Kohlensäure verbrennt. Über die erhitzten Oxyde leicht reducirbarer Metalle geleitet, gibt es ebenfalls Kohlensäure und Stickgas. Es verbindet sich direct mit erwärmtem Kalium, Natrium unter Feuererscheinung wie der Sauerstoff, Schwefel, Chlor etc. und gibt damit Verbindungen, welche mit denen der genannten Körper analog zusammengesetzt, auch in ihrem übrigen Verhalten ähnlich sind. Es ist also ein zusammengesetztes Radical, welches in die Gruppe der vorzugsweise Säure bildenden Körper gehört.

Das Cyan bildet sich, wenn stickstoffhältige Kohle, die man durch Verkohlen thierischer Stoffe, insbesondere des Blutes, der Klauen etc. erhält, mit einem Alkali gemengt einer starken Rothglühhitze ausgesetzt wird. Das Alkalimetall wird hiebei durch die im Überschusse vorhandene Kohle reducirt, während sich der Stickstoff mit einem anderen Theile des Kohlenstoffes zu Cyan verbindet, das sogleich ein Cyanmetall bildet. Auf dieses Verhalten gründet sich die Bereitung des Blutlaugensalzes, aus welchem alle anderen Cyanpräparate dargestellt werden. Das Cyan entsteht ferner nach Desfosses und Fowes, wenn Stickgas mit Kohle und Kali bei sehr hoher Temperatur in Berührung kommt. Der Stickstoff wird also in diesem Falle mit Kohle verbunden, um sogleich mit den im Momente des Freiwerdens begriffenen Kalium Cyankalium zu bilden. Die Umstände, unter welchen diese Bildung Statt findet, sind jedoch noch nicht genügend bekannt. Hieher scheint die an mehreren Hoch-

öfen beobachtete Bildung von Cyankalium, selbst wenn diese mit Holzkohle beschickt werden, zu gehören. Leitet man Ammoniakgas über
ein Gemenge von kohlensaurem Kali und Kohle, so entsteht ebenfalls
Cyankalium $KO,CO_2 + H_3N + C_3 = KC_2N + HO + H_2 + C_2O_2$.
Wendet man in diesem Falle Kohle allein an, so ist der Process ein
anderer, indem dann Cyanammonium entsteht. $2H_3N + 3C =$
$H_4N,C_2N + H_2C$. Wird ein Gemenge von Ammoniakgas und Kohlenoxydgas über erhitzten Platinschwamm geleitet, so entsteht Wasser
und Cyanammonium $2H_3N + 2CO = H_4N,C_2N + 2HO$. Auch wenn
man Stickoxydul oder Stickgas auf dieselbe Art behandelt, bildet
sich Cyanammonium. Zur Bereitung des Cyans dient Cyanquecksilber
$HgCy$, welches beim Erhitzen in einem Glasrohre in Cyan und Quecksilber zerfällt, also ganz so wie Quecksilberoxyd durch Erhitzen zerlegt wird. Das Cyanquecksilber muss rein sein und vor dem Versuche
vollkommen getrocknet werden, weil sich dem Gase sonst Hydrogen,
Kohlensäure und Ammoniak beimischt. Erhitzt man Cyankalium mit
Quecksilberchlorid, so entwickelt sich ebenfalls reines Cyan $KCy +$
$HgCl = KCl + Hg + Cy$. Diese Methode ist der vorigen ihrer Wohl-
feilheit wegen vorzuziehen. Auch bei Anwendung von Blutlaugensalz
und Quecksilberchlorid erhält man Cyan. $K_2FeCy_3 + 2HgCl =$
$2KCl + FeCy + 2Hg + 2Cy$. Erhitzt man so stark, dass auch das
Cyaneisen zerlegt wird, so ist das Cyan mit Stickgas verunreinigt,
was indess in vielen Fällen nicht schadet.

Paracyan. Mit diesem Namen bezeichnet man die braune
Substanz, welche bei der Zerlegung des Cyanquecksilbers durch
Erhitzung immer in der Retorte zurückbleibt und welche nach
Johnston eine isomerische Modification des Cyans ist. Das Paracyan bildet sich auch bei der freiwilligen Zerlegung der wässerigen
Blausäure und des mit Cyan gesättigten Alkohols. Es ist dunkelbraun, zerreiblich, geschmack- und geruchlos, amorph und lässt
sich weder schmelzen noch verflüchtigen. Bei sehr starkem Erhitzen wird es zerlegt, indem aller Stickstoff entweicht und reine
Kohle zurückbleibt. Nach Liebig ist daher das Paracyan vielleicht
nichts als ein Gemenge von Kohle und Mellon. In Wasser, Weingeist und Äther ist das Paracyan ganz unlöslich, in Schwefelsäure
und Salzsäure hingegen löst es sich schon bei gew. Tpr. und wird
beim Verdünnen mit Wasser aus diesen Lösungen wieder unverändert gefällt. In Salpetersäure löst es sich ebenfalls, wird daraus
aber beim Verdünnen mit Wasser als ein gelbes Pulver gefällt, das
saure Eigenschaften zeigt. Alkalien lösen es ebenfalls. Ähnlich wie
das Cyanquecksilber verhält sich beim Erhitzen auch das Cyansilber,
nur mit dem Unterschiede, dass das Silber, da es nicht flüchtig ist,
mit dem Paracyan verbunden zurückbleibt. Wird nämlich Cyansilber

erwärmt so schmilzt es ohne eine Zersetzung zu erleiden. Bei einer gewissen noch höheren Temperatur gibt es ein Gas ab, welches nach T h a u l o w (Erdm. J. 31, 220) in mehreren Beziehungen vom Cyan abweicht, da es einen andern Geruch hat als dieses, schon bei —4° flüssig wird, mit rother Farbe brennt, von Wasser oder concentrirter Kalilauge absorbirt sogleich Paracyan absetzt und dann wie Cyan riecht und sowohl gegen die Lösung des salpetersauren Silberoxydes und der Eisenoxydulsalze sich anders verhält als das Cyan, aber dieselbe Zusammensetzung mit demselben haben soll. Über die Natur dieses Gases lässt sich vorläufig noch nichts Bestimmtes sagen, indem man es sowohl als eine neue Modification des Cyans als auch wie ein mit einem anderen Gase gemengtes Cyan betrachten kann. Hat die Tpr. des schmelzenden Cyansilbers eine gewisse Höhe erreicht, so tritt eine Feuererscheinung im Inneren der Masse ein, und es bleibt ein grauer metallischer Körper zurück, der längere Zeit für Kohlensilber gehalten wurde, aber nach T h a u - l o w eine Verbindung von Paracyan mit Silber ist, in welcher das Paracyan nur die Hälfte des ursprünglich mit dem Silber verbundenen Cyans beträgt. Nach L i e b i g ist es indess wahrscheinlicher, dass dieser Körper ein Gemenge von Kohlensilber und Mellon, oder von Kohle und Mellonsilber ist (Ann. der Ch. und Ph. 50. 357). Löst man dieses Paracyansilber in Salpetersäure auf, so bleibt das Paracyan zurück, enthält jedoch immer noch Silber, von welchem es nur dadurch befreit werden kann, dass man es in Schwefelsäure löst und die Lösung dann in Wasser giesst, wo das Paracyan zu Boden fällt, das Silber aber gelöst bleibt. Die einfachste Art Paracyan zu erhalten ist indess die von S p e n c e r angegebene, welche darin besteht, dass man in eine Lösung von Cyankalium, deren Dichte 1,2 beträgt, unter stäter Abkühlung derselben so lange Chlorgas leitet, bis sich dicke weisse Nebel aus derselben entwickeln. Die Lösung wird dunkel und nach einiger Zeit scheidet sich Paracyan daraus ab.

376. C y a n k a l i u m $KCy = KC_2N = 65,1$. Wenn man Kalium in Cyangas erhitzt, so verbrennt es darin mit lebhaftem blauem Lichte zu Cyankalium. Es ist weiss, tessularisch, hat einen scharfen, alkalischen, bittermandelartigen Geschmack, schmilzt bei schwacher Rothglühhitze und verträgt bei abgehaltener Luft fast Weissglühen, ohne eine Veränderung zu erleiden, erst wenn dieses eingetreten ist, fängt es an Stickgas abzugeben. Bei Zutritt der Luft geschmolzen nimmt es 2 Äq. Sauerstoff aus derselben auf. Es ist in Wasser sehr leicht löslich, zerfliesst an der Luft, wobei es Blausäure entwickelt und zuletzt in kohlensaures Kali verwandelt wird. Auch wenn man die wässerige Lösung des Cyankaliums in einer Retorte, wo also die Luft keinen Zutritt hat, kocht, wird sie zersetzt, wobei Ammoniak entweicht und Ameisensäure gebil-

det wird. $KC_2N + 4HO = KO.HC_2O_3 + H_3N$. Selbst unter der
Luftpumpe über Schwefelsäure gelingt es nicht, dasselbe ganz ohne
Zersetzung zu krystallisiren. In kochendem Weingeist von 60 Pct.
ist es in ziemlicher Menge löslich und krystallisirt beim Erkalten heraus. Das Cyankalium ist eines der kräftigsten Reductionsmittel, indem
beiden Bestandtheilen desselben ein grosses Bestreben sich zu oxydiren eigen ist. Es entzieht daher schon bei der Rothglühhitze sehr
vielen Metalloxyden den Sauerstoff, so wie mehreren Schwefelmetallen den Schwefel, und findet daher eine wichtige Anwendung
sowohl bei der Analyse als bei der Abscheidung der Metalle auf
elektrischem Wege im regulinischen Zustande. Es dient auch zur
Darstellung anderer Cyanverbindungen.

Zur Bereitung des Cyankaliums wird immer, wenigstens indirect, das Blutlaugensalz verwendet, das zwar erst später ausführlich
besprochen werden wird, von welchem aber jetzt schon angeführt
werden muss, dass es in grossen gelben Krystallen im Handel vorkommt, welche 3 Äq. Wasser enthalten, die durch Erwärmen entfernt werden können, und dass sich das getrocknete Salz als Cyankalium betrachten lässt, in welchem $^1/_3$ Äq. Kalium durch $^1/_3$ Äq.
Eisen ersetzt ist, dass ihm also die Formel K_2FeCy_3 entspricht. Um
aus demselben Cyankalium zu erhalten, erhitzt man das vorher wohl-
getrocknete Salz in einem bedeckten Porzellantiegel, so lange noch
Stickgas entweicht. Am Boden desselben setzt sich Kohleneisen ab,
von welchem das darüber befindliche Cyankalium abgegossen werden
kann. $K_2FeCy_3 = K_2Cy_2 + FeC_2 + N$. Man erhält auf diese Weise
7 Th. Cyankalium aus 10 Th. Blutlaugensalz. Dieses Verfahren kann
man nach Liebig dahin abändern, dass man 1 Äq. Blutlaugensalz
mit 1 Äq. kohlensaurem Kali, das frei von schwefelsauren Salzen
sein muss, erhitzt. $2K_2FeCy_3 + 2(KOCO_2) = 5KCy + KO,CyO + 2FeO + 2CO$. 10 Th. Blutlaugensalz geben also 8,8 Th. Cyankalium, welches mit 2,2 Th. cyansaurem Kali gemengt ist. Nimmt
man verkohlten Weinstein, dem man noch etwa 1 Th. feingepulverte
Kohle zusetzt, so wird das cyansaure Kali reducirt, aber das erhaltene Cyankalium ist dann kohlenhältig, was jedoch in vielen Fällen
nicht schadet. Sehr rein erhält man das Cyankalium nach Wiggers,
wenn man Hydrocyan in eine concentrirte Lösung von Ätzkali in
Weingeist von 90 Pct. leitet, wobei die Lösung sich stark erwärmt
und endlich zu einem Brei von Cyankalium erstarrt, der auf ein
Filter gebracht, mit Alkohol ausgewaschen, gepresst und möglichst
schnell getrocknet werden muss. $KO + HCy = KCy + HO$.

Das Cyannatrium NaCy unterscheidet sich vom Cyankalium nur in den nummerischen Verhältnissen, die seine Löslichkeit etc. betreffen, sonst gilt alles vom Cyankalium Angeführte. In Wasser ist es leicht, in Alkohol nicht löslich.

377. Hydrocyan $HCy = 27$; $2 [HCy] 0,9476$. (Cyanwasserstoffsäure, Blausäure, Acide prussique, Acide hydrocyanique, Acidum borussicum). Das Cyan, welches mit dem Chlor so viele Ähnlichkeit besitzt, verhält sich auch zu Wasserstoff auf gleiche Weise und gibt damit einen sowohl durch seine höchst giftigen Wirkungen, als durch seine übrigen Verhältnisse ausgezeichneten, sauren Körper, das Hydrocyan. Im wasserfreien Zustande ist dasselbe eine farblose Flüssigkeit vom Geruch und Geschmack der bitteren Mandeln, welche auch wirklich diesen Stoff enthalten. Die Dichte des flüssigen Hydrocyans beträgt bei 7° $0,706$, bei 18° $0,697$, bei -15° erstarrt dasselbe zu einer krystallinischen Masse, aber nur wenn es nicht ganz trocken ist; im vollkommen wasserfreien Zustande bleibt es bei -49° noch flüssig. Das flüssige Hydrocyan kocht bei $26,5^{\circ}$, verdunstet aber schon bei 15° sehr rasch. Sowohl eingeathmet als sonst in den Körper gebracht wirkt das Hydrocyan höchst giftig und erfordert daher bei seiner Behandlung die grösste Vorsicht. In wasserfreiem Zustande zersetzt es sich sehr leicht und zwar ohne alle bemerkbare Ursache, auch wenn es vor der Einwirkung des Lichtes und der Luft vollkommen geschützt ist. Zuerst wird die Flüssigkeit braun, dann fängt sie an nach Ammoniak zu riechen und ein brauner Körper scheidet sich ab, der getrocknet und in einer Retorte erhitzt, Paracyan zurücklässt, während etwas kohlensaures Ammoniak entweicht. Meistens tritt diese Zersetzung des wasserfreien Hydrocyans schon in einigen Stunden ein, zuweilen aber erst in 14 Tagen. Eine geringe Menge einer freien Säure, wie z. B. der Ameisensäure, soll dasselbe haltbarer machen. Durch stärkere Säuren, die in grösserer Menge angewendet auf das Hydrocyan wirken, wird es ebenfalls zerlegt, und zwar bei Gegenwart von Wasser in Ammoniak und Ameisensäure. $HC_2N + 3HO = H_3N, HC_2O_3$. An der Luft lässt sich dasselbe entzünden und verbrennt unter Abscheidung von Stickgas zu Kohlensäure. Von glühendem Eisen wird es unter Abscheidung von Kohle und Entwicklung von Wasserstoffgas und Stickgas ebenfalls zerlegt. Kalium gibt darin erhitzt Cyankalium; Kali, Baryt etc. werden bei schwacher Glühhitze unter Abscheidung von Wasserstoffgas in Cyanmetalle und cyansaure Salze verwandelt $(2KO + 2HCy = KO, CyO + kCy + 2H)$.

Die leichter reducirbaren Oxyde werden unter gleichen Umständen reducirt, wobei das Metall mit Kohle in Verbindung tritt.

Das Hydrocyan entwickelt sich, wenn man Cyanquecksilber mit Hydrochlor übergiesst. $HgCy + HCl = HgCl + HCy$, oder trockenes Hydrothion darüber leitet. $HgCy + HS = HgS + HCy$. Hiebei wird also das Cyan entweder durch Chlor oder durch Schwefel ersetzt. Auch wenn ameisensaures Ammoniak in einer Retorte bis 200° erhitzt wird, zerfällt es in Wasser und Hydrocyan $H_3N,HC_2O_3 + HO = HC_2N + 4HO$. Zur Bereitung ist es indessen vortheilhafter, das auf eine der weiter unten angegebenen Arten bereitete wasserhältige Hydrocyan durch Chlorcalcium zu entwässern. Um dies auf eine bequeme Art zu bewerkstelligen, verbindet man 2 Ballone von ungleicher Grösse, welche beide über die Hälfte mit Chlorcalcium gefüllt sind, durch eine rechtwinkelig gebogene Röhre und giesst in den grösseren derselben nach und nach durch einen Sicherheitstrichter das wässerige Hydrocyan, während derselbe mit kaltem Wasser umgeben, der andere aber durch Schnee abgekühlt wird. Wenn die erste Einwirkung auf das Chlorcalcium vorüber ist, erwärmt man den ersten Ballon durch Umgeben mit warmen Wasser bis auf $30 - 35^\circ$. Das seines Wassergehaltes grösstentheils beraubte Hydrocyan destillirt in den zweiten Ballon über, wird da abermahls der Einwirkung des Chlorcalciums ausgesetzt und kann dann auf gleiche Weise in wasserfreiem Zustande in eine gut gekühlte, passende Vorlage überdestillirt werden. Man kann auch den ersten Ballon als Vorlage benützen und das wässerige Hydrocyan sogleich hineindestilliren, wodurch das Umgiessen derselben vermieden wird. Die wässerige Blausäure bereitet man am zweckmässigsten, wenn man Cyankalium, das frei von cyansaurem Kali ist, in einer gut verschliessbaren Flasche, die von der Lösung fast ganz angefüllt wird, mit etwa dem 6fachen Gewichte Wasser übergiesst und so lange ruhig stehen lässt, bis sich alles Unlösliche zu Boden gesetzt hat. Die klare Flüssigkeit bringt man mittelst einer Trichterröhre in eine tubulirte Retorte, deren Vorlage gut gekühlt werden kann, und giesst dann eine mit dem gleichen Gewichte Wasser verdünnte, wieder erkaltete Schwefelsäure in kleinen Portionen durch die Trichterröhre hinzu. Auf 2 Th. des verwendeten Cyankaliums kommt 1 Th. conc. Schwefelsäure. Für den pharmaceutischen Gebrauch ist es von grösster Wichtigkeit, dass die Blausäure immer genau von derselben bekannten Concentration sei. Man hat, um diesen Zweck zu erreichen, sehr viele Mittel vorgeschlagen; das zweckmässigste von allen und das einzige, welches sicher zum Ziele führt, ist das in Frankreich zuerst in Anwendung gebrachte. Es besteht darin, dass man sich wasserfreie Blausäure bereitet und diese in einer etwa $\frac{1}{2}$ Z. weiten, 18 Z. langen, in gleiche Raumtheile getheilten Glasröhre auffängt und sie dann mit der nöthigen Menge Wasser verdünnt. Da man annehmen kann, dass 10 V. Blausäure so viel wiegen als 7 V. Wasser, so müsste man, um z. B. eine Säure zu bekommen, welche 2 Pct. wasserfreie Blausäure enthielte, nach der Proportion 10:7 = 49:x für jeden Raumtheil der wasserfreien Säure 34,3 Raumtheile Wasser zusetzen. Auf diese Weise kann man mit einer Sicherheit, wie sie nur immer gewünscht werden kann, ein Product von genau gleicher Zusammensetzung erhalten, und die Gefahr für den Arbeitenden ist bei gehöriger Kühlung mit Eis so gering, dass von einer anderen Methode wohl weiter keine Rede mehr sein sollte. Da sich die wässerige Blausäure sehr gut in Orten hält, die der Einwirkung des Lichtes nicht ausgesetzt sind, so kann man füglich den ganzen nothwendigen Vorrath derselben im Winter bereiten, wodurch die Arbeit sehr erleichtert wird. Um sich jedoch in jeder Hinsicht vor einem Fehler sicher zu stellen, ist es nothwendig, die erzeugte Säure zu untersuchen und so die Bereitung zu controliren. Dies geschieht am einfachsten und genauesten durch die Bestimmung der Menge des Cyansilbers, welches man durch Zusatz von salpetersaurem Silberoxyde zur Blausäure erhält. Jeder Gth. der wasserfreien Säure gibt 5 Gtle. Cyansilber. 100 Th. einer medicinischen Blausäure, die 2 Pct. wasserfreier Säure enthält, müssen also 10 Th. Cyansilber geben. Man sammelt das gehörig abgesetzte Cyansilber auf einem bei 150° getrockneten und dann gewogenen Filtrum, wäscht dasselbe mit Wasser gut aus, trocknet es wieder bei 150° und wiegt es dann abermahls, woraus sich nach Abzug des Gewichtes des Filtrums, das des Cyansilbers genau ergibt. Als bestes Mittel bei Vergiftungsfällen mit Blausäure hat sich Ammoniak bewährt, wovon 10—20 Tropfen mit einigen Löffeln Wasser gemischt genommen werden. Zugleich riecht man zu nicht zu starkem Ammoniak und athmet, während man dasselbe an den Mund hält.

378. Hydrocyanammoniak oder Cyanammonium H_3N,HCy oder H_4NCy (blausaures Ammoniak). Dieser Körper bildet sich, wenn gasförmiges wasserfreies Hydrocyan mit trockenem Ammoniakgas zusammenkommt, wobei sich derselbe in durchsichtigen Hexaëdern an die Wände des Gefässes absetzt. Leichter erhält man dasselbe, wenn man gleiche Theile gut getrockneten Salmiak und frisch geschmolzenes Cyankalium in einer Retorte mit gut gekühlter Vorlage gelinde erwärmt. Es bildet sich auch, wenn man trockenes Ammoniakgas über glühende Kohle leitet. Das Cyanammonium sublimirt schon bei 36°, löst sich leicht in Wasser und Alkohol und wirkt sehr giftig. Bei sorgfältigster Aufbewahrung, selbst in einem zugeschmolzenen Glasrohre verwandelt es sich sehr bald in eine schwarzbraune, noch nicht untersuchte Masse. Dieselbe Zersetzung erleidet auch die in Wasser gelöste Verbindung. Diese erhält man durch Sättigen von Blausäure mit Ammoniak, oder durch Destillation von 3 Th. Salmiak und 2 Th. Blutlaugensalz und 10 Th. Wasser.

Cyan, Sauerstoff, Schwefel, Wasserstoff, Kalium.

379. Das Cyan lässt sich nicht unmittelbar mit dem Sauerstoff verbinden; auf indirectem Wege aber gelingt dies leicht, und man hat so nicht weniger als fünf verschiedene Verbindungen beider Körper dargestellt, die sämmtlich eine den Procenten nach ganz gleiche Zusammensetzung haben, welche durch die Formel HC_2NO_2 dargestellt wird, sich aber sowohl durch die Grösse ihres Äquivalentes als auch durch ihre übrigen sehr merkwürdigen Eigenschaften wesentlich unterscheiden. Diese Verbindungen sind:

Cyansäure HO, CyO
Knallsäure $2HO, 2CyO$
Cyanursäure $3HO, 3CyO, 4HO$
Cyanilsäure $3HO, 3CyO, 4HO$
Cyamelid HC_2NO_2

Die vier ersten derselben sind Säuren, welche aber in isolirtem Zustande nicht bestehen können, die letzte ist ein indifferenter, noch wenig bekannter Körper.

380. Cyansäure $CyO = 84$. (Acide cyanique). Diese Säure ist so leicht zerlegbar, dass sie selbst an eine schwache Basis, wie an Wasser, gebunden, nur bei sehr niedriger Temperatur bestehen kann. Mit starken Basen aber bildet sie ausgezeichnete Salze von nicht geringer Beständigkeit. Die Umstände, unter denen sich die Cyansäure bildet, haben einige Ähnlichkeit mit denen, unter welchen sich einige Oxydationsstufen des Chlors bilden. Leitet man nämlich Cyangas in eine Kali- oder Natron-Lösung, so wird es absorbirt und dabei cyansaures Kali und Cyankalium gebildet. $2KO + 2Cy = KO, CyO + KCy$. Dasselbe geschieht, wenn man ein kohlensaures Alkali in Cyangas oder mit einem Cyanmetalle, alles im wasserfreien Zustande, schwach erhitzt. Auch wenn die Cyanide der Alkalimetalle bei Luftzutritt, oder mit Superoxyden oder leicht oxydirbaren Oxyden geschmolzen werden, nehmen sie Sauerstoff auf und bilden cyansaure Salze. Diese sind sämmtlich nach der Formel RO, CyO zusammengesetzt.

Die Verbindung der Cyansäure mit Wasser, das Cyansäurehydrat, wird erhalten, wenn man die später zu beschreibende Cyanursäure, die sich von der Cyansäure nur durch ihr dreimal so grosses Äquivalent unterscheidet, der Destillation unterwirft. Man füllt möglichst gut getrocknete Cyanursäure, welche dann durch die Formel $3HO, 3CyO$ dargestellt wird, in eine Retorte, befestigt an den Hals derselben eine Kühlröhre, an dieser eine in einer Frostmischung befindliche Vorlage und erhitzt nach und nach fast bis zum Glühen des Retortenbodens. Die Säure sondert sich als eine farblose, sehr flüchtige, durchdringend und stechend, der Essigsäure nicht unähnlich riechende Flüssigkeit ab, welche sauer reagirt, sehr heftig die Augen zu Thränen reizt und auf der Haut fast sogleich eine weisse Blase hervorbringt. Sie ist nach Wöhler, ihrem Entdecker, mindestens eben so gefährlich für die Gesundheit als die Flusssäure. Die an Wasser gebundene Cyansäure ist so wenig beständig, dass sie schon wenige Minuten nachdem man sie aus der Kältemischung genommen hat, eine der merkwürdigsten Umsetzungen ihrer Bestandtheile erleidet. Sie fängt an trübe und milchig zu werden, geräth ins Kochen, wird breiartig und erhitzt sich dabei bedeutend. Es finden in der breiartigen Masse so heftige Explosionen Statt, wobei immer ein Theil derselben herausgeschleudert wird, dass man jeden Augenblick besorgen muss das Gefäss zertrümmert zu sehen. Nachdem diese heftige Reaction vorüber ist, findet man das Hydrat dieser Säure in eine weisse, amorphe, ganz trockene, geruch- und geschmacklose, sehr indifferente Masse, das Cyamelid, verwandelt. Dieses ist in Wasser, verdünnten Säuren, Alkohol, Äther etc. unlöslich. Kalilauge löst es unter Entwicklung von Ammoniak, Bildung von Cyankalium und cyansarem Kali. Durch concentrirte Schwefelsäure wird es in der Hitze in Wasser, Kohlensäure und Ammoniak zerlegt. $2HO + 2CO_2 + H_3N = HO, CyO + 4HO$. Durch Destillation verwandelt sich das Cyamelid wieder in flüssiges Cyansäurehydrat. Die Umwandlung der Cyansäure in Cyamelid erfolgt übrigens schon bei $0°$, jedoch weniger heftig und was besonders interessant erscheint, sie findet auch in zugeschmolzenen Glasröhren Statt, woraus ganz unzweifelhaft hervorgeht, dass dieselbe nur die Folge einer anderen Gruppirung der Grundstoffe sein kann.

Die Cyansäure hat in Verbindung mit Basen und bei Gegenwart von Wasser eine grosse Tendenz in Ammoniak und Kohlensäure zu zerfallen, was auch ihrer Zusammensetzung entspricht, da $HO,CyO + 2HO = HC_2NO_2 + 2HO = H_3N + 2CO$, ist. Diese leichte Zerlegbarkeit der Säure ist auch die Ursache, wegen welcher man sie aus den cyansauren Salzen durch stärkere Säuren nicht abscheiden kann.

381. Cyansaures Kali KO,CyO. Dieses Salz entsteht, wie schon in (376) angegeben wurde, wenn man Cyankalium bei schwacher Glühhitze mit Luft oder mit anderen Körpern in Berührung bringt, welche leicht Sauerstoff an dasselbe abgeben. Man schmilzt daher, um es zu erhalten, 8 Th. Cyankalium mit 6 Th. Braunstein, oder besser, man trägt in 1 Th. schmelzendes Cyankalium 3,4 Th. Bleioxyd ein und giesst die weisse geschmolzene Salzmasse von dem sich zu Boden setzenden Blei ab. Hat man sich reiner Stoffe zu dieser Operation bedient, so bedarf das erhaltene cyansaure Kali keiner weiteren Reinigung. Diese wird übrigens, wenn es nothwendig ist, durch Kochen mit Weingeist von 80 Pct. und Filtriren der heissen Flüssigkeit bewerkstelliget. Das in feinen Krystallblättchen beim Erkalten der Lösung sich abscheidende Salz wird mit Alkohol ausgewaschen, gepresst und dann so rasch wie möglich getrocknet. Es hat einen kühlenden, dem Salpeter ähnlichen Geschmack, ist in Wasser leicht, in absolutem Alkohol gar nicht löslich und kann ohne eine Veränderung zu erleiden geschmolzen werden. Die wässerige Lösung des Salzes erleidet sehr bald eine Zersetzung, sie fängt an nach Ammoniak zu riechen und verwandelt sich endlich ganz in zweifach kohlensaures Kali. $KO,C_2NO + 4HO = KO,HO,2CO_2 + H_3N$. Dieselbe Zerlegung des Salzes erfolgt beim Kochen der Lösung oder beim Übersättigen mit einer stärkeren Säure sogleich.

382. Cyansaures Ammoniak $H_3N HO CyO$ oder H_4NO,CyO. Dieses Salz kann nur entweder mit einem Überschusse von Basis oder in gelöstem Zustande bestehen. Leitet man die Dämpfe der Cyansäure mit trockenem Ammoniakgas in ein Gefäss zusammen, so bildet sich ein weisses Pulver, das cyansaures Ammoniak mit einem Überschusse von Ammoniak ist. Lässt man es an der Luft liegen, so entweicht Ammoniak und es verwandelt sich nun in einen Körper, der nach allen seinen Reactionen ganz aus der Reihe der Ammoniaksalze heraustritt und sich im Harn fertig gebildet findet, daher auch den Namen Harnstoff erhalten hat. Dieselbe Veränderung tritt rasch ein, wenn das Pulver erwärmt wird. In Wasser gelöst und zum

Krystallisiren hingestellt erleidet es dieselbe Umwandlung. Zerlegt man cyansaures Silberoxyd mit Chlorammonium, so erhält man cyansaures Ammoniak in der Lösung, beim Krystallisiren aber schiessen Krystalle von Harnstoff an. Dieser in vieler Hinsicht wichtige Körper wird später ausführlich besprochen werden.

383. Cyanursäure $3HO,3CyO$. Diese isomerische Modification der Cyansäure krystallisirt aus ihrer wässerigen Lösung in farb- und geruchlosen, schwach sauer schmeckenden Krystallen, welche ohne giftige Wirkungen sind und die Zusammensetzung $3HO,3CyO,4HO$ haben. Die vier letzten Äquivalente Wasser, welche $21,82$ Pct. betragen, sind so lose gebunden, dass sie schon beim Liegen an der Luft entweichen, während die anderen drei nur entfernt werden können, wenn sie durch andere Basen ersetzt werden. In kaltem Wasser ist die Säure sehr schwer löslich, von siedendem bedarf sie 24 Theile. In heisser Salpetersäure oder Salzsäure ist sie ebenfalls löslich und krystallisirt beim Erkalten der gesättigten Lösungen ohne den 4 Äq. Wasser heraus. Wird sie länger mit diesen Säuren gekocht, so zerfällt sie in Kohlensäure und Ammoniak. Bei der Destillation erleidet sie die in (379) angegebene Umsetzung in Cyansäure. Die Cyanursäure wird bereitet wenn man Melam in conc. Schwefelsäure bei gelinder Wärme löst, die Lösung in $20—30$ Th. Wasser giesst und so lange nahe bei der Siedhitze erhält, bis eine Probe durch Ammoniak keinen Niederschlag mehr gibt; man dampft dann ab und reinigt die erhaltenen Krystalle durch Umkrystallisiren.

Mit den Basen bildet die Cyanursäure durchgehends krystallisirbare Salze, aus welchen Salzsäure und Salpetersäure sie vollständig abscheiden. Unter den cyanursauren Salzen sind mehrere, welche nach der Formel $2HO,RO,3CyO$ oder $HO,2RO,3CyO$ zusammengesetzt sind, und dies ist der Grund, warum die Cyanursäure, wie Liebig zuerst erkannt hat, als eine dreibasige Säure betrachtet werden muss, bei welcher $3CyO$ oder besser $C_6N_3O_3$, da man nicht weiss, wie die Grundstoffe in derselben gruppirt sind, 1 Äq. dieser Säure bilden.

384. Cyanursaures Kali (a) $KO,2HO,3CyO$ entsteht, wenn eine bei der Siedhitze gesättigte Lösung der Cyanursäure in Wasser nicht vollständig mit Kali gesättigt wird. Es scheidet sich hiebei in schwerlöslichen, glänzenden Hexaëdern ab, und bildet sich auch, wenn man einer gesättigten Lösung von cyansaurem Kali Essigsäure zusetzt. Das Salz (b) $2KO,HO,3CyO$ entsteht, wenn man das vorige Salz in Kalilauge auflöst und die Lösung mit Alkohol vermischt.

Löst man das Salz (a) auf und dampft es wieder ab, so zerfällt es in freies Kali und in das Salz (b).

385. Cyanursaures Ammoniak $H_4NO,3HO,3CyO$, welche Formel sich auf das im Vacuum getrocknete Salz bezieht. Es erscheint in stark glänzenden, im Wasser schwer löslichen Krystallen, die an der Luft verwittern und in der Wärme Ammoniak abgeben.

386. Knallsäure $2CyO$. Man wusste schon seit langer Zeit, dass wenn einer Auflösung von salpetersaurem Silberoxyd, die einen Überschuss von Salpetersäure enthält, Weingeist zugesetzt wird, eine heftige Reaction eintritt, wobei sich ein weisses krystallinisches Pulver, Brugnatelli's Knallsilber, abscheidet, das durch geringe Reibung, Druck oder auch nur durch Berührung mit anderen Körpern mit der grössten Heftigkeit explodirt. Dasselbe Verhalten zeigt auch eine Auflösung des salpetersauren Quecksilberoxyduls, wobei das jetzt allgemein zum Füllen der Zündhütchen gebrauchte Howard'sche Knallquecksilber gebildet wird.

Erst viel später haben Gay-Lussac und Liebig im J. 1828 in einer gemeinschaftlichen berühmten Arbeit gezeigt, dass diese und noch mehrere durch dieselben darstellbaren Präparate, Salze einer eigenthümlichen, mit der Cyansäure gleich zusammengesetzten Säure sind, deren Äquivalent jedoch doppelt so gross ist, als das dieser Säure. Alkohol und Salpetersäure zerlegen sich nämlich bei Gegenwart von Silberoxyd so, dass als letztes Product Knallsäure auftritt. Setzt man eine hinreichende Menge Alkohol $H_6C_4O_2$ zu dem, freie Salpetersäure enthaltenden Silbersalze, so wirkt zuerst die Salpetersäure auf den Alkohol und es entsteht Aldehid $H_4C_4O_2$, Oxalsäure und salpetrige Säure. Diese wirkt nun weiter auf einen anderen Theil des Alkohols und zerlegt ihn, durch die Gegenwart des Silberoxydes oder Quecksilberoxyduls dazu bestimmt, in Knallsäure und Wasser. Das folgende Schema gibt eine Vorstellung von den beiden einander folgenden oder vielmehr in der Flüssigkeit zugleich vor sich gehenden Processen. $AgO + 2NO_5 + 4H_6C_4O_2 = AgO + 2NO_3 + H_4C_4O_2 + 2C_2O_3 + 8H + 2H_6C_4O_2$ und ferner $AgO + 2NO_3 + H_6C_4O_2 = AgO,C_4N_2O_2 + 6HO$. Die 8 Äq. Wasserstoff kommen als solche nicht zum Vorschein, sondern wirken auf einen anderen Theil der Salpetersäure und bilden auf Kosten derselben Wasser.

Die Knallsäure lässt sich nicht aus ihren Salzen abscheiden und kann nicht einmahl an Wasser gebunden erhalten werden, sondern bedarf einer stärkeren Basis, um bestehen zu können. Im Momente wo sie durch stärkere Säuren abgeschieden wird, zerfällt sie in Hydrocyan und in andere noch unbekannte Producte. Mehrere knallsaure Salze sind wie das Silber-Kupfer-Salz, nämlich $AgO,CuO,2CyO$, zusammengesetzt, wobei das Kupferoxyd durch Kali, Baryt, Strontian ersetzt werden kann. Das sogenannte saure knallsaure Zinkoxyd hat die Formel $HO,ZnO,2CyO$. Man kann daher die Knallsäure als eine zweibasige Säure betrachten, wo dann $2CyO$ gleich 1 Äq. derselben ist. Die Salze dieser Säure, welche 2 Äq. eines leicht reducirbaren Metalloxydes enthalten, müssen darum folgendermassen geschrieben werden: $2AgO,2CyO$. Salze von dieser Form mit 2 Äq. eines schwer reducirbaren Metalloxyde gibt es bisher nicht.

387. Cyanilsäure. Diese Säure wurde ebenfalls von Liebig entdeckt, sie hat auch die Zusammensetzung der Cyansäure, ist aber noch zu wenig untersucht, um über ihr Äq. etwas Bestimmtes angeben zu können. Sie entsteht aus dem Mellon (392), wenn dieses mit verdünnter Salpetersäure behandelt wird. Das Mellon löst sich in der Säure unter Gasentwicklung, und beim Verdunsten derselben scheidet sich Cyanilsäure ohne Krystallwasser ab. Sie löst sich in siedendem Wasser und krystallisirt daraus beim Erkalten in weissen Blättchen, die 4 Äq. Krystallwasser enthalten. Bei $100°$ entweicht wahrscheinlich $3HO,3CyO,4HO$. Bei der Destillation gibt sie Cyansäurehydrat, beim Behandeln mit Schwefelsäure Cyanursäure. Die Bildung derselben kann man sich vorstellen, wenn man annimmt, dass zu 1 Äq. Mellon die Bestandtheile von 3 Äq. Wasser hinzutreten, und dass 1 Äq. Ammoniak ausgeschieden wird. $C_6N_4 + 3HO = C_6N_3O_3 + H_3N$. Dieses Äq. Ammoniak findet man wirklich mit der Salpetersäure verbunden.

388. Hydrocyansulfür $HCyS_2 = HS,CyS$ (Schwefelblausäure, Cyansulfidwasserstoff). Diese Verbindung, welche schon vor längerer Zeit von Rink dargestellt wurde, kann nach Wöhler in wasserfreiem Zustande erhalten werden, wenn man Quecksilbercyansulfid mit Hydrochlor oder Hydrothion zerlegt. Hiebei erscheint dieselbe als eine farblose ölartige Flüssigkeit, welche sich jedoch sehr bald zersetzt. $3HCyS_2 = HCy + 2HCyS_3$. In wässerigem Zustande erhält man dieselbe, wenn man eine concentrirte Lösung von Kaliumcyansulfid mit concentrirter Phosphorsäure oder Schwefelsäure destillirt. Die letztere Säure muss mit Wasser verdünnt sein und darf nicht im Überschusse angewendet werden, weil das Hydrocyansulfür sonst zersetzt wird. Auf diese Weise bereitet ist es eine farblose saure Flüssigkeit von stechendem Geruche, welche in verdünntem Zu-

stande lange unverändert bleibt, im concentrirten hingegen bald die
eben angegebene Zersetzung erleidet. Beim Erwärmen der Flüssigkeit tritt diese Zerlegung noch rascher ein. Durch starke Säuren
erfolgt sie ebenfalls, aber es treten hiebei noch andere Zerlegungsproducte wie Kohlensäure, Hydrothion, Ammoniak und schweflige
Säure auf. Das Hydrocyansulfür kann am füglichsten als eine Sulfosäure, nämlich als HS,CyS betrachtet werden, welche der Cyansäure
analog ist, in der der Sauerstoff durch Schwefel ersetzt wurde. Mit
Basen in Berührung tritt der Wasserstoff aus der Verbindung und
wird durch das Metall der Basis ersetzt. Die so entstehenden Körper
nehmen an der Luft erhitzt Sauerstoff auf und es entsteht schweflige
Säure, Schwefelsäure und ein cyansaures Metalloxyd. Die Verbindungen mit den leicht reducirbaren Metallen geben bei der Destillation Schwefel, Kohlensulfid, Schwefelmetalle und Mellon.

389. Kaliumcyansulfür $KCyS_2 = KS,CyS$ (Schwefelcyan-
kalium, Kaliumsulfocyanid, schwefelblausaures Kali, Rhodankalium).
Diese für die nähere Kenntniss der mannigfaltigen Verbindungen, die
aus dem Cyan abgeleitet werden können, so wichtige Verbindung
erscheint in Salpeter ähnlichen farblosen Krystallen, von kühlendem,
etwas beissendem Geschmacke, welche an feuchter Luft zerfliessen.
In Wasser gelöst bringen sie eine sehr bedeutende Temperaturerniedrigung hervor (86). Auch in heissem Weingeist sind sie leicht löslich.
Sie schmelzen bei $161,2^o$, ohne eine weitere Veränderung zu erleiden. Die vortheilhafteste Methode, dieses Sulfosalz zu bereiten, ist
nach Liebig (Ann. der Ch. u. Ph. 50, 349) folgende: Man mischt
46 Th. trockenes Blutlaugensalz mit 17 Th. kohlensaurem Kali und
16 Th. Schwefel gut untereinander, erhitzt das Gemenge in einem
eisernen Topfe anfangs gelinde bis zum ruhigen Schmelzen der
ganzen Masse und zuletzt bis zur schwachen Glühhitze. $3K_2FeCy_3 +$
$4KO,CO_2 + 22S = 9KCyS_2 + 3FeS + KO,SO_3 + 4CO_2$. Anfangs
wirkt der Schwefel nur auf das Kali und es wird Schwefelkalium und
unterschwefligsaures Kali gebildet, bei verstärkter Hitze wird dieses in
schwefelsaures Kali umgewandelt und das Eisen des Blutlaugensalzes
als Schwefeleisen ausgeschieden. Der Zusatz von Kali, welches in
Schwefelkalium umgewandelt wird, ist hiebei nothwendig, weil der
Kaliumgehalt des Blutlaugensalzes nicht hinreicht für die 9 Äq. Cyan,
und dann $3FeCyS_2$, wenn man nur schwach erhitzt, als solche in
der Masse bleiben und erst nach dem Auflösen, durch Zusatz von
kohlensaurem Kali, zerlegt werden müssen, oder bei stärkerer Erhitzung zur Bildung von Mellon etc. Veranlassung geben. Die ge-

schmolzene Masse wird ausgegossen und mit heissem Weingeist behandelt, wobei das schwefelsaure Kali zurückbleibt. Es ist vortheilhaft, nicht weniger als 1,5 Pf. Blutlaugensalz zu obigem Versuche zu nehmen.

Das Kaliumcyansulfür ist besonders geeignet, die schwerlöslichen Schwefelcyanmetalle darzustellen. Seine wässerige Lösung erleidet durch Säuren oder durch Chlor eine sehr merkwürdige Zerlegung. Leitet man nämlich Chlorgas in eine concentrirte Lösung des Salzes, so wird es unter starker Wärmeentwicklung verschluckt. Kühlt man gut ab, um das Auftreten anderer Zersetzungsproducte zu verhindern, so scheidet sich ein voluminöser gelber Körper ab, den Liebig, welcher ihn zuerst darstellte, aus weiter unten anzugebenden Gründen Schwefelcyan genannt hat. Dasselbe erscheint als ein gelbes amorphes Pulver, das weder in Weingeist noch im Äther oder Wasser löslich ist. Schwefelsäure löst es, beim Verdünnen mit Wasser fällt es aber wieder unverändert heraus. Die Zusammensetzung dieses Körpers ist noch nicht mit Sicherheit ausgemittelt. Liebig hielt es für das Wahrscheinlichste, dass derselbe CyS_2 sei, obwohl er einen Gehalt von Wasserstoff an demselben beobachtete, welchen er aber zwischen 3 — 9 Pct. veränderlich fand und daher als zufällig betrachtete. Nach späteren Analysen von Parnell ist dasselbe $H_3Cy_6S_{12}O$ oder $4CyS_2,2HCyS_2,HO$. Nach Völkel $H_2Cy_4S_8O$ oder $3CyS_2,HCyS_2,HO$. Nach der letzten Untersuchung von Jamieson, der es so lange mit Wasser kochte, als dieses noch etwas aufnahm, ist dasselbe $H_2C_4N_2S_4O$ oder $CyS_2,HCyS_2,HO$. So viel geht also aus allen Untersuchungen hervor, dass der Cyan- und Schwefelgehalt der Verbindung im Verhältnisse wie 1:2, also wie in dem isolirt noch nicht dargestellten Schwefelcyan steht. Da aber dieser Körper nur desswegen für die Darstellung vieler anderer Präparate von Wichtigkeit ist, weil er wie Schwefelcyan wirkt, so mag derselbe in dem Folgenden diesen Namen, welcher jetzt der gebräuchlichste ist, beibehalten. Berzelius hat das hypothetische Radical CyS_2 Rhodan genannt.

390. Schwefelcyanammonium. H_4N,CyS_2 oder $H_3N,HCyS_2$ (Hydrocyansulfür-Ammoniak. Schwefelblausaures Ammoniak). Dieser Körper wird nach Liebig (dessen Ann. 53, 333) am besten erhalten, wenn man Kupfersulfocyanür Cu_2CyS_2 mit Schwefelammonium zerlegt ($Cu_2CyS_2 + H_4NS = Cu_2S + H_4N,CyS_2$) und das Salz durch Umkrystallisiren mit absolutem Alkohol reinigt. Die zu diesem Behufe dienende Kupferverbindung erhält man am leichtesten, wenn man eine Lösung von 3 Th. Eisenvitriol und 2 Th. Kupfervitriol mit Kaliumcyansulfür zerlegt. Den Niederschlag wäscht man anfänglich mit verdünnter Schwefelsäure, wodurch er blendend weiss wird, und trocknet ihn. Das Schwefelcyanammonium erscheint dann in wasserhellen dünnen Tafeln, welche an der Luft nicht zerfliessen. In Wasser und Alkohol ist es sehr leicht löslich, schmilzt bei 145° zu einer farblosen Flüssigkeit und fängt bei 160° an sich auf die in (398) angegebene merkwürdige Art zu zersetzen.

391. Hydrocyansulfid $HCyS_2 = HS,CyS_2$ (Überschwefelwasserstoffsäure). Dieser Körper ist ein Zerlegungsproduct des Hydrocyansulfüres durch Salzsäure. Er erscheint als ein geruch- und geschmackloses nicht flüchtiges Pulver, das im kalten Wasser sehr wenig, in siedendem mehr löslich ist, beim Erkalten einer solchen Lösung scheidet er sich in schönen gelben Krystallen aus. In Alkohol und Äther ist das Hydrocyansulfid etwas mehr löslich, es reagirt sauer und der Wasserstoff desselben lässt sich durch andere Metalle ersetzen. In concentrirter Schwefelsäure ist es bei gew. Tpr. löslich und wird beim Verdünnen mit Wasser wieder unverändert gefällt, beim Erhitzen zersetzt es sich unter Entwicklung von schwefliger Säure. Von Salzsäure und Chlor erleidet es ebenfalls eine Zersetzung. Wird das Hydrocyansulfid etwas über 150° erhitzt, so entweicht Hydrothion und im Retortenhalse condensirt sich Hydrocyansulfür, das sich dann sogleich in Hydrocyan und Hydrocyansulfid zerlegt. Über 200° beginnen sich Kohlensulfid und Schwefel zu entwickeln, welchen dann bei steigender Temperatur Ammoniak beigemischt ist, während Mellon zurückbleibt.

Man bereitet das Hydrocyansulfid am leichtesten, wenn man Kaliumcyansulfür in der vierfachen Gewichtsmenge concentrirter Salzsäure löst und die ganze Masse, aus der sich sogleich Chlorkalium, das in der concentrirten Flüssigkeit nicht löslich ist, abscheidet, durch einige Tage bei einer Temperatur von 20—30° sich selbst überlässt, wobei etwas Kohlensäure sich entwickelt, welche von zersetzter Blausäure herrührt. Nachdem sich kein gelber Körper mehr abscheidet, bringt man dasselbe aufs Filter, wäscht es mit kaltem Wasser gut aus und trocknet es.

392. Mellon C_3N_2 oder $C_6N_4 = Me = 92$. Das Mellon wurde von Liebig entdeckt und als ein dem Cyan ähnliches Radical erkannt. Es erscheint als ein hellgelbes, leichtes, stark abfärbendes Pulver, das weder im Wasser noch in Alkohol, Aether und verdünnter Salz- oder Schwefel-Säure löslich ist. Concentrirte

Schwefelsäure löst es beim Erwärmen vollständig, beim Verdünnen derselben scheidet es sich aber wieder unverändert ab. Mit verdünnter Salpetersäure gekocht gibt es Cyanilsäure. Mit Kalilauge auf gleiche Art behandelt erhält man unter Entwicklung von Ammoniak ein besonderes Kalisalz. Mit Kalium erhitzt, entsteht unter Feuererscheinung Mellonkalium. Mit Jod, Brom oder $KCyS_2$ erwärmt, bemächtigt es sich des Kaliums und treibt die andern Körper aus. Bei starker Glühhitze zerlegt es sich in 3 V. Cyangas und 1 V. Stickgas. Das Mellon wird durch Erhitzung des Schwefelcyans erhalten, wobei Kaliumsulfid und Schwefel abgeschieden werden. $4\,CyS_2 = C_6N_4 + 2\,CS_2 + 2\,S$. Das auf diese Art erhaltene Mellon ist aber nicht rein, kann indess in diesem Zustande als rohes Mellon zur Darstellung anderer Präparate benützt werden. Es ist überhaupt sehr schwierig, dasselbe rein darzustellen. Nach L i e b i g erhält man es am reinsten, wenn man Quecksilbermellonür so lange erhitzt, bis das entweichende Gasgemenge von der Art ist, dass $^3/_4$ seines Volumens aus Cyangas bestehen und daher von Kalilauge absorbirt werden.

393. M e l l o n w a s s e r s t o f f HMe $= 93$. Diese von L. G m e - l i n entdeckte Verbindung erscheint als ein weisses, kreideartiges Pulver, das in kaltem Wasser nur sehr wenig, in siedendem hingegen etwas leichter, in Alkohol und Äther aber nicht löslich ist. Der Mellonwasserstoff verhält sich wie eine Säure, seine Lösung im Wasser röthet Lackmus. Den Kalisalzen mehrerer Säuren organischen Ursprungs, wie z. B. dem essigsauren Kali, in welchem er sich mit Leichtigkeit löst, entzieht er das Kalium und bildet Mellonkalium. Auf gleiche Weise verhält er sich gegen ätzendes und kohlensaures Kali. Wird Mellonwasserstoff mit Jodkalium erhitzt, so erhält man ebenfalls Mellonkalium, während Hydrojod und Jod abgeschieden werden. Dieses Verhalten des Mellonwasserstoffes ist hinreichend bezeichnend für die Stellung des Mellons in der Reihe der zusammengesetzten Radicale, indem es deutlich zeigt, dass es in dieselbe Gruppe wie das Cyan gehört. Durch längere Zeit dauerndes Kochen mit Salpetersäure oder Salzsäure erleidet der Mellonwasserstoff eine vollständige Zersetzung, wobei neue Producte gebildet werden.

Man bereitet Mellonwasserstoff, wenn man eine siedende, nicht zu verdünnte Lösung von Mellonkalium oder Mellonammonium mit Salpetersäure oder Salzsäure vermischt. Nach kurzer Zeit trübt sich dieselbe und verdickt sich endlich zu einem blendend weissen Brei, welcher durch Auswaschen mit kaltem Wasser u. s. w. gereinigt wird.

394. Mellonkalium $KC_6N_4 = KMe$. Das aus seiner wässerigen Lösung krystallisirende Mellonkalium erscheint in feinen, durchsichtigen, sehr bitter schmeckenden Krystallen, welche 5 Äq. Wasser enthalten, das sie zum Theile schon an der Luft abgeben, indem sie verwittern, wobei sie weiss werden und ihren Glanz verlieren. Bei $120°$ behält es noch 1 Äq. Wasser zurück, dieses entweicht erst unter schwachem Aufblähen bei $150°$, wo es schmilzt. Das geschmolzene Mellonkalium ist dickflüssig, gelblich und erstarrt beim Erkalten unter starkem Zusammenziehen, zu einer undurchsichtigen krystallinischen Masse. In Alkohol ist es unlöslich. Aus einer siedenden Lösung von gleichen Theilen Wasser und Weingeist krystallisirt es am schönsten. Wird das Mellonkalium an der Luft geschmolzen, so nimmt es rasch Sauerstoff auf und oxydirt sich zu cyansaurem Kali und einem anderen schwer löslichen Kalisalze, welches noch nicht näher untersucht ist. Bei abgehaltener Luft über seinen Schmelzpunkt erhitzt, gibt es Stickgas und Cyangas ab, während Cyankalium zurückbleibt. $KC_6N_4 = KC_2N + 2C_2N + N$. Platingefässe werden von schmelzendem Mellonkalium stark angegriffen.

Das Mellonkalium kann auf verschiedene Arten gewonnen werden. Man bringt Kaliumcyansulfür ins Schmelzen und trägt nach und nach etwa den fünften Theil desselben rohes Mellon, wie es unmittelbar bei der Zerlegung des Schwefelcyans erhalten wird, in die Masse ein. Es entsteht sogleich ein lebhaftes Aufbrausen, welches vom sich entwickelnden Kohlensulfidgas und vom Schwefelgas, die sich sogleich entzünden, herrührt. Bei der Temperatur, bei welcher das Mellon mit dem Kaliumcyansulfür in Berührung kommt, wird Mellonkalium gebildet und Cyansulfür abgeschieden, dieses zerlegt sich auf die in (392) angegebene Art wieder zum Theil in Mellon, welches nun aufs neue einen anderen Theil des Kaliumcyansulfürs zerlegt u. s. f. Die nach dem Erkalten erstarrte, glasige, braune Masse ist in Wasser vollständig löslich und gibt beim Verdunsten eine reichliche Menge Mellonkalium. Noch vortheilhafter erhält man es nach Liebig, wenn man rohes Melam (398), d. i. den Rückstand, welcher beim nicht zu starken Erhitzen des Schwefelcyanammoniums zurückbleibt, in schmelzendes Kaliumcyansulfür einträgt und mit dem Schmelzen so lange fortfährt, bis weder Ammoniak noch Kohlensulfid und Hydrothion mehr entweichen. Man wendet gleiche Mengen Melam und Kaliumcyansulfür an, und schmilzt das letztere in einer Retorte. Die gut geschmolzene Masse wird nach dem Erkalten in siedendem Wasser gelöst und Alkohol zur Lösung hinzugefügt, wo sie dann zu

einem Brei von Mellonkalium erstarrt, welches auf die vorher angege-
bene Art gereinigt wird. $3H_3N, 2Me + 2KCyS_2 = 2KMe + 3H_3N + 2CyS_2$. Als Nebenproduct bei der Bereitung des Kaliumcyansulfürs
erhält man Mellonkalium, wenn man ein inniges Gemenge von 2 Th.
wasserfreiem Blutlaugensalz mit 1 Th. Schwefel in einem eisernen,
verschliessbaren Gefässe bei gelindem Feuer bis zum Schmelzen erhitzt. Man steigert nun die Temperatur bei stets bedecktem Gefässe
so lange, als aus der schmelzenden Masse noch Blasen von Kohlensulfid entweichen, die mit blauer Flamme verbrennen, und setzt dann
$^1/_{20}$ vom Gewichte des angewandten trockenen Blutlaugensalzes,
trockenes kohlensaures Kali zu, wobei die Masse wieder völlig flüssig
wird. Nach dem Erkalten kocht man sie mit Wasser aus, verdampft
die Lösung bis auf die Hälfte und lässt sie dann erkalten. Sie erstarrt fast ganz zu einem Brei, den man auf dem Filter sammelt und
so lange mit Alkohol auswäscht, bis die ablaufende Flüssigkeit Eisenchlorid nicht mehr röthet. Das Filter enthält das Kaliumcyansulfür.
Bei diesem Processe wird zuerst durch den Schwefel das Blutlaugensalz so zerlegt, dass Kaliumcyansulfür und Eisencyansulfür entstehen.
$K_2FeCy_3 + 6S = 2KCyS_2 + FeCyS_2$. Das Eisencyansulfür zerlegt
sich bei der steigenden Temperatur in Mellon, Kohlensulfid und
Eisensulfür $4FeCyS_2 = Fe_4C_8N_4S_8 = 2CS_2 + 4FeS + C_6N_4$. Das
hiebei frei werdende Mellon wirkt aber ganz wie vorher angegeben
wurde, auf das Kaliumcyansulfür. Um das Mellonkalium rein zu erhalten, wird es im warmen Wasser gelöst und so lange Essigsäure
zugesetzt, als noch ein Niederschlag entsteht. Derselbe rührt von
einer eigenen, noch nicht näher untersuchten Kaliumverbindung
her, welche dem rohen Mellonkalium seine gelbe Farbe ertheilt.
Man neutralisirt die Flüssigkeit mit etwas kohlensaurem Kali und
lässt sie krystallisiren. Dieselbe erstarrt häufig erst nach 12 Stunden
zu einem dicken Brei von feinen Mellonkalium-Krystallen. Sollte das
Mellonkalium nach dem ersten Überkrystallisiren nicht weiss geworden sein, so setzt man demselben abermals etwas Essigsäure zu und
kocht es mit Thierkohle, wo es sich dann in blendend weissen Krystallen abscheidet.

Mellon-Natrium wird durch Mellonbaryum mit kohlensaurem Natron erhalten. Es erscheint in weissen seidenglänzenden Krystallen, die Wasser enthalten und in Alkohol nicht, in Wasser
ziemlich löslich sind.

Mellon-Ammonium H_3N, Me. Es hat die grösste Ähnlichkeit mit dem Mellonkalium, enthält Krystallwasser und ist in Alko-

hol nicht löslich. Man erhält es durch Behandlung des Mellonbaryums mit kohlensaurem Ammoniak. Bei der Destillation entweicht Ammoniak und es bleiben ähnliche Producte, wie bei dem Mellonwasserstoff.

395. Schwefelmellonwasserstoff. $H_4C_6N_4S_4 = Me, 4HS$ (Schwefelmellonwasserstoffsäure). Dieser Körper, welchen Jamieson (Ann. der Ch. u. Phm. 59, 341) näher untersuchte, wird durch Einwirkung von Schwefelcyan aus Hydrothion Kaliumsulfid erhalten. Man setzt zu einer ziemlich concentrirten Lösung von Hydrothion-Kaliumsulfid KS,HS (170) so lange Schwefelcyan, bis die Flüssigkeit selbst beim Sieden nichts mehr davon aufnimmt, filtrirt sie hierauf, um einen braunen Körper zu entfernen, der sich, obwohl in geringer Menge, immer abscheidet und erhält sie dann 10 bis 12 Stunden im Sieden. Nach dem Erkalten neutralisirt man sie mit Essigsäure, wodurch Schwefel und Schwefelmellonwasserstoff gefällt werden. Man wäscht nun das Präcipitat mit Wasser gut aus, behandelt es mit Ammoniak, um den Schwefelmellonwasserstoff zu lösen, und lässt die Ammoniakverbindung so lange an einem warmen Orte stehen, bis sie nicht mehr nach Schwefelammonium riecht; man kocht sie dann mit Thierkohle, bis bei Zusatz einer Säure die Mellonverbindung als ein ganz weisses krystallinisches Pulver, welches in kaltem Wasser nur äusserst wenig und auch in siedendem nur in geringer Menge löslich ist, herausfällt. In Alkohol und Äther ist es ebenfalls fast unlöslich. Die wässerige Lösung röthet Lackmus. Bei einer Temperatur von 140—150° fängt sie an sich in Hydrothion und Mellon zu zerlegen. Mit Schwefelsäure oder Salpetersäure erhitzt, entweicht Hydrothion, während Cyanursäure zurückbleibt. Obwohl diese Zersetzung, welche der Schwefelmellonwasserstoff erleidet, für die oben angegebene theoretische Formel desselben spricht, so ist doch damit die von Jamieson beobachtete Thatsache, dass nur 1 Äq. Wasserstoff desselben durch andere Metalle ersetzt werden kann, nicht im Einklange, was in jedem Falle zeigt, dass dieses eine Äq. auf eine andere Art in der Verbindung enthalten ist, als die übrigen drei. Dieselbe kann vielleicht naturgemässer als $HMeS, 3HS$ betrachtet werden.

396. Schwefelmellonkalium $H_3KC_6N_4S_4, 3HO$ oder $KMeS, 3HS, 3HO$. Es wird durch Auflösen des Schwefelmellonwasserstoffes in Kalilauge erhalten und erscheint in kleinen glänzenden Krystallen, die sehr leicht in Wasser und Alkohol löslich sind. Die 3 Äq. Wasser werden bei einer etwas über 100° liegenden Temperatur ausgetrieben. Bei noch stärkerer Erhitzung zerlegt sich dasselbe in Schwefelammonium, Blausäure und einen anderen, noch nicht näher untersuchten Körper. Von den übrigen bisher dargestellten Verbindungen enthält, bei übrigens ganz analoger Zusammensetzung, die Natriumverbindung 3 Äq. Wasser, die Baryumverbindung 5, die Strontiumverbindung 4, die Calciumverbindung 2 und die Magnesiumverbindung 6 Äq. Wasser. Die Silberverbindung ist wasserfrei. Alle diese Körper sind leicht krystallisirbar und, ausser der letzten, in Wasser leicht löslich.

397. Cyanschwefelwasserstoff HC_2NS_2 (Von Wöhler entdeckt, von Völkel untersucht). Wenn man ein Gemenge von 1 V. Cyangas und 2 V. Hydrothiongas in absoluten Alkohol leitet, so wird derselbe anfangs gelb, dann roth und endlich setzen sich feine orangenrothe Krystalle ab, eine Verbindung, welche eine gleiche procentische Zusammensetzung mit dem Hydrocyansulfür hat. Um diesen Körper rein zu erhalten, ist es nothwendig mit dem Hineinleiten von Hydrothion allein noch längere Zeit fortzufahren. Die Krystalle werden in siedendem Alkohol gelöst, aus welchem sie sich beim Erkalten wieder abscheiden. Der Cyanschwefelwasserstoff ist in kaltem Wasser höchst wenig und auch in siedendem nur in geringer Menge löslich. Von Schwefelsäure wird derselbe gelöst, beim Verdünnen mit Wasser aber wieder unverändert abgeschieden. Beim vorsichtigen Erwärmen sublimirt ein Theil unverändert, während ein anderer immer eine Zersetzung erleidet. Behandelt man denselben mit Ätzkali, so tritt 1 Äq. Wasserstoff aus der Verbindung und wird durch 1 Äq. Kalium ersetzt, der neu entstandene Körper ist also KC_2NS_2. Das Kalium kann ferner durch Blei und andere Metalle ersetzt werden, wodurch Körper von ähnlicher Zusammensetzung entstehen.

Werden Cyangas und Hydrothiongas, beide in feuchtem Zustande, mit einander in Berührung gebracht, am besten über Quecksilber, so wirken sie auch aufeinander, und sorgt man noch dafür, dass Cyangas im Überschusse vorhanden ist, so entsteht, wie Gay-Lussac gezeigt hat, der Körper $H_3C_4N_2S_3$. Er bildet gelbe in Wasser und Alkohol reichlich lösliche Krystalle die sehr leicht zersetzbar sind. 1 Äq. seines Wasserstoffes lässt sich ebenfalls durch andere Metalle ersetzen.

398. Melam $H_9C_{12}N_{11} = 3H_3N, 2C_6N_4$. Schwefelcyanammonium wird, wie Liebig gezeigt hat, bis 160° erhitzt, auf eine sehr merkwürdige Art zerlegt, indem Kohlensulfid, Ammoniak und

Hydrothion entweichen, während das Melam in Gestalt eines weiss-grauen, amorphen, in Wasser, Alkohol und Äther unlöslichen Pulvers zurückbleibt. $8 (H_4N,CyS_2) = H_9C_{12}N_{11} + 4CS_2 + 5H_3N + 8HS$. Bei Anwendung eines trockenen Schwefelcyanammoniums werden keine anderen Destillationsproducte erhalten und es finden sich weder Schwefel noch freies Ammoniak unter denselben. Die Zusammensetzung des Melams ist also von der Art, dass in demselben die Bestandtheile von 3 Äq. Ammoniak und 2 Äq. Mellon enthalten sind, $H_9C_{12}N_{11} = 3H_3N + 2C_6N_4$. Es gibt auch wirklich bei stärkerer Erhitzung Ammoniak ab und lässt Mellon zurück. Hieraus wird begreiflich, dass diese Zusammensetzung nur auf ein Melam passen kann, welches bei möglichst niedriger Temperatur, bei welcher die Zersetzung des Schwefelammoniums nahe vollendet ist, ohne dass die des Mellons noch beginnen konnte, erhalten wurde. Wird das so erhaltene unreine Melam mit einer verdünnten Lösung von kohlensaurem Kali übergossen, so verwandelt sich dieses in Kaliumcyansulfür und das Melam ist nun frei von Schwefel. Man erhält das Melam auch noch, wenn man ein Gemenge von 1 Th. Kaliumcyansulfür mit 2 Th. Salmiak in einer Retorte, oder besser in einer horizontalen Röhre, erhitzt. In diesem Falle ist es mit Salzsäure verbunden, welche sich durch Waschen mit Wasser nicht entfernen lässt, die aber sogleich entweicht, wenn man den so erhaltenen Körper mit Schwefelsäure übergiesst. Es ist nicht unwahrscheinlich, dass der bei der Bildung des Melams Statt findende Process folgender ist: $8KCyS_2 + 8H_4NCl = H_9C_{12}N_{11},HCl + KC_2NS_2 + 2CS_2 + 4H_3N + 10HS + 7KCl$. Der bei dieser Operation erhaltene Körper ist gelblichgrau und vertheilt sich im Wasser zu einer voluminösen, schwer auszuwaschenden Masse. Durch kochendes, kohlensaures Kali lässt sich daraus die Salzsäure ebenfalls entfernen, ohne dass sich hiebei Ammoniak entwickelt, woraus man schliessen muss, dass diese in der Verbindung nicht an Ammoniak gebunden vorhanden ist. Das Melam ist in Wasser, Weingeist und Äther unlöslich. Durch anhaltendes Kochen mit Kalilauge zerfällt es in Melamin und Ammelin, $H_9C_{12}N_{11} + 2HO = H_6C_6N_6 + H_5C_6N_5O_2$, verdünnte Säuren wirken auf ähnliche Weise. Erhitzte concentrirte Salpeter- oder Schwefel-Säure lösen es, Weingeist und Wasser fällen daraus Amelid, wird aber die Auflösung in diesen concentrirten Säuren mit Wasser verdünnt und dann mehrere Stunden lang gekocht, so erhält man nichts als Cyanursäure und Ammoniak. $H_9C_{12}N_{11} + 6HO = 2Cy_3O_3 + 5H_3N$. Schmilzt man es mit Kalihydrat zusammen, so erhält man cyansaures Kali und Ammoniak. $H_9 C_{12} N_{11} +$ $6 (KO,HO) = 6 (CyO,KO) + 5 H_3 N$.

399. Melamin. $H_6 C_6 N_6 = 2 H_3 N, C_6 N_4$. Diese Verbindung wurde ebenfalls von Liebig erhalten, indem er Melam so lange mit kohlensaurem Kali kochte, bis eine klare Lösung entstand, aus der sich das Melamin beim Abdampfen und Erkalten in grossen farblosen, glänzenden, luftbeständigen Krystallen abscheidet. In kaltem Wasser ist es nur wenig, in heissem hingegen reichlich löslich, die Lösung reagirt weder sauer noch alkalisch und schmeckt bitter. Beim Erwärmen schmilzt es und lässt sich grösstentheils unverändert sublimiren; ein kleiner Theil desselben zerfällt dabei in Mellon und Ammoniak. Mit concentrirter Schwefelsäure oder Salpetersäure erwärmt zerfällt es in Ammoniak und Ammelid oder Ammelin. Mit Kalihydrat geschmolzen gibt es Ammoniak und cyansaures Kali. $H_6 C_6 N_6 +$ $3 (KO,HO) = 3 (KO,CyO) + 3 H_3 N$. Das Melamin verhält sich gegen verdünnte Säuren wie eine Basis und bildet damit sauer reagirende Salze, deren mehrere, wie das salpetersaure, phosphorsaure, oxalsaure, in Wasser noch schwerer löslich sind, als das Melamin selbst. Aus den Salzen der Bittererde und aller anderen Oxyde schwerer Metalle wird ein Theil dieser Oxyde gefällt. Alle Melaminsauerstoffsalze enthalten nämlich 1 Äq. Wasser, von welchem sie ohne Zersetzung nicht getrennt werden können, dieses eine Äq. Wasser kann aber durch 1 Äq. verschiedener Metalle ersetzt werden, wodurch sogenannte Doppelsalze entstehen, die nicht mehr sauer reagiren. Das Melamin verbindet sich ferner mit Hydrochlor, Hydrojod und ähnlichen Wasserstoffverbindungen direct.

400. Ammelin $H_5 C_6 N_5 O_2 = H_3 N, 2 HO, C_6 N_4$ (ebenfalls von Liebig entdeckt) entsteht durch Einwirkung von Säuren oder Alkalien auf Melam und Melamin, und erscheint als ein weisses, aus feinen seidenglänzenden Nadeln bestehendes Pulver, das in Wasser, Weingeist und Äther unlöslich ist. In ätzenden Alkalien ist es löslich. Beim Erhitzen wird es zersetzt, indem es in Ammoniak und in ein krystallinisches Sublimat zerfällt, während Mellon zurückbleibt. Mit starken Säuren verbindet es sich zu krystallisirbaren, sauer reagirenden Salzen, von denen mehrere schon durch Wasser zersetzt werden, wobei Ammelid gebildet wird, und welche immer wenigstens 1 Äq. Wasser enthalten, das ohne Zersetzung derselben nicht entfernt werden kann. Setzt man zu salpetersaurem Ammelin die Lösung eines Metallsalzes, so entsteht in vielen Fällen ein Niederschlag, der ein Doppelsalz ist, das 1 Äq. Ammelin, 1 Äq. des Metalloxydes und

1 Äq. der Säure enthält. Mit Kalihydrat geschmolzen gibt es Cyanursaures Kali und Ammoniak. $H_5C_6N_5O_2 + 3KO + 3HO = 3 (KO,CyO) + 2H_3N + 2HO$.

401. Ammelid $H_9C_{12}N_9O_6 = H_3N,2C_6N_4,6HO$. Das Ammelid ist das gemeinschaftliche Zersetzungsproduct durch die Einwirkung concentrirter Säuren auf das Melam, Melamin und Ammelin. Es wird nach Liebig erhalten, indem man einen dieser Körper in concentrirter Schwefelsäure löst und der Lösung dann Weingeist zusetzt, wodurch es herausfällt. Man wäscht es mit kaltem Wasser gut aus, löst es in Salpetersäure und fällt es mit kohlensaurem Ammoniak. Es erscheint als ein weisses, in Wasser, Weingeist und Äther unlösliches Pulver, das sowohl in Alkalien als in starken Säuren löslich ist, und scheint den Charakter einer schwachen Basis zu haben, da es mit Salpetersäure eine krystallinische Verbindung bildet, welche aber schon durch Zusatz von Wasser zerlegt wird. Mit verdünnter Salpetersäure oder Schwefelsäure anhaltend gekocht, verwandelt es sich vollständig in Cyanursäure und Ammoniak. Es ist nämlich
$$H_9C_{12}N_9O_6 = 3Cy_2O_2 + 3H_3N.$$

Cyan, Chlor, Brom, Jod.

402. Cyanchlorid CyCl. Man kennt zwei Modificationen desselben, von welchen die eine bei gew. Tpr. gasförmig, die andere fest ist.

a. Gasförmiges Cyanchlorid bildet sich, wenn man Chlorgas auf wässerige Blausäure oder auf befeuchtetes Quecksilbercyanid im Dunkeln wirken lässt, oder wenn man Mellon in Chlorgas erhitzt. Es besitzt einen durchdringenden Geruch, reizt heftig zu Thränen und erstarrt bei $-18°$ zu eisartigen Krystallen, die bei $-15°$ schmelzen und bei $-12°$ sieden. Bei einem Drucke von 4 Atm. wird es bei $20°$ flüssig. Beim längeren Aufbewahren dieser Flüssigkeit in zugeschmolzenen Glasröhren setzen sich Krystalle von der festen Verbindung ab. Wasser löst von dem Gase 25 V., Alkohol 100 V. und Äther 50 V. auf. Die Oxyde der Alkalimetalle zerlegen es.

Setzt man Quecksilbercyanid der Einwirkung des Chlorgases im Sonnenlichte aus, so entsteht nach Serullas eine gelbe ölartige Flüssigkeit, welche noch nicht näher untersucht ist.

b. Die feste Verbindung wird nach Serullas erhalten, wenn man trockenes Chlor mit wasserfreiem Hydrocyan dem directen Sonnenlichte aussetzt, wo es sich in Krystallen an die Wände des

Gefässes ansetzt, während zugleich Hydrochlor gebildet wird. Es entsteht auch, wenn trockenes Chlor auf erhitztes Kaliumcyansulfür wirkt. Das feste Chlorcyan hat einen sehr durchdringenden, an Mäuse-Excremente erinnernden Geruch, einen schwachen Geschmack und eine Dichte von 1,32. Es schmilzt bei 140° und sublimirt bei 190°. In Äther und absolutem Alkohol ist es ohne Zersetzung löslich, mit Wasser hingegen digerirt, zerlegt es sich in Cyanursäure und Salzsäure, was darauf hindeutet, dass das Äq. desselben Cy_3Cl_3 ist.

403. Cyanbromid CyBr. Es erscheint in farblosen Würfeln, hat einen sehr heftig reizenden Geruch, äussert giftige Wirkungen, ist bei 15° gasförmig und in Wasser und Alkohol leicht löslich. Es wird erhalten, wenn man 2 Th. Quecksilbercyanid mit 1 Th. Brom in eine Retorte bringt, deren Vorlage gut gekühlt wird. Anfangs ist die Einwirkung sehr heftig, später muss man gelinde erwärmen, die Krystalle setzen sich dann schon im Halse der Retorte an.

404. Cyanjodid CyJ. Dieses wird nach Mitscherlich am leichtesten erhalten, wenn man ein Gemenge von Jod, Quecksilbercyanid und Wasser in einer Retorte gelinde erwärmt, wo es sich im Halse derselben in feinen weissen Nadeln anlegt. Es besitzt ebenfalls einen durchdringenden Geruch, ist bei 45° gasförmig und löst sich in Wasser, Weingeist und Äther ohne Zersetzung.

Die Atmosphäre der Erde.

405. Für den Chemiker ist die Atmosphäre sowohl ihrer physikalischen Eigenschaften, als des chemischen Verhaltens ihrer Bestandtheile wegen, von gleich grosser Wichtigkeit, indem derselbe fast bei allen seinen Versuchen entweder ihren Druck oder ihre Einwirkung auf andere Körper zu berücksichtigen hat. Die Physik lehrt uns den ersteren zu messen und wo es nothwendig ist, wie z. B. bei der Bestimmung des Volumens oder des Gewichtes gasförmiger Körper u. dgl. zu eliminiren. Die Chemie hingegen macht uns mit den Bestandtheilen derselben und mit dem Einflusse, den sie auf die chemischen Erscheinungen ausüben, bekannt.

Die Erde wird von der Atmosphäre wie von einer Kugelschale umgeben, und obwohl man die Höhe derselben nicht genau kennt, so weiss man doch, dass ihre Gränze dort ist, wo die Schwere ihrer Theilchen der Ausdehnsamkeit der zunächst darunter liegenden das Gleichgewicht hält. Mit grosser Genauigkeit kennt man den Druck, welchen dieselbe auf die Erde und alle darauf befindlichen Körper ausübt, indem dieser durch den Barometerstand gemessen wird. Für einen Barometerstand von 28 Par. Z. $= 757,96^{m\cdot m} = 28,774$ W. Z. beträgt dieser Druck auf jeden W. Quad. Z. 12,765 W. Pf. oder 7,148 Kilogr., auf einen Quad. Centimeter beträgt derselbe 1,839 W. Pf. oder 1,030 Kilogr. Bei einem Barometerstande von $760^{m\cdot m} = 28,075$ P. Z. $= 28,851$ W. Z. ist der Druck der Atmosphäre auf 1 W. Quad. Z. $= 7,168$ Kilog. $= 12,799$ W. Pf., auf 1 Quad. Centm. ist er $= 1,033$ Kg. $= 1.845$ W. Pf. Bei 28 W. Z. ist dieser Druck auf 1 W. Q. Z. $= 12$ Pf. 13 Loth 116 Gr. Für einen mittleren Barometerstand von 337,80 Par. L. würde demnach der mittlere Druck der Atmosphäre auf die Erdoberfläche 1036,07 Gr. auf den Quadratcentimeter betragen. Das Gewicht eines Liters trockener und von Kohlensäure befreiter atm. Luft beträgt nach den neuesten Wägungen von Dumas und Boussingault bei 0° C und $760^{m\cdot m} = 28,075$ Par. Z. $= 28,851$ W. Z. Druck 1,2995 Gramme oder 17,82 W. Grane; sie ist also 769,526mahl leichter als Wasser von 4° und 10464mahl leichter als Quecksilber von 0°. Es wiegt also

		Grammen		Preuss. Gr.		Wiener Gr.
1 par.	Kub. Zoll atm. Luft	0,0257	—	0,0316	—	0,3524
1 wiener	„ „ „ „	0,0237	—	0,0292	—	0,3250
1 preuss.	„ „ „ „	0,0232	—	0,0286	—	0,3182
1 engl.	„ „ „ „	0,0212	—	0,0261	—	0,2907

	Grammen	Preuss. Gr.	Wiener Gr.
1 par. Kub. Fuss atm. Luft	44,409 —	54,605 —	608,947
1 wiener " " " "	40,953 —	50,457 —	561,600
1 preuss. " " " "	40,089 —	49,421 —	549,850
1 engl. " " " "	36,634 —	45,101 —	502,333

Wäre die Dichte der Atmosphäre an allen Orten dieselbe und enthielte sie keine Feuchtigkeit, so betrüge ihre Höhe nahe eine ganze Meile oder 22834 par. F. Da nun der Halbmesser der Erde 860 Meilen beträgt, so ist das Volumen der trockenen Atmosphäre gleich 9307500 Kub. Meilen, woraus sich das Gewicht der ganzen Atmosphäre zu ungefähr 100000 Billionen Centner ergibt.

Mit der Erforschung der chemischen Beschaffenheit der Atmosphäre waren seit Lavoisier die ausgezeichnetsten Chemiker beschäftigt. Man wiederholte mit den sich nach und nach vermehrenden Hilfsmitteln der Wissenschaft die älteren Versuche, fügte neue Untersuchungsmethoden hinzu und gelangte so zu dem Resultate; dass die atmosphärische Luft keine chemische Verbindung, sondern ein Gemenge verschiedener Bestandtheile sei, von denen einige, so weit die Schärfe unserer jetzigen Beobachtungen reicht, in einer unveränderlichen, die anderen hingegen in einer sehr veränderlichen Menge vorhanden sind. Zu den ersteren gehören das Sauerstoffgas und das Stickgas, zu den letzteren die Kohlensäure, das Wasser, das Ammoniak und, wie leicht begreiflich ist, wenigstens in den unteren Schichten derselben, eine Menge gasförmiger Körper, die theils beim Verdunsten von Flüssigkeiten, theils durch die chemischen Processe, die ununterbrochen auf der Erde im Gange sind, entwickelt werden. Ihre Menge ist jedoch gegen die ungeheure Masse der Atmosphäre so gering, dass man sie durch die Analyse nicht wieder darin entdecken kann. Nebst diesen Körpern sind in der Luft noch eine Menge feste Theilchen in Form eines feinen Staubes enthalten, die entweder von den sich immerfort abreibenden festen Körpern der Erdoberfläche herrühren, oder beim mechanischen Vertheilen der Flüssigkeiten und nachherigen Verdunsten derselben, wie z. B. des Meerwassers, in der Luft schweben bleiben. Endlich befinden sich in der Luft auch organische Körper, wie Samen, Infusorien und Keime derselben, und sehr häufig eine Materie organischen Ursprungs, welche man mit dem allgemeinen Namen Miasma zu bezeichnen pflegt. Da man in früherer Zeit die Meinung hegte, dass die Luft desto günstiger auf den Organismus einwirke, je mehr Sauerstoff sie enthält, so nannte man die Lehre von den Mitteln,

diesen Gehalt zu bestimmen, Eudiometrie und die hiezu dienenden Instrumente Eudiometer. Jetzt wo sich die Ansichten
hierüber aufgeklärt haben, kann man die Lehre von der chemischen
Beschaffenheit der Atmosphäre überhaupt mit diesen Namen bezeichnen.

Im Folgenden sollen nun die einzelnen Bestandtheile der Atmosphäre, so wie die besten Methoden sie zu bestimmen, näher
angegeben werden.

406. Sauerstoffgas und Stickgas. In der neuesten Zeit
haben Dumas und Boussingault(Ann. d. Ch. etc. 3, 257, 1841)
die Bestimmung dieser beiden Bestandtheile der Luft auf eine höchst
genaue Art vorgenommen und Resultate erhalten, welche alle früheren an Schärfe übertreffen. Der Apparat, dessen sie sich hiezu
bedienten, besteht aus einem Ballon B, der mit einem Hahne A verschlossen werden kann und aus welchem die Luft ausgepumpt wird.
Derselbe steht mit einer Röhre CC in Verbindung, die mit metal-

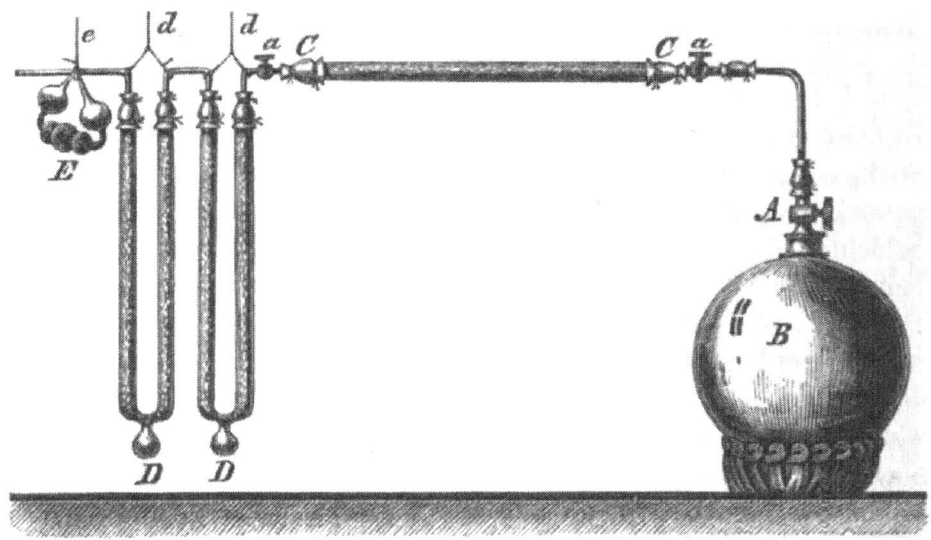

lischem Kupfer gefüllt ist, welches man durch Reduction von Kupferoxyd mit Wasserstoffgas erhalten hat. Diese Röhre ist mit zwei Hähnen a a versehen und wird ebenfalls ausgepumpt. Sie steht ferner
mit einem Systeme von Röhren DD und einem Kaliapparate E, dem
wieder einige Röhren folgen, welche mit Dräthen bei dd etc. aufgehängt
sind, in Verbindung. Bei dem offenen Ende der letzten Röhre tritt
die zu untersuchende Luft ein, wenn nacheinander die Hähne aa und
dann der Hahn A langsam geöffnet werden. In dem ersten, in der

Figur nicht gezeichneten Röhrensysteme, welches concentrirte Kalilauge, die auf Stückchen von Bimsstein vertheilt ist und dann Ätzkali in Stücken enthält, gibt die Luft ihre Kohlensäure und den grössten Theil ihres Wassers, in den zweiten, welches auf gleiche Weise Schwefelsäure enthält, wird sie vollständig getrocknet. In diesem Zustande gelangt sie nun in die mit erhitztem Kupfer gefüllte Röhre, wo sie ihren Sauerstoff an dasselbe abgibt, so dass auf diese Weise nur reines Stickgas in den Ballon gelangt. Die Röhre sowohl als der Ballon werden im luftleeren Zustande und nach dem Versuche gewogen, woraus sich sowohl der Sauerstoff- als Stickgas-Gehalt ergibt. Ein Beispiel wird die richtigste Vorstellung von dem bei dieser Methode befolgten Gange geben. D u m a s und B o u s s i n g a u l t erhielten nämlich bei einem Versuche folgende Data:

Das Rohr mit Kupfer wog luftleer gemacht . . . 651,883 Gr.
   „   „   „   „   „ nach dem Versuche noch
                       mit Stickgas gefüllt . 655,130 „
   „   „   „   „   „ nach dem Versuche aus-
                       gepumpt . . . . 655,069 Gr.
Der leere Ballon wog bei $21^{\circ},82$ und $0,7619^{m}$. 1391,702 „
Der mit Stickgas gefüllte Ballon wog bei $21^{\circ},57$ und
   $0,7619^{m}$ . . . . 1403,904 „

Das Sauerstoffgas wog demnach 3,686, das Stickgas 12,28 Grammen, also in 100 Th. atm. Luft 23,09 Sauerstoff und 76,91 Stickgas. Das Mittel aus 6 Versuchen gab

Sauerstoff . 23 Gewichtstheile oder 20,8 Volumen
Stickstoff . 77   „   „ 79,2   „
            100   100

Will man nach dieser Methode bloss den Sauerstoff bestimmen, so wendet man statt des luftleer gepumpten Ballons einen Aspirator von bekanntem Kubikinhalt an, und beabsichtigt man nur relative Bestimmungen, so ist es auch nicht nothwendig diesen zu trennen. In beiden Fällen muss aber die Luft im Aspirator immer genau dieselbe Temperatur haben, oder diese muss wenigstens bekannt sein und darf sich während des Versuches nicht ändern, eine Bedingung die mit ganzer Schärfe zu erreichen keine leichte Sache ist. Aus den zahlreichen, sowohl nach dieser als nach der früheren, minder genauen Methode angestellten Versuchen ergibt sich, dass dieses Verhältniss des Sauerstoffes zum Stickstoff ein constantes ist, das sich weder mit den Tages- noch Jahres-Zeiten, noch mit der Höhe oder der geographischen Breite ändert und höchst wahrscheinlich, um nicht zu sagen gewiss, auch seit die Erde von organischen Wesen bevölkert ist, dasselbe war. Wenn übrigens Schwankungen in diesem Verhältnisse vorhanden sein sollten, so sind sie so gering, dass man sie durch die Analyse erst dann entdecken könnte, wenn man wenigstens 1000 Gr. Luft untersuchte, während die bisherigen Methoden dieselben nur höchstens auf 25 Gr. auszudehnen erlauben.

Eine auf dasselbe Princip gegründete Methode hat Brunner schon früher angegeben (Pogg. Ann. 27, 131, 1) bei welcher Phosphor die Substanz ist, die den Sauerstoff zurückhält. Saussure nahm Bleischrot, welche in einer abgeschlossenen Luftmasse so lange mit Wasser geschüttelt wurden, bis die anfangs gelbe Masse grau wurde (Pogg. Ann. 38, 171). Gay-Lussac entzieht der atm. Luft den Sauerstoff durch eine mit Schwefelsäure benetzte Kupferplatte (Ann. de Ch. 62, 219). Dupasquier durch eine Lösung von Eisenvitriol, der Kalilauge zugesetzt wird. Volta bediente sich des Wasserstoffgases, welches mit der Luft gemengt und durch einen elektrischen Funken entzündet, Wasser gibt. Aus der hiedurch entstehenden Verminderung des Volumens wird auf den verbrauchten Sauerstoff geschlossen. Man kann sich zu diesem Versuche mit Bequemlichkeit der in (141) beschriebenen graduirten Röhre bedienen.

407. Kohlensäure. Brunner hat, (Pogg. Ann. 24, 569) nach dem oben angegebenen Principe, auch den Kohlensäuregehalt der atm. Luft bestimmt. Er bringt mit einem Aspirator von bekannten Volumen ein Röhrensystem in Verbindung, durch welches die Luft gehen und wo sie zuerst ihr Wasser an Schwefelsäure, dann ihre Kohlensäure an Ätzkalk oder besser an Ätzkali abgeben muss. Die Gewichtszunahme der Ätzkaliröhre gibt die Menge der Kohlensäure, welche mit der im Aspirator gesammelten Luft, diese als trocken in Rechnung gebracht, verbunden war. Aus diesen und anderen, nach weniger genauen Methoden von Thenard, Saussure, Humboldt u. a. angestellten Versuchen ergab sich, dass der Kohlensäuregehalt der Atmosphäre kein constanter ist, indem er von 0,0315 bis 0,0574 wechselt, und dass man denselben im Mittel auf 0,05 Pct. der Luft des Continentes annehmen kann. Man sieht hieraus, dass man, um nur einigermassen sichere Resultate zu erlangen, mit wenigstens 3000 CC atm. Luft arbeiten muss. Die Menge der Kohlensäure wird durch Feuchtigkeit des Bodens vermindert, daher auch die Luft auf den Bergen mehr Kohlensäure enthält als die über feuchten Wiesen. Im Sommer verhält sich die Kohlensäuremenge am Mittag zu der bei Nacht wie 0,0398:0,0432. Im

Ort von welchem die Luft genommen wurde.	In 1000 Th. getrockneter L. wurde gef.		Raum-inhalt des Locales in Cub. Metern.	Anzahl der Indi-viduen.	Dauer des Aufenthal-tes oder der Ab-sperrung. Stunden.
	Sauer-stoff.	Kohlen-säure.			
1. Treibhaus Buffon im bot. Garten zu Paris, Abends	230,1	0,0	273,7	»	12 wenigstens
2. » » » » » » Morgens	229,6	0,1	273,7	»	24
3. Hörsaal der Chemie an der Sorbonne, vor der Vorlesung	224,3	6,5	1000,0	400?	½
4. » » » » » nach der Vorlesung	219,6	10,3	1000,0	900	1,30
5. Schlafzimmer, Morgens	229,4	0,4	81,0	2	8,0
6. Schlafsaal in der Pitié, für Weiber	229,1	0,8	1958,0	54	2,30
7. » » » »	227,2	2,8	1958,0	54	9,0
8. Schlafsaal in der Mansarde der Salpérière, unheilb. Irrsinnige	225,2	8,0	611,1	55	8,15
9. » » » » » epileptische Irrsinnige	226,0	5,8	2417,0	121	9,0
10. Saal einer Kinderbewahranstalt	227,1	2,7	230,0	116 *)	8,0
11. Saal einer Primärschule, bei voller Ventilation	228,4	—	721,0	180 **)	4,0
12. » » » mit unvollständiger Ventilation	»	4,7	721,0	180	4,0
13. » » » ganz geschlossen	»	8,7	721,0	180	4,0
14. Deputirten-Kammer, im Innern des Luftabzugs-Canals	»	2,5	5000,0	600	2,30
15. Opernhaus, Parterre	»	2,3	5000,0	1000	2,30
16. » in den höchsten Reihen-Logen	»	4,3	5000,0	1000	2,30
17. Stall der Militär-Schule, geschlossen	222,5	1,05	389,5	9	7,45
18. » » » gelüftet	229,2	2,2	2980,0	57 Pferde	8,0
19. Irrespirable Luft durch Verbrennung von Kohlen	46,1	191,9	756,2	5,4	0,4
20. » » » »	3,1	»	»	»	»
21. » » » reine Kohlensäure	304,4	160,0	536,0	»	»

*) Knaben und Mädchen von 3—6 Jahren. **) Knaben von 7—10 Jahren.

Winter ist dieser Unterschied geringer und verschwindet auch oft ganz. Gegen Morgen findet das Maximum, gegen Abend das Minimum des Kohlensäuregehaltes Statt. Die Luft über dem Meere enthält immer viel weniger und oft gar keine Kohlensäure.

Die Luft in den Bergwerken von **Cornwallis** enthält nach **Moyle** 82,484 Stickgas, 17,067 Sauerstoffgas und 0,085 Kohlensäure. Nach **Leblanc's** Beobachtungen (Compt. rend. 14, 862) steht in geschlossenen Räumen unter übrigens gleichen Umständen, die Tauglichkeit der Luft zum Athmen im verkehrten Verhältnisse mit der in derselben enthaltenen Kohlensäuremenge, und diese kann daher als beiläufiger Massstab für jene dienen. In einer Atmosphäre welche 1 Pct. Kohlensäure enthält, empfindet der Mensch nach einiger Zeit Unwohlsein, und eine geeignete Ventilation ist dann unerlässlich, wenn die Respiration wieder regelmässig werden soll. Die obige Tafel pag. 539 zeigt den Zustand der Atmosphäre in verschiedenen Localitäten nach **Leblanc's** interessanten Versuchen (l. c.).

1. Dieses Treibhaus enthält tropische Pflanzen, steht in einem anderen eingeschlossen und wird $\frac{2}{3}$ des Tages von der Sonne beschienen. Die Luft wurde um 6 Uhr Abends genommen.

2. Die Luft wurde am andern Morgen um 8 Uhr am 10. Februar 1842 genommen.

3. Die Luft gesammelt vor Eröffnung der Vorlesung; ein Thürflügel offen.

4. Die Luft gesammelt am Ende der Vorlesung; ein Thürflügel offen.

5. Die Luft gesammelt im Winter, 1 Meter über dem Fussboden. Ein Kamin im Gemach.

6. Die Luft gesammelt um 9 Uhr Morgens, nach dem Schluss der zur Lüftung geöffneten Fenster.

7. Die Luft genommen um 6 Uhr Morgens 1,5 Meter über dem Fussboden. 2 Öfen, schwaches Feuer während der Nacht.

8. Thüren und Fenster schlecht geschlossen. Die Luft gesammelt 0^m,60 über dem Fussboden, schwere, übelriechende Atmosphäre.

9. Thüren und Fenster besser schliessend. Die Luft gesammelt 0^m,60 über dem Fussboden, schwere, übelriechende Atmosphäre.

10. Unangenehmer Geruch. Die Thüre und ein kleines Thürfenster blieben halb offen. Die Luft 0^m,60 über dem Boden gesammelt.

11. Kein merkbarer Geruch. Höhe der Luftsammlung 1^m,50 und 1080 Cub. Meter strömten in der Stunde durch den Abzugscanal.

12. Kein fühlbarer Geruch. Die Luft gesammelt in einer Höhe von 2^m,50 und 837 Cub. Meter Luft strömten in der Stunde durch den Abzugscanal.

13. Die Zuströmungs- und Ausströmungslöcher für die Luft sind verstopft. Gefühl der Wärme und eine leichte Beschleunigung des Athmens in dem Gemach. Innere Tpr. 18°, äussere 16°.

14. Kein Geruch. 11000 Cub. Meter in der Stunde Luftströmung durch den Abzugscanal.

15. Die Luft genommen 1ᵐ über dem Podium 80000 Cub. Meter in der Stunde. Luftzug durch den Luftcanal des Lusters.

16. Die Luft wurde ganz an der Decke des Saales, in dem Canal der sich in den Canal des Lusters mündet, gesammelt.

17. Luft 2ᵐ über dem Boden, bei schlecht schliessenden Fenstern und Thüren.

18. Natürliche Ventilation durch die Thürfensterchen. Der Gesammtquerschnitt der Öffnungen, durch welche die Luft einströmte, betrug 3 Qu. Meter während der Nacht.

19. Die Luft wurde aus der Schichte genommen, in welcher der zum Versuche dienende Hund athmet, 10 Minuten nach seinem Tode in dem Moment des Erlöschens der Wachskerze.

20. Eine für einen Zeisig unmittelbar tödliche Luft, in der die Flamme der Wachskerze ungeändert bleibt.

21. Die Luft wurde in dem Moment gesammelt, in welchem der Hund starb.

408. Wasser. Der Wassergehalt der Atmosphäre lässt sich nach Brunner, auf directem Wege ebenfalls mittelst des Aspirators bestimmen, indem man eine gemessene Luftmenge durch eine Röhre leitet, welche Stückchen von Bimsstein enthält, die mit concentrirter Schwefelsäure benetzt wurden und das Gewicht dieser Röhre vor und nach dem Versuche bestimmt. Die Röhre kann eine Form, wie sie die nebenstehende Figur darstellt, haben und etwa 8 Z. lang und 4 L. weit sein. Die nähere Auseinandersetzung der indirecten Methoden, den Feuchtigkeitszustand der Luft zu bestimmen, gehört in das Gebiet der Physik.

409. Ammoniak. Dieser für die organische Welt so wichtige Körper fehlt in der Luft nie, wie man sich durch vielfache Versuche überzeugt hat. Die weisse Salzhaut, welche sich an den mit Säuren gefüllten und nicht gut verschlossenen Flaschen beim längeren ruhigen Stehen derselben findet, ist in der Regel immer ein Ammoniaksalz. Schwefelsaure Thonerde setzt bei längerer Berührung mit der Luft Ammoniakalaun ab. Thon, geglüht und mehrere Tage der Luft ausgesetzt, gibt bei abermahligem Erhitzen viel Ammoniak ab, was nicht der Fall ist, wenn er in verschlossenen Gefässen aufbewahrt wird. Regenwasser enthält immer kleine Mengen von Ammoniaksalzen.

S. h. Liebig's org. Chemie in ihrer Anwendung auf Agricultur,
6. Aufl. p. 55.

410. Materien organischen Ursprungs und Mias-
men. Mit diesem Namen hezeichnet man gewisse Kohlenstoff, Stickstoff, Wasserstoff, Sauerstoff, vielleicht auch Schwefel und Phosphor
hältige Substanzen, welche in der Luft verbreitet, derselben oft einen
unangenehmen Geruch ertheilen, sie aber immer für die Gesundheit
nachtheilig machen. Diese Substanzen entwickeln sich aus faulenden
Körpern vegetabilischen oder thierischen Ursprungs und es kann
keinem Zweifel unterliegen, dass sie sehr verschiedener Natur sind.
Es ist kaum mehr zulässig sich vorzustellen, dass diese Miasmen
durch ihre bestimmte Zusammensetzung als wirkliche Gifte wirken,
und noch viel weniger ist es mit dem erfahrungsmässig entwickelten und richtig aufgefassten Principien der Naturkunde verträg-
lich, dieselben als lebende Organismen zu betrachten; obwohl nicht
geläugnet werden kann, dass sich eben so gut Infusorien und Keime
derselben in der Luft befinden können, wie Staub und Pflanzen-
samen. Alle Thatsachen vereinigen sich vielmehr dahin, die Überzeugung festzustellen, dass alle Miasmen Substanzen organischen
Ursprunges sind, die sich, nach Liebig (l. c. 486), im Zustande
einer Veränderung befinden und daher in andern Körpern einen ähnlichen Zustand hervorzurufen im Stande sind. Von dem Vorhandensein
solcher kohlenstoffhaltiger Substanzen in der Luft sumpfiger und unge-
sunder Gegenden überzeugt man sich unter anderem, wenn man, nach
Boussingault, (Ann. de Ch. etc. 57, 149) zwei Glasschalen, von
denen die eine warmes Wasser enthält, die andere aber so weit abgekühlt wird, dass sie sich mit Thau beschlägt, eine Zeit lang einer
solchen Luft aussetzt. Gibt man dann in jede der Schalen einen
Tropfen Schwefelsäure und dampft bis zur Trockenheit ab, so findet
man die Säure der erkalteten Schale geschwärzt, während die der
anderen Schale klar bleibt, was zugleich beweiset, dass nicht etwa
in der Luft enthaltener Staub oder Insecten die Ursache hievon sein
können. Leitet man die Luft einer sumpfigen, ungesunden Gegend
zuerst durch eine Chlorcalciumröhre um sie zu trocknen und dann
durch eine leere oder mit Kupferdrehspänen gefüllte glühende Röhre,
so erhält man Wasser, dessen Menge in einem Versuche bis auf
0,0017 in 100 Th. Luft stieg. Dieses konnte nur von dem Wasserstoffe herrühren, welcher in dem Miasma an Kohlenstoff etc. gebunden enthalten war. Trocknet man die Luft durch Schwefelsäure,
so erhält man viel weniger Wasser, nämlich nur 0,0002 bis

0,0008 Th. in 100 Th., weil diese Substanz von der Schwefelsäure ebenfalls aufgenommen wurde. Der zur Bildung dieses Wassers dienende Wasserstoff war in diesem Falle entweder als solcher oder als Kohlenwasserstoffgas in der Luft vorhanden. Sammelt man das Wasser, welches sich an erkalteten Gefässen in ungesunden Gegenden, in Spitälern, an Orten wo Hanf oder Flachs geröstet werden, oder auch nur an solchen, wo viele Menschen längere Zeit beisammen sind, niederschlägt, so findet man, dass es zwar klar ist, aber nach einiger Zeit Flocken absetzt und bald fault. Mit salpetersaurem Silberoxyd versetzt, bleibt es im Dunkeln klar, im Lichte aber färbt es sich roth und klärt sich dann wieder unter Abscheidung eines schwarzen Niederschlages. Dieselbe Reaction zeigt auch die Luft in Treibhäusern, über blühenden Blumen etc. Aber sie kommt auch vielen andern Körpern organischen Ursprunges, wie z. B. den ätherischen Ölen, der Benzoësäure, der gerösteten Stärke, dem Aufguss von Buchenholzspänen etc. zu.

Gewinnung der Pottasche.

411. Es wurde bereits in (348) angeführt, dass die Pottasche das Rohproduct ist, aus welchem man das kohlensaure Kali erhält da die Hauptmasse derselben wirklich aus diesem Salze besteht. Auch wurde daselbst angedeutet, dass die Pflanzenwelt das Kali nebst mehreren anderen zur Erhaltung ihres Lebens unumgänglich nothwendigen Mineralsubstanzen aus dem Boden aufnimmt. In der Asche der Pflanzen finden sich alle diese Substanzen wieder, aber nicht mehr an dieselben Körper gebunden, mit denen sie in der lebenden Pflanze in Verbindung waren; sondern in dem Zustande, in welchem sie durch die bei der Einäscherung Statt gefundene Erhitzung und den Zutritt von Sauerstoff versetzt wurden. Die folgende aus Liebig's (Chemie in ihrer Anwendung auf Agricultur und Physiologie, 6. Auflage 1846) genommene Tabelle zeigt die Zusammensetzung einer Anzahl von Pflanzenaschen nach Untersuchungen, die erst in der neueren Zeit angestellt wurden und volles Zutrauen verdienen. Die in dieser Tabelle enthaltenen Zahlenresultate sind aber nicht bloss für die Gewinnung der Pottasche von Interesse, sondern erhalten eine noch höhere Bedeutung für die Theorie der Ernährung der Pflanzen.

Pflanzen oder Pflanzentheile.	Aschenprocente.	Kali.	Natron.	Magnesia.	Kalk.	Phosphorsäure.	Schwefelsäure.	Kieselerde.	Eisenoxyd.	Chlornatrium.	Chlorkalium.		Standort der Pflanze.
Weizen, Körner	—	25,90	0,44	6,27	1,92	60,39	—	3,37	1,33	—	—	—	Leipzig.
Weizen, Körner	—	6,43	27,79	12,98	3,91	46,14	0,27	0,42	0,50	—	—	—	Holland.
Weizen, Körner	—	24,17	10,34	13,57	3,01	45,53	—	1,91	0,52	—	—	—	Solz Kurhessen.
Weizen, Körner	—	30,12	—	16,26	3,00	48,30	1,01	1,31	—	—	—	—	Elsass.
Weisser Weizen, Körner	—	33,84	—	13,54	3,09	49,21	0,17	—	0,31	—	—	—	Giessen.
Rother Weizen, Körner	—	21,87	15,75	9,60	1,93	49,32	0,26	—	1,36	—	—	—	Giessen.
Gerste, Körner	—	3,91	16,79	10,05	3,36	40,63	—	21,99	1,93	—	—	—	Cleve.
Gerste, Körner	—	20,91	—	6,91	1,67	38,48	1,46	29,10	2,10	—	—	—	Leipzig.
Roggen, Körner	—	32,76	4,45	10,13	2,92	47,29	0,51	0,17	0,82	—	—	—	Giessen.
Roggen, Stroh	—	11,43	18,89	10,57	7,05	51,81	0,83	0,69	1,90	—	—	—	Cleve.
Hafer, Körner	—	17,19	—	2,41	9,06	3,82	1,0	64,50	1,36	—	0,26	—	Giessen.
Hafer, Stroh	—	12,3	—	7,7	3,7	14,9	2,15	53,3	1,3	0,57	—	—	Elsass.
Mais, Körner	6,5	12,18	13,01	4,58	7,29	1,94	—	54,25	1,41	—	1,0	—	Giessen.
Mais, Stroh	2,3		30,8	17,0	1,3	50,1	0,59	0,8	—	2,48	—	—	Elsass.
Hirse, Körner	—	14,46	39,92	1,84	5,35	11,76	8,68	18,89	0,90	—	—	—	Steiermark.
Buchweizen, Körner	—	4,00	10,57	9,58	9,68	18,76	0,35	29,36	0,61	—	—	—	Giessen.
Madia sativa	—	9,58	1,31	7,66	0,86	18,19	2,16	59,63	0,63	6,29	—	—	Cleve.
Hanfsamen	5,60	8,74	20,10	10,38	6,66	50,07	—	0,69	1,05	0,46	—	—	Giessen.
Leinsamen	4,63	9,53	11,24	15,42	7,74	54,99	0,10	—	1,08	1,43	—	—	Giessen.
Senf, weisser	4,15	21,67	0,66	1,00	26,71	34,96	0,99	14,04	0,77	—	—	—	Giessen.
Senf, schwarzer	4,31	25,85	0,71	0,22	25,98	40,11	5,29	0,92	3,67	0,09	—	—	Giessen?
Erbsen	—	9,80	9,18	11,00	20,81	36,60	6,79	3,29	1,43	1,55	—	—	Giessen.
Erbsen	—	12,01	4,63	13,64	16,47	35,46	4,91	2,63	1,06	0,33	—	—	Holland.
Erbsen	—	39,51	3,98	6,43	5,91	34,50	3,56	—	1,05	2,15	—	—	Kurhessen.
Erbsen	—	34,19	12,52	8,60	2,46	34,57	4,28	0,25	0,98	3,71	—	—	Elsass.
Erbsen	—	35,20	10,32	6,91	2,70	34,01	4,84	0,29	1,94	0,51	—	—	Holland.
Vicia Faba (Saubohne)	—	36,31	1,30	12,24	10,39	31,00	1,34	1,54	—	2,56	—	—	Elsass.
Vicia Faba (Saubohne)	—	20,82	17,40	8,87	7,26	37,94	1,66	2,46	1,03	1,87	—	—	Holland.
Vicia Faba (Saubohne)	—	46,20	—	8,98	5,33	35,67	—	0,51	—	2,45	1,49	—	Elsass.
Vicia Faba (Saubohne)	—	32,71	12,75	6,13	4,72	39,11	—	0,47	0,86	—	—	—	Giessen.

												Manganoxydoxydul	Fundort
Phaseolus vulg.	—	21,71	21,07	7,35	5,38	35,33	2,28	1,48	0,34	3,32	—	—	Kurhessen.
(Gemeine Bohne)	—	51,23	—	12,03	6,07	28,53	1,36	1,05	0,11	—	0,21	—	Elsass.
Linsen	3,29	38,89	11,41	9,03	5,90	31,34	2,47	0,44	1,61	0,54	—	—	Giessen.
Wicken	2,06	27,84	6,65	1,98	5,07	29,07	—	1,07	0,75	6,13	—	—	Giessen.
Heu	2,40	30,57	9,56	8,49	4,79	38,05	4,10	2,01	1,55	2,00	9,48	—	Giessen.
Blätter der weissen Rübe	8,66	30,09	15,60	4,08	9,12	18,03	3,79	24,17	2,23	5,70	—	—	Giessen.
Esparsette	11,40	9,71	2,10	Spur	7,30	15,79	3,02	26,00	—	20,46	—	—	Giessen.
Klee, rother	9,39	29,52	20,33	7,44	25,51	1,59	4,00	6,14	2,28	3,35	—	—	Vevay.
Reben	—	6,75	40,71	8,57	31,01	26,10	1,68	1,10	2,28	2,18	—	—	Giessen.
Reben	11,17	16,10	7,59	8,28	21,91	4,12	1,06	2,60	0,46	4,73	—	—	Steiermark.
Reben	2,52	34,13	7,00	6,55	30,28	16,35	2,66	1,45	0,16	0,83	—	—	Meissen.
Reben	2,25	24,93	1,33	8,79	35,94	19,65	2,35	0,68	0,24	0,58	—	—	Worms.
Reben	2,85	37,48	26,76	1,05	43,88	9,20	3,61	0,72	1,08	1,61	—	—	Weinsheim.
Reben	2,83	17,55	—	9,17	30,33	2,85	2,01	1,61	6,63	3,05	—	—	
Reben	2,69	35,31	2,14	7,48	40,87	17,94	2,88	—	2,49	0,87	—	—	
Asche von frischem Weinmost	—	57,12	3,01	7,04	6,73	—	13,58	0,14	0,49	—	2,40	—	Meissen.
Pyrus Cydonia Samen	—	27,09	0,45	13,01	7,69	42,02	2,67	0,75	1,19	2,57	—	—	Giessen.
Pyrus malus Holz	0,28	19,24	8,40	7,46	63,60	4,90	0,93	1,31	1,66	0,45	—	—	Giessen.
Cerasus avium Holz	—	20,78	14,53	9,19	28,69	7,73	3,29	2,06	0,07	Spur	—	—	Giessen.
Cerasus avium Rinde	10,37	7,46	3,56	5,10	41,95	3,26	0,80	19,98	0,20	0,62	—	—	
Citrus medica Samen	—	33,89	12,12	8,67	12,87	34,81	3,30	0,35	0,24	2,31	—	—	
Secale cornutum	0,36	38,97	11,07	4,58	1,43	13,24	0,02	9,13	0,24	3,36	—	—	Giessen.
Kaffeebohnen	3,19	42,11	—	9,01	3,58	11,24	—	2,95	2,00	1,67	—	—	Giessen.
Viscum album	—	40,71	2,04	11,06	22,37	19,74	1,62	1,87	0,55	1,17	—	—	
Fagus sylvatica Holz	—	11,80	9,50	8,42	47,25	2,29	1,01	1,09	1,46	0,16	—	—	Giessen.
Fagus sylvatica Samen	—	22,82	—	11,64	24,50	20,81	2,20	1,88	0,60	0,87	—	—	
Quercus Robur Holz	—	5,65	3,77	3,01	50,58	2,32	0,78	0,52	2,67	0,02	—	—	Giessen.
Quercus Robur Samen	—	64,64	—	5,57	6,86	19,19	—	0,96	0,38	0,98	—	—	
Ulmus campestris Holz	—	21,92	13,72	7,71	47,80	3,33	1,28	3,07	1,89	—	—	3,11	Giessen.
Ulmus campestris Rinde	—	2,22	10,09	3,19	72,70	1,59	0,62	8,77	1,17	—	—	—	Giessen.

Pflanzen oder Pflanzentheile	Aschenprocente	Kali	Natron	Magnesia	Kalk	Phosphorsäure	Schwefelsäure	Kieselerde	Eisenoxyd	Chlornatrium	Chlorkalium	Manganoxydul	Standort der Pflanze
Tilia europaea, Rinde	—	16,14	4,53	8,03	60,81	4,02	0,75	2,27	1,24	2,21	—	—	Giessen.
Holz	—	35,80	5,23	4,15	29,93	4,85	5,30	5,26	7,97	1,49	—	—	Giessen.
Pinus sylvestris Samen	—	22,37	1,26	15,09	1,86	45,95	—	10,44	3,01	—	—	Manganoxydul 18,17	Giessen.
Holz	0,143	2,79	15,99	19,76	31,74	1,59	1,93	3,04	3,51	1,48	—	—	Giessen.
Pinus Larix, Holz	—	15,24	7,27	24,50	26,97	1,93	1,79	3,60	4,25	0,92	—	Manganoxydul 13,51	Giessen.
Pinus Picea Samen	—	21,75	6,76	16,79	1,54	39,65	—	11,71	1,31	0,57	—	—	Giessen.
Pinus sylvestris Holz	—	7,17	6,26	9,19	31,50	3,07	2,42	5,72	2,23	0,81	—	—	Giessen.
Sapanholz	0,85	0,83	3,29	2,97	77,32	3,49	2,56	0,39	1,36	—	6,63	—	—
Krappwurzel	8,25	20,39	7,37	2,60	24,00	3,65	2,56	1,14	0,82	5,41	—	—	Elsass.
Krappwurzel	8,42	15,50	—	2,50	19,84	3,13	1,45	3,63	2,28	11,67	4,06	—	Seeland.
Tabak	—	2,73	20,57	2,53	13,01	13,44	2,28	13,10	2,13	10,04	—	—	Debreczin.
Tabak	—	29,08	2,26	7,22	30,35	2,74	3,75	—	6,04	0,91	—	—	Banat.
Tabak	—	30,67	—	8,57	27,12	1,88	3,27	—	4,15	5,95	—	—	—
Tabak	—	27,88	—	7,31	33,84	1,99	3,75	—	4,40	9,34	—	—	—
Tabak	—	18,20	—	15,73	32,06	2,12	5,91	—	4,68	11,41	4,90	—	—
Tabak	—	8,20	0,27	13,93	46,08	1,90	4,65	—	4,17	3,22	3,92	—	—
Tabak	—	19,55	—	11,07	48,68	3,66	3,29	—	2,99	3,54	8,53	—	—
Tabak	—	9,68	—	14,58	52,06	1,62	3,90	—	3,57	4,61	4,44	—	Fünfkirchen.
Tabak	—	9,36	—	15,59	52,00	2,10	3,58	—	4,62	3,20	3,27	—	—
Tabak	—	10,37	—	15,04	43,45	2,36	5,50	—	5,20	6,39	2,99	—	—
Tabak	—	11,21	—	12,77	49,16	1,97	2,98	—	4,33	2,58	2,97	—	—

Pflanze	Fundort											Jod-natrium	Manganoxyd
Hopfen { ganze Pflanze	England	9,87	25,18	—	5,77	15,98	12,13	5,41	21,50	5,12	7,24	1,67	—
Hopfen { Blätter		13,6	14,95	0,39	2,39	49,67	3,52	2,04	12,14	2,41	9,49	—	—
Hopfen { Stengel und Ranken		3,74	24,35	—	4,10	38,73	6,92	3,44	6,07	0,28	6,47	9,64	—
Spargeln	Giessen	—	19,64	—	3,24	13,16	10,03	5,72	9,99	4,22	4,26	1,33	—
Hanf ganze Pflanze { Blätter	England	22,00	5,45	0,72	4,88	42,05	3,22	1,10	6,75	—	—	3,22	—
Hanf ganze Pflanze { Stengel		4,54	0,57	9,82	7,79	12,33	10,84	2,65	21,35	—	—	5,07	—
Flachs, ganze Pflanze		5,00	23,73	1,03	3,65	9,13	3,75	6,64	45,78	—	—	5,68	—
Saccharum officinarum	Trinidad	—	10,64	2,26	9,86	13,17	7,97	10,92	42,81	—	—	2,14	—
Saccharum officinarum		—	13,21	4,79	4,41	8,73	8,16	4,56	45,50	—	—	18,64	—
Saccharum officinarum		—	14,11	1,16	6,84	8,96	4,53	10,80	40,85	—	—	11,51	—
Saccharum officinarum		—	8,69	2,62	15,53	5,75	8,12	7,48	46,24	—	—	5,03	—
Saccharum officinarum		—	10,48	3,37	12,94	5,07	6,53	6,37	49,74	—	—	4,97	—
Saccharum officinarum	Demarara	—	11,03	5,43	11,78	4,45	4,84	7,67	44,68	—	—	9,14	—
Saccharum officinarum	Insel Granada	—	20,42	8,24	3,80	2,26	7,12	7,70	17,04	—	—	30,18	—
Saccharum officinarum	Jamaica Trelawney	—	24,48	4,02	5,36	5,74	6,06	5,94	25,78	—	—	20,43	—
Saccharum officinarum	Jamaica St. James	—	6,85	2,85	5,61	10,59	13,28	3,30	51,93	—	—	5,05	—
Saccharum officinarum	Jamaica St. James junge Pfl.	—	15,64	1,16	5,51	11,40	2,85	5,25	47,79	—	—	18,43	—
Saccharum officinarum		—	8,00	2,08	5,27	14,27	7,96	1,91	54,22	—	—	5,68	—
Fucus { digitatus		20,40	20,86	7,65	6,86	10,94	2,36	12,23	1,44	0,57	26,18	—	3,34
Fucus { vesiculosus		16,39	13,01	9,54	6,12	8,36	1,16	24,06	1,15	0,28	21,45	—	0,32
Fucus { nodosus		16,19	9,13	14,33	9,91	11,60	1,38	24,20	1,09	0,26	18,28	—	0,49
Fucus { serratus		15,63	3,98	18,67	10,29	14,41	3,89	18,59	0,38	0,30	16,56	—	1,18
Laminaria latifolia	Hofmannsgave. Helgoland.	13,62	—	—	0,78	1,61	0,81	1,45	0,08	—	2,24	4,24	—
Laminaria digitata		—	4,24	0,13	—	2,50	0,79	5,05	0,11	—	7,90	—	—
Ekłonia buccinalis	Cap der guten Hoffnung.	14,27	2,67	0,94	0,73	3,11	0,43	1,89	0,48	—	2,15	—	—
Padina pavonia	West-Indien.	34,75	—	—	—	25,29	3,93	4,46	—	—	—	—	—
Durvilaea utilis	Chili.	—	2,46	1,30	0,17	2,87	0,55	4,04	—	—	6,8	—	8,19 ?

Pflanzen oder Pflanzentheile	Standort der Pflanze.	Aschenprocente.	Kali.	Natron.	Magnesia.	Kalk.	Phosphorsäure.	Schwefelsäure.	Kieselerde.	Eisenoxyd.	Chlor-natrium.	Chlor-kalium.	Manganoxyd
Fucus vesiculosus	Taarbeck. Dänemark.	—	0,98	0,80	1,19	2,82	0,58	2,86	1,20	—	0,38	—	—
Fucus vesiculosus	Grönland.	16,22	2,64	2,64	1,10	1,16	0,82	2,06	—	—	3,81	—	—
Halidrys siliquosa	Hoffmansgave.	15,65	—	—	—	—	—	3,44	—	—	4,70	—	—
Sargassum vulgare	Campeche-Bay.	22,58	5,00	1,02	1,09	4,39	0,45	3,61	—	—	7,09	—	—
Sargassum cocciferum	Atlant. Ocean.	11,62	0,09	0,81	0,68	5,69	0,38	2,22	0,19	—	—	—	0,04
Furcellaria fastigiata	Kattegat.	18,92	3,83	4,44	1,98	1,40	0,39	5,85	—	—	—	—	—
Chondrus crispus	Kattegat.	20,61	3,57	3,86	2,34	1,48	0,08	8,50	—	—	—	—	—
Chondrus plicatus	Hoffmansgave.	11,23	0,76	0,91	0,70	1,38	0,44	1,64	—	—	1,98	—	—
Iridaea edulis	kattegat.	9,86	1,19	0,78	—	1,05	0,65	1,28	—	—	0,08	—	—
Polysiphonia elongata	Hoffmansgave.	17,10	3,43	0,52	2,32	0,69	0,26	4,63	—	—	—	—	—
Delesseria sanguinea	Kattegat.	7,32	1,73	2,69	0,75	0,51	0,27	5,13	0,48	—	2,22	—	—
Datura Stramon. Samen.		13,17	20,22	14,24	17,56	4,11	34,72	—	5,21	3,94	—	—	—
Conium maculat.	Giessen.	12,80	21,69	9,64	8,39	24,96	10,31	3,43	2,62	2,40	16,61	—	—
Digitalis purp.		10,89	43,53	3,70	6,53	15,65	1,68	3,91	12,78	3,19	9,03	—	—
Chelidonium m.		6,85	33,11	—	5,06	23,37	15,70	2,25	1,41	1,21	—	3,40	—
Agrostemma Gith.		13,20	22,86	—	6,14	29,27	7,24	2,39	2,39	1,21	—	7,55	—
Centaurea Cyanus	Giessen.	7,32	36,54	—	4,56	15,49	7,32	2,69	3,29	1,61	—	11,88	—
Anthemis arvensis		9,66	30,58	—	3,67	16,01	11,43	4,60	6,80	3,28	—	7,15	—
Matricaria		9,69	32,39	—	4,79	16,42	8,55	4,34	1,53	1,65	—	14,26	—
Chamomilla	Giessen.	8,51	25,49	—	4,94	19,10	5,86	4,99	1,65	1,65	—	18,49	—
Acorus Calamus		6,90	32,93	24,63	7,70	11,48	13,20	5,06	2,39	1,91	2,84	14,66	—
Spinacea oleracea	Giessen.	20	23,43	—	7,47	10,64	8,56	4,44	5,88	2,10	12,81	—	—
Lolium perenne	Giessen.	8,66	30,09	15,60	4,08	9,12	12,03	23,79	24,17	1,55	5,79	9,39	—
Lolium perenne	a. d. St.	11,40	9,71	—	—	7,30	15,79	3,02	26,00	2,23	20,46	—	—
Scirpus lacustris	a. d. Lahn.	—	15,29	—	2,57	7,31	9,46	4,50	28,09	1,17	27,35	3,96	—

Aus dieser Tabelle sieht man, dass unter den gewöhnlichen normalen Umständen nur wenige Mineralsubstanzen in den Körper der Pflanzen übergehen. Diese sind Kali, Natron, Kalkerde, Bittererde, Eisenoxyd, Manganoxydul, Chlor, Brom, Jod, Kohlenstoff, Schwefel, Phosphor. Eine bemerkenswerthe Thatsache ist, dass die Thonerde durchgehends unter den Aschenbestandtheilen fehlt. Fluor ist nur in einem Falle, nämlich in einer Gerste aus der französischen Schweiz, nachgewiesen worden. Wir bemerken ferner, dass selbst bei derselben Pflanzenart, wenn sie von verschiedenen Standorten herstammt, bedeutende Verschiedenheiten in den Mengen und in der Natur der Aschenbestandtheile vorkommen. Bei einer genaueren Betrachtung der gefundenen Mengen zeigt es sich aber, dass die in der Asche als kohlensaure Salze vorkommenden Basen, welche in der lebenden Pflanze an organische Säuren gebunden waren, sich nach ihren Äquivalenten ersetzen, woraus dann nothwendig nach den Gesetzen der Äquivalente folgt, dass die Sauerstoffmenge der in der Asche an die Kohlensäure gebundenen Basen in einer bestimmten Pflanzenart immer dieselbe ist; ein überaus merkwürdiges Gesetz, dessen Entdeckung die Wissenschaft ebenfalls Liebig verdankt (l. c. 86). Im Allgemeinen zeigt sich, dass die krautartigen Pflanzen mehr Asche liefern als die Sträuche und diese mehr als die baumartigen. In den Pflanzen selbst findet übrigens eine bedeutende Verschiedenheit, sowohl in der Menge als in der Zusammensetzung der Asche Statt, und auch diese Verhältnisse ändern sich wieder nach den verschiedenen Entwickelungs-Perioden derselben. Bei den Bäumen ist die Rinde weit reicher an Asche als das Holz, in gleichen Mengen von Holzasche und Rindenasche sind aber sehr beträchtlich verschiedene Mengen von kohlensaurem Kali oder Natron enthalten. Erstere ist daran weit reicher als letztere, während in dieser die Kieselerde, Kalkerde und Phosphorsäure vorwaltet. Wird die Pflanzenasche mit Wasser behandelt, so löst sich ein Theil derselben, während ein anderer unlöslich zurückbleibt. Ersterer enthält alles Kali und Natron, und zwar grösstentheils an Kohlensäure, dann aber auch an Schwefelsäure und Kieselsäure gebunden und einen Theil davon als Chlorkalium und Chlornatrium. Die folgende Zusammenstellung zeigt, wie viel lösliche Bestandtheile in 100 Th. der verschiedenen Aschen enthalten sind.

In Wasser lösliche Bestandtheile		Kali.	Natron.
Weissbuchenholz	19,22		
Weissbuchenkohle	18,00	9,21	2,14

In Wasser lösliche Bestandtheile		Kali.	Natron.
Rothbuchenkohle . .	16,30	10,45	
Eichenholz	12,00	8,11	
Eichenkohle	15,50	9,43	
Eichenrinde . . .	6,25	4,33	
Lindenholz	10,8	6,55	
Birkenholz	16,0		
Erlenholz	18,8	12,72	
Tannenholz	15,7	16,80	
Tannenkohle	50,0	15,32	22,55
Fichtenholz	13,6	4,41	3,53
Maulbeerholz	25,0	13,16	2,91
Nussbaumholz . . .	15,4	11,27	
Hollunderholz . . .	31,5	21,54	
Weizenstroh	10,1	5,05	
Kartoffelstroh	4,2	2,47	
Farrenkraut	29,0	19,84	
Buchenholz	27,77	11,72 kohls.	12,87 kohls.
Buchenrinde	3,02		
Fichtennadeln. . . .	12,70		12,72
Bohnenstroh	32,91	13,32	16,06
Erbsenstroh	27,82	4,16	8,27
Kartoffelstroh	6,97		

412. Die Gewinnung der Pottasche zerfällt in 3 Hauptoperationen, nämlich in das Auslaugen der Asche, das Versieden der Rohlauge und endlich in das Calciniren der rohen Pottasche.

a. Das Auslaugen. Dieses geschieht nach den allgemeinen Grundsätzen, welche für diese Operation gelten, sie mag sich auf was immer für Substanzen beziehen. Es dienen dazu am besten Bottiche, die man aus grossen Tonnen verfertigen kann, welche durch den Spund in zwei Hälften getheilt werden. Einige Zolle über dem eigentlichen Boden wird ein zweiter durchlöcherter eingelegt, der auf einem Kreuze ruht und mit einer Schichte Stroh bedeckt ist. Um die Luft austreten zu lassen, ist zwischen beiden Böden eine verticale Röhre eingesetzt und die Lauge fliesst bei einer durch einen Zapfen verschliessbaren Öffnung ab. Die so vorgerichteten Auslaugbottiche, die Äscher, werden in zwei Reihen aufgestellt, von denen die hintere auf einem Gerüste, die vordere auf Lagerhölzern ruht, eine dritte Reihe, die Sümpfe, ist fast gänzlich in die Erde eingelassen und dient zur Aufnahme der Rohlauge. Die Äscher werden zuerst mit der abgesiebten und gut angefeuchteten Asche gleichförmig gefüllt und dann wird frisches Wasser auf den ersten Äscher der obersten Reihe gegossen. Enthält die abfliessende Rohlauge 20 — 25 Pct. Salzgehalt, so ist sie siedewürdig und kommt sogleich auf die Pfanne, derselbe Äscher erhält aber zum zweiten Mahle Wasser und die davon abfliessende, weit schwächere Lauge kommt nun auf den ersten Äscher der zweiten Reihe, von welcher sie nun siedewürdig abfliesst. Das zweite Wasser, welches durch diese beiden ersten Äscher gegangen ist, kommt nun auf den zweiten Äscher der obersten Reihe, der frische Asche enthält und fliesst siedewürdig ab u. s. f., so dass der letzte Äscher, welcher einen neuen Aufguss bekommt, immer ein frischer ist. Um das für manche technische Zwecke nützliche schwefelsaure Kali, welches im kalten Wasser schwer löslich ist, nicht zu verlieren, laugt man zuletzt, wo es sich lohnt, mit heissem Wasser aus. Die ausgelaugte Asche kann mit Vortheil zum Düngen verwendet werden.

b. Das Abdampfen wird in eisernen Pfannen vorgenommen, die wie die Salzpfannen eingerichtet sind. Man dampft zuerst rasch und unter stetem Zuflusse von frischer Lauge ab, bis eine Probe auf einem kalten Körper fast ganz erstarrt. Die Lauge, welche dann gahr heisst, hat eine braune Farbe und ist syrupartig. Man lässt nun keine neue Lauge mehr nachfliessen, sondern dampft unter immerwährendem Umrühren, um das Anbrennen an dem Boden zu verhindern, bis zur Trockenheit ab. Hat man eine an schwefelsaurem Kali reiche Pottasche, so ist es vortheilhaft, dieses beim Abdampfen herauszurücken und für sich in den Handel zu bringen. Die trockene schwarze Masse, welche Fluss oder rohe Pottasche genannt wird, enthält 6 — 10 Pct. Wasser und zum Theil verkohlte Stoffe organischen Ursprunges. Um sie hievon zu befreien, wird sie

c. calcinirt. Dieses geschieht in einem besonderen Ofen, dessen Einrichtung aus der nebenstehenden Zeichnung ersichtlich ist. a a sind die Roste, b b die Aschenfälle, t t die beiden Feuerbrücken, welche meistens aus Eisenplatten verfertigt werden und zwischen welchen der 3 — 4 Fuss breite Arbeitsraum liegt. Das Gewölbe ist nicht wesentlich. Der Ofen wird zuerst ausgeheizt, dann die rohe Pottasche eingelegt und nach und nach bis zum Glühen erhitzt, was so lange fortgesetzt wird, bis sie in eine weisse, bald etwas gelbliche oder bläuliche, zum Theil poröse Masse verwandelt ist, wobei man ein Schmelzen derselben zu hindern hat. Nachdem diese fast erkaltet

ist, wird sie rasch in dichte Fässer verpackt. Die rohe Pottasche verliert beim Calciniren 15—20 Pct.

Bereitung und Gewinnung der Soda.

413. Der Verbrauch an Soda ist bei der höheren Entwickelung
der chemischen Industrie seit einem halben Jahrhunderte so bedeutend
gestiegen, dass weder die in der Natur sich findende rohe Soda
(349), noch die aus der Asche von Seepflanzen gewonnene zur
Deckung desselben hinreichen, ja dass sie sogar kaum mehr in Betrachtung kommen gegen die Menge der Soda, welche gegenwärtig
mittelst des Kochsalzes gewonnen wird. Das hiezu geeignete Verfahren, welches jetzt noch allgemein befolgt wird, wurde im Jahre
1794 von Leblanc erfunden und bald darauf in Frankreich im
Grossen ausgeübt. Dasselbe zerfällt in drei verschiedene Operationen,
nämlich die Umwandlung des Kochsalzes in schwefelsaures Natron,
die Überführung des letzteren in kohlensaures Natron und endlich die
zur Reinigung des erhaltenen Rohproductes dienende Auslaugung
und Abdampfung.

a. Erzeugung von schwefelsaurem Natron. Diese
geschieht im Grossen, und zwar entweder wie in (203) angegeben
wurde, bei der Bereitung der Salzsäure, wenn diese eine entsprechende Verwerthung findet, oder in besonderen Flammöfen, wo
man die Salzsäure nicht weiter zu benützen beabsichtiget. Einen
solchen Flammofen stellt die Figur im Durchschnitte dar. d ist der
Aschenfall, rr der Rost, C der Feuerraum, a ist die Feuerbrücke,
welche den Fuchs bildet und hinter welcher sich der erste Arbeits-

raum B befindet, aus welchem die Flamme durch mehrere Öffnungen b b in den zweiten Arbeitsraum A tritt. Aus diesem gelangt sie nebst den übrigen Gasen in den Schornstein. Die Arbeit beginnt in dem Arbeitsraum A, welcher mit Bleiplatten gefüttert und bei b sowohl in der vorderen als hinteren Wand mit Arbeitsöffnungen versehen ist. Man legt bis 8 Ct. Kochsalz ein und lässt durch den Trichter o Schwefelsäure zufliessen, wozu man, um die bedeutenden Concentrationskosten zu ersparen, die Säure, wie sie von den Bleikammern abfliesst, anwendet, wesswegen sich auch eine solche Fabrik die nötbige Schwefelsäure immer selbst erzeugen muss. Wenn die anfangs ziemlich tumultuarische Gasentwickelung vorüber ist, wird unter stetem Umrühren die Masse noch so lange erhitzt, bis sie ruhig fliesst und beim Erkalten ganz erstarrt. Sie wird nun entweder herausgekrückt oder durch eine in der Mitte des Arbeitsraumes befindliche, während der Operation mit einer Bleiplatte bedeckte Öffnung in den unter demselben befindlichen Raum entleert. Von da bringt man die Masse in den heissen Theil des Ofens, der mit B bezeichnet ist, und erhitzt sie bis zur vollständigen Vertreibung der Salzsäure und des Wassers. Man nimmt gewöhnlich auf 100 Th. Kochsalz statt 137 Th. Kammersäure ebenfalls 100 Th. und erhält im Mittel 116 Th. Glaubersalz. Dort wo die Salzsäure nicht verwerthet werden kann, ist es nothwendig, sie aus dem Bereiche der nächsten Umgebung zu schaffen, indem sie die Atmosphäre verdirbt und die Pflanzenwelt tödtet. Man sucht dieselbe daher mit gutem Erfolge in die höheren Luftregionen zu bringen, wo sie durch die daselbst stets herrschenden Winde mehr vertheilt und weggeführt wird. In der Fabrik von Muspratt zwischen Liverpool und Manchester hat der

zum Abführen sämmtlicher Gase dienende konische Schornstein die
namhafte Höhe von 495 fr. Fuss (82 Klft.); der untere Durchmesser
desselben beträgt 30,5, der obere 11 F. Verbindet man die Sodafabri-
kation mit der des Bleichkalkes (Chlorkalk), was unstreitig am vortheilhaftesten ist, so wird das Kochsalz zuerst mit Braunstein gemischt und
zur Chlorbereitung benützt. Das hiebei gebildete Glaubersalz, welches mit schwefelsaurem Manganoxydul und etwas überschüssiger
Schwefelsäure gemengt ist, wird in einem besonderen Flammofen
mit etwas Kochsalz zuerst gelinde erhitzt, um diesen Überschuss
von Säure noch zur Bildung von Glaubersalz zu benützen, und dann
bei Luftzutritt stark geglüht, um das schwefelsaure Manganoxydul zu
zersetzen. Das Glaubersalz wird nachher durch Auslaugen der Masse
gewonnen und das unlösliche Manganoxydul, dem auch Eisenoxyd
beigemengt ist, als weiter nicht brauchbar, entfernt.

b. Bildung des kohlensauren Natrons. Die Umwand-
lung des schwefelsauren Natrons in kohlensaures geschieht durch
Schmelzen desselben mit kohlensaurem Kalk und Kohle. Durch die
Einwirkung der Kohle auf das schwefelsaure Natron, welche zuerst
Statt findet, wird Schwefelnatrium gebildet, welches sich dann auf
Kosten des Kalkes oxydirt und mit der Kohlensäure desselben verbindet. $NaO, SO_3 + 4C = NaS + 4CO$ und $NaS + CaO, CO_2 =$
$NaO, CO_2 + CaS$. Nähme man aber die Quantitäten der Stoffe, so wie
dieses Schema verlangt, so wäre man nicht im Stande, das Schwefelcalcium vom kohlensauren Natron zu trennen, weil beide im Wasser löslich sind und sich dann wieder zurück in kohlensauren Kalk
und schwefelsaures Natron zerlegen. Glücklicherweise besitzt das
Schwefelcalcium CaS die Fähigkeit, sich mit Calciumoxyd CaO zu
einem in Wasser unlöslichen Oxysulfide zu verbinden, welches sehr
wahrscheinlich die Zusammensetzung $2CaS, CaO$ hat, setzt man daher
noch $^1/_2$ Äq. kohlensaure Kalkerde der Masse hinzu, so tritt dieses
mit dem Schwefelcalcium in Verbindung und das kohlensaure Natron
kann durch Auslaugen der geschmolzenen Masse gewonnen werden.
Man wendet gewöhnlich auf 100 Th. Glaubersalz 55 Th. Kohle
und 100—120 Th. kohlensauren Kalk an, Zahlen, welche so nahe
als in derlei Fällen zu erwarten ist, mit dem obigen Schema übereinstimmen, nach welchem auf 2 Äq. Glaubersalz 8 Äq. Kohle und
3 Äq. kohlensaurer Kalk kommen. Indess erhält man immer weniger
als 2 Äq. kohlensaures Natron, da 100 Th. Glaubersalz gewöhnlich
nicht mehr als 153—168 rohe Soda geben, worin 50—55 Th.
oder 32—33 Pct. des angewandten Glaubersalzes an wasserfreiem,

kohlensaurem Natron enthalten sind, während man 75 oder
74,16 Pct. erhalten sollte. Von der Kohle nimmt man bedeutend
mehr als die Rechnung fordert, weil die Steinkohle, deren man
sich meistens bedient, ausser den Bestandtheilen der Asche auch
noch andere Stoffe enthält und ein Überschuss von Kohle überhaupt
nicht schadet. Zur Ausführung dieses Processes wendet man Flammöfen mit doppeltem Arbeits-
raume A und B an: Zuerst
bringt man die zu einem gröb-
lichen Pulver gemahlene, ge-
siebte und gleichförmig gemengte Masse in den höher
liegenden Raum B, woselbst

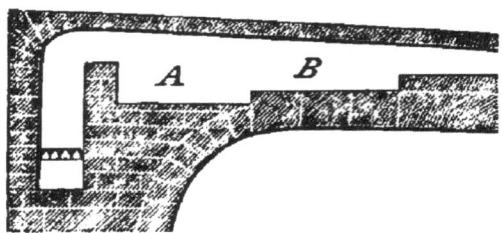

man sie gehörig ausbreitet, während welcher Operation der Zug
vermindert wird. Ist die Masse gehörig ausgebreitet, so schliesst
man die Thüren und stellt den Zug wieder her. Man lässt die Hitze
so lange einwirken, bis die Masse sich erweicht und zu ballen
beginnt. Nun wird sie mit eisernen Krücken auf den vorderen
Arbeitsraum A gezogen und so lange durchgearbeitet, bis sie ganz
breiartig erscheint. Es beginnt nun eine lebhafte Entwickelung von
Kohlenoxydgas, nebst anderen durch die Zersetzung der Steinkohlen
gebildeten Gasen, so dass die schmelzende Masse sich wie im Kochen
befindet. Zuletzt hört die Gasentwickelung gänzlich auf, die Masse
fliesst ruhig und kann nun in Blechkästen gefüllt werden, in welchen man sie erkalten lässt. Die so erhaltene r o h e S o d a muss anfangs nothwendig Natriumoxyd enthalten, da ein Theil des Kalkes
schon ehe der Umsatz des Sauerstoffes und des Schwefels beginnt,
seine Kohlensäure verloren hat. Dieses zieht aber während des Processes, wenigstens theilweise, aus der in dem Ofen befindlichen Luft
wieder Kohlensäure an. Nebstdem sind in der rohen Soda noch
schwefel-, schweflig- und unterschwefligsaures Natron, Schwefelcalcium, Kochsalz und Kalk enthalten. Zu gewissen Zwecken, wie z. B.
zur Seifenfabrication, verwendet man unmittelbar die rohe Soda. In
diesem Falle erzeugt man eine Soda mit einem etwas grösseren
Kochsalzgehalte als gewöhnlich, indem man dazu ein Glaubersalz
wählt, in welchem davon 10—12 Pct. enthalten sind. Eine solche
Soda hat die Eigenschaft, an der Luft leicht zu verwittern und
braucht daher nicht besonders gepulvert zu werden.

c. Das Auslaugen der rohen Soda geschieht nach den
für diese Operation allgemein geltenden Principien, nur ist es noth-

wendig das rohe Product zuerst gewissermassen aufzuschliessen. Dieses geschieht am besten, wenn man es mässig erhitzt und dann mit Wasser besprengt. Es bläht sich hiebei nach und nach auf und zerfällt zu einem Pulver, welches weiter mit Wasser behandelt wird. Man hat hiebei zu sorgen, dass man nie eine andere als eine ganz concentrirte Lauge zum Versieden bekommt, was man dadurch erhält, dass man dieselbe Lauge bis zur Erreichung dieses Zustandes immer mit neuer Soda in Berührung bringt. Zur bequemen Ausführung dieser Operation bedient man sich prismatischer eiserner Gefässe

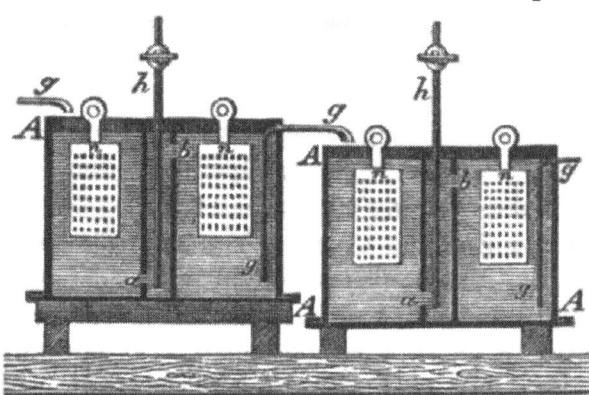

A, A..., welche durch eingesetzte Doppelwände in zwei Theile getheilt sind. Diese Wände sind bei a und b mit Öffnungen versehen, durch welche allein die Communication hergestellt ist, in jede dieser Abtheilungen werden zwei Kästen n n von Eisenblech mit durchlöcherten Wänden gehangen, welche die rohe Soda enthalten. Die Auslaugegefässe A, A... selbst, deren 10—12 vorhanden sein müssen, sind treppenförmig aufgestellt, so dass die Flüssigkeit aus dem einen in das andere durch die Röhren g g, deren horizontaler Theil jedoch etwas tiefer liegen muss, als dies in der Zeichnung der Fall ist, fliessen kann. Bei den Röhren h h strömt so viel Dampf ein, als nothwendig ist, die Temperatur der Lauge auf 40° zu erhalten. Durch die Stellung der Blechkästen in dem oberen Theile der Flüssigkeit erreicht man den grossen Vortheil, die Zeit, in welcher die Lösung erfolgt, ungemein abzukürzen; indem die Wassertheilchen, welche kohlensaures Natron aufgenommen haben, ihrer grösseren Dichte wegen, sogleich zu Boden sinken und neuen noch nicht mit dem Salze imprägnirten Theilchen Platz machen, ein Kunstgriff, den man auch im Kleinen bei Verfertigung der Salzlösungen mit Vortheil anwendet. Nur das unterste Auslauggefäss wird mit frischer Soda beschickt, während das frische Wasser in den obersten Kasten eintritt. Da man nun die Kästen n n aus den unteren Gefässen nach und nach in die höheren bringt, so kommt die an kohlensaurem Natron ärmere rohe Soda immer mit weniger gesättigter Lauge in Berührung, die um so eher im Stande ist, derselben ihren Salzgehalt zu entziehen.

Bei der Einwirkung des Wassers auf die rohe Soda gehen in derselben aber auch noch chemische Verbindungen vor sich. Der geringe Antheil des Schwefelcalciums zerfällt nämlich in Kalkhydrat CaO,HO und Hydrothion. Ersteres wirkt auf einen Theil des kohlensauren Natrons und gibt damit Ätznatron und kohlensaure Kalkerde; letzteres, das Hydrothion nämlich, gibt zur Bildung von Hydrothion-Schwefelcalcium Veranlassung, welches wieder mit dem kohlensauren Natron in Hydrothion-Schwefelnatrium übergeht.

d. Das Abdampfen der Lauge geschieht in flachen Bleipfannen, wie sie zur Concentration der Schwefelsäure dienen. Beabsichtigt man hiebei keine weitere Reinigung der Soda, so dampft man dieselbe zuletzt in eisernen Pfannen ohne weiteres zur Trockenheit ein, wodurch man das im Handel vorkommende Sodasalz, welches fast wasserfreies kohlensaures Natron ist, erhält.

Will man ein reines Product erzeugen, so verfährt man wie beim Soggen des Kochsalzes, indem bei einem gewissen Concentrationsgrade desselben sich kleine Krystalle abzuscheiden beginnen, welche $NaOCO_2,HO$ sind. Diese werden herausgeschöpft, zum Abtropfen auf eine schiefe Fläche gestellt und entweder getrocknet oder abermahls gelöst. Die bei der Siedhitze concentrirte Lauge lässt man erkalten, wobei besonders im Winter grosse schöne Krystalle von kohlensaurem Natron, sogenannte krystallisirte Soda anschiessen, die 10 Äq., also nahe 63 Pct. Wasser enthalten.

Aus der Asche der See- und Strand-Pflanzen wird die Soda ganz auf dieselbe Art wie die Pottasche aus der der Landpflanzen gewonnen. Der Seetang wird ans Land gezogen, getrocknet und in Gruben von 3—4 F. Tiefe eingeäschert. Die spanische Barilla wird durch Einäschern der Salsola-Soda erhalten, welche jährlich am Strande ordentlich durch Aussäen gebaut wird und 23—30 Pct. kohlensaures Natron enthält. Der Salicor, welcher 14—15 Pct. kohlensaures Natron enthält, wird auf gleiche Weise aus Salicornia annua an der französischen Küste des Mittelmeeres gewonnen. Blanquette heisst eine Sodaasche, welche 3—8 Pct. kohlensaures Natron enthält und durch Einäschern der Strandpflanzen in der Gegend von Frontignan erhalten wird. Von Varec und Kelp ist bereits in (233) die Rede gewesen.

Prüfung der Pottasche auf ihren Werth.

414. Wenn man die auf S. 544 angegebene Tabelle der Zusammensetzung der verschiedenen Aschen und das Verfahren der Pottaschen-Gewinnung in Betrachtung zieht, so sieht man, dass die Pottasche ein mit vielen fremdartigen Stoffen verunreinigtes kohlensaures Kali sein muss. Wirklich lösen sich die im Handel vorkommenden Pottaschen nicht vollständig in Wasser auf. Die im Wasser löslichen Bestandtheile derselben, welche in keiner Sorte fehlen, sind: kohlensaures, schwefelsaures und kieselsaures Kali; in einigen Pottaschensorten kommt überdies kohlensaures Natron, phosphorsaures, mangansaures, doppeltkohlensaures, ätzendes Kali und Schwefelkalium nebst einer organischen färbenden Substanz vor. Die im Wasser nicht löslichen Stoffe sind: Kieselerde, welche in keiner Pottasche fehlt, kieselsaurer, phosphorsaurer und kohlensaurer Kalk, phosphorsaure und kohlensaure Bittererde, Eisenoxyd, Manganoxydul, Thonerde, Sand und Kohle. In den bei weitem meisten Fällen ist in der Pottasche aber nur das kohlensaure Kali der Bestandtheil, dessen man bedarf, von dessen Menge also der Werth derselben abhängt. Man war daher, seitdem die chemischen Gewerbe auf eine rationelle Basis zurückgeführt wurden, bedacht, eine Methode auszumitteln, durch welche man diesen Gehalt an reinem kohlensauren Kali mit einer für den technischen Zweck hinreichenden Genauigkeit auf eine leicht und rasch ausführbare Weise bestimmen könne. Es bieten sich hiezu zwei Wege dar, nämlich, entweder die Säuremenge zu bestimmen, welche nothwendig ist, um das kohlensaure Kali zu neutralisiren, oder die Kohlensäuremenge auszumitteln, welche durch Zusatz einer stärkeren Säure aus der Pottasche ausgetrieben werden kann. Es ist einleuchtend, dass beide Methoden nur dann Anwendung finden, wenn ausser dem kohlensauren Kali keine anderen kohlensauren Salze in der Pottasche enthalten sind, unter welcher Voraussetzung dieselben zuerst betrachtet werden sollen. Die erstere ist die ältere, sie wurde von Decroizilles und später von Gay-Lussac ausgebildet. Die zweite ist erst in neuerer Zeit von Will und Fresenius angegeben worden [*]).

a. **Älteres Verfahren.** Bei demselben kommt es zuerst darauf an, sich eine geeignete Probesäure zu verschaffen. Diese erhält man durch Vermischen von 100 Grammen reiner Schwefelsäure, welche bei 15° eine Dichte von 1,8427 haben muss, also das zweite Hydrat derselben HO,SO_3 ist, mit 1000 Grammen $= 1000$ Cub. Cent. $= 1$ Liter reinem Wasser. Statt diese Quantität zu wägen, kann man auch in einem Kolben mit engem Halse oder in einer Pipette 54,268 CC $= 100$ Grm. Säure mit 1 Liter Wasser unter

*) Neue Verfahrungsweisen zur Prüfung der Pottasche und Soda der Aschen, der Säuren, insbesondere des Essigs und Braunsteins auf ihren Handelswerth von Dr. R. Fresenius und Dr. H. Will etc. Heidelberg 1843.

der nöthigen Vorsicht vermischen. 50 Cub. C. dieser Säure reichen gerade hin, um 4,807 Gr. Kali in schwefelsaures Kali zu verwandeln. Füllt man daher eine in 100 halbe C. C. getheilte Mess-

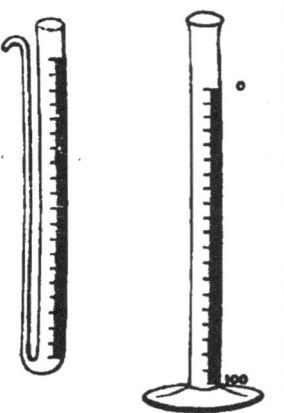

röhre, von einer der Formen wie sie die nebenstehende Figur zeigt, die so weit ist, dass ungefähr 4 Tropfen einen halben Raumtheil ausmachen und bei welcher unten 100 oben 0 steht, mit dieser Säure, wägt dann 4,807 Gr. der zu untersuchenden Pottasche ab, so würde man offenbar die ganzen 100 Raumtheile Probesäure verbrauchen, um diese Menge Pottasche in schwefelsaures Kali zu verwandeln, wenn es reines kohlensaures Kali wäre; da aber überhaupt die verbrauchte Säuremenge dem Gehalte der Pottasche an reinem Kali proportional ist, so wird die Anzahl der verbrauchten Cub. C. unmittelbar die Procente an reinem kohlensaurem Kali anzeigen, welche in der geprüften Pottasche enthalten sind. Es handelt sich also nur um ein Mittel, welches mit Sicherheit erkennen lässt, ob man den Neutralitätspunkt erreicht hat. Ein solches, wenn auch ein nicht ganz scharfes, bietet sich in der blauen Lackmustinctur dar, welche durch Säuren roth gefärbt wird. Man vermischt die gehörig mit Wasser verdünnte Pottaschenlauge mit Lackmustinctur und setzt dann nach und nach die Säure hinzu. Wenn etwa die Hälfte der nöthigen Säure zugesetzt ist, wo das anfangs sich bildende kohlensaure Kali noch unzersetzt in der Flüssigkeit vorhanden ist, wird dieselbe weinroth, bei vermehrtem Säurezusatz wird sie endlich rein roth. Da aber ein Theil der sich zuletzt entwickelnden Kohlensäure in der Flüssigkeit zurückbleibt und sie ebenfalls roth färbt, so entsteht hieraus einige Unsicherheit. Diese wird einigermassen beseitigt, wenn man nach jedem Zusatze von 2 Tropfen Säure auf Lackmuspapier einen Strich macht, welcher auch nach dem Trocknen des Papieres roth bleibt, wenn die Röthung von seiner Schwefelsäure herrührt, hingegen verschwindet, wenn die entweichende Kohlensäure die Ursache davon war. Am Ende zieht man von der verbrauchten Säure so viele Viertelraumtheile ab, als man roth bleibende Striche auf dem Lackmuspapier gemacht hat und vermindert diese noch um $\frac{1}{4}$ Rth., da durch das gebildete schwefelsaure Kali die Empfindlichkeit des Lackmuspapieres etwas vermindert wird. Bei dieser Methode wird ausser der genauen Erfüllung der bisher angegebenen Bedingungen vorausgesetzt, dass die

Pottasche nebst dem kohlensauren Kali keine anderen Salze enthalte,
welche ebenfalls die Schwefelsäure zu neutralisiren vermögen. Enthält daher die zu untersuchende Pottasche kohlensaure Kalkerde, so
muss die Probe zuerst mit Wasser ausgewaschen werden. Sind nebst
dieser aber auch noch Schwefelmetalle, schwefligsaure, phosphorsaure und wie namentlich in der Soda unterschwefligsaure Salze vorhanden, so entstehen hieraus Fehler, welche auf keine Weise ganz
vermieden werden können, bei der gewöhnlichen Pottasche aber
selten von Bedeutung sind.

    b. Neues Verfahren. Zur Ausführung dieser Methode
dient der in der nebenstehenden Figur

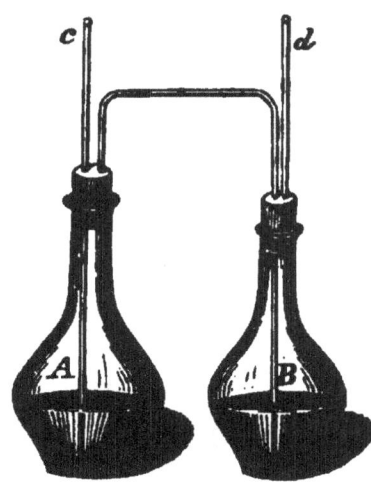

dargestellte, sehr sinnreich eingerichtete Apparat von Will und Fresenius. Zwei Kolben A und B, deren
jeder etwa zwei Unzen Wasser fasst,
werden mittelst luftdicht schliessender
und gehörig durchbohrter Korke durch
eine rechtwinkelig gebogene Glasröhre
verbunden, welche in dem Kolben A
nur durch den Kork, in B hingegen
bis auf den Boden desselben reicht.
Nebst diesem Rohre befindet sich in
jedem noch eine andere an beiden
Enden offene Röhre c und d einge-
passt. Der Kolben B wird bis zur Hälfte mit englischer Schwefelsäure
gefüllt und in den Kolben A kommt ein Gemenge der zu untersuchenden Pottasche und etwas mehr Wasser, als zur Lösung derselben
nothwendig ist. Nun steckt man die beiden Korke an die Kolben,
verschliesst die Öffnung c mit einem Korke oder einem Stöpsel von
Wachs und bringt den ganzen Apparat, wie er in der Figur dargestellt ist, auf einer Wage, die bei dieser Belastung, also bei etwa
5 Unzen (172 Grm.) noch 5 Millig. ausschlagen muss, ins Gleichgewicht. Ist dies geschehen, so nimmt man den Apparat von der Wage
und saugt bei dem offenen Ende der Röhre d so stark, dass beim
Wegziehen des Mundes einige Tropfen Säure durch die rechtwin-
kelige Verbindungsröhre in den Kolben A treten. Die hiedurch sich
rasch entwickelnde Kohlensäure kann nur durch die Säure entweichen, wo sie alles Wasser an dieselbe abgibt. Wenn, nachdem diese
Operation öfter wiederholt wurde, nach neuem Hinzutreten der
Schwefelsäure keine Kohlensäure-Entwickelung mehr Statt findet, so

entfernt man den Stöpsel bei c und saugt längere Zeit bei d, bis die Kohlensäure daraus verdrängt ist, was man sogleich durch den Geschmack erkennt. Nun bringt man den Apparat, sammt dem Propfe durch welchen A verschlossen wurde, auf die mittlerweile ungeändert gebliebene Wage und bestimmt durch Auflegen von Gewichten auf dieselbe Wagschale, auf welcher der Apparat steht, die Verminderung seines Gewichtes. Da diese Verminderung nothwendig dem Gewichte der entwichenen Kohlensäure gleich sein muss, so erfährt man hiedurch die Menge der Kohlensäure und somit auch die des reinen kohlensauren Kali, welche derselben entspricht. Nennt man die bei diesem Versuche gefundene Gewichtsdifferenz des Apparates d und bezeichnet man mit K und c die Äquivalente des kohlensauren Kalis und der Kohlensäure, mit x die Menge des reinen kohlensauren Kalis, welche der Kohlensäuremenge d entspricht, so hat man die Proportion

$$K : x = c : d \quad \text{und daraus} \quad x = \frac{K}{c} d.$$

Das Verhältniss K : c ist aber ein constantes und der Quotient desselben $\frac{K}{c}$ ist nach dem hier zu Grunde gelegten Äquivalent 3,14; man hat also x = 3,14 d. Ist nun P die Menge der Pottasche, welche zur Untersuchung genommen wurde, und will man den Gehalt derselben an kohlensaurem Kali in Procenten ausdrücken, so hat man P : 100 = 3,14 d : y, also die gesuchte Grösse

$$y = \frac{3,14}{P} \cdot 100 \, d.$$

Man sieht hieraus, dass wenn man von der Pottasche gerade 3,14 Gewichtstheile nimmt, die Rechnung sich sehr einfach gestaltet, indem dann y = 100 d ist, man also nichts anderes zu thun hat, als die gefundene Gewichtsdifferenz mit 100 zu multipliciren, um sogleich den Procentgehalt der Pottasche an reinem kohlensaurem Kali zu finden. Man nimmt, um eine grössere Gewichtsdifferenz zu erhalten, gewöhnlich 6,28 Gr. Pottasche, in diesem Falle muss man die sich ergebende Gewichtsdifferenz noch durch 2 dividiren.

Es ist einleuchtend, dass dieses sinnreiche Verfahren, je nach der Zusammensetzung der Pottasche, auf eine geeignete Art modificirt werden muss. Enthält nämlich die Pottasche kohlensaure Kalkerde, so würde man bei unmittelbarer Anwendung desselben sehr fehlerhafte Resultate finden, indem die kohlensaure Kalkerde ebenfalls zu einem

Gewichtsverluste an Kohlensäure Veranlassung geben würde, dem doch kein Kaligehalt entspräche. In diesem Falle muss also die Probe vorher gelöst und der auf dem Filter gesammelte Rückstand gut ausgewaschen werden. Ist hingegen in der Pottasche Ätzkali enthalten, so würde diese Methode einen zu geringen Kaligehalt angeben. In diesem Falle ist es nothwendig, die Probe früher mit kohlensaurem Ammoniak zu befeuchten und dann wieder vollständig zu trocknen, wodurch alles Kali in kohlensaures verwandelt wird. Enthält die Pottasche ein Schwefelkalimetall, ein schwefligsaures oder unterschwefligsaures Salz, so setzt man derselben etwas chromsaures Kali zu, wodurch sowohl das Hydrothion als die schweflige Säure oxydirt werden und jedem Fehler vorgebeugt ist.

In dem Falle, wo beide Alkalien zugleich in der Pottasche vorhanden sind, wird sich über ihren Gehalt nichts mit Sicherheit bestimmen lassen, dann gibt aber auch die ältere Methode kein bestimmtes Resultat, und man muss sich dann begnügen den relativen Werth einer Pottaschensorte auszudrücken.

Da die Pottasche ein Körper ist, der leicht Feuchtigkeit anzieht, so genügt es nicht, um den Handelswerth derselben richtig zu bestimmen, bloss anzugeben, wie viel kohlensaures Kali darin enthalten ist, sondern diese Angabe muss sich auf wasserfreie Pottasche beziehen und man muss auch noch wissen, wie viel Wasser sie enthält. Um dies zu erfahren braucht man nur eine gewogene Menge Pottasche so lange über der Spirituslampe oder einem Kohlenbecken zu erhitzen, bis eine darüber gehaltene Glasplatte sich nicht mehr mit Feuchtigkeit beschlägt. Von dieser so getrockneten Pottasche werden 6,28 Gr. abgewogen und auf die angegebene Art weiter behandelt. Für den wissenschaftlichen Gebrauch würde es genügen, die so erhaltenen Resultate in Procenten auszudrücken, für den commerziellen Verkehr jedoch und um den Handelswerth, das was man in Frankreich *Titre* nennt, zu bezeichnen, ist dieselbe zu unbequem. Will und Fresenius haben daher eine andere weit zweckmässigere Bezeichnungsweise angegeben, von der es sehr zu wünschen wäre, dass sie allgemein angenommen würde. Nach derselben drückt man nämlich den Handelswerth einer Pottasche in Form eines Bruches aus, dessen Zähler die Procente des kohlensauren Kalis im wasserfreien Salze ausdrückt, dessen Nenner aber angibt, wie viel aus 100 Theilen der wasserfreien Waare, durch Anziehen von Wasser, feuchte Waare geworden ist. Der Zähler dieses Bruches bleibt daher für dieselbe Pottasche unveränderlich, sie mag Wasser angezogen haben oder nicht, der Nenner aber ändert sich mit der aufgenommenen Wassermenge. Hat man z. B. gefunden, dass eine bestimmte ganz wasserfreie Pottasche 80 Pct. kohlensaures Kali enthält, so würde man dies durch den Bruch $^{80}/_{100}$ anzeigen. Hätte nun dieselbe Pottasche 10 Pct. Wasser angezogen, so müsste man ihren Handelswerth durch den Bruch $^{80}/_{110}$ ausdrücken und der Käufer wüsste nun sogleich, dass er statt jedem 100 Pfd. dieser feuchten Pottasche 110 Pfd. um denselben Preis erhalten muss, den er für die trockene bezahlte. Auch hätte der Käufer, welcher sich auf die Redlichkeit des Fabrikanten verlässt und seine Bestimmung des Zählers als richtig annimmt, nur den Nenner zu suchen. Wie man zu verfahren hat, um den Nenner zu bilden, ergibt sich aus Folgendem. Ist nämlich p ein bestimmtes Gewicht der feuchten Pottasche, v der Verlust, den sie beim Erhitzen erleidet, so ist p — v die trockene Pottasche und man erhält aus der Proportion p — v : 100 = v : x die Menge Wasser, welche 100 Th. trockener Pottasche entspricht. Da nun der Nenner des obigen Bruches nur ausdrückt, wie viele Theile an feuchter Pottasche aus 100 Theilen trockener geworden sind, so ist dieser Nenner

$$N = 100 + \frac{100\,v}{p - v} = \frac{100\,p}{p - v}$$

Man hat also nur mit dem Gewichte der getrockneten Probe in das 100fache Gewicht der feuchten Probe zu dividiren, um sogleich den Nenner des Bruches, welcher den Handelswerth ausdrückt, zu finden. Wägt man ein für allemahl 10 Th. Pottasche zur Wasserbestimmung ab, so ist p = 10 und die Rechnung wird dadurch einfacher. Hätte man z. B. für die oben als Beispiel gebrauchte Pottasche den Verlust beim Erhitzen zu 1,45 Gr. gefunden, so ist v = 1,45, p — v = 8,55 und der Nenner des Bruches N nahe gleich 119,3 und also der Handelswerth der Pottasche ausgedrückt durch den Bruch $^{80}/_{119,3}$. Es ist übrigens auch einleuchtend, dass es noch einfacher und ganz eben so deutlich wäre, wenn man die wasserfreie Waare immer ohne Nenner schriebe, so dass z. B. das Zeichen 80% sagen würde, dass dieselbe wasserfrei ist und 80 Pct. kohlensaures Kali enthält, während der Nenner nur die Zahl zu enthalten brauchte, welche die Anzahl der Theile ausdrückt, um die sich 100 Th. der trockenen Waare durch Wasseranziehen vermehrt haben. $\frac{80}{6,5}\%$ würde also ausdrücken, dass 100 Th. trockener Waare

80 Th. kohlensaures Kali enthalten, aber in dem vorliegenden Zustande 6,5 Th. Wasser angezogen haben. In obigem Beispiele ist dann
der Nenner des Bruches in diesem Sinne, das x aus der obigen Propor-
tion, nämlich $= \dfrac{100\,v}{p-v}$ also nahe 19,3 und der Titre wäre dann $\dfrac{80}{19,3}$.

Prüfung der Soda auf ihren Werth.

415. Von der Prüfung der Soda gilt alles was eben angeführt
wurde, nur ist für dieselbe der constante Factor nicht 3,14, sondern
2,42 und man nimmt ebenfalls von der getrockneten Menge der Soda
das Doppelte hievon, nämlich 4,84 zur Kohlensäure-Bestimmung. Da
jedoch die Soda immer Ätznatron, Schwefelnatrium, schwefligsaure
und unterschwefligsaure Salze enthält, so darf man nie unter-
lassen darauf Rücksicht zu nehmen. Man überzeugt sich von der
Gegenwart der schwefligsauren und unterschwefligsauren Salze, wenn
man verdünnte Schwefelsäure durch einige Tropfen saures chromsaures Kali orangegelb färbt, und dann etwas von der Sodalösung
zusetzt. Wird die Farbe grün, so beweiset dies die Gegenwart von
Substanzen, welche die Chromsäure zu reduciren im Stande sind.
Die Gegenwart des Schwefelnatriums gibt sich auch kund, wenn
man die Soda mit kohlensaurem Ammoniak betropft, wo sich dann
sogleich der Geruch von Schwefelammonium entwickelt. Das Ätznatron, welches in der Soda oft in beträchtlicher Menge vorhanden ist, wird, wie oben angegeben wurde, durch kohlensaures
Ammoniak in kohlensaures Natron verwandelt, und macht man mit
der getrockneten Soda zwei Bestimmungen, die eine ohne dieselbe
mit kohlensaurem Ammoniak zu behandeln, die andere wenn dies
geschehen ist, so kann man hieraus die Menge des ersteren bestimmen. Man hat die Differenz der erhaltenen Kohlensäuremenge nur
mit 29,38 zu multipliciren. Bei der Pottasche müsste man 34,101
nehmen.

Prüfung der Säuren auf ihren Gehalt.

416. Wenn man das alkalimetrische Verfahren von Will und
Fresenius umkehrt und die durch eine gewogene Säuremenge aus
einem gereinigten kohlensauren Salze ausgetriebene Kohlensäure bestimmt, so kann man ganz auf dieselbe Art, wie vorher angegeben
wurde, den Gehalt einer Flüssigkeit an einer Säure auf eine eben so
leichte als sichere Art bestimmen. Das hiezu dienende Alkali ist am
besten zweifach kohlensaures Natron, das zwar etwas Wasser und

fremdartige Salze, aber kein einfach oder anderthalb kohlensaures Natron enthalten darf. Es ist daher nothwendig sich zuerst ein vollkommen mit Kohlensäure gesättigtes, zweifach kohlensaures Natron zu verschaffen. Zu diesem Behufe prüft man das im Handel vorkommende rohe Salz auf die in (349) angegebene Art, welche jedoch für diesen Zweck nicht empfindlich genug ist, wäscht es wenn es dieser Probe entspricht mit kaltem Wasser auf einem Trichter, in dessen Hals man etwas Baumwolle gesteckt hat, aus und trocknet es dann zwischen Fliesspapier an der Luft. Man wägt dann zwei gleiche Mengen davon ab und bestimmt bei der einen den Gehalt an Kohlensäure nach der in (314) angegebenen Methode, bei der andern aber den Verlust, den sie durch Glühen erleidet. Beide Zahlen müssen sich nahe wie 333 : 275 verhalten, wenn das Salz zur acidimetrischen Probe geeignet sein soll. Um diese Probe auszuführen, füllt man eine kleine Proberöhre, die so lang ist, dass sie auf dem Boden des Kolbens, in welchem die zu untersuchende Säure kommen soll, horizontal liegen kann und etwa 4 — 5 Gr. des Salzes fasst, damit an, drückt es mit einem Holze hinein und bindet sie an einen Faden. Das Kölbchen für die Säure muss wenigstens 6 Loth oder 103,2 Gr. Wasser fassen und eine hinreichend weite Öffnung haben. Man bringt nun eine gewägte Menge der Säure hinein, verdünnt sie mit so viel Wasser, dass etwa $1/3$ des Kolbens ausgefüllt wird und hängt dann, indem man den Faden mittelst des Korkes einklemmt, die mit dem zweifachkohlensauren Natron gefüllte Röhre so hinein, dass ihr Inhalt mit der Säure nicht in Berührung kommt. Nun verschliesst man die Röhre c A in der Fig. des (414) und tarirt den sonst auf die oben angegebene Art vorgerichteten Apparat. Man entfernt ihn nun von der Wage, lüftet den Kork etwas und lässt die kleine Röhre in die Säure sinken, schliesst denselben aber dann sogleich wieder. Nachdem die nun beginnende Kohlensäureentwickelung vorüber ist, taucht man den Kolben mit der Säure in Wasser von ungefähr 40°, wo aufs neue eine Gasentwickelung entsteht, entfernt dann sogleich den Propf bei c und saugt, wie oben angegeben wurde, bis die durch den Apparat gehende Luft keinen Geschmack mehr hat und bestimmt nun die Verminderung des Gewichtes, aus welcher sich leicht der Säuregehalt berechnen lässt. Man erspart aber auch hier jede Rechnung und erhält den Procentgehalt an Säure unmittelbar durch die Anzahl der Centigrammen der entweichenden Kohlensäure, wenn man von jeder Säure eine mit ihrem Äquivalent in einer einfachen Beziehung stehende Menge nimmt. Diese Mengen sind:

für Schwefelsäure 0,91	oder genauer	0,911	Grammen
„ Salpetersäure 1,23	„	„	1,231	„
„ Salzsäure 0,83	„	„	0,827	„
„ Citronensäure 1,32	„	„	1,318	„
„ Weinsäure 1,50	„	„	1,498	„
„ Essigsäure 1,16	„	„	1,159	„

Ist die Säure zu sehr verdünnt, so muss man ein Multiplum der für sie geltenden Zahl nehmen, so dass immer zwischen 1—2 Gr. Kohlensäure erhalten werden. Dann ist es aber auch nothwendig, die Anzahl der erhaltenen Centigrammen dieser Säure mit derselben Zahl zu dividiren, mit welcher man die Grundzahl multiplicirt hat, damit sie wieder dem Procentgehalte der Säure entspreche.

Das Schiesspulver.

417. Das Schiesspulver ist, wie bekannt, ein inniges Gemenge von Salpeter, Schwefel und Kohle. Es besitzt die Eigenschaft, sich sowohl bei einer Tpr. von 150°, als durch Berührung mit einem glühenden oder brennenden Körper, selbst durch einen heftigen Schlag, zu entzünden und dann mit einer gewissen Geschwindigkeit zu verbrennen, wobei als Hauptproducte Kohlensäure oder Kohlenoxydgas, Stickgas und Schwefelkalium, als Nebenproducte aber noch Stickoxydgas, Kohlenwasserstoffgas, Hydrothiongas und wahrscheinlich auch Cyanverbindungen gebildet werden. Geschieht die Entzündung in einem geschlossenen Gefässe, so erleiden die Wände desselben durch die in bedeutender Menge sich entwickelnden Gase, welche noch überdies eine Tpr. von ungefähr 1000° C. haben, nach allen Richtungen einen heftigen Stoss, und sind sie nicht fest genug, so zerreissen sie; ist aber die Einrichtung so getroffen, dass ein Theil der Wand auf eine bestimmte regelmässige Art nachgibt, wie dies bei einer auf der Pulverladung aufsitzenden Kugel der Fall ist, so muss diese nach der durch die Anordnung des Apparates gegebenen Richtung fortgeschleudert werden. Die Geschwindigkeit, mit der dies erfolgt, hängt bei gleichbleibender Masse des Projectiles von der Menge der sich während der Entzündung entwickelnden Gase, von der Höhe der Temperatur, die dabei Statt findet und von der Schnelligkeit, mit welcher die Verbrennung vor sich geht, ab. Auf diese Umstände haben aber nicht nur die Bestandtheile, sondern auch die feinere und gleichförmigere Vertheilung derselben, die grössere oder geringere Feinheit des Kornes und die Dichte des

Pulvers einen grossen Einfluss. Um zuerst den Einfluss der einzelnen Bestandtheile gehörig zu beurtheilen, wird es nothwendig sein, von dem einfachsten Falle auszugehen. Dieser findet Statt, wenn man den Salpeter nur mit einem der beiden anderen Bestandtheile des Schiesspulvers combinirt. Nimmt man bloss Salpeter und Schwefel und zwar im Verhältnisse wie 3:1, wo sich nur schwefelsaures Kali und schweflige Säure bilden können, nämlich

$$KO,NO_5 + 2S = KO,SO_3 + SO_2 + N$$

so brennt dieses Gemenge, wenn es nicht zusammengepresst ist, sondern sich in ganz lockerem Zustande befindet, mit lebhaftem Lichte ab. Ein Gemenge von Salpeter und Kohle allein, beiläufig im Verhältnisse von 6:1, bei welchem alle Kohle in Kohlensäure verwandelt werden kann, nämlich

$$2(KO,NO_5) + 5C = 2(KO,CO_2) + 3CO_2 + 2N$$

brennt zwar rasch ab, explodirt aber nicht, da die Entzündung doch noch zu langsam erfolgt. Ein kräftiges Präparat wird erhalten, wenn man dieser Mischung, wie in (275) angegeben wurde, kohlensaures Kali zusetzt, weil die Kohlensäure die Menge der sich entwickelnden Gase sehr vermehrt

$$3(KO,NO_5) + 2(KO,CO_2) + 5S = 5(KO,SO_3) + 2CO_2 + 3N.$$

Allein dieses Gemenge ist nicht anwendbar, weil es nur dann explodirt, wenn es gleichförmig bis 164° erhitzt wird, nicht aber wenn man es mit einem brennenden oder glühenden Körper entzündet, und weil, wenn es beim successiven Erwärmen explodirt, die Gasentwickelung plötzlich durch die ganze Masse, also zu schnell Statt findet, daher es die stärksten Gefässe zertrümmert. Dass die Ursache dieser heftigen Wirkung nur in der plötzlichen Gasentwicklung liegt, sieht man daraus, dass weder die Gasmenge sehr gross, noch die Tpr. während der Explosion sehr hoch ist. Da nämlich die Kohlensäure in diesem Gemenge schon fertig vorhanden ist und nur abgeschieden wird, so kann die Tpr. nicht so hoch sein, als wenn sie erst gebildet würde. Dies geschieht, wenn man die Kohle als solche hinzufügt, wie dies beim Schiesspulver wirklich der Fall ist. Dann sind aber zwei Fälle möglich: entweder ist die Kohlenmenge von der Art, dass der im Salpeter enthaltene Sauerstoff hinreicht, damit Kohlensäure zu bilden, oder sie ist doppelt so gross, so dass nur Kohlenoxydgas entstehen kann. Im ersten Falle geht der Process nach dem Schema

$$KO,NO_5 + S + 3C = KS + N + 3CO_2,$$

im zweiten Falle nach dem Schema

$$KO,NO_5 + S + 6C = KS + N + 6CO$$

vor sich. 100 Th. Schiesspulver enthalten demnach im ersten oder zweiten Falle

$$74,83 \ — \ 66,03 \ — \ \text{Salpeter}$$
$$11,84 \ — \ 10,45 \ — \ \text{Schwefel}$$
$$13,33 \ — \ 23,52 \ — \ \text{Kohle.}$$

Die folgende Tabelle zeigt, dass die Praxis nahe zu denselben Resultaten gekommen ist und dass man Pulversätze hat, welche sowohl der einen als der andern Zusammensetzung entsprechen, wobei jedoch berücksichtigt werden muss, dass bei obiger Rechnung durchaus reine Substanzen vorausgesetzt wurden, während die wirklich verwendeten es niemahls sind; insbesondere ist die Kohle nicht reiner Kohlenstoff, sondern enthält ausser diesem noch Asche, Wasserstoff und etwas Stickstoff.

Das Dosirungsverhältniss nachstehender Pulvergattungen ist	für 100 Theile des Pulvers.			auf 100 Theile Salpeter kommen	
	Salpeter.	Schwefel.	Kohle.	Schwefel.	Kohle.
Österr. Scheibenpulver . . 80:12:14	75,47	11,32	13,21	15	17,5
» Musketen- und Stuckpulver 75:12:13	75	12	13	16	17,33
» Sprengpulver . . 62:19:22	60,19	18,45	21,36	30,65	35,48
» » bei einfach geläutertem Salpeter . 64:19:20	62,13	18,45	19,42	29,68	31,25
Italienisches Kriegspulver	76	12	12	15,79	15,79
» Jagdpulver . . .	73,33	8,57	18,20	11,67	24,82
» Sprengpulver	70	18	12	25,71	17,14
Englisches Kriegspulver	75	10	15	13,33	20
» Pulver von Datford . .	75	8	17	10,66	22,66
» » » Tunbridge . .	76	9,5	14,5	12,5	19,08
» » » Hounslow . .	78	8	14	10,26	17,95
Franz. Kriegspulver	75	12,5	12,5	10,66	16,66
» Jagdpulver von Stampfmühlen .	78	10	12	12,82	15,38
» » » Angoulême und le Bouchet	80	10	12	12,5	15
» rundes Pulver von Essonne, ehemals	74	10	16	13,51	21,62
» Sprengpulver	62	20	18	32,26	29,03
» Handelspulver	62	18	20	29,03	32,26
Schwedisches Pulver	75	9	16	12	21,33

Das Dosirungsverhältniss nachstehender Pulvergattungen ist	für 100 Theile des Pulvers.			auf 100 Theile Salpeter kommen	
	Salpeter.	Schwefel.	Kohle.	Schwefel.	Kohle.
Berner Pulver	76	10	14	13,18	18,42
Preussisches Pulver neues Verhältniss	75	11,5	13,5	15,33	18
» » altes »	75	10	15	13,33	20
Russisches Pulver	75	10	15	13,33	20
Deutscher Satz nach Michael Mieth 1684	75	9	16	12	21,33

Sucht man die Gasvolumen, welche nach der oben angegebenen theoretischen Zusammensetzung beim Verbrennen des Schiesspulvers in den beiden Fällen gebildet werden, und nimmt man die mittlere Dichte desselben nach den hierüber angestellten Versuchen zu 0,9 an, so zeigt sich das 1 V. Schiesspulver von der ersten oder zweiten Zusammensetzung geben

Stickgas	74,6 V.	Stickgas	66 V.
Kohlensäure	221,3 „	Kohlenoxyd	391 „
	295,9 V.		457 V.

Es gibt also das Pulver, welches so viel Kohle enthält, dass nur Kohlenoxydgas gebildet werden kann, fast doppelt so viel Gas, woraus man schliessen sollte, dass es weit stärker wirken müsste, als das mit weniger Kohle. Die Erfahrung zeigt aber gerade das Gegentheil hievon. Dieser scheinbare Widerspruch erklärt sich theils aus der weit höheren Tpr., welche bei der Verbrennung der Kohle zu Kohlensäure Statt findet, wodurch diese Differenz der Volumen nicht nur ausgeglichen, sondern auch ein Überschuss auf Seite des Pulvers mit weniger Kohle bedingt wird: vorzüglich aber aus dem Umstande, dass bei einer grösseren Menge von Salpeter die Entzündung viel rascher vor sich geht.

Die zum Schiesspulver zu verwendenden Stoffe müssen rein und auch sonst von geeigneter Beschaffenheit sein. Der Salpeter wird in doppelt geläutertem Zustande, am besten als Salpetermehl angewendet, die Lösung desselben darf mit salpetersaurem Silberoxyd keine, oder doch nur eine höchst unbedeutende Trübung geben; auch muss derselbe frei von salpetersaurem Natron sein, dessen Gegenwart man durch die Reaction mit antimonsaurem Kali entdecken kann. Der Schwefel wird in Stangenform angewendet, die Schwefelblumen sind nicht geeignet, da sie theurer und meistens etwas sauer sind. Die grösste Aufmerksamkeit muss auf die Kohle gerichtet sein, da von ihrer grösseren oder geringeren Dichte ihre schwierigere oder leichtere Entzündlichkeit abhängt. Auf die Beschaffenheit der Kohle hat aber sowohl das Material, aus welchem sie bereitet wurde, als die Art ihrer Bereitung selbst einen grossen Einfluss. 72 Gran Salpeter verpuffen mit 12 Gran Kohle von Hanfstängeln in 10 Secunden und hinterlassen dabei 12 Gran Rückstand, während bei den gleichen Quantitäten und Anwendung von Zuckerkohle dies in 70 Sec. mit Zurücklassung von 48 Gran Rückstand erfolgt. Die Kohle von weichen Holzarten wie Faulbaum, Pappel etc. sind daher am geeignetsten, wobei aber alle Theile, welche geneigt sind, eine glänzende harte Kohle zu geben, entfernt werden müssen. Die Verkohlung muss bei möglichst niedriger Tpr. vorgenommen werden, wobei die Kohle sehr locker wird, und die Wärme schlecht leitet. Man bewirkt daher dieselbe am besten in eisernen Cylindern, indem dafür gesorgt wird, dass die Hitze nicht zu hoch steigt, und die Kohle blauschwarz wird. In Frankreich hat man die Verkohlung eine Zeit lang nur soweit getrieben, dass die Kohle braun aussah, noch mit bläulicher Flamme brannte und sich ganz in Ätzkali löste. Die schädlichen Wirkungen aber, welche das damit bereitete Pulver auf das Geschütz ausübte, veranlassten davon wieder abzugehen. Die mit glänzendem schwer verbrennenden Russe überzogenen Stücke, welche bei 5 Pct. betragen können, müssen entfernt werden, sie rühren davon her, dass sich Theer auf dem Holze absetzt und dort verkohlt.

Die Fabrikation des Schiesspulvers zerfällt in mehrere Operationen, welche hier nur im Allgemeinen besprochen werden können, da sie rein mechanisch sind, von deren zweckmässiger Ausführung aber dennoch die Güte desselben in sehr hohem Grade abhängt. Das zuerst nothwendige Verkleinern der Bestandtheile muss so weit getrieben werden, dass die Masse höchst gleichförmig ist und die einzelnen Gemengtheile mit einander in möglichst vielen Punkten in Berührung kommen. Die Bestandtheile werden anfangs trocken, entweder einzeln oder schon theilweise gemengt, gepulvert und zuletzt feucht mittelst Stampfen oder Walzen in eine gleichförmige falbenartige Masse verwandelt, welche die zum Körnen geeignete Consistenz haben muss. Dieses wird durch eigene Schrottsiebe von verschiedener Feinheit bewirkt und ist eine für die Brauchbarkeit des Pulvers sehr wichtige Operation. Wollte man dasselbe in Staubform anwenden, so wäre es nicht nur weit unbequemer und gefährlicher zu behandeln und zu transportiren, sondern seine Wirksamkeit wäre auch viel geringer, indem es beim Laden in eine feste Masse zusammengedrückt und daher sich viel langsamer entzünden würde, als, der Zwischenräume wegen, nothwendig der Fall sein muss, wenn es gekörnt ist. Auch ist das gekörnte Pulver dauerhafter und weniger geeignet Feuchtigkeit anzuziehen, als das Pulvermehl. Diese letztgenannten Eigenschaften werden durch das Poliren des Pulvers, d. h. das Glattmachen in Rollfässern, noch erhöht, obwohl dadurch die leichte Entzündlichkeit desselben etwas beeinträchtigt wird. Unpolirtes, trockenes Pulver ist daher wirksamer als polirtes und ebenfalls trockenes von gleicher Zusammensetzung. Werden aber beide der Einwirkung feuchter Luft ausgesetzt oder in nicht vollkommen verschlossenen Gefässen längere Zeit aufbewahrt, so zeigt sich das polirte Pulver, weil es weniger Feuchtigkeit aufnimmt, wirksamer als unpolirtes. Es ist also vortheilhafter, Pulver, welches zum schnellen Verbrauche bestimmt ist, nicht zu poliren.

Die letzte Operation, welcher das Pulver unterworfen werden muss, ist das Trocknen, dieses geschieht entweder in freier Luft oder in geschlossenen Räumen.

Ein gutes Pulver muss, wie schon aus dem Obigen hervorgeht, ausser der zweckmässigen Dosirung, gewisse physikalische Eigenschaften haben, aus welchen man auf seine Güte schliessen kann. Diese sind folgende:

a. Es muss vollkommen gleichförmig, graulichschwarz sein und einen gewissen Grad von Fettglanz haben. Zu schwarzes Pulver enthält zu viel Kohle oder ist feucht. Heterogenität würde auf eine ungleichförmige Mischung hindeuten. Weisse schimmernde Punkte können andeuten, dass das Pulver feucht war und wieder getrocknet wurde, wobei Salpeter zu effloresciren begann.

b. Es darf nicht abfärben, wenn man es über Papier rollen lässt. Das Abfärben kann von Feuchtigkeit und von beigemengtem Mehlpulver abhängen, letzteres wird durch Absieben bestimmt.

c. Die Körner müssen nahe gleiche Grösse haben, wenn das Pulver nicht absichtlich ein Gemenge von zweierlei Sorten ist.

d. Es darf sich nicht leicht mit dem Finger auf der Hand zerdrücken lassen und muss beim Drücken knirschen.

e. Es muss endlich eine bestimmte Dichte haben. Diese kann man entweder auf die Masse des Kornes oder auf die ganze Masse desselben mit Inbegriff der Zwischenräume beziehen. Um die Dichte im ersten Sinne zu finden, muss man wie überhaupt bei der Dichten-

Bestimmung pulveriger Körper verfahren. Dieselbe beträgt 1,793 bis 1,800. Die Dichte im letzten Sinne wird durch Abwägen eines bekannten Volumens Pulver bestimmt. Die Erfahrung hat gezeigt, dass 1 W. K. F. österreichisches Musketenpulver 51—53 Pf., Stuckpulver 52—54 Pf. wiegt.

f. Ein kleines Häufchen Pulver, auf weissem Papier entzündet, muss schnell verbrennen, ohne einen Rückstand zu hinterlassen und ohne das Papier zu entzünden. Schwarze oder gelbe Flecken entstehen durch einen Überschuss oder durch schlechte Einmengung der Kohle. Unverbrannte Körner würden eine ungleichförmige Entzündlichkeit, also auch eine schlechte Qualität des Pulvers anzeigen. Werden Löcher in das Papier gebrannt, so ist dies ein Zeichen, dass das Pulver langsam verbrennt, und zwar entweder weil es feucht oder sonst schlecht ist.

Um die Dosirung des Schiesspulvers zu finden, ist eine ordentliche Analyse desselben nothwendig. Zu diesem Behufe muss zuerst der Wassergehalt desselben bestimmt werden. Dies geschieht indem man einen Theil davon zerreibt, abwägt und dann unter einer Glocke über Schwefelsäure stehen lässt. Nach einigen Tagen ist es vollkommen trocken, und der Gewichtsverlust gibt den Wassergehalt, welcher bei einem guten Pulver nie über 0,02 Pct. steigen darf. Das Pulver kann übrigens 0,14 Wasser aus der Luft anziehen, hat es nicht mehr als 0,05 aufgenommen, so erhält es durch Trocknen seine vorige Güte wieder; hat es aber mehr Wasser aufgenommen, so überziehen sich die Körner beim Trocknen mit Salpeter und es bleibt nun schwächer, da die so nothwendige Gleichförmigkeit seiner Mischung nicht mehr vorhanden ist. Verschiedene Pulversorten verhalten sich übrigens in Bezug auf ihr Vermögen, Feuchtigkeit aus der Luft aufzunehmen, verschieden.

Die übrigen Bestandtheile des Schiesspulvers werden am einfachsten auf folgende Art bestimmt: In eine etwa 8 Z. lange und $\frac{1}{2}$ Z. weite Röhre von dünnem Glase, welche an einem ihrer Enden in eine Spitze trichterartig ausgezogen ist, bringt man, und zwar an dieses Ende, eine etwa 1 Z. lange Schichte trockenen Asbest und bestimmt das Gewicht der so vorgerichteten Röhre. Man giesst nun vorsichtig Wasser auf denselben und fängt das Durchgehende auf. Sollte es etwas Asbest mitgerissen haben, so giesst man es wieder zurück, bis es ganz rein durchläuft. Nun bringt man die gewogene Menge Schiesspulver auf den Asbest und extrahirt es mit Wasser, um den Salpeter zu erhalten. Die Flüssigkeit wird in einer Platinschale im Wasserbade bis zur vollkommenen Trockenheit abgedampft und gewogen. Man giesst nun absoluten Alkohol in die Röhre, um das Wasser zu verdrängen und füllt dieselbe dann mit Kohlensulfid. Dieses löst allen Schwefel auf, so dass man denselben nach dem Verdunsten des Kohlensulfides vollständig erhält. Zuletzt leitet man, nachdem durch Klopfen an eine Seite der Röhre bei horizontaler Lage derselben bewirkt wurde, dass der Asbest und die Kohle der Luft freien Durchgang gestatten, einen trockenen Luftstrom durch dieselbe, wobei sie erwärmt werden kann und wägt sie dann wieder, woraus sich das Gewicht der Kohle ergibt.

Für den praktischen Gebrauch, insbesondere für Beamte, welche das Schiesspulver von den Fabrikanten übernehmen, ist es wichtig eine Methode zu besitzen, welche mit Leichtigkeit und hinreichender Genauigkeit den Gehalt des Pulvers an Salpeter zu bestimmen erlaubt. Eine solche Methode, die in der That nichts zu wünschen übrig lässt, wurde von dem östr. Artillerie-Hauptmann B e c k e r angegeben (Jahrb. des polyt. Instit. Wien B. 17). Man löst 400 Gran zerriebenes Pulver in 1 Pfd. Wasser auf, indem man es zuerst in einem Becherglase mit einem Theile desselben, den man heiss gemacht hat, übergiesst, bringt es auf ein Filter, wäscht es mit dem übrigen Wasser aus und giesst es dann in ein Cylinderglas, wo man es genau auf 14° R. ($17,5^{\circ}$ C) abkühlt. Nun senkt man ein eigenes für diesen Zweck construirtes Aräometer (Pulveraräometer) möglichst langsam in die Flüssigkeit ein und liest den Stand desselben an der unteren glänzenden, nicht an der oberen Fläche der Flüssigkeit ab. Das Aräometer ist nach ganzen Procenten eingetheilt und die abgelesene Zahl drückt unmittelbar die Procente an Salpeter im untersuchten Schiesspulver aus. Da die Skala des Aräometers direct auf dem Erfahrungswege bestimmt ist, so fallen alle Einwendungen, die man gegen dasselbe wegen der Nichtproportionalität der Dichte und des Salpetergehaltes der Lösung gemacht hat (Erd. J. 32, 53 und 38, 200), von selbst weg. Die Pulveraräometer, welche Hauptmann P e c h e r in Wien mit grosser Genauigkeit verfertigt, gewähren bis auf $^{1}/_{2}$ Pct. vollkommene Sicherheit.

Es versteht sich übrigens von selbst, dass es bei der B e c k e r schen Methode nicht nothwendig ist, das Pulver vorher zu trocknen, wenn man nur den absoluten Gehalt an Salpeter erfahren will. Am zweckmässigsten ist es, wie in (414) angegeben wurde, bei der Übernahme den Salpetergehalt des trockenen Pulvers durch den Zähler, den Wassergehalt durch den Nenner eines Bruches darzustellen. In Betreff der Bestimmung der Kohle muss bemerkt werden,

dass man nach obiger Methode nicht den eigentlichen Kohlenstoffgehalt des Pulvers erhält, da die Kohle, welche dazu genommen
wird, ausser den fixen Bestandtheilen der Asche auch noch Wasserstoff und etwas Stickstoff enthält. Wollte man den wahren Kohlenstoffgehalt desselben bestimmen, so müsste man dasselbe wie
eine organische Substanz analysiren. Will man den Schwefel allein
bestimmen, so übergiesst man das Schiesspulver mit etwas Wasser
und setzt Salpetersäure mit etwas chlorsauren Kali zu. Die Oxydation des Schwefels erfolgt auf diese Art sehr leicht und man bestimmt denselben aus der Schwefelsäure mit Chlorbaryum.

Da die Güte des Schiesspulvers, bei gleicher Dosirung, sehr
von der mechanischen Bearbeitung desselben abhängt, so reicht eine
chemische Analyse zu dessen Beurtheilung nicht hin: man ist daher
genöthigt die Kraft desselben durch einen directen Versuch zu bestimmen. Hiezu hat man eigene Instrumente, welche jedoch noch
Manches zu wünschen übrig lassen. Die gebräuchlichsten sind der
Probemörser (Eprouvette), die Stangenprobe und die Hebelprobe.
Ersterer ist ein Mörser aus Bronze, der unter einem Winkel von
45° eine Kugel von 29,3 Kilog., welche genau die Pulverkammer
schliesst, sonst aber frei auf derselben aufliegt, durch eine Ladung
von 92 Gr. fortschleudert. Diese Probe ist die genaueste, kann aber
nur im Freien vorgenommen werden und dient hauptsächlich nur
zur Prüfung von Pulversorten, die in grösseren Ladungen angewendet werden. Die zweite besteht aus einem vertical stehenden Mörser, der mit einer Ladung von 22—25 Gran ein Gewicht von 5 Pf.,
welches zwischen gezähnten Stangen sich bewegt, hebt. Die Einrichtung ist so getroffen, dass das Gewicht nicht wieder herabfallen
kann, so dass man aus der Höhe bis zu welcher es geworfen wurde,
auf die Güte des Pulvers schliessen kann. Die Hebelprobe endlich
ist ein gleicharmiger Winkelhebel, der an seinem verticalen Ende
ein Gewicht, an seinem horizontalen einen Mörser trägt, in welchem
eine bestimmte Pulvermenge kommt. Ein gezähnter Gradbogen dient
sowohl dazu, den Hebel in seinem tiefsten Stande festzuhalten, als
auch den Winkel, bis zu welchen er herabgedrückt wurde, abzu-
lesen.

In Bezug auf die Entzündlichkeit des Schiesspulvers mag noch
des sonderbaren von Hearder beobachteten und noch wenig
untersuchten Umstandes erwähnt werden, dass es sich in einer
luftleer gepumpten Glasglocke durch einen glühend gemachten Platindrath nicht entzünden lässt, während diess bei Gegenwart von
etwas Luft oder Stickgas sogleich geschieht. Dasselbe Verhalten
zeigen auch die übrigen Knallpulver. Nach den in dem hiesigen
Laboratorium des k. k. Bombardiercorps angestellten Versuchen jedoch, explodirt Schiesspulver, welches sich im Vacuum der Luftpumpe befindet, mit der Spirituslampe rasch erhitzt, immer.

Näheres über Pulverfabrikation findet man in Scherzer's
Militär-Chemie, Wien 1845.

XIII. *Kiesel Si* = 15.

(Silicium.) Man war lange der Meinung, dass Kieselerde ein unzerlegbarer Stoff sei, bis es Berzelius im J. 1823 mit Hilfe des Kaliums zu zeigen gelang, dass dieselbe aus Sauerstoff und einem eigenen Grundstoffe, dem Kiesel, besteht.

418. Die Eigenschaften des Kiesels sind noch wenig erforscht, man kennt ihn bisher nur als ein dunkelbraunes, glanzloses, amorphes, stark abfärbendes Pulver, welches auch unter dem Polirstahle keinen Glanz annimmt. Durch Erhitzen wird er nur etwas dunkler, dichter, cohärenter und weniger durch andere Stoffe veränderlich, ohne im mindesten eine Schmelzung zu erleiden. Auf nicht geglühten Kiesel, der indess vielleicht Wasserstoff-Kiesel ist (420), wirkt Kalilauge, Hydrofluor und auch Sauerstoffgas, wenn er darin erhitzt wird, während cohärenter Kiesel von allen diesen Stoffen nicht im mindesten afficirt wird. Der geglühte Kiesel ist dichter als die Schwefelsäure und leitet die Elektricität nicht. Im krystallisirten Zustande würde der Kiesel vielleicht dem Graphit oder dem Demant ähnlich sein, und auch in seinem chemischen Verhalten zeigt derselbe eine nicht zu verkennende Ähnlichkeit mit dem Kohlenstoffe. Er geht wie dieser und zwar unter Feuererscheinung die festesten Verbindungen mit dem Sauerstoff, Chlor, Brom, Schwefel ein; mit Wasserstoff, Kalium etc. hingegen verbindet er sich nie unter Feuererscheinung und wie es scheint nur auf indirectem Wege, die so entstandenen Verbindungen sind weder krystallisirt noch durch andere Eigenschaften ausgezeichnet. Mit Bor, Phosphor, Arsen etc. verbindet er sich gar nicht und auch die Verbindung mit dem Kohlenstoffe, welche erhalten werden soll, wenn man Kiesel mit kohlehaltigem Kalium darstellt, ist noch sehr problematisch. Die Verbindungen des Kiesels mit den schweren Metallen sind noch wenig untersucht; kleine Mengen desselben reichen aber hin, die physikalischen Eigenschaften derselben sehr zu verändern, wie dies auch beim Kohlenstoff der Fall ist.

Man erhält den Kiesel, wenn man 10 Th. vollkommen trockenes Fluorkieselkalium in einer an einem Ende verschlossenen Röhre von Eisen oder Glas mit 8 Th. Kalium innig mengt und erhitzt, wobei die Zerlegung der Kieselverbindung noch vor dem Glühen mit schwacher gefahrloser Explosion erfolgt. Bei einem Überschusse von Kalium würde Kieselkalium entstehen, welches das Wasser zerlegt und sich dabei wieder oxydirt. Man bringt die so erhaltene braune Masse in viel Wasser, damit keine zu concentrirte Kalilauge entsteht, welche den Kiesel oxydiren würde, erwärmt und erneuert es einige Mahle, kocht dann die Masse wiederholt mit Wasser aus, um das noch ungelöst gebliebene Fluorkieselkalium zu entfernen und den Kiesel vollständig zu reinigen. Der so erhaltene Kiesel enthält Wasserstoff, von den man ihn durch langsames Erhitzen bis zum Glühen in einem bedeckten Tiegel befreit; die hiebei sich bildende Kieselsäure wird durch Behandlung desselben mit Flusssäure entfernt. Statt des Kaliums kann man sich auch des Natriums und der entsprechenden Natronverbindung bedienen. Am vortheilhaftesten ist es indess den Kiesel darzustellen, indem man Kalium in einer Atmosphäre von Chlorkiesel erhitzt und dann das Chlorkalium durch Waschen mit Wasser entfernt. Durch Erhitzen der Kieselsäure mit Kalium kann man keinen Kiesel erhalten, da sich hiebei sogleich Kieselkalium bildet, welches sich beim Behandeln mit Wasser wieder fast gänzlich oxydirt.

Kiesel, Sauerstoff, Kalium, Natrium.

419. Kieselsäure $SiO_2 = 31$ (Kieselerde, acide silicique, la silice). Wird Kiesel, der noch keiner starken Hitze ausgesetzt war, in Sauerstoffgas oder auch in atmosphärischer Luft erhitzt, so verbrennt in ersterem $2/3$, in letzterem $1/3$ desselben mit Lebhaftigkeit zu Kieselsäure, der einzigen Verbindung, welche man bis jetzt zwischen Kiesel und Sauerstoff kennt. Die Oxydation des Kiesels erfolgt hiebei nicht vollständig, weil ein Theil desselben durch die gebildete Kieselsäure vor der weiteren Einwirkung des Sauerstoffes geschützt wird. Ist der Kiesel vorher durch Erhitzen bei Ausschluss von Sauerstoff dichter und cohärenter geworden, so verträgt derselbe in beiden Gasen Glühhitze, ohne weiter verändert zu werden, auch kann er während des Glühens, ohne sich zu oxydiren, mit chlorsaurem Kali bestreut werden. Noch nicht erhitzter Kiesel wird leicht durch Kochen mit einer concentrirten Kalilösung oxydirt; Schwefelsäure, Salpetersäure, Chlorsalpetersäure wirken aber nicht darauf. Nach dem Glühen oxydirt sich der Kiesel weder durch Kalilauge, noch beim Schmelzen mit Salpeter; wird er hingegen mit trockenem kohlensaurem Kali oder Natron erhitzt, so oxydirt er sich vollkommen, und zwar auf Kosten der Kohlensäure. Bei Anwendung von wenig Alkali erfolgt die Oxydation schon vor der Glühhitze unter Feuererscheinung und Abscheidung von Kohle und Kohlenoxydgas; bei viel Kali hingegen ist hiezu eine weit höhere Tpr. nothwendig und die Oxydation geschieht ohne alle Feuererscheinung und Abscheidung von Kohle auf folgende Art: $Si + 2 (KO,CO_2) = 2KO,SO_2 + 2CO$. Salpeter oxydirt den Kiesel erst bei starker Glühhitze, wirft man aber etwas kohlensaures Alkali in die schmelzende Masse, so erfolgt dieselbe mit Explosion. Der sonderbar erscheinende Umstand, dass der Kiesel von der Kohlensäure, nicht aber von der Salpetersäure oxydirt wird, lässt sich aus der Tendenz der Kieselsäure, sich mit dem Alkali, das durch die Kohlensäure weit schwächer gebunden ist als durch die Salpetersäure, erklären. Beim Schmelzen mit Ätzkali oxydirt sich der Kiesel unter lebhafter Feuererscheinung auf Kosten des Wassers; mit Baryt und Kalkhydrat erfolgt dieselbe Erscheinung, jedoch schwächer.

Die Kieselsäure erscheint sowohl im krystallisirten als amorphen Zustande, und ist in beiden Formen in der Natur ungemein häufig verbreitet. Die Species rhomboëdrischer Quarz, welche die Varietäten Bergkrystall, Amethist, Rauchtopas, Citrin, Quarz, Kieselschiefer, Carneol, Eisenkiesel, Jaspis, Chrysopras, Hornstein und Bimsstein einschliesst, besteht, wie dies bei den vier zuerst genannten der Fall ist, fast ganz aus reiner Kieselsäure, die übrigen sind mehr oder weniger mit anderen Substanzen verunreinigt. In reinem krystallisirten Zustande erscheint die Kieselsäure in farblosen durchsichtigen, in's rhomboëdrische System gehörigen Krystallen, bei welchen $R = 75°55'$, $a = \sqrt{10,894}$ ist. G. Com. P. P. $+ \infty$. Ihre Härte beträgt 7 und ihre Dichte bei $4°$ 2,652. Die krystallisirte Kieselsäure ist in Wasser, Säuren und alkalischen Lösungen gänzlich unlöslich. Hydrofluor löst dieselbe, mit Alkalien und alkalischen Erden geschmolzen, bildet sie die kieselsauren Salze. Es ist bisher nicht gelungen die Kieselsäure in unseren Laboratorien im krystallisirten Zustande darzustellen.

Die amorphe Kieselsäure bildet die Species untheilbarer Quarz und ist in den Varietäten derselben, welche unter den Namen Opal und Hyalith bekannt sind, am reinsten vorhanden. Der Wassergehalt derselben, welcher bis auf 11 Pct. steigt, ist kein nothwendiger, indem er sehr veränderlich und durch Erhitzen zu entfernen ist, ohne dass diese Mineralien dadurch eine wesentliche Veränderung erleiden. Der Chalzedon und der Feuerstein sind nach Fuchs (Pogg. Ann. 31. 577.) Gemenge von krystallisirter und amorpher Kieselsäure. Die amorphe Kieselsäure erscheint als ein weisses, oft sehr zartes Pulver oder in seidenglänzenden zerreiblichen, büschelförmig aneinander gehäuften Fäden, in welcher Form sie sich manchmal in Hochöfen findet. Sie ist, wie die krystallisirte, geschmacklos, wirkt eben so wenig als diese auf Pflanzenpigmente, unterscheidet sich aber von derselben durch ihre Löslichkeit in Wasser, in Säuren und in Kalilauge. Aus diesen Lösungen wird sie durch Ammoniaksalze, Salmiak, Kali und Natron wenigstens theilweise gefällt, und zwar wie man annimmt als Hydrat, in welchem Zustande sie sich auch aus den kieselsauren Salzen abscheidet, wenn diese durch Säuren zerlegt werden. Sie bedarf dann etwa 1000 Th. Wasser zu ihrer Lösung. In den Brunnen- und Mineralwässern ist sie in diesem Zustande enthalten. Ein Kieselsäure-Hydrat von bestimmter Zusammensetzung HO,SiO_2 bildet sich, wenn man kieselsaures Äthyloxyd durch einige Monate in einer Flasche stehen lässt, in welche die feuchte Luft nur durch eine kleine Öffnung Zutritt hat. Dasselbe ist amorph, dem Glase ähnlich, etwas härter als dieses, hat eine Dichte von 1,77 und wirkt gar nicht polarisirend. Wenn das kieselsaure Äthyloxyd noch Chlorkiesel enthält, so gleicht die Masse dem Hydrophan und wird auch wie dieser im Wasser durchsichtig. (Ebelmen in C. rd. 21,502.) Die lösliche Kieselsäure geht selbst durch sehr starkes Erhitzen nicht immer in die unlösliche über, wie dies bei der in Hochöfen gefundenen, welche sich in Kalilauge löst, der Fall ist. Wird die lösliche Säure aber mit einer anderen Säure, z. B. mit Salzsäure versetzt, und bis zur Trockenheit eingedampft, dann nochmals mit Salzsäure befeuchtet und wieder abgedampft, so wird sie vollkommen unlöslich. Es ist wahrscheinlich, dass hiebei die Kieselsäure aus ihrer amorphen in die krystallisirte Modification übergegangen ist. Durch eine ähnliche Behandlung mit Kalilauge wird die unlösliche in die lösliche Kieselsäure übergeführt. Beide Modificationen der Kieselsäure verhalten sich in der Hitze auf dieselbe Art. Sie schmelzen nämlich nur bei sehr hoher Temperatur, wie im Knallgebläse oder durch den elektrischen Strom, zu einem klaren Glase, welches sich in Fäden ziehen lässt. Fällt ein Tropfen geschmolzener Kieselsäure in Wasser, so erstarrt er zu einer klaren, sehr harten Masse. Für sich ist die Kieselsäure wie es scheint nicht flüchtig, wohl aber in einer Atmosphäre von Wasserdunst bei starker Weissglühhitze. Es geht dies sowohl aus vielen bei noch thätigen Vulkanen beobachteten Erscheinungen als auch aus dem Umstande hervor, dass man eine grosse Menge Kieselsäure mit den Wasserdämpfen entweichen sah, die man in einen Ofen leitete, der sehr stark erhitzte Thonwaare enthielt. Die Kieselsäure wird weder durch Glühen in Wasserstoffgas noch mit Kohle reducirt. Mit letzterer erfolgt aber die Reduction bei gleichzeitiger Gegenwart von Chlor, Brom, Eisen, Kupfer oder Silber. Kalium reducirt dieselbe bei der Glühhitze ebenfalls unter Bildung von kieselsaurem Kali und Kieselkalium.

Mit den Basen bildet die Kieselsäure die kieselsauren Salze, Silicate, welche die in der Natur am meisten verbreiteten Verbindungen derselben sind, da sie den grössten Theil der Erdrinde bilden. Hiemit in merkwürdigem Zusammenhange steht die Fähigkeit der Kieselsäure sich in sehr mannigfaltigen Verhältnissen mit den Basen verbinden zu können. Sie vermag bei höherer Temperatur die Kohlensäure und bei noch stärkerer Hitze auch die Schwefelsäure auszutreiben; schmilzt man daher kohlensaures Kali oder Natron und bringt nach und nach Kieselerde hinein, so löst sich dieselbe unter starkem Aufbrausen. Je reicher die Silicate an Kieselsäure sind, desto schwerer schmelzen sie und desto schwieriger werden sie von Säuren angegriffen; so dass sie darin bei einem gewissen Verhältnisse der Kieselsäure ganz unlöslich sind. Sie lösen sich ferner desto leichter in Säuren und selbst in Wasser, von je stärkeren Basen sie gebildet werden. Um daher ein unlösliches Silicat löslich zu machen, d. h. aufzuschliessen, muss man es in der 3—4fachen Menge kohlensaurem Kali oder Natron schmelzen. Da die Hitze, welche man durch eine gewöhnliche Spirituslampe hervorbringen kann, selbst bei sehr zweckmässiger Einrichtung derselben für diese Operation fast unzureichend ist, so bedient man sich für dieselbe, so wie in allen ähnlichen Fällen, mit grösstem Vortheile der von Plattner angebenen Vorrichtung, welche aus einem System von 5 Löthröhren besteht, die aus der hohlen Kugel b treten und um eine Spirituslampe so gruppirt sind wie die nebenstehende Fig. zeigt. Der Schornstein d der Lampe ist darin nur angedeutet. Man kann auch durch die Axe der Lampe noch eine sechste Löthrohrspitze gehen lassen. Die Vorrichtung wird bei a an die Tille eines gewöhnlichen Blasetisches angesteckt, und der Platintiegel c von einem aus Platindrath geformten Dreiecke getragen. Wenn sich derselbe in der richtigen Stellung, welche bald ausgemittelt ist, befindet, so reichen 10—15 Minuten hin jedes

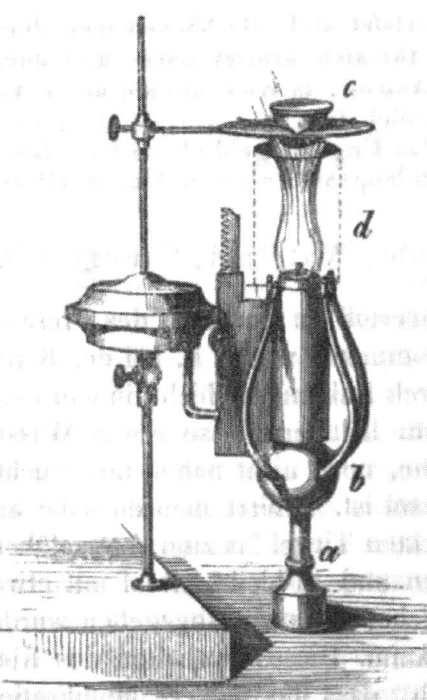

Silicat vollkommen aufzuschliessen. Enthalten die Silicate chemisch gebundenes Wasser, so sind sie immer in Säuren löslich. Flusssäure löst sie übrigens alle, da die Kieselsäure selbst darin löslich ist. Auch die Schwefelsäure zersetzt die feingepulverten Silicate, wenn sie lange Zeit mit derselben digerirt werden. Bei der Behandlung der löslichen Silicate mit einer Säure, am besten mit Salzsäure, bleibt die Kieselsäure entweder gallertartig zurück, oder sie löst sich ganz auf und wird erst beim Abdampfen der sauren Flüssigkeit bis zur Trockenheit und abermaliger Behandlung der Masse mit Salzsäure unlöslich. Die Silicate werden auch durch Schmelzen mit Kalk-, Baryt-, Strontian-Erde und Bleioxyd aufgeschlossen. Die Phosphorsäure zerlegt sie beim Glühen ebenfalls und entzieht ihnen die Basis.

Um die Kieselsäure rein zu erhalten, zerlegt man basisches, kieselsaures Kali oder Natron durch Salzsäure. Man trägt zu diesem Behufe einen Theil Quarz in drei Theile schmelzendes, kohlensaures Kali oder Natron nach und nach ein, löst die Masse nach dem Erkalten in verdünnter Salzsäure, dampft die saure Lösung zur Trockenheit ab, kocht sie nochmals mit verdünnter Salzsäure, wäscht sie aus und glüht sie zuletzt. Ganz vollkommen rein und äusserst fein vertheilt erhält man sie bei der Zerlegung des Fluorkiesels durch Wasser.

Vor dem Löthrohre charakterisirt sich die Kieselsäure durch ihre Unschmelzbarkeit, wenn sie für sich erhitzt wird, und durch ihr Verhalten zum kohlensauren Natron, in welchem sie unter Aufbrausen zu einem klaren Glase löslich ist. In geringer Menge löst sie sich im Phosphorsalze, wobei das Ungelöstgebliebene halb durchsichtig wird. In Borax löst sie sich langsam zu einem klaren Glase.

Kiesel, Wasserstoff, Kalium, Natrium, Sauerstoff.

420. Wenn Kiesel und Wasserstoff im Momente des Freiwerdens mit einander in Berührung kommen, was z. B. bei der Bereitung des Kiesels aus Fluorkiesel durch Kalium geschieht, indem beim Auswaschen der noch freies Kalium hältigen Masse etwas Wasser zerlegt wird, so entsteht eine braune, noch nicht näher untersuchte Masse, die vielleicht Wasserstoffkiesel ist. Erhitzt man dieselbe anfangs langsam, dann in einem bedeckten Tiegel bis zum Weissglühen, so wird der Wasserstoff ausgetrieben und es bleibt Kiesel mit etwas Kieselsäure verunreinigt zurück, welche, wie oben angegeben wurde, durch Flusssäure entfernt werden kann. Dieses Verhalten des Kiesels macht es nicht unwahrscheinlich, dass die lockere Modification desselben immer Wasserstoffkiesel (Hydrure de Silicium) ist.

421. Kiesel und Kalium vereinigen sich zwar, mit einander erhitzt, direct, jedoch ohne Feuererscheinung und nicht in bestimmten Verhältnissen. Enthält die Verbindung hinreichend viel Kalium, so löst sie sich in Wasser, unter Entwicklung von Wasserstoffgas, zu kieselsaurem Kali; bei weniger Kalium bleibt Kieselsäure zurück. Die Kieselsäure hingegen verbindet sich mit dem Kali in mehreren bestimmten Verhältnissen zu den Kalisilicaten, welche jedoch aus ihren wässerigen Lösungen nicht krystallisirt erhalten werden können, so dass sich ihre Zusammensetzung nur unvollkommen und indirect bestimmen lässt. Wenn Kieselsäure mit einem Überschuss von kohlensaurem Kali geschmolzen wird, so ersetzt 1 Äq. derselben nach H. Rose genau 1 Äq. Kohlensäure; woraus man schliessen muss, dass das Silicat, welches auf diesem Wege entstehen kann, die Zusammensetzung $KO.SiO_2$ hat. Es erscheint als ein wasserhelles, an der Luft zerfliessendes Glas. Schmilzt man nach Berzelius einen Theil Kieselsäure mit vier Theilen Kalihydrat zusammen, lässt die klare Flüssigkeit langsam abkühlen, bis sie zur Hälfte erstarrt ist und giesst dann das Übrige ab, so bleiben perlmutterglänzende krystallinische Blättchen zurück, die sehr wahrscheinlich das neutrale Silicat sind. Die Lösung des kieselsauren Kali's in Wasser ist unter dem Namen Kieselfeuchtigkeit bekannt. Dieselbe wird auch durch Auflösen der löslichen Modification der Kieselsäure in Kalilauge erhalten, was schon in der Kälte und zwar unter einiger Wärmeentwicklung erfolgt. Selbst die nach der Bereitung geglühte Kieselsäure wird noch vollständig, aber langsam von Kalilauge gelöst (419); die krystallisirte hingegen, auch noch so fein gepulvert, gar nicht. Schon die Kohlensäure ist im Stande die Kieselfeuchtigkeit zu zerlegen und die Säure abzuscheiden; geschieht diess durch längeres Stehenlassen an der Luft, so wird die anfangs in Form einer Gallerte sich abscheidende Kieselsäure nach einigen Momenten so fest, dass sie Glas ritzt. Da man weiss, dass der Feuerstein und die Opale etc., der darin enthaltenen organischen Reste wegen, nur auf nassem Wege entstanden sein können, so ist es nicht unwahrscheinlich, dass hiebei ein dem obigen ähnlicher Process Statt gefunden hat; welche Ansicht noch dadurch unterstützt wird, dass diese Mineralien immer etwas Kali enthalten. Die Lösung der Kalisilicate wird sowohl durch die meisten Kali- und Natron-Salze, als durch Salmiak und durch die Salze der schweren Metalle zerlegt. Dabei wird häufig nicht bloss die Kieselsäure gefällt, sondern es entstehen oft Niederschläge, die aus Kali, Kieselsäure und aus den Metallen der zugesetzten Salze bestehen. Auch im Wasser nicht lösliche Salze, namentlich die der Thonerde, des Kalkes und des Bleioxydes, zerlegen sich, mit der Lösung eines Kalisilicates zusammengerieben, und geben erhärtende Massen, die mancher technischen Anwendung fähig sind.

Das von Fuchs entdeckte Wasserglas wird erhalten, wenn man drei Theile gestossenen Quarz mit zwei Theilen Pottasche zusammenschmilzt, was nahe der Formel $KO, 4SiO_2$ entspricht. Man setzt noch $\frac{1}{8}$ Kohle zu, um die Zersetzung der Kohlensäure und der in der Pottasche enthaltenen schwefelsauren Salze zu erleichtern. Um den Quarz leichter pulvern zu können, wird er zuvor glühend gemacht und in kaltes Wasser geworfen. Das erhaltene Product ist, wenn die zur Bereitung desselben genommenen Stoffe rein waren, ein wasserhelles, bei Verwendung der gewöhnlichen Substanzen jedoch ein grünlich- oder grauschwarzes Glas, welches beim Liegen an der Luft rissig wird, indem es etwas Wasser aufnimmt. Es löst sich, fein gepulvert, in fünf Theilen Wasser langsam aber vollständig auf, und gibt beim Eintrocknen eine spröde, glasartige Masse, die jedoch weicher als Glas ist und sich beim Schmelzen stark aufbläht, da sie ungefähr 12 Pct. Wasser enthält. Sie löst sich nur sehr langsam in kaltem, weit leichter in heissem Wasser, und wird durch die Kohlensäure der Luft nicht zersetzt. Enthält das Wasserglas fremdartige Salze beigemengt, so wittern sie beim längeren Liegen desselben in der Luft aus, und können dann durch Waschen mit kaltem Wasser entfernt werden. Um es zu reinigen, pulvert man es daher grob, lässt es einige Zeit unter öfterem Umschaufeln an der Luft liegen und wäscht es dann mit Wasser aus. Enthält das Wasserglas andere Erden, so ist es im Wasser unlöslich und daher unbrauchbar. Die verdünnte Lösung desselben wird von der Kohlensäure der Luft wie die des neutralen Silicates zersetzt; es muss daher im geschmolzenen Zustande, oder bis zu einer dicken Gallerte eingedampft, aufbewahrt werden. Eine wichtige Anwendung desselben beruht auf seiner Eigenschaft, Holz, Zeug, Papier, Stricke etc., die damit überzogen oder davon durchdrungen sind, vor raschem Verbrennen zu schützen. Es muss zu diesem Behufe durch Auswittern und Auswaschen von fremden Salzen befreit sein und das Holz muss öfter, jedesmal aber nur mit einer verdünnten Lösung desselben angestrichen werden, immer aber erst dann, wenn der erste Anstrich gut getrocknet ist. Sollen Zeuge davon gehörig durchdrungen werden, so ist es nicht hinreichend, sie bloss einzutauchen, sondern die Gewebe müssen zwischen Walzen behandelt werden, wo sie dann nicht mit Flamme brennen, sondern nur langsam verkohlen und sich gut aufrollen, aber nicht in scharfe Falten legen lassen. Ausser dieser Anwendung kann das Wasserglas auch mit Vortheil zum Kitten von Glas und Porzellan, zum Härten des Gypses, zum Grundiren der Mauern für Farbanstriche, welchen ebenfalls Wasserglas zugesetzt ist, u. dgl. m. verwendet werden. Zweckmässig ist, gepulvertes Wasserglas der Lösung desselben zuzusetzen,

Das mit Natron bereitete Wasserglas (422) hat vor dem mit Kali bereiteten Vorzüge.

Fällt man die Lösung des Wasserglases durch Weingeist und wäscht den Niederschlag mit Weingeist von 30 Pct. gut aus, so erhält man ein Silicat, dessen Zusammensetzung der Formel $KO,8SiO_2$ entspricht. Kocht man dieses mit Wasser aus, so löst sich eines von der Formel $KO,4SiO_2$, während ein anderes $KO,18SiO_2,9HO$ zurückbleibt. Der gallertartige Niederschlag endlich, welcher sich aus der Lösung der Kieselsäure in kochendem kohlensauren Kali beim Erkalten absetzt, ist $KO,24SiO_2,16HO$. (Forchhammer Pogg. An. 35. 339.)

422. Neutrales kieselsaures Natron NaO,SiO_2 (Silicate de soude) wird in Form eines dem Kalisilicate ähnlichen Glases durch Zusammenschmelzen von 1 Äq. Kieselsäure mit 1 Äq. kohlensaurem Natron erhalten. Aus der nicht zu concentrirten Lösung desselben setzen sich Krystalle ab, von denen einige 6, andere 9 Äq. Wasser enthalten. Letztere verwittern an der Luft, ziehen Kohlensäure aus derselben an und schmelzen schon bei $40°$. Bei der Reinigung der rohen Soda setzen sich zuweilen aus der Mutterlauge rhomboëdrische Krystalle ab, die 8 Äq. Wasser enthalten und an der Luft nicht verwittern. Durch Schmelzen von einem Theile Quarz mit zwei Theilen krystallisirtem kohlensauren Natron erhält man ein Wasserglas, welches dem mit Kali bereiteten vorzuziehen ist, weil es nicht so leicht wie dieses abspringt und Risse bekommt. Der Kieselsinter, welcher sich aus dem Wasser des Geisers auf Island absetzt, ist $NaO,3SiO_2$. Dieselbe Verbindung erhält man auch durch Schmelzen von drei Theilen Quarz mit zwei Theilen trockenen kohlensaurem Natron. Man wäscht das Glas zuerst mit kaltem Wasser aus, löst es dann in siedendem Wasser und setzt Weingeist zu, wodurch das Salz in Form eines weissen Niederschlages abgeschieden wird, der zu einer durchscheinenden Masse eintrocknet. Durch Sättigen siedender Natronlauge mit Kieselsäure erhält man beim Eintrocknen derselben eine gallertartige, aus der Luft Feuchtigkeit anziehende Masse $NaO,4SiO_2,12HO$. Nimmt man eine Lösung von siedendem kohlensauren Natron, so scheidet sich nach dem Erkalten ein in kochendem Wasser nicht löslicher Niederschlag, der $NaO,36SiO_2$ ist, ab. Ein Theil Natron schmilzt mit neun Theilen Quarz in starker Weissglühhitze noch zusammen, mit 15 Theilen Quarz hingegen findet nur mehr ein Zusammensintern Statt.

Kiesel, Schwefel, Chlor, Brom.

423. Schwefelkiesel SiS_2 (Sulfure de silicium). Beim Erhitzen von Kiesel in Schwefelgas bis zum starken Glühen verbinden sich beide Körper unter Feuererscheinung zu einer weissen amorphen Masse, welche in trockener Luft unverändert bleibt, in feuchter aber in Kieselsäure und Hydrothion zerfällt, was in Wasser sogleich geschieht und wobei die gebildete Kieselsäure gelöst bleibt. An der Luft erhitzt, verbrennt der Schwefelkiesel zu Kieselsäure und schwefliger Säure und mit dem Schwefelkalium verbindet er sich zu einer schwarzbraunen Masse, einem Sulfosalze, das sich vollständig im Wasser löst.

424. Chlorkiesel $SiCl_2 = 85,8$; $[SiCl^2]5,9486$, (Chlorure de silicium). Wenn Kiesel und zwar entweder lockerer oder cohärenter in Chlorgas erhitzt wird, so entzündet er sich und verbrennt zu Chlorkiesel, einer farblosen Flüssigkeit von erstickendem Geruche, die bei 50° siedet und bei -20° noch nicht fest wird. Mit Wasser in Berührung wird der Chlorkiesel sogleich in Hydrochlor und Kieselsäure zerlegt, daher raucht er an der Luft und setzt Kieselsäure ab. Man bereitet denselben, wenn man ein vollkommen trockenes und inniges Gemenge von Kohle und Kieselsäure in einer mit Eisenblech umwickelten Glasröhre, welche mit einer gut abgekühlten Vorlage verbunden ist, bis zum starken Rothglühen erhitzt und dann vollkommen trockenes Chlor darüber leitet, wobei eine einfache Substitution des Sauerstoffes durch Chlor unter Bildung von Kohlenoxydgas Statt findet. Am besten ist es, hiezu Kieselsäure zu nehmen, die durch Zerlegung des Kalisilicates erhalten wurde. Auch muss die Gegenwart von Feuchtigkeit auf das Sorgfältigste vermieden werden. Der erhaltene Chlorkiesel wird durch Schütteln mit Quecksilber von überschüssigem Chlor befreit.

Mit dem Ammoniak verbindet sich der Chlorkiesel unter Erhitzung zu einer weissen amorphen Masse, dem Chlorkiesel-Ammoniak $3H_3N,SiCl_2$, welche ohne Zersetzung sublimirbar ist. Durch Wasser wird dieselbe zersetzt, indem

$$3H_3N,SiCl_2 + 2HO = 2H_4NCl + SiO_2 + H_3N \text{ ist.}$$

Brom verhält sich wie Chlor zum Kiesel, man erhält ganz auf dieselbe Art eine wasserhelle, erstickend riechende Flüssigkeit, welche bei $148-150^{o}$ siedet und bei -12° bis -15° gefriert.

Kiesel, Fluor, Wasserstoff, Kalium, Natrium.

425. Fluorkiesel $SiF_2 = 52,4$; $[SiF^2]3,6328$, (Fluorure de silicium). Dieser Körper erscheint als ein farbloses, erstickend riechendes Gas und bildet sich, wenn Hydrofluor mit Kieselsäure zusammenkommt, wobei das Fluor den Sauerstoff substituirt. $2HF + SiO_2 = SiF_2 + 2HO$. Man bereitet dieses Gas, indem man 2 — 3 Theile Quarz mit 4 Theilen Flussspath innig mengt, in eine geräumige Glasretorte bringt, mit 5 Theilen ganz concentrirter Schwefelsäure übergiesst und nach und nach stark erwärmt.

$$SiO_2 + 3CaF + 2 (HO,SO_3) = SiF_2 + 2(CaO,SO_3).$$

Die Masse muss vollkommen trocken sein, und darf die Retorte nur bis zur Hälfte erfüllen. Das Gas wird in vollkommen trockenen Gläsern über Quecksilber gesammelt, da es sich begierig des Wassers bemächtiget, wobei Kieselfluorwasserstoff entsteht. Der Fluorkiesel ist besonders merkwürdig durch die grosse Reihe von Fluorkieselmetallen, zu deren Bildung derselbe Veranlassung gibt. Diese Verbindungen sind nach der Formel $RSiF_3$, in welcher R alle Grundstoffe von Wasserstoff an bis zu den vorzugsweise Säure bildenden bedeuten kann, zusammengesetzt. Man kann dieselbe als Fluorsalze, nämlich als Verbindungen einer Fluorbasis mit einer Fluorsäure, das ist als RF,SiF_2 betrachten. Sie entstehen direct, wenn Fluorkiesel entweder mit andern Fluormetallen, oder mit einem reinen oder kohlensauren Metalloxyde, das mit Wasser befeuchtet ist, in Berührung kommt, wobei Kieselsäure abgeschieden wird, oder endlich wenn in Kieselfluorwasserstoff, der Wasserstoff durch ein anderes Radical ersetzt wird, was beim Zusammenbringen desselben mit gewissen Metallen oder ihren Oxyden im reinen, kohlensauren oder gewässerten Zustande geschieht. Die Fluorkieselmetalle sind meistens in Wasser löslich, haben einen säuerlich bitteren Geschmack, röthen Lackmus und werden sämmtlich sowohl durch Erhitzung als durch Säuren, Alkalien und ihre Salze, so wie durch die Salze der meisten anderen Radicale zerlegt.

Mit dem Ammoniak verbindet sich der Fluorkiesel zu einer weissen amorphen Masse, dem Fluorkieselammoniak H_3N,SiF_2. 1 V. Fluorkieselgas nimmt nämlich unter allen Umständen 2 V. Ammoniakgas auf. Die Verbindung ist flüchtig und wird durch Hydrochlor in Salmiak und Fluorkiesel, vom Wasser unter Abscheidung von Kieselsäure zerlegt.

Der Fluorkiesel geht auch nach Kuhlmann (Ann. der Chem. u. Pharm. 39. 319.), mit den höheren Oxydationsstufen des Stickstoffes merkwürdige Verbindungen ein, die jedoch noch nicht näher untersucht sind.

426. Kieselfluorwasserstoff $HSiF_3 = HF,SiF_2$ (Kieselflusssäure, Acide fluorique soussilicé). Wenn man Fluorkiesel in Wasser leitet, so wird er in grosser Menge mit Erwärmung aufgenommen und sogleich unter Abscheidung von Kieselsäure zerlegt. Man kann sich vorstellen, dass hierbei Folgendes geschieht:

$$3SiF_2 + 2HO = 2(HF,SiF_2) + SiO_2.$$

Da die sich abscheidende Kieselgallerte die Röhren bald verstopfen würde, wenn sie unmittelbar in das vorgeschlagene Wasser tauchten, so ist es am zweckmässigsten den Retortenhals so tief wie möglich in einen Kolben zu leiten, ohne ihn jedoch das darin befindliche Wasser berühren zu lassen, und durch öfteres Wenden desselben die Wände zu benetzen. Wenn nichts mehr aufgenommen wird, bringt man alles auf ein Tuch und trennt die abgeschiedene Kieselsäure durch Auspressen. Der Kieselfluorwasserstoff verdunstet schon bei 40°, geschieht dies in Glas, so wird dasselbe angegriffen, da zuerst etwas Fluorkiesel allein entweicht und die zurückbleibende Flüssigkeit immer reicher an Hydrofluor wird. Viele Salze werden durch den Kieselfluorwasserstoff so zersetzt, dass der Wasserstoff desselben durch das Radical des Salzes ersetzt wird.

427. Fluorkieselkalium, $KSiF_3$ oder KF,SiF_2. Dieses Fluorsalz scheidet sich, wenn man zur Lösung eines Kalisalzes oder zu Ätzkali Fluorkieselwasserstoff setzt, in Form eines anfangs kaum sichtbaren, später im durchfallenden Lichte farbenspielenden, gallertartigen Niederschlages ab, der auf dem Filter zu einer weissen Masse eintrocknet. Es ist nur in sehr geringer Menge in kaltem, in etwas grösserer in heissem Wasser löslich, und bildet beim Erkalten einer solchen gesättigten Lösung kleine, rhomboëdrische Krystalle. Dieses Verhaltens wegen hat man Fluorkieselwasserstoff zur Trennung des Kali von Natron, jedoch keineswegs mit Vortheil angewendet. Das Fluorkieselkalium schmilzt bei anfangendem Glühen und zerfällt bei stärkerem Erhitzen in Fluorkiesel und Fluorkalium. Schwefelsäure zerlegt es vollständig unter Abscheidung von Hydrofluor und Fluorkiesel. Beim Kochen desselben mit Ätzkali oder kohlensaurem Kali wird Kieselsäure abgeschieden und Fluorkalium gelöst.

Das Fluorkieselnatrium $NaSiF_3$ scheidet sich bei seiner Entstehung leichter ab, und ist in kaltem, besonders aber in heissem Wasser viel leichter löslich, kann daher auch in grösseren Krystallen erhalten werden.

428. Fluorkieselammonium H_4N,SiF_3 oder H_4NF,SiF_2 wird erhalten wenn man Fluorkieselwasserstoff mit Ammoniak neutralisirt, wobei ein Überschuss des letzteren zu vermeiden ist, indem durch einen solchen die Kieselsäure gänzlich aus der Verbindung abgeschieden und Fluorammonium gebildet werden würde. Vortheilhaft ist es, ein inniges Gemenge von Fluorkieselkalium mit Salmiak so weit zu erhitzen, dass die neue Verbindung durch Sublimation getrennt werden kann. Das Fluorkieselammonium ist leicht in Wasser löslich und krystallisirt bei freiwilligem Verdunsten der Flüssigkeit in grossen glänzenden, luftbeständigen Krystallen, deren Form nicht näher untersucht ist. Beim Erwärmen geben sie ihr Wasser, dessen Menge nicht bekannt ist, ab und sublimiren ohne eine Zersetzung zu erleiden. Schwefelsäure und die Alkalien zerlegen es sogleich. Gläserne Gefässe greift es beim Kochen darin an.

XIV. Bor B = 10,8 oder 7,2.

Im Jahre 1702 stellte Homberg die Borsäure aus dem Borax dar, und im Jahre 1808 zeigten Gay-Lussac und Thenard, dass dieselbe aus einem eigenthümlichen Grundstoffe, dem Bor (Boron, Boracium, Bore) und Sauerstoff besteht. Berzelius verdankt die Wissenschaft eine genauere Untersuchung der Verhältnisse dieses Körpers.

429. Das Bor erscheint als ein undurchsichtiges, dunkelgrünlichbraunes, amorphes Pulver, das weder geschmolzen noch verflüchtigt werden kann. In nicht geglühtem Zustande wirken andere Stoffe viel stärker darauf ein, als wenn es bereits geglüht wurde. Selbst Wasser löst das nicht geglühte Bor, obwohl nur in geringer Menge, mit grünlich-gelber Farbe, beim Zusatz von Säuren, Salmiaklösung etc. fällt dasselbe jedoch wieder heraus. Man erhält das Bor durch Zerlegung der verglasten Borsäure oder des Fluorborgases mit Kalium; vortheilhafter ist es jedoch nach Berzelius, möglichst trockenes Fluorborkalium mit seinem gleichen Gewichte Kalium, oder besser, der entsprechenden Menge Natrium in einer eisernen, an einem Ende verschlossenen Rohre nach und nach bis zum Glühen zu erhitzen. Die geschmolzene Masse wird dann, um die feinere Vertheilung des Bors, welches sonst durch's Filter geht, zu hindern, mit Salmiak haltendem Wasser gut ausgewaschen und in Wasserstoffgas geglüht. Nach dem Glühen lässt es sich leichter auswaschen und vollständig von noch beigemengtem Fluorbor-Fluorkalium befreien. Nach Dumas erhält man es auch durch Erhitzen des festen Borchlorürhydrates (433) in Wasserstoffgas.

Das Bor geht am leichtesten mit den vorzugsweise säurebildenden Radicalen Verbindungen ein, und zwar mit mehreren derselben direct und unter Feuererscheinung; während es mit den basenbildenden nur unbestimmte Verbindungen gibt.

Bisher wird durchgehends angenommen, dass die Borsäure aus 1 Äq. Bor und 3 Äq. Sauerstoff besteht, wo dann das Äquivalent des Bors $= 10,8$ ist. Da indess die chemische Ähnlichkeit des Bors mit dem Kiesel unverkennbar ist und überwiegende Gründe dafür sprechen, die Kieselsäure als aus 1 Äq. Kiesel und 2 Äq. Sauerstoff zusammengesetzt anzunehmen, so dürfte es der Mühe werth sein, die Formeln der Borverbindungen auch unter dieser Voraussetzung zu berechnen. Um die Vergleichung zu erleichtern, sind die Formeln, welche sich auf $B = 7,2$ beziehen, in Klammern eingeschaltet, neben die gebräuchlichen gestellt. Da es zur Umstaltung der Formel BO_3 in die Formel BO_2 nur nöthig ist die erstere mit $^2/_3$ zu multipliciren, wo dann in der neuen Formel $B = 18,8 \cdot {}^2/_3 = 7,2$ ist, so hat man im Allgemeinen mit der gebräuchlichen Formel dasselbe zu thun, um die eingeklammerte zu erhalten. So ist z. B. die gewöhnliche Formel für den Borax $NaO,2BO_3,10HO$, die für $B = 7,2$ geltende wird daher sein: $^2/_3NaO,2B^2/_3O_2,10^2/_3HO$, oder $2NaO,6BO_2 20HO$ oder endlich $NaO,3BO_2,10HO$. Es bedarf kaum der Erwähnung, dass, wenn man aus der für $B = 7,2$ geltenden Formel die für $B = 10,8$ giltige machen will, man jene nur mit $^3/_2$ zu multipliciren braucht.

Bor und Sauerstoff.

430. Borsäure $BO_3 = 34,8$; $(BO_2 = 23,2)$ (Boronsäure, Boraxsäure, Acide borique). Es ist dies die einzige Oxydationsstufe des Bors, welche bisher erhalten werden konnte. Sie bildet sich wenn Bor in der Luft oder in Sauerstoffgas verbrennt was bei ungefähr 300^0 mit lebhaftem röthlichen Lichte geschieht. Hiebei entsteht auch ein schwarzer Körper, der ausgewaschen und wieder entzündet ebenfalls zu Borsäure verbrennt, dessen nähere Beschaffenheit aber nicht ermittelt ist. Das Bor oxydirt sich ferner beim Erwärmen in Schwefelsäure, Salpetersäure und zersetzt bei erhöhter Temperatur viele Metalloxyde, wobei borsaure Salze, B o r a t e, entstehen. Kohlensaures Kali wird durch Erhitzen mit Bor, unter Abscheidung von Kohle in borsaures verwandelt; dasselbe erfolgt bei Ätzkali unter Abscheidung von Wasserstoffgas.

Das H y d r a t der Borsäure $BO_3,3HO$; $(BO_2,2HO)$ krystallisirt aus einer heissen Lösung derselben in Wasser in perlmutterglänzenden Blättchen und ist nach M ü l l e r anorthotyp, nach B r e w s t e r orthotyp. Die Dichte des Hydrates beträgt $1,48$. Etwas über 100^0 verliert dasselbe die Hälfte seines Wassers ohne zu schmelzen, während die andere Hälfte beim Schmelzen unter starkem Aufblähen erst in der Glühhitze ausgetrieben werden kann. Die ruhig fliessende Säure zerspringt beim Erstarren unter Lichtentwicklung und erscheint dann als ein durchsichtiges, hartes und sprödes Glas, dessen Dichte

1,83 beträgt. Sie ist sowohl im krystallisirten als wasserfreien Zustande geruchlos und schmeckt schwach bitterlich. 1 Th. der krystallisirten Säure bedarf zur Lösung 25,66 Th. Wasser von 19°; 14,88 von 25°; 12,66 von 37,5; 10,16 von 50°; 6,12 von 62,5°; 4,73 von 75°; 3,55 von 87,5° und 2,97 von 100°. Die Dichte einer bei 8° gesättigten Lösung beträgt 1,014. Die Säure ist auch in Weingeist löslich und dieser brennt dann mit grüner Flamme. Obwohl die Borsäure an sich nicht flüchtig ist, so wird, wenn Wasserdämpfe oder andere Gase über sie hinstreichen, ein Theil davon fortgerissen, daher auch eine nicht unbedeutende Menge derselben beim Abdampfen einer Lösung verloren geht. Die Borsäure wird durch Kohle, Phosphor und Wasserstoff, selbst in der Weissglühhitze, nicht zersetzt, wohl aber durch Kalium und Natrium. In ihrer wässerigen Lösung zeigt sie nur schwache, saure Eigenschaften, bei anfangender Glühhitze hingegen ist sie im Stande, alle andern nicht feuerbeständigen Säuren zu verdrängen. Aus den wässerigen Lösungen der Borate scheiden die meisten Säuren die Borsäure ab, vermischt man sie daher mit Schwefelsäure und Weingeist, so brennt derselbe mit grüner Flamme. Auch die Löthrohrflamme wird von den Boraten grün gefärbt, wenn sie mit doppelt schwefelsaurem Kali gemengt in dieselbe gehalten werden.

In der Schwefelsäure löst sich die Borsäure in grosser Menge und gibt damit eine nicht krystallisirbare Verbindung, aus der beim Verdünnen mit Wasser ein Theil der Borsäure abgeschieden wird.

Man bereitet die Borsäure, wenn man 1 Th. Borax in 4 Th. kochendem Wasser löst, und $^1/_3$ Th. Schwefelsäure oder besser $^1/_2$ Th. Salzsäure von 1,2 Dichte zusetzt. Die Säure scheidet sich beim Erkalten ab und wird durch Umkrystallisiren gereinigt.

Die Borsäure kommt in der Natur als Sassolin (prismatische Borax - Säure) in mehreren vulkanischen Gegenden, insbesondere in den heissen Quellen von Sasso bei Siena, auf einer der liparischen Inseln (Vulcano) und vorzüglich in den Lagunen von Toscana vor, an welchem letzteren Orte sie mit Benützung der heissen, aus der Erde hervordringenden Wasserdämpfe (Suffioni) im Grossen gewonnen und vorzüglich nach Frankreich versendet wird. Die jährliche Ausbeute daselbst beträgt jetzt an 30,000 Ct. Mit den Wasserdämpfen der Suffioni werden Kohlensäure, Stickgas, Sauerstoffgas und Hydrothion, nebst Thon, Gyps, schwefelsaure Thonerde, Eisenvitriol, Salmiak, Hydrochlor und eine übelriechende organische Materie emporgetrieben. Beim Condensiren der Dämpfe, welche unmittelbar aus der Erde strömen, erhält man keine Borsäure, wahrscheinlich weil die darin enthaltende Menge derselben zu gering ist; sind die

Mündungen aber mit dem schlammigen Wasser der Lagunen bedeckt, so findet sie sich darin. Nach Wittstein enthält die im Handel vorkommende rohe Borsäure 76 Pct. krystallisirte Säure, und nebst dieser noch vorzüglich schwefelsaures Ammoniak, 8½ Pct. schwefelsaure Bittererde und schwefelsauren Kalk.

In Schwefelgas erhitzt, verbrennt das Bor zu Borschwefel, BS_3; (BS_2), der sich in Wasser zu Borsäure und Hydrothion zerlegt. Beim gelinden Erhitzen scheint sich eine Verbindung mit grösserem Schwefelgehalt zu bilden, da beim Auflösen derselben in Wasser, Schwefel abgeschieden wird.

431. Borsäure und Kali. Wenn man eine kochende Lösung von kohlensaurem Kali mit Borsäure übersättigt und dann so lange Ätzkali zusetzt, bis sie alkalisch reagirt, so schiesst beim Erkalten derselben ein Salz (a) an, dessen Zusammensetzung der Formel $KO,6BO_3,10HO$; ($KO,9BO_2,10HO$) entspricht. Es reagirt schwach alkalisch, ist luftbeständig und im kalten Wasser wenig, im heissen ziemlich reichlich löslich. Zuweilen krystallisirt auch an der Oberfläche der Flüssigkeit ein Salz (b), dessen Formel $KO,3BO_3,8HO$; ($2KO,9BO_2,16HO$) ist. Bei längerem Stehen der obigen Flüssigkeit krystallisirt dann das Salz (c) $KO,2BO_3,5HO$; ($KO,3BO_2,5HO$) heraus, das rhomboëdrisch ist, alkalisch reagirt und sich leicht in kaltem Wasser löst.

Alle diese Salze schmelzen unter Aufblähen zu einem klaren Glase, wobei sie ihr Wasser abgeben. Ein krystallisirbares Salz, das aus 1 Äq. Borsäure und 1 Äq. Kali bestände, gibt es nicht; schmilzt man nämlich beide Körper in obigem Verhältnisse zusammen, so erhält man ein klares, in Wasser schwer lösliches Glas, das an der Luft so lange Kohlensäure anzieht, bis es in ein Gemenge von kohlensaurem Kali und dem Salze (c) zerfallen ist.

432. Borsäure und Natron. *a.* $NaO,2BO_3,10HO$; ($NaO,3BO_2,10HO$) Borax (gewöhnlicher). Das im Handel unter diesem Namen vorkommende Salz findet sich in der Natur als Tinkal (prismatisches Boraxsalz) mit einer fettartigen Substanz durchdrungen, vorzüglich in einigen Salzseen Indiens und Tibets. In gereinigtem Zustande erscheint der Borax in farblosen Krystallen, welche hemiorthotyp sind. Die Abweichung der Axe in der Ebene der grösseren Diagonale liegend beträgt $16^{\circ}85'$. $a:b:c:d = 3,358:6,844:6,220:1$. G Com. sind: $P - \infty$. $P + \infty$. $\breve{P}r + \infty$; $P - \infty$. $P/2$. $(P+1)^{1}/_{2}$. $P. + \infty$. $\breve{P}r + \infty$. $\bar{P}r + \infty$. Die Theilbarkeit nach $\breve{P}r + \infty$ ist vollkommen nach $P + \infty$ weniger deutlich. Ihre Dichte beträgt $1,757$; sie bedürfen zu ihrer Lösung, welche schwach alkalisch reagirt,

12 Th. kaltes oder 2 Th. siedendes Wasser. Aus einer Lösung desselben, welche bei 100° eine Dichte von 1,17 hat, krystallisirt
beim Erkalten nur gew. Borax heraus. Bei einer grösseren Dichte
der Lösung krystallisirt dieses Salz nur dann, wenn die Tpr. unter
56° gesunken ist.

Die Krystalle verwittern an trockener Luft nur oberflächlich,
zerspringen meistens beim Erwärmen, blähen sich dann zu einer
schwammigen Masse (calcinirter Borax) auf und schmelzen in der
Glühhitze zu einem durchsichtigen Glase (Boraxglas), das nur sehr
langsam aus der Luft Wasser aufnimmt und dabei undurchsichtig wird.

b. $NaO,2BO_3,5HO$; ($NaO,3BO_2,5HO$); Borax (octaëdrischer).
Dieses Salz krystallisirt aus einer Lösung des gewöhnlichen Borax,
welche bei 100° eine Dichte von 1,246 hat, wenn dieselbe langsam
bis 79° abgekühlt wird. Die Bildung desselben dauert fort, bis die
Lösung eine Tpr. von 56° angenommen hat, wo dann nur gewöhnlicher Borax anschiesst. Der octaëdrische Borax ist tessularisch, hat
eine Dichte von 1,815, ist härter als der gewöhnliche, die Krystalle
ziehen an feuchter Luft Wasser an und werden dadurch undurchsichtig. Beim Erhitzen verhält sich dieses Salz wie das vorige, nur zerspringt es vor dem Schmelzen nicht, wie dieses.

Das Boraxglas löst im geschmolzenen Zustande die meisten
Metalloxyde auf und bildet damit zum Theil gefärbte Gläser, ist da-
her bei Löthrohrversuchen unentbehrlich geworden. Aus demselben
Grunde wird der Borax auch beim Löthen verwendet, um die Ober-
fläche der zu löthenden Flächen rein zu halten. Er dient ferner zur
Bereitung von Glasflüssen, Emails, bleifreien Glasuren etc.

c. $NaO,BO_3,8HO$; ($2NaO,3BO_2,16HO$). Wenn ein Gemenge
von 1 Äq. trockenem kohlensauren Natron mit 1 Äq. Borax erhitzt
wird, so bläht es sich stark auf, ohne jedoch selbst beim Glühen zu
schmelzen. Die Kohlensäure entweicht dabei und man erhält eine
Masse, aus deren heisser Lösung beim langsamen Erkalten grosse, wie
es scheint, hemiprismatische Krystalle anschiessen. Sie ziehen aus der
Luft Kohlensäure an und zerfallen dabei in Borax und kohlensaures Natron. Bei 57° schmelzen sie und aus der Flüssigkeit schiessen nach längerem Erkalten bis 0° Krystalle an, welche nur 6 Äq. Wasser enthalten.

Der Borax wurde bis auf die neuere Zeit ausschliesslich durch
Raffiniren des Tinkals gewonnen, welches besonders in Venedig
und einigen anderen Seestädten geschah. Jetzt wird bei weitem die
grösste Menge desselben und zwar insbesondere in Frankreich,
durch Neutralisation der rohen Borsäure mit Soda gewonnen. Man
bedient sich hiezu hölzerner, mit Blei gefütterter Kufen, welche einen

concaven Boden haben, an dessen tiefster Stelle ein weiter Hahn zum Ablassen des Bodensatzes angebracht ist. Seitwärts und etwas höher befindet sich ein zweiter Hahn, der zum Ablassen der klaren Lauge dient. Die Kufe ist ferner mit einem Deckel verschlossen, der drei Öffnungen hat. Durch die eine geht das Dampfrohr fast bis auf den Boden der Kufe, um den Inhalt derselben zu erhitzen; die zweite nimmt eine Röhre auf, durch welche die Gase entweichen, und welche in ein Gefäss mit verdünnter Schwefelsäure mündet, um das mit der Kohlensäure fortgehende Ammoniak zu gewinnen; in die dritte endlich geht ein weites, bis unter den Spiegel der Flüssigkeit reichendes Rohr zum Eintragen der rohen Boraxsäure. Auf 10 Th. derselben braucht man ungefähr 12 Th. krystallisirte Soda. Wenn diese gelöst ist, trägt man nach und nach die Borsäure ein, wonach die Lauge eine Dichte von 1,166 haben muss; ihr Siedepunkt liegt dann bei 105°. Man sperrt nun den Dampf ab und lässt nach 12stündiger Ruhe die klare Lauge vom Bodensatz in die ebenfalls mit Blei ausgelegten Krystallisirgefässe fliessen. Der so erhaltene Borax wird nun einer Krystallisation unterworfen, wobei die grössten Vorsicht nothwendig ist, wenn man grosse und gehörig feste Krystalle erzeugen will, indem die Abkühlung äusserst langsam und unter Vermeidung aller Erschütterung vor sich gehen muss.

Will man octaëdrischen Borax erzeugen, so muss die Lauge eine Dichte von 1,256 bei 100° erhalten. Da die Bildung dieses Borax bei 79° anfängt und bei 56° aufhört, so muss man, wenn die Lauge diese letzte angenommen hat, sich beeilen, dieselbe von den Krystallen zu trennen, da diese sonst mit einer Kruste von gewöhnlichem Borax überzogen werden.

Der aus Tinkal gewonnene Borax hat vor dem aus Borsäure bereiteten für's Löthen den Vorzug, dass er beim Erwärmen nicht springt; durch sorgfältiges Krystallisiren und einen Zusatz von Tinkal lässt sich dieser Fehler des aus Borsäure gewonnenen jedoch verbessern. s. h. Lehrbuch der chem. Technologie von Knapp. 1. B. 263.

Bor, Chlor, Fluor, Wasserstoff.

433. Borchlorür $BCl_3 = 117$. $(BCl_2 = 78)$ (Chlorure de Bor). Das Bor verhält sich gegen Chlor ganz wie der Kiesel, indem es damit ein farbloses, stechend riechendes Gas gibt, dessen Dichte 3,942 beträgt, und das bisher nicht zu einer Flüssigkeit condensirt werden konnte, in seinem chemischen Verhalten aber ganz dem Kieselchlorür gleicht. Mit wenig Wasser bildet es ein festes Hydrat. Treten Chlorbor- und Ammoniakgas zusammen, so verbinden sich 2 V. des ersteren mit 3 V. des letzteren zu Chlorborammoniak $3H_3N,BCl_3$; $(2H_3N,BCl_2)$, einem weissen, dem Salmiak ähnlichen Körper, der sich unverändert sublimiren lässt und durch Wasser in Salmiak und borsaures Ammoniak zerfällt.

434. Fluorbor BF₃ $BF_3 = 66,9$ ($BF_2 = 44,6$). Dieser dem Fluorkiesel in seinem Verhalten ganz ähnliche Körper ist nur in Gasform bekannt, er ist farblos, riecht höchst erstickend, hat eine Dichte von $2,31 - 2,37$, wirkt auf organische Substanzen sogleich zerstörend und raucht an feuchter Luft. Concentrirte Schwefelsäure nimmt das 50fache ihres Volumen von dem Gase auf, bei Zusatz von etwas Wasser wird Borsäure abgeschieden. Es erleidet ganz dieselbe Zersetzung wie der Fluorkiesel und wird auch auf dieselbe Art, nämlich durch gelindes Erwärmen von 1 Th. verglaster Borsäure und 2 Th. Flussspath mit 12 Th. Schwefelsäure, am besten in einem bleiernen Gefässe bereitet. Auch durch Weissglühen von 2 Th. Flussspath mit 1 Th. verglaster Borsäure in einem Flintenlaufe, erhält man es.

Fluorborsäure $BO_3,3HF$; ($BO_2,2HF$). Leitet man Fluorbor in Wasser, so wird es unter starker Erwärmung und so rasch absorbirt, dass wenn das Entbindungsrohr unmittelbar in das Wasser taucht, ein Zurücksteigen desselben eintreten kann. Das Wasser nimmt ungefähr das 700fache seines Volumens von dem Gase auf und es entsteht eine klare Flüssigkeit, welche, wenn sie mit dem Gase gesättigt ist, eine Dichte von $1,77$ hat. In diesem Zustande entspricht die Fluorborsäure nach Berzelius nahe der obigen Zusammensetzung. Beim Erwärmen derselben geht zuerst $^1/_3$ von dem aufgenommenen Fluorbor fort und es bleibt eine Flüssigkeit, welche sich unverändert überdestilliren lässt und von Berzelius als eine Verbindung der Fluorborsäure mit 1 Äq. Wasser, also als $BO_3,3HF,HO$; ($3(BO_2,2HF),2HO$) betrachtet wird.

Eine Verbindung der Fluorborsäure mit 2 Äq. Wasser, also eine Säure, deren Zusammensetzung $BO_3,3HF,2HO$; ($3(BO_2,2HF),4HO$) ist, wird nach Berzelius gebildet, wenn man zu wässeriger Flusssäure, die sich in einem gekühlten Platintiegel befindet, so lange Borsäure setzt, als diese sich darin noch löst, was unter Erwärmung geschieht. Nachdem die Flüssigkeit im Wasserbade concentrirt wurde, erhitzt man sie bis zum Kochen, unterbricht dieses, wenn sich dichte weisse Dämpfe aus derselben zu entwickeln beginnen und lässt sie dann über Schwefelsäure erkalten. Die so erhaltene Säure hat eine Dichte von $1,584$, ist etwas dickflüssig wie concentrirte Schwefelsäure und zerstört auch wie diese organische Substanzen.

Setzt man zur Fluorborsäure die nöthige Menge eines löslichen Metallsalzes, so tritt das Metall an die Stelle ihres Wasserstoffes, während ein anderer Theil des Oxydes sich mit der Borsäure verbindet, wodurch Doppelverbindungen von borsauren Salzen mit Fluormetallen nach folgendem Schema entstehen:

$$BO_3,3HF + 4RO = RO,BO_3 + 3RF + 3HO;$$
$$(BO_2,2HF + 3RO = RO,BO_2 + 2RF + 2HO).$$

Verdünnt man die Fluorborsäure mit einer grösseren Menge Wasser und lässt sie dann an einem kalten Orte einige Zeit stehen, so scheidet sich daraus Borsäure ab und es bleibt eine saure Flüssigkeit, welche Berzelius Borfluorwasserstoffsäure nennt und als eine gepaarte Säure HF,BF_3; ($2HF,3BF_2$) betrachtet. Diese Säure ist sehr scharf, greift aber das Glas nur an, wenn sie darin concentrirt wird, indem hiebei Flusssäure entweicht und Fluorborsäure zurückbleibt. Kommt die Säure mit Basen in Berührung, so wird auch in ihr der Wasserstoff durch das Radical der Basis ersetzt und es entstehen Doppelverbindungen von Fluorbor und Fluormetallen. $HF,BF_3 + RO = RF,BF_3 + HO$ oder ($2HF,3BF_2 + 2RO = 2RF,3BF_2 + 2HO$).

Fluorkieselgas wird von krystallisirter, aber nicht verglaster und gepulverter Borsäure aufgenommen und dadurch ein weisser Körper gebildet, der nach Berzelius die Formel $3SiF_2,2BO_3,6HO$; ($SiF_2,BO_2,2HO$) hat. Mit Wasser längere Zeit in Berührung, zersetzt er dasselbe unter schwacher Erwärmung, indem sich ein Theil der Kieselsäure abscheidet. Die in der Lösung enthaltene Verbindung hat dann die Zusammensetzung $SiF_2,2BF_3$; ($SiF_2,3BF_2$). Dieselben Körper werden gebildet, wenn man zu Fluorkieselwasserstoff Borsäure setzt, wobei sich sogleich ein Theil der Kieselsäure abscheidet.

435. Borsaures Ammoniak. (a) $H_3N,4BO_3,7HO$; ($H_3N,6BO_2,7HO$). Dieses Salz schiesst in pyramidalen Krystallen an, wenn erwärmtes, wässeriges Ammoniak mit Borsäure gesättigt und die Lösung langsam abgekühlt wird. Die Abmessungen der Krystalle sind $P = 115°13'$; $98°31'$; $a = \sqrt{1,3472}$. G. Com. P. $(P + \infty)$. Sie sind luftbeständig und bedürfen zu ihrer Lösung ungefähr 8 Th. kaltes Wasser.

(b) $H_3N,2BO_3,5HO$; ($H_3N,3BO_2,5HO$) bildet sich, wenn die der Formel entsprechende Menge Borsäure in erwärmtem wässerigen Ammoniak gelöst und die Flüssigkeit dann langsam abgekühlt wird. Die Krystalle sind in ungefähr 12 Th. kaltem Wasser löslich und verwittern an der Luft, wobei sie Ammoniak abgeben und sich in das Salz (c) verwandeln. Diese beiden Salze geben gelöst beim Kochen Ammoniak ab.

(c) $3H_3N,4BO_3,6HO$; $(H_3N,2BO_2,2HO)$. Dieses Salz bildet sich wenn krystallisirte Borsäure längere Zeit mit Ammoniakgas in Berührung bleibt, oder wenn man das Salz (b) in erwärmten, concentrirten Ammoniak löst und dann abkühlt. Es ist in 8 Th. Wasser löslich.

(d) $H_3N,HO,6BO_3$; $(H_3N,HO,9BO_2)$ bildet sich, wenn man die Lösung des Salzes (c) in siedendem Wasser so lange kocht, als noch Ammoniak entweicht.

Fluorborammoniak. H_3N,BF_3; $(2H_3N,3BF_2)$ entsteht, wenn gleiche Volumen Fluorborgas und Ammoniakgas zusammenkommen, und erscheint als ein weisser sublimirbarer Körper, der durch Wasser zerlegt wird, von welchem 8 Äq. in die Verbindung eintreten. Ausser dieser gibt es noch zwei flüssige Verbindungen, $2H_3N,BF_3$; $(4H_3N,3BF_2)$ und $3H_3N,BF_3$; $(2H_3N,BF_2)$, die gebildet werden, wenn man im obigen Falle 2 oder 3 V. Ammoniak anwendet.

Setzt man Borsäure zu Fluorammonium, so wird ein Theil des Ammoniaks ausgetrieben, und nach dem Abdampfen bleibt ein weisser sublimirbarer Körper $3H_4NF,2BF_3$; (H_4NF,BF_2), der wie Salmiak schmeckt, in Weingeist und Wasser löslich ist und beim Verdunsten der Flüssigkeit in, wie es scheint, prismatischen Krystallen anschiesst. $(3H_4NF + BO_2 = H_4NF,BF_2 + 2HO + 2H_3N.)$

436. Fluorkalium-Fluorbor $KBF_4 = KF,BF_3$; $(K_2B_2F_8 = 2KF,3BF_2)$. Die Zusammensetzung dieses Körpers zeigt, dass man in der entsprechenden Wasserstoffverbindung HBF_4; $(H_2B_2F_8)$ nur den Wasserstoff durch Kalium zu ersetzen braucht, um das Fluorkalium-Fluorbor zu erhalten. Um dies zu bewirken, löst man 1. Äq. oder 87,1 Th. doppelt kohlensaures Kali mit 1 Äq. oder 61,8 Th. krystallisirter Borsäure in überschüssiger wässeriger Flusssäure und dampft die Flüssigkeit dann ab, wobei keine andere Verbindung gebildet wird. Man erhält es auch durch Zusetzen irgend eines im Wasser löslichen Kalisalzes zu Fluorborwasserstoff. Es scheidet sich genau unter denselben Erscheinungen, wie das Fluorkieselkalium, nämlich als ein weisses Pulver ab, das 70,4 Th. kaltes Wasser zur Lösung bedarf und aus der heissen Lösung in kleinen durchsichtigen Krystallen anschiesst. Auch in Weingeist ist es etwas löslich. Es schmeckt schwach bitter und röthet Lackmus nicht. Noch vor dem Glühen schmilzt es und wird durch starkes und anhaltendes Erhitzen vollständig in Fluorkalium und Fluorbor zerlegt. Schwefelsäure zersetzt es in der Wärme ebenfalls, und zwar in Fluorbor und Flusssäure.

Die Kaliumgruppe.

437. Aus den bereits in (126) angegebenen Gründen sind im Vorhergehenden die Grundstoffe nicht nach Gruppen, zu welchen sie ihrer chemischen Ähnlichkeit gemäss vereinigt werden können, behandelt, sondern nur jene Glieder derselben beschrieben worden, an welchen die Merkmahle jeder Gruppe vorzugsweise ausgeprägt sind. Eine solche, die Sauerstoffgruppe, welche Sauerstoff, Fluor, Chlor, Brom, Jod und Schwefel umfasst, wurde jedoch vollständig besprochen, um den Leser gleich anfangs mit derselben bekannt zu machen. Wasserstoff, Kalium und Natrium, welche der Kaliumgruppe angehören, mussten jedoch in dieselbe eingeschaltet werden, weil gerade im Verhalten dieser Glieder der beiden Gruppen ihre charakteristischen Merkmahle liegen und dadurch die Möglichkeit gegeben war, sogleich die Salze behandeln zu können, was so viel zur Erleichterung des Studiums beiträgt. Aus demselben Grunde sind nebst diesen Grundstoffen noch andere besprochen worden, die verschiedenen Gruppen, von denen erst später die Rede sein wird, angehören. Im Folgenden aber lässt sich der wissenschaftliche Gang strenger beobachten und es werden daher die Grundstoffe nach ihrer natürlichen Anordnung betrachtet werden. Die Kaliumgruppe ist diejenige, welche jetzt im Allgemeinen charakterisirt und dann im Besonderen abgehandelt werden soll. Sie umfasst folgende 10 Glieder:

Wasserstoff,	Strontium,
Kalium,	Calcium,
Natrium,	Magnium,
Lithium,	Glycium,
Baryum,	Alumium.

Sämmtliche Glieder dieser Gruppe gehören, den Wasserstoff ausgenommen, ihren physikalischen Eigenschaften nach unter die Metalle und sind bei gew. Tpr. fest. Ihr Schmelzpunkt liegt desto höher, je näher sie dem unteren Ende der obigen Reihe stehen. In chemischer Hinsicht zeichnen sie sich durch ihre Fähigkeit, die stärksten Basen zu bilden, aus. Sie verbinden sich mit den Körpern der Sauerstoffgruppe direkt und unter Feuererscheinung. Bei den ersten Gliedern reicht hiezu eine geringe Erhöhung der Tpr. aus; diese muss aber in dem Masse gesteigert werden, je näher die Glieder dem Ende der Gruppe stehen. Unter sich gehen diese Körper entweder gar keine oder doch nur unbestimmte Verbindungen ein.

Mit dem Sauerstoff verbinden sie sich nur in Einem Verhältniss zu einem basischen Oxyde; nehmen sie weniger oder mehr Sauerstoff auf, so werden Sub - oder Super-Oxyde gebildet. Die Oxyde derselben sind weiss und um so schwerer schmelzbar, weniger flüchtig und weniger in Wasser löslich, je näher sie dem Alumium in der obigen Reihe stehen. Sämmtliche Oxyde sind nach der Formel RO zusammengesetzt, das des Alumiums allein macht hievon eine Ausnahme, indem es als das letzte Glied der Reihe bereits an der Zusammensetzung der Oxyde der folgenden Gruppe participirt. Alle diese Oxyde reagiren ferner, nach Massgabe ihrer Löslichkeit, alkalisch. Durch Wasserstoff können sie nicht reducirt werden, diess geschieht aber, bei hoher Temperatur, wenigstens bei denen der ersten 3 Glieder der Gruppe, durch Kohle. Kalium und Natrium entziehen allen folgenden Oxyden den Sauerstoff und durch den elektrischen Strom werden sie alle zerlegt (98). Viele dieser Oxyde sind auf der Erdoberfläche sehr verbreitet und bilden die sogenannten E r d e n, deren wahre Beschaffenheit man erst nach der Entdeckung der Elektrolyse des Wassers erkannte. Sie sind die stärksten unter allen Basen, und zwar mit abnehmender Stärke vom Kaliumoxyd abwärts. Sie verbinden sich sämmtlich mit Wasser zu Hydraten, welches sie vom Baryum an beim Erhitzen wieder abgeben, aber desto schwieriger, je näher sie dem Kalium stehen. Kali oder Natron fällt die übrigen Oxyde als Hydrate aus ihren Lösungen; bei Ueberschuss desselben werden nur die beiden letzteren Oxyde gelöst. Ammoniak fällt die Oxyde erst von denen des Magnium an.

Mit dem Schwefel verbinden sich die Glieder dieser Gruppe meistens direkt und unter Feuererscheinung. Die erhaltenen Schwefelmetalle werden durch wässerige Säuren in die entsprechenden Salze umgewandelt und dabei Hydrothion abgeschieden. Sie sind sämmtlich in Wasser löslich, und zwar einige derselben nur mit Bildung von Oxysulfiden. Durch Hydrothion werden in den wässerigen Lösungen der Oxyde oder in den in Wasser vertheilten Hydraten derselben, Hydrothion-Schwefelmetalle gebildet. Die Salzlösungen derselben werden weder durch Hydrothion noch durch Schwefelammonium verändert. Nur aus den Aluminsalzen wird das Alumium als Oxyd gefällt. Die schwefelsauren Salze dieser Gruppe können stark erhitzt werden, ohne eine Zersetzung zu erleiden; in den Fällen wo diese endlich erfolgt, entweicht die Schwefelsäure theils als solche, theils in Form von Sauerstoffgas und schwefliger Säure. Beim Erhitzen mit Kohle verwandeln sich diese schwefelsauren Salze in Schwefelmetalle, bis auf die des Magniums, Glyciums und Alumiums, bei welchen die reinen Oxyde erhalten werden.

Mit dem Chlor verbinden sich die Glieder der Kaliumgruppe ebenfalls direkt unter Feuererscheinung zu Chloriden, und zwar um so leichter, je näher sie dem Wasserstoffe stehen. Das Chlor verdrängt bei höherer Tpr. von den Oxyden derselben den Sauerstoff, nur bei den letzten zwei Gliedern ist hiezu die Mitwirkung der Kohle nothwendig. Beim Abdampfen der Lösungen der Oxyde in Hydrochlor bleiben die Chloride zurück, bei den genannten beiden letzten Gliedern aber entweicht Hydrochlor unter Zurücklassung des Oxydes, was mit dem vorigen Verhalten vollkommen im Einklange steht. In einer wässerigen Lösung der Oxyde bringt Chlor nur bei den ersten Gliedern bis zur Magnesia unterchlorigsaure Salze hervor. Alle Chloride dieser Gruppe correspondiren den Oxyden, und keines derselben hat mehr als eine Verbindungsstufe mit dem Chlor, den Wasserstoff vielleicht ausgenommen (204). Alle Chloride dieser Gruppe sind weiss, im Wasser löslich und die meisten ziehen Feuchtigkeit aus der Luft an. Sie sind flüchtig, aber bei sehr verschiedenen Temperaturen. An der Luft bis zum Glühen erhitzt, geben die weniger flüchtigen, vom Baryum angefangen, Chlor ab und verwandeln sich in Oxyde. Die Jod- und Brom-Metalle dieser Gruppe zeigen im Allgemeinen dasselbe Verhalten, nur mit den Abweichungen, welche durch die schwächere chemische Anziehung dieser beiden Stoffe bedingt wird.

Mit dem Kohlenstoff geben die sämmtlichen Glieder dieser Gruppe, den Wasserstoff ausgenommen (355), nur unbestimmte und daher auch noch wenig untersuchte Verbindungen ein. Die Oxyde derselben äussern ein grosses Bestreben, sich mit Kohlensäure zu verbinden, und ziehen dieselbe aus der Luft an. Nur das Alumiumoxyd kann nicht mit derselben verbunden werden. Durch kohlensaures Kali, Natron oder Ammoniak werden die Oxyde der andern Metalle dieser Gruppe aus ihren Lösungen als kohlensaure Salze gefällt, die sämmtlich mit Ausnahme des Glyciums in einem Überschuss des kohlensauren Alkali's unlöslich sind. Beim Erhitzen geben dieselben ihre Kohlensäure um so leichter ab, je näher sie dem Alumium stehen. Das Verhalten gegen die übrigen Grundstoffe ist mehr durch diese oder ihre Verbindungen bestimmt, und lässt sich nicht leicht unter allgemeine Formen zusammenfassen.

Am Ende des folgenden Abschnittes werden noch das Zirconium, Titan und Thorium abgehandelt werden, vom Cer, Erbium, Terbium und den erst in der neuesten Zeit entdeckten Stoffen wird später die Rede sein.

XV. Lithium L = 6,4.

Das Lithionhydrat wurde im J. 1817 von Arfwedson entdeckt, das Metall desselben, das Lithium, ist so gut als unbekannt. Davy erhielt es durch Elektrolysirung des Lithionhydrats in silberweissen Kugeln, die an der Luft verbrannten.

438. Das Lithion LO = 14,4 (Lithiumoxyd, Lithine) ist für sich noch nicht dargestellt worden, sondern nur als Hydrat LO,HO bekannt, welches schon beim schwachen Glühen schmilzt, dabei aber nicht zersetzt wird. Es ist in Wasser viel weniger löslich als das Natronhydrat und scheidet sich aus der Lösung beim Abdampfen derselben in kleinen Krystallen ab, die an der Luft nicht zerfliessen, aber Kohlensäure aus derselben aufnehmen. In Weingeist ist es ebenfalls wenig löslich, so dass dieser einen Theil des Lithion aus der wässerigen Lösung fällt. Das Lithion wurde bisher nur im Mineralreiche gefunden und daher sein Name abgeleitet (von λίθειος, steinern). Es kommt nur an wenigen Orten und nur in geringer Menge vor. Das gewöhnlichste Material zur Darstellung desselben ist der Lepidolith, welcher 3,6 Pct. davon enthält (515, 17). Nach Fuchs wird zu diesem Behufe ein Gemenge von 7 Th. fein gepulvertem Lepidolith und 2 Th. gebrannten Eisenvitriol einige Zeit so weit erhitzt, dass die Masse zusammensintert, ohne jedoch zu schmelzen. Man kocht sie nun mit Wasser aus, fällt aus dem Filtrate die Thonerde, das Eisen und das Mangan durch Schwefelammonium, filtrirt, vertreibt das schwefelsaure Ammoniak durch gelindes Erhitzen der zur Trockenheit abgedampften Flüssigkeit und trennt das leicht lösliche schwefelsaure Lithion vom schwefelsauren Kali durch schwachen Weingeist.

Als kohlensaures Salz erhält man es nach Fuchs, wenn man ein Gemenge von sehr fein gepulvertem Lepidolith mit 2 Th. Kalkhydrat durch 2 Stunden mässig glüht, die Masse dann pulvert und mit Wasser zu einem Brei anrührt, den man mit Wasser bedeckt etwa 3 Monate an einem warmen Orte sich selbst überlässt. Durch den hiebei Statt findenden Cementations-Process wird alles Kali und Lithion durch den Kalk ersetzt und findet sich in kohlensaurem Zustande theils im Wasser, theils in der festen Masse, aus welcher es durch Auskochen mit Wasser gewonnen wird. Das schwer lösliche kohlensaure Lithion trennt man durch Behandeln der zur Trockenheit abgedampften Lösung beider Salze mit schwachem Weingeist vom kohlensauren Kali. Glüht man das obige Gemenge bis zum Zusam-

mensintern, im Grossen am besten in einem Flammofen, mengt
dann die gepulverte Masse mit ihrem halben Gewichte Kalk und
kocht sie anhaltend einige Stunden unter Ersatz des verdunstenden
Wassers, so wird der obige Process bedeutend abgekürzt, da sich
dann alles Kali und Lithion in der Lauge findet. Es ist am vortheilhaftesten, die sämmtlichen Filtrate mit Salzsäure zu sättigen, durch
Zusatz von kohlensaurem Kali und dann von Schwefelammonium alles
Fällbare zu entfernen, das Filtrat zur Trockenheit abzudampfen,
schwach zu glühen und dann das Chlorlithium durch absoluten Weingeist vom Chlorkalium, welches darin unlöslich ist, zu trennen.

Das Lithion verbindet sich mit allen Säuren und bildet damit
die Lithionsalze, welche sämmtlich, obwohl in sehr verschiedenem
Grade, im Wasser löslich sind. Am schwersten löslich ist das kohlensaure und das phosphorsaure Lithion, das Fluorkiesel-Lithion und
das phosphorsaure Natron-Lithion. Die höchst geringe Löslichkeit des
letztgenannten Salzes gibt ein Mittel zur Erkennung des Lithions.
Eine Lösung, die Lithion enthält, trübt sich bei Zusatz von Ätznatron
in der Kälte, oder von kohlensaurem Natron beim Kochen nicht;
gibt aber beim Abdampfen mit phosphorsaurem Natron ein weisses,
fast unlösliches Pulver von phosphorsaurem Natron-Lithion. Dieses
Verhalten ist entscheidend für die Gegenwart des Lithions. Phosphorsaures Kali gibt auch beim Kochen keinen Niederschlag in einer
Lithion hältigen Flüssigkeit; diess geschieht erst, wenn Ammoniak
zugesetzt wird (442). Die Trennung des Chlorlithiums von Chlornatrium kann nach Rammelsberg (Pogg. An. 66, 86) mit ziemlicher Genauigkeit durch ein Gemenge von absoluten Alkohol und Äther geschehen, in welchem sich ersteres löst, während letzteres fast ganz zurückbleibt.

Die Lithionsalze schmelzen leichter als die Natronsalze und greifen, wenn die Luft dabei Zutritt hat, das Platin stark an, was sich
durch ein Anlaufen desselben mit dunkelgelber Farbe zu erkennen
gibt, sie müssen daher im Silbertiegel geschmolzen werden. Dieses
Verhalten kann als Erkennungsmittel des Lithions dienen. Die Flamme
des Löthrohres wird durch die Lithionsalze karminroth gefärbt, diese
Reaction wird aber durch die Gegenwart von Natron aufgehoben,
während Kali sie nicht hindert.

Das Lithion findet sich in mehreren Mineralien, aber es ist keines bekannt, in welchem es die Hauptmasse ausmacht. Ausser im
Lepidolith kommt es noch im Petalit, in einigen Varietäten des
prismatischen Triphon-Spathes, dem Lithion-Spodumen, im Am-

bligonit, Triphillin und einer Varietät des rhomboëdrischen Turmalins, dem Apyrit, vor. Auch einige Mineralwässer enthalten sehr
geringe Mengen davon.

439. Schwefellithium. LS wird durch Erhitzen von schwefelsaurem Lithion mit Kohle erhalten. Leitet man Hydrothion über
glühendes kohlensaures Lithion, so bildet sich LS,HS. Derselbe Körper bildet sich in Verbindung mit Wasser, wenn man eine Lösung
von Schwefellithium mit Hydrothion sättigt und dann im Vacuum
abdampft.

Schwefelsaures Lithion LO,SO$_3$,HO (sulfate de lithine).
Dieses Salz, dessen Darstellung aus dem Lepidolith bereits oben angegeben wurde, erscheint in glänzenden Krystallen, welche an der
Luft schwach verwittern und beim Erwärmen mit Verlust ihres Wassers schmelzen. 100 Th. Wasser von 18° lösen 34,6 Th. wasserfreies Salz, in Alkohol ist es wenig löslich. Durch Abdampfen desselben mit Schwefelsäure erhält man ein saures Salz. Das schwefelsaure Lithion-Ammoniak erscheint in leicht löslichen Krystallen,
welche beim Glühen schwefelsaures Ammoniak abgeben. Es gibt auch
ein schwefelsaures Natron-Lithion, NaO,SO$_3$,LO,SO$_3$,6HO, das rhomboëdrisch ist, und bei welchem R = 77°32′,a = $\sqrt{9,6284}$ (Pogg.
58, 470). Das Salz krystallisirt nur aus einer Lösung, die schwefelsaures Lithion im Überschusse enthält und zerfällt beim Lösen im
Wasser.

Das unterschwefelsaure Lithion LO,S$_2$O$_5$,2HO ist ein
leicht lösliches, etwas Feuchtigkeit anziehendes Salz, das sich in
Weingeist nicht löst. Es verliert schon bei 100° Wasser.

440. Das Chlorlithium LCl ist tessularisch, schmeckt wie
Kochsalz, schmilzt aber leichter, als dieses, verflüchtigt sich jedoch
etwas schwieriger. Es zerfliesst rasch an der Luft, löst sich reichlich
in Wasser und in absolutem Alkohol, welcher dann mit karminrother
Farbe brennt (438).

Überlässt man in der Luft zerflossenes Chlorlithium sich selbst,
so bilden sich nach einiger Zeit Krystalle, die, wie es scheint, pyramidal sind und 4 Äq. Wasser enthalten. Beim Berühren mit einem
harten Körper werden sie sogleich undurchsichtig und zerfallen zu
einem Krystallpulver. Lässt man eine Lösung von Chlorlithium in
starkem Weingeist unter der Luftpumpe über Schwefelsäure stehen,
so erhält man leicht zerfliessliche Krystalle mit 2 Äq. Wasser.

Jodlithium bildet äusserst zerfliessliche Krystalle, die
LJ,6HO sind.

Das jodsaure Lithion ist wasserfrei und bedarf zu seiner Lösung 2 Th. Wasser. Im Alkohol ist es nicht löslich.

441. Das Fluorlithium LF ist schwer im Wasser löslich und schmilzt bei anfangendem Glühen. Das Hydrofluor-Fluorlithium LF,HF ist etwas leichter im Wasser löslich, beim Glühen bleibt Fluorlithium zurück.

Das Fluorkiesel-Lithium $LSiF_3$ ist in reinem Wasser fast unlöslich, Säure haltendes nimmt mehr davon auf. Es schmilzt beim Glühen und wird dabei langsam zerlegt. Die analoge Borverbindung ist leicht in Wasser löslich.

Das salpetersaure Lithion LO,NO_5 ist sehr leicht löslich, wird an der Luft feucht und schmilzt auch sehr leicht.

442. Das phosphorsaure Lithion $HO,2LO,PO_5$ fällt als ein weisses Pulver nieder, wenn man zu essigsaurem Lithion Phosphorsäure setzt; aus einer Lösung des kohlensauren Lithion fällt es sich erst beim Erhitzen. Bei Anwendung von schwefelsaurem Lithion muss man phosphorsaures Ammoniak anwenden.

Das Salz $2HO,LO,PO_5$ ist leicht im Wasser löslich.

Das phosphorsaure Natron-Lithion ist $3LO,PO_5$ in welchem das Lithion in allen Verhältnissen durch Natron ersetzt sein kann, es hat also keine constante Zusammensetzung und kann daher nicht zur Quantitätsbestimmung des Lithions dienen. (Rammelsberg Pogg. 66, 88.) Es erscheint als ein weisses lockeres Pulver, das zu seiner Lösung 1400 Th. Wasser von 15°; 1233 Th. von 60° und 951 Th. Wasser von 100° bedarf. Enthält das Wasser zugleich phosphorsaures Natron, so ist es darin fast ganz unlöslich. Auf Platinblech erhitzt, schmilzt es leicht zu einem durchsichtigen Glase, das beim Erkalten undurchsichtig krystallinisch wird. Es bildet sich, wenn man der Lösung eines Lithionsalzes gewöhnliches phosphorsaures Natron zusetzt.

Phosphorsaures Lithion-Ammoniak scheidet sich beim Abdampfen einer concentrirten Lösung eines Lithionsalzes, dem phosphorsaures Ammoniak zugesetzt wurde, in kleinen Krystallen ab.

443. Das kohlensaure Lithion LO,CO_2 wird erhalten, wenn man essigsaures Lithion durch Erhitzen zerstört, oder wenn man eine concentrirte Lösung von Chlorlithium mit kohlensaurem Ammoniak im Überschusse versetzt und das gefällte kohlensaure Salz mit Weingeist, in dem es nicht löslich ist, auswäscht. Es bedarf zu seiner Lösung 100 Th. kaltes Wasser und schmilzt beim anfangenden Glühen zu einer klaren Flüssigkeit. Durch Kochen mit Ätzkalk

wird das kohlensaure Lithion in Hydrat verwandelt. In kohlensäurehältigem Wasser ist es leichter löslich als in reinem, scheidet sich
aber daraus wieder als neutrales wasserfreies Salz ab.

Oxalsaures Lithion. (a) Neutrales $2(LO,C_2O_3),HO$ bedarf zu seiner Lösung 13 Th. Wasser von $10°$ und ist luftbeständig,
bei $200°$ verliert es die Hälfte seines Wassers.

(b) Saures $LO,2C_2O_3,3HO$ ist luftbeständig und löst sich in
14,8 Th. Wasser von $10°$. Bei $200°$ verliert es sein Wasser und
zugleich etwas Oxalsäure.

XVI. Baryum Ba = 68,6.

Scheele entdeckte im J. 1774 die Baryterde, Davy stellte im J. 1808 daraus das
Baryum dar.

444. Das Baryum ist silberweiss, wenig glänzend, lässt sich
nur schwierig platt drücken und hat eine Dichte, welche nur etwas über 4
zu liegen scheint. Man erhält es, wenn man Kaliumdämpfe in einem Flintenlaufe über Baryumoxyd leitet, dann das Metall vom Kaliumsub-
oxyde durch Quecksilber, womit es sich leicht verbindet, trennt und
dieses durch Destillation entfernt. Nach Böttger erhält man das
Baryum, wenn man eine ganz gesättigte Lösung von Chlorbaryum mit Natriumamalgam schüttelt, wobei Chlornatrium und Baryum-
amalgam sich bilden. Von letzterem wird das Quecksilber durch Destillation in einer Glasröhre getrennt, wobei indess die Temperatur nicht
zu hoch gesteigert werden darf, damit das Glas nicht reducirt wird.

445. (a) Baryt. $BaO = 76,6$. (Baryumoxyd, Baryterde, Schwer-
erde, la baryte, Oxide de barium.) Das Baryum oxydirt sich schon bei
gew. Tpr. an der Luft sehr schnell, bei gelinder Erhitzung, unter
Verbrennung mit dunkelrothem Lichte. Auch mit Wasser in Berührung oxydirt es sich auf Kosten desselben mit Heftigkeit. Der Baryt
erscheint als eine grauweisse, poröse, zerreibliche Masse, deren
Dichte 4,73 beträgt und welche nur bei stärkster Weissglühhitze
schmelzbar ist. Mit Wasser befeuchtet erhitzt sich derselbe so heftig,
dass die Masse in's Glühen gerathen kann. Hiebei bildet sich Barythydrat BaO,HO, welches als ein weisses Pulver oder eine weisse krystallinische Masse erscheint, die bei schwacher Glühhitze rubig fliesst,
ohne selbst bei heftigem Glühen etwas von ihrem Wasser zu verlieren. Es ist in 20 Th. kaltem und in 2 Th. kochendem Wasser löslich, aus dem sich beim Erkalten Krystalle abscheiden,
deren Zusammensetzung $HO,BaO,8HO$ ist. Sie schmelzen bei $100°$
unter Verlust von 7 Äq. Wasser, das achte Äq. entweicht nur

beim Glühen unter Aufschäumen. Das Barytwasser zieht begierig Kohlensäure aus der Luft an und wird durch Weingeist nicht gefällt, da 120 — 150 Th. kochender Alkohol 1 Th. des Hydrates lösen.

Der Baryt ist eine der kräftigsten Basen und bildet mit den Säuren die Barytsalze. Sie besitzen unter allen Salzen dieser Gruppe die grösste Dichte, sind meistens in Wasser unlöslich oder schwerlöslich, und wirken zum Theil giftig. Sie färben die Flamme des Weingeistes grüngelb und schmelzen mit kohlensaurem Natron, wenn sie nicht von Metallsäuren gebildet werden, auf Platinblech zu einem klaren Glase, das beim Erkalten trübe wird. Schmilzt man das Gemenge auf Kohle, so zieht es sich in dieselbe. Charakteristisch für dieselben ist ihr Verhalten zur Schwefelsäure (447).

Man bereitet den Baryt am vortheilhaftesten durch Zersetzung des salpetersauren Barytes. Zu diesem Behufe füllt man einen Porzellantiegel bis auf ⅔ mit salpetersaurem Baryt, stellt ihn in einen gewöhnlichen Thontiegel, bedeckt beide und erhitzt langsam, bis die Masse in gelindes Kochen geräth, wobei sie immer zäher und endlich ganz dick wird. Man kann jedesmahl, wenn die Masse anfängt zähe zu werden, salpetersauren Baryt eintragen, den man aber vorher bis zur Vertreibung alles Wassers erhitzt haben muss. Wenn man anfangs die Tpr. nur sehr langsam erhöht, so hat man kein Überschäumen der Masse zu besorgen. Zuletzt, wenn die Masse ganz zähe geworden und der Tiegel bis auf ⅔ davon angefüllt ist, stellt man denselben sammt dem äusseren Tiegel in einen anderen Ofen mit starkem Zuge, worin die Hitze bis nahe zum Weissglühen gesteigert wird. Um das Anziehen der Kohlensäure zu vermeiden, muss man den Tiegel so viel wie möglich bedeckt halten und ihn in einem Gefässe erkalten lassen, in welches die Luft nur durch eine mit Ätzkalk gefüllte Röhre dringen kann, wodurch sowohl die Kohlensäure als die Feuchtigkeit abgehalten werden. Die Masse löst sich ganz gut vom Tiegel ab und ist nur in ihren äussersten Schichten etwas von der Substanz desselben verunreinigt. Wenn der Baryt zur Bereitung des Barytwassers bestimmt ist, so kann man sich, nach Mohr, die Arbeit durch einen Zusatz von 1 Th. Schwerspathpulver auf 1 Th. salpetersauren Baryt, welches Gemenge man noch mit Schwerspath bedeckt, sehr erleichtern, weil dann auch beim raschen Erhitzen kein Aufschäumen eintritt und ein gewöhnlicher Thontiegel, den man inwendig mit Schwerspathpulver bekleidet, genommen werden kann. Auch durch Kochen einer Schwefelbaryumlösung mit Kupferoxyd (Kupferhammerschlag) bis zum Entfärben derselben, kann man eine Barytlösung erhalten, die jedoch stets etwas kupferhältig ist.

(b) Baryumsuperoxyd $BaO_2 = 84,6$. Es erscheint etwas
dunkler grau als der Baryt, ist leichter schmelzbar als dieser und
gibt erst bei sehr starker Hitze einen Äq. Sauerstoff ab. In kaltem
Wasser vertheilt es sich ohne Erwärmung zu weissen, perlmutterglänzenden, krystallinischen Schuppen, welche ein Hydrat desselben
sind, das die Zusammensetzung $BaO_2,6HO$ hat und in kaltem Wasser fast unlöslich ist.

Von warmem Wasser wird sowohl das Hydrat, als das Superoxyd selbst, in Sauerstoffgas und Oxyd zerlegt. Wird das Superoxyd
in Wasserstoffgas erhitzt, so entsteht unter Funkensprühen Barythydrat. Überhaupt gibt es seinen Sauerstoff an die meisten andern Körper theils schon bei niederer, theils bei erhöhter Tpr. ab.

Das Baryumsuperoxyd wird bereitet, wenn man Sauerstoffgas über
schwach glühenden Baryt leitet, der dasselbe anfangs begierig, später
langsamer aufnimmt. Will man bloss das Hydrat darstellen, so bestreut
man, nach Liebig und Wöhler, erhitzten Baryt mit chlorsaurem Kali, wobei er zu glühen anfängt. Das gebildete Chlorkalium
entfernt man durch Auswaschen mit kaltem Wasser und trocknet das
Superoxyd an der Luft. Vortheilhafter ist es indess, den Baryt mit
überschüssigem chlorsauren Kali zu mengen und im Platintiegel
zu erhitzen; wie das chlorsaure Kali zerlegt zu werden anfängt,
tritt plötzlich ein Erglühen ein, man entfernt dann den Tiegel von
der Lampe, lässt erkalten und verfährt weiter wie vorher.

446. Schwefelbaryum, (a) einfach $BaS = 84,6$ (Sulfure de barium). Beim starken Glühen von schwefelsaurem Baryt in
Wasserstoffgas oder mit Kohle, erhält man eine weisse, lose zusammenhängende, krystallinische Masse, welche bei heftiger Weissglühhitze nicht schmilzt und einfach Schwefelbaryum ist, dem, wenigstens wenn der Versuch mit Kohle angestellt wurde, etwas von einer
höheren Schweflungsstufe des Baryums beigemengt ist. Es oxydirt sich
beim Glühen an der Luft fast gar nicht, und mit chlorsaurem Kali
versetzt nur unvollständig. Wasser wird bei der Glühhitze unter Abscheidung des Wasserstoffes davon zersetzt, wässerige Säuren, selbst
die Kohlensäure der Luft, zerlegen es unter Entwicklung von Hydrothion. Das einfach Schwefelbaryum kann, wie H. Rose (Pogg.
Ann. 55, 418) gezeigt hat, nicht ohne Zersetzung in Wasser
gelöst werden. Man sieht dies daraus, dass wenn man Schwefelbaryum, das auf die weiter unten anzugebende Art aus Schwer

spath bereitet wurde, mehreremahl nach einander mit einer zu seiner Lösung nicht hinreichenden Wassermenge durch 24 Stunden
stehen lässt, die ersten Lösungen gelb sind und beim Zusatz von
Säuren ausser Hydrothion noch Schwefel abscheiden, während die
letzte Lösung gar keine Schwefelverbindungen mehr enthält und nichts
als Barytwasser ist.

Aus einer mit siedendem Wasser bereiteten concentrirten Auflösung des Schwefelbaryums, welche man, vor der Luft geschützt,
ruhig stehen lässt, scheiden sich zuerst Krystallblättchen ab, deren
Zusammensetzung $4BaO,3BaS,58HO$ ist; diesen folgen körnige Krystalle, welche die Zusammensetzung $BaO,BaS,20HO$ haben. Dampft
man die rückständige Flüssigkeit in einer Retorte ab, so scheidet
sich ein weisses Pulver ab, das $BaS,6HO$ ist. Es löst sich in viel
Wasser ohne Zersetzung zu einer farblosen Flüssigkeit auf, die aber
an der Luft schnell gelb wird. Lässt man eine kalt bereitete gesättigte
Lösung von Schwefelbaryum einige Monate stehen, so bilden sich
darin grosse Krystalle, doppelt sechsseitige Pyramiden, denen die
Formel $BaO,3BaS,28HO$ entspricht. Alle diese Oxysulfide werden
beim Auflösen in Wasser wieder zerlegt, so dass die Hälfte des Baryums als Baryt herauskrystallisirt, während der Wasserstoff sich mit
dem freigewordenen Schwefel zu Hydrothion verbindet, das mit der
andern Hälfte des Sulfides vereinigt bleibt. Mit einer Lösung von
chlorsaurem Kali und Salpetersäure behandelt, wird das Schwefelbaryum dieser Oxysulfide sogleich in schwefelsauren Baryt verwandelt,
während der Baryt gelöst bleibt, was ein Mittel gibt, sie zu untersuchen.

Wenn man Barytwasser mit Hydrothion sättigt und die Flüssigkeit bei Ausschluss der Luft krystallisiren lässt, so sind die zuletzt
anschiessenden Krystalle nach der Formel HS,BaS,HO, welche man
auch als $BaO,2HS$ betrachten kann, zusammengesetzt. Dieselbe Verbindung erhält man auch, wenn man die Flüssigkeit, aus der sich
bereits die Verbindung $BaS,6HO$ abgeschieden hat, noch weiter abdampft.

(b) Fünffach Schwefelbaryum BaS_5 erhält man durch
Kochen von Barythydrat mit Schwefel. Es ist leicht in Wasser und
Alkohol löslich und krystallisirt nicht.

Die Zerlegung des Schwerspathes mit Kohle geschieht am
besten, wenn man, nach Liebig, aus 1 Th. Schwerspath $\frac{1}{4}$ Th.
Steinkohlenruss und $\frac{1}{8}$ Th. Mehl einen Teig bildet, daraus Stangen
formt, die man, nachdem sie trocken sind, in einen Ofen schichtet,

auf dessen Rost man Holzspäne und dann einige Zoll hoch Kohle gelegt hat. Das Ganze bedeckt man ebenfalls mit kleiner Kohle, legt
einige glühende Kohlen darauf und zündet dann die Späne an. Ist
alles gehörig in Glut gekommen, so schliesst man den Ofen, bedeckt
ihn mit Asche und Ziegeln und lässt ihn ausbrennen. Nach dem Erkalten findet man allen Schwerspath in Schwefelbaryum verwandelt,
die Masse darf aber, wenn der Versuch gut gelingen soll, nicht unter
50 Pf. betragen. Einfacher ist es indess noch, das Gemenge von
Kohle und Schwerspath in einen Thontiegel zu bringen und diesen bei
einem Töpfer einen Brand mitmachen zu lassen. Die erhaltene Masse
wird mit heissem Wasser ausgelaugt, dabei möglichst vor Luftzutritt
geschützt und entweder in gut verschlossenen Flaschen aufbewahrt
oder sogleich weiter verwendet.

447. Schwefelsaurer Baryt, (a) neutraler (Sulfate
de baryte) BaO, SO_3. Diese Verbindung kommt in der Natur als
Schwerspath (prismatischer Halbaryt) vor und zwar in Krystallen,
deren Grundgestalt ein Orthotyp ist, bei welchem $P = 128^\circ 34'$;
$91^\circ 25'$; $112^\circ 7'$, $a : b : c = 1 : \sqrt{1,719} : \sqrt{0,6628}$. G. Com.
$\bar{P}r. \; Pr + \infty. \; (\bar{P} + \infty)^2$. Die Theilbarkeit ist nach $\bar{P}r$ und $\bar{P}r + \infty$
vollkommen, weniger nach $P - \infty$. Die Dichte desselben beträgt
$4,446$, in Wasser ist er fast ganz unlöslich, indem $43,000$ Th.
davon erforderlich sind, welche Zahl durch Gegenwart von verdünnten Säuren und Salzen nicht merklich geändert wird. Er
schmilzt bei sehr hoher Temperatur ohne eine Veränderung zu
erleiden. Durch Kochen mit kohlensaurem Kali erfogt die Zersetzung
nur sehr unvollständig. Der schwefelsaure Baryt bildet sich immer
wenn irgend ein lösliches schwefelsaures Salz mit einem löslichen
Barytsalze zusammenkömmt. Diese Reaction ist so empfindlich, dass
eine Lösung von salpetersauren Baryt, welche auf 1 Th. Baryt
$400,000$ Th. Wasser enthält, sich noch nach einigen Minuten trübt
und erst bei $800,000$ Th. keine Veränderung mehr erfolgt. Die
chemische Anziehung zwischen béiden Körpern ist so gross, dass
wenn man wasserfreie Schwefelsäure, über erwärmten Baryt leitet
oder denselben mit Schwefelsäure die auch nur etwas mehr als 1 Äq.
Wasser enthält, in Berührung bringt, die Verbindung unter heftiger
Feuererscheinung erfolgt. Enthält die Säure genau 1 Äq. Wasser, so
erfolgt die Verbindung erst beim Erwärmen, aber dann mit gleicher
Heftigkeit;

(b) saurer $HO, BaO, 2SO_3$. Der schwefelsaure Baryt löst sich
in erwärmter concentrirter Schwefelsäure und scheidet sich dann

beim Erkalten in kleinen Krystallen ab. Lässt man die Säure, aus welcher sich dieses Salz abgeschieden hat, längere Zeit in einer offenen Flasche stehen, so zieht sie Feuchtigkeit an und es bilden sich seiden-glänzende Krystalle, welche die Zusammensetzung $HO, BaO, 2SO_3, 2HO$ haben. Beide Salze werden durch Wasser sogleich in das neutrale Salz und in Schwefelsäure zerlegt.

Ein Salz von der Zusammensetzung $H_3N, 2BaO, 3SO_3$ wird nach Jaquelain erhalten, wenn man eine concentrirte Lösung des Am-moniaksalzes $3H_3N, 4SO_3$ mit Ammoniak und gleich darauf mit Chlor-baryum vermischt. Hierbei entsteht ein weisser Niederschlag, den man nach einiger Zeit mit Wasser von 0° und dann mit Alkohol aus-wäscht. Im Wasser löst sich das Salz nur ein wenig, mit verdünn-ter Salzsäure aber gibt es eine klare Lösung, aus der sich jedoch sehr bald schwefelsaurer Baryt abscheidet. Bei 160° wird es zerlegt. Bei der Fällung des Barytes durch Schwefelsäure oder umgekehrt ist der Umstand zu berücksichtigen, dass mit dem schwefelsauren Baryt leicht auch andere in der Flüssigkeit gelöste Stoffe nieder-geschlagen werden, welche sich dann durch Auswaschen schwer oder gar nicht davon trennen lassen. Ist die Flüssigkeit bei der Fäl-lung verdünnt und heiss, so ist dies weniger der Fall, immer aber muss der Niederschlag nach dem Wägen auf seine Reinheit untersucht werden. Das Fällen aus der heissen Flüssigkeit ist schon desswegen nothwendig, weil sonst der schwefelsaure Baryt beim Auswaschen leicht durch's Filter geht. Man lässt die Flüssigkeit vor dem Filtriren sich vollständig klären, filtrirt sie dann vorsichtig von dem Nieder-schlage ab, übergiesst diesen auf's neue mit heissem Wasser, dem einige Tropfen reine Salzsäure zugesetzt sind, lässt wieder absetzen und bringt dann erst den schwefelsauren Baryt auf's Filter. Derselbe wird getrocknet, dann geglüht und gewogen. Man bringt den Inhalt des Filters in den Tiegel und äschert das Filter auf dem Deckel desselben ein. Sollte man hiebei die Bildung von Schwefelbaryum durch die Kohle des Filters befürchten, so benetzt man die Asche desselben nach dem Glühen mit einigen Tropfen sehr verdünnter Schwefelsäure und glüht dann wieder.

Unterschwefelsaurer Baryt, (a) $BaO, S_2O_5, 2HO$. Setzt man zu einer Lösung von unterschwefelsaurem Manganoxydul, Baryt-wasser oder Schwefelbaryum, so bildet sich unter Abscheidung von Manganoxydul oder Schwefelmangan, unterschwefelsaurer Baryt, der aus der vom Niederschlage abfiltrirten Lösung mit 2 Äq. oder 10,8 Pct. Wasser krystallisirt, wenn diese abgedampft wird und dann an einem warmen Orte ruhig stehen bleibt. Das Salz erscheint in glänzenden Krystallen, welche nach Heeren (Pogg. Ann. 7. 172) dem hemior-thotypen Systeme anzugehören scheinen. Sie bedürfen zu ihrer Lö-sung 7,17 Th. Wasser von 8,14°; 4,04 Th. von 18°; 1,1 Th. von 100°;

in Weingeist sind sie unlöslich. Bei gelindem Erhitzen geben sie Wasser und schweflige Säure ab.

(b) BaO,S_2O_5, 4HO. Lässt man die Lösung bei einer 5° nicht übersteigenden Temperatur krystallisiren, so schiessen Krystalle dieses Salzes an, welche zum orthotypen Systeme gehören. Bei denselben ist P = 117° 48'; 100° 2'; 110° 18', a:b:c = 1: $\sqrt{1,2289}$: $\sqrt{0,7941}$. Die gew. Com. ist P. P + ∞, die Theilbarkeit P + ∞. Sie verlieren 2 Äq. ihres Wassers schon beim Liegen an der Luft.

Schwefligsaurer Baryt BaO,SO_2. Dieses Salz wird erhalten, wenn man Chlorbaryum durch schwefligsaures Natron zerlegt, wo es als ein im Wasser fast unlösliches, krystallinisches Pulver herausfällt. Es ist in wässeriger, schwefliger Säure löslich und bildet beim Verdunsten Krystalle, die, wie es scheint, tessularisch sind.

Einfachgeschwefelter unterschwefelsaurer Baryt BaO,S_3O_5 fällt nieder, wenn der wässerigen Säure Baryt zugesetzt wird. Er ist in Wasser schwer, in Salpetersäure leicht löslich.

Doppelt geschwefelter unterschwefelsaurer Baryt $BaO,S_4O_5,2HO$ s. (162); ferner über die Barytsalze der Säuren von Plessy (163) und (164).

Unterschwefligsaurer Baryt BaO,S_2O_2,HO wird erhalten, wenn man unterschwefligsaures Natron mit essigsaurem Baryt zerlegt und zur vollständigen Abscheidung desselben noch Weingeist zusetzt. Er bildet sich auch, wenn eine Lösung von Schwefelbaryum der Luft ausgesetzt wird. Er verliert bei 100° über Schwefelsäure im Vacuum kein Wasser; dies geschieht erst bei 170°. Die weitere Zersetzung erfolgt erst in der Rothglühhitze in schwefelsauren und schwefligsauren Baryt und Schwefelbaryum. (Pogg. Ann. 56. 300).

448. Chlorbaryum BaCl = 104. Wenn man Baryt in Chlor- oder Hydrochlor-Gas erhitzt, so bildet sich Chlorbaryum; im ersteren Falle unter Entwicklung von Sauerstoffgas, im letzteren unter Erglühen und Bildung von Wasser. Es schmilzt bei starker Rothglühhitze, unter Abscheidung von etwas Chlor und Bildung der entsprechenden Menge von Baryt, zu einer durchscheinenden Masse, deren Dichte 4,156 beträgt. Erhitzt man das Chlorbaryum in Wasserdampf bis nahe zum Schmelzen, so wird es in Baryt und Hydrochlor zerlegt. Lässt man das geschmolzene Chlorbaryum an der Luft liegen, so wird es undurchsichtig und zieht nach und nach ohne zu zerfliessen 17,49 Pct. oder 2 Äq. Wasser an, geht also in $BaCl,2HO$ über. Das-

selbe Hydrat erhält man auch in ausgezeichneten, luftbeständigen Krystallen, wenn man die Lösung des Chlorbaryums abdampft. Durch Erhitzen der Krystalle erhält man es wieder wasserfrei. Die Krystalle sind nach Haidinger orthotyp und es ist P $= 131^\circ$; $98^\circ\, 10'$; $101^\circ\, 89'$, $a:b:c = 1: \sqrt{2,32} : \sqrt{0,93}$. G. Com. P. Pr. $-\!\perp\!-$ 1. $(\breve{P}r + \infty)^3$. Pr $-\!\perp\!-$ ∞. P. $\breve{P}r$. $\breve{P}r + 1$. $\breve{P}r$. P $+ \infty$. $(\breve{P} + \infty)^3$, $(\breve{P}r + \infty)^3$. $\breve{P}r + \infty$; die Theilbarkeit nach $\breve{P}r -\!\perp\!- \infty$ ist vollkommen und leicht. Die Dichte derselben beträgt 3,05. 100 Th. Wasser lösen bei 0° 82,62 Chlorbaryum und für jeden Grad darüber 0,2711 mehr; bei $15,6^\circ$ lösen sie 43,5 und bei $105,5^\circ$ 78 Th. des Hydrates. Bei $18,1^\circ$ löst sich 1 Th. des Hydrates in 2,257 Th. Wasser zu einer Flüssigkeit, deren Dichte 1,285 ist; die bei 8° gesättigte Lösung hat eine Dichte von 1,27. In concentrirter Salzsäure ist dasselbe gar nicht, in absolutem Weingeist, selbst wenn er heiss ist, nur wenig löslich, nämlich nur $^1/_{400}$ der Krystalle.

Zur Bereitung des Chlorbaryums dient am zweckmässigsten das auf die im (446) angegebene Art aus Schwerspath erhaltene Schwefelbaryum. Man behandelt dasselbe mit Wasser, neutralisirt das Filtrat mit Salzsäure, dampft die Flüssigkeit zur Trockenheit ab, erhitzt die trockene Masse bis zum Schmelzen, löst sie nach dem Erkalten in Wasser auf, filtrirt und lässt das Chlorbaryum krystallisiren. Durch nochmaliges Umkrystallisiren wird es vollständig gereinigt.

449. Chlorsaurer Baryt BaO,ClO_5,HO. Dieses Salz wird entweder direct oder durch Zerlegung des chlorsauren Ammoniaks mit Ätzbaryt erhalten. Zu diesem Behufe werden nach Wittstein gleiche Theile chlorsaures Kali und schwefelsaures Ammoniak in heissem Wasser gelöst, die Lösung bei gelinder Wärme unter beständigem Umrühren bis zur Syrupconsistenz abgedampft und dann durch 24 Stunden mit Weingeist von 80 Pct. digerirt. Die vom schwefelsauren Kali getrennte weingeistige Lösung des chlorsauren Ammoniaks wird nach Entfernung des Weingeistes mit Ätzbaryt zerlegt. Das Salz bildet sich auch wenn man Chlor in Barytwasser leitet, kann aber dann nur schwierig von zugleich entstehendem Chlorbaryum getrennt werden. Es ist in 4 Th. kaltem Wasser, in Weingeist aber gar nicht löslich.

Der überchlorsaure Baryt ist ein sehr zerfliessliches Salz, welches entweder direct oder durch Zerlegung des Zinksalzes erhalten wird. Die übrigen Barytsalze der Chlorsäure sind noch sehr wenig untersucht. (Millon Ann. de Ch. 7. 298.)

450. Brombaryum BaBr = 148,6. Diese Verbindung wird entweder durch Neutralisation des Hydrobroms mit kohlensaurem Baryt oder durch Zersetzung des Schwefelbaryums erhalten. Beim Abdampfen der Lösung schiesst sie in leicht löslichen, luftbeständigen, den der entsprechenden Chlorverbindung gleichen Krystallen BaBr,2HO an, welche bei Ausschluss der Luft erhitzt, ihr Wasser verlieren, ohne eine andere Veränderung zu erleiden. Das Brombaryum ist auch in absolutem Alkohol löslich, ein Verhalten, welches man zur Scheidung des Broms von Chlor benützen kann, da sich das Chlorbaryum darin nicht löst. Die wässerige Lösung desselben wird durch Kohlensäure langsam zerlegt und dabei kohlensaurer Baryt abgeschieden.

451. Bromsaurer Baryt BaO,BrO₅,HO ist ein in 130 Th. kalten und 24 Th. kochenden Wasser lösliches Salz, welches sich erst bei 200° in das wasserfreie Salz verwandelt. Bei stärkerem Erhitzen entweicht aller Sauerstoff mit Heftigkeit unter Erglühen der Masse. Das Salz bildet sich nebst Brombaryum wenn Barytwasser mit überschüssigem Brom zerlegt wird; man bereitet es aber am besten, wenn man eine siedend heisse concentrirte Lösung von 100 Th. bromsaurem Kali mit einer eben solchen Lösung von 160 Th. essigsaurem Baryt vermischt und erkalten lässt. (Rammelsberg in Pogg. Ann. 52. 86.)

452. Jodbaryum BaJ = 195,4 bildet sich unter Feuererscheinung bei der Eiuwirkung von Hydrojod auf glühenden Baryt und wird bereitet, wenn man Jod mit Wasser übergiesst und so lange gepulvertes Schwefelbaryum zusetzt, bis die anfangs braun werdende Flüssigkeit sich ganz entfärbt und ein Zusatz von Jod sich mit brauner Farbe löst, ohne dass diese wieder verschwindet. Das Jodbaryum ist leicht in Wasser und Weingeist löslich, zieht an der Luft Feuchtigkeit an, und die Lösung, aus welcher es in wasserhaltenden Krystallen anschiesst, wird durch die Kohlensäure der Luft zerlegt. Dasselbe geschieht beim Glühen an der Luft.

453. Jodsaurer Baryt BaO,JO₅,HO. Dieses Salz bedarf zu seiner Lösung 1746 kaltes und 600 Th. heisses Wasser und wird erhalten, wenn man Baryt in Jodsäure bringt, die aber im Überschüsse angewendet und bis zum Kochen erhitzt werden muss, indem sonst dem Salze 1,5—2 Pct. Baryt so hartnäckig anhängen, dass er sich auf keine Weise davon trennen lässt. Das Auswaschen mit Wasser wird nur so lange fortgesetzt bis es nicht mehr sauer reagirt. Fällt man Chlorbaryum oder salpetersauren Baryt durch Jodsäure, so hängt dem erhaltenen Salze ebenfalls ein Theil des zerlegten Salzes so fest an, dass es nicht davon entfernt werden kann.

Überjodsaurer Baryt. Wenn man jodsauren Baryt in einer Röhre bis zum Glühen erhitzt, so wird er nach dem Schema $5 (BaO,JO_5) = 5 BaO,JO_7 + 4J + 18 O$ zerlegt. Das Salz $5 BaO JO_7$ ist in Salpetersäure, nicht aber in Wasser löslich und zersetzt sich, in Wasserstoffgas erhitzt, unter heftigem Glühen, in Wasser, Jodbaryum und Baryt; aber auch in diesem Falle bleibt, selbst nach längerem Glühen, ein Theil desselben unzersetzt.

Setzt man zur Lösung des vorigen Salzes in Salpetersäure Ammoniak, so entsteht ein gelblicher, in Wasser unlöslicher Niederschlag, der $5 BaO, 2 JO_7, 5 HO$ ist. Bei 100° entweicht dieses Wasser, es wird aber auch schon Sauerstoff entwickelt, so dass das Salz in jodsauren Baryt übergeht. Dieses Salz ist ebenfalls in verdünnter Salpetersäure löslich.

454. Fluorbaryum $BaF = 87,3$. Bei der Digestion von frisch gefälltem, noch nassem kohlensauren Baryt mit wässeriger Flusssäure entsteht ein weisses, unlösliches, in der Hitze nicht veränderliches Pulver, welches die obige Zusammensetzung hat. Es ist in verdünnter Salzsäure, Chlorsalpetersäure und auch etwas in einem Überschuss von wässeriger Flusssäure löslich.

Ein Salz, welches die Zusammensetzung Ba_2ClF hat, und daher als $BaCl, BaF$ betrachtet werden kann, wird erhalten, wenn man die Lösungen von Chlorbaryum und Fluornatrium vermischt, wo es sich als ein weisses Pulver abscheidet, das durch Glühen nicht zersetzt wird. Reines Wasser löst es, zersetzt es aber auch zum Theil, indem es Chlorbaryum auszieht.

455. Der salpetersaure Baryt BaO,NO_5 erscheint in luftbeständigen, tessularischen Krystallen, die eine Dichte von 3,185 haben. 1 Th. desselben braucht zu seiner Lösung 20 Th. Wasser von 0°; 12,5 Th. von 15°; 11,66 von 20°; 5,9 von 49°; 3,4 von 86° und 2,8 Th. von $101,6^\circ$. In Weingeist ist er nicht löslich; beim Erhitzen wird derselbe zuerst in salpetrigsauren Baryt, dann weiter in Baryt verwandelt. Man bereitet das Salz durch Zerlegung des rohen Schwefelbaryums mit verdünnter Salpetersäure oder indem man kohlensauren Baryt in derselben löst. Auch wenn man zu einer concentrirten Lösung von Chlorbaryum concentrirte Salpetersäure setzt, fällt sogleich salpetersaurer Baryt nieder, der sich leicht durch Auswaschen mit Weingeist reinigen lässt. (Schlesinger in Buchner's Rep. B. 35. 74.)

Löst man Salpeter in einer gesättigten Lösung von salpetersaurem Baryt, oder umgekehrt, so fällt ein Salz heraus, dessen Zusammensetzung $KO,BaO,2NO_5$ ist.

Der salpetrigsaure Baryt BaO,NO_3, wird auf directem Wege erhalten und bildet luftbeständige Krystalle. (Hess in Pogg. Ann. 19. 179.)

456. Phosphorbaryum $BaP = 100,6$. Wenn man Phosphorgas über schwach glühenden Baryt leitet, was leicht auf die in (342) angegebene Art geschehen kann, so werden Phosphorbaryum und phosphorsaurer Baryt gebildet. Die erhaltene Masse ist braunschwarz, metallglänzend, ziemlich leichtflüssig und erleidet im Wasser dieselbe Zersetzung wie das Phosphorcalcium (314). In Chlor erhitzt, erhält man unter Erglühen Phosphorchlorid, Chlorbaryum und phosphorsauren Baryt.

457. Phosphorsaurer Baryt. *a*. Dreibasiger. Setzt man zu einer Lösung von Chlorbaryum die des gew. phosphors. Natrons oder Ammoniaks hinzu, so erhält man einen krystallinischen, in reinem Wasser fast unlöslichen Niederschlag, welcher das Salz $HO,2BaO,PO_5(\alpha)$ ist, das also durch Substitution des Natrons durch Baryt entstand. In Säuren oder in Wasser, welches Ammoniaksalze enthält, ist es löslich, durch Zusatz von wenig Ammoniak wird es aber wieder gefällt.

Löst man dieses Salz in verdünnter Salzsäure auf und setzt dann gerade nur so viel Ammoniak hinzu als nothwendig ist um einen Niederschlag hervorzubringen, so hat derselbe, nach Berzelius, die Zusammensetzung $5BaO,2PO_5$; da aber über die damit verbundene Wassermenge nichts bekannt ist, so lässt sich nur vermuthen, dass dieselbe $HO,5BaO,2P_5(\beta)$ sei. Digerirt man dieses Salz (β) mit Ammoniak, so verwandelt es sich, jedoch nie vollständig, in das Salz $3BaO,PO_5(\gamma)$ Dasselbe Salz (γ) erhält man auch durch Fällen einer Chlorbaryumlösung mit dem correspondirenden dreibasigen Natronsalze.

Dampft man eine Lösung des Salzes (α) in Phosphorsäure ab, so schiesst beim Erkalten ein dreibasiges Salz $2HO,BaO,PO_5(\delta)$ an. Setzt man zu einer Chlorbaryumlösung das dem Salz (δ) correspondirende Natronsalz, so entsteht kein Niederschlag, dies erfolgt aber bei Zusatz von etwas Ammoniak sogleich. Es reagirt sauer und wird durch einen Zusatz von viel Wasser wieder in das Salz (α) und in Phosphorsäure zerlegt. Setzt man der Lösung des Salzes (α) in Phosphorsäure Weingeist zu, so entsteht ein Niederschlag, welcher auf $3BaO$ nur $2PO_5$ enthält und also wahrscheinlich ein Salz $3HO,3BaO,2PO_5$ (ϱ) ist.

b. **Zweibasiger** $2BaO,PO_5$. Dieses Salz entsteht als ein in
Wasser und Salmiaklösung unlöslicher Niederschlag, wenn die Lösungen von Chlorbaryum und zweibasigem phosphorsauren Natron
mit einander vermischt werden.

c. **Einbasiger** BaO,PO_5 bildet sich als gallertartiger Niederschlag, der zu einer spröden durchscheinenden Masse eintrocknet,
wenn im vorigen Falle statt dem zweibasigen das einbasige phosphorsaure Natron angewendet wird. Er ist ebenfalls in Salmiaklösung
nicht löslich und verwandelt sich beim längeren Kochen mit Wasser
in das Salz (δ).

Phosphorigsaurer Baryt $2HO,2BaO,PO_3$ bildet sich beim
Vermischen von Chlorbaryum mit einem phosphorigsauren Alkali, aber
erst nach einigen Tagen, als eine Krystallrinde, welche an der Luft
verwittert. Das Salz ist in reinem Wasser wenig löslich, enthält dieses aber Salmiak, so löst es sich darin reichlich. Löst man dieses
Salz in phosphoriger Säure, so erhält man beim Abdampfen Krystalle,
die leicht in Wasser löslich sind und nach H. Rose die Zusammensetzung $5HO,2BaO,PO_3$ haben.

Unterphosphorigsaurer Baryt $2HO,BaO,PO,HO$. Dieses
Salz erhält man, wenn Phosphor mit Barytwasser, dem Baryt zugesetzt ist, gekocht wird, oder wenn man Phosphorbaryum durch
Wasser zerlegt. Da sich hierbei selbstentzündliches Phosphorwasserstoffgas entwickelt, so muss man, um Explosionen zu vermeiden,
zuerst die atm. Luft durch Wasserstoffgas aus dem Kolben vertreiben.
Statt des Baryts kann man sich auch des Schwefelbaryums bedienen.
Das Salz bildet luftbeständige, perlmutterglänzende Krystalle, welche
zu ihrer Lösung 3,5 Th. kaltes und 3 Th. kochendes Wasser bedürfen. In Weingeist sind sie nicht löslich. Sie verlieren bei 100^0
1 Äq. Wasser.

458. Kohlensaurer Baryt BaO,CO_2. Dieses Salz bildet
sich, wenn Kohlensäure mit Baryt in Berührung kommt, es findet
sich in der Natur als Witherit (diprismatischer Hal-Baryt) in ausgezeichneten Krystallen, die in's orthotype System gehören. Für ihre
Grundgestalt ist $P = 130^0 13'; 89^0 57'; 110^0 49', a:b:c: = 1:$
$\sqrt{1,8195} : \sqrt{0,6441}. G. Com. P - \infty. P. \breve{P}r + 1. P + \infty. \breve{P}r + \infty,$
die Theilbarkeit ist unvollkommen nach $\breve{P}r + \infty. P + \infty \breve{P}r + 1.$
Ihre Dichte beträgt 4,302. Man erhält den kohlensauren Baryt durch
Fällen eines löslichen Barytsalzes mit kohlensaurem Ammoniak. Weniger rein erhält man ihn auch durch Fällen von Schwefelbaryum mit
kohlensaurem Natron. Der kohlensaure Baryt bedarf zu seiner Lösung

4804 kaltes, 2304 siedendes Wasser; enthält es aber genug Salmiak, salpetersaures oder bernsteinsaures Ammoniak, so ist er darin leicht löslich. In wässerigen Kali- oder Natron-Salzen ist er nicht löslich. Der kohlensaure Baryt verliert seine Kohlensäure nur beim heftigsten anhaltenden Glühen, leichter geschieht dies, wenn man ihn mit Kohlenpulver mischt oder Wasserdämpfe darüber leitet. Vor dem Löthrohr schmilzt er leicht zu einem klaren Glase, welches beim Erkalten undurchsichtig wird.

$2BaO,3CO_2$. Beim Fällen von Chlorbaryum mit anderthalb kohlensaurem Kali erhält man ein correspondirendes Barytsalz, welches im Wasser löslich ist. Bei Anwendung von zweifach kohlensaurem Kali erhält man ebenfalls zweifach kohlensauren Baryt, der aber in fester Form nicht bekannt ist.

Oxalsaurer Baryt. BaO,C_2O_3,HO entsteht, wenn lösliche Barytsalze durch neutrale oxalsaure Salze gefällt werden. Er ist in Wasser fast ganz unlöslich.

Der mellithsaure Baryt ist schwer in Wasser löslich und entsteht durch das Vermischen von essigsaurem Baryt mit Mellithsäure.

Der mesoxalsaure Baryt BaO,C_3O_4 ist ebenfalls in kaltem Wasser schwer löslich. in heissem hingegen löst er sich leicht. Er wird erhalten, wenn man alloxansauren Baryt so lange mit Wasser kocht, als dieses etwas löst und die klare Lösung abdampft, wo das Salz anschiesst, das durch Waschen mit Alkohol und Umkrystallisiren gereinigt wird.

459. Cyanbaryum BaCy entsteht wie das Cyankalium beim Glühen von Baryumeisencyanür bei abgehaltener Luft, oder beim Sättigen von Baryt mit Hydrocyan. Es ist in Wasser schwer löslich, und die Lösung wird durch die Kohlensäure der Luft zersetzt.

Cyansaurer Baryt BaO,CyO. Beim Hineinleiten von Cyangas in Barytwasser entsteht neben Cyanbaryum cyansaurer Baryt, von welchem derselbe durch Kohlensäure getrennt werden kann. Auch durch Zerlegung des essigsauren Barytes mit cyansaurem Kali lässt er sich erhalten, wenn man der concentrirten Lösung Alkohol zusetzt. Die Lösung des Salzes zerfällt beim Abdampfen in Ammoniak und kohlensauren Baryt.

Cyanursaurer Baryt $2HO,BaO,Cy_3O_3,2HO$ wird durch Vermischen einer siedend heissen Lösung der Säure mit Barytwasser erhalten. Er verliert bei 250^0 sein Wasser. Giesst man eine heisse Lösung der Säure in Barytwasser, so erhält man ein Salz, dessen

Formel $HO,2BaO,Cy_3O_3,2HO$ ist. Bei Anwendung von Chlorbaryum und Zusatz von Ammoniak erhält man es auch. Das Salz verliert bei $200°$ die 2 Äq. Wasser und wird bei stärkerem Erhitzen so zerlegt, dass cyansaurer Baryt zurückbleibt, worauf sich eine Methode, das letztere Salz zu bereiten, gründet.

Baryumcyansulfür $BaCyS_2,2HO$ erhält man durch Neutralisiren von Hydrocyansulfür mit kohlensaurem Baryt.

Mellonbaryum $BaMe,6HO$ wird durch Vermischen der Lösungen von Mellonkalium und Chlorbaryum erhalten. Aus der siedend heissen wässerigen Lösung schiesst es in Krystallen an, welche 5 Äq. Wasser bei $130°$ verlieren.

460. Den kieselsauren Baryt kennt man nicht in krystallisirtem Zustande. Wenn 1 Th. Kieselsäure mit weniger als 2 Th. Baryt zusammengeschmolzen wird, so erhält man undurchsichtige porzellanartige Massen, die von Säuren nicht angegriffen werden. Bei mehr Baryt erhält man grüne in Salpetersäure lösliche Gläser.

Fluorkiesel-Baryum $BaSiF_3$ ist ein in kaltem und heissem Wasser schwer lösliches Pulver, welches beim Glühen in Fluorkiesel und Fluorbaryum zerfällt. Man erhält es durch Vermischen von Kieselfluorwasserstoff mit Chlorbaryum.

461. Borsaurer Baryt. Durch Fällen der verschiedenen borsauren Kalisalze mit Chlorbaryum erhält man die correspondirenden borsauren Barytsalze in Form von schwer löslichen Niederschlägen. Sie lösen sich ziemlich leicht in wässerigen Ammoniaksalzen und Chlorbaryum, und schmelzen in der Glühhitze zu durchsichtigen Gläsern. Kohlensäure fällt aus der wässerigen Lösung derselben den Baryt.

Setzt man zu Fluorwasserstoff-Fluorbor (434) so lange kohlensauren Baryt hinzu, als dieser sich noch löst, so bilden sich beim Verdampfen der Flüssigkeit bis zur Syrupconsistenz Krystalle, welche, wie es scheint, die Zusammensetzung $BaF,BF_3,2HO$; $(2BaF,3BF_3,4HO)$ haben. Sie sind leicht in Wasser löslich, zerfliessen in feuchter Luft und lassen beim Erhitzen Fluorbaryum zurück.

XVII. Strontium Sr = 44.

Im J. 1787 entdeckte man bei Strontion in England eine kohlensaure Erde, welche im J. 1792 von Hope und Klaproth als eine eigenthümliche Substanz erkannt wurde. Davy stellte im J. 1808 das Strontium dar. Das Äq. desselben soll nach Pelouze 43,48 sein.

462. Das Strontium schmilzt etwas schwieriger als das Baryum, ist ihm aber sonst in allen Beziehungen höchst ähnlich und wird auch so dargestellt wie dieses.

Der Strontian SrO = 52 (Strontiumoxyd, Strontianerde, la strontiane) hat eine Dichte von 4,0 und zerfällt mit Wasser befeuchtet zu einem weissen Pulver, dem Strotianhydrat SrO,HO, welches erst bei starkem anhaltenden Glühen sein Wasser abgibt und in Oxyd verwandelt wird. Aus der siedenden Lösung des Oxydes in Wasser setzen sich Krystalle ab, welche die Zusammensetzung SrO,10HO haben und zum pyramidalen System gehören. Für die Grundgestalt derselben ist P = 123°17'; 84°24'. a = $\sqrt{0,8022}$. Com. P — ∞. P. P + ∞; nach P — ∞ sehr leicht, schwerer nach P + ∞ theilbar. Die Krystalle verlieren bei 100° 50 Pct. Wasser, und bedürfen davon bei 15° 52 Th., von kochendem 2,4 zu ihrer Lösung. Der Strontian wirkt nicht giftig.

Die löslichen Strontiansalze färben sowohl die Löthrohrflamme als die des Weingeistes lebhaft carminroth, was insbesondere beim Chlorstrontium der Fall ist. Am Platindrath röthet wässeriges Chlorstrontium die Löthrohrflamme nur so lange, bis es ganz geschmolzen ist, während Chlorlithium dieselbe fortwährend roth färbt. Beigemengtes Chlorbaryum hindert die rothe Färbung der Löthrohrflamme. Die Färbung der Weingeistflamme wird durch Barytsalze mehr gelbroth, durch viel Natronsalze gelb. Eine Gypslösung fällt die Strontiansalze, was ein Kennzeichen für dieselben ist. Das beste Mittel, Strontian von Baryt zu trennen, ist, Kieselfluorwasserstoff in Überschuss zuzusetzen, wobei letzterer als unlösliche Verbindung zurückbleibt, während ersterer gelöst wird (475).

Ein Strontiumsuperoxyd SrO₂ wurde bisher nur durch Wasserstoffsuperoxyd als Hydrat dargestellt.

463. Schwefelstrontium SrS wird bei geringerer Hitze aus dem schwefelsauren Strontian erhalten als das Schwefelbaryum, sonst gilt alles von diesem Angeführte.

Der schwefelsaure Strontian SrO,SO₃ (sulfate de strontiane) findet sich in der Natur als Cölestin (prismatoidischer Hal-Baryt), wo er im orthotypen Systeme krystallisirt. Für denselben ist P = 128°85'; 89°33'; 112°35'; a:b:c = 1:$\sqrt{1,6363}$:$\sqrt{0,6111}$. Comb. P̆r. (P̆ + ∞)². P̆r + ∞. Die Theilbarkeit nach P̆r + ∞ ist sehr vollkommen, die nach P̄r und P — ∞ weniger deutlich. Seine Dichte beträgt 3,953. Er fällt beim Vermischen eines löslichen Strontiansalzes mit Schwefelsäure als weisses Pulver zu Boden. Bei verdünnten Lösungen erfolgt die Abscheidung erst nach einiger Zeit. Er bedarf zu seiner Lösung 9638 Th. siedendes und 6895 Th. Wasser von 14°; in Wasser, welches etwas Schwefelsäure oder schwefelsaure Salze enthält, ist er noch weniger löslich, indem er dann 11800 Th. davon bedarf. Er löst sich hingegen vollständig in einer Kochsalzlösung, wodurch er sich wesentlich vom schwefelsauren Baryt unterscheidet. Durch Zusatz von Schwefelsäure wird er aus dieser Lösung gefällt. In Salmiaklösung ist er unlöslich. In einer Lösung, aus welcher der Strontian durch schwefelsaures Natron gefällt wurde, bringt kohlensaures Natron noch einen Niederschlag von kohlensaurem Strontian hervor.

Unterschwefelsaurer Strontian $SrO,S_2O_5,4HO$ erscheint in luftbeständigen rhomboëdrischen Krystallen. Für dieselben ist $R = 69°31'$, $a = 4,5$. Com. $R - \infty P$. Die Theilbarkeit nach $R - \infty$ ist undeutlich. (Heeren in Pogg. Ann. 7, 177.) Sie sind in 4,5 Th. Wasser von 16° und in 1,5 Th. kochendem Wasser, nicht aber in Weingeist löslich. Der schwefligsaure Strontian ist in Wasser unlöslich.

Unterschwefligsaurer Strontian $HO,SrO,S_2O_2,4HO$ wird erhalten, wenn man in eine Lösung von Schwefelstrontium bis zur Entfärbung schweflige Säure leitet. Beim Zusatz von Weingeist scheidet sich dann das Salz in feinen seidenglänzenden Krystallen ab, beim Auflösen derselben und langsamen Abdampfen schiessen grosse Krystalle an. Sie sind luftbeständig und lösen sich in 4 Th. Wasser von 13° und in 1,75 Th. kochendem. Das Salz fängt bei 50—60° an, Wasser abzugeben, hält aber 1 Äq. noch bei 180° zurück, von welchem es ohne Zersetzung nicht getrennt werden kann. (Pogg. 55, 301.)

464. Chlorstrontium $SrCl = 79,4$ ist eine weisse, nicht krystallinische Masse, deren Dichte 2,80 beträgt, und die beim Glühen an der Luft wegen Aufnehmen von Sauerstoff alkalisch wird. In Wasser löst sich das Chlorstrontium unter Erwärmung, und aus der Lösung krystallisirt dasselbe mit 6 Äq. Wasser. Die Krystalle zerfliessen nur an feuchter Luft, und bedürfen 0,75 kaltes Wasser, 6 Th. Weingeist von 0,833 bei 15° und 19 Th. kochenden absoluten Alkohol zur Lösung. Auf die Löslichkeit des Chlorstrontiums in Alkohol gründet sich ein, obwohl nicht ganz genaues Verfahren, Strontian von Baryt zu trennen. Das Chlorstrontium färbt die Weingeistflamme am intensivsten roth.

Der überchlorsaure, chlorsaure und chlorigsaure Strontian sind zerfliessliche Salze. Die Krystalle des letzteren zerfallen bei 200° in ein Gemenge von chlorsaurem Strontian und Chlorstrontium. Das trockene Chlorstrontium verschluckt begierig Ammoniak und gibt damit ein weisses trockenes Pulver $4H_3N,SrCl$.

465. Bromstrontium $SrBr,6HO$ krystallisirt aus der Lösung des wasserfreien Bromides in spitzen Pyramiden, welche selbst in trockener Luft nicht verwittern, und geht beim Erhitzen in $BrSr = 124$ über.

Der bromsaure Strontian SrO,BrO_5,HO erscheint in orthotypen Krystallen die ihr Wasser erst bei $120°$ verlieren, sie lösen sich in 3 Th. kaltem Wasser (Rammelsberg in Pogg. Ann. 52). Es gibt auch ein Bromstrontium-Ammoniak $SrBr,4H_3N$, das in Wasser löslich ist.

466. Das Jodstrontium $SrJ = 170,8$ ist leicht in Wasser löslich und schmilzt noch vor der Rothglühhitze.

Jodsauren Strontian SrO,JO_5 erhält man durch Fällen von jodsaurem Natron mittelst Chlorstrontium aus der heissen Flüssigkeit. Nimmt man die Fällung mit der kalten Flüssigkeit vor, so erhält man das Salz mit 6 Äq. Wasser. Dieses bedarf zu seiner Lösung 342 Th. Wasser von $15°$ und 110 Th. siedendes.

467. Das Fluorstrontium SrF ist ein weisses, in Wasser und wässeriger Flusssäure sehr wenig lösliches Pulver.

Fluorkieselstrontium $SrSiF_3$ oder SrF,SiF_2 wird durch Lösen des kohlensauren Strontians in Kieselflusssäure erhalten. Beim Abdampfen schiessen wasserhaltende Krystalle an, welche sich leicht in Wasser lösen. Auf dieser Eigenschaft derselben beruht ein gutes Verfahren, Baryt von Strontian zu trennen.

468. Salpetersaurer Strontian SrO,NO_5. Das wasserfreie Salz krystallisirt in tessularischen Gestalten (?) aus der Lösung, wenn sie in der Wärme immer weiter concentrirt wird. Setzt man hingegen eine gehörig concentrirte Lösung der Kälte aus, so erhält man verwitternde Krystalle, welche 5 Äq. Wasser enthalten und hemiorthotyp sind. Die Abweichung der Axe liegt in der Ebene der längeren Diagonale und beträgt $23° 49' - 25° 35'$. Comb. $P - \infty$. $- \breve{P}r'_2$. $P + \infty$. $(\breve{P} + \infty)^3$. $\breve{P}r + \infty$. Das wasserfreie Salz bedarf zu seiner Lösung 5 Th. kaltes, $1/2$ Th. kochendes Wasser. Der salpetersaure Strontian wird zur Verfertigung eines Satzes für Rothfeuer benützt, indem man entweder 40 Th. wasserfreies Salz, 13 Th. Schwefel mit 5 Th. chlors. Kali und 4 Th. Schwefelantimon oder mit 6 Th. chlors. Kali und 2 Th. Kohle mischt.

Der salpetrigsaure Strontian bildet luftbeständige Krystalle.

469. Kohlensaurer Strontian SrO,CO_2. Dieses Salz findet sich in der Natur als Strontianit (peritomer Hal‑Baryt), wo es im orthotypen Systeme krystallisirt. $P = 130^\circ 1'; 92^\circ 11'; 108^\circ 35'$. $a : b : c = 1 : \sqrt{1,9094} : \sqrt{0,7084}$. Comb. $P.\breve{P}r + 1.P + \infty$. $\breve{P}r + \infty$. Theilbarkeit nach $P + \infty$ und $\breve{P}r + 1$. Seine Dichte beträgt $3,624$ und er bedarf zu seiner Lösung 18045 Th. kaltes und 1536 Th. kochendes Wasser. Enthält dasselbe Ammoniak und kohlensaures Ammoniak, so nimmt es mehr von dem Salze auf; auch ist es in der wässerigen Lösung von Salmiak, salpetersaurem und bernsteinsaurem Ammoniak löslich. Es verliert seine Kohlensäure bei starker Weissglühhitze nach $^3/_4$ Stunden ohne zu schmelzen, leitet man aber Wasserdampf darüber, so erfolgt dies schon bei einer niedrigeren Temperatur.

Der oxalsaure Strontian ist ein selbst im kochenden Wasser sehr wenig lösliches Salz, indem es davon 1920 Th. bedarf.

Borsaurer Strontian $SrO,2BO_3$ ist in kaltem Wasser fast unlöslich, von heissem sind hiezu 130 Th. nothwendig. $SrO,6BO_3$ ist etwas löslicher.

470. Phosphorsaurer Strontian wird als weisses Pulver durch Fällen eines löslichen Strontionsalzes mit gewöhnlichem phosphorsauren Natron erhalten. Es hat nach dem Glühen die Zusammensetzung $2SrO,PO_5$, schmilzt vor dem Löthrohre und phosphorescirt dabei.

Phosphorigsaurer Strontion wird durch Auflösen von kohlensaurem Strontian in phosphoriger Säure und Abdampfen der Lösung in Krystallen erhalten. Durch Wasser, besonders durch warmes, wird es in ein unlösliches basisches und in ein saures nichtkrystallisirbares Salz zerlegt.

Unterphosphorigsaurer Strontian bildet sich beim Kochen von Strontianlösung mit Phosphor und ist ein leicht lösliches krystallisirbares Salz.

XVIII. Calcium Ca = 20.

Von Davy zuerst im J. 1808 aus der Kalkerde dargestellt.

471. Das Calcium wird wie das Baryum dargestellt. Es ist ein silberweisses Metall, welches sich an der Luft schon bei gewöhnlicher Temperatur schnell, bei erhöhter aber unter Feuererscheinung oxydirt, und auch das Wasser zerlegt. Die unter diesen Umständen sich bildende Oxydationsstufe ist der

Kalk CaO = 28 (Calciumoxyd, Kalkerde, la chaux). Er bleibt, wenn kohlensaurer Kalk anhaltend stark geglüht wird, als eine weisse spröde Masse, deren Dichte 3,08 — 3,2 beträgt, zurück, und schmilzt selbst im Knallgebläse nur unvollkommen, unter Verbreitung eines glänzenden rothen Lichtes. In der Glühhitze wird er durch Phosphor, Schwefel, Chlor zersetzt und im letzten Falle der Sauerstoff gänzlich verdrängt (191). Besprengt man den Kalk mit Wasser, so zerfällt er unter starker Erwärmung und lebhafter Phosphorescenz zu einem zarten weissen Pulver, dem Kalkhydrate = CaO,HO. In, wie es scheint, rhomboëdrischen Krystallen erhält man es beim Stehenlassen von Kalkwasser über Schwefelsäure. Es lässt bei schwachem Glühen das Wasser ohne zu schmelzen wieder vollständig fahren. Der Kalk zeigt das nur wenigen Körpern zukommende Verhalten, in heissem Wasser weniger löslich zu sein als im kalten; daher sich die klare, in der Kälte gesättigte Lösung trübt wenn sie erhitzt wird. 1 Th. Kalk bedarf zu seiner Lösung 656 Th. Wasser von 0°,752 von 15°,6 und 1280 von 100°. Zur Bereitung des Kalkwassers muss daher kaltes Wasser angewendet werden und überdiess ist es nothwendig den Kalk zuerst gut auszuwaschen, da der erste Aufguss meistens Kali- und Natronsalze enthält.

Die Kalksalze sind meist löslicher als die Baryt- und Strontiansalze. Aus den Lösungen derselben fällen sowohl ätzende als kohlensaure Alkalien den Kalk, im ersten Falle als Oxyd im zweiten als kohlensaures Salz. Ammoniak bewirkt keine Fällung, diese erfolgt nur, wenn Kohlensäure Zutritt hat, oder wenn kohlensaures Ammoniak angewendet wird. Schwefelsäure bringt nur in concentrirteren Lösungen einen Niederschlag von schwefelsaurem Kalk hervor. Über das Verhalten zur Phosphorsäure s. (481). Oxalsäure und oxalsaures Ammoniak schlagen aus den neutralen Lösungen der Kalksalze oxalsaure Kalkerde nieder, (482) und diese ist wegen ihrer geringen Löslichkeit vorzugsweise zur Bestimmung derselben geeignet.

472. Schwefelcalcium. (a) Einfach CaS = 36. Diese Verbindung des Calciums wird erhalten, wenn man Kalk in Hydrothiongas glüht, CaO + HS = CaS + HO, oder indem man schwefelsauren Kalk in Wasserstoffgas oder mit ¹/₃ Kohle stark erhitzt. Beim Glühen von Kalk mit Schwefel wird neben Schwefelcalcium auch schwefelsaurer Kalk gebildet. Das Schwefelcalcium gleicht in seinen Eigenschaften vollkommen dem Schwefelbaryum und scheint auch wie dieses durch Wasser zerlegt zu werden. Leitet man Hydrothiongas in Wasser, in welchem Kalk oder Schwefelcalcium vertheilt ist, so wird Hydrothion-Schwefelcalcium CaS,HS gebildet. Die Umwandlung

geht nur bei einem grossen Überschuss von Wasser vollständig vor sich und die Lösung gibt beim Abdampfen, selbst im Vacuum, Hydrothion ab, kann also nur im gelösten Zustande bestehen. Leitet man Hydrothion in Kalkbrei, so wird so viel Hydrothion - Schwefelcalcium gebildet als das Wasser zu lösen vermag, der übrige Kalk bleibt unverändert. Der so erhaltene, stark nach Hydrothion riechende, von Schwefeleisen graue Brei kann als Rusma zum Wegätzen der Haare dienen, dabei ist aber die ätzende Wirkung des Kalkes nicht zu übersehen.

(b) Zweifach Schwefelcalcium $CaS_2,3HO$ entsteht, wenn Kalkhydrat mit Wasser und Schwefel gekocht wird und die Lösung, noch bevor sie ganz mit Schwefel gesättigt ist, langsam erkaltet. Es erscheint in rothgelben Krystallen, die, nachdem sie im Vacuum getrocknet wurden, an der Luft unveränderlich sind und 400 Th. kaltes Wasser zur Lösung bedürfen. Die 3 Äq. Wasser können durch gelindes Erwärmen im Vacuum entfernt werden, wobei die Krystalle in ein weisses Pulver zerfallen.

(c) Fünffach Schwefelcalcium $CaS_5 = 100$, bildet sich, wenn eine Lösung von Einfach Schwefelcalcium mit so viel Schwefel gekocht wird, als sich darin auflösen kann. Im Vacuum trocknet es zu einer gelben Masse ein, die auch in Alkohol löslich ist. Beim Erhitzen verwandelt sich dieselbe unter Abscheidung von Schwefel, in Einfach - Schwefelcalcium. Wendet man Kalk statt Schwefelcalcium an, so ist der Lösung des Fünffach - Schwefelcalcium auch Zweifach-Schwefelcalcium und unterschwefligsaurer Kalk beigemischt.

Wenn man das durch Glühen von schwefelsaurem Kalk mit Kohle erhaltene Schwefelcalcium mit viel Wasser auskocht, die klare Lösung in einer Retorte abdampft, wobei viel Hydrothion entweicht, und dann die Flüssigkeit erkalten lässt, so scheidet sich schwefelsaurer Kalk ab. Dampft man die davon getrennte Flüssigkeit noch weiter ab, so schiessen beim Erkalten goldgelbe Krystalle an, welche nach H. Rose der Formel $CaS_5,5CaO,20HO$ entsprechen.

473. Schwefelsaurer Kalk (a) neutraler $CaO,SO_3,2HO$. Dieser Körper findet sich sehr häufig in der Natur. Die Species prismatisches Euklas-Haloid umfasst die mannigfaltigen Varietäten desselben, nämlich Gyps (le plâtre), Alabaster, Fraueneis u. s. w. Er entsteht als ein aus feinen Krystallen bestehender Niederschlag, wenn Schwefelsäure zu einer concentrirten Lösung eines Kalksalzes gesetzt wird. Die Dichte desselben beträgt 2,322, die Krystalle sind hemiorthotyp. Die Abweichung der Axe liegt in der Ebene der kürzeren

Diagonale und ist $= 8°34'$. $a:b:c:d = 6,638:11,236:16,236:1$
Comb. $P/_2$. $P + \infty$. $\dot{P}r + \infty$. Theilbarkeit nach $\dot{P}r + \infty$ sehr vollkommen. Die Krystalle verlieren, wenn sie längere Zeit im Vacuum
bei $100°$ erhalten werden, 1 Äq. Wasser und werden dabei undurchsichtig. An der Luft ist hierzu eine höhere Temperatur nothwendig.
Bei $132°$ entweicht auch das zweite Äq., wobei die Krystalle zerfallen. Der wasserfreie Gyps An h y d r i t (prismatisches Orthoklas-
Haloid) findet sich in Krystallen deren Grundgestalt ein Orthotyp ist,
bei welchem $P = 121°32'$; $108°35'$; $99°7'$ und $a:b:c = 1:$
$\sqrt{1,765}:\sqrt{1,235}$. Comb. $P — \infty$ $P + \infty$. $\dot{P}r + \infty$. $\dot{P}r + \infty$
mit sehr vollkommener Theilbarkeit nach den beiden letzten Rich-
tungen. Die Dichte desselben beträgt $2,96$. Wird wasserfreier gepulverter Gyps, der jedoch nicht über $126°$ erhitzt wurde, mit Wasser
zu einem Brei angerührt, so erstarrt er bald unter Erwärmung zu
einer festen Masse, indem er wieder sein Wasser aufnimmt. Wurde
aber der Gyps entweder zu stark (nach M i t s c h e r l i c h über $160°$),
oder nur so weit erhitzt, dass bloss 1 Äq. Wasser entweicht, so erhärtet er mit Wasser eben so wenig als Anhydrit. Der Gyps gehört zu
den schwer löslichen Salzen. Nach P o g g i a l e nehmen 100 Th. Wasser bei $0°$ $0,205$ Th. wasserfreien Gyps auf; $0,219$ bei 5; $0,241$
bei $20°$; $0,254$ bei $35°$; $0,251$ bei $50°$; $0,244$ bei $70°$; $0,231$
bei $90°$; $0,217$ bei $100°$. Bei $5°$ und bei $100°$ ist also die Löslichkeit des wasserfreien Gypses dieselbe, bei $35°$ erreicht sie ihr
Maximum. Als runde Zahl nimmt man an, dass 1 Th. Gyps 400 Th.
Wasser zur Lösung bedarf. Die Löslichkeit des Gypses wird übrigens
durch die Gegenwart mehrerer Ammoniaksalze und insbesondere freier
Säuren sehr vermehrt. In Weingeist ist er nicht löslich.

Bei starker Rothglühhitze schmilzt der Gyps und erstarrt beim
Erkalten zu einer weissen, undurchsichtigen, krystallinischen Masse.
Durch Glühen mit Kohle wird er in Schwefelcalcium, beim Kochen
mit kohlensauren Alkalien oder Ammoniak unter Bildung der entsprechenden schwefelsauren Salze in kohlensauren Kalk verwandelt. Diese
Veränderung erfolgt auch, obwohl langsam, schon bei gew. Tpr.
Hierauf beruht nach L i e b i g die so wichtige Anwendung desselben
in der Agricultur. (S. d. Chemie in ihrer Anwendung auf Agricultur etc. 6. Aufl. 1846.)

In einem Dampfkessel, in welchem der Dampf 2 Atmosph.
Spannung hatte, fand man Krystalle, deren Zusammensetzung
$2(CaO,SO_3),HO$ war.

(b) S a u r e r $HO,CaO,2SO_3$ bildet sich, wenn wasserfreier Gyps mit concentrirter Schwefelsäure bei 100° so lange in Berührung bleibt, bis sich derselbe in krystallinische Körner verwandelt hat, die auf einem porösen Ziegel von der überschüssigen Säure befreit werden müssen, da sie sich durch Wasser sogleich in das neutrale Salz und in Schwefelsäure zerlegen.

Mit dem schwefelsauren Natron gibt der schwefelsaure Kalk ein Doppelsalz $NaO,CaO,2SO_3$, den Glauberit (hemiprismatisches Brithyn - Salz), dessen Grundgestalt ein Hemiorthotyp ist, bei welchem die Abweichung der Axe $= 21^0 44'$ in der Ebene der grösseren Diagonale liegt. $a:b:c:d = 2,509:3,222:2,664:1$ Comb. $P - \infty \cdot P/_2 \cdot P + \infty \cdot Pr + \infty$. Die Theilbarkeit ist nach $P - \infty$ vollkommen. Diese Verbindung kann durch Zusammenschmelzen beider Salze erhalten werden. Die Bildung eines ähnlichen Doppelsalzes mag die Ursache sein, dass ungebrannter Gyps sowohl mit der Lösung des schwefelsauren als mit andern Kalisalzen rasch zu einer harten Masse erstarrt.

Die Fähigkeit des gehörig gebrannten Gypses, die ihm entzogenen 2 Äq. Wasser wieder aufzunehmen und dabei zu erstarren, eignet denselben zu sehr vielen technischen Anwendungen, wie zu Abgüssen von Medaillen, Statuen und überhaupt Gypsmodellen u. dgl.; ferner zur Verfertigung des Stucco, einer dem Marmor ähnlichen Masse, welche statt desselben zur Verzierung der Wände und Säulen dient. Das Brennen des Gypses geschieht im Grossen in einem vierkantigen, gemauerten, mit einem Dach versehenen Raume, der an einer Seite offen ist. Die Höhe der Mauern und die Breite des Raumes beträgt 9, die Länge desselben 18 Fuss. Der Gyps wird so aufgeschichtet, dass er am Boden kleine Gewölbe bildet, welche zur Aufnahme des Brennmateriales dienen, das viel Flamme geben muss.

Unterschwefelsaurer Kalk $CaO,S_2O_5,4HO$ wird durch Fällen des Mangansalzes mit Kalkmilch erhalten und bildet luftbeständige Krystalle von derselben Form wie die des entsprechenden Strontiansalzes. Das Salz bedarf zu seiner Lösung 2,46 Th. Wasser von 19°; 0,8 von 100°. In Weingeist ist es nicht löslich.

Schwefligsaurer Kalk $CaO,SO_2,2HO$ bedarf zu seiner Lösung 800 Th. Wasser, verwittert an der Luft zu Gyps und zerfällt, bei abgehaltener Luft erhitzt, in Schwefelcalcium und Gyps.

Einfach geschwefelter unterschwefelsaurer Kalk CaO,S_3O_5. Ein an der Luft zerfliessendes Salz, welches durch Digeriren einer concentrirten Lösung des unterschwefligsauren Salzes mit Schwefel bei 50—60° erhalten wird.

Unterschwefligsaurer Kalk $CaO,S_2O_2,6HO$ wird bereitet,

wenn man durch die Flüssigkeit, die beim Kochen von Kalk mit Schwefel erhalten wird, schweflige Säure bis zur Entfärbung derselben leitet. Es bilden sich, wenn die Lauge bei einer 60° nicht übersteigenden Tpr. abgedampft wird, schöne Krystalle, deren Grundgestalt ein Anorthotyp ist, bei welchem die in der Ebene der grösseren Diagonale liegende Abweichung $= 17° 13'$, die in der Ebene der kleineren liegende $= 8°, 44'$ beträgt, die Schiefe der Diagonalen ist $= 87° 25'$; $a:b:c = 1,533:0,786:1$ (Mitscherlich Pogg. Ann. 54. 427). Die Krystalle bedürfen zu ihrer Lösung ein ihrem eigenen gleiches Gewicht Wasser und verwittern bei gew. Tpr. im Vacuum über Schwefelsäure, an der Luft jedoch erst bei 40°. Die concentrirte Lösung des Salzes zerfällt über 60° in schwefligsauren Kalk und Schwefel.

474. Chlorcalcium CaCl $= 55,4$. Bei schwachem Glühen des Kalkes in Chlorgas wird der Sauerstoff abgeschieden und durch Chlor ersetzt, was auch bei Anwendung von Hydrochlor unter Wasserbildung erfolgt. Das Calciumchlorid schmilzt bei starker Rothglühhitze und bildet nach dem Erstarren eine weisse durchscheinende Masse, deren Dichte 2,269 beträgt. Findet beim Schmelzen Luftzutritt Statt, so verdrängt der Sauerstoff aus demselben etwas Chlor, so dass die geschmolzene Masse Ätzkalk enthält. Es zerfliesst schnell an der Luft, indem es daraus begierig Wasser anzieht, und wird daher zum Austrocknen der Gase und zum Entwässern vieler Flüssigkeiten in den chemischen Laboratorien häufig verwendet. In Wasser löst es sich unter Erwärmung, und auch in Weingeist ist es leicht löslich. Dampft man die wässerige Lösung desselben stark ab, so erhält man beim Erkalten Krystalle, die wie es scheint dem rhomboëdrischen Systeme angehören. Sie enthalten 6 Äq. Wasser, wovon sie 4 schon bei gew. Tpr. im Vacuum abgeben, die letzten 2 Äq. gehen noch vor dem Glühen weg, so dass nur reines Chlorcalcium zurückbleibt. Die Krystalle lösen sich im Wasser unter Erkältung und brauchen davon bei 0° die Hälfte ihres Gewichtes.

Das Chlorcalcium absorbirt, wie die meisten andern Chloride, Ammoniakgas, schwillt dabei an und zerfällt zu einem weissen Pulver, dessen Zusammensetzung der Formel $4H_3N,CaCl$ entspricht. Beim Liegen an der Luft oder auch beim Befeuchten mit Wasser entweicht das Ammoniak wieder.

Beim Kochen einer Chlorcalciumlösung mit Kalk wird dieser gelöst und es schiessen aus der heiss filtrirten Flüssigkeit Krystalle an, welche die Zusammensetzung $CaCl,3CaO,16HO$ haben. Sie wer-

den sowohl durch Weingeist als durch Wasser in Chlorcalcium und
Kalk zerlegt.

Das Chlorcalcium gibt mit Schwefelsäure Hydrochlor und mit
Braunstein und Schwefelsäure Chlor. Es wird als Nebenproduct, vor-
züglich bei der Ammoniakbereitung erhalten, oft aber auch durch
Sättigen von Kalk mit Hydrochlor absichtlich erzeugt.

475. Unterchlorigsaurer Kalk (Bleichkalk, chlorure
de chaux, Chlorkalk). Wenn man Chlorgas in Kalkhydrat leitet, so
wird es begierig und unter Erwärmung absorbirt; hiebei sucht man zu
verhindern, dass die Tpr. nicht über 17^0 steigt, so erhält man ein
weisses, nach unterchloriger Säure riechendes Pulver, welches aus
unterchlorigsaurem Kalk, Chlorcalcium und ungeändertem Kalk besteht.
Der hier Statt findende Process ist ganz derselbe wie bei der Bereitung des unterchlorigsauren Kali's $2(CaO,HO) + 2Cl = CaO,ClO +
CaCl + 2HO$. Nach diesem Schema berechnet, müssten in 100 Th.
Chlorkalk fast $51,7$ Pct. Chlor enthalten sein, die Erfahrung zeigt
indess, dass es weder im Kleinen noch im Grossen möglich ist, den
Gehalt an Chlor höher als bis auf 41 Pct. zu bringen, und selbst
dies gelingt nur, wenn man das Kalkhydrat zuerst mit einem Überschuss von Wasser bereitet und dann neben Schwefelsäure trocknen
lässt. Bei 100^0 getrocknetes Hydrat soll nur sehr wenig Chlor absorbiren. Der beste im Handel vorkommende Chlorkalk enthält nicht
über 32 Pct. Chlor, von welchem aber nur 30 Pct. bleichend wirken, da 2 Pct. desselben dem chlorsauren Kalk angehören, der immer im Chlorkalke vorkommt, weil es kaum möglich ist eine Erhöhung der Tpr. ganz zu verhindern. Indess muss bemerkt werden,
dass nicht bloss die Menge des Chlors, welche zur Bildung der unterchlorigen Säure dient, bleichend wirkt; sondern dass auch die,
welche an das Calcium gebunden ist, hier in Betrachtung kommt, da
bei der Zerlegung des Chlorkalkes durch Säure, der Sauerstoff der
unterchlorigen Säure sogleich an das Calcium tritt, wodurch das ganze
Chlor disponibel wird. Da das Chlor und der Sauerstoff eine gleiche
bleichende Kraft besitzen, so kann man sich auch vorstellen, dass
die unterchlorige Säure sowohl durch den einen als durch den andern
ihrer Bestandtheile bleichend wirkt, was im Erfolge dasselbe ist. Man
kann ferner $CaO,ClO + CaCl$ auch als $2(CaO,Cl)$ oder als CaO,Cl betrachten, für die Berechnung kann man sich daher den Bleichkalk
wirklich als Chlorkalk vorstellen.

Beim Erhitzen zerfällt der Chlorkalk unter Entwicklung von Sauerstoffgas, in Chlorcalcium und chlorsauren Kalk $9CaCl + 9(CaO,ClO)$

$= 12O + 17CaCl + CaO,ClO_5$. Bei stärkerer Erhitzung wird auch der chlorsaure Kalk in Chlorcalcium umgewandelt. Dieselbe Zersetzung tritt auch ein, wenn die Lösung des Chlorkalkes gekocht wird, sehr langsam geht sie auch bei gew. Temperatur und selbst in Gefässen, die vor dem Zutritt der Luft geschützt sind, vor sich. Bei Einwirkung des Lichtes erfolgt dieselbe rascher, so dass die Bleichflüssigkeit nach und nach unter langsamer Entwicklung von Sauerstoffgas ihre ganze bleichende Kraft verliert. Die Säuren, selbst die Kohlensäure, zersetzen den Chlorkalk, wobei die entsprechenden Kalksalze gebildet und alles Chlor in Freiheit gesetzt wird. Durch Braunstein, Quecksilberoxyd, Eisenoxyd und Kupferoxyd wird eine Chlorkalklösung ebenfalls zerlegt und Sauerstoffgas abgeschieden. Auf dieser Zersetzbarkeit des unterchlorigsauren Kalkes beruht die grosse Anwendung, welche derselbe gegenwärtig in der Industrie zum Bleichen findet. Er ist auch zur Zerstörung übler Gerüche, die von faulenden Substanzen herrühren, sehr geeignet.

Die Bereitung des Chlorkalkes im Kleinen geschieht am besten, wenn man Chlor über Kalkhydrat leitet, welches sich in einer Röhre befindet, die fortwährend gekühlt wird, um die Bildung von chlorsaurem Kalk möglichst zu verhindern. Bei der Fabrikation im Grossen befindet sich der Kalk, um mit dem Chlor vielfältig in Berührung zu kommen, entweder in Fässern, welche sich langsam um ihre horizontale Axe drehen, oder in aufrecht stehenden Tonnen, in denen sich eine drehbare, mit schraubenförmig angeordneten schiefstehenden Schaufeln besetzte Axe befindet. Man lässt, um die Erhitzung zu vermeiden, dass Chlor nur langsam zuströmen und sorgt dafür, dass der Kalk möglichst vollständig in Hydrat verwandelt wird, was man bewirkt indem man denselben mit Wasser hinreichend durchnetzt und dann siebt. Diese Operation muss in einem verschlossenen Raume geschehen. Der zu verwendende Kalk muss gut gebrannt sein und darf nicht zu viel fremdartige Körper, insbesondere weder Thonerde noch Eisen enthalten. Ein guter Chlorkalk löst sich bei genügender Wassermenge bis auf einen geringen Rückstand, und auch dieser verschwindet bei Zusatz von Salzsäure ganz. Da derselbe Feuchtigkeit anzieht und von der Kohlensäure der Luft zersetzt wird, so muss er in wohlverschlossenen Gefässen aufbewahrt werden. Um flüssigen Bleichkalk zu erhalten, kann man entweder Chlorgas in eine Kalkmilch leiten, welche auf 1,5 Pf. Kalkhydrat 40 Pf. Wasser enthält und die dann so viel Chlor braucht, als man mit 22 Loth

40 *

(391 Grammen) Braunstein, welchen 1 Pf. 17 Loth Chlormasse entsprechen, erhalten kann, oder indem man Bleichkalk in der nöthigen Menge Wasser löst.

Chlorsaurer Kalk $CaO,ClO_5,2HO$ krystallisirt über Schwefelsäure und ist ein an der Luft zerfliessendes, in Weingeist leicht lösliches Salz, dessen Wasser sich bei vorsichtigem Erhitzen entfernen lässt. Mit Chlorcalcium gemengt erhält man es, wenn man eine Chlorkalklösung bis zum Kochen erhitzt.

Der überchlorsaure Kalk ist ein höchst zerfliessliches, auch in Weingeist lösliches Salz.

476. Bromcalcium $CaBr = 100$ wird gebildet, wenn man Kalk in Bromgas bis zum Glühen erhitzt oder die Lösung des Kalkes in Hydrobrom zur Trockenheit eindampft. Bei Luftzutritt erhitzt, wird Brom unter Bildung von Kalk abgeschieden; mit Schwefelsäure gibt dasselbe Hydrobrom, dann Brom und schweflige Säure ab. Es zerfliesst rasch an der Luft und löst sich leicht in Weingeist. Im trockenen Zustande absorbirt es 3 Äq. Ammoniak. Durch Kochen des Bromcalciums mit Kalk, und Erkalten der filtrirten Lösung erhält man, nach Löwig, feine Nadeln, welche $3CaO,CaBr$ sind.

Bromsaurer Kalk CaO,BrO_5,HO wird am besten auf directem Wege erhalten. Er löst sich in 1,1 Th. kaltem Wasser, die Krystalle verlieren ihr Wasser erst bei 180°.

477. Jodcalcium $CaJ = 146,8$ ist leichter zerlegbar als das Bromcalcium, indem schon die Kohlensäure der Luft aus der Lösung kohlensauren Kalk abscheidet. In den übrigen Beziehungen gleicht es dem Bromcalcium.

Jodsaurer Kalk $CaO,JO_5,6HO$ krystallisirt sowohl aus einer sauren als aus einer neutralen Flüssigkeit stets nach dieser Zusammensetzung. Man erhält das Salz durch Zusatz von Jodsäure zu einer Chlorcalciumlösung, wo es sich nach einiger Zeit in kleinen glänzenden Krystallen abscheidet. Es verwittert in einer trockenen Atmosphäre, fängt bei 60° an reichlich Wasser abzugeben, behält aber auch bei 190° 1 Äq. desselben zurück, das erst bei 200° entfernt werden kann. Zu seiner Lösung bedarf es, nach Rammelsberg, 253 Th. Wasser von 15° und 75 Th. kochendes. In verdünnter Salpetersäure löst es sich reichlich und wird daraus durch Ammoniak abgeschieden, in Weingeist ist es unlöslich.

Überjodsaurer Kalk. Das neutrale Salz ist noch nicht näher untersucht. Ein basisches $5CaO,JO_7$ bleibt zurück, wenn jodsaurer Kalk bei abgehaltener Luft bis zum schwachen Glühen erhitzt wird, wobei 4,78 Pct. Sauerstoff entweichen. Er ist in Salpetersäure, nicht aber in Wasser löslich.

478. Fluorcalcium CaF = 38,7 bildet die ausgezeichnete Species octaëdrisches Fluss-Haloid (Flussspath), kommt auch, obwohl nur in sehr geringer Menge, in den Knochen der Thiere und vorzüglich im Email der Zähne vor. Es ist im Wasser unlöslich und schmilzt im Porzellanofen zu einer Masse, welche die ursprüngliche Theilbarkeit des Flussspathes hat. Vor dem Löthrohre schmilzt der Flussspath anfangs leicht, gibt aber nach und nach Hydrofluor ab und verwandelt sich in Kalk, der nicht weiter schmilzt. Wasserfreie Schwefelsäure wirkt selbst auf glühenden Flusspath nicht. Bei gew. Tpr. gibt concentrirte Schwefelsäure mit reinem Flussspath, der frei von Kieselsäure ist, eine durchscheinende, fadenziehende Masse, aus der Wasser das Fluorcalcium unverändert niederschlägt. Bei Gegenwart von Kieselsäure entweicht, unter Aufbrausen, Fluorkiesel und die Masse ist dann nicht durchscheinend, weil sich Gyps bildet. Erst bei 40° beginnt die Bildung und Abscheidung der Flusssäure. Das Fluorcalcium ist nur in geringer Menge in Salzsäure und Salpetersäure löslich, beim Zusatz von Alkalien oder beim Abdampfen wird es wieder unverändert abgeschieden. Enthält der Flussspath Kieselsäure, so löst er sich reichlich in den genannten Säuren, was aber von der Bildung von Fluorkieselcalcium herrührt, das sich in diesen Säuren leicht löst. In Flussäure selbst ist das Fluorcalcium nur höchst wenig löslich und auch von Kali oder Natron wird es weder auf trockenem noch auf nassem Wege zerlegt; kohlensaures Kali oder Natron hingegen zerlegen dasselbe leicht auf trockenem Wege. Durch Destillation des Fluorcalcium mit schwefelsaurem Ammoniak wird es ebenfalls zerlegt. Mit Gyps schmilzt es vor dem Löthrohre zusammen.

Um reines Fluorcalcium zu bereiten, sättigt man Flusssäure mit frisch gefälltem kohlensauren Kalk. Durch Fällen eines Kalksalzes mit einem löslichen Fluormetalle erhält man es als eine durchscheinende, gallertartige Masse, die sich nicht auswaschen lässt.

Der Flussspath phosphorescirt sowohl beim Erwärmen als durch Insolation. Einige Varietäten zeigen jedoch diese Eigenschaft nicht. Meistens springen dieselben beim Erwärmen, wo sie dann nicht mehr leuchten. Eine blaue Varietät aus Nertschinsk in Sibirien springt hiebei nicht und leuchtet beim Erwärmen, welches indess nicht zu stark geschehen darf, immer wieder. Nach Grotthuss phosphorescirt der Flussspath, den man aus seiner Lösung in Salzsäure (bei Gegenwart von Kieselsäure) mit Ammoniak erhält nur, wenn derselbe diese Eigenschaft nicht schon früher verloren hatte.

479. Salpetersaurer Kalk $CaO,NO_5,4HO$ krystallisirt aus seiner wässerigen Lösung in Krystallen, die, wie es scheint, dem rhomboëdrischen Systeme angehören, an der Luft zerfliessen und sich auch in gleichen Theilen Weingeist lösen. Die im Sieden gesättigte wässerige Lösung hat eine Tpr. von 151° und enthält auf 100 Th. Wasser $362,8$ wasserfreies Salz. Die Krytalle verlieren schon bei gew. Tpr. neben Schwefelsäure ihr Wasser. Über den Schmelzpunkt erhitzt, wird zuerst salpetrigsaurer Kalk gebildet, der ebenfalls ein leicht zerfliessliches Salz ist, und später wird auch dieser zersetzt. Kocht man eine concentrirte Lösung des salpetersauren Kalkes mit Kalkhydrat und wäscht dann die Masse mit Weingeist von 40° B $(0,823)$ aus, so erhält man ein basisches durch Wasser zerlegbares Salz. Der salpetersaure Kalk findet sich als Auswitterung an Mauern, welche mit Harn und andern faulenden Körpern organischen Ursprunges in Berührung stehen, und ist dann unter dem Namen Mauersalpeter bekannt (306). Er findet sich ferner in dem Brunnenwasser der Städte und in der Rohlauge der Salpetersieder.

480. Phosphorcalcium. Diese Verbindung ist bisher in reinem Zustande noch nicht dargestellt worden. Man kennt nur einen Körper, der entsteht, wenn man Phosphordämpfe über glühenden Kalk leitet und dessen empirische Formel Ca_2O_2P ist. Aus dem in $(314$ und $315)$ angegebenen Verhalten desselben ergibt sich aber, dass darin ausser Phosphorcalcium noch phosphorsaurer Kalk enthalten ist, was auch aus der Art denselben zu bereiten hervorgeht (s. pag. 448). Es wird nämlich hiebei durchaus kein Gas entwickelt und der Sauerstoff, welcher von einem Theile des Calciums verdrängt wird, verbindet sich mit einem Theile des Phosphors zu Phosphorsäure, wie dies auf ähnliche Weise bei der Einwirkung des Chlors auf Kalilauge (194) geschieht. Die mit dem Namen Phosphorcalcium bezeichnete Verbindung muss demnach als $7Ca_2O_2P = 2(2CaO,PO_5) + 5Ca_2P$ betrachtet werden.

481. Phosphorsaurer Kalk, dreibasiger (a) $3CaO,PO_5$ entsteht, wenn eine ammoniakalische Chlorcalciumlösung zur Lösung von dreibasiger Phosphorsäure oder eines dreibasigen phosphorsauren Salzes gesetzt wird. In lufttrockenem Zustande enthält dieses Salz 2 Äq. Wasser. Dasselbe Salz erhält man auch, wenn man in überschüssiges Chlorcalcium ein Gemisch von Ammoniak und phosphorsauren Ammoniak tropft. Das Hydrat der Säure allein, oder ein dreibasiges phosphorsaures Salz, welches mehr als 1 Äq. basisches Wasser enthält, bringen in Kalksalzen keinen Niederschlag hervor. Die

Knochen enthalten das Salz (a), kohlensauren Kalk und Knochenleim. Dieses Salz ist in Säuren leicht löslich. Schwefelsäure zersetzt es, und zwar je nach ihrer Menge auf eine verschiedene Art. Mit 2 Äq. Säure erfolgt die Zersetzung nach dem Schema:

$$3CaO,PO_5 + 2(HO,SO_3) = 2(CaO,SO_3) + CaO,2HO,PO_5;$$

mit 3 Äq. Säure auf folgende Art:

$$3CaO,PO_5 + 3(HO,SO_3) = 3(CaO,SO_3) + 3HO,PO_5 \ (309.)$$

Im Wasser ist der phosphorsaure Kalk nur äusserst wenig löslich, durch die Gegenwart von Salzen, insbesondere von denen des Ammoniaks, wird die Löslichkeit zwar vermehrt, bleibt aber immer noch gering.

(b) $2CaO,HO,PO_5,3HO$. Dieser dreibasige phosphorsaure Kalk, in welchem 1 Äq. Kalk durch 1 Äq. Wasser ersetzt ist, fällt als ein krystallinischer Niederschlag zu Boden, wenn man eine Lösung des entsprechenden, also des gewöhnlichen Natronsalzes nach und nach zu einer Chlorcalciumlösung setzt. Dieses Salz ist in kohlensäurehältigem Wasser löslich und kommt auf diese Weise in einigen Mineralwässern vor. Mit 5 Äq. Wasser erhält man es in deutlichen Krystallen, wenn man zu einer verdünnten Lösung des gew. phosphorsauren Natrons so lange Chlorcalcium setzt, als noch ein Niederschlag entsteht, dann eine Zeit lang Kohlensäure durch die Flüssigkeit leitet, das Ungelöstbleibende abfiltrirt und das Filtrat der freiwilligen Verdunstung überlässt. Die Krystalle verlieren bei 140^{0} 2 Äq. Wasser, und verwandeln sich, bei noch stärkerem Erhitzen, in zweibasigen phosphorsauren Kalk $2CaO,PO_5$.

(c) $CaO,2HO,PO_5$. Dieses dreibasige Salz wird gebildet, wenn man eines der beiden vorigen Salze in Phosphor- oder einer andern Säure löst und die Flüssigkeit dann abdampft, wo sich kleine Krystallplättchen abscheiden, die an der Luft Feuchtigkeit anziehen. Dieselben schmelzen, unter Abgabe ihres Wassers, zu einem durchscheinenden in Wasser unlöslichen Glase, das einbasiger phosphorsaurer Kalk CaO,PO_5 ist. Dieses Salz ist es, worauf die Bereitung des Phosphors (307) beruht, denn es gibt beim starken Glühen mit Kohle $^2/_3$ seines Phosphors ab, indem $3(CaO,PO_5)$ dabei in $3CaO,PO_5 + 2PO_5$ zerfallen, welche letztere desoxydirt werden.

Ein Salz $4CaO,5HO,3PO_5$, welches als $2CaO,HO,PO_5 + 2(CaO,2HO,PO_5)$ betrachtet werden kann, entsteht als ein weisser Niederschlag, wenn man zu einer Auflösung von phosphorsaurem Kalk in Phosphorsäure, Alkohol setzt. Durch Wasser wird es nach der obigen Formel zerlegt.

. Nach Berzelius erhält man in allen Fällen, wo die Lösung eines Kalksalzes in solcher Menge in die Lösung eines phosphorsauren Alkali's getropft wird, dass sie nicht hinreicht den ganzen Gehalt an Phosphorsäure zu fällen, einen gelatinösen Niederschlag, dessen Zusammensetzung nach dem Glühen $8CaO,3PO_5$ ist. Am reinsten erhält man dieses Salz, wenn man eine Chlorcalciumlösung in eine mit Ammoniak vermischte Lösung von phosphorsaurem Ammoniak tropft. Da über den Wassergehalt des Salzes nichts bekannt ist, so lässt sich die theoretische Formel desselben nicht bestimmen.

Der Apatit (rhomboëdrisches Fluss-Haloid) ist nach der Formel $CaCl,3(3CaO,PO_5)$ zusammengesetzt, in einigen Varietäten ist das Chlor entweder ganz oder theilweise durch Fluor ersetzt. Die Dichte desselben beträgt $3,225$ und es ist $R = 88^0\ 41'; a = \sqrt{4,8245}$.

Zweibasiger phosphorsaurer Kalk $2CaO,PO_5$ entsteht, wenn eine Lösung von zweibasigem phosphorsauren Natron $2NaO,PO_5$ durch ein Gemisch von Chlorcalcium und Ammoniak gefällt wird.

Phosphorigsaurer Kalk $2CaO,PO_3,2HO$ scheidet sich nach einiger Zeit ab, wenn man eine Lösung von phosphorigsaurem Ammoniak mit Chlorcalcium versetzt. Die wässerige Lösung zerfällt beim Kochen in ein basisches unlösliches und ein saures lösliches Salz. Beim Glühen gibt es Wasserstoffgas ab, während zweibasiger phosphorsaurer Kalk zurückbleibt.

Unterphosphorigsaurer Kalk $CaO,PO,2HO$. Dieses Salz bildet sich unter Entwicklung von selbstentzündlichem Phosphorwasserstoff beim Kochen von Kalkmilch mit Phosphor, wesswegen das Kochen bei Ausschluss der atm. Luft geschehen muss. Man filtrirt dann die Flüssigkeit, leitet, um den überschüssigen Kalk zu entfernen, Kohlensäure durch dieselbe und lässt im Vacuum verdunsten. Die Krystalle sind hemiorthotyp und vollkommen luftbeständig, in 6 Theilen kaltem und in beinahe eben so viel heissem Wasser, nicht aber in Alkohol löslich. Die Lösung, besonders die erwärmte, oxydirt sich nach und nach an der Luft. Die Krystalle können bis 300^0 erhitzt werden ohne eine Zersetzung zu erleiden oder Wasser zu verlieren. Erst über dieser Temperatur entweicht etwas Wasser, dann selbstentzündlicher Phosphorwasserstoff, während zweibasiger phosphorsaurer Kalk zurückbleibt. Mit rauchender Salpetersäure betropft, entzündet sich das Salz, und mit chlorsaurem Kali und Sand gerieben explodirt es.

482. Kohlensaurer Kalk (a) neutraler CaO,CO_2, ist in der Natur ungemein verbreitet, er besitzt die Eigenschaft der Di-

morphie in ausgezeichnetem Grade und bildet die beiden Mineralspecies rhomboëdrisches und prismatisches Kalk-Haloid (Kalkspath und Arragonit). Für ersteren ist R $= 105°\ 5'$, a $= \sqrt{2,1895}$ mit ausgezeichneter Theilbarkeit nach R, die Dichte desselben ist $2,70 - 2,75$. Der Niederschlag, welchen man aus einer kalten Lösung eines Kalksalzes mit kohlensaurem Ammoniak erhält, ist rhomboëdrischer kohlensaurer Kalk. Beim Arragonit ist die Grundgestalt ein Orthotyp und P $= 129°\ 37'; 93°30'; 107°\ 34', a:b:c\ = 1:\sqrt{1,9263}:\sqrt{0,7439}$ mit einer vollkommenen Theilbarkeit nach Pr $+\ \infty$· Die Dichte des prismatischen kohlensauren Kalkes beträgt $2,931 - 2,995$, er bildet sich, wenn man die kochende Lösung eines Kalksalzes zu kochendem kohlensauren Ammoniak setzt. Bei dem auf diese beiden Arten erhaltenen Niederschlägen lassen sich die beiden Formen leicht mit dem Mikroskope unterscheiden. Trockener Kalk verbindet sich mit trockener Kohlensäure nur sehr langsam, diess erfolgt aber, wenn Feuchtigkeit vorhanden ist, sehr rasch. Der kohlensaure Kalk ist in Wasser sehr wenig löslich. Nach F r e s e n i u s erfordert 1 Th. davon in frisch gefälltem Zustande 10601 Th. kaltes und 8834 siedendes Wasser. Enthält das Wasser Ammoniak, so sind, wenn es kalt ist, 65245 Th. erforderlich. Durch Salmiak wird die Löslichkeit des kohlensauren Kalkes, namentlich beim Kochen, sehr vermehrt, weil hiebei Ammoniak entweicht und Chlorcalcium gebildet wird.

$CaO,CO_2,5HO$. Aus einer durch Kochen bereiteten Auflösung von 1 Th. Kalk und 3 Th. Zucker in 6 Th. Wasser schiessen, wenn dieselbe leicht bedeckt durch einige Monate in der Kälte ruhig steht, schöne Krystalle dieses Salzes an, welche wahrscheinlich orthotyp sind und deren Dichte $1,75 - 1,783$ beträgt. Sie wurden auch in einer kupfernen Brunnenröhre gefunden. Die trockenen Krystalle werden beim Zerreiben nass, dann aber beim längeren Reiben wieder trocken. An der Luft werden sie bei $19°$ undurchsichtig und zerfallen, was selbst unter Wasser über $17,5°$ geschieht. Von kochendem absoluten Alkohol werden denselben nur 2 Äq. Wasser entzogen, wobei sie ihre Form behalten.

In Wasser, welches Kohlensäure enthält, löst sich der neutrale kohlensaure Kalk wahrscheinlich als saurer vollständig auf, in diesem Zustande befindet sich derselbe in den Brunnen- und Mineral-Wässern gelöst. Schon in Berührung mit Luft entweicht ein Theil der Kohlensäure und das neutrale Salz scheidet sich oft in Krystallen ab. Einige Mineralwässer sind so reich an kohlensaurem Kalk, dass sie, an die Oberfläche der Erde gelangend, völlig erstarren. Die Bildung der Tropfsteine, der Kesselsteine etc., beruht ebenfalls auf dem Entweichen der Kohlensäure.

(b) Basischer kohlensaurer Kalk $2CaO,CO_2$. Beim starken Glühen verliert der kohlensaure Kalk seine Kohlensäure vollständig, und dies geschieht noch leichter, wenn man Wasserdämpfe oder andere indifferente Gase darüber leitet, weil dadurch die sich bildende Atmosphäre von Kohlensäure entfernt wird. Erhitzt man das Salz rasch, nachdem es als Pulver fest in einen Tiegel eingedrückt wurde, so kann man es ohne einen bedeutenden Verlust an Kohlensäure bis zum Schmelzen erhitzen. Erhält man aber die Tpr., bei welcher der kohlensaure Kalk seine Kohlensäure zu verlieren beginnt, was bei schwacher Rothglühhitze geschieht, unverändert; so entweicht nur die Hälfte derselben und es bleibt das basische Salz zurück. Dieses löst sich nicht in Wasser, sondern erhärtet damit. Hierbei nimmt es 1 Äq. Wasser auf, ist also $2CaO,HO,CO_2$. Dieselbe Verbindung entsteht auch, wenn man gebrannten Kalk an der Luft liegen lässt. Er nimmt in den ersten drei Tagen bedeutend, dann aber nicht mehr an Gewicht zu.

Der Barytocalcit (hemiprismatischer Hal-Baryt) ist nach der Formel $BaO,CaO,2CO_2$ zusammengesetzt. Seine Grundgestalt ist ein Hemiorthotyp, bei welchem die Abweichung der Axe in der Ebene der kleineren Diagonale liegt und $20^0 30'$ beträgt. Die Comb. ist $— P/_2. P + \infty$. Die Substanz scheint dimorph zu sein und auch im orthotypen Systeme krystallisiren zu können. (Pogg. Ann. 34. 668.)

Kohlensaurer Natron-Kalk $NaO,CaO,2CO_2,5HO$ findet sich in der Natur als Gaylussit (hemiprismatisches Kuphon-Haloid) mit dem Urao (349. b) und scheidet sich zuweilen aus der kalten Rohlauge der Soda beim Umkrystallisiren aus. Die Grundgestalt ist ein Hemiorthotyp, bei welchem die Abweichung der Axe $= 11^0 33'$ in der Ebene der längeren Diagonale liegt; $a:b:c:d = 4,893 : 10,300 : 6,912 : 1$.

Erhitzt man 53 Th. wasserfreies kohlensaures Natron mit 50 Th. kohlensauren Kalk, das ist von jedem 1 Äq., bis zum Rothglühen, so erhält man eine dünne Flüssigkeit, welche beim raschen Erkalten zu einer durchscheinenden krystallinischen Masse erstarrt. Bei stärkerem Erhitzen entweicht mit Aufschäumen Kohlensäure, die Masse wird fest und schmilzt dann auch in der Weissglühhitze nicht mehr.

Oxalsaurer Kalk CaO,C_2O_3 scheidet sich ab, wenn die Lösung eines Kalksalzes mit Oxalsäure oder der Lösung eines oxalsauren Salzes vermischt wird. Nach dem Trocknen bei gew. Tpr. behält es 2, bei 100° 1 Äq. Wasser zurück, das erst bei 150° entweicht. Bei noch stärkerem Erhitzen wird es in kohlensauren Kalk umgewandelt. Es ist in Wasser gar nicht, in Säuren hingegen leicht löslich. Kohlensaures Kali und Natron entziehen ihm die Oxalsäure und verwandeln es in kohlensauren Kalk.

$CaCl, CaO, C_2O_3, 7HO$ scheidet sich nach Fritsche in Krystallen ab, wenn man oxalsauren Kalk in kochender Salzsäure von 1,18 löst und die Flüssigkeit dann erkalten lässt. Vom Wasser wird das Salz in Chlorcalcium und oxalsauren Kalk zerlegt. Bei gelindem Erwärmen entweichen 5 Äq. Wasser, die letzten 2 können erst bei 130° weggetrieben werden.

> Das grosse Bestreben der Oxalsäure, sich mit dem Kalke zu verbinden, ist für den Chemiker eine unschätzbare Eigenschaft, da durch dieselbe die Trennung des Kalkes von vielen andern Substanzen bewerkstelliget werden kann. Ist die Flüssigkeit, aus welcher der Kalk gefällt werden soll, sauer, so muss derselben so viel Ammoniak zugesetzt werden, dass sie auch nach der Fällung mit Oxalsäure noch schwach ammoniakalisch ist. Die Filtration darf erst vorgenommen werden, wenn sich der oxalsaure Kalk vollständig abgesetzt hat, und auch dann ist es noch gut, denselben mit heissem Wasser zu übergiessen und wieder vollkommen absetzen zu lassen. Ohne Beobachtung dieser Vorsicht geht der oxalsaure Kalk leicht durch's Filter. Das getrocknete Salz wird so lange bei Luftzutritt geglüht, bis es ganz weiss geworden ist, dann nach dem Erkalten mit kohlensaurem Ammoniak betropft, endlich abermals schwach erhitzt um alles Wasser zu entfernen, und jetzt erst gewogen.

483. Calciumcyansulfür $CaCyS_2, 3HO$ krystallisirt aus der Lösung in Weingeist, in welchem es eben so leicht wie in Wasser löslich ist, und zerfliesst an der Luft. 2 Äq. seines Wassers können leicht entfernt werden, das letzte entweicht erst bei 160°, wo das Salz bereits anfängt sich zu zerlegen.

Melloncalcium. $CaMe, 4HO$ schiesst aus einer siedenden Lösung beim Erkalten desselben an. 3 Äq. Wasser können bei 120° entfernt werden.

484. Kieselsaurer Kalk. (a) neutraler CaO, SiO_2 findet sich als Tafelspath (Wollastonit, prismatischer Augit-Spath), dessen Grundgestalt ein Anorthotyp ist. Dieselbe Verbindung wurde auch im Gestelle eines Hochofens gefunden.

(b) saurer $CaO, 2SiO_2, HO$ findet sich als Dauburit, mit 2 Äq. Wasser als Okenit. Wird vor dem Glühen leicht von Salzsäure gelöst, nach dem Glühen nicht mehr. Die Kieselsäure lässt sich übrigens mit dem Kalke in verschiedenen Verhältnissen zusammenschmelzen

bei 2 Äq. Kalk auf 1 Äq. Kieselsäure ist die Verbindung am streng-
flüssigsten.

Kieselsaurer Kali-Kalk $KO,8CaO,15SiO_2,16HO$. Findet
sich als **Apophyllit** (pyramidaler Kuphon-Spath) $P = 104^0 2'; 121^0$,
$a = \sqrt{3,125}$. Comb. $P - \infty$. P. $[P + \infty]$. Die Theilbarkeit nach
$P - \infty$ ist sehr vollkommen. In einigen Varietäten findet sich Fluor,
welches vielleicht 1 Äq. Sauerstoff ersetzt. Das Silicat löst sich unter
Abscheidung von gallertartiger Kieselsäure in Salzsäure, dies erfolgt
nach dem Glühen viel schwieriger, nach dem Schmelzen aber wieder
etwas leichter.

Kieselsaurer Natron-Kalk $NaO,4CaO,6SiO_2,2HO$ findet
sich als **Pektolith**. Ein Theil des Natrons ist manchmahl durch
Kali ersetzt.

Kieselfluorcalcium $CaSiF_3,2HO$ oder $CaF,SiF_2,2HO$.
Löst man kohlensauren Kalk in Kieselfluorwasserstoff, oder ein Gemenge von Flussspath mit Kieselsäure in Salzsäure, so erhält man
bei gelindem Abdampfen der Flüssigkeit schöne Krystalle des genannten Fluorsalzes. Durch Wasser werden diese Krystalle in ein saures
lösliches und in ein basisches unlösliches Fluorsalz zerlegt. In Salzsäure ist es ohne Zersetzung löslich, beim fortgesetzten Abdampfen
der Lösung aber bildet sich unter Abscheidung von Kieselfluorwasserstoff Chlorcalcium. Ammoniak fällt aus der Lösung sowohl die Kieselsäure als das Fluorcalcium.

485. **Borsaurer Kalk.** Der Niederschlag, welchen salpetersaurer Kalk mit Boraxlösung gibt, ist nach der Formel $CaO,2BO_3$;
$(CaO,3BO_2)$ zusammengesetzt. Eine Boraxlösung gibt, in Chlorcalciumlösung gebracht, einen Niederschlag, der anfangs sich wieder
löst, bei hinreichend viel Borsäure aber als eine zähe Masse erscheint. Er ist in reinem Wasser nur wenig, bei Zusatz von Chlorcalcium oder Salmiak hingegen leicht löslich. Beim Erhitzen schmilzt
er zu einem klaren Glase. Borax löst sowohl ätzenden als kohlensauren Kalk beim Schmelzen zu einem klaren Glase. Der **Rhodicit**
ist nach G. Rose wahrscheinlich borsaurer Kalk.

Kieselborsaurer Kalk $2CaO,2SiO_2,BO_3,HO$;
$(4CaO,4SiO_2,3BO_2,2HO)$ ist der **Datolith** (prismatischer Dystom-
Spath). Derselbe ist hemiorthotyp, und die Abweichung der Axe
$= 1^0 41' 30''$ liegt in der längeren Diagonale; $a : b : c : d = 33,8 :$
$67,17 : 53,95 : 1$; schmilzt zu einer klaren Perle und wird durch
Salzsäure aufgeschlossen. Mit doppelt so viel Wasser findet sich
das Salz als **Botryolith**.

Prüfung des Chlorkalks auf seinen Gehalt an bleichendem Chlor (Chlorimetrie).

486. Aus dem in (475) Angeführten ergibt sich, dass der im Handel vorkommende Chlorkalk ein veränderliches Gemenge von unterchlorigsaurem Kalk, Chlorcalcium, chlorsaurem Kalk, nebst noch unverändertem Kalkhydrat und zufälligen, von der Beimengung des verwendeten kohlensauren Kalkes, wie er in der Natur vorkommt, herrührenden Substanzen ist. Auf jedes Äq. des unterchlorigsauren Kalkes ist darin 1 Äq. Chlorcalcium enthalten und das Chlor von beiden ist beim Bleichen wirksam, da $CaO,ClO + CaCl + 2SO_3 = 2(CaO,SO_3) + 2Cl$ ist. Es kommt also darauf an, dieses Chlor zu bestimmen, indem davon der Werth des Chlorkalkes abhängt. Das Chlor, welches zur Bildung des chlorsauren Kalkes dient, kommt hiebei nicht in Betracht, da es unter den beim Bleichen Statt findenden Umständen nicht wirksam wird. Die Methoden, den Chlorkalk zu prüfen, dürfen daher nur den wirklich wirkenden Theil des Chlors anzeigen, müssen überdies leicht auszuführen sein und doch die gewünschte Sicherheit gewähren. Von den vielen zu diesem Behufe angegebenen Methoden sollen hier nur die erwähnt werden, welche den obigen Bedingungen am besten entsprechen und daher bereits allgemeinen Eingang gefunden haben.

(a) Otto's Methode mit Eisenvitriol (Graham Otto's Lehrbuch der Chemie, 2. Aufl. 2. B. 265). Die Thatsache, auf welcher dieselbe beruht, ist, dass eine Lösung von schwefelsaurem Eisenoxydul mit Chlorkalk versetzt, oxydirt wird, $2FeO + Cl + HO = Fe_2O_3 + HCl$. Da man nun nach (475), wenn es sich um nichts anderes als um die bleichende Wirkung des Chlorkalks handelt, denselben als $CaOCl$ betrachten kann, so folgt daraus, dass 2 Äq. Eisenoxydul für jedes Äq. wirksamen Chlors in 1 Äq. Eisenoxyd verwandelt werden können. Die Zusammensetzung des krystallisirten Eisenvitriols entspricht der Formel $FeO,SO_3,7HO$; 35,4 Gewichtstheile Chlor reichen also hin, um das Eisenoxydul von 276 Th. Eisenvitriol in Eisenoxyd zu verwandeln. Um nun auszumitteln, wie viel von dem zu untersuchenden Chlorkalk man braucht, um eine bestimmte Menge Eisenvitriollösung vollständig zu oxydiren, wägt man 39,26 Gran Eisenvitriol ab, löst denselben in ungefähr 4 Loth Wasser, wägt dann 50 Gran des zu untersuchenden Chlorkalkes, reibt denselben in einem Glasmörser sorgfältig mit Wasser und giesst die

Masse in eine 100theilige Messröhre, spühlt den Mörser gut aus und giesst noch so viel Wasser nach, dass die Messröhre bis 0 gefüllt ist. Man schüttelt nun die Chlorkalklösung gut durcheinander und untersucht wie viel davon nothwendig ist, um die 39,26 Gran Eisenvitriol zu oxydiren. Gesetzt, es wären hiezu n Raumtheile der Messröhre nothwendig gewesen, so enthalten diese n Rth. dem Obigen gemäss, genau 5 Gran wirksames Chlor, und die 100 Rth., das ist die 50 genommenen Gran Chlorkalk werden demnach $^{50}/n$ Gran Chlor enthalten, weil $n : 100 = 5 : x$ ist. In 100 Gran des gegebenen Chlorkalks sind daher $^{1000}/n$ Gran Chlor enthalten. Wenn man also die obigen Zahlen nimmt, so hat man keine andere Rechnung zu machen, als 1000 durch die verbrauchten Raumtheile zu dividiren, um sogleich die Pct. an Chlor zu finden.

Gut ist es hiebei die Eisenvitriollösung mit Salzsäure stark sauer zu machen. Diese Methode, welche nichts zu wünschen übrig lässt, setzt voraus, dass man ein sicheres Mittel besitze, den Punkt zu erkennen, wenn das Eisenoxydul vollständig in Eisenoxyd umgewandelt ist. Ein sehr scharfes Mittel dieser Art ist durch eine Lösung des Kaliumeisencyanides gegeben, aus welcher, wenn die Bleichflüssigkeit kein Eisenoxydul mehr enthält, auch kein Berlinerblau durch dieselbe mehr gefällt wird. Man löst also etwas von dem Cyanide auf einer Porzellantasse, und versucht mit einem Umrührstabe, den man in die Vitriollösung taucht, ob sie bereits vollständig oxydirt ist.

Der Eisenvitriol muss für diese Probe sorgfältig bereitet werden. Dies geschieht, indem man rostfreies Eisen in verdünnter Schwefelsäure löst, zuletzt etwas erwärmt, filtrirt und die noch warme Lösung in ein Glas, welches Weingeist enthält, tropfen lässt. Es entsteht sogleich ein blassgrüner Niederschlag, den man auf ein Filter bringt, mit Weingeist auswäscht und dann auf Papier ausbreitet. Wenn er nicht mehr nach Weingeist riecht, so verwahrt man ihn in einem gut schliessenden Gefässe.

(b) Chlorprobe mit arseniger Säure nach Gay-Lussac. Diese Probe beruht auf der Thatsache, dass die arsenige Säure, bei Gegenwart von Wasser, durch Chlor in Arsensäure umgewandelt wird, indem $AsO_3 + 2Cl + 2HO = AsO_5 + 2HCl$ ist. Hiernach sind 5 Th. Chlor nöthig, um 7 Th. arsenige Säure in Arsensäure zu verwandeln. Als Erkennungszeichen der erfolgten Umwandlung dient hier das Verschwinden der Farbe einer schwefelsauren Indigolösung. Man löst 7 Grane arsenige Säure in Kalilauge, bringt dieselbe in die graduirte Röhre, säuert sie mit Salzsäure stark an, giesst so viel Wasser zu, dass die Flüssigkeit 100 Raumtheile in der graduirten Röhre einnimmt, und färbt dieselbe mit einigen Tropfen der Indigolösung blau. Dann nimmt man 50 Grane Chlorkalk, behandelt ihn wie oben angegeben wurde, bringt denselben in eine 100theilige Messröhre, die damit bis 0 angefüllt wird, und setzt davon so lange zu der blauen Flüssigkeit hinzu bis diese eben entfärbt ist. Die verbrauchten n Raumtheile der Indigolösung müssen, den obigen Daten gemäss, 5 Grane Chlor enthalten und man findet aus der Proportion n: 100 = 5 : x die Gewichtstheile x Chlor, welche in

50 Gtl. des untersuchten Chlorkalkes enthalten sind, also $x = \dfrac{500}{n}$.

Dividirt man daher 1000 durch die Anzahl der verbrauchten Raumtheile der Chlorkalklösung, so hat man unmittelbar die Procente an wirksamen Chlor.

Man kann sich auch die Probeflüssigkeit in Vorrath bereiten, wenn man 140 Gran arseniger Säure auf die obige Art behandelt und bis auf 2000 der Messröhre entsprechende Raumtheile mit Wasser verdünnt. 100 Rth. dieser Flüssigkeit enthalten dann genau 7 Th. arsenige Säure.

(c) Methode von Marozeau und Gay-Lussac mit Quecksilberchlorür. Sie beruht darauf, dass 1 Äq. Quecksilberchlorür durch 1 Äq. Chlor in das Chlorid umgewandelt wird, da $Hg_2Cl + Cl = 2HgCl$. Man bedarf zur Ausführung dieser Methode einer Probeflüssigkeit, welche eine genau bestimmte Menge Quecksilberchlorür in ungelöstem fein vertheilten Zustande suspendirt enthält, wodurch sie milchig aussieht, und bestimmt nun die Menge des Chlorkalkes, welche nöthig ist um die Flüssigkeit klar zu machen, d. h. das unlösliche Chlorür in das lösliche Chlorid überzuführen.

Wie wichtig es für den Techniker ist, sich durch Proben von dem Werthe des Chlorkalkes zu überzeugen, geht daraus hervor, dass ein grosser Theil des in Wien im Handel vorkommenden Chlorkalkes nur 13 Pct. und der beste 21 Pct. wirksames Chlor enthält.

XIX. *Magnium Mg = 12.*

Magnesium, Talcium. Die Magnesia alba ist seit dem Anfange des achtzehnten Jahrhunderts bekannt. Marggraf und Bergmann zeigten ihre Verschiedenheit von dem Kalke. H. Davy stellte das Metall zuerst dar.

487. Das Magnium ist silberweis, stark glänzend, lässt sich leicht zu dünnen Plättchen ausstrecken, schmilzt ungefähr bei der-

selben Tpr. wie das Silber und krystallisirt in Octaëdern. In trockener
Luft und in luftfreiem kalten Wasser bleibt es unverändert. Man erhält es, nach B u s s y, am leichtesten durch Zerlegung des Chlor-
magniums mit Kalium. Zu diesem Behufe bringt man in den unteren
Theil einer etwa 4 L. weiten Röhre von hartem Glase die nöthige
Menge Kalium, darauf Chlormagnium in Stücken; erhitzt dieses zuerst bis zum angehenden Schmelzen und lässt nun das ebenfalls geschmolzene Kalium durch Neigen der Röhre zu dem Chlormagnium
fliessen, wo die Zerlegung unter Feuererscheinung erfolgt. Durch
Behandeln der erkalteten Masse mit Wasser erhält man das Metall
in kleinen Kügelchen, die sich unter einer Decke von Chlorkalium zu
einer grösseren Masse zusammenschmelzen lassen. (L i e b i g in Pogg.
Ann. 19. 187). Die Reduction der Magnesia erfordert eine höhere
Temperatur.

488. M a g n e s i a MgO = 20. (Magniumoxyd, Bittererde,
Talkerde, la magnésie). Sie kommt in der Natur nicht so häufig vor
wie der Kalk, gehört aber doch unter die auf der Erdoberfläche
sehr verbreiteten Substanzen. In reinem Zustande erscheint sie als
ein zartes, geschmackloses Pulver, dessen Dichte 3,20 beträgt. Wasser löst sie nur höchst wenig, indem sowohl von heissem als kaltem
55000 Th. hiezu nothwendig sind. Für sich selbst kann sie auch im
Knallgebläse nur unvollständig geschmolzen werden. Die Magnesia
bildet sich, jedoch nur sehr langsam, wenn Magnium längere Zeit
in feuchter Luft liegt. Erhitzt man dasselbe aber bis zum anfangenden Glühen, so verbrennt es mit dem lebhaftesten Lichtglanze. In
heissem Wasser wird es nur sehr langsam oxydirt; verdünnte Säuren
lösen es unter Entwicklung von Wasserstoffgas und Bildung eines
Magnesiasalzes. Die Magnesia findet sich in octaëdrischen Krystallen,
deren Dichte 3,75 beträgt, als P e r i k l a s, der wie es scheint, veränderliche Mengen von Eisenoxydul enthalten kann.

Die aus ihrer Auflösung durch Kali oder Natron gefällte Magnesia ist das Hydrat derselben, welches bei 100° getrocknet die
Zusammensetzung MgO,HO hat. Wird das reine Oxyd mit Wasser befeuchtet, so geht es unter Erhitzung, die jedoch bei weitem nicht so
stark wie beim Kalk ist, in das Hydrat über. Dieses kommt auch in
der Natur als rhomboëdrischer Kuphon-Glimmer (N e m a l i t) vor.
Die Dichte desselben beträgt 2,35.

Setzt man zu einer Lösung der schwefelsauren Magnesia Ammoniak im Überschusse zu, so scheidet sich nach B e r z e l i u s ein
körniges Pulver ab, das 1,6 Pct. Schwefelsäure enthält, die durch

Auswaschen nicht davon getrennt werden kann. Die im Wasser löslichen Magnesiasalze besitzen einen bitterlichen Geschmack, und die Magnesia wird aus denselben durch Kali und Natron als Hydrat gefällt. Das Magnesiahydrat löst sich sogleich bei Zusatz von Salmiak, schwefelsaurem, salpetersaurem oder bernsteinsaurem Ammoniak etc. auf, mit kohlensaurem Ammoniak entsteht ein krystallisirtes Salz (495). Die kohlensauren Alkalien fällen die Magnesia in der Kälte nur sehr unvollständig, aus der siedenden Flüssigkeit jedoch, fast gänzlich. Beim Erkalten löst sich aber wieder etwas von dem Niederschlage und durch die Gegenwart der Alkalisalze wird die Löslichkeit desselben noch vermehrt. Dieses Verhaltens wegen ist die Abscheidung und Bestimmung der Magnesia mit Schwierigkeiten verbunden; indessen bietet sich in der Phosphorsäure das beste Mittel hiezu dar (494). Das Verhalten gegen Salmiaklösung gestattet die Trennung der Magnesia sowohl von den Oxyden der Kaliumgruppe, als von vielen andern Substanzen. Oxalsäure gibt zwar in ammoniakalischen Lösungen der Magnesiasalze einen Niederschlag (495), dieser verschwindet aber durch Salmiak; hiedurch ist ein Mittel gegeben, die Magnesia von dem Kalke zu trennen. Vor dem Löthrohre verhält sich die Magnesia mit Borax und Soda wie der Kalk; mit Phosphorsalz schmilzt sie zu einem klaren Glase, das vollkommen gesättigt, beim Erkalten milchweiss wird. Mit Kobaltsolution befeuchtet, nimmt sie bei längerem Blasen eine nicht sehr intensive, nach dem Erkalten erst richtig erkennbare, fleischrothe Farbe an.

489. **Schwefelmagnium.** Magnium verbindet sich nach Liebig beim Schmelzen nicht mit Schwefel; durch heftiges Glühen von wasserfreier, schwefelsaurer Magnesia im Kohlentiegel erhält man jedoch ein Gemenge von viel Magnesia mit wenig Schwefelmagnium. Leitet man Hydrothion in Wasser, in welchem Magnesiahydrat suspendirt ist, so bildet sich MgS,HS. Kocht man die erhaltene Lösung, so wird sie ganz zersetzt, indem sich das Hydrat wieder abscheidet; lässt man sie jedoch unter der Luftpumpe verdunsten, so fällt ein weisser Körper nieder, welcher HO,MgS ist. Derselbe Körper fällt sich auch unter Abscheidung von Hydrothion, wenn eine concentrirte Chlormagniumlösung mit Hydrothion-Schwefelkalium versetzt wird.

Schwefelsaure Magnesia. (a) Gewöhnliche, $MgO,SO_3,7HO$ (Bittersalz, Sedlitzer-, Epsomer-, Seidschitzer-Salz). Beim Abkühlen einer nicht zu sehr gesättigten Lösung der schwefelsauren Magnesia, oder beim freiwilligen Verdunsten derselben, schiessen Krystalle mit 7 Äq. Wasser an, deren Grundgestalt ein Orthotyp ist, für welches $P = 127^0\ 22'; 126^0\ 48'; 78^0\ 7'$ und $a:b:c = 1: \sqrt{3,063}: \sqrt{3,007}$ ist. Gew. Comb. P. $\bar{P}r$. $P + \infty$. $\check{P}r + \infty$ $P/2$. $P + \infty$. $\check{P}r + \infty$. Die Theilbarkeit nach $\check{P}r + \infty$ ist sehr vollkommen. Die Dichte beträgt 1,751. 1 Th. des Salzes löst sich

in 0,799 Th. Wasser von 18,75° und die Lösung hat eine Dichte
von 1,293; die bei 8° gesättigte Lösung hat eine Dichte von 1,267.
In wässeriger Salzsäure löst es sich in sehr beträchtlicher Menge
ohne eine Veränderung zu erleiden. Die Krystalle verwittern bloss
bei trockener warmer Luft ein wenig. Trocknet man sie im Vacuum
bei 100°, so gehen 5 Äq. Wasser weg und es bleibt $MgO,SO_3,2HO$.
An der Luft bis 132° erhitzt, verlieren die Krystalle 6 Äq. Wasser
und es bleibt MgO,SO_3,HO, erst zwischen 210 und 238°, entweicht
auch das letzte Äq. Wasser. Das wasserfreie Salz nimmt nach mehreren Tagen wieder 7 Äq. Wasser aus der Luft auf. Mit Wasser benetzt
erhitzt es sich stark und zerfällt nach und nach zu einem zarten Pulver, das sich dann ganz löst. 100 Th. Wasser lösen bei 0° 25,76
Th. des wasserfreien Salzes auf, für jeden Grad darüber um 0,478
Th. mehr. Das wasserfreie Salz kann mässig geglüht werden, ohne
eine Zersetzung zu erleiden, es verwandelt sich dabei in eine weisse
Masse, deren Dichte 2,607 beträgt. Bei starkem und anhaltendem
Glühen gibt es schweflige Säure und Sauerstoffgas ab.

Dampft man die Lösung der schwefelsauren Magnesia bis zu
einer Krystallhaut ab und lässt sie dann längere Zeit in der Wärme
stehen, so scheiden sich Krystalle ab, welche 6 Äq. Wasser enthalten.

Erkaltet man eine gesättigte Magnesialösung unter 0°, so schiesst
ein Salz an, das 12 Äq. Wasser enthält, über 0° aber wieder 5 Äq.
Wasser abgibt, ohne dabei seine Form zu ändern.

Die schwefels. Magnesia findet sich gelöst im Meerwasser, (207)
in Salzsoolen und in den sog. Bitterwässern. Aus ersterem kann sie
nach Abscheidung des Kochsalzes nebst dem Chlormagnesium, welches durch Zusatz von Schwefelsäure ebenfalls in Bittersalz verwandelt wird, gewonnen werden. Magnesiahältige Mineralien, insbeson-
ders den Magnesit (495), benützt man ebenfalls zur Gewinnung
derselben. Schwefelkieshältiger Serpentin wird geröstet, dann mit
Wasser befeuchtet und der Verwitterung überlassen, wobei das Bittersalz herauskrystallisirt. Dieses wird ausgelaugt und umkrystallisirt,
ist aber meistens sehr unrein. Da die Magnesia als Arzneimittel gebraucht wird, so muss man sich von der Reinheit derselben überzeugen. Sie darf an der Luft nicht feucht werden, muss sich vollständig im Wasser lösen und darf weder mit Ammoniak (bei Gegenwart von Salmiak) noch mit Hydrothion oder Schwefelammonium, eine
Fällung erleiden.

Gyps und kohlensaure Magnesia zerlegen sich unter Wasser
nach längerer Zeit in kohlensauren Kalk und Bittersalz. Hierauf liesse
sich eine Methode zur Bereitung des letzteren aus Magnesit gründen.

Unterschwefelsaure Magnesia $MgO,S_2O_5,6HO$ bildet
luftbeständige Krystalle, welche sich in 0,85 Th. Wasser von 13°

lösen, ihre Lösung kann ohne eine Zersetzung zu erleiden gekocht werden. Das Salz wird durch Zerlegung des Barytsalzes mit Bittersalzlösung bereitet.

Schwefligsaure Magnesia $MgO,SO_2,3HO$ schiesst aus der Lösung in wässeriger schwefliger Säure in Tetraëdern an und ist in 20 Th. kaltem Wasser löslich. Beim Erwärmen verliert das Salz anfangs sein Wasser, dann die Säure; an der Luft verwandelt es sich ziemlich schnell in schwefelsaures Salz.

Unterschwefligsaure Magnesia $MgO,S_2O_2,6HO$ krystallisirt aus der filtrirten Lösung über Schwefelsäure, wenn man schwefligsaure Magnesia mit Schwefel kocht. Die Krystalle sind luftbeständig, leicht in Wasser löslich und verlieren bei 170^0 die Hälfte ihres Wassers.

Schwefelsaures Magnesia-Kali $KO,MgO,2SO_3,6HO$ schiesst beim Abdampfen der Lösung beider einfachen Salze in Krystallen an, welche hemiorthotyp sind. Die Abweichung der Axe $= 15^0 8'$ liegt in der Ebene der kleineren Diagonale. Comb. P $— \infty$. $— \bar{P}r/_2 . \breve{P}r . P + \infty . \bar{P}r + \infty$. Die Krystalle sind in Wasser löslich, bei 132^0 werden sie wasserfrei.

Unterschwefelsaures Magnesia-Kali $KO,MgO,2S_2O_2,$ $6HO$ gibt unter der Luftpumpe über Schwefelsäure kein Wasser ab und wird an der Luft feucht.

Schwefelsaures Magnesia-Natron $NaO,MgO,2SO_3,$ $6HO$ ist ein luftbeständiges, beim Erhitzen ohne zu schmelzen verknisterndes, in 3 Th. Wasser lösliches Salz. Der Löweit, welcher sich in dem Ischler Salzberge findet, ist nach **Karafiat** $3(NaO,MgO,2SO_3),8HO$, er ist nach **Haidinger** pyramidal P $=$ $111^0 44'$, $105^0 2' a = \sqrt{1,7}$. Die Dichte beträgt 2,376.

Schwefelsaures Magnesia-Ammoniak $H_4NO,MgO,2SO_3,$ $6HO$ ist ziemlich schwer in Wasser löslich, und fällt daher beim Vermischen der Lösungen beider einfachen Salze zu Boden. Aus der Lösung desselben erhält man Krystalle, welche hemiorthotyp sind. Die Abweichung der Axe $= 18^0 10'$ liegt in der Ebene der kürzeren Diagonale, $a:b:c:d = 3,047:6,437:4,788:1$. Comb. P $— \infty$. $— P/_2 . \breve{P}r . P + \infty . \breve{P}r + \infty$ Ihre Dichte beträgt 1,721, sie schmelzen beim Erwärmen und geben bei 132^0 6 Äq. Wasser ab, das letzte Äq. aber entweicht erst mit dem Ammoniak.

490. Chlormagnium $MgCl = 47,4$. Bringt man Magnium in Chlorgas, so entzündet es sich darin und verbrennt zu Chlormagnium, welches sich in Form eines weissen Pulvers absetzt. Es bildet sich auch unter Abscheidung von Sauerstoffgas, wenn man Chlor über glühende Magnesia leitet. In Verbindung mit Wasser erhält man es beim Auflösen der Magnesia in Salzsäure, die Lösung gibt aber sehr schwierig Krystalle, diese sind wasserhältig. Durch Erwärmen der Krystalle oder durch Abdampfen der Lösung lässt sich aber kein wasserfreies Chlormagnium erhalten, weil schon bei 106° Salzsäure zu entweichen beginnt, so dass endlich nichts als ein Gemenge von Magnesia und Chlormagnium übrig bleibt. Dieselbe Zerlegung des Salzes erfolgt auch, wenn man erhitztes Chlormagnium mit Wasserdämpfen oder auch nur mit feuchter Luft in Berührung bringt, indem sogleich Hydrochlor zu entweichen beginnt. Man muss daher, um sich Chlormagnium in wasserfreiem Zustande zu verschaffen, eine Lösung von Chlormagnium, der man so viel Salmiak zusetzt, als sie Chlormagnium enthält, abdampfen, und die möglichst trockene Masse in einen glühenden Platintiegel bringen, wo sie bis zum ruhigen Schmelzen erhitzt wird. Hiebei wird eigentlich ein Doppelchlorid $H_4NCl,MgCl$ gebildet, dessen Wassergehalt nicht näher bekannt ist, das aber auf die eben angegebene Art zerlegt wird. Setzt man Ammoniak zu einer kein freies Hydrochlor enthaltenden Lösung von Chlormagnium, so wird nur die Hälfte der Magnesia gefällt, die übrige dient zur Bildung dieses Doppelsalzes. Durch Glühen von 1 Th. Magnesia mit 2 Th. Salmiak erhält man das Chlormagnium ebenfalls rein. Es erscheint dann als eine durchscheinende perlmutterglänzende Masse, die bei schwacher Glühhitze zu einer klaren Flüssigkeit schmilzt und hiebei, wenn alle Feuchtigkeit abgehalten wird, keine Zersetzung erleidet. Das Chlormagnium zerfliesst schnell an der Luft und löst sich in 0,6 Th. kaltem und in 0,273 Th. heissem Wasser, so wie auch in 8 Th. Weingeist von 0,9 und in 2 Th. von 0,817.

Die unterchlorigsaure Magnesia wirkt bleichend, die chlorsaure, durch Zerlegung des Barytsalzes mit schwefelsaurer Magnesia erhaltene, bildet beim Abdampfen über Schwefelsäure eine zerfliessliche Masse, die MgO,ClO_5,HO ist. Die überchlorsaure Magnesia ist ebenfalls zerfliesslich.

Chlormagnium Kalium $KMg_2,Cl_5,12HO$ krystallisirt beim langsamen Abdampfen aus der letzten Mutterlauge des Meerwassers und in der Winterkälte aus der Mutterlauge der Soole von Salzhausen. Das Chlorsalz zerfliesst an der Luft und zerlegt sich dabei in zerfliessliches Chlormagnium und zurückbleibendes Chlorkalium. Weingeist bewirkt dieselbe Zerlegung.

491. Brommagnium MgBr = 92. Leitet man Brom über glühende Magnesia, so erfolgt keine Zersetzung, dies geschieht erst, wenn die Magnesia mit Kohle innig gemengt ist. Das Brommagnium ist nicht flüchtig und schmilzt später als das Chlormagnium. Die concentrirte Lösung gibt, mit Schwefelsäure gemischt, sogleich Brom ab, während, wenn sie verdünnt ist, nur Hydrobrom gebildet wird.

Brommagnium-Kalium, KBr,MgBr,6HO krystallisirt aus der gemeinschaftlichen Lösung von Bromkalium und Brommagnium, wenn diese an der Luft verdunstet. Die Krystalle sind luftbeständig, geben an Weingeist Brommagnium ab und werden beim Lösen in Wasser zersetzt.

Bromsaure Magnesia MgO,BrO$_5$,6HO schiesst beim Verdampfen der Lösung in octaëdrischen Krystallen an, diese schmelzen bei 200° und geben bei stärkerem Erhitzen Brom und Sauerstoff ab, so dass nur Magnesia zurückbleibt. Das Salz ist in 1,4 Th. kaltem Wasser löslich. Es findet sich in der Mutterlauge des Meerwassers.

492. Vom Jodmagnium gilt das über das Brommagnium Angeführte.

Jodsaure Magnesia MgO,JO$_5$,4HO schiesst aus der auf directem Wege bereiteten Lösung an. Sie ist sehr löslich und verliert zwischen 100 und 170° alles Wasser bis auf $^1/_6$ Äq., dieses entweicht erst bei 210°. Das wasserfreie Salz ist in Wasser sehr schwer löslich.

Fluormagnium entsteht, wenn Magnesia mit Flusssäure behandelt wird. Es ist eine weisse, in Wasser gar nicht, in Säuren kaum lösliche Masse, welche durch Erhitzen keine Veränderung erleidet.

493. Salpetersaure Magnesia MgO,NO$_5$,6HO krystallisirt über Schwefelsäure im Vacuum, zerfliesst sehr rasch an der Luft, schmilzt beim Erwärmen und gibt dabei 5 Äq. Wasser ab, das letzte Äq. entweicht erst beim Erhitzen über 335°, wo das Salz schon anfängt zersetzt zu werden. Es bedarf zu seiner Lösung $^1/_2$ Th. kaltes Wasser und 9 Th. kalten Weingeist von 0,840. Absoluter Alkohol nimmt bei der Siedhitze die Hälfte seines Gewichtes von dem trockenen Salze auf und aus der Lösung scheiden sich kleine Krystalle ab, die auf 1 Äq. des Salzes 9 Äq. Alkohol enthalten.

Ein schwer lösliches Doppelsalz der salpetersauren Magnesia und des salpeters. Kalkes scheidet sich beim Vermischen der concentrirten Lösungen beider Salze ab. Die salpeters. Magnesia findet sich in

der Mutterlauge des Salpeters und in einigen Bitter- und Brunnen-
Wässern Das salpetrigsaure Salz ist ebenfalls sehr zerfliesslich.

494. Phosphorsaure Magnesia, dreibasige,
$3MgO,PO_5,5HO$ (a) erhält man durch Fällen einer Bittersalzlösung
mit dem entsprechenden Natronsalze und Trocknen des Niederschlages
bei 100°. Beim stärkeren Erhitzen entweicht das Wasser und beim
Glühen schmilzt das Salz zu einem klaren Glase, welches in Säuren
leicht löslich ist. Dieses Salz findet sich in der Asche vieler Pflanzen,
besonders der Getreidearten, in den Knochen, und einigen Blasen-
steinen. Der Wagnerit (hemipr. Dystom - Spath) (hemiorthotyp) ist
$3MgO,PO_5,MgF$. (b) $2MgO,HO,PO_5,15HO$ bildet sich beim langsamen
Verdunsten einer Lösung von Magnesia in Phosphorsäure, oder auch
wenn eine Lösung von 2 Th. Bittersalz in 32 Th. Wasser mit einer
Lösung von 3 Th. gew. phosphorsauren Natron in ebenfalls 32 Th.
Wasser, gemischt wird und längere Zeit ruhig stehen bleibt. Man erhält es auch, wenn man Phosphorsäure in eine Lösung von essigsaurer Magnesia tropft und die Lösung dann abdunstet. Die Krystalle
verwittern schnell an der Luft, verlieren nach Graham bei 100°
8 bei 176° noch 6 und erst beim stärkeren Erhitzen das letzte Äq.
Wasser, das basisches ist. Vermischt man die concentrirten Lösungen des Bittersalzes und des phosphorsauren Natrons mit einander,
so erhält man einen gelatinösen Niederschlag, der nach Rammelsberg $2MgO,HO,PO_5,7HO$, also das bei 100° getrocknete Salz (b)
ist. 1 Th. des krystallisirten Salzes (b) löst sich in 322 Th. kaltem
Wasser, die Lösung trübt sich aber schon bei 49° und beim Kochen
derselben scheidet sich das Salz (c) jedoch mit 7 Äq. Wasser
$3MgO,PO_5,2HO,5HO$ ab, von welchen 5 bei 180° die letzten 2
erst im Glühen weggehen, wobei sich eine Feuererscheinung zeigt. Die
Flüssigkeit, aus welcher sich das Salz (c) abgeschieden hat, gibt beim Abdampfen eine syrupartige, nicht krystallisirende Masse, aus der sich
durch Zusatz von Alkohol auf's neue Salz (c) abscheidet. Man kann
daher diese Lösung eben so gut als ein saures Salz, wie als Phosphorsäure betrachten, in welcher das Salz (c) gelöst ist. Das Salz
(b) ist in Wasser, welches etwas Phosphor- oder eine andere Säure
enthält, viel leichter löslich und diese Lösung erleidet dann beim
Kochen keine Zerlegung.

Zweibasige, phosphorsaure Magnesia $2MgO,PO_5$
bleibt nach starkem Glühen des Salzes (b) als eine, in Säuren
unlösliche Masse zurück, welche bei noch stärkerem Erhitzen zu
einem klaren Glase schmilzt. Als solches erhält man sie auch

beim Schmelzen des dreibasigen, phosphorsauren Magnesia - Ammoniaks. Setzt man das zweibasige Natronsalz $2NaO,PO_5$ (318) zu einer Bittersalzlösung, so erhält man es nur bei Zusatz von kohlensaurem Ammoniak. Es ist auf diese Art erhalten in einem Überschuss von kohlensaurem Ammoniak und auch in Säuren löslich.

Einbasige phosphorsaure Magnesia scheidet sich aus einer Lösung von essigsaurer Magnesia, wenn man das entsprechende Natronsalz zusetzt, als ein weicher, klebriger Niederschlag ab.

Anderthalb phosphorsaure Magnesia $2MgO,3PO_5$ scheidet sich nach Gregory aus magnesiahältiger Phosphorsäure ab, wenn diese einige Zeit bei einer Tpr. von 315^0 erhalten wird (s. die Zusätze bei 309). Das Salz ist bei 100^0 getrocknet, wasserfrei und in Wasser, Salzsäure, Phosphorsäure und kohlensaurem Ammoniak unlöslich. Die Zusammensetzung desselben hat nichts Anomales, wenn man den Begriff einer mehrbasigen Säure so auffasst, wie er in (138) und (309) aufgestellt wurde: nämlich als eine Säure, von der 1 Äq. sich mit 1, 2, 3 Äq. einer oder verschiedener Basen verbinden kann, und die, wenn dies einmahl geschehen ist, ein Bestreben zeigt, vorzugsweise immer wieder Salze mit einer Anzahl von Äquivalenten einer Basis zu bilden, die der gleich ist, mit welcher sie bereits in Verbindung war. Hiedurch bleibt aber der Fall nicht ausgeschlossen, dass diese Säure unter abgeänderten Umständen sich in andere, den Gesetzen der Vielfachen (33) gemässen Verhältnissen mit Basen verbinden könne, und dieser Fall ist wirklich bei der Phosphorsäure vorhanden.

Phosphorigsaure Magnesia $2MgO,HO,PO_3,2HO$ wird bei Verdunstung der auf directem Wege bereiteten Lösung derselben im Vacuum über Schwefelsäure erhalten. Sie ist im Wasser schwierig löslich, gibt beim Erhitzen zuerst reines Wasserstoffgas ab, dem dann etwas Phosphorwasserstoffgas beigemischt ist. Es bleibt phosphorsaure Magnesia, deren Bildung mit lebhafter Feuererscheinung verbunden ist, zurück.

Unterphosphorigsaure Magnesia $MgO,PO,8HO$ krystallisirt nach H. Rose (Pogg. Ann. 12. 85.) in Octaëdern, wenn man oxalsaure Magnesia längere Zeit mit unterphosphorigsaurem Kalk kocht, die Flüssigkeit dann filtrirt und abdampft. Die Krystalle verwittern an der Luft und geben beim Erhitzen selbstentzündlichen Phosphorwasserstoff.

Phosphorsaures Magnesia-Ammoniak, (a) dreibasiges $H_3N,2MgO,PO_5,13HO$ oder $H_4NO,2MgO,PO_5,2HO,10HO$.

Dieses Salz bildet sich immer, wenn Ammoniak zu einer Lösung gesetzt wird, die Phosphorsäure und Magnesia enthält; wobei es sich als ein weisses, krystallinisches Pulver abscheidet, das im Wasser nur sehr wenig löslich ist, indem 1 Th. desselben nach Fresenius bei 15° 15293 Th. davon bedarf. Enthält das Wasser freies Ammoniak, so sind dann 44830 davon nothwendig; ist darin zugleich etwa in 7 Th. Wasser 1 Th. Salmiak gelöst, so genügen 15627 und enthält es nur Salmiak, 1 Th. auf etwa 5 Th. Wasser, so bedarf man nur 7548 Th. von dieser Lösung für 1 Th. frisch gefälltes phosphorsaures Magnesia - Ammoniak. In Wasser, welches irgend ein phosphorsaures Salz enthält, ist es noch weniger löslich als in reinem. In wässerigen Säuren, wie in Salzsäure oder Essigsäure, ist es leicht löslich, und auch Wasser, welches Kohlensäure enthält, nimmt davon auf. Alkalien scheiden aus demselben das Ammoniak ab, auch an freier Luft oder im Vacuum über Schwefelsäure soll es etwas Ammoniak verlieren; erhitzt man es aber in einer Retorte bis 100°, so entweichen nur die 10 Äq. Wasser, bei etwas stärkerem Erhitzen geht alles Ammoniak fort und es bleibt ein weisses Pulver zurück, dessen Lösung in Salpetersäure mit salpetersaurem Silberoxyd den gelben Niederschlag des dreibasigen Silbersalzes gibt. Erhitzt man jedoch das Salz noch stärker, so tritt plötzlich ein Erglühen ein und man erhält nun bei der Reaction mit salpetersaurem Silberoxyd den weissen Niederschlag des zweibasigen Silbersalzes. Vor dem Löthrohre schmilzt das Salz zu einem klaren Glase. Mit Kohle erhitzt, wird ein Theil seiner Säure zu Phosphor reducirt.

Dieses Salz wurde unlängst beim Grundbaue der Nikolaikirche in Hamburg von Uhlex aufgefunden und Struvit genannt. Es bildet schöne gelbe Krystalle, die nach Marx orthotyp sind und bei welchen $P = 135° 38'; 92° 19'; 104° 10'$ ist. $a:b:c := 1 : \sqrt{2,651} : \sqrt{0,787}$. Diese Krystalle sind durch ihre verschiedene Bildung auf der rechten und linken Seite merkwürdig.

(b) Zweibasiges phosphorsaures Magnesia - Ammoniak $H_4NO,MgO,PO_5,4HO$ soll man nach Berzelius erhalten, wenn man warme, nicht zu sehr verdünnte Lösungen von Bittersalz und dreibasigem, phosphorsaurem Ammoniak (a) $2H_4NO,HO,PO_5$ (338) mit einander vermischt; es scheidet sich beim Erkalten der Flüssigkeit als ein feines krystallinisches Pulver ab, ist aber nicht näher untersucht.

(c) Ein anderes, wie es scheint, zweibasiges, phosphorsaures Magnesia - Ammoniak (c), dessen empirische Formel nach Wach

$H_3N, 4MgO, 4PO_5, HO$ ist und das vielleicht als $H_4NO, 4MgO, 3HO, 4PO_5$, $14HO$ betrachtet werden kann, bildet sich, wenn man zweibasiges, phosphorsaures Ammoniak, (erhalten durch Auflösen des frischge-glühten zweiten Hydrates der Phosphorsäure in wässerigem Ammoniak unter stetem Abkühlen der Flüssigkeit) zur Lösung eines Magnesia-salzes hinzusetzt, so dass das phosphorsaure Ammoniak vorwaltet, wo sich der Niederschlag nicht wieder auflöst. Durch Zusatz von Wein-geist, in welchem das Salz nicht löslich ist, wird das noch gelöst gebliebene gefällt. Das Salz scheidet sich in Flocken ab, die sich bald zu einer terpentinartigen, fadenziehenden Masse vereinigen, welche nach dem Waschen mit Weingeist zu einer glasartigen Masse eintrocknet. Im kalten Wasser ist es ziemlich löslich, beim Erwär-men der Lösung fällt es aber als fadenziehende Masse heraus, die jedoch beim Erkalten sich wieder löst. Beim Erhitzen des Salzes ent-weicht zuerst Wasser, dann Ammoniak und zuletzt bleibt eine schwammige Masse zurück; ein Erglimmen wie bei (a) zeigt sich dabei nicht.

Die Bildung des Salzes (a) wird mit Vortheil, sowohl zur Er-kennung als auch zur quantitativen Bestimmung der Magnesia benützt. Zu diesem Behufe setzt man zuerst so viel Salmiak zur Flüssigkeit, dass die Fällung der Magnesia durch Ammoniak gehindert wird, dann fügt man Ammoniak in Überschuss bei und zuletzt phosphorsaures Natron ebenfalls in Überschuss. Nach zwölfstündigem Stehen wird der Niederschlag auf's Filter gebracht und mit Wasser, dem etwa $\frac{1}{8}$ Ammoniak zugesetzt ist, ausgewaschen, bis die ablaufende Flüssigkeit auf Platinblech keinen Rückstand mehr gibt. Das wohl-getrocknete Salz wird nach und nach stark erhitzt und das Filter auf dem Deckel des Platintiegels eingeäschert.

495. Kohlensaure Magnesia. Wenn man zur Lösung eines Magnesiasalzes kohlensaures Kali oder Natron setzt, so sollte man neutrale, kohlensaure Magnesia erhalten. Das ist aber nicht der Fall, theils, weil das neutrale Salz durch Wasser zerlegt wird, und zwar wieder verschieden, je nachdem das Wasser heiss oder kalt ist, theils, weil die Magnesia eine grosse Tendenz hat, entweder einen Theil des Fällungsmittels in Form eines Doppelsalzes oder etwas von dem Magnesiasalze selbst, wenn dieses im Überschusse angewendet wird, hartnäckig festzuhalten. Die Magnesia alba, welche im Handel in weissen, sehr leichten, würfelförmigen Stücken vorkommt, ist daher ein sehr veränderliches Gemenge mehrerer kohlensaurer Magne-siasalze. Man hat darin 33 — 45 Pct. Magnesia, 25 — 48 Pct. Koh-lensäure und 12 — 38 Pct. Wasser gefunden. Sind die Umstände,

unter welchen sie bereitet wird, für die Bildung einer bestimmten
Verbindung möglichst günstig, so hat sie auch eine bestimmte Zusammensetzung, ist sehr leicht und besteht nach Otto aus kleinen,
durchsichtigen Krystallen, die sich mit dem Mikroskope deutlich
wahrnehmen lassen, und ihre wahrscheinliche Zusammensetzung
wird dann, wenn sie bei 25° getrocknet wurde, durch die Formel
$4(MgO,CO_2),MgO,7HO$ ausgedrückt. Die Magnesia alba reagirt alkalisch, löst sich in Salmiaklösung und fängt schon bei 50° an Kohlensäure zu verlieren.

Die neutrale kohlensaure Magnesia MgO,CO_2(a) findet sich krystallisirt als Magnesitspath (brachytipes Kalk-Haloid)
und amorph als Magnesit. Das krystallisirte Salz ist rhomboëdrisch
und dabei $R = 107^\circ 22'$, $a = \sqrt{1,977}$, die Theilbarkeit nach R
sehr vollkommen. Über den Isomorphismus der kohlensauren Magnesia verg. (69). Man erhält sie, nach G. Rose, wenn man das
saure Salz (b) im Wasserbade abdampft; dann ist sie aber prismatisch
wie der Arragonit. Die kohlensaure Magnesia ist also dimorph, wie
der kohlensaure Kalk. Das amorphe Salz wird leicht von Säuren
aufgelöst, das krystallisirte, insbesondere das natürliche, nur schwierig. Lässt man die Lösung des Salzes (b) bei 50° verdunsten, so
erhält man Krystalle der neutralen kohlensauren Magnesia, die 3 Äq.
Wasser enthalten. Dasselbe Salz erhält man auch, wenn man eine
Bittersalzlösung mit zweifach oder ein-einhalbfach kohlensaurem Natron
versetzt, oder wenn man eine Bittersalzlösung durch kohlensaures
Natron fällt und das Ganze dann einige Tage bei $0 — 10^\circ$ ruhig
stehen lässt. Kaltes Wasser zerlegt es in ein saures und in ein basisches
Salz, welches letztere nicht löslich ist. Eine concentrirte Lösung des
Salzes (b) setzt in starker Winterkälte Krystalle ab, welche 5 Äq.
Wasser enthalten. Sie sind hemiorthotyp und die Abweichung
der Axe $= 17^\circ 40'$ liegt in der Ebene der längeren Diagonale
$a:b:c:d: = 3,14:2,063:1,849:1$. Comb. $P — \infty. \bar{P}r. P + \infty.$
$\breve{P}r + \infty. \bar{P}r + \infty.$ Das Salz zeigt eine grosse Neigung 2 Äq. seines
Wassers abzugeben.

(b) Zweifach kohlensaure Magnesia wird gebildet,
wenn man Magnesia alba mit Wasser übergiesst und dieses dann mit
Kohlensäure imprägnirt. Sie kann, wie aus (a) hervorgeht, nicht in
fester Form erhalten werden. Ein Salz $MgO,HO,2(MgO,CO_2),2HO$
soll sich nach Fritsche bilden, wenn man eine Bittersalzlösung
durch überschüssiges kohlensaures Natron fällt, den anfangs flockigen Niederschlag nur so lange kocht bis er feinkörnig zu werden

beginnt, ihn dann gut auswäscht und nochmals mit Wasser auskocht. B e r z e l i u s vermuthet darin Natron.

(c) $MgO,HO,4(MgO,CO_2),8HO$ wird nach B e r z e l i u s gefällt, wenn man zur kalten Lösung eines Magnesiasalzes ein kohlensaures Alkali hinzusetzt.

(d) $MgO,HO,4(MgO,CO_2),4HO$ entsteht, wenn das Salz (c) längere Zeit mit reinem Wasser bei 100° digerirt, aber nicht bis zum Kochen erhitzt wird.

(e) $MgO,HO,3(MgO,CO_2),6HO$ bildet sich, wenn die Fällung siedend heiss vorgenommen oder der vorige Niederschlag anhaltend mit Wasser gekocht wird. Dieses Salz wird durch Kochen mit Wasser nicht mehr weiter geändert, es bedarf zu seiner Lösung 2493 kaltes, 9000 Th. siedendes Wasser und ist in kohlensauren, so wie in den meisten anderen Kali- und Natron-Salzen löslich. Die Lösungen werden beim Erhitzen trübe, klären sich aber beim Erkalten wieder.

> Die Magnesia alba wird zum pharmaceutischen Gebrauche im Grossen bereitet. In Bilin benützt man hiezu ein natürliches Bitterwasser und eine sodahältige Quelle, welche bis zu einem gewissen Puncte concentrirt und dann zusammengeleitet werden. An andern Orten fällt man eine heisse Bittersalzlösung durch ein kohlensaures Alkali. Die Kunstgriffe, welche man anwendet, um die Magnesia alba sehr leicht zu machen, sind verschieden und nicht hinreichend bekannt. Das kalt gefällte Salz soll am lockersten sein. Durch Gefrieren des noch feuchten Niederschlages wird die Magnesia alba ebenfalls sehr locker.

K o h l e n s a u r e s M a g n e s i a - K a l i $KO,2MgO,4CO_2,9HO$. Wenn man zu einer kalten Lösung von Chlormagnesium oder salpetersaurer Magnesia doppelt-kohlensaures Kali im Überschusse zusetzt, so schiessen nach längerem Stehen der Lösung grosse Krystalle des obigen Doppelsalzes an. Vom Wasser wird es so zersetzt, dass neutrale kohlensaure Magnesia, mit einem nach der Temperatur veränderlichen Wassergehalte, zurückbleibt. Bei 100° verlieren die Krystalle ihr Wasser, bei starker Hitze auch die Kohlensäure.

K o h l e n s a u r e s M a g n e s i a - N a t r o n bildet sich wie das vorige Salz, ist aber durch Wasser nicht so leicht zerlegbar als dasselbe. Fällt man die heisse Lösung eines Magnesiasalzes durch überschüssiges, kohlensaures Natron, so entsteht ein Doppelsalz, welches nur sehr wenig in Wasser löslich ist und aus dem auch das Natron, erst wenn es geglüht wurde, sich ausziehen lässt. Bei Anwendung des kohlensauren Kali findet etwas Ähnliches Statt. Aus diesem Grunde muss man sich zur Bestimmung der Magnesia nicht der kohlensauren Alkalien bedienen.

Kohlensaures Magnesia-Ammoniak $H_3N,MgO,2CO_2,5HO$ krystallisirt bei längerem Stehen aus der Lösung eines Magnesiasalzes, welchem kohlensaures Ammoniak im Überschusse zugesetzt wurde. Durch Wasser wird das Salz zersetzt, beim Kochen damit, unter Abscheidung von Ammoniak.

Kohlensaure Kalk-Magnesia $CaO,MgO,2CO_2$ bildet die Sp. makrotypes Kalk-Haloid (Bitterspath, Miemit, Dolomit). Es ist rhomboëdrisch $R = 106°15'\,a = \sqrt{2,078}$. Comb. $R-\infty$. R. $R+2$. mit vollkommener Theilbarkeit nach R.

Oxalsaure Magnesia $MgO,C_2O_3,2HO$ bildet sich, wenn Magnesia alba mit einer Lösung von Oxalsäure digerirt wird, als ein im Wasser nicht lösliches Pulver. Es scheidet sich auch ab, wenn man zu einem Magnesiasalze neutrales oxalsaures Kali setzt. Die 2 Äq. Wasser entweichen bei $100°$ noch nicht.

Oxalsaure Kali-Magnesia $KO,MgO,2C_2O_3,6HO$. Oxalsaure Magnesia ist in einer siedenden Lösung von oxalsaurem Kali löslich, aus der gesättigten Flüssigkeit scheidet sich das Doppelsalz ab. Es bildet sich auch, wenn eine Lösung von zweifach oxalsaurem Kali mit Magnesia alba gekocht wird. Es ist im kalten Wasser wenig löslich und wird vom siedenden theilweise zersetzt.

Oxalsaure Ammoniak-Magnesia $6H_3N,MgO,7C_2O_3,16HO$ bedarf zu ihrer Lösung 480 Th. Wasser und scheidet sich aus einer concentrirten Lösung von Chlormagnium, bei Zusatz von oxalsaurem Ammoniak, in einigen Stunden als ein krystallinischer Niederschlag ab. In einer Lösung von Salmiak oder einem Ammoniaksalze ist das Salz aber leicht löslich, worauf die Möglichkeit der Trennung des Kalkes von der Magnesia durch oxalsaures Ammoniak beruht.

496. Kieselsaure Magnesia. Die Kieselsäure findet sich mit der Magnesia in sehr mannigfaltigen Verhältnissen verbunden in der Natur, und bildet damit mehrere verbreitete Mineralspecies. Dieselben werden hier nach ihrer chemischen Zusammensetzung geordnet aufgeführt, und zwar von den mehr basischen an, zu den einen Überschuss von Säure enthaltenden.

1. $2MgO,SiO_2$ bildet die Species prismatischer Chrysolith, (Orthotyp). In einigen Var. wie im Hyalosiderit, ist die Magnesia zum Theil durch Eisenoxydul ersetzt. Der Villarsit $2(2MgO,SiO_2),HO$ ist eine Var. des prismatischen Pikrosmin-Steatits. Der Batrachit, welcher entschieden orthotyp ist, gehört zum

Genus - Adiaphan - Spath und ist $CaO,MgO,[FeO],SiO_2$ *). Dieselbe Verbindung findet sich unter manchen Hüttenproducten, als ein blau-grünes Glas, das von Säuren nur wenig angegriffen wird und dessen Masse oft auch krystallinisch ist

2. $3MgO,2SiO_2,2HO$ ist der Marmolith, zur Sp. hemiprism. Pikrosmin-Steatit gehörig. Ferner der prism. Serpentin-Steatit mit der Var Serpentin, Ophit, Pikrolith. Der Deweylith enthält nur um 1 Äq. Wasser mehr und gehört vielleicht zum prism. Pikrosmin - Steatit. $2MgO,FeO,SiO_2,3HO$ ist der Hydrophit, welcher eine Var. des hemiprism. Pikrosmin - Steatits ist.

3. $4MgO,[FeO],3SiO_2,HO$ ist der Antigorit, wahrscheinlich eine Var. des hemiprism. Pikrosmin - Steatits (H). Auch gehört hieher der Chrysotil (Asbest von Reichenstein) der 3 Äq. Wasser enthält.

4. MgO,SiO_2 ist ein dem Asbest ähnliches Mineral von Koruk (Pogg. Ann. 35. 486). $2(MgO,SiO_2),HO$ ist der Pikrosmin (prism. Pikrosmin - Steatit). Hieher gehören auch die Var. Pikrophyll und Aphrodit (Meerschaum von Longbanshyttan), welche $3(MgO,SiO_2)$ $2HO$ sind.

5. $CaO,MgO[MnO,FeO],2SiO_2$ ist der allgemeine Ausdruck für die Zusammensetzung der ausgedehnten Species paratomer Augit-Spath (hemiorthotyp), welcher die Var. Augit, Diopsid, Malakolith etc. in sich fasst. In mehreren derselben, insbesondere in den zuletzt genannten, ist die Magnesia fast ganz von Eisenoxydul vertreten. Mehrere Varietäten, wie der gemeine Augit, enthalten Alumin, dessen Menge bis auf nahe 7 Pct. steigt, aber veränderlich ist und daher wohl von einem fremdartigen Mineral, welches dem Augit beigemengt ist, herrührt. Der hemiprism. Schillerspath (Bronzit, blättriger Antophillit, die Var. von Ultenthal in Tyrol, ist $CaO,18MgO,3FeO,22SiO_2$, kann also als $MgO[CaO,FeO],SiO_2$ betrachtet werden. Ebenso der prismatische Schillerspath (Paulit, Hypersthen), der $MgO,FeO,2SiO_2$ oder $MgO[FeO],SiO_2$ ist.

6. $4MgO,5SiO_2$ umfasst die Var. Talk, Federweiss, Chlorit, Tufstein u. s. w., welche die Sp. prism. Talk-Glimmer ausmachen. Der Speckstein (pseudomorpher Glyphin - Steatit) ist $2MgO,3SiO_2,2HO$ (aus Baireuth), während einigen anderen Var. die Formel $3MgO,4SiO_2,2HO$ zukommt.

---

*) Die eckigen Klammern werden in der Folge die Oxyde bezeichnen, welche die Hauptmasse der Basis in den Varietäten theilweise ersetzen.

7. $5MgO[CaO,MnO,FeO],6SiO_2$ umfasst die Species hemiprism. Augitspath (hemiorthotyp), welche die Species **Hornblende, Karinthin, Kalamit, Tremolith** und einen Theil des Strahlsteins und **Asbestes** umfasst. Mehrere Varietäten enthalten überdiess Alumin und Fluor in geringen und veränderlichen Mengen. Der prism. Schillerspath (**strahliger Antophyllit**) kann als $5MgO$ $[CaO,MnO,FeO],6SiO_2 + ^1/_5(MnO[FeO],Al_2O_3)$ betrachtet werden.

8. Der diatome Schillerspath (**Diallage** von der Baste am Harz) ist $11CaO,15MgO,4FeO,Al_2O_3,32SiO_2,2HO$ oder $30MgO[CaO,FeO],$ $30SiO_2 + Al_2O_3,2SiO_2,2HO$.

497. $MgSiF_3$ oder MgF,SiF_2 entsteht, wenn Magnesia in Kieselflusssäure gelöst wird und ist eine gummiähnliche im Wasser lösliche Masse.

$7MgO,MgF,3SiO_2$ bildet die Species hemiprismatischer Chrysolith (**Chondrodit**).

498. Borsaure Magnesia. Wird eine Lösung von Borax mit einer Bittersalzlösung vermischt, so entsteht keine Veränderung, aber schon bei 70^0 beginnt sich ein reichlicher weisser Niederschlag abzusondern, der jedoch beim Erkalten der Flüssigkeit von derselben wieder gelöst wird. Dieser Niederschlag ist noch nicht näher untersucht, er löst sich im kalten Wasser und die Lösung trocknet zu einem durchsichtigen Firniss ein. Ammoniak bringt in der Lösung desselben sogleich ein weisses Salz von unbekannter Zusammensetzung hervor, das aber im kalten Wasser nicht löslich ist. Erhitzt man die Lösung des obigen Niederschlages im kalten Wasser bis zum Kochen, so sondert sich wieder ein weisses Salz ab, dessen Zusammensetzung nach **Rammelsberg** $3MgO,BO_3,9HO$; $(2MgO,BO_2,6HO)$ (a) ist. Dasselbe wird sogleich erhalten, wenn man eine kochende Bittersalzlösung durch eine kochende Boraxlösung fällt. Es ist im Wasser nur sehr wenig löslich, durch anhaltendes Kochen damit wird ihm Borsäure entzogen.

Giesst man eine Bittersalzlösung in eine Lösung von Borax, so entsteht ein weisser Niederschlag, der, wie es scheint MgO,BO_3; $(2MgO,3BO_2)$ (b) ist. Derselbe ist in einer Bittersalzlösung sehr löslich, und wird daher beim umgekehrten Verfahren nicht erhalten. Erhitzt man das Gemisch beider Lösungen bis es sich zu trüben beginnt und lässt es dann erkalten, so wird es, wie schon oben angegeben wurde, wieder klar. Lässt man es nun einige Monate bei einer Tpr. stehen, die nahe um 0^0 ist, so schiessen Krystalle an, die sich weder im kalten noch im warmen Wasser lösen und $16,67$

Magnesia, 25 Borsäure und 58,33 Wasser enthalten. Das Salz wird in Salzsäure gelöst und daraus durch Ammoniak gefällt.

(c) $3MgO,4BO_3$; ($MgO,2BO_2$) findet sich in der Natur als tetraëdrischer Boracit.

(d) Kocht man überschüssige Magnesia alba mit Borsäurelösung, so erhält man beim Abdampfen körnige Krystalle, die nach Rammelsberg $MgO,3BO_3,8HO$; ($2MgO,9BO_2,16HO$ sind. Sie lösen sich in 75 Th. kaltem Wasser, heisses entzieht ihnen Borsäure, ob vollständig, ist noch nicht ausgemacht.

(e) Kocht man die Magnesia alba mit einem Überschusse von Borsäure, so bildet sich $MgO,6BO_3,18HO$; ($MgO,9BO_2,18HO$).

Borsäure-Natron-Magnesia. Lässt man die Flüssigkeit, aus der sich das Salz (b) abgeschieden hat, längere Zeit leicht bedeckt stehen, so krystallisirt daraus ein Doppelsalz, dessen Grundgestalt ein Hemiorthotyp ist. Es enthält nach Rammelsberg 6,14 Natron, 8,44 Magnesia, 34,35 Borsäure und 51,07 Wasser, was ungefähr der Formel $NaO,2MgO,5BO_3,30HO$ oder ($2NaO.4MgO, 15BO_2,60HO$) entspricht. Es ist im kalten Wasser löslich, Ammoniak bringt in der Lösung keinen Niederschlag hervor. Beim Erwärmen scheidet sich daraus das Salz (a) ab, was sich aber beim Erkalten wieder löst.

Der Hydroboracit ist nach (Pogg. Ann. 31. 49.) $CaO,MgO,3BO_3,6HO$; ($2CaO,2MgO,9BO_2,12HO$).

XX. Glycium G = 4,7.

Glycinium, Beryllium, le glucinium Das Glycin wurde im J. 1798 von Vauquelin entdeckt, im J. 1828 stellten Wöhler und Bussy das Glycium aus dem Chlorglycium dar.

499. Das Glycium kennt man bisher nur als ein dunkelgraues, unter dem Polirstahl Metallglanz annehmendes Pulver. Es ist sehr streng flüssig und kann sowohl aus dem Chlorglycium als aus dem Oxyde durch Kalium dargestellt werden. An der Luft erhitzt, verbrennt es unter lebhaftem Lichte zu Glycin, dem einzigen Oxyde desselben. Es bleibt auch im kochenden Wasser ungeändert. Gegen Säuren verhält es sich wie das Magnium.

500. Glycin $GO = 12,7$ (Glyciumoxyd, Glycinerde, Beryllerde, Smaragderde, la glucine). Das Glycin ist ein voluminöses, lockeres Pulver, dessen Dichte 2,97 beträgt und das nur beim heftigsten Weissglühen schmilzt. Als Hydrat GO,HO wird dasselbe durch

Ammoniak aus seinen Salzen gefällt. Kali und Natron fällen es ebenfalls, lösen es aber, im Überschusse zugesetzt, wieder auf. Aus dieser Lösung wird es durch Salmiak gefällt. Im kohlensauren Ammoniak
ist das Hydrat löslich. Beim Erhitzen gibt es sein Wasser ohne Erglimmen, wie dies bei mehreren andern Oxyden eintritt, ab. Das
Hydrat ist leicht in Säuren löslich, das geglühte Oxyd hingegen löst
sich langsam, aber vollständig darin. Das Materiale, aus welchem
man das Glycin darstellt, ist der Beryll $3GO, Al_2O_3, 6SiO_2$, der
ungefähr 18 Pct. Glycin enthält. Derselbe wird feingepulvert mit 3
Th. kohlensaurem Kali geschmolzen, die so erhaltene Masse in Salzsäure gelöst und dann, mit Vermeidung einer zu starken Erhitzung,
bis zur Trockenheit abgedampft. Nun wird dieselbe in Wasser gelöst,
wobei die Kieselsäure zurückbleibt, und dieser Lösung Ammoniak
zugesetzt, um dadurch Alumin und Glycin zu fällen. Der vollständig
ausgewaschene Niederschlag wird mit einem Überschusse von kohlensaurem Ammoniak digerirt, welches das Glycin löst, während das
Alumin zurückbleibt. Beim Kochen der Lösung fällt kohlensaures
Glycin nieder.

Die Glycinsalze sind meistens löslich und haben einen süssen
(daher der Name), hintennach herben Geschmack. Ihr Verhalten gegen
Kali und Natron wurde bereits oben angegeben. Wird der Niederschlag,
den man durch diese Alkalien oder auch durch Ammoniak erhält,
abgesondert und mit kaltem oder kochendem Wasser gewaschen, so
löst er sich leicht in Kali- oder Natron-Lösung. Ist diese Lösung
concentrirt, so erleidet sie durch Kochen keine Veränderung, ist sie
hingegen so weit verdünnt, dass beim Erwärmen eine Trübung entsteht, so wird beim Zusatz von Wasser noch mehr abgeschieden
und dann beim Kochen fast alles gefällt. Bei zu grosser Verdünnung
erfolgt erst nach langem Kochen die Fällung. Das auf diese Weise
durch Kochen gefällte Glycin ist, wenn es mit kaltem Wasser
ausgewaschen wurde, nicht mehr in kalter Kalilauge löslich. Wurde es
aber mit heissem Wasser ausgewaschen oder in Säuren gelöst und
gefällt, so ist es wieder in kalter Kalilauge löslich. (Schaffgotsch
Pogg. Ann. 50. 183.) Schwefelammonium fällt das Glycin als Hydrat
unter Abscheidung von Hydrothion, bernsteinsaures Ammoniak bringt
darin einen weissen Niederschlag hervor. Beim Erhitzen geben die
Glycinsalze ihre Säure ab, wenn diese nicht selbst feuerbeständig ist.

501. Schwefelglycium bildet sich beim Erhitzen des
Glyciums mit Schwefel unter Feuererscheinung. Erhitztes Glycin
wird vom Schwefel nicht zersetzt und auch beim Erhitzen von schwe-

felsauren Glycin in Wasserstoffgas oder Hydrothion bleibt nur Glycin zurück.

Schwefelsaures Glycin, (a) neutrales GO,SO_3,HO schiesst in grossen pyramidalen Krystallen an, bei welchen $P = 122^0$ (ungefähr) und die Comb. P.$[P + \infty]$ ist, wenn man die heisse, wässerige Lösung des krystallinischen Pulvers, das beim Auflösen des Glycins in Schwefelsäure, Verjagen des Überschusses der Säure durch Erwärmen und Auswaschen der Masse mit Weingeist erhalten wird, erkalten lässt. Die Krystalle verwittern an der Luft und verlieren unter Schmelzen und Aufblähen ihr Wasser. Bei stärkerem Erhitzen entweicht die Schwefelsäure unzersetzt, mit Zurücklassung von reinem Glycin, welches aber in diesem Zustande in Säuren fast unlöslich ist.

(b) basisches $2GO,SO_3$ entsteht, wenn man eine Lösung des neutralen Salzes so lange mit frisch gefälltem kohlensaurem Glycin kocht, als noch Kohlensäure entweicht, die Lösung dann filtrirt und so lange mit Wasser verdünnt, als noch ein Niederschlag (d) entsteht. Die von demselben getrennte Flüssigkeit trocknet zu einer gummiartigen Masse von obiger Zusammensetzung ein. Verdunstet man die vorige Lösung ohne sie mit Wasser zu verdünnen, so bleibt das Salz (c) $3GO,SO_3$ ebenfalls als eine amorphe Masse zurück. Der vorher mit Wasser entstandene Niederschlag ist das Salz (d) $6GO,SO_3,3HO$.

Das schwefligsaure Glycin wird beim Kochen seiner Lösung nicht zersetzt, wodurch es sich von dem schwefligsauren Alumin (509) unterscheidet.

Schwefelsaures Glycin-Kali $KO,GO,2SO_3,2HO$ wird erhalten, wenn man 14 Th. schwefelsaures Kali mit 15 Th. des Salzes (a) in Wasser löst, das Gemenge nur so weit abdampft, dass es sich nicht trübt und dann der freiwilligen Verdunstung überlässt. Das Salz löst sich zwar langsam, aber reichlich im Wasser.

502. Chlorglycium $GCl = 40,1$. Glycin verbrennt in Chlor bei schwachem Erhitzen mit lebhaftem Lichte zu Chlorglycium. Man bereitet es wie den Chlorkiesel (424). Es ist eine weisse, seidenglänzende, sublimirbare Masse, die bei gelindem Erwärmen schmilzt, begierig Wasser aus der Luft anzieht und sich in demselben unter Erhitzung löst. Beim Abdampfen der Lösung erhält man Krystalle $GCl,4HO$, die im Wasser und Weingeist leicht löslich sind, aber an der Luft nicht zerfliessen. Beim Auflösen des Glycins in Salzsäure wird zwar auch Chlorglycium gebildet, dampft man aber

die Lösung bis zur Trockenheit ab und erhitzt dann stärker, um alles
Wasser zu vertreiben, so entweicht Salzsäure und Glycin bleibt
zurück.

  Das Glycium verbrennt auch in Brom- und Jod-Gas zu entsprechenden Verbindungen. Fluorglycium wird beim Auflösen des Glycins
in Flusssäure gebildet. Beim Vermischen einer Lösung des Fluor-
glyciums mit Fluorkalium oder bei Zusatz von diesem im Überschusse
zu Chlorglycium, bildet sich Fluor - Glycium - Kalium KGF_2. Es
krystallisirt in dünnen Blättern und ist im Wasser schwer löslich.
Die Bildung dieses Niederschlages dient als Erkennungsmittel des
Glycins.

503. Salpetersaures Glycin ist schwer krystallisirbar,
wird an der Luft feucht und gibt beim Erwärmen zuerst einen Theil,
bei stärkerer Hitze alle Säure ab. Es ist in Weingeist und Wasser
leicht löslich.

504. Phosphorglycium bildet sich unter Feuererscheinung
beim Erhitzen von Glycium in Phosphorgas.

Phosphorsaures Glycin wird durch Fällen eines Glycin-
salzes mit überschüssigem gew. phosphorsaurem Natron erhalten und
ist diesem analog zuzammengesetzt. In Wasser ist es unlöslich.

Phosphorigsaures Glycin wird durch Fällen eines Gly-
cinsalzes mit dem correspondirenden Ammoniaksalze erhalten; beim
Erhitzen desselben entweicht unter Feuererscheinung Wasserstoffgas.

Unterphosphorigsaures Glycin wird direct bereitet,
es ist nicht krystallisirbar.

505. Kohlensaures Glycin $3GO,CO_2,3HO$. Kohlensaures
Kali oder Natron fällen aus einem Glycinsalze kohlensaures Glycin als
voluminösen Niederschlag. Im bedeutenden Überschusse des Fällungsmittels ist es wieder löslich. Das durch Kochen mit Kali gefällte
Glycin löst sich aber eben so wenig in kohlensaurem Kali, als das geglühte. Beim Kochen der Lösung des kohlensauren Glycins, welche
durch im Überschusse zugesetztes kohlensaures Kali erhalten wird,
scheidet sich, wenn die Lösung sehr concentrirt ist, nur wenig aus,
bei stärkerer Verdünnung mehr, aber nie geschieht dies vollständig.
Der Niederschlag ist Glycinhydrat, das in Kali leicht löslich ist. Kohlensaures Ammoniak verhält sich eben so, der Niederschlag ist aber
darin viel leichter löslich, dies ist auch bei dem Hydrate der Fall.
Geglühtes Glycin löst sich nicht in kohlensaurem Kali, selbst das
nicht, welches durch Kochen des in Kali gelösten abgeschieden wurde.
Beim Kochen der Lösung des Glycins in kohlensaurem Ammoniak
wird es vollständig und zwar als körniges Pulver abgeschieden. Kocht

man Ammoniaksalze mit Glycin, so löst es sich, indem das Ammoniak ausgeschieden wird. Das oxalsaure Glycin ist in Wasser leicht löslich. Es hat unter allen Glycinsalzen den süssesten Geschmack.

506. Kieselsaures Glycin $2GO,SiO_2$ findet sich in der Natur als Phenakit (rhomboëdrischer Smaragd) $R = 116^\circ 40'$; $a = \sqrt{1,307}$. Comb. $R - 1$. R. $R + \infty$. $P + \infty$, theilbar nach R und $P + \infty$. Der dirhomboëdrische Smaragd (Smaragd, Beryll) ist $3GO,Al_2O_3,6SiO_2$. Fluorkiesel-Glycium $3GF,SiF_2$ ist leicht im Wasser löslich und nicht krystallisirbar. Der Leukophan ist $3(CaO,SiO_2),3GO,2SiO_2,NaF$.

XXI. Alumium $Al = 13,7$.

Aluminum, Aluminium. Marggraf that im J. 1754 die Eigenthümlichkeit der Thonerde dar und Wöhler isolirte das Alumium im J. 1827 aus dem Chloralumium.

507. Das Alumium erscheint als graues Metallpulver, welches aus geschmolzenen Kügelchen besteht, von denen einige die Grösse eines Stecknadelkopfes erreichen. Es ist zinnweiss, bleibt an der Luft blank, hat, nach Wöhler, eine Dichte, welche zwischen 1,87 und 2,67 liegt, ist vollkommen ductil und kann in einer Boraxperle schon vor dem Löthrohre geschmolzen werden, wobei es sich fortwährend oxydirt. Um das Alumium darzustellen, bringt man zuerst Chloralumium, dann ein Platinschiffchen mit Kalium in eine an einem Ende zugeschmolzene, horizontal liegende Glasröhre und erhitzt das Chloralumium, so dass die Dämpfe desselben über das Kalium streichen. Dieses entzündet sich nach und nach und verbrennt zu Chlorkalium, während sich Alumium abscheidet. Man muss dafür sorgen, dass die Röhre dünn und die Menge des Kaliums der des Chloralumiums entsprechend sei, was bei ungefähr gleichen Volumen beider der Fall ist. Man kann sich hiezu auch einer Röhre von Platin, Eisen oder selbst von Kupfer bedienen. Nach vollendeter Reduction wird das Platinschiffchen in viel Wasser geworfen und das Alumium mit kaltem Wasser ausgewaschen.

508. Alumin*) $Al_2O_3 = 51,4$ (Alumiumoxyd, Thonerde,

---

*) Da die kurzen und einfachen Namen Glycin und Alumin den langen zusammengesetzten wie Aluminerde und Glycinerde vorzuziehen sind, so habe ich mir erlaubt, sie hier einzuführen. Es wird dadurch möglich die Oxyde der Grundstoffe dieser Gruppe mit analog gebildeten kurzen Namen gleichförmig zu bezeichnen und den ganz überflüssigen, unchemischen Beinamen Erde, der insbesondere bei den complicirten Verbindungen so schleppend klingt, ganz zu vermeiden.

Alaunerde, alumine). Das Alumin, die einzige Oxydationsstufe des Alumiums, bildet sich, wenn man dasselbe in der Luft oder in Sauerstoffgas bis zum starken Glühen erhitzt. Die Verbrennung erfolgt mit einem dem Auge kaum erträglichen Lichtglanze und die Hitze ist dabei so gross, dass insbesondere bei Anwendung von Sauerstoffgas das gebildete Alumin theilweise zu schmelzen beginnt. Reines Wasser wird von Alumin erst nahe beim Siedpunkte und auch dann nur sehr langsam, bei Zusatz von Säuren, Alkalien oder auch von Ammoniak hingegen, leicht zerlegt. Concentrirte Schwefelsäure löst es nur in der Wärme unter Entwicklung von schwefliger Säure. In einer Kupfervitriollösung oxydirt sich das Alumin, nach Wöhler, und fällt das Kupfer metallisch. Silber, Blei und Zink fällt es aber nur aus ihren alkalischen Lösungen. In der Natur findet sich das Alumin krystallisirt und bildet dann die Species rhomboëdrischer Korund (Saphir, Korund, Rubin), bei welcher $R = 86^{\circ} 6'$, $a = \sqrt{5,561}$, Comb. $R - \infty$. $R. P + \infty$ ist und deren Dichte $3,53 - 4,01$ beträgt. Das Alumin besitzt in diesem Zustande eine Härte, welche nur um wenig geringer ist als die des Demants. Der dodecaëdrische Corund (Spinell) ist MgO,Al_2O_3 und der prismatische Corund (Chrysoberyll), dessen Grundgestalt ein Orthotyp ist, hat die Zusammensetzung GO,Al_2O_3. Das aus seiner Lösung gefällte und schwach erhitzte Alumin erscheint als ein zartes, weisses Pulver. Bei sehr starkem Erhitzen backt es zu einer am Stahle Funken gebenden Masse zusammen, deren Dichte bei 4° im Vacuum $4,152$ beträgt. Es schmilzt etwas leichter als die Kieselsäure zu einem durchsichtigen, krystallinisch erstarrenden Glase. Befeuchtet man Aluminhydrat mit einer etwas verdünnten Lösung von zweifachchromsaurem Kali und formt daraus Kügelchen, die man gut trocknet und dann schwach glüht, und bringt die so vorbereitete Masse in die Flamme des Knallgasgebläses, so schmilzt dieselbe in einigen Minuten zu durchsichtigen Kugeln, welche nach dem Erkalten in allen Eigenschaften den Rubinen gleichen.

Das geglühte Alumin ist in Säuren sehr schwer löslich, das geschmolzene oder krystallisirte wird davon unmittelbar gar nicht mehr angegriffen; aber selbst Saphir wird in Säuren löslich, wenn man ihn feingepulvert mit Kali oder Natron stark glüht. Aus den Aluminsalzen (Aluminaten) wird das Alumin sowohl durch die Alkalien, als alle andern Oxyde dieser Gruppe als Hydrat $Al_2O_3,3HO$ gefällt. Im Überschuss von Kali oder Natron ist es wieder löslich. Salmiak fällt aus dieser das Alumin vollständig, wenn er in hinreichender Menge zugesetzt und die Flüssigkeit so lange erwärmt wird, bis sie nicht mehr nach Ammoniak riecht. Ammoniak fällt es ebenfalls, in einem Überschusse desselben ist es zwar, obwohl nur wenig, löslich. Kohlensaure Alkalien und kohlensaures Ammoniak fällen das Alumin unter Abscheidung der Kohlensäure vollständig. Auf gleiche Weise verhalten sich die Lösungen der Schwefelalkalimetalle und des Schwefelammoniums. Dem durch Alkalien gefällten Hydrate hängt hartnäckig etwas von dem Alkali an, besonders wenn die Lösung des Aluminsalzes concentrirt war. Bei einer Alaunlösung enthält der Niederschlag Schwefelsäure, von einem basischen Salze herrührend, das durch Auswaschen nur schwierig entfernt werden kann. Es ist daher, um reines Alumin zu erhalten, nothwendig, den Niederschlag nochmals in Salzsäure zu lösen und dann durch Ammoniak zu fällen.

Dasselbe Hydrat mit 3 Äq. Wasser erhält man auch krystallisirt, wenn man eine mit Alumin gesättigte Kalilösung längere Zeit in einer nicht vollkommen verschlossenen Flasche aufbewahrt. Die Krystalle sind frei von Kali und lösen sich sehr schwer in Säuren. Der Gibbsit, der ebenfalls dieses Hydrat ist, löst sich leicht in Säuren und gibt wie alle Aluminhydrate sein Wasser bei mässiger Hitze ab.

Ein Aluminhydrat Al_2O_3,HO, das hemiorthotyp ist und eine Härte von 3,4 hat, findet sich als Diaspor (Eutomer Disthen-Spath), es ist in Säuren sehr schwer löslich.

Alumin-Kali $KO,Al_2O_3,2HO$ wird erhalten, wenn man mit Alumin gesättigtes Kali abdampft und mit Weingeist auswäscht, es bildet sich auch beim Zusammenschmelzen von kohlensaurem Kali mit Alumin.

Alumin-Natron entsteht auf dieselbe Art. Beim Erhitzen wird nahe 1 Äq. Kohlensäure durch 1 Äq. Alumin ausgetrieben. Die geschmolzene Masse ist weiss, von muschligem Bruche und leicht schmelzbar.

Das Alumin wird, mit salpetersaurem Kobaltoxyd benetzt, vor dem Löthrohre intensiv blau. Zum Behufe der quantitativen Bestimmung wird es immer als Alumin gewogen.

509. Schwefelalumium bildet sich unter Feuererscheinung, wenn man Schwefel auf glühendes Alumium streut. Es ist eine schwarze Masse, welche schon an feuchter Luft, noch rascher in Wasser, in Hydrothion und Alumin zerfällt.

Schwefelsaures Alumin, (a) neutrales $Al_2O_3,3SO_3$, 18HO. Dieses Salz wird auf directem Wege bereitet und kommt jetzt im Handel vor, da es in vielen Fällen den Alaun mit Vortheil ersetzt.

Nach dem Eindampfen bis zur Trockenheit erscheint es als eine aus krystallinischen Blättchen bestehende Masse, die zu ihrer Lösung 2 Th. kaltes Wasser bedarf. In Weingeist ist es fast unlöslich. Es findet sich als Efflorescenz in einigen vulkanischen Gegenden.

(b) $Al_2O_3,2SO_3$ wird als eine gummiartige Masse beim Digeriren des vorigen Salzes mit Aluminhydrat erhalten und findet sich am Ararat.

(c) $3Al_2O_3,4SO_3,3HO$ setzt sich in feinen Krystallen ab, wenn verdünnte Schwefelsäure, die mit Alumin gesättigt wurde, lange ruhig stehen bleibt. (Pogg. Ann. 3. 583.)

(d) $Al_2O_3,SO_3,9HO$ findet sich als A l u m i n i t, und ist eine weisse, erdige, in Wasser unlösliche, in Salzsäure leicht lösliche Masse, deren Dichte 1,7 beträgt.

Alle diese schwefelsauren Salze geben beim Erhitzen zuerst ihr Wasser, dann die Säure ab, und auch beim Erhitzen in Wasserstoffgas bleibt reines Alumin zurück.

S c h w e f l i g s a u r e s A l u m i n $Al_2O_3,SO_2,4HO$ fällt als weisses, erdiges Pulver nieder, wenn die Lösung des Aluminhydrates in schwefliger Säure bis 74° erhitzt wird. Es oxydirt sich an der Luft nach und nach zu schwefelsaurem Alumin.

S c h w e f e l s a u r e s A l u m i n - K a l i $KO,Al_2O_3,4SO_3,24HO$. (Alaun, octaëdrisches Alaunsalz, Alun). Der gew. Alaun ist ein sehr merkwürdiges Doppelsalz, welches als Typus einer Gruppe von ähnlichen Salzen betrachtet werden kann, in welchen sich Ammoniumoxyd, Natron, Chromoxyd, Eisenoxyd etc. ohne Änderung der Krystallform in allen Verhältnissen ersetzen können. Der Kalialaun bildet grosse, oft wasserhelle Octaëder (Eisalaun) von süsslich zusammenziehendem Geschmack und 1,724 Dichte, an welchen die Flächen des Hexaëders und die des Tetragonal-Dodecaëders niemahls fehlen. Er bildet sich immer, wenn schwefelsaures Alumin mit schwefelsaurem Kali oder auch mit andern Kaliverbindungen, wie kohlensaurem Kali, Chlorkalium etc. vermischt wird. 100 Th. Wasser von 0° lösen 3,29; bei 10° 9,52; bei 30° 22,01; bei 50° 30,92; bei 70° 90,67 und bei 100° 357,48 Th. Alaun auf. Die Dichte der bei 8° gesättigten Lösung beträgt 1,045. Er verwittert an der Luft nur oberflächlich. Bei 61° verliert derselbe 18 Äq. Wasser. Bei 92° (Pogg. Ann. 55. 99.) befindet sich derselbe in Wasserfluss, bleibt aber beim Erkalten lange flüssig, ehe er wieder erstarr:. Ungefähr bei 300° verliert derselbe sein Wasser unter starkem Aufblähen vollständig und heisst dann g e b r a n n t e r A l a u n, eine weisse schwammige Masse, die gleich nach dem Brennen in's Wasser gebracht, nach mehreren Monaten noch ungelöst bleibt. Hat der gebrannte Alaun einige Wochen an der Luft gelegen, wobei er, wenigstens im Sommer, beständig Wasser aufnimmt, so löst er sich ziemlich leicht. Erst bei einer hohen Tpr. gibt der Alaun 3 Äq. Schwefelsäure und zwar theils unzersetzt in wasserfreiem Zustande, theils in Form von schwefliger Säure und Sauerstoffgas ab.

Der Alaun reagirt nicht nur sauer, sondern der Theil der Säure, welcher an das Alumin gebunden ist, hat seine sauren Eigenschaften so wenig verloren, dass eine concentrirte Lösung desselben mit Chlorkalium gekocht, Hydrochlor abgibt und dass sie mit Kochsalz und Salpeter versetzt, Gold löst.

Setzt man zu einer Alaunlösung so lange kohlensaures Kali, als der anfangs entstehende Niederschlag sich noch löst, oder kocht man dieselbe mit Aluminhydrat, oder endlich fügt man zu einer Lösung von 12 Th. Alaun, 1 Th. Kalkhydrat, so erhält man den sogenannten **neutralen Alaun**, der einen Theil seines Alumins so leicht an andere Körper abgibt und daher eine ausgedehnte Anwendung als Beize findet. Aus der Lösung krystallisirt, unter Abscheidung eines unlöslichen Salzes $KO,SO_3,3(Al_2O_3,SO_3),9HO$, gewöhnlicher Alaun, jedoch in Hexaëdern, er wird daher **cubischer Alaun** genannt, der sich auch zuweilen unter dem römischen Alaun (die röthliche Sorte, welche aus Italien kommt), findet.

Der **Alaunstein**, das rhomboëdrische Alaun-Haloid, kann als $KO,SO_3,Al_2O_3,3SO_3,3Al_2O_3,HO$ betrachtet werden. Die Dichte desselben beträgt 2,694 und $R = 92^\circ 50'$, $a = \sqrt{3,892}$. Derselbe ist für sich im Wasser nicht löslich, wird er aber eine Zeitlang bis zum schwachen Glühen erhitzt, so zerfällt er, mit Wasser benetzt, und gibt an dasselbe die seinem Kaligehalte entsprechende Menge Alaun ab. (516.)

Schwefelsaures Alumin-Natron $NaO,Al_2O_3,4SO_3,24HO$ (Natron-Alaun, alun de soude) wird erhalten, wenn man die Lösung von schwefelsaurem Natron und neutralem schwefelsauren Alumin an der Luft verdunsten lässt. Das Salz krystallisirt weit schwieriger als das vorige, hat eine Dichte von 1,6 und verwittert nur in trockener Luft. Bei 40 — 50° werden die Krystalle trübe und verlieren ihr Wasser ohne zu zerfallen. Es bedarf 2,14 Th. Wasser von 13° und 1 Th. kochendes zu seiner Lösung, in Alkohol ist es unlöslich. Das bis zum Glühen erhitzte Salz löst sich sogleich in Wasser.

Das **schwefelsaure Alumin-Lithion** (Lithion-Alaun),

ist in 24 Th. kaltem und in 0,57 heissem Wasser löslich, im Übrigen
gilt das Obige.

Schwefelsaures Alumin-Ammoniumoxyd,
$H_4NO,Al_2O_3,4SO_3,24HO$ (Ammoniakalaun, alun ammoniacal) hat eine
Dichte von 1,626. Löst sich in 11,4 Th. Wasser von 17,5° und hinterlässt bei starkem Erhitzen reines Alumin. Er wird wie der Kalialaun
bereitet und kann in den meisten Fällen statt diesem angewendet
werden. Er findet sich auch in einem Braunkohlenlager bei Tscher-
mig in Böhmen. Der basische Ammoniakalaun hat die Zusammensetzung $H_4NO,SO_3,3(Al_2O_3,SO_3),9HO$.

Schwefelsaure Alumin-Magnesia $MgO,SO_3,Al_2O_3,3SO_3,$
$25HO$ findet sich in Südamerika. Ein Salz, dessen Zusammensetzung
$3(MgO,SO_3),Al_2O_3,3SO_3,36HO$ ist, krystallisirt aus der Lösung der
beiden Salze bei grossem Überschusse an Säure.

510. Chloralumium Al_2Cl_3. Erhitzt man Alumium in
Chlorgas bis zum Glühen, so entzündet es sich und verbrennt zu
Chloralumium, eine blassgelbe, durchscheinende, krystallinische
Masse, die unter Steinöl zu einer braunrothen Flüssigkeit schmilzt
und bei 180 — 185° sich verflüchtigt, an der Luft schwach raucht
und leicht zerfliesst. Um es zu bereiten leitet man trockenes Chlor
über ein ebenfalls vollkommen trockenes, inniges Gemenge von
Alumin und Kohle, das in einer mit Blech umwickelten Glasröhre
bis zum Glühen erhitzt wird. Aus der Lösung des Alumins in Salz-
säure schiessen beim Verdunsten in sehr trockener Luft Krystalle
R. R + ∞ an, bei welchen R beiläufig 138° ist. Sie zerfliessen an der
Luft sehr rasch, verwittern über Schwefelsäure nicht und geben beim
Erhitzen Hydrochlor ab, während reines Alumin zurückbleibt. Sie
sind auch in Weingeist löslich. Wässerige Schwefelsäure gibt mit
Chloralumin Hydrochlor, während wasserfreie sich damit auf folgende
Art zerlegt $Al_2Cl_3 + 6SO_3 = Al_2O_3,3SO_3 + 3SO_2 + 3Cl$.

Chlorsaures und überchlorsaures Alumin sind zerfliessliche Salze
und ein unterchlorigsaures Alumin ist nicht bekannt.

Ganz ähnliche Beziehungen finden auch zwischen dem Alumium
und dem Brom Statt. Mit Jod erhält man nach Wöhler, auf die
eben angegebene Art, keine Verbindung.

Chloralumium-Ammoniak bildet sich, wenn Chloralumium
mit einer hinreichenden Menge von trockenem Ammoniak in Berührung ist. Es entspricht der Formel $3H_3N,Al_2Cl_3$, ist flüchtig, gibt
in Wasserstoffgas destillirt, Ammoniak ab und verwandelt sich in
H_3N,Al_2Cl_3. Die erstere Verbindung löst sich in Wasser unter Zersetzung, wobei sich ein Theil des Alumiums als Alumin abscheidet,
während die letztere sich vollständig löst.

Chlor-Alumium-Kalium KCl,Al$_2$Cl$_3$ entsteht bei der Bereitung des Alumiums und bei der des Chloralumiums, wenn das Alumium nicht vollständig ausgewaschen und noch kalihältig war. Es ist weniger flüchtig als das Chloralumium und erstarrt zu einer weissen krystallinischen Masse, die an der Luft langsam zerfliesst. Eine ähnliche Verbindung mit Chlornatrium kann ebenfalls erhalten werden. Wird Chloralumium in Hydrothiongas sublimirt, so verbinden sich beide Körper zu einer weissen krystallinischen, an der Luft zerfliessenden und dabei Hydrothion abgebenden Masse.

511. Fluoralumium Al$_2$F$_3$ erhält man, nach Berzelius, mit Wasser verbunden als eine gummiartige, amorphe Masse, wenn man eine Lösung von Alumin in Flusssäure abdampft. Beim Glühen der trockenen Masse erhält man eine weniger Fluor enthaltende, nicht weiter durch Erhitzen zerlegbare, in Wasser unlösliche Verbindung.

Fluor-Alumium-Kalium (a) 3KF,Al$_2$F$_3$ bildet sich als ein gallertartiger, zu einem weissen Pulver eintrocknender Niederschlag, der in Säuren und Wasser nur wenig löslich ist, wenn man in eine Lösung von Fluorkalium nur so viel von einer Fluoralumiumlösung tropft, dass von ersterem noch ein Überschuss bleibt. Beim umgekehrten Verfahren bildet sich das Fluorsalz (b) 2KF,Al$_2$F$_3$.

Fluor-Alumium-Natrium 3NaF,Al$_2$F$_3$ findet sich als Kryolith (Axotomes Orthoklas-Haloid), dessen Grundgestalt ein Orthotyp ist, und bildet sich, wenn man die Lösung des NaF,HF (260) bis zum Verschwinden der sauren Reaction mit Aluminhydrat versetzt.

512. Salpetersaures Alumin Al$_2$O$_3$,NO$_5$ ist ein nur schwierig krystallisirbares, an der Luft zerfliessendes Salz. Setzt man der Lösung desselben Ammoniak und zwar selbst im Überschusse zu, so wird eine mehr Alumin haltende Verbindung als eine kleisterartige Masse ausgeschieden.

513. Phosphoralumium bildet sich unter Feuererscheinung, wenn Alumium in Phosphordampf bis zum Glühen erhitzt wird.

Phosphorsaures Alumin. Wird eine Alaunlösung mit einer Lösung von gew. phosphorsauren Natron vermischt, so entsteht ein weisser Niederschlag, der, über Schwefelsäure getrocknet, nach Rammelsberg (Pogg. Ann. 64. 407.) Al$_2$O$_3$,PO$_5$,6HO (a) ist. Dieses Salz ist in Salmiaklösung unlöslich, in Kalilösung hingegen, in Säuren, auch in Essigsäure ist es löslich. Erhitzt gibt es ein weisses Email. Wird es in noch feuchtem Zustande in Salzsäure gelöst und dann Ammoniak zugesetzt, so entsteht ein schwer auszuwaschender Niederschlag, der bei 100^0 getrocknet, $4Al_2O_3,3PO_5,18HO$ (b) ist. In lufttrockenem Zustande enthält das Salz 18 Äq. Wasser.

(c) Der **W a v e l l i t** (prismatisches Wavellin - Haloid) ist $3Al_2O_3,2PO_5,12HO$. In ·einigen Varietäten findet sich Fluor, das jedoch in andern fehlt. Die Grundgestalt ist ein Orthotyp, und die Dichte desselben beträgt 2,34. Das Salz wird als ein weisses Pulver erhalten, wenn man saures, phosphorsaures Alumin mit Ammoniak im Überschusse versetzt.

(d) Der **C a l a i t** (Türkis, untheilbarer Lasur - Spath) ist $2Al_2O_3,PO_5,5HO$. Die Lösung der beschriebenen Salze in Phosphorsäure gibt beim Abdampfen eine gummiartige, beim Schmelzen eine glasartige Masse, die an der Luft zerfliesst und als saures phosphorsaures Alumin gelten kann.

P h o s p h o r i g s a u r e s Alumin $Al_2O_3,3PO_3$ scheidet sich in Form eines weissen Pulvers ab, wenn man zu einer heissen concentrirten Aluminlösung eine Lösung des Phosphorchlorides in Wasser, welche mit Ammoniak gesättigt wurde, setzt. Beim Erhitzen erhält man ohne Feuererscheinung Wasserstoffgas und Phosphor.

U n t e r p h o s p h o r i g s a u r e s   A l u m i n wird direct bereitet und ist eine unkrystallisirbare, nicht zerfliessende Masse.

P h o s p h o r w a s s e r s t o f f - Chloralumium $H_3P,3Al_2Cl_3$ wird gebildet, wenn man Chloralumium zuerst bei gew. Tpr. mit dem Gase in Berührung bringt, dann aber in demselben erhitzt, wo es sublimirt und sich in Krystallen anlegt. Mit Wasser zerfällt dasselbe in Phosphorwasserstoffgas und Chloralumium, so auch mit wässerigem Ammoniak, wo das Gas selbstentzündlich ist. (H. R o s e Pogg. Ann. 24. 295.)

P h o s p h o r s a u r e s   A l u m i n - Lithion $2(LO,Al_2O_3),PO_5,$ $10HO$ scheidet sich als ein weisser Niederschlag ab, wenn man zu einer Lösung von phosphorsaurem Lithion ein Aluminsalz setzt. (R a m m e l s b e r g Pogg. Ann. 64. 269.) Der **A m b l i g o n i t** (prism. Ambligon - Spath) ist $5LO[NaO],5Al_2O_3,6PO_5,NaF,Al_2F_3$. Das Lithion ist darin theilweise durch Natron ersetzt.

Der **B l a u s p a t h** von Krieglach (prismatoidischer Lasur-Spath) ist $6MgO,[CaO,FeO],4Al_2O_3,5PO_5,6HO$.

514. K o h l e n s a u r e s   A l u m i n kann nicht dargestellt werden. Beim Fällen der Aluminsalze mit überschüssigen kohlensauren Alkalien entstehen Niederschläge, welche einen Theil des kohlensauren Alkalis so fest halten, dass sie sich selbst nach öfterem Auswaschen noch mit Aufbrausen in Säuren lösen. (s. 508.)

Oxalsaures Alumin Al_2O_3,C_2O_3 ist ein unlösliches Salz, das saure Salz desselben ist zerfliesslich.

Oxalsaures Aluminkali ist ein zerfliessliches Salz, das entsprechende Natronsalz krystallisirt unvollkommen.

Mellithsaures Alumin $Al_2O_3,3C_4O_3,18HO$ findet sich als Mellith (Honigstein, pyramidales Melichron-Harz).

515. Silicate des Alumins. Die Anzahl der in der Natur vorkommenden Silicate des Alumins und der dadurch entstehenden Doppelsilicate ist sehr gross. Viele derselben sind sowohl durch ihre Krystallgestalt als durch ihre übrigen naturhistorischen Eigenschaften ausgezeichnet, und bilden daher mehrere wohlbegränzte Species, welche nach ihrer chemischen Zusammensetzung geordnet, hier kurz angeführt werden sollen.

1. Das neutrale kieselsaure Alumin Al_2O_3,SiO_2 bildet die ausgezeichneten Species prismatischer Andalusit, welche orthotyp ist und den prismatischen Disten-Spath (Cyanit), der hemianorthotyp ist. Dieses Silicat ist also, so weit dies aus den vorliegenden Analysen geschlossen werden muss, dimorph.

Ausser diesen gibt es noch mehrere Mineralien, deren Hauptmasse neutrales kieselsaures Alumin ist, diese sind aber wasserhältig und werden von Säuren aufgeschlossen, wobei der grösste Theil der Kieselsäure im gelatinösen Zustande zurückbleibt. Hierher gehört die Sp. lamprochromatischer Opalin-Allophan (Allophan, Kollyrit von Weissenfels, Miloschin) $Al_2O_3,SiO_2,5HO$. Einige Varietäten, wie der Allophan, enthalten etwas mehr Wasser, was aber schon vor 100^0 entweicht und daher nicht in die Verbindung gehört.

2. Der Kollyrit von Schemnitz und der von Esquara ist ein basisches Silicat, welches nahe der Formel $2Al_2O_3,SiO_2,10HO$ entspricht.

Der untheilbare Opalin-Alophan aus Steiermark enthält noch mehr Alumin, seiner Zusammensetzung entspricht am besten die Formel $5Al_2O_3,2SiO_2,20HO$. Der Buchholzit, Wörthit, Xenolith, Pholerit, Nacrit sind, ohne Berücksichtigung des Wassers, $2Al_2O_3 3,SiO_2$.

3. Hieher gehört auch der Kaolin und der Thon, welche, obwohl Gemenge von sehr verschiedenartigen Mineralien, da sie durch Verwitterung anderer Gebirgsmassen entstanden sind, doch, was ihren plastischen Theil betrifft, nach den Untersuchungen von Malaguti und Brogniart, grösstentheils nach der Formel $2Al_2O_3,3SiO_2,4HO$ zusammengesetzt sind. Die Kaoline tragen das

Gepräge ihres Ursprunges noch viel deutlicher an sich als der Thon, indem erstere sich noch an ihren ursprünglichen Lagerstätten, wo sie sich gebildet haben, befinden, während der letztere durch spätere Revolutionen in andere Verhältnisse gebracht wurde und daher noch mannigfache Veränderungen erlitten hatte. Die ersteren sind daher weiss, und enthalten oft noch unverändertes Gestein, während letzterer durch später hinzugekommenes Eisen gefärbt und mit fremdartigen Substanzen gemengt vorkommt. Um daher die wahre Beschaffenheit dieser Körper zu erforschen, dürfen sie nicht als Ganzes untersucht, sondern es müssen durch zweckmässig gewählte Lösungsmittel die unwesentlichen (nicht plastischen) von den wesentlichen Bestandtheilen, welche die plastische Masse derselben bilden, getrennt werden. Das von Malaguti und Brogniart eingeschlagene Verfahren ist folgendes: Der Kaolin wird zuerst durch $1 - 1\frac{1}{2}$ Minuten mit einer Kalilauge von 1,075 (20 Pct. Kali) gekocht, wodurch lösliche freie Kieselsäure entfernt wird, welche $1 - 12$ Pct. betragen kann. Nach diesem wird der ausgewaschene Rückstand mit Schwefelsäure behandelt, welche das Aluminsilicat, das die eigentliche plastische Masse des Thons ausmacht, zerlegt und Alumin nebst etwas Kali, Natron, Magnesia und Kalk auszieht, während die damit in Verbindung gewesene Kieselsäure im gelatinösen Zustande zurückbleibt. Durch abermalige Behandlung der Masse mit Kalilauge lässt sich nun diese Kieselsäure ausziehen, wobei ein auf nassem Wege nicht mehr weiter aufschliessbarer Rückstand bleibt, der theils aus Kieselsäure theils aus noch nicht verwittertem Gestein besteht und dessen Menge höchst veränderlich ist, indem sie 0,1 bis 68 Pct. betragen kann. Kaolin und Thon entstehen durch Verwitterung des Feldspathes und der demselben ähnlich zusammengesetzten Mineralien (516; 3,4,9,12). Die Ursachen dieser Verwitterung sind bis jetzt nicht genügend erforscht; theils ist es der directe Einfluss der Atmosphäre, theils vielleicht die Einwirkung heisser Wasserdämpfe, welche nach Forchhammer bei 222°, das ist bei einem Drucke von 23 Atmosphären, den Feldspath merklich aufschliessen. Der gewöhnliche Kali-Feldspath zerfällt, um nur ein Beispiel vor Augen zu haben, durch Verwitterung auf folgende Art: $2(KO, Al_2O_3, 6SiO_2) = 2Al_2O_3, 3SiO_2 + 2KO, 9SiO_2$. Das erste Glied $2Al_2O_3, 3SiO_2$ ist eigentlich plastischer Thon oder Kaolin, der zweite Theil zerfällt noch weiter in $2(KO, 3SiO_2)$ und $3SiO_2$; wovon die Kieselsäure herrührt, welche bei der ersten Behandlung mit Kalilauge ausgezogen und sammt dem Kali durch Einwirkung des Wassers aus dem Thone mehr oder weniger entfernt wird. Man kann also mit Thon den plastischen Theil der Kaoline bezeichnen, welcher durch verdünnte Salzsäure oder Salpetersäure nicht gelöst, durch Schwefelsäure aber aufgeschlossen wird.

4. $3Al_2O_3[Fe_2O_3],2SiO_2$ ist der Staurolith (prismatoidischer Granat) orthotyp, tritt noch 1 Äq. Fluorkiesel hinzu, so entsteht der prism. Topas, der also $3Al_2O_3,2SiO_2,SiF_2$ ist, und der Piknit, welcher um 1 Äq. Kieselsäure mehr enthält.

516. Doppelsilicate des Alumins mit den übrigen Oxyden der Kaliumgruppe. Die wichtigsten Doppelsalze, welche die Kieselsäure mit den übrigen Oxyden der Kaliumgruppe bildet, sind folgende:

1. $2MgO[CaO],2Al_2O_3[Fe_2O_3],SiO_2,HO$ entspricht dem Chrysophan, Seybertit, Xanthophyllit, Holmit, welche nach Haidinger dem rhomb. Perlglimmer beizuzählen sind.

2. $3CaO[MgO],Al_2O_3[Fe_2O_3]2SiO_2$ der Gehlenit (pyramidaler Adiaphan-Spath). Ist der Kalk ganz durch Glycin ersetzt, so entspricht die Formel ziemlich der Analyse des Euclas (prism. Smaragd) von Berzelius.

3. Der Formel $CaO,Al_2O_3,2SiO_2$ entsprechen die beiden Sp. pyramid. Elain-Spath (Skapolith, Wernerit) und anorthotomer Feldspath (Anorthit), von welchem die erstere zum pyramidalen die letztere zum anorthotypen Systeme gehört. Das obige Doppelsalz ist also dimorph. Der peritome Kuphon-Spath (Comptonit, Thomsonit, enthält noch 2 Äq. Wasser und ein Theil des Kalkes ist durch Natron ersetzt. Der Sodalith, welcher jetzt zum dodec. Amphigen-Spath gezählt wird, entspricht der Formel $3(NaO,Al_2O_3,2SiO_2)NaCl$. Der Yttnerit, ebenfalls dahin eingereiht, hat die Formel $NaO[KO,CaO]$, $Al_2O_3,2SiO_2,2HO$. Der Hauyn und der Lasurstein haben eine ähnliche Zusammensetzung und werden auch zu dieser Species gezählt. Über die Benützung dieser Mineralien s. (519).

4. $NaO,Al_2O_3,3SiO_2,2HO$ ist die Formel des prism. Kuphon-Spathes (Natrolith) $CaO,Al_2O_3,3SiO_2,3HO$ die des harmophanen (Skolezit); einige Mesolithe haben die Formel NaO, $2CaO,3Al_2O_3,9SiO_2,8HO$, können daher als eine Verbindung der beiden vorigen Salze betrachtet werden. Der empyrodoxe Feldspath, Ryakolith, ist $NaO,[KO,CaO],Al_2O_3,3SiO_2$.

5. $2MgO[KO,CaO,FeO],Al_2O_3[F_2O_3],3SiO_2$ entspricht nach Svanberg dem rhomb. Talk-Glimmer von Rosendal, der von Pargas enthält auch 3,35 Pct. Wasser und in beiden kommt etwas Fluorcalcium vor. Der axotome Triphan-Spath (Prehnit) enthält noch 1 Äq. Wasser.

6. $3CaO[MgO], Al_2O_3[Fe_2O_3], 3SiO_2$ stellt die Zusammensetzung der 3 Sp. pyramidaler, dodecaëdrischer und hexaëdrischer Granat dar, von welchem die erste dem Vesuvian, Idokras, Egeran etc., die zweite den Grossular, Granat, Melanit, Kaneelstein, Allochroit, Pireneeit, Kolophonit, Uvarowit etc., die dritte den Pyrop umfasst. In letzterem ist ein Theil des Alumins durch Chromoxyd ersetzt. Es ist also auch dieses Salz dimorph.

7. $4MgO[FeO], Al_2O_3[Fe_2O_3], 3SiO_2, 3HO$ entspricht dem prism. Talk-Glimmer. Der Ripidolith, ein ebenfalls zur Ordnung der Glimmer gehöriges Mineral, ist $5MgO[FeO], Al_2O_3, 3SiO_2, 4HO$.

8. $4MgO[KO, Fe_2O], Al_2O_3[FeO_3], 4SiO_2$ stellt die Zusammensetzung der Sp. rhomboëdrischer Talk-Glimmer dar. Mit Ausnahme der in (5) angeführten, und eines anderen von Karosubik, welcher nach Kobell $3MgO[KO, FeO], Al_2O_3, 3SiO_2, HO$ ist.

9. $KO, Al_2O_3, 4SiO_2$ ist der trapezoidale Amphigen-Spath (Leucit). Wird in dieser Formel das Kali durch Natron ersetzt und treten noch 2 Äq. Wasser hinzu, so entsteht der hexaëdrische Kuphon-Spath (Analcim) $NaO, Al_2O_3, 4SiO_2, 2HO$. Tritt Kalk an die Stelle des Natrons und kommen noch 2 Äq. Wasser hinzu, so entsteht der diatome Kuphon-Spath (Lomonit) $CaO, Al_2O_3, 4SiO_2, 4HO$. Sind nur 3 Äq. Wasser vorhanden, so entspricht die Formel dem Caporcianit (prismatoidischen Kuphon-Spath nach Haidinger). Die Formel $CaO[NaO, KO], Al_2O_3, 4SiO_2, 6HO$ umfasst drei verschiedene Species, die zwar sämmtlich rhomboëdrisch, aber von verschiedenen nicht auf eine Grundgestalt zurückführbaren Abmessungen sind; so dass also das Salz, welches der obigen Zusammensetzung entspricht, trimorph ist, wenn anders die Analysen mit sorgfältig gewählten Stücken angestellt wurden, was vielleicht nicht immer leicht war, da alle drei Species mit einander vorkommen. Die eine ist der rhomboëdrische Kuphon-Spath (Chabasit), bei welchem $R = 94° 46'\ a = \sqrt{} 3,538$ ist, die zweite ist der makrotype Kuphon-Spath (Levyn), für welchen $R = 79° 29', a = \sqrt{} 8,38$ und die dritte ist der heteromorphe Kuphon-Spath (Gmelinit), für welchen $R = 86° 38'\ a = \sqrt{} 5,398$ ist.

10. $3CaO[MgO, FeO], 2Al_2O_3[Fe_2O_3] 4SiO_2$ ist die Sp. prism. atoidischer Augit-Spath, welche die Var. Epidot, Zoisit, Pistacit etc. umfasst und hemiorthotyp ist. Mit derselben von gleicher Zusammensetzung ist der pyramidale Elain-Spath (Mejonit). Das Salz ist also dimorph. Der Barsowit, welcher nach H. auch

zum pyramidalen Elain - Spath gehören soll, hat die Formel $2CaO[MgO],2Al_2O_3,5SiO_2$.

11. $2MgO[FeO],2Al_2O_3,5SiO_2$ ist die Zusammensetzung des prism. Quarzes, welcher die Var. Peliom, Dichroit, Cordierit, Jolith in sich fasst. Der Esmarkit enthält noch 2 Äq. Wasser und kein Eisenoxydul. Der Mesol von Faroë ist $2CaO[NaO],2Al_2O_3,5SiO_2,5HO$. Der Brewicit, ein Triphan - Spath, hat dieselbe Formel, jedoch mit 4 Äquivalent Wasser und einem grösseren Natron- als Kalkgehalte. Der Fahlunit (prismatischer Quarz) ist $2MgO[KO,CaO,MnO,FeO],2Al_2O_3,5SiO_2,3HO$.

12. $KO,Al_2O_3,6SiO_2$ ist die Formel des orthotomen Feld-Spathes (Kali-Feldspath, Orthoklas). Tritt Natron an die Stelle des Kali, so entsteht der tetartoprism. Feldspath (Natron-feldspath, Albit). Wird das Kali durch Kalk ersetzt und treten noch 5 Äq. Wasser in die Verbindung, so gilt die Formel für den diplogenen Kuphon-Spath (Epistilbit), mit 6 Äq. Wasser ist es der prismatoidische Kuphon - Spath (Strahlzeolith).

13. $KO,3Al_2O_3,6SiO_2$ gilt für den hemiprism. Talk - Glimmer (Kali-Glimmer).

14. $KO,FeO,2Al_2O_3,6SiO_2,HO$ ist der Pinit rhomb. Serpentin - Steatit).

15. $6CaO[NaO,MgO,FeO],Al_2O_3,6SiO_2$ ist der Humboldtilith (pyram. Adiaphan - Spath nach Haidinger).

16. $10MgO,Al_2O_3,6SiO_2,7HO$ ist der Pennin, ein in die Ordnung der Glimmer gehöriges rhomboëdrisches Mineral.

17. $10MgO[CaO,FeO],2Al_2O_3,7SiO_2,6HO$ ist die Formel des Chonikrits, der zum tetartoprism. Serpentin-Steatit gehört. Der Saponit von Svärdsjö ist $6MgO,Al_2O_3,7SiO_2,5HO$. Hemiprismatischer Talk - Glimmer (Lepidolith) kann betrachtet werden als $2LO,3Al_2O_3,7SiO_2,KF,SiF_2$.

18. $KO,4Al_2O_3,11SiO_2$ ist der Agalmatholit, der eine Sp. des Glyphin-Steatites ist. Der Gismondin ist $KO,2CaO,4Al_2O_3,11SiO_2,15HO$. Der rhomb. Elain-Spath (Nephelin, Eläolith, Cancrinit) für welchen $R = 83^0, 55'$ a $= \sqrt{} \; 6,317$ ist, entspricht der Formel $5NaO[KO],5Al_2O_3,11SiO_2$. Der Davyn (peritomer Elain-Spath), für welchen aber nach Haidinger $R = 112^0 \, 16'$ und a $= \sqrt{} \; 1,59$ hat auch dieselbe Formel. Es findet hier also Dimorphie in demselben Systeme Statt, da beide Rhomboëder nicht aus einem gemeinschaftlichen abgeleitet werden können.

19. $3LO,4Al_2O_3,15SiO_2$ ist der prism. Triphan-Spath (Spo-

dumen, Triphan), zuweilen ist darin etwas Natron enthalten. Tritt an die Stelle des Lithion Natron, so entsteht der antitome Feldspath (Oligoklas), der also $3NaO, 4Al_2O_3, 15SiO_2$ ist. Der staurotype Kuphon - Spath (Philippsit, Kalk - Harmotom) ist $KO, 2CaO, 4Al_2O_3, 15SiO_2, 18HO$. Hieher gehört vielleicht auch der Leonhardit, welcher nach der Formel $3CaO, 4Al_2O_3, 16SiO_2, 12HO$ zusammengesetzt gefunden wurde.

20. $3BaO[NaO, SrO, CaO], 4Al_2O_3, 18SiO_2, 15HO$ gilt für den Brewsterit (megalogoner Kuphon - Spath). Mit 18 Äq. Wasser gilt dieselbe Formel für den paratomen-Kuphon-Spath (Kreuzstein, Baryt-Harmotom), in welchem fast nur Baryt enthalten ist.

21. $3CaO, 4Al_2O_3, 21SiO_2, 20HO$ ist der hemiprism. Kuphon-Spath (Blätterzeolith, Heulandit).

22. $NaO, 2LO, 4Al_2O_3, 30SiO_2$ gilt für den prism. Petalin-Spath (Petalit). Die Borate können mit den Silicaten ebenfalls in Verbindung treten, wodurch sehr complicirte Verbindungen entstehen, deren chemische Verhältnisse noch nicht näher aufgeklärt sind, sie bilden indess einige höchst merkwürdige Mineralspecies, welche sowohl durch die Schönheit ihrer Krystalle, als durch ihr elektrisches und optisches Verhalten ausgezeichnet sind.

23. $6CaO[MgO, MnO, FeO], 2Al_2O_3[Fe_2O_3], 8SiO_2, BO_2$ ist die Formel des prism. Axinits. Die Zusammensetzung des rhomb. Turmalins lässt sich aber nicht unter eine Formel bringen, indem den verschiedenen Varietäten ungleiche Zusammensetzungen entsprechen.

	NaO	Al_2O_3	SiO_2	BO_3
Schwarze Varietät von Eibenstock . . .	8	8	12	1
" " " Bovey in Devonshire	6	8	12	1
" " " Karingbricka in Schweden und Rabenstein, in welcher die Magnesia überwiegend ist	6	8	12	1
Braune vom Gotthardt und Schwarze aus Grönland, ebenfalls mit überwiegender Magnesia	4	8	12	1
Grüne von Chesterfield in Nordamerika . .	3	8	12	1
Lithionhältiger Turmalin (Apyrit, Rubellit, Siberit etc.), Var. von Perm . . .	3	8	12	1
aus Brasilien	2	8	12	1
aus Rosna in Mähren	4	6	12	1

Gewinnung des Alauns.

517. Der Alaun wird entweder aus dem Alaunstein oder aus dem Alaunschiefer und der Alaunerde gewonnen. Der Alaunstein enthält nach (509) alle Bestandtheile des Alauns, jedoch mit einem Überschusse von Alumin und beigemengter Kieselsäure. Er findet sich vorzüglich im Beregher- und Zempliner-Comitate in Ungarn, im Kirchenstaate, am Mont d'Or in Frankreich und auf einigen griechischen Inseln. Aus demselben kann unmittelbar durch Wasser kein Alaun ausgezogen werden, dies geschieht erst, wenn er schwach gebrannt, und dann mit Wasser besprengt der Verwitterung überlassen wird. Er verwandelt sich hiebei in eine schlammartige Masse, aus welcher nun der Alaun durch Auslaugen etc. gewonnen werden kann.

Auf ganz anderen Principien beruhend und viel complicirter ist die Bereitung des Alauns aus Alaunschiefer oder Alaunerde, da diese Körper nichts als das Alumin und den Schwefel, letzteren in Form von Schwefelkies (FeS_2), enthalten.

Der Alaunschiefer ist eine meistens bituminöse, Schwefelkies enthaltende, dem Thonschiefer nahe stehende Gebirgsart; während die Alaunerde die jüngeren Steinkohlenflötze einschliesst. Verwittert der Schiefer oder die Alaunerde von selbst, so legt man aus denselben auf einem mit Ablaufrinnen versehenen festen Thonboden, Haufen an, und hält diese gehörig feucht. Hiebei wird FeS_2 in FeO, SO_3 und SO_2 verwandelt, welche letztere sich mit dem Alumin verbindet und schwefligsaures Alumin bildet, das nach und nach in schwefelsaures Alumin übergeht. Verwittert das Materiale nicht selbst, so müssen die Haufen mit einem geeigneten Brennmateriale, meistens mit nicht verwerthbarem Kohlenklein gemischt und dann angezündet werden. Hiebei hat man zu sorgen, dass die Tpr. nicht bis zur Zersetzung des schwefelsauren Alumins steige und dass die Erhitzung successiv und gleichförmig fortschreite. In diesem Falle findet ein von dem vorigen verschiedener Process in den Haufen Statt. Es wird nämlich durch die Hitze nicht bloss das eine, sondern auch noch ein bedeutender Theil des zweiten Äq. Schwefel ausgetrieben und zu schwefliger Säure verbrannt. Das in beiden Fällen durch Aufnahme von Sauerstoff aus der Luft entstehende schwefelsaure Eisenoxydul wird später in ein basisches Eisenoxydsalz und in ein saures zerlegt, welches wieder einen Theil seiner Säure an das Alumin abgibt.

Aus diesem geht hervor, dass der Alaunschiefer und die Alaun-erde vermöge ihres Gehaltes an Schwefelkies nur zur Bildung des schwefelsauren Alumins dienen, aus welchem erst durch weitere Operationen Alaun gebildet werden muss. Die Gegenwart von Kalk in den Erden ist daher für die Alaunfabrikation nachtheilig, da in diesem Falle zugleich Gyps gebildet würde, und somit ein Theil der Schwefelsäure für dieselbe verloren ginge.

Das Auslaugen der gerösteten Erden geschieht wie das der Salpetererde, und eine Rohlauge von 1,20 Dichte (24°—25° B) ist siedewürdig. Die ausgelaugten Rückstände sind in manchen Fällen noch geeignet bei einer zweiten Verwitterung wieder schwefel-saures Alumin zu geben, in diesem Falle werden sie gewöhnlich unter neue Erden gemischt.

Die Behandlung der Rohlauge ist nach ihrem Gehalte an Eisen-vitriol verschieden. Enthält dieselbe viel von diesem Salze und beab-sichtigt man dasselbe zu gewinnen, so bringt man sie schon vor dem Versieden und auch während desselben mit altem Eisen in Berüh-rung, wodurch ein Theil des beim Stehen in den Vorbehältern ge-bildeten Oxydsalzes wieder reducirt und die weitere Bildung dessel-ben verhindert wird. Beim Erkalten der concentrirten Lauge krystal-lisirt dann der Eisenvitriol heraus. Vortheilhafter ist es aber, den Eisenvitriol nicht durch Erkalten der Lauge, sondern durch ein dem Soggen des Kochsalzes ähnliches Verfahren aus der siedenden Lauge zu gewinnen, wie dieses in Buchsweiler bei Strassburg geschieht. Hat die Lauge nämlich eine Dichte von 1,35—1,37 erreicht, so ist sie mit Eisenvitriol gesättigt; wird sie nun noch weiter abgedampft, so fällt der Eisenvitriol zum Theile als wasserfreies Salz heraus. Er-setzt man das verdunstende Wasser durch neue Rohlauge, so dauert diese Abscheidung des Vitriols fort bis endlich die Lauge auch für das schwefelsaure Alumin gesättigt ist, wo dann dieses sammt den übri-gen Salzen auch herausfällt. Ist dieser Punkt eingetreten, so bleibt natürlich die Dichte der Lauge constant, was also ein Mittel gibt, den Zeitpunkt zu erkennen, wo man das Versieden unterbrechen muss. Dieses geschieht in grossen mit hydraulischem Kalk ausge-mauerten Becken, durch welche in halber Höhe ein von aussen ge-hitztes System gusseiserner Röhren läuft.

Enthält die Rohlauge den Eisenvitriol in geringerer Menge, so wird derselbe erst nach der Alaunbildung abgeschieden. Die Con-centration geschieht dann, unter beständigem Nachfliessen der Roh-lauge, bis sie eine Dichte von 1,40 erreicht hat, und wird meistens in 18 Fuss langen etwa 4' breiten und 2' tiefen Becken, welche überwölbt sind, vorgenommen. An einer der schmalen Seiten befindet sich der Rost, auf welchem das Brennmateriale durch das verschliessbare Heizloch gebracht wird, während am andern Ende der Schornstein angebracht ist, so dass die Flamme wie in einem Flammofen über den Spiegel der Flüssigkeit wegzieht.

Die nächste Operation ist das **Mehlmachen**, welches in **Rühr-** oder **Schüttel-Kästen** geschieht. Nachdem die Lauge ganz erkaltet und klar geworden ist, lässt man das Präcipitirmittel oder den **Fluss** unter beständigem Umrühren derselben zufliessen, um den Alaun zu bilden, der sich hiebei in kleinen Krystallen abscheidet, welche man zuerst abwäscht und dann durch Umkrystallisiren reinigt. Als Fluss wird, der Zusammensetzung des Alauns zu Folge, am besten schwefelsaures Kali angewendet, welches früher bei der Bereitung der Salpetersäure aus Kalisalpeter in hinreichender Menge im Handel vorkam. Seit man aber hiezu fast ausschliesslich den Natronsalpeter verwendet, sind die Fabrikanten genöthigt sich der Pottasche und des Chlorkaliums zu bedienen. Unmittelbar kann die Pottasche nur dann ohne Nachtheil angewendet werden, wenn die Lauge sehr sauer ist. Das Chlorkalium, welches aus den Seifen- und Salpeter-Siedereien oder auch aus den Glashütten (als Glasgalle) bezogen wird, lässt sich, theilweise dem Fällungsmittel zugesetzt, mit Vortheil verwenden, weil dadurch sowohl die schwefelsaure Magnesia als der Eisenvitriol in sehr leicht lösliche Chlorüre verwandelt werden, die sich leicht von dem Alaun trennen lassen. Setzt man aber mehr von demselben zu, als zur Zerlegung dieser schwefelsauren Salze nothwendig ist, so erfolgt die Bildung von Chloralumium. Holzasche darf ihres Kalkgehaltes wegen niemahls unmittelbar angewendet werden, aber es ist vortheilhaft die Pottaschengewinnung mit der Alaunfabrikation zu verbinden, weil hiebei die übrigen Kalisalze sogleich Verwendung finden. Das Alaunmehl wird mit kaltem Wasser gewaschen und dann gelöst, was am besten in Bottichen geschieht, die mit Blei ausgeschlagen sind. Die concentrirte klare Lösung, deren Dichte 1,515 beträgt, wird zur Krystallisation in konische Bottiche (die Krystallisir- oder Wachs-Gefässe) geleitet, die 4 F. hoch sind und an ihrem weiteren Ende $2^2/_5$ Fuss im Durchmesser halten. Nach dem Erkalten haben sich ungefähr 78 Pct. des ganzen Alauns in grossen Krystallen an die Wände abgesetzt. Die Reifen werden dann abgestreift, die Dauben auseinandergenommen und aus der ringsum geschlossenen hohlen Alaunmasse die darin enthaltene

Mutterlauge durch eingehauene Löcher entleert. Die Mutterlauge kann, je nach ihrer Zusammensetzung, die sehr wechselnd ist, auf Bittersalz, Eisenvitriol oder auch zur Darstellung von Ammoniaksalzen in Gasfabriken etc. verwendet werden.

Erlauben die Umstände die Anwendung von schwefelsaurem Ammoniak als Fluss beim Mehlmachen, so gewinnt man Ammoniakalaun ganz auf die oben angegebene Art.

Kalk und Mörtel.

518. Man unterscheidet zweierlei Arten von Mörtel, den Luftmörtel, der in der Luft erhärtet, und den Wassermörtel, welcher dieselbe schätzbare Eigenschaft besitzt, wenn er vom Wasser bedeckt ist, und der daher bei Wasserbauten eine so ausgedehnte Anwendung findet. In diesen beiden Mörtelarten spielt der gebrannte Kalk die Hauptrolle, es ist daher nothwendig denselben zuerst zu betrachten.

Der zu technischen Zwecken dienende kohlensaure Kalk ist niemahls rein, sondern von Kieselsäure und von zweierlei andern Basen begleitet; die einen sind kohlensaure Magnesia, kohlensaures Eisen - und Mangan - Oxydul nebst geringen Mengen von Kali oder Natron, die andern sind Alumin, Eisenoxyd und Manganoxyd. Ausserdem ist in dem Kalkstein oft eine nicht unbeträchtliche Menge Bitumen enthalten, das jedoch hier in keinen weiteren Betracht kommt. Von der Menge dieser Nebenbestandtheile hängt das Verhalten des gebrannten Kalkes so sehr ab, dass man füglich die verschiedenen Arten desselben nach diesen Beimengungen für die Beurtheilung seiner technischen Verwendung in zwei grosse Abtheilungen bringen kann. Nämlich in Kalk, der nebst Magnesia, Mangan- und Eisen - Oxydul nur höchstens 10 Pct. der anderen Substanzen enthält, (Kalk zum Luftmörtel, Luftmörtelkalk oder Luftkalk), und in solchen bei welchem die Menge dieser Stoffe mehr als 10 Pct. beträgt (hydraulischer Kalk). Ohne auf die Operation des Kalkbrennens näher einzugehen, welche in den speciellen technischen Werken nachgesehen werden kann, sollen hier nur die Eigenschaften und das chemische Verhalten dieser beiden gehörig, d. h. nicht zu schwach und nicht zu stark, gebrannten Kalksorten näher betrachtet werden.

Wurde der Kalk aus reinem Materiale erhalten, so erhitzt er sich beim Löschen sehr bedeutend und gibt einen fetten (speckigen), plastischen Brei. In dem Maasse aber, als er dolomitartig d. h. magnesiahältig wird, fängt dieser Brei an kürzer oder magerer zu werden. Bei 10 Pct. Magnesia wird dies schon sehr merkbar, bei 34 Pct.

ist der Kalk bereits unbrauchbar. Der fette Kalkbrei ist zur Bereitung des Luftmörtels, von dem weiter unten die Rede sein wird, geeignet. Enthält der Kalk über 10 Pct. an Kieselsäure, so zeigt er beim Löschen ein ganz anderes Verhalten. Er löscht sich nämlich nur langsam, mit geringer Erhitzung und gibt einen mageren Brei, der nass erhalten, nach einiger Zeit zu einer Masse von bedeutender Härte erstarrt und desswegen zum hydraulischen Mörtel verwendet wird. Die hydraulischen Kalke bestehen also aus einem in Salzsäure löslichen Theile, der die Bestandtheile des Luftkalkes enthält, und aus einem vor dem Brennen darin nicht löslichen, mehr als 10 Pct. betragenden Theile, der entweder reine Kieselsäure oder ein Aluminsilicat (Thon) (515. 3) ist. Man kann also sagen, dass die hydraulischen Kalke im ungebrannten Zustande Gemenge von Silicaten oder von Kieselsäure mit dem Materiale des Luftkalkes sind. Das zur Verfertigung des berühmten *roman-cement* verwendete Materiale von der Insel Sheppey enthält z. B. auf 67 Th. kohlensauren Kalk 7 Th. kohlensaures Eisenoxydul und 1,7 Th. kohlensaure Magnesia, was zusammen die Masse des Luftkalkes von 75,7 Theilen bildet, 17 Kieselsäure, 6 Th. Alumin und Eisenoxyd als Silicat.

Eine für die Praxis wichtige Folgerung ist weiter, dass man aus jedem zum Luftmörtel geeigneten Kalk durch Zusatz dieser Silicate und zwar entweder vor oder nach dem Brennen, je nachdem dieselben bereits die Eigenschaften haben, die sie durch das Brennen erhalten oder nicht, einen hydraulischen Kalk zu verfertigen im Stande sein müsse. Dies bestätigt auch die Erfahrung, indem die Zusätze, durch welche der Luftkalk in hydraulischen Kalk umgewandelt wird, längst unter dem Namen Cemente bekannt sind; obwohl man mit diesem Namen uneigentlich auch jeden schon an sich kräftigen hydraulischen Kalk bezeichnet. Diese Zusätze müssen dem Obigen gemäss entweder Kieselsäure oder Thon sein und das Cement zeigt sich besonders kräftig, wenn der letztere auch noch Magnesia, Kali oder Natron enthält.

Die Ursache der Wirksamkeit dieser Zusätze liegt in Folgendem. Wenn kohlensaurer Kalk, Magnesia etc. in Berührung mit Kieselsäure oder kieselsaurem Alumin gehörig geglüht werden, so ist die Wirkung der Wärme eine doppelte. Einerseits wird nämlich die Kohlensäure ausgeschieden, andererseits wird die Kieselsäure in die lösliche Modification übergeführt oder es werden, wenn Silicate vorhanden sind, diese aufgeschlossen. Die ganze Masse ist jetzt in Säuren löslich, die Kieselsäure scheidet sich gelatinös ab und die einzelnen

Substanzen befinden sich nun in dem Zustande, in welchem sie am geeignetsten sind neue Verbindungen einzugehen, woran sie aber durch die feste Form gehindert werden. Es gibt nun zwei Mittel dieses Hinderniss zu beseitigen. Das eine wäre, sie bis zum anfangenden oder wirklichen Schmelzen zu erhitzen, wodurch, je nach Umständen, weniger oder mehr glasartige Körper entstehen würden, das andere bestände darin, daraus mit Wasser einen Brei zu machen. Das Wasser löst die einzelnen Bestandtheile nach Verhältniss ihrer Löslichkeit und aus diesen Lösungen scheiden sich sogleich neue Verbindungen, wirkliche Doppelsalze ab, in welche ein Theil des Wassers selbst eintritt; da aber diese Doppelsalze unter die in (515) angeführten Verbindungen gehören, welche eine bedeutende Festigkeit besitzen, so muss eine Erhärtung der ganzen Masse die Folge dieses Processes sein. Die eigentliche Ursache der Erhärtung des hydraulischen Kalkes ist also nicht die Bildung eines Hydrates, sondern die eines Silicates mit chemisch gebundenem Wasser. Diese Ansicht wird von allen Thatsachen auf das vollkommenste bestätigt. Es erklärt sich hieraus, warum die hydraulischen Kalke bis zur vollständigen Erhärtung nass erhalten werden müssen und warum einige derselben, wenn dieser Punkt eingetreten ist, sich auch an der Luft vollkommen gut halten, während andere nur fest bleiben, wenn sie sich beständig unter Wasser befinden. Ersteres ist bei denen der Fall, die das gebundene Wasser so fest halten, dass es bei der gew. Tpr. nicht entweicht, während im entgegengesetzten Falle das letztere eintritt. Ferner erklärt sich warum die Gegenwart der Magnesia und der Alkalien der Güte des hydraulischen Kalkes förderlich sind, indem nämlich durch erstere Doppelsalze entstehen, welche zu bilden die Kieselsäure besonders geeignet ist (419), während letztere die Kieselsäure vorzüglich leicht und vollständig beim Erhitzen aufschliessen. Die Alkalien treten übrigens nicht in die neu gebildeten Verbindungen ein, sondern bleiben gelöst und werden durch das Wasser entfernt (438). Es ist eine natürliche Folge dieser Theorie, dass Mineralsubstanzen, welche die Kieselsäure bereits in der löslichen Modification enthalten, wie die Opale, Zeolithe, manche Mergel etc. unmittelbar dem Brei des Luftkalkes zugesetzt, damit eine erhärtende Masse geben. Solche Mineralsubstanzen sind ferner die Puzzolanerde, der Trass etc. von welchen weiter unten die Rede sein wird.

Um den Luftmörtel zu bereiten wird der Luftkalk zuerst gelöscht und dann mit Sand gemischt. Beim Löschen hat man darauf zu sehen, dass der Kalk gleich mit so viel Wasser, ungefähr 8 $\frac{1}{2}$ Th.

in Berührung kommt, als nothwendig ist um denselben in einen zarten
Brei zu verwandeln, wobei sein Volumen um das 3 - ja sogar zuweilen um das 4fache vermehrt wird. Benetzt man denselben aber
anfangs nur mit so viel Wasser als er aufzusaugen vermag, so entsteht ein krystallinisches Pulver und der Brei ist dann mager. An
der Luft zerfallener Kalk löscht sich nicht mehr, weil hiebei das Salz
$2CaO,HO,CO_2$ (482) b. gebildet wird. Das zum Löschen des Kalkes
verwendete Wasser darf keine fremdartigen Salze, insbesondere kein
Kochsalz enthalten, indem sonst Auswitterungen, welche die Mauern
verderben entstehen, in letzterem Falle von kohlensaurem Natron.
Der in den Kalkgruben aufbewahrte (eingesumpfte) Kalkbrei zieht
nur in der oberen Schichte und sehr langsam Kohlensäure an. Bei
einer über 300 Jahre alten Kalkgrube fand man diese Umänderung
nur einige Zoll tief vor sich gegangen. Der übrige Kalk war noch in
vollkommen brauchbarem Zustande.

Zu einem guten Mörtel gehört ferner nicht nur ein guter Kalkbrei, sondern es muss auch der Sand sowohl seiner Menge als
Qualität nach richtig gewählt werden. Die Menge des Sandes muss
so gross sein, dass der Kalk gerade noch hinreicht denselben ringsum
einzuhüllen und die Zwischenräume der Sandkörner auszufüllen.
Der fetteste Kalk verträgt auf 1 V. Kalk 4 V. Sand; magerer Kalk
hingegen nur 1—2 V. In Bezug auf die Qualität des Sandes hat die
Erfahrung gelehrt, dass rauher, eckiger Quarzsand allem andern vorzuziehen ist. Die Körner sollen nicht zu gross sein, weil sonst die
von dem Kalkbrei auszufüllenden Räume auch zu gross werden;
zweckmässig ist es daher groben mit feinem Sande zu mischen. Auch
soll der Sand rein, nicht zu eisen- oder thonhältig und frei von
Erden etc. sein.

Das Erhärten des Luftmörtels geht nur langsam vor sich und
erreicht erst nach einer langen Reihe von Jahren sein Maximum,
woraus sich grösstentheils die ausserordentliche Festigkeit des Mörtels
alter Bauwerke erklärt. Um die Ursache dieses Erhärtens zu erklären
muss man ausser den angeführten Thatsachen noch folgende in's
Auge fassen. Kalkbrei allein gibt getrocknet nur eine mürbe, lose
zusammenhängende, rissige Masse, haftet aber fest an anderen Steinen,
kann daher nur dann binden, wenn demselben möglichst viele Berührungspunkte mit festen Körpern gegeben werden und nirgends die
Möglichkeit vorhanden ist, dass sich derselbe in grossen Massen an-
häufe. Diese Bedingungen werden durch das Vermischen des Kalk-
breies mit Sand auf das Vollkommenste erfüllt. Ferner zeigt die

Erfahrung, dass der Mörtel nur dann gut bindet, wenn er langsam austrocknet. Die chemische Veränderung, welche der Mörtel hiebei erleidet, ist eine doppelte: einerseits nimmt derselbe nach und nach Kohlensäure auf und verwandelt sich zuerst in das oben erwähnte Salz $2CaO,HO,CO_2$, das endlich auch ein zweites Äq. Kohlensäure aufnimmt und in CaO,CO_2 übergeht; während andererseits ein kleiner Theil der Kieselsäure mit dem Kalke ein Silicat bildet. Die erste Veränderung geht nur sehr langsam vor sich, denn man fand selbst in dem Mörtel aus der inneren Masse sehr alter Mauern noch viel Ätzkalk; die zweite Art der chemischen Veränderung hingegen zeigt sich schon nach einigen Wochen, wovon man sich überzeugen kann, wenn man Mörtel aus reinem Kalk und reiner Kieselsäure macht und diesen nach einiger Zeit mit Säuren behandelt. Es scheidet sich dann ein um so grösserer Theil der Kieselsäure gelatinös ab, je länger die Einwirkung der Stoffe auf einander dauerte und je feiner der Sand war. Man hat aber auch die Beobachtung gemacht, dass Mörtel, zu welchem man statt Quarzsand reinen Kalksand nahm, sehr gut bindet. Hieraus muss man schliessen, dass die Bildung eines Silicates nur nebenbei Statt findet, aber keineswegs nothwendig ist um die bindende Wirkung des Mörtels zu erklären. Es stellt sich also, alles zusammengenommen, heraus, dass die Wirkung des Mörtels im Allgemeinen, wie die des Leimes, unter die Adhäsionsphänomene gehört, welche dadurch modificirt werden, dass die Natur dieses mineralischen Leimes im Laufe der Zeit, selbst eine der beabsichtigten Wirkung desselben günstige Veränderung erfährt, welche darin besteht, dass er in eine seiner Natur nach weit festere Substanz übergeht.

Der hydraulische Mörtel wird wie der Luftmörtel bereitet, nur mit dem Unterschiede, dass dazu entweder hydraulischer Kalk und gewöhnlicher Sand oder Luftkalk und ein Cement mit oder auch ohne Sand genommen wird. Im ersten Falle wird der hydraulische Kalk wie der Luftmörtel mit Sand gemischt, wobei alles oben Angegebene gilt. Man hat dann nur dafür zu sorgen, dass der Kalkbrei frisch bereitet und sogleich verwendet, die Steinflächen aber gehörig benetzt und das Mauerwerk nass erhalten werde. Im zweiten Falle wird ganz ebenso verfahren, nur dass statt des gewöhnlichen Sandes dem Luftkalke ein Cement, dem übrigens auch noch Sand zugesetzt werden kann, nach der oben angegebenen Art beigemengt wird. Dieses Cement ist dann entweder ein natürliches, oder ein aus Kieselsäure oder kieselsaurem Alumin und Kalk durch Glühen bereitetes.

Ein sehr berühmtes, künstliches Cement ist das unter dem

Namen *roman - cement* seit 1796 bekannte, welches aus den nierenförmigen Massen bereitet wird, die sich im Thone an den Ufern der Themse, auf den Inseln Sheppey, Whight, an der Küste von Kent, Yorkshire etc., so wie auch an der Nordküste von Frankreich in grosser Menge finden. Aus der oben angegebenen Zusammensetzung dieses Kalkmergels sieht man, dass derselbe keines weiteren Zusatzes bedarf um als vortrefflicher hydraulischer Kalk zu dienen. Er wird in Kalköfen bei gelinder Hitze, wie dies bei allen hydraulischen Kalken nothwendig ist, gebrannt, unter schweren stehenden Rollsteinen zu feinem Pulver gemahlen und in dichten Fässern versendet. Dieser hydraulische Kalk, wie man sieht, nur uneigentlich Cement genannt, erhärtet schon nach wenigen Minuten, ohne selbst bei gröseren Massen Risse zu bekommen, und wird desswegen sehr geschätzt.

Die Puzzolanerde, welche schon von den alten Römern bei vielen ihrer Bauwerke, die wir noch in ihren Ruinen bewundern, benützt wurde, findet sich vorzüglich bei Puzzuoli, dem Puteoli der Alten. Sie ist vulkanischen Ursprunges, also von der Natur selbst gebrannt, und enthält in 100 Theilen 44,5 Kieselsäure, 15 Alumin, 8,8 Kalk, 4,7 Magnesia, 12 titanhältiges Eisenoxyd, 1,4 Kali, 4,1 Natron und 9,2 Wasser. Sie kann daher ihres geringen Kalkgehaltes wegen keinen hydraulischen Kalk geben, muss also mit Luftkalk vermischt werden, womit sie einen hydraulischen Mörtel von ausgezeichneter Qualität gibt. Bei dem Leuchtthurme von Eddystone wurden gleiche Theile gepulverte Puzzolanerde und zu Pulver gelöschter Kalk verwendet.

Der Trass ist ein der Puzzolanerde ganz ähnliches Gestein gleichen Ursprungs, das ebenfalls einen sehr guten hydraulischen Mörtel gibt. Von Salzsäure wird er zum Theile gelöst und der aus dem Brohlthale hat folgende Zusammensetzung in 100 Th.:

	Lösliche Best.	Unlösliche Best.
Kieselsäure	11,50	37,44
Kalk	3,16	2,25
Magnesia	2,15	0,27
Kali	0,29	0,08
Natron	2,44	1,12
Alumin	17,70	1,25
Eisenoxyd	11,77	0,57
Wasser	7,65	
	56,66	42,98

Eine auf der Insel Santorin im griechischen Archipel vorkommende Erde gibt ebenfalls ein gutes Cement, sie hat nach einer
Analyse, welche Herr T h e i l im hiesigen Laboratorium ausführte, in
100 Th. folgende Zusammensetzung:

	Unlösliche Best.	Lösliche Best.
Kieselsäure	64,34	
Kalk		3,62
Magnesia mit etwas Man-		
ganoxydul	2,77	Spuren
Kali	4,83	
Natron	6,05	
Alumin	5,05	5,83
Eisenoxyd	1,61	4,83
Wasser		1,50
	84,65	15,78

Das Eisen ist zum Theile als Oxydul in dem Minerale enthalten.
Erzeugt man hydraulischen Kalk durch Mischung verschiedener Ge-
birgsarten, so kann man den kohlensauren Kalk meistens gleich in
dem Verhältnisse dem Silicate zusetzen, dass ein Theil desselben
zum Aufschliessen dieses Silicates, der andere statt des Luftkalkes,
welcher jedem Cemente zugesetzt werden muss, dient. Es ist vortheilhaft den kohlensauren Kalk sowohl, als den Thon fein zu mah-
len und aus der Massa Ziegel zu formen, die man dann schwach
brennt. Eine solche in Frankreich in Gebrauch befindliche Masse enthält in ungebranntem Zustande 84 Pct. kohlensauren Kalk, 10 Kieselsäure, 5 Alumin und 1 Pct. Eisenoxyd. Localverhältnisse bestimmen grösstentheils, ob es vortheilhafter ist unmittelbar hydraulischen Kalk oder ein Cement zu bereiten und dieses erst vor der Verwendung mit Luftkalk zu mengen. Was den Zusatz von Sand betrifft,
so gilt dasselbe, was oben darüber beim Luftkalk angeführt wurde.
Wenn man hydraulischen Mörtel an trockene Mauern anwendet, so
muss derselbe so lange nass erhalten werden bis er vollkommen
erhärtet ist und Sandzusatz ist dann sehr nothwendig um das Schwin-
den desselben zu verhindern. Überhaupt kann dem hydraulischen
Mörtel ohne Schaden Sand zugesetzt werden, nur muss man immer
darauf sehen, dass Cement und Sand zusammen so viel betragen,
als von Sand allein nothwendig gewesen wäre um einen guten Mörtel
zu bereiten. Hat man den für einen gewissen Mörtel zur Verhin-
derung des Reissens beim Trocknen nöthigen Sandzusatz gehörig

getroffen, so lassen sich aus demselben mit Vortheil auch Ornamenten, Wasserleitungsröhren etc., und bei Zusatz von kleinen Steinen selbst Mauern giessen, was für Wasserbauten von Wichtigkeit ist. Man kann sich übrigens selbst im Kleinen von der Beschaffenheit eines hydraulischen Mörtels oder Kalkes überzeugen, wenn man aus demselben Prismen formt und diese in's Wasser legt. Ist die Erhärtung innerhalb 24 Stunden erfolgt, so gehört der Mörtel zu den ausgezeichnetsten, erfolgt sie aber auch in dieser Zeit noch nicht, so darf daraus dennoch nicht geschlossen werden, dass der Kalk oder Mörtel nicht hydraulisch sei, indem vieler gute Kalk der Art erst später erhärtet. Dass man übrigens zur Erzeugung von hydraulischen Cementen auch die Asche der Steinkohlen, des Torfes, die bei der Alaunfabrikation aus Schiefer und Alaunerde zurückbleibende Masse, ferner manche Schlacken u. dgl. mit Vortheil verwenden kann, bedarf nach dem Vorausgeschickten keiner weiteren Erwähnung. Überhaupt sieht man, dass die Darstellung von hydraulischen Kalken oder Cementen in jeder Gegend möglich ist und dass es jetzt kaum irgendwo nothwendig wird, derlei Stoffe aus grossen Entfernungen zuzuführen. So wurde der hydraulische Kalk für die Ferdinands-Wasserleitung in Wien in der k. k. Porzellanfabrik aus 3 Th. an der Luft zerfallenem Kalk, 2 Th. trockenem Wiener Tegel und 2 Th. Steinkohlenasche erzeugt. Zu diesem Behufe wurde die Masse zu einem dicken Brei angemacht, vollkommen gut durcheinander gearbeitet, in Ziegel geformt und schwach gebrannt. Man erhält so eine leicht zerreibliche blassgelbe Masse, welche unter stehenden Mühlsteinen gerieben und gesiebt, einen vortrefflichen hydraulischen Kalk gab, der sehr bald erhärtete und daher schnell verarbeitet werden musste. Der Kalkstein von Sievering bei Wien gibt ferner einen sehr guten hydraulischen Kalk, der nach einer Analyse, die Herr Pohl im hiesigen Laboratorium vorgenommen hat, in 100 Th. folgende Bestandtheile enthält:

In Salzsäure lösliche Bestandtheile:		In Salzsäure unlösl. Bestandtheile:	
Kohlensaurer Kalk . .	48,30	Kieselsäure. . . .	30,24
Kohlensaure Magnesia .	2,70	Alumin	1,59
Kohlensaures Eisenoxydul	3,50	Kieselsaurer Kalk . .	1,69
Alumin	10,50	Eisenoxyd . . .	
Schwefelsäure, phosphorsaurer Kalk und Manganoxydul	Spuren	Mangan . . .	in sehr geringer Menge
		Schwefels. Kalk und Bitumen . . .	
		Verlust im Ganzen .	1,48
	65,00		**35,00**

Das Ultramarin.

519. Die schöne blaue Varietät des dodecaëdrischen Amphigen-Spathes, welche unter dem Namen Lasurstein (Lapis lazuli) bekannt ist, wurde seit langer Zeit zur Verfertigung des Ultramarins (outremer) benützt. Zu diesem Behufe wird das Mineral durch schwaches Glühen und Abkühlen im kalten Wasser mürbe gemacht, dann fein gepulvert und mit einer schmelzenden Masse, welche aus Harz, Wachs und Leinöl besteht, vereinigt. Diese Harzpaste knetet man nun so lange in Wasser ab, als dieses noch blau wird. Aus dem ersten Waschwasser setzt sich das feinste, aus dem letzten das weniger schöne Ultramarin (cendre d'outremer) ab. Die besten Lasursteine geben hiebei nur eine Ausbeute von 2—3 Pct. Die durch diese Umstände verursachte Kostbarkeit der Farbe sowohl, als das theoretische Interesse, welches sich daran knüpft, gaben Veranlassung zu mannigfaltigen Versuchen das Ultramarin direct aus seinen Bestandtheilen darzustellen. Der erste Schritt hiezu war die Untersuchung der natürlichen Verbindung von Clément und Desormes und später von C. Gmelin. Nach der letzteren enthält das natürliche Ultramarin 12,06 Natron; 1,55 Kalk; 22,00 Alumin; 47,31 Kieselsäure; 4,68 Schwefelsäure; 0,19 Schwefel. Der Verlust nebst Harz und Wasser betrug 12,21. Weder aus dieser Untersuchung noch aus den später mit dem Lasurstein vorgenommenen liess sich auf eine bestimmte Zusammensetzung des Stoffes schliessen und es blieb bis auf die neueste Zeit zweifelhaft, was eigentlich das färbende Princip dieser merkwürdigen Substanz sei. Viele Chemiker waren der Ansicht, dass Eisen hiebei eine nicht unwichtige, nach einigen sogar eine wesentliche Rolle spiele, obwohl es in der obigen Analyse von C. Gmelin darin nicht vorkommt. Aus Brunners Untersuchungen über diesen Gegenstand hat sich indess ergeben, dass sowohl das Eisen als der Kalk nur zufällige Bestandtheile des Ultramarins sind und dass man mit Kali statt mit Natron keinen blauen Ultramarin, wohl aber einen weissen, sich im Übrigen auf dieselbe Art verhaltenden Körper erzeugen könne. Brunner hat das nach seiner Methode bereitete Ultramarin auf folgende Art zusammengesetzt gefunden, dafür aber keine Formel gegeben: 32,5 Kieselsäure; 25,3 Alumin; 20,2 schwefelsaures Natron; 17,4 Schwefelnatrium; 2,2 Eisenoxyd und 2,4 Kalk. Leitet man aus diesen Daten eine Formel ab und vernachlässigt man dabei den Kalk und das Eisenoxyd, so ergibt sich

14 SiO$_2$ . .	434	32,12	nach Brunner	34,06
7 Al$_2$O$_3$ . .	359,8	26,65		26,52
7 NaS . .	273	20,21		18,25
4 NaO,SO$_3$.	284	21,02		21,17
	1350,8	100,00		

was sehr gut die theoretische Formel $7(NaS,Al_2O_3,2SiO_2)$ + $4(NaO SO_3)$ gibt, welcher zu Folge also das Ultramarin ein kiesel-saures Doppelsalz wäre, wie es im Sodalith, Yttnerit und mehreren anderen Mineralien (515. 3.) vorkommt, in dem aber das an das Natrium gebundene Äq. Sauerstoff durch 1 Äq. Schwefel ersetzt ist. Das Vorhandensein des Schwefelnatriums im Ultramarin ist übrigens schon aus dem Umstande höchst wahrscheinlich, dass es von Salz-säure unter Entwicklung von Hydrothion zerlegt wird, dieses sonst aber von Schwefelkiesel oder Schwefelalumium herrühren müsste, was nicht angenommen werden kann. Die bisher bekannt gewordenen Bereitungsarten desselben deuten ebenfalls auf diese Zusammen-setzung hin.

Nach dem zuerst von C. Gmelin angegebenen Verfahren werden Kieselsäure und Alumin in Natronlauge gelöst, und zwar in solchem Verhältnisse, dass auf 35 Th. der ersteren ungefähr 30 Th. der letzteren kommen, beide im wasserfreien Zustande berechnet. Die Masse wird bis zur Trockenheit abgedampft und zuerst mit gleichviel Schwefelblumen, dann mit eben so viel eines Gemenges von gleichen Theilen wasserfreiem, kohlensaurem Natron und Schwefel auf's innigste gemengt. Das vollkommen gleichförmige Pulver wird nun in einem gut verschliessbaren Tiegel durch 2 Stunden der Rothglühhitze ausgesetzt, wodurch man eine grünlich-gelbe Masse erhält, welche erst durch längeres Erhitzen bei Luftzutritt blau wird. Nach diesem Verfahren, welches ganz mit der obigen theoretischen Ansicht über das Ultramarin im Einklange steht, erhält man jedoch nur schwierig ein gutes Präparat, da es meistens einen Stich in's Grünliche hat, auch ist es viel zu umständlich und kostspielig. Nach einer späteren Vorschrift von C. Gmelin werden gleiche Theile lösliche Kieselsäure, Alumin (beide als trocken berechnet) und Schwefel mit so viel Natronlauge behandelt als zur Lösung nothwen-dig ist; dann wird Alles zur Trockenheit abgedampft, die trockene Masse rasch bis zum Glühen erhitzt und eine Stunde lang darin er-halten; beim Rösten wird die anfangs blaugrüne Masse schön blau. Nach Robiquet werden 2 Th. Porzellanthon, 3 Th. Schwefel und 3 Th. trockenes kohlensaures Natron in einer irdenen Retorte so

lange erhitzt als noch Dämpfe entweichen. Nach dem Erkalten wird
der Inhalt der Retorte zerrieben, mit Wasser ausgewaschen und
nochmals zur Vertreibung alles Schwefels erhitzt. In der neuesten
Zeit hat B r u n n e r (Pogg. Ann. 67. 550) ein Verfahren angegeben,
das ein schönes Präparat liefert. Nach diesem werden 70 Th. eines
auf's feinste geschlemmten Quarzsandes, 240 Th. gebrannter Alaun *),
48 Th. feines Holzkohlenpulver, 144 Th. Schwefelblumen und
240 Th. wasserfreies kohlensaures Natron a u f s i n n i g s t e zu einem
selbst unter der Loupe gleichförmig aussehenden unfühlbaren Pulver
gemengt. Mit dieser Masse wird ein Tiegel angefüllt, ein Deckel
darauf lutirt, dann rasch zum mässigen Rothglühen erhitzt und
durch $1\frac{1}{2}$ Stunden in dieser Hitze erhalten. Der Inhalt des Tiegels
muss nach dem Erkalten als eine lockere, zusammengesickerte,
theils grünlich - theils röthlichgelbe schwefelleberartige Masse, von ungefähr $\frac{2}{3}$ des ursprünglichen Volumens erscheinen. Ist die Masse
fest und geschmolzen, so war die Hitze zu stark und die Operation
ist misslungen. Die lockere Masse wird mit Wasser gut ausgewaschen,
wobei ein hell aschgraues Pulver zurückbleibt, das mit seinem gleichen Gewichte Schwefel und seinem $1\frac{1}{2}$fachen Gewichte wasserfreien
kohlensauren Natron abermahls aufs innigste gemengt und wie das
erste Mahl geglüht, dann aber mit Wasser behandelt wird. Erhitzt
man das so erhaltene Pulver auf einer Porzellanschale und bestreut
es mit Schwefel, so nimmt es eine ziemlich intensive blaue Farbe
an, was nach dem ersten Glühen in weit geringerem Grade der Fall
war. Man behandelt dasselbe nun nochmahls ganz wie vorher, mit
1 Schwefel und $1\frac{1}{2}$ kohlensaurem Natron und sieht ob eine Probe
nach dem Auswaschen erhitzt und mit Schwefel bestreut die gewünschte
intensive blaue Farbe zeigt. Geschieht dies nicht, so muss die Behandlung mit Schwefel und kohlensaurem Natron nochmahls vorgenommen werden, ist es aber der Fall, so wird die Masse vollständig mit
Wasser ausgewaschen, was durch Kochen mit demselben befördert
wird. Das letzte Abwaschwasser darf essigsaures Bleioxyd nicht
mehr bräunen. Das bläulich-grüne Pulver wird gut getrocknet
durch ein Florsieb gesiebt oder besser gleich beim Auswaschen geschlemmt und ist nun zur letzten Operation geeignet. Diese besteht

---

*) Der Alaun wird als wasserfrei und eines Theiles seiner Säure beraubt in Rech-
    nung gebracht, indem man eine Probe desselben zuerst in das Alumen ustum
    der Pharmaceuten umwandelt, dieses dann im Platintiegel erhitzt und nach
    dem hiebei erlittenen Gewichtsverluste berechnet.

darin, dass man auf eine Gusseisenplatte eine etwa 1 L. dicke Schwe-
felschichte ausbreitet, diese dann mit einer eben so dicken Schichte
des Pulvers bedeckt und nun die Platte so weit erhitzt, dass sich
der Schwefel entzündet. Dabei hat man dafür zu sorgen, dass der
Schwefel bei möglichst niedrigerer Tpr. verbrennt, die Masse sich
also so wenig wie möglich erhitzt. Diese Operation wird so oft wiederholt bis das Ultramarin die möglichst schönste Farbe erlangt hat,
was gewöhnlich nach 3—4mahligem Brennen mit Schwefel der Fall
ist. Nach jeder Operation muss das Pulver gerieben werden. Man
erhält aus den 742 Th. der ursprünglich genommenen Masse nur
160 Th. gutes Ultramarin. Obwohl diese Methode ein schönes Präparat liefert, so unterliegt es doch keinem Zweifel, dass von den
Technikern ein anderes einfacheres Verfahren befolgt werden müsse,
weil der Preis des schönsten hier in Wien im Handel vorkommenden
nur 6 fl. das Pfund beträgt. Es scheinen sich diese Methoden auf die
Anwendung des Kaolins nach einem Verfahren, das dem von Robiquet angegebenen ähnlich ist, zu gründen. Prückner's Verfahren (J. f. prakt. Ch. 33. 257) verdient in dieser Hinsicht ebenfalls
alle Beachtung. Derselbe bereitet durch Glühen von schwefelsaurem
Natron mit Kohlenpulver, Schwefelnatrium, zieht dieses mit Wasser
aus und sättigt die Lauge mit Schwefel. Dann setzt derselbe der Schwe-
felnatriumlauge, diese bei 1,2 D. gewogen, ½ Pct. Eisenvitriol
und 25 Pct. reinen geschlemmten Thon zu, dampft alles zur Trockenheit ab und glüht die gepulverte Masse in einem Muffelofen ungefähr
durch eine Stunde. Nach dem Erkalten wird dieselbe mit Wasser
ausgezogen und nochmahls geglüht, dann gewaschen, geschlämmt etc.
Es verdient untersucht zu werden inwiefern das Eisen, welches
Prückner für wesentlich hält, bei diesem Verfahren zur Schönheit
der Farbe beiträgt.

Die Kieselgruppe.

520. Diese Gruppe umfasst die folgenden sechs Grundstoffe:

Thorium	Kiesel
Zirkonium	Bor
Titan	Kohlenstoff.

Die letzten drei der dieser Gruppe angehörigen Stoffe wurden bereits im Vorhergehenden behandelt, die übrigen sollen hier beschrieben
werden. Die sämmtlichen Glieder dieser Gruppe sind feste Körper
und nur höchst schwierig oder gar nicht schmelzbar, die ersten drei
sind metallisch, die letzten nicht. Sie verbinden sich mit den meisten

Gliedern der Sauerstoffgruppe, insbesondere mit Sauerstoff, Chlor und Schwefel, direct, und zwar meistens unter Feuererscheinung. Ihre Verbindungen mit Sauerstoff sind weiss, die der vier ersten Glieder sehr schwer schmelzbar und vorzugsweise saurer Natur. Die beiden ersten Glieder können nur 1 Äq. Sauerstoff aufnehmen und ihre Oxyde zeigen ein sehr geringes Streben sich mit Säuren zu verbinden. Das Titan kann schon $1\frac{1}{2}$ und 2 Äq. Sauerstoff aufnehmen und bildet im letzteren Falle eine wahre Säure. Kiesel, Bor und Kohlenstoff zeigen noch entschiedenere saure Eigenschaften. Übrigens drückt der Kiesel den mittleren Charakter der ganzen Gruppe am besten aus, nur muss bemerkt werden, dass sich dem Kohlenstoffe, seines in so vieler Hinsicht ganz eigenthümlichen Verhaltens wegen, kaum noch ein bestimmter Platz in der Reihe der Grundstoffe anweisen lässt; so wie überhaupt die hier versuchte Gruppirung nur eine provisorische sein kann, da mehrere Glieder der Reihe nach ganz fehlen, die bekannten aber nicht alle hinreichend untersucht sind. Letzteres gilt namentlich von einigen Grundstoffen, welche erst in der neuesten Zeit neben dem Cer und Yttrium in einigen seltenen Mineralien entdeckt wurden, nämlich vom Lanthan, Didym, Erbium und Terbium. Da einige derselben sich wohl am natürlichsten der Kaliumgruppe anschliessen, andere die ersten Glieder der Kieselgruppe bilden, alle aber gerade wegen der Ähnlichkeit in ihrem Verhalten, bei den früheren Untersuchungen nicht beobachtet wurden und auch jetzt noch nicht ganz rein dargestellt werden können, so sollen sie bei dieser Gruppe anhangsweise besprochen werden.

XXII. Thorium Th = 59,6.

Der Name Thorerde (von Thor, einem alten scandinavischen Gotte) wurde zuerst von Berzelius für eine Verbindung der Phosphorsäure mit der damahls für ein einfaches Oxyd gehaltenen Yttererde gebraucht. Als aber Berzelius später im J. 1828 in einem auf der Insel Lövön, in der Nähe der Küste Norwegens vorkommenden Mineral das Oxyd eines eigenthümlichen Grundstoffes entdeckte, nannte er dieses Thorerde, ihr Radical Thorium. Dieselbe Erde wurde später von Wöhler im Pyrochlor von Brewig und von Kersten im Monazit gefunden, ist aber immer noch eine grosse Seltenheit.

521. Das Thorium wird aus seinem Chloride, wie das Alumium, mittelst Kalium erhalten und erscheint als ein schweres, dunkelbleigraues Pulver, welches beim Reiben mit einem harten Körper metallischen Strich annimmt und weder von kaltem noch von siedendem Wasser oxydirt wird.

Das Thor ThO = 67,6 (Thorerde, Thoriumoxyd, la thorine) bildet sich unter lebhafter Feuererscheinung, wenn das Thorium an der Luft gelinde erhitzt wird und erscheint dann als ein weisses vor dem Löthrohre nicht schmelzbares Pulver, dessen Dichte sehr bedeutend, nämlich 9,402 ist. Vorher nicht geglühtes Thor wird von Schwefelsäure, Salzsäure und Flusssäure gelöst, Salpetersäure wirkt schwächer darauf als die genannten Säuren. Alkalische Lösungen verändern es nicht. Das geglühte Thor ist nur bei fortgesetzter Digestion in Schwefelsäure löslich.

Thorhydrat scheidet sich durch Fällung einer Thorlösung mit überschüssigem Ammoniak oder] mit ätzenden Alkalien, als eine weisse gallertartige Masse ab, welche aus der Luft Kohlensäure anzieht und in noch feuchtem Zustande sehr leicht löslich ist. Ätzende Alkalien lösen das Hydrat nicht, die kohlensauren aber, so wie kohlensaures Ammoniak, fällen es zuerst als kohlensaures Salz, das sich im Überschusse derselben ziemlich leicht löst und zwar bei gew. Tpr. in grösserer Menge als in der Wärme. Die in einer verschlossenen Flasche befindliche gesättigte Lösung des Hydrates in kohlensaurem Ammoniak trübt sich daher bei 60° durch ausgeschiedenes Thor, klärt sich aber nach dem Erkalten wieder‚ vollständig. Diese Lösung wird durch Zusatz von Ammoniak nicht gefällt, wie dies beim Zirkon der Fall ist, sondern im Gegentheile ihr Lösungsvermögen dadurch noch erhöht. Charakteristisch für das Thor ist das Verhalten der Lösung seines schwefelsauren Salzes (522), aus welchem sich durch Kochen schwefelsaures Thor abscheidet, das sich beim Erkalten wieder vollständig löst. Von dem Alumin und Glycin unterscheidet es sich durch seine Unlöslichkeit in Ätzkali; vom Ytter dadurch, dass es mit schwefelsaurem Kali ein Doppelsalz gibt, welches in einer gesättigten Lösung des letzteren unlöslich ist, während das des Ytters darin gelöst bleibt. Vom Zirkon lässt es sich dadurch unterscheiden, dass es mit Blutlaugensalz einen starken weissen Niederschlag gibt, während jenes dadurch nicht gefällt wird. Auch ist das einmahl abgeschiedene schwefelsaure Zirkon-Kali in reinem Wasser unlöslich, während sich das analoge Thorsalz darin vollkommen löst. Mit dem Ceroxydulhydrat kann man es nicht verwechseln, da ersteres beim Erhitzen gelb und dann braun wird, während das Thor dabei weiss bleibt. Oxalsäure bringt selbst in sauren Thorlösungen einen Niederschlag hervor. Vor dem Löthrohre erhitzt, erleidet das Thor keine Veränderung. In Borax und Phosphorsalz ist es in geringer Menge löslich und die geschmolzene, klare, damit gesättigte Kugel wird beim Erkalten milchweiss. Eine beim Erkalten klar gebliebene Kugel kann aber nicht unklar geflattert werden, wie es mit dem Glycin, Ytter und Zirkon der Fall ist.

Das Thor wird aus dem Thorit erhalten, indem man das gepulverte Mineral mit Salzsäure digerirt, die sich bildende gelbe gallertartige Masse im Wasserbade zur Trockenheit abdampft, diese dann mit Wasser auszieht und Hydrothion durch das Filtrat leitet, um das Blei und Zinn zu entfernen. Aus der klaren Flüssigkeit fällt man nun die Oxyde des Eisens, Mangans, Urans und Thors durch Ammoniak, löst den noch feuchten Niederschlag in verdünnter Schwefelsäure und dampft bis auf ein geringes Volumen ein. Hiebei scheidet sich schwefelsaures Thor ab, welches ausgewaschen und geglüht wird. Um das in der abgegossenen sauren Flüssigkeit und dem Waschwasser enthaltene Thor zu gewinnen, wird Alles abgedampft, mit kohlensaurem Kali gesättigt und dann mit einer in der Siedhitze gesättigten Lösung von schwefelsaurem Kali vermischt. Nach dem Erkalten scheidet sich nebst schwefelsaurem Kali ein Doppelsalz von diesem und schwefelsauren Thor ab. Dieses wird mit einer Lösung von schwefelsaurem Kali, die nichts davon aufnimmt, ausgewaschen, im warmen Wasser gelöst und dann mit Ammoniak das Thor gefällt.

522. Das Schwefelthorium ist ein gelbes Pulver, das sich direct unter lebhafter Feuererscheinung bei der Tpr. bildet, bei welcher der Schwefel gasförmig wird. Beim Rösten verbrennt es zu Thor, wird jedoch nur von Chlorsalpetersäure beim Erwärmen gelöst.

Schwefelsaures Thor wird erhalten, wenn man Thor in Schwefelsäure löst, was unter den beim Zirkon angegebenen Umständen zu geschehen hat, wenn das Thor früher geglüht war. Setzt man die saure Lösung bei einer $15°$ nicht übersteigenden Tpr. der freiwilligen Verdunstung aus, so erhält man das Salz (a) $ThO, SO_3, 5HO$. Dieses löst sich nur sehr langsam in Wasser, erwärmt man es darin, so wird es weiss, indem sich das Salz (b) $ThO, SO_3, 2HO$ bildet, welches um so weniger in Wasser löslich ist, je mehr dieses sich seinem Siedpuncte nähert, in kaltem Wasser sich aber wieder löst. Dampft man eine saure oder neutrale Lösung des Salzes bei einer mindestens über $20°$ liegenden Tpr. ab, so scheidet sich das Salz in Form einer voluminösen, weissen, aus feinen Krystallen bestehenden Masse fast vollständig ab, die sich, obwohl langsam in kaltem, in heissem Wasser aber fast gar nicht löst. Die Lösung des Salzes geht so langsam vor sich, dass es ganzer Monate bedarf, bis kaltes Wasser damit vollständig gesättigt ist. In Alkohol ist das schwefelsaure

Thor unlöslich und wird bei Zusatz desselben in der Wärme als Salz (b), in der Kälte als (a) gefällt.

Schwefelsaures Thor-Kali KO,ThO,2SO$_3$,HO wird entweder nach der bei der Bereitung des Thors angegebenen Methode oder dadurch erhalten, dass man ein Stück schwefelsaures Kali in eine Lösung des schwefelsauren Thors hängt, wo sich nach einiger Zeit die Wände des Gefässes mit Krystallen des Doppelsalzes überziehen. In Alkohol ist est nicht, ziemlich leicht aber in kaltem und noch leichter in heissem Wasser löslich; wird die Lösung jedoch längere Zeit gekocht, so erfolgt eine theilweise Zerlegung, indem sich ein basisches Thorsalz abscheidet, während zweifach schwefelsaures Kali gelöst bleibt. Das Zirkon zeigt ein ähnliches Verhalten, nur mit dem Unterschiede, dass das unter gleichen Umständen gebildete basische Zirkonsalz sich in Säuren nicht löst, während das Thorsalz darin leicht löslich ist.

523. Thoriumchlorid ThCl = 95 wird auf dieselbe Art wie das Chloralumium erhalten und ist eine weisse krystallinische Masse, die sich bei schwacher Rothglühhitze unverändert sublimiren lässt. Es zerfliesst an der Luft und kann durch Abdampfen der wässerigen Lösung nicht wieder erhalten werden, indem hiebei Hydrochlor entweicht und Thor zurückbleibt. In Verbindung mit Wasser erhält man das Thoriumchlorid, wenn man die einen Überschuss von Salzsäure enthaltende Lösung desselben im Wasserbade abdampft. Es ist zerfliesslich, leicht in Alkohol löslich und die wässerige Lösung wird durch Kochen nicht zersetzt.

Kalium-Thorium-Chlorid KThCl$_2$ = KCl,ThCl wird auf directem Wege erhalten und ist ein im Wasser und Alkohol leicht lösliches Salz, welches in einem Strom von Hydrochlor ganz trocken erhalten und zur Darstellung des Thoriums mit Kalium benützt werden kann.

Das Fluorthorium ist ein in Wasser und Flusssäure unlösliches weisses Pulver. KThF$_2$ entsteht, wenn man ein Kalisalz mit einem Thorsalz vermischt und dann Flusssäure zusetzt. Es ist weiss, in Wasser unlöslich und durch die Glühhitze nicht zersetzbar.

Salpetersaures Thor und salpetersaures Thor-Kali sind in Wasser und Alkohol sehr leicht lösliche Salze. Phosphorsaures (im Monazit mit phosphorsauren Salzen von Cer-, Lanthan-, Zinn-Oxyd, Manganoxydul, Titansäure und Kalk) und borsaures Thor sind im Wasser und in überschüssigen Säuren unlöslich.

Kohlensaures Thor mit weniger als 1 Äq. Säure wird gebildet, wenn man zur Lösung eines Thorsalzes ein kohlensaures

Alkali setzt. Beim Trocknen nimmt dasselbe Kohlensäure aus der Luft auf.

Oxalsaures Thor ist ein im Wasser und selbst in überschüssiger Oxalsäure unlösliches, schweres Salz, das auch von andern Säuren, wenn sie verdünnt sind, nur wenig gelöst wird.

Oxalsaures Thor-Kali verhält sich wie das vorige Salz.

Kieselsaures Thor findet sich in der Natur als **Thorit**, welcher nebst kieselsaurem Thor und Wasser noch Kali, Natron, Kalk, Magnesia, Bleioxyd, Manganoxyd, Eisenoxyd, Alumin und Uranoxyd enthält.

XXIII. Zirkonium Zr = 22,4?

524. Die Zirkonerde wurde von **Klaproth** im J. 1789 entdeckt. **Berzelius** stellte im J. 1824 daraus das Zirkonium dar und ihm verdankt die Wissenschaft fast alles, was man darüber weiss. Nach neueren Untersuchungen von **Svanberg** (Pogg. Ann. 65. 317. 66. 309) ist das, was man bis jetzt für Zirkoniumoxyd gehalten hat, ein Gemenge von mehreren Oxyden noch unbekannter Grundstoffe. **Svanberg** hat für einen derselben den Namen **Norium** gewählt. Die bedeutende Verschiedenheit in der Dichte der Zirkone, von verschiedenen Fundorten, hat zuerst auf diese Untersuchung geleitet, die nun auf alle zirkonhältigen Mineralien ausgedehnt werden muss. Da indess bisher noch nichts Näheres über diese Körper bekannt ist, so kann vor der Hand auf sie keine Rücksicht genommen werden.

Man kennt das Zirkonium jetzt nur in Form eines schwarzen, beim starken Zusammendrücken mit dem Polirstahl graphitartig aussehenden Pulvers, welches in Wasserstoffgas bis zu der Temperatur erhitzt, bei welcher Glas schmilzt, noch keine Veränderung erleidet. An der Luft entzündet es sich bei einer Temperatur, die weit unter der Glühhitze liegt und verbrennt zu Zirkoniumoxyd. Im Vacuum erhitztes Zirkonium entzündet sich nach dem Erkalten ausgeschüttet, durch rasche Absorption des Sauerstoffes: Kalte Schwefelsäure, Salzsäure, Salpetersäure greifen das Zirkonium weder im verdünnten noch im concentrirten Zustande an und auch beim anhaltenden Kochen damit, wird nur wenig davon gelöst. Flusssäure für sich, noch besser bei Zusatz von Salpetersäure, löst es mit Leichtigkeit. Mit Kali- oder Natron-Lösung gekocht, wird es nicht verändert.

Um das Zirkonium darzustellen, bringt man vollkommen trockenes Fluorzirkonium-Kalium mit Kalium gemengt in eine unten geschlossene eiserne Röhre, erhitzt dieselbe anfangs nur bis zum

Schmelzen des Kaliums, rührt dann die Masse mit einem Eisendrath gut durcheinander und erbitzt die Röhre zuletzt zwischen Kohlen bis zum gelinden Glühen. Die Abscheidung des Zirkoniums aus der Verbindung erfolgt ohne Feuererscheinung. Nach dem Erkalten der Röhre löst man den Inhalt derselben mit Wasser auf, wobei sich ein schwarzes Pulver abscheidet, welches ein Gemenge von Zirkonium mit etwas Zirkonhydrat ist. Dieses entsteht durch Einwirkung des bei der Zerlegung des Wassers vom überschüssigen Kalium gebildeten Kalis auf das noch unzerlegt gebliebene Fluorsalz. Man entfernt dieses Hydrat durch Digestion des mit kaltem Wasser ausgewaschenen schwarzen Pulvers mit mässig verdünnter Salzsäure, wobei das Zirkonium nur ganz unbedeutend angegriffen wird, wäscht es mit salmiakhältigem Wasser und dann zur Entfernung des Salmiaks mit Weingeist. Bei Anwendung von reinem Wasser vertheilt sich das Zirkonium darin so fein, dass es als schwarze Flüssigkeit durchs Filter geht. Aus dieser setzt es sich bei längerem Stehen und bei Hinzufügung von etwas Salmiak rasch ab.

Das Zirkonium zeigt in seinem Verhalten die meiste Ähnlichkeit mit dem Kiesel und muss daher wenigstens vorläufig damit in eine Gruppe vereinigt werden. B e r z e l i u s setzt das Äq. (Doppelatom) desselben = 840,401 und schreibt daher das Zirkon Zr_2O_3.

525. Das Z i r k o n *) ZrO = 30,4 (Zirkonerde, Zirkoniumoxyd, Oxid de zirkonium, la zirkone) ist ein rauhes, weisses, nicht schmelzbares Pulver, dessen Dichte 4,35 beträgt. Die Stücke, welche beim Glühen des Hydrates erhalten werden, ritzen Glas. In der Löthrohrflamme glüht es mit blendendem Lichte und leuchtet stärker als irgend ein anderer Körper, besonders wenn es aus dem schwefelsauren Salze bereitet wird. Es entsteht, wie bereits oben angegeben wurde, beim Verbrennen des Zirkoniums und enthält dieses noch Zirkonhydrat, so erfolgt die Verbrennung mit Heftigkeit. Beim Erhitzen mit kohlensaurem Kali oder Natron erfolgt die Oxydation des Zirkoniums auf Kosten der Kohlensäure, bei Anwendung von Kalihydrat oder Borax auf Kosten des Wassers, und zwar in diesem Falle mit Heftigkeit. Von chlorsaurem Kali oder Salpeter wird es erst in der Glühhitze oxydirt.

---

*) Aus den in (508) angegebenen Gründen wird es gestattet sein auch hier statt Zirkonerde, der Analogie gemäss den Namen: d a s Z i r k o n einzuführen, zum Unterschiede von d e r Z i r k o n, wofür in der Folge, der mit diesem synonime Ausdruck H y a z i n t h gebraucht werden wird.

Das Zirkonhydrat HO,2ZrO scheidet sich aus den Lösungen des Zirkons in Säuren durch Zusatz der reinen oder Schwefel-Alkalien als eine weisse, voluminöse, nach dem Eintrocknen durchscheinende, gummiartige, gelbliche Masse ab. Es verliert bei gelindem Erhitzen sein Wasser vollständig. Nahe bei der anfangenden Glühhitze tritt plötzlich ein Erglühen desselben ein und nun ist es in Säuren ganz unlöslich, während es früher darin leicht löslich war; wurde es aber aus der heissen Lösung gefällt oder mit siedendem Wasser ausgewaschen, so wird es nur von concentrirten Säuren und auch da noch schwierig gelöst. Auch das in Säuren leicht lösliche Hydrat ist weder in Alkalien noch in Ammoniak oder in Ammoniaksalzen löslich. Die Zirkonsalze schmecken stark zusammenziehend sauer und reagiren auch sauer, die Säuren sind in denselben nicht fest gebunden, indem sie, mit Ausnahme der feuerbeständigen, schon bei mässiger Hitze entweichen. Die kohlensauren Oxyde der Kaliumgruppe und kohlensaures Ammoniak fällen das Zirkon aus seiner Lösung als kohlensaures Salz. Hat sich der Niederschlag einmahl gebildet, so ist er nur schwierig in einem Überschusse des Fällungsmittels löslich; setzt man aber das Zirkonsalz zu kohlensaurem Kali, so verschwindet der anfangs entstehende Niederschlag beim Umrühren sogleich wieder. Zweifach kohlensaure Alkalien lösen davon viel mehr und beim Kochen scheidet sich das Zirkon alsHydrat, nicht als kohlensaures Salz ab. Ferner entstehen durch concentrirtes schwefelsaures Kali (526) durch Phosphorsäure und phosphorsaures Natron (529) durch Oxalsäure und durch mehrere Säuren organischen Ursprunges, weisse Niederschläge der entsprechenden Salze. Vor dem Löthrohre verhält es sich wie das Glycin, nur löst es sich etwas träger in Borax und gibt schneller ein klares Glas.

Zur Darstellung des Zirkons bedient man sich gewöhnlich der verschiedenen Varietäten des pyramidalen Zirkons, welche 2ZrO,SiO$_2$ mit etwas Eisen verunreinigt sind (531). Das Mineral wird auf's feinste gepulvert und geschlämmt und, nach Wöbler, mit 4 Theilen wasserfreiem, kohlensauren Natron in einem Platintiegel durch eine halbe Stunde stark geglüht. Man behandelt die geschmolzene Masse mit Wasser, wobei eine unlösliche Verbindung von Zirkon mit Natron zurückbleibt, während kohlensaures und kieselsaures Natron gelöst werden. Nach dem Auswaschen zerlegt man das Zirkonnatron mit Salzsäure und fällt das Zirkonhydrat mit Ammoniak. Setzt man das Auswaschen des Zirkonnatrons zu lange fort, so wird demselben das Natron entzogen und es bleibt Zirkon, aber in unlöslichem Zustande, wie sonst nach dem Glühen, zurück.

Da die Hyazinthe durch Glühen ihre Farbe verlieren, die anderen damit häufig vorkommenden Mineralien, wie Granaten, Spinelle etc. aber nicht, so kann man diese Beimengungen auf eine leichte Weise durch Aussuchen der Krystalle nach dem Glühen entfernen. Ein Theil des Eisens lässt sich vorläufig wegschaffen, wenn man das gepulverte Mineral mit Salzsäure digerirt. Ist das Hydrat noch eisenhältig, so löst man dasselbe in Salzsäure, bringt es in eine Flasche und fällt sowohl das Zirkon als das Eisen mit Ammoniak, dem etwas Schwefelammonium zugesetzt wird. Der erhaltene schwarze Niederschlag ist ein Gemenge von Schwefeleisen und Zirkonhydrat; man lässt denselben vollständig absetzen, entfernt die Flüssigkeit und übergiesst den Niederschlag mit so viel schwefliger Säure, dass das Zirkon weiss zurückbleibt und auf dem Filter immer nach schwefliger Säure riecht. Die schweflige Säure löst nämlich das Schwefeleisen, ohne auf das Zirkon zu wirken.

526. Schwefelzirkonium entsteht unter schwacher Feuererscheinung, wenn man Zirkonium in einem indifferenten Gase mit Schwefel erhitzt. Es ist rothbraun und wird selbst von Königswasser nur langsam, von Flusssäure hingegen schnell aufgelöst. Von Kalihydrat wird es nur beim Schmelzen zerlegt.

Schwefelsaures Zirkon ZrO_1SO_3 (a) neutrales. Wenn man das Zirkonhydrat in verdünnter überschüssiger Schwefelsäure löst und das Wasser dann langsam davon abdunstet, so scheidet sich das Salz in wasserhältigen Krystallen ab, die mit Alkohol abgespült werden können. Die zurückbleibende Flüssigkeit ist fast reine Schwefelsäure. Ist das Zirkon früher geglüht worden, so muss man einen Überschuss von Schwefelsäure anwenden, die mit ungefähr $\frac{1}{2}$ Th. Wasser verdünnt wurde, und dann die überschüssige Säure durch Erhitzen vertreiben. Die zurückbleibende Masse gibt beim Abdampfen keine Krystalle, sondern bleibt gummiartig. Bis zum Glühen erhitzt, entweicht die Säure vollständig. Aus der Lösung des Salzes fällt überschüssiges Ammoniak reines Zirkon.

(b) $2ZrO_1SO_3$ (zweifach basisches). Die Lösung des neutralen Salzes ist im Stande so viel Zirkonhydrat zu lösen, dass daraus das Salz (b) entsteht, welches beim Verdunsten als eine gummiartige Masse zurückbleibt. Löst man dieses Salz in wenig Wasser, so bleibt es unverändert, bei stärkerer Verdünnung aber scheidet sich das Salz:

(c) 3ZrO,SO₃ (**dreifach basisches**) ab und dies dauert beim Verdunsten so lange, bis die Flüssigkeit nur das neutrale Salz enthält. Es ist ein weisses im Wasser unlösliches Pulver, das auch erhalten wird, wenn man der Lösung des neutralen Salzes Weingeist zusetzt.

S c h w e f l i g s a u r e s Z i r k o n fällt beim Vermischen einer Lösung des Chlorzirkoniums mit schwefligsaurem Ammoniak als basisches Salz nieder. Es ist im überschüssigen schwefligsauren Ammoniak löslich und wird daraus durch Kalihydrat nicht gefällt.

S c h w e f e l s a u r e s Z i r k o n - K a l i. Setzt man zur Lösung eines Zirkonsalzes schwefelsaures Kali im Überschusse oder zu schwefelsaurem Zirkon irgend ein Kalisalz hinzu, so wird das Zirkon in Form eines sehr (wie es schien 6fach) basischen Doppelsalzes gefällt, während die Flüssigkeit saures, schwefelsaures Kali enthält. Neutralisirt man dieselbe genau mit Kali, so ist die Abscheidung des Zirkons vollständig. In diesem frisch gefällten Zustande ist das Salz etwas in Wasser und ziemlich leicht selbst in verdünnten Säuren löslich; aus der wässerigen Lösung wird es aber durch schwefelsaures Kali wieder gefällt. Wird das Salz jedoch mit der Flüssigkeit, in der es entstanden ist, gekocht oder mit heissem Wasser ausgewaschen, so ist es nicht nur in Wasser, sondern auch in concentrirten Säuren fast unlöslich. Vom kohlensauren Ammoniak wird es gelöst, daraus aber wieder durch Kochen in seinem unlöslichen Zustande gefällt. Durch Kochen mit Ätzkalilösung wird demselben die Säure entzogen und nach dem Auswaschen bleibt reines Hydrat zurück. Dasselbe Salz wird auch in seinem unlöslichen Zustande erhalten, wenn man das Zirkon mit zweifach schwefelsaurem Kali schmilzt und die Masse dann mit Wasser auszieht. Bei einem grossen Überschusse des Kalisalzes löst sich die geschmolzene Masse vollständig in Wasser. Dieses Verhalten gegen schwefelsaures Kali ist für das Zirkonium charakteristisch und kann zur Trennung desselben von vielen anderen Stoffen benützt werden.

S c h w e f e l s a u r e s Z i r k o n - A m m o n i a k bildet sich auf dieselbe Weise wie das vorige Salz mit schwefelsaurem Ammoniak. Es ist im Wasser löslich und lässt sich zuweilen, ohne dass man den Grund kennt, nicht hervorbringen. Ein analoges Natronsalz lässt sich nicht erhalten.

527. C h l o r z i r k o n i u m ZrCl entsteht unter Feuererscheinung, wenn Zirkonium in Chlorgas gelinde erhitzt wird. Dieses Chlorid soll nach B e r z e l i u s nicht flüchtig sein. Leitet man Chlorgas über ein inniges Gemenge von Zirkon (oder fein gepulverten Hyazinth) mit

Kohle, so bildet sich nebst Chlorkiesel auch ein Chlorzirkonium, das sich in den kälteren Theil der Röhre absetzt und flüchtig ist.

Löst man Zirkonhydrat in überschüssiger Salzsäure auf, so schiessen beim Verdunsten Krystalle an, die nach H e r m a n n $Zr_3,Cl_2O,8HO$ oder $ZrO,2ZrCl;8HO$ sind, während die darüber stehende Flüssigkeit fast kein Zirkon zurückhält. Man hat hierauf ein Verfahren gegründet das Zirkon vom Eisen zu trennen. Die Verbindung fatescirt an der Luft und ist in Wasser leicht löslich. Erhitzt man das trockene Salz vorsichtig bis es anfängt Salzsäure abzugeben und erhält es dann, so lange dies noch geschieht, in dieser Tpr., so bildet sich eine weisse im Wasser unlösliche Masse, welche Zr_3ClO_2 ist. Bei stärkerem Erhitzen derselben bleibt nichts als Zirkon zurück.

B r o m z i r k o n i u m ist im Wasser leicht löslich.

528. F l u o r z i r k o n i u m. Flusssäure nimmt so viel von Zirkonhydrat auf, dass der saure Geschmack gänzlich verschwindet. Bei gelinder Wärme scheiden sich Krystalle ab, die, wenn man sie in Wasser auflöst. in ein unlösliches basisches und in ein saures Salz zerfallen.

K a l i u m - Z i r k o n i u m - F l u o r i d (a) $K_2Zr_3F_5 = 2KF,3ZrF$ wird erhalten, wenn man concentrirtes Fluorzirkonium in Fluorkalium tropft. Beim umgekehrten Verfahren erhält man (b) $KZr_2F_3 = KF,2ZrF$.

529. S a l p e t e r s a u r e s Z i r k o n (a) ZrO,NO_5 erscheint beim Eintrocknen gummiartig. Mit einem Überschuss von Säure erhält man eine krystallinische Masse, deren Lösung noch viel Zirkonhydrat aufnehmen kann ; sättigt man sie damit, verdünnt und kocht sie dann, so scheidet sich ein basisches Salz (b) $2ZrO,NO_5$ ab. Erhält man das krystallinische Salz längere Zeit bei 100°, so verwandelt es sich in das Salz (c) $3ZrO,2NO_5$.

P h o s p h o r s a u r e s Z i r k o n fällt als eine gelatinöse, im Wasser unlösliche Masse nieder, wenn man zu einem Zirkonsalze Phosphorsäure hinzusetzt.

530 K o h l e n s a u r e s Z i r k o n $6ZrO,CO_2,6HO$ fällt zu Boden, wenn man so lange kohlensaures Kali zur Lösung eines Zirkonsalzes setzt als ein Niederschlag entsteht. Im zweifach kohlensauren Kali ist das Salz löslich.

O x a l s a u r e s Z i r k o n ist sowohl in Wasser als in einem Überschusse von Oxalsäure unlöslich.

531. K i e s e l s a u r e s Z i r k o n $2ZrO,SiO_2$ findet sich in der Natur als pyram. Zirkon. (Der Z i r k o n, Hiyazinth) $P = 123^o 19'$,

$84^0\,20'; a = V\,0,820$. Demselben ist meistens Eisenoxyd bis 2 Pct. beigemengt. Der Eudialith (rhomb. Almandin-Spath) enthält ebenfalls Zirkon und zwar nach Rammelsberg 16 Pct., er hat die Formel $3CaO[NaO,FeO,MnO,KO],ZrO,3SiO_2$. Nach den oben angeführten Untersuchungen Svanbergs bedürfen indess sowohl diese als die folgenden Analysen einer Berichtigung. Der Oerstedtit enthält 68,96 Pct. Zirkon und Titansäure, 19,7 Kieselsäure nebst Kalk, Magnesia und Eisenoxydul. Dem Malakon, welcher nach Scheerer pyramidal ist $(P = 124^0\,57'; 82^0)$ und eine Dichte von 3,89—3,93 hat, entspricht die Formel $2ZrO,SiO_2,HO$. Wie es scheint gehören auch der Zeagonit und Ostranit hieher.

Zirkon-Kiesel-Fluor $ZrSiF_s$ ist in Wasser leicht löslich und erscheint beim Abdampfen in perlmutterglänzenden Krystallen.

Borsaures Zirkon ist unlöslich.

XXIV. *Titan Ti = 24.*

Im J. 1791 zeigte W. Gregor, dass der Menakit ein eigenes Metalloxyd enthält, welches bald darauf (1794) Klaproth auch im Rutil fand und weiter untersuchte.

532. Das Titan (Menachin, Menakan, le titane) erscheint in kupferrothen, metallischen, glänzenden Hexaëdern, deren Dichte 5,3 beträgt; sie sind härter als Quarz, sehr spröde; schmelzen nur bei der stärksten Weissglühhitze und leiten die Elektricität sehr gut. Bei gew. Tpr. bleiben dieselben an der Luft unverändert; Schwefelsäure, Salpetersäure, Salzsäure, Chlorsalpetersäure und Flusssäure wirken selbst bei der Siedhitze auf krystallisirtes Titan gar nicht, auf fein vertheiltes nur sehr wenig. Ein Gemisch von Flusssäure und Salpetersäure löst es. Ebensowenig wird es bei Ausschluss der Luft durch Schmelzen mit kohlensaurem Kali oder Borax oxydirt.

Man erhält das Titan durch Reduction der Säure mit Kohle bei der stärksten Weissglühhitze. Hiezu muss man das Oxyd sehr fein pulvern und demselben nur so viel Kohle beimengen, dass durch dieselbe die Hälfte seines Sauerstoffes als Kohlenoxyd entfernt wird, weil sonst die Vereinigung der einzelnen Metallkügelchen zu einer grösseren Masse verhindert wird. Es ist hiebei vortheilhaft einen Kohlentiegel anzuwenden. Weit reiner, jedoch nur als unzusammenhängende Masse, erhält man es durch Erhitzen von Titanchlorid-Ammoniak in einer Atmosphäre von Ammoniak, was am leichtesten in einer Glasröhre geschieht, wobei der Apparat wie in (191) zusammengestellt sein kann, wo jedoch die Waschflasche etwas Wasser enthalten und hinter derselben eine Trocknungsröhre mit Ätzkali angebracht sein muss. Mit Wasserstoffgas lässt sich die Titansäure nicht zu Metall reduciren. Das Titan ist in der Natur noch nicht im reinen Zustande vorgekommen; aber Wollaston hat gezeigt, dass die schönen kupferrothen, tessularen Krystalle, welche man schon früher in mehreren Eisenschlacken von titanhältigen Erzen und auch im Roheisen, das sich am Bodensteine ablagert, fand, Titan sind. Das Titan zeigt in seinem chemischen Verhalten am meisten Ähnlichkeit mit dem Zirkonium.

533. (a) Titansäure TiO_2 = 40 (sonst auch Titanoxyd, acide titanique). Beim Erhitzen des Titans an der Luft verbrennt es zu Titansäure, und zwar um so leichter und lebhafter je feiner es vertheilt ist. In Wasserdampf glühendes Titan verwandelt sich ebenfalls in Titansäure, wobei das Wasser mit Lebhaftigkeit zerlegt wird. Die so entstandene Säure ist ein weisses, geschmackloses Pulver, das beim Erhitzen jedesmal gelb wird und nur im Knallgebläse schmelzbar ist. Die aus ihren Verbindungen abgeschiedene Titansäure ist anfangs gallertartig, geht, wenn das Wasser nicht eine Säure oder ein Salz enthält, leicht durch's Filter und ist vielleicht als ein Hydrat zu betrachten. Beim Erhitzen verliert sie anfangs alles Wasser und ist dann wahrscheinlich amorph, bei bedeutend stärkerem Erhitzen zeigt sie ein Erglühen, nach welchem sie dichter und viel schwieriger löslich ist als vorher. Sie röthet, selbst wenn sie schwach geglüht wurde, den Theil der Lackmustinktur, welchen sie einsaugt, nach stärkerem Glühen geschieht dies jedoch nicht mehr.

Die Titansäure findet sich in der Natur

a. als Anatas (pyramidales Titanerz), wo P = 97^0 56'; 136^0 22'; a = $\sqrt{6,24}$ und dessen Dichte 3,82—3,91 ist;

b. als Rutil (peritomes Titanerz), dessen Dichte 4,255 beträgt, wo sie zwar ebenfalls pyramidal, aber P = 117^0 2'; 95^0 13'; a = $\sqrt{1,2}$ ist und

c. als Brookit, der auch eine besondere Species bildet und dessen Grundgestalt ein Orthotyp ist, bei welchem P = 135^0 46'; 101^0 37'; 94^0 44'; a:b:c = 1:$\sqrt{3,237}$:$\sqrt{1,149}$ ist. Seine Dichte beträgt 4,17. Die Titansäure ist also trimorph. Die gefällte Titansäure hat bis zum anfangenden Glühen erhitzt eine Dichte von 3,671, einige Zeit stärker erhitzt, ist dieselbe 3,959 und nach der Weissglühhitze beträgt sie 4,158. Der anhaltenden Hitze eines Porzellanofens ausgesetzt, stieg ihre Dichte bis auf 4,229, welche Zunahme auch eintritt, wenn die Säure nicht so stark, aber anhaltend erhitzt

wird. Auch die Dichte des Anatas konnte auf diese Weise erhöht
werden.

Die geglühte sowohl als die natürliche Titansäure wird nur von
Flusssäure und, obwohl schwierig, von siedender Schwefelsäure
aufgelöst. Die gefällte, noch wasserhältige Säure hingegen ist leichter in Säuren löslich; insbesondere, wenn sie nicht mit heissem,
sondern mit kaltem Wasser ausgewaschen wurde. Kalte und concentrirte Säuren lösen sie rascher als verdünnte und heisse. Die
Titansäure verhält sich gegen stärkere Säuren wie eine schwache
Basis, sie löst sich in denselben und scheidet sich beim Kochen,
wenn die Lösung verdünnt genug ist und nicht zu viel freie Säure
enthält, als eine schwerlösliche, basische Verbindung ab. Beim Abdampfen erhält man nicht krystallisirbare Verbindungen, die beim
Erhitzen unlösliche Titansäure zurücklassen. Mit den Basen verbindet
sich die Säure meistens auf trockenem Wege zu Salzen, die
grösstentheils im Wasser unlöslich sind, im feingepulverten Zustande
von concentrirter Salzsäure gelöst werden und aus welchen verdünnte
kochende Säuren die Titansäure abscheiden. Sie wird aus ihren Lösungen sowohl durch reine als kohlensaure, so wie durch Schwefel-Alkalien und Ammoniak gallertartig gefällt, und ist in einem
Überschusse von kohlensaurem Alkali, jedoch nur schwierig löslich.
Aus der Lösung der Titansäure in Salzsäure, welche keine freie
Säure enthält, schlagen sowohl Schwefel-, Phosphor-, Arsen-,
Oxal- und Wein-Säure, als auch ihre Alkalisalze, besonders
vollständig beim Erwärmen, ein weisses Salz nieder, welches in Säuren
löslich ist. Für die Titansäure ist ihr Verhalten vor dem Löthrohre
charakteristisch. Sie gibt nämlich mit Boraxglas in der Oxydationsflamme ein klares, auch nach dem Erkalten farbloses Glas; bei einer
grösseren Menge der Titansäure kann das Glas weiss geflattert werden,
bei noch mehr wird es unter dem Abkühlen von selbst weiss. Bei einer
gewissen Menge der Säure ist die Probe in der Wärme gelb, beim
Erkalten aber wieder farblos. Mit Phosphorsalz verhält sich die Säure
eben so. In der Reductionsflamme gibt sie ein in der Wärme gelbes
Glas, das beim Abkühlen zuerst roth, dann schön violett wird. Ist
die Säure eisenhältig, so muss etwas Zinn zugesetzt werden, um
diese Reaction hervorzubringen. Sonst ist das Glas beim Abkühlen
braun. In Soda löst sie sich unter Brausen zu einem dunkelgelben
Glase, das beim Erkalten krystallinisch wird, und sich dabei wieder
bis zum Weissglühen erhitzt. Zur Darstellung der Titansäure bedient
man sich am häufigsten des Rutils und des Titaneisens, in welchem

die Titansäure mit Eisenoxydul in Verbindung ist. Der geschlämmte Rutil wird, nach Berthier, mit 3 Theilen kohlensaurem Kali geschmolzen und die geschmolzene Masse so lange mit Wasser ausgewaschen, bis dieses anfängt trübe durch's Filter zu gehen. Der Rückstand ist nun mit Eisen und oft auch mit Zinn und Mangan verunreinigtes titansaures Kali. Um daraus die Titansäure rein zu erhalten, wird es in concentrirter Salzsäure gelöst und Hydrothion durchgeleitet, wodurch die damit fällbaren Metalle abgeschieden werden. Nun bringt man die klare Flüssigkeit in eine verschliessbare Flasche, fällt alles durch Schwefel-Ammonium, wäscht den schwarzen Niederschlag durch Aufgiessen von Wasser und Absetzenlassen aus, und behandelt denselben mit schwefliger Säure wie in (525) angegeben wurde. Das Titaneisen kann ganz auf dieselbe Art behandelt werden, nur muss man es vorher so lange mit Salzsäure digeriren, als dieses noch Eisen auszieht. Durch Erhitzen desselben mit Schwefel lässt sich auch das Eisen entfernen, indem es in Schwefeleisen verwandelt wird, das sich leicht in Säuren löst. Im Kleinen lässt sich der Rutil auch leicht durch Chlor aufschliessen, indem man denselben nach (535) behandelt.

(b) Titanoxyd $Ti_2O_3 = 72$. Diese Oxydationsstufe des Titans entsteht, wenn man Zink, Eisen oder Zinn in eine Auflösung der Titansäure in Salzsäure bringt, welche sich in einer Flasche mit einer unter Wasser tauchenden Gasableitungsröhre befindet. Die Flüssigkeit färbt sich anfangs blau, dann dunkelpurpurroth und zuletzt scheidet sich das Titanoxyd als ein dunkelviolettes Pulver ab. Es oxydirt sich so leicht zu Titansäure, dass es weder ausgewaschen noch getrocknet werden kann. Säuren lösen das Oxyd mit weinrother Farbe, diese Lösungen entfärben sich jedoch bei Zutritt von Luft durch Aufnahme von Sauerstoff sehr rasch. Nach Berthier erhält man dasselbe auf trockenem Wege in einem weit weniger leicht oxydirbarem Zustande, wenn man ein Gemenge von Titansäure, kohlensauren Natron und Schwefel zu gleichen Theilen mit $^1/_5$ Kohlenpulver gemischt in einem bedeckten Tiegel anfangs gelinde, dann bis zum starken Weissglühen erhitzt. Die erkaltete Masse wird gepulvert und mit Wasser ausgewaschen, wobei ein schwarzes Pulver zurückbleibt, das sich in Säuren mit rother Farbe löst und fast reines Titanoxyd ist.

(c) Titanoxydul. Wie es scheint gibt es ausser den beiden genannten Oxydationsstufen des Titans noch eine dritte, welche nach der Formel $TiO = 32$ zusammengesetzt ist, und sich bildet, wenn man Titansäure ohne sie vorher mit Kohle zu mischen in einem Kohlentiegel einer anhaltenden Weissglühhitze aussetzt. Die erhaltene Masse ist auswendig metallisch, inwendig schwarz und in allen Säuren gänzlich unlöslich. Durch Glühen an der Luft sowohl, als mit Salpeter wird dieselbe nur langsam oxydirt. In Phosphorsalz geschmolzen löst sie sich mit jener hyazinthrothen Farbe, welche die Titansäure im Reductionsfeuer zeigt.

534. Schwefeltitan $TiS_2 = 56$ erscheint in gelblichgrünen Blättchen, welche sich auf der Haut wie Talk verreiben lassen und einen gelben bronzeartigen Überzug bilden. Es wird erhalten, wenn man entweder Titansäure in einer Atmosphäre von Kohlensulfid oder mit einem Gemenge von 1 Th. trokenem kohlensaurem Natron, 1 Th. Schwefel und etwa $^1/_4$ Th. Kohle glüht, in welchem Falle man das Gemenge fest in einen Kohlentiegel drückt und auch mit Kohle bedeckt. Die erhaltene Masse wäscht man mit Wasser aus, behandelt sie dann mit Schwefelsäure und trennt zuletzt die gelben Blättchen durch Schlämmen von der übrigen Masse. Das Schwefeltitan verbrennt bei gelindem Erhitzen zu Titansäure, verpufft mit Salpeter, wird durch Chlor in Chlorid verwandelt und sowohl durch Salpetersäure und Salzsäure, als beim Glühen in Wasserdampf unter Entwicklung von Hydrothion oxydirt. Mit wässerigem Kali digerirt, zerfällt es in Schwefelkalium und titansaures Kali.

Schwefelsaure Titansäure $TiO_2, 2SO_3$. Fein geriebene Titansäure löst sich unter denselben Umständen in Schwefelsäure, wie das Zirkon. Den Überschuss der Säure kann man durch Erhitzen, welches jedoch nicht bis zum Glühen gehen darf, vertreiben. Das Salz ist in einer geringen Menge warmen Wassers löslich, eine grössere Menge zersetzt es, und in verdünntem Zustande gekocht, scheidet sich die Titansäure vollkommen aus. Dies geschieht aber nicht wenn die Lösung auch Zirkon enthält, so dass auf diesem Wege beide Stoffe nicht getrennt werden können. Setzt man zu einer gesättigten Lösung der Titansäure Schwefelsäure, so wird ein Salz gefällt, das nahe die Zusammensetzung $10TiO_2, SO_3, 10HO$ hat.

Schwefelsaures Titanoxyd-Kali scheint sich zu bilden, wenn Titansäure mit zweifach schwefelsaurem Kali geschmolzen wird. Durch Wasser wird es zerlegt.

535. Titanchlorid $TiCl_2 = 94,8; [TiCl^2] 6,836$ ist eine wasserhelle, schwere, rauchende Flüssigkeit von stechendem, scharfem Geruche, welche unter $76,3^{""}$ Druck bei 135^0 siedet. Man erhält es, nach **Dumas**, wenn man trockenes Chlor über ein gelinde erhitztes Gemenge von Titansäure und Kohle leitet. Man kann hiezu auch Rutil anwenden und das beigemengte Eisenchlorid durch abermahlige Destillation entfernen. Durch erhitztes Kalium oder Natrium wird es unter lebhafter Feuererscheinung zerlegt. Das Wasser wird vom Titanchlorid unter starker Erhitzung aufgenommen. Bei wenig Wasser scheidet sich eine feste krystallinische Verbindung ab, die sich in etwas mehr Wasser löst, und auch aus der noch verdünnten Lösung scheidet sich beim Kochen Oxychlorid ab. Beim Auflösen von Titansäure in Salzsäure erhält man eine gelbe Lösung, die sich eben so verhält.

Titanschwefelchlorid $Ti_3 SCl_9 = 3 TiCl_2, SCl_3$ wird sowohl beim Vermischen von Chlorschwefel mit Titanchlorid, als beim Behandeln des Schwefeltitans mit Chlor gebildet. Im ersteren Falle setzen sich beim Erkalten Krystalle ab, die öfter in Chlor sublimirt mit ziemlicher Wahrscheinlichkeit als nach der obigen Formel zusammengesetzt betrachtet werden können. Die Verbindung zerfliesst an der Luft und ist sowohl in Wasser als in mehreren Säuren löslich.

Chlortitan-Ammoniak erscheint als ein braunes, an der Luft Feuchtigkeit anziehendes Pulver, dessen Zusammensetzung nach H. Rose $2 H_3 N, TiCl_2$, nach Persoz $3 H_3 N, TiCl_2$ ist. Es wird gebildet, wenn man zu Titanchlorid trockenes Ammoniakgas treten lässt. Die Verbindung erfolgt zwar rasch und unter starker Erhitzung, welche gemässigt werden muss; es dauert aber doch einige Zeit bis dieselbe vollständig mit Ammoniak gesättigt ist. Es ist im Wasser grösstentheils ohne Zersetzung löslich und hinterlässt, bei Ausschluss der Luft erhitzt, metallisches Titan, während sich ein gelbliches Sublimat bildet, das als Chlortitan - Chlorammonium $3 H_4 NCl, 2 TiCl_2$ betrachtet werden kann.

536. **Titanfluorid** TiF_2 ist eine wasserhelle, an der Luft rauchende Flüssigkeit, welche erhalten wird, wenn man ein Gemenge von Flussspath und Titansäure in einem Platinapparate mit Schwefelsäure erhitzt. Beim Auflösen von Titansäure in Flusssäure und Abdampfen der Lösung bis zur Syrupconsistenz, erhält man das Fluorid in Verbindung mit Wasser; setzt man mehr Wasser hinzu, so wird es in eine weisse unlösliche Fluorverbindung, welche selbst beim Glühen nicht zersetzt wird, und in eine saure Flüssigkeit zerlegt, die man als HF, TiF_2 betrachten und **Wasserstoff - Titan - Fluorid** nennen kann. In demselben lässt sich der Wasserstoff durch andere Radicale ersetzen, wodurch viele neue Verbindungen von der Form der folgenden gebildet werden:

Kalium-Titan-Fluorid KF,TiF₂. wird durch Vermischen der vorigen Verbindung mit so viel Ätzkali, bis der Niederschlag nicht wieder verschwindet, gewonnen. Es ist im Wasser löslich und bleibt selbst beim Weissglühen unzersetzt. Die entsprechende Natrium-Verbindung ist im Wasser sehr löslich. Die Ammonium-Verbindung erscheint in glänzenden Schuppen, wird ebenfalls auf directem Wege erhalten und kann sich noch mit 1 Äq. Titanfluorid verbinden. Das Calcium-Titan-Fluorid ist krystallisirbar und wird durch Wasser zerlegt, die Magnium-Verbindung verhält sich eben so.

537. **Titansaures Kali** ist eine gelbliche, faserige, leicht schmelzbare Masse, die sich bildet, wenn man überschüssiges kohlensaures Kali mit Titansäure schmilzt, wo es sich in der unteren Schichte ansammelt, während die obere fast reines kohlensaures Kali ist. Es ist das neutrale Salz und wird durch Auswaschen mit Wasser, bis dieses anfängt milchig durch's Filter zu gehen, in ein saures Salz verwandelt, welches 18 Pct. Kali enthält. Behandelt man dieses mit Salzsäure und setzt Ammoniak zu, so scheidet sich ein Salz mit 8,7 Pct. Kali ab. Setzt man tropfenweise eine saure Lösung der Titansäure zu überschüssigem kohlensaurem Kali, so löst sich der entstehende Niederschlag beim Umrühren darin wieder auf, aber beim Kochen mit Zusatz von Salmiak wird Titansäure abgeschieden. Vom kohlensauren Natron gilt dasselbe. Bei Anwendung von kohlensaurem Ammoniak finden ähnliche Erscheinungen Statt, nur genügt hiebei zur Abscheidung der Titansäure das Kochen allein.

Titansaures Zirkon. Eine Auflösung der Titansäure wird besonders wenn sie sauer ist, durch schwefelsaures Kali nicht gefällt, was bei einer Zirkonlösung geschieht. Sind aber beide Lösungen vermischt, so wird aus derselben titansaures Zirkon gefällt. Hierin liegt der Grund, warum durch schwefelsaures Kali das Zirkon nicht von der Titansäure getrennt werden kann. Dies ist überhaupt bis jetzt nicht gelungen, denn auch Blutlaugensalz bringt in dem Gemenge beider Oxyde keinen Niederschlag hervor.

Der **Perowskit** scheint CaO,TiO₂ zu sein, er ist tessularisch.

3CaO,2TiO₂,3SiO₂ ist das **Sphen** (prism. Titan-Erz, Titanit), dessen Grundgestalt ein Hemiorthotyp ist.

XXV. Cer, XXVI. Lanthan, XXVII. Didym.

538. Im Jahre 1803 zeigte **Klaproth** und zugleich auch **Berzelius** mit **Hisinger**, dass der seiner grossen Dichte wegen schon von **Scheele** untersuchte Cerit (untheilbares Cerer-Erz) einen besonderen Grundstoff, das Cerium oder Cer enthalte, dessen Oxyd man Ceroxydul nannte und welches später auch in anderen Mineralien, wie im Gadolinit, Orthit, Allunit, Yttrocerit u. s. w. gefunden wurde. Mosander machte im J. 1839 die Entdeckung, dass der Cerit noch zwei andere Grundstoffe, die er Lanthan und Didym nannte, enthält, und dass der bis dahin für Ceroxydul gehaltene Körper ein Gemenge der Oxyde der drei genannten Grundstoffe ist. Da es bis jetzt noch nicht gelang diese Oxyde vollständig zu trennen, so kennt man weder ihre Äquivalente noch ihre näheren Beziehungen zu andern Körpern. Das Wesentlichste von dem was man jetzt von denselben weiss, ist Folgendes:

1. Das Cerium Ce nach Hermann $= 46$ hat zwei Oxydationsstufen, ein Oxydul CeO und ein Oxyd Ce_2O_3. Das schwach geglühte Oxyd ist nach Mosander citronengelb, nach langem und starkem Glühen wird es röthlich. Concentrirte Schwefelsäure löst es und zwar mit tiefgelber, wenn die Säure damit gesättigt ist, in's Rothe ziehender Farbe. Das Hydrat des Oxydes ist im feuchten Zustande hellgelb, beim Eintrocknen bildet es dunkelgelbe Stücke mit glasigem Bruch. Es löst sich in concentrirten Säuren mit gelber Farbe; verdünnte Säuren lösen es nicht, werden aber davon aufgenommen und bilden basische Salze. In Salzsäure löst es sich unter Chlorentwicklung zu Chlorür.

Das Ceroxydul entsteht, wenn man das kohlensaure Salz desselben in einem Strom von Wasserstoffgas sehr stark glüht. Das Hydrat des Oxyduls ist weiss und oxydirt sich an der Luft sehr schnell zu Oxyd.

Vor dem Löthrohre gibt das Ceroxyd in der Oxydationsflamme ein rothes oder bei geringerer Menge dunkelgelbes Glas, das beim Abkühlen blasser wird. In der Reductionsflamme wird das Glas heller. Mit Phosphorsalz bleibt es sowohl warm als kalt farblos, und ist auch bei starker Sättigung klar. In Soda ist das Oxyd unlöslich.

2. Das Lanthan La, dessen Äquivalent nach Hermann 48 ist (J. für pr. Ch. 34. 182), wird durch Reduction seines Chlorides mit Kalium, unter Feuererscheinung erhalten. Die Masse wird mit Alkohol von 0,9 zusammengerieben und dann mit absolutem Alkohol ausgewaschen, gepresst und im Vacuum über Schwefelsäure getrocknet. Es erscheint als eine bleigraue nicht geschmolzene Masse, die unter dem Polierstahl zusammenhängende glänzende Flitterchen bildet. Das Wasser wird davon langsam schon bei gew. Tpr., rasch beim Erwärmen zerlegt, wobei sich das Hydrat

seines Oxydes abscheidet. An der Luft entzündet sich das Lanthan schon bei gelindem Erhitzen und verbrennt zu Oxyd LaO. Dieses ist weiss, löst sich nach starkem Glühen leicht in Säuren und auch in siedender Salmiaklösung unter Abscheidung des Ammoniaks. Unter Wasser geht es in das Hydrat über. Die Salze desselben sind farblos und schmecken zusammenziehend, Kali, Ammoniak und Schwefelammonium fällen daraus das Hydrat als eine schleimige, schwer auszuwaschende Masse. Durch kohlensaure Alkalien wird es als kohlensaures Salz gefällt, das seine Kohlensäure nur in starker Hitze abgibt. Phosphorsaure und oxalsaure Salze geben darin weisse in Wasser nicht lösliche Niederschläge. Das Lanthanoxyd wird durch Kalium nicht zersetzt. Ausser dem Oxyde ist noch ein Superoxyd, jedoch nur in Verbindung mit Wasser bekannt. Vor dem Löthrohre schmilzt das Lathanoxyd sowohl mit Borax als Phosphorsalz zu einem klaren Glase, das bei grosser Sättigung im Erkalten zu einem weissen Email erstarrt.

3. Das D i d y m o x y d ist braun, wird aber durch starkes, anhaltendes Glühen schmutzig weiss, ohne sich dabei am Gewichte merklich zu ändern. Im Wasser scheint es sich nicht in Hydrat zu verwandeln, aber aus seinen Lösungen in Säuren, welche sich übrigens sowohl beim geglühten als beim ungeglühten Oxyde mit Leichtigkeit erhalten lassen, wird es durch Kalihydrat gefällt. Das Didymoxyd wird in der Reductionsflamme grau und schmilzt mit Borax oder Phosphorsalz zu einem klaren amethystfarben Glase zusammen.

Um aus dem C e r i t, den man als $2CeO[LaO,DO],SiO_2,2HO$ betrachten kann, und der noch geringe Mengen von Eisen, Yttrium, Kobalt, Kupfer und Wismuth enthält, die drei Oxyde darzustellen, wird derselbe geglüht, dann fein gepulvert und mit Salzsäure, der man nach und nach Salpetersäure zusetzt, digerirt, darauf Alles zur Trockenheit abgedampft und mit Wasser behandelt. Durch die von der zurückbleibenden Kieselsäure getrennte Flüssigkeit leitet man Hydrothion, filtrirt, oxydirt das Eisenoxydul wieder zu Oxyd, entfernt es dann durch bernsteinsaures Ammoniak, und fällt aus dem Filtrate die übrigen Oxyde mit überschüssigem Ammoniak. Man kann auch Alles durch Ammoniak fällen und dann den Niederschlag mit Oxalsäure digeriren, wodurch das Eisen gelöst wird, während sich die übrigen Oxyde mit der Oxalsäure zu unlöslichen Salzen verbinden. Da der Cerit nur durch öftere Behandlung mit Salzsäure und nur wenn er sehr fein gepulvert ist vollständig aufgeschlossen werden kann, so zieht man es auch vor Schwefelsäure hiezu anzuwenden.

Man bringt das Mineral zu diesem Behufe in überschüssige Schwefelsäure und erhitzt die Masse durch mehrere Stunden. Hiebei ist es nothwendig einen Überschuss von Schwefelsäure zu nehmen, weil sonst alles zu einer festen Masse erstarrt, die nur schwierig in Wasser aufgeweicht wird. Die schwefelsauren Salze werden nun mit kaltem Wasser ausgezogen, und Stücke von schwefelsaurem Kali in die Flüssigkeit gelegt um sie möglichst vollständig mit diesem Salze zu sättigen. Auf diese Weise bilden sich unlösliche schwefelsaure Doppelsalze der drei Oxyde mit schwefelsaurem Kali, die mit einer gesättigten Lösung des Salzes ausgewaschen werden. Durch Schmelzen dieser Salze mit kohlensaurem Natron werden die Oxyde abgeschieden und durch Auswaschen mit Wasser von den übrigen Stoffen gereinigt. Um nun die drei Oxyde zu trennen, kann man dieselben nach Berzelius in Salpetersäure lösen, die Flüssigkeit bis zur Trockenheit abdampfen und dann bis zur gänzlichen Verjagung der Salpetersäure glühen. Hiedurch wird das Ceroxyd in Säuren fast ganz unlöslich und man kann durch Digeriren desselben mit Salpetersäure, die frei von Untersalpetersäure und salpetriger Säure und mit 50 bis 100 Th. Wasser verdünnt sein muss, das Lathanoxyd mit sehr wenig Didymoxyd trennen. Aus der zurückbleibenden Masse lässt sich durch Salzsäure das Didymoxyd und der kleine Rest von Lanthanoxyd ausziehen, so dass nur Ceroxyd zurückbleibt, welches in diesem Zustande selbst in kochender Salzsäure nicht löslich ist. Setzt man diesem aber etwas Alkohol zu, so löst es sich schnell als Chlorür unter Chlorentwicklung.

XXVIII. *Yttrium*, XXIX. *Erbium*, XXX. *Terbium.*

539. Gadolin entdeckte im J. 1794 in einem im Feldspath von Ytterby in Roslagen in Schweden vorkommenden schwarzen Minerale eine eigenthümliche Erde, die man nach ihrem Fundorte Yttererde nannte. Das Mineral erhielt den Namen Gadolinit (hemiprism. Melan-Erz) und wurde dann noch an mehreren anderen Orten Scandinaviens gefunden. Spätere Untersuchungen haben aber gezeigt, dass die Yttererde Gadolin's ein Gemenge von nicht weniger als 6 verschiedenen Oxyden, deren Radicale damahls noch sämmtlich unbekannt waren, sei. Eckeberg zeigte im J. 1802, dass dieselbe noch ungefähr 10 Pct. des mittlerweile von Vauquelin entdeckten Glycins enthält und Berzelius schied im J. 1814 daraus Cer ab. Mosander wies ferner im J. 1841 nach, dass darin ungefähr 6 Pct. Lanthanoxyd enthalten seien und zuletzt

45*

im J. 1843 ist es demselben gelungen zu zeigen, dass die von allen bis dahin bekannten Stoffen befreite Erde ein Gemenge von drei neuen Oxyden sei, deren Radicale specifisch verschieden sind. Die Eigenschaften dieser Grundstoffe sind noch nicht gehörig ermittelt, da es bisher nicht gelungen ist sie vollkommen von einander zu trennen. Sie sind folgende:

1. Das Yttrium, dessen Oxyd die Yttererde (wohl besser das Ytter) ist, erscheint weiss. Mit concentrirten Säuren übergossen erhitzt es sich stark und ist darin leicht löslich; verdünnte Säuren lösen es weniger rasch. Es ist von allen dreien die stärkste Basis, die concentrirte Lösung schmeckt anfangs rein süss, dann zusammenziehend. Das schwefelsaure Salz ist weiss und luftbeständig, das salpetersaure Ytter und das Chlor-Yttrium zerfliessen an der Luft, letzteres ist nicht flüchtig. Vor dem Löthrohre verhält sich das Ytter wie das Glycin. Dasselbe gilt auch vom Terbin.

2. Das Terbium, dessen Oxyd Terbinerde (Terbin) genannt wurde, scheint ebenfalls weiss zu sein, seine Salze schmecken süss, werden beim Krystallisiren meistens amethystroth und haben eher eine Neigung an der Luft zu fatesciren als zu zerfliessen.

3. Das Erbium, dessen Oxyd Erbinerde (Erbin) heisst, ist, je nach seiner feineren oder weniger feinen Vertheilung, mehr oder weniger dunkelgelb, löst sich in Säuren zu farblosen Flüssigkeiten und gibt süss schmeckende, farblose, krystallisirbare Salze, die an der Luft unverändert bleiben. Im Reductionsfeuer wird es heller und in Borax löst es sich zu einem klaren farblosen Glase, das sowohl durch Flattern als auch bei völliger Sättigung durch Abkühlung milchig wird. Um diese Oxyde aus dem Gadolinit zu erhalten, wird das feingepulverte Mineral so lange mit Chlorsalpetersäure gekocht, bis es in ein farbloses Pulver verwandelt ist, dann alles im Wasserbade zur Trockenheit abgedampft, und die Masse mit Wasser behandelt, wo die Kieselsäure zurückbleibt. Zur klaren Flüssigkeit wird nun so lange oxalsaures Ammoniak gesetzt, als noch ein Niederschlag entsteht. Die Flüssigkeit enthält dann das Glycin und Eisenoxyd gelöst, während die Oxyde des Yttriums, Ceriums, Lanthans, etwas Manganoxydul und Kalk, sämmtlich als oxalsaure Salze, den Niederschlag bilden. Dieser wird geglüht, in Salzsäure gelöst und eine concentrirte Lösung von schwefelsaurem Kali zugesetzt, dann bringt man noch einige Krystalle dieses Salzes so in die Flüssigkeit, dass sie die Oberfläche berühren, um dieselbe mit dem Salze vollkommen gesättigt zu erhalten. Hiedurch werden Doppelsalze von schwefel-

sauren Kali mit den Cer- und Lanthan-Oxyden gefällt, welche in einer mit schwefelsaurem Kali gesättigten Flüssigkeit ganz unlöslich sind. Nachdem diese Doppelsalze durch Filtration von der Flüssigkeit getrennt und mit einer concentrirten Lösung von schwefelsaurem Kali ausgewaschen wurden, werden durch oxalsaures Kali die Doppelsalze der drei Oxyde mit oxalsaurem Kali nebst Manganoxydul und Kalk gefällt. Dieser Niederschlag wird geglüht, gut ausgewaschen und, um das Manganoxyd und den Kalk zu entfernen, in Salpetersäure gelöst, dann abgedampft und bei gelinder Wärme so lange geschmolzen bis das Mangansalz zerstört ist. Das Mangan bleibt zurück, wenn man die Masse mit Wasser auszieht, und nur die Waschwässer sind meistens manganhältig und müssen daher für sich auf dieselbe Art behandelt werden. Der Kalk wird dann durch Ammoniak unter den bekannten Vorsichten entfernt. Die Mittel, welche man besitzt, um die drei Oxyde von einander zu trennen sind noch sehr unvollkommen und gründen sich darauf, dass beim Zusatz von Ammoniak oder von oxalsaurem Ammoniak zur salpetersauren Lösung derselben, zuerst basisches salpetersaures Erbin, dann Terbin und zuletzt erst reines Ytterhydrat sich abscheidet. M o s a n d e r verfährt hiebei auf folgende Art: Einer, mit etwas Schwefelsäure sauer gemachten Lösung der drei Oxyde wird so lange eine Lösung von zweifach-oxalsaurem Kali zugesetzt, bis der entstehende Niederschlag anfängt sich wieder aufzulösen. Beim ruhigen Stehen der Flüssigkeit scheidet sich nun ein Niederschlag ab, den man durch Filtration absondert, wenn man sieht, dass er sich nicht mehr vermehrt. Hierauf setzt man auf's neue zweifach oxalsaures Kali zu und lässt ruhig stehen, bis sich ein gleich grosser Niederschlag gebildet hat. Wird dieses mit Zusatz von gleichviel des Fällungsmittels nach jeder Filtration fortgesetzt, so erhält man krystallinische Niederschläge, die sich anfangs in's Rosenrothe ziehen, aber zuletzt farblos erscheinen, und sich in demselben Verhältnisse schwer absetzen, voluminös bleiben und sich schwieriger auswaschen lassen. Die ersten dieser Niederschläge lassen beim Glühen ein dunkelgelbes, die darauf folgenden ein immer lichteres, die letzten ein weisses Oxyd zurück. Schüttelt man die so erhaltenen Niederschläge mit einem Gemenge von 49 Th. Wasser und 1 Th. Schwefelsäure, so löst die Schwefelsäure zuerst das Ytter auf, so dass nach jedem Schütteln mit einer neuen Portion Säure immer weniger gelöst wird und in demselben Verhältnisse das Ungelöste beim Glühen immer gelber erscheint. Hat man nun auf diese Weise das Ytter ausgezogen, so wird das rück-

ständige oxalsaure Salz gewaschen, geglüht, die Erde in Salpetersäure aufgelöst und die Lösung, welche nicht zu verdünnt sein muss,
mit gepulvertem schwefelsauren Kali gemengt, bis sie damit ganz
gesättigt ist. Dadurch wird das gelbe Erbin als ein Doppelsalz abgeschieden, welches in der mit dem Kalisalze gesättigten Flüssigkeit schwer löslich ist, sich aber in reinem Wasser leicht löst. Glücklicher Weise ist das Doppelsalz des Terbins mit schwefelsaurem Kali
in der Flüssigkeit löslich, so dass auf diese Weise das Erbin von dem
Terbin geschieden werden kann. Aus dem Erbin-Doppelsalze wird,
nachdem es in reinem Wasser aufgelöst worden ist, das Erbin durch
kaustisches Kali niedergeschlagen, gewaschen und geglüht. Dasselbe
kann auch mit einem oxalsauren Salze gefällt werden, aber dann
muss man es glühen und das kohlensaure Kali durch Auswaschen
entfernen.

Das Ozon.

540. Die Ursache des eigenthümlichen Geruches, welcher
sich beim Ausströmen der Elektricität verbreitet und auch in Räumen
wahrgenommen wird, durch welche der Blitz fuhr, wurde erst in
neuerer Zeit zum Gegenstand wissenschaftlicher Forschungen gemacht. F a r a d a y zeigte zuerst, dass ein mit Jodkaliumkleister,
das ist mit Stärkekleister dem etwas Jodkalium zugesetzt wurde,
bestrichenes Papier durch die ausströmende Elektricität blau gefärbt
wird; schrieb diese Erscheinung aber der directen elektrolitischen
Wirkung der Elektricität auf das Jodkalium und in dem Falle, wenn
Funken durch die Luft schlagen, der Salpetersäure zu. S c h ö n b e i n
(Pogg. Ann. 50. 616. 1840) nahm den elektrischen Geruch auch
bei der Elektrolyse des Wassers wahr und wurde dadurch veranlasst,
denselben zum Gegenstande einer besonderen Untersuchung zu machen, die zur Entdeckung mehrerer interessanter Thatsachen führte.

Zum Verständniss des Folgenden wird es gut sein gleich hier
anzuführen, dass den vorliegenden Thatsachen zu Folge, die Ursache des elektrischen Geruches ein eigenthümlicher Körper, das
O z o n (von όζω ich rieche) ist, welchen isolirt darzustellen jedoch
bisher nicht gelang und dessen Natur daher noch in völliges Dunkel
gehüllt ist. Der grösseren Bequemlichkeit wegen, werden aber im
Folgenden häufig die Worte O z o n und o z o n i r t statt der längeren
Umschreibung gebraucht werden.

Die über das Ozon bisher ermittelten Thatsachen sind folgende:

1. Das bei der Elektrolyse des Wassers entweichende Gasge-

menge zeigt unter gewissen Umständen den elektrischen Geruch in sehr hohem Grade. Bei Anwendung von reinem, ganz luftfreiem Wasser, das mit reiner Schwefelsäure versetzt ist, dauert nach de la Rive und Marignac, bei gleicher Stromstärke und gehöriger Abkühlung der Flüssigkeit, die Ozonbildung ohne Schwächung fort.

2. Fängt man die beiden Gase abgesondert auf, so erscheint der Geruch nur an der positiven Elektrode, also beim Sauerstoff, während er an der negativen niemahls zu bemerken ist.

3. Der Geruch dauert noch fort, wenn auch die Elektrolyse des Wassers bereits aufgehört hat. Auch lässt sich das mit demselben behaftete (ozonirte) Gas in verschlossenen Gefässen beliebig lange aufbewahren, ohne dass dieser Zustand verschwindet.

4. Ist die Anode aus einem anderen Metalle als aus Gold oder Platin verfertigt, so tritt der elektrische Geruch gar nicht auf.

5. Ozonbildung findet Statt, wenn das zu elektrolisirende Wasser mit reiner Schwefelsäure, Phosphorsäure, Salzsäure oder den Salzen dieser Säuren, wenn sie nicht durch eine leicht oxydirbare Basis gebildet wurden, leitend gemacht ist; wurden dem Wasser hingegen Chlorüre, Bromüre, Jodüre, Oxydulsalze oder überhaupt höher oxydirbare Körper, wie z. B. salpetrige Säure, Kohlensulfid etc. zugesetzt, so findet sie durchaus nicht Statt. Aus diesem Grunde wird daher auch kein Ozon gebildet, wenn die zum Ansäuren des Wassers dienende Schwefelsäure nicht frei von salpetriger Säure, oder wenn die Oberfläche der als Anode dienenden Platinplatte nicht vollkommen rein ist.

6. Die Bildung des Ozons hört ferner sogleich auf, wenn das elektrolisirte Wasser stark erwärmt wird, oder wenn man das ozonirte Gas durch eine Glasröhre leitet, die auch nur an einer Stelle bis zum schwachen Glühen erhitzt wird; oder endlich, wenn man erhitztes Platin oder Gold in eine Flasche hält, in welcher sich ozonirtes Sauerstoffgas befindet.

7. Das Ozon wird auch durch Kohlenpulver, fein vertheiltes Silber, Eisen, Zink, Blei, gepulvertes Arsen, Antimon, Wismuth oder auch durch Quecksilber und überhaupt durch alle oxydirbaren Körper, welche das Entstehen desselben verhindern, zerstört. Ebenso wirken die meisten Körper organischen Ursprunges, wie Stroh, Sägespäne, Milch, Blut etc.

8. Ozonirte Luft wirkt ferner stark bleichend, auf Lackmus, Veilchen und selbst auf Indigo. Eingeathmet erregt sie Husten und katarrhalische Affectionen.

9. Ozonirte Luft zerlegt Jodkalium, das Jod wird abgeschieden, und daher auch Jodstärke-Kleister durch dieselbe gebläut Diese Reaction ist in der That die empfindlichste auf das den elektrischen Geruch erregende Princip. Blutlaugensalz erleidet durch eine auf Jodstärkekleister wirkende Atmosphäre ganz dieselbe Veränderung wie durch Chlor, indem es bald tiefer gelb wird und in einer Eisenoxydullösung einen Niederschlag von Berlinerblau hervorbringt. Hydrothion wird durch das Ozon zerstört, Schwefelblei auf Papier vertheilt wird darin weiss, indem es in schwefelsaures Bleioxyd übergeht. Schweflige Säure wird durch Ozon in Schwefelsäure verwandelt. Viele Oxyde werden durch dasselbe zu Superoxyden.

10. Reine, vollkommen trockene Platin- oder Gold-Platten werden in einer ozonirten Atmosphäre schon nach kurzer Zeit, wie in einer Atmosphäre von Chlor oder Brom, negativ polarisirt. (107.) Bringt man eine so polarisirte Platte in eine Atmosphäre von Wasserstoffgas, so wird zuerst ihr Polarisationszustand aufgehoben, bei längerem Eintauchen aber der entgegengesetzte hervorgerufen. Auch die aus Metallspitzen strömende Elektricität bewirkt eine negative Polarisation der entgegengehaltenen Platinplatte.

11. Ausser auf dem eben angegebenen, lässt sich auch, wie ebenfalls Schönbein gezeigt hat, auf rein chemischem Wege Ozon erzeugen, was um so merkwürdiger ist, als man noch gar keinen Zusammenhang zwischen beiden Verfahrungsarten kennt. Bringt man nämlich ein Stückchen feuchten Phosphor, bei ungefähr 16° in eine Flasche; so ist diese bald mit dem eigenthümlichen Phosphorgeruche, der von dem des Ozons ganz verschieden ist, erfüllt; nach etwa 10—12 Minuten hat sich aber dieser Geruch gänzlich in den des Ozons umgewandelt und nun zeigt diese Atmosphäre alle oben angegebenen Reactionen desselben auf eine sehr auffallende Art. Besonders merkwürdig sind in dieser Hinsicht die Polarisations-Erscheinungen. Unmittelbar nach dem Einbringen des Phosphors in die Atmosphäre wird eine Platinplatte anfangs schwach, dann immer stärker positiv polarisirt, bis ein Maximum in diesem polarisirenden Vermögen der Atmosphäre eingetreten ist. Bald nachher nimmt dieses Vermögen ab und die Atmosphäre zeigt sich ganz indifferent gegen das Platin. Dieser Zustand dauert indess nur kurze Zeit und demselben folgt, mit steigender Stärke ein negativ polarisirendes Vermögen der Atmosphäre, mit welchem zugleich der Ozongeruch und alle andern Reactionen desselben auftreten. Bei einer Tpr., die nahe an 0° ist, erhält die Luft zwar das positive Polarisationsvermögen,

dieses geht aber dann weder in das negative über, noch erfolgt die Bildung von Ozon, indem keine der Erscheinungen, die es hervorbringt bemerklich wird. Bei 28—30° erfolgt die Ozonbildung sehr schnell, denn bringt man in eine Flasche etwas Wasser von dieser Tpr. und zugleich etwas Phosphor, so enthält dieselbe nach einigem Schütteln soviel Ozon als möglich. Da übrigens der Phosphor selbst Ozon absorbirt (7) so erzeugt sich mehr Ozon in einem Ballon, als wenn man Luft über Phosphor leitet, der sich in einer Röhre vertheilt befindet.

Das Leuchten des Phosphors steht ferner in einer merkwürdigen Beziehung zur Ozonbildung. Derselbe leuchtet nämlich niemahls, wenn sich kein Ozon bilden kann oder wenn das gebildete sogleich wieder zerstört oder gebunden wird. Bei niederer Tpr. leuchtet der Phosphor nicht und wie oben angeführt wurde, findet dann auch keine Ozonbildung Statt. Leitet man aber über Phosphor, der wegen zu niedriger Tpr. nicht leuchtet, den aus einer Metallspitze strömenden elektrischen Büschel, so leuchtet er unter Ozon - Bildung mit grosser Lebhaftigkeit fort, und windet man einen Kupferdrath um eine Phosphorstange, so dass die Spitze desselben etwas über den Phosphor hervorragt, während das andere Ende des Drathes mit der Maschine in Verbindung ist, so tritt beim Drehen derselben an der Spitze des Drathes ein leuchtender Kegel hervor, dessen Länge mehr als 2 Fuss betragen kann. Diese schöne Erscheinung tritt selbst dann ein, wenn die Tpr. mehrere Grade unter 0° ist, wobei der Phosphor allein gar nicht leuchten würde. Der in (308) angeführte räthselhafte Umstand, dass gewisse leicht oxydirbare Körper das Leuchten des Phosphors hindern, wäre dann insofern erklärt, als nach (7) dieselben Körper auch das Ozon sogleich zerstören.

12. Reines Sauerstoffgas, Stickgas, Wasserstoffgas oder Kohlensäure können durch Phosphor, auf die angegebene Art ebensowenig, als durch Schwefelsäure vollkommen getrocknete Luft ozonirt werden. Ein Gemenge von 1 V. Sauerstoffgas mit 4 V. Kohlensäure oder von Sauerstoff- und Wasserstoff Gas gibt aber, wenn Feuchtigkeit vorhanden ist, bei 28—30° reichlich Ozon.

13. Leitet man, nach W i l l i a m s o n, mit Chlorcalcium getrocknete, ozonirte Luft, über glühendes Kupferoxyd, so erhält man Wasser. Höchst fein vertheiltes Silber, wie man es durch Erhitzen des essigsauren Silberoxydes erhält, verschluckt das Ozon begierig, gibt aber nach M a r i g n a c nichts als etwas Silberoxyd; in Jodkalium, das lange genug der Einwirkung von ozonirter Luft ausgesetzt war, konnte

er nichts anderes als jodsaures Kali mit Spuren von Kohlensäure finden. Schönbein hat schon früher gezeigt, dass durch das Ozon das Jod in Jodsäure verwandelt wird und dass es überhaupt oxydirend wirkt, wie schon aus den in (9) angegebenen Wirkungen hervorgeht.

Fasst man die hier angeführten Thatsachen zusammen, so geht aus denselben, so unvollständig ein grosser Theil der Versuche auch noch ist, doch mit grosser Wahrscheinlichkeit hervor, dass das Ozon nichts als eine besondere, von Thenard's Wasserstoffsuperoxyd verschiedene Oxydationsstufe des Wasserstoffes sei. Aus dieser jetzt fast durchgehends angenommenen Ansicht lassen sich alle bisher bekannten Erscheinungen desselben sehr genügend erklären und selbst die Entstehung des Ozons, wenigstens die auf elektrolytischem Wege, lässt sich aus derselben noch am ersten begreifen. Die Entstehung desselben auf chemischem Wege, so wie vieles Andere, bleibt indess noch immer unerklärt, wenn man sich nicht sehr willkührliche Annahmen erlauben, und durch andere Thatsachen bereits wohl begründete Vorstellungen in Frage stellen will. Dass man vollends, um das Verhalten des Ozons zu erklären, nicht nöthig hat zur alten Ansicht über das Chlor zurückzugehen, darin werden wohl bei weitem die meisten Chemiker einig sein.

Über das Ozon ist nachzusehen: Pogg. Ann. Schönbein 50, 616. 59, 240. 63, 520. 65, 69 etc., 66, 291. 67, 78 etc., 68, 37 etc. De la Rive 54, 404. Fischer 66, 163. Schönbein über die Erzeugung des Ozons auf chemischem Wege. Basel 1844. Williamson Ann. der Ch. u. Pharm. 54, 127. Marignac Comptes rend. Mars 1845.

Zusätze und Verbesserungen.

S. 7 Z. 9 v. o. l. das st. ein.

» 20 » 2 » u. ist bei Chromium das Sternchen wegzulassen, und dafür zu Chlorum zu setzen.

» 21 » 12 » o. l. Te statt Tl bei Tellur.

» 46 » 5 » u. l. S statt O.

» 47 » 17 » o. l. S statt O.

» 95 » 13 » u. l. obwohl die Grundgestalt des letzteren statt deren Grundgestalt.

» 125 » 16 » u. l. vorgenommen statt wahrgenommen.

» 145 » 6 » o. l. anzunehmen dass, statt angenehmer sei.

» 155 » 14 » o. ist zwischen sich und wie das Wort verkehrt einzuschalten.

» 159 müssen in der Figur die Pfeile umgekehrt stehen.

» 160 gilt dasselbe.

» 169 » 10 » u. l. negativ statt positiv, ferner Z. 9 l. Kupfers statt Zinkes, und endlich Z. 8 l. positive statt negative.

» 182 » 6 » o. l. Kugeln statt Kreise.

» 242 ist die Zeile 14 v. o. wegzulassen.

» 249 muss man sich in der Figur die Vorlage mit dem Ende D an die Flasche angesteckt denken.

» 257 und 258 ist durchgehends hemiorthotyper Schwefel statt prismatoidischer zu setzen.

» 259 Z. 2 v. o. l. 1,931 statt 1,957.

» 262 » 17 » o. ist nach anhydre einzuschalten: Monothionsäure nach Berzelius.

» 268 » 5 » u. l. Berzelius statt Dr. Köller.

» 270 » 5 » u. ist hinter Eisenoxyd das Wort Porzellanstücke einzuschalten.

» 270 » 9 » u. l. Zur Flüssigkeit condensirt statt Die.

» 270 » 7 » u. ist das aber wegzulassen.

» 271 » 17 » u. l. $4(KO,SO_2)$ statt $4KO,SO_2$ und $3(KO,SO_3)$ statt $3KO,SO_3$.

» 279 » 4 » u. fehlt die Benennung hydrothionige Säure.

» 281 » 4 » o. fehlt das Wort Kaliumsulfid.

» 284 » 16 » u. l. gewöhnliche Gestalt statt Theilbarkeit.

» 285 » 5 » u. ist hinter Kali einzuschalten (a) neutrales.

» 286 » 8 » o » » entweicht » (b) saures.

S. 286 Z. 14 v. o. l. schweflige Säure statt Schwefelsäure.

» 289 » 7 » u. l. $\overline{Pr}$ statt Pr.

» 290 » 15 » o. l. beidemahl $\breve{Pr}$ statt Pr.

» 290 » 13 » o. l. 58′ statt 18′.

» 309 » 15 » o. l. Überchlorsäure statt Unterchlorsäure.

» 809 » 15 » o. l. die Chlorsäure statt diese Säure.

» 309 » 13 » u. l. 15,85 statt 12.

» 319 » 18 » u. ist vor t einzuschalten nach Fuchs.

» 330 » 18 » u. ist vor Diese einzuschalten: (Fünffach schwe-
           felsaurer dreifach Chlorschwefel).

» 339 » 1 v. u. l. $\overline{Pr} + \infty$ statt $Pr + \infty$.

» 854 » 7 » o. l. jodsaures statt chlorsaures.

» 364 » 17 » o. l. salpetrige Säure, statt Untersalpeter-
           säure.

» 378 » 15 » u. l. Th. statt Pf.

» 384 » 8 » u. l. $\breve{Pr} + 1$ statt $Pr + 1$ und Z. 7 $\breve{Pr}$ statt Pr.

» 388 » 13 » u. l. schweflige statt salpetrige.

» 393 » 1 » o. l. mehr statt 1 Äq. Dieselbe Zeile ist das mehr
           nach Schwefelsäure zu streichen.

» 393 » 18 » o. l. oder statt und.

» 402 » 9 » o. ist der Satz von Man kann bis hat auf Z. 13 weg-
           zulassen.

» 404 » 4 » o. l. Stickoxyd statt Stickoxydul.

» 404 » 16 » o. l. Stickoxyd statt Stickoxydulgas.

» 404 » 18 » o. ist sogleich wegzulassen.

» 408 » 7 » o. ist halben vor Stunde einzuschalten.

» 424 » 9 » u. ist das Wort Salpeter wegzulassen.

» 436 » 18 » o. ist nach fällen zu setzen: sie mögen 1 Äq. basi-
           sches Wasser enthalten oder wasserfrei sein.

» 436 » 10 » u. l. unmittelbar statt sogleich.

» 440 » 10 » o. l. 3HO statt 9HO; 6HO ist wegzulassen.

» 444 » 12 » u. l. Salzsäure statt Salzlösung.

» 447 » 8 » o. l. $5PCa_2$ statt 5PCa.

» 448 » 17 » u. l. selbst statt sehr.

» 448 » 15 » u. l. nicht selbstentzündliches statt unent-
           zündliches.

» 452 » 18 » o. l. $\overline{Pr}$ statt Pr und $-\breve{Pr}/2$ statt $-Pr/2$. Z. 11 v. u.
           ist $P - \infty$ nach sind wegzulassen, dafür aber
           vor $\overline{Pr}$ zu setzen.

» 467 » 19 » o. ist nach rhomboëdrisch zu setzen: $R = 123°$
           55′; $a = \sqrt{0,94}$; g. Com. $R - \infty$. $P + \infty$.

» 475 » 7 » u. l. grösseren statt gewissen.

» 510 » 15 » o. l. Hydrocyan statt Hydrogen.

» 520 » 7—9 l. überall 2AgO statt AgO.

» 521 » 5, 9 und 12 v. u. l. sulfür statt sulfid.

» 521 » 12 » u. ist noch einzuschalten: Rhodanwasserstoff-
           säure nach Berzelius.

S. 524 Z. 10 v. o. l. **Überschwefelcyan - Wasserstoffsäure**
statt **Überschwefel - Wasserstoffsäure.**

„ 524 „ 10 „ o. ist noch einzuschalten: **Xanthanwasserstoff-**
säure nach Berzelius.

„ 525 „ 10 „ o. l. **Kohlensulfid** statt **Kaliumsulfid.**

„ „ „ 11 „ o. l. **4S** statt **2S.**

„ 527 „ 16 „ o. l. **Filtrat** statt **Filter.**

„ 529 „ 10 „ o. l. **H₂** statt **H.**

„ 576 „ 2 „ u. l. SiO_2 statt SO_2.

„ 588 „ 7 „ u. l. **Miller** statt **Müller.**

„ 595 „ 15 „ o. l. vor **Setzt Fluorammonium** statt **Fluorbor.**

„ „ „ 17 „ o. l. H_4NF,BF_3; $(2H_4NF,3BF_2)$ statt $3H_4NF,2BF_3$;
(H_4NF,BF_2).

„ „ „ 20 „ o. ist $4H_4NF + BO_3 = H_4NF,BF_3 + 3H_3N + 3HO$ statt
dem dortigen Schema zu setzen.

„ 596 „ 7 „ o. ist **jedoch wegzulassen.**

„ 603 „ 2 „ u. l. $BaO,HO,7HO$ statt $HO,BaO,8HO$.

„ 607 „ 19 „ o. l. $\breve{P}r + \infty$ statt $Pr + \infty$.

„ 610 „ 6 „ o. l. $\breve{P}r + \infty$ statt $Pr + \infty$.

„ „ „ 17 „ u. l. ClO_5 statt $ClO_{,5}$.

„ „ „ 2 „ u. l. **Chlorsäuren** statt **Chlorsäure.**

„ 613 „ 13 „ u. l. $2PO_5 (\beta)$ statt $2P_5 (\beta)$.

„ 617 „ 6 „ o. l. $SrO,9HO$ statt $SrO,10HO$.

„ 621 „ 4 „ u. l. **wird** statt **scheint.**

„ 621 „ 3 „ u. ist **zu werden** wegzulassen.

„ 624 „ 11 „ o. l. $\breve{P}r + \infty$ statt $Pr + \infty$.

„ 633 „ 9 „ o. l. $\breve{P}r + \infty$ statt $Pr + \infty$.

„ 667 „ 7 „ u. l. $3SiO_2$ statt $3,SiO_2$.

Seite 269 Zeile 15 von unten ist statt des Satzes, der mit **Das** anfängt, bis **durch** auf Zeile 8 von unten der folgende Satz einzuschalten: Man fällt aus derselben durch Barytwasser, oder nach **Heeren** besser durch Schwefelbaryum, das Manganoxydul, wodurch unterschwefelsaurer Baryt entsteht, den man, je nachdem das eine oder das andere Fällungsmittel angewendet wurde, entweder durch Kohlensäure oder durch Berührung mit atmosphärischer Luft von der im Überschusse zugesetzten Barytverbindung befreit. Der unterschwefelsaure Baryt wird

Zu **160.** Wenn in einer sauren Flüssigkeit, nachdem derselben etwas Chlorwasser zugesetzt wurde, mit Chlorbaryum ein Niederschlag von schwefelsaurem Baryt entsteht, während früher durch dasselbe Reagens kein Niederschlag entstand; so enthielt dieselbe eine niedrigere Oxydationsstufe des Schwefels. Mit Bestimmtheit lässt die schweflige Säure sich nachweisen, wenn man die zu untersuchende Substanz mit Salzsäure versetzt und die Flüssigkeit auf Zink giesst. Es bildet sich auf Kosten der schwefligen Säure Hydrothion, welches leicht durch die Lösung eines Bleisalzes erkannt wird. In vielen Fällen ist es nach Heintz noch zweckmässiger, die, wenn es nöthig ist, in Salzsäure gelöste Substanz mit einer Lösung von Zinnchlorür in verdünnter Salzsäure zu kochen. Ist die Menge der schwefligen Säure nicht sehr gering, so entsteht ein dunkler Niederschlag von Schwefelzinn und die Flüssigkeit riecht nach Hydrothion; ist die Menge der schwefligen Säure sehr gering, so entsteht dennoch bei Hinzufügung von etwas Kupfervitriol sogleich Schwefelkupfer.

Zu 160. Schweflige Säure wird unter einem Drucke von 0,725 Atm. bei — 17,8°[*]) flüssig unter 1 Atm. bei — 10°; unter 2 Atm. bei 8°; unter 3 Atm. bei 20°; unter 4 Atm. bei 29,4°; unter 5 Atm. bei 36,7° und unter 6 Atm. bei 43,3°. Bei — 76 erstarrt sie zu einer krystallinischen Masse, die dichter ist als die flüssige Säure.

Zu 167. Hydrothiongas wird unter einem Drucke von 1,02 Atm. bei — 73° flüssig; unter 2 Atm. bei — 50°; unter 2,86 bei — 40°; unter 3,95 Atm. bei — 31°; unter 5,1 Atm. bei — 23,3°; unter 6,1 Atm. bei — 17,8; unter 9,94 Atm. bei — 1,1°; unter 14,6 Atm. bei 11,1°. Fest wird dasselbe bei — 85,5°.

Seite 284 Zeile 13 von unten sind die zwischen Es und beträgt stehenden Worte wegzulassen und dafür folgende zu setzen: krystallisirt nach Mitscherlich (Pogg. Ann. 58,469) auch im rhomboëdrischen Systeme, ist also dimorph, die Abmessungen sind ungefähr R = 88° 14′ a = $\sqrt{}$ 4,945; Comb. R — ∞. R. Die Dichte des gewöhnlichen

Zu 198. Chlorochlorsäure ist etwas unter — 59,4 fest. Die Flüssigkeit lässt sich bis — 79° abkühlen ohne fest zu werden; berührt man sie aber bei dieser Tpr. mit einem Platindrath, so erstarrt sie sogleich.

Zu 203. Hydrochlorgas bedarf unter einem Drucke von 1,8 Atm. einer Tpr. von — 73° um flüssig zu werden; bei 5,08

---

[*]) In der Abhandlung Faraday's (P. A. Eng. B. 2. 193) sind alle Temperaturen nach der Fahrenheit'schen Scala angegeben, diese wurde hier mit Vernachlässigung der kleineren Bruchtheile, welche in diesem Falle ohnedies nicht in Betrachtung kommen, in die Celsische umgesetzt. Dasselbe gilt von den folgenden Bestimmungen Faraday's.

Atm. — 51°; bei 10,66° Atm. — 30°; bei 15,04 Atm. 17,8; bei 21,09 — 6,6°; bei 30,67 + 4,5°.

Zu **207.** Nach Versuchen von P o g g i a l e gelten für die Löslichkeit des reinen Kochsalzes folgende Zahlen:

bei —15°	Kochsalz	32,73	Theile
10°	″	33,49	″
5°	″	34,22	″
0°	″	35,52	″
+ 5°	″	35,63	″
9°	″	35,74	″
14°	″	35,87	″
25°	″	36,13	″
40°	″	36,64	″
50°	″	36,98	″
60°	″	37,25	″
70°	″	37,88	″
80°	″	38,22	″
90°	″	38,87	″
100°	″	39,61	″
109°,7	″	40,35	″

Zu **207.** Seite 319 Zeile 17 von unten ist nach l ö s t einzuschalten : oder 100 Theile Wasser lösen sehr nahe 37 Theile reines Kochsalz.

Zu **225.** H y d r o b r o m g a s verdichtet sich unter einem Drucke von weniger als 1 Atm. bei — 73°, bei — 87° erstarrt es zu einer klaren krystallinischen Masse.

Zu den §§., welche von dem Verhältnisse des Jodes zum Sauerstoff handeln, ist Folgendes hinzuzufügen: Nach einer Untersuchung von K o e n e (Pogg. Ann. 66. 302) gibt es auch eine u n t e r j o d i g e Säure, die mit der unterchlorigen Säure analog zusammengesetzt ist, also der Formel JO entspricht. Dieselbe kann weder isolirt noch an Wasser gebunden erhalten werden, da sie sich schon bei gew. Tpr., selbst wenn sie an Basen gebunden ist, rasch zerlegt, und zwar gerade so wie die unterchlorige Säure beim Erwärmen, nämlich in ein Jodmetall und in ein jodsaures Salz (194). Diese Säure bildet sich, wenn man eine Lösung von Jod in Alkohol mit Quecksilberoxyd schüttelt, das auf nassem Wege bereitet wurde. Die Lösung entfärbt sich nach wenigen Secunden fast gänzlich, nimmt aber, durch Asbest filtrirt, sehr bald die ursprüngliche braune Farbe wieder an.

Zu **236.** Seite 342 Zeile 2 von unten lies: zuweilen bei etwas raschem Verdunsten einer concentrirten Lösung der Säure unter der Luftpumpe über Schwefelsäure in weissen, glänzenden Flittern, statt in weissen Krystallen.

Zu 239. Hydrojodgas wird nach Faraday unter einem Drucke von nicht ganz 1 Atm. bei — 51° fest. Bei einer etwas höheren Tpr. ist es eine klare Flüssigkeit, deren Dampf eine Spannung besitzt, die etwas mehr als 1 Atm. beträgt. Bei — 17,8° beträgt sie 2,9, bei 0° 3,97 und bei 15,5° 5,86 Atm.

Zu 263. Stickoxydulgas erstarrt bei — 101°. Der Druck des Dampfes ist seiner Veränderlichkeit wegen schwierig zu bestimmen. Unter einem Drucke von 1 Atm. ist es bei — 87,2° flüssig; unter 2,03 Atm. bei — 70,5°; unter 6,09 bei — 48°; unter 10,85 Atm. bei — 34,5°; unter 17,7 Atm. bei — 20,5°; unter 28,9 bei — 4°; unter 33,4 Atm. bei 1,7°.

Zu 268. Ammoniakgas ist unter einem Drucke von 2,18 Atm. bei — 17,8° flüssig; unter 4 bei — 3,4°; unter 5 bei 4,2°; unter 6 bei 10,8°; unter 7 bei 16,3°; unter 8 bei 20,3°; unter 9 bei 26,7° und unter 10 Atm. bei 29,4°. Das flüssige Ammoniak hat bei 15,5° eine Dichte von 0,731. Bei — 75° wird es fest.

Zu 284. Nach Fritsche gibt es auch noch ein Vierfach-Schwefelammonium $H_4N_2S_4$, das man erhält, wenn man in die Flüssigkeit, aus welcher das Fünffach-Schwefelammonium krystallisirt hat, unter beständiger Abkühlung abwechselnd Hydrothion und Ammoniakgas hineinleitet, bis sie fast gänzlich zu einem krystallinischen Magma von gelber Farbe erstarrt ist. Erwärmt man die Masse im Wasserbade, so erhält man eine klare Flüssigkeit, aus welcher beim Erkalten grosse Krystalle von H_4NS_4 anschiessen. Sie geben an der Luft sehr rasch Schwefelammonium ab und zerfallen dabei in ein gelbes Pulver. Im Wasser sind sie sehr leicht löslich und die verdünnte Lösung zersetzt sich bald unter Abscheidung von Schwefel. In Weingeist lösen sie sich ebenfalls, die Flüssigkeit ist aber noch leichter zersetzbar als die vorige.

Zu 285. Nach einer Untersuchung von Jacquelain (Ann. de Ch. etc. 8, 293) hat das amorphe Sulfat-Ammon keine constante Zusammensetzung, sondern enthält wechselnde Mengen von Ammoniak absorbirt. Erhitzt man dasselbe bis 100°, so erhält man eine krystallisirte Verbindung von stets gleicher Beschaffenheit, welche nach der Formel $3H_3N,4SO_3$ zusammengesetzt ist. Man verschafft sich dieselbe am leichtesten, wenn man die durch Einwirkung der wasserfreien Schwefelsäure auf trockenes Ammoniak erhaltene Masse, wie sie ist, in einen Strom von Ammoniakgas schmilzt. Durch Auflösen der so entstandenen krystallinischen Verbindung in Wasser, erhält man schöne Krystalle von derselben Zusammensetzung. Die auf die oben beschriebene Art erhaltene krystallinische Masse ist an der Luft unveränderlich, löst sich unter Erkältung in Wasser, röthet Lackmus und kann ohne eine Zersetzung zu erleiden, geschmolzen werden. Bei stärkerem Erhitzen verwandelt sie sich in Ammoniak, schwefligsaures und saures schwefelsaures Ammoniak, das geschmolzen zurückbleibt. Die Lösung dieser Verbindung wirkt nicht auf eine Lösung von reinem Chlorbaryum, wird derselben aber etwas Ammoniak oder Barytwasser zugesetzt, so entsteht sogleich ein Niederschlag, der die Zusammensetzung $H_3N, 2BaO, 3SO_3$ hat, und in reinem Wasser leicht löslich, in alkalihältigem aber unlöslich ist. Mit bas. essigsaurem Bleioxyd gibt das Sulfat-Ammon Jacquelain's sogleich einen Niederschlag, der sich durch Hydrothion zerlegen lässt, wodurch eine nicht weiter untersuchte saure Flüssigkeit entsteht. Durch anhaltendes Kochen oder langes ruhiges Stehen wird die Lösung desselben in schwefelsaures Ammoniak umgewandelt. Diese Veränderung erfolgt auch ziemlich rasch, obwohl nicht immer vollständig, durch Chlor oder Salzsäure. Es löst sich in kalter concentrirter Schwefelsäure ohne merkliche Veränderung, beim Erwärmen entweicht jedoch schweflige Säure. Da das saure Sulfat-Ammon von Jacquelain auf eine andere Art dargestellt wurde, als das von H. Rose, so sind noch weitere Untersuchungen, die sich auch auf das Parasulfit-Ammon erstrecken, nöthig, um die Existenz eines neutralen Sulfat-Ammons H_3N, SO_3 in Zweifel ziehen zu können.

Zu **286.** Nach ein Zeile 2 von unten ist zu setzen: saures, schwefelsaures Ammoniak, welches die Formel $3H_3N, 4HO, 4SO_3$ hat und dessen Krystalle die Form des analogen Kalisalzes haben.

Zu **292.** Seite 396 statt Zeile 9 und 10 von unten ist das Folgende zu setzen: Bineau hat gezeigt, dass die erste Annahme die richtige, das Stickstoffchlorid also NCl_3 ist.

Zu **300.** Seite 401 Zeile 8 von unten ist statt jedoch bis sie auf Zeile 6 das Folgende zu setzen: Nach Bineau durch die empirische Formel HNJ_2 ausgedrückt wird, und welche mit dem Stickstoffchloride (292).

Zu **308.** Statt dem was Seite 432 zwischen obwohl Zeile 3 von oben bis entzündet auf Zeile 17 von oben steht, ist Folgendes zu setzen: Aus Versuchen von Fischer (J. f. Ch. 35. 842) über das Leuchten des Phosphors ergibt sich Folgendes: In freier Luft leuchtet der Phosphor mit Rauchen noch bei 0°, ohne Rauchen noch bei — 6°. Unter dieser Tpr. leuchtet derselbe gar nicht mehr. In einer mit Wasser abgesperrten Glocke leuchtet der Phosphor der Tpr. entsprechend unter beständigem Aufnehmen von Sauerstoff, und zwar nur so lange als solcher vorhanden ist. In Glocken, die mit Quecksilber abgesperrt sind, findet in dem Maasse schwächeres Leuchten und schwächere Absorption von Sauerstoff Statt, als die Luft und der Phosphor trocken sind. Vom Phosphor, der in verschlossenen Gefässen aufbewahrt wird, gilt ganz dasselbe. In Sauerstoffgas verhält sich der Phosphor im Allgemeinen wie in atm. Luft, nur leuchtet er darin weit heller, aber es ist hiezu eine höhere Tpr. nothwendig. Bei 14° leuchtet der Phosphor, verlischt aber nach einiger Zeit. Bei 20° leuchtet er immerfort, das Leuchten ist aber nicht continuirlich, sondern periodisch stärker und schwächer. Ungeachtet des stärkeren Leuchtens wird aber doch, vorausgesetzt dass die Tpr. nicht über 20″ ist, das Sauerstoffgas nicht so rasch absorbirt als in atm. Luft. Im Vacuum des Barometers, in Wasserstoff-, Kohlensäure-, Kohlenoxyd-, Cyan- und Stick-Gas leuchtet der Phosphor nicht, wenn sie vollkommen frei von Sauerstoffgas sind. Enthalten diese Gase etwas davon, so leuchtet der Phosphor darin einige Zeit lang fort; hat aber das Leuchten in diesem Falle einmahl, z. B. bei 15°, aufgehört, so lässt es sich durch Erhöhung der Tpr. nicht wieder hervorrufen. Lässt man in einen Recipienten, welcher Luft enthält, in der Phosphor nicht mehr oder in welcher er nie geleuchtet hat, atm. Luft hineintreten, so füllt sich der innere Raum desselben mit einer helleuchtenden Atmosphäre, die aber nach einiger Zeit wieder verlischt, und lässt man den Phosphor darin, so wird derselbe für einige Zeit wieder leuchtend. Am schönsten ist diese Erscheinung im Wasserstoffgas. Aus diesen Versuchen geht hervor, dass das Leuchten des Phosphors wirklich ein Oxydationsphänomen ist. In einem Raume, welcher noch freien Sauerstoff enthält, kann also kein Phosphordunst enthalten sein, da Phosphordunst erst als solcher bestehen kann, wenn der Sauerstoff consummirt ist, woraus sich die zuletzt angegebenen Erscheinungen erklären.

Zu **309**. Auf Seite 435 Zeile 13 von unten ist alles was nach S a l z e bis zum Absatze kommt wegzulassen und dafür das Folgende zu setzen: die nur ein Äq. oder auch gar kein basisches Wasser enthalten, sind: mit andern durch dieselben zerlegbaren Salzen wieder dreibasige Salze zu bilden, also z. B. mit dem Silbersalze einen gelben, mit salpetersaurem Bleioxyde einen weissen Niederschlag von dreibasigen, phosphorsauren Silber- oder Bleioxyde zu geben, ferner in Kalk-, Baryt- und Strontian-Wasser, dann in den Lösungen von Baryum-, Calcium- und Strontium-Chlorid einen weissen Niederschlag hervorzubringen. Die dreibasigen Salze mit 2 Äq. basischem Wasser, so wie auch das dritte Hydrat der Phosphorsäure selbst, verhalten sich jedoch nur nach Zusatz von Ammoniak oder eines Alkalis ebenso. Das dritte Hydrat macht das Eiweiss nicht gerinnen.

Seite 438 Zeile 1 von unten ist alles von Um bis Verfahren wegzulassen und dafür das Folgende zu setzen: auch die darin enthaltene Magnesia zu entfernen und sie überhaupt ganz rein zu erhalten, muss man nach Gregory (Ann. der Ch. u. Ph. 54. 94.) wie folgt verfahren: Man dampft die auf die in (309) angegebene Art vom Kalk befreite Säure in einer Platinschale so weit ab, bis sie beim Erkalten dick wird und schon Dämpfe von Phosphorsäure mit wegzugehen anfangen, was bei 315° geschieht. Die Säure trübt sich, einige Zeit bei dieser Tpr. erhalten, plötzlich durch die Abscheidung eines weissen Pulvers, das anderthalb phosphorsaure Magnesia ist (494) und beim Erkalten krystallisirt auch das zweite Hydrat der Säure in unregelmässigen Körnern heraus. Durch Behandeln mit Wasser lässt sich nun das unlösliche Salz, welches alle Magnesia enthält, von der reinen Säure trennen. Dieses Verfahren dürfte besonders im Grossen Anwendung finden. Die rohe Phosphorsäure lässt sich auch durch Sättigen mit Ammoniak und nachheriges Abdampfen reinigen, dies ist aber weniger zweckmässig als das so eben angegebene Verfahren, weil dazu eine hohe Tpr. nothwendig ist und die Platingefässe stark angegriffen werden.

Zu **332.** Nach Cauvy erhält man die Verbindung des Phosphors mit Jod, die der Formel P_2J_3 entspricht, in schönen rothen Krystallen, wenn man beide Körper in dem entsprechendem Verhältnisse in Phosphorchlorür löst. Die Krystalle schmelzen zwischen 120°—130° und werden bei stärkerem Erhitzen zerlegt. Durch Wasser und feuchte Luft werden sie in die im §. angegebene Verbindung zerlegt.

Zu **342.** Kohlensäuregas wird unter einem Drucke von 1,14 Atm. bei — 79,4° flüssig; unter 2,28 bei — 70,5°; unter 4,60 bei — 59,4°; unter 8,88 bei — 45,5°; unter 15,45 bei — 30,5°; unter 22,84 bei — 17,8°; unter 30,65 bei — 6,67°; unter 38,50 Atm. bei 0°.

Zu 345. 1 Theil Rohrzucker gibt mit 4 Theile Schwefelsäure erhitzt, Kohlenoxydgas, dem etwa $^1/_5$ seines Volumens Kohlensäure und eine gegen das Ende der Operation beträchtlich zunehmende Menge von schwefliger Säure beigemengt ist.

Seite 479 Zeile 15 von oben ist nach e i n z u g e h e n Folgendes einzuschalten: Schwefelsäure löst die Mellithsäure beim Erwärmen ohne Schwärzung und kann ohne auf die Säure zu wirken davon abgedunstet werden. Rauchende concentrirte Salpetersäure ist ebenfalls ohne Wirkung auf sie und löst sie selbst siedend nicht.

Seite 483 Zeile 9 von unten ist nach w i r d einzuschalten: Es entsteht daselbst wahrscheinlich durch die Einwirkung von Kalk auf Kochsalz, welche beide mit einander und mit der Atmosphäre in Berührung, sich wirklich in Chlorcalcium und kohlensaures Natron zerlegen.

Zu 349. M a r g u e r i t t e hat ein bei der Fabrikation des Blutlaugensalzes entstandenes Doppelsalz von kohlensaurem Natron mit kohlensaurem Kali untersucht, das nach der Formel $2(NaO.CO_2)$, $KO,CO_2,18HO$ zusammengesetzt ist. Es ist im Wasser sehr leicht löslich, geräth bei 40° in den Wasserfluss, verwittert an der Luft, nicht wohl aber im Vacuum. Aus einer verdünnten Lösung krystallisirt nur kohlensaures Natron, aus einer ganz concentrirten Lösung hingegen oder aus einer Lösung in kohlensaurem Kali krystallisirtes unverändert. Es lässt sich auf directem Wege bilden und entsteht daher wohl in den meisten Fällen, wo Kali und Natron sich unter geeigneten Umständen in Lösung befinden. (J. f. Ch. 36. 33.)

Seite 529 Zeile 14 von oben ist nach w e l c h e Folgendes einzuschalten: B e r z e l i u s R u b e a n w a s s e r s t o f f s ä u r e nennt, da er sie als Wasserstoffsäure eines nicht isolirbaren quarternären Radicals des Rubeans betrachtet, dessen Formel HS_2,NS_2 ist, das also

Seite 529 Zeile 4 von unten: B e r z e l i u s nennt denselben F l a v e a n w a s s e r s t o f f s ä u r e, da er auch hier ein quarternäres Radical $H_2C_4N_2S_3$, das Flavean annimmt.

Seite 533 nch 404 ist zu setzen: Destillirt man nach C i n e d e l l a eine kleine Menge Cyanquecksilber, etwa 20 Gran mit 5 Gran Phosphor, bei vorsichtig gesteigerter Wärme, so erhält man, wenn keine Explosion Statt findet, was oft geschieht, ein weisses, flüchtiges dem Cyan und Phosphor ähnlich riechendes Sublimat, das die Zusammensetzung PCy_3 hat und also P h o s p h o r c y a n i d ist. Entzündet verbrennt es mit grüner Flamme, im Wasser ist es mit Erhitzung und Abscheidung von Phosphor löslich. Mit Kalium lässt es sich ruhig zu einer durch Wasser zersetzbaren Verbindung vereinigen.

Zu **425**. Fluorkieselgas geht unter einem Drucke von 9 Atm. bei einer Tpr. von — 107° in eine äusserst bewegliche klare Flüssigkeit über.

Zu **433**. Poggiale hat auch ein analoges Bromür des Bors, BBr_3, erhalten, indem er Bromgas über ein Gemenge von Borsäure mit Kohle leitete. Die Verbindung ist gasförmig und verhält sich übrigens wie die Chlorverbindung.

Zu **434**. Fluorborgas ist unter einem Drucke von 4,61 Atm. bei — 73°, unter 11,45 Atm. bei — 52° flüssig.

Zu **440**. Das chlorsaure Lithion LO,ClO_5,HO ist ein zerfliessliches, bei 50° schmelzendes, bei 140° sich zersetzendes, in Alkohol leicht lösliches Salz.

Zu **449**. Der chlorsaure Baryt krystallisirt im orthotypen Systeme und $P + \infty = 97° 39'$; gew. Comb. Pr. $P + \infty$. Bei 120° gibt er sein Wasser ab, fängt bei 250° an zersetzt zu werden. Rasch über 400° erhitzt schmilzt das Salz und wird dann schnell zerlegt.

Zu **500**. In der Löthrohrflamme ist das Glycin für sich unveränderlich, in Borax und Phosphorsalz löst es sich in grosser Menge zu einem klaren Glase, das durch Flattern milchweiss wird. Bei völliger Sättigung geschieht dies mit der Abkühlung von selbst. In Soda ist es unlöslich und mit Kobaltsolution nimmt es im Oxydationsfeuer eine hellbläulichgraue Farbe an.

Zu **515**. Nach Forchhammer (J. f. Ch. 30. 400.) ist die Formel für den Topas $14Al_2O_3,12SiO_2,12F$ oder eigentlich $14Al_2O_3,9SiO_2,6SiF_2$ da ein Theil des Sauerstoffes durch Fluor ersetzt ist. Die des Piknits ist $4Al_2O_3,5SiO_2,4F$, oder $4Al_2O_3, 3SiO_2,2SiF_2$.

Inhalt des ersten Bandes.

Einleitung.

Allgemeine Vorstellungen von der Materie, den Kräften und den Imponderabilien.

Von den chemischen Erscheinungen im Allgemeinen.

Gesetze, unter welchen sich die Körper dem Gewichte nach verbinden.

Gesetze, nach welchen sich die gasförmigen Körper dem Volumen nach verbinden.

Über den Zusammenhang der chemischen und physikalischen Eigenschaften der Körper.

Amorphismus.

Dimorphie und Polymorphie.

Isomorphie.

Isomerie.

Verhältniss der chemischen Anziehung zur Wärme.

Atomistische Theorie.

Anhang.

Von den chemischen Erscheinungen im Besonderen.

1. Sauerstoff.

2. Wasserstoff.

3. Kalium.

Fabrikation der englischen Schwefelsäure.

Bildung salpetersaurer Verbindungen in der Natur.

11. Phosphor.

12. Kohlenstoff.

Atmosphäre der Erde.

Gewinnung der Pottasche.

Bereitung und Gewinnung der Soda.

Prüfung der Pottasche auf ihren Werth.

Prüfung der Soda auf ihren Werth.

Die Kaliumgruppe.

15. Lithium.

16. Baryum.

Chlorimetrie.

19. Magnium.

20. Glycium.

21. Alumium.

Gewinnung des Alauns.

Kalk und Mörtel.

Ultramarin.

Die Kieselgruppe.

22. Thorium.

23. Zirkonium.

Lightning Source UK Ltd.
Milton Keynes UK
UKOW07f1012230315

248326UK00011B/297/P